KODEX

DES ÖSTERREICHISCHEN RECHTS

Herausgeber: Univ.-Prof. Dr. Werner Do

Redaktion: Dkfm. Dr. Anica Doralt

BÜRGERLICHES RECHT

bearbeitet von

Dr. FRANZ MOHR

Bundesministerium für Justiz

LexisNexis™
ARD Orac

Benützungsanleitung: Die Novellen sind nach dem Muster der Wiederverlautbarung in Kursivdruck jeweils am Ende eines Paragraphen, eines Absatzes oder einer Ziffer durch Angabe des Bundesgesetzblattes in Klammer ausgewiesen. Soweit nach Meinung des Bearbeiters ein Bedarf nach einem genauen Novellenausweis besteht, ist der geänderte Text zusätzlich durch Anführungszeichen hervorgehoben.

KODEX

DES ÖSTERREICHISCHEN RECHTS

VERFASSUNGSRECHT
BÜRGERLICHES RECHT
HANDELSRECHT
ZIVILGERICHTLICHES VERFAHREN
STRAFRECHT
GERICHTSORGANISATION
WOHNUNGSGESETZE
BANKEN- UND BÖRSERECHT
VERSICHERUNGSRECHT
WIRTSCHAFTSGESETZE
VERGABEGESETZE
ARBEITSRECHT
AUSHANGPFLICHTIGE GESETZE
SOZIALVERSICHERUNG
PFLEGEGELDGESETZE
STEUERGESETZE
STEUER-ERLÄSSE
KSTG – RICHTLINIENKOMMENTAR
DOPPELBESTEUERUNGSABKOMMEN
ZOLLRECHT UND VERBRAUCHSTEUERN
VERKEHRSRECHT
WEHRRECHT
VETERINÄRRECHT
ÄRZTERECHT
KRANKENANSTALTENGESETZE
UMWELTRECHT
CHEMIKALIENRECHT
GEFAHRGUTRECHT
WASSERRECHT
ABFALLRECHT
SCHULGESETZE
UNIVERSITÄTSRECHT
INNERE VERWALTUNG
VERWALTUNGSVERFAHRENSGESETZE
LANDESRECHT TIROL
EU-VERFASSUNGSRECHT
EU-ARBEITSRECHT
EU-UMWELTRECHT
EU-WIRTSCHAFTSRECHT

ISBN 3-7007-2266-4

LexisNexis Verlag ARD ORAC GmbH & CoKG, 1010 Wien, Graben 17, Tel. 534 52-0
Hersteller: Druckerei Robitschek & Co. Ges.m.b.H., Wien

Vorwort

Die Neuauflage berücksichtigt die seit der Vorauflage kundgemachten Änderungen. Hervorzuheben ist das am 1. Juli 2002 in Kraft getretene **Wohnungseigentumsgesetz 2002,** BGBl I 2002/70. Hiezu wird im Bericht des Justizausschusses (1050 BlgNR 21. GP) festgehalten:

Primärer Ansatzpunkt des Vorhabens ist die Verbesserung der Verständlichkeit und Übersichtlichkeit der gesetzlichen Regelungen für das Wohnungseigentum. Dies wird durch eine verbesserte Gliederung und Begriffsbildung, durch eine Aufteilung allzu langer Gesetzesstellen auf mehrere Paragraphen sowie durch das Bemühen um straffere, mehr der Alltagssprache angenäherte Formulierungen angestrebt, und zwar in einem gänzlich neu formulierten Gesetz.

Inhaltlich soll das Wohnungseigentumsrecht nur in einigen Belangen geändert, in seinen Grundzügen aber beibehalten werden. Das bedeutet, dass die zum Wohnungseigentumsgesetz 1975 entwickelte Rechtsprechung und das dazu ergangene Schrifttum auch in Zukunft nutzbar bleiben sollen.

Die wichtigsten inhaltlichen Änderungen sind:
- Begründung von Wohnungseigentum im Teilungsverfahren auch auf alleiniges Begehren des Klägers,
- Möglichkeit der Begründung von Wohnungseigentum auch an Substandardwohnungen,
- Möglichkeit der Begründung von selbständigem Wohnungseigentum an Kraftfahrzeug-Abstellplätzen,
- Erweiterung des bisherigen gemeinsamen Wohnungseigentums von Ehegatten auf die so genannte „Eigentümerpartnerschaft", das ist die Rechtsgemeinschaft zweier natürlicher Personen, die Miteigentümer eines Mindestanteils sind,
- fakultative Möglichkeit zur Bestellung eines so genannten „Eigentümervertreters" für den Fall einer Interessenkollision zwischen Verwalter und Eigentümergemeinschaft,
- Ausbau der Regelungen über die Eigentümergemeinschaft, insbesondere über die Willensbildung und die organschaftliche Ausgestaltung der Gemeinschaft,
- Neuregelung der Anfechtung von Beschlüssen der Eigentümergemeinschaft,
- dispositive Verpflichtung des Verwalters zur Einberufung einer Eigentümerversammlung alle zwei Jahre,
- verbesserte gesetzliche Vorgaben zur Entscheidungsfindung, insbesondere durch Handlungsanleitungen an den Verwalter zur schriftlichen Komplettierung der in der Eigentümerversammlung begonnenen Willensbildung,
- Verbesserung des Schutzes des Wohnungseigentumsbewerbers durch Konkretisierung des Annahmeverbots vor Anmerkung der Einräumung von Wohnungseigentum,
- gesetzliche Regelung über die Rechtsposition des Vermieters bei so genannten „Altmietverhältnissen",
- Absenkung der zeitlichen Bindung an einen – auf längere Zeit befristeten – Verwaltungsvertrag von bisher fünf auf künftig nur noch drei Jahre,
- Klarstellung zur Frage der von den Miteigentümern zu entrichtenden Umsatzsteuer,
- Klarstellung von Rechtszuständigkeiten in Fragen der Verwaltung und Beseitigung sonstiger Unklarheiten des bisherigen Rechts,
- fakultative Möglichkeit zur vertraglichen Etablierung einer – mit dem Gesetzesrecht konformen – Gemeinschaftsordnung mit Wirkung auch für die Rechtsnachfolger,
- Ermöglichung dauerhafter Benützungsregelungen auch im schlichten Miteigentum durch Eintragung in das Grundbuch,
- Verlängerung der Ausnützbarkeit des wohnungseigentumsrechtlichen Vorzugspfandrechts im Fall der Zwangsversteigerung von drei Jahren auf fünf Jahre.

Eingearbeitet wurde weiters das **Wohnungseigentumsbegleitgesetz 2002,** BGBl I 2002/71, das unter anderem
- das ABGB (§ 828),
- das Mietrechtsgesetz (§ 2 Abs 1) und
- das Heizkostenabrechnungsgesetz (§ 2 Z 5 und 6 sowie § 29 Abs 1c) änderte.

Im Mietrecht wurde auch auf die Änderung der Richtwerte nach dem Richtwertgesetz durch die Kundmachung BGBl II 2002/114 Bedacht genommen.

Das ABGB wurde weiters durch

- die Sicherheitspolizeigesetz-Novelle 2002, BGBl I 2002/104, geändert – mit dieser Novelle wurde das **Fundrecht** (§§ 386, 388 bis 397 und 399) neu gestaltet – und
- das Zinsenrechts-Änderungsgesetz, BGBl I 2002/118 (§§ 1000, 1333 bis 1335). Zum Inhalt des Gesetzes wird in den Erläuterungen der RV (1167 BlgNR 21. GP) ua ausgeführt:

Die Höhe der gesetzlichen Zinsen soll **im allgemeinen Zivilrecht** teilweise **neu geregelt** werden. Am gesetzlichen Zinssatz von vier Prozent für Geldforderungen außerhalb des Geschäftsverkehrs soll sich nichts ändern. Für Verzugszinsen aus einem unternehmerischen Geschäft wird dagegen ein leicht über dem Zinsfuß der Richtlinie liegender gesetzlicher Zinssatz vorgeschlagen. Das hängt damit zusammen, dass als „Bezugsgröße" dieses Verzugszinsensatzes nicht der Hauptrefinanzierungszinssatz der Europäischen Zentralbank vorgeschlagen wird, sondern der mittlerweile eingelebte und auch gängige Basiszinssatz nach Art. I § 1 des 1. Euro-Justiz-Begleitgesetzes. Diese Abweichung von der Richtlinie ist unproblematisch, weil diese nur einen Mindeststandard vorgibt und die Mitgliedstaaten nicht davon abhält, zugunsten der Gläubiger strengere Vorschriften beizubehalten oder vorzusehen (Art. 6 Abs. 2).

Ferner soll die überaus umstrittene Frage der **Ersatzfähigkeit von Inkassokosten** allgemein gelöst werden. Wie die Verzugszinsenregelung soll auch die Regelung über die Behandlung von Betreibungs- und Einbringungskosten im ABGB angesiedelt werden. Die so genannten Inkassokosten sollen künftig als **Schadenersatzanspruch** behandelt werden. Sie sollen auf dem ordentlichen Rechtsweg (wenn auch als Nebenforderungen im Sinne des § 54 Abs. 2 JN) und nicht als (vorprozessuale) Prozesskosten geltend gemacht werden.

Weitere Änderungen betrafen

- das GBG (§ 119 Z 6) und das GUG (§ 6 Abs 2 Z 1 und 1a), beide geändert durch die Zivilverfahrens-Novelle 2002, BGBl I 2002/76,
- das KSchG (§ 3 Abs 5 und § 41a Abs 14), geändert durch die Gewerbeordnungs-Novelle, BGBl I 2002/111 und
- das AngG (§ 42 Abs 3), geändert durch das Betriebliche Mitarbeitervorsorgegesetz, BGBl I 2002/100.

Wien, im Juli 2002 *Franz Mohr*

Inhaltsverzeichnis

1. Allgemeines bürgerliches Gesetzbuch

1. Allgemeines bürgerliches Gesetzbuch vom 1. Juni 1811 JGS 946

1 RGBl 1859/217
2 RGBl 1860/9
3 RGBl 1860/108
4 RGBl 1867/131
5 RGBl 1868/49
6 RGBl 1868/62
7 RGBl 1895/110
8 RGBl 1914/276
9 RGBl 1915/208
10 RGBl 1916/69
11 StGBl 1919/96
12 BGBl 1921/638
13 BGBl 1922/850
14 BGBl 1936/111
15 dRGBl 1938 I 807
16 dRGBl 1938 I 825
17 dRGBl 1938 I 923
18 dRGBl 1938 I 973
19 dRGBl 1939 I 1186
20 dRGBl 1939 I 2394
21 dRGBl 1943 I 80
22 dRGBl 1943 I 266
23 BGBl 1947/30
24 BGBl 1951/259
25 BGBl 1954/99 (JWG)
26 BGBl 1956/157
27 BGBl 1958/268
28 BGBl 1960/58
29 BGBl 1967/122
30 BGBl 1968/306
31 BGBl 1970/342
32 BGBl 1973/108
33 BGBl 1974/496
34 BGBl 1975/412
35 BGBl 1975/416
36 BGBl 1976/91
37 BGBl 1977/403
38 BGBl 1978/280
39 BGBl 1978/304 (IPR-Gesetz)
40 BGBl 1979/140 (KSchG)
41 BGBl 1982/370
42 BGBl 1983/136
43 BGBl 1983/566
44 BGBl 1985/196 (K)
45 BGBl 1986/97
46 BGBl 1988/179
47 BGBl 1989/162 (KindRÄG)
48 BGBl 1989/343 (WGN 1989)
49 BGBl 1989/656 (ErbRÄG 1989)
50 BGBl 1992/275 (FMedG)
51 BGBl 1993/502
52 BGBl 1995/25 (NamRÄG)
53 BGBl 1996/759 (GeSchG)
54 BGBl I 1997/6
55 BGBl I 1997/30 (GBNov 1997)
56 BGBl I 1997/140 (WGN 1997)
57 BGBl I 1999/125 (EheRÄG 1999)
58 BGBl I 1999/164
59 BGBl I 2000/44 (ARÄG 2000)
60 BGBl I 2000/135 (KindRÄG 2001)
61 BGBl I 2001/48 (GewRÄG)
62 BGBl I 2001/98 (2. Euro-JuBeG)
63 BGBl I 2002/71
64 BGBl I 2002/104 (SPG-Novelle 2002)
65 BGBl I 2002/118 (ZinsRÄG)

GLIEDERUNG:

STICHWORTVERZEICHNIS

(Die Zahlenangaben beziehen sich auf die Paragraphen)

Stichwortverzeichnis

Stichwortverzeichnis

Stichwortverzeichnis

1. ABGB

Stichwortverzeichnis

1. ABGB

Stichwortverzeichnis

Stichwortverzeichnis

1. Allgemeines bürgerliches Gesetzbuch

Kundmachung des allgemeinen bürgerlichen Gesetzbuches

(1) Aus der Betrachtung, daß die bürgerlichen Gesetze, um den Bürgern volle Beruhigung über den gesicherten Genuß ihrer Privatrechte zu verschaffen, nicht nur nach den allgemeinen Grundsätzen der Gerechtigkeit; sondern auch nach den besonderen Verhältnissen der Einwohner bestimmt, in einer ihnen verständlichen Sprache bekannt gemacht, und durch eine ordentliche Sammlung in stetem Andenken erhalten werden sollen, haben Wir seit dem Antritte Unserer Regierung unausgesetzt Sorge getragen, daß die schon von Unseren Vorfahren beschlossene und unternommene Abfassung eines vollständigen, einheimischen bürgerlichen Gesetzbuches ihrer Vollendung zugeführt werde.

(2) Der während Unserer Regierung von Unserer Hofkommission in Gesetzsachen zu stande gebrachte Entwurf ward, sowie ehedem der Entwurf des Gesetzbuches über Verbrechen und schwere Polizeiübertretungen, den in den verschiedenen Provinzen eigens aufgestellten Kommissionen zur Beurteilung mitgeteilt, in Galizien aber inzwischen schon in Anwendung gesetzt.

(3) Nachdem auf solche Art die Meinungen der Sachverständigen, und die aus der Anwendung eingeholten Erfahrungen zur Berichtigung dieses so wichtigen Zweiges der Gesetzgebung benützt worden sind; haben Wir nun beschlossen, dieses allgemeine bürgerliche Gesetzbuch für Unsere gesamten deutschen Erbländer kund zu machen, und zu verordnen, daß dasselbe mit dem 1. Januar 1812 zur Anwendung kommen solle.

(4) Dadurch wird das bis jetzt angenommene gemeine Recht, der am 1. November 1786 kundgemachte erste Teil des bürgerlichen Gesetzbuches, das für Galizien gegebene bürgerliche Gesetzbuch, samt allen auf die Gegenstände dieses allgemeinen bürgerlichen Rechtes sich beziehenden Gesetzen und Gewohnheiten, außer Wirksamkeit gesetzt.

(5) Wie Wir aber in dem Gesetzbuche selbst zur allgemeinen Vorschrift aufgestellt haben, daß die Gesetze nicht zurückwirken sollen; so soll auch dieses Gesetzbuch auf Handlungen, die dem Tage, an welchem es verbindliche Kraft erhält, vorhergegangen, und auf die nach den früheren Gesetzen bereits erworbenen Rechte keinen Einfluß haben; diese Handlungen mögen in zweiseitig verbindlichen Rechtsgeschäften, oder in solchen Willenserklärungen bestehen, die von dem Erklärenden noch eigenmächtig abgeändert, und nach den in dem gegenwärtigen Gesetzbuche enthaltenen Vorschriften eingerichtet werden könnten.

(6) Daher ist auch eine schon vor der Wirksamkeit dieses Gesetzbuches angefangene Ersitzung oder Verjährung nach den älteren Gesetzen zu beurteilen. Wollte sich jemand auf eine Ersitzung oder Verjährung berufen, die in dem neueren Gesetze auf eine kürzere Zeit als in den früheren Gesetzen bestimmt ist; so kann er auch diese kürzere Frist erst von dem Zeitpunkte, an welchem das gegenwärtige Gesetz verbindliche Kraft erhält, zu berechnen anfangen.

(7) Die Vorschriften dieses Gesetzbuches sind zwar allgemein verbindlich; doch bestehen für den Militärstand und für die zum Militärkörper gehörigen Personen besondere, auf das Privatrecht sich beziehende Vorschriften, welche bei den von, oder mit ihnen vorzunehmenden Rechtsgeschäften, obschon in dem Gesetzbuche nicht ausdrücklich darauf hingewiesen worden ist, zu beobachten sind. Handels- und Wechselgeschäfte werden nach den besonderen Handels- und Wechselgesetzen, insofern sie von den Vorschriften dieses Gesetzbuches abweichen, beurteilt.

(8) Auch bleiben die über politische, Kameral- oder Finanzgegenstände kundgemachten, die Privatrechte beschränkenden, oder näher bestimmenden Verordnungen, obschon in diesem Gesetzbuche sich darauf nicht ausdrücklich bezogen würde, in ihrer Kraft.

(9) Insbesondere sind die auf Geldzahlungen sich beziehenden Rechte und Verbindlichkeiten nach dem, über das zum Umlauf und zur gemeinen Landes- (Wiener) Währung bestimmte Geld, bereits erlassenen Patente vom 20. Hornung 1811, oder nach den noch zu erlassenden besonderen Gesetzen, und nur bei deren Ermanglung, nach den allgemeinen Vorschriften des Gesetzbuches zu beurteilen.

(10) Wir erklären zugleich den gegenwärtigen deutschen Text des Gesetzbuches als den Urtext, wonach die veranstalteten Übersetzungen in die verschiedenen Landessprachen Unserer Provinzen zu beurteilen sind.

Einleitung

Von den bürgerlichen Gesetzen überhaupt

Begriff des bürgerlichen Rechtes

§ 1. Der Inbegriff der Gesetze, wodurch die Privatrechte und Pflichten der Einwohner des Staates unter sich bestimmt werden, macht das bürgerliche Recht in demselben aus.

§ 2. Sobald ein Gesetz gehörig kundgemacht worden ist, kann sich niemand damit entschuldigen, daß ihm dasselbe nicht bekannt geworden sei.

Anfang der Wirksamkeit der Gesetze

§ 3. Die Wirksamkeit eines Gesetzes und die daraus entspringenden rechtlichen Folgen nehmen [gleich nach der Kundmachung] ihren Anfang; es wäre denn, daß in dem kundgemachten Gesetze selbst der Zeitpunkt seiner Wirksamkeit weiter hinaus bestimmt würde.

[] Gegenstandslos, nach § 4 Abs 1 BGBlG BGBl 1996/660 nach Ablauf des Tages der Kundmachung

Umfang des Gesetzes

§ 4. *(aufgehoben, BGBl 1978/304)*

§ 5. Gesetze wirken nicht zurück; sie haben daher auf vorhergegangene Handlungen und auf vorher erworbene Rechte keinen Einfluß.

Auslegung

§ 6. Einem Gesetze darf in der Anwendung kein anderer Verstand beigelegt werden, als welcher aus der eigentümlichen Bedeutung der Worte in ihrem Zusammenhange und aus der klaren Absicht des Gesetzgebers hervorleuchtet.

§ 7. Läßt sich ein Rechtsfall weder aus den Worten, noch aus dem natürlichen Sinne eines Gesetzes entscheiden, so muß auf ähnliche, in den Gesetzen bestimmt entschiedene Fälle, und auf die Gründe anderer damit verwandten Gesetze Rücksicht genommen werden. Bleibt der Rechtsfall noch zweifelhaft; so muß solcher mit Hinsicht auf die sorgfältig gesammelten und reiflich erwogenen Umstände nach den natürlichen Rechtsgrundsätzen entschieden werden.

§ 8. Nur dem Gesetzgeber steht die Macht zu, ein Gesetz auf eine allgemein verbindliche Art zu erklären. Eine solche Erklärung muß auf alle noch zu entscheidende Rechtsfälle angewendet werden, dafern der Gesetzgeber nicht hinzufügt, daß seine Erklärung bei Entscheidung solcher Rechtsfälle, welche die vor der Erklärung unternommenen Handlungen und angesprochenen Rechte zum Gegenstande haben, nicht bezogen werden solle.

Dauer des Gesetzes

§ 9. Gesetze behalten so lange ihre Kraft, bis sie von dem Gesetzgeber abgeändert oder ausdrücklich aufgehoben werden.

Andere Arten der Vorschriften, als:

a) Gewohnheiten

§ 10. Auf Gewohnheiten kann nur in den Fällen, in welchen sich ein Gesetz darauf beruft, Rücksicht genommen werden.

[b) Provinzialstatuten]

§ 11. [Nur jene Statuten einzelner Provinzen und Landesbezirke haben Gesetzeskraft, welche nach der Kundmachung dieses Gesetzbuches von dem Landesfürsten ausdrücklich bestätigt werden.]

Gegenstandslos

c) Richterliche Aussprüche

§ 12. Die in einzelnen Fällen ergangenen Verfügungen und die von Richter[stühle]n in besonderen Rechtsstreitigkeiten gefällten Urteile haben nie die Kraft eines Gesetzes, sie können auf andere Fälle oder auf andere Personen nicht ausgedehnt werden.

d) Privilegien

§ 13. Die einzelnen Personen oder auch ganzen Körpern verliehenen Privilegien und Befreiungen sind, insofern hierüber die politischen Verordnungen keine besondere Bestimmung enthalten, gleich den übrigen Rechten zu beurteilen.

Haupteinteilung des bürgerlichen Rechtes

§ 14. Die in dem bürgerlichen Gesetzbuche enthaltenen Vorschriften haben das Personenrecht, das Sachenrecht und die denselben gemeinschaftlich zukommenden Bestimmungen zum Gegenstande.

Erster Teil
Von dem Personenrechte

Erstes Hauptstück
Von den Rechten, welche sich auf persönliche Eigenschaften und Verhältnisse beziehen

Personenrechte

§ 15. Die Personenrechte beziehen sich teils auf persönliche Eigenschaften und Verhältnisse; teils gründen sie sich in dem Familienverhältnisse.

I. Aus dem Charakter der Persönlichkeit. Angeborne Rechte

§ 16. Jeder Mensch hat angeborne, schon durch die Vernunft einleuchtende Rechte, und ist daher als eine Person zu betrachten. Sklaverei oder Leibeigenschaft, und die Ausübung einer darauf sich beziehenden Macht wird in diesen Ländern nicht gestattet.

Rechtliche Vermutung derselben

§ 17. Was den angebornen natürlichen Rechten angemessen ist, dieses wird so lange als bestehend angenommen, als die gesetzmäßige Beschränkung dieser Rechte nicht bewiesen wird.

Erwerbliche Rechte

§ 18. Jedermann ist unter den von den Gesetzen vorgeschriebenen Bedingungen fähig, Rechte zu erwerben.

Verfolgung der Rechte

§ 19. Jedem, der sich in seinem Rechte gekränkt zu sein erachtet, steht es frei, seine Beschwerde vor der durch die Gesetze bestimmten Behörde anzubringen. Wer sich aber mit Hintansetzung derselben der eigenmächtigen Hilfe bedient, oder, wer die Grenzen der Notwehr überschreitet, ist dafür verantwortlich.

§ 20. [Auch solche Rechtsgeschäfte, die das Oberhaupt des Staates betreffen, aber auf dessen Privateigentum, oder auf die in dem bürgerlichen Rechte gegründeten Erwerbungsarten sich beziehen, sind von den Gerichtsbehörden nach den Gesetzen zu beurteilen.]

Gegenstandslos

II. Personenrechte der Minderjährigen und der sonst in ihrer Handlungsfähigkeit Beeinträchtigten

§ 21. (1) Minderjährige und Personen, die aus einem anderen Grund als dem ihrer Minderjährigkeit alle oder einzelne ihrer Angelegenheiten selbst gehörig zu besorgen nicht vermögen, stehen unter dem besonderen Schutz der Gesetze.

(2) Minderjährige sind Personen, die das achtzehnte Lebensjahr noch nicht vollendet haben; haben sie das vierzehnte Lebensjahr noch nicht vollendet, so sind sie unmündig. *(BGBl I 2000/135, ab 1. 7. 2001)*

(BGBl 1973/108)

§ 22. Selbst ungeborne Kinder haben von dem Zeitpunkte ihrer Empfängnis an einen Anspruch auf den Schutz der Gesetze. Insoweit es um ihre und nicht um die Rechte eines Dritten zu tun ist, werden sie als Geborne angesehen; ein totgebornes Kind aber wird in Rücksicht auf die ihm für den Lebensfall vorbehaltenen Rechte so betrachtet, als wäre es nie empfangen worden.

§ 23. In zweifelhaftem Falle, ob ein Kind lebendig oder tot geboren worden sei, wird das erstere vermutet. Wer das Gegenteil behauptet, muß es beweisen.

III. Aus dem Verhältnisse der Abwesenheit

§§ 24 und 25. *(aufgehoben, dRGBl 1939 I 1186)*

IV. Aus dem Verhältnisse einer moralischen Person

§ 26. Die Rechte der Mitglieder einer erlaubten Gesellschaft unter sich werden durch den Vertrag oder Zweck und die besondern für dieselben bestehenden Vorschriften bestimmt. Im Verhältnisse gegen andere genießen erlaubte Gesellschaften in der Regel gleiche Rechte mit den einzelnen Personen. Unerlaubte Gesellschaften haben als solche keine Rechte, weder gegen die Mitglieder, noch gegen andere, und sie sind unfähig, Rechte zu erwerben. Unerlaubte Gesellschaften sind aber diejenigen, welche durch die politischen Gesetze insbesondere verboten werden, oder offenbar der Sicherheit, öffentlichen Ordnung oder den guten Sitten widerstreiten.

§ 27. Inwiefern Gemeinden in Rücksicht ihrer Rechte unter einer besonderen Vorsorge der öffentlichen Verwaltung stehen, ist in den politischen Gesetzen enthalten.

(In Vorarlberg für den selbständigen Wirkungsbereich der Länder aufgehoben durch § 92 Abs 2 lit a Vorarlberger GemeindeG LGBl 1965/45, Wv als § 100 LGBl 1985/40)

V. Aus dem Verhältnisse eines Staatsbürgers

§ 28. Den vollen Genuß der bürgerlichen Rechte erwirbt man durch die Staatsbürgerschaft. [Die Staatsbürgerschaft in diesen [Erb]staaten ist Kindern eines österreichischen Staatsbürgers durch die Geburt eigen.]

Gegenstandslos, s §§ 7, 7a und 8 StaatsbürgerschaftsG 1985 BGBl 311.

§§ 29 bis 32. *(aufgehoben, RGBl 1860/108 und BGBl 1925/285)*

Rechte der Fremden

§ 33. Den Fremden kommen überhaupt gleiche bürgerliche Rechte und Verbindlichkeiten mit den Eingebornen zu, wenn nicht zu dem Genusse dieser Rechte ausdrücklich die Eigenschaft eines Staatsbürgers erfordert wird. Auch müssen die Fremden, um gleiches Recht mit den Eingebornen zu genießen, in zweifelhaften Fällen beweisen, daß der Staat, dem sie angehören, die hierländigen Staatsbürger in Rücksicht des Rechtes, wovon die Frage ist, ebenfalls wie die seinigen behandle.

§§ 34 bis 37. *(aufgehoben, BGBl 1978/304)*

§ 38. Die Gesandten, die öffentlichen Geschäftsträger und die in ihren Diensten stehenden Personen genießen die in dem Völkerrechte und in den öffentlichen Verträgen gegründeten Befreiungen.

VI. Personenrechte aus dem Religionsverhältnisse

§ 39. Die Verschiedenheit der Religion hat auf die Privatrechte keinen Einfluß, außer insofern dieses bei einigen Gegenständen durch die Gesetze insbesondere angeordnet wird.

VII. Aus dem Familienverhältnisse. Familie, Verwandtschaft und Schwägerschaft

§ 40. Unter Familie werden die Stammeltern mit allen ihren Nachkommen verstanden. Die Verbindung zwischen diesen Personen wird Verwandtschaft; die Verbindung aber, welche zwischen einem Ehegatten und den Verwandten des andern Ehegatten entsteht, Schwägerschaft genannt.

§ 41. Die Grade der Verwandtschaft zwischen zwei Personen sind nach der Zahl der Zeugungen, mittels welcher in der geraden Linie eine derselben von der andern, und in der Seitenlinie beide von ihrem nächsten gemeinschaftlichen Stamme abhängen, zu bestimmen. In welcher Linie und in welchem Grade jemand mit dem einen Ehegatten verwandt ist, in eben der Linie und in eben dem Grade ist er mit dem andern Ehegatten verschwägert.

§ 42. Unter dem Namen Eltern werden in der Regel ohne Unterschied des Grades alle Verwandte in der aufsteigenden; und unter dem Namen Kinder alle Verwandte in der absteigenden Linie begriffen.

VIII. Schutz des Namens

§ 43. Wird jemandem das Recht zur Führung seines Namens bestritten oder wird er durch unbefugten Gebrauch seines Namens (Decknamens) beeinträchtigt, so kann er auf Unterlassung und bei Verschulden auf Schadenersatz klagen.

(RGBl 1916/69)

Zweites Hauptstück
Von dem Eherechte

Begriff der Ehe

§ 44. Die Familienverhältnisse werden durch den Ehevertrag gegründet. In dem Ehevertrage erklären zwei Personen verschiedenen Geschlechtes gesetzmäßig ihren Willen, in unzertrennlicher Gemeinschaft zu leben, Kinder zu zeugen, sie zu erziehen, und sich gegenseitigen Beistand zu leisten.

und des Eheverlöbnisses

§ 45. Ein Eheverlöbnis oder ein vorläufiges Versprechen, sich zu ehelichen, unter was für Umständen oder Bedingungen es gegeben oder erhalten worden, zieht keine rechtliche Verbindlichkeit nach sich, weder zur Schließung der Ehe selbst, noch zur Leistung desjenigen, was auf den Fall des Rücktrittes bedungen worden ist.

Rechtliche Wirkung des Rücktrittes vom Eheverlöbnisse

§ 46. Nur bleibt dem Teile, von dessen Seite keine gegründete Ursache zu dem

Rücktritte entstanden ist, der Anspruch auf den Ersatz des wirklichen Schadens vorbehalten, welchen er aus diesem Rücktritte zu leiden beweisen kann.

§§ **47 bis 88.** *(aufgehoben, dRGBl 1938 I 807)*

Persönliche Rechtswirkungen der Ehe

§ **89.** Die persönlichen Rechte und Pflichten der Ehegatten im Verhältnis zueinander sind, soweit in diesem Hauptstück nicht anderes bestimmt ist, gleich.

(BGBl 1975/412)

§ **90.** (1) Die Ehegatten sind einander zur umfassenden ehelichen Lebensgemeinschaft, besonders zum gemeinsamen Wohnen, sowie zur Treue, zur anständigen Begegnung und zum Beistand verpflichtet.

(2) Im Erwerb des anderen hat ein Ehegatte mitzuwirken, soweit ihm dies zumutbar, es nach den Lebensverhältnissen der Ehegatten üblich und nicht anderes vereinbart ist.

(BGBl I 1999/125, ab 1. 1. 2000)

§ **91.** (1) Die Ehegatten sollen ihre eheliche Lebensgemeinschaft, besonders die Haushaltsführung, die Erwerbstätigkeit, die Leistung des Beistandes und die Obsorge, unter Rücksichtnahme aufeinander und auf das Wohl der Kinder mit dem Ziel voller Ausgewogenheit ihrer Beiträge einvernehmlich gestalten.

(2) Von einer einvernehmlichen Gestaltung kann ein Ehegatte abgehen, wenn dem nicht ein wichtiges Anliegen des anderen oder der Kinder entgegensteht oder, auch wenn ein solches Anliegen vorliegt, persönliche Gründe des Ehegatten, besonders sein Wunsch nach Aufnahme einer Erwerbstätigkeit, als gewichtiger anzusehen sind. In diesen Fällen haben sich die Ehegatten um ein Einvernehmen über die Neugestaltung der ehelichen Lebensgemeinschaft zu bemühen.

(BGBl I 1999/125, ab 1. 1. 2000)

§ **92.** (1) Verlangt ein Ehegatte aus gerechtfertigten Gründen die Verlegung der gemeinsamen Wohnung, so hat der andere diesem Verlangen zu entsprechen, es sei denn, er habe gerechtfertigte Gründe von zumindest gleichem Gewicht, nicht mitzuziehen.

(2) Ungeachtet des Abs. 1, kann ein Ehegatte vorübergehend gesondert Wohnung nehmen, solange ihm ein Zusammenleben mit dem anderen Ehegatten, besonders wegen körperlicher Bedrohung, unzumutbar oder dies aus wichtigen persönlichen Gründen gerechtfertigt ist.

(3) In den Fällen der Abs. 1 und 2 kann jeder der Ehegatten vor oder auch nach der Verlegung der Wohnung oder der gesonderten Wohnungnahme die Entscheidung des Gerichtes beantragen. Das Gericht hat im Verfahren außer Streitsachen festzustellen, ob das Verlangen auf Verlegung der gemeinsamen Wohnung oder die Weigerung mitzuziehen oder die gesonderte Wohnungnahme durch einen Ehegatten rechtmäßig war oder ist. Es hat bei der Entscheidung auf die gesamten Umstände der Familie, besonders auf das Wohl der Kinder, Bedacht zu nehmen.

(BGBl 1975/412)

§ **93.** (1) Die Ehegatten führen den gleichen Familiennamen. Dieser ist der Familienname eines der Ehegatten, den die Verlobten vor oder bei der Eheschließung in öffentlicher oder öffentlich beglaubigter Urkunde als gemeinsamen Familiennamen bestimmt haben. Mangels einer solchen Bestimmung wird der Familienname des Mannes gemeinsamer Familienname.

(2) Derjenige Verlobte, der nach Abs. 1 als Ehegatte den Familiennamen des anderen als gemeinsamen Familiennamen zu führen hat, kann dem Standesbeamten gegenüber vor oder bei der Eheschließung in öffentlicher oder öffentlich beglaubigter Urkunde erklären, bei der Führung des gemeinsamen Familiennamens diesem seinen bisherigen Familiennamen unter Setzung eines Bindestrichs zwischen den beiden Namen voran- oder nachzustellen. Dieser Ehegatte ist zur Führung des Doppelnamens verpflichtet. Eine andere Person kann ihren Namen nur vom gemeinsamen Familiennamen ableiten.

(3) Derjenige Verlobte, der nach Abs. 1 mangels einer Bestimmung den Familiennamen des anderen Ehegatten als gemeinsamen Familiennamen zu führen hätte, kann dem Standesbeamten gegenüber vor oder bei der Eheschließung in öffentlicher oder öffentlich beglaubigter Urkunde erklären, seinen bisherigen Familiennamen weiterzuführen; auf Grund einer solchen Erklärung führt jeder Ehegatte seinen bisherigen Familiennamen weiter. In diesem Fall haben die Verlobten den Familiennamen der aus der Ehe stammenden Kinder zu bestimmen (§ 139 Abs. 2).

(BGBl 1995/25, ab 1. 5. 1995)

§ 93a. Eine Person, deren Ehe aufgelöst ist, kann dem Standesbeamten gegenüber in öffentlicher oder öffentlich beglaubigter Urkunde erklären, einen früheren Familiennamen wieder anzunehmen. Ein Familienname, der von einem früheren Ehegatten aus einer geschiedenen oder aufgehobenen Ehe abgeleitet wird, darf nur wieder angenommen werden, wenn aus dieser früheren Ehe Nachkommenschaft vorhanden ist.

(BGBl 1995/25, ab 1. 5. 1995)

§ 94. (1) Die Ehegatten haben nach ihren Kräften und gemäß der Gestaltung ihrer ehelichen Lebensgemeinschaft zur Deckung der ihren Lebensverhältnissen angemessenen Bedürfnisse gemeinsam beizutragen.

(2) Der Ehegatte, der den gemeinsamen Haushalt führt, leistet dadurch seinen Beitrag im Sinn des Abs. 1; er hat an den anderen einen Anspruch auf Unterhalt, wobei eigene Einkünfte angemessen zu berücksichtigen sind. Dies gilt nach der Aufhebung des gemeinsamen Haushalts zugunsten des bisher Unterhaltsberechtigten weiter, sofern nicht die Geltendmachung des Unterhaltsanspruchs, besonders wegen der Gründe, die zur Aufhebung des gemeinsamen Haushalts geführt haben, ein Mißbrauch des Rechtes wäre. Ein Unterhaltsanspruch steht einem Ehegatten auch zu, soweit er seinen Beitrag nach Abs. 1 nicht zu leisten vermag.

(3) „Auf Verlangen des unterhaltsberechtigten Ehegatten ist der Unterhalt auch bei aufrechter Haushaltsgemeinschaft ganz oder zum Teil in Geld zu leisten, soweit nicht ein solches Verlangen, insbesondere im Hinblick auf die zur Deckung der Bedürfnisse zur Verfügung stehenden Mittel, unbillig wäre.“ Auf den Unterhaltsanspruch an sich kann im vorhinein nicht verzichtet werden. *(BGBl I 1999/125, ab 1. 1. 2000)*

(BGBl 1975/412)

§ 95. Die Ehegatten haben an der Führung des gemeinsamen Haushalts nach ihren persönlichen Verhältnissen, besonders unter Berücksichtigung ihrer beruflichen Belastung, mitzuwirken. „Ist jedoch ein Ehegatte nicht erwerbstätig, so obliegt diesem die Haushaltsführung; der andere ist nach Maßgabe des § 91 zur Mithilfe verpflichtet.“

(BGBl 1975/412, BGBl I 1999/125, ab 1. 1. 2000)

§ 96. Der Ehegatte, der den gemeinsamen Haushalt führt und keine Einkünfte hat, vertritt den anderen bei den Rechtsgeschäften des täglichen Lebens, die er für den gemeinsamen Haushalt schließt und die ein den Lebensverhältnissen der Ehegatten entsprechendes Maß nicht übersteigen. Dies gilt nicht, wenn der andere Ehegatte dem Dritten zu erkennen gegeben hat, daß er von seinem Ehegatten nicht vertreten sein wolle. Kann der Dritte aus den Umständen nicht erkennen, daß der handelnde Ehegatte als Vertreter auftritt, dann haften beide Ehegatten zur ungeteilten Hand.

(BGBl 1975/412)

§ 97. Ist ein Ehegatte über die Wohnung, die der Befriedigung des dringenden Wohnbedürfnisses des anderen Ehegatten dient, verfügungsberechtigt, so hat dieser einen Anspruch darauf, daß der verfügungsberechtigte Ehegatte alles unterlasse und vorkehre, damit der auf die Wohnung angewiesene Ehegatte diese nicht verliere. Dies gilt nicht, wenn das Handeln oder Unterlassen des verfügungsberechtigten Ehegatten durch die Umstände erzwungen wird.

(BGBl 1975/412)

§ 98. Wirkt ein Ehegatte im Erwerb des anderen mit, so hat er Anspruch auf angemessene Abgeltung seiner Mitwirkung. Die Höhe des Anspruchs richtet sich nach der Art und Dauer der Leistungen; die gesamten Lebensverhältnisse der Ehegatten, besonders auch die gewährten Unterhaltsleistungen, sind angemessen zu berücksichtigen.

(BGBl 1978/280)

§ 99. Ansprüche auf Abgeltung der Mitwirkung eines Ehegatten im Erwerb des anderen (§ 98) sind vererblich, unter Lebenden oder von Todes wegen übertragbar und verpfändbar, soweit sie durch Vertrag oder Vergleich anerkannt oder gerichtlich geltend gemacht worden sind.

(BGBl 1978/280)

§ 100. Der § 98 berührt nicht vertragliche Ansprüche eines Ehegatten an den anderen aus einem Mit- oder Zusammenwirken im Erwerb. Solche Ansprüche schließen einen Anspruch nach § 98 aus; bei einem Dienstverhältnis bleibt dem Ehegatten jedoch der Anspruch nach § 98 gewahrt, soweit er seine Ansprüche aus dem Dienstverhältnis übersteigt.

(BGBl 1978/280)

§§ 101 bis 136. *(aufgehoben, dRGBl 1938 I 807, dRGBl 1939 I 1186 und BGBl 1975/412)*

Drittes Hauptstück
Von den Rechten zwischen Eltern und Kindern

Allgemeine Rechte und Pflichten

§ 137. (1) Die Eltern haben für die Erziehung ihrer minderjährigen Kinder zu sorgen und überhaupt ihr Wohl zu fördern.

(2) Eltern und Kinder haben einander beizustehen, die Kinder ihren Eltern Achtung entgegenzubringen.

(3) Die Rechte und Pflichten des Vaters und der Mutter sind, soweit in diesem Hauptstück nicht anderes bestimmt ist, gleich.

(BGBl 1977/403)

§ 137a. Dritte dürfen in die elterlichen Rechte nur insoweit eingreifen, als ihnen dies durch die Eltern selbst, unmittelbar auf Grund des Gesetzes oder durch eine behördliche Verfügung gestattet ist.

(BGBl 1977/403)

Mutterschaft

§ 137b. Mutter ist die Frau, die das Kind geboren hat.

(BGBl 1992/275, ab 1. 7. 1992, soweit diese Bestimmung die Zeugung durch den Ehemann oder die Durchführung einer medizinisch unterstützten Fortpflanzung betrifft, gilt sie auch für Kinder, die am 1. 7. 1992 bereits geboren sind)

Vermutung der Ehelichkeit

§ 138. (1) Wird ein Kind nach der Eheschließung und vor Scheidung, Aufhebung oder Nichtigerklärung der Ehe seiner Mutter geboren, so wird vermutet, dass es ehelich ist. Gleiches gilt, wenn das Kind vor Ablauf des 300. Tages nach dem Tod des Ehemannes der Mutter geboren wird. Diese Vermutung kann, vorbehaltlich des § 163e, nur durch eine gerichtliche Entscheidung widerlegt werden, mit der festgestellt wird, dass das Kind nicht vom Ehemann der Mutter abstammt. *(BGBl I 2000/135, ab 1. 7. 2001)*

(2) Träfe die Vermutung des Abs. 1 auch auf einen Mann zu, mit dem die Mutter nach Eingehung, Auflösung oder Nichtigerklärung ihrer Ehe eine weitere Ehe geschlossen hat, so gilt sie nur für diesen Mann. Wird die diesbezügliche Abstammung des Kindes mit Erfolg bestritten, so gilt die Vermutung mit dem Eintritt der Rechtskraft der Entscheidung für den ersten Ehemann; frühestens mit diesem Zeitpunkt beginnt für ihn die Frist zur Bestreitung der Ehelichkeit.

(BGBl 1977/403)

Rechtsverhältnisse zwischen Eltern und ehelichen Kindern

Name

§ 139. (1) Haben die Eltern einen gemeinsamen Familiennamen, so erhält das Kind diesen.

(2) Haben die Eltern keinen gemeinsamen Familiennamen, so erhält das Kind den Familiennamen, den die Eltern dem Standesbeamten gegenüber vor oder bei der Eheschließung in öffentlicher oder öffentlich beglaubigter Urkunde zum Familiennamen der aus der Ehe stammenden Kinder bestimmt haben. Hiezu können die Eltern nur den Familiennamen eines Elternteils bestimmen.

(3) Mangels einer Bestimmung nach Abs. 2 erhält das Kind den Familiennamen des Vaters.

(BGBl 1995/25, ab 1. 5. 1995)

Unterhalt

§ 140. (1) Die Eltern haben zur Deckung der ihren Lebensverhältnissen angemessenen Bedürfnisse des Kindes unter Berücksichtigung seiner Anlagen, Fähigkeiten, Neigungen und Entwicklungsmöglichkeiten nach ihren Kräften anteilig beizutragen.

(2) Der Elternteil, der den Haushalt führt, in dem er das Kind betreut, leistet dadurch seinen Beitrag. Darüber hinaus hat er zum Unterhalt des Kindes beizutragen, soweit der andere Elternteil zur vollen Deckung der Bedürfnisse des Kindes nicht imstande ist oder mehr leisten müßte, als es seinen eigenen Lebensverhältnissen angemessen wäre.

(3) Der Anspruch auf Unterhalt mindert sich insoweit, als das Kind eigene Einkünfte hat oder unter Berücksichtigung seiner Lebensverhältnisse selbsterhaltungsfähig ist.

(BGBl 1977/403)

§ 141. Soweit die Eltern nach ihren Kräften zur Leistung des Unterhalts nicht imstande sind, schulden ihn die Großeltern nach den den Lebensverhältnissen der Eltern angemessenen Bedürfnissen des Kindes. Im übrigen gilt der § 140 sinngemäß; der Unterhaltsanspruch eines Enkels mindert sich jedoch auch insoweit, als ihm die Heranziehung des Stammes eigenen Vermögens zumutbar ist. Überdies hat ein Großelternteil nur insoweit Unterhalt zu leisten, als er dadurch bei Berücksichtigung seiner sonstigen Sorgepflichten den eigenen angemessenen Unterhalt nicht gefährdet.

(BGBl 1977/403)

§ **142.** Die Schuld eines Elternteils, dem Kind den Unterhalt zu leisten, geht bis zum Wert der Verlassenschaft auf seine Erben über. In den Anspruch des Kindes ist alles einzurechnen, was das Kind nach dem Erblasser durch eine vertragliche oder letztwillige Zuwendung, als gesetzlichen Erbteil, als Pflichtteil oder durch eine öffentlich-rechtliche oder privatrechtliche Leistung erhält. Reicht der Wert der Verlassenschaft nicht aus, um dem Kind den geschuldeten Unterhalt bis zum voraussichtlichen Eintritt der Selbsterhaltungsfähigkeit zu sichern, so mindert sich der Anspruch des Kindes entsprechend.

(BGBl 1977/403)

§ **143.** (1) Das Kind schuldet seinen Eltern und Großeltern unter Berücksichtigung seiner Lebensverhältnisse den Unterhalt, soweit der Unterhaltsberechtigte nicht imstande ist, sich selbst zu erhalten, und sofern er seine Unterhaltspflicht gegenüber dem Kind nicht gröblich vernachlässigt hat.

(2) Die Unterhaltspflicht der Kinder steht der eines Ehegatten, eines früheren Ehegatten, von Vorfahren und von Nachkommen näheren Grades des Unterhaltsberechtigten im Rang nach. Mehrere Kinder haben den Unterhalt anteilig nach ihren Kräften zu leisten.

(3) Der Unterhaltsanspruch eines Eltern- oder Großelternteils mindert sich insoweit, als ihm die Heranziehung des Stammes eigenen Vermögens zumutbar ist. Überdies hat ein Kind nur insoweit Unterhalt zu leisten, als es dadurch bei Berücksichtigung seiner sonstigen Sorgepflichten den eigenen angemessenen Unterhalt nicht gefährdet.

(BGBl 1977/403)

Obsorge

§ **144.** Die Eltern haben das minderjährige Kind zu pflegen und zu erziehen, sein Vermögen zu verwalten und es in diesen sowie allen anderen Angelegenheiten zu vertreten; Pflege und Erziehung sowie die Vermögensverwaltung umfassen auch die gesetzliche Vertretung in diesen Bereichen. Bei Erfüllung dieser Pflichten und Ausübung dieser Rechte sollen die Eltern einvernehmlich vorgehen.

(BGBl I 2000/135, ab 1. 7. 2001)

§ **145.** (1) „Ist ein Elternteil, der mit der Obsorge für das Kind gemeinsam mit dem anderen Elternteil betraut war, gestorben, ist sein Aufenthalt seit mindestens sechs Monaten unbekannt, kann die Verbindung mit ihm nicht oder nur mit unverhältnismäßig großen Schwierigkeiten hergestellt werden oder ist ihm die Obsorge ganz oder teilweise entzogen, so ist der andere Elternteil insoweit allein mit der Obsorge betraut. Ist in dieser Weise der Elternteil, der mit der Obsorge allein betraut ist, betroffen, so hat das Gericht unter Beachtung des Wohles des Kindes zu entscheiden, ob der andere Elternteil oder ob und welches Großelternpaar (Großelternteil) oder Pflegeelternpaar (Pflegeelternteil) mit der Obsorge zu betrauen ist; Letzteres gilt auch, wenn beide Elternteile betroffen sind.“ Die Regelungen über die Obsorge gelten dann für dieses Großelternpaar (diesen Großelternteil). *(BGBl I 2000/135, ab 1. 7. 2001)*

(2) Auf Antrag des Elternteiles, auf den die Obsorge nach Abs. 1 erster Satz übergegangen ist, hat das Gericht diesen Übergang festzustellen.

(3) Geht die Obsorge auf den anderen Elternteil über oder überträgt das Gericht die Obsorge, so sind, sofern sich der Übergang oder die Übertragung der Obsorge darauf bezieht, das Vermögen sowie sämtliche die Person des Kindes betreffenden Urkunden und Nachweise zu übergeben. *(BGBl I 2000/135, ab 1. 7. 2001)*

(BGBl 1989/162)

§ **145a.** Solange ein Elternteil nicht voll geschäftsfähig ist, hat er nicht das Recht und die Pflicht, das Vermögen des Kindes zu verwalten und das Kind zu vertreten.

(BGBl 1989/162)

§ **145b.** Bei Ausübung der Rechte und Erfüllung der Pflichten nach diesem Hauptstück ist zur Wahrung des Kindeswohls alles zu unterlassen, was das Verhältnis des Minderjährigen zu anderen Personen, denen nach diesem Hauptstück das Kind betreffende Rechte und Pflichten zukommen, beeinträchtigt oder die Wahrnehmung von deren Aufgaben erschwert.

(BGBl I 2000/135, ab 1. 7. 2001)

§ **145c.** Wird einem minderjährigen Kind ein Vermögen zugewendet und ein Elternteil von der Verwaltung ausgeschlossen, so ist der andere Elternteil mit der Verwaltung betraut. Sind beide Elternteile oder jener Elternteil, der mit der Obsorge allein betraut ist, ausgeschlossen, so hat das Gericht andere Personen mit der Verwaltung zu betrauen.

(BGBl I 2000/135, ab 1. 7. 2001)

§ 146. (1) Die Pflege des minderjährigen Kindes umfaßt besonders die Wahrung des körperlichen Wohles und der Gesundheit sowie die unmittelbare Aufsicht, die Erziehung besonders die Entfaltung der körperlichen, geistigen, seelischen und sittlichen Kräfte, die Förderung der Anlagen, Fähigkeiten, Neigungen und Entwicklungsmöglichkeiten des Kindes sowie dessen Ausbildung in Schule und Beruf.

(2) Das Ausmaß der Pflege und Erziehung richtet sich nach den Lebensverhältnissen der Eltern.

(3) Die Eltern haben in Angelegenheiten der Pflege und Erziehung auch auf den Willen des Kindes Bedacht zu nehmen, soweit dem nicht dessen Wohl oder ihre Lebensverhältnisse entgegenstehen. Der Wille des Kindes ist umso maßgeblicher, je mehr es den Grund und die Bedeutung einer Maßnahme einzusehen und seinen Willen nach dieser Einsicht zu bestimmen vermag. *(BGBl I 2000/135, ab 1. 7. 2001)*

(BGBl 1977/403 und 1979/168 [DB])

§ 146a. Das minderjährige Kind hat die Anordnungen der Eltern zu befolgen. Die Eltern haben bei ihren Anordnungen und deren Durchsetzung auf Alter, Entwicklung und Persönlichkeit des Kindes Bedacht zu nehmen; „die Anwendung von Gewalt und die Zufügung körperlichen oder seelischen Leides sind unzulässig." *(BGBl 1989/162)*

§ 146b. Soweit die Pflege und Erziehung es erfordern, hat der hierzu berechtigte Elternteil auch das Recht, den Aufenthalt des Kindes zu bestimmen. Hält sich das Kind woanders auf, so haben die Behörden und Organe der öffentlichen Aufsicht auf Ersuchen eines berechtigten Elternteils bei der Ermittlung des Aufenthalts, notfalls auch bei der Zurückholung des Kindes mitzuwirken.

(BGBl 1977/403)

§ 146c. (1) Einwilligungen in medizinische Behandlungen kann das einsichts- und urteilsfähige Kind nur selbst erteilen; im Zweifel wird das Vorliegen dieser Einsichts- und Urteilsfähigkeit bei mündigen Minderjährigen vermutet. Mangelt es an der notwendigen Einsichts- und Urteilsfähigkeit, so ist die Zustimmung der Person erforderlich, die mit Pflege und Erziehung betraut ist.

(2) Willigt ein einsichts- und urteilsfähiges minderjähriges Kind in eine Behandlung ein, die gewöhnlich mit einer schweren oder nachhaltigen Beeinträchtigung der körperlichen Unversehrtheit oder der Persönlichkeit verbunden ist, so darf die Behandlung nur vorgenommen werden, wenn auch die Person zustimmt, die mit der Pflege und Erziehung betraut ist.

(3) Die Einwilligung des einsichts- und urteilsfähigen Kindes sowie die Zustimmung der Person, die mit Pflege und Erziehung betraut ist, sind nicht erforderlich, wenn die Behandlung so dringend notwendig ist, dass der mit der Einholung der Einwilligung oder der Zustimmung verbundene Aufschub das Leben des Kindes gefährden würde oder mit der Gefahr einer schweren Schädigung der Gesundheit verbunden wäre.

(BGBl I 2000/135, ab 1. 7. 2001)

§ 146d. Weder ein minderjähriges Kind noch die Eltern können in eine medizinische Maßnahme, die eine dauernde Fortpflanzungsunfähigkeit des minderjährigen Kindes zum Ziel hat, einwilligen.

(BGBl I 2000/135, ab 1. 7. 2001)

§ 147. Hat das mündige Kind seine Meinung über seine Ausbildung den Eltern erfolglos vorgetragen, so kann es das Gericht anrufen. Dieses hat nach sorgfältiger Abwägung der von den Eltern und dem Kind angeführten Gründe die zum Wohl des Kindes angemessenen Verfügungen zu treffen.

(BGBl 1977/403)

§ 148. (1) Lebt ein Elternteil mit dem minderjährigen Kind nicht im gemeinsamen Haushalt, so haben das Kind und dieser Elternteil das Recht, miteinander persönlich zu verkehren. Die Ausübung dieses Rechtes sollen das Kind und die Eltern einvernehmlich regeln. Soweit ein solches Einvernehmen nicht erzielt wird, hat das Gericht auf Antrag des Kindes oder eines Elternteils die Ausübung dieses Rechtes unter Bedachtnahme auf die Bedürfnisse und Wünsche des Kindes in einer dem Wohl des Kindes gemäßen Weise zu regeln.

(2) Das Gericht hat nötigenfalls, insbesondere wenn der berechtigte Elternteil seine Verpflichtung aus § 145b nicht erfüllt, die Ausübung des Rechtes auf persönlichen Verkehr einzuschränken oder zu untersagen.

(3) Zwischen Enkeln und ihren Großeltern gelten Abs. 1 und 2 singgemäß. Die Ausübung des Rechtes der Großeltern ist jedoch auch so weit einzuschränken oder zu untersagen, als sonst das Familienleben der Eltern (eines Elternteils) oder deren Beziehung zu dem Kind gestört würde.

(4) Wäre durch das Unterbleiben des persönlichen Verkehrs des minderjährigen Kin-

des mit einem hiezu bereiten Dritten sein Wohl gefährdet, so hat das Gericht auf Antrag des Kindes, eines Elternteils, des Jugendwohlfahrtsträgers oder von Amts wegen die zur Regelung des persönlichen Verkehrs nötigen Verfügungen zu treffen.

(BGBl I 2000/135, ab 1. 7. 2001)

§ **149.** (1) Die Eltern haben das Vermögen eines minderjährigen Kindes mit der Sorgfalt ordentlicher Eltern zu verwalten. „Sofern das Wohl des Kindes nicht anderes erfordert, haben sie es“ in seinem Bestand zu erhalten und nach Möglichkeit zu vermehren; Geld ist nach den Vorschriften über die Anlegung von Mündelgeld anzulegen. *(BGBl I 2000/135, ab 1. 7. 2001)*

(2) Aus dem Vermögen sind jedenfalls die Kosten der Verwaltung einschließlich der für die Erhaltung des Vermögens und den ordentlichen Wirtschaftsbetrieb nötigen Aufwendungen und die fälligen Zahlungen zu berichtigen; weiter auch die Kosten des Unterhalts, soweit das Kind nach den §§ 140 und 141 zur Heranziehung seines Vermögens verpflichtet ist oder die Bedürfnisse des Kindes nicht in anderer Weise gedeckt sind.

(BGBl 1977/403)

§ **150.** (1) Die Eltern haben über das Vermögen des minderjährigen Kindes dem Gericht „ “ Rechnung zu legen; über die Erträgnisse jedoch nur, soweit sie nicht für den Unterhalt des Kindes verwendet worden sind. „Näheres wird in den Verfahrensgesetzen bestimmt.“ *(BGBl I 2000/135, ab 1. 7. 2001)*

(2) Das Gericht kann die Eltern von der Rechnungslegung ganz oder zum Teil befreien, soweit keine Bedenken bestehen, daß sie das Vermögen des Kindes ordentlich verwalten werden. „ “ *(BGBl I 2000/135, ab 1. 7. 2001)*

(BGBl 1977/403)

§ **151.** (1) Ein minderjähriges „“ Kind kann ohne ausdrückliche oder stillschweigende Einwilligung seines gesetzlichen Vertreters rechtsgeschäftlich weder verfügen noch sich verpflichten. *(BGBl 1989/162)*

(2) Nach erreichter Mündigkeit kann es jedoch über Sachen, die ihm zur freien Verfügung überlassen worden sind, und über sein Einkommen aus eigenem Erwerb so weit verfügen und sich verpflichten, als dadurch nicht die Befriedigung seiner Lebensbedürfnisse gefährdet wird.

(3) Schließt ein minderjähriges „“ Kind ein Rechtsgeschäft, das von Minderjährigen seines Alters üblicherweise geschlossen wird und eine geringfügige Angelegenheit des täglichen Lebens betrifft, so wird dieses Rechtsgeschäft, auch wenn die Voraussetzungen des Abs. 2 nicht vorliegen, mit der Erfüllung der das Kind treffenden Pflichten rückwirkend rechtswirksam. *(BGBl 1989/162)*

(BGBl 1973/108)

§ **152.** Soweit nicht anderes bestimmt ist, kann sich ein mündiges minderjähriges „“ Kind selbständig durch Vertrag zu Dienstleistungen verpflichten, ausgenommen zu Dienstleistungen auf Grund eines Lehr- oder sonstigen Ausbildungsvertrags. Der gesetzliche Vertreter des Kindes kann das durch den Vertrag begründete Rechtsverhältnis aus wichtigen Gründen vorzeitig lösen. *(BGBl 1989/162)*

(BGBl 1973/108)

§ **153.** Soweit einem minderjährigen „“* Kind nicht bereits früher ein Verschulden zugerechnet werden kann (§ 1310), wird es „ “** mit der Erreichung der Mündigkeit nach den schadenersatzrechtlichen Bestimmungen verschuldensfähig. *(* BGBl 1989/162 und ** BGBl I 2000/135, ab 1. 7. 2001)*

(BGBl 1973/108)

§ **154.** (1) Jeder Elternteil ist für sich allein berechtigt und verpflichtet, das Kind zu vertreten; seine Vertretungshandlung ist selbst dann rechtswirksam, wenn der andere Elternteil mit ihr nicht einverstanden ist.

(2) Vertretungshandlungen und Einwilligungen eines Elternteils, die die Änderung des Vornamens oder des Familiennamens, den Eintritt in eine Kirche oder Religionsgesellschaft und den Austritt aus einer solchen, die Übergabe in fremde Pflege, den Erwerb einer Staatsangehörigkeit oder den Verzicht auf eine solche, die vorzeitige Lösung eines Lehr-, Ausbildungs- oder Dienstvertrags und die Anerkennung der Vaterschaft zu einem unehelichen Kind betreffen, bedürfen zu ihrer Rechtswirksamkeit der Zustimmung des anderen Elternteils. Dies gilt nicht für die Entgegennahme von Willenserklärungen und Zustellstücken.

(3) Vertretungshandlungen und Einwilligungen eines Elternteils in Vermögensangelegenheiten bedürfen zu ihrer Rechtswirksamkeit der Zustimmung des anderen Elternteils und der Genehmigung des Gerichtes, sofern die Vermögensangelegenheit nicht zum ordentlichen Wirtschaftsbetrieb gehört. Unter dieser Voraussetzung gehören dazu beson-

ders die Veräußerung oder Belastung von Liegenschaften, die Gründung, „der, auch erbrechtliche, Erwerb", die Umwandlung, Veräußerung oder Auflösung sowie die Änderung des Gegenstandes eines Unternehmens, „der, auch erbrechtliche, Eintritt" in eine oder die Umwandlung einer Gesellschaft oder Genossenschaft, der Verzicht auf ein Erbrecht, die unbedingte Annahme oder die Ausschlagung einer Erbschaft, die Annahme einer mit Belastungen verbundenen Schenkung oder die Ablehnung eines Schenkungsanbots, die Anlegung von Geld mit Ausnahme der in den §§ 230a und 230b geregelten Arten sowie die Erhebung einer Klage und alle verfahrensrechtlichen Verfügungen, die den Verfahrensgegenstand an sich betreffen. Dies gilt nicht für die Entgegennahme von Willenserklärungen und Zustellstücken. *(BGBl I 2000/135, ab 1. 7. 2001)*

(4) Bedarf ein Rechtsgeschäft der Einwilligung des gesetzlichen Vertreters, der Zustimmung des anderen Elternteils oder der Genehmigung des Pflegschaftsgerichts, so ist bei deren Fehlen das volljährig gewordene Kind nur dann daraus wirksam verpflichtet, wenn es schriftlich erklärt, diese Verpflichtungen als rechtswirksam anzuerkennen. Fordert der Gläubiger den volljährig Gewordenen auf, sich nach dem ersten Satz zu erklären, so hat er ihm dafür eine angemessene Frist zu setzen. *(BGBl I 2000/135, ab 1. 7. 2001)*

(BGBl 1977/403)

§ 154a. (1) In zivilgerichtlichen Verfahren ist nur ein Elternteil allein zur Vertretung des Kindes berechtigt; solange sich die Eltern nicht auf den anderen Elternteil einigen oder das Gericht nach § 176 diesen oder einen Dritten als Vertreter bestimmt, ist Vertreter derjenige Elternteil, der die erste Verfahrenshandlung setzt.

(2) Die nach § 154 erforderliche Zustimmung des anderen Elternteils und Genehmigung des Gerichtes gelten für das ganze Verfahren.

(BGBl 1977/403)

§ 154b. Soweit einem Kind infolge merkbar verzögerter Entwicklung, einer psychischen Krankheit oder einer geistigen Behinderung die für eine einzelne oder einen Kreis von Angelegenheiten erforderliche Einsichts- und Urteilsfähigkeit oder Geschäftsfähigkeit fehlt, hat das Gericht dies von Amts wegen oder auf Antrag einer Person, die ganz oder zum Teil mit der Obsorge betraut ist, auszusprechen. Dieser Ausspruch wirkt, sofern er nicht vom Gericht widerrufen oder befristet wurde, längstens bis zur Volljährigkeit des Kindes.

(BGBl I 2000/135, ab 1. 7. 2001, s Art XVIII § 2 KindRÄG 2001)

Vermutung der Unehelichkeit

§ 155. „Wird ein Kind nach Scheidung, Aufhebung oder Nichtigerklärung der Ehe seiner Mutter geboren, so wird vermutet, dass es unehelich ist; Gleiches gilt, wenn das Kind nach Ablauf des 300. Tages nach dem Tod des Ehemannes der Mutter geboren wird."** Diese Vermutung kann nur durch eine gerichtliche Entscheidung widerlegt werden, mit der festgestellt wird, daß das Kind vom früheren Ehemann der Mutter abstammt; „hiefür ist zu beweisen, daß während der Ehe das Kind vom Ehemann gezeugt oder die Schwangerschaft mit dem Samen des Ehemanns oder, sofern der Ehemann in Form eines gerichtlichen Protokolls oder eines Notariatsakts zugestimmt hat, mit dem Samen eines Dritten durch eine medizinisch unterstützte Fortpflanzung herbeigeführt worden ist."* *(* BGBl 1992/275, ab 1. 7. 1992, s Anm zu § 137b und ** BGBl I 2000/135, ab 1. 7. 2001)*

(BGBl 1977/403)

Bestreitung der Ehelichkeit

§ 156. (1) Der Ehemann der Mutter kann die Ehelichkeit des Kindes binnen Jahresfrist bestreiten.

(2) Die Frist beginnt mit dem Zeitpunkt, in dem der Mann Kenntnis von den Umständen erlangt, die für die Unehelichkeit des Kindes sprechen. Sie beginnt frühestens mit der Geburt des Kindes.

(3) Der Lauf der Frist ist gehemmt, solange der Mann innerhalb der letzten sechs Monate der Frist durch ein unvorhergesehenes oder unabwendbares Ereignis an der Bestreitung gehindert ist.

(dRGBl 1943 I 80)

§ 156a. Hat der Ehemann der Mutter einer medizinisch unterstützten Fortpflanzung mit dem Samen eines Dritten in Form eines gerichtlichen Protokolls oder Notariatsakts zugestimmt, so kann die Ehelichkeit des mit dem Samen des Dritten gezeugten Kindes nicht bestritten werden.

(BGBl 1992/275, ab 1. 7. 1992, zur Zustimmung vor dem 1. 7. 1992 s Art V Abs 6 BGBl 1992/275)

§ 157. (1) Die Bestreitung der Ehelichkeit durch den Ehemann der Mutter ist, abgesehen vom Fall des Abs. 2, ein höchstpersönliches Recht des Mannes. Ist der Mann minderjährig, so bedarf er nicht der Zustimmung seines gesetzlichen Vertreters.

(2) Ist dem Mann ein Sachwalter nach § 273 bestellt worden und gehört zu den von ihm zu besorgenden Angelegenheiten die Bestreitung der Ehelichkeit, so steht das Recht der Bestreitung dem Sachwalter allein zu; er bedarf hierzu der gerichtlichen Genehmigung. Ist dem Mann ein solcher Sachwalter nicht bestellt, obwohl die Voraussetzungen vorliegen, so endet die Frist für die Bestreitung nicht vor dem Ablauf von sechs Monaten nach dem Zeitpunkt, von dem ab der Mann die Ehelichkeit selbst bestreiten kann oder in dem ihm ein Sachwalter bestellt wird. Hat der Sachwalter die Ehelichkeit nicht rechtzeitig bestritten, so kann der Mann nach Beendigung der Sachwalterschaft selbst bestreiten; mit dem Zeitpunkt der Beendigung der Sachwalterschaft beginnt die Frist neu zu laufen.

(BGBl 1983/136)

§ 158. Hat der Mann die Ehelichkeit eines Kindes nicht innerhalb eines Jahres seit der Geburt bestritten, oder ist er gestorben oder ist sein Aufenthalt unbekannt, so kann der Staatsanwalt die Ehelichkeit bestreiten, wenn er dies im öffentlichen Interesse oder im Interesse des Kindes oder seiner Nachkommenschaft für geboten erachtet.

(dRGBl 1943 I 80)

§ 159. (1) Die Bestreitung der Ehelichkeit erfolgt bei Lebzeiten des Kindes durch Erhebung der Klage. Die Klage ist gegen das Kind zu richten. Wird sie zurückgenommen, so ist die Bestreitung als nicht erfolgt anzusehen.

(2) Nach dem Tode des Kindes kann nur der Staatsanwalt die Ehelichkeit bestreiten. Die Bestreitung erfolgt durch Antrag auf Feststellung der Unehelichkeit. Über den Antrag entscheidet das „Pflegschaftsgericht“. *(BGBl I 2000/135, ab 1. 7. 2001)*

(dRGBl 1943 I 80)

§§ 159a bis **160.** *(aufgehoben, BGBl 1977/403 und BGBl 1983/566)*

Legitimation der unehelichen Kinder
b) durch die nachfolgende Ehe

§ 161. (1) Ist die Vaterschaft zum Kind festgestellt (§ 163b) und schließen Vater und Mutter des Kindes die Ehe, so wird das Kind zum Zeitpunkt der Eheschließung seiner Eltern ehelich.

(2) Wird die Vaterschaft nach der Eheschließung festgestellt, so bleiben die vor der Feststellung für das Kind gesetzten Vertretungshandlungen unberührt.

(3) Die Wirkungen der Legitimation treten nur auf Grund einer gerichtlichen Entscheidung außer Kraft, die in einem für die Beseitigung der Feststellung der Vaterschaft vorgesehenen Verfahren ergeht.

(BGBl 1983/566)

c) durch Begünstigung des [Landesfürsten][1])

§ 162. Die uneheliche Geburt kann einem Kinde an seiner bürgerlichen Achtung und an seinem Fortkommen keinen Abbruch tun. Zu diesem Ende bedarf es keiner besondern Begünstigung des [Landesfürsten][1]), wodurch das Kind als ein eheliches erklärt wird. Nur die Eltern können um solche ansuchen, wenn sie das Kind gleich einem ehelichen [der Standesvorzüge oder] des Rechtes an dem frei vererblichen Vermögen teilhaft machen wollen. In Rücksicht auf die übrigen Familienglieder hat diese Begünstigung keine Wirkung.

[] *Gegenstandslos*

[1]) *Jetzt: Begünstigung des Bundespräsidenten*

§ 162a. (1) Wird ein Kind legitimiert, so gilt § 139 entsprechend. *(BGBl 1995/25, ab 1. 5. 1995)*

(2) Wird ein bereits mündiges Kind legitimiert, so gilt der Abs. 1 nur, wenn das Kind der Namensänderung zustimmt.

(BGBl 1983/566)

§ 162b. Wird ein Ehegatte legitimiert, so ändert sich der gemeinsame Familienname nur, wenn beide Ehegatten der Namensänderung zustimmen. Sonst ändert sich, unter der Voraussetzung des § 162a Abs. 2, nur der Familienname des Legitimierten.

(BGBl 1995/25, ab 1. 5. 1995)

§ 162c. (1) Führt ein Kind des Legitimierten einen von diesem allein abgeleiteten Familiennamen, so geht der vom Legitimierten erworbene Familienname „“ auf das Kind über. *(BGBl 1995/25, ab 1. 5. 1995)*

(2) Ist das Kind des Legitimierten im Zeitpunkt der Legitimation bereits mündig, so gilt der Abs. 1 nur, wenn das Kind der Namensänderung zustimmt.

(3) Im übrigen gelten für das Kind des Legitimierten die §§ 139, 162a und 162b entsprechend. *(BGBl 1995/25, ab 1. 5. 1995)*

(BGBl 1983/566)

§ 162d. (1) Eine Zustimmung nach den §§ 162a bis 162c ist dem Standesbeamten in öffentlicher oder öffentlich-beglaubigter Urkunde zu erklären; ihre namensrechtlichen Wirkungen treten ein, sobald sie dem Standesbeamten zukommt.

(2) Eine Zustimmung ist unwirksam, wenn sie dem Standesbeamten später als drei Jahre nach der Verständigung des Zustimmungsberechtigten vom Eintritt der Legitimation durch den Standesbeamten zugekommen ist.

(BGBl 1983/566)

Vaterschaft zu einem unehelichen Kinde

§ 163. (1) Hat ein Mann der Mutter eines unehelichen Kindes innerhalb eines Zeitraums von nicht mehr als „300" und nicht weniger als 180 Tagen vor der Entbindung beigewohnt, so wird vermutet, daß er das Kind gezeugt hat. Ist an der Mutter eine medizinisch unterstützte Fortpflanzung innerhalb dieses Zeitraums durchgeführt worden, so wird vermutet, daß der Mann, dessen Samen verwendet worden ist, der Vater des Kindes ist. *(BGBl I 2000/135, ab 1. 7. 2001)*

(2) Der Mann, auf den eine Vermutung nach Abs. 1 zutrifft, kann sie durch den Beweis einer solchen Unwahrscheinlichkeit der Vaterschaft entkräften, die unter Würdigung aller Umstände gegen die Annahme spricht, daß er das Kind gezeugt hat; weiters durch den Beweis, daß seine Vaterschaft unwahrscheinlicher als die eines anderen Mannes ist, für den eine Vermutung nach Abs. 1 gleichfalls gilt.

(3) Ist an der Mutter eine medizinisch unterstützte Fortpflanzung mit dem Samen eines Dritten durchgeführt worden, so wird vermutet, daß der Mann, der dieser medizinisch unterstützten Fortpflanzung in Form eines gerichtlichen Protokolls oder eines Notariatsakts zugestimmt hat, der Vater des Kindes ist, es sei denn, er weist nach, daß das Kind nicht durch diese medizinisch unterstützte Fortpflanzung gezeugt worden ist.

(4) Ein Dritter, dessen Samen für eine medizinisch unterstützte Fortpflanzung verwendet wird, kann nicht als Vater des mit seinem Samen gezeugten Kindes festgestellt werden.

(BGBl 1992/275, ab 1. 7. 1992, Abs 1 Satz 2 und Abs 4 gilt auch für Kinder, die am 1. 7. 1992 bereits geboren sind)

§ 163a. (1) Der gesetzliche Vertreter hat dafür zu sorgen, daß die Vaterschaft festgestellt wird, es sei denn, daß die Feststellung der Vaterschaft für das Wohl des Kindes nachteilig ist oder die Mutter von ihrem Recht, den Namen des Vaters nicht bekanntzugeben, Gebrauch macht.

(2) Der Jugendwohlfahrtsträger hat die Mutter darauf aufmerksam zu machen, welche Folgen es hat, wenn die Vaterschaft nicht festgestellt wird.

(BGBl 1989/162)

§ 163b. Die Vaterschaft wird durch Urteil oder durch Anerkenntnis festgestellt. Die Feststellung der Vaterschaft wirkt gegenüber jedermann.

(BGBl 1989/162)

§ 163c. (1) Die Vaterschaft wird durch persönliche Erklärung in inländischer öffentlicher oder öffentlich-beglaubigter Urkunde anerkannt. Das Anerkenntnis wirkt ab dem Zeitpunkt der Erklärung, sofern die Urkunde oder ihre öffentlich-beglaubigte Abschrift dem Standesbeamten zukommt.

(2) Das Anerkenntnis soll eine genaue Bezeichnung des Anerkennenden, der Mutter und des Kindes, sofern es bereits geboren ist, „ " enthalten. *(BGBl I 2000/135, ab 1. 7. 2001)*

(3) Handlungsunfähige können die Vaterschaft nicht anerkennen. Der beschränkt handlungsfähige Anerkennende hat sein Anerkenntnis selbst zu erklären; es bedarf der Einwilligung seines gesetzlichen Vertreters. Für diese Einwilligung gilt Abs. 1 entsprechend.

(BGBl 1989/162)

§ 163d. (1) Die Mutter oder das Kind können gegen das Anerkenntnis bei Gericht Widerspruch erheben. Der Widerspruch gegen das Anerkenntnis kann nur innerhalb eines Jahres ab Kenntnis erhoben werden.

(2) Die beschränkt handlungsfähige Mutter hat den Widerspruch selbst zu erklären; er bedarf der Einwilligung ihres gesetzlichen Vertreters. Der Widerspruch des gesetzlichen Vertreters des bereits mündigen Kindes bedarf dessen Zustimmung.

(BGBl 1989/162)

§ 163e. (1) Steht zum Zeitpunkt der Anerkennung bereits die Vaterschaft eines anderen Mannes fest, so wird das Anerkenntnis erst rechtswirksam, sobald mit allgemein verbindlicher Wirkung festgestellt ist, dass der andere Mann nicht der Vater des betreffenden Kindes ist.

(2) Ein zu einem Zeitpunkt, zu dem die Vaterschaft eines anderen Mannes feststand, abgegebenes Vaterschaftsanerkenntnis wird jedoch rechtswirksam, wenn die Mutter den Anerkennenden als Vater bezeichnet und das Kind dem Anerkenntnis zustimmt. Das Anerkenntnis wirkt ab dem Zeitpunkt seiner Erklärung, sofern die Urkunde oder ihre öffentlich-beglaubigte Abschrift sowie die Urkunden über die Bezeichnung des Anerkennenden als Vater und die Zustimmung zum Anerkenntnis dem Standesbeamten zukommen.

(3) Der Mann, der als Vater feststand, kann gegen das Anerkenntnis bei Gericht Widerspruch erheben. § 163d gilt sinngemäß.

(4) Für minderjährige Kinder hat der Jugendwohlfahrtsträger die Zustimmung als gesetzlicher Vertreter zu erklären; er hat hiebei soweit wie möglich den Willen des Minderjährigen zu berücksichtigen.

(BGBl I 2000/135, ab 1. 7. 2001, s Art XVIII § 3 KindRÄG 2001)

§ **164.** Das Gericht hat die Rechtsunwirksamkeit des Anerkenntnisses im Verfahren außer Streitsachen festzustellen, wenn gegen das Anerkenntnis Widerspruch erhoben wurde, „ “, das Anerkenntnis den Formvorschriften nicht entspricht, zu unbestimmt ist, ein Geschäftsunfähiger die Vaterschaft anerkannt hat oder ein beschränkt Geschäftsfähiger die Vaterschaft ohne Zustimmung seines gesetzlichen Vertreters anerkannt hat, es sei denn, diese Zustimmung ist nachträglich erklärt worden oder der Anerkennende hat nach Erlangung der Eigenberechtigung das Anerkenntnis gebilligt. *(BGBl I 2000/135, ab 1. 7. 2001)*

(BGBl 1989/162)

§ **164a.** Die in den §§ 163c bis 164 angeführten Einwilligungen und Vertretungshandlungen des gesetzlichen Vertreters bedürfen keiner gerichtlichen Genehmigung.

(BGBl 1989/162)

§ **164b.** Die Rechtsunwirksamkeit des Anerkenntnisses ist auf Klage des Anerkennenden gegen das Kind festzustellen, wenn der Anerkennende beweist, daß sein Anerkenntnis durch List, ungerechte und gegründete Furcht oder Irrtum darüber veranlaßt worden ist, daß er der Mutter innerhalb der gesetzlichen Empfängniszeit beigewohnt hat, oder daß solche Umstände vorliegen, die die Vermutung seiner Vaterschaft entkräften und die er zur Zeit der Anerkennung nicht gekannt hat. Die Klage kann nur binnen Jahresfrist nach Entdeckung der Täuschung, des Irrtums oder der genannten Umstände oder nach Wegfall der Zwangslage erhoben werden.

(BGBl 1989/162)

§ **164c.** Das Recht zur Klage auf Feststellung der Vaterschaft steht zu

1. dem unehelichen Kinde gegen den mutmaßlichen Vater;

2. dem Mann, dessen Anerkenntnis wegen eines Widerspruchs unwirksam geworden ist, gegen das Kind; *(BGBl 1989/162)*

3. dem Staatsanwalt im öffentlichen Interesse oder im Interesse des Kindes oder seiner Nachkommenschaft, wenn zwar bereits ein Anerkenntnis vorliegt, aber begründete Bedenken gegen die Vaterschaft des Anerkennenden bestehen, gegen den mutmaßlichen Vater; mit dem Eintritt der Rechtskraft des Urteiles, mit dem die Vaterschaft festgestellt wird, wird das Anerkenntnis rechtsunwirksam.

(BGBl 1970/342)

(2) *(aufgehoben, BGBl 1989/162)*

§ **164d.** Die in den §§ 163c bis 164c angeführten Rechtshandlungen können auch von den Rechtsnachfolgern der genannten Personen oder gegen diese gesetzt werden.

(BGBl 1989/162)

Rechtsverhältnisse zwischen Eltern und unehelichen Kindern

§ **165.** Das uneheliche Kind erhält den Familiennamen der Mutter.

(BGBl 1995/25, ab 1. 5. 1995)

§ **165a** bis **165c.** *(aufgehoben, BGBl 1995/25, ab 1. 5. 1995)*

§ **166.** „Mit der Obsorge für das uneheliche Kind ist die Mutter allein betraut.“ Im übrigen gelten, soweit nicht anderes bestimmt ist, die das eheliche Kind betreffenden Bestimmungen über den Unterhalt und die Obsorge auch für das uneheliche Kind. *(BGBl I 2000/135, ab 1. 7. 2001)*

(BGBl 1989/162)

§ **166a.** *(aufgehoben, BGBl 1977/403)*

§ **167.** (1) Leben die Eltern des Kindes in häuslicher Gemeinschaft, so können sie vereinbaren, dass in Hinkunft beide Elternteile mit der Obsorge betraut sind. Das Gericht hat die Vereinbarung zu genehmigen, wenn sie dem Wohl des Kindes entspricht. Hebt ein Elternteil die häusliche Gemeinschaft nicht bloß vorübergehend auf, so sind die §§ 177 und 177a entsprechend anzuwenden.

(2) Leben die Eltern nicht in häuslicher Gemeinschaft, so können sie vereinbaren, dass in Hinkunft auch der Vater ganz oder in bestimmten Angelegenheiten mit der Obsorge betraut ist, wenn sie dem Gericht eine Vereinbarung darüber vorlegen, bei welchem Elternteil sich das Kind hauptsächlich aufhalten soll. Soll sich das Kind hauptsächlich im Haushalt des Vaters aufhalten, so muss auch dieser immer mit der gesamten Obsorge betraut sein. Das Gericht hat die Vereinbarung zu genehmigen, wenn sie dem Wohl des Kindes entspricht. § 177a Abs. 2 ist entsprechend anzuwenden.

(BGBl I 2000/135, ab 1. 7. 2001)

§ 168. (1) Der Vater ist verpflichtet, der Mutter die Kosten der Entbindung sowie die Kosten ihres Unterhaltes für die ersten sechs Wochen nach der Entbindung und, falls infolge der Entbindung weitere Auslagen notwendig werden, auch diese zu ersetzen.

(2) Die Forderung ist mit Ablauf von drei Jahren nach der Entbindung verjährt.

(RGBl 1914/276; Bezeichnung als § 168 durch BGBl 1989/162)

§§ 169 bis 171. *(aufgehoben, BGBl 1977/403 und 1989/162)*

Erlöschen der Obsorge

§ 172. (1) Die Obsorge für das Kind erlischt mit dem Eintritt seiner Volljährigkeit. *(BGBl 1989/162)*

(2) Der gesetzliche Vertreter hat dem volljährig gewordenen Kind dessen Vermögen sowie sämtliche dessen Person betreffenden Urkunden und Nachweise zu übergeben. *(BGBl I 2000/135, ab 1. 7. 2001)*

§§ 173 und **174.** *(aufgehoben, BGBl I 2000/135, ab 1. 7. 2001, s Art XVIII § 4 KindRÄG 2001)*

§ 175. Ein verheiratetes minderjähriges Kind steht hinsichtlich seiner persönlichen Verhältnisse einem Volljährigen gleich, solange die Ehe dauert.

(BGBl I 2000/135, ab 1. 7. 2001)

Entziehung oder Einschränkung der Obsorge

§ 176. (1) Gefährden die Eltern durch ihr Verhalten das Wohl des minderjährigen Kindes, so hat das Gericht, von wem immer es angerufen wird, die zur Sicherung des Wohles des Kindes nötigen Verfügungen zu treffen. Besonders darf das Gericht die Obsorge für das Kind ganz oder teilweise, auch gesetzlich vorgesehene Einwilligungs- und Zustimmungsrechte, entziehen. Im Einzelfall kann das Gericht auch eine gesetzlich erforderliche Einwilligung oder Zustimmung ersetzen, wenn keine gerechtfertigten Gründe für die Weigerung vorliegen.

(2) Solche Verfügungen können von einem Elternteil, etwa wenn die Eltern in einer wichtigen Angelegenheit des Kindes kein Einvernehmen erzielen, den sonstigen Verwandten in gerader aufsteigender Linie, den Pflegeeltern (einem Pflegeelternteil), dem Jugendwohlfahrtsträger und dem mündigen Minderjährigen, von diesem jedoch nur in Angelegenheiten seiner Pflege und Erziehung, beantragt werden. Andere Personen können solche Verfügungen anregen.

(3) Die gänzliche oder teilweise Entziehung der Pflege und Erziehung oder der Verwaltung des Vermögens des Kindes schließt die Entziehung der gesetzlichen Vertretung in dem jeweiligen Bereich mit ein; die gesetzliche Vertretung in diesen Bereichen kann für sich allein entzogen werden, wenn die Eltern oder der betreffende Elternteil ihre übrigen Pflichten erfüllen.

(4) Fordert das Gesetz die Einwilligung oder Zustimmung der mit Pflege und Erziehung betrauten Personen (Erziehungsberechtigten), so ist die Erklärung der mit der gesetzlichen Vertretung in diesem Bereich betrauten Person notwendig, aber auch hinreichend, sofern nicht Abweichendes bestimmt ist.

(BGBl I 2000/135, ab 1. 7. 2001)

§ 176a. *(aufgehoben, BGBl I 2000/135, ab 1. 7. 2001)*

§ 176b. Durch eine Verfügung „nach § 176" darf das Gericht die Obsorge nur so weit beschränken, als dies zur Sicherung des Wohles des Kindes nötig ist. *(BGBl I 2000/135, ab 1. 7. 2001)*

(BGBl 1989/162)

§ 177. (1) Wird die Ehe der Eltern eines minderjährigen ehelichen Kindes geschieden, aufgehoben oder für nichtig erklärt, so bleibt die Obsorge beider Eltern aufrecht.

Sie können jedoch dem Gericht – auch in Abänderung einer bestehenden Regelung – eine Vereinbarung über die Betrauung mit der Obsorge vorlegen, wobei die Betrauung eines Elternteils allein oder beider Eltern vereinbart werden kann. Im Fall der Obsorge beider Eltern kann diejenige eines Elternteils auf bestimmte Angelegenheiten beschränkt sein.

(2) In jedem Fall einer Obsorge beider Eltern haben sie dem Gericht eine Vereinbarung darüber vorzulegen, bei welchem Elternteil sich das Kind hauptsächlich aufhalten soll. Dieser Elternteil muss immer mit der gesamten Obsorge betraut sein.

(3) Das Gericht hat die Vereinbarung der Eltern zu genehmigen, wenn sie dem Wohl des Kindes entspricht.

(BGBl I 2000/135, ab 1. 7. 2001)

§ 177a. (1) Kommt innerhalb angemessener Frist nach Scheidung, Aufhebung oder Nichtigerklärung der Ehe der Eltern eine Vereinbarung nach § 177 über den hauptsächlichen Aufenthalt des Kindes oder über die Betrauung mit der Obsorge nicht zustande oder entspricht sie nicht dem Wohl des Kindes, so hat das Gericht, wenn es nicht gelingt eine gütliche Einigung herbeizuführen, zu entscheiden, welcher Elternteil künftig allein mit der Obsorge betraut ist.

(2) Sind beide Eltern gemäß § 177 nach Scheidung, Aufhebung oder Nichtigerklärung ihrer Ehe mit der Obsorge betraut und beantragt ein Elternteil die Aufhebung dieser Obsorge, so hat das Gericht, wenn es nicht gelingt eine gütliche Einigung herbeizuführen, nach Maßgabe des Kindeswohles einen Elternteil allein mit der Obsorge zu betrauen.

(BGBl I 2000/135, ab 1. 7. 2001)

§ 177b. Die vorstehenden Bestimmungen sind auch anzuwenden, wenn die Eltern eines minderjährigen ehelichen Kindes nicht bloß vorübergehend getrennt leben. Doch entscheidet das Gericht in einem solchen Fall über die Obsorge nur auf Antrag eines Elternteils.

(BGBl I 2000/135, ab 1. 7. 2001)

Informations- und Äußerungsrechte

§ 178. (1) Soweit ein Elternteil nicht mit der Obsorge betraut ist, hat er, außer dem Recht auf persönlichen Verkehr, das Recht, von demjenigen, der mit der Obsorge betraut ist, von wichtigen Angelegenheiten, insbesondere von beabsichtigten Maßnahmen nach § 154 Abs. 2 und 3, rechtzeitig verständigt zu werden und sich hiezu in angemessener Frist zu äußern. Findet trotz Bereitschaft des nicht mit der Obsorge betrauten Elternteils ein persönlicher Verkehr mit dem Kind nicht regelmäßig statt, so stehen diese Rechte auch in minderwichtigen Angelegenheiten zu, sofern es sich dabei nicht bloß um Angelegenheiten des täglichen Lebens handelt. Die Äußerung ist zu berücksichtigen, wenn der darin ausgedrückte Wunsch dem Wohl des Kindes besser entspricht.

(2) Kommt der mit der Obsorge betraute Elternteil seinen Pflichten nach Abs. 1 beharrlich nicht nach, so hat das Gericht auf Antrag, sofern das Wohl des Kindes gefährdet scheint, auch von Amts wegen angemessene Verfügungen zu treffen.

(3) Würde die Wahrnehmung der Rechte nach Abs. 1 das Wohl des Kindes ernstlich gefährden oder nimmt sie der mit der Obsorge nicht betraute Elternteil in rechtsmissbräuchlicher oder für den anderen in unzumutbarer Weise in Anspruch, so hat das Gericht diese Rechte auf Antrag einzuschränken oder ganz zu entziehen. Die Rechte nach Abs. 1 entfallen, wenn der mit der Obsorge nicht betraute Elternteil grundlos das Recht des Kindes auf persönlichen Verkehr ablehnt.

(BGBl I 2000/135, ab 1. 7. 2001)

Berücksichtigung des Kindeswohls

§ 178a. Bei Beurteilung des Kindeswohls sind die Persönlichkeit des Kindes und seine Bedürfnisse, besonders seine Anlagen, Fähigkeiten, Neigungen und Entwicklungsmöglichkeiten, sowie die Lebensverhältnisse der Eltern entsprechend zu berücksichtigen.

(BGBl 1977/403)

§ 178b. *(aufgehoben, BGBl I 2000/135, ab 1. 7. 2001)*

Dem Rechtsverhältnisse zwischen Eltern und Kindern ähnliche Verbindungen:

1. Annahme an Kindesstatt

§ 179. (1) Eigenberechtigte Personen, die den ehelosen Stand nicht feierlich angelobt haben, können an Kindesstatt annehmen. Durch die Annahme an Kindesstatt wird die Wahlkindschaft begründet.

(2) Die Annahme eines Wahlkindes durch mehr als eine Person, sei es gleichzeitig, sei es, solange die Wahlkindschaft besteht, nacheinander, ist nur zulässig, wenn die Annehmenden miteinander verheiratet sind. Ehegatten dürfen in der Regel nur gemeinsam annehmen. Ausnahmen sind zulässig, wenn das leibliche Kind des anderen Ehegatten angenommen werden soll, wenn ein

Ehegatte nicht annehmen kann, weil er die gesetzlichen Voraussetzungen hinsichtlich der Eigenberechtigung oder des Alters nicht erfüllt, wenn sein Aufenthalt seit mindestens einem Jahr unbekannt ist, wenn die Ehegatten seit mindestens drei Jahren die eheliche Gemeinschaft aufgegeben haben oder wenn ähnliche und besonders gewichtige Gründe die Annahme durch nur einen der Ehegatten rechtfertigen.

(3) Personen, denen die Sorge für das Vermögen des anzunehmenden Wahlkindes durch behördliche Verfügung anvertraut ist, können dieses so lange nicht annehmen, als sie nicht von dieser Pflicht entbunden sind. Sie müssen vorher Rechnung gelegt und die Bewahrung des anvertrauten Vermögens nachgewiesen haben.

(BGBl 1960/58)

Form; Eintritt der Wirksamkeit

§ 179a. (1) Die Annahme an Kindesstatt kommt durch schriftlichen Vertrag zwischen dem Annehmenden und dem Wahlkind und durch gerichtliche Bewilligung auf Antrag eines Vertragsteiles zustande. Sie wird im Fall ihrer Bewilligung mit dem Zeitpunkt der vertraglichen Willenseinigung wirksam. Stirbt der Annehmende nach diesem Zeitpunkt, so hindert dies die Bewilligung nicht.

(2) Das nicht eigenberechtigte Wahlkind schließt den Vertrag durch seinen gesetzlichen Vertreter, dieser bedarf hiezu keiner gerichtlichen Genehmigung. Verweigert der gesetzliche Vertreter seine Einwilligung, so hat das Gericht sie auf Antrag des Annehmenden oder des Wahlkindes zu ersetzen, wenn keine gerechtfertigten Gründe für die Weigerung vorliegen.

(BGBl 1960/58)

Alter

§ 180. (1) Der Wahlvater muß das dreißigste, die Wahlmutter das achtundzwanzigste Lebensjahr vollendet haben. Nehmen Ehegatten gemeinsam an oder ist das Wahlkind ein leibliches Kind des Ehegatten des Annehmenden, so ist eine Unterschreitung dieser Altersgrenze zulässig, wenn zwischen dem Annehmenden und dem Wahlkind bereits eine dem Verhältnis zwischen leiblichen Eltern und Kindern entsprechende Beziehung besteht.

(2) Wahlvater und Wahlmutter müssen mindestens achtzehn Jahre älter als das Wahlkind sein; eine geringfügige Unterschreitung dieses Zeitraumes ist unbeachtlich, wenn zwischen dem Annehmenden und dem Wahlkind bereits eine dem Verhältnis zwischen leiblichen Eltern und Kindern entsprechende Beziehung besteht. Ist das Wahlkind ein leibliches Kind des Ehegatten des Annehmenden oder mit dem Annehmenden verwandt, so genügt ein Altersunterschied von sechzehn Jahren.

(BGBl 1977/403)

Bewilligung

§ 180a. (1) Die Annahme ist zu bewilligen, wenn eine dem Verhältnis zwischen leiblichen Eltern und Kindern entsprechende Beziehung besteht oder hergestellt werden soll. Sie muß dem Wohle des nicht eigenberechtigten Wahlkindes dienen. Ist das Wahlkind eigenberechtigt, so muß ein gerechtfertigtes Anliegen des Annehmenden oder des Wahlkindes vorliegen.

(2) Die Bewilligung ist, außer bei Fehlen der Voraussetzungen des Abs. 1, zu versagen, wenn ein überwiegendes Anliegen eines leiblichen Kindes des Annehmenden entgegensteht, insbesondere dessen Unterhalt oder Erziehung gefährdet wäre; im übrigen sind wirtschaftliche Belange nicht zu beachten, außer der Annehmende handelt in der ausschließlichen oder überwiegenden Absicht, ein leibliches Kind zu schädigen.

(BGBl 1960/58)

§ 181. (1) Die Bewilligung darf nur erteilt werden, wenn folgende Personen der Annahme zustimmen:

1. die Eltern des minderjährigen Wahlkindes;
2. der Ehegatte des Annehmenden;
3. der Ehegatte des Wahlkindes.

(BGBl 1989/162)

(2) Das Zustimmungsrecht einer im Abs. 1 genannten Person entfällt, wenn sie als gesetzlicher Vertreter des Wahlkindes den Annahmevertrag geschlossen hat; ferner, wenn sie zu einer verständigen Äußerung nicht nur vorübergehend unfähig oder ihr Aufenthalt seit mindestens sechs Monaten unbekannt ist.

(3) Das Gericht hat die verweigerte Zustimmung auf Antrag eines Vertragsteiles zu ersetzen, wenn keine gerechtfertigten Gründe für die Weigerung vorliegen.

(BGBl 1960/58)

§ 181a. (1) Ein Recht auf Anhörung haben:

1. das nicht eigenberechtigte Wahlkind ab dem vollendeten fünften Lebensjahr, außer

es hat bereits seit diesem Zeitpunkt beim Annehmenden gelebt;

2. die Eltern des volljährigen Wahlkindes;

3. die Pflegeeltern oder der Leiter des Heimes, in dem sich das Wahlkind befindet;

4. der Jugendwohlfahrtsträger.

(2) Das Anhörungsrecht eines im Abs. 1 genannten Berechtigten entfällt, wenn er als gesetzlicher Vertreter des Wahlkindes den Annahmevertrag geschlossen hat; ferner, wenn er nicht oder nur mit unverhältnismäßigen Schwierigkeiten gehört werden könnte.

(BGBl 1989/162)

Wirkungen

§ 182. (1) Zwischen dem Annehmenden und dessen Nachkommen einerseits und dem Wahlkind und dessen im Zeitpunkt des Wirksamwerdens der Annahme minderjährigen Nachkommen andererseits entstehen mit diesem Zeitpunkt die gleichen Rechte, wie sie durch die eheliche Abstammung begründet werden.

(2) Wird das Wahlkind durch Ehegatten als Wahleltern angenommen, so erlöschen mit den im § 182a bestimmten Ausnahmen die nicht bloß in der Verwandtschaft an sich (§ 40) bestehenden familienrechtlichen Beziehungen zwischen den leiblichen Eltern und deren Verwandten einerseits und dem Wahlkind und dessen im Zeitpunkt des Wirksamwerdens der Annahme minderjährigen Nachkommen andererseits mit diesem Zeitpunkt. Wird das Wahlkind nur durch einen Wahlvater (eine Wahlmutter) angenommen, so erlöschen diese Beziehungen lediglich hinsichtlich des leiblichen Vaters (der leiblichen Mutter) und dessen (deren) Verwandten; insoweit danach diese Beziehungen aufrecht bleiben würden, hat das Gericht, wenn der in Frage kommende Elternteil darin eingewilligt hat, das Erlöschen diesem Elternteil gegenüber auszusprechen; das Erlöschen wirkt vom Zeitpunkt der Abgabe der Einwilligungserklärung, frühestens jedoch vom Zeitpunkt des Wirksamwerdens der Annahme.

(BGBl 1960/58)

§ 182a. (1) Die im Familienrecht begründeten Pflichten der leiblichen Eltern und deren Verwandten zur Leistung des Unterhaltes, „“ des Heiratsgutes und der Ausstattung gegenüber dem Wahlkind und dessen im Zeitpunkt des Wirksamwerdens der Annahme minderjährigen Nachkommen bleiben aufrecht. *(BGBl 1977/403)*

(2) Das gleiche gilt für die Unterhaltspflicht des Wahlkindes gegenüber den leiblichen Eltern, sofern diese ihre Unterhaltspflicht gegenüber dem noch nicht vierzehn Jahre alten Kinde vor dessen Annahme an Kindesstatt nicht gröblich vernachlässigt haben.

(3) Die nach den Abs. 1 und 2 aufrecht bleibenden Pflichten stehen jedoch den durch die Annahme begründeten gleichen Pflichten im Range nach.

(BGBl 1960/58)

§ 182b. (1) Die im Erbrecht begründeten Rechte zwischen den leiblichen Eltern und deren Verwandten einerseits und dem Wahlkind und dessen im Zeitpunkt des Wirksamwerdens der Annahme minderjährigen Nachkommen andererseits bleiben aufrecht.

(2) Bei der gesetzlichen Erbfolge in das Vermögen des Wahlkindes in der zweiten Linie gehen die Wahleltern und deren Nachkommen einerseits den leiblichen Eltern und deren Nachkommen andererseits vor; ist das Wahlkind nur durch einen Wahlvater (eine Wahlmutter) angenommen worden und sind sowohl der Wahlvater (die Wahlmutter) oder dessen (deren) Nachkommen als auch die leibliche Mutter (der eheliche Vater) oder deren (dessen) Nachkommen vorhanden, so fällt der Nachlaß je zur Hälfte auf den Stamm des Wahlvaters (der Wahlmutter) und den der leiblichen Mutter (des ehelichen Vaters).

(BGBl 1960/58)

§ 183. (1) Wird das Wahlkind nur von einer Person an Kindesstatt angenommen und erlöschen die familienrechtlichen Beziehungen zum anderen Elternteil im Sinn des § 182 Abs. 2 zweiter Satz, so erhält das Wahlkind den Familiennamen des Annehmenden. Die §§ 162a Abs. 2 bis 162d gelten entsprechend.

(2) Im übrigen gelten für die Ableitung des Familiennamens des Wahlkindes von den Wahleltern beziehungsweise von einem Wahlelternteil und demjenigen Elternteil, zu dem die familienrechtlichen Beziehungen aufrecht geblieben sind, die §§ 139 sowie 162a Abs. 2 bis 162d entsprechend.

(BGBl 1995/25, ab 1. 5. 1995)

§ 183a. *(aufgehoben, BGBl 1995/25, ab 1. 5. 1995)*

Widerruf und Aufhebung

§ 184. (1) Die gerichtliche Bewilligung ist vom Gericht mit rückwirkender Kraft zu widerrufen:

1. von Amts wegen oder auf Antrag eines Vertragsteiles, wenn beim Abschluß des Annahmevertrages der Annehmende nicht eigenberechtigt gewesen ist, außer er hat nach der Erlangung seiner Eigenberechtigung zu erkennen gegeben, daß er die Wahlkindschaft fortsetzen wolle;

2. von Amts wegen oder auf Antrag eines Vertragsteiles, wenn ein nicht eigenberechtigtes Wahlkind selbst den Annahmevertrag geschlossen hat, außer es hat der gesetzliche Vertreter oder nach Erlangung der Eigenberechtigung das Wahlkind nachträglich zugestimmt oder das Gericht die verweigerte nachträgliche Zustimmung des gesetzlichen Vertreters im Sinne des § 179a Abs. 2 ersetzt;

3. von Amts wegen oder auf Antrag eines Vertragsteiles, wenn das Wahlkind durch mehr als eine Person angenommen worden ist, außer die Annehmenden sind im Zeitpunkt der Bewilligung miteinander verheiratet gewesen;

4. von Amts wegen oder auf Antrag eines Vertragsteiles, wenn der Annahmevertrag ausschließlich oder vorwiegend in der Absicht geschlossen worden ist, dem Wahlkind die Führung des Familiennamens des Wahlvaters oder der Wahlmutter zu ermöglichen oder den äußeren Schein einer Wahlkindschaft zur Verdeckung rechtswidriger geschlechtlicher Beziehungen zu schaffen;

5. auf Antrag eines Vertragsteiles, wenn der Annahmevertrag nicht schriftlich geschlossen worden ist und seit dem Eintritt der Rechtskraft des Bewilligungsbeschlusses nicht mehr als fünf Jahre verstrichen sind.

(2) Hat einer der Vertragsteile den Widerrufsgrund (Abs. 1 Z. 1 bis 3 und 5) bei Abschließung des Annahmevertrages nicht gekannt, so gilt in seinem Verhältnis zum anderen Vertragsteil der Widerruf insoweit als Aufhebung (§ 184a), als er dies beansprucht.

(3) Einem Dritten, der im Vertrauen auf die Gültigkeit der Annahme an Kindesstatt vor dem Widerruf Rechte erworben hat, kann nicht eingewendet werden, daß die Bewilligung widerrufen worden ist. Zum Nachteil eines der Vertragsteile, der den Widerrufsgrund bei Abschließung des Annahmevertrages nicht gekannt hat, kann ein Dritter nicht die Wirkungen des Widerrufes beanspruchen.

(BGBl 1960/58)

§ 184a. (1) Die Wahlkindschaft ist vom Gericht aufzuheben:

1. wenn die Erklärung eines Vertragsteiles oder eines Zustimmungsberechtigten durch List oder ungerechte und gegründete Furcht veranlaßt worden ist und der Betroffene die Aufhebung binnen Jahresfrist nach Entdeckung der Täuschung oder Wegfall der Zwangslage beantragt;

2. von Amts wegen, wenn die Aufrechterhaltung der Wahlkindschaft das Wohl des nicht eigenberechtigten Wahlkindes ernstlich gefährden würde;

3. auf Antrag des Wahlkindes, wenn die Aufhebung nach Auflösung oder Nichtigerklärung der Ehe der Wahleltern oder nach dem Tode des Wahlvaters (der Wahlmutter) dem Wohle des Wahlkindes dient und nicht einem gerechtfertigten Anliegen des (der) von der Aufhebung betroffenen, wenn auch bereits verstorbenen Wahlvaters (Wahlmutter) widerspricht;

4. wenn der Wahlvater (die Wahlmutter) und das eigenberechtigte Wahlkind die Aufhebung beantragen.

(2) Besteht die Wahlkindschaft gegenüber einem Wahlvater und einer Wahlmutter, so darf die Aufhebung im Sinne des Abs. 1 nur beiden gegenüber bewilligt werden; die Aufhebung gegenüber einem von ihnen allein ist nur im Falle der Auflösung oder Nichtigerklärung ihrer Ehe zulässig.

(BGBl 1960/58)

§ 185. (1) Mit dem Eintritt der Rechtskraft des Aufhebungsbeschlusses erlöschen die durch die Annahme zwischen dem Wahlvater (der Wahlmutter) und dessen (deren) Nachkommen einerseits und dem Wahlkind und dessen Nachkommen andererseits begründeten Rechtsbeziehungen.

(2) Mit diesem Zeitpunkt leben die familienrechtlichen Beziehungen zwischen den leiblichen Eltern und deren Verwandten einerseits und dem Wahlkind und dessen Nachkommen andererseits, soweit sie nach dem § 182 erloschen sind, wieder auf.

(3) Mit dem im Abs. 1 genannten Zeitpunkt sind hinsichtlich des Wahlkindes und dessen minderjährigen Nachkommen die namensrechtlichen Wirkungen der Annahme so anzusehen, als wären sie nicht eingetreten.

(BGBl 1960/58)

§ 185a. Ein Widerruf oder eine Aufhebung aus anderen als den in den §§ 184 und 184a angeführten Gründen ist unzulässig;

ebenso eine vertragliche Einigung oder ein Rechtsstreit über die Anfechtung des Annahmevertrages.

(BGBl 1960/58)

2. Pflegeeltern

§ 186. Pflegeeltern sind Personen, die die Pflege und Erziehung des Kindes ganz oder teilweise besorgen und zu denen eine dem Verhältnis zwischen leiblichen Eltern und Kindern nahe kommende Beziehung besteht oder hergestellt werden soll. Sie haben das Recht, in den die Person des Kindes betreffenden Verfahren Anträge zu stellen.

(BGBl I 2000/135, ab 1. 7. 2001)

§ 186a. (1) Das Gericht hat einem Pflegeelternpaar (Pflegeelternteil) auf seinen Antrag die Obsorge für das Kind ganz oder teilweise zu übertragen, wenn das Pflegeverhältnis nicht nur für kurze Zeit beabsichtigt ist und die Übertragung dem Wohl des Kindes entspricht. Die Regelungen über die Obsorge gelten dann für dieses Pflegeelternpaar (diesen Pflegeelternteil). *(BGBl I 2000/135, ab 1. 7. 2001)*

(2) Sind die Eltern oder Großeltern mit der Obsorge betraut und stimmen sie der Übertragung nicht zu, so darf diese nur verfügt werden, wenn ohne sie das Wohl des Kindes gefährdet wäre. *(BGBl I 2000/135, ab 1. 7. 2001)*

(3) Die Übertragung ist aufzuheben, wenn dies dem Wohl des Kindes entspricht. Gleichzeitig hat das Gericht unter Beachtung des Wohles des Kindes auszusprechen, auf wen die Obsorge übergeht.

(4) Das Gericht hat vor seiner Entscheidung die Eltern, den gesetzlichen Vertreter, weitere Erziehungsberechtigte, den Jugendwohlfahrtsträger und jedenfalls das bereits zehnjährige Kind zu hören. § 181a Abs. 2 gilt sinngemäß.

(BGBl 1989/162)

Viertes Hauptstück
Von der Obsorge einer anderen Person, der Sachwalterschaft und der Kuratel

I. Von der Obsorge einer anderen Person

§ 187. Soweit nach dem dritten Hauptstück weder Eltern noch Großeltern oder Pflegeeltern mit der Obsorge betraut sind oder betraut werden können und kein Fall des § 211 vorliegt, hat das Gericht unter Beachtung des Wohles des Kindes eine andere geeignete Person mit der Obsorge zu betrauen.

(BGBl I 2000/135, ab 1. 7. 2001)

§ 188. (1) Bei der Auswahl einer anderen Person für die Obsorge ist besonders auf das Wohl des Kindes Bedacht zu nehmen. Wünsche des Kindes und der Eltern, im Falle des § 145c des Zuwendenden, sind zu berücksichtigen, sofern sie dem Wohl des Kindes entsprechen.

(2) Mit der Obsorge dürfen nicht betraut werden

1. nicht voll handlungsfähige Personen;

2. Personen, von denen, besonders auch wegen der durch eine strafgerichtliche Verurteilung zutage getretenen Veranlagung oder Eigenschaft, eine dem Wohl des minderjährigen Kindes förderliche Ausübung der Obsorge nicht zu erwarten ist.

(BGBl I 2000/135, ab 1. 7. 2001)

§ 189. (1) Derjenige, den das Gericht mit der Obsorge betrauen will, hat alle Umstände, die ihn dafür ungeeignet erscheinen lassen, dem Gericht mitzuteilen. Unterlässt er diese Mitteilung schuldhaft, so haftet er für alle dem minderjährigen Kind daraus entstehenden Nachteile.

(2) Eine besonders geeignete Person kann die Betrauung mit der Obsorge nur ablehnen, wenn ihr diese unzumutbar wäre.

(BGBl I 2000/135, ab 1. 7. 2001)

§§ **190** bis **196.** *(aufgehoben, BGBl I 2000/135, ab 1. 7. 2001)*

§ **197.** *(aufgehoben, BGBl 1977/403)*

§§ **198** bis **206.** *(aufgehoben, BGBl I 2000/135, ab 1. 7. 2001)*

§§ **207** und **208.** *(aufgehoben, BGBl 1954/99)*

§§ **209** und **210.** *(aufgehoben, BGBl I 2000/135, ab 1. 7. 2001)*

Aufgaben des Jugendwohlfahrtsträgers

§ 211. Wird ein minderjähriges Kind im Inland gefunden und sind dessen Eltern unbekannt, so ist kraft Gesetzes der Jugendwohlfahrtsträger mit der Obsorge betraut. Dies gilt für den Bereich der Vermögensverwaltung und der Vertretung auch, wenn ein Kind im Inland geboren wird und in diesem Bereich kein Elternteil mit der Obsorge betraut ist.

(BGBl I 2000/135, ab 1. 7. 2001)

§ 212. (1) Der Jugendwohlfahrtsträger hat, soweit es nach den Umständen geboten scheint, den gesetzlichen Vertreter eines im Inland geborenen Kindes innerhalb angemessener Frist nach der Geburt über die elterlichen Rechte und Pflichten, besonders über den Unterhaltsanspruch des Kindes, gegebenenfalls auch über die Feststellung der Vaterschaft, in Kenntnis zu setzen und ihm für die Wahrnehmung der Rechte des Kindes seine Hilfe anzubieten.

(2) Für die Festsetzung oder Durchsetzung der Unterhaltsansprüche des Kindes sowie gegebenenfalls für die Feststellung der Vaterschaft ist der Jugendwohlfahrtsträger „Vertreter" des Kindes, wenn die schriftliche Zustimmung des „sonstigen" gesetzlichen Vertreters vorliegt. *(BGBl I 2000/135, ab 1. 7. 2001, s Art XVIII § 2 KindRÄG 2001)*

(3) Für andere Angelegenheiten ist der Jugendwohlfahrtsträger „Vertreter" des Kindes, wenn er sich zur Vertretung bereit erklärt und die schriftliche Zustimmung des „sonstigen" gesetzlichen Vertreters vorliegt. *(BGBl I 2000/135, ab 1. 7. 2001, s Art XVIII § 2 KindRÄG 2001)*

(4) Durch die Vertretungsbefugnis des Jugendwohlfahrtsträgers wird die Vertretungsbefugnis des sonstigen gesetzlichen Vertreters nicht eingeschränkt, jedoch gilt § 154a sinngemäß. Der Jugendwohlfahrtsträger und der sonstige gesetzliche Vertreter haben einander über ihre Vertretungshandlungen in Kenntnis zu setzen.

(5) Die Vertretungsbefugnis des Jugendwohlfahrtsträgers endet, wenn der „sonstige" gesetzliche Vertreter seine Zustimmung schriftlich widerruft, der Jugendwohlfahrtsträger seine Erklärung nach Abs. 3 zurücknimmt oder das Gericht den Jugendwohlfahrtsträger auf dessen Antrag als „Vertreter" enthebt, weil er zur Wahrung der Rechte und zur Durchsetzung der Ansprüche des Kindes nach Lage des Falles nichts mehr beizutragen vermag. *(BGBl I 2000/135, ab 1. 7. 2001)*

(BGBl 1989/162)

§ 213. Ist eine andere Person mit der Obsorge für einen Minderjährigen ganz oder teilweise zu betrauen und lassen sich dafür Verwandte oder andere nahe stehende oder sonst besonders geeignete Personen nicht finden, so hat das Gericht die Obsorge dem Jugendwohlfahrtsträger zu übertragen.

(BGBl I 2000/135, ab 1. 7. 2001)

§ 214. (1) Die §§ 216, 234, 265, 266 und 267 gelten für den Jugendwohlfahrtsträger nicht. Dieser ist vor der Anlegung des Vermögens eines Minderjährigen nur im Fall des § 230e verpflichtet, die Zustimmung des Gerichtes einzuholen. *(BGBl I 2000/135, ab 1. 7. 2001)*

(2) Der Jugendwohlfahrtsträger bedarf zu Klagen auf Feststellung der Vaterschaft und Leistung des Unterhalts sowie zum Abschluß von Vereinbarungen über die Höhe gesetzlicher Unterhaltsleistungen nicht der Genehmigung des Gerichtes. Vereinbarungen über die Leistung des Unterhalts eines Minderjährigen, die vor dem Jugendwohlfahrtsträger oder von ihm geschlossen und von ihm beurkundet werden, haben die Wirkung eines gerichtlichen Vergleiches.

(3) Der Jugendwohlfahrtsträger hat Personen, die ein Kind pflegen und erziehen oder gesetzlich vertreten, über seine Vertretungstätigkeit bezüglich dieses Kindes Auskünfte zu erteilen, soweit das Wohl des Kindes hiedurch nicht gefährdet wird.

(BGBl 1989/162)

§ 215. (1) Der Jugendwohlfahrtsträger hat die zur Wahrung des Wohles eines Minderjährigen erforderlichen gerichtlichen Verfügungen im Bereich der Obsorge zu beantragen. Bei Gefahr im Verzug kann er die erforderlichen Maßnahmen der Pflege und Erziehung vorläufig mit Wirksamkeit bis zur gerichtlichen Entscheidung selbst treffen; er hat diese Entscheidung unverzüglich, jedenfalls innerhalb von acht Tagen, zu beantragen. Im Umfang der getroffenen Maßnahmen ist der Jugendwohlfahrtsträger vorläufig mit der Obsorge betraut.

(2) Eine einstweilige Verfügung nach § 382b EO und deren Vollzug nach § 382d EO kann der Jugendwohlfahrtsträger als Vertreter des Minderjährigen beantragen, wenn der sonstige gesetzliche Vertreter einen erforderlichen Antrag nicht unverzüglich gestellt hat; § 212 Abs. 4 gilt hiefür entsprechend.

(BGBl I 2000/135, ab 1. 7. 2001)

§ 215a. Sofern nicht anderes angeordnet ist, fallen die Aufgaben dem Bundesland als Jugendwohlfahrtsträger zu, in dem das minderjährige Kind seinen gewöhnlichen Aufenthalt, mangels eines solchen im Inland seinen Aufenthalt hat. Fehlt ein Aufenthalt im Inland, so ist, sofern das minderjährige Kind österreichischer Staatsbürger ist, für im Inland zu besorgende Aufgaben das Bundesland als Jugendwohlfahrtsträger zuständig, in dem der Minderjährige seinen letzten Aufenthalt gehabt hat, dann dasjenige, in dem ein Elternteil seinen Aufenthalt hat oder zuletzt gehabt hat. Wechselt das minderjährige Kind seinen Aufenthalt in ein anderes Bundesland, so kann der Jugendwohlfahrtsträger seine Aufgaben dem anderen mit dessen Zustimmung übertragen. Hievon ist das Gericht zu verständigen, wenn es mit den Angelegenheiten des minderjährigen Kindes bereits befasst war.

(BGBl I 2000/135, ab 1. 7. 2001)

Besondere Pflichten und Rechte anderer mit der Obsorge betrauter Personen

a) in Angelegenheiten der Pflege und Erziehung

§ 216. Ist eine andere Person mit der Obsorge betraut, so hat sie, soweit nicht anderes bestimmt ist, in wichtigen, die Person des Kindes betreffenden Angelegenheiten, insbesondere in den Angelegenheiten des § 154 Abs. 2, die Genehmigung des Gerichtes einzuholen. Ohne Genehmigung getroffene Maßnahmen oder Vertretungshandlungen sind unzulässig und unwirksam, sofern nicht Gefahr im Verzug vorliegt.

(BGBl I 2000/135, ab 1. 7. 2001)

§ 217. *(aufgehoben, BGBl I 2000/135, ab 1. 7. 2001)*

§§ 218 bis **221.** *(aufgehoben, BGBl 1977/403)*

§§ 222 bis **224.** *(aufgehoben, BGBl I 2000/135, ab 1. 7. 2001)*

§§ 225 bis **227.** *(aufgehoben, BGBl 1977/403)*

§ 228. *(aufgehoben, BGBl I 2000/135, ab 1. 7. 2001)*

b) in Angelegenheiten der Vermögensverwaltung

§ 229. Die mit der gesetzlichen Vertretung in Angelegenheiten der Vermögensverwaltung betraute Person hat bei Antritt der Obsorge nach gründlicher Erforschung des Vermögensstandes dem Gericht gegenüber das Vermögen im Einzelnen anzugeben und bei Beendigung der Obsorge Rechnung zu legen. Das Gericht hat die Tätigkeit des gesetzlichen Vertreters zur Vermeidung einer Gefährdung des Wohls des minderjährigen Kindes zu überwachen und die dazu notwendigen Aufträge zu erteilen. Näheres wird in den Verfahrensgesetzen bestimmt.

(BGBl I 2000/135, ab 1. 7. 2001)

Anlegung von Mündelgeld

§ 230. (1) Soweit Geld eines Minderjährigen nicht, dem Gesetz entsprechend, für besondere Zwecke zu verwenden ist, ist es unverzüglich sicher und möglichst fruchtbringend durch Spareinlagen, den Erwerb von Wertpapieren (Forderungen), die Gewährung von Darlehen, den Erwerb von Liegenschaften oder in anderer Weise nach den folgenden Bestimmungen anzulegen.

(2) Ist es wirtschaftlich zweckmäßig, so ist Mündelgeld auf mehrere dieser Arten anzulegen.

(BGBl 1977/403)

§ 230a. Spareinlagen bei einem inländischen Kreditinstitut, das zur Entgegennahme von Spareinlagen berechtigt ist, sind zur Anlegung von Mündelgeld geeignet, wenn sie auf den Namen des Mündels lauten, ausdrücklich die Bezeichnung „Mündelgeld" tragen und entweder allgemein für die Verbindlichkeiten des Kreditinstitutes der Bund oder eines der Länder oder für die Verzinsung und Rückzahlung der Mündelgeldspareinlagen im besonderen ein von dem Kreditinstitut gebildeter, jederzeit mit der jeweiligen Höhe solcher Einlagen übereinstimmender unbelasteter Deckungsstock haftet. Dieser Deckungsstock hat ausschließlich in mündelsicheren Wertpapieren (§ 230b), in Hypothekarforderungen mit gesetzgemäßer Sicherheit (§ 230c), in Forderungen, für die der Bund oder eines der Länder haftet, oder in Bargeld zu bestehen.

(BGBl 1977/403)

§ 230b. Der Erwerb folgender Wertpapiere und Forderungen ist zur Anlegung von Mündelgeld geeignet:

1. Teilschuldverschreibungen von Anleihen, für deren Verzinsung und Rückzahlung der Bund oder eines der Länder haftet;

2. Forderungen, die in das Hauptbuch der Staatsschuld eingetragen sind;

3. Pfandbriefe und Kommunalschuldverschreibungen der nach den gesetzlichen Vorschriften zur Ausgabe solcher Wertpapiere zugelassenen inländischen Kreditinstitute;

4. von einem inländischen Kreditinstitut ausgegebene Teilschuldverschreibungen, sofern das Kreditinstitut verpflichtet ist, die Ansprüche aus diesen Teilschuldverschreibungen vorzugsweise zu befriedigen und als Sicherheit für diese Befriedigung Forderungen des Kreditinstitutes, für das der Bund haftet, Wertpapiere oder Forderungen

gemäß den Z. 1 bis 3 und 5 oder Bargeld zu bestellen, und dies auf den Teilschuldverschreibungen ausdrücklich ersichtlich gemacht ist;

5. sonstige Wertpapiere, sofern sie durch besondere gesetzliche Vorschriften zur Anlegung von Mündelgeld geeignet erklärt worden sind.

(BGBl 1977/403)

§ 230c. (1) Darlehen sind zur Anlegung von Mündelgeld geeignet, wenn zu ihrer Sicherstellung an einer inländischen Liegenschaft eine Hypothek bestellt wird und die Liegenschaft samt ihrem Zubehör während der Laufzeit des Darlehens ausreichend feuerversichert ist. Liegenschaften, deren Wert sich wegen eines darauf befindlichen Abbaubetriebs ständig und beträchtlich vermindert, sind nicht geeignet.

(2) „Es darf jedoch eine Liegenschaft nicht über die Hälfte des Verkehrswertes belastet werden." Bei Weingärten, Wäldern und anderen Liegenschaften, deren Ertrag auf ähnlichen dauernden Anpflanzungen beruht, ist die Belastungsgrenze ohne Berücksichtigung des Wertes der Kulturgattung vom Grundwert zu errechnen. Ebenso ist bei industriell oder gewerblich genutzten Liegenschaften vom bloßen Grundwert auszugehen, doch sind von diesem die Kosten der Freimachung der Liegenschaft von industriell oder gewerblich genutzten Baulichkeiten abzuziehen. Die Art (Widmung, Nutzung) der Liegenschaft und die maßgebende Belastungsgrenze sind durch einen allgemein beeideten gerichtlichen Sachverständigen festzustellen. *(BGBl I 2000/135, ab 1. 7. 2001)*

(BGBl 1977/403)

§ 230d. (1) Der Erwerb inländischer Liegenschaften ist zur Anlegung von Mündelgeld geeignet, wenn sich ihr Wert nicht wegen eines darauf befindlichen Abbaubetriebs ständig und beträchtlich vermindert oder sie nicht ausschließlich oder überwiegend industriellen oder gewerblichen Zwecken dienen.

(2) Der Kaufpreis soll in der Regel den Verkehrswert nicht übersteigen.

(BGBl I 2000/135, ab 1. 7. 2001)

§ 230e. (1) Die Anlegung von Mündelgeld in anderer Weise als nach den vorstehenden Bestimmungen hat das Gericht, im Fall des Erwerbes von Wertpapieren jedenfalls nach Anhörung eines Sachverständigen für das Börsen- oder Bankwesen, zu genehmigen, wenn sie nach den Verhältnissen des Einzelfalls den Grundsätzen einer wirtschaftlichen Vermögensverwaltung entspricht.

(2) Unter diesen Voraussetzungen kommen für die Anlegung besonders in Betracht

1. Wertpapiere, die im § 230b nicht genannt sind, sofern dafür vorgesorgt ist, daß die Verwaltung der Wertpapiere einschließlich eines Verkaufes, falls er durch die Marktlage geboten sein sollte, sachkundig vorgenommen wird;

2. Liegenschaften, die nicht geeignet im Sinn des § 230d sind, sofern ihr Erwerb dem Mündel mit Beziehung auf die gegenwärtige oder künftige Berufsausübung oder sonst zum klaren Vorteil gereichen würde; der Kaufpreis darf auch hier den gemeinen Wert nicht übersteigen.

(BGBl 1977/403)

§ 231. Das übrige bewegliche Vermögen, das nicht zur Befriedigung der gegenwärtigen oder zukünftigen Bedürfnisse des minderjährigen Kindes benötigt wird oder zumindest nicht dazu geeignet scheint, ist bestmöglich zu verwerten. Einer gerichtlichen Genehmigung bedarf es nur, wenn der Verkehrswert der einzelnen Sache voraussichtlich „1 000 Euro" oder die Summe der Werte der zur Verwertung bestimmten Sachen voraussichtlich „10 000 Euro" übersteigt. *(BGBl I 2001/98, ab 1. 1. 2002)*

(BGBl I 2000/135, ab 1. 7. 2001)

§ 232. Ein unbewegliches Gut darf nur im Notfall oder zum offenbaren Vorteil des minderjährigen Kindes mit gerichtlicher Genehmigung veräußert werden.

(BGBl I 2000/135, ab 1. 7. 2001)

§ 233. *(aufgehoben, BGBl 1977/403)*

§ 234. Der gesetzliche Vertreter kann „10 000 Euro" übersteigende Zahlungen an das minderjährige Kind nur entgegennehmen und darüber quittieren, wenn er dazu vom Gericht im Einzelfall oder allgemein ermächtigt wurde. Fehlt eine solche Ermächtigung, so wird der Schuldner durch Zahlung an den Vertreter von seiner Schuld nur befreit, wenn das Gezahlte noch im Vermögen des minderjährigen Kindes vorhanden ist oder für seine Zwecke verwendet wurde. *(BGBl I 2001/98, ab 1. 1. 2002)*

(BGBl I 2000/135, ab 1. 7. 2001)

§ 235. *(aufgehoben, BGBl 1977/403)*

§§ 236 bis 238. *(aufgehoben, BGBl I 2000/135, ab 1. 7. 2001)*

§§ **239** bis **244.** *(aufgehoben, BGBl 1977/403 und 1989/162)*

§ **245.** *(aufgehoben, BGBl I 2000/135, ab 1. 7. 2001)*

§§ **246** bis **248.** *(aufgehoben, BGBl 1973/108 und 1977/403)*

§ **249.** *(aufgehoben, BGBl I 2000/135, ab 1. 7. 2001)*

Änderungen in der Obsorge

§ **250.** Die Obsorge des Jugendwohlfahrtsträgers (§ 211) endet, sofern der Umstand, der die Eltern von der Ausübung der Obsorge ausgeschlossen hat, weggefallen ist; im ersten Fall des § 211 bedarf es hiezu jedoch der Übertragung der Obsorge an die Eltern durch das Gericht.

(BGBl I 2000/135, ab 1. 7. 2001)

§ **251.** *(aufgehoben, BGBl I 2000/135, ab 1. 7. 2001)*

§ **252.** *(aufgehoben, BGBl 1973/108)*

§ **253.** Das Gericht hat die Obsorge an eine andere Person zu übertragen, wenn das Wohl des minderjährigen Kindes dies erfordert, insbesondere wenn die mit der Obsorge betraute Person ihre Verpflichtungen aus § 145b nicht erfüllt, einer der Umstände des § 188 Abs. 2 eintritt oder bekannt wird oder die Person, die bisher mit der Obsorge betraut war, stirbt.

(BGBl I 2000/135, ab 1. 7. 2001)

§§ **254** bis **258.** *(aufgehoben, BGBl I 2000/135, ab 1. 7. 2001)*

§§ **259. und 260.** *(aufgehoben, BGBl 1973/108 und 1977/403)*

§§ **261** bis **263.** *(aufgehoben, BGBl I 2000/135, ab 1. 7. 2001)*

Haftung

§ **264.** (1) Die nach § 187 mit der Obsorge betrauten Personen haften dem Kind gegenüber für jeden durch ihr Verschulden verursachten Schaden.

(2) Soweit sich die mit der Obsorge betraute Person zu ihrer Ausübung rechtmäßig anderer Personen bedient, haftet sie nur insoweit, als sie schuldhaft eine untüchtige oder gefährliche Person ausgewählt, deren Tätigkeit nur unzureichend überwacht oder die Geltendmachung von Ersatzansprüchen des minderjährigen Kindes gegen diese Personen schuldhaft unterlassen hat.

(BGBl I 2000/135, ab 1. 7. 2001)

§ **265.** Der Richter kann die Ersatzpflicht nach § 264 insoweit mäßigen oder ganz erlassen, als sie die mit der Obsorge betraute Person unter Berücksichtigung aller Umstände, insbesondere des Grades des Verschuldens oder eines besonderen Naheverhältnisses zwischen dem minderjährigen Kind und der mit der Obsorge betrauten Person, unbillig hart träfe.

(BGBl I 2000/135, ab 1. 7. 2001)

Entschädigung

§ **266.** (1) Der nach § 187 mit der Obsorge betrauten Person gebührt unter Bedachtnahme auf Art und Umfang ihrer Tätigkeit und des damit gewöhnlich verbundenen Aufwands an Zeit und Mühe eine jährliche Entschädigung, soweit dadurch die Befriedigung der Lebensbedürfnisse des Kindes nicht gefährdet wird.

(2) Sofern das Gericht nicht aus besonderen Gründen eine geringere Entschädigung für angemessen findet, beträgt sie fünf vom Hundert sämtlicher Einkünfte nach Abzug der hievon zu entrichtenden gesetzlichen Steuern und Abgaben. Bezüge, die kraft besonderer gesetzlicher Anordnung zur Deckung bestimmter Aufwendungen dienen, sind nicht als Einkünfte zu berücksichtigen. Übersteigt der Wert des Vermögens des minderjährigen Kindes „10 000 Euro“, so kann das Gericht überdies pro Jahr bis zu zwei vom Hundert des Mehrbetrags als Entschädigung gewähren, soweit sich die mit der Obsorge betraute Person um die Erhaltung des Vermögens oder dessen Verwendung zur Deckung von Bedürfnissen des Kindes besonders verdient gemacht hat. Betrifft die Obsorge nur einen Teilbereich der Obsorge oder dauert die Tätigkeit der mit der Obsorge betrauten Person nicht ein volles Jahr, so vermindert sich der Anspruch auf Entschädigung entsprechend. *(BGBl I 2001/98, ab 1. 1. 2002)*

(3) Bei besonders umfangreichen und erfolgreichen Bemühungen der mit der Obsorge betrauten Person kann das Gericht die Entschädigung auch höher als nach Abs. 2 erster Satz bemessen, jedoch nicht höher als zehn vom Hundert der Einkünfte.

(BGBl I 2000/135, ab 1. 7. 2001)

Entgelt und Aufwandsersatz

§ **267.** (1) Nützt die mit der Obsorge betraute Person für Angelegenheiten, deren

Besorgung sonst einem Dritten übertragen werden müsste, ihre besonderen beruflichen Kenntnisse und Fähigkeiten, so hat sie hiefür einen Anspruch auf angemessenes Entgelt. Dieser Anspruch besteht für die Kosten einer rechtsfreundlichen Vertretung jedoch nicht, soweit beim minderjährigen Kind die Voraussetzungen für die Bewilligung der Verfahrenshilfe gegeben sind oder diese Kosten nach gesetzlichen Vorschriften vom Gegner ersetzt werden.

(2) Zur zweckentsprechenden Ausübung der Obsorge notwendige Barauslagen, tatsächliche Aufwendungen und die Kosten der Versicherung der Haftpflicht nach § 264 sind der mit der Obsorge betrauten Person vom minderjährigen Kind jedenfalls zu erstatten, soweit sie nach gesetzlichen Vorschriften nicht unmittelbar von Dritten getragen werden.

(3) Ansprüche nach den Abs. 1 und 2 bestehen insoweit nicht, als durch sie die Befriedigung der Lebensbedürfnisse des Kindes gefährdet wäre.

(BGBl I 2000/135, ab 1. 7. 2001)

§ 268. *(aufgehoben, BGBl 1989/162)*

II. Von der Kuratel und der Sachwalterschaft

§ 269. *(aufgehoben, BGBl I 2000/135, ab 1. 7. 2001)*

§ 270. *(aufgehoben, BGBl 1977/403)*

a) im Kollisionsfall

§ 271. (1) Widerstreiten einander in einer bestimmten Angelegenheit die Interessen einer minderjährigen oder sonst nicht voll handlungsfähigen Person und jene ihres gesetzlichen Vertreters, so hat das Gericht der Person zur Besorgung dieser Angelegenheiten einen besonderen Kurator zu bestellen.

(2) Der Bestellung eines Kurators bedarf es nicht, wenn eine Gefährdung der Interessen des minderjährigen Kindes oder der sonst nicht voll handlungsfähigen Person nicht zu besorgen ist und die Interessen des minderjährigen Kindes oder der sonst nicht voll handlungsfähigen Person vom Gericht ausreichend wahrgenommen werden können. Dies gilt im Allgemeinen in Verfahren zur Durchsetzung der Rechte des Kindes nach § 140 und § 148, auch wenn es durch den betreuenden Elternteil vertreten wird, sowie in Verfahren über Ansprüche nach § 266 Abs. 1 und 2 oder § 267.

(BGBl I 2000/135, ab 1. 7. 2001)

§ 272. (1) Widerstreiten einander die Interessen zweier oder mehrerer minderjähriger oder sonst nicht voll handlungsfähiger Personen, die denselben gesetzlichen Vertreter haben, so darf dieser keine der genannten Personen vertreten. Das Gericht hat für jede von ihnen einen besonderen Kurator zu bestellen.

(2) § 271 Abs. 2 gilt entsprechend.

(BGBl I 2000/135, ab 1. 7. 2001)

b) für behinderte Personen;

§ 273. (1) Vermag eine „volljährige" Person, die an einer psychischen Krankheit leidet oder geistig behindert ist, alle oder einzelne ihrer Angelegenheiten nicht ohne Gefahr eines Nachteils für sich selbst zu besorgen, so ist ihr auf ihren Antrag oder von Amts wegen dazu ein Sachwalter zu bestellen. *(BGBl I 2000/135, ab 1. 7. 2001)*

(2) Die Bestellung eines Sachwalters ist unzulässig, wenn der Betreffende durch andere Hilfe, besonders im Rahmen seiner Familie oder von Einrichtungen der öffentlichen oder privaten Behindertenhilfe, in die Lage versetzt werden kann, seine Angelegenheiten im erforderlichen Ausmaß zu besorgen. Ein Sachwalter darf nicht nur deshalb bestellt werden, um einen Dritten vor der Verfolgung eines, wenn auch bloß vermeintlichen, Anspruchs zu schützen.

(3) Je nach Ausmaß der Behinderung sowie Art und Umfang der zu besorgenden Angelegenheiten ist der Sachwalter zu betrauen

1. mit der Besorgung einzelner Angelegenheiten, etwa der Durchsetzung oder der Abwehr eines Anspruchs oder der Eingehung und der Abwicklung eines Rechtsgeschäfts,

2. mit der Besorgung eines bestimmten Kreises von Angelegenheiten, etwa der Verwaltung eines Teiles oder des gesamten Vermögens, oder

3. mit der Besorgung aller Angelegenheiten der behinderten Person.

(BGBl 1983/136)

§ 273a. (1) Die behinderte Person kann innerhalb des Wirkungskreises des Sachwalters ohne dessen ausdrückliche oder stillschweigende Einwilligung rechtsgeschäftlich weder verfügen noch sich verpflichten. Sofern dadurch nicht das Wohl der behinderten Person gefährdet wird, kann das Gericht bestimmen, daß die behinderte Person innerhalb des Wirkungskreises des Sachwalters hinsichtlich bestimmter Sachen oder ihres Einkommens oder eines bestimmten Teiles davon frei verfügen und sich verpflichten kann.

(2) Schließt die behinderte Person im Rahmen des Wirkungskreises des Sachwalters ein Rechtsgeschäft, das eine geringfügige Angelegenheit des täglichen Lebens betrifft, so wird dieses Rechtsgeschäft, auch wenn die Voraussetzungen des Abs. 1 zweiter Satz nicht vorliegen, mit der Erfüllung der die behinderte Person treffenden Pflichten rückwirkend rechtswirksam.

(3) Die behinderte Person hat das Recht, von beabsichtigten wichtigen Maßnahmen in ihre Person oder ihr Vermögen betreffenden Angelegenheiten vom Sachwalter rechtzeitig verständigt zu werden und sich hierzu, wie auch zu anderen Maßnahmen, in angemessener Frist zu äußern; diese Äußerung ist zu berücksichtigen, wenn der darin ausgedrückte Wunsch dem Wohl der behinderten Person nicht weniger entspricht.

(BGBl 1983/136)

d) für Ungeborne;

§ 274. In Rücksicht auf Ungeborne wird ein „Kurator" entweder für die Nachkommenschaft überhaupt, oder für eine bereits vorhandene Leibesfrucht (§ 22) aufgestellt. Im ersten Falle hat der „Kurator" dafür zu sorgen, daß die Nachkommenschaft bei einem ihr bestimmten Nachlasse nicht verkürzt werde; im zweiten Falle aber, daß die Rechte des noch ungebornen Kindes erhalten werden. *(BGBl I 2000/135, ab 1. 7. 2001)*

§ 275. *(aufgehoben, BGBl 1973/108)*

f) für Abwesende und für unbekannte Teilnehmer an einem Geschäfte;

§ 276. Die Bestellung eines Kurators für Abwesende, oder für die dem Gerichte zur Zeit noch unbekannten Teilnehmer an einem Geschäfte findet dann statt, wenn sie keinen ordentlichen „Vertreter" zurückgelassen haben, ohne solchen aber ihre Rechte durch Verzug gefährdet, oder die Rechte eines andern in ihrem Gange gehemmt würden „und nicht in anderer Weise, etwa durch die Bestellung eines Kurators in einem bestimmten gerichtlichen Verfahren durch das dort zur Entscheidung berufene Gericht, für die Wahrung dieser Rechte Sorge getragen werden kann." Ist der Aufenthaltsort eines Abwesenden bekannt, so muß ihn sein Kurator von der Lage seiner Angelegenheiten unterrichten, und diese Angelegenheiten, wenn keine andere Verfügung getroffen wird, wie jene eines Minderjährigen besorgen. *(BGBl I 2000/135, ab 1. 7. 2001)*

§ 277. *(aufgehoben, dRGBl 1939 I 1186)*

§ 278. „" Doch schließt eine Todeserklärung den Beweis nicht aus, daß der Abwesende früher oder später gestorben; oder daß er noch am Leben sei. Kommt ein solcher Beweis zustande, so ist derjenige, welcher auf den Grund der gerichtlichen Todeserklärung ein Vermögen in Besitz genommen hat, wie ein anderer redlicher Besitzer zu behandeln. *(dRGBl 1939 I 1186, danach wurde scheinbar Satz 1 aufgehoben; nach OGH JBl 1953/99 jedoch nur der 1. Halbsatz)*

§ 279. *(aufgehoben, BGBl 1974/496)*

Bestellung

§ 280. Bei der Auswahl des Sachwalters oder Kurators ist auf die Art der Angelegenheiten, die er zu besorgen hat, bei der Auswahl des Sachwalters für eine behinderte Person besonders auch auf deren persönliche Bedürfnisse zu achten.

(BGBl 1983/136)

§ 281. (1) Einer behinderten Person ist, wenn ihr Wohl nicht anderes erfordert, eine geeignete, ihr nahestehende Person, ist sie minderjährig, der bisherige gesetzliche Vertreter zum Sachwalter zu bestellen.

(2) Erfordert es das Wohl der behinderten Person, so ist, soweit verfügbar, ein Sachwalter aus dem Kreis der von einem geeigneten Verein namhaft gemachten Personen zu bestellen.[1])

(3) Erfordert die Besorgung der Angelegenheit der behinderten Person vorwiegend Rechtskenntnisse, so ist ein Rechtsanwalt (Rechtsanwaltsanwärter) oder Notar (Notariatskandidat) zum Sachwalter zu bestellen.

(BGBl 1983/136)

[1]) *Siehe Vereinssachwalter- und PatientenanwaltsG BGBl 1990/156*

Rechte und Pflichten

§ 282. (1) Soweit nicht anderes bestimmt ist, sind die Bestimmungen des dritten Hauptstücks sowie die Bestimmungen dieses Hauptstücks für sonstige mit der Obsorge betraute Personen auch auf die Rechte und Pflichten des Sachwalters (Kurators) entsprechend anzuwenden.

(2) Der Sachwalter hat persönlichen Kontakt mit der behinderten Person zu halten und sich darum zu bemühen, dass die gebotene ärztliche und soziale Betreuung der behinderten Person gewährt wird.

(3) Der Sachwalter kann einer medizinischen Maßnahme, die eine dauernde Fortpflanzungsunfähigkeit der behinderten Person zum Ziel hat, nicht zustimmen, es sei denn, dass sonst wegen eines dauerhaften körperlichen Leidens eine ernste Gefahr für das Leben oder einer schweren Schädigung der Gesundheit der behinderten Person besteht. Die Zustimmung bedarf in jedem Fall einer gerichtlichen Genehmigung.

(BGBl I 2000/135, ab 1. 7. 2001)

Beendigung der Sachwalterschaft (Kuratel)

§ 283. (1) Für das Erlöschen der Sachwalterschaft oder Kuratel gilt der § 249.

(2) Der Sachwalter oder Kurator ist auf Antrag oder von Amts wegen zu entheben, wenn der Pflegebefohlene nicht mehr seiner Hilfe bedarf. Die §§ 254 und 257 sind sinngemäß anzuwenden.

(3) Das Gericht hat im Rahmen seiner Fürsorgepflicht in angemessenen Zeitabständen zu überprüfen, ob das Wohl des Pflegebefohlenen die Aufhebung oder Änderung der Sachwalterschaft (Kuratel) erfordert.

(BGBl 1983/136)

§ 284. *(aufgehoben, BGBl 1954/99)*

Zweiter Teil
Von dem Sachenrechte

Von Sachen und ihrer rechtlichen Einteilung

Begriff von Sachen im rechtlichen Sinne

§ 285. Alles, was von der Person unterschieden ist, und zum Gebrauche der Menschen dient, wird im rechtlichen Sinne eine Sache genannt.

§ 285a. Tiere sind keine Sachen; sie werden durch besondere Gesetze geschützt. Die für Sachen geltenden Vorschriften sind auf Tiere nur insoweit anzuwenden, als keine abweichenden Regelungen bestehen.

(BGBl 1988/179)

Einteilung der Sachen nach Verschiedenheit des Subjektes, dem sie gehören

§ 286. Die Sachen in dem Staatsgebiete sind entweder ein Staats- oder ein Privatgut. Das letztere gehört einzelnen oder moralischen Personen, kleinern Gesellschaften, oder ganzen Gemeinden.

Freistehende Sachen; öffentliches Gut und Staatsvermögen

§ 287. Sachen, welche allen Mitgliedern des Staates zur Zueignung überlassen sind, heißen freistehende Sachen. Jene, die ihnen nur zum Gebrauche verstattet werden, als: Landstraßen, Ströme, Flüsse, Seehäfen und Meeresufer, heißen ein allgemeines oder öffentliches Gut. Was zur Bedeckung der Staatsbedürfnisse bestimmt ist, als: das Münz- oder Post- und andere Regalien, Kammergüter, Berg- und Salzwerke, Steuern und Zölle, wird das Staatsvermögen genannt.

Gemeindegut; Gemeindevermögen;

§ 288. Auf gleiche Weise machen die Sachen, welche nach der Landesverfassung zum Gebrauche eines jeden Mitgliedes einer Gemeinde dienen, das Gemeindegut; diejenigen aber, deren Einkünfte zur Bestreitung der Gemeindeauslagen bestimmt sind, das Gemeindevermögen aus.

[Privatgut des Landesfürsten]

§ 289. [Auch dasjenige Vermögen des Landesfürsten, welches er nicht als Oberhaupt des Staates besitzt, wird als ein Privatgut betrachtet.]

Gegenstandslos

Allgemeine Vorschrift in Rücksicht dieser verschiedenen Arten der Güter

§ 290. Die in diesem Privatrechte enthaltenen Vorschriften über die Art, wie Sachen rechtmäßig erworben, erhalten und auf andere übertragen werden können, sind in der Regel auch von den Verwaltern der Staats- und Gemeindegüter, oder des Staats- und Gemeindevermögens zu beobachten. Die in Hinsicht auf die Verwaltung und den Gebrauch dieser Güter sich beziehenden Abweichungen und besondern Vorschriften sind in dem Staatsrechte und in den politischen Verordnungen enthalten.

Einteilung der Sachen nach dem Unterschiede ihrer Beschaffenheit

§ 291. Die Sachen werden nach dem Unterschiede ihrer Beschaffenheit eingeteilt: in körperliche und unkörperliche; in bewegliche und unbewegliche; in verbrauchbare und unverbrauchbare; in schätzbare und unschätzbare.

Körperliche und unkörperliche Sachen;

§ 292. Körperliche Sachen sind diejenigen, welche in die Sinne fallen; sonst heißen sie unkörperliche; z.B. das Recht zu jagen, zu fischen und alle andere Rechte.

bewegliche und unbewegliche

§ 293. Sachen, welche ohne Verletzung ihrer Substanz von einer Stelle zur andern versetzt werden können, sind beweglich; im entgegengesetzten Falle sind sie unbeweglich. Sachen, die an sich beweglich sind, werden im rechtlichen Sinne für unbeweglich gehalten, wenn sie vermöge des Gesetzes oder der Bestimmung des Eigentümers das Zugehör einer unbeweglichen Sache ausmachen.

Zugehör überhaupt;

§ 294. Unter Zugehör versteht man dasjenige, was mit einer Sache in fortdauernde Verbindung gesetzt wird. Dahin gehören nicht nur der Zuwachs einer Sache solange er von derselben nicht abgesondert ist; sondern auch die Nebensachen, ohne welche die Hauptsache nicht gebraucht werden kann, oder die das Gesetz, oder der Eigentümer zum fortdauernden Gebrauche der Hauptsache bestimmt hat.

insbesondere bei Grundstücken und Teichen;

§ 295. Gras, Bäume, Früchte und alle brauchbare Dinge, welche die Erde auf ihrer Oberfläche hervorbringt, bleiben so lange ein unbewegliches Vermögen, als sie nicht von Grund und Boden abgesondert worden sind. Selbst die Fische in einem Teiche, und das Wild in einem Walde werden erst dann ein bewegliches Gut, wenn der Teich gefischt, und das Wild gefangen oder erlegt worden ist.

§ 296. Auch das Getreide, das Holz, das Viehfutter und alle übrige, obgleich schon eingebrachte Erzeugnisse, sowie alles Vieh und alle zu einem liegenden Gute gehörige Werkzeuge und Gerätschaften werden insofern für unbewegliche Sachen gehalten, als sie zur Fortsetzung des ordentlichen Wirtschaftsbetriebes erforderlich sind.

und bei Gebäuden;

§ 297. Ebenso gehören zu den unbeweglichen Sachen diejenigen, welche auf Grund und Boden in der Absicht aufgeführt werden, daß sie stets darauf bleiben sollen, als: Häuser und andere Gebäude mit dem in senkrechter Linie darüber befindlichen Luftraume; ferner: nicht nur alles, was erd-, mauer-, niet- und nagelfest ist, als: Braupfannen, Branntweinkessel und eingezimmerte Schränke, sondern auch diejenigen Dinge, die zum anhaltenden Gebrauche eines Ganzen bestimmt sind: z.B. Brunneneimer, Seile, Ketten, Löschgeräte und dergleichen.

Maschinen

§ 297a. Werden mit einer unbeweglichen Sache Maschinen in Verbindung gebracht, so gelten sie nicht als Zugehör, wenn mit Zustimmung des Eigentümers der Liegenschaft im öffentlichen Buch angemerkt wird, daß die Maschinen Eigentum eines anderen sind. Werden sie als Ersatz an Stelle solcher Maschinen angebracht, die als Zugehör anzusehen waren, so ist zu dieser Anmerkung auch die Zustimmung der früher eingetragenen bücherlich Berechtigten erforderlich. Die Anmerkung verliert mit Ablauf von fünf Jahren nach der Eintragung ihre Wirkung; durch das Konkurs- oder Zwangsversteigerungsverfahren wird der Ablauf der Frist gehemmt.

(RGBl 1916/69)

Rechte sind insgemein als bewegliche Sachen anzusehen;

§ 298. Rechte werden den beweglichen Sachen beigezählt, wenn sie nicht mit dem Besitze einer unbeweglichen Sache verbunden, oder durch [die Landesverfassung][1]) für eine unbewegliche Sache erklärt sind.

[1]) Jetzt: Gesetz

auch die vorgemerkten Forderungen

§ 299. Schuldforderungen werden durch die Sicherstellung auf ein unbewegliches Gut nicht in ein unbewegliches Vermögen verwandelt.

§ 300. *(aufgehoben, BGBl 1978/304)*

Verbrauchbare und unverbrauchbare Sachen

§ 301. Sachen, welche ohne ihre Zerstörung oder Verzehrung den gewöhnlichen Nutzen nicht gewähren, heißen verbrauchbare; die von entgegengesetzter Beschaffenheit aber, unverbrauchbare Sachen.

Gesamtsache (universitas rerum)

§ 302. Ein Inbegriff von mehreren besondern Sachen, die als eine Sache angesehen, und mit einem gemeinschaftlichen Namen bezeichnet zu werden pflegen, macht eine Gesamtsache aus, und wird als ein Ganzes betrachtet.

Schätzbare und unschätzbare;

§ 303. Schätzbare Sachen sind diejenigen, deren Wert durch Vergleichung mit andern zum Verkehre bestimmt werden kann; darunter gehören auch Dienstleistungen, Hand- und Kopfarbeiten. Sachen hingegen, deren Wert durch keine Vergleichung mit andern im Verkehre befindlichen Sachen bestimmt werden kann, heißen unschätzbare.

Maßstab der gerichtlichen Schätzung

§ 304. Der bestimmte Wert einer Sache heißt ihr Preis. Wenn eine Sache vom Gerichte zu schätzen ist, so muß die Schätzung nach einer bestimmten Summe Geldes geschehen.

Ordentlicher und außerordentlicher Preis

§ 305. Wird eine Sache nach dem Nutzen geschätzt, den sie mit Rücksicht auf Zeit und Ort gewöhnlich und allgemein leistet, so fällt der ordentliche und gemeine Preis aus; nimmt man aber auf die besondern Verhältnisse und auf die in zufälligen Eigenschaften der Sache gegründete besondere Vorliebe desjenigen, dem der Wert ersetzt werden muß, Rücksicht, so entsteht ein außerordentlicher Preis.

Welcher bei gerichtlichen Schätzungen zur Richtschnur zu nehmen

§ 306. In allen Fällen, wo nichts anderes entweder bedungen, oder von dem Gesetze verordnet wird, muß bei der Schätzung einer Sache der gemeine Preis zur Richtschnur genommen werden.

Begriffe vom dinglichen und persönlichen Sachenrechte

§ 307. Rechte, welche einer Person über eine Sache ohne Rücksicht auf gewisse Personen zustehen, werden dingliche Rechte genannt. Rechte, welche zu einer Sache nur gegen gewisse Personen unmittelbar aus einem Gesetze, oder aus einer verbindlichen Handlung entstehen, heißen persönliche Sachenrechte.

§ 308. Dingliche Sachenrechte sind das Recht des Besitzes, des Eigentumes, des Pfandes, der Dienstbarkeit und des Erbrechtes.

Erste Abteilung des Sachenrechtes
Von den dinglichen Rechten

Erstes Hauptstück
Von dem Besitze

Inhaber. Besitzer

§ 309. Wer eine Sache in seiner Macht oder Gewahrsame hat, heißt ihr Inhaber. Hat der Inhaber einer Sache den Willen, sie als die seinige zu behalten, so ist er ihr Besitzer.

Erwerbung des Besitzes. Fähigkeit der Person zur Besitzerwerbung

§ 310. Kinder unter sieben Jahren und Personen über sieben Jahre, die den Gebrauch der Vernunft nicht haben, können – außer in den Fällen des § 151 Abs. 3 – Besitz nur durch ihren gesetzlichen Vertreter erwerben. Im übrigen ist die Fähigkeit zum selbständigen Besitzerwerb gegeben.
(BGBl 1973/108)

Gegenstände des Besitzes

§ 311. Alle körperliche und unkörperliche Sachen, welche ein Gegenstand des rechtlichen Verkehres sind, können in Besitz genommen werden.

Arten der Besitzerwerbung;

§ 312. Körperliche, bewegliche Sachen werden durch physische Ergreifung, Wegführung oder Verwahrung; unbewegliche aber durch Betretung, Verrainung, Einzäunung, Bezeichnung oder Bearbeitung in Besitz genommen. In den Besitz unkörperlicher Sachen oder Rechte kommt man durch den Gebrauch derselben im eigenen Namen.

insbesondere von einem bejahenden, verneinenden, oder einem Verbotsrechte

§ 313. Der Gebrauch eines Rechtes wird gemacht, wenn jemand von einem andern etwas als eine Schuldigkeit fordert, und dieser es ihm leistet; ferner, wenn jemand die einem andern gehörige Sache mit dessen Gestattung zu seinem Nutzen anwendet; endlich, wenn auf fremdes Verbot ein anderer das, was er sonst zu tun befugt wäre, unterläßt.

Unmittelbare und mittelbare Erwerbungsart des Besitzes

§ 314. Den Besitz sowohl von Rechten, als von körperlichen Sachen erlangt man entweder unmittelbar, wenn man freistehender Rechte und Sachen; oder mittelbar, wenn man eines Rechtes, oder einer Sache, die einem andern gehört, habhaft wird.

Umfang der Erwerbung

§ 315. Durch die unmittelbare und durch die mittelbare eigenmächtige Besitzergreifung erhält man nur so viel in Besitz, als wirklich ergriffen, betreten, gebraucht, bezeichnet, oder in Verwahrung gebracht worden ist; bei der mittelbaren, wenn uns der Inhaber in seinem oder eines andern Namen ein Recht oder eine Sache überläßt, erhält man alles, was der vorige Inhaber gehabt und durch deutliche Zeichen übergeben hat, ohne daß es nötig ist, jeden Teil des Ganzen besonders zu übernehmen.

Rechtmäßiger; unrechtmäßiger Besitz

§ 316. Der Besitz einer Sache heißt rechtmäßig, wenn er auf einem gültigen Titel, das ist, auf einem zur Erwerbung tauglichen Rechtsgrunde beruht. Im entgegengesetzten Falle heißt er unrechtmäßig.

Haupttitel des rechtmäßigen Besitzes

§ 317. Der Titel liegt bei freistehenden Sachen in der angebornen Freiheit zu Handlungen, wodurch die Rechte anderer nicht verletzt werden; bei andern in dem Willen des vorigen Besitzers, oder in dem Ausspruche des Richters, oder endlich in dem Gesetze, wodurch jemandem[1]) das Recht zum Besitze erteilt wird.

[1]) *In JGS „jemanden"*

Der Inhaber hat noch keinen Titel;

§ 318. Dem Inhaber, der eine Sache nicht in seinem, sondern im Namen eines andern innehat, kommt noch kein Rechtsgrund zur Besitznahme dieser Sache zu.

und kann ihn nicht eigenmächtig erlangen

§ 319. Der Inhaber einer Sache ist nicht berechtigt, den Grund seiner Gewahrsame eigenmächtig zu verwechseln, und sich dadurch eines Titels anzumaßen; wohl aber kann derjenige, welcher bisher eine Sache in eigenem Namen rechtmäßig besaß, das Besitzrecht einem anderen überlassen und sie künftig in dessen Namen innehaben.

Wirkung des bloßen Titels

§ 320. Durch einen gültigen Titel erhält man nur das Recht zum Besitze einer Sache, nicht den Besitz selbst. Wer nur das Recht zum Besitze hat, darf sich im Verweigerungsfalle nicht eigenmächtig in den Besitz setzen; er muß ihn von dem ordentlichen Richter mit Anführung seines Titels im Wege Rechtens fordern.

Erforderung zum wirklichen Besitzrechte

§ 321. Wo sogenannte Landtafeln, [Stadt-] oder Grundbücher, oder andere dergleichen öffentliche Register eingeführt sind, wird der rechtmäßige Besitz eines dinglichen Rechtes auf unbewegliche Sachen nur durch die ordentliche Eintragung in diese öffentlichen Bücher erlangt.

[] *Gegenstandslos*

§ 322. Ist eine bewegliche Sache nach und nach mehreren Personen übergeben worden; so gebührt das Besitzrecht derjenigen, welche sie in ihrer Macht hat. Ist aber die Sache unbeweglich, und sind öffentliche Bücher eingeführt, so steht das Besitzrecht ausschließlich demjenigen zu, welcher als Besitzer derselben eingeschrieben ist.

Der Besitzer kann zur Angabe des Rechtsgrundes nicht aufgefordert werden

§ 323. Der Besitzer einer Sache hat die rechtliche Vermutung eines gültigen Titels für sich; er kann also zur Angabe desselben nicht aufgefordert werden.

§ 324. Diese Aufforderung findet auch dann noch nicht statt, wenn jemand behauptet, daß der Besitz seines Gegners mit andern rechtlichen Vermutungen, z.B. mit der Freiheit des Eigentumes, sich nicht vereinbaren lasse. In solchen Fällen muß der behauptende Gegner vor dem ordentlichen Richter klagen, und sein vermeintliches stärkeres Recht dartun. Im Zweifel gebührt dem Besitzer der Vorzug.

Ausnahme

§ 325. Inwiefern der Besitzer einer Sache, deren Verkehr verboten; oder die entwendet zu sein scheint, den Titel seines Besitzes anzuzeigen verbunden sei, darüber entscheiden die Straf- und politischen Gesetze.

Redlicher und unredlicher Besitzer

§ **326.** Wer aus wahrscheinlichen Gründen die Sache, die er besitzt, für die seinige hält, ist ein redlicher Besitzer. Ein unredlicher Besitzer ist derjenige, welcher weiß oder aus den Umständen vermuten muß, daß die in seinem Besitze befindliche Sache einem andern zugehöre. Aus Irrtum in Tatsachen oder aus Unwissenheit der gesetzlichen Vorschriften kann man ein unrechtmäßiger (§ 316) und doch ein redlicher Besitzer sein.

Wie ein Mitbesitzer zum unredlichen oder unrechtmäßigen Besitzer werde

§ **327.** Besitzt eine Person die Sache selbst, eine andere aber das Recht auf alle oder auf einige Nutzungen dieser Sache; so kann eine und dieselbe Person, wenn sie die Grenzen ihres Rechtes überschreitet, in verschiedenen Rücksichten ein redlicher und unredlicher, ein rechtmäßiger und unrechtmäßiger Besitzer sein.

Entscheidung über die Redlichkeit des Besitzes

§ **328.** Die Redlichkeit oder Unredlichkeit des Besitzes muß im Falle eines Rechtsstreites durch richterlichen Ausspruch entschieden werden. Im Zweifel ist die Vermutung für die Redlichkeit des Besitzes.

Fortdauer des Besitzes. Rechte des redlichen Besitzes:

a) in Rücksicht der Substanz der Sache;

§ **329.** Ein redlicher Besitzer kann schon allein aus dem Grunde des redlichen Besitzes die Sache, die er besitzt, ohne Verantwortung nach Belieben brauchen, verbrauchen, auch wohl vertilgen.

b) der Nutzungen;

§ **330.** Dem redlichen Besitzer gehören alle aus der Sache entspringende Früchte, sobald sie von der Sache abgesondert worden sind; ihm gehören auch alle andere schon eingehobene Nutzungen, insofern sie während des ruhigen Besitzes bereits fällig gewesen sind.

c) des Aufwandes

§ **331.** Hat der redliche Besitzer an die Sache entweder zur fortwährenden Erhaltung der Substanz einen notwendigen, oder, zur Vermehrung noch fortdauernder Nutzungen einen nützlichen Aufwand gemacht; so gebührt ihm der Ersatz nach dem gegenwärtigen Werte, insofern er den wirklich gemachten Aufwand nicht übersteigt.

§ **332.** Von dem Aufwande, welcher nur zum Vergnügen und zur Verschönerung gemacht worden ist, wird nur so viel ersetzt, als die Sache dem gemeinen Werte nach wirklich dadurch gewonnen hat; doch hat der vorige Besitzer die Wahl, alles für sich wegzunehmen, was davon ohne Schaden der Substanz weggenommen werden kann.

Anspruch auf den Ersatz des Preises

§ **333.** Selbst der redliche Besitzer kann den Preis, welchen er seinem Vormanne für die ihm überlassene Sache gegeben hat, nicht fordern. Wer aber eine fremde Sache, die der Eigentümer sonst schwerlich wieder erlangt haben würde, redlicher Weise an sich gelöst, und dadurch dem Eigentümer einen erweislichen Nutzen verschafft hat, kann eine angemessene Vergütung fordern.

§ **334.** Ob einem redlichen Inhaber das Recht zustehe, seiner Forderung wegen die Sache zurückzubehalten, wird in dem Hauptstücke vom Pfandrechte bestimmt.

Verbindlichkeit des unredlichen Besitzers

§ **335.** Der unredliche Besitzer ist verbunden, nicht nur alle durch den Besitz einer fremden Sache erlangte Vorteile zurückzustellen; sondern auch diejenigen, welche der Verkürzte erlangt haben würde, und allen durch seinen Besitz entstandenen Schaden zu ersetzen. In dem Falle, daß der unredliche Besitzer durch eine in den Strafgesetzen verbotene Handlung zum Besitze gelangt ist, erstreckt sich der Ersatz bis zum Werte der besondern Vorliebe.

§ **336.** Hat der unredliche Besitzer einen Aufwand auf die Sache gemacht, so ist dasjenige anzuwenden, was in Rücksicht des von einem Geschäftsführer ohne Auftrag gemachten Aufwandes in dem Hauptstücke von der Bevollmächtigung verordnet ist.

Beurteilung der Redlichkeit des Besitzes einer Gemeinde

§ **337.** Der Besitz einer Gemeinde wird nach der Redlichkeit oder Unredlichkeit der im Namen der Mitglieder handelnden Machthaber beurteilt. Immer müssen jedoch die unredlichen sowohl den redlichen Mitgliedern, als dem Eigentümer den Schaden ersetzen.

Inwiefern durch die Klage der Besitz unredlich werde

§ 338. Auch der redliche Besitzer, wenn er durch richterlichen Ausspruch zur Zurückstellung der Sache verurteilt wird, ist in Rücksicht des Ersatzes der Nutzungen und des Schadens, wie auch in Rücksicht des Aufwandes, von dem Zeitpunkte der ihm zugestellten Klage, gleich einem unredlichen Besitzer zu behandeln; doch haftet er für den Zufall, der die Sache bei dem Eigentümer nicht getroffen hätte, nur in dem Falle, daß er die Zurückgabe durch einen mutwilligen Rechtsstreit verzögert hat.

Rechtsmittel des Besitzers bei einer Störung seines Besitzes;

§ 339. Der Besitz mag von was immer für einer Beschaffenheit sein, so ist niemand befugt, denselben eigenmächtig zu stören. Der Gestörte hat das Recht, die Untersagung des Eingriffes, und den Ersatz des erweislichen Schadens gerichtlich zu fordern.

besonders durch eine Bauführung;

§ 340. Wird der Besitzer einer unbeweglichen Sache oder eines dinglichen Rechtes durch Führung eines neuen Gebäudes, Wasserwerkes, oder andern Werkes in seinen Rechten gefährdet, ohne daß sich der Bauführer nach Vorschrift der allgemeinen Gerichtsordnung gegen ihn geschützt hat; so ist der Gefährdete berechtigt, das Verbot einer solchen Neuerung vor Gericht zu fordern, und das Gericht ist verbunden, die Sache auf das schleunigste zu entscheiden.

§ 341. Bis zur Entscheidung der Sache ist die Fortsetzung des Baues von dem Gerichte in der Regel nicht zu gestatten. Nur bei einer nahen, offenbaren Gefahr, oder, wenn der Bauführer eine angemessene Sicherheit leistet, daß er die Sache in den vorigen Stand setzen, und den Schaden vergüten wolle, der Verbotsleger dagegen in dem letztern Falle keine ähnliche Sicherstellung für die Folgen seines Verbots leistet, ist die einstweilige Fortsetzung des Baues zu bewilligen.

§ 342. Was in den vorhergehenden Paragraphen in Rücksicht einer neuen Bauführung verordnet wird, ist auch auf die Niederreißung eines alten Gebäudes, oder andern Werkes anzuwenden.

und bei der Gefahr eines vorhandenen Baues

§ 343. Kann der Besitzer eines dinglichen Rechtes beweisen, daß ein bereits vorhandener fremder Bau oder eine andere fremde Sache dem Einsturze nahe sei, und ihm offenbarer Schaden drohe; so ist er befugt, gerichtlich auf Sicherstellung zu dringen, wenn anders die politische Behörde nicht bereits hinlänglich für die öffentliche Sicherheit gesorgt hat.

Rechtsmittel zur Erhaltung des Besitzstandes:

a) bei dringender Gefahr;

§ 344. Zu den Rechten des Besitzes gehört auch das Recht, sich in seinem Besitze zu schützen, und in dem Falle, daß die richterliche Hilfe zu spät kommen würde, Gewalt mit angemessener Gewalt abzutreiben (§ 19). Übrigens hat die politische Behörde für die Erhaltung der öffentlichen Ruhe, so wie das Strafgericht für die Bestrafung öffentlicher Gewalttätigkeiten, zu sorgen.

b) gegen den unechten Besitzer;

§ 345. Wenn sich jemand in den Besitz eindringt, oder durch List oder Bitte heimlich einschleicht, und das, was man ihm aus Gefälligkeit, ohne sich einer fortdauernden Verbindlichkeit zu unterziehen gestattet, in ein fortwährendes Recht zu verwandeln sucht; so wird der an sich unrechtmäßige und unredliche Besitz noch überdies unecht; in entgegengesetzten Fällen wird der Besitz für echt angesehen.

§ 346. Gegen jeden unechten Besitzer kann sowohl die Zurücksetzung in die vorige Lage, als auch die Schadloshaltung eingeklagt werden. Beides muß das Gericht nach rechtlicher Verhandlung, selbst ohne Rücksicht auf ein stärkeres Recht, welches der Geklagte auf die Sache haben könnte, verordnen.

c) beim Zweifel über die Echtheit des Besitzes;

§ 347. Zeigt es sich nicht gleich auf der Stelle, wer sich in einem echten Besitze befinde, und inwiefern der eine oder der andere Teil auf gerichtliche Unterstützung Anspruch habe; so wird die im Streite verfangene Sache so lange der Gewahrsame des Gerichtes oder eines Dritten anvertraut, bis der Streit über den Besitz verhandelt und entschieden worden ist. Der Sachfällige kann auch nach dieser Entscheidung die Klage aus einem vermeintlich stärkeren Rechte auf die Sache noch anhängig machen.

Verwahrungsmittel des Inhabers gegen mehrere zusammentreffende Besitzwerber

§ 348. Wenn der bloße Inhaber von mehreren Besitzwerbern zugleich um die Übergabe der Sache angegangen wird, und sich einer darunter befindet, in dessen Namen die Sache aufbewahrt wurde; so wird sie vorzüglich diesem übergeben, und die Übergabe den übrigen bekanntgemacht. Kommt dieser Umstand keinem zustatten, so wird die Sache der Gewahrsame des Richters oder eines Dritten anvertraut. Der Richter hat die Rechtsgründe der Besitzwerber zu prüfen und darüber zu entscheiden.

Erlöschung des Besitzes:

a) körperlicher Sachen;

§ 349. Der Besitz einer körperlichen Sache geht insgemein verloren, wenn dieselbe ohne Hoffnung, wieder gefunden zu werden, in Verlust gerät; wenn sie freiwillig verlassen wird; oder, in fremden Besitz kommt.

b) der in die öffentlichen Bücher eingetragenen Rechte;

§ 350. Der Besitz derjenigen Rechte und unbeweglichen Sachen, welche einen Gegenstand der öffentlichen Bücher ausmachen, erlischt, wenn sie aus den landtäflichen, [Stadt-] oder Grundbüchern gelöscht; oder wenn sie auf den Namen eines andern eingetragen werden.

[] *Gegenstandslos*

c) anderer Rechte

§ 351. Bei andern Rechten hört der Besitz auf, wenn der Gegenteil das, was er sonst geleistet hat, nicht mehr leisten zu wollen erklärt; wenn er die Ausübung des Rechtes eines andern nicht mehr duldet; oder wenn er das Verbot, etwas zu unterlassen, nicht mehr achtet, der Besitzer aber in allen diesen Fällen es dabei bewenden läßt, und die Erhaltung des Besitzes nicht einklagt. Durch den bloßen Nichtgebrauch eines Rechtes geht der Besitz, außer den im Gesetze bestimmten Verjährungsfällen, nicht verloren.

§ 352. Solange noch Hoffnung vorhanden ist, eine verlorene Sache zu erhalten, kann man sich durch den bloßen Willen in ihrem Besitze erhalten. Die Abwesenheit des Besitzers oder die eintretende Unfähigkeit einen Besitz zu erwerben, heben den bereits erworbenen Besitz nicht auf.

Zweites Hauptstück
Von dem Eigentumsrechte

Begriff des Eigentumes. Eigentum im objektiven Sinne;

§ 353. Alles, was jemandem[1]) zugehört, alle seine körperlichen und unkörperlichen Sachen, heißen sein Eigentum.

[1]) In JGS „jemanden"

im subjektiven

§ 354. Als ein Recht betrachtet, ist Eigentum das Befugnis, mit der Substanz und den Nutzungen einer Sache nach Willkür zu schalten, und jeden andern davon auszuschließen.

Objektive und subjektive Möglichkeit der Erwerbung des Eigentumes

§ 355. Alle Sachen sind insgemein Gegenstände des Eigentumsrechtes, und jedermann, den die Gesetze nicht ausdrücklich ausschließen, ist befugt, dasselbe durch sich selbst oder durch einen andern in seinem Namen zu erwerben.

§ 356. Wer also behauptet, daß der Person, die etwas erwerben will, in Rücksicht ihrer persönlichen Fähigkeit, oder in Rücksicht auf die Sache, die erworben werden soll, ein gesetzliches Hindernis entgegenstehe, dem liegt der Beweis ob.

Einteilung des Eigentums in vollständiges und unvollständiges

§ 357. Wenn das Recht auf die Substanz einer Sache mit dem Rechte auf die Nutzungen in einer und derselben Person vereinigt ist, so ist das Eigentumsrecht vollständig und ungeteilt. Kommt aber einem nur ein Recht auf die Substanz der Sache; dem andern dagegen nebst einem Rechte auf die Substanz, das ausschließende Recht auf derselben Nutzungen zu, dann ist das Eigentumsrecht geteilt und für beide unvollständig. Jener wird Obereigentümer; dieser Nutzungseigentümer genannt.

§ 358. Alle anderen Arten der Beschränkungen durch das Gesetz oder durch den Willen des Eigentümers heben die Vollständigkeit des Eigentumes nicht auf.

§ 359. Die Absonderung des Rechtes auf die Substanz von dem Rechte auf die Nutzungen entsteht teils durch Verfügung des Eigentümers; teils durch gesetzliche Verordnung. Nach Verschiedenheit der zwischen dem Ober- und Nutzungseigentümer obwaltenden Verhältnisse werden die Güter, worin das Eigentum geteilt ist, [Lehen-,] Erbpacht- und Erbzinsgüter genannt. Von [dem Lehen wird in dem besonders bestehenden Lehenrechte; von] den Erbpacht- und Erbzinsgütern aber in dem Hauptstücke von Bestandverträgen gehandelt.

[] *Gegenstandslos*

§ 360. Aus der bloßen Abführung eines fortdauernden Zinses, oder jährlicher Renten von einem Grundstücke kann man noch nicht auf die Teilung des Eigentumes folgern. In allen Fällen, in welchen die Trennung des Rechtes auf die Substanz von dem Rechte auf die Nutzungen nicht ausdrücklich erhellt, ist jeder redliche Besitzer als vollständiger Eigentümer anzusehen.

Miteigentum

§ 361. Wenn eine noch ungeteilte Sache mehrern Personen zugleich zugehört; so entsteht ein gemeinschaftliches Eigentum. In Beziehung auf das Ganze werden die Miteigentümer für eine einzige Person angesehen; insoweit ihnen aber gewisse, obgleich unabgesonderte Teile angewiesen sind, hat jeder Miteigentümer das vollständige Eigentum des ihm gehörigen Teiles.

Rechte des Eigentümers

§ 362. Kraft des Rechtes, frei über sein Eigentum zu verfügen, kann der vollständige Eigentümer in der Regel seine Sache nach Willkür benützen oder unbenützt lassen; er kann sie vertilgen, ganz oder zum Teile auf andere übertragen, oder unbedingt sich derselben begeben, das ist, sie verlassen.

Beschränkungen derselben

§ 363. Eben diese Rechte genießen auch unvollständige, sowohl Ober- als Nutzungseigentümer; nur darf der eine nichts vornehmen, was mit dem Rechte des andern im Widerspruche steht.

§ 364. (1) Überhaupt findet die Ausübung des Eigentumsrechtes nur insofern statt, als dadurch weder in die Rechte eines Dritten ein Eingriff geschieht, noch die in den Gesetzen zur Erhaltung und Beförderung des allgemeinen Wohles vorgeschriebenen Einschränkungen übertreten werden.

(2) Der Eigentümer eines Grundstückes kann dem Nachbarn die von dessen Grund ausgehenden Einwirkungen durch Abwässer, Rauch, Gase, Wärme, Geruch, Geräusch, Erschütterung und ähnliche insoweit untersagen, als sie das nach den örtlichen Verhältnissen gewöhnliche Maß überschreiten und die ortsübliche Benutzung des Grundstückes wesentlich beeinträchtigen. Unmittelbare Zuleitung ist ohne besonderen Rechtstitel unter allen Umständen unzulässig.

(RGBl 1916/69)

§ 364a. Wird jedoch die Beeinträchtigung durch eine Bergwerksanlage oder eine behördlich genehmigte Anlage auf dem nachbarlichen Grund in einer dieses Maß überschreitenden Weise verursacht, so ist der Grundbesitzer nur berechtigt, den Ersatz des zugefügten Schadens gerichtlich zu verlangen, auch wenn der Schaden durch Umstände verursacht wird, auf die bei der behördlichen Verhandlung keine Rücksicht genommen wurde.

(RGBl 1916/69)

§ 364b. Ein Grundstück darf nicht in der Weise vertieft werden, daß der Boden oder das Gebäude des Nachbars die erforderliche Stütze verliert, es sei denn, daß der Besitzer des Grundstückes für eine genügende anderweitige Befestigung Vorsorge trifft.

(RGBl 1916/69)

§ 364c. Ein vertragsmäßiges oder letztwilliges Veräußerungs- oder Belastungsverbot hinsichtlich einer Sache oder eines dinglichen Rechtes verpflichtet nur den ersten Eigentümer, nicht aber seine Erben oder sonstigen Rechtsnachfolger. Gegen Dritte wirkt es dann, wenn es zwischen Ehegatten, Eltern und Kindern, Wahl- oder Pflegekindern oder deren Ehegatten begründet und im öffentlichen Buche eingetragen wurde.

(RGBl 1916/69)

§ 365. Wenn es das allgemeine Beste erheischt, muß ein Mitglied des Staates gegen eine angemessene Schadloshaltung selbst das vollständige Eigentum einer Sache abtreten.

Klagen aus dem Eigentumsrechte:

a) Eigentliche Eigentumsklage: wem und gegen wen sie gebühre?

§ 366. Mit dem Rechte des Eigentümers, jeden andern von dem Besitze seiner Sache auszuschließen, ist auch das Recht verbunden, seine ihm vorenthaltene Sache von jedem Inhaber durch die Eigentumsklage gerichtlich zu fordern. Doch steht dieses Recht demjenigen nicht zu, welcher eine Sache zur Zeit, da er noch nicht Eigentümer war, in seinem eigenen Namen veräußert, in der Folge aber das Eigentum derselben erlangt hat.

§ 367. Die Eigentumsklage findet gegen den redlichen Besitzer einer beweglichen Sache nicht statt, wenn er beweist, daß er diese Sache entweder in einer öffentlichen Versteigerung, oder von einem zu diesem Verkehre befugten Gewerbsmanne, oder gegen Entgelt von jemandem an sich gebracht hat, dem sie der Kläger selbst zum Gebrauche, zur Verwahrung, oder in was immer für einer andern Absicht anvertraut hatte. In diesen Fällen wird von den redlichen Besitzern das Eigentum erworben, und dem vorigen Eigentümer steht nur gegen jene, die ihm dafür verantwortlich sind, das Recht der Schadloshaltung zu.

§ 368. Wird aber bewiesen, daß der Besitzer entweder schon aus der Natur der an sich gebrachten Sache, oder aus dem auffallend zu geringen Preise derselben, oder aus den bekannten persönlichen Eigenschaften seines Vormannes, aus dessen Gewerbe oder andern Verhältnissen einen gegründeten Verdacht gegen die Redlichkeit seines Besitzes hätte schöpfen können; so muß er als ein unredlicher Besitzer die Sache dem Eigentümer abtreten.

Was dem Kläger zu beweisen obliege?

§ 369. Wer die Eigentumsklage übernimmt, muß den Beweis führen, daß der Geklagte die eingeklagte Sache in seiner Macht habe, und daß diese Sache sein Eigentum sei.

§ 370. Wer eine bewegliche Sache gerichtlich zurückfordert, muß sie durch Merkmale beschreiben, wodurch sie von allen ähnlichen Sachen gleicher Gattung ausgezeichnet wird.

§ 371. Sachen, die sich auf diese Art nicht unterscheiden lassen, wie bares Geld mit anderm baren Gelde vermengt, oder auf den Überbringer lautende Schuldbriefe, sind also in der Regel kein Gegenstand der Eigentumsklage; wenn nicht solche Umstände eintreten, aus denen der Kläger sein Eigentumsrecht beweisen kann, und aus denen der Geklagte wissen mußte, daß er die Sache sich zuzuwenden nicht berechtigt sei.

b) Eigentumsklage aus dem rechtlich vermuteten Eigentume des Klägers

Gegen welchen Besitzer diese Vermutung eintrete?

§ 372. Wenn der Kläger mit dem Beweise des erworbenen Eigentumes einer ihm vorenthaltenen Sache zwar nicht ausreicht, aber den gültigen Titel, und die echte Art, wodurch er zu ihrem Besitze gelangt ist, dargetan hat; so wird er doch in Rücksicht eines jeden Besitzers, der keinen, oder nur einen schwächern Titel seines Besitzes anzugeben vermag, für den wahren Eigentümer gehalten.

§ 373. Wenn also der Geklagte die Sache auf eine unredliche oder unrechtmäßige Weise besitzt; wenn er keinen oder nur einen verdächtigen Vormann anzugeben vermag; oder, wenn er die Sache ohne Entgelt, der Kläger aber gegen Entgelt erhalten hat; so muß er dem Kläger weichen.

§ 374. Haben der Geklagte und der Kläger einen gleichen Titel ihres echten Besitzes, so gebührt dem Geklagten kraft des Besitzes der Vorzug.

§ 375. Wer eine Sache in fremdem Namen besitzt, kann sich gegen die Eigentumsklage dadurch schützen, daß er seinen Vormann namhaft macht, und sich darüber ausweist.

Gesetzliche Folge:

a) der Ableugnung des Besitzes;

§ 376. Wer den Besitz einer Sache vor Gericht leugnet und dessen überwiesen wird, muß dem Kläger deswegen allein schon den Besitz abtreten; doch behält er das Recht, in der Folge seine Eigentumsklage anzustellen.

b) des vorgegebenen Besitzes;

§ 377. Wer eine Sache, die er nicht besitzt, zu besitzen vorgibt, und den Kläger dadurch irreführt, haftet für allen daraus entstehenden Schaden.

c) des aufgegebenen Besitzes der streitigen Sache

§ 378. Wer eine Sache im Besitze hatte, und nach zugestellter Klage fahren ließ, muß sie dem Kläger, wenn dieser sich nicht an den wirklichen Inhaber halten will, auf seine Kosten zurückverschaffen, oder den außerordentlichen Wert derselben ersetzen.

Was der Besitzer dem Eigentümer erstatte

§ **379.** Was sowohl der redliche als unredliche Besitzer dem Eigentümer in Ansehung des entgangenen Nutzens, oder des erlittenen Schadens zu ersetzen habe, ist in dem vorigen Hauptstücke bestimmt worden.

Drittes Hauptstück
Von der Erwerbung des Eigentumes durch Zueignung

Rechtliche Erfordernisse der Erwerbung

§ **380.** Ohne Titel und ohne rechtliche Erwerbungsart kann kein Eigentum erlangt werden.

Titel und Art der unmittelbaren Erwerbung: Die Zueignung

§ **381.** Bei freistehenden Sachen besteht der Titel in der angebornen Freiheit, sie in Besitz zu nehmen. Die Erwerbungsart ist die Zueignung, wodurch man sich einer freistehenden Sache bemächtigt, in der Absicht, sie als die seinige zu behandeln.

§ **382.** Freistehende Sachen können von allen Mitgliedern des Staates durch die Zueignung erworben werden, insofern diese Befugnis nicht durch politische Gesetze eingeschränkt ist, oder einigen Mitgliedern das Vorrecht der Zueignung zusteht.

1. durch den Tierfang;

§ **383.** Dieses gilt insbesondere von dem Tierfange. Wem das Recht zu jagen oder zu fischen gebühre; wie der übermäßige Anwachs des Wildes gehemmt, und der vom Wilde verursachte Schaden ersetzt werde; wie der Honigraub, der durch fremde Bienen geschieht, zu verhindern sei; ist in den politischen Gesetzen festgesetzt. Wie Wilddiebe zu bestrafen seien, wird in den Strafgesetzen bestimmt.

§ **384.** Häusliche Bienenschwärme und andere zahme oder zahm gemachte Tiere sind kein Gegenstand des freien Tierfanges, vielmehr hat der Eigentümer das Recht, sie auf fremdem Grunde zu verfolgen; doch soll er dem Grundbesitzer den ihm etwa verursachten Schaden ersetzen. Im Falle, daß der Eigentümer des Mutterstockes den Schwarm durch zwei Tage nicht verfolgt hat; oder, daß ein zahm gemachtes Tier durch zweiundvierzig Tage von selbst ausgeblieben ist, kann sie auf gemeinem Grunde jedermann; auf dem seinigen der Grundeigentümer für sich nehmen, und behalten.

2. durch das Finden freistehender Sachen

§ **385.** Keine Privatperson ist berechtigt, die dem Staate durch die politischen Verordnungen vorbehaltenen Erzeugnisse sich zuzueignen.

§ **386.** Bewegliche Sachen, welche der Eigentümer nicht mehr als die seinigen behalten will, und daher verläßt, kann sich jedes Mitglied des Staates eigen machen. „Im Zweifel ist nicht zu vermuten, dass jemand sein Eigentum aufgeben wolle; daher darf kein Finder eine gefundene Sache für verlassen ansehen und sich diese zueignen.“ *(BGBl I 2002/104, ab 1. 2. 2003)*

§ **387.** Inwiefern Grundstücke wegen gänzlicher Unterlassung ihres Anbaues, oder Gebäude wegen der unterlassenen Herstellung für verlassen anzusehen, oder einzuziehen seien, bestimmen die politischen Gesetze.

Vorschriften über das Finden

a) verlorener und vergessener Sachen

§ **388.** (1) Verloren sind bewegliche, in niemandes Gewahrsame stehende Sachen, die ohne den Willen des Inhabers aus seiner Gewalt gekommen sind.

(2) Vergessen sind bewegliche Sachen, die ohne den Willen des Inhabers an einem fremden, unter der Aufsicht eines anderen stehenden Ort zurückgelassen worden und dadurch in fremde Gewahrsame gekommen sind.

(BGBl I 2002/104, ab 1. 2. 2003)

§ **389.** (1) Finder ist, wer eine verlorene oder vergessene Sache entdeckt und an sich nimmt.

(2) Verlustträger sind der Eigentümer und andere zur Innehabung der verlorenen oder vergessenen Sache berechtigte Personen.

(BGBl I 2002/104, ab 1. 2. 2003)

§ **390.** Der Finder hat den Fund unverzüglich der zuständigen Fundbehörde (§ 14 Abs. 5 SPG) unter Abgabe der gefundenen Sache anzuzeigen und über alle für die Ausforschung eines Verlustträgers maßgeblichen Umstände Auskunft zu geben.

(BGBl I 2002/104, ab 1. 2. 2003)

§ **391.** Die Pflichten nach § 390 bestehen nicht, wenn

1. der Finder die gefundene Sache einem Verlustträger vor der Anzeigeerstattung ausfolgt oder

2. der gemeine Wert der gefundenen Sache 10 Euro nicht übersteigt, es sei denn erkennbar, dass die Wiedererlangung der Sache für einen Verlustträger von erheblicher Bedeutung ist.

(BGBl I 2002/104, ab 1. 2. 2003)

§ **392.** Der Finder hat gegen den, dem der Fundgegenstand ausgefolgt wird, Anspruch auf Finderlohn und auf Ersatz des notwendig und zweckmäßig gemachten Aufwandes.

(BGBl I 2002/104, ab 1. 2. 2003, nicht anzuwenden, wenn der Finder die verlorene oder vergessene Sache davor entdeckt und an sich genommen hat)

§ **393.** (1) Der Finderlohn beträgt bei verlorenen Sachen 10 vH, bei vergessenen Sachen 5 vH des gemeinen Wertes. Übersteigt der gemeine Wert 2 000 Euro, so beträgt der Finderlohn in Rücksicht des Übermaßes die Hälfte dieser Hundertersätze.

(2) Bei unschätzbaren Sachen und solchen, deren Wiedererlangung für den Verlustträger von erheblicher Bedeutung ist, ist der Finderlohn nach billigem Ermessen festzulegen; hierbei ist auf die Grundsätze des Abs. 1, auf die dem Finder entstandene Mühe und auf den dem Verlustträger durch die Wiedererlangung der gefundenen Sache verschafften Vorteil Bedacht zu nehmen.

(BGBl I 2002/104, ab 1. 2. 2003, s Anm zu § 392)

§ **394.** Ein Anspruch auf Finderlohn besteht nicht, wenn

1. die Sache von einer Person im Rahmen ihrer privat- oder öffentlich-rechtlichen, die Rettung der Sache umfassenden Pflicht gefunden worden ist oder

2. der Finder die in den §§ 390 und 391 enthaltenen Anordnungen schuldhaft verletzt hat oder

3. die vergessene Sache auch sonst ohne deren Gefährdung wiedererlangt worden wäre.

(BGBl I 2002/104, ab 1. 2. 2003, s Anm zu § 392)

§ **395.** Wird die Sache innerhalb eines Jahres von keinem Verlustträger angesprochen, so erwirbt der Finder das Eigentum an der in seiner Gewahrsame befindlichen Sache mit Ablauf der Frist, an der abgegebenen Sache mit ihrer Ausfolgung an ihn. Die Frist beginnt im Fall des § 391 Z 2 mit dem Zeitpunkt des Findens, sonst mit der Erstattung der Anzeige (§ 390).

(BGBl I 2002/104, ab 1. 2. 2003, s Anm zu § 392)

§ **396.** Wer eine verlorene oder vergessene Sache entdeckt, sie aber nicht an sich nehmen kann, hat Anspruch auf die Hälfte des im § 393 bestimmten Finderlohnes, wenn er die Entdeckung einer im § 390 bezeichneten Stelle anzeigt und der Verlustträger die Sache dadurch wiedererlangt, es sei denn, dass dieser die Sache auch sonst ohne deren Gefährdung wiedererlangt hätte. § 394 Z 1 ist anzuwenden.

(BGBl I 2002/104, ab 1. 2. 2003, s Anm zu § 392)

b) verborgener Gegenstände

§ **397.** (1) Werden vergrabene, eingemauerte oder sonst verborgene Sachen eines unbekannten Eigentümers entdeckt, so gilt sinngemäß das, was für die verlorenen Sachen bestimmt ist.

(2) Der Finderlohn ist auch dann nicht zu entrichten, wenn die Sache auch sonst ohne deren Gefährdung wiedererlangt worden wäre.

(BGBl I 2002/104, ab 1. 2. 2003, s Anm zu § 392)

c) eines Schatzes

§ **398.** Bestehen die entdeckten Sachen in Geld, Schmuck oder andern Kostbarkeiten, die so lange im Verborgenen gelegen haben, daß man ihren vorigen Eigentümer nicht mehr erfahren kann, dann heißen sie ein Schatz. Die Entdeckung eines Schatzes ist von der Obrigkeit [der Landesstelle][1]) anzuzeigen.

[1]) *Jetzt: dem Bundesdenkmalamt*

§ **399.** Von einem Schatz erhalten der Finder und der Eigentümer des Grundes je die Hälfte.

(BGBl I 2002/104, ab 1. 2. 2003)

§ **400.** Wer sich dabei einer unerlaubten Handlung schuldig gemacht; wer ohne Wissen und Willen des Nutzungseigentümers den Schatz aufgesucht; oder den Fund verheimlicht hat; dessen Anteil soll dem Angeber; oder, wenn kein Angeber vorhanden ist, dem Staate zufallen.

§ **401.** Finden Arbeitsleute zufälliger Weise einen Schatz, so gebührt ihnen als Findern ein Dritteil[1]) davon. Sind sie aber von dem Eigentümer ausdrücklich zur Aufsuchung eines Schatzes gedungen worden, so müssen sie sich mit ihrem ordentlichen Lohne begnügen.

[1]) Jetzt wohl: die Hälfte (s § 399)

3. von der Beute

§ 402. Über das Recht der Beute und der von dem Feinde zurückerbeuteten Sachen, sind die Vorschriften in den Kriegsgesetzen enthalten.

Von dem Rechte aus der Rettung einer fremden beweglichen Sache

§ 403. Wer eine fremde bewegliche Sache von dem unvermeidlichen Verluste oder Untergange rettet, ist berechtigt, von dem rückfordernden Eigentümer den Ersatz seines Aufwandes, und eine verhältnismäßige Belohnung von höchstens zehn von Hundert zu fordern.

Viertes Hauptstück

Von Erwerbung des Eigentumes durch Zuwachs

Zuwachs

§ 404. Zuwachs heißt alles, was aus einer Sache entsteht, oder neu zu derselben kommt, ohne daß es dem Eigentümer von jemand andern übergeben worden ist. Der Zuwachs wird durch Natur, durch Kunst, oder durch beide zugleich bewirkt.

I. Natürlicher Zuwachs:

a) an Naturprodukten;

b) Werfen der Tiere;

§ 405. Die natürlichen Früchte eines Grundes, nämlich solche Nutzungen, die er, ohne bearbeitet zu werden, hervorbringt, als: Kräuter, Schwämme und dergleichen, wachsen dem Eigentümer des Grundes, sowie alle Nutzungen, welche aus einem Tiere entstehen, dem Eigentümer des Tieres zu.

§ 406. Der Eigentümer eines Tieres, welches durch das Tier eines andern befruchtet wird, ist diesem keinen Lohn schuldig, wenn er nicht bedungen worden ist.

c) Inseln;

§ 407. [Wenn in der Mitte eines Gewässers eine Insel entsteht, so sind die Eigentümer der nach der Länge derselben an beiden Ufern liegenden Grundstücke ausschließend befugt, die entstandene Insel in zwei gleichen Teilen sich zuzueignen, und nach Maß der Länge ihrer Grundstücke unter sich zu teilen. Entsteht die Insel auf der einen Hälfte des Gewässers, so hat der Eigentümer des nähern Uferlandes allein darauf Anspruch. Inseln auf schiffbaren Flüssen bleiben dem Staate vorbehalten.]

Gegenstandslos, s § 4 Abs 1 WRG

§ 408. Werden bloß durch die Austrocknung des Gewässers, oder durch desselben Teilung in mehrere Arme, Inseln gebildet, oder Grundstücke überschwemmt; so bleiben die Rechte des vorigen Eigentumes unverletzt.

d) vom verlassenen Wasserbette;

§ 409. Wenn ein Gewässer sein Bett verläßt, so haben vor allem die Grundbesitzer, welche durch den neuen Lauf des Gewässers Schaden leiden, das Recht, aus dem verlassenen Bette oder dessen Werte entschädigt zu werden.

§ 410. [Außer dem Falle einer solchen Entschädigung gehört das verlassene Bett, so wie von einer entstandenen Insel verordnet wird, den angrenzenden Uferbesitzern.]

Gegenstandslos, s WRG

e) vom Anspülen;

§ 411. Das Erdreich, welches ein Gewässer unmerklich an ein Ufer anspült, gehört dem Eigentümer des Ufers.

f) vom abgerissenen Lande

§ 412. Wird aber ein merklicher Erdteil durch die Gewalt des Flusses an ein fremdes Ufer gelegt; so verliert der vorige Besitzer sein Eigentumsrecht darauf nur in dem Falle, wenn er es in einer Jahresfrist nicht ausübt.

§ 413. Jeder Grundbesitzer ist befugt, sein Ufer gegen das Ausreißen des Flusses zu befestigen. Allein niemand darf solche Werke oder Pflanzungen anlegen, die den ordentlichen Lauf des Flusses verändern, oder die der Schifffahrt, den Mühlen, der Fischerei oder andern fremden Rechten nachteilig werden könnten. Überhaupt können ähnliche Anlagen nur mit Erlaubnis der politischen Behörde gemacht werden.

II. Künstlicher Zuwachs durch Verarbeitung oder Vereinigung überhaupt;

§ 414. Wer fremde Sachen verarbeitet; wer sie mit den seinigen vereinigt, vermengt, oder vermischt, erhält dadurch noch keinen Anspruch auf das fremde Eigentum.

§ 415. Können dergleichen verarbeitete Sachen in ihren vorigen Stand zurückgebracht; vereinigte, vermengte oder vermischte Sachen wieder abgesondert werden; so wird einem jeden Eigentümer das Seinige zurückgestellt, und demjenigen Schadloshaltung geleistet, dem sie gebührt. Ist die Zurücksetzung in den vorigen Stand, oder die Absonderung nicht möglich, so wird die Sache den Teilnehmern gemein; doch steht demjenigen, mit dessen Sache der andere durch Verschulden die Vereinigung vorgenommen hat, die Wahl frei, ob er den ganzen Gegenstand gegen Ersatz der Verbesserung behalten, oder ihn dem andern ebenfalls gegen Vergütung überlassen wolle. Der Schuld tragende Teilnehmer wird nach Beschaffenheit seiner redlichen oder unredlichen Absicht behandelt. Kann aber keinem Teile ein Verschulden beigemessen werden, so bleibt dem, dessen Anteil mehr wert ist, die Auswahl vorbehalten.

§ 416. Werden fremde Materialien nur zur Ausbesserung einer Sache verwendet, so fällt die fremde Materie dem Eigentümer der Hauptsache zu, und dieser ist verbunden, nach Beschaffenheit seines redlichen oder unredlichen Verfahrens, dem vorigen Eigentümer der verbrauchten Materialien den Wert derselben zu bezahlen.

insbesondere bei einem Baue

§ 417. Wenn jemand auf eigenem Boden ein Gebäude aufführt, und fremde Materialien dazu verwendet hat, so bleibt das Gebäude zwar sein Eigentum; doch muß selbst ein redlicher Bauführer dem Beschädigten die Materialien, wenn er sie außer den im § 367 angeführten Verhältnissen an sich gebracht hat, nach dem gemeinen; ein unredlicher aber muß sie nach dem höchsten Preise, und überdies noch allen anderweitigen Schaden ersetzen.

§ 418. Hat im entgegengesetzten Falle jemand mit eigenen Materialien, ohne Wissen und Willen des Eigentümers auf fremdem Grunde gebaut, so fällt das Gebäude dem Grundeigentümer zu. Der redliche Bauführer kann den Ersatz der notwendigen und nützlichen Kosten fordern; der unredliche wird gleich einem Geschäftsführer ohne Auftrag behandelt. Hat der Eigentümer des Grundes die Bauführung gewußt, und sie nicht sogleich dem redlichen Bauführer untersagt, so kann er nur den gemeinen Wert für den Grund fordern.

§ 419. Ist das Gebäude auf fremdem Grunde, und aus fremden Materialien entstanden, so wächst auch in diesem Falle das Eigentum desselben dem Grundeigentümer zu. Zwischen dem Grundeigentümer und dem Bauführer treten die nämlichen Rechte und Verbindlichkeiten, wie in dem vorstehenden Paragraphen[1]), ein, und der Bauführer muß dem vorigen Eigentümer der Materialien, nach Beschaffenheit seiner redlichen oder unredlichen Absicht, den gemeinen oder den höchsten Wert ersetzen.

[1]) In JGS „Paragraphe"

III. Vermischter Zuwachs

§ 420. Was bisher wegen der mit fremden Materialien aufgeführten Gebäude bestimmt worden ist, gilt auch für die Fälle, wenn ein Feld mit fremden Samen besät, oder mit fremden Pflanzen besetzt worden ist. Ein solcher Zuwachs gehört dem Eigentümer des Grundes, wenn anders die Pflanzen schon Wurzel geschlagen haben.

§ 421. Das Eigentum eines Baumes wird nicht nach den Wurzeln, die sich in einem angrenzenden Grunde verbreiten, sondern nach dem Stamme bestimmt, der aus dem Grunde hervorragt. Steht der Stamm auf den Grenzen mehrerer Eigentümer, so ist ihnen der Baum gemein.

§ 422. Jeder Grundeigentümer kann die Wurzeln eines fremden Baumes aus seinem Boden reißen, und die über seinem Luftraume hängenden Äste abschneiden oder sonst benützen.

Fünftes Hauptstück

Von Erwerbung des Eigentumes durch Übergabe

Mittelbare Erwerbung

§ 423. Sachen, die schon einen Eigentümer haben, werden mittelbar erworben, indem sie auf eine rechtliche Art von dem Eigentümer auf einen andern übergehen.

Titel derselben

§ 424. Der Titel der mittelbaren Erwerbung liegt in einem Vertrage; in einer Verfügung auf den Todesfall; in dem richterlichen Ausspruche; oder, in der Anordnung des Gesetzes.

Mittelbare Erwerbungsart

§ 425. Der bloße Titel gibt noch kein Eigentum. Das Eigentum und alle dingliche Rechte überhaupt können, außer den in dem Gesetze bestimmten Fällen, nur durch die rechtliche Übergabe und Übernahme erworben werden.

Arten der Übergabe: 1. bei beweglichen Sachen:

a) körperliche Übergabe;

§ 426. Bewegliche Sachen können in der Regel nur durch körperliche Übergabe von Hand zu Hand an einen andern übertragen werden.

b) Übergabe durch Zeichen;

§ 427. Bei solchen beweglichen Sachen aber, welche ihrer Beschaffenheit nach keine körperliche Übergabe zulassen, wie bei Schuldforderungen, Frachtgütern, bei einem Warenlager oder einer andern Gesamtsache, gestattet das Gesetz die Übergabe durch Zeichen; indem der Eigentümer dem Übernehmer die Urkunden, wodurch das Eigentum dargetan wird, oder die Werkzeuge übergibt, durch die der Übernehmer in den Stand gesetzt wird, ausschließend den Besitz der Sache zu ergreifen; oder, indem man mit der Sache ein Merkmal verbindet, woraus jedermann deutlich erkennen kann, daß die Sache einem andern überlassen worden ist.

c) durch Erklärung

§ 428. Durch Erklärung wird die Sache übergeben, wenn der Veräußerer auf eine erweisliche Art seinen Willen an den Tag legt, daß er die Sache künftig im Namen des Übernehmers innehabe; oder, daß der Übernehmer die Sache, welche er bisher ohne ein dingliches Recht innehatte, künftig aus einem dinglichen Rechte besitzen solle.

Folge in Rücksicht der übersendeten,

§ 429. In der Regel werden überschickte Sachen erst dann für übergeben gehalten, wenn sie der Übernehmer erhält; es wäre denn, daß dieser die Überschickungsart selbst bestimmt oder genehmigt hätte.

oder, an mehrere veräußerten Sachen

§ 430. Hat ein Eigentümer eben dieselbe bewegliche Sache an zwei verschiedene Personen, an eine mit, an die andere ohne Übergabe veräußert; so gebührt sie derjenigen, welcher sie zuerst übergeben worden ist; doch hat der Eigentümer dem verletzten Teile zu haften.

2. Bei unbeweglichen Sachen und Bauwerken

§ 431. Zur Übertragung des Eigentumes unbeweglicher Sachen muß das Erwerbungsgeschäft in die dazu bestimmten öffentlichen Bücher eingetragen werden. Diese Eintragung nennt man Einverleibung (Intabulation).

Insbesondere bei Erwerbung

a) durch Vertrag;

§ 432. Zu diesem Zwecke muß über das Erwerbungsgeschäft eine beglaubigte Urkunde in der zur Gültigkeit des Geschäftes vorgeschriebenen Form oder eine öffentliche Urkunde ausgefertigt werden.

(RGBl 1916/69)

§ 433. Die Urkunde muß die genaue Angabe der Personen, die das Eigentum übergeben und übernehmen; der Liegenschaft, die übergeben werden soll, mit ihren Bestandteilen; des Rechtsgrundes der Übergabe; ferner des Ortes und der Zeit des Vertragsschlusses enthalten; und es muß von dem Übergeber in dieser oder in einer besonderen Urkunde die ausdrückliche Erklärung abgegeben werden, daß er in die Einverleibung einwillige.

(RGBl 1916/69)

§ 434. Zur Übertragung des Eigentums an Liegenschaften, die in keinem Grundbuche eingetragen sind, muß eine mit den Erfordernissen der §§ 432 und 433 versehene Urkunde bei Gericht hinterlegt werden. An die Stelle der Bewilligung der Einverleibung tritt die Erklärung der Einwilligung zur Hinterlegung der Urkunde.

(RGBl 1916/69)

§ 435. Dasselbe gilt auch für die Übertragung des Eigentums an Bauwerken, die auf fremdem Grund in der Absicht aufgeführt sind, daß sie nicht stets darauf bleiben sollen, soferne sie nicht Zugehör eines Baurechtes sind.

(RGBl 1916/69)

b) durch Urteil und andere gerichtliche Urkunden;

§ 436. Wenn das Eigentum unbeweglicher Sachen oder eines Bauwerkes zufolge rechtskräftigen Urteils, gerichtlicher Teilung oder Einantwortung einer Erbschaft übertragen werden soll, ist ebenfalls die Einverleibung (§§ 431 bis 433) oder die Hinterlegung der Urkunde (§§ 434, 435) erforderlich.

(RGBl 1916/69)

oder c) durch Vermächtnis

§ 437. Ebenso ist es, um das Eigentum eines vermachten unbeweglichen Gutes oder eines Bauwerkes zu erwerben, notwendig, daß die Sache dem Vermächtnisnehmer gemäß §§ 431 bis 435 übergeben werde.

(RGBl 1916/69)

Bedingte Aufzeichnung in das öffentliche Buch; oder Vormerkung

§ 438. Wenn derjenige, welcher das Eigentum einer unbeweglichen Sache anspricht, darüber zwar eine glaubwürdige, aber nicht mit allen in den [§§ 434 und 435]1) zur Einverleibung vorgeschriebenen Erfordernissen versehene Urkunde besitzt; so kann er doch, damit ihm niemand ein Vorrecht abgewinne, die bedingte Eintragung in das öffentliche Buch bewirken, welche Vormerkung (Pränotation) genannt wird. Dadurch erhält er ein bedingtes Eigentumsrecht, und er wird, sobald er zu Folge richterlichen Ausspruches die Vormerkung gerechtfertigt hat, von der Zeit des nach gesetzlicher Ordnung eingereichten Vormerkungsgesuches, für den wahren Eigentümer gehalten.

1) Jetzt: §§ 432 und 433

§ 439. [Die geschehene Vormerkung muß sowohl demjenigen, der sie bewirkt hat, als auch seinem Gegner durch Zustellung zu eigenen Handen bekannt gemacht werden.] Der Vormerkungswerber muß binnen vierzehn Tagen, vom Tage der erhaltenen Zustellung, die ordentliche Klage zum Erweise des Eigentumsrechtes einreichen; widrigenfalls soll die bewirkte Vormerkung auf Ansuchen des Gegners gelöscht werden.

[] *Gegenstandslos, s §§ 118 ff GBG*

Vorschrift über die Kollision der Einverleibungen

§ 440. Hat der Eigentümer eben dieselbe unbewegliche Sache zwei verschiedenen Personen überlassen; so fällt sie derjenigen zu, welche früher die Einverleibung angesucht hat.

Folge der Erwerbung:

a) in Rücksicht des Besitzes;

§ 441. Sobald die Urkunde über das Eigentumsrecht in das öffentliche Buch eingetragen ist, tritt der neue Eigentümer in den rechtmäßigen Besitz.

b) der damit verbundenen Rechte;

§ 442. Wer das Eigentum einer Sache erwirbt, erlangt auch die damit verbundenen Rechte. Rechte, die auf die Person des Übergebers eingeschränkt sind, kann er nicht übergeben. Überhaupt kann niemand einem andern mehr Recht abtreten, als er selbst hat.

c) Lasten

§ 443. Mit dem Eigentume unbeweglicher Sachen werden auch die darauf haftenden, in den öffentlichen Büchern angemerkten Lasten übernommen. Wer diese Bücher nicht einsieht, leidet in allen Fällen für seine Nachlässigkeit. Andere Forderungen und Ansprüche, die jemand an den vorigen Eigentümer hat, gehen nicht auf den neuen Erwerber über.

Erlöschung des Eigentumsrechtes

§ 444. Das Eigentum überhaupt kann durch den Willen des Eigentümers; durch das Gesetz, und durch richterlichen Ausspruch verloren gehen. Das Eigentum der unbeweglichen Sachen aber wird nur durch die Löschung aus den öffentlichen Büchern aufgehoben.

Ausdehnung dieser Vorschriften auf andere dingliche Rechte

§ 445. Nach den in diesem Hauptstücke über die Erwerbungs- und Erlöschungsart des Eigentumsrechtes unbeweglicher Sachen gegebenen Vorschriften hat man sich auch bei den übrigen, auf unbewegliche Sachen sich beziehenden, dinglichen Rechten zu verhalten.

Form und Vorsichten der Einverleibungen

§ 446. Auf was Art und mit welchen Vorsichten überhaupt bei Einverleibung dinglicher Rechte vorzugehen sei, ist in den über die Einrichtung der Landtafeln und Grundbücher bestehenden besondern Anordnungen enthalten.

Sechstes Hauptstück
Von dem Pfandrechte

Begriff von dem Pfandrechte und Pfande

§ 447. Das Pfandrecht ist das dingliche Recht, welches dem Gläubiger eingeräumt wird, aus einer Sache, wenn die Verbindlichkeit zur bestimmten Zeit nicht erfüllt wird, die Befriedigung zu erlangen. Die Sache, worauf dem Gläubiger dieses Recht zusteht, heißt überhaupt ein Pfand.

Arten des Pfandes

§ 448. Als Pfand kann jede Sache dienen, die im Verkehre steht. Ist sie beweglich, so wird sie Handpfand, oder ein Pfand in enger Bedeutung genannt; ist sie unbeweglich, so heißt sie eine Hypothek oder ein Grundpfand.

Titel des Pfandrechtes

§ 449. Das Pfandrecht bezieht sich zwar immer auf eine gültige Forderung, aber nicht jede Forderung gibt einen Titel zur Erwerbung des Pfandrechtes. Dieser gründet sich auf das Gesetz; auf einen richterlichen Ausspruch; auf einen Vertrag; oder den letzten Willen des Eigentümers.

§ 450. Die Fälle, in welchen das Gesetz jemandem[1]) das Pfandrecht einräumt, sind am gehörigen Orte dieses Gesetzbuches und bei dem Verfahren in Konkursfällen angegeben. Inwiefern das Gericht ein Pfandrecht einräumen könne, bestimmt die Gerichtsordnung. Soll durch die Einwilligung des Schuldners oder eines Dritten, der seine Sache für ihn verhaftet, das Pfandrecht erworben werden; so dienen die Vorschriften von Verträgen und Vermächtnissen zur Richtschnur.

[1]) In JGS „jemanden"

Erwerbungsart des Pfandrechtes:

a) durch körperliche Übergabe;

b) durch Einverleibung oder gerichtliche Urkundenhinterlegung;

§ 451. (1) Um das Pfandrecht wirklich zu erwerben, muß der mit einem Titel versehene Gläubiger die verpfändete Sache, wenn sie beweglich ist, in Verwahrung nehmen; und, wenn sie unbeweglich ist, seine Forderung auf die zur Erwerbung des Eigentumes liegender Güter vorgeschriebene Art einverleiben lassen. Der Titel allein gibt nur ein persönliches Recht zu der Sache, aber kein dingliches Recht auf die Sache.

(2) Das Pfandrecht an bücherlich nicht eingetragenen Liegenschaften (§ 434) oder an Bauwerken (§ 435) wird durch die gerichtliche Hinterlegung einer beglaubigten Pfandbestellungsurkunde erworben. Die Urkunde muß die genaue Angabe des Pfandgegenstandes und der Forderung mit einer ziffermäßig bestimmten Geldsumme, bei einer verzinslichen Forderung auch die Höhe der Zinsen; ferner die ausdrückliche Zustimmung des Verpfänders zu der gerichtlichen Hinterlegung enthalten.

(RGBl 1916/69)

c) durch symbolische Übergabe;

§ 452. Bei Verpfändung derjenigen beweglichen Sachen, welche keine körperliche Übergabe von Hand zu Hand zulassen, muß man sich, wie bei der Übertragung des Eigentumes (§ 427), solcher Zeichen bedienen, woraus jedermann die Verpfändung leicht erfahren kann. Wer diese Vorsicht unterläßt, haftet für die nachteiligen Folgen.

d) durch die Vormerkung

§ 453. Findet die Einverleibung einer Forderung in die öffentlichen Bücher wegen Mangels gesetzmäßiger Förmlichkeit in der Urkunde nicht statt; so kann sich der Gläubiger vormerken (pränotieren) lassen. Durch diese Vormerkung erhält er ein bedingtes Pfandrecht, welches, wenn die Forderung auf die oben §§ 438 und 439 angeführte Art gerechtfertigt worden ist, von dem Zeitpunkte des nach gesetzlicher Ordnung eingereichten Vormerkungsgesuches in ein unbedingtes übergeht.

Erwerbung eines Afterpfandes

§ 454. Der Pfandinhaber kann sein Pfand, insoweit er ein Recht darauf hat, einem Dritten wieder verpfänden, und insofern wird es zum Afterpfande, wenn zugleich letzterer sich dasselbe übergeben, oder die Afterverpfändung auf das Pfandrecht in die öffentlichen Bücher eintragen läßt.

§ 455. Wird der Eigentümer von der weiteren Verpfändung benachrichtigt; so kann er seine Schuld nur mit Willen dessen, der das Afterpfand hat, dem Gläubiger abführen, oder er muß sie gerichtlich hinterlegen, sonst bleibt das Pfand dem Inhaber des Afterpfandes verhaftet.

Verpfändung einer fremden Sache

§ 456. Wird eine fremde bewegliche Sache ohne Einwilligung des Eigentümers verpfändet, so hat dieser in der Regel zwar das Recht, sie zurückzufordern; aber in solchen Fällen, in welchen die Eigentumsklage gegen einen redlichen Besitzer nicht statt hat (§ 367), ist er verbunden, entweder den redlichen Pfandinhaber schadlos zu halten, oder das Pfand fahren zu lassen, und sich mit dem Ersatzrechte gegen den Verpfänder zu begnügen.

Objektiver Umfang des Pfandrechtes

§ 457. Das Pfandrecht erstreckt sich auf alle zu dem freien Eigentume des Verpfänders gehörige Teile, auf Zuwachs und Zugehör des Pfandes, folglich auch auf die Früchte, insolange sie noch nicht abgesondert oder bezogen sind. Wenn also ein Schuldner einem Gläubiger sein Gut, und einem andern später die Früchte desselben verpfändet; so ist die spätere Verpfändung nur in Rücksicht auf die schon abgesonderten und bezogenen Früchte wirksam.

Rechte und Verbindlichkeiten des Pfandgläubigers:

a) bei Entdeckung eines unzureichenden Pfandes;

§ 458. Wenn der Wert eines Pfandes durch Verschulden des Pfandgebers, oder wegen eines erst offenbar gewordenen Mangels der Sache zur Bedeckung der Schuld nicht mehr zureichend gefunden wird; so ist der Gläubiger berechtigt, von dem Pfandgeber ein anderes angemessenes Pfand zu fordern.

b) vor dem Verfalle;

§ 459. Ohne Bewilligung des Pfandgebers darf der Gläubiger das Pfandstück nicht benützen; er muß es vielmehr genau bewahren, und, wenn es durch sein Verschulden in Verlust gerät, dafür haften. Geht es ohne sein Verschulden verloren, so verliert er deswegen seine Forderung nicht.

§ 460. Hat der Gläubiger das Pfand weiter verpfändet; so haftet er selbst für einen solchen Zufall, wodurch das Pfand bei ihm nicht zu Grunde gegangen oder verschlimmert worden wäre.

c) nach dem Verfalle der Forderung

§ 461. Wird der Pfandgläubiger nach Verlauf der bestimmten Zeit nicht befriedigt; so ist er befugt, die Feilbietung des Pfandes gerichtlich zu verlangen. Das Gericht hat dabei nach Vorschrift der Gerichtsordnung zu verfahren.

§ 462. Vor der Feilbietung des Gutes ist jedem darauf eingetragenen Pfandgläubiger die Einlösung der Forderung, wegen welcher die Feilbietung angesucht worden, zu gestatten.

§ 463. Schuldner haben kein Recht, bei Versteigerung einer von ihnen verpfändeten Sache mitzubieten.

§ 464. Wird der Schuldbetrag aus dem Pfande nicht gelöst, so ersetzt der Schuldner das Fehlende; ihm fällt aber auch das zu, was über den Schuldbetrag gelöst wird.

§ 465. Inwiefern ein Pfandgläubiger sich an sein Pfand zu halten schuldig; oder, auf ein anderes Vermögen seines Schuldners zu greifen berechtigt sei, bestimmt die Gerichtsordnung.

§ 466. Hat der Schuldner während der Verpfändungszeit das Eigentum der verpfändeten Sache auf einen andern übertragen; so steht dem Gläubiger frei, erst sein persönliches Recht gegen den Schuldner, und dann seine volle Befriedigung an der verpfändeten Sache zu suchen.

Erlöschung des Pfandrechtes

§ 467. Wenn die verpfändete Sache zerstört wird; wenn sich der Gläubiger seines Rechtes darauf gesetzmäßig begibt; oder, wenn er sie dem Schuldner ohne Vorbehalt zurückstellt; so erlischt zwar das Pfandrecht, aber die Schuldforderung besteht noch.

§ 468. Das Pfandrecht erlischt ferner mit der Zeit, auf welche es eingeschränkt war, folglich auch mit dem zeitlichen Rechte des Pfandgebers auf die verpfändete Sache; wenn anders dieser Umstand dem Gläubiger bekannt war, oder aus den öffentlichen Büchern bekannt sein konnte.

§ 469. Durch Tilgung der Schuld hört das Pfandrecht auf. Der Pfandgeber ist aber die Schuld nur gegen dem zu tilgen verbunden, daß ihm das Pfand zugleich zurückgestellt werde. Zur Aufhebung einer Hypothek ist die Tilgung der Schuld allein nicht hinreichend. Ein Hypothekargut bleibt so lange verhaftet, bis die Schuld aus den öffentlichen Büchern gelöscht ist. Bis dahin kann der Eigentümer des Gutes auf Grund einer Quittung oder einer anderen, das Erlöschen der Pfandschuld dartuenden Urkunde das Pfandrecht auf eine neue Forderung übertragen, die den Betrag der eingetragenen Pfandforderung nicht übersteigt.

(RGBl 1916/69)

§ **469a.** Bei Bestellung des Pfandrechtes kann auf dieses Verfügungsrecht nicht verzichtet werden. „Ist jedoch im öffentlichen Buch ein der Hypothek im Rang nachfolgendes oder ihr gleichrangiges, rechtsgeschäftlich bestelltes Recht eingetragen, so kann der Eigentümer über die Hypothek nur dann verfügen, wenn er sich das Verfügungsrecht gegenüber dem Buchberechtigten vertraglich vorbehalten hat und dieser Vorbehalt im öffentlichen Buch bei der Hypothek angemerkt ist." *(BGBl I 1997/30, ab 1.1. 1998, gilt unter der Voraussetzung, daß der Antrag auf Eintragung des der Hypothek im Rang nachfolgenden oder ihr gleichrangigen Rechts nach dem 31. 12. 1997 beim Grundbuchsgericht eingelangt ist. Auf Anträge auf Anmerkung der Löschungsverpflichtung nach § 469a aF, die vor dem 1. 1. 1998 beim Grundbuchsgericht einlangen, ist §469a aF anzuwenden. Anmerkungen der Löschungsverpflichtung nach § 469a aF kommt weiterhin die in der angeführten Bestimmung vorgesehene Rechtswirkung zu. Satz 2 aF lautete: „Verpflichtet sich der Eigentümer einem andern gegenüber, eine bestimmte Hypothek löschen zu lassen, so kann er über die Hypothek nicht verfügen, wenn diese Verpflichtung im öffentlichen Buch bei der Hypothek angemerkt ist.")*

(RGBl 1916/69)

§ **470.** Wird nach Tilgung der Schuld (§ 469) oder eingetretener Vereinigung (§ 1446), bevor das Pfandrecht bücherlich gelöscht oder die Liegenschaft oder das Pfandrecht übertragen worden ist, das Hypothekargut zwangsweise versteigert oder dessen Zwangsverwaltung bewilligt, so ist bei Verteilung des Erlöses auf dieses Pfandrecht keine Rücksicht zu nehmen. Nur insoweit die durch das Pfandrecht gesicherte Forderung gegen einen Dritten noch fortbesteht oder dem Eigentümer der Ersatz für deren Tilgung gebührt (§ 1358), wird der darauf entfallende Teil dem Eigentümer zugewiesen.

(RGBl 1916/69)

Von dem Retentionsrechte

§ **471.** (1) Wer zur Herausgabe einer Sache verpflichtet ist, kann sie zur Sicherung seiner fälligen Forderungen wegen des für die Sache gemachten Aufwandes oder des durch die Sache ihm verursachten Schadens mit der Wirkung zurückbehalten, daß er zur Herausgabe nur gegen die Zug um Zug zu bewirkende Gegenleistung verurteilt werden kann.

(2) Die Ausübung des Zurückbehaltungsrechtes kann durch Sicherheitsleistung abgewendet werden; Sicherheitsleistung durch Bürgen ist ausgeschlossen.

(RGBl 1916/69)

Siebentes Hauptstück

Von Dienstbarkeiten (Servituten)

Begriff des Rechtes der Dienstbarkeit

§ **472.** Durch das Recht der Dienstbarkeit wird ein Eigentümer verbunden, zum Vorteile eines andern in Rücksicht seiner Sache etwas zu dulden oder zu unterlassen. Es ist ein dingliches, gegen jeden Besitzer der dienstbaren Sache wirksames Recht.

Einteilung der Dienstbarkeiten in Grunddienstbarkeiten und persönliche;

§ **473.** Wird das Recht der Dienstbarkeit mit dem Besitze eines Grundstückes zu dessen vorteilhafteren oder bequemeren Benützung verknüpft; so entsteht eine Grunddienstbarkeit; außer dem ist die Dienstbarkeit persönlich.

in Feld- und Haus-Servituten

§ **474.** Grunddienstbarkeiten setzen zwei Grundbesitzer voraus, deren einem als Verpflichteten das dienstbare; dem andern als Berechtigten das herrschende Gut gehört. Das herrschende Grundstück ist entweder zur Landwirtschaft oder zu einem andern Gebrauche bestimmt; daher unterscheidet man auch die Feld- und Haus-Servituten.

Gewöhnlichere Arten:

a) der Haus-Servituten;

§ **475.** (1) Die Haus-Servituten sind gewöhnlich:

1. das Recht, eine Last seines Gebäudes auf ein fremdes Gebäude zu setzen;

2. einen Balken oder Sparren in eine fremde Wand einzufügen;

3. ein Fenster in der fremden Wand zu öffnen; es sei des Lichtes oder der Aussicht wegen;

4. ein Dach oder einen Erker über des Nachbars Luftraum zu bauen;

5. den Rauch durch des Nachbars Schornstein zu führen;

6. die Dachtraufe auf fremden Grund zu leiten;

7. Flüssigkeiten auf des Nachbars Grund zu gießen oder durchzuführen.

(2) Durch diese und ähnliche Haus-Servituten wird ein Hausbesitzer befugt, etwas auf dem Grunde seines Nachbars vorzunehmen, was dieser dulden muß.

§ 476. Durch andere Haus-Servituten wird der Besitzer des dienstbaren Grundes verpflichtet, etwas zu unterlassen, was ihm sonst zu tun frei stand. Dergleichen sind:

8. sein Haus nicht zu erhöhen;

9. es nicht niedriger zu machen;

10. dem herrschenden Gebäude Licht und Luft;

11. oder Aussicht nicht zu benehmen;

12. die Dachtraufe seines Hauses von dem Grunde des Nachbars, dem sie zur Bewässerung seines Gartens oder zur Füllung seiner Zisterne, oder auf eine andere Art nützlich sein kann, nicht abzuleiten.

b) der Feld-Servituten

§ 477. Die vorzüglichen Feld-Servituten sind:

1. das Recht, einen Fußsteig, Viehtrieb oder Fahrweg auf fremdem[1]) Grund und Boden zu halten;

2. das Wasser zu schöpfen, das Vieh zu tränken, das Wasser ab- und herzuleiten;

3. das Vieh zu hüten und zu weiden;

4. Holz zu fällen, verdorrte Äste und Reiser zu sammeln, Eicheln zu lesen, Laub zu rechen;

5. zu jagen, zu fischen, Vögel zu fangen;

6. Steine zu brechen, Sand zu graben, Kalk zu brennen.

[1]) *In JGS „fremden"*

Arten der persönlichen Dienstbarkeiten

§ 478. Die persönlichen Servituten sind: der nötige Gebrauch einer Sache; die Fruchtnießung; und die Wohnung.

Unregelmäßige und Schein-Servituten

§ 479. Es können aber auch Dienstbarkeiten, welche an sich Grunddienstbarkeiten sind, der Person allein; oder, es können Begünstigungen, die ordentlicher Weise Servituten sind, nur bloß auf Widerrufen zugestanden werden. Die Abweichungen von der Natur einer Servitut werden jedoch nicht vermutet; wer sie behauptet, dem liegt der Beweis ob.

Erwerbung des Rechtes der Dienstbarkeit. Titel zur Erwerbung

§ 480. Der Titel zu einer Servitut ist auf einem Vertrage; auf einer letzten Willenserklärung; auf einem bei der Teilung gemeinschaftlicher Grundstücke erfolgten Rechtsspruche; oder endlich, auf Verjährung gegründet.

Erwerbungsart

§ 481. (1) Das dingliche Recht der Dienstbarkeit kann an Gegenständen, die in den öffentlichen Büchern eingetragen sind, nur durch die Eintragung in diese erworben werden.

(2) An bücherlich nicht eingetragenen Liegenschaften (§ 434) oder an Bauwerken (§ 435) wird das dingliche Recht durch die gerichtliche Hinterlegung einer über die Einräumung der Dienstbarkeit errichteten beglaubigten Urkunde; auf andere Sachen aber durch die oben (§§ 426 bis 428) angegebenen Arten der Übergabe erworben.

(RGBl 1916/69)

Rechtsverhältnis bei den Dienstbarkeiten. Allgemeine Vorschriften über das Recht der Dienstbarkeit

§ 482. Alle Servituten kommen darin überein, daß der Besitzer der dienstbaren Sache in der Regel nicht verbunden ist, etwas zu tun; sondern nur einem andern die Ausübung eines Rechtes zu gestatten, oder das zu unterlassen, was er als Eigentümer sonst zu tun berechtigt wäre.

§ 483. Daher muß auch der Aufwand zur Erhaltung und Herstellung der Sache, welche zur Dienstbarkeit bestimmt ist, in der Regel von dem Berechtigten getragen werden. Wenn aber diese Sache auch von dem Verpflichteten benützt wird; so muß er verhältnismäßig zu dem Aufwande beitragen, und nur durch die Abtretung derselben an den Berechtigten kann er sich, auch ohne dessen Beistimmung, von dem Beitrage befreien.

§ **484.** Der Besitzer des herrschenden Gutes kann zwar sein Recht auf die ihm gefällige Art ausüben; doch dürfen Servituten nicht erweitert, sie müssen vielmehr, insoweit es ihre Natur und der Zweck der Bestellung gestattet, eingeschränkt werden.

§ **485.** Keine Servitut läßt sich eigenmächtig von der dienstbaren Sache absondern, noch auf eine andere Sache oder Person übertragen. Auch wird jede Servitut insofern für unteilbar gehalten, als das auf dem Grundstücke haftende Recht durch Vergrößerung, Verkleinerung oder Zerstücklung desselben, abgesehen von dem im § 847 bezeichneten Falle, weder verändert noch geteilt werden kann.

(RGBl 1916/69)

§ **486.** Ein Grundstück kann mehrern Personen zugleich dienstbar sein, wenn anders die ältern Rechte eines Dritten nicht darunter leiden.

Anwendung auf die Grunddienstbarkeiten; insbesondere auf das Recht, eine Last, einen Balken auf fremdem Gebäude zu haben, oder den Rauch durchzuführen

§ **487.** Nach den hier aufgestellten Grundsätzen sind die Rechtsverhältnisse bei den besondern Arten der Servituten zu bestimmen. Wer also die Last des benachbarten Gebäudes zu tragen; die Einfügung des fremden Balkens an seiner Wand; oder, den Durchzug des fremden Rauches in seinem Schornsteine zu dulden hat; der muß verhältnismäßig zur Erhaltung der dazu bestimmten Mauer, Säule, Wand oder des Schornsteines beitragen. Es kann ihm aber nicht zugemutet werden, daß er das herrschende Gut unterstützen oder den Schornstein des Nachbars ausbessern lasse.

Fensterrecht

§ **488.** Das Fensterrecht gibt nur auf Licht und Luft Anspruch; die Aussicht muß besonders bewilligt werden. Wer kein Recht zur Aussicht hat, kann angehalten werden, das Fenster zu vergittern. Mit dem Fensterrechte ist die Schuldigkeit verbunden, die Öffnung zu verwahren; wer diese Verwahrung vernachlässigt, haftet für den daraus entstehenden Schaden.

Recht der Dachtraufe

§ **489.** Wer das Recht der Dachtraufe besitzt, kann das Regenwasser auf das fremde Dach frei oder durch Rinnen abfließen lassen; er kann auch sein Dach erhöhen; doch muß er solche Vorkehrungen treffen, daß dadurch die Dienstbarkeit nicht lästiger werde. Ebenso muß er häufig gefallenen Schnee zeitig hinwegräumen, wie auch die zum Abflusse bestimmten Rinnen unterhalten.

Recht der Ableitung des Regenwassers

§ **490.** Wer das Recht hat, das Regenwasser von dem benachbarten Dache auf seinen Grund zu leiten, hat die Obliegenheit, für Rinnen, Wasserkästen und andere dazu gehörige Anstalten die Auslagen allein zu bestreiten.

§ **491.** Erfordern die abzuführenden Flüssigkeiten Gräben und Kanäle; so muß sie der Eigentümer des herrschenden Grundes errichten; er muß sie auch ordentlich decken und reinigen, und dadurch die Last des dienstbaren Grundes erleichtern.

Recht des Fußsteiges, Viehtriebes und Fahrweges

§ **492.** Das Recht des Fußsteiges begreift das Recht in sich, auf diesem Steige zu gehen, sich von Menschen tragen, oder andere Menschen zu sich kommen zu lassen. Mit dem Viehtriebe ist das Recht, einen Schiebkarren zu gebrauchen; und, mit dem Fahrwege das Recht, mit einem oder mehreren Zügen zu fahren, verbunden.

§ **493.** Hingegen kann, ohne besondere Bewilligung, das Recht zu gehen, nicht auf das Recht, zu reiten, oder sich durch Tiere tragen zu lassen; weder das Recht des Viehtriebes auf das Recht, schwere Lasten über den dienstbaren Grund zu schleifen; noch das Recht zu fahren, auf das Recht, frei gelassenes Vieh darüber zu treiben, ausgedehnt werden.

§ **494.** Zur Erhaltung des Weges, der Brücken und Stege tragen verhältnismäßig alle Personen oder Grundbesitzer, denen der Gebrauch derselben zusteht, folglich auch der Besitzer des dienstbaren Grundes, so weit bei, als er davon Nutzen zieht.

Raum hierzu

§ **495.** Der Raum für diese drei Servituten muß dem nötigen Gebrauche und den Umständen des Ortes angemessen sein. Werden Wege und Steige durch Überschwemmung oder durch einen andern Zufall unbrauchbar; so muß, bis zu der Herstellung in den vorigen Stand, wenn nicht schon die politische

Behörde eine Vorkehrung getroffen hat, ein neuer Raum angewiesen werden.

Recht, Wasser zu schöpfen

§ 496. Mit dem Rechte, fremdes Wasser zu schöpfen, wird auch der Zugang zu demselben gestattet.

Recht der Wasserleitung

§ 497. Wer das Recht hat, Wasser von fremdem Grunde auf den seinigen; oder, von seinem Grunde auf fremden zu leiten, ist auch berechtigt, die dazu nötigen Röhren, Rinnen und Schleusen auf eigene Kosten anzulegen. Das nicht zu überschreitende Maß dieser Anlagen wird durch das Bedürfnis des herrschenden Grundes festgesetzt.

Weiderecht

§ 498. Ist bei Erwerbung des Weiderechtes die Gattung und die Anzahl des Triebviehes; ferner die Zeit und das Maß des Genusses nicht bestimmt worden; so ist der ruhige dreißigjährige Besitz zu schützen. In zweifelhaften Fällen dienen folgende Vorschriften zur Richtschnur.

Gesetzliche Bestimmung:

a) über die Gattung des Triebviehes;

§ 499. Das Weiderecht erstreckt sich, insoweit die politischen, und im Forstwesen gegebenen Verordnungen nicht entgegenstehen, auf jede Gattung von Zug-, Rind- und Schafvieh, aber nicht auf Schweine und Federvieh; ebensowenig in waldigen Gegenden auf Ziegen. Unreines, ungesundes und fremdes Vieh ist stets von der Weide ausgeschlossen.

b) dessen Anzahl;

§ 500. Hat die Anzahl des Triebviehes während der letzten dreißig Jahre abgewechselt; so muß aus dem Triebe der drei ersten Jahre die Mittelzahl angenommen werden. Erhellt auch diese nicht; so ist teils auf den Umfang, teils auf die Beschaffenheit der Weide billige Rücksicht zu nehmen, und dem Berechtigten wenigstens nicht gestattet, daß er mehr Vieh auf der fremden Weide halte, als er mit dem auf dem herrschenden Grunde erzeugten Futter durchwintern kann. Säugevieh wird nicht zur bestimmten Anzahl gerechnet.

c) Triftzeit;

§ 501. Die Triftzeit wird zwar überhaupt durch den in jeder Feldmarke eingeführten unangefochtenen Gebrauch bestimmt: allein in keinem Falle darf der vermöge politischer Bestimmungen geordnete Wirtschaftsbetrieb durch die Behütung verhindert, oder erschwert werden.

d) Maß des Genusses

§ 502. Der Genuß des Weiderechtes erstreckt sich auf keine andere Benutzung. Der Berechtigte darf weder Gras mähen, noch in der Regel den Eigentümer des Grundstückes von der Mitweide ausschließen, am wenigsten aber die Substanz der Weide verletzen. Wenn ein Schade zu befürchten ist, muß er sein Vieh von einem Hirten hüten lassen.

Anwendung dieser Bestimmungen auf andere Servituten

§ 503. Was bisher in Rücksicht auf das Weiderecht vorgeschrieben worden, ist verhältnismäßig auch auf die Rechte des Tierfanges, des Holzschlages, des Steinbrechens und die übrigen Servituten anzuwenden. Glaubt jemand diese Rechte auf das Miteigentum gründen zu können; so sind die darüber entstehenden Streitigkeiten nach den, in dem Hauptstücke von der Gemeinschaft des Eigentumes, enthaltenen Grundsätzen zu entscheiden.

Persönliche Dienstbarkeiten; insbesondere:

1. das Recht des Gebrauches;

§ 504. Die Ausübung persönlicher Servituten wird, wenn nichts anderes verabredet worden ist, nach folgenden Grundsätzen bestimmt: Die Servitut des Gebrauches besteht darin, daß jemand befugt ist, eine fremde Sache, ohne Verletzung der Substanz, bloß zu seinem Bedürfnisse zu benützen.

Bestimmung in Rücksicht der Nutzungen;

§ 505. Wer also das Gebrauchsrecht einer Sache hat, der darf, ohne Rücksicht auf sein übriges Vermögen, den seinem Stande, seinem Gewerbe, und seinem Hauswesen angemessenen Nutzen davon ziehen.

§ 506. Das Bedürfnis ist nach dem Zeitpunkte der Bewilligung des Gebrauches zu bestimmen. Nachfolgende Veränderungen in dem Stande oder Gewerbe des Berechtigten geben keinen Anspruch auf einen ausgedehnteren Gebrauch.

der Substanz;

§ 507. Der Berechtigte darf die Substanz der ihm zum Gebrauche bewilligten Sache nicht verändern; er darf auch das Recht an keinen andern übertragen.

und der Lasten;

§ 508. Alle Benützungen, die sich ohne Störung des Gebrauchsberechtigten aus der Sache schöpfen lassen, kommen dem Eigentümer zustatten. Dieser ist aber verbunden, alle ordentlichen[1]) und außerordentlichen[1]), auf der Sache haftenden[1]) Lasten zu tragen, und sie auf seine Kosten in gutem Stande zu erhalten. Nur wenn die Kosten denjenigen Nutzen übersteigen, der dem Eigentümer übrig bleibt, muß der Berechtigte den Überschuß tragen, oder vom Gebrauche abstehen.

[1]) *In JGS „ordentliche", „außerordentliche" bzw „haftende"*

2. der Fruchtnießung

§ 509. Die Fruchtnießung ist das Recht eine fremde Sache, mit Schonung der Substanz ohne alle Einschränkung zu genießen.

Inwiefern sie sich auf verbrauchbare Sachen erstrecken könne

§ 510. Verbrauchbare Sachen sind an sich selbst kein Gegenstand des Gebrauches oder der Fruchtnießung, sondern nur ihr Wert. Mit dem baren Gelde kann der Berechtigte nach Belieben verfügen. Wird aber ein bereits anliegendes Kapital zum Fruchtgenusse oder Gebrauche bewilligt; so kann der Berechtigte nur die Zinsen fordern.

Rechte und Verbindlichkeiten des Fruchtnießers

§ 511. Der Fruchtnießer hat ein Recht auf den vollen, sowohl gewöhnlichen als ungewöhnlichen Ertrag; ihm gehört daher auch die mit Beobachtung der bestehenden Bergwerksordnung erhaltene reine Ausbeute von Bergwerksanteilen, und das forstmäßig geschlagene Holz. Auf einen Schatz, welcher in dem zur Fruchtnießung bestimmten Grunde gefunden wird, hat er keinen Anspruch.

Insbesondere:

a) in Rücksicht der auf der Sache haftenden Lasten;

§ 512. Als ein reiner Ertrag kann aber nur das angesehen werden, was nach Abzug aller nötigen Auslagen übrig bleibt. Der Fruchtnießer übernimmt also alle Lasten, welche zur Zeit der bewilligten Fruchtnießung mit der dienstbaren Sache verbunden waren, mithin auch die Zinsen der darauf eingetragenen Kapitalien. Auf ihn fallen alle ordentlichen[1]) und außerordentlichen[1]), von der Sache zu leistenden[1]) Schuldigkeiten, insofern sie aus den während der Dauer der Fruchtnießung gezogenen Nutzungen bestritten werden können; er trägt auch die Kosten, ohne welche die Früchte nicht erzielt werden.

[1]) *In JGS „ordentliche", „außerordentliche" bzw „leistende"*

b) der Erhaltung der Sache;

§ 513. Der Fruchtnießer ist verbunden, die dienstbare Sache als ein guter Haushälter in dem Stande, in welchem er sie übernommen hat, zu erhalten, und aus dem Ertrage die Ausbesserungen, Ergänzungen und Herstellungen zu besorgen. Wird dessen ungeachtet der Wert der dienstbaren Sache bloß durch den rechtmäßigen Genuß ohne Verschulden des Fruchtnießers verringert; so ist er dafür nicht verantwortlich.

c) der Bauführungen;

§ 514. Wenn der Eigentümer Bauführungen, die durch das Alter des Gebäudes, oder durch einen Zufall notwendig gemacht werden, auf Anzeige des Fruchtnießers auf seine Kosten besorgt; ist ihm der Fruchtnießer, nach Maß der dadurch verbesserten Fruchtnießung, die Zinsen des verwendeten Kapitals zu vergüten schuldig.

§ 515. Kann oder will der Eigentümer dazu sich nicht verstehen; so ist der Fruchtnießer berechtigt, entweder den Bau zu führen, und nach geendigter Fruchtnießung, gleich einem redlichen Besitzer, den Ersatz zu fordern; oder, für die durch Unterbleibung des Baues vermißte Fruchtnießung, eine angemessene Vergütung zu verlangen.

§ 516. Bauführungen, welche nicht notwendig, obgleich sonst zur Vermehrung des Ertrages gedeihlich sind, ist der Fruchtnießer nicht verbunden, ohne vollständige Entschädigung, zu gestatten.

d) der Meliorationskosten

§ 517. Was der Fruchtnießer ohne Einwilligung des Eigentümers zur Vermehrung fortdauernder Nutzungen verwendet hat, kann er zurücknehmen; eine Vergütung der aus der Verbesserung noch bestehenden Nutzungen aber kann er nur fordern; insofern sie ein Geschäftsführer ohne Auftrag zu fordern berechtigt ist.

Beweismittel darüber

§ 518. Zur Erleichterung des Beweises der gegenseitigen Forderungen, sollen der Eigentümer und der Fruchtnießer eine beglaubte Beschreibung aller dienstbaren Sachen aufnehmen lassen. Ist sie unterlassen worden; so wird vermutet, daß der Fruchtnießer die Sache samt allen zur ordentlichen Benützung derselben erforderlichen Stücken in brauchbarem Zustande von mittlerer Beschaffenheit erhalten habe.

Zuteilung der Nutzungen bei Erlöschung der Fruchtnießung

§ 519. Nach geendigter Fruchtnießung gehören die noch stehenden Früchte dem Eigentümer; doch muß er die auf deren Erzielung verwendeten Kosten dem Fruchtnießer oder dessen Erben, gleich einem redlichen Besitzer, ersetzen. Auf andere Nutzungen haben der Fruchtnießer oder dessen Erben den Anspruch nach Maß der Dauer der Fruchtnießung.

Inwiefern der Gebrauchsberechtigte oder der Fruchtnießer zur Sicherstellung verbunden sei

§ 520. In der Regel kann der Eigentümer von dem Gebrauchsberechtigten oder Fruchtnießer nur bei einer sich äußernden Gefahr die Sicherstellung der Substanz verlangen. Wird sie nicht geleistet; so soll die Sache entweder dem Eigentümer gegen eine billige Abfindung überlassen, oder nach Umständen in gerichtliche Verwaltung gegeben werden.

3. Dienstbarkeit der Wohnung

§ 521. Die Servitut der Wohnung ist das Recht, die bewohnbaren Teile eines Hauses zu seinem Bedürfnisse zu benützen. Sie ist also eine Servitut des Gebrauches von dem Wohngebäude. Werden aber jemandem[1]) alle bewohnbaren[1]) Teile des Hauses, mit Schonung der Substanz, ohne Einschränkung zu genießen überlassen; so ist es eine Fruchtnießung des Wohngebäudes. Hiernach sind die oben gegebenen Vorschriften auf das rechtliche Verhältnis zwischen dem Berechtigten und dem Eigentümer anzuwenden.

[1]) In JGS „jemanden" bzw „bewohnbare"

§ 522. In jedem Falle behält der Eigentümer das Recht, über alle Teile des Hauses, die nicht zur eigentlichen Wohnung gehören, zu verfügen; auch darf ihm die nötige Aufsicht über sein Haus nicht erschwert werden.

Klagerecht in Rücksicht der Servituten

§ 523. In Ansehung der Servituten findet ein doppeltes Klagerecht statt. Man kann gegen den Eigentümer das Recht der Servitut behaupten; oder, der Eigentümer kann sich über die Anmaßung einer Servitut beschweren. Im ersten Falle muß der Kläger die Erwerbung der Servitut oder wenigstens den Besitz derselben als eines dinglichen Rechtes, im zweiten Falle muß er die Anmaßung der Servitut in seiner Sache beweisen.

Erlöschung der Dienstbarkeiten. Im allgemeinen

§ 524. Die Servituten erlöschen im allgemeinen auf diejenigen Arten, wodurch nach dem dritten und vierten Hauptstücke des dritten Teiles Rechte und Verbindlichkeiten überhaupt aufgehoben werden.

Besondere Anordnung bei deren Erlöschung:

a) durch den Untergang des dienstbaren oder herrschenden Grundes;

§ 525. Der Untergang des dienstbaren oder des herrschenden Grundes stellt zwar die Dienstbarkeit ein; sobald aber der Grund, oder das Gebäude wieder in den vorigen Stand gesetzt ist, erhält die Servitut wieder ihre vorige Kraft.

b) durch Vereinigung;

§ 526. Wenn das Eigentum des dienstbaren und des herrschenden Grundes in einer Person vereinigt wird, hört die Dienstbarkeit von selbst auf. Wird aber in der Folge einer dieser vereinigten Gründe wieder veräußert, ohne daß inzwischen in den öffentlichen Büchern die Dienstbarkeit gelöscht worden; so ist der neue Besitzer des herrschenden Grundes befugt, die Servitut auszuüben.

c) durch Zeitverlauf

§ 527. Hat das bloß zeitliche Recht desjenigen, der die Servitut bestellt hat, oder die Zeit, auf welche sie beschränkt worden ist, dem Servitutsinhaber aus öffentlichen Büchern, oder auf eine andere Art bekannt sein können; so hört nach Verlauf dieser Zeit die Servitut von selbst auf.

§ 528. Eine Servitut, welche jemandem[1]) bis zur Zeit, da ein Dritter ein bestimmtes

Alter erreicht, verliehen wird, erlischt erst zu der bestimmten Zeit, obschon der Dritte vor diesem Alter verstorben ist.

[1]) *In JGS „jemanden"*

Erlöschung der persönlichen Servituten insbesondere

§ 529. Persönliche Servituten hören mit dem Tode auf. Werden sie ausdrücklich auf die Erben ausgedehnt; so sind im Zweifel nur die ersten gesetzlichen Erben darunter verstanden. Das einer Familie verliehene Recht aber geht auf alle Mitglieder derselben über. Die von einer Gemeinde oder einer andern moralischen Person erworbene persönliche Servitut dauert so lange, als die moralische Person besteht.

Unanwendbarkeit auf beständige Renten

§ 530. Beständige jährliche Renten sind keine persönliche Servitut, und können also ihrer Natur nach auf alle Nachfolger übertragen werden.

Achtes Hauptstück
Von dem Erbrechte

Verlassenschaft

§ 531. Der Inbegriff der Rechte und Verbindlichkeiten eines Verstorbenen, insofern sie nicht in bloß persönlichen Verhältnissen gegründet sind, heißt desselben Verlassenschaft oder Nachlaß.

Erbrecht und Erbschaft

§ 532. Das ausschließende Recht, die ganze Verlassenschaft, oder einen in Beziehung auf das Ganze bestimmten Teil derselben (z.B. die Hälfte, ein Dritteil) in Besitz zu nehmen, heißt Erbrecht. Es ist ein dingliches Recht, welches gegen einen jeden, der sich der Verlassenschaft anmaßen will, wirksam ist. Derjenige, dem das Erbrecht gebührt, wird Erbe, und die Verlassenschaft, in Beziehung auf den Erben, Erbschaft genannt.

Titel zu dem Erbrechte

§ 533. Das Erbrecht gründet sich auf den nach gesetzlicher Vorschrift erklärten Willen des Erblassers; auf einen nach dem Gesetze zulässigen Erbvertrag (§ 602), oder auf das Gesetz.

§ 534. Die erwähnten drei Arten des Erbrechtes können auch nebeneinander bestehen, so daß einem Erben ein in Beziehung auf das Ganze bestimmter Teil aus dem letzten Willen, dem andern aus dem Vertrage, und einem dritten aus dem Gesetze gebührt.

Unterschied zwischen Erbschaft und Vermächtnis

§ 535. Wird jemandem[1]) kein solcher Erbteil, der sich auf den ganzen Nachlaß bezieht; sondern nur eine einzelne Sache, eine oder mehrere Sachen von gewisser Gattung; eine Summe; oder ein Recht zugedacht; so heißt das Zugedachte, obschon dessen Wert den größten Teil der Verlassenschaft ausmacht, ein Vermächtnis (Legat), und derjenige, dem es hinterlassen worden, ist nicht als ein Erbe, sondern nur als ein Vermächtnisnehmer (Legatar) zu betrachten.

[1]) *In JGS „jemanden"*

Zeitpunkt des Erbanfalles

§ 536. Das Erbrecht tritt erst nach dem Tode des Erblassers ein. Stirbt ein vermeintlicher Erbe vor dem Erblasser; so hat er das noch nicht erlangte Erbrecht auch nicht auf seine Erben übertragen können.

§ 537. Hat der Erbe den Erblasser überlebt; so geht das Erbrecht auch vor Übernahme der Erbschaft, wie andere frei vererbliche Rechte, auf seine Erben über; wenn es anders durch Entsagung, oder auf eine andere Art noch nicht erloschen war.

Fähigkeit zu erben

§ 538. Wer ein Vermögen zu erwerben berechtigt ist, kann in der Regel auch erben. Hat jemand dem Rechte etwas zu erwerben überhaupt entsagt, oder auf eine bestimmte Erbschaft gültig Verzicht getan; so ist er dadurch des Erbrechtes überhaupt, oder des Rechtes auf eine bestimmte Erbschaft verlustig geworden.

§ 539. Inwiefern geistliche Gemeinden, oder deren Glieder erbfähig sind, bestimmen die politischen Vorschriften.

Ursachen der Unfähigkeit

§ 540. Wer gegen den Erblasser eine gerichtlich strafbare Handlung, die nur vorsätzlich begangen werden kann und mit mehr als einjähriger Freiheitsstrafe bedroht ist, begangen oder seine aus dem Rechtsverhältnis zwischen Eltern und Kindern sich ergebenden Pflichten dem Erblasser gegenüber gröblich vernachlässigt hat, ist so lange des Erbrechts unwürdig, als sich nicht aus den Umständen entnehmen läßt, daß ihm der Erblasser vergeben habe.

(BGBl 1989/656, ab 1. 1. 1991; anzuwenden, wenn der Erblasser danach gestorben ist)

§ **541.** Bei gesetzlicher Erbfolge sind die Nachkommen desjenigen, welcher sich des Erbrechtes unwürdig gemacht hat, an dessen Stelle zur Erbfolge berufen, wenngleich er den Erblasser überlebt hat.

(RGBl 1916/69)

§ **542.** Wer den Erblasser zur Erklärung des letzten Willens gezwungen, oder betrüglicher Weise verleitet, an der Erklärung, oder Abänderung des letzten Willens gehindert, oder einen von ihm bereits errichteten letzten Willen unterdrückt hat, ist von dem Erbrechte ausgeschlossen, und bleibt für allen einem Dritten dadurch zugefügten Schaden verantwortlich.

§ **543.** Personen, welche des Ehebruches, oder der Blutschande gerichtlich geständig, oder überwiesen sind, werden unter sich von dem Erbrechte aus einer Erklärung des letzten Willens ausgeschlossen.

§ **544.** Inwiefern Landeseingeborne, die ihr Vaterland oder die Kriegsdienste ohne ordentliche Erlaubnis verlassen haben, des Erbrechtes verlustig werden, bestimmen die politischen Verordnungen.

Nach welchem Zeitpunkte die Fähigkeit zu beurteilen

§ **545.** Die Erbfähigkeit kann nur nach dem Zeitpunkte des wirklichen Erbanfalles bestimmt werden. Dieser Zeitpunkt ist in der Regel der Tod des Erblassers (§ 703).

§ **546.** Eine später erlangte Erbfähigkeit gibt kein Recht, andern das zu entziehen, was ihnen bereits rechtmäßig angefallen ist.

Wirkung der Annahme der Erbschaft

§ **547.** Der Erbe stellt, sobald er die Erbschaft angenommen hat, in Rücksicht auf dieselbe den Erblasser vor. Beide werden in Beziehung auf einen Dritten für eine Person gehalten. Vor der Annahme des Erben wird die Verlassenschaft so betrachtet, als wenn sie noch von dem Verstorbenen besessen würde.

§ **548.** Verbindlichkeiten, die der Erblasser aus seinem Vermögen zu leisten gehabt hätte, übernimmt sein Erbe. Die von dem Gesetze verhängten Geldstrafen, wozu der Verstorbene noch nicht verurteilt war, gehen nicht auf den Erben über.

§ **549.** Zu den auf einer Erbschaft haftenden Lasten gehören auch die Kosten für das dem Gebrauche des Ortes, dem Stande und dem Vermögen des Verstorbenen angemessene Begräbnis.

§ **550.** Mehrere Erben werden in Ansehung ihres gemeinschaftlichen Erbrechtes für eine Person angesehen. Sie stehen in dieser Eigenschaft vor der gerichtlichen Übergabe (Einantwortung) der Erbschaft alle für einen und einer für alle. Inwiefern sie nach der erfolgten Übergabe zu haften haben, wird in dem Hauptstücke von der Besitznehmung der Erbschaft bestimmt.

Verzicht auf das Erbrecht

§ **551.** Wer über sein Erbrecht gültig verfügen kann, ist auch befugt, durch Vertrag mit dem Erblasser im voraus darauf Verzicht zu tun. Der Vertrag bedarf zu seiner Gültigkeit der Aufnahme eines Notariatsaktes oder der Beurkundung durch gerichtliches Protokoll. Eine solche Verzichtleistung wirkt, wenn nichts anderes vereinbart ist, auch auf die Nachkommen.

(RGBl 1916/69)

Neuntes Hauptstück

Von der Erklärung des letzten Willens überhaupt und den Testamenten insbesondere

Erklärung des letzten Willens

§ **552.** Die Anordnung, wodurch ein Erblasser sein Vermögen, oder einen Teil desselben einer oder mehrern Personen widerruflich auf den Todesfall überläßt, heißt eine Erklärung des letzten Willens.

Erfordernisse: I. Innere Form

§ **553.** Wird in einer letzten Anordnung ein Erbe eingesetzt, so heißt sie Testament; enthält sie aber nur andere Verfügungen, so heißt sie Kodizill.

Zuteilung der Erbschaft:

a) wenn nur ein Erbe;

§ **554.** Hat der Erblasser einen einzigen Erben, ohne ihn auf einen Teil der Verlassenschaft zu beschränken, unbestimmt eingesetzt; so erhält er den ganzen Nachlaß. Ist aber dem einzigen Erben nur ein in Beziehung auf das Ganze bestimmter Erbteil ausgemessen worden; so fallen die übrigen Teile den gesetzlichen Erben zu.

b) wenn mehrere ohne Teilung;

§ 555. Sind ohne Vorschrift einer Teilung mehrere Erben eingesetzt worden, so teilen sie zu gleichen Teilen.

c) wenn alle in bestimmten Teilen;

§ 556. Sind mehrere Erben und zwar alle in bestimmten Erbteilen, die aber das Ganze nicht erschöpfen, eingesetzt worden, so fallen die übrigen Teile den gesetzlichen Erben zu. Hat aber der Erblasser die Erben zum ganzen Nachlasse berufen; so haben die gesetzlichen Erben keinen Anspruch, obschon er in der Berechnung der Beträge, oder in der Aufzählung der Erbstücke etwas übergangen hätte.

d) wenn einige mit Teilen, andere ohne Teile eingesetzt sind

§ 557. Wird unter mehrern eingesetzten Erben einigen ein bestimmter Teil (z.B. ein Dritteil, ein Sechsteil), andern aber nichts Bestimmtes ausgemessen; so erhalten diese den übrigen Nachlaß zu gleichen Teilen.

§ 558. Bleibt nichts übrig, so muß von sämtlichen bestimmten Teilen für den unbestimmt eingesetzten Erben verhältnismäßig so viel abgezogen werden, daß er einen gleichen Anteil mit demjenigen erhalte, der am geringsten bedacht worden ist. Sind die Teile der Erben gleich groß, so haben sie an den unbestimmt eingesetzten Erben so viel abzugeben, daß er einen gleichen Anteil mit ihnen empfange. In allen andern Fällen, wo ein Erblasser sich verrechnet hat, ist die Teilung auf eine Art vorzunehmen, wodurch der Wille des Erblassers nach den über das Ganze erklärten Verhältnissen auf das möglichste erfüllt wird.

Welche Erben als eine Person betrachtet werden

§ 559. Treffen unter den eingesetzten Erben solche Personen zusammen, wovon einige bei der gesetzlichen Erbfolge gegen die übrigen als eine Person angesehen werden müssen (z.B. die Bruderskinder gegen den Bruder des Erblassers); so werden sie auch bei der Teilung aus dem Testamente nur als eine Person betrachtet. Ein Körper, eine Gemeinde, eine Versammlung (z.B. die Armen) werden immer nur für eine Person gerechnet.

Recht des Zuwachses

§ 560. Wenn alle Erben ohne Bestimmung der Teile, oder in dem allgemeinen Ausdrucke einer gleichen Teilung zur Erbschaft berufen werden, und es kann, oder will einer der Erben von seinem Erbrechte keinen Gebrauch machen; so wächst der erledigte Teil den übrigen eingesetzten Erben zu.

§ 561. Sind ein oder mehrere Erben mit, ein anderer oder mehrere ohne Bestimmung des Erbteiles eingesetzt; so wächst der erledigte Teil nur dem einzelnen, oder den mehrern noch übrigen, unbestimmt eingesetzten Erben zu.

§ 562. Einem bestimmt eingesetzten Erben gebührt in keinem Falle das Zuwachsrecht. Wenn also kein unbestimmt eingesetzter Erbe übrig ist; so fällt ein erledigter Erbteil nicht einem noch übrigen, für einen bestimmten Teil eingesetzten, sondern dem gesetzlichen Erben zu.

§ 563. Wer den erledigten Erbteil erhält, übernimmt auch die damit verknüpften Lasten, insofern sie nicht auf persönliche Handlungen des eingesetzten Erben eingeschränkt sind.

§ 564. Der Erblasser muß den Erben selbst einsetzen; er kann dessen Ernennung nicht dem Ausspruche eines Dritten überlassen.

Die Erklärung muß überlegt, bestimmt und frei sein

§ 565. Der Wille des Erblassers muß bestimmt, nicht durch bloße Bejahung eines ihm gemachten Vorschlages; er muß im Zustande der vollen Besonnenheit, mit Überlegung und Ernst, frei von Zwang, Betrug, und wesentlichem Irrtume erklärt werden.

Ursachen der Unfähigkeit zu testieren;

1. Mangel der Besonnenheit;

§ 566. Wird bewiesen, daß die Erklärung in einem die hiefür erforderliche Besonnenheit ausschließenden Zustand, wie dem einer psychischen Krankheit, einer geistigen Behinderung oder der Trunkenheit, geschehen sei, so ist sie ungültig.

(BGBl I 1999/164, ab 18. 8. 1999)

§ 567. Wenn behauptet wird, daß der Erblasser, welcher den Gebrauch des Verstandes verloren hatte, zur Zeit der letzten Anordnung bei voller Besonnenheit gewesen sei; so muß die Behauptung durch Kunstverständige, oder durch obrigkeitliche Personen, die den Gemütszustand des Erblassers genau erforschten, oder durch andere zuverlässige Beweise außer Zweifel gesetzt werden.

§ 568. Personen, denen ein Sachwalter nach § 273 bestellt ist, können nur mündlich vor Gericht oder mündlich notariell testieren. „Das Gericht muss sich durch eine angemessene Erforschung zu überzeugen suchen, dass die Erklärung des letzten Willens frei und mit Überlegung geschehe. Die Erklärung muss in ein Protokoll aufgenommen, und dasjenige, was sich aus der Erforschung ergeben hat, beigerückt werden.“ *(BGBl I 2000/135, ab 1. 7. 2001)*

(BGBl 1983/136)

3. unreifes Alter;

§ 569. Unmündige sind zu testieren unfähig. Minderjährige können nur mündlich vor Gericht oder mündlich notariell testieren. § 568 zweiter und dritter Satz gelten entsprechend.

(BGBl I 2000/135, ab 1. 7. 2001)

4. wesentlicher Irrtum;

§ 570. Ein wesentlicher Irrtum des Erblassers macht die Anordnung ungültig. Der Irrtum ist wesentlich, wenn der Erblasser die Person, welche er bedenken, oder den Gegenstand, welchen er vermachen wollte, verfehlt hat.

§ 571. Zeigt sich, daß die bedachte Person oder die vermachte Sache nur unrichtig benannt, oder beschrieben worden, so ist die Verfügung gültig.

§ 572. Auch wenn der von dem Erblasser angegebene Beweggrund falsch befunden wird, bleibt die Verfügung gültig; es wäre denn erweislich, daß der Wille des Erblassers einzig und allein auf diesem irrigen Beweggrunde beruht habe.

5. Ordensgelübde;

§ 573. Ordenspersonen sind in der Regel nicht befugt, zu testieren: allein, wenn der Orden eine besondere Begünstigung, daß seine Glieder testieren können, erlangt hat; wenn Ordenspersonen die Auflösung von den Gelübden erhalten haben; wenn sie durch Aufhebung ihres Ordens, Stiftes oder Klosters aus ihrem Stande getreten sind; oder, wenn sie in einem solchen Verhältnisse angestellt sind, daß sie vermöge der politischen Verordnungen nicht mehr als Angehörige des Ordens, Stiftes oder Klosters angesehen werden, sondern vollständiges Eigentum erwerben können; so ist es ihnen erlaubt, durch Erklärung des letzten Willens darüber zu verfügen.

§ 574. *(aufgehoben, RGBl 1867/131)*

Zeitpunkt der Gültigkeit der Anordnung

§ 575. Ein rechtsgültig erklärter letzter Wille kann durch später eintretende Hindernisse seine Gültigkeit nicht verlieren.

§ 576. Einen anfänglich ungültigen letzten Willen macht die später erfolgte Aufhebung des Hindernisses nicht gültig. Wird in diesem Falle keine neue Verfügung getroffen; so tritt das gesetzliche Erbrecht ein.

II. Äußere Form der Erklärungen des letzten Willens;

§ 577. Man kann außergerichtlich oder gerichtlich, schriftlich oder mündlich; schriftlich aber mit, oder ohne Zeugen testieren.

1. der außergerichtlichen schriftlichen;

§ 578. Wer schriftlich, und ohne Zeugen testieren will, der muß das Testament oder Kodizill eigenhändig schreiben, und eigenhändig mit seinem Namen unterfertigen. Die Beisetzung des Tages, des Jahres, und des Ortes, wo der letzte Wille errichtet wird, ist zwar nicht notwendig, aber zur Vermeidung der Streitigkeiten rätlich.

§ 579. Einen letzten Willen, welchen der Erblasser von einer anderen Person niederschreiben ließ, muß er eigenhändig unterfertigen. Er muß ferner vor drei fähigen Zeugen, wovon wenigstens zwei zugleich gegenwärtig sein müssen, ausdrücklich erklären, daß der Aufsatz seinen letzten Willen enthalte. Endlich müssen sich auch die Zeugen, entweder inwendig oder von außen, immer aber auf der Urkunde selbst, und nicht etwa auf einem Umschlag, mit einem auf ihre Eigenschaft als Zeugen hinweisenden Zusatz unterschreiben. Den Inhalt des Testaments hat der Zeuge zu wissen nicht nötig.

(RGBl 1916/69)

§ 580. Ein Erblasser, welcher nicht schreiben kann, muß nebst Beobachtung der in dem vorigen Paragraphen vorgeschriebenen Förmlichkeiten, anstatt der Unterschrift sein Handzeichen, und zwar in Gegenwart aller drei Zeugen, eigenhändig beisetzen. Zur Erleichterung eines bleibenden Beweises, wer der Erblasser sei, ist es auch vorsichtig, daß einer der Zeugen den Namen des Erblassers als Namensunterfertiger beisetze.

§ 581. Wenn der Erblasser nicht lesen kann, so muß er den Aufsatz von einem Zeugen in Gegenwart der andern zwei Zeugen, die den Inhalt eingesehen haben, sich vorlesen lassen, und bekräftigen, daß derselbe seinem Willen gemäß sei. Der Schreiber des letzten Willens kann in allen Fällen zugleich Zeuge sein, ist aber, wenn der Erblasser nicht lesen kann, von der Vorlesung des Aufsatzes ausgeschlossen.

(RGBl 1916/69)

§ 582. Eine Verfügung des Erblassers durch Beziehung auf einen Zettel, oder auf einen Aufsatz, ist nur dann von Wirkung, wenn ein solcher Aufsatz mit allen zur Gültigkeit einer letzten Willenserklärung nötigen Erfordernissen versehen ist. Außerdem können dergleichen von dem Erblasser angezeigte schriftliche Bemerkungen nur zur Erläuterung seines Willens angewendet werden.

§ 583. In der Regel gilt ein und derselbe Aufsatz nur für einen Erblasser. Die Ausnahme in Rücksicht der Ehegatten ist in dem Hauptstücke von den Ehepakten enthalten.

§ 584. Einem Erblasser, welcher die zu einem schriftlichen Testamente erforderlichen Förmlichkeiten nicht beobachten kann, oder will, steht frei, ein mündliches Testament zu errichten.

2. der außergerichtlichen mündlichen;

§ 585. Wer mündlich testiert, muß vor drei fähigen Zeugen, welche zugleich gegenwärtig, und zu bestätigen fähig sind, daß in der Person des Erblassers kein Betrug oder Irrtum unterlaufen sei, ernstlich seinen letzten Willen erklären. Es ist zwar nicht notwendig, aber vorsichtig, daß die Zeugen entweder alle gemeinschaftlich, oder ein jeder für sich zur Erleichterung des Gedächtnisses, die Erklärung des Erblassers entweder selbst aufzeichnen, oder, sobald als möglich, aufzeichnen lassen.

§ 586. Eine mündliche letzte Anordnung muß auf Verlangen eines jeden, dem daran gelegen ist, durch die übereinstimmende eidliche Aussage der drei Zeugen oder, wofern einer aus ihnen nicht eidlich vernommen werden kann, wenigstens der zwei übrigen bestätigt werden, widrigens diese Erklärung des letzten Willens unwirksam ist (§ 601).

(RGBl 1914/276)

3. der gerichtlichen

§ 587. Der Erblasser kann auch vor einem Gerichte schriftlich oder mündlich testieren. Die schriftliche Anordnung muß von dem Erblasser wenigstens eigenhändig unterschrieben sein, und dem Gerichte persönlich übergeben werden. Das Gericht hat den Erblasser auf den Umstand, daß seine eigenhändige Unterschrift beigerückt sein müsse, aufmerksam zu machen, dann den Aufsatz gerichtlich zu versiegeln, und auf dem Umschlage anzumerken, wessen letzter Wille darin enthalten sei. Über das Geschäft ist ein Protokoll aufzunehmen, und der Aufsatz gegen Ausstellung eines Empfangscheines gerichtlich zu hinterlegen.

§ 588. Will der Erblasser seinen Willen mündlich erklären; so ist die Erklärung in ein Protokoll aufzunehmen, und dasselbe ebenso, wie in dem vorhergehenden Paragraphen von dem schriftlichen Aufsatze gemeldet worden ist, versiegelt zu hinterlegen.

§ 589. Das Gericht, welches die schriftliche oder mündliche Erklärung des letzten Willens aufnimmt, muß wenigstens aus zwei eidlich verpflichteten Gerichtspersonen bestehen, deren einer in dem Orte, wo die Erklärung aufgenommen wird, das Richteramt zusteht. Die Zeugenschaft der zweiten Gerichtsperson, außer dem Richter, können auch zwei andere Zeugen vertreten.

§ 590. Im Notfalle können die erst bestimmten Personen sich in die Wohnung des Erblassers begeben, seinen letzten Willen schriftlich oder mündlich aufnehmen, und dann das Geschäft mit Beisetzung des Tages, Jahres und Ortes zu Protokoll bringen.

Unfähige Zeugen bei letzten Anordnungen

§ 591. Personen unter achtzehn Jahren, Personen, denen auf Grund einer Behinderung die Fähigkeit fehlt, entsprechend der jeweiligen Testamentsform den letzten Willen des Erblassers zu bezeugen, sowie diejenigen, welche die Sprache des Erblassers nicht verstehen, können bei letzten Anordnungen nicht Zeugen sein.

(BGBl I 1999/164, ab 18. 8. 1999)

§§ 592. und 593. *(aufgehoben, RGBl 1914/276 bzw RGBl 1860/9)*

§ 594. Ein Erbe oder Legatar ist in Rücksicht des ihm zugedachten Nachlasses kein fähiger Zeuge, und ebensowenig dessen Gatte, Eltern, Kinder, Geschwister, oder in eben dem Grade verschwägerte Personen und die besoldeten Hausgenossen. Die Verfügung muß, um gültig zu sein, von dem Erblasser eigenhändig geschrieben, oder durch drei von den gedachten Personen verschiedene Zeugen bestätigt werden.

§ 595. Wenn der Erblasser demjenigen, welcher den letzten Willen schreibt, oder dessen Ehegatten, Kindern, Eltern, Geschwistern, oder in eben dem Grade verschwägerten Personen einen Nachlaß bestimmt; so muß die Anordnung auf die im vorhergehenden Paragraphen erwähnte Art außer Zweifel gesetzt sein.

§ 596. Was von der Unbefangenheit und Fähigkeit des Zeugen, die Person des Erblassers außer Zweifel zu setzen, verordnet wird, ist auch auf die gerichtlichen Personen, die einen letzten Willen aufnehmen, anzuwenden.

Von den begünstigten letzten Anordnungen

§ 597. Bei letzten Anordnungen, welche auf Schifffahrten und in Orten, wo die Pest oder ähnliche ansteckende Seuchen herrschen, errichtet werden, sind auch Personen, die das vierzehnte Jahr zurückgelegt haben, gültige Zeugen.

(RGBl 1914/276)

§ 598. Zu diesen begünstigten letzten Anordnungen werden nur zwei Zeugen erfordert, wovon einer das Testament schreiben kann. Bei Gefahr einer Ansteckung ist auch nicht nötig, daß beide zugleich gegenwärtig seien.

§ 599. Sechs Monate nach geendigter Schiffahrt oder Seuche verlieren die begünstigten letzten Willenserklärungen ihre Kraft.

§ 600. [Die Begünstigungen der Militär-Testamente sind in den Militär-Gesetzen enthalten.]

Gegenstandslos

Ungültigkeit der unförmlichen letzten Anordnungen

§ 601. Wenn der Erblasser eines der hier vorgeschriebenen, und nicht ausdrücklich der bloßen Vorsicht überlassenen Erfordernisse nicht beobachtet hat; so ist die letzte Willenserklärung ungültig.

Erbverträge sind nur unter Ehegatten gültig

§ 602. Erbverträge über die ganze Verlassenschaft, oder einen in Beziehung auf das Ganze bestimmten Teil derselben, können nur unter Ehegatten gültig geschlossen werden. Die Vorschriften hierüber sind in dem Hauptstücke von den Ehepakten enthalten.

Von Schenkungen auf den Todesfall. Beziehung

§ 603. Inwiefern eine Schenkung auf den Todesfall als ein Vertrag, oder als ein letzter Wille zu betrachten sei, wird in dem Hauptstücke von den Schenkungen bestimmt.

Zehntes Hauptstück

Von Nacherben [und Fideikommissen]

Gemeine Substitution

§ 604. Jeder Erblasser kann für den Fall, daß der eingesetzte Erbe die Erbschaft nicht erlangt, einen; und wenn auch dieser sie nicht erlangt, einen zweiten, und im gleichen Falle einen dritten, oder auch noch mehrere Nacherben berufen. Diese Anordnung heißt eine gemeine Substitution. Der in der Reihe zunächst Berufene wird Erbe.

[] *Gegenstandslos, s Anm zu §§ 618 bis 645*

§ 605. Hat der Erblasser aus den bestimmten Fällen, daß der ernannte Erbe nicht Erbe sein kann, oder, daß er nicht Erbe sein will, nur einen ausgedrückt; so ist der andere Fall ausgeschlossen.

Rechte aus derselben

§ 606. Die dem Erben aufgelegten Lasten werden auch auf den an seine Stelle tretenden Nacherben ausgedehnt, wofern sie nicht durch den ausdrücklichen Willen, oder die Beschaffenheit der Umstände, auf die Person des Erben eingeschränkt sind.

§ 607. Sind die Miterben allein wechselseitig zu Nacherben berufen worden; so wird angenommen, daß der Erblasser die in der Einsetzung ausgemessenen Teile auch auf die Substitution ausdehnen wollte. Wird aber in der Substitution, außer den Miterben, noch sonst jemand berufen, so fällt der erledigte Erbteil allen zu gleichen Teilen zu.

Fideikommissarische

§ 608. Der Erblasser kann seinen Erben verpflichten, daß er die angetretene Erbschaft nach seinem Tode, oder in andern bestimmten Fällen, einem zweiten ernannten Erben überlasse. Diese Anordnung wird eine fideikommissarische Substitution genannt. Die fideikommissarische Substitution begreift stillschweigend die gemeine in sich.

Inwiefern die Eltern ihren Kindern substituieren dürfen

§ 609. Auch die Eltern können ihren Kindern, selbst in dem Falle, daß diese zu testieren unfähig sind, nur in Rücksicht des Vermögens, das sie ihnen hinterlassen, einen Erben oder Nacherben ernennen.

Stillschweigende fideikommissarische Substitution

§ 610. Hat der Erblasser dem Erben verboten, über den Nachlaß zu testieren; so ist es eine fideikommissarische Substitution, und der Erbe muß den Nachlaß für seine gesetzlichen Erben aufbewahren. Das Verbot, die Sache zu veräußern, schließt das Recht, darüber zu testieren, nicht aus.

Einschränkung der fideikommissarischen Substitution

§ 611. Die Reihe, in welcher die fideikommissarischen Erben aufeinander folgen sollen, wird, wenn sie alle Zeitgenossen des Erblassers sind, gar nicht beschränkt, sie kann sich auf den Dritten, Vierten und noch weiter ausdehnen.

§ 612. Sind es nicht Zeitgenossen, sondern solche Nacherben, die zur Zeit des errichteten Testamentes noch nicht geboren sind; so kann sich die fideikommissarische Substitution in Rücksicht auf Geldsummen, und andere bewegliche Sachen bis auf den zweiten Grad erstrecken. In Ansehung unbeweglicher Güter gilt sie nur auf den ersten Grad; doch wird bei Bestimmung der Grade nur derjenige Nacherbe gezählt, welcher zum Besitze der Erbschaft gelangt ist.

Rechte des Erben bei einer fideikommissarischen Substitution

§ 613. Bis der Fall der fideikommissarischen Substitution eintritt, kommt dem eingesetzten Erben das eingeschränkte Eigentumsrecht, mit den Rechten und Verbindlichkeiten eines Fruchtnießers zu.

Auslegung der Substitutionen

§ 614. Ist eine Substitution zweifelhaft ausgedrückt; so ist sie auf eine solche Art auszulegen, wodurch die Freiheit des Erben, über das Eigentum zu verfügen, am mindesten eingeschränkt wird.

Erlöschungsarten der gemeinen und fideikommissarischen Substitution

§ 615. (1) Die gemeine Substitution erlischt, sobald der eingesetzte Erbe die Erbschaft angetreten hat; die fideikommissarische, wenn keiner von den berufenen Nacherben mehr übrig ist; oder wenn der Fall, für den sie errichtet worden, aufhört.

(2) Sofern nicht ein anderer Wille des Erblassers anzunehmen ist, geht das Recht des fideikommissarischen Erben auch dann auf dessen Erben über (§ 537), wenn er den Eintritt des Substitutionsfalles nicht erlebt.

(RGBl 1916/69)

§ 616. Insbesondere verliert die „einem Testierunfähigen" gemachte fideikommissarische Substitution (§§ 608–609) ihre Kraft, wenn bewiesen wird, daß er zur Zeit seiner letzten Anordnung bei voller Besonnenheit war; oder, wenn ihm das Gericht wegen erlangten Verstandgebrauches die freie Verwaltung des Vermögens eingeräumt hat; und die Substitution lebt nicht wieder auf, ob er gleich wegen Rückfalls wieder unter einen Kurator gesetzt worden ist, und in der Zwischenzeit keine letzte Anordnung errichtet hat. *(BGBl I 1999/164, ab 18. 8. 1999)*

§ 617. Die von einem Erblasser seinem Kinde zur Zeit, da es noch keine Nachkommenschaft hatte, gemachte Substitution erlischt, wenn dasselbe erbfähige Nachkommen hinterlassen hat.

§§ 618 bis 645. *Gegenstandslos seit der Aufhebung aller Familienfideikommisse und sonstigen gebundenen Vermögen durch dRGBl 1938 I 825*

Unterschied eines Fideikommisses von Stiftungen

§ 646. Von den Substitutionen und Fideikommissen unterscheiden sich die Stiftungen, wodurch die Einkünfte von Kapitalien, Grundstücken oder Rechten zu gemeinnützigen Anstalten, als: für geistliche Pfründen, Schulen, Kranken- oder Armenhäuser, oder, zum Unterhalte gewisser Personen auf alle folgende Zeiten bestimmt werden. Die Vorschriften über Stiftungen sind in den politischen Verordnungen enthalten.

Elftes Hauptstück

Von Vermächtnissen

Von wem, wie und wem legiert;

§ 647. Zur Gültigkeit eines Vermächtnisses (§ 535) ist notwendig, daß es von einem fähigen Erblasser einer Person, die zu erben fähig ist, durch eine gültige letzte Willenserklärung hinterlassen werde.

§ 648. Der Erblasser kann auch einem oder mehrern Miterben ein Vermächtnis vorausbestimmen, in Rücksicht desselben sind sie nur als Legatare zu betrachten.

und wer mit der Entrichtung des Vermächtnisses beschwert werden könne

§ 649. Die Vermächtnisse fallen in der Regel allen Erben, selbst in dem Falle, daß die einem Miterben gehörige Sache vermacht worden ist, nach Maß ihres Erbteiles zur Last. Es hängt jedoch von dem Erblasser ab, ob er die Abführung des Legats einem Miterben, oder auch einem Legatar besonders auftragen wolle.

§ 650. Ein Legatar kann sich von der vollständigen Erfüllung des ihm aufgetragenen weitern Vermächtnisses aus dem Grunde, daß es den Wert des ihm zugedachten Legats übersteige, nicht entschlagen. Nimmt er aber das Legat nicht an; so muß derjenige, dem es zufällt, den Auftrag übernehmen, oder das ihm zugefallene Vermächtnis dem darauf gewiesenen Vermächtnisnehmer überlassen.

§ 651. Ein Erblasser, welcher ein Legat einer gewissen Klasse von Personen, als: Verwandten, Dienstpersonen oder Armen zugedacht hat, kann die Verteilung, welchen aus diesen Personen, und, was jeder zukommen soll, dem Erben oder einem Dritten überlassen. Hat der Erblasser hierüber nichts bestimmt, so bleibt die Wahl dem Erben vorbehalten.

Substitutionen bei Vermächtnissen

§ 652. Der Erblasser kann bei einem Vermächtnisse eine gemeine, oder fideikommissarische Substitution anordnen; dabei sind die in dem vorigen Hauptstücke gegebenen Vorschriften anzuwenden.

Gegenstände eines Vermächtnisses

§ 653. Alles, was im gemeinen Verkehre steht: Sachen, Rechte, Arbeiten, und andere Handlungen, die einen Wert haben, können vermacht werden.

§ 654. Werden Sachen vermacht, die zwar im gemeinen Verkehre stehen, die aber der Legatar zu besitzen für seine Person unfähig ist, so wird ihm der ordentliche Wert vergütet.

Allgemeine Auslegungsregel bei Vermächtnissen

§ 655. Worte werden auch bei Vermächtnissen in ihrer gewöhnlichen Bedeutung genommen; es müßte denn bewiesen werden, daß der Erblasser mit gewissen Ausdrücken einen ihm eigenen besondern Sinn zu verbinden gewohnt gewesen ist; oder, daß das Vermächtnis sonst ohne Wirkung wäre.

Besondere Vorschriften über das Vermächtnis:

a) von Sachen einer gewissen Gattung;

§ 656. Hat der Erblasser eine oder mehrere Sachen von gewisser Gattung, aber ohne eine nähere Bestimmung, vermacht, und sind mehrere solche Sachen in der Verlassenschaft vorhanden; so steht dem Erben die Wahl zu. Er muß aber ein Stück wählen, wovon der Legatar Gebrauch machen kann. Wird dem Legatar überlassen, eine von den mehrern Sachen zu nehmen oder zu wählen; so kann er auch die beste wählen.

§ 657. Wenn der Erblasser eine oder mehrere Sachen von gewisser Gattung ausdrücklich nur aus seinem Eigentume vermacht hat, und es finden sich dergleichen gar nicht in der Verlassenschaft; so verliert das Vermächtnis seine Wirkung. Finden sie sich nicht in der verordneten Menge; so muß sich der Legatar mit den vorhandenen begnügen.

§ 658. Vermacht der Erblasser eine oder mehrere Sachen von gewisser Gattung nicht ausdrücklich aus seinem Eigentume, und es finden sich dergleichen nicht in der Verlassenschaft; so muß der Erbe sie dem Legatar in einer, dessen Stande und Bedürfnissen angemessenen Eigenschaft verschaffen. Das Legat einer Summe Geldes verbindet den Erben zur Zahlung derselben, ohne Rücksicht, ob bares Geld in der Verlassenschaft vorhanden sei oder nicht.

§ 659. Der Erblasser kann die Auswahl, welche Sache aus mehrern der Legatar haben soll, auch einem Dritten überlassen. Schlägt sie dieser aus oder ist er vor getroffener Auswahl gestorben; so bestimmt die Gerichtsbehörde das Legat mit Rücksicht auf den Stand und das Bedürfnis des Legatars. Diese gerichtliche Bestimmung tritt auch in dem Falle ein, daß der Legatar vor der ihm überlassenen Auswahl verstorben ist.

b) das Vermächtnis einer bestimmten Sache;

§ 660. Das Vermächtnis einer bestimmten Sache kann von dem Legatar, wenn es in einer oder in verschiedenen Anordnungen wiederholt wird, nicht zugleich in Natur, und dem Werte nach verlangt werden. Andere Vermächtnisse, ob sie gleich eine Sache der nämlichen Art oder den nämlichen Betrag enthalten, gebühren dem Legatar so oft, als sie wiederholt worden sind.

§ 661. Das Vermächtnis ist ohne Wirkung, wenn das vermachte Stück zur Zeit der letzten Anordnung schon ein Eigentum des Legatars war. Hat er es später an sich gebracht; so wird ihm der ordentliche Wert bezahlt. Wenn er es aber von dem Erblasser selbst und zwar unentgeltlich erhalten hat, ist das Vermächtnis für aufgehoben zu halten.

c) einer fremden Sache;

§ 662. Das Vermächtnis einer fremden Sache, die weder dem Erblasser, noch dem Erben oder Legatar, welcher sie einem Dritten leisten soll, gehört, ist wirkungslos. Gebührt den erwähnten Personen ein Anteil oder Anspruch an der Sache; so ist das Vermächtnis nur von diesem Anspruche oder Anteile zu verstehen. Ist die vermachte Sache verpfändet oder belastet; so übernimmt der Empfänger auch die darauf haftenden Lasten. Wenn aber der Erblasser ausdrücklich verordnet, daß eine bestimmte fremde Sache gekauft, und dem Legatar geleistet werden solle, der Eigentümer hingegen sie um den Schätzungspreis nicht veräußern will; so ist dem Legatar dieser Wert zu entrichten.

d) einer Forderung;

§ 663. Das Vermächtnis einer Forderung, die der Erblasser an den Legatar zu machen hat, verpflichtet den Erben, den Schuldschein zurückzustellen; oder, dem Legatar die Befreiung von der Schuld und den rückständigen Zinsen auszufertigen.

§ 664. Vermacht der Erblasser jemandem[1]) eine Forderung, die er an einen Dritten zu stellen hat; so muß der Erbe die Forderung samt den rückständigen und weiter laufenden Zinsen dem Legatar überlassen.

[1]) In JGS „jemanden"

§ 665. Das Vermächtnis der Schuld, die der Erblasser dem Legatar zu entrichten hat, hat die Wirkung, daß der Erbe die von dem Erblasser bestimmt ausgedrückte, oder von dem Legatar ausgewiesene Schuld anerkennen, und sie, ohne Rücksicht auf die in der Schuldverschreibung enthaltenen Bedingungen oder Fristen, längstens in der zur Abführung der übrigen Legate bestimmten Zeitfrist berichtigen muß. Den gefährdeten Gläubigern des Erblassers aber kann dessen Anerkennung nicht zum Nachteile gereichen.

§ 666. Die Erlassung der Schuld ist nur von den gegenwärtigen, nicht auch von den erst nach dem errichteten Vermächtnisse entstandenen Schulden zu verstehen. Wird durch ein Vermächtnis das Pfandrecht, oder die Bürgschaft erlassen; so folgt daraus nicht, daß auch die Schuld erlassen worden sei. Werden die Zahlungsfristen verlängert, so müssen doch die Zinsen fort bezahlt werden.

§ 667. Wenn der Erblasser einer Person eine Summe schuldig ist, und ihr eine gleiche Summe vermacht; so wird nicht vermutet, daß er die Schuld mit dem Vermächtnisse habe tilgen wollen. Der Erbe bezahlt in diesem Falle die Summe doppelt; einmal als Schuld, und dann als Vermächtnis.

§ 668. Unter dem Vermächtnisse aller ausstehenden Forderungen sind doch weder die Forderungen aus öffentlichen Kreditpapieren, noch auch die auf einem unbeweglichen Gute haftenden Kapitalien, oder die aus einem dinglichen Rechte entstehenden Forderungen begriffen.

e) des Heiratsgutes;

§ 669. Das Heiratsgut kann vermacht werden, entweder um den Gatten von der Zurückzahlung desselben zu befreien; oder, um den Erben zu verpflichten, daß er der Gattin die als Heiratsgut eingebrachte Summe oder Sache ohne Beweis, und ohne Abzug der darauf verwendeten Kosten abführe. Hier gelten die für andere vermachte Forderungen gegebenen Vorschriften.

§ 670. Vermacht der Erblasser einer dritten Person ein unbestimmtes Heiratsgut, so versteht man darunter, ohne Rücksicht auf ihr eigenes Vermögen, ein solches Heiratsgut, das die Eltern dieser Person zu geben schuldig wären, wenn sie ein ihren Lebensverhältnissen entsprechendes durchschnittliches Vermögen hätten.

(BGBl 1977/403)

§ 671. Vermachen Eltern den Töchtern ein Heiratsgut; so wird dasselbe, wofern es nicht ausdrücklich als ein Vorausvermächtnis erklärt worden, in den gesetzlichen [oder letztwilligen] Erbteil eingerechnet.

[] *Gegenstandslos, mit § 790 Satz 1 nicht vereinbar*

f) des Unterhalts; der Erziehung; oder Kost;

§ 672. Das Vermächtnis des Unterhaltes begreift Nahrung, Kleidung, Wohnung und die übrigen Bedürfnisse, und zwar auf lebenslang, wie auch den nötigen Unterricht in sich. Alles dieses wird auch unter Erziehung verstanden. Die Erziehung endigt sich mit der Volljährigkeit. Unter Kost wird Speise und Trank auf lebenslang begriffen.

§ 673. Das Maß der im vorstehenden Paragraphen angeführten Vermächtnisse, wenn es weder aus dem ausdrücklichen, noch aus dem stillschweigenden, durch die bisherige Unterstützung erklärten, Willen des Erblassers erhellt, muß nach dem Stande bestimmt werden, welcher dem Legatar eigen ist, oder, wozu er durch die genossene Verpflegung vorbereitet worden ist.

g) der Mobilien; des Hausrates;

§ 674. Unter Mobilien (Meublen) werden nur die zum anständigen Gebrauche der Wohnung; unter Hausrat oder Einrichtung zugleich die zur Führung der Haushaltung erforderlichen Gerätschaften verstanden. Die Werkzeuge zum Betriebe des Gewerbes sind, ohne eine deutlichere Erklärung, darunter nicht begriffen.

h) eines Behältnisses;

§ 675. Ist jemandem[1]) ein Behältnis vermacht worden, welches nicht für sich selbst besteht; sondern nur ein Teil eines Ganzen ist; so wird in der Regel vermutet, daß nur diejenigen Stücke zugedacht worden sind, welche sich bei dem Ableben des Erblassers darin vorfinden, und zu deren Aufbewahrung das Behältnis seiner Natur nach bestimmt, oder von dem Erblasser gewöhnlich verwendet worden ist.

[1]) In JGS „jemanden"

§ 676. Ist hingegen das Behältnis beweglich, oder doch eine für sich bestehende Sache; so hat der Legatar nur auf das Behältnis, nicht auch auf die darin befindlichen Sachen Anspruch.

§ 677. Wird ein Schrank, ein Kasten oder eine Lade mit allen darin befindlichen Sachen vermacht; so rechnet man dazu auch Gold und Silber, Schmuck und bares Geld, selbst die vom Legatar dem Erblasser ausgestellten Schuldscheine. Andere Schuldscheine oder Urkunden, worauf sich Forderungen und Rechte des Erblassers gründen, werden nur dann dazu gerechnet, wenn sich außer denselben nichts in dem Behältnisse befindet. Zu einem Vermächtnisse flüssiger Sachen gehören auch die zu ihrer Verführung bestimmten Gefäße.

i) der Juwelen, des Schmuckes und Putzes;

§ 678. Unter Juwelen werden in der Regel nur Edelsteine und gute Perlen; unter Schmuck auch die unechten Steine, und das aus Gold oder Silber verfertigte oder damit überzogene Geschmeide, welches zur Zierde der Person dient; und unter Putz dasjenige verstanden, was außer Schmuck, Geschmeide und Kleidungsstücken zur Verzierung der Person gebraucht wird.

k) des Goldes oder Silbers; der Wäsche; Equipage;

§ **679.** Das Vermächtnis des Goldes oder Silbers begreift das verarbeitete und unverarbeitete, doch nicht das gemünzte, noch auch dasjenige in sich, was nur ein Teil oder eine Verzierung eines andern Verlassenschaftsstückes, z.B. einer Uhr oder Dose, ausmacht. Die Wäsche wird nicht zur Kleidung, und Spitzen werden nicht zur Wäsche, sondern zum Putze gerechnet. Unter Equipage werden die zur Bequemlichkeit des Erblassers bestimmten Zugpferde und Wagen samt dem dazu gehörigen Geschirre; nicht auch Reitpferde und Reitzeug verstanden.

l) der Barschaft;

§ **680.** Zur Barschaft gehören auch jene öffentlichen Kreditpapiere, welche im ordentlichen Umlaufe die Stelle des baren Geldes vertreten.

m) über die Benennung: Kinder;

§ **681.** Unter dem Worte: Kinder, werden, wenn der Erblasser die Kinder eines andern bedenkt, nur die Söhne und Töchter; wenn er aber seine eigenen Kinder bedenkt, auch die an deren Stelle tretenden Nachkömmlinge begriffen, welche bei dem Ableben des Erblassers schon erzeugt waren.

n) Verwandte;

§ **682.** Ein ohne nähere Bestimmung für die Verwandten ausgesetztes Vermächtnis wird denjenigen, welche nach der gesetzlichen Erbfolge die nächsten sind, zugewendet, und die oben in dem § 559 über die Verteilung einer Erbschaft unter solchen Personen, welche für eine Person angesehen werden, aufgestellte Regel ist auch auf Vermächtnisse anzuwenden.

o) Dienstpersonen

§ **683.** Hat der Erblasser seinen Dienstpersonen ein Vermächtnis hinterlassen, und sie bloß durch das Dienstverhältnis bezeichnet; so wird vermutet, daß es diejenigen erhalten sollen, welche zur Zeit seines Ablebens in dem Dienstverhältnisse stehen. Doch kann in diesem, sowie in den übrigen Fällen, die Vermutung durch entgegengesetzte stärkere Vermutungsgründe aufgehoben werden.

Anfallstag bei den Vermächtnissen

§ **684.** Der Legatar erwirbt in der Regel (§ 699) gleich nach dem Tode des Erblassers für sich und seine Nachfolger ein Recht auf das Vermächtnis. Das Eigentumsrecht auf die vermachte Sache aber kann nur nach den für die Erwerbung des Eigentums in dem fünften Hauptstücke aufgestellten Vorschriften erlangt werden.

Zahlungstag

§ **685.** Das Vermächtnis einzelner Verlassenschaftsstücke und darauf sich beziehender Rechte, kleine Belohnungen des Dienstgesindes, und fromme Vermächtnisse können sogleich; andere aber erst nach einem Jahre, von dem Tode des Erblassers, gefordert werden.

§ **686.** Bei dem Vermächtnisse eines einzelnen Verlassenschaftsstückes kommen dem Legatar auch die seit dem Tode des Erblassers laufenden Zinsen, entstandenen Nutzungen, und jeder andere Zuwachs zustatten. Er trägt hingegen auch alle auf dem Legate haftende Lasten und selbst den Verlust, wenn es ohne Verschulden eines andern vermindert wird, oder gänzlich zu Grunde geht.

§ **687.** Wird jemandem[1]) ein in wiederkehrenden Fristen, als: alle Jahre, Monate und dergleichen zu leistender Betrag vermacht; so erhält der Legatar ein Recht auf den ganzen Betrag dieser Frist, wenn er auch nur den Anfang der Frist erlebt hat. Doch kann der Betrag erst mit Ablauf der Frist gefordert werden. Die erste Frist fängt mit dem Sterbetage des Erblassers zu laufen an.

[1]) In JGS „jemanden"

Recht des Legatars zur Sicherstellung

§ **688.** In allen Fällen, in welchen ein Gläubiger von einem Schuldner Sicherstellung zu fordern berechtigt ist; kann auch ein Legatar die Sicherstellung seines Legates verlangen. Wie die Einverleibung eines Vermächtnisses, zur Begründung eines dinglichen Rechtes, geschehen müsse, ist oben § 437 vorgeschrieben worden.

Wem ein erledigtes Vermächtnis zufalle?

§ **689.** Ein Vermächtnis, welches der Legatar nicht annehmen kann oder will, fällt auf den Nachberufenen (§ 652). Ist kein Nachberufener vorhanden, und ist das ganze

Vermächtnis mehrern Personen ungeteilt oder ausdrücklich zu gleichen Teilen zugedacht; so wächst der Anteil, den einer von ihnen nicht erhält, den übrigen ebenso, wie den Miterben die Erbschaft, zu. Außer den gedachten zwei Fällen bleibt das erledigte Vermächtnis in der Erbschaftsmasse.

Recht des Erben, wenn die Lasten die Masse erschöpfen;

§ 690. Wenn die ganze Erbschaft durch Vermächtnisse erschöpft ist; so hat der Erbe nichts weiter, als die Vergütung seiner zum Besten der Masse gemachten Auslagen und eine seinen Bemühungen angemessene Belohnung zu fordern. Will er den Nachlaß nicht selbst verwalten; so muß er um die Aufstellung eines Kurators anlangen.

§ 691. Können nicht alle Legatare aus der Verlassenschaftsmasse befriedigt werden; so wird das Legat des Unterhaltes vor allen andern entrichtet, und dem Legatar gebührt der Unterhalt von dem Tage des Erbanfalles.

oder gar übersteigen

§ 692. Reicht die Verlassenschaft zur Bezahlung der Schulden, anderer pflichtmäßigen Auslagen, und zur Berichtigung aller Vermächtnisse nicht zu; so leiden die Legatare einen verhältnismäßigen Abzug. Daher ist der Erbe, solange eine solche Gefahr obwaltet, die Vermächtnisse ohne Sicherstellung zu berichtigen nicht schuldig.

§ 693. Im Falle aber, daß die Legatare die Vermächtnisse bereits empfangen haben, wird der Abzug nach dem Werte, den das Vermächtnis zur Zeit des Empfanges hatte, und den daraus gezogenen Nutzungen bestimmt. Doch steht dem Legatar auch nach empfangenem Vermächtnisse noch immer frei, zur Vermeidung des Beitrages, das Vermächtnis, oder den oben erwähnten Wert und die bezogenen Nutzungen in die Masse zurückzustellen; in Rücksicht der Verbesserungen und Verschlimmerungen wird er als ein redlicher Besitzer behandelt.

[Von den gesetzlichen Beiträgen zu öffentlichen Anstalten]

§ 694. [Die Beiträge, welche ein Erblasser nach den politischen Vorschriften zur Unterstützung der Armen-, Invaliden- und Krankenhäuser und des öffentlichen Unterrichtes in dem Testamente ausgesetzt hat, sind nicht als Vermächtnisse anzusehen; sie sind eine Staatsauflage, müssen selbst von den gesetzlichen Erben entrichtet, und können nicht nach den Grundsätzen des Privatrechts, sondern nur nach den politischen Verordnungen beurteilt werden.]

Gegenstandslos

Zwölftes Hauptstück
Von Einschränkung und Aufhebung des letzten Willens

Recht des Erblassers zur Einschränkung oder Änderung seines letzten Willens

§ 695. Der Erblasser kann seine Anordnung auf eine Bedingung; auf einen Zeitpunkt; durch einen Auftrag; oder eine erklärte Absicht einschränken. Er kann auch sein Testament oder Kodizill abändern, oder es ganz aufheben.

Arten der Einschränkung des letzten Willens:

1. Bedingung

§ 696. Eine Bedingung heißt eine Ereignung, wovon ein Recht abhängig gemacht wird. Die Bedingung ist bejahend oder verneinend, je nachdem sie sich auf den Erfolg, oder Nichterfolg der Ereignung bezieht. Sie ist aufschiebend, wenn das zugedachte Recht erst nach ihrer Erfüllung zu seiner Kraft gelangt; sie ist auflösend, wenn das zugedachte Recht bei ihrem Eintritte verlorengeht.

Vorschriften:

a) über unverständliche;

§ 697. Ganz unverständliche Bedingungen sind für nicht beigesetzt zu achten.

b) unmögliche oder unerlaubte;

§ 698. Die Anordnung, wodurch jemandem[1]) unter einer aufschiebenden unmöglichen Bedingung ein Recht erteilt wird, ist ungültig, obschon die Erfüllung der Bedingung erst in der Folge unmöglich, und die Unmöglichkeit dem Erblasser bekannt geworden wäre. Eine auflösende unmögliche Bedingung wird als nicht beigesetzt angesehen. Alles dieses gilt auch von den unerlaubten Bedingungen.

[1]) *In JGS „jemanden"*

c) mögliche und erlaubte Bedingungen;

§ 699. Sind die Bedingungen möglich und erlaubt; so kann das davon abhängende

Recht nur durch ihre genaue Erfüllung erworben werden; sie mögen vom Zufalle, von dem Willen des bedachten Erben, Legatars, oder eines Dritten abhängen.

d) Bedingung der Nichtverehelichung;

§ **700.** Die Bedingung, daß der Erbe oder der Legatar sich, selbst nach erreichter „Volljährigkeit", nicht verehelichen solle, ist als nicht beigesetzt anzusehen. Nur eine verwitwete Person muß, wenn sie ein oder mehrere Kinder hat, die Bedingung erfüllen. Die Bedingung, daß der Erbe oder Legatar eine bestimmte Person nicht heirate, kann gültig auferlegt werden. *(BGBl 1973/108)*

e) wenn die Bedingung bei dem Leben des Erblassers erfüllt worden

§ **701.** Ist die in der letzten Willenserklärung vorgeschriebene Bedingung schon bei dem Leben des Erblassers eingetroffen; so muß die Erfüllung derselben nach dem Tode des Erblassers nur dann wiederholt werden, wenn die Bedingung in einer Handlung des Erben oder Legatars besteht, welche von ihm wiederholt werden kann.

Ob die Bedingung auch auf die Nachberufenen auszudehnen sei

§ **702.** Eine dem Erben oder Legatar beigerückte Bedingung ist, ohne ausdrückliche Erklärung des Erblassers, auf den von dem Erblasser nachberufenen Erben oder Legatar nicht auszudehnen.

Wirkung einer möglichen aufschiebenden Bedingung

§ **703.** Zur Erwerbung eines unter einer aufschiebenden Bedingung zugedachten Nachlasses ist notwendig, daß die bedachte Person die Erfüllung der Bedingung überlebe, und bei dem Eintritte derselben erbfähig sei.

2. Zeitpunkt

§ **704.** Ist es ungewiß, ob der Zeitpunkt, auf welchen der Erblasser das zugedachte Recht einschränkt, kommen oder nicht kommen werde; so wird diese Einschränkung als eine Bedingung angesehen.

§ **705.** Ist der Zeitpunkt von der Art, daß er kommen muß; so wird das zugedachte Recht, wie andere unbedingte Rechte, auch auf die Erben der bedachten Person übertragen, und nur die Übergabe bis zum gesetzten Termine verschoben.

§ **706.** Wäre es offenbar, daß die in der letzten Anordnung ausgemessene Zeit nie kommen könne; so wird die Bestimmung dieser Zeit wie die Beisetzung einer unmöglichen Bedingung angesehen. Nur in dem Falle, daß der Erblasser wahrscheinlich bloß in der Berechnung der Zeit sich geirrt hat, wird der Zeitpunkt nach dem wahrscheinlichen Willen des Erblassers zu bestimmen sein.

Rechtsverhältnis bei einer Bedingung oder einem Zeitpunkte zwischen der bedachten und ihr nachfolgenden Person

§ **707.** So lange das Recht des Erben oder des Legatars wegen einer noch nicht erfüllten Bedingung, oder wegen des noch nicht gekommenen Zeitpunktes verschoben bleibt; so lange finden im ersten Falle zwischen dem gesetzlichen und eingesetzten Erben; und im zweiten Falle zwischen dem Erben und Legatar, in Hinsicht auf den einstweiligen Besitz und Genuß des Nachlasses oder Legats, die nämlichen Rechte und Verbindlichkeiten, wie bei einer fideikommissarischen Substitution, statt.

§ **708.** Wer eine Erbschaft oder ein Vermächtnis unter einer verneinenden oder auflösenden Bedingung; oder, nur auf eine gewisse Zeit erhält, hat gegen den, welchem die Erbschaft, oder das Vermächtnis, beim Eintritte der Bedingung, oder des bestimmten Zeitpunktes zufällt, die nämlichen Rechte und Verbindlichkeiten, welche einem Erben oder Legatar gegen den fideikommissarischen Substituten zukommen (§ 613).

3. Auftrag

§ **709.** Hat der Erblasser jemandem[1]) einen Nachlaß unter einem Auftrage zugewendet; so ist dieser Auftrag als eine auflösende Bedingung anzusehen, daß durch die Nichterfüllung des Auftrages der Nachlaß verwirkt werden solle (§ 696).

[1]) In JGS „jemanden"

§ **710.** In dem Falle, daß der Auftrag nicht genau erfüllt werden kann, muß man demselben wenigstens nach Möglichkeit nahe zu kommen suchen. Kann auch dieses nicht geschehen; so behält doch der Belastete, wofern aus dem Willen des Erblassers nicht das Gegenteil erhellt, den zugedachten Nachlaß. Wer sich zur Erfüllung des Auftrages selbst unfähig gemacht hat, wird des ihm zugedachten Nachlasses verlustig.

§ 711. Wenn der Erblasser die Absicht, wozu er den Nachlaß bestimmt, zwar ausgedrückt, aber nicht zur Pflicht gemacht hat, so kann die bedachte Person nicht angehalten werden, den Nachlaß zu dieser Absicht zu verwenden.

§ 712. Die Anordnung, wodurch der Erblasser seinem Erben eine unmögliche oder unerlaubte Handlung mit dem Beisatze aufträgt, daß er, wofern er den Auftrag nicht befolgte, einem Dritten ein Legat entrichten soll, ist ungültig.

Von Aufhebung der Anordnungen, und zwar:

1. durch Errichtung einer neuen Anordnung; eines Testamentes;

§ 713. Ein früheres Testament wird durch ein späteres gültiges Testament nicht nur in Rücksicht der Erbseinsetzung, sondern auch in Rücksicht der übrigen Anordnungen aufgehoben; dafern der Erblasser in dem letztern nicht deutlich zu erkennen gibt, daß das frühere ganz oder zum Teil bestehen solle. Diese Vorschrift gilt auch dann, wenn in dem spätern Testamente der Erbe nur zu einem Teile der Erbschaft berufen wird. Der übrig bleibende Teil fällt nicht den in dem früheren Testamente eingesetzten, sondern den gesetzlichen Erben zu.

oder Kodizills;

§ 714. Durch ein späteres Kodizill, deren mehrere nebeneinander bestehen können, werden frühere Vermächtnisse oder Kodizille nur insofern aufgehoben, als sie mit demselben im Widerspruche stehen.

§ 715. Kann man nicht entscheiden, welches Testament oder Kodizill das spätere sei; so gelten, insofern sie nebeneinander bestehen können, beide, und es kommen die im Hauptstücke von der Gemeinschaft des Eigentums aufgestellten Vorschriften zur Anwendung.

ungeachtet der früher erklärten Unabänderlichkeit

§ 716. Der in einem Testament oder Kodizill angehängte Beisatz: daß jede spätere Anordnung überhaupt, oder, wenn sie nicht mit einem bestimmten Merkmale bezeichnet ist, null und nichtig sein solle, ist als nicht beigesetzt anzusehen.

(RGBl 1916/69)

2. durch Widerruf;

§ 717. Will der Erblasser seine Anordnung aufheben, ohne eine neue zu errichten; so muß er sie ausdrücklich entweder mündlich, oder schriftlich widerrufen, oder die Urkunde vertilgen.

§ 718. Der Widerruf kann nur in einem solchen Zustande gültig geschehen, worin man einen letzten Willen zu erklären fähig ist. „“ *(BGBl 1983/136)*

a) einen ausdrücklichen;

§ 719. Ein mündlicher Widerruf einer gerichtlichen oder außergerichtlichen letzten Anordnung erfordert so viele und solche Zeugen, als zur Gültigkeit eines mündlichen Testamentes nötig sind; ein schriftlicher aber, eine von dem Erblasser eigenhändig geschriebene und unterschriebene, oder wenigstens von ihm und den zu einem schriftlichen Testamente erforderlichen Zeugen unterfertigte Erklärung.

§ 720. Eine Anordnung des Erblassers, wodurch er dem Erben oder Legatar unter angedrohter Entziehung eines Vorteiles verbietet, den letzten Willen zu bestreiten, soll für den Fall, daß nur die Echtheit oder der Sinn der Erklärung angefochten wird, nie von einer Wirkung sein.

b) stillschweigenden;

§ 721. Wer in seinem Testamente oder Kodizille die Unterschrift durchschneidet, sie durchstreicht, oder den ganzen Inhalt auslöscht, vertilgt es. Wenn von mehreren gleichlautenden Urkunden nur eine vertilgt worden; so kann man daraus auf keinen Widerruf schließen.

§ 722. Sind die gedachten Verletzungen der Urkunde nur zufällig geschehen; oder, ist die Urkunde in Verlust geraten; so verliert der letzte Wille seine Wirkung nicht; wenn anders der Zufall und der Inhalt der Urkunde erwiesen wird.

(RGBl 1916/69)

§ 723. Hat ein Erblasser eine spätere Anordnung vernichtet, die frühere schriftliche Anordnung aber unversehrt gelassen; so kommt die frühere schriftliche wieder zur Kraft. Eine mündliche frühere Anordnung lebt dadurch nicht wieder auf.

oder c) vermuteten

§ 724. Ein Legat wird für widerrufen angesehen, wenn der Erblasser die vermachte Forderung eingetrieben und erhoben; wenn er die jemandem[1]) zugedachte Sache veräußert und nicht wieder zurück erhalten; oder wenn er sie auf eine solche Art in eine andere verwandelt hat, daß die Sache ihre vorige Gestalt und ihren vorigen Namen verliert.

[1]) *In JGS „jemanden"*

§ 725. Wenn aber der Schuldner die Forderung aus eigenem Antriebe berichtigt hat; wenn die Veräußerung des Legats auf gerichtliche Anordnung geschehen; wenn die Sache ohne Einwilligung des Erblassers verwandelt worden ist; so besteht das Legat.

3. durch Entsagung der Erben

§ 726. Will oder kann weder ein Erbe, noch ein Nacherbe die Verlassenschaft annehmen; so fällt das Erbrecht auf die gesetzlichen Erben. Diese sind aber verpflichtet, die übrigen Verfügungen des Erblassers zu befolgen. Entsagen auch sie der Erbschaft; so werden die Legatare verhältnismäßig als Erben betrachtet.

Dreizehntes Hauptstück
Von der gesetzlichen Erbfolge

Fälle der gesetzlichen Erbfolge

§ 727. Wenn der Verstorbene keine gültige Erklärung des letzten Willens hinterlassen; wenn er in derselben nicht über sein ganzes Vermögen verfügt; wenn er die Personen, denen er kraft des Gesetzes einen Erbteil zu hinterlassen schuldig war, nicht gehörig bedacht hat; oder, wenn die eingesetzten Erben die Erbschaft nicht annehmen können oder wollen; so findet die gesetzliche Erbfolge ganz oder zum Teile statt.

§ 728. In Ermangelung einer gültigen Erklärung des letzten Willens fällt die ganze Verlassenschaft des Verstorbenen den gesetzlichen Erben zu. Ist aber eine gültige Erklärung des letzten Willens vorhanden; so kommt ihnen derjenige Erbteil zu, welcher in derselben niemandem[1]) zugedacht ist.

[1]) *In JGS „niemanden"*

Vorschrift für den Fall des verkürzten Pflichtteiles

§ 729. Ist eine Person, welcher der Erblasser kraft der Gesetze einen Erbteil zu hinterlassen schuldig war, durch eine letzte Willenserklärung verkürzt worden; so kann sie sich auf die Vorschrift des Gesetzes berufen, und den nach Maßgabe des folgenden Hauptstückes ihr gebührenden Erbteil gerichtlich fordern.

Gesetzliche Erben

§ 730. (1) Gesetzliche Erben sind der Ehegatte und diejenigen Personen, die mit dem Erblasser in nächster Linie verwandt sind.

(2) Die Abstammung muß zu Lebzeiten des Erblassers und der die Verwandtschaft vermittelnden Personen feststehen oder zumindest gerichtlich geltend gemacht worden sein. Bei Ungeborenen genügt es, daß die Abstammung binnen Jahresfrist nach ihrer Geburt feststeht oder gerichtlich geltend gemacht wird.

(BGBl 1989/656, ab 1. 1. 1991, s Anm zu § 540)

I. Gesetzliches Erbrecht der Verwandten

§ 731. (1) Zur ersten Linie gehören diejenigen, welche sich unter dem Erblasser, als ihrem Stamme, vereinigen, nämlich: seine Kinder und ihre Nachkömmlinge.

(2) Zur zweiten Linie gehören des Erblassers Vater und Mutter samt denjenigen, die sich mit ihm unter Vater und Mutter vereinigen, nämlich: seine Geschwister und ihre Nachkömmlinge.

(3) Zur dritten Linie gehören die Großeltern samt den Geschwistern der Eltern und ihren Nachkömmlingen.

(4) Von der vierten Linie sind nur des Erblassers erste Urgroßeltern zur Erbfolge berufen.

(RGBl 1914/276)

1. Linie: Die Kinder;

§ 732. Wenn der Erblasser „" Kinder des erstes Grades hat, so fällt ihnen die ganze Erbschaft zu; sie mögen männlichen oder weiblichen Geschlechtes; sie mögen bei Lebzeiten des Erblassers oder nach seinem Tode geboren sein. Mehrere Kinder teilen die Erbschaft nach ihrer Zahl in gleiche Teile. Enkel von noch lebenden Kindern, und Urenkel von noch lebenden Enkeln haben kein Recht zur Erbfolge. *(BGBl 1989/656, ab 1. 1. 1991, s Anm zu § 540)*

§ 733. Ist ein Kind des Erblassers vor ihm gestorben, und sind von demselben ein oder mehrere Enkel vorhanden; so fällt der Anteil, welcher dem verstorbenen Kinde gebührt hätte, diesem nachgelassenen Enkel ganz, oder den mehrern Enkeln zu gleichen Teilen zu. Ist von diesen Enkeln ebenfalls einer gestorben, und hat Urenkel nachgelassen; so wird auf die nämliche Art der Anteil des verstorbenen Enkels unter die Urenkel gleich geteilt. Sind von einem Erblasser noch entferntere Nachkömmlinge vorhanden; so wird die Teilung verhältnismäßig nach der eben gegebenen Vorschrift vorgenommen.

§ 734. Auf diese Art wird eine Erbschaft nicht nur dann geteilt, wenn Enkel von verstorbenen Kindern mit noch lebenden Kindern, oder entferntere Nachkömmlinge mit nähern Nachkömmlingen des Erblassers zusammentreffen; sondern auch dann, wenn die Erbschaft bloß zwischen Enkeln von verschiedenen Kindern; oder zwischen Urenkeln von verschiedenen Enkeln zu teilen ist. Es können also die von jedem Kinde nachgelassenen Enkel, und die von jedem Enkel nachgelassenen Urenkel, ihrer seien viele oder wenige, nie mehr und nie weniger erhalten, als das verstorbene Kind oder der verstorbene Enkel erhalten hätten, wenn sie am Leben geblieben wären.

2. Linie: Die Eltern und ihre Nachkömmlinge;

§ 735. Ist niemand vorhanden, der von dem Erblasser selbst abstammt; so fällt die Erbschaft auf diejenigen, die mit ihm durch die zweite Linie verwandt sind, nämlich: auf seine Eltern und ihre Nachkömmlinge. Leben noch beide Eltern; so gebührt ihnen die ganze Erbschaft zu gleichen Teilen. Ist eines dieser Eltern verstorben; so treten dessen nachgelassene Kinder oder Nachkömmlinge in sein Recht ein, und es wird die Hälfte, die dem Verstorbenen gebührt hätte, unter sie nach jenen Grundsätzen geteilt, welche in den §§ 732 – 734 wegen Teilung der Erbschaft zwischen Kindern und entfernteren Nachkömmlingen des Erblassers festgesetzt worden sind.

§ 736. Wenn beide Eltern des Erblassers verstorben sind, so wird jene Hälfte der Erbschaft, welche dem Vater zugefallen wäre, unter seine hinterlassenen Kinder und derselben Nachkömmlinge; die andere Hälfte aber, welche der Mutter gebührt hätte, unter ihre Kinder und derselben Nachkömmlinge nach den §§ 732 – 734 geteilt. Sind von diesen Eltern keine andere als von ihnen gemeinschaftlich erzeugte Kinder, oder derselben Nachkömmlinge vorhanden; so teilen sie die beiden Hälften unter sich gleich. Sind aber außer diesen noch Kinder vorhanden, die von dem Vater oder von der Mutter, oder von einem und der andern in einer andern Ehe erzeugt worden sind; so erhalten die von dem Vater und der Mutter gemeinschaftlich erzeugten Kinder oder ihre Nachkömmlinge sowohl an der väterlichen, als an der mütterlichen Hälfte ihren gebührenden, mit den einseitigen Geschwistern gleichen Anteil.

§ 737. Wenn eines der verstorbenen Eltern des Erblassers weder Kinder noch Nachkömmlinge hinterlassen hat; so fällt die ganze Erbschaft dem andern noch lebenden Elternteile zu. Ist dieser Teil auch nicht mehr am Leben; so wird die ganze Erbschaft unter seinen Kindern und Nachkömmlingen nach den bereits angeführten Grundsätzen verteilt.

3. Linie: Die Großeltern und ihre Nachkommenschaft;

§ 738. Sind die Eltern des Erblassers ohne Nachkömmlinge verstorben; so kommt die Erbschaft auf die dritte Linie, nämlich: auf des Erblassers Großeltern und ihre Nachkommenschaft. Die Erbschaft wird dann in zwei gleiche Teile geteilt. Eine Hälfte gehört den Eltern des Vaters und ihren Nachkömmlingen; die andere den Eltern der Mutter und ihren Nachkömmlingen.

§ 739. Jede dieser Hälften wird unter den Großeltern der einen und der andern Seite, wenn sie beide noch leben, gleich geteilt. Ist eines der Großeltern; oder sind beide von der einen oder andern Seite gestorben; so wird die dieser Seite zugefallene Hälfte zwischen den Kindern und Nachkömmlingen dieser Großeltern nach jenen Grundsätzen geteilt, nach welchen in der zweiten Linie die ganze Erbschaft zwischen den Kindern und Nachkömmlingen der Eltern des Erblassers geteilt werden muß (§§ 735 – 737).

§ 740. Sind von der väterlichen oder von der mütterlichen Seite beide Großeltern verstorben, und weder von dem Großvater, noch von der Großmutter dieser Seite Nachkömmlinge vorhanden; dann fällt den von der andern Seite noch lebenden Großeltern; oder, nach derselben Tode, ihren hinterlassenen Kindern und Nachkömmlingen die ganze Erbschaft zu.

4. Linie: Die Urgroßeltern

§ 741. (1) Nach gänzlicher Erlöschung der dritten Linie sind die Urgroßeltern des Erblassers zur gesetzlichen Erbfolge berufen. Auf die Großeltern des Vaters des Erblassers entfällt die eine Hälfte der Erbschaft, auf die Großeltern der Mutter die andere Hälfte. In jede Hälfte der Erbschaft teilen sich die beiden Großelternpaare zu gleichen Teilen. Ist ein Teil eines Großelternpaares nicht vorhanden, so fällt das auf diesen Teil entfallende Achtel der Erbschaft an den überlebenden Teil dieses Großelternpaares. Fehlt ein Großelternpaar, so ist zu seinem Viertel das andere Großelternpaar desselben Elternteiles des Erblassers berufen.

(2) Fehlen die Großelternpaare des einen Elternteiles des Erblassers, so sind zu der auf sie entfallenden Nachlaßhälfte die Großelternpaare des anderen Elternteiles in demselben Ausmaß wie zu der ihnen unmittelbar zufallenden Nachlaßhälfte berufen.

(RGBl 1914/276)

§§ 742 bis 749. *(aufgehoben, RGBl 1914/276)*

§ 750. Wenn jemand mit dem Erblasser von mehr als einer Seite verwandt ist; so genießt er von jeder Seite dasjenige Erbrecht, welches ihm, als einem Verwandten von dieser Seite insbesondere betrachtet, gebührt (§ 736).

Ausschließung der entferntern Verwandten

§ 751. Auf diese vier Linien der „“ Verwandtschaft wird das Recht der Erbfolge in Ansehung eines frei vererblichen Vermögens eingeschränkt. *(BGBl 1989/656, ab 1. 1. 1991, s Anm zu § 540)*

(RGBl 1914/276)

§§ 752 bis 756. *(aufgehoben, BGBl 1989/656, ab 1. 1. 1991, s Anm zu § 540)*

II. Gesetzliches Erbrecht des Ehegatten

§ 757. (1) Der Ehegatte des Erblassers ist neben „“ Kindern des Erblassers und deren Nachkommen zu einem Drittel des Nachlasses, neben Eltern des Erblassers und deren Nachkommen oder neben Großeltern zu zwei Dritteln des Nachlasses gesetzlicher Erbe. Sind neben Großeltern Nachkommen verstorbener Großeltern vorhanden, so erhält überdies der Ehegatte von dem restlichen Drittel des Nachlasses den Teil, der nach den §§ 739 und 740 den Nachkommen der verstorbenen Großeltern zufallen würde. Sind weder gesetzliche Erben der ersten oder der zweiten Linie noch Großeltern vorhanden, so erhält der Ehegatte den ganzen Nachlaß. *(BGBl 1978/280 und BGBl 1989/656, ab 1. 1. 1991, s Anm zu § 540)*

(2) In den Erbteil des Ehegatten ist alles einzurechnen, was dieser durch Ehepakt oder Erbvertrag aus dem Vermögen des Erblassers erhält.

(BGBl 1970/342)

§ 758. Sofern der Ehegatte nicht rechtmäßig enterbt worden ist, gebühren ihm als gesetzliches Vorausvermächtnis das Recht, in der Ehewohnung weiter zu wohnen, und die zum ehelichen Haushalt gehörenden beweglichen Sachen, soweit sie zu dessen Fortführung entsprechend den bisherigen Lebensverhältnissen erforderlich sind.

(BGBl 1989/656, ab 1. 1. 1991, s Anm zu § 540)

§ 759. (1) Ein aus seinem Verschulden geschiedener Ehegatte hat kein gesetzliches Erbrecht und keinen Anspruch auf das gesetzliche Vorausvermächtnis.

(2) Das gesetzliche Erbrecht und der Anspruch auf das gesetzliche Vorausvermächtnis ist dem überlebenden Ehegatten auch dann versagt, wenn der Erblasser zur Zeit seines Todes auf Scheidung oder Aufhebung der Ehe gemäß dem Ehegesetz vom 6. Juli 1938 (Reichsgesetzbl. I S. 807) zu klagen berechtigt war und die Klage erhoben hatte, sofern im Falle der Scheidung oder Aufhebung der Ehegatte als schuldig anzusehen wäre. *(dRGBl 1938 I 923)*

(RGBl 1914/276)

Erblose Verlassenschaft

§ 760. Wenn kein zur Erbfolge Berechtigter vorhanden ist oder wenn niemand die Erbschaft erwirbt, fällt die Verlassenschaft als ein erbloses Gut dem Staate anheim.

(RGBl 1914/276)

Abweichungen von der allgemeinen Erbfolgeordnung

§ 761. Die Abweichungen von der in diesem Hauptstücke bestimmten gesetzlichen Erbfolge in Rücksicht auf Bauerngüter, und die Verlassenschaft geistlicher Personen sind in den politischen Gesetzen enthalten.

Vierzehntes Hauptstück

Von dem Pflichtteile und der Anrechnung in den Pflicht- oder Erbteil

Welchen Personen als Noterben ein Pflichtteil gebühre

§ 762. Die Personen, die der Erblasser in der letzten Anordnung bedenken muß, sind seine Kinder, in Ermangelung solcher seine Eltern, und der Ehegatte.

(BGBl 1978/280)

§ 763. Unter dem Namen Kinder werden nach der allgemeinen Regel (§ 42) auch Enkel und Urenkel; und unter dem Namen Eltern alle Großeltern begriffen. Es findet hier zwischen dem männlichen und weiblichen Geschlechte; zwischen ehelicher und unehelicher Geburt kein Unterschied statt, sobald für diese Personen das Recht und die Ordnung der gesetzlichen Erbfolge eintreten würde.

§ 764. Der Erbteil, welchen diese Personen zu fordern berechtigt sind, heißt: Pflichtteil; sie selbst werden in dieser Rücksicht Noterben genannt.

In welchem Betrage,

§ 765. Als Pflichtteil gebührt jedem Kind und dem Ehegatten die Hälfte dessen, was ihm nach der gesetzlichen Erbfolge zugefallen wäre.

(BGBl 1978/280)

§ 766. In der aufsteigenden Linie gebührt jedem Noterben als Pflichtteil ein Dritteil dessen, was er nach der gesetzlichen Erbfolge erhalten haben würde.

und unter was für Beschränkungen

§ 767. (1) Wer auf das Erbrecht Verzicht geleistet hat; wer nach den in dem achten Hauptstücke enthaltenen Vorschriften von dem Erbrechte ausgeschlossen wird; oder von dem Erblasser rechtmäßig enterbt worden ist; hat auf einen Pflichtteil keinen Anspruch, und wird bei der Ausmessung desselben so betrachtet, als wenn er gar nicht vorhanden wäre.

(2) Eine Pflichtteilsminderung nach § 773a erhöht den Pflichtteil der übrigen Noterben nicht. *(BGBl 1989/656, ab 1. 1. 1991, s Anm zu § 540)*

Erfordernisse einer rechtmäßigen Enterbung

§ 768. Ein Kind kann enterbt werden

1. *(aufgehoben, RGBl 1868/49)*

2. wenn es den Erblasser im Notstande hilflos gelassen hat;

3. wenn es wegen einer oder mehrerer mit Vorsatz begangener strafbarer Handlungen zu einer lebenslangen oder zwanzigjährigen Freiheitsstrafe verurteilt worden ist; *(BGBl 1974/496)*

4. wenn es eine gegen die öffentliche Sittlichkeit anstößige Lebensart beharrlich führt.

§ 769. Aus den gleichen Gründen können auch der Ehegatte und die Eltern enterbt werden; der Ehegatte außerdem dann, wenn er seine Beistandspflicht gröblich vernachlässigt hat.

(BGBl 1989/656, ab 1. 1. 1991, s Anm zu § 540)

§ 770. Überhaupt kann einem Noterben auch solcher Handlungen wegen, die einen Erben nach den §§ 540 – 542 des Erbrechtes unwürdig machen, durch die letzte Willenserklärung der Pflichtteil entzogen werden.

§ 771. Die Enterbungsursache muß immer, sie mag von dem Erblasser ausgedrückt sein oder nicht, von dem Erben erwiesen werden, und in den Worten, und dem Sinne des Gesetzes gegründet sein.

§ 772. Die Enterbung wird nur durch einen ausdrücklichen in der gesetzlichen Form erklärten Widerruf aufgehoben.

§ 773. Wenn bei einem sehr verschuldeten oder verschwenderischen Noterben die[1]) wahrscheinliche Besorgnis obwaltet, daß der ihm gebührende Pflichtteil ganz, oder größten Teils seinen Kindern entgehen würde; so kann ihm der Pflichtteil von dem Erblasser, jedoch nur dergestalt entzogen werden, daß solcher den Kindern des Noterben zugewendet werde.

[1]) *In JGS „das“*

Pflichtteilsminderung

§ 773a. (1) Standen ein Elternteil und sein Kind zu keiner Zeit in einem Naheverhältnis, wie es in der Familie zwischen Eltern und Kindern gewöhnlich besteht, so mindert sich der Pflichtteil dieses Elternteils oder seiner Vorfahren dem Kind und seinen Nachkommen gegenüber und der des Kindes und seiner Nachkommen dem Elternteil und seinen Vorfahren gegenüber, wenn es der Erblasser anordnet, auf die Hälfte.

(2) Die §§ 771 und 772 gelten sinngemäß für die Pflichtteilsminderung.

(3) Das Recht auf Pflichtteilsminderung steht nicht zu, wenn der Erblasser die Ausübung des Rechts auf persönlichen Verkehr mit dem Pflichtteilsberechtigten grundlos abgelehnt hat. *(BGBl I 2000/135, ab 1. 7. 2001)*

(BGBl 1989/656, ab 1. 1. 1991, s Anm zu § 540)

Wie der Pflichtteil zu hinterlassen

§ 774. Der Pflichtteil kann in Gestalt eines Erbteiles oder Vermächtnisses, auch ohne ausdrückliche Benennung des Pflichtteiles hinterlassen werden. Er muß aber dem Noterben ganz frei bleiben. Jede denselben einschränkende Bedingung oder Belastung ist ungültig. Wird dem Noterben ein größerer Erbteil zugedacht; so kann sie nur auf den Teil, welcher den Pflichtteil übersteigt, bezogen werden.

Rechtsmittel des Noterben:

a) bei einer widerrechtlichen Enterbung oder Verkürzung in dem Pflichtteile;

§ 775. Ein Noterbe, welcher ohne die in den §§ 768–773 vorgeschriebenen Bedingungen enterbt worden, kann den ihm gebührenden vollen Pflichtteil; und, wenn er in dem reinen Betrage des Pflichtteils verkürzt worden ist, die Ergänzung desselben fordern.

b) bei einer gänzlichen Übergehung

§ 776. Wenn aus mehrern Kindern, deren Dasein dem Erblasser bekannt war, eines ganz mit Stillschweigen übergangen wird; so kann es ebenfalls nur den Pflichtteil fordern.

§ 777. Wenn aber aus den Umständen erwiesen werden kann, daß die Übergehung eines aus mehrern Kindern nur daher rühre, weil dem Erblasser das Dasein desselben unbekannt war, so ist der Übergangene nicht schuldig, sich mit dem Pflichtteile zu begnügen; sondern er kann den Erbteil, welcher für den am mindesten begünstigten Noterben ausfällt; wofern aber der einzige noch übrige Noterbe eingesetzt wird, oder alle übrige zu gleichen Teilen berufen sind, einen gleichen Erbteil verlangen.

§ 778. Hat der Erblasser einen einzigen Noterben, und er übergeht ihn aus oben gedachtem Irrtume mit Stillschweigen; oder erhält ein kinderloser Erblasser erst nach Erklärung seines letzten Willens einen Noterben, für den keine Vorsehung getroffen ist; so werden nur die zu öffentlichen Anstalten, zur Belohnung geleisteter Dienste, oder zu frommen Absichten bestimmten Vermächtnisse in einem, den vierten Teil der reinen Verlassenschaft nicht übersteigenden, Betrage verhältnismäßig entrichtet, alle übrigen Anordnungen des letzten Willens aber gänzlich entkräftet. Sie erlangen jedoch, wenn der Noterbe vor dem Erblasser verstorben ist, wieder ihre Kraft.

§ 779. (1) Wenn ein Kind vor dem Erblasser stirbt und Abstämmlinge hinterläßt; so treten diese mit Stillschweigen übergangenen Abstämmlinge in Ansehung des Erbrechtes an die Stelle des Kindes.

(2) Die Nachkommen eines vorverstorbenen Noterben, dessen Pflichtteil gemindert worden ist, können nur den geminderten Pflichtteil fordern. *(BGBl 1989/656, ab 1. 1. 1991, s Anm zu § 540)*

§ 780. Die Abstämmlinge eines enterbten Kindes sind bloß befugt, den Pflichtteil zu verlangen, dies aber auch, wenn der Enterbte den Erblasser überlebt hat.

(RGBl 1916/69)

§ 781. Werden der Ehegatte oder die Eltern mit Stillschweigen übergangen, so können sie nur den Pflichtteil fordern.

(BGBl 1978/280)

§ 782. Wenn der Erbe beweisen kann, daß ein mit Stillschweigen übergangener Noterbe sich einer der in den §§ 768 – 770 angeführten Enterbungsursachen schuldig gemacht hat; so wird die Übergehung als eine stillschweigende rechtliche Enterbung angesehen.

Wer zur Entrichtung des Erb- oder Pflichtteils beizutragen habe

§ 783. In allen Fällen, wo einem Noterben der gebührende Erb- oder Pflichtteil gar nicht oder nicht vollständig ausgemessen worden ist, müssen sowohl die eingesetzten Erben als auch die Legatare, nicht jedoch der Ehegatte mit dem gesetzlichen Vorausvermächtnis, verhältnismäßig zur vollständigen Entrichtung beitragen.

(BGBl 1989/656, ab 1. 1. 1991, s Anm zu § 540)

Art der Ausmessung und Berechnung des Pflichtteiles

§ 784. Um den Pflichtteil richtig ausmessen zu können, werden alle zur Verlassenschaft gehörigen beweglichen und unbeweglichen Sachen, alle Rechte und Forderungen, welche der Erblasser auf seine Nachfolger frei zu vererben befugt war, selbst alles, was ein Erbe oder Legatar in die Masse schuldig ist, genau beschrieben und geschätzt. Den Noterben steht frei, der Schätzung beizuwohnen und ihre Erinnerungen dabei zu machen. Auf eine Feilbietung der Verlassenschaftsstücke zur Erhebung des wahren Wertes kann von ihnen nicht gedrungen werden. Schulden und andere Lasten, welche schon bei Lebzeiten des Erblassers auf dem Vermögen hafteten, werden von der Masse abgerechnet.

(RGBl 1916/69)

§ 785. (1) Auf Verlangen eines pflichtteilsberechtigten Kindes oder des pflichtteilsberechtigten Ehegatten sind bei der Berechnung des Nachlasses Schenkungen des Erblassers in Anschlag zu bringen. Der Gegenstand der Schenkung ist dem Nachlaß mit dem Wert hinzuzurechnen, der für die Anrechnung nach § 794 maßgebend ist.

(2) Das Recht nach Abs. 1 steht einem Kind nur hinsichtlich solcher Schenkungen zu, die der Erblasser zu einer Zeit gemacht hat, zu der er ein pflichtteilsberechtigtes Kind gehabt hat, dem Ehegatten nur hinsichtlich solcher Schenkungen, die während seiner Ehe mit dem Erblasser gemacht worden sind.

(3) In jedem Fall bleiben Schenkungen unberücksichtigt, die der Erblasser aus Einkünften ohne Schmälerung seines Stammvermögens, zu gemeinnützigen Zwecken, in Entsprechung einer sittlichen Pflicht oder aus Rücksichten des Anstandes gemacht hat. Gleiches gilt für Schenkungen, die früher als zwei Jahre vor dem Tod des Erblassers an nicht pflichtteilsberechtigte Personen gemacht worden sind.

(BGBl 1978/280)

§ 786. Der Pflichtteil wird ohne Rücksicht auf Vermächtnisse, und andere aus dem letzten Willen entspringenden Lasten berechnet. Bis zur wirklichen Zuteilung ist die Verlassenschaft, in Ansehung des Gewinnes und der Nachteile, als ein zwischen den Haupt- und Noterben verhältnismäßig gemeinschaftliches Gut zu betrachten.

Anrechnung zum Pflichtteile;

§ 787. (1) Alles, was die Noterben durch Legate oder andere Verfügungen des Erblassers wirklich aus der Verlassenschaft erhalten, wird bei Bestimmung ihres Pflichtteiles in Rechnung gebracht.

(2) Wenn bei Bestimmung des Pflichtteiles Schenkungen in Anschlag zu bringen sind, muß sich jeder Noterbe auf die dadurch bewirkte Erhöhung seines Pflichtteiles die nach § 785 zum Nachlasse hinzuzurechnenden Geschenke anrechnen lassen, die er selbst vom Erblasser erhalten hat.

(RGBl 1916/69)

§ 788. Was der Erblasser bei Lebzeiten seiner Tochter oder Enkelin zum Heiratsgute; seinem Sohne oder Enkel zur Ausstattung, oder unmittelbar zum Antritte eines Amtes, oder was immer für eines Gewerbes gegeben; oder zur Bezahlung der Schulden eines „volljährigen" Kindes verwendet hat, wird in den Pflichtteil eingerechnet. *(BGBl 1989/162)*

§ 789. Überhaupt sind in den Pflichtteil die als Vorschuß darauf geleisteten Zuwendungen des Erblassers unter Lebenden einzurechnen; in den Pflichtteil des Ehegatten außerdem alles, was er als gesetzliches Vorausvermächtnis (§ 758) erhält.

(BGBl 1978/280)

oder zum Erbteile bei der gesetzlichen Erbfolge

§ 790. Die Anrechnung bei der Erbfolge der Kinder aus einem letzten Willen geschieht nur dann, wenn sie von dem Erblasser ausdrücklich verordnet wird. Dagegen muß auch bei der gesetzlichen Erbfolge ein Kind sich dasjenige, was es von dem Erblasser bei dessen Lebenszeit zu den oben (§ 788) erwähnten Zwecken empfangen hat, anrechnen lassen. Einem Enkel wird nicht nur das, was er unmittelbar selbst; sondern auch, was seine Eltern, in deren Stelle er tritt, auf solche Art empfangen haben, in den Erbteil eingerechnet.

§ 791. Was Eltern außer den erwähnten Fällen einem Kinde zugewendet haben, wird, wenn die Eltern nicht ausdrücklich die

Erstattung sich ausbedungen haben, für eine Schenkung gehalten, und nicht angerechnet.

§ 792. Die Eltern können einem Kinde die Anrechnung auch bei der gesetzlichen Erbfolge ausdrücklich erlassen. Wenn aber die nötige Erziehung „“ der übrigen Kinder weder aus ihrem eigenen, noch aus dem Vermögen der Eltern bestritten werden könnte; so muß das Kind dasjenige, was es zu den im § 788 erwähnten Zwecken in voraus empfangen hat, sich in dem Maße anrechnen lassen, als es zur Erziehung „“ für die Geschwister notwendig ist. *(BGBl 1977/403)*

§ 793. Die Anrechnung des Empfangenen zum Erbteile geschieht dadurch, daß jedes Kind den nämlichen Betrag noch vor der Teilung erhält. Ist die Verlassenschaft dazu nicht hinreichend; so kann zwar das früher begünstigte Kind keinen Erbteil ansprechen, aber auch zu keiner Erstattung angehalten werden.

§ 794. Bei jeder Anrechnung wird, wenn das Empfangene nicht in barem Gelde; sondern in andern beweglichen oder unbeweglichen Sachen bestand, der Wert der letztern nach dem Zeitpunkte des Empfanges; der erstern dagegen nach dem Zeitpunkte des Erbanfalles bestimmt.

Anspruch des Noterben auf den notwendigen,

§ 795. Einem Noterben, der von seinem Pflichtteile selbst gesetzmäßig ausgeschlossen wird, muß doch immer der notwendige Unterhalt ausgemessen werden.

und des Ehegatten auf den Unterhalt

§ 796. Der Ehegatte hat, außer in den Fällen der §§ 759 und 795, solange er sich nicht wiederverehelicht, an die Erben bis zum Wert der Verlassenschaft einen Anspruch auf Unterhalt nach den singgemäß anzuwendenden Grundsätzen des § 94. In diesen Anspruch ist alles einzurechnen, was der Ehegatte nach dem Erblasser durch vertragliche oder letztwillige Zuwendung, als gesetzlichen Erbteil, als Pflichtteil, durch öffentlichrechtliche oder privatrechtliche Leistung erhält; desgleichen eigenes Vermögen des Ehegatten oder Erträgnisse einer von ihm tatsächlich ausgeübten oder einer solchen Erwerbstätigkeit, die von ihm den Umständen nach erwartet werden kann.

(BGBl 1978/280)

Fünfzehntes Hauptstück

Von Besitznehmung der Erbschaft

Bedingungen zur rechtlichen Besitznehmung einer Erbschaft

§ 797. Niemand darf eine Erbschaft eigenmächtig in Besitz nehmen. Das Erbrecht muß vor Gericht verhandelt und von demselben die Einantwortung des Nachlasses, das ist, die Übergabe in den rechtlichen Besitz, bewirkt werden.

§ 798. Wie weit das Gericht nach einem Todesfalle von Amts wegen vorzugehen habe, und welche Fristen und Vorsichtsmittel bei diesem Abhandlungsgeschäfte zu beobachten seien, bestimmen die besondern, über das gerichtliche Verfahren bestehenden, Vorschriften. Hier wird festgesetzt, was dem Erben, oder demjenigen, der sonst einen Anspruch an die Verlassenschaft hat, zu tun obliege, um zu dem Besitze dessen, was ihm gebührt, zu gelangen.

Ausweisung des Rechtstitels: Erbserklärung

§ 799. Wer eine Erbschaft in Besitz nehmen will, muß den Rechtstitel, ob sie ihm aus einer letzten Anordnung; aus einem gültigen Erbvertrage; oder aus dem Gesetze zufalle, dem Gerichte ausweisen, und sich ausdrücklich erklären, daß er die Erbschaft annehme.

§ 800. Die Antretung der Erbschaft oder die Erbserklärung muß zugleich enthalten, ob sie unbedingt, oder mit Vorbehalt der Rechtswohltat des Inventariums geschehe.

Wirkung der unbedingten,

§ 801. Die unbedingte Erbserklärung hat zur Folge, daß der Erbe allen Gläubigern des Erblassers für ihre Forderungen, und allen Legataren für ihre Vermächtnisse haften muß, wengleich die Verlassenschaft nicht hinreicht.

und der bedingten Erklärung

§ 802. Wird die Erbschaft mit Vorbehalt der rechtlichen Wohltat des Inventariums angetreten; so ist sogleich vom Gerichte das Inventarium auf Kosten der Masse aufzunehmen. Ein solcher Erbe wird den Gläubigern und Legataren nur so weit verbunden, als die Verlassenschaft für ihre, und auch seine eigenen, außer dem Erbrechte ihm zustehenden, Forderungen hinreicht.

Berechtigung zur bedingten oder unbedingten Antretung oder Ausschlagung der Erbschaft

§ 803. Der Erblasser kann dem Erben den Vorbehalt dieser rechtlichen Wohltat nicht benehmen, noch die Errichtung eines Inventariums verbieten. Selbst der1) in einem Erbvertrage zwischen Ehegatten darauf geschehene Verzicht ist von keiner Wirkung.

[1]) In JGS „die"

§ 804. Die Errichtung des Inventariums kann auch von demjenigen verlangt werden, dem ein Pflichtteil gebührt.

§ 805. Wer seine Rechte selbst verwalten kann, dem steht frei, die Erbschaft unbedingt, oder mit Vorbehalt der obigen Rechtswohltat anzutreten oder auch auszuschlagen. „ " *(BGBl I 2000/135, ab 1. 7. 2001)*

§ 806. Der Erbe kann seine gerichtliche Erbserklärung nicht mehr widerrufen, noch auch die unbedingte abändern, und sich die Rechtswohltat des Inventariums vorbehalten.

§ 807. Wenn aus mehrern Miterben einige unbedingt; andere aber oder auch nur einer aus ihnen mit Vorbehalt der erwähnten Rechtswohltat sich zu Erben erklären; so ist ein Inventarium zu errichten, und die auf diesen Vorbehalt beschränkte Erbserklärung der Verlassenschaftsabhandlung zum Grunde zu legen. In diesem, sowie in allen Fällen, in welchen ein Inventarium errichtet werden muß, genießt auch derjenige, welcher eine unbedingte Erbserklärung abgegeben hat, solange ihm die Erbschaft noch nicht übergeben worden, die rechtliche Wohltat des Inventariums.

§ 808. Wird jemand zum Erben eingesetzt, dem auch ohne letzte Willenserklärung das Erbrecht ganz oder zum Teile gebührt hätte; so ist er nicht befugt, sich auf die gesetzliche Erbfolge zu berufen und dadurch die Erklärung des letzten Willens zu vereiteln. Er muß die Erbschaft entweder aus dem letzten Willen antreten, oder ihr ganz entsagen. Personen aber, denen ein Pflichtteil gebührt, können die Erbschaft mit Vorbehalt ihres Pflichtteiles ausschlagen.

Übertragung des Erbrechtes

§ 809. Stirbt der Erbe eher, als er die angefallene Erbschaft angetreten oder ausgeschlagen hat; so treten seine Erben, wenn der Erblasser diese nicht ausgeschlossen, oder nicht andere Nacherben bestimmt hat, in das Recht, die Erbschaft anzunehmen, oder auszuschlagen (§ 537).

Vorkehrungen vor Einantwortung der Erbschaft:

a) Verwaltung;

§ 810. Wenn der Erbe bei Antretung der Erbschaft sein Erbrecht hinreichend ausweist, ist ihm die Besorgung und Benützung der Verlassenschaft zu überlassen.

b) Sicherstellung oder Befriedigung der Gläubiger;

§ 811. Für die Sicherstellung oder Befriedigung der Gläubiger des Erblassers wird vom Gerichte nicht weiter gesorgt, als sie selbst verlangen. Die Gläubiger sind aber nicht schuldig, eine Erbserklärung abzuwarten. Sie können ihre Ansprüche wider die Masse anbringen, und begehren: daß zur Vertretung derselben ein Kurator bestellt werde, gegen welchen sie ihre Forderungen ausführen können.

c) Absonderung der Verlassenschaft von dem Vermögen des Erben;

§ 812. Besorgt ein Erbschaftsgläubiger, ein Legatar, oder ein Noterbe, daß er durch Vermengung der Verlassenschaft mit dem Vermögen des Erben für seine Forderung Gefahr laufen könne; so kann er vor der Einantwortung verlangen, daß die Erbschaft von dem Vermögen des Erben abgesondert, vom Gerichte verwahrt, oder von einem Kurator verwaltet, sein Anspruch darauf vorgemerkt und berichtigt werde. In einem solchen Falle hat ihm aber der Erbe, obschon dieser sich unbedingt als Erbe erklärt hätte, aus eigenem Vermögen nicht mehr zu haften.

d) Einberufung der Verlassenschaftsgläubiger

§ 813. Dem Erben oder dem aufgestellten Verlassenschaftskurator steht es frei, zur Erforschung des Schuldenstandes die Ausfertigung eines Ediktes, wodurch alle Gläubiger zur Anmeldung und Dartuung ihrer Forderungen auf eine den Umständen angemessene Zeit einberufen werden, nachzusuchen, und bis nach verstrichener Frist mit der Befriedigung der Gläubiger innezuhalten.

Wirkung der Einberufung;

§ 814. Die Wirkung dieser gerichtlichen Einberufung ist, daß den Gläubigern, welche sich binnen der bestimmten Zeitfrist nicht gemeldet haben, an die Verlassenschaft, wenn sie durch die Bezahlung der angemeldeten Forderungen erschöpft worden ist, kein weiterer Anspruch zusteht, als insofern ihnen ein Pfandrecht gebührt.

oder, der Unterlassung derselben

§ 815. Unterläßt der Erbe die ihm bewilligte Vorsicht der gerichtlichen Einberufung; oder befriedigt er sogleich einige der sich anmeldenden Gläubiger, ohne auf die Rechte der übrigen Rücksicht zu nehmen, und bleiben einige Gläubiger aus Unzulänglichkeit der Verlassenschaft unbezahlt; so haftet er ihnen, ungeachtet der bedingten Erbserklärung, mit seinem ganzen Vermögen in dem Maße, als sie die Zahlung erhalten haben würden, wenn die Verlassenschaft nach der gesetzlichen Ordnung zur Befriedigung der Gläubiger verwendet worden wäre.

e) Ausweisung über die Erfüllung des letzten Willens, entweder von dem Testamentsexekutor;

§ 816. Hat der Erblasser einen Vollzieher (Exekutor) seines letzten Willens ernannt; so hängt es von dessen Willkür ab, dieses Geschäft auf sich zu nehmen. Hat er es übernommen, so ist er schuldig, entweder als ein Machthaber die Anordnungen des Erblassers selbst zu vollziehen, oder den saumseligen Erben zur Vollziehung derselben zu betreiben.

oder dem Erben

§ 817. Ist kein Vollzieher des letzten Willens ernannt; oder, unterzieht sich der ernannte dem Geschäfte nicht; so liegt dem Erben unmittelbar ob, den Willen des Erblassers so viel möglich zu erfüllen, oder die Erfüllung sicherzustellen, und sich gegen das Gericht darüber auszuweisen. In Ansehung bestimmter Legatare hat er bloß darzutun, daß er denselben von dem ihnen zugefallenen Vermächtnisse Nachricht gegeben habe (§ 688).

§ 818. Was der Erbe, ehe er zum Besitze der Erbschaft gelangen kann, an Abgaben zu entrichten, und im Falle, daß sein Erblasser gegen das Staatsärarium in Verrechnung gestanden ist, hierwegen auszuweisen habe, darüber enthalten die politischen Verordnungen die besondere Vorschrift.

Wann die Erbschaft einzuantworten

§ 819. Sobald über die eingebrachte Erbserklärung der rechtmäßige Erbe vom Gerichte erkannt, und von demselben die Erfüllung der Verbindlichkeiten geleistet ist, wird ihm die Erbschaft eingeantwortet und die Abhandlung geschlossen. Übrigens hat der Erbe, um die Übertragung des Eigentumes unbeweglicher Sachen zu erwirken, die Vorschrift des § 436 zu befolgen.

Haftung der gemeinschaftlichen Erben

§ 820. Mehrere Erben, welche eine gemeinschaftliche Erbschaft ohne die rechtliche Wohltat des Inventariums angetreten haben, haften allen Erbschaftsgläubigern und Legataren, selbst nach der Einantwortung, alle für einen und einer für alle. Unter sich aber sind sie nach Verhältnis ihrer Erbteile beizutragen schuldig.

§ 821. Haben die gemeinschaftlichen Erben von der rechtlichen Wohltat des Inventariums Gebrauch gemacht; so sind sie vor der Einantwortung den Erbschaftsgläubigern und Legataren nach dem § 550 zu haften verbunden. Nach der erfolgten Einantwortung haftet jeder Einzelne selbst für die, die Erbschaftsmasse nicht übersteigenden, Lasten nur nach Verhältnis seines Erbteiles.

Sicherheitsmittel der Gläubiger des Erben

§ 822. Vor der Einantwortung können Gläubiger des Erben nur auf die einzelnen Bestandteile des Nachlasses Exekution führen, über welche dem Erben vom Nachlaßgerichte die freie Verfügung überlassen worden ist.

(RGBl 1916/69)

Erbschaftsklagen

§ 823. Auch nach erhaltener Einantwortung kann der Besitznehmer von jenem, der ein besseres oder gleiches Erbrecht zu haben behauptet, auf Abtretung oder Teilung der Erbschaft belangt werden. Das Eigentum einzelner Erbschaftsstücke wird nicht mit der Erbschafts-, sondern der Eigentumsklage verfolgt.

Wirkung derselben

§ 824. Wenn der Beklagte zur Abtretung der Verlassenschaft ganz oder zum Teile verhalten wird; so sind die Ansprüche auf die Zurückstellung der von dem Besitzer bezogenen Früchte; oder auf die Vergütung der von demselben in dem Nachlasse verwendeten Kosten nach jenen Grundsätzen zu beurteilen, welche in Rücksicht auf den redlichen oder unredlichen Besitzer in dem Hauptstücke vom Besitze überhaupt festgesetzt sind. Ein dritter redlicher Besitzer ist für die in der Zwischenzeit erworbenen Erbstücke niemandem[1]) verantwortlich.

[1]) *In JGS „niemanden“*

Sechzehntes Hauptstück
Von der Gemeinschaft des Eigentumes und anderer dinglichen Rechte

Ursprung einer Gemeinschaft

§ 825. So oft das Eigentum der nämlichen Sache, oder ein und dasselbe Recht mehreren Personen ungeteilt zukommt; besteht eine Gemeinschaft. Sie gründet sich auf eine zufällige Ereignung; auf ein Gesetz; auf eine letzte Willenserklärung, oder auf einen Vertrag.

§ 826. Nach Verschiedenheit der Quellen, aus denen eine Gemeinschaft entspringt, erhalten auch die Rechte und Pflichten der Teilhaber ihre nähere Bestimmung. Die besondern Vorschriften über eine durch Vertrag entstehende Gemeinschaft der Güter sind in dem siebenundzwanzigsten Hauptstücke enthalten.

§ 827. Wer einen Anteil an einer gemeinschaftlichen Sache anspricht, der muß sein Recht, wenn es von den übrigen Teilnehmern widersprochen wird, beweisen.

Gemeinschaftliche Rechte der Teilhaber

§ 828. (1) Solange alle Teilhaber einverstanden sind, stellen sie nur eine Person vor, und haben das Recht, mit der gemeinschaftlichen Sache nach Belieben zu schalten. Sobald sie uneinig sind, kann kein Teilhaber in der gemeinschaftlichen Sache eine Veränderung vornehmen, wodurch über den Anteil des andern verfügt würde.

(2) Eine gerichtliche oder vertraglich vereinbarte Benützungsregelung zwischen den Teilhabern einer unbeweglichen Sache wirkt auch für deren Rechtsnachfolger, wenn sie im Grundbuch angemerkt ist. *(BGBl I 2002/71, ab 1. 7. 2002)*

Rechte des Teilhabers auf seinen Anteil

§ 829. Jeder Teilhaber ist vollständiger Eigentümer seines Anteiles. Insofern er die Rechte seiner Mitgenossen nicht verletzt, kann er denselben, oder die Nutzungen davon willkürlich und unabhängig verpfänden, vermachen, oder sonst veräußern (§ 361).

§ 830. Jeder Teilhaber ist befugt, auf Ablegung der Rechnung und auf Verteilung des Ertrages zu dringen. Er kann in der Regel auch die Aufhebung der Gemeinschaft verlangen; doch nicht zur Unzeit, oder zum Nachteile der übrigen. Er muß sich daher einen, den Umständen angemessenen, nicht wohl vermeidlichen Aufschub gefallen lassen.

§ 831. Hat sich ein Teilhaber zur Fortsetzung der Gemeinschaft verbunden, so kann er zwar vor Verlauf der Zeit nicht austreten; allein diese Verbindlichkeit wird, wie andere Verbindlichkeiten, aufgehoben, und erstreckt sich nicht auf die Erben, wenn diese nicht selbst dazu eingewilligt haben.

§ 832. Auch die Anordnung eines Dritten, wodurch eine Sache zur Gemeinschaft bestimmt wird, muß zwar von den ersten Teilhabern, nicht auch von ihren Erben befolgt werden. Eine Verbindlichkeit zu einer immerwährenden Gemeinschaft kann nicht bestehen.

Rechte der Teilhaber in der gemeinschaftlichen Sache:

a) In Rücksicht des Hauptstammes;

§ 833. Der Besitz und die Verwaltung der gemeinschaftlichen Sache kommt allen Teilhabern insgesamt zu. In Angelegenheiten, welche nur die ordentliche Verwaltung und Benützung des Hauptstammes betreffen, entscheidet die Mehrheit der Stimmen, welche nicht nach den Personen, sondern nach Verhältnis der Anteile der Teilnehmer gezählt werden.

§ 834. Bei wichtigen Veränderungen aber, welche zur Erhaltung oder besseren Benützung des Hauptstammes vorgeschlagen werden, können die Überstimmten Sicherstellung für künftigen Schaden; oder, wenn diese verweigert wird, den Austritt aus der Gemeinschaft verlangen.

§ 835. Wollen sie nicht austreten; oder geschähe der Austritt zur Unzeit; so soll das Los, ein Schiedsmann, oder, wofern sie sich darüber nicht einhellig vereinigen, der Richter entscheiden, ob die Veränderung unbedingt oder gegen Sicherstellung stattfinden soll oder nicht. Diese Arten der Entscheidung treten auch bei gleichen Stimmen der Mitglieder ein.

§ 836. Ist ein Verwalter der gemeinschaftlichen Sachen zu bestellen; so entscheidet über dessen Auswahl die Mehrheit der Stimmen, und in deren Abgang der Richter.

§ 837. Der Verwalter des gemeinschaftlichen Gutes wird als ein Machthaber angesehen. Er ist einerseits verbunden, ordentliche Rechnung abzulegen; andererseits aber befugt, alle nützlich gemachte Auslagen in Abrechnung zu bringen. Dieses gilt auch in dem Falle, daß ein Teilgenosse ein gemeinschaftliches Gut ohne Auftrag der übrigen Teilnehmer verwaltet.

§ 838. Wird die Verwaltung mehreren überlassen; so entscheidet auch unter ihnen die Mehrheit der Stimmen.

b) der Nutzungen und Lasten;

§ 839. Die gemeinschaftlichen Nutzungen und Lasten werden nach Verhältnis der Anteile ausgemessen. Im Zweifel wird jeder Anteil gleich groß angesehen; wer das Gegenteil behauptet, muß es beweisen.

§ 840. Ordentlicher Weise sind die erzielten Nutzungen in Natur zu teilen. Ist aber diese Verteilungsart nicht tunlich; so ist jeder berechtigt, auf die öffentliche Feilbietung zu dringen. Der gelöste Wert wird den Teilhabern verhältnismäßig entrichtet.

c) der Teilung

§ 841. Bei der nach aufgehobener Gemeinschaft vorzunehmenden Teilung der gemeinschaftlichen Sache gilt keine Mehrheit der Stimmen. Die Teilung muß zur Zufriedenheit eines jeden Sachgenossen vorgenommen werden. Können sie nicht einig werden; so entscheidet das Los, oder ein Schiedsmann, oder, wenn sie sich über die Bestimmung der einen oder andern dieser Entscheidungsarten nicht einhellig vereinigen, der Richter.

§ 842. Ein Schiedsmann oder der Richter entscheidet auch, ob bei der Teilung liegender Gründe oder Gebäude ein Teilgenosse, zur Benützung seines Anteiles, einer Servitut bedürfe, und unter welcher Bedingung sie ihm zu verwilligen sei.

§ 843. Kann eine gemeinschaftliche Sache entweder gar nicht, oder nicht ohne beträchtliche Verminderung des Wertes geteilt werden; so ist sie, und zwar, wenn auch nur ein Teilgenosse es verlangt, vermittelst gerichtlicher Feilbietung zu verkaufen, und der Kaufschilling unter die Teilhaber zu verteilen.

§ 844. Servituten, Grenzzeichen und die zum gemeinschaftlichen Gebrauche nötigen Urkunden sind keiner Teilung fähig. Die Urkunden werden, wenn sonst nichts im Wege steht, bei dem ältesten Teilhaber niedergelegt. Die übrigen erhalten auf ihre Kosten beglaubigte Abschriften. Die Grunddienstbarkeiten bestehen mangels Vereinbarung zugunsten aller Teile fort; jedoch darf die Dienstbarkeit dadurch nicht erweitert oder für das dienstbare Gut beschwerlicher werden. Kommt die Ausübung der Dienstbarkeit nur einzelnen Teilen zugute, so erlischt das Recht hinsichtlich der übrigen Teile.

(RGBl 1916/69)

§ 845. Bei Teilungen der Grundstücke sind die gegenseitigen Grenzen durch entsprechende Grenzzeichen auf eine deutliche und unwandelbare Art zu bezeichnen.

(BGBl 1968/306)

§ 846. Über die gemachte Teilung sind Urkunden zu errichten. Ein Teilhaber einer unbeweglichen Sache erhält auch erst dadurch ein dingliches Recht auf seinen Anteil, daß die darüber errichtete Urkunde den öffentlichen Büchern einverleibt wird (§ 436).

§ 847. Die bloße Teilung was immer für eines gemeinschaftlichen Gutes kann einem Dritten nicht zum Nachteile gereichen; alle ihm zustehenden Pfand-, Servituts- und anderen dinglichen Rechte werden nach wie vor der Teilung ausgeübt. Trifft jedoch die Ausübung einer Grunddienstbarkeit nur ein Teilstück, so erlischt das Recht hinsichtlich der übrigen Teile.

(RGBl 1916/69)

§ 848. Auch persönliche Rechte, die einem Dritten gegen eine Gemeinschaft zustehen, haben ungeachtet des erfolgten Austrittes ihre vorige Kraft. Ebenso kann derjenige, welcher an eine Gemeinschaft schuldig ist, die Zahlung nicht an einzelne Teilnehmer entrichten. Solche Schulden müssen an die ganze Gemeinschaft oder an jenen, der sie ordentlich vorstellt, abgetragen werden.

(RGBl 1916/69)

§ 848a. Gewährt eine Dienstbarkeit oder eine andere dingliche Last einen Anspruch auf Nutzungen, so kann bei Teilung des herrschenden Grundstückes jeder Berechtigte und bei Teilung des belasteten Grundstückes jeder Belastete eine gerichtliche Regelung der Ausübung begehren. Die Ausübung ist mit Rücksicht auf die Natur und Zweckbestimmung des Rechtes sowie auf das Größenverhältnis und die wirtschaftliche Besonderheit der einzelnen Liegenschaftsteile ohne Erschwerung der Last so zu regeln, wie es allen Interessen billigerweise entspricht.

(RGBl 1916/69)

§ 849. Was bisher von der Gemeinschaft überhaupt bestimmt worden ist, läßt sich auch auf die einer Familie, als einer Gemeinschaft, zustehenden Rechte und Sachen, z.B. Stiftungen, [Fideikommisse] u. dgl. anwenden.

[] *Gegenstandslos, s Anm zu §§ 618 bis 645*

Erneuerung und Berichtigung der Grenzen

§ 850. Wenn die Grenzzeichen zwischen zwei Grundstücken durch was immer für Umstände so verletzt worden sind, daß sie ganz unkenntlich werden könnten, oder wenn die Grenzen wirklich unkennbar oder streitig sind, so hat jeder der Nachbarn das Recht, die gerichtliche Erneuerung oder Berichtigung der Grenze zu verlangen. Zu diesem Behufe sind die Nachbarn zu einer Verhandlung im Verfahren außer Streitsachen mit dem Bedeuten zu laden, daß trotz Ausbleibens des Geladenen die Grenze festgesetzt und vermarkt werden wird.

(RGBl 1915/208)

§ 851. (1) Sind die Grenzen wirklich unkennbar geworden oder streitig, so werden sie nach dem letzten ruhigen Besitzstande festgesetzt. Läßt sich dieser nicht feststellen, so hat das Gericht die streitige Fläche nach billigem Ermessen zu verteilen.

(2) Jeder Partei bleibt es vorbehalten, ihr besseres Recht im Prozeßweg geltend zu machen. *(BGBl 1958/268)*

(RGBl 1915/208)

§ 852. Die wichtigsten Behelfe bei einer Grenzberichtigung sind: die Ausmessung und Beschreibung, oder auch die Abzeichnung des streitigen Grundes; dann, die sich darauf beziehenden öffentlichen Bücher und andere Urkunden; endlich, die Aussagen sachkundiger Zeugen, und das von Sachverständigen nach vorgenommenem Augenscheine gegebene Gutachten.

§ 853. (1) Die Kosten des Verfahrens sind von den Nachbarn nach Maß ihrer Grenzlinien zu bestreiten. Der Antragsteller hat die Kosten des Verfahrens zu tragen, wenn sich aus der Verhandlung ergibt, daß die Grenzerneuerung oder Grenzberichtigung nicht notwendig war, weil die Grenze nicht bestritten oder hinlänglich kenntlich gewesen ist, oder weil die anderen Beteiligten zur außergerichtlichen Vermarkung bereit waren. Die Kosten einer Vertretung hat der Vertretene selbst zu tragen.

(2) Wenn das Verfahren durch Störung des ruhigen Besitzes veranlaßt wurde, kann das Gericht die Kosten ganz oder teilweise der Partei auferlegen, die den Streit veranlaßt hat.

(RGBl 1915/208)

§ 853a. Für Grenzen von Grundstücken, die im Grenzkataster enthalten sind, finden die Bestimmungen der §§ 850 bis 853 keine Anwendung.

(BGBl 1968/306)

Vermutete Gemeinschaft

§ 854. Erdfurchen, Zäune, Hecken, Planken, Mauern, Privatbäche, Kanäle, Plätze und andere dergleichen Scheidewände, die sich zwischen benachbarten Grundstücken befinden, werden für ein gemeinschaftliches Eigentum angesehen; wenn nicht Wappen, Auf- oder Inschriften, oder andere Kennzeichen und Behelfe das Gegenteil beweisen.

§ 855. Jeder Mitgenosse kann eine gemeinschaftliche Mauer auf seiner Seite bis zur Hälfte in der Dicke benützen, auch Blindtüren und Wandschränke dort anbringen, wo auf der entgegengesetzten Seite noch keine angebracht sind. Doch darf das Gebäude durch einen Schornstein[1]), Feuerherd oder andere Anlagen nicht in Gefahr gesetzt, und der Nachbar auf keine Art in dem Gebrauche seines Anteiles gehindert werden.

[1]) In JGS „Schorstein"

§ 856. Alle Miteigentümer tragen zur Erhaltung solcher gemeinschaftlichen Scheidewände verhältnismäßig bei. Wo sie doppelt vorhanden sind; oder das Eigentum geteilt ist, bestreitet jeder die Unterhaltungskosten für das, was ihm allein gehört.

§ 857. Ist die Stellung einer Scheidewand von der Art, daß die Ziegel, Latten oder Steine nur auf einer Seite vorlaufen oder abhängen; oder sind die Pfeiler, Säulen, Ständer, Bachställe auf einer Seite eingegraben; so ist im Zweifel auf dieser Seite das ungeteilte Eigentum der Scheidewand, wenn nicht aus einer beiderseitigen Belastung, Einfügung, aus andern Kennzeichen, oder sonstigen Beweisen das Gegenteil erhellt. Auch derjenige wird für den ausschließenden Besitzer einer Mauer gehalten, welcher eine in der Richtung gleich fortlaufende Mauer von gleicher Höhe und Dicke unstreitig besitzt.

§ 858. In der Regel ist der ausschließende Besitzer nicht schuldig, seine verfallene Mauer oder Planke neu aufzuführen; nur dann muß er sie in gutem Stande erhalten, wenn durch die Öffnung für den Grenznachbar Schaden zu befürchten stünde. Es ist aber jeder Eigentümer verbunden, auf der rechten Seite seines Haupteinganges für die nötige Einschließung seines Raumes, und für die Abteilung von dem fremden Raume zu sorgen.

Zweite Abteilung
Von den persönlichen Sachenrechten

Siebzehntes Hauptstück
Von Verträgen und Rechtsgeschäften überhaupt

Grund der persönlichen Sachenrechte

§ 859. Die persönlichen Sachenrechte, vermöge welcher eine Person einer andern zu einer Leistung verbunden ist, gründen sich unmittelbar auf ein Gesetz; oder auf ein Rechtsgeschäft; oder auf eine erlittene Beschädigung.

(RGBl 1916/69)

Auslobung

§ 860. Die nicht an bestimmte Personen gerichtete Zusage einer Belohnung für eine Leistung oder einen Erfolg (Auslobung) wird durch die öffentliche Bekanntmachung verbindlich. Eine Auslobung, die eine Preisbewerbung zum Gegenstande hat, ist nur gültig, wenn in der Bekanntmachung eine Frist für die Bewerbung bestimmt ist.

(RGBl 1916/69)

§ 860a. Bis zur Vollendung der Leistung kann die Auslobung in derselben Form, in welcher sie bekannt gemacht war, oder einer gleich wirksamen Form, oder durch besondere Mitteilung widerrufen werden, wenn anders darauf in der Bekanntmachung nicht ausdrücklich oder durch Bestimmung einer Frist verzichtet ist. Der Widerruf ist aber unwirksam gegenüber demjenigen, der die Leistung im Hinblick auf die Auslobung vollbracht hat, wenn er dartut, daß der Widerruf ihm zu dieser Zeit ohne sein Verschulden nicht bekannt geworden war.

(RGBl 1916/69)

§ 860b. Ist die Leistung von mehreren Personen vollbracht worden, so gebührt, falls nicht aus der Auslobung ein anderer Wille hervorgeht, die Belohnung demjenigen, der die Leistung zuerst vollbracht hat, und bei gleichzeitiger Vollendung allen zu gleichen Teilen.

(RGBl 1916/69)

Abschließung des Vertrages

§ 861. Wer sich erklärt, daß er jemandem[1]) sein Recht übertragen, das heißt, daß er ihm etwas gestatten, etwas geben, daß er für ihn etwas tun, oder seinetwegen etwas unterlassen wolle, macht ein Versprechen; nimmt aber der andere das Versprechen gültig an, so kommt durch den übereinstimmenden Willen beider Teile ein Vertrag zustande. Solange die Unterhandlungen dauern, und das Versprechen noch nicht gemacht, oder weder zum voraus, noch nachher angenommen ist, entsteht kein Vertrag.

[1]) In JGS „jemanden"

§ 862. Das Versprechen (Antrag) muß innerhalb der vom Antragsteller bestimmten Frist angenommen werden. In Ermanglung einer solchen muß der einem Anwesenden oder mittels Fernsprechers von Person zu Person gemachte Antrag sogleich, der sonst einem Abwesenden gemachte Antrag längstens bis zu dem Zeitpunkte angenommen werden, in welchem der Antragsteller unter der Voraussetzung, daß sein Antrag rechtzeitig angekommen sei, bei rechtzeitiger und ordnungsmäßiger Absendung der Antwort deren Eintreffen erwarten darf; widrigenfalls ist der Antrag erloschen. Vor Ablauf der Annahmefrist kann der Antrag nicht zurückgenommen werden. Er erlischt auch nicht, wenn ein Teil während der Annahmefrist stirbt oder handlungsunfähig wird, sofern nicht ein anderer Wille des Antragstellers aus den Umständen hervorgeht.

(RGBl 1916/69)

§ 862a. Als rechtzeitig gilt die Annahme, wenn die Erklärung innerhalb der Annahmefrist dem Antragsteller zugekommen ist. Trotz ihrer Verspätung kommt jedoch der Vertrag zustande, wenn der Antragsteller erkennen mußte, daß die Annahmeerklärung rechtzeitig abgesendet wurde, und gleichwohl seinen Rücktritt dem andern nicht unverzüglich anzeigt.

(RGBl 1916/69)

§ 863. (1) Man kann seinen Willen nicht nur ausdrücklich durch Worte und allgemein angenommene Zeichen; sondern auch stillschweigend durch solche Handlungen erklären, welche mit Überlegung aller Umstände keinen vernünftigen Grund, daran zu zweifeln, übrig lassen.

(2) In bezug auf die Bedeutung und Wirkung von Handlungen und Unterlassungen ist auf die im redlichen Verkehr geltenden Gewohnheiten und Gebräuche Rücksicht zu nehmen.

(RGBl 1916/69)

§ 864. (1) Ist eine ausdrückliche Erklärung der Annahme nach der Natur des Geschäftes oder der Verkehrssitte nicht zu erwarten, so kommt der Vertrag zustande, wenn dem Antrag innerhalb der hierfür bestimmten oder den Umständen angemessenen Frist tatsächlich entsprochen worden ist.

(2) Das Behalten, Verwenden oder Verbrauchen einer Sache, die dem Empfänger ohne seine Veranlassung übersandt worden ist, gilt nicht als Annahme eines Antrags. Der Empfänger ist nicht verpflichtet, die Sache zu verwahren oder zurückzuleiten, er darf sich ihrer auch entledigen. Muß ihm jedoch nach den Umständen auffallen, daß die Sache irrtümlich an ihn gelangt ist, so hat er in angemessener Frist dies dem Absender mitzuteilen oder die Sache an den Absender zurückzuleiten. *(BGBl I 1997/6, ab 1. 1. 1997, nicht anzuwenden auf Verträge und andere Schuldverhältnisse, die davor abgeschlossen oder begründet worden sind.*

(RGBl 1916/69)

§ 864a. Bestimmungen ungewöhnlichen Inhaltes in Allgemeinen Geschäftsbedingungen oder Vertragsformblättern, die ein Vertragsteil verwendet hat, werden nicht Vertragsbestandteil, wenn sie dem anderen Teil nachteilig sind und er mit ihnen auch nach den Umständen, vor allem nach dem äußeren Erscheinungsbild der Urkunde, nicht zu rechnen brauchte; es sei denn, der eine Vertragsteil hat den anderen besonders darauf hingewiesen.

(BGBl 1979/140)

Erfordernisse eines gültigen Vertrages:

1. Fähigkeiten der Personen

§ 865. „Kinder unter sieben Jahren und Personen über sieben Jahre, die den Gebrauch der Vernunft nicht haben, sind – außer in den Fällen des § 151 Abs. 3 – unfähig, ein Versprechen zu machen oder es anzunehmen."* „Andere Minderjährige oder Personen, denen ein Sachwalter bestellt ist, können zwar ein bloß zu ihrem Vorteil gemachtes Versprechen annehmen;"*** „wenn sie aber eine damit verknüpfte Last übernehmen oder selbst etwas versprechen, hängt – außer in den Fällen des § 151 Abs. 3 und des § 273a Abs. 2 – die Gültigkeit des Vertrages nach den in dem dritten und vierten Hauptstück des ersten Teiles gegebenen Vorschriften in der Regel von der Einwilligung des Vertreters oder zugleich des Gerichtes ab."** Bis diese Einwilligung erfolgt, kann der andere Teil nicht zurücktreten, aber eine angemessene Frist zur Erklärung verlangen. *(* BGBl 1973/108, ** BGBl 1983/136 und *** BGBl I 2000/135, ab 1. 7. 2001)*

§ 866. *(aufgehoben, BGBl I 2000/135, ab 1. 7. 2001)*

§ 867. Was zur Gültigkeit eines Vertrages mit einer unter der besondern Vorsorge der öffentlichen Verwaltung stehenden Gemeinde (§ 27), oder ihren einzelnen Gliedern und Stellvertretern erfordert werde, ist aus der Verfassung derselben und den politischen Gesetzen zu entnehmen (§ 290).[1])

[1]) *Siehe Anm zu § 27*

§ 868. *(aufgehoben, RGBl 1867/131)*

2. Wahre Einwilligung

§ 869. Die Einwilligung in einen Vertrag muß frei, ernstlich, bestimmt und verständlich erklärt werden. Ist die Erklärung unverständlich, ganz unbestimmt, oder erfolgt die Annahme unter anderen Bestimmungen, als unter welchen das Versprechen geschehen ist; so entsteht kein Vertrag. Wer sich, um einen andern zu bevorteilen, undeutlicher Ausdrücke bedient, oder eine Scheinhandlung unternimmt, leistet Genugtuung.

§ 870. Wer von dem anderen Teile durch List oder durch ungerechte und gegründete Furcht [(§ 55)] zu einem Vertrage veranlaßt worden, ist ihn zu halten nicht verbunden.

(RGBl 1916/69)

[] *Gegenstandslos, § 55 aufgehoben durch EheG*

§ 871. (1) War ein Teil über den Inhalt der von ihm abgegebenen oder dem anderen zugegangenen Erklärung in einem Irrtum befangen, der die Hauptsache oder eine wesentliche Beschaffenheit derselben betrifft, worauf die Absicht vorzüglich gerichtet und erklärt wurde, so entsteht für ihn keine Verbindlichkeit, falls der Irrtum durch den anderen veranlaßt war, oder diesem aus den Umständen offenbar auffallen mußte oder noch rechtzeitig aufgeklärt wurde.

(2) Ein Irrtum eines Teiles über einen Umstand, über den ihn der andere nach geltenden Rechtsvorschriften aufzuklären gehabt hätte, gilt immer als Irrtum über den Inhalt des Vertrages und nicht bloß als solcher über den Bewegungsgrund oder den Endzweck (§ 901). *(BGBl 1979/140)*

(RGBl 1916/69)

§ 872. Betrifft aber der Irrtum weder die Hauptsache, noch eine wesentliche Beschaffenheit derselben, sondern einen Nebenumstand; so bleibt der Vertrag, insofern beide Teile in den Hauptgegenstand gewilligt, und den Nebenumstand nicht als vorzügliche Absicht erklärt haben, noch immer gültig: allein dem Irregeführten ist von dem Urheber des Irrtumes die angemessene Vergütung zu leisten.

§ 873. Ebendiese Grundsätze sind auch auf den Irrtum in der Person desjenigen, welchem ein Versprechen gemacht worden ist, anzuwenden; insofern ohne den Irrtum der Vertrag entweder gar nicht, oder doch nicht auf solche Art errichtet worden wäre. „Als Irrtum in der Person gilt jedenfalls der Irrtum über das Vorhandensein einer erforderlichen verwaltungsrechtlichen Befugnis zur Erbringung der Leistung." *(BGBl 1979/140)*

§ 874. In jedem Falle muß derjenige, welcher einen Vertrag durch List oder ungerechte Furcht bewirkt hat, für die nachteiligen Folgen Genugtuung leisten.

§ 875. Ist einer der Vertragschließenden von einem Dritten durch List oder durch ungerechte und gegründete Furcht zu einem Vertrage bewogen; oder zu einer irrtümlichen Erklärung veranlaßt worden; so ist der Vertrag gültig. Nur in dem Falle, daß der andere Teil an der Handlung des Dritten teilnahm oder von derselben offenbar wissen mußte, kommen die §§ 870 bis 874 zur Anwendung.

(RGBl 1916/69)

§ 876. Die vorstehenden Bestimmungen (§§ 869 bis 875) finden entsprechende Anwendung auf sonstige Willenserklärungen, welche einer anderen Person gegenüber abzugeben sind.

(RGBl 1916/69)

§ 877. Wer die Aufhebung eines Vertrages aus Mangel der Einwilligung verlangt, muß dagegen auch alles zurückstellen, was er aus einem solchen Vertrage zu seinem Vorteile erhalten hat.

3. Möglichkeit und Erlaubtheit

§ 878. Was geradezu unmöglich ist, kann nicht Gegenstand eines gültigen Vertrages werden. Ist Mögliches und Unmögliches zugleich bedungen, so bleibt der Vertrag in ersterem Teile gültig, wenn anders aus dem Vertrage nicht hervorgeht, daß kein Punkt von dem anderen abgesondert werden könne. Wer bei Abschließung des Vertrages die Unmöglichkeit kannte oder kennen mußte, hat dem anderen Teile, falls von diesem nicht dasselbe gilt, den Schaden zu ersetzen, den er durch das Vertrauen auf die Gültigkeit des Vertrages erlitten hat.

(RGBl 1916/69)

§ 879. (1) Ein Vertrag, der gegen ein gesetzliches Verbot oder gegen die guten Sitten verstößt, ist nichtig.

(2) Insbesondere sind folgende Verträge nichtig:

1. wenn etwas für die Unterhandlung eines Ehevertrages bedungen wird;

1a. wenn etwas für die Vermittlung einer medizinisch unterstützten Fortpflanzung bedungen wird; *(BGBl 1992/275, ab 1. 7. 1992)*

2. wenn ein Rechtsfreund eine ihm anvertraute Streitsache ganz oder teilweise an sich löst oder sich einen bestimmten Teil des Betrages versprechen läßt, der der Partei zuerkannt wird;

3. wenn eine Erbschaft oder ein Vermächtnis, die man von einer dritten Person erhofft, noch bei Lebzeiten derselben veräußert wird;

4. wenn jemand den Leichtsinn, die Zwangslage, Verstandesschwäche, Unerfahrenheit oder Gemütsaufregung eines anderen dadurch ausbeutet, daß er sich oder einem Dritten für eine Leistung eine Gegenleistung versprechen oder gewähren läßt, deren Vermögenswert zu dem Werte der Leistung in auffallendem Mißverhältnisse steht.

(3) Eine in Allgemeinen Geschäftsbedingungen oder Vertragsformblättern enthaltene Vertragsbestimmung, die nicht eine der beiderseitigen Hauptleistungen festlegt, ist jedenfalls nichtig, wenn sie unter Berücksichtigung aller Umstände des Falles einen Teil gröblich benachteiligt. *(BGBl 1979/140)*

(RGBl 1916/69)

§ 880. Wird der Gegenstand, worüber ein Vertrag geschlossen worden, vor dessen Übergabe dem Verkehre entzogen; so ist es ebensoviel, als wenn man den Vertrag nicht geschlossen hätte.

§ 880a. Hat jemand einem andern eine Leistung eines Dritten versprochen, so gilt dies als Zusage seiner Verwendung bei dem Dritten; ist er aber für den Erfolg eingestanden, so haftet er für volle Genugtuung, wenn die Leistung des Dritten ausbleibt.

(RGBl 1916/69)

Verträge zugunsten Dritter

§ 881. (1) Hat sich jemand eine Leistung an einen Dritten versprechen lassen, so kann er fordern, daß an den Dritten geleistet werde.

(2) Ob und in welchem Zeitpunkt auch der Dritte unmittelbar das Recht erwirbt, vom Versprechenden Erfüllung zu fordern, ist aus der Vereinbarung und der Natur und dem Zwecke des Vertrages zu beurteilen. Im Zweifel erwirbt der Dritte dieses Recht, wenn die Leistung hauptsächlich ihm zum Vorteile gereichen soll.

(3) Das Recht auf die bei einer Gutsabtretung vom Übernehmer zugunsten eines Dritten versprochenen Leistungen gilt mangels anderer Vereinbarung dem Dritten als mit der Übergabe des Gutes erworben.

(RGBl 1916/69)

§ 882. (1) Weist der Dritte das aus dem Vertrag erworbene Recht zurück, so gilt das Recht als nicht erworben.

(2) Einwendungen aus dem Vertrage stehen dem Versprechenden auch gegen den Dritten zu.

(RGBl 1916/69)

Form der Verträge

§ 883. Ein Vertrag kann mündlich oder schriftlich; vor Gerichte oder außerhalb desselben; mit oder ohne Zeugen errichtet werden. Diese Verschiedenheit der Form macht, außer den im Gesetze bestimmten Fällen, in Ansehung der Verbindlichkeit keinen Unterschied.

§ 884. Haben die Parteien für einen Vertrag die Anwendung einer bestimmten Form vorbehalten, so wird vermutet, daß sie vor Erfüllung dieser Form nicht gebunden sein wollen.

(RGBl 1916/69)

§ 885. Ist zwar noch nicht die förmliche Urkunde, aber doch ein Aufsatz über die Hauptpunkte errichtet und von den Parteien unterfertigt worden (Punktation), so gründet auch schon ein solcher Aufsatz diejenigen Rechte und Verbindlichkeiten, welche darin ausgedrückt sind.

(RGBl 1916/69)

§ 886. Ein Vertrag, für den Gesetz oder Parteiwille Schriftlichkeit bestimmt, kommt durch die Unterschrift der Parteien oder, falls sie des Schreibens unkundig oder wegen Gebrechens unfähig sind, durch Beisetzung ihres gerichtlich oder notariell beglaubigten Handzeichens oder Beisetzung des Handzeichens vor zwei Zeugen, deren einer den Namen der Partei unterfertigt, zustande. Der schriftliche Abschluß des Vertrages wird durch gerichtliche oder notarielle Beurkundung ersetzt. Eine Nachbildung der eigenhändigen Unterschrift auf mechanischem

Wege ist nur da genügend, wo sie im Geschäftsverkehr üblich ist.

(RGBl 1916/69)

§ 887. *(aufgehoben, RGBl 1916/69)*

Gemeinschaftliche Verbindlichkeit oder Berechtigung

§ 888. Wenn zwei oder mehrere Personen jemandem[1]) eben dasselbe Recht zu einer Sache versprechen, oder es von ihm annehmen; so wird sowohl die Forderung, als die Schuld nach den Grundsätzen der Gemeinschaft des Eigentumes geteilt.

[1]) In JGS „jemanden"

§ 889. Außer den in dem Gesetze bestimmten Fällen haftet also aus mehrern Mitschuldnern einer teilbaren Sache jeder nur für seinen Anteil, und ebenso muß von mehrern Mitgenossen einer teilbaren Sache, jeder sich mit dem ihm gebührenden Teile begnügen.

§ 890. Betrifft es hingegen unteilbare Sachen; so kann ein Gläubiger, wenn er der einzige ist, solche von einem jeden Mitschuldner fordern. Wenn aber mehrere Gläubiger und nur ein Schuldner da sind; so ist dieser die Sache einem einzelnen Mitgläubiger, ohne Sicherstellung herauszugeben, nicht verpflichtet; er kann auf die Übereinkunft aller Mitgläubiger dringen, oder die gerichtliche Verwahrung der Sache verlangen.

Korrealität

§ 891. Versprechen mehrere Personen ein und dasselbe Ganze zur ungeteilten Hand dergestalt, daß sich einer für alle, und alle für einen ausdrücklich verbinden; so haftet jede einzelne Person für das Ganze. Es hängt dann von dem Gläubiger ab, ob er von allen, oder von einigen Mitschuldnern das Ganze, oder nach von ihm gewählten Anteilen; oder ob er es von einem einzigen fordern wolle. Selbst nach erhobener Klage bleibt ihm, wenn er von derselben absteht, diese Wahl vorbehalten; und, wenn er von einem oder dem andern Mitschuldner nur zum Teile befriedigt wird; so kann er das Rückständige von den übrigen fordern.

§ 892. Hat hingegen einer mehrern Personen eben dasselbe Ganze zugesagt, und sind diese ausdrücklich berechtigt worden, es zur ungeteilten Hand fordern zu können; so muß der Schuldner das Ganze demjenigen dieser Gläubiger entrichten, der ihn zuerst darum angeht.

§ 893. Sobald ein Mitschuldner dem Gläubiger das Ganze entrichtet hat, darf dieser von den übrigen Mitschuldnern nichts mehr fordern; und sobald ein Mitgläubiger von dem Schuldner ganz befriedigt worden ist, haben die übrigen Mitgläubiger keinen Anspruch mehr.

§ 894. Ein Mitschuldner kann dadurch, daß er mit dem Gläubiger lästigere Bedingungen eingeht, den übrigen keinen Nachteil zuziehen, und die Nachsicht oder Befreiung, welche ein Mitschuldner für seine Person erhält, kommt den übrigen nicht zustatten.

§ 895. Wie weit aus mehrern Mitgläubigern, welchen eben dasselbe Ganze zur ungeteilten Hand zugesagt worden ist, derjenige, welcher die ganze Forderung für sich erhalten hat, den übrigen Gläubigern hafte, muß aus den besondern, zwischen den Mitgläubigern bestehenden, rechtlichen Verhältnissen bestimmt werden. Besteht kein solches Verhältnis; so ist einer dem andern keine Rechenschaft schuldig.

§ 896. Ein Mitschuldner zur ungeteilten Hand, welcher die ganze Schuld aus dem Seinigen abgetragen hat, ist berechtigt, auch ohne geschehene Rechtsabtretung, von den übrigen den Ersatz, und zwar, wenn kein anderes besonderes Verhältnis unter ihnen besteht, zu gleichen Teilen zu fordern. War einer aus ihnen unfähig, sich zu verpflichten, oder ist er unvermögend, seiner Verpflichtung Genüge zu leisten; so muß ein solcher ausfallender Anteil ebenfalls von allen Mitverpflichteten übernommen werden. Die erhaltene Befreiung eines Mitverpflichteten kann den übrigen bei der Forderung des Ersatzes nicht nachteilig sein (§ 894).

Nebenbestimmungen bei Verträgen:

1. Bedingungen;

§ 897. In Ansehung der Bedingungen bei Verträgen gelten überhaupt die nämlichen Vorschriften, welche über die den Erklärungen des letzten Willens beigesetzten Bedingungen aufgestellt worden sind.

§ 898. Verabredungen unter solchen Bedingungen, welche bei einem letzten Willen für nicht beigesetzt angesehen werden, sind ungültig.

§ 899. Ist die in einem Vertrage vorgeschriebene Bedingung schon vor dem Vertrage eingetroffen; so muß sie nach dem Vertrage nur dann wiederholt werden, wenn sie in einer Handlung dessen, der das Recht erwerben soll, besteht, und von ihm wiederholt werden kann.

§ 900. Ein unter einer aufschiebenden Bedingung zugesagtes Recht geht auch auf die Erben über.

2. Bewegungsgrund;

§ 901. Haben die Parteien den Bewegungsgrund, oder den Endzweck ihrer Einwilligung ausdrücklich zur Bedingung gemacht; so wird der Bewegungsgrund oder Endzweck wie eine andere Bedingung angesehen. Außerdem haben dergleichen Äußerungen auf die Gültigkeit entgeltlicher Verträge keinen Einfluß. Bei den unentgeltlichen aber sind die bei den letzten Anordnungen gegebenen Vorschriften anzuwenden.

3. Zeit, Ort und Art der Erfüllung;

§ 902. (1) Eine durch Vertrag oder Gesetz bestimmte Frist ist vorbehaltlich anderer Festsetzung so zu berechnen, daß bei einer nach Tagen bestimmten Frist der Tag nicht mitgezählt wird, in welchen das Ereignis fällt, von dem der Fristenlauf beginnt.[1])

(2) Das Ende einer nach Wochen, Monaten oder Jahren bestimmten Frist fällt auf denjenigen Tag der letzten Woche oder des letzten Monats, welcher nach seiner Benennung oder Zahl dem Tage des Ereignisses entspricht, mit dem der Lauf der Frist beginnt, wenn aber dieser Tag in dem letzten Monat fehlt, auf den letzten Tag dieses Monats.

(3) Unter einem halben Monate sind fünfzehn Tage zu verstehen, unter der Mitte eines Monats der fünfzehnte dieses Monats.

(RGBl 1916/69)

[1]) Siehe Europäisches Übereinkommen über die Berechnung von Fristen vom 16. Mai 1972 BGBl 1983/254

§ 903. Ein Recht, dessen Erwerbung an einen bestimmten Tag gebunden ist, wird mit dem Anfang dieses Tages erworben. Die Rechtsfolgen der Nichterfüllung einer Verbindlichkeit oder eines Versäumnisses treten erst mit dem Ablauf des letzten Tages der Frist ein. Fällt der für die Abgabe einer Erklärung oder für eine Leistung bestimmte letzte Tag auf einen Sonntag oder anerkannten Feiertag[1]), so tritt an dessen Stelle, vorbehaltlich gegenteiliger Vereinbarung, der nächstfolgende Werktag.

(RGBl 1916/69)

[1]) Erweitert auf Samstag und Karfreitag durch BG BGBl 1961/37, auf den 31. 12. 1999 durch BG BGBl I 1999/186 sowie auf den 31. 12. 2001 durch BG BGBl I 2001/64.

§ 904. Ist keine gewisse Zeit für die Erfüllung des Vertrages bestimmt worden; so kann sie sogleich, nämlich ohne unnötigen Aufschub, gefordert werden. Hat der Verpflichtete die Erfüllungszeit seiner Willkür vorbehalten; so muß man entweder seinen Tod abwarten, und sich an die Erben halten; oder, wenn es um eine bloß persönliche, nicht vererbliche, Pflicht zu tun ist, die Erfüllungszeit von dem Richter nach Billigkeit festsetzen lassen. Letzteres findet auch dann statt, wenn der Verpflichtete die Erfüllung, nach Möglichkeit, oder Tunlichkeit versprochen hat. Übrigens müssen die Vorschriften, welche oben (§§ 704–706) in Rücksicht der den letzten Anordnungen beigerückten Zeitbestimmung gegeben werden, auch hier angewendet werden.

§ 905. (1) Kann der Erfüllungsort weder aus der Verabredung noch aus der Natur oder dem Zwecke des Geschäftes bestimmt werden, so ist an dem Orte zu leisten, wo der Schuldner zur Zeit des Vertragsabschlusses seinen Wohnsitz hatte, oder, wenn die Verbindlichkeit im Betriebe des gewerblichen oder geschäftlichen Unternehmens des Schuldners entstand, am Orte der Niederlassung. In Ansehung des Maßes, des Gewichtes und der Geldsorten ist auf den Ort der Erfüllung zu sehen.

(2) Geldzahlungen hat der Schuldner im Zweifel auf seine Gefahr und Kosten dem Gläubiger an dessen Wohnsitz (Niederlassung) zu übermachen. Hat sich dieser nach der Entstehung der Forderung geändert, so trägt der Gläubiger die dadurch bewirkte Erhöhung der Gefahr und der Kosten.

(RGBl 1916/69)

§ 906. Kann das Versprechen auf mehrere Arten erfüllt werden; so hat der Verpflichtete die Wahl; er kann aber von der einmal getroffenen Wahl für sich allein nicht abgehen.

§ 907. Wird ein Vertrag ausdrücklich mit Vorbehalt der Wahl geschlossen, und dieselbe durch zufälligen Untergang eines oder mehrerer Wahlstücke vereitelt; so ist der Teil, dem die Wahl zusteht, an den Vertrag nicht gebunden. Unterläuft aber ein Verschulden des Verpflichteten; so muß er dem Berechtigten für die Vereitlung der Wahl haften.

4. Angeld;

§ 908. Was bei Abschließung eines Vertrages voraus gegeben wird, ist, außer dem Falle einer besondern Verabredung, nur als ein Zeichen der Abschließung, oder als eine Sicherstellung für die Erfüllung des Vertrages zu betrachten, und heißt Angeld. Wird der Vertrag durch Schuld einer Partei nicht erfüllt; so kann die schuldlose Partei das von ihr empfangene Angeld behalten, oder den doppelten Betrag des von ihr gegebenen Angeldes zurückfordern. Will sie sich aber damit nicht begnügen, so kann sie auf die Erfüllung; oder, wenn diese nicht mehr möglich ist, auf den Ersatz dringen.

5. Reugeld;

§ 909. Wird bei Schließung eines Vertrages ein Betrag bestimmt, welchen ein oder der andere Teil in dem Falle, daß er von dem Vertrage vor der Erfüllung zurücktreten will, entrichten muß; so wird der Vertrag gegen Reugeld geschlossen. In diesem Falle muß entweder der Vertrag erfüllt, oder das Reugeld bezahlt werden. Wer den Vertrag auch nur zum Teile erfüllt; oder das, was von dem andern auch nur zum Teile zur Erfüllung geleistet worden ist, angenommen hat, kann selbst gegen Entrichtung des Reugeldes nicht mehr zurücktreten.

§ 910. Wenn ein Angeld gegeben, und zugleich die[1]) Befugnis des Rücktrittes ohne Bestimmung eines besondern Reugeldes bedungen wird; so vertritt das Angeld die Stelle des Reugeldes. Im Falle des Rücktrittes verliert also der Geber das Angeld; oder der Empfänger stellt das Doppelte zurück.

[1]) *In JGS „das“*

§ 911. Wer nicht durch bloßen Zufall, sondern durch sein Verschulden an der Erfüllung des Vertrages verhindert wird, muß ebenfalls das Reugeld entrichten.

6. Nebengebühren

§ 912. Der Gläubiger ist von seinem Schuldner außer der Hauptschuld zuweilen auch Nebengebühren zu fordern berechtigt. Sie bestehen in dem Zuwachse, und in den Früchten der Hauptsache; in den bestimmten oder in den Zögerungszinsen; oder in dem Ersatze des verursachten Schadens; oder dessen, was dem andern daran liegt, daß die Verbindlichkeit nicht gehörig erfüllt worden; endlich in dem Betrage, welchen ein Teil sich auf diesen Fall bedungen hat.

§ 913. Inwieweit mit einem dinglichen Rechte das Recht auf den Zuwachs, oder auf die Früchte verbunden sei, ist in dem ersten und vierten Hauptstücke des zweiten Teiles bestimmt worden. Wegen eines bloß persönlichen Rechtes hat der Berechtigte noch keinen Anspruch auf Nebengebühren. Inwieweit dem Gläubiger ein Recht auf diese zukomme, ist teils aus den besonderen Arten und Bestimmungen der Verträge; teils aus dem Hauptstücke von dem Rechte des Schadenersatzes und der Genugtuung zu entnehmen.

Auslegungsregeln bei Verträgen

§ 914. Bei Auslegung von Verträgen ist nicht an dem buchstäblichen Sinne des Ausdrucks zu haften, sondern die Absicht der Parteien zu erforschen und der Vertrag so zu verstehen, wie es der Übung des redlichen Verkehrs entspricht.

(RGBl 1916/69)

§ 915. Bei einseitig verbindlichen Verträgen wird im Zweifel angenommen, daß sich der Verpflichtete eher die geringere als die schwerere Last auflegen wollte; bei zweiseitig verbindlichen wird eine undeutliche Äußerung zum Nachteile desjenigen erklärt, der sich derselben bedient hat (§ 869).

§ 916. (1) Eine Willenserklärung, die einem anderen gegenüber mit dessen Einverständnis zum Schein abgegeben wird, ist nichtig. Soll dadurch ein anderes Geschäft verborgen werden, so ist dieses nach seiner wahren Beschaffenheit zu beurteilen.

(2) Einem Dritten, der im Vertrauen auf die Erklärung Rechte erworben hat, kann die Einrede des Scheingeschäftes nicht entgegengesetzt werden.

(RGBl 1916/69)

Allgemeine Bestimmungen über entgeltliche Verträge und Geschäfte

§ 917. Bei einem entgeltlichen Vertrage werden entweder Sachen mit Sachen, oder Handlungen, worunter auch die Unterlassungen gehören, mit Handlungen, oder endlich

Sachen mit Handlungen und Handlungen mit Sachen vergolten.

(RGBl 1916/69)

§ 917a. Ist zum Schutz eines Vertragspartners gesetzlich bestimmt, daß kein höheres oder kein niedrigeres als ein bestimmtes Entgelt vereinbart werden darf, so ist eine Entgeltvereinbarung soweit unwirksam, als sie dieses Höchstmaß über- beziehungsweise dieses Mindestmaß unterschreitet. Im zweiten Fall gilt das festgelegte Mindestentgelt als vereinbart.

(BGBl 1979/140)

§ 918. (1) Wenn ein entgeltlicher Vertrag von einem Teil entweder nicht zur gehörigen Zeit, am gehörigen Ort oder auf die bedungene Weise erfüllt wird, kann der andere entweder Erfüllung und Schadenersatz wegen der Verspätung begehren oder unter Festsetzung einer angemessenen Frist zur Nachholung den Rücktritt vom Vertrag erklären.

(2) Ist die Erfüllung für beide Seiten teilbar, so kann wegen Verzögerung einer Teilleistung der Rücktritt nur hinsichtlich der einzelnen oder auch aller noch ausstehenden Teilleistungen erklärt werden.

(RGBl 1916/69)

§ 919. Ist die Erfüllung zu einer bestimmten Zeit oder binnen einer festbestimmten Frist bei sonstigem Rücktritt bedungen, so muß der Rücktrittsberechtigte, wenn er auf der Erfüllung bestehen will, das nach Ablauf der Zeit dem andern ohne Verzug anzeigen; unterläßt er dies, so kann er später nicht mehr auf der Erfüllung bestehen. Dasselbe gilt, wenn die Natur des Geschäftes oder der dem Verpflichteten bekannte Zweck der Leistung entnehmen läßt, daß die verspätete Leistung oder, im Falle der Verspätung einer Teilleistung, die noch übrigen Leistungen für den Empfänger kein Interesse haben.

(RGBl 1916/69)

§ 920. Wird die Erfüllung durch Verschulden des Verpflichteten oder einen von ihm zu vertretenden Zufall vereitelt, so kann der andere Teil entweder Schadenersatz wegen Nichterfüllung fordern oder vom Vertrage zurücktreten. Bei teilweiser Vereitlung steht ihm der Rücktritt zu, falls die Natur des Geschäftes oder der dem Verpflichteten bekannte Zweck der Leistung entnehmen läßt, daß die teilweise Erfüllung für ihn kein Interesse hat.

(RGBl 1916/69)

§ 921. Der Rücktritt vom Vertrage läßt den Anspruch auf Ersatz des durch verschuldete Nichterfüllung verursachten Schadens unberührt. Das bereits empfangene Entgelt ist auf solche Art zurückzustellen oder zu vergüten, daß kein Teil aus dem Schaden des anderen Gewinn zieht.

(RGBl 1916/69)

Gewährleistung

§ 922. (1) Wer einem anderen eine Sache gegen Entgelt überlässt, leistet Gewähr, dass sie dem Vertrag entspricht. Er haftet also dafür, dass die Sache die bedungenen oder gewöhnlich vorausgesetzten Eigenschaften hat, dass sie seiner Beschreibung, einer Probe oder einem Muster entspricht und dass sie der Natur des Geschäftes oder der getroffenen Verabredung gemäß verwendet werden kann.

(2) Ob die Sache dem Vertrag entspricht, ist auch danach zu beurteilen, was der Übernehmer auf Grund der über sie gemachten öffentlichen Äußerungen des Übergebers oder des Herstellers, vor allem in der Werbung und in den der Sache beigefügten Angaben, erwarten kann; das gilt auch für öffentliche Äußerungen einer Person, die die Sache in den Europäischen Wirtschaftsraum eingeführt hat oder die sich durch die Anbringung ihres Namens, ihrer Marke oder eines anderen Kennzeichens an der Sache als Hersteller bezeichnet. Solche öffentlichen Äußerungen binden den Übergeber jedoch nicht, wenn er sie weder kannte noch kennen konnte, wenn sie beim Abschluss des Vertrags berichtigt waren oder wenn sie den Vertragsabschluss nicht beeinflusst haben konnten.

(BGBl I 2001/48, ab 1. 1. 2002, auf Verträge anzuwenden, die nach dem 31. 12. 2001 geschlossen werden)

Fälle der Gewährleistung

§ 923. Wer also der Sache Eigenschaften beilegt, die sie nicht hat und die ausdrücklich oder vermöge der Natur des Geschäftes stillschweigend bedungen worden sind; wer ungewöhnliche Mängel, oder Lasten derselben verschweigt; wer eine nicht mehr vorhandene, oder eine fremde Sache als die seinige veräußert; wer fälschlich vorgibt, daß die Sache zu einem bestimmten Gebrauche tauglich; oder daß sie auch von den gewöhnlichen Mängeln und Lasten frei sei; der hat, wenn das Widerspiel hervorkommt, dafür zu haften.

Vermutung der Mangelhaftigkeit

§ 924. Der Übergeber leistet Gewähr für Mängel, die bei der Übergabe vorhanden sind. Dies wird bis zum Beweis des Gegenteils vermutet, wenn der Mangel innerhalb von sechs Monaten nach der Übergabe hervorkommt. Die Vermutung tritt nicht ein, wenn sie mit der Art der Sache oder des Mangels unvereinbar ist.

(BGBl I 2001/48, ab 1. 1. 2002, s Anm zu § 922)

§ 925. Durch Verordnung wird bestimmt, inwiefern die Vermutung eintritt, daß ein Tier schon vor der Übergabe krank gewesen ist, wenn innerhalb bestimmter Fristen gewisse Krankheiten und Mängel hervorkommen.[1])

(RGBl 1916/69)

[1]) Siehe V BGBl 1972/472

§ 926. Von der rechtlichen Vermutung, daß der Mangel schon vor der Übergabe des Tieres vorhanden war, kann aber der Übernehmer nur dann Gebrauch machen, wenn er dem Übergeber oder in dessen Abwesenheit dem Gemeindevorsteher sogleich von dem bemerkten Fehler Nachricht gibt oder das Tier durch einen Sachverständigen untersuchen läßt oder die gerichtliche Beweisaufnahme zur Sicherung des Beweises beantragt.

(RGBl 1916/69)

§ 927. Vernachlässigt der Übernehmer diese Vorsicht, so liegt ihm der Beweis ob, daß das Tier schon vor der Übergabe mangelhaft war. Immer steht aber auch dem Übergeber der Beweis offen, daß der gerügte Mangel erst nach der Übergabe eingetreten sei.

(RGBl 1916/69)

§ 928. Fallen die Mängel einer Sache in die Augen oder sind die auf der Sache haftenden Lasten aus den öffentlichen Büchern zu ersehen, so findet außer dem Falle arglistigen Verschweigens des Mangels oder einer ausdrücklichen Zusage, daß die Sache von allen Fehlern und Lasten frei sei, keine Gewährleistung statt (§ 443). Schulden und Rückstände, welche auf der Sache haften, müssen stets vertreten werden.

(RGBl 1916/69)

§ 929. Wer eine fremde Sache wissentlich an sich bringt, hat ebensowenig Anspruch auf eine Gewährleistung, als derjenige, welcher ausdrücklich darauf Verzicht getan hat.

§ 930. Werden Sachen in Pausch und Bogen, nämlich so, wie sie stehen und liegen, ohne Zahl, Maß und Gewicht übergeben; so ist der Übergeber, außer dem Falle, daß eine von ihm fälschlich vorgegebene, oder von dem Empfänger bedungene Beschaffenheit mangelt, für die daran entdeckten Fehler nicht verantwortlich.

Bedingung der Gewährleistung

§ 931. Wenn der Übernehmer wegen eines von einem Dritten auf die Sache erhobenen Anspruches von der Gewährleistung Gebrauch machen will, so muß er seinem Vormann den Streit verkündigen. Unterläßt er dies, so verliert er zwar noch nicht das Recht der Schadloshaltung, aber sein Vormann kann ihm alle wider den Dritten unausgeführt gebliebenenen Einwendungen entgegensetzen und sich dadurch von der Entschädigung in dem Maße befreien, als erkannt wird, daß diese Einwendungen, wenn von ihnen der gehörige Gebrauch gemacht worden wäre, eine andere Entscheidung gegen den Dritten veranlaßt haben würden.

(RGBl 1916/69)

Rechte aus der Gewährleistung

§ 932. (1) Der Übernehmer kann wegen eines Mangels die Verbesserung (Nachbesserung oder Nachtrag des Fehlenden), den Austausch der Sache, eine angemessene Minderung des Entgelts (Preisminderung) oder die Aufhebung des Vertrags (Wandlung) fordern.

(2) Zunächst kann der Übernehmer nur die Verbesserung oder den Austausch der Sache verlangen, es sei denn, dass die Verbesserung oder der Austausch unmöglich ist oder für den Übergeber, verglichen mit der anderen Abhilfe, mit einem unverhältnismäßig hohen Aufwand verbunden wäre. Ob dies der Fall ist, richtet sich auch nach dem Wert der mangelfreien Sache, der Schwere des Mangels und den mit der anderen Abhilfe für den Übernehmer verbundenen Unannehmlichkeiten.

(3) Die Verbesserung oder der Austausch ist in angemessener Frist und mit möglichst geringen Unannehmlichkeiten für den Übernehmer zu bewirken, wobei die Art der Sache und der mit ihr verfolgte Zweck zu berücksichtigen sind.

(4) Sind sowohl die Verbesserung als auch der Austausch unmöglich oder für den

Übergeber mit einem unverhältnismäßig hohen Aufwand verbunden, so hat der Übernehmer das Recht auf Preisminderung oder, sofern es sich nicht um einen geringfügigen Mangel handelt, das Recht auf Wandlung. Dasselbe gilt, wenn der Übergeber die Verbesserung oder den Austausch verweigert oder nicht in angemessener Frist vornimmt, wenn diese Abhilfen für den Übernehmer mit erheblichen Unannehmlichkeiten verbunden wären oder wenn sie ihm aus triftigen, in der Person des Übergebers liegenden Gründen unzumutbar sind.

(BGBl I 2001/48, ab 1. 1. 2002, s Anm zu § 922)

§ 932a. Während des Rechtsstreites über die Aufhebung des Vertrages wegen eines Viehmangels hat das Gericht auf Antrag einer der Parteien, sobald die Besichtigung nicht mehr erforderlich ist, durch einstweilige Verfügung den gerichtlichen Verkauf des Tieres und die gerichtliche Hinterlegung des Erlöses anzuordnen.

(RGBl 1916/69)

Verjährung

§ 933. (1) Das Recht auf die Gewährleistung muss, wenn es unbewegliche Sachen betrifft, binnen drei Jahren, wenn es bewegliche Sachen betrifft, binnen zwei Jahren gerichtlich geltend gemacht werden. Die Frist beginnt mit dem Tag der Ablieferung der Sache, bei Rechtsmängeln aber erst mit dem Tag, an dem der Mangel dem Übernehmer bekannt wird. Die Parteien können eine Verkürzung oder Verlängerung dieser Frist vereinbaren.

(2) Bei Viehmängeln beträgt die Frist sechs Wochen. Sie beginnt bei Mängeln, für die eine Vermutungsfrist besteht, erst nach deren Ablauf.

(3) In jedem Fall bleibt dem Übernehmer die Geltendmachung durch Einrede vorbehalten, wenn er innerhalb der Frist dem Übergeber den Mangel anzeigt.

(BGBl I 2001/48, ab 1. 1. 2002, s Anm zu § 922)

Schadenersatz

§ 933a. (1) Hat der Übergeber den Mangel verschuldet, so kann der Übernehmer auch Schadenersatz fordern.

(2) Wegen des Mangels selbst kann der Übernehmer auch als Schadenersatz zunächst nur die Verbesserung oder den Austausch verlangen. Er kann jedoch Geldersatz verlangen, wenn sowohl die Verbesserung als auch der Austausch unmöglich ist oder für den Übergeber mit einem unverhältnismäßig hohen Aufwand verbunden wäre. Dasselbe gilt, wenn der Übergeber die Verbesserung oder den Austausch verweigert oder nicht in angemessener Frist vornimmt, wenn diese Abhilfen für den Übernehmer mit erheblichen Unannehmlichkeiten verbunden wären oder wenn sie ihm aus triftigen, in der Person des Übergebers liegenden Gründen unzumutbar sind.

(3) Nach Ablauf von zehn Jahren ab der Übergabe der Sache obliegt für einen Ersatzanspruch wegen der Mangelhaftigkeit selbst und wegen eines durch diese verursachten weiteren Schadens dem Übernehmer der Beweis des Verschuldens des Übergebers.

(BGBl I 2001/48, ab 1. 1. 2002, s Anm zu § 922)

Besonderer Rückgriff

§ 933b. (1) Hat ein Unternehmer einem Verbraucher Gewähr geleistet, so kann er von seinem Vormann, wenn auch dieser Unternehmer ist, auch nach Ablauf der Fristen des § 933 die Gewährleistung fordern. Dasselbe gilt für frühere Übergeber im Verhältnis zu ihren Vormännern, wenn sie selbst wegen der Gewährleistungsrechte des letzten Käufers ihrem Nachmann Gewähr geleistet haben. Der Anspruch ist mit der Höhe des eigenen Aufwandes beschränkt.

(2) Ansprüche nach Abs. 1 sind innerhalb von zwei Monaten ab Erfüllung der eigenen Gewährleistungspflicht gerichtlich geltend zu machen. Die Haftung eines Rückgriffspflichtigen verjährt jedenfalls in fünf Jahren nach Erbringung seiner Leistung. Die Frist wird durch eine Streitverkündigung für die Dauer des Rechtsstreits gehemmt.

(BGBl I 2001/48, ab 1. 1. 2002, s Anm zu § 922)

Schadloshaltung wegen Verkürzung über die Hälfte

§ 934. Hat bei zweiseitig verbindlichen Geschäften ein Teil nicht einmal die Hälfte dessen, was er dem andern gegeben hat, von diesem an dem gemeinen Werte erhalten; so räumt das Gesetz dem verletzten Teile das Recht ein, die Aufhebung und die Herstellung in den vorigen Stand zu fordern. Dem andern Teile steht aber bevor, das Geschäft dadurch aufrecht zu erhalten, daß er den Abgang bis zum gemeinen Werte zu ersetzen bereit ist. Das Mißverhältnis des Wertes wird nach dem Zeitpunkte des geschlossenen Geschäftes bestimmt.

§ 935. „Die Anwendung des § 934 kann vertraglich nicht ausgeschlossen werden; er ist jedoch dann nicht anzuwenden, wenn jemand erklärt hat“, die Sache aus besonderer Vorliebe um einen außerordentlichen Wert zu übernehmen; wenn er, obgleich ihm der wahre Wert bekannt war, sich dennoch zu dem unverhältnismäßigen Werte verstanden hat; ferner, wenn aus dem Verhältnisse der Personen zu vermuten ist, daß sie einen, aus einem entgeltlichen und unentgeltlichen vermischten Vertrag schließen wollten; wenn sich der eigentliche Wert nicht mehr erheben läßt; endlich, wenn die Sache von dem Gerichte versteigert worden ist. *(BGBl 1979/140)*

Von der Verabredung eines künftigen Vertrages

§ 936. Die Verabredung, künftig erst einen Vertrag schließen zu wollen, ist nur dann verbindlich, wenn sowohl die Zeit der Abschließung, als die wesentlichen Stücke des Vertrages bestimmt, und die Umstände inzwischen nicht dergestalt verändert worden sind, daß dadurch der ausdrücklich bestimmte, oder aus den Umständen hervorleuchtende Zweck vereitelt, oder das Zutrauen des einen oder andern Teiles verloren wird. Überhaupt muß auf die Vollziehung solcher Zusagen längstens in einem Jahre nach dem bedungenen Zeitpunkte gedrungen werden; widrigenfalls ist das Recht erloschen.

Von dem Verzicht auf Einwendungen

§ 937. Allgemeine, unbestimmte Verzichtleistungen auf Einwendungen gegen die Gültigkeit eines Vertrages sind ohne Wirkung.

Achtzehntes Hauptstück

Von Schenkungen

Schenkung

§ 938. Ein Vertrag, wodurch eine Sache jemandem[1]) unentgeltlich überlassen wird, heißt eine Schenkung.

[1]) *In JGS „jemanden“*

Inwiefern eine Verzichtleistung eine Schenkung sei

§ 939. Wer auf ein gehofftes, oder wirklich angefallenes, oder zweifelhaftes Recht Verzicht tut, ohne es einem andern ordentlich abzutreten, oder dasselbe dem Verpflichteten mit dessen Einwilligung zu erlassen, ist für keinen Geschenkgeber anzusehen.

Belohnende Schenkung

§ 940. Es verändert die Wesenheit der Schenkung nicht, wenn sie aus Erkenntlichkeit; oder in Rücksicht auf die Verdienste des Beschenkten; oder als eine besondere Belohnung desselben gemacht worden ist; nur darf er vorher kein Klagerecht darauf gehabt haben.

§ 941. Hat der Beschenkte ein Klagerecht auf die Belohnung gehabt, entweder, weil sie unter den Parteien schon bedungen, oder durch das Gesetz vorgeschrieben war; so hört das Geschäft auf, eine Schenkung zu sein, und ist als ein entgeltlicher Vertrag anzusehen.

Wechselseitige Schenkungen

§ 942. Sind Schenkungen vorher dergestalt bedungen, daß der Schenkende wieder beschenkt werden muß; so entsteht keine wahre Schenkung im Ganzen; sondern nur in Ansehung des übersteigenden Wertes.

Form des Schenkungsvertrages,

§ 943. Aus einem bloß mündlichen, ohne wirkliche Übergabe geschlossenen Schenkungsvertrage erwächst dem Geschenknehmer kein Klagerecht. Dieses Recht muß durch eine schriftliche Urkunde begründet werden.

und Maß einer Schenkung

§ 944. Ein unbeschränkter Eigentümer kann mit Beobachtung der gesetzlichen Vorschriften auch sein ganzes gegenwärtiges Vermögen verschenken. Ein Vertrag aber, wodurch das künftige Vermögen verschenkt wird, besteht nur insoweit, als er die Hälfte dieses Vermögens nicht übersteigt.

Inwiefern der Geber für das Geschenkte hafte

§ 945. Wer wissentlich eine fremde Sache verschenkt, und dem Geschenknehmer diesen Umstand verschweigt, haftet für die nachteiligen Folgen.

Unwiderruflichkeit der Schenkungen

§ 946. Schenkungsverträge dürfen in der Regel nicht widerrufen werden.

Ausnahmen: 1. Wegen Dürftigkeit;

§ 947. Gerät der Geschenkgeber in der Folge in solche Dürftigkeit, daß es ihm an dem nötigen Unterhalte gebricht; so ist er befugt, jährlich von dem geschenkten Betrage die gesetzlichen Zinsen, insoweit die geschenkte Sache, oder derselben Wert noch vorhanden ist, und ihm der nötige Unterhalt mangelt, von dem Beschenkten zu fordern, wenn sich anders dieser nicht selbst in gleich dürftigen Umständen befindet. Aus mehreren Geschenknehmern ist der frühere nur insoweit verbunden, als die Beiträge der spätern zum Unterhalte nicht zureichen.

2. Undankes;

§ 948. Wenn der Beschenkte sich gegen seinen Wohltäter eines groben Undankes schuldig macht, kann die Schenkung widerrufen werden. Unter grobem Undanke wird eine Verletzung am Leibe, an Ehre, an Freiheit oder am Vermögen verstanden, welche von der Art ist, daß gegen den Verletzer von Amts wegen, oder auf Verlangen des Verletzten nach dem Strafgesetze verfahren werden kann.

§ 949. Der Undank macht den Undankbaren für seine Person zum unredlichen Besitzer, und gibt selbst dem Erben des Verletzten, insofern der letztere den Undank nicht verziehen hat, und noch etwas von dem Geschenke in Natur oder Werte vorhanden ist, ein Recht zur Widerrufungsklage auch gegen den Erben des Verletzers.

3. Verkürzung des schuldigen Unterhaltes;

§ 950. Wer jemandem[1]) den Unterhalt zu reichen schuldig ist, kann dessen Recht durch Beschenkung eines Dritten nicht verletzen. Der auf solche Art Verkürzte ist befugt, den Beschenkten um die Ergänzung desjenigen zu belangen, was ihm der Schenkende nun nicht mehr zu leisten vermag. Bei mehreren Geschenknehmern ist die obige (§ 947) Vorschrift anzuwenden.

[1]) In JGS „jemanden"

4. des Pflichtteiles;

§ 951. (1) Wenn bei Bestimmung des Pflichtteiles Schenkungen in Anschlag gebracht werden (§ 785), der Nachlaß aber zu dessen Deckung nicht ausreicht, kann der verkürzte Noterbe vom Beschenkten die Herausgabe des Geschenkes zur Deckung des Fehlbetrages verlangen. Der Beschenkte kann die Herausgabe durch Zahlung des Fehlbetrages abwenden.

(2) Ist der Beschenkte selbst pflichtteilsberechtigt, so haftet er dem andern nur so weit, als er infolge der Schenkung mehr als den ihm bei Einrechnung der Schenkungen gebührenden Pflichtteil erhalten würde.

(3) Unter mehreren Beschenkten haftet der früher Beschenkte nur in dem Maße, als der später Beschenkte zur Herausgabe nicht verpflichtet oder nicht imstande ist. Gleichzeitig Beschenkte haften verhältnismäßig.

(RGBl 1916/69)

§ 952. Besitzt der Beschenkte die geschenkte Sache oder ihren Wert nicht mehr; so haftet er nur insofern, als er sie unredlicher Weise aus dem Besitze gelassen hat.

[5. der Gläubiger;]

§ 953. [Unter eben dieser (§ 952) Beschränkung können auch diejenigen Geschenke zurückgefordert werden, wodurch die zur Zeit der Schenkung schon vorhandenen Gläubiger verkürzt worden sind. Auf Gläubiger, deren Forderungen jünger sind, als die Schenkung, erstreckt sich dieses Recht nur dann, wenn der Beschenkte eines hinterlistigen Einverständnisses überwiesen werden kann.]

[] *Gegenstandslos, s AnfO und §§ 27 bis 43 KO*

6. wegen nachgeborner Kinder

§ 954. Dadurch, daß einem kinderlosen Geschenkgeber nach geschlossenem Schenkungsvertrage Kinder geboren werden, erwächst weder ihm, noch den nachgebornen Kindern das Recht, die Schenkung zu widerrufen. Doch kann er, oder das nachgeborne Kind, im Notfalle sowohl gegen den Beschenkten, als gegen dessen Erben das oben angeführte Recht auf die gesetzlichen Zinsen des geschenkten Betrages geltend machen (§ 947).

Welche Schenkungen auf die Erben nicht übergehen

§ 955. Hat der Geschenkgeber dem Beschenkten eine Unterstützung in gewissen Fristen zugesichert, so erwächst für die Erben derselben weder ein Recht, noch eine Verbindlichkeit; es müßte denn in dem Schenkungsvertrage ausdrücklich anders bedungen worden sein.

Schenkung auf den Todesfall

§ 956. Eine Schenkung, deren Erfüllung erst nach dem Tode des Schenkenden erfolgen soll, ist mit Beobachtung der vorgeschriebenen Förmlichkeiten als ein Vermächtnis gültig. Nur dann ist sie als ein Vertrag anzusehen, wenn der Beschenkte sie angenommen, der Schenkende sich des Befugnisses, sie zu widerrufen, ausdrücklich begeben hat, und eine schriftliche Urkunde darüber dem Beschenkten eingehändigt worden ist.

Neunzehntes Hauptstück
Von dem Verwahrungsvertrage

Verwahrungsvertrag

§ 957. Wenn jemand eine fremde Sache in seine Obsorge übernimmt; so entsteht ein Verwahrungsvertrag. Das angenommene Versprechen, eine fremde, noch nicht übergebene Sache in die Obsorge zu übernehmen, macht zwar den versprechenden Teil verbindlich; es ist aber noch kein Verwahrungsvertrag.

§ 958. Durch den Verwahrungsvertrag erwirbt der Übernehmer weder Eigentum, noch Besitz, noch Gebrauchsrecht; er ist bloßer Inhaber mit der Pflicht, die ihm anvertraute Sache vor Schaden zu sichern.

Wann er in einen Darlehens- oder Leihvertrag;

§ 959. Wird dem Verwahrer auf sein Verlangen, oder durch freiwilliges Anerbieten des Hinterlegers der Gebrauch gestattet; so hört im ersten Falle der Vertrag gleich nach der Verwilligung; im zweiten aber von dem Augenblicke, da das Anerbieten angenommen, oder von der hinterlegten Sache wirklich Gebrauch gemacht worden ist, auf, ein Verwahrungsvertrag zu sein; er wird bei verbrauchbaren Sachen in einen Darlehens-,[1]) bei unverbrauchbaren in einen Leihvertrag umgeändert, und es treten die damit verbundenen Rechte und Pflichten ein.

[1]) In JGS „Darleihens-"

oder in eine Bevollmächtigung übergehe

§ 960. Es können bewegliche und unbewegliche Sachen in Obsorge gegeben werden. Wird aber dem Übernehmer zugleich ein anderes, auf die anvertraute Sache sich beziehendes Geschäft aufgetragen; so wird er als ein Gewalthaber angesehen.

Pflichten und Rechte des Verwahrers;

§ 961. Die Hauptpflicht des Verwahrers ist: die ihm anvertraute Sache durch die bestimmte Zeit sorgfältig zu bewahren, und nach Verlauf derselben dem Hinterleger in eben dem Zustande, in welchem er sie übernommen hat, und mit allem Zuwachse zurückzustellen.

§ 962. Der Verwahrer muß dem Hinterleger auf Verlangen die Sache auch noch vor Verlauf der Zeit zurückstellen, und kann nur den Ersatz des ihm etwa verursachten Schadens begehren. Er kann hingegen die ihm anvertraute Sache nicht früher zurückgeben; es wäre denn, daß ein unvorhergesehener Umstand ihn außer Stand setzte, die Sache mit Sicherheit oder ohne seinen eigenen Nachteil zu verwahren.

§ 963. Ist die Verwahrungszeit weder ausdrücklich bestimmt worden, noch sonst aus Nebenumständen abzunehmen; so kann die Verwahrung nach Belieben aufgekündet werden.

§ 964. Der Verwahrer haftet dem Hinterleger für den aus der Unterlassung der pflichtmäßigen Obsorge verursachten Schaden, aber nicht für den Zufall; selbst dann nicht, wenn er die anvertraute, obschon kostbarere Sache, mit Aufopferung seiner eigenen hätte retten können.

§ 965. Hat aber der Verwahrer von der hinterlegten Sache Gebrauch gemacht; hat er sie ohne Not und ohne Erlaubnis des Hinterlegers einem Dritten in Verwahrung gegeben; oder die Zurückstellung verzögert, und die Sache leidet einen Schaden, welchem sie bei dem Hinterleger nicht ausgesetzt gewesen wäre; so kann er keinen Zufall vorschützen, und die Beschädigung wird ihm zugerechnet.

§ 966. [Wenn Sachen verschlossen oder versiegelt hinterlegt, und in der Folge das Schloß oder Siegel verletzt worden; so ist der Hinterleger, wenn er einen Abgang behauptet, zur Beschwörung seines Schadens, insofern derselbe nach seinem Stande, Gewerbe, Vermögen und den übrigen Umständen wahrscheinlich ist, nach Vorschrift der Gerichtsordnung zuzulassen; es wäre denn, daß der Verwahrer beweisen könnte, daß die Verletzung des Schlosses oder Siegels ohne sein Verschulden geschehen sei. Das Nämliche hat auch dann zu gelten, wenn sämtliche auf solche Art hinterlegte Sachen in Verlust geraten sind.]

Gegenstandslos, s § 272 ZPO

und des Hinterlegers

§ 967. Der Hinterleger ist verpflichtet, dem Verwahrer den schuldbarer Weise zugefügten Schaden, und die zur Erhaltung der verwahrten Sache, oder zur Vermehrung der fortdauernden Nutzungen verwendeten Kosten zu ersetzen. Hat der Verwahrer im Notfalle, um das hinterlegte Gut zu retten, seine eigenen Sachen aufgeopfert; so kann er einen angemessenen Ersatz fordern. Die wechselseitigen Forderungen des Verwahrers und Hinterlegers einer beweglichen Sache können aber nur binnen dreißig Tagen von Zeit der Zurückstellung angebracht werden.

Sequester

§ 968. Wird eine in Anspruch genommene Sache von den streitenden Parteien oder vom Gerichte jemandem[1]) in Verwahrung gegeben; so heißt der Verwahrer, Sequester. Die Rechte und Verbindlichkeiten des Sequesters werden nach den hier festgesetzten Grundsätzen beurteilt.

[1]) In JGS „jemanden"

Ob dem Verwahrer ein Lohn gebühre

§ 969. Ein Lohn kann für die Aufbewahrung nur dann gefordert werden, wenn er ausdrücklich, oder nach dem Stande des Aufbewahrers stillschweigend bedungen worden ist.

Gastaufnahme

§ 970. (1) Gastwirte, die Fremde beherbergen, haften als Verwahrer für die von den aufgenommenen Gästen eingebrachten Sachen, sofern sie nicht beweisen, daß der Schaden weder durch sie oder einen ihrer Leute verschuldet noch durch fremde, in dem Hause aus- und eingehende Personen verursacht ist. Hat bei der Entstehung des Schadens ein Verschulden des Beschädigten mitgewirkt, so hat der Richter nach den Umständen zu entscheiden, ob und in welcher Höhe ein Ersatz gebührt.[1])

(2) Als eingebracht gelten die Sachen, die dem Wirte oder einem seiner Leute übergeben oder an einen von diesen angewiesenen oder hierzu bestimmten Ort gebracht sind. Ebenso haften Unternehmer, die Stallungen und Aufbewahrungsräume halten, für die bei ihnen eingestellten Tiere und Fahrzeuge und die auf diesen befindlichen Sachen.

(3) Den Wirten werden gleichgehalten die Besitzer von Badeanstalten in Rücksicht auf die üblicherweise eingebrachten Sachen der Badegäste.

(RGBl 1916/69)

[1]) Siehe BG BGBl 1921/638 idF BGBl 1989/343

§ 970a. Ablehnung der Haftung durch Anschlag ist ohne rechtliche Wirkung. Für Kostbarkeiten, Geld und Wertpapiere haftet der Gastwirt nur bis zum Betrage von „550 Euro", es sei denn, daß er diese Sachen in Kenntnis ihrer Beschaffenheit zur Aufbewahrung übernommen hat oder daß der Schaden von ihm selbst oder seinen Leuten verschuldet ist. *(BGBl I 2001/98, ab 1. 1. 2002, anzuwenden auf Schadensereignisse, die sich nach dem 31. 12. 2001 ereignet haben)*

(RGBl 1916/69)

§ 970b. Der Ersatzanspruch aus der Gastaufnahme erlischt, wenn der Beschädigte nach erlangter Kenntnis von dem Schaden nicht ohne Verzug dem Wirte die Anzeige macht. Dies gilt jedoch nicht, wenn die Sachen vom Wirte zur Aufbewahrung übernommen waren.

(RGBl 1916/69)

§ 970c. Den im § 970 bezeichneten Personen steht das Recht zu, zur Sicherung ihrer Forderungen aus der Beherbergung und Verpflegung sowie ihrer Auslagen für die Gäste die eingebrachten Sachen zurückzuhalten.

(RGBl 1916/69)

Zwanzigstes Hauptstück
Von dem Leihvertrage

Leihvertrag

§ 971. Wenn jemandem[1]) eine unverbrauchbare Sache bloß zum unentgeltlichen Gebrauche auf eine bestimmte Zeit übergeben wird; so entsteht ein Leihvertrag. Der Vertrag, wodurch man jemandem eine Sache zu leihen verspricht, ohne sie zu übergeben, ist zwar verbindlich, aber noch kein Leihvertrag.

[1]) In JGS „jemanden"

Rechte und Pflichten des Entlehners:

1. in Rücksicht des Gebrauches;

§ 972. Der Entlehner erwirbt das Recht, den ordentlichen oder näher bestimmten Gebrauch von der Sache zu machen. Nach Verlauf der Zeit ist er verpflichtet, eben dieselbe Sache zurückzustellen.

2. der Zurückstellung;

§ 973. Wenn keine Zeit zur Zurückgabe festgesetzt, wohl aber die Absicht des Gebrauches bestimmt worden ist; so ist der Entlehner verbunden, mit dem Gebrauche nicht zu zögern, und die Sache so bald als möglich zurückzugeben.

§ 974. Hat man weder die Dauer, noch die Absicht des Gebrauches bestimmt; so entsteht kein wahrer Vertrag, sondern ein unverbindliches Bittleihen (Prekarium), und der Verleiher kann die entlehnte Sache nach Willkür zurückfordern.

§ 975. Bei einem Streite über die Dauer des Gebrauches muß der Entlehner das Recht auf den längeren Gebrauch beweisen.

§ 976. Wenngleich die verlehnte Sache vor Verlauf der Zeit und vor geendigtem Gebrauche dem Verleiher selbst unentbehrlich wird; so hat er ohne ausdrückliche Verabredung doch kein Recht, die Sache früher zurückzunehmen.

§ 977. Der Entlehner ist zwar in der Regel berechtigt, die entlehnte Sache auch vor der bestimmten Zeit zurückzugeben; fällt aber die frühere Zurückgabe dem Verleiher beschwerlich; so kann sie wider seinen Willen nicht stattfinden.

3. der Beschädigung;

§ 978. Wenn der Entlehner die geliehene Sache anders gebraucht, als es bedungen war, oder den Gebrauch derselben eigenmächtig einem Dritten gestattet; so ist er dem Verleiher verantwortlich, und dieser auch berechtigt, die Sache sogleich zurückzufordern.

§ 979. Wird die geliehene Sache beschädigt, oder zu Grunde gerichtet; so muß der Entlehner nicht nur den zunächst durch sein Verschulden verursachten, sondern auch den zufälligen Schaden, den er durch eine widerrechtliche Handlung veranlaßt hat, so wie der Verwahrer einer Sache ersetzen (§ 965).

§ 980. Dadurch, daß der Entlehner für ein verlornes Lehnstück den Wert erlegt, hat er noch kein Recht, dasselbe, wenn es wieder gefunden wird, gegen den Willen des Eigentümers für sich zu behalten, wenn dieser bereit ist, den empfangenen Wert zurückzugeben.

4. der Erhaltungskosten

§ 981. Die mit dem Gebrauche ordentlicher Weise verbundenen Kosten muß der Entlehner selbst bestreiten. Die außerordentlichen Erhaltungskosten hat er zwar, dafern er die Sache dem Verleiher nicht zur eigenen Besorgung überlassen kann oder will, inzwischen vorzuschießen; doch werden sie ihm gleich einem redlichen Besitzer vergütet.

Beschränkung der wechselseitigen Klagen

§ 982. Wenn der Verleiher nach der Zurücknahme des Lehnstückes dessen Mißbrauch, oder übertriebene Abnutzung innerhalb dreißig Tagen nicht gerügt; oder, wenn der Entlehner nach der Zurückgabe von den auf die Sache verwendeten außerordentlichen Kosten binnen eben diesem Zeitraume keine Meldung gemacht hat; so ist die Klage erloschen.

Einundzwanzigstes Hauptstück

Von dem Darlehensvertrage[1])

Darlehen

§ 983. Wenn jemandem[2]) verbrauchbare Sachen unter der Bedingung übergeben werden, daß er zwar willkürlich darüber verfügen könne, aber nach einer gewissen Zeit ebensoviel von derselben Gattung und Güte zurückgeben soll; so entsteht ein Darlehensvertrag[1]). Er ist mit dem, obgleich ebenfalls verbindlichen Vertrage (§ 936), ein Darlehen[1]) künftig zu geben, nicht zu verwechseln.

[1]) In JGS „Darleihensvertrag“ bzw „Darleihen“

[2]) In JGS „jemanden“

Arten desselben

§ 984. Ein Darlehen[1]) wird entweder in Geld oder in anderen verbrauchbaren Sachen, und zwar ohne, oder gegen Zinsen gegeben. Im letzteren Falle nennt man es auch einen Zinsenvertrag.

[1]) In JGS „Darleihen“

Gelddarlehen:

§ 985. Ein Gelddarlehen[1]) kann klingende Münze, oder Papiergeld, oder öffentliche Schuldscheine (Obligationen) zum Gegenstande haben.

[1]) In JGS „Gelddarleihen"

a) in klingender Münze, oder Papiergeld;

§ 986. Inwiefern ein Darlehen[1]) in klingender Münze überhaupt geschlossen werden könne, und in welcher Währung (Valuta) ein solches Darlehen[1]), oder ein Darlehen[1]) in Papiergeld zurückzuzahlen sei, bestimmen die darüber bestehenden besonderen Vorschriften.

[1]) In JGS „Darleihen"

§ 987. Wenn ein Darleiher sich die Zahlung in der besonderen, von ihm gegebenen, Münzsorte bedungen hat; so muß die Zahlung in eben dieser Münzsorte geleistet werden.

§ 988. Gesetzliche Münzveränderungen ohne Veränderung des inneren Gehaltes gehen auf Rechnung des Darleihers. Er empfängt die Zahlung in der bestimmten, gegebenen Münzsorte, z.B. von 1000 Stücken kaiserlichen Dukaten, oder 3000 Zwanzig-Kreuzer Stücken ohne Rücksicht, ob deren äußerer Wert in der Zwischenzeit erhöht oder vermindert worden ist. Wird aber der innere Wert geändert; so ist die Zahlung im Verhältnis zu dem inneren Werte, den die gegebene Münzsorte zur Zeit des Darlehens[1]) hatte, zu leisten.

[1]) In JGS „Darleihens"

§ 989. Sind zur Zeit der Rückzahlung dergleichen Münzsorten im Staate nicht im Umlaufe; so muß der Schuldner den Gläubiger mit zunächst ähnlichen Geldstücken in solcher Zahl und Art befriedigen, daß derselbe den zur Zeit des Darlehens[1]) bestandenen inneren Wert dessen, was er gegeben hat, erhalte.

[1]) In JGS „Darleihens"

b) in Schuldscheinen;

§ 990. In öffentlichen Schuldscheinen können Darlehen[1]) in der Art gültig geschlossen werden, daß die Tilgung der Schuld entweder mit einem durchaus gleichen öffentlichen Schuldscheine, wie der dargeliehene war, geleistet, oder der Betrag nach dem Werte, welchen der Schuldschein zur Zeit des Darlehens[1]) hatte, zurückgezahlt werde.

[1]) In JGS „Darleihen"

§ 991. Wenn statt Geldes ein Privatschuldschein oder Waren gegeben worden sind; so ist der Schuldner nur verbunden, entweder den Schuldschein oder die empfangenen Waren unbeschädigt zurückzustellen, oder dem Gläubiger den von diesem zu erweisenden Schaden zu ersetzen.

c) Darlehen in anderen verbrauchbaren Gegenständen

§ 992. Bei Darlehen[1]), die nicht über Geld, sondern über andere verbrauchbare Gegenstände geschlossen werden, macht es, dafern nur die Zurückstellung in der nämlichen Gattung, Güte und Menge bedungen worden, keinen Unterschied, wenn sie in der Zwischenzeit am Werte gestiegen oder gefallen.

[1]) In JGS „Darleihen"

Zinsen[1])

§§ 993 bis 998. *(aufgehoben, RGBl 1868/62)*

§ 999. Zinsen von Gelddarlehen[1]) sind in der nämlichen Währung (Valuta), wie das Kapital selbst, zu entrichten.

[1]) In JGS „Gelddarleihen"

§ 1000. (1) An Zinsen, die ohne Bestimmung der Höhe vereinbart worden sind oder aus dem Gesetz gebühren, sind, sofern gesetzlich nicht Anderes bestimmt ist, vier von Hundert auf ein Jahr zu entrichten.[1])

(2) Der Gläubiger einer Geldforderung kann Zinsen von Zinsen verlangen, wenn die Parteien dies ausdrücklich vereinbart haben. Sonst kann er, sofern fällige Zinsen eingeklagt werden, Zinseszinsen vom Tag der Streitanhängigkeit an fordern. Wurde über die Höhe der Zinseszinsen keine Vereinbarung getroffen, so sind ebenfalls vier von Hundert auf ein Jahr zu entrichten.

(3) Haben die Parteien über die Frist zur Zahlung der Zinsen keine Vereinbarung getroffen, so sind diese bei der Zurückzahlung des Kapitals oder, sofern der Vertrag auf mehrere Jahre abgeschlossen worden ist, jährlich zu zahlen.

(BGBl I 2002/118, ab 1. 8. 2002)

[1]) Zur Höhe der gesetzlichen Zinsen für Forderungen im Zusammenhang mit einem Arbeitsverhältnis s § 49a ASGG

Form des Schuldscheines

§ 1001. Damit ein Schuldschein über einen Darlehensvertrag[1]) einen vollständigen Beweis mache, müssen darin der eigentliche Darleiher oder Gläubiger sowohl, als der eigentliche Anleiher oder Schuldner; der Gegenstand und Betrag des Darlehens[1]); und, wenn es in Geld gegeben wird, die Gattung desselben, wie auch alle auf die Zahlung der Hauptschuld sowohl, als auf die etwa zu entrichtenden Zinsen sich beziehende Bedingungen redlich und[2]) deutlich bestimmt werden. Die äußere, zur Beweiskraft nötige Form einer Schuldurkunde setzt die Gerichtsordnung fest.

[1]) In JGS „Darleihensvertrag" bzw „Darleihens"

[2]) In JGS fehlen die Worte „redlich und"

Zweiundzwanzigstes Hauptstück
Von der Bevollmächtigung und andern Arten der Geschäftsführung

Bevollmächtigungsvertrag

§ 1002. Der Vertrag, wodurch jemand ein ihm aufgetragenes Geschäft im Namen des andern zur Besorgung übernimmt, heißt Bevollmächtigungsvertrag.

§ 1003. Personen, welche zur Besorgung bestimmter Geschäfte öffentlich bestellt worden, sind schuldig, über einen darauf sich beziehenden Auftrag ohne Zögerung gegen den Auftragenden sich ausdrücklich zu erklären, ob sie denselben annehmen oder nicht; widrigenfalls bleiben sie dem Auftragenden für den dadurch veranlaßten Nachteil verantwortlich.

Einteilung der Bevollmächtigung in eine unentgeltliche oder entgeltliche;

§ 1004. Wird für die Besorgung eines fremden Geschäftes entweder ausdrücklich, oder nach dem Stande des Geschäftsträgers auch nur stillschweigend eine Belohnung bedungen; so gehört der Vertrag zu den entgeltlichen, außer dem aber zu den unentgeltlichen.

mündliche oder schriftliche;

§ 1005. Bevollmächtigungsverträge können mündlich oder schriftlich geschlossen werden. Die von dem Gewaltgeber dem Gewalthaber hierüber ausgestellte Urkunde wird Vollmacht genannt.

allgemeine oder besondere;

§ 1006. Es gibt allgemeine und besondere Vollmachten, je nachdem jemandem[1]) die Besorgung aller, oder nur einiger Geschäfte anvertraut wird. Die besonderen Vollmachten können bloß gerichtliche oder bloß außergerichtliche Geschäfte überhaupt; oder sie können einzelne Angelegenheiten der einen oder der andern Gattung zum Gegenstande haben.

[1]) In JGS „jemanden"

unumschränkte oder beschränkte

§ 1007. Vollmachten werden entweder mit unumschränkter oder mit beschränkter Freiheit zu handeln erteilet. Durch die erstere wird der Gewalthaber berechtigt, das Geschäft nach seinem besten Wissen und Gewissen zu leiten; durch die letztere aber werden ihm die Grenzen, wie weit, und die Art, wie er dasselbe betreiben soll, vorgeschrieben.

§ 1008. Folgende Geschäfte: wenn im Namen eines andern Sachen veräußert, oder entgeltlich übernommen; Anleihen oder Darlehen[1]) geschlossen; Geld oder Geldeswert erhoben; Prozesse anhängig gemacht; [Eide aufgetragen, angenommen oder zurückgeschoben], oder Vergleiche getroffen werden sollen, erfordern eine besondere, auf diese Gattungen der Geschäfte lautende Vollmacht. Wenn aber eine Erbschaft unbedingt angenommen oder ausgeschlagen; Gesellschaftsverträge errichtet; Schenkungen gemacht; die[2]) Befugnis, einen Schiedsrichter zu wählen, eingeräumt, oder Rechte unentgeltlich aufgegeben werden sollen; ist eine besondere, auf das einzelne Geschäft ausgestellte Vollmacht notwendig. Allgemeine, selbst unbeschränkte Vollmachten sind in diesen Fällen nur hinreichend, wenn die Gattung des Geschäftes in der Vollmacht ausgedrückt worden ist.

[] *Gegenstandslos*

[1]) In JGS „Darleihen"

[2]) In JGS „das"

Rechte und Verbindlichkeiten des Gewalthabers;

§ 1009. Der Gewalthaber ist verpflichtet, das Geschäft seinem Versprechen und der erhaltenen Vollmacht gemäß, emsig und redlich zu besorgen, und allen aus dem Geschäfte entspringenden Nutzen dem Machtgeber zu überlassen. Er ist, ob er gleich eine beschränkte Vollmacht hat, berechtigt, alle Mittel anzuwenden, die mit der Natur des Geschäftes notwendig verbunden, oder der erklärten Absicht des Machtgebers gemäß sind. Überschreitet er aber die Grenzen der Vollmacht; so haftet er für die Folgen.

§ 1010. Trägt der Gewalthaber das Geschäft ohne Not einem Dritten auf; so haftet er ganz allein für den Erfolg. Wird ihm aber die Bestellung eines Stellvertreters in der Vollmacht ausdrücklich gestattet, oder durch die Umstände unvermeidlich; so verantwortet er nur ein bei der Auswahl der Person begangenes Verschulden.

§ 1011. Wird mehreren Bevollmächtigten zugleich ein Geschäft aufgetragen; so ist die Mitwirkung aller zur Gültigkeit des Geschäftes, und Verpflichtung des Machtgebers notwendig; wenn nicht ausdrücklich einem oder mehreren aus ihnen die volle Befugnis in der Vollmacht erteilt worden ist.

§ 1012. Der Gewalthaber ist schuldig, dem Machtgeber den durch sein Verschulden verursachten Schaden zu ersetzen, und die bei dem Geschäfte vorkommenden Rechnungen, sooft dieser es verlangt, vorzulegen.

§ 1013. Gewalthaber sind, außer dem im § 1004 enthaltenen Falle, nicht befugt, ihrer Bemühung wegen eine Belohnung zu fordern. Es ist ihnen nicht erlaubt, ohne Willen des Machtgebers in Rücksicht auf die Geschäftsverwaltung von einem Dritten Geschenke anzunehmen. Die erhaltenen werden [zur Armenkasse][1]) eingezogen.

[1]) *Jetzt: Fürsorgeverband*

des Gewaltgebers;

§ 1014. Der Gewaltgeber ist verbunden, dem Gewalthaber allen zur Besorgung des Geschäftes notwendig oder nützlich gemachten Aufwand, selbst bei fehlgeschlagenem Erfolge, zu ersetzen, und ihm auf Verlangen zur Bestreitung der baren Auslagen auch einen angemessenen Vorschuß zu leisten; er muß ferner allen durch sein Verschulden entstandenen, oder mit der Erfüllung des Auftrages verbundenen Schaden vergüten.

§ 1015. Leidet der Gewalthaber bei der Geschäftsführung nur zufälligerweise Schaden; so kann er in dem Falle, daß er das Geschäft unentgeltlich zu besorgen übernahm, einen solchen Betrag fordern, welcher ihm bei einem entgeltlichen Vertrage zur Vergütung der Bemühung nach dem höchsten Schätzungswerte gebührt haben würde.

§ 1016. Überschreitet der Gewalthaber die Grenzen seiner Vollmacht; so ist der Gewaltgeber nur insofern verbunden, als er das Geschäft genehmigt, oder den aus dem Geschäfte entstandenen Vorteil sich zuwendet.

in Rücksicht eines Dritten;

§ 1017. Insofern der Gewalthaber nach dem Inhalte der Vollmacht den Gewaltgeber vorstellt, kann er ihm Rechte erwerben und Verbindlichkeiten auflegen. Hat er also innerhalb der Grenzen der offenen Vollmacht mit einem Dritten einen Vertrag geschlossen; so kommen die dadurch gegründeten Rechte und Verbindlichkeiten dem Gewaltgeber und dem Dritten; nicht aber dem Gewalthaber zu. Die dem Gewalthaber erteilte geheime Vollmacht hat auf die Rechte des Dritten keinen Einfluß.

§ 1018. Auch in dem Falle, daß der Gewaltgeber einen solchen Gewalthaber, der sich selbst zu verbinden unfähig ist, aufgestellt hat, sind die innerhalb der Grenzen der Vollmacht geschlossenen Geschäfte sowohl für den Gewaltgeber, als für den Dritten verbindlich.

§ 1019. (*aufgehoben, RGBl 1916/69*)

Auflösung des Vertrages durch den Widerruf;

§ 1020. Es steht dem Machtgeber frei, die Vollmacht nach Belieben zu widerrufen; doch muß er dem Gewalthaber nicht nur die in der Zwischenzeit gehabten Kosten und den sonst erlittenen Schaden ersetzen; sondern auch einen der Bemühung angemessenen Teil der Belohnung entrichten. Dieses findet auch dann statt, wenn die Vollendung des Geschäftes durch einen Zufall verhindert worden ist.

die Aufkündung;

§ 1021. Auch der Machthaber kann die angenommene Vollmacht aufkünden. Wenn er sie aber vor Vollendung des ihm insbesondere aufgetragenen, oder vermöge der allgemeinen Vollmacht angefangenen Geschäftes aufkündet; so muß er, dafern nicht ein unvorhergesehenes und unvermeidliches Hindernis eingetreten ist, allen daraus entstandenen Schaden ersetzen.

den Tod;

§ 1022. In der Regel wird die Vollmacht sowohl durch den Tod des Gewaltgebers als des Gewalthabers aufgehoben. Läßt sich aber das angefangene Geschäft ohne offenbaren Nachteil der Erben nicht unterbrechen, oder erstreckt sich die Vollmacht selbst auf den Sterbefall des Gewaltgebers; so hat der Gewalthaber das Recht und die Pflicht, das Geschäft zu vollenden.

§ 1023. Die von einem Körper (Gemeinschaft) ausgestellten und übernommenen Vollmachten werden durch die Erlöschung der Gemeinschaft aufgehoben.

oder Konkurs

§ 1024. Verfällt der Machtgeber in Konkurs; so sind alle Handlungen, die der Gewalthaber nach Kundmachung des Konkurses im Namen des Konkursschuldners unternommen hat, ohne Rechtskraft. Ebenso erklärt die Verhängung des Konkurses über das Vermögen des Machthabers schon an und für sich die erteilte Vollmacht für aufgehoben.

Inwiefern die Verbindlichkeit fortdauere

§ 1025. Wird die Vollmacht durch Widerruf, Aufkündung, oder durch den Tod des Gewaltgebers oder Gewalthabers aufgehoben; so müssen doch die Geschäfte, welche keinen Aufschub leiden, so lange fortgesetzt werden, bis von dem Machtgeber oder dessen Erben eine andere Verfügung getroffen worden ist, oder füglich getroffen werden konnte.

§ 1026. Auch bleiben die mit einem Dritten, dem die Aufhebung der Vollmacht ohne sein Verschulden unbekannt war, geschlossenen Verträge verbindlich, und der Gewaltgeber kann sich nur bei dem Gewalthaber, der die Aufhebung verschwiegen hat, wegen seines Schadens erholen.

Stillschweigende Bevollmächtigung der Dienstpersonen

§ 1027. Die in diesem Hauptstücke enthaltenen Vorschriften haben auch ihre Anwendung auf die Eigentümer einer Handlung, eines Schiffes, Kaufladens oder andern Gewerbes, welche die Verwaltung einem Faktor, Schiffer, Ladendiener oder andern Geschäftsträgern anvertrauen.

§ 1028. Die Rechte solcher Geschäftsführer sind vorzüglich aus der Urkunde ihrer Bestellung, dergleichen unter Handelsleuten die[1]) ordentlich kundgemachte Befugnis der Unterzeichnung (Firma) ist, zu beurteilen.

[1]) In JGS „das“

§ 1029. Ist die Vollmacht nicht schriftlich gegeben worden; so wird ihr Umfang aus dem Gegenstande, und aus der Natur des Geschäftes beurteilt. Wer einem andern eine Verwaltung anvertraut hat, von dem wird vermutet, daß er ihm auch die Macht eingeräumt habe, alles dasjenige zu tun, was die Verwaltung selbst erfordert und was gewöhnlich damit verbunden ist (§ 1009).

§ 1030. Gestattet der Eigentümer einer Handlung, oder eines Gewerbes seinem Diener oder Lehrlinge, Waren im Laden oder außer demselben zu verkaufen; so wird vermutet, daß sie bevollmächtigt seien, die Bezahlung zu empfangen, und Quittungen dagegen auszustellen.

§ 1031. Die Vollmacht, Waren im Namen des Eigentümers zu verkaufen, erstreckt sich aber nicht auf das Recht, in seinem Namen Waren einzukaufen; auch dürfen Fuhrleute weder den Wert der ihnen anvertrauten Güter beziehen, noch Geld darauf anleihen, wenn es nicht ausdrücklich in Frachtbriefen bestimmt worden ist.

§ 1032. Dienstgeber und Familienhäupter sind nicht verbunden, das, was von ihren Dienstpersonen oder andern Hausgenossen in ihrem Namen auf Borg genommen wird, zu bezahlen. Der Borger muß in solchen Fällen den gemachten Auftrag erweisen.

§ 1033. Besteht aber zwischen dem Borgnehmer und dem Borggeber ein ordentliches Einschreibebuch, worin die ausgeborgten Sachen aufgezeichnet werden; so gilt die Vermutung, daß der Überbringer dieses Buches bevollmächtigt sei, die Ware auf Borg zu nehmen.

Gerichtliche und gesetzliche Bevollmächtigung

§ 1034. Das Recht der Großeltern, der Pflegeeltern, anderer mit der Obsorge betrauter Personen, der Sachwalter und Kuratoren, die Geschäfte ihrer Pflegebefohlenen zu verwalten, gründet sich auf die Anordnung des Gerichtes. Die Eltern (ein Elternteil) werden unmittelbar durch das Gesetz mit der Vertretung ihrer minderjährigen Kinder betraut.

(BGBl I 2000/135, ab 1. 7. 2001)

Geschäftsführung ohne Auftrag;

§ 1035. Wer weder durch ausdrücklichen oder stillschweigenden Vertrag, noch vom Gerichte, noch aus dem Gesetze die[1]) Befugnis erhalten hat, darf der Regel nach sich in das Geschäft eines andern nicht mengen. Hätte er sich dessen angemaßt; so ist er für alle Folgen verantwortlich.

[1]) In JGS „das"

im Notfalle;

§ 1036. Wer, obgleich unberufen, ein fremdes Geschäft zur Abwendung eines bevorstehenden Schadens besorgt, dem ist derjenige, dessen Geschäft er besorgt hat, den notwendigen und zweckmäßig gemachten Aufwand zu ersetzen schuldig; wenngleich die Bemühung ohne Verschulden fruchtlos geblieben ist (§ 403).

oder zum Nutzen des anderen;

§ 1037. Wer fremde Geschäfte bloß, um den Nutzen des andern zu befördern, übernehmen will, soll sich um dessen Einwilligung bewerben. Hat der Geschäftsführer zwar diese Vorschrift unterlassen, aber das Geschäft auf seine Kosten zu des andern klarem, überwiegenden Vorteile geführt; so müssen ihm von diesem die darauf verwendeten Kosten ersetzt werden.

§ 1038. Ist aber der überwiegende Vorteil nicht klar; oder hat der Geschäftsführer eigenmächtig so wichtige Veränderungen in einer fremden Sache vorgenommen, daß die Sache dem andern zu dem Zwecke, wozu er sie bisher benützte, unbrauchbar wird, so ist dieser zu keinem Ersatze verbunden; er kann vielmehr verlangen, daß der Geschäftsführer auf eigene Kosten die Sache in den vorigen Stand zurücksetze, oder, wenn das nicht möglich ist, ihm volle Genugtuung leiste.

§ 1039. Wer ein fremdes Geschäft ohne Auftrag auf sich genommen hat, muß es bis zur Vollendung fortsetzen, und gleich einem Bevollmächtigten genaue Rechnung darüber ablegen.

gegen den Willen des anderen

§ 1040. Wenn jemand gegen den gültig erklärten Willen des Eigentümers sich eines fremden Geschäftes anmaßt, oder den rechtmäßigen Bevollmächtigten durch eine solche Einmengung an der Besorgung des Geschäftes verhindert; so verantwortet er nicht nur den hieraus erwachsenen Schaden und entgangenen Gewinn, sondern er verliert auch den gemachten Aufwand, insofern er nicht in Natur zurückgenommen werden kann.

Verwendung einer Sache zum Nutzen des anderen

§ 1041. Wenn ohne Geschäftsführung eine Sache zum Nutzen eines andern verwendet worden ist; kann der Eigentümer sie in Natur, oder, wenn dies nicht mehr geschehen kann, den Wert verlangen, den sie zur Zeit der Verwendung gehabt hat, obgleich der Nutzen in der Folge vereitelt worden ist.

§ 1042. Wer für einen andern einen Aufwand macht, den dieser nach dem Gesetze selbst hätte machen müssen, hat das Recht, den Ersatz zu fordern.

§ 1043. Hat jemand in einem Notfalle, um einen größern Schaden von sich und andern abzuwenden, sein Eigentum aufgeopfert; so müssen ihn alle, welche daraus Vorteil zogen, verhältnismäßig entschädigen. Die ausführlichere Anwendung dieser Vorschrift auf Seegefahren ist ein Gegenstand der Seegesetze.

§ 1044. Die Verteilung der Kriegsschäden wird nach besondern Vorschriften von den politischen Behörden bestimmt.

Dreiundzwanzigstes Hauptstück

Von dem Tauschvertrage

Tausch

§ 1045. Der Tausch ist ein Vertrag, wodurch eine Sache gegen eine andere Sache überlassen wird. Die wirkliche Übergabe ist nicht zur Errichtung; sondern nur zur Erfüllung des Tauschvertrages, und zur Erwerbung des Eigentumes notwendig.

§ 1046. Das Geld ist kein Gegenstand des Tauschvertrages; doch lassen sich Gold und Silber als eine Ware, und selbst als Münzsorten insoweit vertauschen, als sie nur gegen andere Münzsorten, goldene nämlich gegen silberne, kleinere gegen größere Stücke verwechselt werden sollen.

Rechte und Pflichten der Tauschenden;

§ **1047.** Tauschende sind vermöge des Vertrages verpflichtet, die vertauschten Sachen der Verabredung gemäß mit ihren Bestandteilen und mit allem Zugehöre zu rechter Zeit, am gehörigen Ort und in eben dem Zustand, in welchem sie sich bei Schließung des Vertrages befunden haben, zum freien Besitz zu übergeben und zu übernehmen.

(RGBl 1916/69)

insbesondere in Rücksicht der Gefahr;

§ **1048.** Ist eine Zeit bedungen, zu welcher die Übergabe geschehen soll, und wird in der Zwischenzeit entweder die vertauschte bestimmte Sache durch Verbot außer Verkehr gesetzt, oder zufälligerweise ganz, oder doch über die Hälfte am Werte zu Grunde gerichtet, so ist der Tausch für nicht geschlossen anzusehen.

§ **1049.** Andere in dieser Zwischenzeit durch Zufall erfolgte Verschlimmerungen der Sache und Lasten gehen auf die Rechnung des Besitzers. Sind jedoch Sachen in Pausch und Bogen behandelt worden; so trägt der Übernehmer den zufälligen Untergang einzelner Stücke, wenn anders hierdurch das Ganze nicht über die Hälfte am Werte verändert worden ist.

und der Nutzungen vor der Übergabe

§ **1050.** Dem Besitzer gebühren die Nutzungen der vertauschten Sache bis zur bedungenen Zeit der Übergabe. Von dieser Zeit an gebühren sie, samt dem Zuwachse, dem Übernehmer, obgleich die Sache noch nicht übergeben worden ist.

§ **1051.** Ist keine Zeit zur Übergabe der bestimmten Sache bedungen, und fällt keinem Teile ein Versehen zur Last; so sind die obigen Vorschriften wegen Gefahr und Nutzungen (§§ 1048–1050) auf den Zeitpunkt der Übergabe selbst anzuwenden; insofern die Parteien nicht etwas anderes festgesetzt haben.

§ **1052.** Wer auf die Übergabe dringen will, muß seine Verbindlichkeit erfüllt haben oder sie zu erfüllen bereit sein. Auch der zur Vorausleistung Verpflichtete kann seine Leistung bis zur Bewirkung oder Sicherstellung der Gegenleistung verweigern, wenn diese durch schlechte Vermögensverhältnisse des anderen Teiles gefährdet ist, die ihm zur Zeit des Vertragsabschlusses nicht bekannt sein mußten.

(RGBl 1916/69)

Vierundzwanzigstes Hauptstück

Von dem Kaufvertrage

Kaufvertrag

§ **1053.** Durch den Kaufvertrag wird eine Sache um eine bestimmte Summe Geldes einem andern überlassen. Er gehört, wie der Tausch, zu den Titeln ein Eigentum zu erwerben. Die Erwerbung erfolgt erst durch die Übergabe des Kaufgegenstandes. Bis zur Übergabe behält der Verkäufer das Eigentumsrecht.

Erfordernisse des Kaufvertrages

§ **1054.** Wie die Einwilligung des Käufers und Verkäufers beschaffen sein müsse, und welche Sachen gekauft und verkauft werden dürfen, dieses wird nach den Regeln der Verträge überhaupt bestimmt. Der Kaufpreis muß in barem[1]) Gelde bestehen, und darf weder unbestimmt, noch gesetzwidrig sein.

[1]) In JGS „im baren“

Der Kaufpreis muß

a) in barem Gelde bestehen;

§ **1055.** Wird eine Sache teils gegen Geld, teils gegen eine andere Sache veräußert; so wird der Vertrag, je nachdem der Wert am Gelde mehr oder weniger, als der gemeine Wert der gegebenen Sache beträgt, zum Kaufe oder Tausche, und bei gleichem Werte der Sache, zum Kaufe gerechnet.

b) bestimmt;

§ **1056.** Käufer und Verkäufer können die Festsetzung des Preises auch einer dritten bestimmten Person überlassen. Wird von dieser in dem bedungenen Zeitraume nichts festgesetzt; oder will im Falle, daß kein Zeitraum bedungen worden ist, ein Teil vor der Bestimmung des Preises zurücktreten; so wird der Kaufvertrag als nicht geschlossen angesehen.

§ **1057.** Wird die Bestimmung des Preises mehreren Personen überlassen, so entscheidet die Mehrheit der Stimmen. Fallen die Stimmen so verschieden aus, daß der Preis nicht einmal durch wirkliche Mehrheit der

Stimmen festgesetzt wird; so ist der Kauf für nicht eingegangen zu achten.

§ 1058. Auch der Wert, welcher bei einer frühern Veräußerung bedungen worden ist, kann zur Bestimmung des Preises dienen. Hat man den ordentlichen Marktpreis zum Grunde gelegt, so wird der mittlere Marktpreis des Ortes, und der Zeit, wo und in welcher der Vertrag erfüllt werden muß, angenommen.

c) nicht gesetzwidrig sein

§ 1059. *(aufgehoben, BGBl 1979/140)*

§ 1060. Außer diesem Falle kann der Kauf sowohl von dem Käufer als Verkäufer nur wegen Verletzung über die Hälfte bestritten werden (§§ 934–935). Diese Beschwerde findet auch dann statt, wenn der Ausspruch des Kaufpreises einem Dritten überlassen worden ist.

Pflichten des Verkäufers,

§ 1061. Der Verkäufer ist schuldig, die Sache bis zur Zeit der Übergabe sorgfältig zu verwahren und sie dem Käufer nach eben den Vorschriften zu übergeben, welche oben bei dem Tausche (§ 1047) aufgestellt worden sind.

und des Käufers

§ 1062. Der Käufer hingegen ist verbunden, die Sache sogleich, oder zur bedungenen Zeit zu übernehmen, zugleich aber auch das Kaufgeld bar abzuführen; widrigenfalls ist der Verkäufer ihm die Übergabe der Sache zu verweigern berechtigt.

§ 1063. Wird die Sache dem Käufer von dem Verkäufer, ohne das Kaufgeld zu erhalten, übergeben; so ist die Sache auf Borg verkauft, und das Eigentum derselben geht gleich auf den Käufer über.

Gefahr und Nutzen des Kaufgegenstandes

§ 1064. In Rücksicht der Gefahr und Nutzungen einer zwar gekauften, aber noch nicht übergebenen Sache gelten die nämlichen Vorschriften, die bei dem Tauschvertrage gegeben worden sind (§§ 1048 – 1051).

Kauf einer gehofften Sache

§ 1065. Wenn Sachen, die noch zu erwarten stehen, gekauft werden; so sind die in dem Hauptstücke von gewagten Geschäften gegebenen Anordnungen anzuwenden.

Allgemeine Vorschrift

§ 1066. In allen bei einem Kaufvertrage vorkommenden Fällen, welche in dem Gesetze nicht ausdrücklich entschieden werden, sind die in den Hauptstücken von Verträgen überhaupt, und von dem Tauschvertrage insbesondere aufgestellten Vorschriften anzuwenden.

Besondere Arten oder Nebenverträge eines Kaufvertrages

§ 1067. Besondere Arten oder Nebenverträge eines Kaufvertrages sind: der Vorbehalt des Wiederkaufes, des Rückverkaufes, des Vorkaufes; der Verkauf auf die Probe; der Verkauf mit Vorbehalt eines bessern Käufers; und der Verkaufsauftrag.

Verkauf mit Vorbehalt des Wiederkaufes

§ 1068. Das Recht, eine verkaufte Sache wieder einzulösen, heißt das Recht des Wiederkaufes. Ist dieses Recht dem Verkäufer überhaupt und ohne nähere Bestimmung eingeräumt, so wird von einer Seite das Kaufstück in einem nicht verschlimmerten Zustande; von der andern Seite aber das erlegte Kaufgeld zurückgegeben, und die inzwischen beiderseits aus dem Gelde und der Sache gezogenen Nutzungen bleiben gegeneinander aufgehoben.

§ 1069. Hat der Käufer das Kaufstück aus dem Seinigen verbessert; oder zu dessen Erhaltung außerordentliche Kosten verwendet, so gebührt ihm gleich einem redlichen Besitzer der Ersatz; er haftet aber auch dafür, wenn durch sein Verschulden der Wert verändert, oder die Zurückgabe vereitelt worden ist.

§ 1070. Der Vorbehalt des Wiederkaufes findet nur bei unbeweglichen Sachen statt und gebührt dem Verkäufer nur für seine Lebenszeit. Er kann sein Recht weder auf die Erben noch auf einen anderen übertragen. Ist das Recht in die öffentlichen Bücher einverleibt, so kann die Sache auch einem Dritten abgefordert werden und dieser wird nach Beschaffenheit seines redlichen oder unredlichen Besitzes behandelt.

(RGBl 1916/69)

Kauf mit Vorbehalt des Rückverkaufes

§ 1071. Den nämlichen Beschränkungen unterliegt das von dem Käufer ausbedungene Recht, die Sache dem Verkäufer wieder zurückzuverkaufen; und es sind auf dasselbe die für den Wiederkauf erteilten Vorschriften anzuwenden. Ist aber die Bedingung des Wiederverkaufs oder Wiederkaufs verstellt, und eigentlich, um ein Pfandrecht oder ein Borggeschäft zu verbergen, gebraucht worden, so tritt die Vorschrift des § 916 ein.

Vorbehalt des Vorkaufsrechts

§ 1072. Wer eine Sache mit der Bedingung verkauft, daß der Käufer, wenn er solche wieder verkaufen will, ihm die Einlösung anbieten soll, der hat das Vorkaufsrecht.

§ 1073. Das Vorkaufsrecht ist in der Regel ein persönliches Recht. In Rücksicht auf unbewegliche Güter kann es durch Eintragung in die öffentlichen Bücher in ein dingliches verwandelt werden.

§ 1074. Auch kann das Vorkaufsrecht weder einem Dritten abgetreten, noch auf die Erben des Berechtigten übertragen werden.

§ 1075. Der Berechtigte muß bewegliche Sachen binnen vierundzwanzig Stunden; unbewegliche aber binnen dreißig Tagen, nach der geschehenen Anbietung, wirklich einlösen. Nach Verlauf dieser Zeit ist das Vorkaufsrecht erloschen.

§ 1076. Das Vorkaufsrecht hat im Falle einer gerichtlichen Feilbietung der mit diesem Rechte belasteten Sachen keine andere Wirkung, als daß der den öffentlichen Büchern einverleibte Berechtigte zur Feilbietung insbesondere vorgeladen werden muß.

§ 1077. Der zur Einlösung Berechtigte muß,[1]) außer dem Falle einer andern Verabredung, den vollständigen Preis, welcher von einem Dritten angeboten worden ist, entrichten. Kann er die außer dem gewöhnlichen Kaufpreise angebotenen Nebenbedingungen nicht erfüllen, und lassen sie sich auch durch einen Schätzungswert nicht ausgleichen; so kann das Vorkaufsrecht nicht ausgeübt werden.

[1]) In JGS steht der Beistrich vor „muß"

§ 1078. Das Vorkaufsrecht läßt sich auf andere Veräußerungsarten ohne eine besondere Verabredung nicht ausdehnen.

§ 1079. Hat der Besitzer dem Berechtigten die Einlösung nicht angeboten, so muß er ihm für allen Schaden haften. Im Falle eines dinglichen Vorkaufsrechtes kann die veräußerte Sache dem Dritten abgefordert werden, und dieser wird nach Beschaffenheit seines redlichen oder unredlichen Besitzes behandelt.

Kauf auf die Probe

§ 1080. Der Kauf auf die Probe ist unter der im Belieben des Käufers stehenden Bedingung geschlossen, daß er die Ware genehmige. Die Bedingung ist im Zweifel eine aufschiebende; der Käufer ist vor der Genehmigung an den Kauf nicht gebunden, der Verkäufer hört auf, gebunden zu sein, wenn der Käufer bis zum Ablaufe der Probezeit nicht genehmigt.

(RGBl 1916/69)

§ 1081. Ist die Sache zum Zwecke der Besichtigung oder Probe bereits übergeben, so gilt Stillschweigen des Käufers bis nach Ablauf der Probezeit als Genehmigung.

(RGBl 1916/69)

§ 1082. Ist die Probezeit durch Verabredung nicht bestimmt worden, so wird sie bei beweglichen Sachen auf drei Tage; bei unbeweglichen aber auf ein Jahr angenommen.

Verkauf mit Vorbehalt eines besseren Käufers

§ 1083. Wird das Kaufgeschäft mit dem Vorbehalte verabredet, daß der Verkäufer, wenn sich binnen einer bestimmten Zeit ein besserer Käufer meldet, denselben vorzuziehen befugt sei; so bleibt in dem Falle, daß das Kaufstück nicht übergeben worden, die Wirklichkeit des Vertrages bis zum Eintritte der Bedingung aufgeschoben.

§ 1084. Ist das Kaufstück übergeben worden, so ist der Kaufvertrag abgeschlossen; er wird aber durch den Eintritt der Bedingung wieder aufgelöst. Bei dem Mangel einer ausdrücklichen Zeitbestimmung wird der bei dem Kaufe auf die Probe angenommene Zeitraum vermutet.

§ 1085. Ob der neue Käufer besser sei, beurteilt der Verkäufer. Er kann den zweiten Käufer, wenn der erste auch noch mehr zahlen wollte, vorziehen. Bei der Auflösung des Vertrages heben sich die Nutzungen der Sache und des Geldes gegeneinander auf. In

Rücksicht der Verbesserungen oder Verschlimmerungen wird der Käufer gleich einem redlichen Besitzer behandelt.

Verkaufsauftrag

§ 1086. Wenn jemand seine bewegliche Sache einem anderen für einen gewissen Preis zum Verkaufe übergibt, mit der Bedingung, daß ihm der Übernehmer binnen einer festgesetzten Zeit entweder das bestimmte Kaufgeld liefern oder die Sache zurückstellen soll; so ist der Übergeber vor Verlauf der Zeit die Sache zurückzufordern nicht berechtigt; der Übernehmer aber muß nach deren Ablauf das bestimmte Kaufgeld entrichten.

§ 1087. Während der festgesetzten Zeit bleibt der Übergeber Eigentümer. Der Übernehmer haftet ihm für den durch sein Verschulden verursachten Schaden, und es werden ihm bei Zurückstellung der Sache nur solche Kosten vergütet, die dem Übergeber zum Nutzen gereichen.

§ 1088. Ist die Sache unbeweglich; oder ist der Preis, oder die Zahlungsfrist nicht bestimmt; so wird der Übernehmer wie ein Gewalthaber angesehen. In keinem Falle kann die zum Verkaufe anvertraute Sache dem Dritten, welcher sie von dem Übernehmer redlicherweise an sich gebracht hat, abgefordert werden (§ 367).

§ 1089. Auch bei gerichtlichen Verkäufen finden die über Verträge, und den Tausch- und Kaufvertrag insbesondere aufgestellten Vorschriften in der Regel statt; insofern nicht in diesem Gesetze, oder in der Gerichtsordnung eigene Anordnungen enthalten sind.

Fünfundzwanzigstes Hauptstück
Von Bestand-, Erbpacht- und Erbzinsverträgen

Bestandvertrag

§ 1090. Der Vertrag, wodurch jemand den Gebrauch einer unverbrauchbaren Sache auf eine gewisse Zeit und gegen einen bestimmten Preis erhält, heißt überhaupt Bestandvertrag.

I. Miet- und Pachtvertrag

§ 1091. Der Bestandvertrag wird, wenn sich die in Bestand gegebene Sache ohne weitere Bearbeitung gebrauchen läßt, ein Mietvertrag; wenn sie aber nur durch Fleiß und Mühe benützt werden kann, ein Pachtvertrag genannt. Werden durch einen Vertrag Sachen von der ersten und zweiten Art zugleich in Bestand gegeben; so ist der Vertrag nach der Beschaffenheit der Hauptsache zu beurteilen.

Erfordernisse

§ 1092. Miet- und Pachtverträge können über die nämlichen Gegenstände und auf die nämliche Art, als der Kaufvertrag geschlossen werden. Der Miet- und Pachtzins wird, wenn keine andere Übereinkunft getroffen worden ist, wie das Kaufgeld entrichtet.

§ 1093. Der Eigentümer kann sowohl seine beweglichen und unbeweglichen Sachen, als seine Rechte in Bestand geben; er kann aber auch in den Fall kommen, den Gebrauch seiner eigenen Sache, wenn er einem Dritten gebührt, in Bestand zu nehmen.

Wirkung

§ 1094. Sind die vertragschließenden Teile über das Wesentliche des Bestandes, nämlich über die Sache und den Preis, übereingekommen; so ist der Vertrag vollkommen abgeschlossen, und der Gebrauch der Sache für gekauft anzusehen.

§ 1095. Wenn ein Bestandvertrag in die öffentlichen Bücher eingetragen ist; so ist das Recht des Bestandnehmers als ein dingliches Recht zu betrachten, welches sich auch der nachfolgende Besitzer auf die noch übrige Zeit gefallen lassen muß.

Wechselseitige Rechte:

1. In Hinsicht auf Überlassung, Erhaltung, Benützung;

§ 1096. (1) Vermieter und Verpächter sind verpflichtet, das Bestandstück auf eigene Kosten in brauchbarem Stande zu übergeben und zu erhalten und die Bestandinhaber in dem bedungenen Gebrauche oder Genusse nicht zu stören. Ist das Bestandstück bei der Übergabe derart mangelhaft oder wird es während der Bestandzeit ohne Schuld des Bestandnehmers derart mangelhaft, daß es zu dem bedungenen Gebrauche nicht taugt, so ist der Bestandnehmer für die Dauer und in dem Maße der Unbrauchbarkeit von der Entrichtung des Zinses befreit. Auf diese Befreiung kann bei der Miete unbeweglicher Sachen im voraus nicht verzichtet werden.

(2) Der Pächter hat die gewöhnlichen Ausbesserungen der Wirtschaftsgebäude nur insoweit selbst zu tragen, als sie mit den Materialien des Gutes und den Diensten, die er nach der Beschaffenheit des Gutes zu fordern berechtigt ist, bestritten werden können.

(RGBl 1916/69)

§ 1097. Werden Ausbesserungen nötig, welche dem Bestandgeber obliegen, so ist der Bestandnehmer bei sonstigem Schadenersatz verpflichtet, dem Bestandgeber ohne Verzug Anzeige zu machen. Der Bestandnehmer wird als ein Geschäftsführer ohne Auftrag betrachtet, wenn er auf das Bestandstück einen dem Bestandgeber obliegenden Aufwand (§ 1036) oder einen nützlichen Aufwand (§ 1037) gemacht hat; er muß aber den Ersatz längstens binnen sechs Monaten nach Zurückstellung des Bestandstückes gerichtlich fordern, sonst ist die Klage erloschen.

(RGBl 1916/69)

§ 1098. Mieter und Pächter sind berechtigt, die Miet- und Pachtstücke dem Vertrage gemäß durch die bestimmte Zeit zu gebrauchen und zu benützen, oder auch in Afterbestand zu geben, wenn es ohne Nachteil des Eigentümers geschehen kann und im Vertrage nicht ausdrücklich untersagt worden ist.

(RGBl 1916/69)

2. Lasten;

§ 1099. Bei Vermietungen trägt alle Lasten und Abgaben der Vermieter. Bei eigentlichen Pachtungen, wenn sie in Pausch und Bogen geschehen, übernimmt der Pächter, mit Ausschluß der eingetragenen Hypothekarlasten, alle übrige; wird aber die Pachtung nach einem Anschlage geschlossen, so trägt er jene Lasten, welche von dem Ertrage abgezogen worden sind, oder bloß von den Früchten, und nicht von dem Grunde selbst entrichtet werden müssen.

3. Zins

§ 1100. Ist nichts anderes vereinbart oder ortsüblich, so ist der Zins, wenn eine Sache auf ein oder mehrere Jahre in Bestand genommen wird, halbjährlich, bei einer kürzeren Bestandzeit hingegen nach Verlauf derselben zu entrichten.

(RGBl 1916/69)

§ 1101. (1) Zur Sicherstellung des Bestandzinses hat der Vermieter einer unbeweglichen Sache das Pfandrecht an den eingebrachten, dem Mieter oder seinen mit ihm in gemeinschaftlichem Haushalte lebenden Familienmitgliedern gehörigen Einrichtungsstücken und Fahrnissen, soweit sie nicht der Pfändung entzogen sind. Das Pfandrecht erlischt, wenn die Gegenstände vor ihrer pfandweisen Beschreibung entfernt werden, es sei denn, daß dies infolge einer gerichtlichen Verfügung geschieht und der Vermieter binnen drei Tagen nach dem Vollzuge sein Recht bei Gericht anmeldet.

(2) Zieht der Mieter aus oder werden Sachen verschleppt, ohne daß der Zins entrichtet oder sichergestellt ist, so kann der Vermieter die Sachen auf eigene Gefahr zurückbehalten, doch muß er binnen drei Tagen um die pfandweise Beschreibung ansuchen oder die Sachen herausgeben.

(3) Dem Verpächter eines Grundstückes steht in gleichem Umfange und mit gleicher Wirkung das Pfandrecht an dem auf dem Pachtgute vorhandenen Vieh und den Wirtschaftsgerätschaften und den darauf noch befindlichen Früchten zu.

(RGBl 1916/69)

§ 1102. Der Bestandgeber kann sich zwar die Vorausbezahlung des Bestandzinses bedingen. Hat aber der Bestandnehmer mehr als eine Fristzahlung voraus geleistet, so kann er dieselbe einem später eingetragenen Gläubiger oder neuen Eigentümer nur dann entgegensetzen, wenn sie in dem öffentlichen Buch ersichtlich gemacht ist.

(RGBl 1916/69)

Zins in Früchten

§ 1103. Wenn der Eigentümer sein Gut mit der Bedingung überläßt, daß der Übernehmer die Wirtschaft betreiben, und dem Übergeber einen auf die ganze Nutzung sich beziehenden Teil, z.B. ein Dritteil oder die Hälfte der Früchte geben solle; so entsteht kein Pacht-, sondern ein Gesellschaftsvertrag, welcher nach den darüber aufgestellten Regeln beurteilt wird.

Fälle und Bedingungen einer Erlassung des Zinses

§ 1104. Wenn die in Bestand genommene Sache wegen außerordentlicher Zufälle, als Feuer, Krieg oder Seuche, großer Überschwemmungen, Wetterschläge, oder wegen gänzlichen Mißwachses gar nicht gebraucht oder benutzt werden kann, so ist der Bestandgeber zur Wiederherstellung nicht verpflichtet, doch ist auch kein Miet- oder Pachtzins zu entrichten.

(RGBl 1916/69)

§ 1105. Behält der Mieter trotz eines solchen Zufalls einen beschränkten Gebrauch des Mietstückes, so wird ihm auch ein verhältnismäßiger Teil des Mietzinses erlassen. Dem Pächter gebührt ein Erlaß an dem Pachtzinse, wenn durch außerordentliche Zufälle die Nutzungen des nur auf ein Jahr gepachteten Gutes um mehr als die Hälfte des gewöhnlichen Ertrages gefallen sind. Der Verpächter ist so viel zu erlassen schuldig, als durch diesen Abfall an dem Pachtzinse mangelt.

(RGBl 1916/69)

§ 1106. Hat der Bestandnehmer unbestimmt alle Gefahren auf sich genommen; so werden darunter nur die Feuer-, Wasserschäden und Wetterschläge verstanden. Andere außerordentliche Unglücksfälle kommen nicht auf seine Gefahr. Verbindet er sich aber ausdrücklich, auch alle andere außerordentliche Unglücksfälle zu tragen; so wird deswegen noch nicht vermutet, daß er auch für den zufälligen Untergang des ganzen Pachtstückes haften wolle.

§ 1107. Wird der Gebrauch oder Genuß des Bestandstückes nicht wegen dessen Beschädigung oder sonst entstandener Unbrauchbarkeit, sondern aus einem dem Bestandnehmer zugestoßenen Hindernisse oder Unglücksfalle vereitelt, oder waren zur Zeit der Beschädigung die Früchte von dem Grunde schon abgesondert, so fällt die widrige Ereignung dem Bestandnehmer allein zur Last. Er muß den Zins doch entrichten. Der Bestandgeber muß sich aber den ersparten Aufwand und die Vorteile, die er durch anderweitige Verwertung des Bestandstückes erlangt, anrechnen.

(RGBl 1916/69)

§ 1108. Behauptet der Pächter den Erlaß des ganzen Pachtzinses oder eines Teiles davon entweder aus dem Vertrage oder aus dem Gesetze; so muß er dem Verpächter ohne Zeitverlust den geschehenen Unglücksfall anzeigen, und die Begebenheit, wenn sie nicht landkundig ist, gerichtlich, oder wenigstens durch zwei sachkundige Männer erheben lassen; ohne diese Vorsicht wird er nicht angehört.

4. Zurückstellung;

§ 1109. Nach geendigtem Bestandvertrage muß der Bestandnehmer die Sache dem etwa errichteten Inventarium gemäß oder doch in dem Zustand, in welchem er sie übernommen hat, gepachtete Grundstücke aber mit Rücksicht auf die Jahreszeit, in welcher die[1]) Pacht geendigt worden ist, in gewöhnlicher wirtschaftlicher Kultur zurückstellen. Weder ein Zurückbehaltungsrecht oder die Einwendung der Kompensation noch selbst des früheren Eigentumsrechtes kann ihn vor der Zurückstellung schützen.

(RGBl 1916/69)

[1]) Im RGBl „der"

§ 1110. Wenn bei dem Bestandvertrage kein Inventarium errichtet worden ist; so tritt die nämliche Vermutung, wie bei der Fruchtnießung (§ 518) ein.

§ 1111. Wird das Miet- oder Pachtstück beschädigt, oder durch Mißbrauch abgenützt; so haften Mieter und Pächter sowohl für ihr eigenes, als des Afterbestandnehmers Verschulden, nicht aber für den Zufall. Doch muß der Bestandgeber den Ersatz aus dieser Haftung längstens binnen einem Jahre nach Zurückstellung des Bestandstückes gerichtlich fordern; sonst ist das Recht erloschen.

5. Auflösung des Bestandvertrages:

a) durch Untergang der Sache;

§ 1112. Der Bestandvertrag löst sich von selbst auf, wenn die bestandene Sache zu Grunde geht. Geschieht dies aus Verschulden des einen Teiles, so gebührt dem andern Ersatz; geschieht es durch einen Unglücksfall, so ist kein Teil dem andern dafür verantwortlich.

b) Verlauf der Zeit;

§ 1113. Der Bestandvertrag erlischt auch durch den Verlauf der Zeit, welcher ausdrücklich oder stillschweigend, entweder durch den nach einem gewissen Zeitraume ausgemessenen Zins, wie bei sogenannten Tag-, Wochen- und Monatszimmern, oder durch die erklärte, oder aus den Umständen hervorleuchtende Absicht des Bestandnehmers bedungen worden ist.

Wenn keine Erneuerung geschieht;

§ **1114.** Der Bestandvertrag kann aber nicht nur ausdrücklich; sondern auch stillschweigend erneuert werden. Ist in dem Vertrage eine vorläufige Aufkündigung bedungen worden; so wird der Vertrag durch die Unterlassung der gehörigen Aufkündigung stillschweigend erneuert. Ist keine Aufkündigung bedungen worden; so geschieht eine stillschweigende Erneuerung, wenn der Bestandnehmer nach Verlauf der Bestandzeit fortfährt, die Sache zu gebrauchen oder zu benützen, und der Bestandgeber es dabei bewenden läßt.

§ **1115.** Die stillschweigende Erneuerung des Bestandvertrages geschieht unter den nämlichen Bedingungen, unter welchen er vorher geschlossen war. Doch erstreckt sie sich bei Pachtungen nur auf ein Jahr; wenn aber der ordentliche Genuß erst in einem späteren Zeitraume erfolgen kann, auf eine so lange Zeit, als notwendig ist, um die Nutzungen einmal beziehen zu können. Mietungen, wofür man den Zins erst nach einem ganzen oder halben Jahre zu bezahlen pflegt, werden auf ein halbes Jahr; alle kürzere Mietungen aber auf diejenige Zeit stillschweigend erneuert, welche vorher durch den Bestandvertrag bestimmt war. Von wiederholten Erneuerungen gilt das Nämliche, was hier in Rücksicht der ersten Erneuerung vorgeschrieben ist.

c) Aufkündigung;

§ **1116.** Insofern die Dauer eines Bestandvertrages weder ausdrücklich, noch stillschweigend, noch durch besondere Vorschriften bestimmt ist, muß derjenige, welcher den Vertrag aufheben will, dem andern die Pachtung sechs Monate;[1]) die Mietung einer unbeweglichen Sache vierzehn Tage;[1]) und einer beweglichen vierundzwanzig Stunden vorher aufkündigen, als die Abtretung erfolgen soll.

[1]) *Siehe § 560 ZPO*

§ **1116a.** Durch den Tod eines der vertragschließenden Teile wird der Bestandvertrag nicht aufgehoben. Wohnungsmieten können jedoch, wenn der Mieter stirbt, ohne Rücksicht auf die vereinbarte Dauer sowohl von den Erben des Mieters wie von dem Vermieter unter Einhaltung der gesetzlichen Kündigungsfrist gelöst werden.

(RGBl 1916/69)

§ **1117.** Der Bestandnehmer ist berechtigt, auch vor Verlauf der bedungenen Zeit von dem Vertrag ohne Kündigung abzustehen, wenn das Bestandstück in einem Zustand übergeben oder ohne seine Schuld in einen Zustand geraten ist, der es zu dem bedungenen Gebrauch untauglich macht, oder wenn ein beträchtlicher Teil durch Zufall auf eine längere Zeit entzogen oder unbrauchbar wird. Aus dem Grunde der Gesundheitsschädlichkeit gemieteter Wohnräume steht dieses Recht dem Mieter auch dann zu, wenn er im Vertrage darauf verzichtet oder die Beschaffenheit der Räume beim Vertragsabschluß gekannt hat.

(RGBl 1916/69)

§ **1118.** Der Bestandgeber kann seinerseits die frühere Aufhebung des Vertrages fordern, wenn der Bestandnehmer der Sache einen erheblichen nachteiligen Gebrauch davon macht; wenn er nach geschehener Einmahnung mit der Bezahlung des Zinses dergestalt säumig ist, daß er mit Ablauf des Termins den rückständigen Bestandzins nicht vollständig entrichtet hat; oder, wenn ein vermietetes Gebäude neu aufgeführt werden muß. Eine nützlichere Bauführung ist der Mieter zu seinem Nachteile zuzulassen nicht schuldig, wohl aber notwendige Ausbesserungen.

§ **1119.** Wenn dem Vermieter die Notwendigkeit der neuen Bauführung schon zur Zeit des geschlossenen Vertrages bekannt sein mußte; oder, wenn die Notwendigkeit der durch längere Zeit fortzusetzenden Ausbesserungen aus Vernachlässigung der kleinern Ausbesserungen entstanden ist; so muß dem Mieter für den vermißten Gebrauch eine angemessene Entschädigung geleistet werden.

d) Veräußerung der Sache

§ **1120.** Hat der Eigentümer das Bestandstück an einen andern veräußert, und ihm bereits übergeben; so muß der Bestandinhaber, wenn sein Recht nicht in die öffentlichen Bücher eingetragen ist (§ 1095), nach der gehörigen Aufkündigung dem neuen Besitzer weichen. Er ist aber berechtigt, von dem Bestandgeber in Rücksicht auf den erlittenen Schaden, und entgangenen Nutzen eine vollkommene Genugtuung zu fordern.

§ **1121.** Bei einer zwangsweisen gerichtlichen Veräußerung ist das Bestandrecht, wenn es in die öffentlichen Bücher eingetragen ist, gleich einer Dienstbarkeit zu behandeln. Hat der Ersteher das Bestandrecht nicht zu übernehmen, so muß ihm der Bestandnehmer nach gehöriger Aufkündigung weichen.

(RGBl 1916/69)

II. Erbpacht

§ 1122. Der Vertrag, wodurch jemandem[1]) das Nutzeigentum eines Gutes erblich unter der Bedingung überlassen wird, daß er die jährlichen Nutzungen mit einer jährlichen, im Verhältnisse zu dem Ertrage bestimmten Abgabe im Gelde, in Früchten, oder auch in verhältnismäßigen Diensten vergelten solle, heißt ein Erbpachtvertrag.

[1]) *In JGS „jemanden"*

III. Erbzinsvertrag

§ 1123. Wird eine geringe Abgabe von dem Besitzer nur zur Anerkennung des Grundeigentumes geleistet; so heißt der Grund ein Erbzinsgut, und der darüber errichtete Vertrag ein Erbzinsvertrag.

§ 1124. Im Zweifel, ob ein Nutzeigentum ein Erbpachtgut oder ein Erbzinsgut sei, ist auf den Betrag des jährlichen Zinses, und andere Schuldigkeiten Rücksicht zu nehmen. Steht dieser Betrag mit den jährlichen reinen Nutzungen außer allem Verhältnisse; so ist das Nutzeigentum ein Erbzinsgut; läßt sich aber wenigstens von alten Zeiten her und bei ganz öde übernommenen Gründen ein Verhältnis denken; so ist es ein Erbpachtgut (§ 359).

IV. Bodenzins

§ 1125. Ist ein Eigentum dergestalt geteilt, daß einem Teile die Substanz des Grundes samt der Benützung der Unterfläche, dem andern Teile aber nur die Benützung der Oberfläche erblich gehört; so heißt die jährliche von diesem letztern Besitzer zu entrichtende Abgabe, Bodenzins.

Erwerbung des nutzbaren Eigentumes

§ 1126. Das geteilte Eigentum einer unbeweglichen Sache kann ebensowenig, als das vollständige ohne Einverleibung in die öffentlichen Bücher oder Register erworben werden. Ein gültiger Titel gründet nur ein persönliches Recht gegen die verbundene Person, aber kein dingliches Recht gegen einen Dritten (§ 431).

Gemeinschaftliche Rechte des Ober- und Nutzungseigentümers

§ 1127. Die Rechte des Ober- und Nutzungseigentümers kommen überhaupt darin überein, daß ein jeder mit seinem Teile insoweit verfügen kann, als die Rechte des andern dadurch nicht verletzt werden (§ 363).

§ 1128. Einer wie der andere ist berechtigt, seinen Anteil gerichtlich zu verfolgen, ihn zu verpfänden, und unter Lebenden oder durch eine letzte Willenserklärung zu veräußern. Wer eine Einschränkung behauptet, muß solche durch die gehörigen Urkunden, durch sogenannte Gewährbriefe oder Handfesten beweisen.

Besondere Rechte und Pflichten des Obereigentümers

§ 1129. Der Obereigentümer ist insbesondere berechtigt, dem Nutzungseigentümer nicht nur die Verringerung der Nutzungssache; sondern auch alle Veränderungen zu untersagen, wodurch die Ausübung seiner Rechte vereitelt, oder erschwert werden kann.

1. In Rücksicht der Erhaltung, Bearbeitung und Veränderungen des Gutes;

§ 1130. Er kann also verlangen, daß der Nutzungseigentümer für die Erhaltung und Bestellung der Grundstücke Sorge trage. Vernachlässigt er, ungeachtet der geschehenen Warnung, die Erfüllung dieser Pflichten; oder ist er die auf dem Grunde haftenden Lasten zu tragen unfähig; so kann der Obereigentümer auf die Überlassung des Gutes an andere Erbpacht- oder Erbzinsmänner dringen.

2. des Erbzinses

§ 1131. Das vorzüglichste Recht des Erbpacht- und Erbzinsherrn besteht in der Beziehung des jährlichen Zinses und anderer bedungenen Gebühren. Diese können unter keinem Vorwande erhöht, von den zum Grunde nicht gehörigen Fahrnissen aber, so wie von andern beweglichen Sachen, gar nicht bezogen werden.

Wann der Zins zu entrichten

§ 1132. Der jährliche Zins muß, wenn nichts verabredet oder durch Provinzial-Gesetze bestimmt ist, in der ersten Hälfte des Monats November abgeführt werden.

Wann eine Erlassung stattfinde?

§ **1133.** In der Regel haftet ein unvollständiger Eigentümer dem andern nicht für den Zufall: Allein, wenn ein Erbpächter durch Überschwemmungen, Krieg oder Seuchen sein Pachtgut zu benützen verhindert worden ist; so muß demselben für die Zeit der vermißten Benützung ein angemessener Erlaß vom Zinse gestattet werden.

§ **1134.** Ein Erbzinsmann hat auf einen ähnlichen Erlaß keinen Anspruch; er muß, solange ein Teil des Erbzinsgutes vorhanden ist, den festgesetzten Erbzins voll entrichten.

Recht bei verzögerter Entrichtung des Zinses

§ **1135.** Hat der Erbzinsmann den Zins in der bedungenen Zeit nicht abgeführt; so kann der Erbzinsherr verlangen, daß die Nutzung in Beschlag genommen, und er aus derselben schadlos gehalten werde.

§ **1136.** Ein Erbpachtherr hat in Ansehung des über ein Jahr ausständigen Zinses die Wahl, entweder die Pfändung der Nutzungen, oder die gerichtliche Versteigerung des Erbpachtgutes zur Berichtigung der Rückstände zu verlangen.

3. In Rücksicht der Lasten und Verbesserungen

§ **1137.** Der Obereigentümer ist verpflichtet, den Nutzungseigentümer in Rücksicht des unmittelbar von ihm erhaltenen Nutzungseigentumes zu vertreten, und wenn das Nutzungsrecht mit der Substanz wieder vereinigt wird, ihm oder seinem Nachfolger die getroffenen Verbesserungen wie einem andern redlichen Besitzer zu vergüten, und für die Richtigkeit der öffentlichen Bücher und Register, die er über seine Zinsgüter führt, zu haften.

§ **1138.** Für andere von dem Nutzungseigentümer aufgebürdete und den öffentlichen Büchern nicht einverleibte Lasten haftet der Obereigentümer nicht. Der Nutzungseigentümer kann überhaupt einem andern nicht mehr Recht übertragen, als er selbst hat. Das Recht des einen erlischt also mit dem Rechte des andern.

Rechte und Verbindlichkeiten des Nutzungseigentümers überhaupt

§ **1139.** Die Rechte und Verbindlichkeiten des Nutzungseigentümers stehen überhaupt mit den festgesetzten Verbindlichkeiten und Rechten des Obereigentümers im Verhältnisse.

Insbesondere

1. in Rücksicht der Veräußerung;

§ **1140.** Der Nutzungseigentümer bedarf zur Veräußerung die Einwilligung des Obereigentümers nicht; doch muß er ihm den[1]) Nachfolger zur Beurteilung, ob derselbe dem Gute vorzustehen, und die darauf haftenden Lasten zu entrichten fähig sei, namhaft machen. Auf ein Vorkaufs- oder Einstandsrecht hat der Obereigentümer keinen Anspruch.

[1]) *In JGS „ihn dem"*

§ **1141.** Hat sich aber der Obereigentümer diese Einwilligung und Rechte ausdrücklich vorbehalten; so muß er sich binnen dreißig Tagen nach der ihm gemachten ordentlichen Anzeige erklären. Nach dieser Frist wird seine Einwilligung für erteilt gehalten. Ohne Ausübung des Vorkaufs- oder Einstandsrechtes kann er die Einwilligung nur wegen offenbarer Gefahr der Substanz und der damit verknüpften Rechte verweigern.

§ **1142.** Die Abgabe, welche der Obereigentümer zuweilen von einem neuen Nutzungseigentümer zu fordern hat, heißt, wenn die Veränderung bei Lebzeiten geschieht, Lehenware (Laudemium); geschieht sie aber von Todes wegen, Sterbelehen. Beide werden auch Veränderungsgebühren genannt. Ob und wie diese Rechte gegründet seien, entscheidet die Landesverfassung, die öffentlichen Bücher und Urkunden, oder ein dreißigjähriger ruhiger Besitz.

2. in Rücksicht eines Schatzes und der Verminderung der Substanz;

§ **1143.** Dem Nutzungseigentümer gebührt auch ein verhältnismäßiger Teil von einem gefundenen Schatze (§ 399). Er ist sogar befugt, die Substanz zu verringern, wenn er dem Obereigentümer beweisen kann, daß die Benutzung des Grundes sonst nicht stattfinde (§ 1129).

3. der Lasten;

§ **1144.** Der Nutzungseigentümer trägt alle ordentliche und außerordentliche dem Gute anklebende Lasten; er entrichtet die Steuern, Zehenten und andere besonders vorgemerkten Abgaben. Für Lasten, die den Zins betreffen, haftet der Obereigentümer.

4. des Gewährbriefes

§ 1145. Jeder neue Nutzungseigentümer ist in der Regel verbunden, sich von dem Obereigentümer einen Beglaubigungsschein oder eine Urkunde des erneuerten Nutzungseigentumes zu verschaffen.

Besondere Verhältnisse zwischen Gutsbesitzern und Untertanen

§ 1146. Inwiefern die Nutzungseigentümer gegen die Obereigentümer noch in anderen Verhältnissen stehen, und welche Rechte und Verbindlichkeiten insbesondere zwischen den Gutsbesitzern und den Gutsuntertanen bestehen, ist aus der Verfassung jeder Provinz, und den politischen Vorschriften zu entnehmen.

Rechte aus dem Bodenzinse

§ 1147. Wer nichts als einen Bodenzins entrichtet, hat nur auf die Benutzung der Oberfläche, als: Bäume, Pflanzen und Gebäude, und auf einen Teil des auf derselben gefundenen Schatzes Anspruch. Vergrabene Schätze und andere unterirdische Nutzungen gehören dem Obereigentümer allein zu.

Erlöschung des Nutzungseigentumes

§ 1148. Was von der Aufhebung des vollständigen Eigentumes bestimmt worden ist (§ 444), gilt überhaupt auch von dem geteilten.

§ 1149. Erbpacht- und Erbzinsgüter gehen auf alle Erben über, die nicht ausdrücklich ausgeschlossen worden sind. Hat der Nutzungseigentümer keinen rechtmäßigen Nachfolger; so wird das Nutzungseigentum mit dem Obereigentume vereinigt. Doch muß der Obereigentümer, wenn er von diesem Rechte Gebrauch machen will, alle Schulden des Nutzungseigentümers, die aus einem andern Vermögen nicht getilgt werden können, berichtigen. Inwiefern ein Obereigentümer das heimgefallene Gut an andere zu überlassen verbunden sei, bestimmen die politischen Verordnungen.

§ 1150. Durch Zerstörung der Pflanzen, Bäume und Gebäude geht das Nutzungseigentum der Oberfläche nicht verloren. Solange noch ein Teil des Grundes bleibt, kann ihn der Besitzer, wenn er anders seinen Zins abführt, mit neuen Pflanzen, Bäumen und Gebäuden besetzen.

Sechsundzwanzigstes Hauptstück

Von Verträgen über Dienstleistungen

Dienst- und Werkvertrag

§ 1151. (1) Wenn jemand sich auf eine gewisse Zeit zur Dienstleistung für einen anderen verpflichtet, so entsteht ein Dienstvertrag; wenn jemand die Herstellung eines Werkes gegen Entgelt übernimmt, ein Werkvertrag.

(2) Insoweit damit eine Geschäftsbesorgung (§ 1002) verbunden ist, müssen auch die Vorschriften über den Bevollmächtigungsvertrag beobachtet werden.

(RGBl 1916/69)

§ 1152. Ist im Vertrage kein Entgelt bestimmt und auch nicht Unentgeltlichkeit vereinbart, so gilt ein angemessenes Entgelt als bedungen.

(RGBl 1916/69)

1. Dienstvertrag

§ 1153. Wenn sich aus dem Dienstvertrage oder aus den Umständen nichts anderes ergibt, hat der Dienstnehmer die Dienste in eigener Person zu leisten und ist der Anspruch auf die Dienste nicht übertragbar. Soweit über Art und Umfang der Dienste nichts vereinbart ist, sind die den Umständen nach angemessenen Dienste zu leisten.

(RGBl 1916/69)

Anspruch auf das Entgelt

§ 1154. (1) Wenn nichts anderes vereinbart oder bei Diensten der betreffenden Art üblich ist, ist das Entgelt nach Leistung der Dienste zu entrichten.

(2) Ist das Entgelt nach Monaten oder kürzeren Zeiträumen bemessen, so ist es am Schlusse des einzelnen Zeitraumes; ist es nach längeren Zeiträumen bemessen, am Schlusse eines jeden Kalendermonats zu entrichten. Ein nach Stunden, nach Stück oder Einzelleistungen bemessenes Entgelt ist für die schon vollendeten Leistungen am Schlusse einer jeden Kalenderwoche, wenn es sich jedoch um Dienste höherer Art handelt, am Schlusse eines jeden Kalendermonats zu entrichten.

(3) In jedem Falle wird das bereits verdiente Entgelt mit der Beendigung des Dienstverhältnisses fällig.

(RGBl 1916/69)

§ 1154a. Der nach Stück oder Einzelleistungen entlohnte Dienstnehmer kann einen den geleisteten Diensten und seinen Auslagen entsprechenden Vorschuß vor Fälligkeit des Entgelts verlangen.

(RGBl 1916/69)

§ **1154b.** (1) Der Dienstnehmer behält seinen Anspruch auf das Entgelt, wenn er nach Antritt des Dienstes durch Krankheit oder Unglücksfall an der Dienstleistung verhindert ist, ohne dies vorsätzlich oder durch grobe Fahrlässigkeit verschuldet zu haben, bis zur Dauer von sechs Wochen. Der Anspruch auf das Entgelt erhöht sich auf die Dauer von acht Wochen, wenn das Dienstverhältnis fünf Jahre, von zehn Wochen, wenn es 15 Jahre und von zwölf Wochen, wenn es 25 Jahre ununterbrochen gedauert hat. Durch jeweils weitere vier Wochen behält der Dienstnehmer den Anspruch auf das halbe Entgelt.

(2) Bei wiederholter Dienstverhinderung durch Krankheit (Unglücksfall) innerhalb eines Arbeitsjahres besteht ein Anspruch auf Fortzahlung des Entgelts nur insoweit, als die Dauer des Anspruchs gemäß Abs. 1 noch nicht erschöpft ist.

(3) Wird ein Dienstnehmer durch Arbeitsunfall oder Berufskrankheit im Sinne der Vorschriften über die gesetzliche Unfallversicherung an der Leistung seiner Dienste verhindert, ohne dass er die Verhinderung vorsätzlich oder durch grobe Fahrlässigkeit herbeigeführt hat, so behält er seinen Anspruch auf das Entgelt ohne Rücksicht auf andere Zeiten einer Dienstverhinderung bis zur Dauer von acht Wochen. Der Anspruch auf das Entgelt erhöht sich auf die Dauer von zehn Wochen, wenn das Dienstverhältnis 15 Jahre ununterbrochen gedauert hat. Bei wiederholten Dienstverhinderungen, die im unmittelbaren ursächlichen Zusammenhang mit einem Arbeitsunfall oder einer Berufskrankheit stehen, besteht ein Anspruch auf Fortzahlung des Entgelts innerhalb eines Dienstjahres nur insoweit, als die Dauer des Anspruchs nach dem ersten oder zweiten Satz noch nicht erschöpft ist. Ist ein Dienstnehmer gleichzeitig bei mehreren Dienstgebern beschäftigt, so entsteht ein Anspruch nach diesem Absatz nur gegenüber jenem Dienstgeber, bei dem die Dienstverhinderung im Sinne dieses Absatzes eingetreten ist; gegenüber den anderen Dienstgebern entstehen Ansprüche nach Abs. 1.

(4) Kur- und Erholungsaufenthalte, Aufenthalte in Heil- und Pflegeanstalten, Rehabilitationszentren und Rekonvaleszentenheimen, die wegen eines Arbeitsunfalles oder einer Berufskrankehit von einem Träger der Sozialversicherung, dem Bundesministerium für soziale Sicherheit und Generationen gemäß § 12 Abs. 4 Opferfürsorgegesetz, einem Bundesamt für Soziales und Behindertenwesen oder einer Landesregierung auf Grund eines Behindertengesetzes auf deren Rechnung bewilligt oder angeordnet werden, sind einer Dienstverhinderung gemäß Abs. 3 gleichzuhalten.

(5) Der Dienstnehmer behält ferner den Anspruch auf das Entgelt, wenn er durch andere wichtige, seine Person betreffende Gründe ohne sein Verschulden während einer verhältnismäßig kurzen Zeit an der Dienstleistung verhindert wird.

(6) Durch Kollektivvertrag können von Abs. 5 abweichende Regelungen getroffen werden. Bestehende Kollektivverträge gelten als abweichende Regelungen.

(BGBl I 2000/44, s § 1164)

§ **1155.** (1) Auch für Dienstleistungen, die nicht zustande gekommen sind, gebührt dem Dienstnehmer das Entgelt, wenn er zur Leistung bereit war und durch Umstände, die auf Seite des Dienstgebers liegen, daran verhindert worden ist; er muß sich jedoch anrechnen, was er infolge Unterbleibens der Dienstleistung erspart oder durch anderweitige Verwendung erworben oder zu erwerben absichtlich versäumt hat.

(2) Wurde er infolge solcher Umstände durch Zeitverlust bei der Dienstleistung verkürzt, so gebührt ihm angemessene Entschädigung.

(RGBl 1916/69)

Erlöschen der Ansprüche

§ **1156.** Die dem Dienstgeber „nach § 1154b“ obliegenden Verpflichtungen erlöschen, wenn das Dienstverhältnis infolge Ablaufes der Zeit, für die es eingegangen wurde, oder infolge einer früheren Kündigung oder einer Entlassung endet, die nicht durch die Erkrankung oder sonstige die Person des Dienstnehmers betreffende wichtige Gründe im Sinne des § 1154b verursacht ist. Wird der Dienstnehmer wegen der Verhinderung entlassen oder wird ihm während der Verhinderung gekündigt, so bleibt die dadurch herbeigeführte Beendigung des Dienstverhältnisses in Ansehung der bezeichneten Ansprüche außer Betracht.

(RGBl 1916/69 und BGBl I 2000/44, s § 1164)

§ **1156a.** *(aufgehoben, BGBl I 2000/44, ab 8. 7. 2000)*

Fürsorgepflicht des Dienstgebers

§ 1157. (1) Der Dienstgeber hat die Dienstleistungen so zu regeln und bezüglich der von ihm beizustellenden oder beigestellten Räume und Gerätschaften auf seine Kosten dafür zu sorgen, daß Leben und Gesundheit des Dienstnehmers, soweit es nach der Natur der Dienstleistung möglich ist, geschützt werden.

(2) Ist der Dienstnehmer in die Hausgemeinschaft des Dienstgebers aufgenommen, so hat dieser in Ansehung des Wohn- und Schlafraumes, der Verpflegung sowie der Arbeits- und Erholungszeit die mit Rücksicht auf Gesundheit, Sittlichkeit und Religion des Dienstnehmers erforderlichen Anordnungen zu treffen.

(RGBl 1916/69)

Endigung des Dienstverhältnisses

§ 1158. (1) Das Dienstverhältnis endet mit dem Ablaufe der Zeit, für die es eingegangen wurde.

(2) Ein auf Probe oder nur für die Zeit eines vorübergehenden Bedarfes vereinbartes Dienstverhältnis kann während des ersten Monates von beiden Teilen jederzeit gelöst werden.

(3) Ein für die Lebenszeit einer Person oder für länger als fünf Jahre vereinbartes Dienstverhältnis kann von dem Dienstnehmer nach Ablauf von fünf Jahren unter Einhaltung einer Kündigungsfrist von sechs Monaten gelöst werden.

(4) Ist das Dienstverhältnis ohne Zeitbestimmung eingegangen oder fortgesetzt worden, so kann es durch Kündigung nach folgenden Bestimmungen gelöst werden.

(RGBl 1916/69)

Kündigungsfristen

§ 1159. Die Kündigung ist zulässig:

wenn bei einem Dienstverhältnisse, das keine Dienste höherer Art zum Gegenstande hat, das Entgelt nach Stunden oder Tagen, nach Stück oder Einzelleistungen bemessen ist, jederzeit für den folgenden Tag; wenn ein solches Dienstverhältnis die Erwerbstätigkeit des Dienstnehmers hauptsächlich in Anspruch nimmt und schon drei Monate gedauert hat oder wenn das Entgelt nach Wochen bemessen ist, spätestens am ersten Werktage für den Schluß der Kalenderwoche. Die Wirkung der Kündigung tritt im Falle der Entlohnung nach Stück oder Einzelleistungen keinesfalls vor Vollendung der zur Zeit der Kündigung in Ausführung begriffenen Leistungen ein.

(RGBl 1916/69)

§ 1159a. (1) Wenn ein Dienstverhältnis, das Dienste höherer Art zum Gegenstande hat, die Erwerbstätigkeit des Dienstnehmers hauptsächlich in Anspruch nimmt und schon drei Monate gedauert hat, so ist ohne Rücksicht auf die Art der Bemessung des Entgelts eine mindestens vierwöchentliche Kündigungsfrist einzuhalten.

(2) Dasselbe gilt überhaupt, wenn das Entgelt nach Jahren bemessen ist.

(RGBl 1916/69)

§ 1159b. In allen anderen Fällen kann das Dienstverhältnis unter Einhaltung einer mindestens vierzehntägigen Kündigungsfrist gelöst werden.

(RGBl 1916/69)

§ 1159c. Die Kündigungsfrist muß immer für beide Teile gleich sein. Wurden ungleiche Fristen vereinbart, so gilt für beide Teile die längere Frist.

(RGBl 1916/69)

Freizeit während der Kündigungsfrist

§ 1160. (1) Bei Kündigung durch den Dienstgeber ist dem Dienstnehmer während der Kündigungsfrist auf sein Verlangen wöchentlich mindestens ein Fünftel der regelmäßigen wöchentlichen Arbeitszeit ohne Schmälerung des Entgelts freizugeben.

(2) Ansprüche nach Abs. 1 bestehen nicht, wenn der Dienstnehmer einen Anspruch auf eine Pension aus der gesetzlichen Pensionsversicherung hat, sofern eine Bescheinigung über die vorläufige Krankenversicherung vom Pensionsversicherungsträger ausgestellt wurde.

(3) Abs. 2 gilt nicht bei Kündigung wegen Inanspruchnahme einer Gleitpension gemäß § 253c ASVG.

(4) Durch Kollektivvertrag können abweichende Regelungen getroffen werden.

(BGBl I 2000/44, ab 8. 7. 2000)

Konkurs

§ 1161. Welche Wirkungen die Eröffnung des Konkurses über das Vermögen des Dienstgebers auf das Dienstverhältnis hat, bestimmt die Konkursordnung.

(RGBl 1916/69)

Vorzeitige Auflösung

§ 1162. Das Dienstverhältnis kann, wenn es für bestimmte Zeit eingegangen wurde, vor Ablauf dieser Zeit, sonst aber ohne Einhaltung einer Kündigungsfrist von jedem Teile aus wichtigen Gründen gelöst werden.

(RGBl 1916/69)

§ 1162a. Wenn der Dienstnehmer ohne wichtigen Grund vorzeitig austritt, kann der Dienstgeber entweder dessen Wiedereintritt zur Dienstleistung nebst Schadenersatz oder Schadenersatz wegen Nichterfüllung des Vertrages verlangen. Wird der Dienstnehmer wegen eines Verschuldens vorzeitig entlassen, so hat er Schadenersatz wegen Nichterfüllung des Vertrages zu leisten. Für die schon bewirkten Leistungen, deren Entgelt noch nicht fällig ist, steht dem Dienstnehmer ein Anspruch auf den entsprechenden Teil des Entgelts nur insoweit zu, als sie nicht durch die vorzeitige Auflösung des Dienstverhältnisses für den Dienstgeber ihren Wert ganz oder zum größten Teil eingebüßt haben.

(RGBl 1916/69)

§ 1162b. Wenn der Dienstgeber den Dienstnehmer ohne wichtigen Grund vorzeitig entläßt oder wenn ihn ein Verschulden an dem vorzeitigen Austritte des Dienstnehmers trifft, behält dieser, unbeschadet weitergehenden Schadenersatzes, seine vertragsgemäßen Ansprüche auf das Entgelt für den Zeitraum, der bis zur Beendigung des Dienstverhältnisses durch Ablauf der Vertragszeit oder durch ordnungsmäßige Kündigung hätte verstreichen müssen, unter Anrechnung dessen, was er infolge des Unterbleibens der Dienstleistung erspart oder durch anderweitige Verwendung erworben oder zu erwerben absichtlich versäumt hat. Soweit jedoch der oben genannte Zeitraum drei Monate nicht übersteigt, kann der Dienstnehmer das ganze für diese Zeit gebührende Entgelt ohne Abzug sofort fordern.

(RGBl 1916/69)

§ 1162c. Trifft beide Teile ein Verschulden an der vorzeitigen Lösung des Dienstverhältnisses, so hat der Richter nach freiem Ermessen zu entscheiden, ob und in welcher Höhe ein Ersatz gebührt.

(RGBl 1916/69)

§ 1162d. Ansprüche wegen vorzeitigen Austrittes oder vorzeitiger Entlassung im Sinne der §§ 1162a und 1162b müssen bei sonstigem Ausschlusse binnen sechs Monaten nach Ablauf des Tages, an dem sie erhoben werden konnten, gerichtlich geltend gemacht werden.

(RGBl 1916/69)

Zeugnis

§ 1163. (1) Bei Beendigung des Dienstverhältnisses ist dem Dienstnehmer auf sein Verlangen ein schriftliches Zeugnis über die Dauer und Art der Dienstleistung auszustellen. Verlangt der Dienstnehmer während der Dauer des Dienstverhältnisses ein Zeugnis, so ist ihm ein solches auf seine Kosten auszustellen. Eintragungen und Anmerkungen im Zeugnisse, durch die dem Dienstnehmer die Erlangung einer neuen Stellung erschwert wird, sind unzulässig.

(2) Zeugnisse des Dienstnehmers, die sich in Verwahrung des Dienstgebers befinden, sind dem Dienstnehmer auf Verlangen jederzeit auszufolgen.

(RGBl 1916/69)

Zwingende Vorschriften

§ 1164. (1) Die Berechtigungen des Dienstnehmers, die sich aus den Bestimmungen der §§ 1154 Abs. 3, 1154b Abs. 1 bis 4, 1156 bis 1159b, 1160 und 1162a bis 1163 ergeben, können durch den Dienstvertrag oder durch Normen der kollektiven Rechtsgestaltung nicht aufgehoben oder beschränkt werden.

(2) Die §§ 1154b, 1156 und 1164 in der Fassung des Bundesgesetzes BGBl. I Nr. 44/2000 sind auf Dienstverhinderungen anzuwenden, die in nach dem 31. Dezember 2000 begonnenen Arbeitsjahren eingetreten sind.

(3) Die verlängerte Anspruchsdauer nach § 1154b Abs. 1 in der Fassung des Bundesgesetzes BGBl. I Nr. 44/2000 bewirkt keine Verlängerung einer in Normen der kollektiven Rechtsgestaltung oder Dienstverträgen vorgesehenen längeren Anspruchsdauer. Sehen Normen der kollektiven Rechtsgestaltung oder Dienstverträge einen zusätzlichen Anspruch im Anschluss an den Anspruch nach § 1154b Abs. 1 vor, wird die Gesamtdauer der Ansprüche nicht verlängert.

(4) Im Zeitpunkt des Inkrafttretens des Bundesgesetzes BGBl. I Nr. 44/2000 für die Dienstnehmer günstigere Regelungen in Dienstverträgen oder in Normen der kollektiven Rechtsgestaltung werden durch die Neuregelung des Bundesgesetzes BGBl. I Nr. 44/2000 nicht berührt.

(BGBl I 2000/44)

2. Werkvertrag

§ 1165. Der Unternehmer ist verpflichtet, das Werk persönlich auszuführen oder unter seiner persönlichen Verantwortung ausführen zu lassen.

(RGBl 1916/69)

§ 1166. Hat derjenige, der die Verfertigung einer Sache übernommen hat, den Stoff dazu zu liefern, so ist der Vertrag im Zweifel als Kaufvertrag; liefert aber der Besteller den Stoff, im Zweifel als Werkvertrag zu betrachten.

(RGBl 1916/69)

Gewährleistung

§ 1167. Bei Mängeln des Werkes kommen die für entgeltliche Verträge überhaupt geltenden Bestimmungen (§§ 922 bis 933b) zur Anwendung.

(BGBl I 2001/48, ab 1. 1. 2002, s Anm zu § 922)

Vereitlung der Ausführung

§ 1168. (1) Unterbleibt die Ausführung des Werkes, so gebührt dem Unternehmer gleichwohl das vereinbarte Entgelt, wenn er zur Leistung bereit war und durch Umstände, die auf Seite des Bestellers liegen, daran verhindert worden ist; er muß sich jedoch anrechnen, was er infolge Unterbleibens der Arbeit erspart oder durch anderweitige Verwendung erworben oder zu erwerben absichtlich versäumt hat. Wurde er infolge solcher Umstände durch Zeitverlust bei der Ausführung des Werkes verkürzt, so gebührt ihm angemessene Entschädigung.

(2) Unterbleibt eine zur Ausführung des Werkes erforderliche Mitwirkung des Bestellers, so ist der Unternehmer auch berechtigt, ihm zur Nachholung eine angemessene Frist zu setzen mit der Erklärung, daß nach fruchtlosem Verstreichen der Frist der Vertrag als aufgehoben gelte.

(RGBl 1916/69)

§ 1168a. Geht das Werk vor seiner Übernahme durch einen bloßen Zufall zugrunde, so kann der Unternehmer kein Entgelt verlangen. Der Verlust des Stoffes trifft denjenigen Teil, der ihn beigestellt hat. Mißlingt aber das Werk infolge offenbarer Untauglichkeit des vom Besteller gegebenen Stoffes oder offenbar unrichtiger Anweisungen des Bestellers, so ist der Unternehmer für den Schaden verantwortlich, wenn er den Besteller nicht gewarnt hat.

(RGBl 1916/69)

Fürsorgepflicht

§ 1169. Die Bestimmungen des § 1157, mit Ausnahme der die Regelung der Dienstleistungen und die Arbeits- und Erholungszeit betreffenden, finden auf den Werkvertrag sinngemäße Anwendung.

(RGBl 1916/69)

Entrichtung des Entgelts

§ 1170. In der Regel ist das Entgelt nach vollendetem Werk zu entrichten. Wird aber das Werk in gewissen Abteilungen verrichtet oder sind Auslagen damit verbunden, die der Unternehmer nicht auf sich genommen hat, so ist dieser befugt, einen verhältnismäßigen Teil des Entgelts und den Ersatz der gemachten Auslagen schon vorher zu fordern.

(RGBl 1916/69)

§ 1170a. (1) Ist dem Vertrage ein Kostenvoranschlag unter ausdrücklicher Gewährleistung für seine Richtigkeit zugrunde gelegt, so kann der Unternehmer auch bei unvorhergesehener Größe oder Kostspieligkeit der veranschlagten Arbeiten keine Erhöhung des Entgelts fordern.

(2) Ist ein Voranschlag ohne Gewährleistung zugrunde gelegt und erweist sich eine beträchtliche Überschreitung als unvermeidlich, so kann der Besteller unter angemessener Vergütung der vom Unternehmer geleisteten Arbeit vom Vertrage zurücktreten. Sobald sich eine solche Überschreitung als unvermeidlich herausstellt, hat der Unternehmer dies dem Besteller unverzüglich anzuzeigen, widrigenfalls er jeden Anspruch wegen der Mehrarbeiten verliert.

(RGBl 1916/69)

Erlöschen durch Tod

§ 1171. Ein Werkvertrag über Arbeiten, bei denen es auf die besonderen persönlichen Eigenschaften des Unternehmers ankommt, erlischt durch dessen Tod und seine Erben können nur den Preis für den zubereiteten brauchbaren Stoff und einen dem Werte der geleisteten Arbeit angemessenen Teil des Entgelts fordern. Stirbt der Besteller, so bleiben die Erben an den Vertrag gebunden.

(RGBl 1916/69)

3. Verlagsvertrag

§ 1172. Durch den Verlagsvertrag verpflichtet sich der Urheber eines Werkes der Literatur, der Tonkunst oder der bildenden Künste oder sein Rechtsnachfolger, das Werk einem anderen zur Vervielfältigung und Verbreitung für eigene Rechnung zu überlassen, dieser (der Verleger) dagegen, das Werk zu vervielfältigen und die Vervielfältigungsstücke zu verbreiten.
(BGBl 1936/111)

§ 1173. Wurde über die Anzahl der Auflagen nichts bestimmt, so ist der Verleger nur zu einer Auflage berechtigt. Vor dem Absatze der Auflage darf der Urheber über das Werk nur dann anderweitig verfügen, wenn er dem Verleger eine angemessene Schadloshaltung leistet.
(RGBl 1916/69)

4. Leistung zu unerlaubtem Zweck

§ 1174. (1) Was jemand wissentlich zur Bewirkung einer unmöglichen oder unerlaubten Handlung gegeben hat, kann er nicht wieder zurückfordern. Inwiefern es der Fiskus einzuziehen berechtigt sei, bestimmen die politischen Verordnungen. Ist aber etwas zur Verhinderung einer unerlaubten Handlung demjenigen, der diese Handlung begehen wollte, gegeben worden, so findet die Zurückforderung statt.

(2) Ein zum Zweck eines verbotenen Spieles gegebenes Darlehen kann nicht zurückgefordert werden.
(RGBl 1916/69)

Siebenundzwanzigstes Hauptstück
Von dem Vertrage über eine Gemeinschaft der Güter

Entstehung einer Erwerbsgesellschaft. Begriff

§ 1175. Durch einen Vertrag, vermöge dessen zwei oder mehrere Personen einwilligen, ihre Mühe allein, oder auch ihre Sachen zum gemeinschaftlichen Nutzen zu vereinigen, wird eine Gesellschaft zu einem gemeinschaftlichen Erwerbe errichtet.

Einteilung

§ 1176. Je nachdem die Mitglieder einer Gesellschaft nur einzelne Sachen, oder Summen; oder eine ganze Gattung von Sachen, z. B. alle Waren, alle Früchte, alle liegende Gründe, oder endlich ihr ganzes Vermögen ohne Ausnahme der Gemeinschaft widmen, sind auch die Arten der Gesellschaft verschieden, und die Gesellschaftsrechte mehr oder weniger ausgedehnt.

§ 1177. Wenn ein Gesellschaftsvertrag auf das ganze Vermögen lautet; so wird doch nur das gegenwärtige darunter verstanden. Wird aber auch das künftige Vermögen mit begriffen; so versteht man darunter nur das erworbene, nicht das ererbte; außer es wäre beides ausdrücklich bedungen worden.

Form der Errichtung

§ 1178. Gesellschaftsverträge, welche sich nur auf das gegenwärtige, oder nur auf das zukünftige Vermögen beziehen, sind ungültig, wenn das von dem einen und dem andern Teile eingebrachte Gut nicht ordentlich beschrieben, und verzeichnet worden ist.

§ 1179. Wie der gesellschaftliche Vertrag unter Handelsleuten zu errichten, in die gehörigen Register einzutragen und öffentlich bekannt zu machen sei, bestimmen die besonderen Handels- und politischen Gesetze. „" *(RGBl 1863/1)*

§ 1180. Der Vertrag über eine Gemeinschaft des ganzen sowohl gegenwärtigen als künftigen Vermögens, welcher gewöhnlich nur zwischen Ehegatten errichtet zu werden pflegt, ist nach den in dem Hauptstücke von den Ehepakten hierüber erteilten Vorschriften zu beurteilen. Die gegenwärtigen Vorschriften beziehen sich auf die übrigen Arten der durch Vertrag errichteten Gütergemeinschaft.

Wirkung des Vertrages und des wirklichen Beitrages

§ 1181. Der Gesellschaftsvertrag gehört zwar unter die Titel, ein Eigentum zu erwerben; die Erwerbung selbst aber, und die Gemeinschaft der Güter oder Sachen kommt nur durch die Übergabe derselben zustande.

Hauptstamm

§ 1182. Alles, was ausdrücklich zum Betriebe des gemeinschaftlichen Geschäftes bestimmt worden ist, macht das Kapital, oder den Hauptstamm der Gesellschaft aus. Das Übrige, was jedes Mitglied besitzt, wird als ein abgesondertes Gut betrachtet.

§ 1183. Wenn Geld, verbrauchbare, oder zwar unverbrauchbare, jedoch in Geldwert angeschlagene Sachen eingelegt werden; so ist nicht nur der daraus verschaffte Nutzen, sondern auch der Hauptstamm in Rücksicht der Mitglieder, welche hierzu beigetragen haben, als ein gemeinschaftliches Eigentum anzusehen. Wer nur seine Mühe zum gemeinschaftlichen Nutzen zu verwenden verspricht, hat zwar auf den Gewinn, nicht aber auf den Hauptstamm einen Anspruch (§ 1192).

Rechte und Pflichten der Mitglieder. Beitrag zum Hauptstamme (Fonds);

§ 1184. Jedes Mitglied ist außer dem Falle einer besondern Verabredung, verbunden, einen gleichen Anteil zum gemeinschaftlichen Hauptstamme beizutragen.

Mitwirkung;

§ 1185. In der Regel sind alle Mitglieder verbunden, ohne Rücksicht auf ihren größern oder geringern Anteil, zu dem gemeinschaftlichen Nutzen gleich mitzuwirken.

§ 1186. Kein Mitglied ist befugt, die Mitwirkung einem Dritten anzuvertrauen; oder jemanden in die Gesellschaft aufzunehmen; oder ein der Gesellschaft schädliches Nebengeschäft zu unternehmen.

§ 1187. Die Pflichten der Mitglieder werden durch den Vertrag genauer bestimmt. Wer sich bloß zur Arbeit verbunden hat, der ist keinen Beitrag schuldig. Wer lediglich einen Geld- oder andern Beitrag verheißen hat, der hat weder die Verbindlichkeit, noch das Recht, auf eine andere Art zu dem gemeinschaftlichen Erwerbe mitzuwirken.

§ 1188. Bei der Beratschlagung und Entscheidung über die gesellschaftlichen Angelegenheiten sind, wenn keine andere Verabredung besteht, die in dem Hauptstücke von der Gemeinschaft des Eigentumes gegebenen Vorschriften anzuwenden (§§ 833 – 842).

Nachschuß zum Hauptstamme;

§ 1189. Die Mitglieder können zu einem mehreren Beitrage, als wozu sie sich verpflichtet haben, nicht gezwungen werden. Fände jedoch bei veränderten Umständen ohne Vermehrung des Beitrages die Erreichung des gesellschaftlichen Zweckes gar nicht statt; so kann das sich weigernde Mitglied austreten, oder zum Austritte verhalten werden.

Betrieb der anvertrauten Geschäfte;

§ 1190. Wird einem oder einigen Mitgliedern der Betrieb der Geschäfte anvertraut; so sind sie als Bevollmächtigte zu betrachten. Auf ihre Beratschlagungen und Entscheidungen über gesellschaftliche Angelegenheiten sind ebenfalls die oben (§§ 833 – 842) erwähnten Vorschriften anzuwenden.

Haftung für den Schaden;

§ 1191. Jedes Mitglied haftet für den Schaden, den es der Gesellschaft durch sein Verschulden zugefügt hat. Dieser Schaden läßt sich mit dem Nutzen, den es der Gesellschaft sonst verschaffte, nicht ausgleichen. Hat aber ein Mitglied durch ein eigenmächtig unternommenes neues Geschäft der Gesellschaft von einer Seite Schaden, und von der andern Nutzen verursacht; so soll eine verhältnismäßige Ausgleichung stattfinden.

Verteilung des Gewinnes;

§ 1192. Das Vermögen, welches nach Abzug aller Kosten und erlittenen Nachteile über den Hauptstamm zurückbleibt, ist der Gewinn. Der Hauptstamm selbst bleibt ein Eigentum derjenigen, welche dazu beigetragen haben; außer es wäre der Wert der Arbeiten zum Kapitale geschlagen und alles als ein gemeinschaftliches Gut erklärt worden.

§ 1193. Der Gewinn wird nach Verhältnis der Kapitalsbeiträge verteilt, und die von allen Mitgliedern geleisteten Arbeiten heben sich gegeneinander auf. Wenn ein oder einige Mitglieder bloß arbeiten, oder nebst dem Kapitalsbeitrage zugleich Arbeiten leisten; so wird für die Bemühungen, wenn keine Verabredung besteht, und die Gesellschafter sich nicht vereinigen können, der Betrag mit Rücksicht auf die Wichtigkeit des Geschäftes, die angewendete Mühe und den verschafften Nutzen vom Gerichte bestimmt.

§ 1194. Besteht der Gewinn nicht in barem Gelde, sondern in andern Arten der Nutzungen; so geschieht die Teilung nach der in dem Hauptstücke von der Gemeinschaft des Eigentumes enthaltenen Vorschrift (§§ 840 – 843).

§ **1195.** Die Gesellschaft kann einem Mitgliede, seiner vorzüglichen Eigenschaft oder Bemühungen wegen, einen größern Gewinn bewilligen, als ihm nach seinem Anteile zukäme; nur dürfen dergleichen Ausnahmen nicht in gesetzwidrige Verabredungen oder Verkürzungen ausarten.

§ **1196.** *(aufgehoben, RGBl 1868/62)*

Verteilung des Verlustes;

§ **1197.** Hat die Gesellschaft ihre Einlage ganz oder zum Teile verloren; so wird der Verlust in dem Verhältnisse verteilt, wie im entgegengesetzten Falle der Gewinn verteilt worden wäre. Wer kein Kapital gegeben hat, büßt seine Bemühungen ein.

Rechnungslegung;

§ **1198.** Die Mitglieder, denen die Verwaltung anvertraut ist, sind verbunden, über den gemeinschaftlichen Hauptstamm und über die dahin gehörigen Einnahmen und Ausgaben ordentlich Rechnung zu führen und abzulegen.

§ **1199.** Die Schlußrechnung und Teilung des Gewinnes oder Verlustes kann vor Vollendung des Geschäftes nicht gefordert werden. Wenn aber Geschäfte betrieben werden, die durch mehrere Jahre fortdauern und einen jährlichen Nutzen abwerfen sollen; so können die Mitglieder, wenn anders das Hauptgeschäft nicht darunter leidet, jährlich sowohl die Rechnung, als die Verteilung des Gewinnes verlangen. Übrigens kann jedes Mitglied zu jeder Zeit auf seine Kosten die Rechnungen einsehen.

§ **1200.** Wer sich mit der bloßen Vorlegung des Abschlusses (Bilanz) begnügt, oder auch seinem Rechte, Rechnung zu fordern, entsagt hat, kann, wenn er einen Betrug auch nur in einem Teile der Verwaltung beweist, sowohl für den vergangenen Fall, als für alle künftige Fälle auf eine vollständige Rechnung dringen.

Verhältnis gegen Nichtmitglieder

§ **1201.** Ohne die ausdrückliche oder stillschweigende, rechtliche Einwilligung der Mitglieder oder ihrer Bevollmächtigten kann die Gesellschaft einem Dritten nicht verbindlich gemacht werden. „“ *(RGBl 1863/1)*

§ **1202.** Ein Mitglied, welches nur mit einem Teile seines Vermögens in der Gesellschaft steht, kann ein von dem gemeinschaftlichen abgesondertes Vermögen besitzen, worüber es nach Belieben zu verfügen berechtigt ist. Rechte und Verbindlichkeiten, die ein Dritter gegen die Gesellschaft hat, müssen also von den Rechten und Verbindlichkeiten gegen einzelne Mitglieder unterschieden werden.

§ **1203.** Was also jemand an ein einzelnes Mitglied, und nicht an die Gesellschaft zu fordern oder zu zahlen hat, kann er auch nur an das einzelne Mitglied, und nicht an die Gesellschaft fordern oder bezahlen. Ebenso hat aber bei gesellschaftlichen Forderungen oder Schulden jedes Mitglied nur für seinen Anteil ein Recht oder eine Verbindlichkeit zur Zahlung, außer in dem Falle, welcher bei Handelsleuten vermutet wird, daß alle für einen und einer für alle etwas zugesagt oder angenommen haben.

§ **1204.** *(aufgehoben, RGBl 1863/1)*

Auflösung der Gesellschaft, und Austritt aus derselben

§ **1205.** Die Gesellschaft löst sich von selbst auf, wenn das unternommene Geschäft vollendet; oder nicht mehr fortzuführen; wenn der ganze gemeinschaftliche Hauptstamm zu Grunde gegangen; oder wenn die zur Dauer der Gesellschaft festgesetzte Zeit verflossen ist.

§ **1206.** Die gesellschaftlichen Rechte und Verbindlichkeiten gehen in der Regel nicht auf die Erben eines Mitgliedes über. Doch sind diese, wenn mit ihnen die Gesellschaft nicht fortgesetzt wird, berechtigt, die Rechnungen bis auf den Tod des Erblassers zu fordern und berichtigen zu lassen. Sie sind aber im entgegengesetzten Falle auch verbunden, Rechnungen zu legen, und zu berichtigen.

§ **1207.** Besteht die Gesellschaft nur aus zwei Personen; so erlischt sie durch das Absterben der einen. Besteht sie aus mehreren; so wird von den übrigen Mitgliedern vermutet, daß sie die Gesellschaft noch unter sich fortsetzen wollen. Diese Vermutung gilt auch überhaupt von den Erben der Handelsleute.

§ **1208.** Lautet der von Personen, die keine Handelsleute sind, errichtete Gesellschaftsvertrag ausdrücklich auch auf ihre Erben; so sind diese, wenn sie die Erbschaft antreten, verpflichtet, sich nach dem Willen des Erblassers zu fügen; allein auf die Erbeserben erstreckt sich dieser Wille nicht; noch weniger vermag er eine immerwährende Gesellschaft zu begründen (§ 832).

§ 1209. Wenn der Erbe die von dem Verstorbenen für die Gesellschaft übernommenen Dienste zu erfüllen nicht imstande ist; so muß er sich einem verhältnismäßigen Abzuge an dem ausgemessenen Anteile unterziehen.

§ 1210. Wenn ein Mitglied die wesentlichen Bedingungen des Vertrages nicht erfüllt; wenn es in Konkurs verfällt; „"* wenn es „durch eine oder mehrere gerichtlich strafbare Handlungen, die nur vorsätzlich begangen werden können und mit mehr als einjähriger Freiheitsstrafe bedroht sind,"** das Vertrauen verliert; so kann es vor Verlauf der Zeit von der Gesellschaft ausgeschlossen werden. *(*BGBl 1983/136 und **BGBl 1974/496)*

§ 1211. Man kann den Gesellschaftsvertrag vor Verlauf der Zeit aufkündigen, wenn dasjenige Mitglied, von welchem[1]) der Betrieb des Geschäftes vorzüglich abhing, gestorben oder ausgetreten ist.

[1]) In JGS „welchen"

§ 1212. Wenn die Zeit zur Dauer der Gesellschaft weder ausdrücklich bestimmt worden ist, noch aus der Natur des Geschäftes bestimmt werden kann; so mag jedes Mitglied den Vertrag nach Willkür aufkündigen; nur darf es nicht mit Arglist oder zur Unzeit geschehen (§ 830).

§ 1213. Die Wirkungen einer zwar bestrittenen, aber in der Folge für rechtmäßig erklärten Ausschließung oder Aufkündung werden auf den Tag, wo sie geschehen sind, zurückgezogen.

§ 1214. *(aufgehoben, RGBl 1863/1)*

Teilung des gesellschaftlichen Vermögens

§ 1215. Bei der nach Auflösung einer Gesellschaft vorzunehmenden Teilung des gesellschaftlichen Vermögens sind nebst den obigen Bestimmungen die nämlichen Vorschriften zu beobachten, welche in dem Hauptstücke von der Gemeinschaft des Eigentumes über die Teilung einer gemeinschaftlichen Sache überhaupt aufgestellt worden sind.

§ 1216. Die in diesem Hauptstücke enthaltenen Anordnungen sind auch auf die Handlungsgesellschaften anzuwenden; insofern hierüber nicht besondere Vorschriften bestehen.

Achtundzwanzigstes Hauptstück
Von den Ehepakten

Ehepakte

§ 1217. Ehepakte heißen diejenigen Verträge, welche in Absicht auf die eheliche Verbindung über das Vermögen geschlossen werden, und haben vorzüglich das Heiratsgut; die Widerlage; Morgengabe; die Gütergemeinschaft; Verwaltung und Fruchtnießung des eigenen Vermögens; die Erbfolge, oder die auf den Todesfall bestimmte lebenslange Fruchtnießung des Vermögens, und den Witwengehalt zum Gegenstande.

1. Heiratsgut

§ 1218. Unter Heiratsgut versteht man dasjenige Vermögen, welches von der Ehegattin, oder für sie von einem Dritten dem Manne zur Erleichterung des mit der ehelichen Gesellschaft verbundenen Aufwandes übergeben oder zugesichert wird.

Dessen Bestellung

§ 1219. Wenn die Braut eigenes Vermögen besitzt, und volljährig ist; so hängt es von ihr und dem Bräutigame ab, wie sie sich wegen des Heiratsgutes, und wegen anderer wechselseitigen Gaben miteinander verstehen wollen. „Ist aber die Braut noch minderjährig, so muß der Vertrag von ihrem gesetzlichen Vertreter geschlossen werden." *(BGBl 1977/403)*

§ 1220. Besitzt die Braut kein eigenes, zu einem angemessenen Heiratsgut hinlängliches Vermögen, so sind Eltern oder Großeltern nach der Reihenfolge und nach den Grundsätzen, nach denen sie für den Unterhalt „" der Kinder zu sorgen haben, verpflichtet, den Töchtern oder Enkelinnen bei ihrer Verehelichung ein Heiratsgut zu geben oder dazu verhältnismäßig beizutragen. „" *(BGBl 1977/403)*
(BGBl 1970/342)

§ 1221. Berufen sich Eltern oder Großeltern auf ihr Unvermögen zur Bestellung eines anständigen Heiratsgutes; so soll auf Ansuchen der Brautpersonen das Gericht die Umstände, jedoch ohne strenge Erforschung des Vermögensstandes, untersuchen, und hiernach ein angemessenes Heiratsgut bestimmen, oder die Eltern und Großeltern davon freisprechen.

§ **1222.** Wenn eine Tochter ohne Wissen, oder gegen den Willen ihrer Eltern sich verehelicht hat, und das Gericht die Ursache der Mißbilligung gegründet findet; so sind die Eltern selbst in dem Falle, daß sie in der Folge die Ehe genehmigen, nicht schuldig, ihr ein Heiratsgut zu geben.

§ **1223.** Hat eine Tochter ihr Heiratsgut schon erhalten, und es, obschon ohne ihr Verschulden, verloren; so ist sie nicht mehr, selbst nicht in dem Falle einer zweiten Ehe, berechtigt, ein neues zu fordern.

§ **1224.** Im Zweifel, ob das Heiratsgut von dem Vermögen der Eltern oder der Braut ausgesetzt worden sei, wird das letztere angenommen. Haben aber Eltern das Heiratsgut ihrer minderjährigen Tochter ohne [ober]vormundschaftliche Genehmigung bereits ausgezahlt; so wird vermutet, daß es die Eltern aus eigenem Vermögen getan haben.

Übergabe,

§ **1225.** Hat sich der Ehemann vor geschlossener Ehe kein Heiratsgut bedungen; so ist er auch keines zu fordern berechtigt. Die Übergabe des bedungenen Heiratsgutes kann, wenn keine andere Zeit festgesetzt worden ist, gleich nach geschlossener Ehe begehrt werden.

und Beweis derselben

§ **1226.** Wenn über das Vermögen des Ehemannes ein Konkurs verhängt wird; so macht seine vor Ausbruch des Konkurses geschehene schriftliche oder mündliche Bestätigung, daß er das Heiratsgut empfangen habe, gegen jedermann einen Beweis. Erfolgt aber die Bestätigung erst nach ausgebrochenem Konkurse; so hat sie gegen die Gläubiger keine Beweiseskraft.

Gegenstand des Heiratsgutes und Rechte des Ehemannes und der Ehefrau in Rücksicht desselben

§ **1227.** Alles, was sich veräußern und nutzen läßt, ist zum Heiratsgute geeignet. Solange die eheliche Gesellschaft fortgesetzt wird, gehört die Fruchtnießung des Heiratsgutes, und dessen, was demselben zuwächst, dem Manne. Besteht das Heiratsgut in barem Gelde, in abgetretenen Schuldforderungen oder verbrauchbaren Sachen; so gebührt ihm das vollständige Eigentum.

§ **1228.** Besteht das Heiratsgut in unbeweglichen Gütern, in Rechten oder Fahrnissen, welche mit Schonung der Substanz benutzt werden können; so wird die Ehegattin so lange als Eigentümerin und der Mann als Fruchtnießer desselben angesehen, bis bewiesen wird, daß der Ehemann das Heiratsgut für einen bestimmten Preis übernommen, und sich nur zur Zurückgabe dieses Geldbetrages verbunden hat.

§ **1229.** Nach dem Gesetze fällt das Heiratsgut nach dem Tode des Mannes seiner Ehegattin, und wenn sie vor ihm stirbt, ihren Erben heim. Soll sie oder ihre Erben davon ausgeschlossen sein; so muß dies ausdrücklich bestimmt werden. Wer das Heiratsgut freiwillig bestellt, kann sich ausbedingen, daß es nach dem Tode des Mannes auf ihn zurückfalle.

2. Widerlage

§ **1230.** Was der Bräutigam oder ein Dritter der Braut zur Vermehrung des Heiratsgutes aussetzt, heißt Widerlage. Hiervon gebührt zwar der Ehegattin während der Ehe kein Genuß; allein wenn sie den Mann überlebt, gebührt ihr ohne besondere Übereinkunft auch das freie Eigentum, obgleich dem Manne auf den Fall seines Überlebens das Heiratsgut nicht verschrieben worden ist.

§ **1231.** Weder der Bräutigam, noch seine Eltern sind verbunden, eine Widerlage zu bestimmen. Doch in eben der Art, in welcher die Eltern der Braut schuldig sind, ihr ein Heiratsgut auszusetzen, liegt auch den Eltern des Bräutigams ob, ihm eine ihrem Vermögen angemessene Ausstattung zu geben (§§ 1220 – 1223).

3. Morgengabe

§ **1232.** Das Geschenk, welches der Mann seiner Gattin am ersten Morgen zu geben verspricht, heißt Morgengabe. Ist dieselbe versprochen worden; so wird im Zweifel vermutet, daß sie binnen den ersten drei Jahren der Ehe schon überreicht worden sei.

4. Gütergemeinschaft

§ **1233.** Die eheliche Verbindung allein begründet noch keine Gemeinschaft der Güter zwischen den Eheleuten. Dazu wird ein besonderer Vertrag erfordert, dessen Umfang und rechtliche Form nach den §§ 1177 und 1178 des vorigen Hauptstückes beurteilt wird.

§ 1234. Die Gütergemeinschaft unter Ehegatten wird in der Regel nur auf den Todesfall verstanden. Sie gibt dem Ehegatten das Recht auf die Hälfte dessen, was von den der Gemeinschaft wechselseitig unterzogenen Gütern nach Ableben des andern Ehegatten noch vorhanden sein wird.

§ 1235. Bei einer Gemeinschaft, die sich auf das ganze Vermögen bezieht, sind vor der Teilung alle Schulden ohne Ausnahme; bei einer Gemeinschaft aber, die bloß das gegenwärtige, oder bloß das künftige Vermögen zum Gegenstande hat, nur diejenigen Schulden abzuziehen, die zum Nutzen des gemeinschaftlichen Gutes verwendet worden sind.

§ 1236. Besitzt ein Ehegatte ein unbewegliches Gut, und wird das Recht des andern Ehegatten zur Gemeinschaft in die öffentlichen Bücher eingetragen; so erhält dieser durch die Eintragung auf die Hälfte der Substanz des Gutes ein dingliches Recht, vermöge dessen der eine Ehegatte über diese Hälfte keine Anordnung machen kann; auf die Nutzungen aber während der Ehe erhält er durch die Einverleibung keinen Anspruch. Nach dem Tode des Ehegatten gebührt dem überlebenden Teile sogleich das freie Eigentum seines Anteiles. Doch kann eine solche Einverleibung den auf das Gut früher eingetragenen Gläubigern nicht zum Nachteile gereichen.

5. Gesetzlicher ehelicher Güterstand

§ 1237. Haben Eheleute über die Verwendung ihres Vermögens keine besondere Übereinkunft getroffen; so behält jeder Ehegatte sein voriges Eigentumsrecht, und auf das, was ein jeder Teil während der Ehe erwirbt, und auf was immer für eine Art überkommt, hat der andere keinen Anspruch. „“ *(BGBl 1978/280)*

§§ 1238 bis 1241. *(aufgehoben, BGBl 1978/280)*

6. Witwengehalt;

§ 1242. Das, was einer Gattin auf den Fall des Witwenstandes zum Unterhalte bestimmt wird, heißt Witwengehalt. Dieser gebührt der Witwe gleich nach dem Tode des Mannes, und soll immer auf drei Monate vorhinein entrichtet werden.

§ 1243. *(aufgehoben, BGBl 1975/412)*

§ 1244. Wenn die Witwe sich verehelicht; so verliert sie das Recht auf den Witwengehalt.

Sicherstellung des Heiratsgutes, der Widerlage und des Witwengehaltes;

§ 1245. Wer das Heiratsgut übergibt, ist berechtigt, bei der Übergabe; oder wenn in der Folge Gefahr eintritt, von demjenigen, der es empfängt, eine angemessene Sicherstellung zu fordern. „ “ *(BGBl I 2000/135, ab 1. 7. 2001)*

Schenkungen unter Ehegatten und Verlobten

§ 1246. Die Gültigkeit oder Ungültigkeit der Schenkungen zwischen Ehegatten wird nach den für die Schenkungen überhaupt bestehenden Gesetzen beurteilt.

§ 1247. Was ein Mann seiner Ehegattin an Schmuck, Edelsteinen und andern Kostbarkeiten zum Putze gegeben hat, wird im Zweifel nicht für gelehnt; sondern für geschenkt angesehen. Wenn aber ein verlobter Teil dem andern, oder auch ein Dritter dem einen oder andern Teile in Rücksicht auf die künftige Ehe etwas zusichert oder schenkt; so kann, wenn die Ehe ohne Verschulden des Geschenkgebers nicht erfolgt, die Schenkung widerrufen werden.

Wechselseitige Testamente

§ 1248. Den Ehegatten ist gestattet, in einem und dem nämlichen Testamente sich gegenseitig, oder auch andere Personen als Erben einzusetzen. Auch ein solches Testament ist widerruflich; es kann aber aus der Widerrufung des einen Teiles auf die Widerrufung des andern Teiles nicht geschlossen werden (§ 583).

Erbverträge. Erfordernisse zur Gültigkeit des Erbvertrages

§ 1249. Zwischen Ehegatten kann auch ein Erbvertrag, wodurch der künftige Nachlaß, oder ein Teil desselben versprochen, und das Versprechen angenommen wird, geschlossen werden (§ 602). Zur Gültigkeit eines solchen Vertrages ist jedoch notwendig, daß er schriftlich mit allen Erfordernissen eines schriftlichen Testamentes errichtet werde.

§ 1250. Ein pflegebefohlener Ehegatte kann zwar die ihm versprochene, unnachteilige Verlassenschaft annehmen; aber die Verfügung über seine eigene Verlassenschaft kann, ohne Genehmhaltung des Gerichtes, nur insofern bestehen, als sie ein gültiges Testament ist.

Vorschrift über die eingerückten Bedingungen

§ 1251. Was von Bedingungen bei Verträgen überhaupt gesagt worden ist, muß auch auf Erbverträge zwischen Ehegatten angewendet werden.

Wirkung des Erbvertrages

§ 1252. Ein [selbst den öffentlichen Büchern einverleibter] Erbvertrag hindert den Ehegatten nicht, mit seinem Vermögen, solange er lebt, nach Belieben zu schalten. Das Recht, welches daraus entsteht, setzt den Tod des Erblassers voraus; es kann von dem Vertragserben, wenn er den Erblasser nicht überlebt, weder auf andere übertragen, noch der künftigen Erbschaft willen eine Sicherstellung gefordert werden.

[] *Gegenstandslos*

§ 1253. Durch den Erbvertrag kann ein Ehegatte auf das Recht, zu testieren, nicht gänzlich Verzicht tun. Ein reiner Vierteil, worauf weder der jemandem[1]) gebührende Pflichtteil, noch eine andere Schuld haften darf, bleibt kraft des Gesetzes zur freien letzten Anordnung immer vorbehalten. Hat der Erblasser darüber nicht verfügt; so fällt er doch nicht dem Vertragserben, obschon die ganze Verlassenschaft versprochen worden wäre, sondern den gesetzlichen Erben zu.

[1]) *In JGS „jemanden“*

Erlöschung desselben

§ 1254. Der Erbvertrag kann zum Nachteile des andern Gatten, mit dem er geschlossen worden ist, nicht widerrufen; sondern nur nach Vorschrift der Gesetze entkräftet werden. Den Noterben bleiben ihre Rechte, wie gegen eine andere letzte Anordnung vorbehalten.

Fruchtnießung auf den Todesfall (Advitalitätsrecht)

§ 1255. Wenn ein Ehegatte dem andern die Fruchtnießung seines Vermögens auf den Fall des Überlebens erteilt; so wird er dadurch in der freien Verfügung durch Handlungen unter Lebenden nicht beschränkt; das Recht der Fruchtnießung (§§ 509 – 520) bezieht sich nur auf den Nachlaß des frei vererblichen Vermögens.

§ 1256. [Wird aber die Fruchtnießung eines unbeweglichen Gutes mit Einwilligung des Verleihers den öffentlichen Büchern einverleibt; so kann dieselbe in Hinsicht dieses Gutes nicht mehr verkürzt werden.]

Gegenstandslos, s GBG

§ 1257. In dem Falle, daß der überlebende Teil sich wieder verehelicht, oder die Fruchtnießung einem andern abtreten will, haben die Kinder des verstorbenen Ehegatten das Recht zu verlangen, daß ihnen dieselbe gegen einen angemessenen jährlichen Betrag überlassen werde.

§ 1258. Ein Ehegatte, welcher auf die Fruchtnießung der ganzen Verlassenschaft des andern Ehegatten, oder eines Teiles derselben Anspruch macht, hat kein Recht, den ihm in dem[1]) Fall der gesetzlichen Erbfolge von dem Gesetze ausgemessenen Anteil zu fordern (§§ 757–759).

[1]) *In JGS „den“*

Einkindschaft

§ 1259. Die Einkindschaft, das ist, ein Vertrag, wodurch Kinder aus verschiedenen Ehen in der Erbfolge einander gleich gehalten werden sollen, hat keine rechtliche Wirkung.

Absonderung des Vermögens in dem Falle:

1. eines Konkurses;

§ 1260. Wenn über das Vermögen des Mannes bei seinen Lebzeiten ein Konkurs eröffnet wird; so kann die Ehegattin zwar noch nicht die Zurückstellung des Heiratsgutes, und die Herausgabe der Widerlage, sondern nur die Sicherstellung für den Fall der Auflösung der Ehe gegen die Gläubiger verlangen. Sie ist überdies berechtigt, von Zeit der Konkurseröffnung den Genuß des witiblichen Unterhaltes, und wenn keiner bedungen ist, den Genuß des Heiratsgutes anzusprechen. Dieser Anspruch auf den einen, oder den andern Genuß hat aber nicht statt, wenn bewiesen wird, daß die Ehegattin an dem Verfalle der Vermögensumstände des Mannes Ursache sei.

§ 1261. Verfällt die Gattin mit ihrem Vermögen in den Konkurs; so bleiben die Ehepakte unverändert.

§ 1262. Ist zwischen den Ehegatten eine Gemeinschaft der Güter bedungen; so hört dieselbe durch den Konkurs des einen oder des andern Ehegatten auf, und das zwischen ihnen gemeinschaftliche Vermögen wird, wie bei dem Tode, geteilt.

[2. einer freiwilligen;]

§ 1263. [Wenn Ehegatten übereinkommen, geschieden zu leben, so hängt es auch von ihrem Einverständnisse ab, welches immer zugleich zu treffen ist (§§ 103–105), ob sie ihre Ehepakte fortdauern lassen, oder auf welche Art sie dieselben abändern wollen.]

Gegenstandslos, s EheG

[oder 3. einer gerichtlichen Scheidung;]

§ 1264. [Ist aber auf die Scheidung durch richterliches Urteil erkannt worden, und trägt kein Teil, oder jeder Teil Schuld an der Scheidung, so kann ein oder der andere Ehegatte verlangen, daß die Ehepakte für aufgehoben erklärt werden; worüber von dem Gerichte stets ein Vergleich zu versuchen ist (§ 108). Ist ein Teil schuldlos, so steht demselben frei, die Fortsetzung oder Aufhebung der Ehepakte, oder nach Umständen, den angemessenen Unterhalt zu verlangen.]

Gegenstandslos, s EheG

4. Nichtigerklärung;

§ 1265. Wird eine Ehe für ungültig erklärt: so zerfallen auch die Ehepakte; das Vermögen kommt, insofern es vorhanden ist, in den vorigen Stand zurück. Der schuldtragende Teil hat aber dem schuldlosen Teile Entschädigung zu leisten [(§ 102)].

[] *Gegenstandslos, § 102 aufgehoben durch EheG*

5. [Trennung] der Ehe

§ 1266. Wird die [Trennung] der Ehe [(§§ 115 und 133)] auf Verlangen beider Ehegatten, ihrer unüberwindlichen Abneigung wegen, verwilligt; so sind die Ehepakte, soweit darüber kein Vergleich getroffen wird [(§ 117)], für beide Teile erloschen. Wird auf die [Trennung] der Ehe durch Urteil erkannt, so gebührt dem schuldlosen Ehegatten nicht nur volle Genugtuung, sondern von dem Zeitpunkte der erkannten [Trennung] alles dasjenige, was ihm in den Ehepakten auf den Fall des Überlebens bedungen worden ist. Das Vermögen, worüber eine Gütergemeinschaft bestanden hat, wird wie bei dem Tode geteilt, und das Recht aus einem Erbvertrage bleibt dem Schuldlosen auf den Todesfall vorbehalten. Die gesetzliche Erbfolge (§§ 757–759) kann ein getrennter, obgleich schuldloser Ehegatte nicht ansprechen.

[] *Anwendbar unter Ersetzung des Ausdrucks „Trennung" durch die Ausdrücke „Aufhebung" und „Scheidung" entsprechend dem geltenden Eherecht*

Neunundzwanzigstes Hauptstück
Von den Glücksverträgen

Glücksverträge

§ 1267. Ein Vertrag, wodurch die Hoffnung eines noch ungewissen Vorteiles versprochen und angenommen wird, ist ein Glücksvertrag. Er gehört, je nachdem etwas dagegen versprochen wird oder nicht, zu den entgeltlichen oder unentgeltlichen Verträgen.

§ 1268. Bei Glücksverträgen findet das Rechtsmittel wegen Verkürzung über die Hälfte des Wertes nicht statt.

Arten der Glücksverträge:

§ 1269. Glücksverträge sind: die Wette; das Spiel und das Los; alle über gehoffte Rechte, oder über künftige noch unbestimmte Sachen errichtete Kauf- und andere Verträge; ferner, die Leibrenten; die gesellschaftlichen Versorgungsanstalten; endlich die Versicherungs- und Bodmereiverträge.

1. die Wette;

§ 1270. Wenn über ein beiden Teilen noch unbekanntes Ereignis ein bestimmter Preis zwischen ihnen für denjenigen, dessen Behauptung der Erfolg entspricht, verabredet wird; so entsteht eine Wette. Hatte der gewinnende Teil von dem Ausgange Gewißheit, und verheimlichte er sie dem andern Teile; so macht er sich einer Arglist schuldig, und die Wette ist ungültig. Der verlierende Teil aber, dem der Ausgang vorher bekannt war, ist als ein Geschenkgeber anzusehen.

§ 1271. Redliche und sonst erlaubte Wetten sind insoweit verbindlich, als der bedungene Preis nicht bloß versprochen; sondern wirklich entrichtet, oder hinterlegt worden ist. Gerichtlich kann der Preis nicht gefordert werden.

2. das Spiel;

§ **1272.** Jedes Spiel ist eine Art von Wette. Die für Wetten festgesetzten Rechte gelten auch für Spiele. Welche Spiele überhaupt, oder für besondere Klassen verboten; wie Personen, die verbotene Spiele treiben, und diejenigen, die ihnen dazu Unterschleif geben, zu bestrafen sind, bestimmen die politischen Gesetze.

3. Los;

§ **1273.** Ein zwischen Privatpersonen auf eine Wette oder auf ein Spiel abzielendes Los wird nach den für Wetten und Spiele festgesetzten Vorschriften beurteilt. Soll aber eine Teilung, eine Wahl, oder eine Streitigkeit durch das Los entschieden werden; so treten dabei die Rechte der übrigen Verträge ein.

§ **1274.** Staatslotterien sind nicht nach der Eigenschaft der Wette und des Spieles; sondern nach den jedes Mal darüber kundgemachten Planen, zu beurteilen.

4. Hoffnungskauf;

§ **1275.** Wer für ein bestimmtes Maß von einem künftigen Erträgnisse einen verhältnismäßigen Preis verspricht, schließt einen ordentlichen Kaufvertrag.

§ **1276.** Wer die künftigen Nutzungen einer Sache in Pausch und Bogen; oder wer die Hoffnung derselben in einem bestimmten Preise kauft, errichtet einen Glücksvertrag; er trägt die Gefahr der ganz vereitelten Erwartung; es gebühren ihm aber auch alle ordentliche erzielte Nutzungen.

[insbesondere eines Kuxes;]

§ **1277.** [Der Anteil an einem Bergwerke heißt Kux. Der Kauf eines Kuxes gehört zu den gewagten Verträgen. Der Verkäufer haftet nur für die Richtigkeit des Kuxes, und der Käufer hat sich nach den Gesetzen über den Bergbau zu benehmen].

Gegenstandslos wegen Auflösung der bergrechtlichen Gewerkschaften durch das BergG

oder einer Erbschaft;

§ **1278.** (1) Der Käufer einer von dem Verkäufer angetretenen, oder ihm wenigstens angefallenen Erbschaft tritt nicht allein in die Rechte; sondern auch in die Verbindlichkeiten des Verkäufers als Erben ein, insoweit diese nicht bloß persönlich sind. Wenn also bei dem Kaufe kein Inventarium zugrunde gelegt wird, ist auch der Erbschaftskauf ein gewagtes Geschäft.

(2) Der Erbschaftskauf bedarf zu seiner Gültigkeit der Aufnahme eines Notariatsaktes oder der Beurkundung durch gerichtliches Protokoll. *(RGBl 1916/69)*

§ **1279.** Auf Sachen, die dem Verkäufer nicht als Erben, sondern aus einem andern Grunde, z.B. als Vorausvermächtnis, [als Fideikommiß,] als Substitution, als Schuldforderung aus der Verlassenschaft gebühren, und ihm auch ohne Erbrecht gebührt hätten, hat der Erbschaftskäufer keinen Anspruch. Dagegen erhält er alles, was der Erbschaft selbst zuwächst, es sei durch den Abgang eines Legatars, oder eines Miterben, oder auf was immer für eine andere Art, insoweit der Verkäufer darauf Anspruch gehabt hätte.

[] *Gegenstandslos, s Anm zu §§ 618 bis 645*

§ **1280.** Alles, was der Erbe aus dem Erbrechte erhält, wie z.B. die bezogenen Früchte und Forderungen, wird mit zur Masse gerechnet; alles hingegen, was er aus dem Seinigen auf die Antretung der Erbschaft, oder auf die Verlassenschaft verwendet hat, wird von der Masse abgezogen. Dahin gehören die bezahlten Schulden; die schon abgeführten Vermächtnisse, Abgaben und Gerichtsgebühren; und wenn es nicht ausdrücklich anders verabredet worden ist, auch die Begräbniskosten.

§ **1281.** Insoweit der Verkäufer die Verlassenschaft vor der Übergabe verwaltet hat, haftet er dem Käufer dafür wie ein anderer Geschäftsträger.

§ **1282.** Die Erbschaftsgläubiger und Vermächtnisnehmer aber können sich ihrer Befriedigung wegen sowohl an den Käufer der Erbschaft, als an den Erben selbst halten. Ihre Rechte, sowie jene der Erbschaftsschuldner werden durch den Verkauf der Erbschaft nicht geändert, und die Erbschaftsantretung des einen gilt auch für den andern.

§ **1283.** Hat man bei dem Verkaufe der Erbschaft ein Inventarium zugrunde gelegt; so haftet der Verkäufer für dasselbe. Ist der Kauf ohne ein solches Verzeichnis geschehen; so haftet er für die Richtigkeit seines Erbrechtes, wie er es angegeben hat, und für allen dem Käufer durch sein Verschulden zugefügten Schaden.

5. Leibrente;

§ 1284. Wird jemandem[1]) für Geld, oder gegen eine für Geld geschätzte Sache auf die Lebensdauer einer gewissen Person eine bestimmte jährliche Entrichtung versprochen; so ist es ein Leibrentenvertrag.

[1]) In JGS „jemanden“

§ 1285. Die Dauer der Leibrente kann von dem Leben des einen oder andern Teiles, oder auch eines Dritten abhängen. Sie wird im Zweifel vierteljährig vorhinein entrichtet; und nimmt in allen Fällen mit dem Leben desjenigen, auf dessen Kopf sie beruht, ihr Ende.

§ 1286. Weder die Gläubiger, noch die Kinder desjenigen, welcher sich eine Leibrente bedingt, sind berechtigt, den Vertrag umzustoßen. Doch steht den erstern frei, ihre Befriedigung aus den Leibrenten zu suchen; den letztern aber, die Hinterlegung eines entbehrlichen Teiles der Rente zu fordern, um sich den ihnen nach dem Gesetze gebührenden Unterhalt darauf versichern zu lassen.

6. gesellschaftliche Versorgungsanstalten;

§ 1287. Der Vertrag, wodurch vermittelst einer Einlage ein gemeinschaftlicher Versorgungsfonds für die Mitglieder, ihre Gattinnen oder Waisen errichtet wird, ist aus der Natur und dem Zwecke einer solchen Anstalt, und den darüber festgesetzten Bedingungen, zu beurteilen.

7. Versicherungsvertrag;

§ 1288. Wenn jemand die Gefahr des Schadens, welcher einen andern ohne dessen Verschulden treffen könnte, auf sich nimmt, und ihm gegen einen gewissen Preis den bedungenen Ersatz zu leisten verspricht; so entsteht der Versicherungsvertrag. Der Versicherer haftet dabei für den zufälligen Schaden, und der Versicherte für den versprochenen Preis.

§ 1289. Der gewöhnliche Gegenstand dieses Vertrages sind Waren, die zu Wasser oder zu Lande verführt werden. Es können aber auch andere Sachen, z.B. Häuser und Grundstücke gegen Feuer-, Wasser- und andere Gefahren versichert werden.

§ 1290. Ereignet sich der zufällige Schade, wofür die Entschädigung versichert worden ist; so muß der Versicherte, wenn kein unüberwindliches Hindernis dazwischen kommt, oder nichts anderes verabredet worden ist, dem Versicherer, wenn sie sich im nämlichen Orte befinden, binnen drei Tagen, sonst aber in derjenigen Zeitfrist davon Nachricht geben, welche zur Bekanntmachung der Annahme eines von einem Abwesenden gemachten Versprechens bestimmt worden ist (§ 862). Unterläßt er die Anzeige; kann er den Unfall nicht erweisen; oder kann der Versicherer beweisen, daß der Schade aus Verschulden des Versicherten entstanden ist; so hat dieser auch keinen Anspruch auf die versicherte Summe.

§ 1291. Wenn der Untergang der Sache dem Versicherten; oder der gefahrlose Zustand derselben dem Versicherer zur Zeit des geschlossenen Vertrages schon bekannt war; so ist der Vertrag ungültig.

Bodmerei- und Seeassekuranzen

§ 1292. Die Bestimmungen in Rücksicht der Versicherungen zur See; sowie die Vorschriften über den Bodmereivertrag sind ein Gegenstand der Seegesetze.

Dreißigstes Hauptstück
Von dem Rechte des Schadensersatzes und der Genugtuung

Schade

§ 1293. Schade heißt jeder Nachteil, welcher jemandem[1]) an Vermögen, Rechten oder seiner Person zugefügt worden ist. Davon unterscheidet sich der Entgang des Gewinnes, den jemand nach dem gewöhnlichen Laufe der Dinge zu erwarten hat.

[1]) In JGS „jemanden“

Quellen der Beschädigung

§ 1294. Der Schade entspringt entweder aus einer widerrechtlichen Handlung, oder Unterlassung eines andern; oder aus einem Zufalle. Die widerrechtliche Beschädigung wird entweder willkürlich, oder unwillkürlich zugefügt. Die willkürliche Beschädigung aber gründet sich teils in einer bösen Absicht, wenn der Schade mit Wissen und Willen; teils in einem Versehen, wenn er aus schuldbarer Unwissenheit, oder aus Mangel der gehörigen Aufmerksamkeit, oder des gehörigen Fleißes verursacht worden ist. Beides wird ein Verschulden genannt.

Von der Verbindlichkeit zum Schadensersatze:

1. Von dem Schaden aus Verschulden;

§ **1295.** (1) Jedermann ist berechtigt, von dem Beschädiger den Ersatz des Schadens, welchen dieser ihm aus Verschulden zugefügt hat, zu fordern; der Schade mag durch Übertretung einer Vertragspflicht oder ohne Beziehung auf einen Vertrag verursacht worden sein.

(2) Auch wer in einer gegen die guten Sitten verstoßenden Weise absichtlich Schaden zufügt, ist dafür verantwortlich, jedoch falls dies in Ausübung eines Rechtes geschah, nur dann, wenn die Ausübung des Rechtes offenbar den Zweck hatte, den anderen zu schädigen.

(RGBl 1916/69)

§ **1296.** Im Zweifel gilt die Vermutung, daß ein Schade ohne Verschulden eines andern entstanden sei.

§ **1297.** Es wird aber auch vermutet, daß jeder, welcher den Verstandesgebrauch besitzt, eines solchen Grades des Fleißes und der Aufmerksamkeit fähig sei, welcher bei gewöhnlichen Fähigkeiten angewendet werden kann. Wer bei Handlungen, woraus eine Verkürzung der Rechte eines andern entsteht, diesen Grad des Fleißes oder der Aufmerksamkeit unterläßt, macht sich eines Versehens schuldig.

§ **1298.** Wer vorgibt, daß er an der Erfüllung seiner vertragsmäßigen oder gesetzlichen Verbindlichkeit ohne sein Verschulden verhindert worden sei, dem liegt der Beweis ob. „Soweit er auf Grund vertraglicher Vereinbarung nur für grobe Fahrlässigkeit haftet, muß er auch beweisen, daß es an dieser Voraussetzung fehlt.“ *(BGBl I 1997/6, ab 1. 1. 1997; nicht anzuwenden auf Verträge und Schuldverhältnisse, die davor abgeschlossen oder begründet worden sind)*

insbesondere

a) der Sachverständigen,

§ **1299.** Wer sich zu einem Amte, zu einer Kunst, zu einem Gewerbe oder Handwerke öffentlich bekennt; oder wer ohne Not freiwillig ein Geschäft übernimmt, dessen Ausführung eigene Kunstkenntnisse, oder einen nicht gewöhnlichen Fleiß erfordert, gibt dadurch zu erkennen, daß er sich den notwendigen Fleiß und die erforderlichen, nicht gewöhnlichen, Kenntnisse zutraue; er muß daher den Mangel derselben vertreten. Hat aber derjenige, welcher ihm das Geschäft überließ, die Unerfahrenheit desselben gewußt; oder bei gewöhnlicher Aufmerksamkeit wissen können, so fällt zugleich dem letzteren ein Versehen zur Last.

§ **1300.** Ein Sachverständiger ist auch dann verantwortlich, wenn er gegen Belohnung in Angelegenheiten seiner Kunst oder Wissenschaft aus Versehen einen nachteiligen Rat erteilt. Außer diesem Falle haftet ein Ratgeber nur für den Schaden, welchen er wissentlich durch Erteilung des Rates dem andern verursacht hat.

oder b) mehrerer Teilnehmer

§ **1301.** Für einen widerrechtlich zugefügten Schaden können mehrere Personen verantwortlich werden, indem sie gemeinschaftlich, unmittelbarer oder mittelbarer Weise, durch Verleiten, Drohen, Befehlen, Helfen, Verhehlen u. dgl.; oder, auch nur durch Unterlassung der besonderen Verbindlichkeit das Übel zu verhindern, dazu beigetragen haben.

§ **1302.** In einem solchen Falle verantwortet, wenn die Beschädigung in einem Versehen gegründet ist, und die Anteile sich bestimmen lassen, jeder nur den durch sein Versehen verursachten Schaden. Wenn aber der Schade vorsätzlich zugefügt worden ist; oder, wenn die Anteile der Einzelnen an der Beschädigung sich nicht bestimmen lassen; so haften alle für einen, und einer für alle; doch bleibt demjenigen, welcher den Schaden ersetzt hat, der Rückersatz gegen die übrigen vorbehalten.

§ **1303.** Inwieweit mehrere Mitschuldner bloß aus der unterlassenen Erfüllung ihrer Verbindlichkeit zu haften haben, ist aus der Beschaffenheit des Vertrages zu beurteilen.

§ 1304. Wenn bei einer Beschädigung zugleich ein Verschulden von Seite des Beschädigten eintritt; so trägt er mit dem Beschädiger den Schaden verhältnismäßig; und wenn sich das Verhältnis nicht bestimmen läßt, zu gleichen Teilen.

2. aus dem Gebrauche des Rechtes;

§ 1305. Wer von seinem Rechte innerhalb der rechtlichen Schranken (§ 1295, Absatz 2) Gebrauch macht, hat den für einen anderen daraus entspringenden Nachteil nicht zu verantworten.

(RGBl 1916/69)

3. aus einer schuldlosen oder unwillkürlichen Handlung;

§ 1306. Den Schaden, welchen jemand ohne Verschulden oder durch eine unwillkürliche Handlung verursacht hat, ist er in der Regel zu ersetzen nicht schuldig.

§ 1306a. Wenn jemand im Notstand einen Schaden verursacht, um eine unmittelbar drohende Gefahr von sich oder anderen abzuwenden, hat der Richter unter Erwägung, ob der Beschädigte die Abwehr aus Rücksicht auf die dem anderen drohende Gefahr unterlassen hat, sowie des Verhältnisses der Größe der Beschädigung zu dieser Gefahr oder endlich des Vermögens des Beschädigers und des Beschädigten zu erkennen, ob und in welchem Umfange der Schaden zu ersetzen ist.

(RGBl 1916/69)

§ 1307. Wenn sich jemand aus eigenem Verschulden in einen Zustand der Sinnesverwirrung oder in einen Notstand versetzt hat, so ist auch der in demselben verursachte Schade seinem Verschulden zuzuschreiben. Eben dieses gilt auch von einem Dritten, der durch sein Verschulden diese Lage bei dem Beschädiger veranlaßt hat.

(RGBl 1916/69)

§ 1308. Wenn Personen, die den Gebrauch der Vernunft nicht haben, oder Unmündige jemanden beschädigen, der durch irgendein Verschulden hierzu selbst Veranlassung gegeben hat, so kann er keinen Ersatz ansprechen.

(BGBl I 1999/164, ab 18. 8. 1999)

§ 1309. Außer diesem Falle gebührt ihm der Ersatz von denjenigen Personen, denen der Schade wegen Vernachlässigung der ihnen über solche Personen anvertrauten Obsorge beigemessen werden kann.

§ 1310. Kann der Beschädigte auf solche Art den Ersatz nicht erhalten; so soll der Richter mit Erwägung des Umstandes, ob dem Beschädiger, ungeachtet er gewöhnlich seines Verstandes nicht mächtig ist, in dem bestimmten Falle nicht dennoch ein Verschulden zur Last liege; oder, ob der Beschädigte aus Schonung des Beschädigers die Verteidigung unterlassen habe; oder endlich, mit Rücksicht auf das Vermögen des Beschädigers und des Beschädigten; auf den ganzen Ersatz, oder doch einen billigen Teil desselben erkennen.

4. durch Zufall;

§ 1311. Der bloße Zufall trifft denjenigen, in dessen Vermögen oder Person er sich ereignet. Hat aber jemand den Zufall durch ein Verschulden veranlaßt; hat er ein Gesetz, das den zufälligen Beschädigungen vorzubeugen sucht, übertreten; oder, sich ohne Not in fremde Geschäfte gemengt; so haftet er für allen Nachteil, welcher außer dem nicht erfolgt wäre.

§ 1312. Wer in einem Notfalle jemandem[1]) einen Dienst geleistet hat, dem wird der Schade, welchen er nicht verhütet hat, nicht zugerechnet; es wäre denn, daß er einen andern, der noch mehr geleistet haben würde, durch seine Schuld daran verhindert hätte. Aber auch in diesem Falle kann er den sicher verschafften Nutzen gegen den verursachten Schaden in Rechnung bringen.

[1]) In JGS „jemanden"

5. durch fremde Handlungen;

§ 1313. Für fremde, widerrechtliche Handlungen, woran jemand keinen Teil genommen hat, ist er in der Regel auch nicht verantwortlich. Selbst in den Fällen, wo die Gesetze das Gegenteil anordnen, bleibt ihm der Rückersatz gegen den Schuldtragenden vorbehalten.

§ 1313a. Wer einem andern zu einer Leistung verpflichtet ist, haftet ihm für das Verschulden seines gesetzlichen Vertreters sowie der Personen, deren er sich zur Erfüllung bedient, wie für sein eigenes.

(RGBl 1916/69)

§ 1314. Wer eine Dienstperson ohne Zeugnis aufnimmt oder wissentlich eine durch ihre Leibes- oder Gemütsbeschaffenheit gefährliche Person im Dienste behält oder ihr Aufenthalt gibt, haftet dem Hausherrn und den Hausgenossen für den Ersatz des durch die gefährliche Beschaffenheit dieser Personen verursachten Schadens.

(RGBl 1916/69)

§ 1315. Überhaupt haftet derjenige, welcher sich einer untüchtigen oder wissentlich einer gefährlichen Person zur Besorgung seiner Angelegenheiten bedient, für den Schaden, den sie in dieser Eigenschaft einem Dritten zufügt.

(RGBl 1916/69)

§ 1316. Gastwirte, die Fremde beherbergen, sowie die anderen in § 970 bezeichneten Personen, ferner „“ Fuhrleute haften für den Schaden, welchen ihre eigenen oder die von ihnen zugewiesenen Dienstpersonen an den eingebrachten oder übernommenen Sachen einem Gast oder Reisenden in ihrem Hause, ihrer Anstalt oder ihrem Fahrzeuge verursachen. *(dRGBl 1939 I 2394)*

(RGBl 1916/69)

§ 1317. Inwiefern bei öffentlichen Versendungsanstalten für den Schaden eine Haftung übernommen werde, bestimmen die besonderen Vorschriften.

§ 1318. Wird jemand durch das Herabfallen einer gefährlich aufgehängten oder gestellten Sache; oder, durch Herauswerfen oder Herausgießen aus einer Wohnung beschädigt; so haftet derjenige, aus dessen Wohnung geworfen oder gegossen worden, oder die Sache herabgefallen ist, für den Schaden.

6. durch ein Bauwerk;

§ 1319. Wird durch Einsturz oder Ablösung von Teilen eines Gebäudes oder eines anderen auf einem Grundstück aufgeführten Werkes jemand verletzt oder sonst ein Schaden verursacht, so ist der Besitzer des Gebäudes oder Werkes zum Ersatze verpflichtet, wenn die Ereignung die Folge der mangelhaften Beschaffenheit des Werkes ist und er nicht beweist, daß er alle zur Abwendung der Gefahr erforderliche Sorgfalt angewendet habe.

(RGBl 1916/69)

6a. durch einen Weg;

§ 1319a. (1) Wird durch den mangelhaften Zustand eines Weges ein Mensch getötet, an seinem Körper oder an seiner Gesundheit verletzt oder eine Sache beschädigt, so haftet derjenige für den Ersatz des Schadens, der für den ordnungsgemäßen Zustand des Weges als Halter verantwortlich ist, sofern er oder einer seiner Leute den Mangel vorsätzlich oder grobfahrlässig verschuldet hat. Ist der Schaden bei einer unerlaubten, besonders auch widmungswidrigen, Benützung des Weges entstanden und ist die Unerlaubtheit dem Benützer entweder nach der Art des Weges oder durch entsprechende Verbotszeichen, eine Abschrankung oder eine sonstige Absperrung des Weges erkennbar gewesen, so kann sich der Geschädigte auf den mangelhaften Zustand des Weges nicht berufen.

(2) Ein Weg im Sinn des Abs. 1 ist eine Landfläche, die von jedermann unter den gleichen Bedingungen für den Verkehr jeder Art oder für bestimmte Arten des Verkehres benützt werden darf, auch wenn sie nur für einen eingeschränkten Benützerkreis bestimmt ist; zu einem Weg gehören auch die in seinem Zug befindlichen und dem Verkehr dienenden Anlagen, wie besonders Brücken, Stützmauern, Futtermauern, Durchlässe, Gräben und Pflanzungen. Ob der Zustand eines Weges mangelhaft ist, richtet sich danach, was nach der Art des Weges, besonders nach seiner Widmung, für seine Anlage und Betreuung angemessen und zumutbar ist.

(3) Ist der mangelhafte Zustand durch Leute des Haftpflichtigen verschuldet worden, so haften auch sie nur bei Vorsatz oder grober Fahrlässigkeit.

(BGBl 1975/416)

7. durch ein Tier

§ 1320. Wird jemand durch ein Tier beschädigt, so ist derjenige dafür verantwortlich, der es dazu angetrieben, gereizt oder zu verwahren vernachlässigt hat. Derjenige, der das Tier hält, ist verantwortlich, wenn er nicht beweist, daß er für die erforderliche Verwahrung oder Beaufsichtigung gesorgt hatte.

(RGBl 1916/69)

§ 1321. Wer auf seinem Grund und Boden fremdes Vieh antrifft, ist deswegen noch nicht berechtigt, es zu töten. Er kann es durch anpassende Gewalt verjagen; oder, wenn er dadurch Schaden gelitten hat, das Recht der Privatpfändung über so viele Stücke Viehes ausüben, als zu seiner Entschädigung hinreicht. Doch muß er binnen acht Tagen sich mit dem Eigentümer abfinden, oder seine Klage vor den Richter bringen; widrigenfalls aber das gepfändete Vieh zurückstellen.

§ 1322. Das gepfändete Vieh muß auch zurückgestellt werden, wenn der Eigentümer eine andere angemessene Sicherheit leistet.

Arten des Schadenersatzes

§ 1323. Um den Ersatz eines verursachten Schadens zu leisten, muß alles in den vorigen Stand zurückversetzt, oder, wenn dieses nicht tunlich ist, der Schätzungswert vergütet werden. Betrifft der Ersatz nur den erlittenen Schaden, so wird er eigentlich eine Schadloshaltung; wofern er sich aber auch auf den entgangenen Gewinn, und die Tilgung der verursachten Beleidigung erstreckt, volle Genugtuung genannt.

§ 1324. In dem Falle eines aus böser Absicht, oder aus einer auffallenden Sorglosigkeit verursachten Schadens; ist der Beschädigte volle Genugtuung; in den übrigen Fällen aber nur die eigentliche Schadloshaltung zu fordern berechtigt. Hiernach ist in den Fällen, wo im Gesetze der allgemeine Ausdruck: Ersatz, vorkommt, zu beurteilen, welche Art des Ersatzes zu leisten sei.

Insbesondere

1. bei Verletzungen an dem Körper;

§ 1325. Wer jemanden an seinem Körper verletzt, bestreitet die Heilungskosten des Verletzten, ersetzt ihm den entgangenen, oder, wenn der Beschädigte zum Erwerb unfähig wird, auch den künftig entgehenden Verdienst; und bezahlt ihm auf Verlangen überdies ein den erhobenen Umständen angemessenes Schmerzengeld.

§ 1326. Ist die verletzte Person durch die Mißhandlung verunstaltet worden; so muß zumal, wenn sie weiblichen Geschlechtes ist, insofern auf diesen Umstand Rücksicht genommen werden, als ihr besseres Fortkommen dadurch verhindert werden kann.

§ 1327. Erfolgt aus einer körperlichen Verletzung der Tod, so müssen nicht nur alle Kosten, sondern auch den Hinterbliebenen, für deren Unterhalt der Getötete nach dem Gesetze zu sorgen hatte, das, was ihnen dadurch entgangen ist, ersetzt werden.

(RGBl 1916/69)

1a. an der geschlechtlichen Selbstbestimmung

§ 1328. Wer jemanden durch eine strafbare Handlung oder sonst durch Hinterlist, Drohung oder Ausnutzung eines Abhängigkeits- oder Autoritätsverhältnisses zur Beiwohnung oder sonst zu geschlechtlichen Handlungen mißbraucht, hat ihm den erlittenen Schaden und den entgangenen Gewinn zu ersetzen sowie eine angemessene Entschädigung für die erlittene Beeinträchtigung zu leisten."

(BGBl 1996/759, ab 1. 1. 1997, auf Tathandlungen anzuwenden, die nach dem 31. 12. 1996 gesetzt worden sind)

2. an der persönlichen Freiheit;

§ 1329. Wer jemanden durch gewaltsame Entführung, durch Privatgefangennehmung oder vorsätzlich durch einen widerrechtlichen Arrest seiner Freiheit beraubt, ist verpflichtet, dem Verletzten die vorige Freiheit zu verschaffen und volle Genugtuung zu leisten. Kann er ihm die Freiheit nicht mehr verschaffen, so muß er den Hinterbliebenen, wie bei der Tötung, Ersatz leisten.

(RGBl 1916/69)

3. an der Ehre;

§ 1330. (1) Wenn jemandem durch Ehrenbeleidigung ein wirklicher Schade oder Entgang des Gewinnes verursacht worden ist, so ist er berechtigt, den Ersatz zu fordern.

(2) Dies gilt auch, wenn jemand Tatsachen verbreitet, die den Kredit, den Erwerb oder das Fortkommen eines anderen gefährden und deren Unwahrheit er kannte oder kennen mußte. In diesem Falle kann auch der Widerruf und die Veröffentlichung desselben verlangt werden. Für eine nicht öffentlich vorgebrachte Mitteilung, deren Unwahrheit der Mitteilende nicht kennt, haftet er nicht, wenn er oder der Empfänger der Mitteilung an ihr ein berechtigtes Interesse hatte.

(RGBl 1916/69)

4. an dem Vermögen

§ 1331. Wird jemand an seinem Vermögen vorsätzlich oder durch auffallende Sorglosigkeit eines andern beschädigt; so ist er auch den entgangenen Gewinn, und wenn der Schade vermittelst einer durch ein Strafgesetz verbotenen Handlung, oder aus Mutwillen und Schadenfreude verursacht worden ist, den Wert der besondern Vorliebe zu fordern berechtigt.

§ 1332. Der Schade, welcher aus einem mindern Grade des Versehens oder der Nachlässigkeit verursacht worden ist, wird nach dem gemeinen Werte, den die Sache zur Zeit der Beschädigung hatte, ersetzt.

§ 1332a. Wird ein Tier verletzt, so gebühren die tatsächlich aufgewendeten Kosten der Heilung oder der versuchten Heilung auch dann, wenn sie den Wert des Tieres übersteigen, soweit auch ein verständiger Tierhalter in der Lage des Geschädigten diese Kosten aufgewendet hätte.

(BGBl 1988/179)

Besonders durch die Verzögerung der Zahlung.

Gesetzliche Zinsen und weitere Schäden

§ 1333. (1) Der Schaden, den der Schuldner seinem Gläubiger durch die Verzögerung der Zahlung einer Geldforderung zugefügt hat, wird durch die gesetzlichen Zinsen (§ 1000 Abs. 1) vergütet.

(2) Bei der Verzögerung der Zahlung von Geldforderungen zwischen Unternehmern aus unternehmerischen Geschäften beträgt der gesetzliche Zinssatz acht Prozentpunkte über dem Basiszinssatz. Dabei ist der Basiszinssatz, der am letzten Kalendertag eines Halbjahres gilt, für das nächste Halbjahr maßgebend.

(3) Der Gläubiger kann außer den gesetzlichen Zinsen auch den Ersatz anderer, vom Schuldner verschuldeter und ihm erwachsener Schäden geltend machen, insbesondere die notwendigen Kosten zweckentsprechender außergerichtlicher Betreibungs- oder Einbringungsmaßnahmen, soweit diese in einem angemessenen Verhältnis zur betriebenen Forderung stehen.

(BGBl I 2002/118, ab 1. 8. 2002)

§ 1334. Eine Verzögerung fällt einem Schuldner zur Last, wenn er den durch Gesetz oder Vertrag bestimmten Zahlungstag nicht einhält. Sofern die Parteien nicht Anderes vereinbart haben, hat der Schuldner seine Leistung bei vertragsgemäßer Erbringung der Gegenleistung ohne unnötigen Aufschub nach der Erfüllung durch den Gläubiger oder, wenn die Parteien ein solches Verfahren vereinbart haben, nach der Abnahme oder Überprüfung der Leistung des Gläubigers oder, wenn die Forderung der Höhe nach noch nicht feststeht, nach dem Eingang der Rechnung oder einer gleichwertigen Zahlungsaufforderung zu erbringen. Ist die Zahlungszeit sonst nicht bestimmt, so trägt der Schuldner die Folgen der Zahlungsverzögerung, wenn er sich nach dem Tag der gerichtlichen oder außergerichtlichen Einmahnung nicht mit dem Gläubiger abgefunden hat.

(BGBl I 2002/118, ab 1. 8. 2002)

§ 1335. Hat der Gläubiger die Zinsen ohne gerichtliche Einmahnung bis auf den Betrag der Hauptschuld steigen lassen, so erlischt das Recht, vom Kapital weitere Zinsen zu fordern, sofern es sich nicht um Geldforderungen gegen einen Unternehmer aus unternehmerischen Geschäften handelt. Vom Tag der Streitanhängigkeit an können jedoch neuerdings Zinsen verlangt werden.“

(BGBl I 2002/118, ab 1. 8. 2002)

Bedingung des Vergütungsbetrages[1]) (Konventionalstrafe)

§ 1336. (1) Die vertragschließenden Teile können eine besondere Übereinkunft treffen, daß auf den Fall des entweder gar nicht oder nicht auf gehörige Art oder zu spät erfüllten Versprechens anstatt des zu vergütenden Nachteiles ein bestimmter Geld- oder anderer Betrag entrichtet werden solle (§ 912). Der Schuldner erlangt mangels besonderer Vereinbarung nicht das Recht, sich durch Bezahlung des Vergütungsbetrages von der Erfüllung zu befreien. Wurde die Konventionalstrafe für die Nichteinhaltung der Erfüllungszeit oder des Erfüllungsortes versprochen, so kann sie neben der Erfüllung gefordert werden.

(2) In allen Fällen ist der Vergütungsbetrag, wenn er vom Schuldner als übermäßig erwiesen wird, von dem Richter, allenfalls nach Einvernehmung von Sachverständigen, zu mäßigen.

(RGBl 1916/69)

[1]) Irrtümlich „Vergütungsvertrag“

Verbindlichkeit der Erben des Beschädigers

§ 1337. Die Verbindlichkeit zum Ersatze des Schadens, und des entgangenen Gewinnes, oder zur Entrichtung des bedungenen Vergütungsbetrages haftet auf dem Vermögen, und geht auf die Erben über.

Rechtsmittel der Entschädigung

§ 1338. Das Recht zum Schadenersatze muß in der Regel, wie jedes andere Privatrecht, bei dem ordentlichen Richter angebracht werden. Hat der Beschädiger zugleich ein Strafgesetz übertreten; so trifft ihn auch die verhängte Strafe. Die Verhandlung über den Schadenersatz aber gehört auch in diesem Falle, insofern sie nicht durch die Strafgesetze dem Strafgerichte oder der politischen Behörde aufgetragen ist, zu dem Zivilgerichte.

§ 1339. *(aufgehoben, BGBl 1974/496)*

§ 1340. Diese Behörden haben in dem Falle, daß sich die Entschädigung unmittelbar bestimmen läßt, sogleich darüber nach den in diesem Hauptstücke erteilten Vorschriften zu erkennen. Wenn aber der Ersatz des Schadens nicht unmittelbar bestimmt werden kann, ist in dem Erkenntnisse überhaupt auszudrücken, daß dem Beschädigten die Entschädigung im Wege Rechtens zu suchen vorbehalten bleibe. Dieser Weg ist auch in Kriminalfällen dem Beschädigten[, und in andern Fällen beiden Teilen] dann vorbehalten, wenn sie mit der von der Strafbehörde erfolgten Bestimmung des Ersatzes sich nicht befriedigen wollten.

[] *Gegenstandslos*

§ 1341. Gegen das Verschulden eines Richters beschwert man sich bei der höhern Behörde. Diese untersucht und beurteilt die Beschwerde von Amts wegen.

Dritter Teil
Von den gemeinschaftlichen Bestimmungen der Personen- und Sachenrechte

Erstes Hauptstück
Von Befestigung der Rechte und Verbindlichkeiten

Gemeinschaftliche Bestimmungen der Rechte

§ 1342. Sowohl Personenrechte als Sachenrechte, und daraus entspringende Verbindlichkeiten können gleichförmig befestigt, umgeändert und aufgehoben werden.

Arten der Befestigung eines Rechtes;

§ 1343. Die rechtlichen Arten der Sicherstellung einer Verbindlichkeit und der Befestigung eines Rechtes, durch welche dem Berechtigten ein neues Recht eingeräumt wird, sind: die Verpflichtung eines Dritten für den Schuldner, und die Verpfändung.

I. durch Verpflichtung eines Dritten

§ 1344. Ein Dritter kann sich dem Gläubiger für den Schuldner auf dreierlei Art verpflichten: einmal, wenn er mit Einwilligung des Gläubigers die Schuld als Alleinzahler übernimmt; dann, wenn er der Verbindlichkeit als Mitschuldner beitritt; endlich, wenn er sich für die Befriedigung des Gläubigers auf den Fall verbindet, daß der erste Schuldner die Verbindlichkeit nicht erfülle.

§ 1345. Wenn jemand mit Einwilligung des Gläubigers die ganze Schuld eines andern übernimmt; so geschieht keine Befestigung, sondern eine Umänderung der Verbindlichkeit, wovon in dem folgenden Hauptstücke gehandelt wird.

a) Als Bürge;

§ 1346. (1) Wer sich zur Befriedigung des Gläubigers auf den Fall verpflichtet, daß der erste Schuldner die Verbindlichkeit nicht erfülle, wird ein Bürge, und das zwischen ihm und dem Gläubiger getroffene Übereinkommen ein Bürgschaftsvertrag genannt. Hier bleibt der erste Schuldner noch immer der Hauptschuldner, und der Bürge kommt nur als Nachschuldner hinzu.

(2) Zur Gültigkeit des Bürgschaftsvertrages ist erforderlich, daß die Verpflichtungserklärung des Bürgen schriftlich abgegeben wird.

(RGBl 1916/69)

b) als Mitschuldner;

§ 1347. Wenn jemand, ohne die den Bürgen zustatten kommende Bedingung, einer Verbindlichkeit als Mitschuldner beitritt; so entsteht eine Gemeinschaft mehrerer Mitschuldner, deren rechtliche Folgen nach den in dem Hauptstücke von Verträgen überhaupt gegebenen Vorschriften zu beurteilen sind (§§ 888–896).

Entschädigungsbürge

§ 1348. Wer dem Bürgen auf den Fall, daß derselbe durch seine Bürgschaft zu Schaden kommen sollte, Entschädigung zusagt, heißt Entschädigungsbürge.

Wer sich verbürgen könne

§ 1349. Fremde Verbindlichkeiten kann ohne Unterschied des Geschlechtes jedermann auf sich nehmen, dem die freie Verwaltung seines Vermögens zusteht.

Für welche Verbindlichkeiten

§ 1350. Eine Bürgschaft kann nicht nur über Summen und Sachen, sondern auch über erlaubte Handlungen und Unterlassungen in Beziehung auf den Vorteil oder Nachteil, welcher aus denselben für den Sichergestellten entstehen kann, geleistet werden.

§ **1351.** Verbindlichkeiten, welche nie zu Recht bestanden haben, oder schon aufgehoben sind, können weder übernommen, noch bekräftigt werden.

§ **1352.** Wer sich für eine Person verbürgt, die sich vermöge ihrer persönlichen Eigenschaft nicht verbinden kann, ist, obschon ihm diese Eigenschaft unbekannt war, gleich einem ungeteilten Mitschuldner verpflichtet (§ 896).

Umfang der Bürgschaft

§ **1353.** Die Bürgschaft kann nicht weiter ausgedehnt werden, als sich der Bürge ausdrücklich erklärt hat. Wer sich für ein zinsbares Kapital verbürgt, haftet nur für jene rückständigen Zinsen, welche der Gläubiger noch nicht einzutreiben berechtigt war.

§ **1354.** Von der Einwendung, wodurch ein Schuldner nach Vorschrift der Gesetze die Beibehaltung eines Teiles seines Vermögens zu seinem Unterhalte zu fordern berechtigt ist, kann der Bürge nicht Gebrauch machen.

Wirkung

§ **1355.** Der Bürge kann in der Regel erst dann belangt werden, wenn der Hauptschuldner auf des Gläubigers gerichtliche oder außergerichtliche Einmahnung seine Verbindlichkeit nicht erfüllt hat.

§ **1356.** Der Bürge kann aber, selbst wenn er sich ausdrücklich nur für den Fall verbürgt hat, daß der Hauptschuldner zu zahlen unvermögend sei, zuerst belangt werden, wenn der Hauptschuldner in Konkurs verfallen, oder wenn er zur Zeit, als die Zahlung geleistet werden sollte, unbekannten Aufenthaltes, und der Gläubiger keiner Nachlässigkeit zu beschuldigen ist.

§ **1357.** Wer sich als Bürge und Zahler verpflichtet hat, haftet als ungeteilter Mitschuldner für die ganze Schuld; es hängt von der Willkür des Gläubigers ab, ob er zuerst den Hauptschuldner, oder den Bürgen oder beide zugleich belangen wolle (§ 891).

§ **1358.** Wer eine fremde Schuld bezahlt, für die er persönlich oder mit bestimmten Vermögensstücken haftet, tritt in die Rechte des Gläubigers und ist befugt, von dem Schuldner den Ersatz der bezahlten Schuld zu fordern. Zu diesem Ende ist der befriedigte Gläubiger verbunden, dem Zahler alle vorhandenen Rechtsbehelfe und Sicherungsmittel auszuliefern.

(RGBl 1916/69)

§ **1359.** Haben für den nämlichen ganzen Betrag mehrere Personen Bürgschaft geleistet; so haftet jede für den ganzen Betrag. Hat aber eine von ihnen die ganze Schuld abgetragen; so gebührt ihr gleich dem Mitschuldner (§ 896) das Recht des Rückersatzes gegen die übrigen.

§ **1360.** Wenn dem Gläubiger vor, oder bei Leistung der Bürgschaft noch außer derselben von dem Hauptschuldner, oder einem Dritten ein Pfand gegeben wird; so steht ihm zwar noch immer frei, den Bürgen der Ordnung nach (§ 1355) zu belangen; aber er ist nicht befugt, zu dessen Nachteil sich des Pfandes zu begeben.

§ **1361.** Hat der Bürge oder Zahler den Gläubiger befriedigt, ohne sich mit dem Hauptschuldner einzuverstehen; so kann dieser alles gegen jene einwenden, was er gegen den Gläubiger hätte einwenden können.

§ **1362.** Der Bürge kann von dem Entschädigungsbürgen nur dann Entschädigung verlangen, wenn er sich den Schaden nicht durch sein eigenes Verschulden zugezogen hat.

Arten der Erlöschung der Bürgschaft

§ **1363.** Die Verbindlichkeit des Bürgen hört verhältnismäßig mit der Verbindlichkeit des Schuldners auf. Hat sich der Bürge nur auf eine gewisse Zeit verpflichtet; so haftet er nur für diesen Zeitraum. Die Entlassung eines Mitbürgen kommt diesem zwar gegen den Gläubiger; aber nicht gegen die übrigen Mitbürgen zustatten (§ 896).

§ **1364.** Durch den Verlauf der Zeit, binnen welcher der Schuldner hätte zahlen sollen, wird der Bürge, wenn auch der Gläubiger auf die Befriedigung nicht gedrungen hat, noch nicht von seiner Bürgschaft befreit; allein er ist befugt, von dem Schuldner, wenn er mit dessen Einwilligung Bürgschaft geleistet hat, zu verlangen, daß er ihm Sicherheit verschaffe. Auch der Gläubiger ist dem Bürgen insoweit verantwortlich, als dieser wegen dessen Saumseligkeit in Eintreibung der Schuld an Erholung des Ersatzes zu Schaden kommt.

§ 1365. Wenn gegen den Schuldner eine gegründete[1]) Besorgnis der Zahlungsunfähigkeit oder der Entfernung aus den [Erb]ländern, für welche dieses Gesetzbuch vorgeschrieben ist, eintritt; so steht dem Bürgen das Recht zu, von dem Schuldner die Sicherstellung der verbürgten Schuld zu verlangen.

[] *Gegenstandslos*

[1]) In JGS „ein gegründetes"

§ 1366. Wenn das verbürgte Geschäft beendigt ist; so kann die Abrechnung und die Aufhebung der Bürgschaft gefordert werden.

§ 1367. Ist der Bürgschaftsvertrag weder durch eine Hypothek, noch durch ein Faustpfand befestigt; so erlischt er binnen drei Jahren nach dem Tode des Bürgen, wenn der Gläubiger in der Zwischenzeit unterlassen hat, von dem Erben die verfallene Schuld gerichtlich oder außergerichtlich einzumahnen.

II. Durch Pfandvertrag

§ 1368. Pfandvertrag heißt derjenige Vertrag, wodurch der Schuldner, oder ein anderer anstatt seiner auf eine Sache dem Gläubiger das Pfandrecht wirklich einräumt, folglich ihm das bewegliche Pfandstück übergibt, oder das unbewegliche durch die Pfandbücher verschreibt. Der Vertrag, ein Pfand übergeben zu wollen, ist noch kein Pfandvertrag.

Wirkung des Pfandvertrages

§ 1369. Was bei Verträgen überhaupt Rechtens ist, gilt auch bei dem Pfandvertrage; er ist zweiseitig verbindlich. Der Pfandnehmer muß das Handpfand wohl verwahren, und es dem Verpfänder, sobald dieser die Befriedigung leistet, zurückgeben. Betrifft es eine Hypothek; so muß der befriedigte Gläubiger den Verpfänder in den Stand setzen, die Löschung der Verbindlichkeit aus den Hypothekenbüchern bewirken zu können. Die mit dem Pfandbesitze verknüpften Rechte und Verbindlichkeiten des Pfandgebers und Pfandnehmers sind im sechsten Hauptstücke des zweiten Teiles bestimmt worden.

§ 1370. Der Handpfandnehmer ist verbunden, dem Pfandgeber einen Pfandschein auszustellen, und darin die unterscheidenden Kennzeichen des Pfandes zu beschreiben. Auch können die wesentlichen Bedingungen des Pfandvertrages in dem Pfandscheine angeführt werden.

Unerlaubte Bedingungen

§ 1371. Alle der Natur des Pfand- und Darlehensvertrages[1]) entgegenstehende Bedingungen und Nebenverträge sind ungültig. Dahin gehören die Verabredungen: daß nach der Verfallzeit der Schuldforderung das Pfandstück dem Gläubiger zufalle; daß er es nach Willkür, oder in einem schon im voraus bestimmten Preise veräußern, oder für sich behalten könne; daß der Schuldner das Pfand niemals einlösen, oder ein liegendes Gut keinem andern verschreiben, oder daß der Gläubiger nach der Verfallzeit die Veräußerung des Pfandes nicht verlangen dürfe.

[1]) In JGS „Darleihensvertrages"

§ 1372. Der Nebenvertrag, daß dem Gläubiger die Fruchtnießung der verpfändeten Sache zustehen solle, ist ohne rechtliche Wirkung. Ist dem Gläubiger der bloße Gebrauch eines beweglichen Pfandstückes eingeräumt worden (§ 459), so muß diese Benützung auf eine dem Schuldner unschädliche Art geschehen.

Auf welche Art in der Regel Sicherstellung zu leisten ist

§ 1373. Wer verbunden ist, eine Sicherstellung zu leisten, muß diese Verbindlichkeit durch ein Handpfand, oder durch eine Hypothek erfüllen. Nur in dem Falle, daß er ein Pfand zu geben außer Stande ist, werden taugliche Bürgen angenommen.

§ 1374. Niemand ist verpflichtet, eine Sache, die zur Sicherstellung dienen soll, in einem höheren Wert als der Hälfte ihres Verkehrswertes zum Pfand anzunehmen. Wer ein angemessenes Vermögen besitzt und im Inland geklagt werden kann, ist ein tauglicher Bürge.

(BGBl I 2000/135, ab 1. 7. 2001)

Zweites Hauptstück

Von Umänderung der Rechte und Verbindlichkeiten

Umänderung der Rechte und Verbindlichkeiten:

§ 1375. Es hängt von dem Willen des Gläubigers und des Schuldners ab, ihre gegenseitigen willkürlichen Rechte und Verbindlichkeiten umzuändern. Die Umänderung kann ohne, oder mit Hinzukunft einer dritten Person, und zwar entweder eines neuen Gläubigers, oder eines neuen Schuldners geschehen.

1. durch Novation;

§ **1376.** Die Umänderung ohne Hinzukunft einer dritten Person findet statt, wenn der Rechtsgrund, oder wenn der Hauptgegenstand einer Forderung verwechselt wird, folglich die alte Verbindlichkeit in eine neue übergeht.

§ **1377.** Eine solche Umänderung heißt Neuerungsvertrag (Novation). Vermöge dieses Vertrages hört die vorige Hauptverbindlichkeit auf, und die neue nimmt zugleich ihren Anfang.

§ **1378.** Die mit der vorigen Hauptverbindlichkeit verknüpften Bürgschafts-, Pfand- und anderen Rechte erlöschen durch den Neuerungsvertrag, wenn die Teilnehmer nicht durch ein besonderes Einverständnis hierüber etwas anderes festgesetzt haben.

§ **1379.** Die näheren Bestimmungen, wo, wann und wie eine schon vorhandene Verbindlichkeit erfüllt werden soll, und andere Nebenbestimmungen, wodurch in Rücksicht auf den Hauptgegenstand oder Rechtsgrund keine Umänderung geschieht, sind ebensowenig als ein Neuerungsvertrag anzusehen, als die bloße Ausstellung eines neuen Schuldscheines, oder einer anderen dahin gehörigen Urkunde. Auch kann eine solche Abänderung in den Nebenbestimmungen einem Dritten, welcher derselben nicht beigezogen worden ist, keine neue Last auflegen. Im Zweifel wird die alte Verbindlichkeit nicht für aufgelöst gehalten, solange sie mit der neuen noch wohl bestehen kann.

2. Vergleich

§ **1380.** Ein Neuerungsvertrag, durch welchen streitige, oder zweifelhafte Rechte dergestalt bestimmt werden, daß jede Partei sich wechselseitig etwas zu geben, zu tun, oder zu unterlassen verbindet, heißt Vergleich. Der Vergleich gehört zu den zweiseitig verbindlichen Verträgen, und wird nach eben denselben Grundsätzen beurteilt.

§ **1381.** Wer dem Verpflichteten mit dessen Einwilligung ein unstreitiges oder unzweifelhaftes[1]) Recht unentgeltlich erläßt, macht eine Schenkung (§ 939).

[1]) In JGS irrtümlich „zweifelhaftes“

Ungültigkeit eines Vergleiches in Rücksicht des Gegenstandes;

§ **1382.** Es gibt zweifelhafte Fälle, welche durch einen Vergleich nicht beigelegt werden dürfen. Dahin gehört der zwischen Eheleuten über die Gültigkeit ihrer Ehe entstandene Streit. Diesen kann nur der durch das Gesetz bestimmte Gerichtsstand entscheiden.

§ **1383.** Über den Inhalt einer letzten Anordnung kann vor deren Bekanntmachung kein Vergleich errichtet werden. Die hierüber entstandene Wette wird nach den Grundsätzen von Glücksverträgen beurteilt.

§ **1384.** Vergleiche über Gesetzübertretungen sind nur in Hinsicht auf die Privatgenugtuung gültig; die gesetzmäßige Untersuchung und Bestrafung kann dadurch bloß dann abgewendet werden, wenn die Übertretungen von der Art sind, daß die Behörde nur auf Verlangen der Parteien ihr Amt zu handeln angewiesen ist.

oder anderer Mängel

§ **1385.** Ein Irrtum kann den Vergleich nur insoweit ungültig machen, als er die Wesenheit der Person, oder des Gegenstandes betrifft.

§ **1386.** Aus dem Grunde einer Verletzung über die Hälfte kann ein redlich errichteter Vergleich nicht angefochten werden.

§ **1387.** Ebensowenig können neu gefundene Urkunden, wenn sie auch den gänzlichen Mangel eines Rechtes auf Seite einer Partei entdeckten, einen redlich eingegangenen Vergleich entkräften.

§ **1388.** Ein offenbarer Rechnungsverstoß, oder ein Fehler, welcher bei dem Abschlusse eines Vergleiches in dem Summieren oder Abziehen begangen wird, schadet keinem der vertragmachenden Teile.

Umfang des Vergleiches

§ **1389.** Ein Vergleich, welcher über eine besondere Streitigkeit geschlossen worden ist, erstreckt sich nicht auf andere Fälle. Selbst allgemeine, auf alle Streitigkeiten überhaupt lautende Vergleiche sind auf solche Rechte nicht anwendbar, die geflissentlich verheimlicht worden sind, oder auf welche die sich vergleichenden Parteien nicht denken konnten.

Wirkung in Rücksicht der Nebenverbindlichkeiten

§ 1390. Bürgen und Pfänder, welche zur Sicherheit des ganzen noch streitigen Rechtes gegeben worden sind, haften auch für den Teil, der durch den Vergleich bestimmt worden ist. Doch bleiben dem Bürgen und einem dritten Verpfänder, welche dem Vergleiche nicht beigestimmt haben, alle Einwendungen gegen den Gläubiger vorbehalten, welche ohne geschlossenen Vergleich der Forderung hätten entgegengesetzt werden können.

§ 1391. Der Vertrag, wodurch Parteien zur Entscheidung streitiger Rechte einen Schiedsrichter bestellen, erhält seine Bestimmung in der Gerichtsordnung.

3. Zession

§ 1392. Wenn eine Forderung von einer Person an die andere übertragen, und von dieser angenommen wird; so entsteht die Umänderung des Rechtes mit Hinzukunft eines neuen Gläubigers. Eine solche Handlung heißt Abtretung (Zession), und kann mit, oder ohne Entgelt geschlossen werden.

Gegenstände der Zession

§ 1393. Alle veräußerlichen[1]) Rechte sind ein Gegenstand der Abtretung. Rechte, die der Person ankleben, folglich mit ihr erlöschen, können nicht abgetreten werden. Schuldscheine, die auf den Überbringer lauten, werden schon durch die Übergabe abgetreten, und bedürfen nebst dem Besitze keines andern Beweises der Abtretung.

[1]) In JGS „veräußerliche"

Wirkung

§ 1394. Die Rechte des Übernehmers sind mit den Rechten des Überträgers in Rücksicht auf die überlassene Forderung eben dieselben.

§ 1395. Durch den Abtretungsvertrag entsteht nur zwischen dem Überträger (Zedent) und dem Übernehmer der Forderung (Zessionar); nicht aber zwischen dem letzten und dem übernommenen Schuldner (Zessus) eine neue Verbindlichkeit. Daher ist der Schuldner, solange ihm der Übernehmer nicht bekannt wird, berechtigt, den ersten Gläubiger zu bezahlen, oder sich sonst mit ihm abzufinden.

§ 1396. Dieses kann der Schuldner nicht mehr, sobald ihm der Übernehmer bekannt gemacht worden ist; allein es bleibt ihm das Recht, seine Einwendungen gegen die Forderung anzubringen. Hat er die Forderung gegen den redlichen Übernehmer für richtig erkannt; so ist er verbunden, denselben als seinen Gläubiger zu befriedigen.

Haftung des Zedenten

§ 1397. Wer eine Forderung ohne Entgelt abtritt, also verschenkt, haftet nicht weiter für dieselbe. Kommt aber die Abtretung auf eine entgeltliche Art zustande; so haftet der Überträger dem Übernehmer sowohl für die Richtigkeit, als für die Einbringlichkeit der Forderung, jedoch nie für mehr, als er von dem Übernehmer erhalten hat.

§ 1398. Insofern der Übernehmer über die Einbringlichkeit der Forderung aus den öffentlichen Pfandbüchern sich belehren konnte, gebührt ihm in Rücksicht der Uneinbringlichkeit keine Entschädigung. Auch für eine zur Zeit der Abtretung einbringliche, und durch einen bloßen Zufall oder durch Versehen des Übernehmers uneinbringlich gewordene Forderung haftet der Überträger nicht.

§ 1399. Ein Versehen dieser Art begeht der Übernehmer, wenn er die Forderung zur Zeit, als sie aufgekündigt werden kann, nicht aufkündigt, oder nach verfallener Zahlungsfrist nicht eintreibt; wenn er dem Schuldner nachsieht; wenn er die noch mögliche Sicherheit zu rechter Zeit sich zu verschaffen versäumt, oder die gerichtliche Exekution zu betreiben unterläßt.

4. Anweisung (Assignation)

§ 1400. Durch die Anweisung auf eine Leistung eines Dritten wird der Empfänger der Anweisung (Assignatar) zur Einhebung der Leistung bei dem Angewiesenen (Assignat) und der letztere zur Leistung an ersteren für Rechnung des Anweisenden (Assignant) ermächtigt. Einen unmittelbaren Anspruch erlangt der Anweisungsempfänger gegen den Angewiesenen erst, wenn die Erklärung des Angewiesenen über die Annahme der Anweisung ihm zugekommen ist.

(RGBl 1916/69)

§ **1401.** (1) Insoweit der Angewiesene das zu Leistende dem Anweisenden bereits schuldet, ist er diesem gegenüber verpflichtet, der Anweisung Folge zu leisten. Wenn durch die Anweisung eine Schuld des Anweisenden bei dem Empfänger, der die Anweisung angenommen hat, getilgt werden soll, ist der Empfänger verpflichtet, den Angewiesenen zur Leistung aufzufordern.

(2) Will der Empfänger von der Anweisung keinen Gebrauch machen oder verweigert der Angewiesene die Annahme oder die Leistung, so hat der Empfänger dies dem Anweisenden ohne Verzug anzuzeigen.

(3) Die Tilgung der Schuld erfolgt, wenn nichts anderes vereinbart ist, erst durch die Leistung.

(RGBl 1916/69)

§ **1402.** Hat der Angewiesene die Anweisung dem Empfänger gegenüber angenommen, so kann er diesem nur solche Einwendungen entgegensetzen, welche die Gültigkeit der Annahme betreffen oder sich aus dem Inhalte der Anweisung oder aus seinen persönlichen Beziehungen zum Empfänger ergeben.

(RGBl 1916/69)

§ **1403.** (1) Solange der Angewiesene die Anweisung noch nicht dem Empfänger gegenüber angenommen hat, kann sie der Anweisende widerrufen. Besteht zwischen dem Anweisenden und dem Angewiesenen kein anderer Rechtsgrund, so gelten für das Rechtsverhältnis zwischen beiden die Vorschriften über den Bevollmächtigungsvertrag; die Anweisung erlischt jedoch nicht durch den Tod des Anweisenden oder Angewiesenen. Inwiefern die Aufhebung der Anweisung auch gegenüber dem Empfänger rechtswirksam ist, bestimmt sich nach dem zwischen diesem und dem Anweisenden obwaltenden Rechtsverhältnis.

(2) Der Anspruch des Empfängers gegen den Angewiesenen verjährt in drei Jahren.

(RGBl 1916/69)

5. Schuldübernahme

§ **1404.** Wer einem Schuldner verspricht, die Leistung an dessen Gläubiger zu bewirken (Erfüllungsübernahme), haftet dem Schuldner dafür, daß der Gläubiger ihn nicht in Anspruch nehme. Dem Gläubiger erwächst daraus unmittelbar kein Recht.

(RGBl 1916/69)

§ **1405.** Wer einem Schuldner erklärt, seine Schuld zu übernehmen (Schuldübernahme), tritt als Schuldner an dessen Stelle, wenn der Gläubiger einwilligt. Bis diese Einwilligung erfolgt oder falls sie verweigert wird, haftet er wie bei Erfüllungsübernahme (§ 1404). Die Einwilligung des Gläubigers kann entweder dem Schuldner oder dem Übernehmer erklärt werden.

(RGBl 1916/69)

§ **1406.** (1) Auch ohne Vereinbarung mit dem Schuldner kann ein Dritter durch Vertrag mit dem Gläubiger die Schuld übernehmen.

(2) Im Zweifel ist aber die dem Gläubiger erklärte Übernahme als Haftung neben dem bisherigen Schuldner, nicht an dessen Stelle zu verstehen.

(RGBl 1916/69)

§ **1407.** (1) Die Verbindlichkeiten des Übernehmers sind mit den Verbindlichkeiten des bisherigen Schuldners in Rücksicht auf die übernommene Schuld ebendieselben. Der Übernehmer kann dem Gläubiger die aus dem Rechtsverhältnis zwischen diesem und dem bisherigen Schuldner entspringenden Einwendungen entgegensetzen.

(2) Die Nebenrechte der Forderung werden durch den Schuldnerwechsel nicht berührt. Bürgen und von dritten Personen bestellte Pfänder haften jedoch nur dann fort, wenn der Bürge oder Verpfänder dem Schuldnerwechsel zugestimmt hat.

(RGBl 1916/69)

§ **1408.** Übernimmt bei Veräußerung einer Liegenschaft der Erwerber ein auf ihr haftendes Pfandrecht, so ist dies im Zweifel als Schuldübernahme zu verstehen. Der Veräußerer kann, nach vollzogener Übertragung des Eigentums, den Gläubiger zur Annahme des neuen Schuldners an seiner Stelle schriftlich mit der Wirkung auffordern, daß die Einwilligung als erteilt gilt, wenn sie nicht binnen sechs Monaten versagt wird. Auf diese Wirkung muß in der Aufforderung ausdrücklich hingewiesen sein.

(RGBl 1916/69)

§ **1409.** (1) Übernimmt jemand ein Vermögen oder ein Unternehmen, so ist er unbeschadet der fortdauernden Haftung des Veräußerers den Gläubigern aus den zum Vermögen oder Unternehmen gehörigen Schulden, die er bei der Übergabe kannte oder kennen mußte, unmittelbar verpflichtet. Er wird aber von der Haftung insoweit frei, als er an solchen Schulden schon so viel berichtigt hat, wie der Wert des übernommenen Vermögens oder Unternehmens beträgt.

(2) Ist jedoch ein naher Angehöriger des Veräußerers (§ 32 KO) der Übernehmer, so trifft ihn diese Verpflichtung, soweit er nicht beweist, daß ihm die Schulden bei der Übergabe weder bekannt waren noch bekannt sein mußten. *(BGBl 1982/370)*

(3) Entgegenstehende Vereinbarungen zwischen Veräußerer und Übernehmer zum Nachteile der Gläubiger sind diesen gegenüber unwirksam.

(RGBl 1916/69)

§ 1409a. Wer ein Vermögen oder ein Unternehmen im Weg der Zwangsvollstreckung, des Konkurses, des Ausgleichsverfahrens (auch des fortgesetzten Verfahrens) oder der Überwachung des Schuldners durch Sachwalter der Gläubiger erwirbt, haftet nicht nach § 1409 Abs. 1 und 2.

(BGBl 1982/370)

§ 1410. Wird der Eintritt des neuen Schuldners an Stelle des bisherigen Schuldners in der Weise verabredet, daß an die Stelle des aufgehobenen Schuldverhältnisses eine Verpflichtung des neuen Schuldners aus selbständigem Rechtsgrunde oder unter Änderung des Hauptgegenstandes der Forderung gesetzt wird, so treten nicht die Wirkungen der Schuldübernahme, sondern eines Neuerungsvertrages (§§ 1377, 1378) ein.

(RGBl 1916/69)

Drittes Hauptstück
Von Aufhebung der Rechte und Verbindlichkeiten

Aufhebung der Rechte und Verbindlichkeiten

§ 1411. Rechte und Verbindlichkeiten stehen in einem solchen Zusammenhange, daß mit Erlöschung des Rechtes die Verbindlichkeit, und mit Erlöschung der letzteren das Recht aufgehoben wird.

1. Durch die Zahlung

§ 1412. Die Verbindlichkeit wird vorzüglich durch die Zahlung, das ist: durch die Leistung dessen, was man zu leisten schuldig ist, aufgelöst (§ 469).

Wie die Zahlung zu leisten;

§ 1413. Gegen seinen Willen kann weder der Gläubiger gezwungen werden, etwas anderes anzunehmen, als er zu fordern hat, noch der Schuldner etwas anderes zu leisten, als er zu leisten verbunden ist. Dieses gilt auch von der Zeit, dem Orte und der Art, die Verbindlichkeit zu erfüllen.

§ 1414. Wird, weil der Gläubiger und der Schuldner einverstanden sind, oder weil die Zahlung selbst unmöglich ist, etwas anderes an Zahlungs Statt gegeben; so ist die Handlung als ein entgeltliches Geschäft zu betrachten.

§ 1415. Der Gläubiger ist nicht schuldig, die Zahlung einer Schuldpost teilweise, oder auf Abschlag anzunehmen. Sind aber verschiedene Posten zu zahlen; so wird diejenige für abgetragen gehalten, welche der Schuldner mit Einwilligung des Gläubigers tilgen zu wollen, sich ausdrücklich erklärt hat.

§ 1416. Wird die Willensmeinung des Schuldners bezweifelt, oder von dem Gläubiger widersprochen; so sollen zuerst die Zinsen, dann das Kapital, von mehreren Kapitalien aber dasjenige, welches schon eingefordert, oder wenigstens fällig ist, und nach diesem dasjenige, welches schuldig zu bleiben dem Schuldner am meisten beschwerlich fällt, abgerechnet werden.

wann;

§ 1417. Wenn die Zahlungsfrist auf keine Art bestimmt ist; so tritt die Verbindlichkeit, die Schuld zu zahlen, erst mit dem Tage ein, an welchem die Einmahnung geschehen ist (§ 904).

§ 1418. In gewissen Fällen wird die Zahlungsfrist durch die Natur der Sache bestimmt. Alimente werden wenigstens auf einen Monat voraus bezahlt. Stirbt der Verpflegte während dieser Zeit; so sind dessen Erben nicht schuldig, etwas von der Vorausbezahlung zurückzugeben.

§ 1419. Hat der Gläubiger gezögert, die Zahlung anzunehmen; so fallen die widrigen Folgen auf ihn.

§ 1420. Wenn der Ort und die Art der Leistung nicht bestimmt sind, so müssen die oben (§ 905) aufgestellten Vorschriften angewendet werden.

(RGBl 1916/69)

von wem;

§ 1421. Auch eine Person, die sonst unfähig ist, ihr Vermögen zu verwalten, kann eine richtige und verfallene Schuld rechtmäßig abtragen, und sich ihrer Verbindlichkeit entledigen. Hätte sie aber eine noch ungewisse, oder nicht verfallene Schuld abgetragen, „so sind die mit der Obsorge betrauten Personen, ihr Sachwalter oder Kurator berechtigt, das Geleistete zurückzufordern.“ *(BGBl I 2000/135, ab 1. 7. 2001)*

§ **1422.** Wer die Schuld eines anderen, für die er nicht haftet (§ 1358), bezahlt, kann vor oder bei der Zahlung vom Gläubiger die Abtretung seiner Rechte verlangen; hat er dies getan, so wirkt die Zahlung als Einlösung der Forderung.

(RGBl 1916/69)

§ **1423.** Wird die Einlösung mit Einverständnis des Schuldners angeboten, so muß der Gläubiger die Zahlung annehmen; doch hat er außer dem Falle des Betruges für die Einbringlichkeit und Richtigkeit der Forderung nicht zu haften. Ohne Einwilligung des Schuldners kann dem Gläubiger von einem Dritten in der Regel (§ 462) die Zahlung nicht aufgedrängt werden.

(RGBl 1916/69)

an wen

§ **1424.** Der Schuldbetrag muß dem Gläubiger oder dessen zum Empfange geeigneten Machthaber, oder demjenigen geleistet werden, den das Gericht als Eigentümer der Forderung erkannt hat. Was jemand an eine Person bezahlt hat, die ihr Vermögen nicht selbst verwalten darf, ist er insoweit wieder zu zahlen verbunden, als das Bezahlte nicht wirklich vorhanden, oder zum Nutzen des Empfängers verwendet worden ist.

Gerichtliche Hinterlegung der Schuld

§ **1425.** Kann eine Schuld aus dem Grunde, weil der Gläubiger unbekannt, abwesend, oder mit dem Angebotenen unzufrieden ist, oder aus andern wichtigen Gründen nicht bezahlt werden; so steht dem Schuldner bevor, die abzutragende Sache bei dem Gerichte zu hinterlegen; oder wenn sie dazu nicht geeignet ist, die gerichtliche Einleitung zu deren Verwahrung anzusuchen. Jede dieser Handlungen, wenn sie rechtmäßig geschehen und dem Gläubiger bekannt gemacht worden ist, befreit den Schuldner von seiner Verbindlichkeit, und wälzt die Gefahr der geleisteten Sache auf den Gläubiger.

Quittungen

§ **1426.** Der Zahler ist in allen Fällen berechtigt, von dem Befriedigten eine Quittung, nämlich ein schriftliches Zeugnis der erfüllten Verbindlichkeit, zu verlangen. In der Quittung muß der Name des Schuldners und des Gläubigers, sowie der Ort, die Zeit und der Gegenstand der getilgten Schuld ausgedrückt, und sie muß von dem Gläubiger, oder dessen Machthaber unterschrieben werden. „Die Kosten der Quittung hat, wenn nichts anderes vereinbart ist, der Gläubiger zu tragen.“ *(RGBl 1916/69)*

§ **1427.** Eine Quittung über das bezahlte Kapital gründet die Vermutung, daß auch die Zinsen davon bezahlt worden seien.

§ **1428.** Besitzt der Gläubiger von dem Schuldner einen Schuldschein; so ist er nebst Ausstellung einer Quittung verbunden, denselben zurückzugeben, oder die allenfalls geleistete Abschlagszahlung auf dem Schuldschein selbst abschreiben zu lassen. Der zurückerhaltene Schuldschein ohne Quittung gründet für den Schuldner die rechtliche Vermutung der geleisteten Zahlung; er schließt aber den Gegenbeweis nicht aus. Ist der Schuldschein, welcher zurückgegeben werden soll, in Verlust geraten; so ist der Zahlende berechtigt, Sicherstellung zu fordern, oder den Betrag gerichtlich zu hinterlegen, und zu verlangen, daß der Gläubiger die Tötung des Schuldscheines der Gerichtsordnung gemäß bewirke.

§ **1429.** Eine Quittung, die der Gläubiger dem Schuldner für eine abgetragene neuere Schuldpost ausgestellt hat, beweist zwar nicht, daß auch andere ältere Posten abgetragen worden seien: wenn es aber gewisse Gefälle, Renten, oder solche Zahlungen betrifft, welche, wie Geld-, Grund-, Haus- oder Kapitalszinsen, aus eben demselben Titel und zu einer gewissen Zeit geleistet werden sollen; so wird vermutet, daß derjenige, welcher sich mit der Quittung des letzt verfallenen Termines ausweist, auch die früher verfallenen berichtigt habe.

§ **1430.** Ebenso wird von Handels- und Gewerbsleuten, welche mit ihren Abnehmern (Kunden) zu gewissen Fristen die Rechnungen abzuschließen pflegen, vermutet, daß ihnen, wenn sie über die Rechnung aus einer späteren Frist quittiert haben, auch die früheren Rechnungen bezahlt seien.

Zahlung einer Nichtschuld

§ **1431.** Wenn jemandem[1]) aus einem Irrtume, wäre es auch ein Rechtsirrtum, eine Sache oder eine Handlung geleistet worden, wozu er gegen den Leistenden kein Recht hat; so kann in der Regel im ersten Falle die Sache zurückgefordert, im zweiten aber ein dem verschafften Nutzen angemessener Lohn verlangt werden.

[1]) In JGS „jemanden“

§ **1432.** Doch können Zahlungen einer verjährten, oder einer solchen Schuld, welche nur aus Mangel der Förmlichkeiten ungültig ist, oder zu deren Eintreibung das Gesetz bloß das Klagerecht versagt, ebensowenig zurückgefordert werden, als wenn jemand eine Zahlung leistet, von der er weiß, daß er sie nicht schuldig ist.

§ **1433.** Diese Vorschrift (§ 1432) kann aber auf den Fall, in welchem ein Pflegebefohlener, oder eine andere Person bezahlt hat, welche nicht frei über ihr Eigentum verfügen kann, nicht angewendet werden.

§ **1434.** Die Zurückstellung des Bezahlten kann auch dann begehrt werden, wenn die Schuldforderung auf was immer für eine Art noch ungewiß ist; oder wenn sie noch von der Erfüllung einer beigesetzten Bedingung abhängt. Die Bezahlung einer richtigen und unbedingten Schuld kann aber deswegen nicht zurückgefordert werden, weil die Zahlungsfrist noch nicht verfallen ist.

§ **1435.** Auch Sachen, die als eine wahre Schuldigkeit gegeben worden sind, kann der Geber von dem Empfänger zurückfordern, wenn der rechtliche Grund, sie zu behalten, aufgehört hat.

§ **1436.** War jemand verbunden, aus zwei Sachen nur eine nach seiner Willkür zu geben, und hat er aus Irrtum beide gegeben; so hängt es von ihm ab, die eine oder die andere zurückzufordern.

§ **1437.** Der Empfänger einer bezahlten Nichtschuld wird als ein redlicher oder unredlicher Besitzer angesehen, je nachdem er den Irrtum des Gebers gewußt hat, oder aus den Umständen vermuten mußte, oder nicht.

2. Kompensation

§ **1438.** Wenn Forderungen gegenseitig zusammentreffen, die richtig, gleichartig und so beschaffen sind, daß eine Sache, die dem einen als Gläubiger gebührt, von diesem auch als Schuldner dem andern entrichtet werden kann; so entsteht, insoweit die Forderungen sich gegeneinander ausgleichen, eine gegenseitige Aufhebung der Verbindlichkeiten (Kompensation), welche schon für sich die gegenseitige Zahlung bewirkt.

§ **1439.** Zwischen einer richtigen und nicht richtigen, sowie zwischen einer fälligen und noch nicht fälligen Forderung findet die Kompensation nicht statt. Inwiefern gegen eine Konkursmasse die Kompensation stattfinde, wird in der Gerichtsordnung bestimmt.

§ **1440.** Ebenso lassen sich Forderungen, welche ungleichartige oder bestimmte und unbestimmte Sachen zum Gegenstande haben, gegeneinander nicht aufheben. Eigenmächtig oder listig entzogene, entlehnte, in Verwahrung oder in Bestand genommene Stücke sind überhaupt kein Gegenstand der Zurückbehaltung oder der Kompensation.

(RGBl 1916/69)

§ **1441.** Ein Schuldner kann seinem Gläubiger dasjenige nicht in Aufrechnung bringen, was dieser einem Dritten und der Dritte dem Schuldner zu zahlen hat. Selbst eine Summe, die jemand an eine Staatskasse zu fordern hat, kann gegen eine Zahlung, die er an eine andere Staatskasse leisten muß, nicht abgerechnet werden.

§ **1442.** Wenn eine Forderung allmählich auf mehrere übertragen wird; so kann der Schuldner zwar die Forderung, welche er zur Zeit der Abtretung an den ersten Inhaber derselben hatte, sowie auch jene, die ihm gegen den letzten Inhaber zusteht, in Abrechnung bringen; nicht aber auch diejenige, welche ihm an einen der Zwischeninhaber zustand.

§ **1443.** Gegen eine den öffentlichen Büchern einverleibte Forderung kann die Einwendung der Kompensation einem Zessionar nur dann entgegengesetzt werden, wenn die Gegenforderung ebenfalls, und zwar bei der Forderung selbst eingetragen, oder dem Zessionar bei Übernehmung der letztern bekannt gemacht worden ist.

3. Entsagung

§ **1444.** In allen Fällen, in welchen der Gläubiger berechtigt ist, sich seines Rechtes zu begeben, kann er demselben auch zum Vorteile seines Schuldners entsagen, und hierdurch die Verbindlichkeit des Schuldners aufheben.

4. Vereinigung

§ **1445.** Sooft auf was immer für eine Art das Recht mit der Verbindlichkeit in einer Person vereinigt wird, erlöschen beide; außer, wenn es dem Gläubiger noch frei steht, eine Absonderung seiner Rechte zu verlangen (§§ 802 und 812), oder wenn Verhältnisse von ganz verschiedener Art eintreten. Daher wird durch die Nachfolge des Schuldners in die Verlassenschaft seines Gläubigers in den Rechten der Erbschaftsgläubiger, der Miterben oder Legatare, und durch die Beerbung des Schuldners und Bürgen in den Rechten des Gläubigers nichts geändert.

§ **1446.** Rechte und Verbindlichkeiten, welche den öffentlichen Büchern einverleibt sind, werden durch die Vereinigung nicht aufgehoben, bis die Löschung aus den öffentlichen Büchern erfolgt ist (§ 526). Bis dahin kann das eingetragene Pfandrecht vom Eigentümer oder im Wege der Zwangsvollstreckung auf einen Dritten übertragen werden (§§ 469 bis 470).

(RGBl 1916/69)

5. Untergang der Sache

§ **1447.** Der zufällige gänzliche Untergang einer bestimmten Sache hebt alle Verbindlichkeit, selbst die, den Wert derselben zu vergüten, auf. Dieser Grundsatz gilt auch für diejenigen Fälle, in welchen die Erfüllung der Verbindlichkeit, oder die Zahlung einer Schuld durch einen andern Zufall unmöglich wird. In jedem Falle muß aber der Schuldner das, was er um die Verbindlichkeit in Erfüllung zu bringen, erhalten hat, zwar gleich einem redlichen Besitzer, jedoch auf solche Art zurückstellen oder vergüten, daß er aus dem Schaden des andern keinen Gewinn zieht.

6. Tod

§ **1448.** Durch den Tod erlöschen nur solche Rechte und Verbindlichkeiten, welche auf die Person eingeschränkt sind, oder die bloß persönliche Handlungen des Verstorbenen betreffen.

7. Verlauf der Zeit

§ **1449.** Rechte und Verbindlichkeiten erlöschen auch durch den Verlauf der Zeit, worauf sie durch einen letzten Willen, Vertrag, richterlichen Ausspruch, oder durch das Gesetz beschränkt sind. Auf welche Art sie durch die von dem Gesetze bestimmte Verjährung aufgehoben werden, wird in dem folgenden Hauptstücke festgesetzt.

Von der Einsetzung in den vorigen Stand

§ **1450.** Die bürgerlichen Gesetze, nach welchen widerrechtliche Handlungen und Geschäfte, wenn die Verjährung nicht im Wege steht, unmittelbar bestritten werden können, gestatten keine Einsetzung in den vorigen Stand. Die zum gerichtlichen Verfahren gehörigen Fälle der Einsetzung in den vorigen Stand, sind in der Gerichtsordnung bestimmt.

Viertes Hauptstück

Von der Verjährung und Ersitzung

Verjährung

§ **1451.** Die Verjährung ist der Verlust eines Rechtes, welches während der von dem Gesetze bestimmten Zeit nicht ausgeübt worden ist.

Ersitzung

§ **1452.** Wird das verjährte Recht vermöge des gesetzlichen Besitzes zugleich auf jemand andern übertragen; so heißt es ein ersessenes Recht, und die Erwerbungsart Ersitzung.

Wer verjähren und ersitzen kann

§ **1453.** Jeder, der sonst zu erwerben fähig ist, kann auch ein Eigentum oder andere Rechte durch Ersitzung erwerben.

Gegen wen

§ **1454.** Die Verjährung und Ersitzung kann gegen alle Privatpersonen, welche ihre Rechte selbst auszuüben fähig sind, stattfinden. Gegen Mündel und Pflegebefohlene; gegen Kirchen, Gemeinden und andere moralische Körper; gegen Verwalter des öffentlichen Vermögens und gegen diejenigen, welche ohne ihr Verschulden abwesend sind, wird sie nur unter den unten (§§ 1494, 1472 und 1475) folgenden Beschränkungen gestattet.

Welche Gegenstände

§ **1455.** Was sich erwerben läßt, kann auch ersessen werden. Sachen hingegen, welche man vermöge ihrer wesentlichen Beschaffenheit, oder vermöge der Gesetze nicht besitzen kann; ferner Sachen und Rechte, welche schlechterdings unveräußerlich sind, sind kein Gegenstand der Ersitzung.

§ **1456.** Aus diesem Grunde können weder die dem Staat[soberhaupte] als solchem allein zukommenden Rechte, z.B. das Recht, Zölle anzulegen, Münzen zu prägen, Steuern auszuschreiben, und andere Hoheitsrechte (Regalien) durch Ersitzung erworben, noch die diesen Rechten entsprechenden Schuldigkeiten verjährt werden.

[] *Gegenstandslos*

§ 1457. Andere dem Staat[soberhaupte] zukommende, doch nicht ausschließend vorbehaltene Rechte, z.B. auf Waldungen, Jagden, Fischereien u. dgl., können zwar überhaupt von andern Staatsbürgern, doch nur binnen einem längeren als dem gewöhnlichen Zeitraume (§ 1472) ersessen werden.

[] *Gegenstandslos*

§ 1458. Die Rechte eines Ehegatten, „der Eltern," eines Kindes und andere Personenrechte sind kein Gegenstand der Ersitzung. Doch kommt denjenigen, welche dergleichen Rechte redlicher Weise ausüben, die schuldlose Unwissenheit zur einstweiligen Behauptung und Ausübung ihrer vermeinten Rechte zustatten. *(BGBl 1977/403)*

§ 1459. Die Rechte eines Menschen über seine Handlungen und über sein Eigentum, z.B. eine Ware da oder dort zu kaufen, seine Wiesen oder sein Wasser zu benutzen, unterliegen, außer dem Falle, daß das Gesetz mit der binnen einem Zeitraume unterlassenen Ausübung ausdrücklich den Verlust derselben verknüpft, keiner Verjährung. Hat aber eine Person der andern die Ausübung eines solchen Rechtes untersagt, oder sie daran verhindert; so fängt der Besitz des Untersagungsrechtes von Seite der einen gegen die Freiheit der andern von dem Augenblicke an, als sich diese dem Verbote, oder der Verhinderung gefügt hat, und es wird dadurch, wenn alle übrigen[1]) Erfordernisse eintreffen, die Verjährung oder die Ersitzung bewirkt (§§ 313 und 351).

[1]) *In JGS „übrige"*

Erfordernisse zur Ersitzung: 1. Besitz;

§ 1460. Zur Ersitzung wird nebst der Fähigkeit der Person und des Gegenstandes erfordert: daß jemand die Sache oder das Recht, die auf diese Art erworben werden sollen, wirklich besitze; daß sein Besitz rechtmäßig, redlich und echt sei, und durch die ganze von dem Gesetze bestimmte Zeit fortgesetzt werde (§§ 309, 316, 326 und 345).

und zwar a) ein rechtmäßiger;

§ 1461. Jeder Besitz, der sich auf einen solchen Titel gründet, welcher zur Übernahme des Eigentumes, wenn solches dem Übergeber gebührt hätte, hinlänglich gewesen wäre, ist rechtmäßig und zur Ersitzung hinreichend. Dergleichen sind, z.B. das Vermächtnis, die Schenkung, das Darlehen[1]), der Kauf und Verkauf, der Tausch, die Zahlung, usw.

[1]) *In JGS „Darleihen"*

§ 1462. Verpfändete, geliehene, in Verwahrung, oder zur Fruchtnießung gegebene Sachen können von Gläubigern, Entlehnern und Verwahrern oder Fruchtnießern, aus Mangel eines rechtmäßigen Titels, niemals ersessen werden. Ihre Erben stellen die Erblasser vor, und haben nicht mehr Titel als dieselben. Nur dem dritten rechtmäßigen Besitzer kann die Ersitzungszeit zustatten kommen.

b) redlicher;

§ 1463. Der Besitz muß redlich sein. Die Unredlichkeit des vorigen Besitzers hindert aber einen redlichen Nachfolger oder Erben nicht, die Ersitzung von dem Tage seines Besitzes anzufangen (§ 1493).

c) echter

§ 1464. Der Besitz muß auch echt sein. Wenn jemand sich einer Sache mit Gewalt oder List bemächtigt, oder in den Besitz heimlich einschleicht, oder eine Sache nur bittweise besitzt; so kann weder er selbst, noch können seine Erben dieselbe verjähren.

2. Verlauf der Zeit

§ 1465. Zur Ersitzung und Verjährung ist auch der in dem Gesetze vorgeschriebene Verlauf der Zeit notwendig. Außer dem, durch die Gesetze für einige besondere Fälle festgesetzten Zeitraume, wird hier das in allen übrigen Fällen zur Ersitzung oder Verjährung nötige Zeitmaß überhaupt bestimmt. Es kommt dabei sowohl auf die Verschiedenheit der Rechte und der Sachen, als der Personen an.

Ersitzungszeit. Ordentliche;

§ 1466. Das Eigentumsrecht, dessen Gegenstand eine bewegliche Sache ist, wird durch einen dreijährigen rechtlichen Besitz ersessen.

§ 1467. *(aufgehoben, RGBl 1916/69)*

§ **1468.** Wo noch keine ordentlichen öffentlichen Bücher eingeführt sind, und die Erwerbung unbeweglicher Sachen aus den Gerichtsakten und andern Urkunden zu erweisen ist, oder wenn die Sache auf den Namen desjenigen, der die Besitzrechte darüber ausübt, nicht eingetragen ist; wird die Ersitzung erst nach dreißig Jahren vollendet.

§ **1469.** *(aufgehoben, RGBl 1916/69)*

§ **1470.** Wo noch keine ordentlichen öffentlichen Bücher bestehen, oder ein solches Recht denselben nicht einverleibt ist, kann es der redliche Inhaber erst nach dreißig Jahren ersitzen.

§ **1471.** Bei Rechten, die selten ausgeübt werden können, z.B. bei dem Rechte, eine Pfründe zu vergeben, oder jemanden bei Herstellung einer Brücke zum Beitrage anzuhalten, muß derjenige, welcher die Ersitzung behauptet, nebst einem Verlaufe von dreißig Jahren, zugleich erweisen, daß der Fall zur Ausübung binnen dieser Zeit wenigstens dreimal sich ergeben, und er jedesmal dieses Recht ausgeübt habe.

außerordentliche

§ **1472.** Gegen den Fiskus, das ist, gegen die Verwalter der Staatsgüter und des Staatsvermögens, insoweit die Verjährung Platz greift (§§ 287, [289] und 1456 – 1457), ferner gegen die Verwalter der Güter der Kirchen, Gemeinden und anderer erlaubten Körper, reicht die gemeine ordentliche Ersitzungszeit nicht zu. Der Besitz beweglicher Sachen, [sowie auch der Besitz der unbeweglichen, oder der darauf ausgeübten Dienstbarkeiten und anderer Rechte, wenn sie auf den Namen des Besitzers den öffentlichen Büchern einverleibt sind,] muß durch sechs Jahre fortgesetzt werden. Rechte solcher Art, die auf den Namen des Besitzers in die öffentlichen Bücher nicht einverleibt sind, und alle übrige Rechte lassen sich gegen den Fiskus und die hier angeführten begünstigten Personen nur durch den Besitz von vierzig Jahren erwerben.

[] *Gegenstandslos; letzteres wegen der Aufhebung der §§ 1467 und 1469*

§ **1473.** Wer mit einer von dem Gesetze in Ansehung der Verjährungszeit begünstigten Person in Gemeinschaft steht, dem kommt die nämliche Begünstigung zustatten. Begünstigungen der längeren Verjährungsfrist haben auch gegen andere, darin ebenfalls begünstigte Personen ihre Wirkung.

§ **1474.** Die Eigenschaft [eines Familien-Fideikommisses,] eines Erbpacht- und Erbzinsgutes geht nur durch einen frei eigentümlichen Besitz von vierzig Jahren verloren.

[] *Gegenstandslos, s Anm zu §§ 618 bis 645*

§ **1475.** Der Aufenthalt des Eigentümers außer [der Provinz],[1]) in welcher sich die Sache befindet, steht der ordentlichen Ersitzung und Verjährung insoweit entgegen, daß die Zeit einer willkürlichen und schuldlosen Abwesenheit nur zur Hälfte, folglich ein Jahr nur für sechs Monate gerechnet wird. Doch soll auf kurze Zeiträume der Abwesenheit, welche durch kein volles Jahr ununterbrochen gedauert haben, nicht Bedacht genommen, und überhaupt die Zeit nie weiter als bis auf dreißig Jahre zusammen ausgedehnt werden. Schuldbare Abwesenheit genießt keine Ausnahme von der ordentlichen Verjährungszeit.

[1]) *Jetzt: dem Bundesland*

§ **1476.** Auch derjenige, welcher eine bewegliche Sache unmittelbar von einem unechten, oder von einem unredlichen Besitzer an sich gebracht hat, oder seinen Vormann anzugeben nicht vermag; muß den Verlauf der sonst ordentlichen Ersitzungszeit doppelt abwarten.

§ **1477.** Wer die Ersitzung auf einen Zeitraum von dreißig oder vierzig Jahren stützt, bedarf keiner Angabe des rechtmäßigen Titels. Die gegen ihn erwiesene Unredlichkeit des Besitzes schließt aber auch in diesem längeren Zeitraume die Ersitzung aus.

Verjährungszeit. Allgemeine

§ **1478.** Insofern jede Ersitzung eine Verjährung in sich begreift, werden beide mit den vorgeschriebenen Erfordernissen in einem Zeitraume vollendet. Zur eigentlichen Verjährung aber ist der bloße Nichtgebrauch eines Rechtes, das an sich schon hätte ausgeübt werden können, durch dreißig Jahre hinlänglich.

§ **1479.** Alle Rechte gegen einen Dritten, sie mögen den öffentlichen Büchern einverleibt sein oder nicht, erlöschen also in der Regel längstens durch den dreißigjährigen

Nichtgebrauch, oder durch ein so lange Zeit beobachtetes Stillschweigen.

§ **1480.** Forderungen von rückständigen jährlichen Leistungen, insbesondere Zinsen, Renten, Unterhaltsbeiträgen, Ausgedingsleistungen, sowie zur Kapitalstilgung vereinbarten Annuitäten erlöschen in drei Jahren; das Recht selbst wird durch einen Nichtgebrauch von dreißig Jahren verjährt.

(RGBl 1916/69)

Ausnahmen

§ **1481.** Die in dem Familien- und überhaupt in dem Personenrechte gegründeten Verbindlichkeiten, z.B. den Kindern den unentbehrlichen Unterhalt zu verschaffen, sowie diejenigen, welche dem oben (§ 1459) angeführten Rechte, mit seinem Eigentume frei zu schalten, zusagen, z.B. die Verbindlichkeit, die Teilung einer gemeinschaftlichen Sache oder die Grenzbestimmung vornehmen zu lassen, können nicht verjährt werden.

§ **1482.** Auf gleiche Weise wird derjenige, welcher ein Recht auf einem fremden Grunde in Ansehung des Ganzen oder auf verschiedene beliebige Arten ausüben konnte, bloß dadurch, daß er es durch noch so lange Zeit nur auf einem Teile des Grundes oder nur auf eine bestimmte Weise ausübte, in seinem Rechte nicht eingeschränkt; sondern die Beschränkung muß durch Erwerbung oder Ersitzung des Untersagungs- oder Hinderungsrechtes bewirkt werden (§ 351). Ebendieses ist auch auf den Fall anzuwenden, wenn jemand ein gegen alle Mitglieder einer Gemeinde zustehendes Recht bisher nur gegen gewisse Mitglieder derselben ausgeübt hat.

§ **1483.** Solange der Gläubiger das Pfand in Händen hat, kann ihm die unterlassene Ausübung des Pfandrechtes nicht eingewendet und das Pfandrecht nicht verjährt werden. Auch das Recht des Schuldners sein Pfand einzulösen, bleibt unverjährt. Insofern aber die Forderung den Wert des Pfandes übersteigt, kann sie inzwischen durch Verjährung erlöschen.

§ **1484.** Zur Verjährung solcher Rechte, die nur selten ausgeübt werden können, wird erfordert, daß während der Verjährungszeit von dreißig Jahren von drei Gelegenheiten, ein solches Recht auszuüben, kein Gebrauch gemacht worden sei (§ 1471).

§ **1485.** (1) In Rücksicht der in dem § 1472 begünstigten Personen werden, wie zur Ersitzung, also auch zur Verjährung, vierzig Jahre erfordert.

(2) Die allgemeine Regel, daß ein Recht wegen des Nichtgebrauches erst nach Verlauf von dreißig oder vierzig Jahren verloren gehe, ist nur auf diejenigen Fälle anwendbar, für welche das Gesetz nicht einen kürzeren Zeitraum ausgemessen hat (§ 1465).

(RGBl 1916/69)

Besondere Verjährungszeit

§ **1486.** In drei Jahren sind verjährt: die Forderungen

1. für Lieferung von Sachen oder Ausführung von Arbeiten oder sonstige Leistungen in einem gewerblichen, kaufmännischen oder sonstigen geschäftlichen Betriebe;

2. für Lieferung land- und forstwirtschaftlicher Erzeugnisse in einem Betriebe der Land- und Forstwirtschaft;

3. für die Übernahme zur Beköstigung, Pflege, Heilung, zur Erziehung oder zum Unterricht durch Personen, die sich damit befassen, oder in Anstalten, die diesem Zwecke dienen;

4. von Miet- und Pachtzinsen;

5. der Dienstnehmer wegen des Entgelts und des Auslagenersatzes aus den Dienstverträgen von Hilfsarbeitern, Taglöhnern, Dienstboten und allen Privatbediensteten, sowie der Dienstgeber wegen der auf solche Forderungen gewährten Vorschüsse;

6. der Ärzte, Tierärzte, Hebammen, der Privatlehrer, der Rechtsanwälte, Notare, Patentanwälte und aller anderen zur Besorgung gewisser Angelegenheiten öffentlich bestellten Personen wegen Entlohnung ihrer Leistungen und Ersatzes ihrer Auslagen, sowie der Parteien wegen der Vorschüsse an diese Personen.

(RGBl 1916/69)

§ **1486a.** Der Anspruch eines Ehegatten auf Abgeltung seiner Mitwirkung im Erwerb des anderen (§ 98) verjährt in „sechs“ Jahren vom Ende des Monats, in dem die Leistung erbracht worden ist.

(BGBl 1978/280 und BGBl I 1999/125, ab 1. 1. 2000)

§ **1487.** Die Rechte, eine Erklärung des letzten Willens umzustoßen; den Pflichtteil oder dessen Ergänzung zu fordern; eine Schenkung wegen Undankbarkeit des Beschenkten zu widerrufen oder den Beschenkten wegen Verkürzung des Pflichtteils in Anspruch zu nehmen; einen entgeltlichen Vertrag wegen Verletzung über die Hälfte aufzuheben, oder die vorgenommene Teilung eines gemeinschaftlichen Gutes zu bestreiten; und die Forderung wegen einer bei dem Vertrage unterlaufenen Furcht oder eines Irrtums, wobei sich der andere vertragmachende Teil keiner List schuldig gemacht hat, müssen binnen drei Jahren geltend gemacht werden. Nach Verlauf dieser Zeit sind sie verjährt.

(RGBl 1916/69)

§ 1488. Das Recht der Dienstbarkeit wird durch den Nichtgebrauch verjährt, wenn sich der verpflichtete Teil der Ausübung der Servitut widersetzt, und der Berechtigte durch drei aufeinander folgende Jahre sein Recht nicht geltend gemacht hat.

§ 1489. Jede Entschädigungsklage ist in drei Jahren von der Zeit an verjährt, zu welcher der Schade und die Person des Beschädigers dem Beschädigten bekannt wurde, der Schade mag durch Übertretung einer Vertragspflicht oder ohne Beziehung auf einen Vertrag verursacht worden sein. Ist dem Beschädigten der Schade oder die Person des Beschädigers nicht bekannt geworden oder ist der Schade „aus einer oder mehreren gerichtlich strafbaren Handlungen, die nur vorsätzlich begangen werden können und mit mehr als einjähriger Freiheitsstrafe bedroht sind", entstanden, so erlischt das Klagerecht nur nach dreißig Jahren. *(BGBl 1974/496)*

(RGBl 1916/69)

§ 1490. (1) Klagen über Ehrenbeleidigungen, die lediglich in Beschimpfungen durch Worte, Schriften oder Gebärden bestehen, können nach Verlauf eines Jahres nicht mehr erhoben werden. Besteht aber die Beleidigung in Tätlichkeiten, so dauert das Klagerecht auf Genugtuung durch drei Jahre.

(2) Auf Schadenersatzklagen wegen Gefährdung des Kredits, des Erwerbes oder des Fortkommens eines andern durch Verbreitung unwahrer Tatsachen sind die Vorschriften des § 1489 anzuwenden.

(RGBl 1916/69)

§ 1491. Einige Rechte sind von den Gesetzen auf eine noch kürzere Zeit eingeschränkt. Hierüber kommen die Vorschriften an den Orten, wo diese Rechte abgehandelt werden, vor.

§ 1492. Wie lange das Wechselrecht einem Wechsel[briefe][1]) zustatten komme, ist in der [Wechselordnung][1]) bestimmt.

[1]) *Jetzt: „Wechsel" und „Wechselgesetz"*

Einrechnung der Verjährungszeit des Vorfahrers

§ 1493. Wer eine Sache von einem rechtmäßigen und redlichen Besitzer redlich übernimmt, der ist als Nachfolger berechtigt, die Ersitzungszeit seines Vorfahrers mit einzurechnen (§ 1463). Ebendieses gilt auch von der Verjährungszeit. Bei einer Ersitzung von dreißig oder vierzig Jahren findet diese Einrechnung auch ohne einen rechtmäßigen Titel, und bei der eigentlichen Verjährung selbst ohne guten Glauben, oder schuldlose Unwissenheit statt.

Hemmung der Verjährung

§ 1494. Gegen solche Personen, welche aus Mangel ihrer Geisteskräfte ihre Rechte selbst zu verwalten unfähig sind, „wie gegen Minderjährige oder Personen, die den Gebrauch der Vernunft nicht haben," kann die Ersitzungs- oder Verjährungszeit, dafern diesen Personen keine gesetzlichen Vertreter bestellt sind, nicht anfangen. Die einmal angefangene Ersitzungs- oder Verjährungszeit läuft zwar fort; sie kann aber nie früher als binnen zwei Jahren nach den gehobenen Hindernissen vollendet werden. *(BGBl I 1999/164, ab 18. 8. 1999)*

§ 1495. „Auch zwischen Ehegatten sowie zwischen Minderjährigen oder anderen Pflegebefohlenen und den mit der Obsorge betrauten Personen, Sachwaltern oder Kuratoren kann, solange die Ehe aufrecht ist oder die Obsorge, Sachwalterschaft oder Kuratel durch dieselbe Person andauert, die Ersitzung oder Verjährung weder angefangen, noch fortgesetzt werden."** „Das gilt nicht für die Ansprüche eines Ehegatten auf Abgeltung seiner Mitwirkung im Erwerb des anderen (§ 98); doch wird die Verjährung so lange gehemmt, als zwischen den Ehegatten ein gerichtliches Verfahren zur Entscheidung über einen Anspruch im Sinn des § 100 anhängig ist und gehörig fortgesetzt wird."* *(* BGBl 1978/280 und ** BGBl I 2000/135, ab 1. 7. 2001)*

§ 1496. Durch Abwesenheit in Zivil- oder Kriegsdiensten, oder durch gänzlichen Stillstand der Rechtspflege, z.B. in Pest- oder Kriegszeiten, wird nicht nur der Anfang, sondern solange dieses Hindernis dauert, auch die Fortsetzung der Ersitzung oder Verjährung gehemmt.

Unterbrechung der Verjährung

§ 1497. Die Ersitzung sowohl, als die Verjährung wird unterbrochen, wenn derjenige, welcher sich auf dieselbe berufen will, vor dem Verlaufe der Verjährungszeit entweder ausdrücklich oder stillschweigend das Recht des andern anerkannt hat, oder, wenn er von dem Berechtigten belangt, und die Klage gehörig fortgesetzt wird. Wird aber die Klage durch einen rechtskräftigen Spruch für unstatthaft erklärt; so ist die Verjährung für ununterbrochen zu halten.

Wirkung der Ersitzung oder Verjährung

§ 1498. Wer eine Sache oder ein Recht ersessen hat, kann gegen den bisherigen Eigentümer bei dem Gerichte die Zuerkennung des Eigentumes ansuchen, und das zuerkannte Recht, wofern es einen Gegenstand der öffentlichen Bücher ausmacht, den letzteren einverleiben lassen.

§ 1499. Auf gleiche Art kann nach Verlauf der Verjährung der Verpflichtete die Löschung seiner in den öffentlichen Büchern eingetragenen Verbindlichkeit, oder die Nichtigerklärung des dem Berechtigten bisher zugestandenen Rechtes und der darüber ausgestellten Urkunden erwirken.

§ 1500. Das aus der Ersitzung oder Verjährung erworbene Recht kann aber demjenigen, welcher im Vertrauen auf die öffentlichen Bücher noch vor der Einverleibung desselben eine Sache oder ein Recht an sich gebracht hat, zu keinem Nachteile gereichen.

§ 1501. Auf die Verjährung ist, ohne Einwendung der Parteien, von Amts wegen kein Bedacht zu nehmen.

Entsagung oder Verlängerung der Verjährung

§ 1502. Der Verjährung kann weder im voraus entsagt, noch kann eine längere Verjährungsfrist, als durch die Gesetze bestimmt ist, bedungen werden.

1/1. Kindschaftsrechts-Änderungsgesetz

1/1. Kindschaftsrechts-Änderungsgesetz 2001 *(Auszug)*, BGBl I 2000/135

Bundesgesetz, mit dem das allgemeine bürgerliche Gesetzbuch, das Ehegesetz, das Unterhaltsvorschussgesetz, die Jurisdiktionsnorm, die Zivilprozessordnung, das Außerstreitgesetz, das Rechtspflegergesetz, die Exekutionsordnung, das Personenstandsgesetz, das Bundesgesetz über das Internationale Privatrecht, das Gerichtsgebührengesetz, die Vierte Durchführungsverordnung zum Ehegesetz, das Jugendwohlfahrtsgesetz 1989, das Bankwesengesetz und das Krankenanstaltengesetz geändert werden (Kindschaftsrechts-Änderungsgesetz 2001 – KindRÄG 2001)

Artikel I–XV betreffen das ABGB und sonstige Gesetze

Artikel XVI
Mediation

§ 1. Ein zwischen, wenngleich bloß möglichen, Parteien eines Pflegschaftsverfahrens oder ihren gesetzlichen Vertretern berufsmäßig und auf der Grundlage einer fachlichen Ausbildung in Mediation vermittelnder Dritter (Mediator) ist zur Verschwiegenheit über die Tatsachen verpflichtet, die ihm bei den auf die gütliche Einigung abzielenden Gesprächen anvertraut oder sonst bekannt wurden. Durch solche Gespräche sind der Anfang und die Fortsetzung der Verjährung oder sonstige Fristen zur Geltendmachung kindschaftsrechtlicher Ansprüche gehemmt.

§ 2. Eine Verletzung der Verschwiegenheitspflicht nach § 1 ist ebenso zu bestrafen wie eine verbotene Veröffentlichung nach § 301 Abs. 1 StGB, sofern dadurch ein berechtigtes Interesse verletzt wird und der in seinem Interesse Verletzte dies verlangt.

Artikel XVII
Verordnungsermächtigung

§ 1. Der Bundesminister für Finanzen wird ermächtigt, im Einvernehmen mit dem Bundesminister für Justiz durch Verordnung die Anlegung von Mündelgeld in anderen Formen als nach §§ 230a und 230b ABGB ohne Genehmigung des Gerichtes für geeignet zu erklären. Er hat dabei die Veranlagungsziele des § 230 ABGB zu beachten und sich an deren Konkretisierung in den §§ 230a und 230b ABGB zu orientieren sowie auf die Erfordernisse des Europäischen Gemeinschaftsrechts Bedacht zu nehmen.

§ 2. Der Bundesminister für Justiz wird ermächtigt, durch Verordnung die Anlegung von Mündelgeld in anderen Formen als nach §§ 230c und 230d ABGB ohne Genehmigung des Gerichtes für geeignet zu erklären. Er hat dabei die Veranlagungsziele des § 230 ABGB zu beachten und sich an deren Konkretisierung in den §§ 230c und 230d ABGB zu orientieren sowie auf die Erfordernisse des Europäischen Gemeinschaftsrechts Bedacht zu nehmen.

Artikel XVIII
Schluss- und Übergangsbestimmungen

§ 1. (1) Dieses Bundesgesetz tritt, sofern im Folgenden nicht anderes bestimmt ist, mit 1. Juli 2001 in Kraft.

(2) Die Art. IV Z 5 und 11 bis 13 (§§ 109a und 114a JN), VI Z 2 und 9 (§§ 185d bis 185h und 228a bis 228d AußStrG), XII (Änderungen des Gerichtsgebührengesetzes) und XIII (Änderung der Vierten Durchführungsverordnung zum Ehegesetz) in der Fassung dieses Bundesgesetzes treten mit 1. März 2001 in Kraft.

(3) Auf Grund dieses Bundesgesetzes können ab dem Tag der Kundmachung Verordnungen erlassen werden; sie treten frühestens ab dem Tag des Inkrafttretens der jeweils maßgebenden Bestimmung in Kraft.

§ 2. Mit dem Inkrafttreten dieses Bundesgesetzes sind Personen, die kraft Gesetzes oder kraft gerichtlicher Verfügung zu Vormündern oder Sachwaltern für Minderjährige bestellt sind, im Umfang ihrer Bestellung mit der Obsorge betraut. Die Bestellung eines Sachwalters für eine minderjährige Person nach § 273 ABGB hat, soweit der Wirkungsbereich des Sachwalters reicht, die Wirkungen eines Ausspruchs nach § 154b ABGB. Der Sachwalter ist kraft Gesetzes enthoben. Der Jugendwohlfahrtsträger als Sachwalter nach § 212 Abs. 2 und 3 ABGB in der geltenden Fassung wird neben dem sonstigen gesetzlichen Vertreter

Vertreter des Kindes nach § 212 Abs. 2 und 3 in der Fassung dieses Bundesgesetzes.

§ 3. (1) § 163e Abs. 1 ABGB gilt auch für Anerkenntnisse, die vor dem Inkrafttreten dieses Bundesgesetzes dem Standesbeamten zugekommen sind.

(2) § 163e Abs. 2 bis 4 ABGB gelten nur für Anerkenntnisse, die nach dem Inkrafttreten dieses Bundesgesetzes dem Standesbeamten zugekommen sind.

§ 4. Rechtskräftige Entscheidungen über die Verlängerung der Minderjährigkeit bleiben unberührt. Die Voraussetzungen und das Verfahren für die Verlängerung der Minderjährigkeit bestimmen sich nach dem bisher geltenden Recht, wenn das Verfahren vor Inkrafttreten dieses Bundesgesetzes eingeleitet wurde.

§ 5. (1) Hat ein Kind zum Zeitpunkt des Inkrafttretens dieses Bundesgesetzes das vierzehnte Lebensjahr bereits vollendet, so sind ihm Unterhaltsvorschüsse nach dem Unterhaltsvorschussgesetz 1985, BGBl. Nr. 451/1985, in der jeweils geltenden Fassung ungeachtet des Eintritts der Volljährigkeit längstens bis zum Ende des Monats, in dem das Kind das neunzehnte Lebensjahr vollendet, wie bisher weiter zu gewähren. Solange die Vorschüsse gewährt werden, bleibt die gesetzliche Vertretung des Jugendwohlfahrtsträgers unberührt und der Übergang der Unterhaltsforderungen des Kindes auf den Bund tritt nicht ein.

(2) Das anspruchsberechtigte Kind hat aber, abgesehen vom Verlangen auf Einstellung der Unterhaltsvorschüsse, das Recht, die Auszahlung an sich selbst zu verlangen. In diesen Fällen treffen das Kind insbesondere die Pflichten nach § 21 und § 22 Unterhaltsvorschussgesetz. Soll dieses Verlangen Wirkungen für den Folgemonat entfalten, muss es bis spätestens fünfzehnten des laufenden Monats bei Gericht eingelangt sein.

(3) Beantragt ein Volljähriger, der zum Zeitpunkt des Inkrafttretens dieses Bundesgesetzes das vierzehnte Lebensjahr vollendet hat, die Gewährung von Unterhaltsvorschüssen bis längstens zum Ende des Monats, in dem er das neunzehnte Lebensjahr vollendet, so wird mit der Rechtskraft der Bewilligung der Jugendwohlfahrtsträger für die Dauer der Vorschussgewährung kraft Gesetzes Vertreter zur Durchsetzung der Unterhaltsansprüche. Die Auszahlung hat an das anspruchsberechtigte Kind selbst zu erfolgen; dieses treffen insbesondere die Pflichten nach § 21 und § 22 Unterhaltsvorschussgesetz. Der Übergang der Unterhaltsforderungen auf den Bund tritt nicht ein, solange Unterhaltsvorschüsse gewährt werden.

§ 6. Die Vorschriften dieses Bundesgesetzes über die Rechnungslegung sind anzuwenden, sofern die Rechnungslegungsperiode frühestens mit Inkrafttreten dieses Bundesgesetzes begonnen hat.

§ 7. Die Voraussetzungen, das Verfahren und die Wirkung der Anerkennung einer ausländischen Entscheidung über den Bestand einer Ehe und betreffend die Vollstreckung ausländischer Entscheidungen über die Regelung der Obsorge und das Recht auf persönlichen Verkehr bestimmen sich nach dem bisher geltenden Recht, wenn das Verfahren vor Inkrafttreten dieses Bundesgesetzes eingeleitet wurde.

§ 8. Tarifpost 14 Z 1 des Bundesgesetzes vom 27. November 1984, BGBl. Nr. 501, zuletzt geändert durch das Bundesgesetz BGBl. I Nr. 26/2000, ist auf Verfahren betreffend die Anerkennung einer ausländischen Entscheidung über den Bestand einer Ehe weiter anzuwenden, die vor dem Inkrafttreten dieses Bundesgesetzes eingeleitet worden sind.

§ 9. Von § 146c ABGB abweichende Regelungen über die Handlungsfähigkeit minderjähriger Kinder in besonderen Vorschriften bleiben unberührt.

§ 10. (1) Mit der Vollziehung dieses Bundesgesetzes sind betraut:

1. hinsichtlich Art. IX Z 1 lit.a und Z 2 der Bundesminister für Inneres im Einvernehmen mit dem Bundesminister für Justiz,

2. hinsichtlich des Art. IX Z 1 lit. b der Bundesminister für auswärtige Angelegenheiten im Einvernehmen mit dem Bundesminister für Inneres und für Justiz,

3. hinsichtlich Art. XIV die Bundesregierung,

4. hinsichtlich Art. XVII § 1 der Bundesminister für Finanzen im Einvernehmen mit dem Bundesminister für Justiz,

5. im Übrigen der Bundesminister für Justiz.

(2) Die Landesgesetzgebung hat die Ausführungsbestimmungen zu Art. XI innerhalb von sechs Monaten zu erlassen.

(3) Die Wahrnehmung der Rechte des Bundes gemäß Art. 15 Abs. 8 B-VG hinsichtlich Art. XI steht dem Bundesminister für soziale Sicherheit und Generationen zu.

1/2. Vereinssachwalter- und Patientenanwaltsgesetz

1/2. Vereinssachwalter- und Patientenanwaltsgesetz, BGBl 1990/156, idF 1 BGBl I 2001/98 (2. Euro-JuBeG)

STICHWORTVERZEICHNIS

(Die Zahlenangaben beziehen sich auf die Paragraphen)

Bundesgesetz vom 1. März 1990 über Vereine zur Namhaftmachung von Sachwaltern und Patientenanwälten (Vereinssachwalter- und Patientenanwaltsgesetz – VSPAG)

§ 1. (1) Die Eignung eines Vereins, Sachwalter gemäß § 281 Abs. 2 ABGB oder Patientenanwälte gemäß § 13 UbG namhaft zu machen, hat der Bundesminister für Justiz mit Verordnung festzustellen.[1])

(2) Eine solche Verordnung kann nur auf Antrag des betreffenden Vereins erlassen werden.

(3) In der Verordnung ist der sachliche und räumliche Tätigkeitsbereich des Vereins anzuführen.

[1]) *V BGBl 1990/704 und BGBl 1995/209.*

§ 2. Die Eignung eines Vereins kann nur festgestellt werden, wenn nach seinen Statuten, seiner Organisation und Ausstattung sowie nach seinen Plänen für die Betreuung der Betroffenen zu erwarten ist, daß er die im folgenden angeführten Aufgaben erfüllen wird.

§ 3. (1) Ein Verein, dessen Eignung gemäß § 1 festgestellt worden ist, hat entsprechend seinem sachlichen und räumlichen Tätigkeitsbereich hauptamtliche Sachwalter oder Patientenanwälte auszubilden und namhaft zu machen, sie fortzubilden, anzuleiten und zu überwachen. Der Verein kann auch geeignete ehrenamtlich tätige Personen namhaft machen, wenn er sicherstellt, daß sie entsprechend angeleitet und überwacht werden.

(2) Der Verein darf nur Personen namhaft machen, die das Wohl und die Interessen der Betroffenen in unabhängiger Weise wahren können.

(3) Der Verein kann die Namhaftmachung aus wichtigen Gründen widerrufen.

§ 4. Der Verein hat nach Maßgabe seiner Möglichkeiten Sachwalter nach § 281 Abs. 1 ABGB bei Ausübung ihrer Tätigkeit zu beraten.

§ 5. (1) Der Bundesminister für Justiz hat einen Verein, dessen Eignung gemäß § 1 festgestellt worden ist, fachlich zu beaufsichtigen.

(2) Der Verein hat dem Bundesminister für Justiz und den von ihm beauftragten Organen die erforderlichen Aufklärungen zu geben sowie deren Überprüfung einschließlich der Einsicht in die über die Pflegebefohlenen geführten Aufzeichnungen zu ermöglichen.

(3) Nimmt der Bundesminister für Justiz wahr, daß ein Verein seine Aufgaben trotz vorheriger Mahnung nicht oder nur unzureichend erfüllt, so hat der Bundesminister für Justiz mit Verordnung festzustellen, daß die Eignung des Vereins nicht mehr gegeben ist. Eine solche Feststellung kann auch hinsichtlich bestimmter sachlicher oder räumlicher Tätigkeitsbereiche getroffen werden.

§ 6. Die im Rahmen der Vereine tätigen Sachwalter, Patientenanwälte und sonstigen Personen sind, außer dem Pflegschafts- oder Unterbringungsgericht, jedermann gegenüber zur Verschwiegenheit über die in Ausübung ihrer Tätigkeit gemachten Wahrnehmungen verpflichtet, soweit die Geheimhaltung im Interesse der Betroffenen erforderlich ist und nicht diese selbst eine Auskunftspflicht trifft. Die Verletzung der Verschwiegenheitspflicht ist ebenso zu bestrafen wie eine verbotene Veröffentlichung (§ 301 StGB).

§ 7. Die Vereine haben dem Bundesminister für Justiz jährlich zum 30. April über ihre Tätigkeit, ihre Erfahrungen und Wahrnehmungen im vergangenen Kalenderjahr zu berichten.

§ 8. (1) Der Bundesminister für Justiz hat den Vereinen den Aufwand, der mit den durch ihre Mitarbeiter erbrachten Betreuungsleistungen im Zusammenhang steht, im Rahmen der jeweils im Bundesfinanzgesetz für diese Zwecke verfügbaren Mittel durch Gewährung von Förderungen zu ersetzen. Dabei ist eine möglichst ausreichende Versorgung der Betroffenen mit Vereinssachwaltern und Patientenanwälten sicherzustellen.

(2) Vor Gewährung von Förderungen hat sich der Förderungswerber dem Bund gegenüber zu verpflichten, über die widmungsgemäße Verwendung der Förderungen alljährlich Bericht zu erstatten, Rechnung zu legen und zum Zweck der Überwachung der widmungsgemäßen Verwendung der Zuschüsse Organen des Bundes die Überprüfung der Durchführung durch Einsicht in die Bücher und Belege sowie durch Besichtigung an Ort und Stelle zu gestatten und ihnen die erforderlichen Auskünfte zu erteilen. Der Förderungswerber hat sich weiter zu verpflichten, bei nicht widmungsgemäßer Verwendung der Förderung oder Nichteinhaltung der angeführten Verpflichtungen die Förderungen dem Bund zurückzuzahlen, wobei der zurückzuzahlende Betrag für die Zeit von der Auszahlung bis zur Rückzahlung mit 3 vH über dem jeweils „geltenden Basiszinssatz" pro Jahr zu verzinsen ist. *(BGBl I 2001/98, ab 1. 1. 2002)*

§ 9. Die Vereine können mit ehrenamtlich tätigen Personen (§ 3 Abs. 1 zweiter Satz) vereinbaren, daß sie ihnen Entschädigung sowie Ersatz der Barauslagen und Reisekosten leisten; § 12 Abs. 4 und 5 Bewährungshilfegesetz ist sinngemäß anzuwenden.

§ 10. Von den Vereinen namhaft gemachte Sachwalter haben den Pflegebefohlenen gegenüber keinen Anspruch auf Ersatz der Barauslagen und auf Belohnung. Diese Ansprüche stehen dem Verein zu; über ihre Höhe entscheidet auf Antrag des Vereins das Pflegschaftsgericht.

§ 11. (1) Dieses Bundesgesetz tritt mit 1. Jänner 1991 in Kraft.

(2) Verordnungen gemäß § 1 können von dem auf die Kundmachung dieses Bundesgesetzes folgenden Tag an erlassen werden. Sie dürfen jedoch frühestens mit 1. Jänner 1991 in Kraft treten.

§ 12. Die Förderung nach § 8 Abs. 1 hat tunlichst die Versorgung mit 35 hauptberuflichen Patientenanwälten bis zum Ende des Jahres 1993 und mit 140 hauptberuflichen Vereinssachwaltern bis zum Ende des Jahres 1995 sicherzustellen.

§ 13. Art. IX des Bundesgesetzes über die Sachwalterschaft für behinderte Personen tritt mit Inkrafttreten dieses Bundesgesetzes außer Kraft.

§ 14. Mit der Vollziehung dieses Bundesgesetzes ist – unbeschadet der Zuständigkeit des Bundesministers für Inneres nach dem Vereinsrecht – der Bundesminister für Justiz betraut, hinsichtlich der §§ 8 und 12 im Einvernehmen mit dem Bundesminister für Finanzen.

1/3. Gastwirtehaftungsgesetz

1/3. Bundesgesetz vom 16. November 1921 über die Haftung der Gastwirte und anderer Unternehmer, BGBl 1921/638 idF
1 BGBl 1989/343 (WGN 1989) **2** BGBl I 1997/140 (WGN 1997)
3 BGBl I 2001/98 (2. Euro-JuBeG)

Bundesgesetz vom 16. November 1921 über die Haftung der Gastwirte und anderer Unternehmer

§ **1.** (1) Die im § 970, Absatz 1 und 3, a.b.G.B. den Gastwirten und Badeanstaltsbesitzern auferlegte Haftung wird bis auf weiteres auf den Höchstbetrag von „1 100 Euro" beschränkt, es sei denn, daß die Sachen dem Unternehmer besonders zur Aufbewahrung übergeben worden sind oder daß der Schaden von ihm selbst oder seinen Leuten verschuldet ist. *(BGBl I 2001/98, ab 1. 1. 2002, anzuwenden auf Schadensereignisse, die sich nach dem 31. 12. 2001 ereignet haben)*

(2) Auf die Haftung von Unternehmern, die Stallungen und Aufbewahrungsräume halten, für die bei ihnen eingestellten Tiere und Fahrnisse und die auf diesen befindlichen Sachen (§ 970, Absatz 2, a.b.G.B.) findet die Vorschrift des Absatzes 1 keine Anwendung.

§ **2.** *(betrifft ABGB)*

§ **3.** Vereinbarungen, wodurch die Haftung unter das in den §§ 1 und 2 genannte Maß herabgesetzt werden soll, sind unwirksam.

§ **4.** (1) Dieses Gesetz tritt mit dem Beginne des vierzehnten auf seine Kundmachung folgenden Tages in Kraft. Es gilt nur für die nach seinem Inkrafttreten eingebrachten Sachen.

(2) Mit dem Vollzuge dieses Gesetzes ist der Bundesminister für Justiz betraut; er ist ermächtigt, mit Zustimmung des Hauptausschusses des Nationalrates im Verordnungswege die in diesem Gesetz aufgestellten Höchstbeträge herabzusetzen oder zu erhöhen und den Zeitpunkt festzusetzen, mit dem dieses Gesetz außer Wirksamkeit tritt.

1/4. Tiermängelverordnung

1/4. Verordnung des Bundesministers für Justiz vom 28. November 1972 über die Vermutungsfristen bei Tiermängeln, BGBl 1972/472

Verordnung des Bundesministers für Justiz vom 28. November 1972 über die Vermutungsfristen bei Tiermängeln

Auf Grund des § 925 des allgemeinen bürgerlichen Gesetzbuchs, JGS Nr. 946/1811, in der Fassung des § 118 der Kaiserlichen Verordnung über die dritte Teilnovelle zum allgemeinen bürgerlichen Gesetzbuch, RGBl. Nr. 69/1916, wird verordnet:

§ 1. Die Vermutung, daß ein Tier schon vor der Übergabe krank gewesen ist, tritt bei den in der Anlage angeführten Tierarten ein, wenn die dort angeführten Krankheiten und Mängel innerhalb der bei der betreffenden Krankheit oder dem betreffenden Mangel angeführten Frist hervorkommen.

§ 2. (1) Diese Verordnung tritt mit 1. Jänner 1973 in Kraft; mit Ablauf des 31. Dezember 1972 verliert die Verordnung des Justizministers im Einvernehmen mit dem Ackerbauminister vom 10. November 1916, RGBl. Nr. 384, über die Vermutungsfristen bei Viehmängel ihre Wirksamkeit.

(2) Diese Verordnung gilt nicht, wenn ein Tier schon vor dem 1. Jänner 1973 übergeben worden ist. In diesem Fall richtet sich die Frist nach der Verordnung des Justizministers im Einvernehmen mit dem Ackerbauminister vom 10. November 1916, RGBl. Nr. 384.

Anlage

Pferd, Esel, Maulesel, Maultier

1. Dämpfigkeit .... 14 Tage
2. Dummkoller .... 14 Tage
3. Aufsetzkoppen .... 14 Tage
4. Freikoppen .... 7 Tage
5. Kehlkopfpfeifen .... 7 Tage
6. Innere Augenentzündung .... 7 Tage

Rind

1. Leukose .... 150 Tage
2. Tuberkulose .... 21 Tage
3. Finnen .... 21 Tage
4. Lungenwurmseuche .... 21 Tage
5. Scheidenvorfall .... 14 Tage
6. Zungenschlagen .... 14 Tage

Schaf

1. Allgemeine, durch Parasiten bedingte Wassersucht .... 21 Tage
2. Räude .... 7 Tage

Ziege

Tuberkulose .... 21 Tage

Schwein

1. Leukose .... 60 Tage
2. Finnen .... 21 Tage
3. Muskeltrichinen .... 7 Tage
4. Grabmilbenräude (Sárkoptesräude) .... 7 Tage

Kaninchen

1. Myxomatose .... 10 Tage
2. Ohrräude .... 7 Tage

Huhn

1. Marek'sche Krankheit .... 28 Tage
2. Leukose .... 21 Tage
3. Zitterkrankheit (Aviäre Encephalomyelitis) .... 10 Tage
4. Geflügelpocken (Pockendiphteroid) .... 7 Tage
5. Atypische Geflügelpest (Newcastle Krankheit) .... 5 Tage

1/5. 1. Euro-Justiz-Begleitgesetz

STICHWORTVERZEICHNIS
zum 1. Euro-JuBeG, zum EuroG und zu den EuroV
(Die Zahlenangaben ohne Gesetzesangabe beziehen sich auf die Paragraphen des Artikels I des 1. Euro-JuBeG)

Bundesgesetz, mit dem im Zivilrecht begleitende Maßnahmen für die Einführung des Euro getroffen, das Handelsgesetzbuch, die 4. handelsrechtliche Einführungsverordnung, das Aktiengesetz, das Gesetz über Gesellschaften mit beschränkter Haftung, das Kapitalberichtigungsgesetz, das Spaltungsgesetz, das Firmenbuchgesetz und das Preisauszeichnungsgesetz geändert sowie einige Bestimmungen über Fremdwährungs- und Goldklauseln aufgehoben werden (1. Euro-Justiz-Begleitgesetz – 1. Euro-JuBeG)

Artikel I

Bundesgesetz, mit dem im Zivilrecht begleitende Maßnahmen für die Einführung des Euro getroffen werden

Erster Abschnitt

Allgemeine zivil- und zivilprozeßrechtliche Begleitmaßnahmen

Ersetzung des Diskont- und Lombardzinssatzes

§ 1. (Verfassungsbestimmung) (1) Soweit der Zinsfuß für Eskontierungen der Oesterreichischen Nationalbank (im folgenden: Diskontsatz) in dieser oder einer anderen Bezeichnung als Bezugsgröße in Bundesgesetzen oder in Verordnungen von mit Aufgaben der Bundesverwaltung betrauten Organen verwendet wird, tritt mit 1. Jänner 1999 an seine Stelle der Basiszinssatz. Der Basiszinssatz entspricht der Höhe nach zunächst dem mit 31. Dezember 1998 maßgeblichen Diskontsatz. Er verändert sich in dem Ausmaß, in dem sich der Zinssatz eines von der Bundesregierung mit Verordnung (Abs. 3) bestimmten währungspolitischen Instruments der Europäischen Zentralbank verändert, wobei Veränderungen von insgesamt weniger als 0,5 Prozentpunkten seit 1. Jänner 1999 und in der Folge seit der jeweils letzten Änderung des Basiszinssatzes außer Betracht bleiben. Die Oesterreichische Nationalbank hat solche Änderungen des Basiszinssatzes im Amtsblatt zur Wiener Zeitung unverzüglich zu verlautbaren.

(2) Soweit der Lombardsatz der Oesterreichischen Nationalbank als Bezugsgröße in Bundesgesetzen oder in Verordnungen von mit Aufgaben der Bundesverwaltung betrauten Organen verwendet wird, tritt mit 1. Jänner 1999 an seine Stelle der Referenzzinssatz. Der Referenzzinssatz entspricht der Höhe nach zunächst dem mit 31. Dezember 1998 maßgeblichen Lombardsatz. Er verändert sich in dem Ausmaß, in dem sich der Zinssatz eines von der Bundesregierung mit Verordnung (Abs. 3) bestimmten währungspolitischen Instruments der Europäischen Zentralbank verändert, wobei Veränderungen von insgesamt weniger als 0,5 Prozentpunkten seit dem 1. Jänner 1999 und in der Folge seit der letzten Änderung des Referenzzinssatzes außer Betracht bleiben. Abs. 1 letzter Satz ist sinngemäß anzuwenden.

(3) Die Bundesregierung hat zur Feststellung von Veränderungen des Basis- und des Referenzzinssatzes solche währungspolitische Instrumente der Europäischen Zentralbank zu bestimmen, die nach ihrer Funktion und ihrer voraussichtlichen Entwicklung der Funktion und der Entwicklung des Diskont- bzw. Lombardsatzes am ehesten entsprechen. Vor der Erlassung der Verordnung ist die Oesterreichische Nationalbank zu hören.

(4) Die Abs. 1 und 2 sind nicht anzuwenden, wenn die Ersetzung des Diskont– oder Lombardsatzes in Bundesgesetzen oder in Verordnungen von mit Aufgaben der Bundesverwaltung betrauten Organen anders geregelt wird.

Entfall vereinbarter Wertmesser

§ 2. (1) Fällt ein von den Vertragsparteien einer Vereinbarung zugrunde gelegter Wertmesser nach Einführung des Euro weg, so ist der dem weggefallenen Wertmesser nach dessen Funktion und nach der Absicht der Parteien am ehesten entsprechende Wertmesser heranzuziehen.

(2) In Vereinbarungen, denen die Vertragsparteien den Diskontsatz in dieser oder in einer anderen Bezeichnung zugrunde gelegt haben, tritt an dessen Stelle der Basiszinssatz (§ 1 Abs. 1). In Vereinbarungen, denen die Vertragsparteien den Lombardsatz in dieser oder in einer anderen Bezeichnung zugrunde gelegt haben, tritt an dessen Stelle der Referenzzinssatz (§ 1 Abs. 2).

(3) An die Stelle der in Wien festgestellten Zwischenbankzinssätze (Vienna Interbank Offered Rate – VIBOR), die von Vertragsparteien ihren Vereinbarungen zugrunde gelegt worden sind, treten die entsprechenden für das Gebiet der Währungsunion festgestellten Zwischenbankzinssätze (Euro Interbank Offered Rate – EURIBOR). Gleiches gilt für andere Zwischenbankzinssätze, die in anderen Mitgliedstaaten der Europäischen Union, die die einheitliche Währung angenommen haben, nach Einführung des EURIBOR wegfallen.

(4) Die Abs. 1 bis 3 sind nicht anzuwenden, wenn die Vertragsparteien für den Entfall der dort genannten Wertmesser anderes vereinbart haben oder vereinbaren.

Angabe von Euro und Schilling in Verträgen

§ 3. (1) In Verträgen zwischen Unternehmern und Verbrauchern (§ 1 KSchG), die zwischen dem 1. Jänner 1999 und dem 31. Dezember 2001 geschlossen werden und deren Vertragsdauer über diesen Zeitpunkt hinausreicht, sind die vom Verbraucher zu zahlenden Beträge, ein allfälliges Entgelt für räumliche, mengenmäßige oder zeitliche Leistungseinheiten und ein allfälliges Grundentgelt in Euro und in Schilling anzugeben. Von einer solchen Angabe kann abgesehen werden, wenn die Vertragsparteien vereinbaren, daß der Unternehmer dem Verbraucher spätestens zum 31. Dezember 2001 unentgeltlich eine schriftliche Mitteilung zusendet, in der die im ersten Satz genannten Beträge in der dann jeweils maßgeblichen Höhe in Euro und in Schilling angegeben werden.

(2) In Verträgen zwischen Unternehmern und Verbrauchern, die vor dem 1. Jänner 1999 geschlossen werden und deren Vertragsdauer über den 31. Dezember 2001 hinausreicht, hat der Unternehmer dem Verbraucher spätestens zum 31. Dezember 2001 unentgeltlich eine schriftliche Mitteilung mit den in Abs. 1 genannten Angaben zuzusenden.

(3) In Rechnungen, die Verbrauchern aus Verträgen nach den Abs. 1 oder 2 zwischen dem 1. Oktober 2001 und demjenigen Zeitpunkt, in dem der Schilling die Eigenschaft als gesetzliches Zahlungsmittel verliert, gelegt werden, hat der Unternehmer die in Abs. 1 erster Satz genannten Beträge in Euro und in Schilling anzugeben. Hat der Unternehmer dem Verbraucher vor der Rechnungslegung eine Mitteilung nach den Abs. 1 oder 2 zukommen lassen, so genügt es, wenn in der Rechnung nur die vom Verbraucher zu zahlenden Beträge in Euro und in Schilling angegeben werden.

(4) Die Parteien können die Mitteilungspflichten nach den Abs. 1 bis 3 im einzelnen abbedingen.

(5) Die Rechtswirksamkeit eines Vertrags oder einer Rechtshandlung wird von den Mitteilungspflichten nach den Abs. 1 bis 3 nicht berührt.

(6) Die Abs. 1 bis 5 gelten nicht für Verträge über Wertpapiergeschäfte von Kreditinstituten.

Euro-Klagen und -Anträge

§ 4. (1) Zwischen dem 1. Jänner 1999 und dem 31. Dezember 2001 ist im Fall einer auf Euro lautenden Klage vor deren weiteren Bearbeitung von Amts wegen der Klagsbetrag in Schilling umzurechnen.

(2) Für Verfahren über Euro-Klagen ist bis 31. Dezember 2001 der in Schilling umgerechnete Streitwert maßgebend; die Kosten und Gebühren des Verfahrens sind bis dahin in Schilling zu verzeichnen und zuzusprechen.

(3) Begehrt ein Kläger in einer zwischen dem 1. Jänner 1999 und dem 31. Dezember 2001 eingebrachten Klage ausdrücklich Leistung durch Verrechnung in Euro, so hat er die Nummer des Kontos, auf das die Gutschrift erfolgen soll, und das kontoführende Kreditinstitut anzugeben. Das Gericht hat die Verpflichtung zur Leistung in Euro in den Spruch seiner Entscheidung aufzunehmen.

(4) Die Abs. 1 bis 3 gelten sinngemäß für Ansprüche, die nicht durch Klage, sondern auf andere Weise gerichtlich geltend gemacht werden.

(5) In automationsunterstützt hergestellten schriftlichen Ausfertigungen gerichtlicher Erledigungen sind ab 1. Jänner 1999 Endbeträge, die auf Schilling lauten, auch in Euro anzugeben.

Eintragungen in das Grundbuch

§ 5. (1) Bei Eintragungen in das Grundbuch, die auf Euro oder eine andere Währungseinheit als Schilling lauten, ist die Währungsbezeichnung im Antrag und im Grundbuch anzuführen. Bei Eintragungen, die auf Schilling lauten, entfällt eine Währungsbezeichnung.

(2) Eintragungen im Grundbuch, die keine Währungsbezeichnung enthalten, gelten als Eintragungen auf Schilling.

(3) Eintragungen auf Währungen von Staaten, die nicht der Europäischen Union oder dem Europäischen Wirtschaftsraum angehören, sind nicht zulässig.

Der zweite bis vierte Abschnitt betreffen die Rechnungslegung, die AG und die GmbH.

Artikel II bis VIII betreffen das HGB und sonstige Gesetze.

Artikel IX

Verweisungen

(1) Soweit in diesem Bundesgesetz auf Bestimmungen anderer Bundesgesetze verwiesen wird, sind diese in ihrer jeweils geltenden Fassung anzuwenden.

(2) Soweit in anderen Bundesgesetzen und Verordnungen auf Bestimmungen verwiesen ist, die durch dieses Bundesgesetz geändert oder aufgehoben werden, erhält die Verweisung ihren Inhalt aus den entsprechenden Bestimmungen dieses Bundesgesetzes.

Artikel X
Inkrafttreten, Übergangsbestimmungen und Vollziehung

Inkrafttreten

§ 1. (1) (**Verfassungsbestimmung**) Art. I § 1 dieses Bundesgesetzes tritt mit 1. Jänner 1999 in Kraft.

(2) Die übrigen Bestimmungen dieses Bundesgesetzes treten, soweit nicht anderes angeordnet ist, mit 1. Jänner 1999 in Kraft.

(3) *Betrifft Art I §§ 9, 14 und 15 sowie Art X.*

§§ 2 bis 9 betreffen Übergangsbestimmungen zur Rechnungslegung und zu den sonstigen gesellschaftsrechtlichen Änderungen.

Art XI und XII betreffen Änderungen des Preisauszeichnungsgesetzes bzw aufgehobene Rechtsvorschriften.

1/5/1. Eurogesetz

1/5/1. Eurogesetz, BGBl I 2000/72

Bundesgesetz, mit dem Maßnahmen auf dem Gebiete der Währung im Zusammenhang mit der Ausgabe der Euro-Banknoten und -Münzen erlassen werden (Eurogesetz), und das Scheidemünzengesetz 1988 und das Nationalbankgesetz 1984 geändert werden

Artikel I

Eurogesetz

§ **1.** Ab dem 1. Jänner 2002 sind in der Republik Österreich – nach Maßgabe der Verordnung (EG) Nr. 974/98 über die Einführung des Euro, ABl. Nr. L 139 vom 11. Mai 1998, – gesetzliche Zahlungsmittel:

1. auf Euro lautende Banknoten, die von der Oesterreichischen Nationalbank, der Europäischen Zentralbank (EZB) oder anderen nationalen Zentralbanken der an der dritten Stufe der Wirtschafts- und Währungsunion (WWU) ohne Ausnahmeregelung teilnehmenden Mitgliedstaaten ausgegeben wurden,

2. auf Euro oder Cent lautende Münzen, die gemäß den Bestimmungen des Artikels 106 Abs. 2 EG-Vertrag und Artikel 11 der Verordnung (EG) Nr. 974/98 über die Einführung des Euro, ABl. Nr. L 139 vom 11. Mai 1998, von der Münze Österreich Aktiengesellschaft oder anderen an der dritten Stufe der WWU ohne Ausnahmeregelung teilnehmenden Mitgliedstaaten ausgegeben wurden,

3. auf Euro oder Cent lautende Sammlermünzen, die von der Münze Österreich Aktiengesellschaft gemäß § 12 des Scheidemünzengesetzes, BGBl. Nr. 597/1988, in der Fassung BGBl. I Nr. 72/2000 ausgegeben wurden, sowie

4. vorbehaltlich der Bestimmung des § 2 die auf Schilling lautenden Banknoten und die auf Schilling oder Groschen lautenden Scheidemünzen.

§ **2.** Mit Ablauf des 28. Februar 2002 verlieren die auf Schilling lautenden Banknoten und die auf Schilling oder Groschen lautenden Scheidemünzen ihre Eigenschaft als gesetzliche Zahlungsmittel.

§ **3.** (1) Mit Wirkung 1. Jänner 2002 ist der Staatshaushalt sowie jeder andere öffentliche Haushalt in Euro zu führen.

(2) Ab dem 1. Jänner 2002 sind Geldbeträge, in

1. gerichtlich oder notariell aufgenommenen oder sonst erstellten öffentlichen Urkunden zivilrechtlichen Inhalts,

2. gerichtlichen Urteilen und Beschlüssen, auch wenn das Klagebegehren oder Gesuch vor dem 1. Jänner 2002 eingebracht worden ist,

3. Verordnungen und Bescheiden sowie

4. öffentlichen Kundmachungen und Beschlüssen von Verwaltungsbehörden, Gerichten und öffentlichen Körperschaften

in Euro auszudrücken.

(3) Die Bestimmungen der Abs. 1 und 2 finden keine Anwendung auf Geldbeträge und Verbindlichkeiten, die kraft gesetzlicher Vorschriften in einer anderen Währung als Euro oder in einer bestimmten Münzsorte zu leisten sind.

§ **4.** Bücher und Aufzeichnungen, die nach handelsrechtlichen, abgabenrechtlichen oder sonstigen Rechtsvorschriften zu führen sind, sind für Zeiträume ab dem 1. Jänner 2002 in Euro zu führen.

§ **5.** (1) Mit Inkrafttreten dieses Bundesgesetzes treten außer Kraft:

1. Das Gesetz vom 30. November 1945 über Maßnahmen auf dem Gebiet der Währung (Schillinggesetz), StGBl. Nr. 231/1945;

2. das Bundesgesetz vom 19. November 1947 über die Verringerung des Geldumlaufs und der Geldeinlagen bei Kreditunternehmungen (Währungsschutzgesetz), BGBl. Nr. 250/1947;

3. das Bundesgesetz vom 19. März 1952, womit Bestimmungen des Schillinggesetzes vom 30. November 1945, StGBl. Nr. 231, und des Währungsschutzgesetzes vom 19. November 1947, BGBl. Nr. 250, erläutert werden, BGBl. Nr. 59/1952;

4. das Bundesgesetz vom 25. Juni 1952, womit § 17 des Währungsschutzgesetzes vom 19. November 1947, BGBl. Nr. 250, erläutert wird, BGBl. Nr. 138/1952.

(2) Unbeschadet des Abs. 1 Z 1 bleibt die Unterteilung des Schilling in 100 Groschen bestehen.

§ 6. Dieses Bundesgesetz tritt am 1. Jänner 2002 in Kraft.

§ 7. Mit der Vollziehung dieses Bundesgesetzes ist der Bundesminister für Finanzen, hinsichtlich des § 3 Abs. 2 Z 1, 2 und 4 im Einvernehmen mit dem Bundesminister für Justiz, betraut.

1/5/2. 1. Euro-Einführungsverordnung

1/5/2. Verordnung über bestimmte Vorschriften im Zusammenhang mit der Einführung des Euro, ABl L 162, 1

Verordnung (EG) Nr. 1103/97 des Rates vom 17. Juni 1997 über bestimmte Vorschriften im Zusammenhang mit der Einführung des Euro

DER RAT DER EUROPÄISCHEN UNION –

gestützt auf den Vertrag zur Gründung der Europäischen Gemeinschaft, insbesondere auf Artikel 235,

auf Vorschlag der Kommission,

nach Stellungnahme des Europäischen Parlaments,

nach Stellungnahme des Europäischen Währungsinstituts,

in Erwägung nachstehender Gründe:

(1) Der Europäische Rat hat auf seiner Tagung in Madrid am 15. und 16. Dezember 1995 bestätigt, daß die dritte Stufe der Wirtschafts- und Währungsunion am 1. Januar 1999 beginnt, wie dies in Artikel 109j Absatz 4 des Vertrags festgelegt ist. Für die Zwecke dieser Verordnung werden die Mitgliedstaaten, die in Übereinstimmung mit dem Vertrag den Euro als die einheitliche Währung einführen, als „teilnehmende Mitgliedstaaten" definiert.

(2) Auf der Tagung des Europäischen Rates in Madrid wurde entschieden, daß der im Vertrag zur Bezugnahme auf die europäische Währungseinheit benutzte Ausdruck „Ecu" eine Gattungsbezeichnung ist. Die Regierungen der fünfzehn Mitgliedstaaten haben sich darauf geeinigt, daß dieser Beschluß die einvernehmliche endgültige Auslegung der einschlägigen Vertragsbestimmungen darstellt. Der Europäischen Währung wird der Name Euro gegeben. Der Euro als Währung der teilnehmenden Mitgliedstaaten wird in hundert Untereinheiten mit dem Namen Cent unterteilt. Der Europäische Rat vertrat ferner die Auffassung, daß die einheitliche Währung in allen Amtssprachen der Europäischen Union unter Berücksichtigung der verschiedenen Alphabete denselben Namen tragen sollte.

(3) Sobald die teilnehmenden Mitgliedstaaten bekannt sind, wird der Rat eine Verordnung über die Einführung des Euro auf der Grundlage von Artikel 1091 Absatz 4 Satz 3 des Vertrags annehmen, um den rechtlichen Rahmen für die Verwendung des Euro festzulegen. Am ersten Tag der dritten Stufe legt der Rat gemäß Artikel 1091 Absatz 4 Satz 1 des Vertrags die Umrechnungskurse unwiderruflich fest.

(4) Für das Funktionieren des gemeinsamen Marktes und den Übergang zur einheitlichen Währung ist es erforderlich, daß für die Bürger und die Unternehmen in allen Mitgliedstaaten bereits geraume Zeit vor Beginn der dritten Stufe Rechtssicherheit im Hinblick auf bestimmte Vorschriften im Zusammenhang mit der Einführung des Euro besteht. Diese frühzeitige Rechtssicherheit ermöglicht den Bürgern wie den Unternehmen eine optimale Vorbereitung.

(5) Artikel 1091 Absatz 4 Satz 3 des Vertrags, wonach der Rat aufgrund eines einstimmigen Beschlusses der teilnehmenden Mitgliedstaaten alle sonstigen Maßnahmen, die für die rasche Einführung der einheitlichen Währung erforderlich sind, treffen kann, steht als Rechtsgrundlage erst zur Verfügung, wenn nach Artikel 109j Absatz 4 des Vertrags bestätigt worden ist, welche Mitgliedstaaten die notwendigen Voraussetzungen für die Einführung der einheitlichen Währung erfüllen. Daher muß Artikel 235 des Vertrags als Rechtsgrundlage für den Erlaß der Vorschriften in Anspruch genommen werden, die aus Gründen der Rechtssicherheit dringend erforderlich sind. Diese Verordnung sowie die obengenannte Verordnung des Rates über die Einführung des Euro werden zusammen den rechtlichen Rahmen für den Euro bilden, wobei die Grundsätze für diesen Rahmen vom Europäischen Rat in Madrid vereinbart wurden. Die Einführung des Euro wirkt sich auf die tagtäglich getätigten Geschäfte aller Menschen in den teilnehmenden Mitgliedstaaten aus. Es sollten außer Maßnahmen dieser Verordnung und der nach Artikel 1091 Absatz 4 Satz 3 des Vertrags zu verabschiedenden Verordnung noch weitere Maßnahmen geprüft werden, um insbesondere für die Verbraucher einen gut austarierten Übergang zu gewährleisten.

(6) Die Ecu im Sinne von Artikel 109g des Vertrags und in der Definition der Verordnung (EG) Nr. 3320/94 des Rates vom 22. Dezember 1994 zur Kodifizierung der geltenden Rechtsvorschriften der Gemein-

schaft zur Definition der Ecu nach Inkrafttreten des Vertrags über die Europäische Union wird ab dem 1. Januar 1999 nicht mehr als Währungskorb definiert sein, und der Euro wird zu einer eigenständigen Währung. Die Festlegung von Umrechnungskursen durch den Rat ändert als solche den Außenwert der Ecu nicht. Das bedeutet, daß eine Ecu in ihrer Zusammensetzung als Korb von Währungen zu einem Euro wird. Die Verordnung (EG) Nr. 3320/94 wird daher gegenstandslos und ist aufzuheben. Wird in Rechtsinstrumenten auf die Ecu Bezug genommen, so gilt die Vermutung, daß die Parteien vereinbart haben, auf die Ecu im Sinne von Artikel 109g des Vertrags und in der Definition der genannten Verordnung Bezug zu nehmen. Diese Vermutung sollte jedoch widerlegt werden können; dabei sollen die Absichten der Vertragsparteien berücksichtigt werden.

(7) Es ist ein allgemein anerkannter Rechtsgrundsatz, daß die Einführung einer neuen Währung die Kontinuität von Verträgen und anderen Rechtsinstrumenten nicht berührt. Der Grundsatz der Vertragsfreiheit ist zu gewährleisten. Der Grundsatz der Kontinuität sollte mit etwaigen Vereinbarungen der Vertragsparteien in bezug auf die Einführung des Euro vereinbar sein. Zur Verbesserung der Rechtssicherheit und -klarheit ist es angezeigt, ausdrücklich zu bestätigen, daß das Prinzip der Fortgeltung von Verträgen und anderen Rechtsinstrumenten auf die Ersetzung ehemaliger nationaler Währungen durch den Euro ebenso Anwendung findet wie auf die Ablösung der Ecu im Sinne von Artikel 109g des Vertrags und in der Definition der Verordnung (EG) Nr. 3320/94 durch den Euro. Dies bedeutet namentlich, daß bei Festzinsinstrumenten der vom Schuldner zu zahlende nominale Zinssatz durch die Einführung des Euro nicht verändert wird. Die Vorschriften über Kontinuität könnten nur dann ihren Zweck, den Wirtschaftssubjekten und insbesondere den Verbrauchern Rechtssicherheit und Transparenz zu bieten, erreichen, wenn sie möglichst bald in Kraft treten.

(8) Die Einführung des Euro ändert das Währungsrecht jedes teilnehmenden Mitgliedstaats. Die Anerkennung des Währungsrechts eines Staates ist ein allgemein anerkannter Grundsatz. Die ausdrückliche Bestätigung des Grundsatzes der Kontinuität sollte auch dazu führen, daß die Fortgeltung von Verträgen und anderen Rechtsinstrumenten in der Rechtsprechung dritter Länder anerkannt wird.

(9) Der für die Definition von Rechtsinstrumenten verwendete Begriff „Vertrag" bezeichnet alle Arten von Verträgen, und zwar unabhängig von der Art ihres Zustandekommens.

(10) Wird der Rat gemäß Artikel 1091 Absatz 4 Satz 1 des Vertrags tätig, so legt er lediglich die Umrechnungskurse für den Euro fest, ausgedrückt in den einzelnen nationalen Währungen der beteiligten Mitgliedstaaten. Diese Umrechnungskurse sind bei Umrechnungen zwischen dem Euro und den nationalen Währungseinheiten sowie zwischen verschiedenen nationalen Währungseinheiten zu verwenden. Bei Umrechnungen zwischen nationalen Währungseinheiten muß ein fester Algorithmus das Ergebnis bestimmen. Die Verwendung inverser Kurse für die Umrechnung würde das Runden von Kursen erfordern und könnte zu erheblichen Ungenauigkeiten führen, insbesondere wenn es sich um hohe Beträge handelt.

(11) Die Einführung des Euro erfordert das Runden von Geldbeträgen. Eine frühzeitige Festlegung der Rundungsregeln ist für das Funktionieren des gemeinsamen Marktes und für rechtzeitig anlaufende Vorbereitungen und einen reibungslosen Übergang zur Wirtschafts- und Währungsunion erforderlich. Rundungspraktiken oder -konventionen oder einzelstaatliche Rundungsvorschriften, die ein höheres Maß an Genauigkeit für Zwischenberechnungen ermöglichen, werden von diesen Regeln nicht berührt.

(12) Die Umrechnungskurse sollen mit sechs signifikanten Stellen festgelegt werden, um einen hohen Grad an Genauigkeit bei Umrechnungen zu erreichen. Ein Umrechnungskurs mit sechs signifikanten Stellen ist ein Kurs, der ab der von links gezählten ersten Stelle, die nicht eine Null ist, sechs Ziffern hat –

HAT FOLGENDE VERORDNUNG ERLASSEN:

Artikel 1

Im Sinne dieser Verordnung bezeichnet der Ausdruck

– „Rechtsinstrumente" Rechtsvorschriften, Verwaltungsakte, gerichtliche Entscheidungen, Verträge, einseitige Rechtsgeschäfte, Zahlungsmittel – außer Banknoten und Münzen – sowie sonstige Instrumente mit Rechtswirkung;
– „teilnehmende Mitgliedstaaten" die Mitgliedstaaten, die die einheitliche Währung entsprechend dem Vertrag übernehmen;
– „Umrechnungskurse" die vom Rat gemäß Artikel 1091 Absatz 4 Satz 1 des Vertrags

unwiderruflich festgelegten Umrechnungskurse;
- „nationale Währungseinheiten“ die Währungseinheiten der teilnehmenden Mitgliedstaaten, wie sie am Tag vor Beginn der dritten Stufe der Wirtschafts- und Währungsunion festgelegt sind;
- „Euro-Einheit“ die Einheit der einheitlichen Währung, wie sie in der Verordnung über die Einführung des Euro definiert ist, die am Tag des Beginns der dritten Stufe der Wirtschafts- und Währungsunion in Kraft tritt.

Artikel 2

(1) Jede Bezugnahme in einem Rechtsinstrument auf die Ecu im Sinne des Artikels 109g des Vertrags und in der Definition der Verordnung (EG) Nr. 3320/94 wird durch eine Bezugnahme auf den Euro zum Kurs von 1 Euro für 1 Ecu ersetzt. Bei Bezugnahmen in einem Rechtsinstrument auf die Ecu, die keine solche Definition enthalten, wird eine Bezugnahme auf die Ecu im Sinne des Artikels 109g des Vertrags und in der Definition der Verordnung (EG) Nr. 3320/94 vermutet; diese Vermutung kann widerlegt werden, wobei die Absichten der Vertragsparteien zu berücksichtigen sind.

(2) Die Verordnung (EG) Nr. 3320/94 wird aufgehoben.

(3) Dieser Artikel gilt ab 1. Januar 1999 gemäß dem Beschluß nach Artikel 109j Absatz 4 des Vertrags.

Artikel 3

Die Einführung des Euro bewirkt weder eine Veränderung von Bestimmungen in Rechtsinstrumenten oder eine Schuldbefreiung noch rechtfertigt sie die Nichterfüllung rechtlicher Verpflichtungen, noch gibt sie einer Partei das Recht, ein Rechtsinstrument einseitig zu ändern oder zu beenden. Diese Bestimmung gilt vorbehaltlich etwaiger Vereinbarungen der Parteien.

Artikel 4

(1) Die Umrechnungskurse werden als ein Euro, ausgedrückt in den einzelnen nationalen Währungen der teilnehmenden Mitgliedstaaten festgelegt. Sie werden mit sechs signifikanten Stellen festgelegt.

(2) Die Umrechnungskurse werden bei Umrechnungen nicht gerundet oder um eine oder mehrere Stellen gekürzt.

(3) Die Umrechnungskurse werden für Umrechnungen sowohl der Euro-Einheit in nationale Währungseinheiten als auch umgekehrt verwendet. Von den Umrechnungskursen abgeleitete inverse Kurse werden nicht verwendet.

(4) Geldbeträge, die von einer nationalen Währungseinheit in eine andere umgerechnet werden, werden zunächst in einen auf die Euro-Einheit lautenden Geldbetrag umgerechnet, der auf nicht weniger als drei Dezimalstellen gerundet werden darf, und dann in die andere nationale Währungseinheit umgerechnet. Es dürfen keine anderen Berechnungsmethoden verwendet werden, es sei denn, sie führen zu denselben Ergebnissen.

Artikel 5

Zu zahlende oder zu verbuchende Geldbeträge werden bei einer Rundung, die nach einer Umrechnung in die Euro-Einheit gemäß Artikel 4 erfolgt, auf den nächstliegenden Cent auf- oder abgerundet. Zu zahlende oder zu verbuchende Geldbeträge, die in eine nationale Währungseinheit umgerechnet werden, werden auf die nächstliegende Untereinheit oder, gibt es keine Untereinheit, auf die nächstliegende Einheit oder entsprechend den nationalen Rechtsvorschriften oder Gepflogenheiten auf ein Vielfaches oder einen Bruchteil der Untereinheit oder Einheit der nationalen Währungseinheit auf- oder abgerundet. Führt die Anwendung des Umrechnungskurses zu einem Resultat genau in der Mitte, so wird der Betrag aufgerundet.

Artikel 6

Diese Verordnung tritt am Tage nach ihrer Veröffentlichung im Amtsblatt der Europäischen Gemeinschaften in Kraft.[1])

[1]) *Am 20. 6. 1997.*

1/5/3. 2. Euro-Einführungsverordnung

1/5/3. Verordnung über die Einführung des Euro, ABl L 139, 1.

Verordnung (EG) Nr. 974/98 des Rates vom 3. Mai 1998 über die Einführung des Euro

DER RAT DER EUROPÄISCHEN UNION –

gestützt auf den Vertrag zur Gründung der Europäischen Gemeinschaft, insbesondere auf Artikel 1091 Absatz 4 Satz 3,

auf Vorschlag der Kommission,

nach Stellungnahme des Europäischen Währungsinstituts,

nach Stellungnahme des Europäischen Parlaments,

in Erwägung nachstehender Gründe:

(1) Mit dieser Verordnung werden währungsrechtliche Bestimmungen für die Mitgliedstaaten festgelegt, die den Euro einführen. Bestimmungen über die Kontinuität von Verträgen, die Ersetzung von Bezugnahmen auf die Ecu in Rechtsinstrumenten durch Bezugnahmen auf den Euro und Rundungsregeln sind bereits in der Verordnung (EG) Nr. 1103/97 des Rates vom 17. Juni 1997 über bestimmte Vorschriften im Zusammenhang mit der Einführung des Euro niedergelegt. Die Einführung des Euro betrifft die tagtäglich getätigten Geschäfte aller Menschen in den teilnehmenden Mitgliedstaaten. Es sollten außer den Maßnahmen dieser Verordnung sowie der Verordnung (EG) Nr. 1103/97 noch weitere Maßnahmen geprüft werden, um insbesondere für die Verbraucher einen reibungslosen Übergang zu gewährleisten.

(2) Auf der Tagung des Europäischen Rates am 15. und 16. Dezember 1995 in Madrid wurde entschieden, daß der im Vertrag zur Bezugnahme auf die europäische Währungseinheit benutzte Ausdruck „ECU" eine Gattungsbezeichnung ist. Die Regierungen der fünfzehn Mitgliedstaaten haben sich darauf geeinigt, daß dieser Beschluß die einvernehmliche endgültige Auslegung der einschlägigen Vertragsbestimmungen darstellt. Der europäischen Währung wird der Name Euro gegeben. Der Euro als Währung der teilnehmenden Mitgliedstaaten wird in hundert Untereinheiten mit dem Namen „Cent" unterteilt. Der Name „Cent" schließt nicht die Verwendung von umgangssprachlichen Abwandlungen in den Mitgliedstaaten aus. Der Europäische Rat hat ferner die Auffassung vertreten, daß die einheitliche Währung in allen Amtssprachen der Europäischen Union unter Berücksichtigung der verschiedenen Alphabete denselben Namen tragen muß.

(3) Gemäß Artikel 1091 Absatz 4 Satz 3 des Vertrags trifft der Rat alle Maßnahmen, die für die rasche Einführung des Euro erforderlich sind, mit Ausnahme der Festlegung der Umrechnungskurse.

(4) Wird ein Mitgliedstaat gemäß Artikel 109k Absatz 2 des Vertrags zu einem teilnehmenden Mitgliedstaat, so ergreift der Rat gemäß Artikel 1091 Absatz 5 des Vertrags die sonstigen Maßnahmen, die für die rasche Einführung des Euro als einheitliche Währung in dem betreffenden Mitgliedstaat erforderlich sind.

(5) Gemäß Artikel 1091 Absatz 4 Satz 1 des Vertrags nimmt der Rat am ersten Tag der dritten Stufe die Umrechnungskurse an, die für die Währungen der teilnehmenden Mitgliedstaaten unwiderruflich festgelegt und zu denen diese Währungen jeweils durch den Euro ersetzt werden.

(6) Da weder zwischen der Euro-Einheit und den nationalen Währungseinheiten noch zwischen den nationalen Währungseinheiten ein Wechselkursrisiko besteht, sollten einschlägige Rechtsvorschriften entsprechend ausgelegt werden.

(7) Der für die Definition von Rechtsinstrumenten verwendete Begriff „Vertrag" bezeichnet alle Arten von Verträgen, und zwar unabhängig von der Art ihres Zustandekommens.

(8) Zur Vorbereitung eines reibungslosen Übergangs zum Euro bedarf es einer Übergangszeit zwischen dem Zeitpunkt, zu dem der Euro an die Stelle der Währungen der teilnehmenden Mitgliedstaaten tritt, und der Einführung von Euro-Banknoten und Euro-Münzen. In dieser Übergangszeit gelten die nationalen Währungseinheiten als Untereinheiten des Euro. Dadurch werden die Euro-Einheit und die nationalen Währungseinheiten rechtlich gleichwertig.

(9) Gemäß Artikel 109g des Vertrags sowie gemäß der Verordnung (EG) Nr. 1103/97 ersetzt der Euro ab 1. Januar 1999 die Ecu als Rechnungseinheit der Organe der Europäischen Gemeinschaften. Der Euro sollte auch der Europäischen Zentralbank (EZB) und den Zentralbanken der teilnehmenden Mitgliedstaaten als Rechnungseinheit dienen.

Präambel

Im Einklang mit den Schlußfolgerungen von Madrid sollten geld- und währungspolitische Maßnahmen des Europäischen Systems von Zentralbanken (ESZB) in der Euro-Einheit erfolgen. Dies schließt nicht aus, daß die nationalen Zentralbanken insbesondere für ihr Personal und die öffentlichen Verwaltungen während der Übergangszeit Konten in ihrer jeweiligen nationalen Währungseinheit führen.

(10) Jeder teilnehmende Mitgliedstaat kann zulassen, daß die Euro-Einheit in seinem Hoheitsgebiet in der Übergangszeit in vollem Umfang verwendet wird.

(11) In der Übergangszeit können Verträge, nationale Gesetze und sonstige Rechtsinstrumente sowohl unter Verwendung der Euro-Einheit als auch einer nationalen Währungseinheit rechtsgültig erstellt werden. Während dieser Übergangszeit sollte keine Bestimmung dieser Verordnung in irgendeiner Weise die Gültigkeit einer Bezugnahme auf eine nationale Währungseinheit in einem Rechtsinstrument beeinträchtigen.

(12) Sofern nicht anders vereinbart, haben sich die Wirtschaftssubjekte an die in einem Rechtsinstrument verwendete Währungsbezeichnung zu halten, wenn sie Handlungen aufgrund dieses Instrumentes ausführen.

(13) Die Euro-Einheit und die nationalen Währungseinheiten sind Einheiten derselben Währung. Es ist dafür Sorge zu tragen, daß Zahlungen im Wege von Kontogutschriften innerhalb eines teilnehmenden Mitgliedstaats sowohl in der Euro-Einheit als auch in der jeweiligen nationalen Währung getätigt werden können. Die Bestimmungen für Zahlungen im Wege von Kontogutschriften haben auch für grenzüberschreitende Zahlungen zu gelten, die auf die Euro-Einheit oder die nationale Währungseinheit des Mitgliedstaats lauten, in dem das Konto des Gläubigers geführt wird. Im Interesse des reibungslosen Funktionierens der Zahlungssysteme ist es notwendig, Vorschriften für Kontogutschriften zu erlassen, die Zahlungsinstrumente aus diesen Systemen auslösen. Die Bestimmungen für Zahlungen im Wege von Kontogutschriften dürfen nicht zur Folge haben, daß die Finanzintermediäre verpflichtet sind, entweder andere Zahlungsmöglichkeiten oder auf eine bestimmte Einheit des Euro lautende Produkte anzubieten. Die Bestimmungen für Zahlungen im Wege von Kontogutschriften hindern die Finanzintermediäre nicht daran, in koordinierter Weise auf die Euro-Einheit lautende Zahlungsmöglichkeiten einzuführen, die während der Übergangszeit eine gemeinsame technische Infrastruktur zur Grundlage haben.

(14) Im Einklang mit den Schlußfolgerungen des Europäischen Rates von Madrid werden ab 1. Januar 1999 neue handelbare Schuldtitel der öffentlichen Hand von den teilnehmenden Mitgliedstaaten in der Euro-Einheit aufgelegt. Die Emittenten von Schuldtiteln sollten die Möglichkeit haben, bereits emittierte Schuldtitel auf die Euro-Einheit umzustellen. Die Bestimmungen über die Umstellung sollten so gestaltet sein, daß sie auch in der Rechtsordnung dritter Länder Anwendung finden können. Die Emittenten sollten in die Lage versetzt werden, bereits emittierte Schuldtitel umzustellen, wenn diese auf die nationale Währungseinheit eines Mitgliedstaats lauten, in dem die bereits emittierten Schuldtitel eines Schuldners, der zum Sektor Staat zählt, teilweise oder vollständig umgestellt wurden. Diese Bestimmungen beziehen sich nicht auf die Einführung zusätzlicher Maßnahmen zur Änderung der Bedingungen für bereits emittierte Schuldtitel, um unter anderem deren Nennbetrag zu ändern, da dafür die einschlägigen nationalen Rechtsvorschriften maßgebend sind. Die Mitgliedstaaten sollten die Möglichkeit haben, geeignete Maßnahmen zu ergreifen, um die Rechnungseinheit für die operationellen Verfahren organisierter Märkte zu ändern.

(15) Es könnten auch weitere Maßnahmen auf Gemeinschaftsebene erforderlich sein, um zu klären, wie sich die Einführung des Euro auf die Anwendung der geltenden Bestimmungen des Gemeinschaftsrechts auswirkt, insbesondere was Aufrechnungen, Verrechnungen und Techniken vergleichbarer Wirkung anbelangt.

(16) Eine Verpflichtung zur Verwendung der Euro-Einheit kann nur auf der Grundlage des Gemeinschaftsrechts vorgeschrieben werden. Die teilnehmenden Mitgliedstaaten können die Verwendung der Euro-Einheit bei Transaktionen mit dem öffentlichen Sektor gestatten. Entsprechend dem vom Europäischen Rat in Madrid beschlossenen Referenzszenario könnten die gemeinschaftlichen Rechtsvorschriften zur Festlegung des zeitlichen Rahmens für die allgemeine Verwendung der Euro-Einheit den einzelnen Mitgliedstaaten einen gewissen Spielraum belassen.

(17) Nach Artikel 105a des Vertrags kann der Rat Maßnahmen erlassen, um die Stückelung und die technischen Merkmale aller Münzen zu harmonisieren.

(18) Banknoten und Münzen bedürfen eines angemessenen Schutzes vor Fälschungen.

(19) Banknoten und Münzen in nationaler Währungseinheit verlieren spätestens sechs

Monate nach Ende der Übergangszeit die Eigenschaft eines gesetzlichen Zahlungsmittels. Von den Mitgliedstaaten aus Gründen der öffentlichen Ordnung eingeführte Begrenzungen für Zahlungen in Banknoten und Münzen sind mit der den Euro-Banknoten und Euro-Münzen zukommenden Eigenschaft eines gesetzlichen Zahlungsmittels nicht unvereinbar, sofern andere rechtliche Mittel für die Begleichung von Geldschulden bestehen.

(20) Nach dem Ende der Übergangszeit sind Bezugnahmen auf nationale Währungseinheiten in Rechtsinstrumenten, die am Ende der Übergangszeit bestehen, als Bezugnahmen auf die Euro-Einheit entsprechend dem jeweiligen Umrechnungskurs zu verstehen. Daher ist eine materielle Anpassung bestehender Rechtsinstrumente hierzu nicht notwendig. Die in der Verordnung (EG) Nr. 1103/97 festgelegten Rundungsregeln gelten auch für die zum Ende der Übergangszeit oder nach der Übergangszeit vorzunehmenden Umrechnungen. Aus Gründen der Klarheit kann es wünschenswert sein, die materielle Anpassung durchzuführen, sobald dies angezeigt ist.

(21) Nach Nummer 2 des Protokolls Nr. 11 über einige Bestimmungen betreffend das Vereinigte Königreich Großbritannien und Nordirland gilt unter anderem Nummer 5 dieses Protokolls für den Fall, daß das Vereinigte Königreich dem Rat notifiziert, daß es nicht beabsichtigt, zur dritten Stufe überzugehen. Das Vereinigte Königreich hat dem Rat am 30. Oktober 1997 mitgeteilt, daß es nicht beabsichtigt, zur dritten Stufe überzugehen. Nummer 5 sieht unter anderem vor, daß Artikel 1091 Absatz 4 des Vertrags nicht für das Vereinigte Königreich gilt.

(22) Unter Bezugnahme auf Nummer 1 des Protokolls Nr. 12 über einige Bestimmungen betreffend Dänemark hat Dänemark in Zusammenhang mit dem am 12. Dezember 1992 in Edinburgh gefaßten Beschluß notifiziert, daß es nicht an der dritten Stufe teilnehmen wird. Somit finden nach Nummer 2 des genannten Protokolls alle eine Ausnahmeregelung betreffenden Artikel und Bestimmungen des Vertrags und der Satzung des ESZB auf Dänemark Anwendung.

(23) Nach Artikel 1091 Absatz 4 des Vertrags wird die einheitliche Währung nur in den Mitgliedstaaten eingeführt, für die keine Ausnahmeregelung gilt.

(24) Diese Verordnung ist somit gemäß Artikel 189 des Vertrags vorbehaltlich der Protokolle Nr. 11 und Nr. 12 sowie des Artikels 109k Absatz 1 des Vertrags anwendbar –

HAT FOLGENDE VERORDNUNG ERLASSEN:

TEIL I
DEFINITONEN

Artikel 1

Im Sinne dieser Verordnung bezeichnet der Ausdruck:

– „teilnehmende Mitgliedstaaten" die Mitgliedstaaten Belgien, Deutschland, Spanien, Frankreich, Irland, Italien, Luxemburg, die Niederlande, Österreich, Portugal und Finnland;

– „Rechtsinstrumente" Rechtsvorschriften, Verwaltungsakte, gerichtliche Entscheidungen, Verträge, einseitige Rechtsgeschäfte, Zahlungsmittel – außer Banknoten und Münzen – sowie sonstige Instrumente mit Rechtswirkung;

– „Umrechnungskurs" den vom Rat gemäß Artikel 1091 Absatz 4 Satz 1 des Vertrags für die Währung jedes teilnehmenden Mitgliedstaats unwiderruflich festgelegten Umrechnungskurs;

– „Euro-Einheit" die Währungseinheit im Sinne des Artikels 2 Satz 2;

– „nationale Währungseinheiten" die Währungseinheiten der teilnehmenden Mitgliedstaaten, wie sie am Tag vor Beginn der dritten Stufe der Wirtschafts- und Währungsunion festgelegt sind;

– „Übergangszeit" den Zeitraum, der am 1. Januar 1999 beginnt und am 31. Dezember 2001 endet;

– „umstellen" das Ändern der Einheit, auf die der Schuldtitel lautet, von einer nationalen Währungseinheit in die Euro-Einheit im Sinne von Artikel 2, wobei jedoch diese Umstellung keine Änderung der sonstigen Bedingungen des Schuldtitels bewirkt, für die die einschlägigen nationalen Rechtsvorschriften maßgebend sind.

TEIL II
ERSETZUNG DER WÄHRUNGEN DER TEILNEHMENDEN MITGLIEDSTAATEN DURCH DEN EURO

Artikel 2

Ab 1. Januar 1999 ist die Währung der teilnehmenden Mitgliedstaaten der Euro. Die

Währungseinheit ist ein Euro. Ein Euro ist in 100 Cent unterteilt.

Artikel 3

Der Euro tritt zum Umrechnungskurs an die Stelle der Währungen der teilnehmenden Mitgliedstaaten.

Artikel 4

Der Euro ist die Rechnungseinheit der Europäischen Zentralbank (EZB) und der Zentralbanken der teilnehmenden Mitgliedstaaten.

TEIL III
ÜBERGANGSBESTIMMUNGEN

Artikel 5

Die Artikel 6, 7, 8 und 9 gelten während der Übergangszeit.

Artikel 6

(1) Der Euro wird auch in die nationalen Währungseinheiten gemäß den Umrechnungskursen unterteilt. Alle Untereinheiten werden beibehalten. Vorbehaltlich der Bestimmungen dieser Verordnung ist das Währungsrecht der teilnehmenden Mitgliedstaaten weiterhin anzuwenden.

(2) Bezugnahmen in Rechtsinstrumenten auf eine nationale Währungseinheit sind genauso gültig wie Bezugnahmen auf die Euro-Einheit unter Beachtung der Umrechnungskurse.

Artikel 7

Die Ersetzung der Währung eines jeden teilnehmenden Mitgliedstaats durch den Euro ändert als solche nicht die Währungsbezeichnung der am Tag der Ersetzung bestehenden Rechtsinstrumente.

Artikel 8

(1) Handlungen, die aufgrund von Rechtsinstrumenten erfolgen, die die Verwendung einer nationalen Währungseinheit vorschreiben oder auf diese lauten, werden in dieser nationalen Währungseinheit ausgeführt. Handlungen, die aufgrund von Rechtsinstrumenten erfolgen, die die Verwendung der Euro-Einheit vorschreiben oder auf sie lauten, werden in der Euro-Einheit ausgeführt.

(2) Absatz 1 gilt vorbehaltlich etwaiger Vereinbarungen der Parteien.

(3) Abweichend von Absatz 1 kann jeder Betrag, der auf die Euro-Einheit oder die nationale Währungseinheit eines bestimmten teilnehmenden Mitgliedstaats lautet und innerhalb dieses Mitgliedstaats durch Gutschrift auf das Konto des Gläubigers zahlbar ist, vom Schuldner entweder in der Euro-Einheit oder in dieser nationalen Währungseinheit gezahlt werden. Der Betrag wird dem Konto des Gläubigers in der Währungseinheit seines Kontos gutgeschrieben, wobei Umrechnungen zum jeweiligen Umrechnungskurs erfolgen.

(4) Abweichend von Absatz 1 kann jeder teilnehmende Mitgliedstaat die gegebenenfalls erforderlichen Maßnahmen treffen, um

– die von einem Schuldner, der in diesem Mitgliedstaat zum Sektor Staat im Sinne des Europäischen Systems volkswirtschaftlicher Gesamtrechnungen zählt, emittierten Schuldtitel, die auf seine nationale Währungseinheit lauten und nach seinem Recht ausgegeben wurden, auf die Euro-Einheit umzustellen. Hat ein Mitgliedstaat eine solche Maßnahme getroffen, so können die Emittenten die auf die nationale Währungseinheit dieses Mitgliedstaats lautenden Schuldtitel auf die Euro-Einheit umstellen, es sei denn, die Umstellung ist in den Vertragsbedingungen ausdrücklich ausgeschlossen; diese Bestimmung gilt für die von einem Schuldner, der in einem Mitgliedstaat zum Sektor Staat zählt, emittierten Schuldtitel sowie für die von anderen Schuldnern emittierten Schuldverschreibungen und anderen an den Kapitalmärkten handelbaren Formen verbriefter Verbindlichkeiten und Geldmarkttitel;
– folgenden Einrichtungen die Möglichkeit einzuräumen, die Rechnungseinheit ihrer operationellen Verfahren von einer nationalen Währungseinheit auf die Euro-Einheit umzustellen:
  a) Märkte, auf denen Geschäfte in den im Abschnitt B des Anhangs zur Richtlinie 93/22/EWG des Rates vom 10. Mai 1993 über Wertpapierdienstleistungen aufgeführten Instrumenten oder in Waren regelmäßig getätigt, verrechnet und abgewickelt werden, und
  b) Systeme, in denen Zahlungsinstrumente regelmäßig gehandelt, verrechnet und abgerechnet werden.

(5) Andere Vorschriften als die des Absatzes 4, die die Verwendung der Euro-Einheit vorschreiben, können von den teilnehmenden Mitgliedstaaten nur gemäß einem Zeitrahmen eingeführt werden, der in gemeinschaftlichen Rechtsvorschriften festgelegt ist.

(6) Nationale Rechtsvorschriften der teilnehmenden Mitgliedstaaten, die eine Aufrechnung, eine Verrechnung oder Techniken vergleichbarer Wirkung gestatten oder vorschreiben, finden auf Geldschulden unabhängig von deren Währungsbezeichnung Anwendung, wenn diese auf die Euro-Einheit oder eine nationale Währungseinheit lauten, wobei Umrechnungen zu den Umrechnungskursen erfolgen.

Artikel 9

Banknoten und Münzen, die auf eine nationale Währungseinheit lauten, behalten die Eigenschaft eines gesetzlichen Zahlungsmittels innerhalb ihres jeweiligen Gültigkeitsgebiets wie am Tag vor Inkrafttreten dieser Verordnung.

Teil IV
EURO-BANKNOTEN UND EURO-MÜNZEN

Artikel 10

Vom 1. Januar 2002 an setzen die EZB und die Zentralbanken der teilnehmenden Mitgliedstaaten auf Euro lautende Banknoten in Umlauf. Unbeschadet des Artikels 15 haben diese auf Euro lautenden Banknoten als einzige in allen diesen Mitgliedstaaten die Eigenschaft eines gesetzlichen Zahlungsmittels.

Artikel 11

Vom 1. Januar 2002 an geben die teilnehmenden Mitgliedstaaten Münzen aus, die auf Euro oder Cent lauten und den Bezeichnungen und technischen Merkmalen entsprechen, die der Rat nach Artikel 105a Absatz 2 Satz 2 des Vertrags festlegen kann. Unbeschadet des Artikels 15 haben diese Münzen als einzige in allen diesen Mitgliedstaaten die Eigenschaft eines gesetzlichen Zahlungsmittels. Mit Ausnahme der ausgebenden Behörde und der Personen, die in den nationalen Rechtsvorschriften des ausgebenden Mitgliedstaats speziell benannt werden, ist niemand verpflichtet, mehr als fünfzig Münzen bei einer einzelnen Zahlung anzunehmen.

Artikel 12

Die teilnehmenden Mitgliedstaaten stellen sicher, daß es angemessene Sanktionen für Nachahmungen und Fälschungen von Euro-Banknoten und Euro-Münzen gibt.

TEIL V
SCHLUSSBESTIMMUNGEN

Artikel 13

Artikel 14, 15 und 16 gelten ab Ende der Übergangszeit.

Artikel 14

Wird in Rechtsinstrumenten, die am Ende der Übergangszeit bestehen, auf nationale Währungseinheiten Bezug genommen, so ist dies als Bezugnahme auf die Euro-Einheit entsprechend dem jeweiligen Umrechnungskurs zu verstehen. Es gelten die in der Verordnung (EG) Nr. 1103/97 niedergelegten Rundungsregeln.

Artikel 15

(1) Banknoten und Münzen, die auf eine nationale Währungseinheit im Sinne des Artikels 6 Absatz 1 lauten, behalten die Eigenschaft eines gesetzlichen Zahlungsmittels in dem jeweiligen Gültigkeitsgebiet noch für längstens sechs Monate[1]) nach Ende der Übergangszeit; dieser Zeitraum kann durch nationale Rechtsvorschriften verkürzt werden.

(2) Jeder teilnehmende Mitgliedstaat kann für eine Dauer von bis zu sechs Monaten nach Ende der Übergangszeit Regeln für die Verwendung von auf seine nationale Währungseinheit im Sinne des Artikels 6 Absatz 1 lautende Banknoten und Münzen festlegen sowie alle Maßnahmen ergreifen, die erforderlich sind, damit diese Banknoten und Münzen leichter aus dem Verkehr gezogen werden können.

[1]) Siehe § 2 EuroG.

Artikel 16

Gemäß den Gesetzen oder Gepflogenheiten der teilnehmenden Mitgliedstaaten tauschen die jeweiligen Ausgeber von Banknoten und Münzen die von ihnen früher ausgegebenen Banknoten und Münzen weiterhin zum Umrechnungskurs in Euro um.

TEIL VI
INKRAFTTRETEN

Artikel 17

Diese Verordnung tritt am 1. Januar 1999 in Kraft.

2. Internationales Privatrechts-Gesetz

2. Bundesgesetz vom 15. Juni 1978 über das internationale Privatrecht, BGBl 1978/304 idF

1 BGBl I 1998/119 2 BGBl I 1999/18 3 BGBl I 2000/135 (KindRÄG)

GLIEDERUNG

STICHWORTVERZEICHNIS

(Die Zahlenangaben beziehen sich auf die Paragraphen)

Stichwortverzeichnis

Bundesgesetz vom 15. Juni 1978 über das internationale Privatrecht (IPR-Gesetz)

Abschnitt 1
Allgemeine Bestimmungen

Grundsatz der stärksten Beziehung

§ **1.** (1) Sachverhalte mit Auslandsberührung sind in privatrechtlicher Hinsicht nach der Rechtsordnung zu beurteilen, zu der die stärkste Beziehung besteht.

(2) Die in diesem Bundesgesetz enthaltenen besonderen Regelungen über die anzuwendende Rechtsordnung (Verweisungsnormen) sind als Ausdruck dieses Grundsatzes anzusehen.

Ermittlung der für die Anknüpfung maßgebenden Voraussetzungen

§ **2.** Die für die Anknüpfung an eine bestimmte Rechtsordnung maßgebenden tatsächlichen und rechtlichen Voraussetzungen sind von Amts wegen festzustellen, soweit nicht nach verfahrensrechtlichen Vorschriften in einem der Rechtswahl zugänglichen Sachgebiet (§§ 19, 35 Abs. 1) tatsächliches Parteivorbringen für wahr zu halten ist.

Anwendung fremden Rechtes

§ **3.** Ist fremdes Recht maßgebend, so ist es von Amts wegen und wie in seinem ursprünglichen Geltungsbereich anzuwenden.

Ermittlung fremden Rechtes

§ **4.** (1) Das fremde Recht ist von Amts wegen zu ermitteln. Zulässige Hilfsmittel hiefür sind auch die Mitwirkung der Beteiligten, Auskünfte des Bundesministeriums für Justiz und Sachverständigengutachten.

(2) Kann das fremde Recht trotz eingehendem Bemühen innerhalb angemessener Frist nicht ermittelt werden, so ist das österreichische Recht anzuwenden.

Rück- und Weiterverweisung

§ **5.** (1) Die Verweisung auf eine fremde Rechtsordnung umfaßt auch deren Verweisungsnormen.

(2) Verweist die fremde Rechtsordnung zurück, so sind die österreichischen Sachnormen (Rechtsnormen mit Ausnahme der Verweisungsnormen) anzuwenden; im Fall der Weiterverweisung sind unter Beachtung weiterer Verweisungen die Sachnormen der Rechtsordnung maßgebend, die ihrerseits nicht mehr verweist bzw. auf die erstmals zurückverwiesen wird.

(3) Besteht eine fremde Rechtsordnung aus mehreren Teilrechtsordnungen, so ist die Teilrechtsordnung anzuwenden, auf die die in der fremden Rechtsordnung bestehenden Regeln verweisen. Mangels solcher Regeln ist die Teilrechtsordnung maßgebend, zu der die stärkste Beziehung besteht.

Vorbehaltsklausel (ordre public)

§ **6.** Eine Bestimmung des fremden Rechtes ist nicht anzuwenden, wenn ihre Anwendung zu einem Ergebnis führen würde, das mit den Grundwertungen der österreichischen Rechtsordnung unvereinbar ist. An ihrer Stelle ist erforderlichenfalls die entsprechende Bestimmung des österreichischen Rechtes anzuwenden.

Statutenwechsel

§ **7.** Die nachträgliche Änderung der für die Anknüpfung an eine bestimmte Rechtsordnung maßgebenden Voraussetzungen hat auf bereits vollendete Tatbestände keinen Einfluß.

Form

§ **8.** Die Form einer Rechtshandlung ist nach demselben Recht zu beurteilen wie die Rechtshandlung selbst; es genügt jedoch die Einhaltung der Formvorschriften des Staates, in dem die Rechtshandlung vorgenommen wird.

Personalstatut einer natürlichen Person

§ **9.** (1) Das Personalstatut einer natürlichen Person ist das Recht des Staates, dem die Person angehört. Hat eine Person neben einer fremden Staatsangehörigkeit auch die österreichische Staatsbürgerschaft, so ist diese maßgebend. Für andere Mehrstaater ist die Staatsangehörigkeit des Staates maßgebend, zu dem die stärkste Beziehung besteht.

(2) Ist eine Person staatenlos oder kann ihre Staatsangehörigkeit nicht geklärt werden, so ist ihr Personalstatut das Recht des Staates, in dem sie den gewöhnlichen Aufenthalt hat.

(3) Das Personalstatut einer Person, die Flüchtling im Sinn der für Österreich geltenden internationalen Übereinkommen ist oder deren Beziehungen zu ihrem Heimatstaat aus vergleichbar schwerwiegenden Gründen abgebrochen sind, ist das Recht des Staates, in dem sie ihren Wohnsitz, mangels eines solchen ihren gewöhnlichen Aufenthalt hat; eine Verweisung dieses Rechtes auf das Recht des Heimatstaates (§ 5) ist unbeachtlich.

Personalstatut einer juristischen Person

§ **10.** Das Personalstatut einer juristischen Person oder einer sonstigen Personen- oder Vermögensverbindung, die Träger von Rechten und Pflichten sein kann, ist das Recht des Staates, in dem der Rechtsträger den tatsächlichen Sitz seiner Hauptverwaltung hat.

Rechtswahl

§ 11. (1) Eine Rechtswahl der Parteien (§§ 19, 35 Abs. 1) bezieht sich im Zweifel nicht auf die Verweisungsnormen der gewählten Rechtsordnung.

(2) Eine in einem anhängigen Verfahren bloß schlüssig getroffene Rechtswahl ist unbeachtlich.

(3) Die Rechtsstellung Dritter wird durch eine nachträgliche Rechtswahl nicht beeinträchtigt.

Abschnitt 2
Personenrecht
Rechts- und Handlungsfähigkeit

§ 12. Die Rechts- und Handlungsfähigkeit einer Person sind nach deren Personalstatut zu beurteilen.

Name

§ 13. (1) Die Führung des Namens einer Person ist nach deren jeweiligem Personalstatut zu beurteilen, auf welchem Grund auch immer der Namenserwerb beruht.

(2) Der Schutz des Namens ist nach dem Recht des Staates zu beurteilen, in dem die Verletzungshandlung gesetzt wird.

Todeserklärung und Beweisführung des Todes

§ 14. Die Voraussetzungen, die Wirkungen und die Aufhebung einer Todeserklärung oder einer Beweisführung des Todes sind nach dem letzten bekannten Personalstatut des Verschollenen zu beurteilen.

Entmündigung[1])

§ 15. Die Voraussetzungen, die Wirkungen und die Aufhebung einer Entmündigung[1]) sind nach dem Personalstatut des Betroffenen zu beurteilen.

[1]) Jetzt: Bestellung eines Sachwalters für behinderte Personen (BGBl 1983/136)

Abschnitt 3
Familienrecht
A. Eherecht
Form der Eheschließung

§ 16. (1) Die Form einer Eheschließung im Inland ist nach den inländischen Formvorschriften zu beurteilen.

(2) Die Form einer Eheschließung im Ausland ist nach dem Personalstatut jedes der Verlobten zu beurteilen; es genügt jedoch die Einhaltung der Formvorschriften des Ortes der Eheschließung.

Voraussetzungen der Eheschließung

§ 17. (1) Die Voraussetzungen der Eheschließung sowie die der Ehenichtigkeit und der Aufhebung sind für jeden der Verlobten nach seinem Personalstatut zu beurteilen.

(2) Ist durch eine für den österreichischen Rechtsbereich wirksame Entscheidung eine Ehe für nichtig erklärt, aufgehoben, geschieden oder als nicht bestehend festgestellt worden, so darf nicht allein deshalb eine neue Eheschließung untersagt oder eine neue Ehe für nichtig erklärt werden, weil die Entscheidung nach dem Personalstatut eines oder beider Verlobten bzw. Ehegatten nicht anerkannt wird. Dies gilt sinngemäß im Fall der Todeserklärung oder der Beweisführung des Todes.

Persönliche Rechtswirkungen der Ehe

§ 18. (1) Die persönlichen Rechtswirkungen einer Ehe sind zu beurteilen

1. nach dem gemeinsamen, mangels eines solchen nach dem letzten gemeinsamen Personalstatut der Ehegatten, sofern es einer von ihnen beibehalten hat,

2. sonst nach dem Recht des Staates, in dem beide Ehegatten ihren gewöhnlichen Aufenthalt haben, mangels eines solchen nach dem Recht des Staates, in dem beide ihren letzten gewöhnlichen Aufenthalt gehabt haben, sofern ihn einer von ihnen beibehalten hat.

(2) Ist eine Ehe nicht für den Bereich des im Abs. 1 bezeichnetes Rechtes, wohl aber für den österreichischen Rechtsbereich zustande gekommen, so sind die persönlichen Rechtswirkungen nach österreichischem Recht zu beurteilen. Haben jedoch die Eheleute eine stärkere Beziehung zu einem dritten Staat, nach dessen Recht die Ehe ebenfalls Wirkungen entfaltet, so ist statt des österreichischen Rechtes das Recht dieses Staates maßgebend.

Ehegüterrecht

§ 19. Das Ehegüterrecht ist nach dem Recht zu beurteilen, das die Parteien ausdrücklich bestimmen, mangels einer solchen Rechtswahl nach dem zur Zeit der Eheschließung für die persönlichen Rechtswirkungen der Ehe maßgebenden Recht.

Ehescheidung

§ 20. (1) Die Voraussetzungen und die Wirkungen der Scheidung einer Ehe sind nach dem für die persönlichen Rechtswirkungen der Ehe maßgebenden Recht im Zeitpunkt der Ehescheidung zu beurteilen.

(2) Kann nach diesem Recht die Ehe auf Grund der geltend gemachten Tatsachen nicht geschieden werden oder liegt keiner der Anknüpfungspunkte des § 18 vor, so ist die Scheidung nach dem Personalstatut des klagenden Ehegatten im Zeitpunkt der Ehescheidung zu beurteilen.

B. Kindschaftsrecht

Eheliche Abstammung

§ 21. Die Voraussetzungen der Ehelichkeit eines Kindes und deren Bestreitung sind nach dem Personalstatut zu beurteilen, das die Ehegatten im Zeitpunkt der Geburt des Kindes oder, wenn die Ehe vorher aufgelöst worden ist, im Zeitpunkt der Auflösung gehabt haben. „Bei verschiedenem Personalstatut der Ehegatten ist das Personalstatut des Kindes zum Zeitpunkt der Geburt maßgebend.“ *(BGBl I 2000/135, ab 1. 7. 2001)*

Legitimation

§ 22. *(aufgehoben, BGBl I 2000/135, ab 1. 7. 2001)*

§ 23. Die Voraussetzungen der Legitimation eines unehelichen Kindes durch Ehelicherklärung sind nach dem Personalstatut des Vaters zu beurteilen; wird die Ehelicherklärung erst nach dem Tod des Vaters beantragt, so nach dem Personalstatut des Vaters im Zeitpunkt seines Todes. Ist nach dem Personalstatut des Kindes die Zustimmung des Kindes oder eines Dritten, zu dem das Kind in einem familienrechtlichen Verhältnis steht, erforderlich, so ist insoweit auch dieses Recht maßgebend.

Wirkungen der Ehelichkeit und der Legitimation

§ 24. Die Wirkungen der Ehelichkeit und der Legitimation eines Kindes sind nach dessen Personalstatut zu beurteilen.

Uneheliche Abstammung und deren Wirkungen

§ 25. (1) Die Voraussetzungen der Feststellung und der Anerkennung der Vaterschaft zu einem unehelichen Kind sind nach dessen Personalstatut im Zeitpunkt der Geburt zu beurteilen. Sie sind jedoch nach einem späteren Personalstatut des Kindes zu beurteilen, wenn die Feststellung bzw. Anerkennung nach diesem, nicht aber nach dem Personalstatut im Zeitpunkt der Geburt zulässig ist. Das Recht, nach dem die Vaterschaft festgestellt oder anerkannt worden ist, ist auch für deren Bestreitung maßgebend.

(2) Die Wirkungen der Unehelichkeit eines Kindes sind nach dessen Personalstatut zu beurteilen.

(3) Die mit der Schwangerschaft und der Entbindung zusammenhängenden Ansprüche der Mutter gegen den Vater des unehelichen Kindes sind nach dem Personalstatut der Mutter zu beurteilen.

Annahme an Kindes Statt

§ 26. (1) Die Voraussetzungen der Annahme an Kindes Statt und der Beendigung der Wahlkindschaft sind nach dem Personalstatut jedes Annehmenden zu beurteilen. Ist nach dem Personalstatut des Kindes die Zustimmung des Kindes oder eines Dritten, zu dem das Kind in einem familienrechtlichen Verhältnis steht, erforderlich, so ist insoweit auch dieses Recht maßgebend.

(2) Die Wirkungen der Annahme an Kindes Statt sind nach dem Personalstatut des Annehmenden, bei Annahme durch Ehegatten nach dem für die persönlichen Rechtswirkungen der Ehe maßgebenden Recht, nach dem Tod eines der Ehegatten nach dem Personalstatut des anderen Ehegatten zu beurteilen.

C. Vormundschafts- und Pflegschaftsrecht

§ 27. (1) Die Voraussetzungen für die Anordnung und die Beendigung einer Vormundschaft oder Pflegschaft sowie deren Wirkungen sind nach dem Personalstatut des Pflegebefohlenen zu beurteilen.

(2) Die sonstigen mit der Vormundschaft oder Pflegschaft verbundenen Fragen, soweit sie die Führung an sich betreffen, sind nach dem Recht des Staates zu beurteilen, dessen Behörden die Vormundschaft oder Pflegschaft führen.

Abschnitt 4
Erbrecht

Rechtsnachfolge von Todes wegen

§ 28. (1) Die Rechtsnachfolge von Todes wegen ist nach dem Personalstatut des Erblassers im Zeitpunkt seines Todes zu beurteilen.

(2) Wird eine Verlassenschaftsabhandlung in Österreich durchgeführt, so sind der Erbschaftserwerb und die Haftung für Nachlaßschulden nach österreichischem Recht zu beurteilen.

§ 29. Ist der Nachlaß nach dem im § 28 Abs. 1 bezeichneten Recht erblos oder würde er einer Gebietskörperschaft als gesetzlichem Erben zukommen, so tritt an die Stelle dieses Rechtes das Recht jeweils des Staates, in dem sich Vermögen des Erblassers im Zeitpunkt seines Todes befindet.

Gültigkeit einer Verfügung von Todes wegen

§ 30. (1) Die Testierfähigkeit und die sonstigen Erfordernisse für die Gültigkeit einer letztwilligen Verfügung, eines Erbvertrags oder eines Erbverzichtsvertrags sind nach dem Personalstatut des Erblassers im Zeitpunkt der Rechtshandlung zu beurteilen. Wäre danach die Gültigkeit nicht gegeben, wohl aber nach dem Personalstatut des Erblassers im Zeitpunkt seines Todes, so gilt dieses.

(2) Für den Widerruf bzw. die Aufhebung dieser Rechtshandlungen gilt der Abs. 1 sinngemäß.

Abschnitt 5
Sachenrecht
Allgemeine Regel

§ 31. (1) Der Erwerb und der Verlust dinglicher Rechte an körperlichen Sachen einschließlich des Besitzes sind nach dem Recht des Staates zu beurteilen, in dem sich die Sachen bei Vollendung des dem Erwerb oder Verlust zugrunde liegenden Sachverhalts befinden.

(2) Die rechtliche Gattung der Sachen und der Inhalt der im Abs. 1 genannten Rechte sind nach dem Recht des Staates zu beurteilen, in dem sich die Sachen befinden.

Verhältnis zu anderen Verweisungsnormen

§ 32. Für dingliche Rechte an einer unbeweglichen Sache ist der § 31 auch dann maßgebend, wenn diese Rechte in den Anwendungsbereich einer anderen inländischen Verweisungsnorm fallen.

Verkehrsmittel

§ 33. (1) Dingliche Rechte an den in einem Register eingetragenen Wasser- und Luftfahrzeugen sind, vorbehaltlich des Abs. 2, nach dem Recht des Registerstaates zu beurteilen; für Eisenbahnfahrzeuge ist das Recht des Staates maßgebend, in dem das Eisenbahnunternehmen, in dessen Betrieb die Fahrzeuge eingesetzt sind, den tatsächlichen Sitz seiner Hauptverwaltung hat.

(2) Für gesetzliche oder zwangsweise begründete Pfandrechte oder gesetzliche Zurückbehaltungsrechte zur Sicherung von Ansprüchen auf Ersatz der durch das Fahrzeug verursachten Schäden oder der Aufwendungen für dieses gilt der § 31.

Abschnitt 6
Immaterialgüterrechte

§ 34. (1) Das Entstehen, der Inhalt und das Erlöschen von Immaterialgüterrechten sind nach dem Recht des Staates zu beurteilen, in dem eine Benützungs- oder Verletzungshandlung gesetzt wird.

(2) Für Immaterialgüterrechte, die mit der Tätigkeit eines Arbeitnehmers im Rahmen seines Arbeitsverhältnisses zusammenhängen, ist für das Verhältnis zwischen dem Arbeitgeber und dem Arbeitnehmer die für das Arbeitsverhältnis geltende Verweisungsnorm (§ 44) maßgebend.

Abschnitt 7
Schuldrecht
Allgemeine Regeln

§ 35. (1) Schuldverhältnisse, die nicht in den Anwendungsbereich des Übereinkommens vom 19. Juni 1980 über das auf vertragliche Schuldverhältnisse anzuwendende Recht fallen, sind nach dem Recht zu beurteilen, das die Parteien ausdrücklich oder schlüssig bestimmen (§ 11).

(2) Soweit für diese Schuldverhältnisse eine Rechtswahl nicht getroffen oder nach diesem Bundesgesetz unbeachtlich ist, sind die §§ 46 bis 49 maßgebend.

(BGBl I 1998/119, ab 1. 12. 1998, s § 50 Abs 2)

§§ 36–45. *(aufgehoben, BGBl I 1998/119, ab 1. 12. 1998, s § 50 Abs 2)*

Bereicherung

§ 46. Bereicherungsansprüche sind nach dem Recht des Staates zu beurteilen, in dem die Bereicherung eingetreten ist. Beruht die Bereicherung jedoch auf einer Leistung, die auf der Grundlage eines Rechtsverhältnisses erbracht worden ist, so sind die Sachnormen des Staates maßgebend, dessen Sachnormen auf das Rechtsverhältnis anzuwenden sind; dies gilt sinngemäß für den Anspruch auf Ersatz eines Aufwandes, den ein anderer hätte machen müssen.

Geschäftsführung ohne Auftrag

§ 47. Eine Geschäftsführung ohne Auftrag ist nach dem Recht des Staates zu beurteilen, in dem sie besorgt worden ist; steht sie jedoch mit einem anderen Rechtsverhältnis in innerem Zusammenhang, so gilt der § 45 sinngemäß.

Außervertragliche Schadenersatzansprüche

§ 48. (1) Außervertragliche Schadenersatzansprüche sind nach dem Recht des Staates zu beurteilen, in dem das den Schaden verursachende Verhalten gesetzt worden ist. Besteht jedoch für die Beteiligten eine stärkere Beziehung zum Recht ein und desselben anderen Staates, so ist dieses Recht maßgebend.

(2) Schadenersatz- und andere Ansprüche aus unlauterem Wettbewerb sind nach dem Recht des Staates zu beurteilen, auf dessen Markt sich der Wettbewerb auswirkt.

Gewillkürte Stellvertretung

§ 49. (1) Die Voraussetzungen und die Wirkungen der gewillkürten Stellvertretung im Verhältnis des Geschäftsherrn und des Stellvertreters zum Dritten sind nach dem Recht zu beurteilen, das der Geschäftsherr in einer für den Dritten erkennbaren Weise bestimmt hat.

(2) Ist das anzuwendende Recht nicht bestimmt worden, so ist das Recht des Staates maßgebend, in dem der Stellvertreter nach dem dem Dritten erkennbaren Willen des Geschäftsherrn tätig werden soll; ist der Stellvertreter für mehrere Geschäfte bestellt worden, so nach dem Recht des Staates, in dem er nach dem dem Dritten erkennbaren Willen des Geschäftsherrn regelmäßig tätig werden soll.

(3) Versagt auch die im Abs. 2 vorgesehene Anknüpfung, so ist das Recht des Staates maßgebend, in dem der Stellvertreter tätig wird.

Abschnitt 8
Schlußbestimmungen

§ **50.** (1) Dieses Bundesgesetz tritt mit 1. Jänner 1979 in Kraft.

(2) Die Neufassung des § 35, die Aufhebung der §§ 36 bis 45 sowie der § 53 Abs. 2 treten mit 1. Dezember 1998 in Kraft und sind auf vertragliche Schuldverhältnisse anzuwenden, die nach dem 30. November 1998 geschlossen worden sind. *(BGBl I 1999/18)*

§ **51.** (1) Mit dem Inkrafttreten dieses Bundesgesetzes verlieren alle Bestimmungen, die in diesem Bundesgesetz geregelte Gegenstände betreffen, vorbehaltlich der §§ 52 und 53, ihre Wirksamkeit. Dazu gehören besonders

1. der Buchstabe a des Patentes vom 16. September 1785, JGS 468,

2. die §§ 4, 34 bis 37 und 300 ABGB,

3. der § 22 zweiter Satz des Gesetzes über das gerichtliche Verfahren in Rechtsangelegenheiten außer Streitsachen (Außerstreitgesetz),

4. der § 271 Abs. 2 ZPO, soweit er die Ermittlung fremden Rechtes betrifft,

5. der § 14 der Entmündigungsordnung,

6. der § 49 des Schauspielergesetzes,

7. der § 1 Abs. 2 des Gesetzes vom 15. November 1940 über Rechte an eingetragenen Schiffen und Schiffsbauwerken,

8. die §§ 6 bis 13 und 15 bis 18 der 4. Durchführungsverordnung zum Ehegesetz,

9. der § 12 des Todeserklärungsgesetzes 1950.

(2) Gleichzeitig entfallen

1. im § 23 Abs. 3 erster Satz Außerstreitgesetz die Worte „nach inländischen Gesetzen",

2. im § 24 Abs. 1 Außerstreitgesetz die Worte „nach den österreichischen Gesetzen",

3. im § 25 Außerstreitgesetz die Worte „und nach österreichischen Gesetzen",

4. im § 140 Abs. 1 zweiter Satz Außerstreitgesetz die Worte „nach den hierländigen Gesetzen".

§ **52.** Durch dieses Bundesgesetz bleiben folgende Rechtsvorschriften unberührt:

1. die §§ 94 bis 100 des Urheberrechtsgesetzes,

2. die Art. 91 bis 98 des Wechselgesetzes 1955,

3. die Art. 60 bis 66 des Scheckgesetzes 1955,

4. das Bundesgesetz vom 30. Oktober 1958 über die Anwendung des österreichischen Rechtes im Sinn des Art. 2 des Übereinkommens vom 24. Oktober 1956 über das auf Unterhaltsverpflichtungen gegenüber Kindern anwendbare Recht,

5. der § 4 und der § 5 Abs. 1 Z. 2 und Abs. 2 des Kartellgesetzes,

6. der § 34 des Schiffahrtsanlagengesetzes.

§ **53.** (1) Bestimmungen zwischenstaatlicher Vereinbarungen werden durch dieses Bundesgesetz nicht berührt.

(2) Die Bestimmungen des am 19. Juni 1980 in Rom zur Unterzeichnung aufgelegten Übereinkommens über das auf vertragliche Schuldverhältnisse anzuwendende Recht sowie des am 19. Dezember unterzeichneten Ersten Protokolls betreffend die Auslegung des Übereinkommens durch den Gerichtshof der Europäischen Gemeinschaften und des am 19. Dezember 1988 unterzeichneten Zweiten Protokolls zur Übertragung bestimmter Zuständigkeiten für die Auslegung des Übereinkommens auf den Gerichtshof der Europäischen Gemeinschaften sind unmittelbar anzuwenden. *(BGBl I 1999/18, ab 1. 12. 1998, s § 50 Abs 2)*

§ **54.** Mit der Vollziehung dieses Bundesgesetzes ist der Bundesminister für Justiz betraut.

2/1. Europäisches Vertragsstatutübereinkommen

2/1. Übereinkommen über das auf vertragliche Schuldverhältnisse anzuwendende Recht, BGBl III 1998/208

STICHWORTVERZEICHNIS

(Die Zahlenangaben beziehen sich auf die Artikel)

Übereinkommen über das auf vertragliche Schuldverhältnisse anzuwendende Recht, aufgelegt zur Unterzeichnung am 19. Juni 1980 in Rom

PRÄAMBEL

DIE HOHEN VERTRAGSPARTEIEN des Vertrages zur Gründung der Europäischen Wirtschaftsgemeinschaft –

IN DEM BESTREBEN, die innerhalb der Gemeinschaft insbesondere im Bereich der gerichtlichen Zuständigkeit und der Vollstreckung gerichtlicher Entscheidungen bereits begonnene Rechtsvereinheitlichung auf dem Gebiet des internationalen Privatrechts fortzusetzen,

IN DEM WUNSCH, einheitliche Normen für die Bestimmung des auf vertragliche Schuldverhältnisse anzuwendenden Rechts zu schaffen –

SIND WIE FOLGT ÜBEREINGEKOMMEN:

TITEL 1
ANWENDUNGSBEREICH

Artikel 1
Anwendungsbereich

(1) Die Vorschriften dieses Übereinkommens sind auf vertragliche Schuldverhältnisse bei Sachverhalten, die eine Verbindung zum Recht verschiedener Staaten aufweisen, anzuwenden.

(2) Sie sind nicht anzuwenden auf

a) den Personenstand sowie die Rechts-, Geschäfts- und Handlungsfähigkeit von natürlichen Personen, vorbehaltlich des Artikels 11;

b) vertragliche Schuldverhältnisse betreffend

– Testamente und das Gebiet des Erbrechts,

– die ehelichen Güterstände,

– die Rechte und Pflichten, die auf einem Familien-, Verwandtschafts- oder eherechtlichen Verhältnis oder auf einer Schwägerschaft beruhen, einschließlich der Unterhaltsverpflichtungen gegenüber einem nichtehelichen Kind;

c) Verpflichtungen aus Wechseln, Schecks, Eigenwechseln und anderen handelbaren Wertpapieren, sofern die Verpflichtungen aus diesen anderen Wertpapieren aus deren Handelbarkeit entstehen;

d) Schieds- und Gerichtsstandsvereinbarungen;

e) Fragen betreffend das Gesellschaftsrecht, das Vereinsrecht und das Recht der juristischen Personen, wie zB die Errichtung, die Rechts- und Handlungsfähigkeit, die innere Verfassung und die Auflösung von Gesellschaften, Vereinen und juristischen Personen sowie die persönliche gesetzliche Haftung der Gesellschafter und der Organe für die Schulden der Gesellschaft, des Vereins oder der juristischen Person;

f) die Frage, ob ein Vertreter die Person, für deren Rechnung er zu handeln vorgibt, Dritten gegenüber verpflichten kann, oder ob das Organ einer Gesellschaft, eines Vereins oder einer juristischen Person diese Gesellschaft, diesen Verein oder diese juristische Person gegenüber Dritten verpflichten kann;

g) die Gründung von „Trusts" sowie die dadurch geschaffenen Rechtsbeziehungen zwischen den Verfügenden, den Treuhändern und den Begünstigten;

h) den Beweis und das Verfahren, vorbehaltlich des Artikels 14.

(3) Die Vorschriften dieses Übereinkommens sind nicht anzuwenden auf Versicherungsverträge, die in den Hoheitsgebieten der Mitgliedstaaten der Europäischen Wirtschaftsgemeinschaft belegene Risiken decken. Ist zu entscheiden, ob ein Risiko in diesen Hoheitsgebieten belegen ist, so wendet das Gericht sein innerstaatliches Recht an.

(4) Absatz 3 gilt nicht für Rückversicherungsverträge.

Artikel 2
Anwendung des Rechts von Nichtvertragsstaaten

Das nach diesem Übereinkommen bezeichnete Recht ist auch dann anzuwenden, wenn es das Recht eines Nichtvertragsstaates ist.

TITEL II
EINHEITLICHE BESTIMMUNGEN

Artikel 3
Freie Rechtswahl

(1) Der Vertrag unterliegt dem von den Parteien gewählten Recht. Die Rechtswahl muß ausdrücklich sein oder sich mit hinreichender Sicherheit aus den Bestimmungen des Vertrages oder aus den Umständen des Falles ergeben. Die Parteien können die Rechtswahl für ihren ganzen Vertrag oder nur für einen Teil desselben treffen.

(2) Die Parteien können jederzeit vereinbaren, daß der Vertrag nach einem anderen Recht zu beurteilen ist als dem, das zuvor entweder auf Grund einer früheren Rechtswahl nach diesem Artikel oder auf Grund anderer Vorschriften dieses Übereinkommens für ihn maßgebend war. Die Formgültigkeit des Vertrages im Sinne des Artikels 9 und Rechte Dritter werden durch eine nach Vertragsabschluß erfolgende Änderung der Bestimmung des anzuwendenden Rechts nicht berührt.

(3) Sind alle anderen Teile des Sachverhalts im Zeitpunkt der Rechtswahl in ein und dem-

selben Staat belegen, so kann die Wahl eines ausländischen Rechts durch die Parteien – sei sie durch die Vereinbarung der Zuständigkeit eines ausländischen Gerichtes ergänzt oder nicht – die Bestimmungen nicht berühren, von denen nach dem Recht jenen Staates durch Vertrag nicht abgewichen werden kann und die nachstehend „zwingende Bestimmungen" genannt werden.

(4) Auf das Zustandekommen und die Wirksamkeit der Einigung der Parteien über das anzuwendende Recht sind die Artikel 8, 9 und 11 anzuwenden.

Artikel 4
Mangels Rechtswahl anzuwendendes Recht

(1) Soweit das auf den Vertrag anzuwendende Recht nicht nach Artikel 3 vereinbart worden ist, unterliegt der Vertrag dem Recht des Staates, mit dem er die engsten Verbindungen aufweist. Läßt sich jedoch ein Teil des Vertrages von dem Rest des Vertrages trennen und weist dieser Teil eine engere Verbindung mit einem anderen Staat auf, so kann auf ihn ausnahmsweise das Recht dieses anderen Staates angewendet werden.

(2) Vorbehaltlich des Absatzes 5 wird vermutet, daß der Vertrag die engsten Verbindungen mit dem Staat aufweist, in dem die Partei, welche die charakteristische Leistung zu erbringen hat, im Zeitpunkt des Vertragsabschlusses ihren gewöhnlichen Aufenthalt oder, wenn es sich um eine Gesellschaft, einen Verein oder eine juristische Person handelt, ihre Hauptverwaltung hat. Ist der Vertrag jedoch in Ausübung einer beruflichen oder gewerblichen Tätigkeit dieser Partei geschlossen worden, so wird vermutet, daß er die engsten Verbindungen zu dem Staat aufweist, in dem sich deren Hauptniederlassung befindet oder in dem, wenn die Leistung nach dem Vertrag von einer anderen als der Hauptniederlassung zu erbringen ist, sich die andere Niederlassung befindet.

(3) Ungeachtet des Absatzes 2 wird, soweit der Vertrag ein dingliches Recht an einem Grundstück oder ein Recht zur Nutzung eines Grundstücks zum Gegenstand hat, vermutet, daß der Vertrag die engsten Verbindungen zu dem Staat aufweist, in dem das Grundstück belegen ist.

(4) Die Vermutung nach Absatz 2 gilt nicht für Güterbeförderungsverträge. Bei diesen Verträgen wird vermutet, daß sie mit dem Staat die engsten Verbindungen aufweisen, in dem der Beförderer im Zeitpunkt des Vertragsabschlusses seine Hauptniederlassung hat, sofern sich in diesem Staat auch der Verladeort oder der Entladeort oder die Hauptniederlassung des Absenders befindet. Als Güterbeförderungsverträge gelten für die Anwendung dieses Absatzes auch Charterverträge für eine einzige Reise und andere Verträge, die in der Hauptsache der Güterbeförderung dienen.

(5) Absatz 2 ist nicht anzuwenden, wenn sich die charakteristische Leistung nicht bestimmen läßt. Die Vermutungen nach den Absätzen 2, 3 und 4 gelten nicht, wenn sich aus der Gesamtheit der Umstände ergibt, daß der Vertrag engere Verbindungen mit einem anderen Staat aufweist.

Artikel 5
Verbraucherverträge

(1) Dieser Artikel gilt für Verträge über die Lieferung beweglicher Sachen oder die Erbringung von Dienstleistungen an eine Person, den Verbraucher, zu einem Zweck, der nicht der beruflichen oder gewerblichen Tätigkeit des Verbrauchers zugerechnet werden kann, sowie für Verträge zur Finanzierung eines solchen Geschäfts.

(2) Ungeachtet des Artikels 3 darf die Rechtswahl der Parteien nicht dazu führen, daß dem Verbraucher der durch die zwingenden Bestimmungen des Rechts des Staates, in dem er seinen gewöhnlichen Aufenthalt hat, gewährte Schutz entzogen wird:

– wenn dem Vertragsabschluß ein ausdrückliches Angebot oder eine Werbung in diesem Staat vorausgegangen ist und wenn der Verbraucher in diesem Staat die zum Abschluß des Vertrages erforderlichen Rechtshandlungen vorgenommen hat oder

– wenn der Vertragspartner des Verbrauchers oder sein Vertreter die Bestellung des Verbrauchers in diesem Staat entgegengenommen hat oder

– wenn der Vertrag den Verkauf von Waren betrifft und der Verbraucher von diesem Staat ins Ausland gereist ist und dort seine Bestellung aufgegeben hat, sofern diese Reise vom Verkäufer mit dem Ziel herbeigeführt worden ist, den Verbraucher zum Vertragsabschluß zu veranlassen.

(3) Abweichend von Artikel 4 ist mangels einer Rechtswahl nach Artikel 3 für Verträge, die unter den in Absatz 2 bezeichneten Umständen zustande gekommen sind, das Recht des Staates maßgebend, in dem der Verbraucher seinen gewöhnlichen Aufenthalt hat.

(4) Dieser Artikel gilt nicht für

a) Beförderungsverträge,

b) Verträge über die Erbringung von Dienstleistungen, wenn die dem Verbraucher geschuldeten Dienstleistungen ausschließlich in einem anderen als dem Staat erbracht werden müssen, in dem der Verbraucher seinen gewöhnlichen Aufenthalt hat.

(5) Ungeachtet des Absatzes 4 gilt dieser Artikel für Reiseverträge, die für einen Pauschalpreis kombinierte Beförderungs- und Unterbringungsleistungen vorsehen.

Artikel 6
Arbeitsverträge und Arbeitsverhältnisse von Einzelpersonen

(1) Ungeachtet des Artikels 3 darf in Arbeitsverträgen und Arbeitsverhältnissen die Rechtswahl der Parteien nicht dazu führen, daß dem Arbeitnehmer der Schutz entzogen wird, der ihm durch die zwingenden Bestimmungen des Rechts gewährt wird, das nach Absatz 2 mangels einer Rechtswahl anzuwenden wäre.

(2) Abweichend von Artikel 4 sind mangels einer Rechtswahl nach Artikel 3 auf Arbeitsverträge und Arbeitsverhältnisse anzuwenden:

a) das Recht des Staates, in dem der Arbeitnehmer in Erfüllung des Vertrages gewöhnlich seine Arbeit verrichtet, selbst wenn er vorübergehend in einen anderen Staat entsandt ist, oder

b) das Recht des Staates, in dem sich die Niederlassung befindet, die den Arbeitnehmer eingestellt hat, sofern dieser seine Arbeit gewöhnlich nicht in ein und demselben Staat verrichtet,

es sei denn, daß sich aus der Gesamtheit der Umstände ergibt, daß der Arbeitsvertrag oder das Arbeitsverhältnis engere Verbindungen zu einem anderen Staat aufweist; in diesem Fall ist das Recht dieses anderen Staates anzuwenden.

Artikel 7
Zwingende Vorschriften

(1) Bei Anwendung des Rechts eines bestimmten Staates auf Grund dieses Übereinkommens kann den zwingenden Bestimmungen des Rechts eines anderen Staates, mit dem der Sachverhalt eine enge Verbindung aufweist, Wirkung verliehen werden, soweit diese Bestimmungen nach dem Recht des letztgenannten Staates ohne Rücksicht darauf anzuwenden sind, welchem Recht der Vertrag unterliegt. Bei der Entscheidung, ob diesen zwingenden Bestimmungen Wirkung zu verleihen ist, sind ihre Natur und ihr Gegenstand sowie die Folgen zu berücksichtigen, die sich aus ihrer Anwendung oder ihrer Nichtanwendung ergeben würden.

(2) Dieses Übereinkommen berührt nicht die Anwendung der nach dem Recht des Staates des angerufenen Gerichtes geltenden Bestimmungen, die ohne Rücksicht auf das auf den Vertrag anzuwendende Recht den Sachverhalt zwingend regeln.

Artikel 8
Einigung und materielle Wirksamkeit

(1) Das Zustandekommen und die Wirksamkeit des Vertrages oder einer seiner Bestimmungen beurteilen sich nach dem Recht, das nach diesem Übereinkommen anzuwenden wäre, wenn der Vertrag oder die Bestimmung wirksam wäre.

(2) Ergibt sich jedoch aus den Umständen, daß es nicht gerechtfertigt wäre, die Wirkung des Verhaltens einer Partei nach dem in Absatz 1 bezeichneten Recht zu bestimmen, so kann sich diese Partei für die Behauptung, sie habe dem Vertrag nicht zugestimmt, auf das Recht des Staates ihres gewöhnlichen Aufenthaltsorts berufen.

Artikel 9
Form

(1) Ein zwischen Personen, die sich in demselben Staat befinden, geschlossener Vertrag ist formgültig, wenn er die Formerfordernisse des auf ihn nach diesem Übereinkommen materiell-rechtlich anzuwendenden Rechts oder des Rechts des Staates, in dem er geschlossen wurde, erfüllt.

(2) Ein zwischen Pesonen, die sich in verschiedenen Staten befinden, geschlossener Vertrag ist formgültig, wenn er die Formerfordernisse des auf ihn nach diesem Übereinkommen materiell-rechtlich anzuwendenden Rechts oder des Rechts eines dieser Staaten erfüllt.

(3) Wird der Vertrag durch einen Vertreter geschlossen, so muß bei Anwendung der Absätze 1 und 2 der Staat berücksichtigt werden, in dem sich der Vertreter befindet.

(4) Ein einseitiges Rechtsgeschäft, das sich auf einen geschlossenen oder zu schließenden Vertrag bezieht, ist formgültig, wenn es die Formerfordernisse des Rechts, das nach diesem Übereinkommen für den Vertrag maßgebend ist oder maßgebend wäre, oder die Formerfordernisse des Rechts des Staates erfüllt, in dem dieses Rechtsgeschäft vorgenommen worden ist.

(5) Die Absätze 1 bis 4 sind nicht anzuwenden auf Verträge, für die Artikel 5 gilt und die unter den in Artikel 5 Absatz 2 bezeichneten Umständen geschlossen worden sind. Für die Form dieser Verträge ist das Recht des Staates maßgebend, in dem der Verbraucher seinen gewöhnlichen Aufenthalt hat.

(6) Abweichend von den Absätzen 1 bis 4 beurteilen sich Verträge, die ein dingliches Recht an einem Grundstück oder ein Recht zur Nutzung eines Grundstücks zum Gegenstand haben, nach den zwingenden Formvorschriften des Staates, in dem das Grundstück belegen ist, sofern diese nach dem Recht dieses Staates ohne Rücksicht auf den Ort des Abschlusses des Vertrages und auf das auf ihn anzuwendende Recht gelten.

Artikel 10
Geltungsbereich des auf den Vertrag anzuwendenden Rechts

(1) Das nach den Artikeln 3 bis 6 und nach Artikel 12 dieses Übereinkommens auf einen Vertrag anzuwendende Recht ist insbesondere maßgebend für

a) seine Auslegung,

b) die Erfüllung der durch ihn begründeten Verpflichtungen,

c) die Folgen der vollständigen oder teilweisen Nichterfüllung dieser Verpflichtungen, einschließlich der Schadensbemessung, soweit sie nach Rechtsnormen erfolgt, in den Grenzen der dem Gericht durch sein Prozeßrecht eingeräumten Befugnisse,

d) die verschiedenen Arten des Erlöschens der Verpflichtungen sowie die Verjährung und die Rechtsverluste, die sich aus dem Ablauf einer Frist ergeben,

e) die Folgen der Nichtigkeit des Vertrages.

(2) In bezug auf die Art und Weise der Erfüllung und die vom Gläubiger im Falle mangelhafter Erfüllung zu treffenden Maßnahmen ist das Recht des Staates, in dem die Erfüllung erfolgt, zu berücksichtigen.

Artikel 11
Rechts-, Geschäfts- und Handlungsunfähigkeit

Bei einem zwischen Personen, die sich in demselben Staat befinden, geschlossenen Vertrag kann sich eine natürliche Person, die nach dem Recht dieses Staates rechts-, geschäfts- und handlungsfähig wäre, nur dann auf ihre aus dem Recht eines anderen Staates abgeleitete Rechts-, Geschäfts- und Handlungsunfähigkeit berufen, wenn der andere Vertragsteil bei Vertragsabschluß diese Rechts-, Geschäfts- und Handlungsunfähigkeit kannte oder infolge Fahrlässigkeit nicht kannte.

Artikel 12
Übertragung der Forderung

(1) Für die Verpflichtungen zwischen Zedent und Zessionar einer Forderung ist das Recht maßgebend, das nach diesem Übereinkommen auf den Vertrag zwischen ihnen anzuwenden ist.

(2) Das Recht, dem die übertragene Forderung unterliegt, bestimmt ihre Übertragbarkeit, das Verhältnis zwischen Zessionar und Schuldner, die Voraussetzungen, unter denen die Übertragung dem Schuldner entgegengehalten werden kann, und die befreiende Wirkung einer Leistung durch den Schuldner.

Artikel 13
Gesetzlicher Forderungsübergang

(1) Hat eine Person, der Gläubiger, eine vertragliche Forderung gegen eine andere Person, den Schuldner, und hat ein Dritter die Verpflichtung, den Gläubiger zu befriedigen, oder befriedigt er den Gläubiger auf Grund dieser Verpflichtung, so bestimmt das für die Verpflichtung des Dritten maßgebende Recht, ob der Dritte die Forderung des Gläubigers gegen den Schuldner gemäß dem für deren Beziehungen maßgebenden Recht ganz oder zu einem Teil geltend zu machen berechtigt ist.

(2) Dies gilt auch, wenn mehrere Personen dieselbe vertragliche Forderung zu erfüllen haben und der Gläubiger von einer dieser Personen befriedigt worden ist.

Artikel 14
Beweis

(1) Das nach diesem Übereinkommen für den Vertrag maßgebende Recht ist insoweit anzuwenden, als es für vertragliche Schuldverhältnisse gesetzliche Vermutungen aufstellt oder die Beweislast verteilt.

(2) Zum Beweis eines Rechtsgeschäfts sind alle Beweisarten der lex fori oder eines jener in Artikel 9 bezeichneten Rechte, nach denen das Rechtsgeschäft formgültig ist, zulässig, sofern der Beweis in dieser Art vor dem angerufenen Gericht erbracht werden kann.

Artikel 15
Ausschluß der Rück- und Weiterverweisung

Unter dem nach diesem Übereinkommen anzuwendenden Recht eines Staates sind die in diesem Staat geltenden Rechtsnormen unter Ausschluß derjenigen des internationalen Privatrechts zu verstehen.

Artikel 16
Öffentliche Ordnung

Die Anwendung einer Norm des nach diesem Übereinkommen bezeichneten Rechts kann nur versagt werden, wenn dies offensichtlich mit der öffentlichen Ordnung des Staates des angerufenen Gerichtes unvereinbar ist.

Artikel 17
Ausschluß der Rückwirkung

Dieses Übereinkommen ist in einem Vertragsstaat auf Verträge anzuwenden, die geschlossen worden sind, nachdem das Übereinkommen für diesen Staat in Kraft getreten ist.

Artikel 18
Einheitliche Auslegung[1])

Bei der Auslegung und Anwendung der vorstehenden einheitlichen Vorschriften ist ihrem internationalen Charakter und dem Wunsch Rechnung zu tragen, eine einheitliche Auslegung und Anwendung dieser Vorschriften zu erreichen.

---

[1]) *Zur Vorabentscheidung durch den EuGH s Erstes und Zweites ZP zum Übk.*

Artikel 19
Staaten ohne einheitliche Rechtsordnung

(1) Umfaßt ein Staat mehrere Gebietseinheiten, von denen jede für vertragliche Schuldverhältnisse ihre eigenen Rechtsnormen hat, so gilt für die Bestimmung des nach diesem Übereinkommen anzuwendenden Rechts jede Gebietseinheit als Staat.

(2) Ein Staat, in dem verschiedene Gebietseinheiten ihre eigenen Rechtsnormen für vertragliche Schuldverhältnisse haben, ist nicht verpflichtet, dieses Übereinkommen auf Kollisionen zwischen den Rechtsverordnungen dieser Gebietseinheiten anzuwenden.

Artikel 20
Vorrang des Gemeinschaftsrechts

Dieses Übereinkommen berührt nicht die Anwendung der Kollisionsnormen für vertragliche Schuldverhältnisse auf besonderen Gebieten, die in Rechtsakten der Organe der Europäischen Gemeinschaften oder in dem in Ausführung dieser Akte harmonisierten innerstaatlichen Recht enthalten sind oder enthalten sein werden.

Artikel 21
Verhältnis zu anderen Übereinkommen

Dieses Übereinkommen berührt nicht die Anwendung internationaler Übereinkommen, denen ein Vertragsstaat angehört oder angehören wird.

Artikel 22
Vorbehalte

(1) Jeder Vertragsstaat kann sich bei der Unterzeichnung, der Ratifizierung, der Annahme oder der Zustimmung das Recht vorbehalten, folgende Bestimmungen nicht anzuwenden:

a) Artikel 7 Absatz 1,

b) Artikel 10 Absatz 1 Buchstabe e).

(2) *(gestrichen)*

(3) Jeder Vertragsstaat kann jederzeit einen von ihm eingelegten Vorbehalt zurückziehen; der Vorbehalt wird am ersten Tag des dritten Kalendermonats nach Notifizierung der Rücknahme unwirksam.

TITEL III
SCHLUSSVORSCHRIFTEN

Artikel 23

(1) Wünscht ein Vertragsstaat, nachdem dieses Übereinkommen für ihn in Kraft getreten ist, eine neue Kollisionsnorm für eine bestimmte Gruppe von Verträgen einzuführen, die in den Anwendungsbereich des Übereinkommens fallen, so teilt er seine Absicht den anderen Unterzeichnerstaaten über den Generalsekretär des Rates der Europäischen Gemeinschaften mit.

(2) Innerhalb von sechs Monaten nach der Mitteilung an den Generalsekretär des Rates kann jeder Unterzeichnerstaat bei diesem beantragen, Konsultationen mit den Unterzeichnerstaaten einzuleiten, um zu einem Einvernehmen zu gelangen.

(3) Hat innerhalb dieser Frist kein Unterzeichnerstaat Konsultationen beantragt oder haben die Konsultationen innerhalb von zwei Jahren nach Mitteilung an den Generalsekretär des Rates nicht zu einem Einvernehmen geführt, so kann der betreffende Vertragsstaat sein Recht ändern. Die von diesem Staat getroffene Maßnahme wird den anderen Unterzeichnerstaaten über den Generalsekreär des Rates der Europäischen Gemeinschaften zur Kenntnis gebracht.

Artikel 24

(1) Wünscht ein Vertragsstaat, nachdem dieses Übereinkommen für ihn in Kraft getreten ist, einem mehrseitigen Übereinkommen beizutreten, dessen Hauptziel oder eines seiner Hauptziele eine international-privatrechtliche Regelung auf einem der Gebiete dieses Übereinkommens ist, so findet das Verfahren des Artikels 23 Anwendung. Jedoch wird die in Artikel 23 Absatz 3 vorgesehene Frist von zwei Jahren auf ein Jahr verkürzt.

(2) Das in Absatz 1 bezeichnete Verfahren braucht nicht befolgt zu werden, wenn ein Vertragsstaat oder eine der Europäischen Gemeinschaften dem mehrseitigen Übereinkommen bereits angehört oder wenn sein Zweck darin besteht, ein Übereinkommen zu revidieren, dem der betreffende Staat angehört, oder wenn es sich um ein im Rahmen der Verträge zur Gründung der Europäischen Gemeinschaften geschlossenes Übereinkommen handelt.

Artikel 25

Ist ein Vertragsstaat der Auffassung, daß die durch dieses Übereinkommen erzielte Rechtsvereinheitlichung durch den Abschluß anderer als in Artikel 24 Absatz 1 bezeichneter Übereinkommen gefährdet ist, so kann dieser Staat beim Generalsekretär des Rates der Europäischen Gemeinschaften beantragen, Konsultationen zwischen den Unterzeichnerstaaten dieses Übereinkommens einzuleiten.

Artikel 26

Jeder Vertragsstaat kann die Revision dieses Übereinkommens beantragen. In diesem Fall beruft der Präsident des Rates der Europäischen Gemeinschaften eine Revisionskonferenz ein.

Artikel 27

(gestrichen)

Artikel 28

(1) Dieses Übereinkommen liegt vom 19. Juni 1980 an für die Vertragsstaaten des Vertrages zur Gründung der Europäischen Wirtschaftsgemeinschaft zur Unterzeichnung auf.

(2) Dieses Übereinkommen bedarf der Ratifizierung, Annahme oder Zustimmung durch die Unterzeichnerstaaten. Die Urkunden über die Ratifizierung, Annahme oder Zustimmung werden beim Generalsekretär des Rates der Europäischen Gemeinschaften hinterlegt.

Artikel 29

(1) Dieses Übereinkommen tritt am ersten Tag des dritten Monats in Kraft, der auf die Hinterlegung der siebten Urkunde über die Ratifizierung, Annahme oder Zustimmung folgt.

(2) Das Übereinkommen tritt für jeden Unterzeichnerstaat, der später ratifiziert, annimmt oder zustimmt, am ersten Tag des dritten Monats in Kraft, der auf die Hinterlegung seiner Urkunde über die Ratifizierung, Annahme oder Zustimmung folgt.[1])

Artikel 30

(1) Dieses Übereinkommen wird für zehn Jahre vom Zeitpunkt seines Inkrafttretens nach Artikel 29 Absatz 1 an geschlossen; dies gilt auch für die Staaten, für die es nach diesem Zeitpunkt in Kraft tritt.

(2) Vorbehaltlich einer Kündigung verlängert sich die Dauer dieses Übereinkommens stillschweigend jeweils um fünf Jahre.

(3) Die Kündigung ist dem Generalsekretär des Rates der Europäischen Gemeinschaften mindestens sechs Monate vor Ablauf der zehnjährigen oder fünfjährigen Frist zu notifizieren.

(4) Die Kündigung hat nur Wirkung gegenüber dem Staat, der sie notifiziert hat. Für die anderen Vertragsstaaten bleibt das Übereinkommen in Kraft.

Artikel 31

Der Generalsekretär des Rates der Europäischen Gemeinschaften notifiziert den Vertragsstaaten des Vertrages zur Gründung der Europäischen Wirtschaftsgemeinschaft

a) die Unterzeichnungen,

b) die Hinterlegung jeder Urkunde über die Ratifizierung, Annahme oder Zustimmung,

c) den Tag, an dem dieses Übereinkommen in Kraft tritt,

d) die Mitteilung gemäß den Artikeln 23, 24, 25, 26 und 30,

e) die Vorbehalte und deren Rücknahme gemäß Artikel 22.

Artikel 32

Das im Anhang enthaltene Protokoll ist Bestandteil des Übereinkommens.

Artikel 33

Dieses Übereinkommen ist in einer Urschrift in dänischer, deutscher, englischer, französischer, irischer, italienischer und niederländischer Sprache abgefaßt, wobei jeder Wortlaut gleichermaßen verbindlich ist; es wird im Archiv des Generalsekretariats des Rates der Europäischen Gemeinschaften hinterlegt. Der Generalsekretär übermittelt der Regierung jedes Unterzeichnerstaats eine beglaubigte Abschrift.

---

[1]) *Inkrafttreten für Österreich am 1. 12. 1998 (BGBl III 1998/166).*

3. Todeserklärungsgesetz

3. Todeserklärungsgesetz 1950 (Wv); BGBl 1951/23 idF
1 BGBl 1978/304 (IPR-Gesetz) **2** BGBl 1983/135

GLIEDERUNG

STICHWORTVERZEICHNIS

(Die Zahlenangaben beziehen sich auf die Paragraphen)

Todeserklärungsgesetz 1950

Abschnitt I.

Voraussetzungen der Todeserklärung. Lebens- und Todesvermutungen

(§§ 1 bis 11 des Gesetzes über die Verschollenheit, die Todeserklärung und die Feststellung der Todeszeit vom 4. Juli 1939, Deutsches RGBl. I S. 1186:)

§ 1. (1) Verschollen ist, wessen Aufenthalt während längerer Zeit unbekannt ist, ohne daß Nachrichten darüber vorliegen, ob er in dieser Zeit noch gelebt hat oder gestorben ist, sofern nach den Umständen hiedurch ernstliche Zweifel an seinem Fortleben begründet werden.

(2) Verschollen ist nicht, wessen Tod nach den Umständen nicht zweifelhaft ist.

§ 2. Ein Verschollener kann unter den Voraussetzungen der §§ 3 bis 7 im Aufgebotsverfahren für tot erklärt werden.

§ 3. (1) Die Todeserklärung ist zulässig, wenn seit dem Ende des Jahres, in dem der Verschollene nach den vorhandenen Nachrichten noch gelebt hat, zehn Jahre oder, wenn der Verschollene zur Zeit der Todeserklärung das achtzigste Lebensjahr vollendet hätte, fünf Jahre verstrichen sind.

(2) Vor dem Ende des Jahres, in dem der Verschollene das fünfundzwanzigste Lebensjahr vollendet hätte, darf er nach Abs. 1 nicht für tot erklärt werden.

§ 4. (1) Wer als Angehöriger einer bewaffneten Macht an einem Kriege, einem kriegsähnlichen Unternehmen oder einem besonderen Einsatz teilgenommen hat, während dieser Zeit im Gefahrgebiet vermißt worden und seitdem verschollen ist, kann für tot erklärt werden, wenn seit dem Ende des Jahres, in dem der Friede geschlossen, der besondere Einsatz für beendigt erklärt oder der Krieg oder das kriegsähnliche Unternehmen ohne Friedensschluß tatsächlich beendigt ist, ein Jahr verstrichen ist.

(2) Ist der Verschollene unter Umständen vermißt, die eine hohe Wahrscheinlichkeit seines Todes begründen, so wird die im Abs. 1 bestimmte Jahresfrist von dem Zeitpunkt ab berechnet, in dem er vermißt worden ist.

(3) Den Angehörigen einer bewaffneten Macht steht gleich, wer sich bei ihr aufgehalten hat.

(4) Wann der Fall eines besonderen Einsatzes vorliegt und wann er beendigt ist, bestimmt das Bundesministerium für Justiz im Einvernehmen mit dem Bundesministerium für Inneres. (§ 3 Abs. 2 des Behörden-Überleitungsgesetzes vom 20. Juli 1945, StGBl. Nr. 94, in der Fassung der zweiten Behörden-Überleitungsgesetz-Novelle vom 18. Jänner 1946, BGBl. Nr. 64.)

§ 5. (1) Wer bei einer Fahrt auf See, insbesondere infolge Untergangs des Schiffes, verschollen ist, kann für tot erklärt werden, wenn seit dem Untergang des Schiffes oder dem sonstigen die Verschollenheit begründenden Ereignis sechs Monate verstrichen sind.

(2) Ist der Untergang des Schiffes, der die Verschollenheit begründet haben soll, nicht feststellbar, so beginnt die Frist von sechs Monaten (Abs. 1) erst ein Jahr nach dem letzten Zeitpunkt, zu dem das Schiff nach den vorhandenen Nachrichten noch nicht untergegangen war; das Gericht kann diesen Zeitraum von einem Jahr bis auf drei Monate verkürzen, wenn nach anerkannter seemännischer Erfahrung wegen der Beschaffenheit und Ausrüstung des Schiffes, im Hinblick auf die Gewässer, durch welche die Fahrt führen sollte, oder aus sonstigen Gründen anzunehmen ist, daß das Schiff schon früher untergegangen ist.

§ 6. Wer bei einem Fluge, insbesondere infolge Zerstörung des Luftfahrzeugs, verschollen ist, kann für tot erklärt werden, wenn seit der Zerstörung des Luftfahrzeugs oder dem sonstigen die Verschollenheit begründenden Ereignis oder, wenn diese Ereignisse nicht feststellbar sind, seit dem letzten Zeitpunkt, zu dem der Verschollene nach den vorhandenen Nachrichten noch gelebt hat, drei Monate verstrichen sind.

§ 7. Wer unter anderen als den in den §§ 4 bis 6 bezeichneten Umständen in eine Lebensgefahr gekommen und seitdem verschollen ist, kann für tot erklärt werden, wenn seit dem Zeitpunkt, in dem die Lebensgefahr beendigt ist oder ihr Ende nach den Umständen erwartet werden konnte, ein Jahr verstrichen ist.

§ 8. Liegen bei einem Verschollenen die Voraussetzungen sowohl des § 4 als auch der §§ 5 oder 6 vor, so ist nur der § 4 anzuwenden.

§ 9. (1) Die Todeserklärung begründet die Vermutung, daß der Verschollene in dem im Beschluß festgestellten Zeitpunkt gestorben ist.

(2) Als Zeitpunkt des Todes ist der Zeitpunkt festzustellen, der nach dem Ergebnis der Ermittlungen der wahrscheinlichste ist.

(3) Läßt sich ein solcher Zeitpunkt nicht angeben, so ist als Zeitpunkt des Todes festzustellen:

a) in den Fällen des § 3 das Ende des fünften Jahres oder, wenn der Verschollene das achtzigste Lebensjahr vollendet hätte, des dritten Jahres nach dem letzten Jahre, in dem der Verschollene den vorhandenen Nachrichten zufolge noch gelebt hat;

b) in den Fällen des § 4 der Zeitpunkt, in dem der Verschollene vermißt worden ist;

c) in den Fällen der §§ 5 und 6 der Zeitpunkt, in dem das Schiff untergegangen, das Luftfahrzeug zerstört oder das sonstige die Verschollenheit begründende Ereignis eingetreten oder – falls dies nicht feststellbar ist – der Verschollene zuerst vermißt worden ist;

d) in den Fällen des § 7 der Beginn der Lebensgefahr.

(4) Ist die Todeszeit nur dem Tage nach festgestellt, so gilt das Ende des Tages als Zeitpunkt des Todes.

§ **10.** Solange ein Verschollener nicht für tot erklärt ist, wird vermutet, daß er bis zu dem im § 9 Abs. 3, 4 genannten Zeitpunkt weiter lebt oder gelebt hat.

§ **11.** Kann nicht bewiesen werden, daß von mehreren gestorbenen oder für tot erklärten Menschen der eine den anderen überlebt hat, so wird vermutet, daß sie gleichzeitig gestorben sind.

Abschnitt II.
Inländische Gerichtsbarkeit

§ **12.** Die inländische Gerichtsbarkeit zur Todeserklärung eines Verschollenen ist gegeben, wenn

1. er in dem letzten Zeitpunkt, in dem er nach den vorhandenen Nachrichten noch gelebt hat, österreichischer Staatsbürger gewesen ist oder

2. er Vermögen im Inland hat oder

3. die Tatsache seines Todes für ein im Inland zu beurteilendes Recht oder Rechtsverhältnis erheblich ist oder

4. der Antrag auf Todeserklärung vom Ehegatten des Verschollenen gestellt wird und dieser Ehegatte entweder österreichischer Staatsbürger ist oder seinen gewöhnlichen Aufenthalt im Inland hat und zur Zeit der Eheschließung mit dem Verschollenen österreichischer Staatsbürger gewesen ist.

(BGBl 1983/135)

Abschnitt III.
Todeserklärung

(§§ 1, 2, 3, 4, 6, § 8 Abs. 1 und 2 des Gesetzes vom 16. Februar 1883, RGBl. Nr. 20, betreffend das Verfahren zum Zwecke der Todeserklärung und der Beweisführung des Todes, in der Fassung des Gesetzes vom 31. März 1918, RGBl. Nr. 129:)

§ **13.** (1) Zur Todeserklärung eines Verschollenen ist der Gerichtshof erster Instanz zuständig, in dessen Sprengel der Verschollene seinen letzten inländischen gewöhnlichen Aufenthalt gehabt hat, sonst das Landesgericht für Zivilrechtssachen Wien. *(BGBl 1983/135)*

(2) Die Verhandlung und Entscheidung obliegt einem Einzelrichter *[§ 4 Abs. 2 des Bundesgesetzes vom 14. Juli 1921, BGBl. Nr. 422 (Gerichtsverfassungsnovelle).].*

§ **14.** Soweit in diesem Gesetz nicht etwas anderes verfügt wird, sind in dem Verfahren über das Ansuchen um eine Todeserklärung die allgemeinen Anordnungen über das gerichtliche Verfahren in Rechtsangelegenheiten außer Streitsachen in Anwendung zu bringen.

§ **15.** (1) Alle für die richterliche Beurteilung maßgebenden tatsächlichen Verhältnisse sind durch eine amtliche Untersuchung zu ermitteln.

(2) In Beziehung auf die Benützung von Beweismitteln und auf die Würdigung der Beweise ist das Gericht an gesetzliche Regeln nicht gebunden.

(3) Die Partei, welche das Ansuchen um Todeserklärung gestellt hat, und andere Personen können erforderlichenfalls auch eidlich vernommen werden.

§ **16.** Wenn zu besorgen ist, daß die Feststellung von Tatsachen, welche für die Erwirkung einer Todeserklärung von Einfluß sein können, bei längerem Aufschub unmöglich gemacht oder erheblich erschwert würde, so kann diese Feststellung noch vor dem Ansuchen um Todeserklärung bei demjenigen Bezirksgericht begehrt werden, in dessen Sprengel die zum Zwecke der Feststellung nötigen Erhebungen vorzunehmen sind.

§ **17.** (1) Wird eine Todeserklärung angesucht, so hat das Gericht zur Vertretung des Verschollenen in dem Verfahren einen Kurator zu bestellen; das Gericht kann jedoch davon absehen, wenn nach den Umständen des Falles eine Vertretung des Verschollenen in dem Verfahren entbehrlich ist.

(2) Dem Kurator obliegt insbesondere, die zur Auffindung des Verschollenen geeigneten Nachforschungen zu pflegen.

§ **18.** (1) Erachtet das Gericht das Vorhandensein der gesetzlichen Erfordernisse der Todeserklärung als in einer für die Einleitung des weiteren Verfahrens ausreichenden Weise dargetan, so hat es ein Edikt zu erlassen. In das Edikt ist insbesondere aufzunehmen:

a) die Bezeichnung dessen, welcher das Ansuchen um Todeserklärung gestellt hat;

b) die Aufforderung an den Verschollenen, sich bis zum Ablauf der Ediktalfrist (Abs. 4) zu melden, widrigenfalls er für tot erklärt werden könne;

c) die Aufforderung an alle, dem Gerichte oder, wenn ein Kurator bestellt ist, diesem bis zum Ablauf der Ediktalfrist (Abs. 4) Nachrichten über den Verschollenen zu geben.

(2) Zugleich ist anzukündigen, daß die Entscheidung über das Gesuch um Todeserklärung nach Ablauf der Ediktalfrist (Abs. 4) erfolgen werde.

(3) Das Edikt ist an der Gerichtstafel anzuschlagen und einmal in die für amtliche Kundmachungen bestimmte Zeitung einzuschalten. Das Gericht kann anordnen, daß das Edikt auch in anderen Zeitungen veröffentlicht und an bestimmten Orten ortsüblich kundgemacht werde sowie daß wiederholte Veröffentlichungen des Edikts stattfinden. Stehen überwiegende Gründe der öffentlichen Ordnung der Bekanntmachung des Edikts durch eine Zeitung entgegen, so hat das Gericht davon abzusehen.

(4) Der Tag, an dem die Ediktalfrist endet, ist in dem Edikt anzugeben und so zu bestimmen, daß nach der Einschaltung des Edikts in die amtliche Zeitung oder, wenn diese nach Abs. 3 Satz 3 zu unterbleiben hat, nach dem Anschlag des Edikts an der Gerichtstafel mindestens sechs Wochen und, wenn nicht besondere Gründe vorliegen, höchstens ein Jahr verstreichen muß; die Ediktalfrist kann von Amts wegen verlängert werden.

(§ 56 Abs. 3 des Gesetzes vom 4. Juli 1939, Deutsches RGBl. I S. 1186:)

§ 19. (1) Nach Ablauf der in dem Edikte bestimmten Frist entscheidet das Gericht auf erneutes Ansuchen über das Begehren um Todeserklärung.

(2) Wird die Todeserklärung ausgesprochen, so ist auch der Tag des vermuteten Todes anzugeben.

§ 20. Das Ansuchen um eine Todeserklärung kann auch von der Staatsanwaltschaft gestellt werden; ihr ist vor der Bekanntmachung des Edikts und vor der Entscheidung in jedem Falle Gelegenheit zur Äußerung zu geben.

(§ 56 Abs. 2 des Gesetzes vom 4. Juli 1939, Deutsches RGBl. I S. 1186.)

Abschnitt IV.
Beweisführung des Todes

(§ 10 des Gesetzes vom 16. Februar 1883, RGBl. Nr. 20, betreffend das Verfahren zum Zwecke der Todeserklärung und der Beweisführung des Todes, in der Fassung des Gesetzes vom 31. März 1918, RGBl. Nr. 129:)

§ 21. (1) Wenn der Beweis des Todes eines Verschollenen nicht durch öffentliche Urkunden herzustellen ist, so kann bei dem in § 13 bezeichneten Gerichte der Beweis des Todes geführt und der Ausspruch erwirkt werden, daß dieser Beweis als hergestellt anzusehen ist.

(2) Auf das Verfahren finden die Bestimmungen des § 13 Abs. 2 und der §§ 14 bis 16 Anwendung.

(3) Findet das Gericht das Ansuchen um Beweisführung des Todes zur Einleitung des weiteren Verfahrens geeignet, so hat es ein Edikt zu erlassen, auf welches die Bestimmungen des § 18 mit der Änderung Anwendung finden, daß die Ediktalfrist nach Ermessen des Gerichtes, jedoch nicht auf kürzere Zeit als drei Monate festzusetzen ist.

(4) Gleichzeitig mit dem Erlassen des Edikts hat das Gericht einen Kurator zu bestellen; das Gericht kann jedoch davon absehen, wenn nach den Umständen des Falles eine Vertretung des Verschollenen in dem Verfahren entbehrlich ist.

(5) Die Aufnahme der Beweise kann vor dem Ablauf der Ediktalfrist stattfinden.

(6) Vor der Entscheidung hat das Gericht die Parteien über die Ergebnisse der Beweisführung zu vernehmen.

(7) Wird der Beweis des Todes als hergestellt erkannt, so ist in der Entscheidung der Tag anzugeben, von welchem bewiesen ist, daß er der Todestag ist, beziehungsweise, daß der Verschollene ihn nicht überlebt hat, in dem letzteren Falle hat dieser Tag als Todestag zu gelten.

§ 22. Das Ansuchen kann auch von der Staatsanwaltschaft gestellt werden; ihr ist vor der Bekanntmachung des Edikts und vor der Entscheidung in jedem Falle Gelegenheit zur Äußerung zu geben. *(§ 57 des Gesetzes vom 4. Juli 1939, Deutsches RGBl. I S. 1186.)*

Abschnitt V.
Aufhebung und Berichtigung der Todeserklärung oder der Beweisführung des Todes

(§§ 10a, 10b und 10c des Gesetzes vom 16. Februar 1883, RGBl. Nr. 20, betreffend das Verfahren zum Zwecke der Todeserklärung und der Beweisführung des Todes, in der Fassung des Gesetzes vom 31. März 1918, RGBl. Nr. 129:)

§ 23. (1) Ist der Verschollene nach der Todeserklärung noch am Leben oder ist er an einem anderen Tag als an dem in der Todeserklärung angegebenen vermuteten Todestag (§ 19) gestorben, so kann der für tot Erklärte oder wer sonst an der Aufhebung oder Berichtigung der Todeserklärung ein rechtliches Interesse hat, ferner in Wahrung öffentlicher Interessen die Staatsanwaltschaft bei dem Gerichte, das die Todeserklärung in erster Instanz ausgesprochen hat, die Aufhebung oder Berichtigung der Todeserklärung beantragen.

(2) Das Gericht (§ 13 Abs. 2) entscheidet über den Antrag unter Beobachtung der Vorschriften der §§ 14 und 15 durch Beschluß.

(3) Der Staatsanwaltschaft ist vor der Entscheidung in jedem Falle Gelegenheit zur Äußerung zu geben.

(4) Die Aufhebung oder Berichtigung der Todeserklärung wirkt für und gegen alle Beteiligten.

(Zu Abs. 1 und 3: § 56 Abs. 2 des Gesetzes vom 4. Juli 1939, Deutsches RGBl. I S. 1186.)

§ **24.** (1) Wenn der für tot Erklärte persönlich vor Gericht erscheint und die Aufhebung der Todeserklärung verlangt, so hat das Gericht, falls die Identität des Antragstellers mit dem für tot Erklärten unzweifelhaft feststeht, ohne weiteres Verfahren die Aufhebung der Todeserklärung auszusprechen.

(2) Im unmittelbaren Anschluß daran ist durch das für die Verlassenschaftsabhandlung zuständige Gericht die Wiedereinführung des Antragstellers in den Besitz des auf Grund der Todeserklärung an andere Personen gelangten Vermögens unter Berücksichtigung der Vorschrift des § 2 Abs. 2 Z. 7 des Patentes vom 9. August 1854, RGBl. Nr. 208, in Verfahren außer Streitsachen zu ordnen.

(3) Ebenso hat das Gericht zu veranlassen, daß die etwa eingesetzte Vormundschaft über Kinder des für tot Erklärten aufgehoben und diesem die väterliche Gewalt[1]) wiedergegeben werde.

---

[1]) *Jetzt: Obsorge (vgl BGBl 1989/162)*

§ **25.** Die Bestimmungen der §§ 23 und 24 sind sinngemäß anzuwenden, wenn ein Verschollener nach der Entscheidung, mittels der der Beweis seines Todes als hergestellt erkannt worden ist, noch am Leben ist oder an einem anderen Tage, als der nach der Entscheidung als Todestag zu gelten hat (§ 21), gestorben ist.

Abschnitt VI.

Inkrafttreten. Übergangs- und Schlußvorschriften

§ **26.** Die Bestimmungen dieses Gesetzes, die dem Gesetz vom 16. Februar 1883, RGBl. Nr. 20, betreffend das Verfahren zum Zwecke der Todeserklärung und der Beweisführung des Todes, entsprechen, sind am 1. März 1883 in Wirksamkeit getreten und es sind die in diesem Zeitpunkt bestehenden gesetzlichen Bestimmungen, soweit sie Gegenstände desselben abweichend regelten, außer Kraft getreten.

(2) Die durch das Gesetz vom 31. März 1918, RGBl. Nr. 129, über Änderungen des Gesetzes vom 16. Februar 1883, RGBl. Nr. 20, betreffend das Verfahren zum Zwecke der Todeserklärung und der Beweisführung des Todes, vorgenommenen Änderungen sind am 20. April 1918 in Kraft getreten. Sie finden auch auf ein Verfahren Anwendung, das an diesem Tage bereits anhängig war. Die Aufhebung oder Berichtigung einer Todeserklärung oder der Beweisführung des Todes nach den §§ 23 bis 25 ist zulässig, auch wenn die Todeserklärung oder die Entscheidung über die Beweisführung des Todes an diesem Tage bereits rechtskräftig war.

(Artikel II des Gesetzes vom 31. März 1918, RGBl. Nr. 129.)

§ **27.** (1) Die Bestimmungen dieses Gesetzes, die dem Gesetz über die Verschollenheit, die Todeserklärung und die Feststellung der Todeszeit vom 4. Juli 1939, Deutsches RGBl. I S. 1186, entsprechen, sind am 15. Juli 1939 in Kraft getreten.

(2) Vom gleichen Zeitpunkte ab sind aufgehoben worden:

a) die §§ 24, 25, 112 bis 114, 277 und 278 Satz 1 des allgemeinen bürgerlichen Gesetzbuchs;

b) das Gesetz über die Todeserklärung von in dem gegenwärtigen Krieg Vermißten vom 31. März 1918, RGBl. Nr. 128, nebst der Verordnung vom 8. April 1918, RGBl. Nr. 134.

(Zu Abs. 1 und 2: § 55 des Gesetzes vom 4. Juli 1939, Deutsches RGBl. I S. 1186.)

(3) Soweit in anderen Gesetzen auf die aufgehobenen Vorschriften (Abs. 2) verwiesen ist, treten die entsprechenden Vorschriften dieses Gesetzes an ihre Stelle. *(§ 46 Abs. 3 des Gesetzes vom 4. Juli 1939, Deutsches RGBl. I S. 1186.)*

(4) Am 15. Juli 1939 anhängige Verfahren zum Zwecke der Todeserklärung und der Beweisführung des Todes sind nach den bis dahin geltenden Vefahrensvorschriften zu Ende zu führen. *(§ 58 des Gesetzes vom 4. Juli 1939, Deutsches RGBl. I S. 1186.)*

§ **28.** (1) Von der Einschaltung des Edikts (§ 18 Abs. 3) in die für amtliche Kundmachungen bestimmte Zeitung kann abgesehen werden, wenn es sich um einen Fall der Kriegsverschollenheit (§ 4) auf Grund des zweiten Weltkrieges handelt. *(Verordnung vom 17. Januar 1942, Deutsches RGBl. I S. 31.)*

(2) Soll ein Verschollener, der an dem zweiten Weltkrieg als Angehöriger der bewaffneten Macht des Deutschen Reiches oder eines mit ihm verbündeten oder befreundeten Staates teilgenommen oder sich bei ihr aufgehalten hat, auf Grund des § 4 Abs. 2 für tot erklärt werden, so ist von dem Erlaß eines Edikts

(§18) abzusehen. Das Verfahren richtet sich nach den §§ 13 bis 17, 19 Abs. 2, §§ 23 und 24. Nach Eingang des Antrages ist in jedem Falle der Staatsanwaltschaft, vor der Entscheidung dem Antragsteller und der Staatsanwaltschaft Gelegenheit zur Äußerung zu geben. *(Zweite Verordnung vom 20. Januar 1943, Deutsches RGBl. I S . 66, in der Fassung der Berichtigung vom 2. April 1943, Deutsches RGBl. I S. 182.)*

§ 29. Mit der Vollziehung dieses Gesetzes ist das Bundesministerium für Justiz, im Falle des § 4 Abs. 4 im Einvernehmen mit dem Bundesministerium für Inneres, betraut.

4. Ehegesetz

GLIEDERUNG

STICHWORTVERZEICHNIS
zum EheG, zur 1. DVEheG und zur 4. DVEheG

(Die Zahlenangaben beziehen sich auf die Paragraphen; wenn nichts angegeben, auf das EheG)

Gesetz zur Vereinheitlichung des Rechts der Eheschließung und der Ehescheidung [im Lande Österreich und im übrigen Reichsgebiet] vom 6. Juli 1938.

Erster Abschnitt

Recht der Eheschließung

A. Ehefähigkeit

Ehemündigkeit

§ 1. (1) Personen, die das achtzehnte Lebensjahr vollendet haben, sind ehemündig.

(2) Das Gericht hat eine Person, die das sechzehnte Lebensjahr vollendet hat, auf ihren Antrag für ehemündig zu erklären, wenn der künftige Ehegatte volljährig ist und sie für diese Ehe reif erscheint.

(BGBl I 2000/135, ab 1. 7. 2001)

Geschäftsunfähigkeit

§ 2. Wer geschäftsunfähig ist, kann eine Ehe nicht eingehen.

Einwilligung des gesetzlichen Vertreters und des Erziehungsberechtigten

§ 3. (1) Wer minderjährig oder aus anderen Gründen in der Geschäftsfähigkeit beschränkt ist, bedarf zur Eingehung einer Ehe der Einwilligung seines gesetzlichen Vertreters.

(2) Außerdem bedarf er der Einwilligung desjenigen, dem seine Pflege und Erziehung zustehen. *(BGBl 1977/403)*

(3) Werden die nach den Abs. 1 und 2 erforderlichen Einwilligungen verweigert, so hat das Gericht sie auf Antrag des Verlobten, der ihrer bedarf, zu ersetzen, wenn keine gerechtfertigten Gründe für die Weigerung vorliegen. *(BGBl 1977/403)*

B. Eheverbote

§§ 4 und 5. *(aufgehoben, StGBl 1945/31)*

Verwandtschaft

§ 6. Eine Ehe darf nicht geschlossen werden zwischen Blutsverwandten gerader Linie und zwischen voll- oder halbbürtigen Geschwistern, gleichgültig ob die Blutsverwandtschaft auf ehelicher oder unehelicher Geburt beruht.

§ 7. *(aufgehoben, BGBl 1983/566)*

Doppelehe

§ 8. Niemand darf eine Ehe eingehen, bevor seine frühere Ehe für nichtig erklärt oder aufgelöst worden ist.

§ 9. *(aufgehoben, BGBl 1983/566)*

Annahme an Kindes Statt

§ 10. Eine Ehe soll nicht geschlossen werden zwischen einem angenommenen Kinde und seinen Abkömmlingen einerseits und dem Annehmenden andererseits, solange das durch die Annahme begründete Rechtsverhältnis besteht.

§§ 11–14. *(aufgehoben, BGBl 1983/566)*

C. Eheschließung

§ 15. (1) Eine Ehe kommt nur zustande, wenn die Eheschließung vor einem Standesbeamten stattgefunden hat.

(2) Als Standesbeamter im Sinne des Abs. 1 gilt auch, wer, ohne Standesbeamter zu sein, das Amt eines Standesbeamten öffentlich ausgeübt und die Ehe in das „Ehebuch" eingetragen hat. *(BGBl 1983/566)*

§ 16. *(aufgehoben, BGBl 1983/566)*

Form der Eheschließung

§ 17. (1) Die Ehe wird dadurch geschlossen, daß die Verlobten vor dem Standesbeamten persönlich und bei gleichzeitiger Anwesenheit erklären, die Ehe miteinander eingehen zu wollen.

(2) Die Erklärungen können nicht unter einer Bedingung oder einer Zeitbestimmung abgegeben werden.

§§ 18 und 19. *(aufgehoben, BGBl 1983/566)*

D. Nichtigkeit der Ehe

I. Nichtigkeitsgründe

§ 20. Eine Ehe ist nur in den Fällen nichtig, in denen dies in den §§ 21 bis 25 dieses Gesetzes bestimmt ist.

(BGBl 1983/566)

Mangel der Form

§ 21. (1) Eine Ehe ist nichtig, wenn die Eheschließung nicht in der durch § 17 vorgeschriebenen Form stattgefunden hat.

(2) Die Ehe ist jedoch als von Anfang an gültig anzusehen, wenn die Ehegatten nach der Eheschließung fünf Jahre oder, falls einer von ihnen vorher verstorben ist, bis zu dessen Tode, jedoch mindestens drei Jahre, als Ehegatten miteinander gelebt haben, es sei denn, daß bei Ablauf der fünf Jahre oder zur Zeit des Todes des einen Ehegatten die Nichtigkeitsklage erhoben ist.

Mangel der Geschäfts- oder Urteilsfähigkeit

§ 22. (1) Eine Ehe ist nichtig, wenn einer der Ehegatten zur Zeit der Eheschließung geschäftsunfähig war oder sich im Zustand der Bewußtlosigkeit oder vorübergehenden Störung der Geistestätigkeit befand.

(2) Die Ehe ist jedoch als von Anfang an gültig anzusehen, wenn der Ehegatte nach dem Wegfall der Geschäftsunfähigkeit, der Bewußtlosigkeit oder der Störung der Geistestätigkeit zu erkennen gibt, daß er die Ehe fortsetzen will.

Namensehe und Staatsangehörigkeitsehe

§ 23. (1) Eine Ehe ist nichtig, wenn sie ausschließlich oder vorwiegend zu dem Zweck geschlossen ist, der Frau die Führung des Familiennamens des Mannes oder den Erwerb der Staatsangehörigkeit des Mannes zu ermöglichen, ohne daß die eheliche Lebensgemeinschaft begründet werden soll.

(2) Die Ehe ist jedoch als von Anfang an gültig anzusehen, wenn die Ehegatten nach der Eheschließung fünf Jahre oder, falls einer von ihnen vorher verstorben ist, bis zu seinem Tode, jedoch mindestens drei Jahre, als Ehegatten miteinander gelebt haben, es sei denn, daß bei Ablauf der fünf Jahre oder zur Zeit des Todes des einen Ehegatten die Nichtigkeitsklage erhoben ist.

Doppelehe

§ 24. Eine Ehe ist nichtig, wenn einer der Ehegatten zur Zeit der Eheschließung mit einem Dritten in gültiger Ehe lebte.

Verwandtschaft

§ 25. Eine Ehe ist nichtig, wenn sie dem Verbot des § 6 zuwider zwischen Blutsverwandten geschlossen ist.

(BGBl 1983/566)

§ 26. *(aufgehoben, BGBl 1983/566).*

II. Berufung auf die Nichtigkeit

§ 27. Niemand kann sich auf die Nichtigkeit einer Ehe berufen, solange nicht die Ehe durch gerichtliches Urteil für nichtig erklärt worden ist.

Klagebefugnis

§ 28. (1) Ist eine Ehe auf Grund „ “ des § 23 dieses Gesetzes nichtig, so kann nur der Staatsanwalt die Nichtigkeitsklage erheben. *(StGBl 1945/31)*

(2) In allen übrigen Fällen der Nichtigkeit kann der Staatsanwalt und jeder der Ehegatten, im Falle des § 24 auch der Ehegatte der früheren Ehe die Nichtigkeitsklage erheben. Ist die Ehe aufgelöst, so kann nur der Staatsanwalt die Nichtigkeitsklage erheben.

(3) Sind beide Ehegatten verstorben, so kann eine Nichtigkeitsklage nicht mehr erhoben werden.

III. Folgen der Nichtigkeit

§§ 29 und 30. *(aufgehoben, BGBl 1977/403)*

Vermögensrechtliche Beziehungen der Ehegatten

§ 31. (1) Hat auch nur einer der Ehegatten die Nichtigkeit der Ehe bei der Eheschließung nicht gekannt, so finden auf das Verhältnis der Ehegatten in vermögensrechtlicher Beziehung die im Falle der Scheidung geltenden Vorschriften entsprechende Anwendung. Dabei ist ein Ehegatte, dem die Nichtigkeit der Ehe bei der Eheschließung bekannt war, wie ein für schuldig erklärter Ehegatte zu behandeln.

(2) Ein Ehegatte, der die Nichtigkeit der Ehe bei der Eheschließung nicht gekannt hat, kann binnen sechs Monaten, nachdem die Ehe rechtskräftig für nichtig erklärt ist, dem anderen Ehegatten erklären, daß es für ihr Verhältnis in vermögensrechtlicher Beziehung bei den Folgen der Nichtigkeit bewenden solle. Gibt er eine solche Erklärung ab, so findet die Vorschrift des Abs. 1 keine Anwendung.

Schutz gutgläubiger Dritter

§ 32. Einem Dritten gegenüber können aus der Nichtigkeit der Ehe Einwendungen gegen ein zwischen ihm und einem der Ehegatten vorgenommenes Rechtsgeschäft oder gegen ein zwischen ihnen ergangenes rechtskräftiges Urteil nur hergeleitet werden, wenn die Ehe bereits zur Zeit der Vornahme des Rechtsgeschäfts oder zur Zeit des Eintritts der Rechtshängigkeit für nichtig erklärt oder die Nichtigkeit dem Dritten bekannt war.

E. Aufhebung der Ehe

I. Allgemeine Vorschriften

§ 33. Die Aufhebung einer Ehe kann nur in den Fällen der §§ 35 bis 39 und 44 dieses Gesetzes begehrt werden.

§ 34. Die Ehe wird durch gerichtliches Urteil aufgehoben. Sie ist mit der Rechtskraft des Urteils aufgelöst.

II. Aufhebungsgründe

Mangel der Einwilligung des gesetzlichen Vertreters

§ 35. (1) Ein Ehegatte kann Aufhebung der Ehe begehren, wenn er zur Zeit der Eheschließung oder im Falle des § 22 Abs. 2 zur Zeit der Bestätigung in der Geschäftsfähigkeit beschränkt war und sein gesetzlicher Vertreter nicht die Einwilligung zur Eheschließung oder zur Bestätigung erteilt hatte. Solange der Ehegatte in der Geschäftsfähigkeit beschränkt ist, kann nur sein gesetzlicher Vertreter die Aufhebung der Ehe begehren.

(2) Die Aufhebung ist ausgeschlossen, wenn der gesetzliche Vertreter die Ehe genehmigt oder der Ehegatte, nachdem er unbeschränkt geschäftsfähig geworden ist, zu erkennen gegeben hat, daß er die Ehe fortsetzen will.

(3) Verweigert der gesetzliche Vertreter die Genehmigung ohne triftige Gründe, so kann „das Pflegschaftsgericht" sie auf Antrag eines Ehegatten ersetzen. *(BGBl I 2000/135, ab 1. 7. 2001)*

Irrtum über die Eheschließung oder über die Person des anderen Ehegatten

§ 36. (1) Ein Ehegatte kann Aufhebung der Ehe begehren, wenn er bei der Eheschließung nicht gewußt hat, daß es sich um eine Eheschließung handelt, oder wenn er dies zwar gewußt hat, aber eine Erklärung, die Ehe eingehen zu wollen, nicht hat abgeben wollen. Das gleiche gilt, wenn der Ehegatte sich in der Person des anderen Ehegatten geirrt hat.

(2) Die Aufhebung ist ausgeschlossen, wenn der Ehegatte nach Entdeckung des Irrtums zu erkennen gegeben hat, daß er die Ehe fortsetzen will.

Irrtum über Umstände, die die Person des anderen Ehegatten betreffen

§ 37. (1) Ein Ehegatte kann Aufhebung der Ehe begehren, wenn er sich bei der Eheschließung über solche die Person des anderen Ehegatten betreffende Umstände geirrt hat, die ihn bei Kenntnis der Sachlage und bei richtiger Würdigung des Wesens der Ehe von der Eingehung der Ehe abgehalten hätten.

(2) Die Aufhebung ist ausgeschlossen, wenn der Ehegatte nach Entdeckung des Irrtums zu erkennen gegeben hat, daß er die Ehe fortsetzen will, oder wenn sein Verlangen nach Aufhebung der Ehe mit Rücksicht auf die bisherige Gestaltung des ehelichen Lebens der Ehegatten sittlich nicht gerechtfertigt erscheint.

Arglistige Täuschung

§ 38. (1) Ein Ehegatte kann Aufhebung der Ehe begehren, wenn er zur Eingehung der Ehe durch arglistige Täuschung über solche Umstände bestimmt worden ist, die ihn bei Kenntnis der Sachlage und bei richtiger Würdigung des Wesens der Ehe von der Eingehung der Ehe abgehalten hätten.

(2) Die Aufhebung ist ausgeschlossen, wenn die Täuschung von einem Dritten ohne Wissen des anderen Ehegatten verübt worden ist, oder wenn der Ehegatte nach Entdeckung der Täuschung zu erkennen gegeben hat, daß er die Ehe fortsetzen will.

(3) Auf Grund einer Täuschung über Vermögensverhältnisse kann die Aufhebung der Ehe nicht begehrt werden.

Drohung

§ 39. (1) Ein Ehegatte kann Aufhebung der Ehe begehren, wenn er zur Eingehung der Ehe widerrechtlich durch Drohung bestimmt worden ist.

(2) Die Aufhebung ist ausgeschlossen, wenn der Ehegatte nach Aufhören der durch die Drohung begründeten Zwangslage zu erkennen gegeben hat, daß er die Ehe fortsetzen will.

III. Erhebung der Aufhebungsklage

Klagefrist

§ 40. (1) Die Aufhebungsklage kann nur binnen eines Jahres erhoben werden.

(2) Die Frist beginnt in den Fällen des § 35 mit dem Zeitpunkt, in welchem die Eingehung oder die Bestätigung der Ehe dem gesetzlichen Vertreter bekannt wird oder der Ehegatte die unbeschränkte Geschäftsfähigkeit erlangt, in den Fällen der §§ 36 bis 38 mit dem Zeitpunkt, in welchem der Ehegatte den Irrtum oder die Täuschung entdeckt, in dem Falle des § 39 mit dem Zeitpunkt, in welchem die Zwangslage aufhört.

(3) Der Lauf der Frist ist gehemmt, solange der klageberechtigte Ehegatte innerhalb der letzten sechs Monate der Klagefrist durch einen unabwendbaren Zufall an der Erhebung der Aufhebungsklage gehindert ist.

(4) Hat ein klageberechtigter Ehegatte, der geschäftsunfähig ist, keinen gesetzlichen Vertreter, so endet die Klagefrist nicht vor dem Ablauf von sechs Monaten nach dem Zeitpunkt, von dem an der Ehegatte die Aufhebungsklage selbständig erheben kann oder in dem der Mangel der Vertretung aufhört.

Versäumung der Klagefrist durch den gesetzlichen Vertreter

§ 41. Hat der gesetzliche Vertreter eines geschäftsunfähigen Ehegatten die Aufhebungsklage nicht rechtzeitig erhoben, so kann der Ehegatte selbst innerhalb von sechs Monaten seit dem Wegfall der Geschäftsunfähigkeit die Aufhebungsklage erheben.

IV. Folgen der Aufhebung

§ 42. (1) Die Folgen der Aufhebung einer Ehe bestimmen sich nach den Vorschriften über die Folgen der Scheidung.

(2) In den Fällen der §§ 35 bis 37 ist der Ehegatte als schuldig anzusehen, der den Aufhebungsgrund bei Eingehung der Ehe kannte, in den Fällen der §§ 38 und 39 der Ehegatte, von dem oder mit dessen Wissen die Täuschung oder die Drohung verübt worden ist.

F. Wiederverheiratung im Falle der Todeserklärung

§ 43. (1) Geht ein Ehegatte, nachdem der andere Ehegatte für tot erklärt worden ist, eine neue Ehe ein, so ist die neue Ehe nicht deshalb nichtig, weil der für tot erklärte Ehegatte noch lebt, es sei denn, daß beide Ehegatten bei der Eheschließung wissen, daß er die Todeserklärung überlebt hat.

(2) Mit der Schließung der neuen Ehe wird die frühere Ehe aufgelöst. Sie bleibt auch dann aufgelöst, wenn die Todeserklärung aufgehoben wird.

§ 44. (1) Lebt der für tot erklärte Ehegatte noch, so kann sein früherer Ehegatte die Aufhebung der neuen Ehe begehren, es sei denn, daß er bei der Eheschließung wußte, daß der für tot erklärte Ehegatte die Todeserklärung überlebt hat.

(2) Macht der frühere Ehegatte von dem ihm nach Abs. 1 zustehenden Recht Gebrauch und wird die neue Ehe aufgehoben, so kann er zu Lebzeiten seines Ehegatten aus der früheren Ehe eine neue Ehe nur mit diesem eingehen. Im übrigen bestimmen sich die Folgen der Aufhebung nach § 42.

§ 45. *(in Österreich nicht anzuwenden, s § 107)*

Zweiter Abschnitt
Recht der Ehescheidung
A. Allgemeine Vorschriften

§ 46. Die Ehe wird durch „gerichtliche Entscheidung" geschieden. Sie ist mit der Rechtskraft „der Entscheidung" aufgelöst. Die Voraussetzungen, unter denen die Scheidung begehrt werden kann, ergeben sich aus den nachstehenden Vorschriften. *(BGBl 1978/280)*

B. Ehescheidungsgründe
I. Scheidung wegen Verschuldens (Eheverfehlungen)

§ 47. und 48. *(aufgehoben, BGBl I 1999/125, ab 1. 1. 2000, auf die zu diesem Zeitpunkt noch nicht rechtskräftig abgeschlossenen Verfahren über Scheidungsklagen, die auf §§ 47 oder 48 EheG gestützt wurden, sind die bisher in Geltung gestandenen Bestimmungen anzuwenden.)*

§ 49. Ein Ehegatte kann Scheidung begehren, wenn der andere durch eine „ " schwere Eheverfehlung oder durch ehrloses oder unsittliches Verhalten die Ehe schuldhaft so tief zerrüttet hat, daß die Wiederherstellung einer ihrem Wesen entsprechenden Lebensgemeinschaft nicht erwartet werden kann. „Eine schwere Eheverfehlung liegt insbesondere vor, wenn ein Ehegatte die Ehe gebrochen oder dem anderen körperliche Gewalt oder schweres seelisches Leid zugefügt hat." Wer selbst eine Verfehlung begangen hat, kann die Scheidung nicht begehren, wenn nach der Art seiner Verfehlung, insbesondere wegen des Zusammenhangs der Verfehlung des anderen Ehegatten mit seinem eigenen Verschulden sein Scheidungsbegehren bei richtiger Würdigung des Wesens der Ehe sittlich nicht gerechtfertigt ist. *(BGBl I 1999/125, ab 1. 1. 2000)*

II. Scheidung aus anderen Gründen
Auf geistiger Störung beruhendes Verhalten

§ 50. Ein Ehegatte kann Scheidung begehren, wenn die Ehe infolge eines Verhaltens des anderen Ehegatten, das nicht als Eheverfehlung betrachtet werden kann, weil es auf einer geistigen Störung beruht, so tief zerrüttet ist, daß die Wiederherstellung einer dem Wesen der Ehe entsprechenden Lebensgemeinschaft nicht erwartet werden kann.

Geisteskrankheit

§ 51. Ein Ehegatte kann Scheidung begehren, wenn der andere geisteskrank ist, die Krankheit einen solchen Grad erreicht hat, daß die geistige Gemeinschaft zwischen den Ehegatten aufgehoben ist, und eine Wiederherstellung dieser Gemeinschaft nicht erwartet werden kann.

Ansteckende oder ekelerregende Krankheit

§ 52. Ein Ehegatte kann Scheidung begehren, wenn der andere an einer schweren ansteckenden oder ekelerregenden Krankheit leidet und ihre Heilung oder die Beseitigung der Ansteckungsgefahr in absehbarer Zeit nicht erwartet werden kann.

§ 53. *(aufgehoben, StGBl 1945/31)*

Vermeidung von Härten

§ 54. In den Fällen der §§ 50 bis 52 darf die Ehe nicht geschieden werden, wenn das Scheidungsbegehren sittlich nicht gerechtfertigt ist. Dies ist in der Regel dann anzunehmen, wenn die Auflösung der Ehe den anderen Ehegatten außergewöhnlich hart treffen würde. Ob dies der Fall ist, richtet sich nach den Umständen, namentlich auch nach der Dauer der Ehe, dem Lebensalter der Ehegatten und dem Anlaß der Erkrankung „ ". *(StGBl 1945/31)*

Auflösung der häuslichen Gemeinschaft

§ 55. (1) Ist die häusliche Gemeinschaft der Ehegatten seit drei Jahren aufgehoben, so kann jeder Ehegatte wegen tiefgreifender unheilbarer Zerrüttung der Ehe deren Scheidung begehren. Dem Scheidungsbegehren ist nicht stattzugeben, wenn das Gericht zur Überzeugung gelangt, daß die Wiederherstellung einer dem Wesen der Ehe entsprechenden Lebensgemeinschaft zu erwarten ist. *(BGBl 1978/280)*

(2) Dem Scheidungsbegehren ist auf Verlangen des beklagten Ehegatten auch dann nicht stattzugeben, wenn der Ehegatte, der die Scheidung begehrt, die Zerrüttung allein oder überwiegend verschuldet hat und den beklagten Ehegatten die Scheidung härter träfe als den klagenden Ehegatten die Abweisung des Scheidungsbegehrens. Bei dieser Abwägung ist auf alle Umstände des Falles, besonders auf die Dauer der ehelichen Lebensgemeinschaft, das Wohl der Kinder sowie auch auf die Dauer der Aufhebung der häuslichen Gemeinschaft, Bedacht zu nehmen. *(BGBl 1978/280)*

(3) Dem Scheidungsbegehren ist jedenfalls stattzugeben, wenn die häusliche Gemeinschaft der Ehegatten seit sechs Jahren aufgehoben ist. *(BGBl 1978/303)*

Einvernehmen

§ 55a. (1) Ist die eheliche Lebensgemeinschaft der Ehegatten seit mindestens einem halben Jahr aufgehoben, gestehen beide die unheilbare Zerrüttung des ehelichen Verhältnisses zu und besteht zwischen ihnen Einvernehmen über die Scheidung, so können sie die Scheidung gemeinsam begehren.

(2) „Die Ehe darf nur geschieden werden, wenn die Ehegatten eine schriftliche Vereinbarung über den hauptsächlichen Aufenthalt der Kinder oder die Obsorge, die Ausübung des Rechtes auf persönlichen Verkehr und die Unterhaltspflicht hinsichtlich ihrer gemeinsamen Kinder sowie ihre unterhaltsrechtlichen Beziehungen und die gesetzlichen vermögensrechtlichen Ansprüche im Verhältnis zueinander für den Fall der Scheidung dem Gericht unterbreiten oder vor Gericht schließen." Hinsichtlich des Rechtes auf persönlichen Verkehr mit gemeinsamen Kindern können die Ehegatten vereinbaren, daß sie sich die Regelung vorbehalten. *(BGBl I 2000/135, ab 1. 7. 2001)*

(3) Einer Vereinbarung nach Abs. 2 bedarf es nicht, soweit über diese Gegenstände bereits eine rechtskräftige gerichtliche Entscheidung vorliegt. Daß die für eine solche Vereinbarung allenfalls erforderliche gerichtliche Genehmigung noch nicht vorliegt, ist für den Ausspruch der Scheidung nicht zu beachten.

(BGBl 1978/280)

C. Ausschluß des Scheidungsrechts

Verzeihung

§ 56. Das Recht auf Scheidung wegen Verschuldens besteht nicht, wenn sich aus dem Verhalten des verletzten Ehegatten ergibt, daß er die Verfehlung des anderen verziehen oder sie als ehezerstörend nicht empfunden hat.

Fristablauf

§ 57. (1) Das Recht auf Scheidung wegen Verschuldens erlischt, wenn der Ehegatte nicht binnen sechs Monaten die Klage erhebt. Die Frist beginnt mit der Kenntnis des Scheidungsgrundes. Sie läuft nicht, solange die häusliche Gemeinschaft der Ehegatten aufgehoben ist. Fordert der schuldige Ehegatte den anderen auf, die Gemeinschaft herzustellen oder die Klage auf Scheidung zu erheben, so läuft die Frist vom Empfang der Aufforderung an.

(2) Die Scheidung ist nicht mehr zulässig, wenn seit dem Eintritt des Scheidungsgrundes zehn Jahre verstrichen sind. „ " *(StGBl 1945/31)*

(3) *(aufgehoben, BGBl I 2000/135, ab 1. 7. 2001)*

(4) Für die Sechs- und die Dreimonatsfrist gilt § 40 Abs. 3 und 4 entsprechend.

§ 58. *(aufgehoben, StGBl 1945/31)*

Nachträgliche Geltendmachung von Scheidungsgründen bei Scheidung wegen Verschuldens [und wegen Unfruchtbarkeit]

§ 59. (1) Nach Ablauf der in den §§ 57 [und 58] bezeichneten Fristen kann während eines Scheidungsstreites ein Scheidungsgrund noch geltend gemacht werden, wenn die Frist bei der Klageerhebung noch nicht verstrichen war.

(2) Eheverfehlungen, auf die eine Scheidungsklage nicht mehr gegründet werden kann, können nach Ablauf der Fristen des § 57 zur Unterstützung einer auf andere Eheverfehlungen gegründeten Scheidungsklage geltend gemacht werden.

[ ] *Gegenstandslos*

D. Schuldausspruch

Bei Scheidung wegen Verschuldens

§ 60. (1) Wird die Ehe wegen Verschuldens des Beklagten geschieden, so ist dies im Urteil auszusprechen.

(2) Hat der Beklagte Widerklage erhoben und wird die Ehe wegen Verschuldens beider Ehegatten geschieden, so sind beide für schuldig zu erklären. Ist das Verschulden des einen Ehegatten erheblich schwerer als das des anderen, so ist zugleich auszusprechen, daß seine Schuld überwiegt.

(3) Auch ohne Erhebung einer Widerklage ist auf Antrag des Beklagten die Mitschuld des Klägers auszusprechen, wenn die Ehe wegen einer Verfehlung des Beklagten geschieden wird und dieser zur Zeit der Erhebung der Klage oder später auf Scheidung wegen Verschuldens hätte klagen können. Hatte der Beklagte

bei der Klagserhebung das Recht, die Scheidung wegen Verschuldens des Klägers zu begehren, bereits verloren, so ist dem Antrag gleichwohl stattzugeben, wenn dies der Billigkeit enstpricht. Abs. 2 Satz 2 „ “ gelten entsprechend. *(BGBl I 2000/135, ab 1. 7. 2001)*

Bei Scheidung aus anderen Gründen

§ 61. (1) Wird die Ehe auf Klage und Widerklage geschieden und trifft nur einen Ehegatten ein Verschulden, so ist dies im Urteil auszusprechen.

(2) Wird die Ehe lediglich auf Grund der Vorschriften der §§ 50 bis 53[1]) „ “* geschieden und hätte der Beklagte zur Zeit der Erhebung der Klage oder später auf Scheidung wegen Verschuldens des Klägers klagen können, so ist auch ohne Erhebung einer Widerklage auf Antrag des Beklagten auszusprechen, daß den Kläger ein Verschulden trifft. Hatte der Beklagte bei der Klageerhebung das Recht, die Scheidung wegen Verschuldens des Klägers zu begehren, bereits verloren, so ist dem Antrag gleichwohl stattzugeben, wenn dies der Billigkeit entspricht. „ “** *(* BGBl 1978/280 und ** BGBl I 2000/135, ab 1. 7. 2001))*

(3) Wird die Ehe nach § 55 geschieden und hat der Kläger die Zerrüttung allein oder überwiegend verschuldet, so ist dies auf Antrag des Beklagten im Urteil auszusprechen. *(BGBl 1978/280)*

[1]) § 53 wurde aufgehoben

E. Folgen der Scheidung

I. Name der geschiedenen Frau
Grundsatz

§ 62. Die geschiedene Frau[1]) behält den Familiennamen des Mannes.

[1]) § 62 gilt sinngemäß für den geschiedenen Ehemann (BGBl 1975/412)

§§ 63 bis 65. *(aufgehoben, BGBl 1995/25, ab 1. 5. 1995)*

II. Unterhalt

a) Unterhaltspflicht bei Scheidung wegen Verschuldens

§ 66. Der allein oder überwiegend schuldige Ehegatte hat dem anderen, soweit dessen Einkünfte aus Vermögen und die Erträgnisse einer Erwerbstätigkeit, die von ihm den Umständen nach erwartet werden kann, nicht ausreichen, den nach den Lebensverhältnissen der Ehegatten angemessenen Unterhalt zu gewähren. *(BGBl 1978/280)*

§ 67. (1) Würde der allein oder überwiegend schuldige Ehegatte durch Gewährung des im § 66 bestimmten Unterhalts bei Berücksichtigung seiner sonstigen Verpflichtungen den eigenen angemessenen Unterhalt gefährden, so braucht er nur so viel zu leisten, als es mit Rücksicht auf die Bedürfnisse und die Vermögens- und Erwerbsverhältnisse der geschiedenen Ehegatten der Billigkeit entspricht. Hat der Verpflichtete einem minderjährigen unverheirateten Kinde oder bei Wiederverheiratung dem neuen Ehegatten Unterhalt zu gewähren, so sind auch die Bedürfnisse und die wirtschaftlichen Verhältnisse dieser Personen zu berücksichtigen.

(2) Ein Ehegatte ist unter den Voraussetzungen des Abs. 1 von der Unterhaltspflicht ganz befreit, wenn der andere den Unterhalt aus dem Stamm seines Vermögens bestreiten kann. *(BGBl 1978/280)*

§ 68. Sind beide Ehegatten schuld an der Scheidung, trägt aber keiner die überwiegende Schuld, so kann dem Ehegatten, der sich nicht selbst unterhalten kann, ein Beitrag zu seinem Unterhalt zugebilligt werden, wenn und soweit dies mit Rücksicht auf die Bedürfnisse und die Vermögens- und Erwerbsverhältnisse des anderen Ehegatten „ “ der Billigkeit entspricht. Die Beitragspflicht kann zeitlich beschränkt werden. § 67 Abs. 1 Satz 2 findet entsprechende Anwendung. *(BGBl I 1999/125, ab 1. 1. 2000)*

§ 68a. (1) Soweit und solange einem geschiedenen Ehegatten auf Grund der Pflege und Erziehung eines gemeinsamen Kindes unter Berücksichtigung dessen Wohles nicht zugemutet werden kann, sich selbst zu erhalten, hat ihm der andere unabhängig vom Verschulden an der Scheidung Unterhalt nach dessen Lebensbedarf zu gewähren. Die Unzumutbarkeit der Selbsterhaltung wird vermutet, solange das Kind das fünfte Lebensjahr noch nicht vollendet hat. Wird der Unterhaltsanspruch gerichtlich festgesetzt, so ist er jeweils entsprechend zu befristen, über das fünfte Lebensjahr des jüngsten Kindes hinaus jeweils auf längstens drei Jahre. Ist auf Grund der besonderen Umstände des Falles, insbesondere einer besonderen Betreuungsbedürftigkeit des Kindes, nicht abzusehen, wann der geschiedene Ehegatte in der Lage sein wird, sich selbst zu erhalten, so kann das Gericht von einer Befristung absehen.

(2) Hat sich ein Ehegatte während der Ehe auf Grund der einvernehmlichen Gestaltung der ehelichen Lebensgemeinschaft der Haushaltsführung sowie gegebenenfalls der Pflege und Erziehung eines gemeinsamen Kindes oder der Betreuung eines Angehörigen eines der Ehegatten gewidmet und kann ihm auf Grund

des dadurch bedingten Mangels an Erwerbsmöglichkeiten, etwa wegen mangelnder beruflicher Aus- oder Fortbildung, der Dauer der ehelichen Lebensgemeinschaft, seines Alters oder seiner Gesundheit, nicht zugemutet werden, sich ganz oder zum Teil selbst zu erhalten, so hat ihm insoweit der andere Ehegatte unabhängig vom Verschulden an der Scheidung den Unterhalt nach dessen Lebensbedarf zu gewähren. Wird der Unterhaltsanspruch gerichtlich festgesetzt, so hat ihn das Gericht jeweils auf längstens drei Jahre zu befristen, wenn erwartet werden kann, daß der geschiedene Ehegatte danach in der Lage sein wird, seinen Unterhalt, insbesondere durch eine zumutbare Erwerbstätigkeit, zu sichern.

(3) Der Unterhaltsanspruch nach Abs. 1 oder 2 vermindert sich oder besteht nicht, soweit die Gewährung des Unterhalts unbillig wäre, weil der Bedürftige einseitig besonders schwerwiegende Eheverfehlungen begangen oder seine Bedürftigkeit grob schuldhaft herbeigeführt hat oder ein gleich schwerwiegender Grund vorliegt, im Fall des Abs. 2 auch, weil die Ehe nur kurz gedauert hat. Je gewichtiger diese Gründe sind, desto eher ist vom Bedürftigen zu verlangen, seinen Unterhalt durch die Erträgnisse einer anderen als einer zumutbaren Erwerbstätigkeit oder aus dem Stamm seines Vermögens zu decken.

(4) § 67 Abs. 1 findet entsprechende Anwendung.

(BGBl I 1999/125, ab 1. 1. 2000, anzuwenden auf Unterhaltsansprüche auf Grund von Scheidungen, bei denen die mündliche Streitverhandlung erster Instanz zu diesem Zeitpunkt noch nicht geschlossen war.)

b) Unterhaltspflicht bei Scheidung aus anderen Gründen

§ 69. (1) Ist die Ehe allein aus einem der in den §§ 50 bis 53[1]) „ “ bezeichneten Gründe geschieden und enthält das Urteil einen Schuldausspruch, so finden die Vorschriften der §§ 66 und 67 entsprechende Anwendung. *(BGBl 1978/280)*

(2) Ist die Ehe nach § 55 geschieden worden und enthält das Urteil den Ausspruch nach § 61 Abs. 3, so gilt für den Unterhaltsanspruch des beklagten Ehegatten auch nach der Scheidung der § 94 ABGB. Der Unterhaltsanspruch umfaßt jedenfalls auch den Ersatz der Beiträge zur freiwilligen Versicherung des beklagten Ehegatten in der gesetzlichen Krankenversicherung. Bei der Bemessung des Unterhaltsanspruchs ist die Unterhaltspflicht des Verpflichteten für einen neuen Ehegatten nicht zu berücksichtigen, es sei denn, dies ist bei Abwägung aller Umstände, besonders des Lebensalters und der Gesundheit des geschiedenen und des neuen Ehegatten, der Dauer ihres gemeinsamen Haushalts mit dem Verpflichteten und des Wohles ihrer Kinder, aus Gründen der Billigkeit geboten. *(BGBl 1978/280)*

(3) Enthält das Urteil keinen Schuldausspruch, so hat der Ehegatte, der die Scheidung verlangt hat, dem anderen Unterhalt zu gewähren, wenn und soweit dies mit Rücksicht auf die Bedürfnisse und die Vermögens- und Erwerbsverhältnisse der geschiedenen Ehegatten und der nach § 71 unterhaltspflichtigen Verwandten des Berechtigten der Billigkeit entspricht. § 67 Abs. 1 Satz 2 und Abs. 2 findet entsprechende Anwendung.

---

[1]) § 53 wurde aufgehoben

§ 69a. (1) Der auf Grund einer Vereinbarung nach § 55 a Abs. 2 geschuldete Unterhalt ist einem gesetzlichen Unterhalt gleichzuhalten, soweit er den Lebensverhältnissen der Ehegatten angemessen ist.

(2) Mangels einer rechtswirksamen Vereinbarung über die unterhaltsrechtlichen Beziehungen der Ehegatten im Fall einer Scheidung im Einvernehmen hat ein Ehegatte dem anderen Unterhalt zu gewähren, soweit dies mit Rücksicht auf die Bedürfnisse und die Vermögens- und Erwerbsverhältnisse der geschiedenen Ehegatten und der nach § 71 unterhaltspflichtigen Verwandten des Berechtigten der Billigkeit entspricht; § 67 Abs. 1 Satz 2 und Abs. 2 findet entsprechende Anwendung. *(BGBl I 1999/125, ab 1. 1. 2000)*

(BGBl 1978/280)

§ 69b. § 68a ist entsprechend anzuwenden, wenn die Ehe aus einem der in den §§ 50 bis 52 und 55 bezeichneten Gründe geschieden worden ist oder es im Fall einer Scheidung im Einvernehmen an einer wirksamen Vereinbarung über die unterhaltsrechtlichen Beziehungen der Ehegatten fehlt.

(BGBl I 1999/125, ab 1. 1. 2000, s Anm zu § 68a)

c) Art der Unterhaltsgewährung

§ 70. (1) Der Unterhalt ist durch Zahlung einer Geldrente zu gewähren. Die Rente ist monatlich im voraus zu entrichten. Der Verpflichtete hat Sicherheit zu leisten, wenn die Gefahr besteht, daß er sich seiner Unterhaltspflicht zu entziehen sucht. Die Art der Sicherheitsleistung bestimmt sich nach den Umständen.

(2) Statt der Rente kann der Berechtigte eine Abfindung in Kapital verlangen, wenn ein wichtiger Grund vorliegt und der Verpflichtete dadurch nicht unbillig belastet wird.

(3) Der Verpflichtete schuldet den vollen Monatsbetrag auch dann, wenn der Berechtigte im Lauf des Monats stirbt.

§ 71. (1) Der unterhaltspflichtige geschiedene Ehegatte haftet vor den Verwandten des Berechtigten. Soweit jedoch der Verpflichtete bei Berücksichtigung seiner sonstigen Verpflichtungen den eigenen angemessenen Unterhalt gefährden würde, haften die Verwandten vor dem geschiedenen Ehegatten. Soweit einem geschiedenen Ehegatten ein Unterhaltsanspruch gegen den anderen Ehegatten nicht zusteht, haben die Verwandten des Berechtigten nach den allgemeinen Vorschriften über die Unterhaltspflicht den Unterhalt zu gewähren.

(2) Die Verwandten haften auch, wenn die Rechtsverfolgung gegen den unterhaltspflichtigen Ehegatten im Inland ausgeschlossen oder erheblich erschwert ist. In diesem Falle geht der Anspruch gegen den Ehegatten auf den Verwandten über, der den Unterhalt gewährt hat. Der Übergang kann nicht zum Nachteil des Unterhaltsberechtigten geltend gemacht werden.

§ 72. Für die Vergangenheit kann der Berechtigte Erfüllung oder Schadenersatz wegen Nichterfüllung erst von der Zeit an fordern, in der der Unterhaltspflichtige in Verzug gekommen oder der Unterhaltsanspruch rechtshängig geworden ist, für eine länger als ein Jahr vor der Rechtshängigkeit liegende Zeit jedoch nur, soweit anzunehmen ist, daß der Verpflichtete sich der Leistung absichtlich entzogen hat.

d) Begrenzung und Wegfall des Unterhaltsanspruchs

Selbstverschuldete Bedürftigkeit

§ 73. (1) Ein Unterhaltsberechtigter, der infolge sittlichen Verschuldens bedürftig ist, kann nur den notdürftigen Unterhalt verlangen.

(2) Ein Mehrbedarf, der durch grobes Verschulden des Berechtigten herbeigeführt ist, begründet keinen Anspruch auf erhöhten Unterhalt.

Verwirkung

§ 74. Der Berechtigte verwirkt den Unterhaltsanspruch, wenn er sich nach der Scheidung einer schweren Verfehlung gegen den Verpflichteten schuldig macht oder gegen dessen Willen einen ehrlosen oder unsittlichen Lebenswandel führt.

Wiederverheiratung des Berechtigten

§ 75. Die Unterhaltspflicht erlischt mit der Wiederverheiratung des Berechtigten.

§ 76. *(in Österreich nicht anzuwenden, s § 107)*

Tod des Berechtigten

§ 77. (1) Der Unterhaltsanspruch erlischt mit dem Tode des Berechtigten. Nur soweit er auf Erfüllung oder Schadenersatz wegen Nichterfüllung für die Vergangenheit gerichtet ist oder sich auf Beträge bezieht, die beim Tode des Berechtigten fällig sind, bleibt er auch nachher bestehen.

(2) Der Verpflichtete hat die Bestattungskosten zu tragen, soweit dies der Billigkeit entspricht und die Kosten nicht von den Erben zu erlangen sind.

Tod des Verpflichteten

§ 78. (1) Mit dem Tode des Verpflichteten geht die Unterhaltspflicht auf die Erben als Nachlaßverbindlichkeit über.

(2) Der Erbe haftet ohne die Beschränkungen des § 67. Der Berechtigte muß sich jedoch die Herabsetzung der Rente auf einen Betrag gefallen lassen, der bei Berücksichtigung der Verhältnisse des Erben und der Ertragsfähigkeit des Nachlasses der Billigkeit entspricht.

(3) Eine nach § 68 einem Ehegatten auferlegte Beitragspflicht erlischt mit dem Tode des Verpflichteten.

e) Beitrag zum Unterhalt der Kinder

§ 79. *(in Österreich nicht anzuwenden, s § 107)*

f) Unterhaltsverträge

§ 80. Die Ehegatten können über die Unterhaltspflicht für die Zeit nach der Scheidung der Ehe Vereinbarungen treffen. Ist eine Vereinbarung dieser Art vor Rechtskraft des Scheidungsurteils getroffen worden, so ist sie nicht schon deshalb nichtig, weil sie die Scheidung erleichtert oder ermöglicht hat; sie ist jedoch nichtig, wenn die Ehegatten im Zusammenhang mit der Vereinbarung einen nicht oder nicht mehr bestehenden Scheidungsgrund geltend gemacht hatten oder wenn sich anderweitig aus dem Inhalt der Vereinbarung oder aus sonstigen Umständen des Falles ergibt, daß sie den guten Sitten widerspricht.

III. Aufteilung des ehelichen Gebrauchsvermögens und der ehelichen Ersparnisse

Gegenstand der Aufteilung

§ 81. (1) Wird die Ehe geschieden, aufgehoben oder für nichtig erklärt, so sind das eheliche Gebrauchsvermögen und die ehelichen Ersparnisse unter die Ehegatten aufzuteilen. Bei der Aufteilung sind die Schulden, die mit dem ehelichen Gebrauchsvermögen und den ehelichen Ersparnissen in einem inneren Zusammenhang stehen, in Anschlag zu bringen.

(2) Eheliches Gebrauchsvermögen sind die beweglichen oder unbeweglichen körperlichen Sachen, die während aufrechter ehelicher Le-

bensgemeinschaft dem Gebrauch beider Ehegatten gedient haben; hierzu gehören auch der Hausrat und die Ehewohnung.

(3) Eheliche Ersparnisse sind Wertanlagen, gleich welcher Art, die die Ehegatten während aufrechter ehelicher Lebensgemeinschaft angesammelt haben und die ihrer Art nach üblicherweise für eine Verwertung bestimmt sind.

(BGBl 1978/280)

§ 82. (1) Der Aufteilung unterliegen nicht Sachen (§ 81), die

1. ein Ehegatte in die Ehe eingebracht, von Todes wegen erworben oder ihm ein Dritter geschenkt hat,

2. dem persönlichen Gebrauch eines Ehegatten allein oder der Ausübung seines Berufes dienen,

3. zu einem Unternehmen gehören oder

4. Anteile an einem Unternehmen sind, außer es handelt sich um bloße Wertanlagen.

(2) Die Ehewohnung, die ein Ehegatte in die Ehe eingebracht oder von Todes wegen erworben oder die ihm ein Dritter geschenkt hat, ist in die Aufteilung dann einzubeziehen, wenn der andere Ehegatte auf ihre Weiterbenützung zur Sicherung seiner Lebensbedürfnisse angewiesen ist oder wenn ein gemeinsames Kind an ihrer Weiterbenützung einen berücksichtigungswürdigen Bedarf hat. Gleiches gilt für den Hausrat, wenn der andere Ehegatte auf seine Weiterbenützung zur Sicherung seiner Lebensbedürfnisse angewiesen ist. *(BGBl I 1999/125, ab 1. 1. 2000, anzuwenden auf Ansprüche auf Aufteilung ehelichen Gebrauchsvermögens und ehelicher Ersparnisse auf Grund von Scheidungen, bei denen die mündliche Streitverhandlung erster Instanz im Zeitpunkt des Inkrafttretens noch nicht geschlossen war, ansonsten aber in der bisher in Geltung gestandenen Fassung anzuwenden.)*

(BGBl 1978/280)

Aufteilungsgrundsätze

§ 83. (1) Die Aufteilung ist nach Billigkeit vorzunehmen. Dabei ist besonders auf Gewicht und Umfang des Beitrags jedes Ehegatten zur Anschaffung des ehelichen Gebrauchsvermögens und zur Ansammlung der ehelichen Ersparnisse sowie auf das Wohl der Kinder Bedacht zu nehmen; weiter auf Schulden, die mit dem ehelichen Lebensaufwand zusammenhängen, soweit sie nicht ohnedies nach § 81 in Anschlag zu bringen sind.

(2) Als Beitrag sind auch die Leistung des Unterhalts, die Mitwirkung im Erwerb, soweit sie nicht anders abgegolten worden ist, die Führung des gemeinsamen Haushalts, die Pflege und Erziehung gemeinsamer Kinder und jeder sonstige eheliche Beistand zu werten.

(BGBl 1978/280)

§ 84. Die Aufteilung soll so vorgenommen werden, daß sich die Lebensbereiche der geschiedenen Ehegatten künftig möglichst wenig berühren.

Gerichtliche Aufteilung

§ 85. Soweit sich die Ehegatten über die Aufteilung ehelichen Gebrauchsvermögens und ehelicher Ersparnisse nicht einigen, hat hierüber auf Antrag das Gericht zu entscheiden.

(BGBl 1978/280)

Gerichtliche Anordnungen

§ 86. (1) Bei der Aufteilung ehelichen Gebrauchsvermögens kann das Gericht die Übertragung von Eigentum an beweglichen körperlichen Sachen oder eines Anwartschaftsrechts darauf und die Übertragung von Eigentum und sonstigen Rechten an unbeweglichen körperlichen Sachen von einem auf den anderen Ehegatten sowie die Begründung von dinglichen Rechten oder schuldrechtlichen Rechtsverhältnissen zugunsten des einen Ehegatten an unbeweglichen körperlichen Sachen des anderen anordnen.

(2) Steht eheliches Gebrauchsvermögen im Eigentum eines Dritten, so darf das Gericht die Übertragung von Rechten und Pflichten, die sich auf die Sache beziehen, nur mit Zustimmung des Eigentümers anordnen.

(BGBl 1978/280)

§ 87. (1) Für die Ehewohnung kann das Gericht, wenn sie kraft Eigentums oder eines anderen dinglichen Rechtes eines oder beider Ehegatten benützt wird, die Übertragung des Eigentums oder des dinglichen Rechtes von einem auf den anderen Ehegatten oder die Begründung eines schuldrechtlichen Rechtsverhältnisses zugunsten eines Ehegatten anordnen.

(2) Sonst kann das Gericht ohne Rücksicht auf eine Regelung durch Vertrag oder Satzung anordnen, daß ein Ehegatte an Stelle des anderen in das der Benützung der Ehewohnung zugrunde liegende Rechtsverhältnis eintritt oder das bisher gemeinsame Rechtsverhältnis allein fortsetzt.

(BGBl 1978/280)

§ 88. (1) Wird die Ehewohnung auf Grund eines Dienstverhältnisses benützt oder das Rechtsverhältnis daran im Zusammenhang mit einem Dienstverhältnis begründet, so darf das Gericht eine Anordnung hinsichtlich der Benützung einer solchen Wohnung nur mit Zustimmung des Dienstgebers oder des für die Vergabe der Dienstwohnung zuständigen Rechtsträgers treffen, wenn

1. die Zuweisung der Wohnung deswegen, weil sie überwiegend der Erfüllung der Dienst-

pflicht dient, wesentliche Interessen des Dienstgebers verletzen könnte oder

2. die Wohnung unentgeltlich oder gegen ein bloß geringfügiges, wesentlich unter dem ortsüblichen Maß liegendes Entgelt benützt wird oder

3. die Wohnung vom Dientsgeber als Teil des Entgelts für die geleisteten Dienste zur Verfügung gestellt wird.

(2) Wird die Ehewohnung nach Abs. 1 dem Ehegatten zugesprochen, der nicht der Dienstnehmer ist, so hat das Gericht ein angemessenes Benützungsentgelt festzusetzen. Das Wohnrecht dieses Ehegatten besteht nur so lange, als er sich nicht wieder verheiratet, und kann von ihm nicht auf andere Personen übergehen oder übertragen werden.

(BGBl 1978/280)

§ 89. Bei der Aufteilung ehelicher Ersparnisse kann das Gericht die Übertragung von Vermögenswerten, gleich welcher Art, von einem auf den anderen Ehegatten und die Begründung eines schuldrechtlichen Benützungsrechts an einer Wohnung zugunsten eines Ehegatten anordnen.

(BGBl 1978/280)

§ 90. (1) Die Übertragung des Eigentums an unbeweglichen Sachen oder die Begründung von dinglichen Rechten daran darf nur angeordnet werden, wenn eine billige Regelung in anderer Weise nicht erzielt werden kann.

(2) Für gemeinsames Wohnungseigentum der Ehegatten kann das Gericht nur die Übertragung des Anteils eines Ehegatten am Mindestanteil und gemeinsamen Wohnungseigentum auf den anderen anordnen.

(BGBl 1978/280)

Ausgleich von Benachteiligungen

§ 91. (1) Hat ein Ehegatte ohne ausdrückliche oder stillschweigende Zustimmung des anderen frühestens zwei Jahre vor Einbringung der Klage auf Scheidung, Aufhebung oder Nichtigerklärung der Ehe oder, wenn die eheliche Lebensgemeinschaft vor Einbringung der Klage aufgehoben worden ist, frühestens zwei Jahre vor dieser Aufhebung eheliches Gebrauchsvermögen oder eheliche Ersparnisse in einer Weise verringert, die der Gestaltung der Lebensverhältnisse der Ehegatten während der ehelichen Lebensgemeinschaft widerspricht, so ist der Wert des Fehlenden in die Aufteilung einzubeziehen.

(2) Wurde eheliches Gebrauchsvermögen oder wurden eheliche Ersparnisse in ein Unternehmen, an dem einem oder beiden Ehegatten ein Anteil zusteht, eingebracht oder für ein solches Unternehmen sonst verwendet, so ist der Wert des Eingebrachten oder Verwendeten in die Aufteilung einzubeziehen. Bei der Aufteilung ist jedoch zu berücksichtigen, inwieweit jedem Ehegatten durch die Einbringung oder Verwendung Vorteile entstanden sind und inwieweit die eingebrachten oder verwendeten ehelichen Ersparnisse aus den Gewinnen des Unternehmens stammten. Der Bestand des Unternehmens darf durch die Aufteilung nicht gefährdet werden. *(BGBl I 1999/125, ab 1. 1. 2000, s Anm zu § 82 Abs 2)*

(3) Gehört eine körperliche Sache, die während aufrechter ehelicher Lebensgemeinschaft dem Gebrauch beider Ehegatten gedient hat, zu einem Unternehmen, an dem einem oder beiden Ehegatten ein Anteil zusteht, und bleibt nach Scheidung, Aufhebung oder Nichtigerklärung der Ehe nur einem Ehegatten der Gebrauch dieser Sache erhalten, so hat das Gericht dies bei der Aufteilung ehelichen Gebrauchsvermögens und ehelicher Ersparnisse zugunsten des anderen Ehegatten angemessen zu berücksichtigen.

(BGBl 1978/280)

Schulden

§ 92. Bezüglich der im § 81 Abs. 1 und im § 83 Abs. 1 genannten Schulden kann das Gericht bestimmen, welcher Ehegatte im Innenverhältnis zu ihrer Zahlung verpflichtet ist.

(BGBl 1978/280)

Durchführung der Aufteilung

§ 93. In seiner Entscheidung hat das Gericht auch die zu ihrer Durchführung nötigen Anordnungen zu treffen und die näheren Umstände, besonders in zeitlicher Hinsicht, für deren Erfüllung zu bestimmen. Sind mit der Durchführung der Entscheidung Aufwendungen verbunden, so hat das Gericht nach billigem Ermessen zu entscheiden, welcher Ehegatte sie zu tragen hat.

(BGBl 1978/280)

Ausgleichszahlung

§ 94. (1) Soweit eine Aufteilung nach den vorstehenden Bestimmungen nicht erzielt werden kann, hat das Gericht einem Ehegatten eine billige Ausgleichszahlung an den anderen aufzuerlegen.

(2) Das Gericht kann eine Stundung der Ausgleichszahlung oder deren Entrichtung in Teilbeträgen, tunlich gegen Sicherstellung, anordnen, wenn dies für den Ausgleichspflichtigen wirtschaftlich notwendig und dem Ausgleichsberechtigten zumutbar ist.

(BGBl 1978/280)

Erlöschen des Aufteilungsanspruchs

§ 95. Der Anspruch auf Aufteilung ehelichen Gebrauchsvermögens und ehelicher Ersparnisse erlischt, wenn er nicht binnen einem Jahr nach Eintritt der Rechtskraft der Scheidung, Aufhebung oder Nichtigerklärung der Ehe durch Vertrag oder Vergleich anerkannt oder gerichtlich geltend gemacht wird.

(BGBl 1978/280)

Übergang des Aufteilungsanspruchs

§ 96. Der Anspruch auf Aufteilung ehelichen Gebrauchsvermögens und ehelicher Ersparnisse ist vererblich, unter Lebenden oder von Todes wegen übertragbar und verpfändbar, soweit er durch Vertrag oder Vergleich anerkannt oder gerichtlich geltend gemacht worden ist.

(BGBl 1978/280)

Verträge

§ 97. (1) Auf den Anspruch auf Aufteilung ehelichen Gebrauchsvermögens nach den §§ 81 bis 96 kann im voraus rechtswirksam nicht verzichtet werden. Verträge, die die Aufteilung ehelicher Ersparnisse im voraus regeln, bedürfen zu ihrer Rechtswirksamkeit der Form eines Notariatsaktes.

(2) Der Abs. 1 gilt nicht für Vereinbarungen, die die Ehegatten im Zusammenhang mit dem Verfahren auf Scheidung, Aufhebung oder Nichtigerklärung der Ehe über die Aufteilung ehelichen Gebrauchsvermögens und ehelicher Ersparnisse schließen.

(BGBl 1978/280)

Haftung für Kredite

§ 98. (1) Entscheidet das Gericht (§ 92) oder vereinbaren die Ehegatten (§ 97 Abs. 2, gegebenenfalls § 55 a Abs. 2), wer von beiden im Innenverhältnis zur Zahlung von Kreditverbindlichkeiten, für die beide haften, verpflichtet ist, so hat das Gericht auf Antrag mit Wirkung für den Gläubiger auszusprechen, daß derjenige Ehegatte, der im Innenverhältnis zur Zahlung verpflichtet ist, Hauptschuldner, der andere Ausfallsbürge wird. Dieser Antrag muß in der Frist nach § 95 gestellt werden.

(2) Der Ausfallsbürge nach Abs. 1 kann – vorbehaltlich des § 1356 ABGB – nur wegen des Betrags belangt werden, der vom Hauptschuldner nicht in angemessener Frist hereingebracht werden kann, obwohl der Gläubiger gegen ihn nach Erwirkung eines Exekutionstitels

1. Fahrnis- oder Gehaltsexekution und

2. Exekution auf eine dem Gläubiger bekannte Liegenschaft des Hauptschuldners, die offensichtlich für die Forderung Deckung bietet, geführt sowie

3. Sicherheiten, die dem Gläubiger zur Verfügung stehen, verwertet hat.

Müßte der Exekutionstitel im Ausland erwirkt oder müßten die angeführten Exekutionsmaßnahmen im Ausland durchgeführt werden, bedarf es ihrer nicht, soweit sie dem Gläubiger nicht möglich oder nicht zumutbar sind.

(3) Überdies kann der Bürge, dem der Rechtsstreit gegen den Hauptschuldner rechtzeitig verkündet worden ist (§ 21 ZPO), dem Gläubiger Einwendungen, die nicht in seiner Person begründet sind, nur entgegenhalten, soweit sie auch der Hauptschuldner erheben kann.

(BGBl 1985/481)

IV. Mediation

§ 99. (1) Ein zwischen Ehegatten zur Erzielung einer gütlichen Einigung über die Scheidung und deren Folgen berufsmäßig und auf der Grundlage einer fachlichen Ausbildung in Mediation vermittelnder Dritter (Mediator) ist zu Verschwiegenheit über die Tatsachen verpflichtet, die ihm bei den auf die gütliche Einigung abzielenden Gesprächen anvertraut oder sonst bekannt wurden. Durch solche Gespräche sind der Anfang und die Fortsetzung der Verjährung oder sonstige Fristen zur Geltendmachung von Ansprüchen im Zusammenhang mit der Scheidung der Ehe gehemmt.

(2) Eine Verletzung der Verschwiegenheitspflicht nach Abs. 1 ist ebenso zu bestrafen wie eine verbotene Veröffentlichung nach § 301 Abs. 1 StGB, sofern dadurch ein berechtigtes Interesse verletzt wird und der in seinem Interesse Verletzte dies verlangt.

(BGBl I 1999/125, ab 1. 1. 2000)

Dritter Abschnitt

Sondervorschriften für das Land Österreich

§ 100. *(aufgehoben, BGBl 1983/566)*

B. Ergänzungsvorschriften

§ 101. *(aufgehoben, BGBl 1983/566)*

§ 102. (1) Unter Geschäftsunfähigen sind Kinder unter sieben Jahren und Personen über sieben Jahre, die den Gebrauch der Vernunft nicht haben, zu verstehen.

(2) Unter beschränkt Geschäftsfähigen sind Minderjährige über sieben Jahre und Personen zu verstehen, denen ein Sachwalter nach § 273 ABGB bestellt ist.

(BGBl 1983/136)

§ 103. *(aufgehoben, BGBl 1977/403)*

§ 104. § 43 Abs. 2 Satz 2 gilt für den Fall, daß die Todeserklärung durch gerichtlichen Beschluß aufgehoben oder berichtigt wird.

§§ **105 und 106.** *(aufgehoben, StGBl 1945/31 und BGBl 1983/566)*

§ 107. Die §§ 45, 76 und 79 sind nicht anzuwenden.

(BGBl 1983/566)

C. Verfahrensvorschriften

§ 108. *(aufgehoben, BGBl 1983/566)*

D. Übergangsbestimmungen

1. Trennung der Ehe dem Bande nach

§ 109. Die Trennung der Ehe dem Bande nach gemäß den bisherigen Gesetzen gilt als Scheidung der Ehe nach den Vorschriften dieses Gesetzes. Der Trennung der Ehe dem Bande nach steht die richterliche Lösung einer Ehe nach dem bisherigen burgenländischen Eherecht und die vollstreckbar erklärte kirchliche Verfügung über die Nachsicht von einer nicht vollzogenen Ehe gleich.

§ 110. Ein Urteil, das auf Grund des bisherigen Rechts ergangen ist, steht in einem Scheidungsverfahren nach diesem Gesetz der Geltendmachung solcher Tatsachen nicht entgegen, die nach früherem Recht eine Trennung der Ehe dem Bande nach nicht rechtfertigten.

§ 111. (1) Für die Leistung des Unterhalts getrennter Ehegatten gelten, wenn darüber nichts vereinbart worden ist, für die Zukunft die Vorschriften dieses Gesetzes über den Unterhalt geschiedener Ehegatten. Dabei ist der im Trennungsurteil enthaltene Schuldausspruch zugrunde zu legen. Die bezeichneten Vorschriften gelten nicht, wenn beide Ehegatten für schuldig erklärt sind. Sind beide Ehegatten für schuldig erklärt und wurde das Trennungsverfahren auf Antrag beider Ehegatten eingeleitet, so hat ein Ehegatte dem anderen Unterhalt zu gewähren, wenn und soweit dies mit Rücksicht auf die Bedürfnisse und die Vermögens- und Erwerbsverhältnisse der geschiedenen Ehegatten und der nach § 71 unterhaltspflichtigen Verwandten der Billigkeit entspricht. § 67 Abs. 1 Satz 2 und Abs. 2 ist entsprechend anzuwenden. Ein vor Inkrafttreten dieses Gesetzes ergangenes Urteil steht einer neuen Regelung des Unterhalts nicht entgegen.

(2) Die Vorschriften des Abs. 1 gelten auch für vollstreckbar erklärte kirchliche Verfügungen über die Nachsicht von einer nicht vollzogenen Ehe. Ist eine Entscheidung über das Verschulden noch nicht gefällt worden, so steht sie den Gerichten zu, die über vermögensrechtliche Ansprüche zu entscheiden haben.

§§ 112 und 113. *(überholt)*

II. Scheidung der Ehe von Tisch und Bett

§ 114. Die Wirkung der Scheidung einer Ehe von Tisch und Bett wird durch das Inkrafttreten dieses Gesetzes nicht berührt. Der Scheidung der Ehe von Tisch und Bett steht die Trennung der Ehe von Tisch und Bett nach dem bisherigen burgenländischen Eherecht gleich.

§ 115. (1) Jeder Ehegatte einer von Tisch und Bett geschiedenen Ehe kann den Antrag stellen, daß die Scheidung der Ehe im Sinne dieses Gesetzes ausgesprochen werde. Zuständig ist das Bezirksgericht, in dessen Sprengel einer der Ehegatten seinen allgemeinen Gerichtsstand in Streitsachen im Lande Österreich hat; wenn es an einem solchen fehlt, das Bezirksgericht Innere Stadt in Wien. Eine Klage auf Scheidung der Ehe nach den Vorschriften dieses Gesetzes ist ausgeschlossen.

(2) Über den Antrag ist nach den Vorschriften des Verfahrens außer Streitsachen zu verhandeln und zu entscheiden. Dem Antrag ist stattzugeben, wenn feststeht, daß die Ehegatten sich nicht wieder vereinigt haben. Eine Prüfung des Verschuldens findet nicht statt. Der stattgebende Beschluß steht einem Scheidungsurteil im Sinne dieses Gesetzes gleich. Eine Ausfertigung des Beschlusses ist dem [Amte des Reichsstatthalters in Österreich][1]) zu übermitteln. Dieses veranlaßt die Anmerkung im Eheregister (Trauungsmatrik).

(3) In Ansehung der Vermögensverhältnisse bleibt es bei der anläßlich der Scheidung von Tisch und Bett getroffenen Regelung. Jedoch gelten für die Leistung des Unterhalts der nicht einverständlich von Tisch und Bett geschiedenen Ehegatten, wenn darüber nichts vereinbart worden ist, für die Zukunft die Vorschriften dieses Gesetzes. Dabei ist der im Scheidungsurteil enthaltene Schuldausspruch zugrunde zu legen. Ein vor Inkrafttreten dieses Gesetzes ergangenes Urteil steht einer neuen Regelung des Unterhalts nicht entgegen.

(4) Der nicht aus seinem Verschulden von Tisch und Bett geschiedene Ehegatte behält das gesetzliche Erbrecht. Dem Ehegatten aus einer späteren Ehe steht es nur zu, wenn ein Ehegatte aus der früheren Ehe nicht vorhanden oder wenn er nicht erbberechtigt ist.

(5) An einem kraft Gesetzes, Satzung oder Vertrags einem Ehegatten zustehenden Anspruch (Anwartschaft) auf einen Versorgungsgenuß wird nichts geändert. Ein Verzicht auf den Versorgungsgenuß ist wirksam, wenn er dem eigenen Ehegatten oder dessen Ehegatten aus der späteren Ehe oder der Stelle gegenüber erklärt worden ist, die zur Anweisung der Dienst- und Ruhebezüge des eigenen Ehegatten berufen ist; einer ausdrücklichen Annahme des Verzichts bedarf es nicht.

---

[1]) *Jetzt: Bundesministerium für Inneres*

§ 116. Die Feststellung eines Ehebruchs in einem Urteil auf Scheidung der Ehe von Tisch und Bett hat die gleiche Wirkung wie nach § 9[1]) die Feststellung eines Ehebruchs in einem Scheidungsurteil.

---

[1]) § 9 EheG wurde aufgehoben

§ 117. *(überholt)*

III. Ungültigerklärung der Ehe

§ 118. (1) Die Gültigkeit einer vor Inkrafttreten dieses Gesetzes geschlossenen Ehe bestimmt sich nach den bisherigen Gesetzen. Für die vor dem 1. Mai 1934 vor einem Priester der katholischen Kirche geschlossenen Ehen gelten ausschließlich die Vorschriften, die vor diesem Tage in Kraft standen. Sie sind auch maßgebend, wenn die Ehegatten einer vor dem staatlichen Trauungsorgan abgeschlossenen Ehe ihre Eheerklärung nach dem 30. April 1934 vor einem katholischen Priester erneuert haben.

(2) Ist der Ungültigkeitsgrund einem der Gründe gleichartig, die nach diesem Gesetz die Aufhebung der Ehe rechtfertigen, so finden jedoch die Bestimmungen dieses Gesetzes über die Aufhebung der Ehe Anwendung. Die Frist für die Klage auf Aufhebung endet frühestens ein Jahr nach Inkrafttreten dieses Gesetzes.

(3) Eine nach den bisherigen Gesetzen ungültige Ehe ist als von Anfang an gültig anzusehen, wenn die Ehegatten am 1. April 1938 noch als Ehegatten miteinander gelebt haben und der Grund, auf dem die Ungültigkeit beruht, nach den Vorschriften dieses Gesetzes weder zur Nichtigerklärung noch zur Aufhebung der Ehe führen könnte.

§ 119. Wurde vor Inkrafttreten dieses Gesetzes eine Ehe für ungültig erklärt, wurden ihr die bürgerlichen Rechtswirkungen aberkannt oder wurde eine kirchliche Ungültigkeitsentscheidung für vollstreckbar erklärt, so gilt dies als Nichtigerklärung im Sinne dieses Gesetzes. § 31 ist nicht anzuwenden.

§ 120. *(überholt)*

IV. Besondere Bestimmungen über die mit Nachsicht vom Ehehindernis des Ehebandes geschlossenen Ehen

§ 121. (1) Eine mit Nachsicht vom Ehehindernis des Ehebandes geschlossene und nicht bereits rechtskräftig für ungültig erklärte Ehe gilt als eine von Anfang an gültige Ehe, es sei denn, daß auf Grund eines vor dem 1. Jänner 1939 gestellten Antrags gerichtlich festgestellt wird, daß die Ehegatten am 1. April 1938 nicht mehr als Ehegatten miteinander gelebt haben. In diesem Falle ist die Ehe für nichtig zu erklären. Ist ein Ehegatte vor dem 1. April 1938 gestorben, so tritt an die Stelle dieses Tages der Todestag des Ehegatten. Der Nichtigerklärung steht nicht entgegen, daß die Ehe vor Inkrafttreten dieses Gesetzes von den Gerichten etwa für gültig erklärt worden sein sollte.

(2) und (3) *(überholt)*

§ 122. (1) Wird in der Frist des § 121 ein Antrag nicht gestellt oder wird er rechtskräftig abgewiesen, so gilt die frühere Ehe, von deren Bande Nachsicht erteilt wurde, mit der Eingehung der späteren Ehe als im Sinne dieses Gesetzes geschieden.

(2) Ist die frühere Ehe, von deren Bande Nachsicht erteilt worden ist, von Tisch und Bett geschieden, so finden die Vorschriften des § 115 Abs. 3 bis 5 Anwendung. Diese Vorschriften sind sinngemäß in den Fällen anzuwenden, in denen die frühere Ehe, von deren Bande Nachsicht erteilt wurde, nicht von Tisch und Bett geschieden war. Für die Leistung des Unterhalts gelten in diesen Fällen, soweit darüber nichts vereinbart worden ist, für die Zukunft die Vorschriften dieses Gesetzes. Die Entscheidung steht den Gerichten zu, die über vermögensrechtliche Ansprüche zu entscheiden haben, wobei für die Frage des Verschuldens maßgebend ist, welcher der Ehegatten einen Tatbestand gesetzt hat, der als Scheidungsgrund in Betracht käme. Wird die Schuldlosigkeit beider Ehegatten festgestellt, so gilt § 111 Abs. 1 Satz 4 und 5 sinngemäß.

§§ 123–126. *(überholt)*

§ 127. Ist eine Ehe, die mit Nachsicht vom Ehehindernis des Ehebandes geschlossen worden ist, wegen dieses Hindernisses für nichtig erklärt worden, so sind die Ehegatten, wenn darüber nichts vereinbart worden ist, unter denselben Voraussetzungen zum Unterhalt verpflichtet, wie wenn die Ehe gültig geschlossen und geschieden worden wäre. Für die Zeit vor Inkrafttreten dieses Gesetzes kann auf Grund dieser Vorschrift ein Unterhalt nicht begehrt werden. Das Gericht, das über die vermögensrechtlichen Ansprüche zu entscheiden hat, hat festzustellen, ob sich ein Ehegatte während der Dauer der Ehe eines Verhaltens schuldig gemacht hat, das als Scheidungsgrund anzusehen wäre, wenn die Ehe gültig wäre. § 111 Abs. 1 Satz 4 und 5 gilt sinngemäß.

V. Aufhebung bisheriger Vorschriften

§ 128. Vorschriften des österreichischen Rechts, die Gegenstände betreffen, die in diesem Gesetz geregelt sind, verlieren mit dem Inkrafttreten dieses Gesetzes ihre Wirksamkeit.

Vierter Abschnitt

Schlußbestimmungen

§ 129. Dieses Gesetz tritt am 1. August 1938 in Kraft. Die Vorschriften des § 112 Abs. 2 und 3, des § 117 Abs. 2, des § 120 Abs. 2 und des § 121 Abs. 3 treten mit dem auf die Verkündung folgenden Tage in Kraft.

§ 130. (1) Wo auf Vorschriften verwiesen wird, die durch dieses Gesetz oder die auf Grund dieses Gesetzes ergangenen Bestimmungen aufgehoben oder geändert werden, erhält die Verweisung ihren Inhalt aus den entsprechenden neuen Vorschriften.

(2) Einer Verweisung steht es gleich, wenn die Anwendbarkeit der im Abs. 1 bezeichneten Vorschriften stillschweigend vorausgesetzt wird.

§ 131. *(aufgehoben durch Wiedereinführung des B-VG, insbes Art 18 Abs 2)*

4/1. 1. Durchführungsverordnung

4/1. (Erste) Verordnung zur Durchführung und Ergänzung des Gesetzes zur Vereinheitlichung des Rechts der Eheschließung und der Ehescheidung [im Lande Österreich und im übrigen Reichsgebiet], dRGBl 1938 I 923 (Kundmachung GBlÖ 1938/302) idF

1 dRGBl 1941 I 654	**2** StGBl 1945/31	**3** BGBl 1973/108
4 BGBl 1975/412	**5** BGBl 1976/331	**6** BGBl 1977/403
7 BGBl 1978/280	**8** BGBl 1983/566	

Verordnung zur Durchführung und Ergänzung des Gesetzes zur Vereinheitlichung des Rechts der Eheschließung und der Ehescheidung [im Lande Österreich und im übrigen Reichsgebiet]

1. Befreiung von Ehevoraussetzungen und Eheverboten

§§ **1** bis **12.** *(aufgehoben, BGBl 1973/108 und 1983/566)*

II. Weitere Durchführungsbestimmungen Wiederholung der Eheschließung

§ **13.** Das Verbot der Doppelehe (§ 8 des Ehegesetzes) steht einer Wiederholung der Eheschließung nicht entgegen, wenn die Ehegatten Zweifel an der Gültigkeit oder an dem Fortbestand ihrer Ehe hegen.

§§ **14** und **15.** *(aufgehoben, StGBl 1945/31 und BGBl 1976/331)*

Vermögensrechtliche Beziehungen der Ehegatten aus einer nichtigen Ehe

§ **16.** Soweit auf die vermögensrechtlichen Beziehungen der Ehegatten aus einer für nichtig erklärten Ehe die im Falle der Scheidung geltenden Vorschriften entsprechende Anwendung finden (§ 31 Abs. 1 des Ehegesetzes), kann im Falle des „§ 69 Abs. 3" des Ehegesetzes jeder Ehegatte Unterhalt ohne Rücksicht darauf verlangen, wer die Nichtigkeitsklage erhoben hatte. *(BGBl 1983/566)*

Schuldausspruch im Aufhebungsurteil

§ **17.** Wird die Ehe aufgehoben und ist ein Ehegatte im Sinne des § 42 Abs. 2 des Ehegesetzes oder des § 19 Abs. 2 dieser Verordnung als schuldig anzusehen, so ist dies im Urteil auszusprechen.

Zusammentreffen von Aufhebungs- und Scheidungsbegehren

§ **18.** Wird in demselben Rechtsstreit Aufhebung und Scheidung der Ehe begehrt und sind die Begehren begründet, so ist nur auf Aufhebung der Ehe zu erkennen. Die Schuld eines Ehegatten, welche das Scheidungsbegehren oder einen Schuldantrag gegenüber diesem Begehren rechtfertigt, ist im Schuldausspruch (§ 17 dieser Verordnung, §§ 60 und 61 des Ehegesetzes) zu berücksichtigen. Ist hiernach jeder der Ehegatten als schuldig anzusehen, so sind beide für schuldig zu erklären. Ist das Verschulden des einen Ehegatten erheblich schwerer als das des anderen, so ist zugleich auszusprechen, daß seine Schuld überwiegt.

Wiederverheiratung im Falle der Todeserklärung

§ **19.** (1) In den Fällen des § 44 des Ehegesetzes kann die Aufhebung der Ehe nur binnen eines Jahres begehrt werden. Die Frist beginnt mit dem Zeitpunkt, in dem der Ehegatte aus der früheren Ehe Kenntnis davon erlangt hat, daß der für tot erklärte Ehegatte noch lebt.

(2) Soweit sich in den Fällen des § 44 des Ehegesetzes die Folgen der Aufhebung nach den Vorschriften über die Folgen der Scheidung bestimmen, ist der beklagte Ehegatte als schuldig anzusehen, wenn er bei der Eheschließung gewußt hat, daß der für tot erklärte Ehegatte die Todeserklärung überlebt hat.

§§ **20** bis **48.** *(aufgehoben, BGBl 1983/566)*

VI. Sondervorschriften für das Land Österreich

A. Durchführungsvorschriften zum Ehegesetz

§ **49.** *(aufgehoben, StGBl 1945/31)*

§ **50.** Ob ein Kind aus einer vor Inkrafttreten des Ehegesetzes für ungültig erklärten Ehe unehelich ist oder als ehelich gilt, bestimmt sich nach den bisherigen Gesetzen.

§ **51.** Wer das Recht, die Scheidung der Ehe zu begehren, durch Verzeihung oder durch Fristablauf verloren hat, kann allein aus der Tatsache, die das Scheidungsrecht begründet hat, ein Recht, die Herstellung der ehelichen Gemeinschaft zu verweigern, nicht herleiten.

§ 52. War für eine Ehe bisher das im Burgenland geltende Eherecht maßgebend und konnte ein nach diesem Recht bestehender Grund zur Nichtigerklärung oder zur Lösung der Ehe im Zeitpunkt des Inkrafttretens des Ehegesetzes wegen Ablaufs der Klagefrist nicht mehr geltend gemacht werden, so hat es dabei sein Bewenden. Ein Grund zur Lösung der Ehe, der einem Grunde gleichartig ist, der nach den Vorschriften des Ehegesetzes die Scheidung der Ehe rechtfertigt, kann jedoch zur Unterstützung einer nach dem Ehegesetz erhobenen Scheidungsklage geltend gemacht werden.

§ 53. Soweit, abgesehen von den Fällen des § 111, die Vorschriften des Ehegesetzes über den Unterhalt geschiedener Ehegatten für maßgebend erklärt sind (§ 115 Abs. 3, § 122 Abs. 2 und § 127), sind sie nicht anzuwenden, wenn beide Ehegatten für schuldig erklärt sind oder wenn festgestellt wird, daß jeder Ehegatte sich während der Dauer der früheren Ehe oder der mit Nachsicht vom Ehehindernis des Ehebandes geschlossenen, wegen dieses Hindernisses für nichtig erklärten Ehe eines Verhaltens schuldig gemacht hat, das als Eheverfehlung im Sinne des Ehegesetzes anzusehen wäre.

§ 54. (1) Die Aufhebung einer vor Inkrafttreten des Ehegesetzes geschlossenen Ehe kann auch aus den Gründen des Ehegesetzes begehrt werden, soweit nach den bisherigen Gesetzen ein Ungültigkeitsgrund, der gemäß § 118 Abs. 2 des Ehegesetzes die Aufhebung der Ehe begründen würde, nicht gegeben ist. Die Frist für die Klage auf Aufhebung endet in diesem Falle frühestens ein Jahr nach Inkrafttreten des Ehegesetzes.

(2) Abs. 1 gilt nicht für den Aufhebungsgrund des § 35 des Ehegesetzes.

§ 55. Eine Klage auf Nichtigerklärung einer vor Inkrafttreten des Ehegesetzes geschlossenen Ehe wegen eines Ungültigkeitsgrundes des bisherigen Rechts, der nach den Vorschriften des Ehegesetzes weder zur Nichtigerklärung noch zur Aufhebung der Ehe führen könnte, kann nur vom Staatsanwalt oder mit seiner Genehmigung eingebracht oder fortgeführt werden. § 118 Abs. 3 des Ehegesetzes bleibt unberührt.

§ 56. (1) Steht der Gültigkeit einer vor Inkrafttreten des Ehegesetzes geschlossenen Ehe ein Ehehindernis entgegen, so kann von diesem Befreiung erteilt werden, wenn sie nach den bisherigen Gesetzen oder nach den Bestimmungen des Ehegesetzes zulässig wäre oder nach diesem Gesetz ein Eheverbot mit Nichtigkeitsfolge nicht vorliegen würde. Wird die Befreiung erteilt, so ist die Ehe als von Anfang an gültig anzusehen.

(2) Über die Befreiung entscheidet, wenn der Mann seinen Wohnsitz oder in Ermangelung eines Wohnsitzes seinen Aufenthalt [im Lande] Österreich hat, der Präsident des Oberlandesgerichts, in dessen Sprengel der Wohnsitz oder Aufenthalt gelegen ist. Hat nur die Ehefrau Wohnsitz oder Aufenthalt [im Lande] Österreich, so bestimmt sich die Zuständigkeit nach ihrem Wohnsitz oder Aufenthalt. Hat keiner der Beteiligten Wohnsitz oder Aufenthalt [im Lande] Österreich, so ist der Präsident des Oberlandesgerichts Wien zuständig. § 11 Abs. 1 Satz 1 und Abs. 2 findet Anwendung. Ich[1]) behalte mir vor, in Fällen bestimmter Art selbst zu entscheiden oder im Einzelfall die Entscheidung an mich zu ziehen.

---

[1]) *Jetzt: Der Bundesminister für Justiz*

§ 57. *(aufgehoben, BGBl 1983/566)*

§ 58. Ist auf Grund einer Nachsicht vom Ehehindernis des Ehebandes nach dem 1. April 1938 eine Ehe geschlossen worden, so gilt sie als eine von Anfang an gültige Ehe.

(Satz 2 gegenstandslos)

§ 59. (1) *(betrifft Änderung des ABGB)*

(2) *(überholt)*

B. Ergänzungsvorschriften zu den Abschnitten I bis V dieser Verordnung

§§ 60 bis **81a.** *(aufgehoben, StGBl 1945/31, BGBl 1973/108 und 1983/566)*

§ 82. (1) Die Nichtigkeitsklage des Staatsanwalts ist gegen beide Ehegatten und, wenn einer von ihnen verstorben ist, gegen den überlebenden Ehegatten zu richten. Die Nichtigkeitsklage des einen Ehegatten ist gegen den anderen Ehegatten zu richten.

(2) Im Falle der Doppelehe ist die Nichtigkeitsklage des Ehegatten der früheren Ehe gegen beide Ehegatten der späteren Ehe zu richten.

§ 83. Im Verfahren über eine Nichtigkeitsklage kann der Staatsanwalt, auch wenn er die Klage nicht erhoben hat, den Rechtsstreit betreiben, insbesondere selbständig Anträge stellen und Rechtsmittel einlegen.

§ 84. Hat der Staatsanwalt die Nichtigkeitsklage zu Lebzeiten beider Ehegatten erhoben, so findet, wenn ein Ehegatte stirbt, „§ 460 Z 8 ZPO“ keine Anwendung. Das Verfahren wird gegen den überlebenden Ehegatten fortgesetzt. *(BGBl 1983/566)*

§ 85. In den Fällen, in denen der als Partei auftretende Staatsanwalt unterliegt, sind Kostenersätze dem Staate aufzuerlegen (§§ 40 ff. der österreichischen Zivilprozeßordnung).

§ 86. Zur Mitwirkung in Ehesachen ist der Staatsanwalt am Sitze des Prozeßgerichts zuständig, in Wien der Staatsanwalt beim Landesgericht für Strafsachen Wien.

(2) *(aufgehoben, BGBl 1977/403)*

VII. Inkrafttreten, Übergangsvorschriften

§ 87. (1) Diese Verordnung tritt, soweit nicht etwas anderes bestimmt ist, am 1. August 1938 in Kraft. Mit dem gleichen Zeitpunkt treten außer Kraft . . . die Vorschriften des österreichischen Rechts, die Gegenstände betreffen, die in dieser Verordnung geregelt sind.

(ausgelassene Worte und Abs. 2 gegenstandslos)

§§ **88** bis **90.** (*Durch Zeitablauf gegenstandslos)*

4/2. 4. Durchführungsverordnung

4/2. Vierte Durchführungsverordnung zum Ehegesetz, dRGBl 1941 I 654 idF
1 StGBl 1945/31 **2** StGBl 1945/188 **3** BGBl 1978/304 (IPR-Gesetz)
4 BGBl 1983/135 **5** BGBl I 2000/135 (KindRÄG 2001)

Verordnung zur Durchführung und Ergänzung des Ehegesetzes und zur Vereinheitlichung des internationalen Familienrechts (Vierte Durchführungsverordnung zum Ehegesetz – 4. DVOEheG)

I. Ergänzende Vorschriften zum Recht der Eheschließung

§ **1.** *(für Österreich gegenstandslos)*

II. Ergänzende Vorschriften zum Recht der Eheschließung
Ehescheidung nach vorausgegangener Scheidung von Tisch und Bett

§ **2.** (1) Ein [deutscher Staatsangehöriger][1]), dessen Ehe unter Aufrechterhaltung des Ehebandes von Tisch und Bett geschieden (getrennt) worden ist, bevor er die [deutsche Staatsangehörigkeit][2]) erworben hat, kann beantragen, daß die Ehe im Sinne des Ehegesetzes geschieden werde. Dies gilt auch dann, wenn der andere Ehegatte die [deutsche Staatsangehörigkeit][2]) nicht besitzt. Eine Klage auf Scheidung der Ehe ist ausgeschlossen.

(2) Über den Antrag entscheidet das [Amtsgericht][3]) nach den Vorschriften über das [Verfahren in Angelegenheiten der freiwilligen Gerichtsbarkeit] (das Verfahren außer Streitsachen). Zuständig ist das [Amtsgericht][3]), in dessen Bezirk der Antragsteller seinen Wohnsitz oder beim Fehlen eines Wohnsitzes seinen Aufenthalt hat. Hat der Antragsteller im Inland weder Wohnsitz noch Aufenthalt, so ist das [Amtsgericht Berlin][4]) zuständig.

(3) Dem Antrag ist stattzugeben, wenn feststeht, daß die Ehegatten sich nicht wieder vereinigt haben. Eine Prüfung des Verschuldens findet nicht statt. § 116 des Ehegesetzes gilt entsprechend. Die dem Antrag stattgebende Entscheidung wird erst wirksam, wenn sie gegenüber beiden Ehegatten rechtskräftig geworden ist.

(4) Für die vermögensrechtlichen Beziehungen der Ehegatten bleibt die Regelung maßgebend, die von den Ehegatten anläßlich der Scheidung (Trennung) von Tisch und Bett getroffen ist. Fehlt es an einer solchen Regelung, so richtet sich die Unterhaltspflicht für die Zukunft nach [deutschem][5]) Recht; soweit die Unterhaltspflicht von dem Schuldausspruch im Scheidungsurteil abhängt, ist die Feststellung zugrunde zu legen, die bei der Scheidung (Trennung) von Tisch und Bett über die Schuld der Ehegatten getroffen ist. Eine vor Inkrafttreten dieser Verordnung ergangene gerichtliche Entscheidung steht einer neuen Regelung des Unterhalts nicht entgegen.

(5) Die Abs. 1 bis 4 sind nicht anzuwenden, wenn ein Antrag nach § 115 des Ehegesetzes [oder nach § 32 der Verordnung zur Einführung des großdeutschen Eherechts in den Sudetendeutschen Gebieten vom 22. Dezember 1938 (Reichsgesetzbl. I. S. 1937)] gestellt werden kann.

---

[1]) *Jetzt: Österreichischer Staatsbürger*

[2]) *Jetzt: Österreichische Staatsbürgerschaft*

[3]) *Jetzt: Bezirksgericht*

[4]) *Bezirksgericht Innere Stadt Wien*

[5]) *Jetzt: österreichischem*

§ **3.** *(aufgehoben, StGBl 1945/31)*

III. Internationales Familienrecht
1. Änderung des Einführungsgesetzes zum Bürgerlichen Gesetzbuch

§ **4.** *(für Österreich gegenstandslos)*

2. Vorschriften für [die Reichsgaue der Ostmark, den Reichsgau Sudetenland und das Protektorat Böhmen und Mähren]

§ **5.** (1) In den [Reichsgauen der Ostmark, im Reichsgau Sudetenland und im Protektorat Böhmen und Mähren] sind die Vorschriften der nachfolgenden §§ 6 bis 18 anzuwenden.

(2) *(Gegenstandslos)*

(3) Vorschriften, die nicht unmittelbar angewandt werden können, sind sinngemäß anzuwenden.

§§ **6** bis **18.** *(aufgehoben, BGBl 1978/304 und BGBl 1983/135)*

IV. Verfahrensrechtliche Vorschriften

§§ **19** bis **23.** *(aufgehoben bzw gegenstandslos)*

V. Anerkennung ausländischer Entscheidungen in Ehesachen

§ **24.** *(aufgehoben, BGBl I 2000/135, ab 1. 3. 2001)*

VI. Schlußvorschriften

§ 25. Diese Verordnung tritt am 1. November 1941 in Kraft. Vom gleichen Tage ab finden alle ihr entgegenstehenden oder inhaltlich entsprechenden Vorschriften, insbesondere die [in den Reichsgauen der Ostmark, im Reichsgau Sudetenland und im Protektorat Böhmen und Mähren] bisher geltenden Vorschriften auf dem Gebiet des zwischenstaatlichen Familienrechts ferner [das Gesetz über die Anwendung deutschen Rechts bei der Ehescheidung vom 24. Januar 1935 (Reichsgesetzbl. I S. 48), § 38 der Verordnung zur Einführung des großdeutschen Eherechts in den sudetendeutschen Gebieten vom 22. Dezember 1938 (Reichsgesetzbl. I S. 1987) und] § 183 des kaiserlichen Patents über das gerichtliche Verfahren in Rechtsangelegenheiten außer Streitsachen vom 9. August 1854 (RGBl. Nr. 208) keine Anwendung mehr.

[ ] *Gegenstandslos*

4/3. Eheübereinkommen

4/3. Übereinkommen über die Anerkennung von Entscheidungen in Ehesachen, BGBl 1978/43

STICHWORTVERZEICHNIS
zum EheÜbk und zum DGEheÜbk
(Die Zahlenangaben beziehen sich auf die Artikel bzw Paragraphen; wenn nichts anderes angegeben, auf das EheÜbk)

ÜBEREINKOMMEN
über die Anerkennung von Entscheidungen in Ehesachen

Die Bundesrepublik Deutschland, die Republik Österreich, das Königreich Belgien, die Französische Republik, das Königreich Griechenland, die Italienische Republik, das Großherzogtum Luxemburg, das Königreich der Niederlande, die Schweizerische Eidgenossenschaft und die Türkische Republik, Mitglieder der Internationalen Kommission für das Zivilstandswesen, in dem Wunsche, auf dem Hoheitsgebiet aller Vertragsstaaten die Anerkennung von Entscheidungen zu erleichtern, die in Ehesachen in einem dieser Staaten ergangen sind, haben folgendes vereinbart:

Artikel 1

Jede Entscheidung über die Auflösung, die Trennung, das Bestehen oder das Nichtbestehen, die Gültigkeit oder die Nichtigkeit einer Ehe, die in einem Vertragsstaat ergangen ist, wird unter Vorbehalt der Bestimmungen der Artikel 2, 3 und 4 in den anderen Vertragsstaaten mit der gleichen Wirkung anerkannt wie in jenem, in dem sie ergangen ist, sofern die folgenden Voraussetzungen erfüllt sind:

1. Die Entscheidung ist mit keiner im Anerkennungsstaat ergangenen oder anerkannten rechtskräftigen Entscheidung unvereinbar;

2. Die Parteien sind in der Lage gewesen, ihre Rechte im Verfahren geltend zu machen;

3. Die Entscheidung widerspricht nicht offensichtlich der öffentlichen Ordnung des Anerkennungsstaats.

Artikel 2

Die Anerkennung einer ausländischen Entscheidung darf nicht allein deshalb verweigert werden, weil die entscheidende Behörde nach dem internationalen Verfahrensrecht des Anerkennungsstaats nicht zuständig gewesen ist, es sei denn, daß beide Ehegatten Angehörige dieses Staates sind.

Artikel 3

Die Anerkennung einer ausländischen Entscheidung, die ein anderes Recht als das angewandte hat, das nach dem internationalen Privatrecht des Anerkennungsstaats anzuwenden gewesen wäre, darf deshalb allein nur verweigert werden, wenn die beiden folgenden Voraussetzungen erfüllt sind:

1. daß beide Ehegatten Angehörige dieses Staates gewesen sind oder wenigstens derjenige Ehegatte, dessen Begehren abgewiesen oder zurückgewiesen worden ist;

2. daß die Entscheidung zu einem Ergebnis geführt hat, das dem widerspricht, zu dem die Anwendung des durch das internationale Privatrecht des Anerkennungsstaats bezeichneten Rechtes geführt hätte.

Artikel 4

Wird die Anerkennung zweier miteinander unvereinbarer ausländischer Entscheidungen geltend gemacht, so ist nur die Entscheidung anzuerkennen, die zuerst in Rechtskraft erwachsen ist.

Artikel 5

Die von den Behörden eines Vertragsstaats erlassenen und in einem anderen Vertragsstaat geltend gemachten Entscheidungen in den in Artikel 1 aufgezählten Ehesachen dürfen in einem anderen Vertragsstaat nur so weit überprüft werden, als es die vorstehenden Voraussetzungen zulassen.

Artikel 6

Die für die Anerkennung zuständige Behörde und das einzuhaltende Verfahren sind von der Gesetzgebung eines jeden Vertragsstaats zu bestimmen.

Diese Behörde wird in einem Anhang zu diesem Übereinkommen für jeden Vertragsstaat näher bezeichnet.

Artikel 7

Die in diesem Übereinkommen vorgesehene Anerkennung erstreckt sich ausschließlich auf die Anordnung der ausländischen Entscheidung über die Auflösung, die Trennung, das Bestehen oder das Nichtbestehen, die Gültigkeit oder die Nichtigkeit der Ehe sowie auf ihre Feststellung über das Verschulden der Parteien oder, im Falle der Nichtigerklärung, über ihren guten Glauben.

Diese Anerkennung darf selbst anläßlich der Prüfung einer Anordnung über vermögensrechtliche Fragen oder die Sorge für die Kinder oder jeder anderen zusätzlichen oder vorläufigen Anordnung nicht wieder in Frage gestellt werden.

Artikel 8

Die auf Grund dieses Übereinkommens in einem Vertragsstaat anerkannten Entscheidungen sind ohne weitere Förmlichkeiten in die Personenstandsbücher/Zivilstandsregister und die anderen öffentlichen Bücher dieses Staates einzutragen, falls das Recht dieses Staates eine Eintragung der auf seinem Hoheitsgebiet ergangenen Entscheidungen gleicher Art vorsieht.

Artikel 9

Ist eine Entscheidung über die Auflösung oder die Nichtigerklärung einer Ehe in einem Vertragsstaat auf Grund dieses Übereinkommens anerkannt worden, so darf eine neue Eheschließung in diesem Staate nicht allein deshalb verweigert werden, weil das Recht eines Drittstaates diese Auflösung oder diese Nichtigerklärung nicht zuläßt oder nicht anerkennt.

Artikel 10

Ist bereits bei einer Behörde eines Vertragsstaats die Auflösung, die Trennung, die Feststellung des Bestehens, des Nichtbestehens oder der Gültigkeit oder die Nichtigerklärung einer Ehe begehrt worden, so haben sich die Behörden der anderen Vertragsstaaten, auch von Amts wegen, der sachlichen Entscheidung über jedes bei ihnen gestellte Begehren zu enthalten, das denselben Gegenstand betrifft und zwischen denselben Parteien in derselben Parteistellung erhoben worden ist.

Die später angerufene Behörde kann jedoch eine Frist von mindestens einem Jahr festsetzen, nach deren Ablauf sie entscheiden darf, sofern das zuerst gestellte Begehren noch zu keiner sachlichen Entscheidung geführt hat.

Artikel 11

Im Sinne dieses Übereinkommens sind unter dem Begriff „Angehörige eines Staates" sowohl die Personen zu verstehen, die die Staatsangehörigkeit dieses Staates haben, als auch diejenigen, deren Personalstatut sich nach dem Rechte dieses Staates bestimmt.

Artikel 12

Dieses Übereinkommen ist zwischen dem Staate, in dem die Entscheidung ergangen ist, und dem Anerkennungsstaat nur auf die Entscheidungen anzuwenden, die nach seinem Inkrafttreten zwischen diesen beiden Staaten ergangen sind.

Artikel 13

Dieses Übereinkommen hindert die Anwendung anderer zwischenstaatlicher Verträge oder innerstaatlicher Vorschriften nicht, die für die Anerkennung ausländischer Entscheidungen günstiger sind.

Artikel 14

Die Vertragsstaaten notifizieren dem Schweizerischen Bundesrat den Abschluß des

Verfahrens, das nach ihrem Verfassungsrecht für das Inkrafttreten dieses Übereinkommens auf ihrem Hoheitsgebiet erforderlich ist.

Der Schweizerische Bundesrat setzt die Vertragsstaaten und den Generalsekretär der Internationalen Kommission für das Zivilstandswesen von den Notifikationen im Sinne des Absatzes 1 in Kenntnis.

Artikel 15

Dieses Übereinkommen tritt am dreißigsten Tage nach der Hinterlegung der zweiten Notifikationsurkunde für die beiden Staaten in Kraft, die diese Förmlichkeit erfüllt haben.[1])

Für jeden Unterzeichnerstaat, der später die in Artikel 14 vorgesehene Förmlichkeit erfüllt hat, tritt dieses Übereinkommen am dreißigsten Tage nach der Hinterlegung seiner Notifikationsurkunde in Kraft.

[1]) *Für Österreich am 10. 12. 1977 in Kraft getreten.*

Artikel 16

Jeder Vertragsstaat kann bei der Unterzeichnung, bei der in Artikel 14 vorgesehenen Notifikation oder beim Beitritt erklären, daß er die in diesem Übereinkommen vorgesehene Regelung auf die in Artikel 7 Absatz 2 angeführten zusätzlichen oder vorläufigen Anordnungen ausdehnt.

Diese Erklärung kann auch später jederzeit durch eine an den Schweizerischen Bundesrat gerichtete Notifikation abgegeben werden.

Der Schweizerische Bundesrat setzt alle Vertragsstaaten und den Generalsekretär der Internationalen Kommission für das Zivilstandswesen von dieser Notifikation in Kenntnis.

Die in Absatz 2 vorgesehene Erklärung tritt am dreißigsten Tag in Kraft, nachdem diese Notifikation dem Schweizerischen Bundesrat zugegangen ist.

Artikel 17

Jeder Vertragsstaat kann bei der Unterzeichnung, bei der in Artikel 14 vorgesehenen Notifikation oder beim Beitritt erklären, daß für ihn dieses Übereinkommen nur auf eine oder mehrere der in Artikel 1 aufgezählten Ehesachen anzuwenden ist.

Hat ein Staat eine Erklärung nach Absatz 1 abgegeben, so kann er später jederzeit durch eine an den Schweizerischen Bundesrat gerichtete Notifikation erklären, daß er die Anwendung dieses Übereinkommens auf weitere in Artikel 1 aufgezählte Ehesachen ausdehnt.

Der Schweizerische Bundesrat setzt alle Vertragsstaaten und den Generalsekretär der Internationalen Kommission für das Zivilstandswesen von dieser Notifikation in Kenntnis.

Die in Absatz 2 vorgesehene Erklärung tritt am dreißigsten Tag in Kraft, nachdem die Notifikation dem Schweizerischen Bundesrat zugegangen ist.

Artikel 18

Jeder Vertragsstaat kann bei der Unterzeichnung, bei der in Artikel 14 vorgesehenen Notifikation oder beim Beitritt erklären, daß er sich das Recht vorbehält,

1. die in einem Vertragsstaat ergangenen Entscheidungen über die Auflösung einer Ehe nicht anzuerkennen, wenn die Ehegatten ausschließlich die Staatsangehörigkeit von Staaten haben, deren Rechtsordnung diese Auflösung nicht zuläßt;

2. den Artikel 9 nur auf die Nichtigerklärung der Ehe anzuwenden.

Artikel 19

Dieses Übereinkommen gilt ohne weiteres im gesamten Mutterland jedes Vertragsstaats.

Jeder Vertragsstaat kann bei der Unterzeichnung, bei der in Artikel 14 vorgesehenen Notifikation, beim Beitritt oder später durch eine an den Schweizerischen Bundesrat gerichtete Notifikation erklären, daß dieses Übereinkommen auf eines oder mehrere seiner Hoheitsgebiete außerhalb des Mutterlandes oder auf Staaten oder Hoheitsgebiete anzuwenden ist, deren internationale Beziehungen er wahrnimmt. Der Schweizerische Bundesrat setzt alle Vertragsstaaten und den Generalsekretär der Internationalen Kommission für das Zivilstandswesen von einer solchen Notifikation in Kenntnis. In den in der Notifikation bezeichneten Hoheitsgebieten tritt dieses Übereinkommen am sechzigsten Tag in Kraft, nachdem die Notifikation dem Schweizerischen Bundesrat zugegangen ist.

Hat ein Staat eine Erklärung nach Absatz 2 abgegeben, so kann er später jederzeit durch eine an den Schweizerischen Bundesrat gerichtete Notifikation erklären, daß dieses Übereinkommen auf bestimmte in der Erklärung bezeichnete Staaten oder Hoheitsgebiete nicht mehr anzuwenden ist.

Der Schweizerische Bundesrat setzt alle Vertragsstaaten und den Generalsekretär der Internationalen Kommission für das Zivilstandswesen von der neuen Notifikation in Kenntnis.

Für die in der Notifikation bezeichneten Hoheitsgebiete tritt das Übereinkommen am sechzigsten Tag außer Kraft, nachdem die Notifikation dem Schweizerischen Bundesrat zugegangen ist.

Artikel 20

Jeder Mitgliedstaat des Europarats oder der Internationalen Kommission für das Zivilstandswesen kann diesem Übereinkommen beitreten[1]). Der Staat, der beizutreten wünscht, notifiziert seine Absicht durch eine Urkunde, die beim Schweizerischen Bundesrat hinterlegt wird. Dieser setzt alle Vertragsstaaten und den Generalsekretär der Internationalen Kommission für das Zivilstandswesen von der Hinterlegung jeder Beitrittsurkunde in Kenntnis. Das Übereinkommen tritt für den beitretenden Staat am dreißigsten Tage nach der Hinterlegung der Beitrittsurkunde in Kraft.

Eine Beitrittsurkunde kann erst hinterlegt werden, nachdem das Übereinkommen in Kraft getreten ist.

[1]) *Mitglieder: Niederlande (BGBl 1982/131), Türkei (BGBl 1978/43)*

Artikel 21

Dieses Übereinkommen gilt für unbegrenzte Zeit. Jeder Vertragsstaat kann es jedoch jederzeit durch eine an den Schweizerischen Bundesrat gerichtete schriftliche Notifikation kündigen. Dieser setzt die anderen Vertragsstaaten und den Generalsekretär der Internationalen Kommission für das Zivilstandswesen davon in Kenntnis.

Dieses Kündigungsrecht kann erst nach Ablauf eines Jahres, gerechnet von der in Artikel 14 vorgesehenen Notifikation oder dem Beitritt, ausgeübt werden.

Die Kündigung wird sechs Monate nach dem Tage wirksam, an dem die in Absatz 1 vorgesehene Notifikation dem Schweizerischen Bundesrat zugegangen ist.

Zu Urkund dessen haben die unterzeichneten, hierzu gehörig bevollmächtigten Vertreter dieses Übereinkommen unterschrieben.

Geschehen zu Luxemburg, am 8. September 1967, in einer Urschrift, die im Schweizerischen Bundesarchiv hinterlegt wird; jedem Vertragsstaat und dem Generalsekretär der Internationalen Kommission für das Zivilstandswesen wird auf diplomatischem Weg eine beglaubigte Abschrift übermittelt.

Anhang

Für die zuständige Behörde, auf die in Artikel 6 dieses Übereinkommens Bezug genommen wird, ist:

Für die Bundesrepublik Deutschland:

die Minister (Senatoren) der Bundesländer gemäß Artikel 7 Paragraph 1 Absatz 2 des Familienrechtsänderungsgesetzes vom 11. August 1961, Bundesgesetzblatt I, S. 1221;

Für Österreich:
die Bezirksgerichte; *(BGBl III 2001/58)*

Für Belgien:
die Justizbehörde;

Für Frankreich:
der Präsident des „Tribunal de Grande Instance" (Gericht erster Instanz), das in Form von einstweiligen Verfügungen entscheidet;

Für Griechenland:
die Justizbehörde;

Für die Türkei:
das Ministerium für Justiz in Ankara.

Vorbehaltserklärung

In Anwendung von Artikel 18 dieses Übereinkommens erklärt die Regierung der Republik Österreich die in einem Vertragsstaat ergangenen Entscheidungen über die Auflösung einer Ehe nicht anzuerkennen, wenn die Ehegatten ausschließlich die Staatsangehörigkeit von Staaten haben, deren Rechtsordnung diese Auflösung nicht zuläßt.

4/4. Durchführungsgesetz

4/4. Bundesgesetz vom 30. Juni 1977 zur Durchführung des Übereinkommens vom 8. September 1967 über die Anerkennung von Entscheidungen in Ehesachen, BGBl 1978/44

Bundesgesetz vom 30. Juni 1977 zur Durchführung des Übereinkommens vom 8. September 1967 über die Anerkennung von Entscheidungen in Ehesachen

§ 1. (1) Ist im Sinn des Art. 10 des Übereinkommens vom 8. September 1967, BGBl. Nr. 43/1978, über die Anerkennung von Entscheidungen in Ehesachen bei einer ausländischen Behörde eines der Vertragsstaaten die Auflösung, die Trennung ohne Auflösung des Ehebandes, die Feststellung des Bestehens, des Nichtbestehens oder der Gültigkeit oder die Nichtigerklärung einer Ehe begehrt worden, so hat das Gericht auf Antrag oder von Amts wegen das Verfahren über jedes später bei ihm gestellte Begehren zu unterbrechen, das denselben Gegenstand betrifft und zwischen denselben Parteien in derselben Parteistellung erhoben worden ist.

(2) Im Unterbrechungsbeschluß hat das Gericht eine Unterbrechungsfrist von mindestens einem Jahr und höchstens zwei Jahren festzusetzen. Bei der Festsetzung der Frist ist auf die voraussichtliche Dauer des Verfahrens vor der ausländischen Behörde Bedacht zu nehmen. Nach Ablauf der Frist hat das Gericht das Verfahren auf Antrag aufzunehmen und über das gestellte Begehren selbst zu entscheiden, sofern bis dahin die ausländische Behörde nicht rechtskräftig entschieden hat.

(3) Sobald während des im Inland anhängigen Verfahrens die ausländische Behörde in der Sache rechtskräftig entschieden hat, ist das gesamte bisherige Verfahren, allenfalls nach Aufnahme des im Sinn des Abs. 1 unterbrochenen Verfahrens, aufzuheben und die Klage zurückzuweisen.

§ 2. Dieses Bundesgesetz tritt mit dem Tag in Kraft, mit dem das Übereinkommen vom 8. September 1967, BGBl. Nr. 43/1978, über die Anerkennung von Entscheidungen in Ehesachen für die Republik Österreich in Kraft tritt.[1])

[1]) *Am 10. 12. 1977.*

§ 3. Mit der Vollziehung dieses Bundesgesetzes ist der Bundesminister für Justiz betraut.

5. Personenstandsgesetz

5. **Personenstandsgesetz**, BGBl 1983/60 idF
1 BGBl 1987/162 **2** BGBl 1989/162 (KindRÄG) **3** BGBl 1991/350
4 BGBl 1995/25 (NamRÄG) **5** BGBl I 1999/91 **6** BGBl I 2000/135 (KindRÄG 2001)
7 BGBl I 2001/98

GLIEDERUNG

STICHWORTVERZEICHNIS

(Die Zahlenangaben beziehen sich auf die Paragraphen)

Bundesgesetz vom 19. Jänner 1983 über die Regelung der Personenstandsangelegenheiten einschließlich des Matrikenwesens (Personenstandsgesetz – PStG)

Erster Teil

Personenstandsverzeichnung

1. Abschnitt Personenstandsbücher

Zweck

§ 1. (1) Die Personenstandsbücher dienen der Beurkundung der Geburt, der Eheschließung und des Todes von Personen und ihres Personenstandes.

(2) Personenstand im Sinne dieses Bundesgesetzes ist die sich aus den Merkmalen des Familienrechts ergebende Stellung einer Person innerhalb der Rechtsordnung einschließlich ihres Namens.

Örtlichkeitsgrundsatz

§ 2. (1) Jeder im Inland eingetretene Personenstandsfall (Geburt, Eheschließung, Tod) ist in die Personenstandsbücher einzutragen (Örtlichkeitsgrundsatz).

(2) Ein im Ausland eingetretener Personenstandsfall ist auf Antrag einer Person, die ein rechtliches Interesse daran glaubhaft macht, in ein inländisches Personenstandsbuch einzutragen, wenn der Personenstandsfall betrifft

1. einen österreichischen Staatsbürger;

2. einen Staatenlosen oder eine Person ungeklärter Staatsangehörigkeit, wenn sie ihren gewöhnlichen Aufenthalt im Inland haben;

3. einen Flüchtling im Sinne der Konvention über die Rechtsstellung der Flüchtlinge, BGBl. Nr. 55/1955, und des Protokolls über die Rechtsstellung der Flüchtlinge, BGBl. Nr. 78/1974, wenn er seinen Wohnsitz, mangels eines solchen seinen gewöhnlichen Aufenthalt im Inland hat.

(3) Auf Geburten und Todesfälle, die sich auf einem zur Führung der Flagge der Republik Österreich berechtigten Seeschiff auf hoher See ereignen, ist Abs. 2 anzuwenden; die Einschränkung auf die in diesem Absatz angeführten Personen entfällt.

Arten der Personenstandsbücher

§ 3. Jede Personenstandsbehörde (§ 59 Abs. 2) hat ein Geburtenbuch (§§ 18 bis 23), ein Ehebuch (§§ 24 bis 26) und ein Sterbebuch (§§ 27, 28 und 30) zu führen. Überdies hat die Gemeinde Wien ein Buch für Todeserklärungen (§§ 29 und 30) zu führen.

Örtliche Zuständigkeit

§ 4. (1) Die örtliche Zuständigkeit richtet sich nach dem Ort der Geburt, der Eheschließung oder des Todes.

(2) Die in § 2 Abs. 2 und 3 angeführten Personenstandsfälle sind von der Gemeinde Wien einzutragen.

(3) Läßt sich der Ort der Geburt oder des Todes einer aufgefundenen Person nicht ermitteln, gilt als Geburtsort (Sterbeort) der Ort der Auffindung.

(4) Läßt sich der Ort der Geburt oder des Todes einer in einem Verkehrsmittel geborenen (gestorbenen) Person nicht ermitteln, gilt als Geburtsort (Sterbeort) der Ort, wo die Person aus dem Verkehrsmittel gebracht wird.

Anlegung und Aufbewahrung der Bücher und Akten

§ 5. (1) Die Personenstandsbücher sind nach Kalenderjahren anzulegen. Während eines Kalenderjahres ist unter fortlaufenden Nummern einzutragen.

(2) Die Personenstandsbücher sind so zu führen, daß die Benützung, Fortführung und Haltbarkeit der Eintragungen gewährleistet ist.

(3) Alle Schriftstücke, die die Grundlage der Eintragung und späterer Veränderungen (§ 8 Abs. 3) sowie der Ermittlung der Ehefähigkeit (§§ 42 bis 44) gebildet haben, sind gesondert nach Jahrgang und Nummer der Eintragung aufzubewahren (Sammelakt). Urkunden sind, soweit sie nicht nur für die Eintragung oder die Ermittlung der Ehefähigkeit ausgestellt wurden, den Personen, die sie vorgelegt haben, zurückzugeben.

(4) Die Personenstandsbücher und die Sammelakten sind dauernd so aufzubewahren, daß sie vor Beschädigung, Verlust oder Vernichtung gesichert sind. Die Aufbewahrung der Personenstandsbücher obliegt der Personenstandsbehörde. Die Sammelakten jedes Jahrganges sind bis zum Ablauf des dritten auf das Jahr der Anlegung folgenden Kalenderjahres von der Personenstandsbehörde aufzubewahren und sodann der Bezirksverwaltungsbehörde zur weiteren Aufbewahrung und Fortführung zu übermitteln. Sie können jedoch bei der Personenstandsbehörde verbleiben, wenn sie nicht in demselben Gebäude wie die Personenstandsbücher oder zwar in demselben Gebäude, aber in einem anderen gegen das Übergreifen von Bränden durch Brandwände, brandbeständige Decken und Brandschutztüren im Sinn der ÖNORMEN B 3800 „Brandverhalten von Baustoffen und Bauteilen" vom 1. März 1990 und B 3850 „Brandschutztüren" vom 1. Oktober 1986 geschützten Teil des Gebäudes aufbewahrt werden. *(Abs 4 neu gefaßt durch BGBl 1991/350, ab 1. 7. 1991)*

(5) Der Bundesminister für Inneres kann durch Verordnung bestimmen, unter welchen Voraussetzungen anstelle der Sammelakten Mikrofilme aufbewahrt werden können, die den Inhalt der Sammelakten wiedergeben; er hat dabei auf die zuverlässige dauerhafte Erhaltung, den leichten Zugang befugter Personen zu dem Akteninhalt und dessen Schutz vor dem Zugang nicht befugter Personen zu achten. *(BGBl 1991/350, ab 1. 7. 1991)*

Verlust der Bücher und Akten

§ 6. (1) Sind ein Personenstandsbuch oder ein Sammelakt in Verlust geraten, hat die Personenstandsbehörde ein neues Personenstandsbuch (einen neuen Sammelakt) anzulegen.

(2) Ist sowohl das Personenstandsbuch, in dem ein Personenstandsfall eingetragen war, als auch der dazugehörige Sammelakt in Verlust geraten, hat die örtlich zuständige Personenstandsbehörde (§ 4) den Fall auf Antrag oder von Amts wegen nach Feststellung des Sachverhaltes in das Personenstandsbuch einzutragen, das zur Zeit der Neueintragung geführt wird.

Automatisationsunterstützter Datenverkehr und Mikroverfilmung

§ 7. (1) Die in die Personenstandsbücher einzutragenden oder bereits eingetragenen Daten können automationsunterstützt ermittelt, verarbeitet und übermittelt werden. Auf die Datenträger ist § 5 Abs. 2 und 4 sinngemäß anzuwenden.

(2) Die Pflicht der Personenstandsbehörde zur Anlegung von Personenstandsbüchern (§ 5 Abs. 1) und zu deren dauernder Aufbewahrung (§ 5 Abs. 4) wird durch die Speicherung von Daten nach Abs. 1 nicht berührt.

(BGBl 1991/350, ab 1. 7. 1991)

2. Abschnitt

Eintragungen in die Personenstandsbücher

Arten der Eintragung

§ 8. (1) Eintragungen sind Beurkundungen (Haupteintragungen und Vermerke) oder Hinweise.

(2) Haupteintragungen sind Eintragungen über die Geburt, die Eheschließung und den Tod.

(3) Vermerke sind Eintragungen, durch die die Haupteintragung nach ihrem Abschluß (§ 12 Abs. 2) verändert (ergänzt, berichtigt oder geändert) wird.

(4) Hinweise stellen den Zusammenhang zwischen verschiedenen Eintragungen her, die dieselbe Person oder deren unmittelbare Vorfahren betreffen, und geben die Staatsangehörigkeit der in der Eintragung angeführten Personen an, soweit solche Angaben in diesem Bundesgesetz vorgesehen sind. Hinweise begründen keinen Beweis im Sinne des § 292 Abs. 1 ZPO.

Grundlage der Eintragung

§ 9. (1) Eintragungen sind auf Grund von Anzeigen, Anträgen, Erklärungen, Mitteilungen und von Amts wegen vorzunehmen.

(2) Vor der Eintragung ist der maßgebliche Sachverhalt von Amts wegen zu ermitteln. Hiezu sind Personenstandsurkunden und andere geeignete Urkunden heranzuziehen. Ist dies nicht möglich, so ist in der Eintragung darauf hinzuweisen.

(3) Personen, die Beweismittel besitzen oder Auskünfte erteilen können, die zur Eintragung benötigt werden, sind verpflichtet, nach Aufforderung diese Beweismittel vorzulegen oder die verlangten Auskünfte zu geben.

(4) Ist die Geburt oder der Tod einer Person nicht vom Leiter einer Krankenanstalt angezeigt worden, darf der Personenstandsfall nur eingetragen werden, wenn eine von einem Arzt oder einer Hebamme ausgestellte Geburtsbestätigung (eine ärztliche Todesbestätigung) vorliegt oder die Geburt (der Tod) auf Grund anderer Umstände nicht zweifelhaft ist. Zur Ausstellung der Geburtsbestätigung ist der Arzt oder die Hebamme, die bei oder nach der Geburt Beistand geleistet haben, zur Ausstellung der Todesbestätigung der Arzt, der die Totenbeschau vorgenommen hat, verpflichtet. Soweit der Arzt oder die Hebamme nicht selbst nach § 18 oder § 27 anzeigepflichtig sind, haben sie die Bestätigung dem Anzeigepflichtigen zu übergeben. Ist dieser dem Arzt oder der Hebamme nicht bekannt, haben sie die Bestätigung der Personenstandsbehörde zu übermitteln, die die Geburt oder den Tod einzutragen hat.

Nähere Angaben

§ 10. (1) Die Person und das Ereignis sind durch nähere Angaben eindeutig zu bestimmen.

(2) Die Person ist jedenfalls durch Familiennamen und Vornamen zu bestimmen. „Ein Doppelname nach § 93 Abs. 2 ABGB ist anzuführen, wenn eine Verpflichtung zu dessen Führung besteht; weiter ist anzuführen, welcher Bestandteil des Doppelnamens gemeinsamer Familienname ist.“ Akademische Grade, akademische Berufsbezeichnungen sowie Standesbezeichnungen sind dem Namen beizufügen, wenn ein solcher Anspruch nach inländischen Rechtsvorschriften besteht. *(BGBl 1995/25, ab 1. 5. 1995)*

(3) Das Ereignis ist durch die Angabe der Zeit und des Ortes zu bestimmen.

Personennamen

§ 11. (1) Personennamen sind aus der für die Eintragung herangezogenen Urkunde buchstaben- und zeichengetreu zu übernehmen. Sind in der Urkunde andere als lateinische Schriftzeichen verwendet worden, müssen die Regeln für die Transliteration beachtet werden.

(2) Zur Ermittlung des durch Abstammung erworbenen Familiennamens sind, soweit die Person, auf die sich die Eintragung bezieht, nicht anderes beantragt, nur die Urkunden der Person(en) heranzuziehen, von der (denen) der Familienname unmittelbar abgeleitet wird.

(3) Ist für den Familiennamen einer im § 2 Abs. 2 angeführten Person oder der Person(en), von der (denen) der Familienname abgeleitet wird, oder für den Vornamen einer im § 2 Abs. 2 angeführten Person eine vom rechtmäßigen Familiennamen (Vornamen) abweichende Schreibweise gebräuchlich geworden, ist auf ihren Antrag der Familienname (Vorname) in der gebräuchlich gewordenen Schreibweise einzutragen. Der Antrag bedarf der Zustimmung des Ehegatten, wenn dieser den gleichen Familiennamen führt und dem Personenkreis des § 2 Abs. 2 angehört.

(4) Auf Antrag einer im § 2 Abs. 2 angeführten Person ist in alle sie betreffende Eintragungen in den Personenstandsbüchern ein Vermerk (§ 13 Abs. 2) in sinngemäßer Anwendung des Abs. 3 einzutragen.

(5) Die Eintragung des Personennamens nach Abs. 3 und 4 ist für alle weiteren dieselbe Person betreffenden Eintragungen maßgebend; die nunmehrige Schreibweise des Familiennamens oder Vornamens ist auch in den früheren dieselbe Person betreffenden Eintragungen zu vermerken (§ 13 Abs. 2). Das gleiche gilt für die Schreibweise des Familiennamens des Ehegatten, der dem Antrag nach Abs. 3 und 4 zugestimmt hat, und des zur Zeit der Eintragung minderjährigen Kindes, das dem Personenkreis des § 2 Abs. 2 angehört, wenn es seinen Familiennamen vom Antragsteller ableitet.

Abschluß der Eintragung

§ 12. (1) Die Eintragung ist ohne unnötigen Aufschub vorzunehmen. Ist eine vollständige Eintragung innerhalb angemessener Frist nicht möglich, ist sie unvollständig durchzuführen.

(2) Beurkundungen sind durch die Unterschrift des Standesbeamten (§ 59 Abs. 2) abzuschließen.

Veränderung von Beurkundungen

§ 13. (1) Werden Eintragungen vor ihrem Abschluß (§ 12 Abs. 2) durch Zusätze und Streichungen verändert, sind diese als solche zu kennzeichnen.

(2) Nach Abschluß der Eintragung dürfen Beurkundungen nur unter den Voraussetzungen der §§ 14 bis 16 durch einen Vermerk verändert werden.

Ergänzung

§ 14. Die Personenstandsbehörde hat eine unvollständige Beurkundung zu ergänzen, sobald der vollständige Sachverhalt ermittelt worden ist.

Berichtigung

§ 15. (1) Eine Beurkundung ist zu berichtigen, wenn sie bereits zur Zeit der Eintragung unrichtig gewesen ist.

(2) Die Personenstandsbehörde hat selbst zu berichtigen

1. offenkundige Schreibfehler;

2. Angaben, die auf einer Eintragung in einem inländischen Personenstandsbuch beruhen, die berichtigt worden ist;

3. Angaben, deren Unrichtigkeit durch inländische Personenstandsurkunden nachgewiesen ist;

4. im Geburtenbuch die Angaben über den Wohnort, den Tag, den Ort und die Eintragung der Geburt der Eltern sowie über ihre Zugehörigkeit zu einer gesetzlich anerkannten Kirche oder Religionsgesellschaft;

5. im Ehebuch die Angaben über den Wohnort, den Tag, den Ort und die Eintragung der Geburt der Verlobten sowie über ihre Zugehörigkeit zu einer gesetzlich anerkannten Kirche oder Religionsgesellschaft; die Angaben über die Zeugen;

6. im Sterbebuch und im Buch für Todeserklärungen die Angaben über den letzten Wohnort, den Tag, den Ort und die Eintragung der Geburt des Verstorbenen sowie über seine Zugehörigkeit zu einer gesetzlich anerkannten Kirche oder Religionsgesellschaft; bei Totgeburten alle Angaben.

(3) Kann eine Beurkundung nicht nach Abs. 2 berichtigt werden, hat über die Berichtigung die Bezirksverwaltungsbehörde auf Antrag einer Partei (Abs. 7) oder von Amts wegen zu entscheiden.

(4) Die Personenstandsbehörde hat Zweifel an der Richtigkeit einer Beurkundung, die sie nicht selbst berichtigen kann, der Bezirksverwaltungsbehörde schriftlich mitzuteilen.

(5) Hat außer der Personenstandsbehörde niemand Parteistellung (Abs. 7), kann die Berichtigung ohne weiteres Verfahren angeordnet werden.

(6) Ebenso ist vorzugehen, wenn die Partei die Berichtigung selbst beantragt hat oder gegen die beabsichtigte Berichtigung keine Einwendungen erhebt. Die durchgeführte Berichtigung ist der Partei mitzuteilen.

(7) Parteien sind

1. die Person, auf die sich die Eintragung bezieht;

2. sonstige Personen, deren Personenstand durch die Eintragung berührt wird;

3. die Personenstandsbehörde, die die Berichtigung einzutragen hat.

Änderung

§ 16. Die Personenstandsbehörde hat eine Beurkundung zu ändern, wenn sie nach der Eintragung unrichtig geworden ist.

Veränderung von Hinweisen

§ 17. Die Personenstandsbehörde hat einen unvollständigen oder unrichtigen Hinweis zu ergänzen, zu berichtigen oder zu ändern.

3. Abschnitt

Geburtenbuch

Anzeige der Geburt

§ 18. (1) Die Anzeige der Geburt obliegt der Reihe nach

1. dem Leiter der Krankenanstalt, in der das Kind geboren worden ist;

2. dem Arzt oder der Hebamme, die bei der Geburt anwesend waren;

3. dem Vater oder der Mutter, wenn sie dazu innerhalb der Anzeigefrist (Abs. 2) imstande sind;

4. der Behörde oder der Dienststelle der Bundesgendarmerie, die Ermittlungen über die Geburt durchführt;

5. sonstigen Personen, die von der Geburt auf Grund eigener Wahrnehmung Kenntnis haben.

(2) Die Geburt ist der zuständigen Personenstandsbehörde (§ 4) innerhalb einer Woche anzuzeigen.

(3) Die Anzeige hat, soweit der Anzeigepflichtige dazu in der Lage ist, alle Angaben zu enthalten, die für Eintragungen in den Personenstandsbüchern benötigt werden.

(4) Kann die schriftliche Erklärung über die Vornamen des Kindes (§ 21 Abs. 1) zur Zeit der Anzeige nicht beigebracht werden, haben die zur Vornamensgebung berechtigten Personen die Anzeige innerhalb eines Monates nach der Geburt zu ergänzen.

Inhalt der Eintragung

§ 19. Im Geburtenbuch ist nur die Geburt lebend geborener Kinder zu beurkunden; einzutragen sind

1. der Familienname und die Vornamen des Kindes;

2. der Zeitpunkt und der Ort der Geburt des Kindes;

3. das Geschlecht des Kindes;

4. die Familiennamen und die Vornamen der Eltern, ihr Wohnort, der Tag, der Ort und die Eintragung ihrer Geburt sowie ihre Zugehörigkeit zu einer gesetzlich anerkannten Kirche oder Religionsgesellschaft, „gegebenenfalls Angaben nach § 10 Abs. 2 zweiter Satz“. *(BGBl 1995/25, ab 1. 5. 1995)*

Personen ungeklärter Herkunft

§ 20. (1) Kann die Personenstandsbehörde die Herkunft einer Person, die in ihrem Amtsbereich ihren gewöhnlichen Aufenthalt hat, nicht feststellen, hat sie das wahrscheinliche Alter und das Geschlecht der Person sowie die sonstigen Ergebnisse ihrer Ermittlungen dem Landeshauptmann mitzuteilen.

(2) Der Landeshauptmann hat der Personenstandsbehörde, sobald das Verfahren nach § 51 abgeschlossen ist, eine Anzeige zu erstatten, die zu enthalten hat

1. den Familiennamen und den Vornamen;

2. den Tag und den Ort der Geburt;

3. das Geschlecht.

(3) In der Anzeige nach Abs. 2 ist der Tag der Geburt anzugeben, der vom Landeshauptmann für den Zweck der Eintragung bestimmt wird. Als Ort der Geburt ist die Gemeinde anzuführen, in der die Personenstandsbehörde ihren Sitz hat.

Vornamensgebung

§ 21. (1) Vor der Eintragung der Vornamen des Kindes in das Geburtenbuch haben die dazu berechtigten Personen schriftlich zu erklären, welche Vornamen sie dem Kind gegeben haben. Sind die Vornamen von den Eltern einvernehmlich zu geben, genügt die Erklärung eines Elternteiles, wenn er darin versichert, daß der andere Elternteil damit einverstanden ist.

(2) Bei Kindern des im § 2 Abs. 2 genannten Personenkreises muß zumindest der erste Vorname dem Geschlecht des Kindes entsprechen; Bezeichnungen, die nicht als Vornamen gebräuchlich oder dem Wohl des Kindes abträglich sind, dürfen nicht eingetragen werden.

(3) Stimmen die Erklärungen mehrerer zur Vornamensgebung berechtigter Personen nicht überein, hat die Personenstandsbehörde vor der Eintragung der Vornamen das Pflegschaftsgericht zu verständigen. Das gleiche gilt, wenn keine Vornamen oder solche gegeben werden, die nach Ansicht der Personenstandsbehörde als dem Abs. 2 widersprechend nicht eingetragen werden können.

Vermerke

§ 22. (1) Ein Vermerk (§ 13 Abs. 2) ist einzutragen, wenn der Personenstand des Kindes mit allgemeinverbindlicher Wirkung festgestellt oder geändert worden ist. Das gleiche gilt, wenn der Familienname der Eltern oder eines Elternteiles mit allgemeinverbindlicher Wirkung festgestellt oder geändert worden ist und sich die Wirkung der Feststellung oder Änderung auf das Kind erstreckt.

(2) Aus der Eintragung müssen die Rechtswirkungen des Vorganges auf den Personenstand und, wenn notwendig, der Tag des Eintrittes der Rechtswirkungen hervorgehen.

(3) Änderungen des Familiennamens im Zusammenhang mit einer Ehe des Kindes werden nicht eingetragen.

(4) Änderungen hinsichtlich der Zugehörigkeit eines Elternteiles zu einer gesetzlich anerkannten Kirche oder Religionsgesellschaft sind auf Antrag dieses Elternteiles einzutragen.

Hinweise

§ 23. Als Hinweise sind einzutragen

1. die Eheschließung der Eltern;

2. die Staatsangehörigkeit des Kindes;

3. jede Eheschließung des Kindes;

4. der Tod des Kindes;

5. jede Änderung der Staatsangehörigkeit.

4. Abschnitt
Ehebuch

Inhalt der Eintragung

§ 24. (1) Die Eheschließung ist in Anwesenheit der Verlobten und der Zeugen zu beurkunden.

(2) In das Ehebuch sind einzutragen

1. die Familiennamen und die Vornamen der Verlobten, ihr Wohnort, der Tag, der Ort und die Eintragung ihrer Geburt sowie ihre Zugehörigkeit zu einer gesetzlich anerkannten Kirche oder Religionsgesellschaft;

2. die Erklärung der Verlobten über den Ehewillen;

3. der Ausspruch des Standesbeamten;

4. der Tag und der Ort der Eheschließung;

5. die Familiennamen und die Vornamen der Zeugen sowie ihr Wohnort;

6. Erklärungen der Verlobten über die Bestimmung des gemeinsamen Familiennamens oder die Weiterführung des bisherigen Familiennamens durch einen Ehegatten, über die Voran- und Nachstellung des bisherigen Familiennamens und über die Bestimmung des Familiennamens der aus der Ehe stammenden Kinder; *(BGBl 1995/25, ab 1. 5. 1995)*

7. die Angabe, welchen Familiennamen die Ehegatten zu führen haben, gegebenenfalls Angaben nach § 10 Abs. 2 zweiter Satz. *(BGBl 1995/25, ab 1. 5. 1995)*

(3) Die Eintragung ist von den Ehegatten, den Zeugen, einem allenfalls zugezogenen Dolmetscher und dem Standesbeamten zu unterschreiben.

Vermerke

§ 25. (1) Ein Vermerk (§ 13 Abs. 2) ist einzutragen, wenn der Personenstand eines (beider) Ehegatten mit allgemeinverbindlicher Wirkung festgestellt oder geändert worden oder wenn ein Vorgang eingetreten ist, der sich auf den Bestand der Ehe auswirkt.

(2) Nach Eintragung der Auflösung oder Nichtigkeit der Ehe ist ein weiterer Vermerk nur einzutragen

1. über einen namensrechtlichen Vorgang im Zusammenhang mit der Ehe, deren Auflösung oder Nichtigerklärung oder

2. über einen Vorgang, der auf die Zeit vor der Auflösung oder Nichtigerklärung der Ehe zurückwirkt.

(BGBl 1995/25, ab 1. 5. 1995)

(3) Änderungen hinsichtlich der Zugehörigkeit eines Ehegatten zu einer gesetzlich anerkannten Kirche oder Religionsgesellschaft sind auf Antrag dieses Ehegatten einzutragen.

Hinweise

§ 26. Als Hinweise sind einzutragen

1. die Staatsangehörigkeit der Verlobten;

2. die letzte frühere und die erste spätere Eheschließung des (der) Ehegatten;

3. jede Änderung der Staatsangehörigkeit der Ehegatten.

5. Abschnitt
Sterbebuch und Buch für Todeserklärungen

Anzeige des Todes

§ 27. (1) Die Anzeige des Todes obliegt der Reihe nach

1. dem Leiter der Krankenanstalt, in der die Person gestorben ist;

2. dem Ehegatten oder sonstigen Familienangehörigen;

3. dem letzten Unterkunftgeber;

4. dem Arzt, der die Totenbeschau vorgenommen hat;

5. der Behörde oder der Dienststelle der Bundesgendarmerie, die Ermittlungen über den Tod durchführt;

6. sonstigen Personen, die vom Tod auf Grund eigener Wahrnehmungen Kenntnis haben.

(2) Der Tod ist der zuständigen Personenstandsbehörde (§ 4) spätestens am folgenden Werktag anzuzeigen.

(3) Die Anzeige hat, soweit der Anzeigepflichtige dazu in der Lage ist, alle Angaben zu enthalten, die für Eintragungen in den Personenstandsbüchern benötigt werden.

(4) Ist der Tod in einer Krankenanstalt eingetreten, hat der Leiter dieser Anstalt, sonst der Arzt, der die Totenbeschau vorgenommen hat, der Personenstandsbehörde die Todesursache ausschließlich zur Übermittlung an das Österreichische Statistische Zentralamt[1]) bekanntzugeben.

---

[1]) *Jetzt: Bundesanstalt „Statistik Österreich".*

Inhalt der Eintragung im Sterbebuch

§ 28. (1) In das Sterbebuch sind einzutragen

1. der Familienname, die Vornamen und das Geschlecht des Verstorbenen, sein letzter Wohnort, der Tag, der Ort und die Eintragung seiner Geburt sowie seine Zugehörigkeit zu einer gesetzlich anerkannten Kirche oder Religionsgesellschaft, „gegebenenfalls Angaben nach § 10 Abs. 2 zweiter Satz"; *(BGBl 1995/25, ab 1. 5. 1995)*

2. der Zeitpunkt und der Ort des Todes.

(2) Wurde ein Kind tot geboren, sind das Geschlecht, die allenfalls von den Eltern vorgesehenen und bekanntgegebenen Vornamen, der Tag und der Ort der Geburt des Kindes sowie der Familienname, die Vornamen und der Wohnort der Eltern einzutragen. *(BGBl I 1999/91, ab 1. 9. 1999)*

Inhalt der Eintragungen im Buch für Todeserklärungen

§ 29. (1) Das Gericht hat der Gemeinde Wien jede Entscheidung über den Beweis des Todes oder die Todeserklärung anzuzeigen.

(2) In das Buch für Todeserklärungen sind einzutragen

1. der Familienname, die Vornamen und das Geschlecht, der letzte Wohnort, der Tag, der Ort und die Eintragung der Geburt sowie die Zugehörigkeit zu einer gesetzlich anerkannten Kirche oder Religionsgesellschaft, „gegebenenfalls Angaben nach § 10 Abs. 2 zweiter Satz"; *(BGBl 1995/25, ab 1. 5. 1995)*

2. der (mutmaßliche) Tag des Todes;

3. das Gericht sowie der Tag und das Aktenzeichen der Entscheidung.

§ 30. Als Hinweise sind in das Sterbebuch und in das Buch für Todeserklärungen einzutragen

1. die letzte Eheschließung, wenn der Verstorbene zur Zeit des Todes verheiratet war;

2. die Staatsangehörigkeit.

6. Abschnitt
Personenstandsurkunden und Abschriften

Personenstandsurkunden

§ 31. (1) Personenstandsurkunden sind Auszüge aus den Personenstandsbüchern, die den wesentlichen Inhalt der Eintragung wiedergeben.

(2) Die Personenstandsbehörden haben auszustellen

1. Geburtsurkunden;

2. Heiratsurkunden;

3. Sterbeurkunden.

(3) Hinweise (§ 8 Abs. 4) sind nicht in die Personenstandsurkunden einzutragen.

Berücksichtigung von Veränderungen

§ 32. (1) Ist eine Eintragung berichtigt worden, sind in der Urkunde nur die sich aus der Berichtigung ergebenden Tatsachen anzuführen.

(2) Das gleiche gilt, wenn sich aus der Eintragung ergibt, daß der Personenstand einer Person, die in der Urkunde anzuführen ist, mit allgemeinverbindlicher Wirkung festgestellt worden ist, oder daß sich der Personenstand einer solchen Person oder ihre Zugehörigkeit zu einer gesetzlich anerkannten Kirche oder Religionsgesellschaft geändert hat.

(3) Sonstige Tatsachen, die sich aus einem Vermerk ergeben, sind nur in den Fällen des § 34 Abs. 1 Z 3 anzuführen.

Geburtsurkunde

§ 33. (1) Die Geburtsurkunde hat die in § 19 vorgesehenen Angaben mit Ausnahme jener über den Tag, den Ort und die Eintragung der Geburt der Eltern zu enthalten.

(2) Als Familienname des Kindes ist dessen Geschlechtsname anzuführen.

(3) Ist ein Kind an Kindes Statt angenommen worden, sind als Eltern nur die Wahleltern anzuführen. Ist es von einem Wahlvater (einer Wahlmutter) allein angenommen worden, ist die leibliche Mutter (der leibliche Vater) dann anzuführen, wenn die familienrechtlichen Beziehungen zwischen ihr (ihm) und dem Kind nach § 182 Abs. 2 ABGB aufrechtgeblieben sind.

(4) Auf Antrag ist eine Geburtsurkunde auszustellen, die nur die Angaben nach § 19 Z 1 bis 3 enthält.

Heiratsurkunde

§ 34. (1) Die Heiratsurkunde hat zu enthalten

1. die Familiennamen und die Vornamen der Ehegatten, ihre Familiennamen vor der Eheschließung, ihren Wohnort, den Tag, den Ort und die Eintragung ihrer Geburt sowie die Zugehörigkeit zu einer gesetzlich anerkannten Kirche oder Religionsgesellschaft;

2. den Tag und den Ort der Eheschließung;

3. an der für Vermerke vorgesehenen Stelle

a) Angaben nach § 10 Abs. 2 zweiter Satz,

b) die Bestimmung des Familiennamens der aus der Ehe stammenden Kinder,

c) die Auflösung oder Nichtigerklärung der Ehe,

d) namensrechtliche Vorgänge im Zusammenhang mit der Ehe, deren Auflösung oder Nichtigerklärung.

(BGBl 1995/25, ab 1. 5. 1995)

(2) Bei der Angabe der Familiennamen vor der Eheschließung sind Änderungen, die nach der Eheschließung eingetreten sind, nicht zu berücksichtigen; das gilt nicht für Änderungen, die auf die Zeit vor der Eheschließung zurückwirken.

Urkunden über Todesfälle

§ 35. (1) Die Sterbeurkunde hat die in § 28 Abs. 1 vorgesehenen Angaben zu enthalten. Für totgeborene Kinder wird eine eigene Urkunde ausgestellt; sie hat die Angaben gemäß § 28 Abs. 2 zu enthalten.

(2) Für Personen, deren Tod im Buch für Todeserklärungen eingetragen ist, wird nur eine Abschrift der Eintragung ausgestellt.

(BGBl I 1999/91, ab 1. 9. 1999)

Abschriften

§ 36. Abschriften aus den Personenstandsbüchern haben, soweit dem nicht das Gesetz über die Bereinigung von Schriftstücken wegen Aufhebung von aus sogenannten rassischen Gründen erlassenen Vorschriften (Schriftstücke-Bereinigungsgesetz), BGBl. Nr. 3/1946, entgegensteht, den vollen Wortlaut der Eintragung wiederzugeben. Die Übereinstimmung mit der Eintragung ist zu beglaubigen.

7. Abschnitt

Übermittlung von Daten aus den Personenstandsbüchern

Einsicht und Ausstellung von Urkunden

§ 37. (1) Das Recht auf Einsicht in die Personenstandsbücher und die zu diesen gehörigen Sammelakten sowie auf Ausstellung von Personenstandsurkunden und Abschriften steht nur zu

1. Personen, auf die sich die Eintragung bezieht, sowie sonstigen[1]) Personen, deren Personenstand durch die Eintragung berührt wird;

2. Personen, die ein rechtliches Interesse daran glaubhaft machen, soweit kein überwiegendes schutzwürdiges Interesse der Personen, auf die sich die Eintragung bezieht, entgegensteht;

3. Behörden und Körperschaften des öffentlichen Rechtes im Rahmen der Vollziehung der Gesetze.

(2) Die sich aus Abs. 1 Z 1 und 2 ergebenden Rechte sind im Fall des § 259 des Gesetzes über das gerichtliche Verfahren in Rechtsangelegenheiten außer Streitsachen, RGBl. Nr. 208/1854, oder einer sonstigen Inkognitoadoption auf die Wahleltern und das ehemündige

Wahlkind beschränkt. Diese Beschränkung ist in der Eintragung im Geburtenbuch und im Ehebuch zu vermerken.

(3) Kann ein rechtliches Interesse (Abs. 1 Z 2) nur hinsichtlich bestimmter Daten glaubhaft gemacht werden, dürfen nur diese Daten übermittelt werden.

(4) Die Personenstandsbehörde hat auf Antrag wöchentliche Verzeichnisse der beurkundeten Personenstandsfälle zu übermitteln. Geburten dürfen in die Verzeichnisse nur mit ausdrücklicher schriftlicher Zustimmung des gesetzlichen Vertreters des Kindes, Eheschließungen mit der beider Ehegatten aufgenommen werden. Die Angaben in den Verzeichnissen sind auf den Tag und den Ort des Ereignisses sowie auf den Familiennamen, die Vornamen und die Wohngemeinde zu beschränken.

---

[1]) *im BGBl „sonstige"*

Mitteilungen

§ **38.** (1) Personenstandsbehörden haben Vorgänge, deren Kenntnis für andere Verwaltungsbehörden oder für Gerichte zur Wahrnehmung der ihnen gesetzlich übertragenen Aufgaben eine wesentliche Voraussetzung bildet, diesen Behörden schriftlich mitzuteilen. Die Mitteilungspflicht gegenüber dem Österreichischen Statistischen Zentralamt[1]) schließt die Daten ein, die der Personenstandsbehörde auf Grund des „Hebammengesetzes BGBl. Nr. 310/1994 (HebG)" und des § 27 Abs. 4 dieses Bundesgesetzes ausschließlich zur Übermittlung an dieses Amt bekanntgegeben werden. *(BGBl 1995/25, ab 1. 5. 1995)*

(2) Verwaltungsbehörden und Gerichte haben Vorgänge, die von der Personenstandsbehörde als Ergänzung oder Änderung der Haupteintragung oder als Hinweis einzutragen sind, der für die Eintragung zuständigen Personenstandsbehörde schriftlich mitzuteilen.

(3) Verwaltungsbehörden und Gerichte haben Zweifel an der Richtigkeit einer Personenstandsurkunde oder einer Eintragung in einem Personenstandsbuch der für die Eintragung zuständigen Personenstandsbehörde schriftlich mitzuteilen.

---

[1]) *Jetzt: Bundesanstalt „Statistik Österreich".*

8. Abschnitt

Altmatrikeln

Aufbewahrung und Fortführung

§ **39.** (1) Die von den gesetzlich anerkannten Kirchen und Religionsgesellschaften im staatlichen Auftrag vor dem 1. August 1938 zur Beurkundung der Eheschließungen und die vor dem 1. Jänner 1939 zur Beurkundung der Geburten und Todesfälle geführten Personenstandsbücher sowie alle von den Verwaltungsbehörden vor dem 1. Jänner 1939 geführten Personenstandsbücher (Altmatrikeln) sind von den gesetzlich anerkannten Kirchen und Religionsgesellschaften sowie den Verwaltungsbehörden, bei denen sie sich am Tag des Inkrafttretens dieses Bundesgesetzes befinden, aufzubewahren und fortzuführen.

(2) Die Aufbewahrung und Fortführung der vor dem 1. August 1938 (1. Jänner 1939) geführten Militär-Matrikeln (Heeres-Matrikeln) obliegt dem Österreichischen Staatsarchiv.

Ausstellung von Urkunden

§ **40.** (1) Die Verwahrer der Altmatrikeln (§ 39) haben auf Grund der Eintragungen in diesen Altmatrikeln Personenstandsurkunden und Abschriften auszustellen. Für die Personenstandsurkunden sind die von den Personenstandsbehörden zu verwendenden Vordrucke zu benützen.

(2) Die nach Abs. 1 ausgestellten Personenstandsurkunden und Abschriften aus den Altmatrikeln haben die gleiche Beweiskraft wie die von den Personenstandsbehörden ausgestellten Personenstandsurkunden und Abschriften aus den Personenstandsbüchern.

(3) Die Organe der gesetzlich anerkannten Kirchen und Religionsgesellschaften können für die Ausstellung von Personenstandsurkunden und Abschriften aus den Altmatrikeln sowie für die Einsichtgewährung in die Altmatrikeln Gebühren in der Höhe der Bundesverwaltungsabgaben verlangen, die von den Personenstandsbehörden für gleichartige Amtshandlungen eingehoben werden. Diese Gebühren können auf Grund eines Rückstandsausweises der gesetzlich anerkannten Kirchen und Religionsgesellschaften im Verwaltungsweg eingebracht werden, wenn die Vollstreckbarkeit von der Bezirksverwaltungsbehörde bestätigt wird.

Anwendung der allgemeinen Vorschriften

§ **41.** (1) Die Abschnitte 1 bis 7, der Dritte und der Fünfte Teil dieses Bundesgesetzes sind, soweit in den folgenden Absätzen nicht anderes bestimmt wird, auf die Aufbewahrung, Fortführung und Erneuerung der Altmatrikeln, die Einsicht in diese, auf die Ausstellung von Personenstandsurkunden und Abschriften aus den Altmatrikeln, auf die Fortführung der Zweitbücher und die Mitteilungspflichten sinngemäß anzuwenden.

(2) Ein Personenstandsfall ist auch dann von der Personenstandsbehörde nach § 6 Abs. 2 einzutragen, wenn er ursprünglich in einer Altmatrik eingetragen war.

(3) Eintragungen in Altmatrikeln, die sich auf verstorbene Personen beziehen, sind nur dann zu verändern (§ 8 Abs. 3), wenn dies zur Geltendmachung von Rechten einer lebenden Person erforderlich ist.

(4) Einschränkungen des Rechtes auf Einsicht und Ausstellung von Urkunden, die sich

aus § 37 ergeben, gelten nach Ablauf einer Frist von hundert Jahren seit der Eintragung als aufgehoben, sofern die Eintragung nicht eine lebende Person betrifft.

(5) Vermerke (§ 13 Abs. 2) sind, soweit in den Altmatrikeln eine Spalte für Anmerkungen vorgesehen ist, an dieser Stelle einzutragen.

(6) Werden die im Abs. 1 angeführten Aufgaben von gesetzlich anerkannten Kirchen und Religionsgesellschaften besorgt, so obliegt der Bezirksverwaltungsbehörde, in deren Amtsbereich die Altmatrikeln geführt werden,

1. die Anordnung der Eintragung von Vermerken (§ 13 Abs. 2) auf Grund von Entscheidungen ausländischer Behörden;

2. die Entscheidung über Begehren, über die bei Besorgung dieser Aufgaben durch eine Verwaltungsbehörde ein Bescheid zu erlassen wäre.

(7) Die Ergänzung, Berichtigung und Änderung der Eintragungen in den von einer Bezirksverwaltungsbehörde (vom Österreichischen Staatsarchiv) fortgeführten Altmatrikeln obliegt dieser (diesem).

(8) Gegen Bescheide, die das Österreichische Staatsarchiv in Besorgung der ihm durch dieses Bundesgesetz übertragenen Aufgaben erläßt, steht ein ordentliches Rechtsmittel nicht zu.

Zweiter Teil
Aufgaben der Personenstandsbehörden auf dem Gebiet des Eherechts

Ermittlung der Ehefähigkeit

§ 42. Die Personenstandsbehörde hat vor der Eheschließung die Ehefähigkeit der Verlobten auf Grund der vorgelegten Urkunden in einer mündlichen Verhandlung zu ermitteln; hierüber ist eine Niederschrift aufzunehmen.

Erklärungen und Nachweise

§ 43. (1) Die Verlobten haben die Erklärungen abzugeben und die Urkunden vorzulegen, die für die Beurteilung der Ehefähigkeit und für Eintragungen in den Personenstandsbüchern benötigt werden.

(2) Von der Vorlage von Urkunden kann abgesehen werden, wenn die Verlobten glaubhaft machen, daß sie die Urkunden nicht oder nur mit erheblichen Schwierigkeiten beschaffen können, und wenn die Ehefähigkeit und die für Eintragungen notwendigen Angaben auf andere Weise ermittelt werden können.

Mündliche Verhandlung

§ 44. (1) Bei der mündlichen Verhandlung müssen beide Verlobte anwesend sein.

(2) Kann einem Verlobten das Erscheinen zur mündlichen Verhandlung nicht zugemutet und die Ehefähigkeit der Verlobten auch in seiner Abwesenheit ermittelt werden, ist die mündliche Verhandlung ohne ihn durchzuführen.

(3) Treffen die Voraussetzungen des Abs. 2 auf beide Verlobte zu, hat die mündliche Verhandlung zu entfallen.

(4) In den Fällen der Abs. 2 und 3 hat der betreffende Verlobte die für die Ermittlung der Ehefähigkeit und für Eintragungen in den Personenstandsbüchern erforderlichen Erklärungen schriftlich abzugeben.

Ehefähigkeitszeugnis

§ 45. (1) Die Personenstandsbehörde hat einer im § 2 Abs. 2 angeführten Person auf Antrag ein Ehefähigkeitszeugnis auszustellen. Vorher ist die Ehefähigkeit des Antragstellers in gleicher Weise wie für das Eingehen einer Ehe im Inland zu ermitteln.

(2) Im Ehefähigkeitszeugnis ist zu bescheinigen, daß die darin angeführten Verlobten die Ehe schließen können. Das Zeugnis gilt für sechs Monate, gerechnet vom Tag der Ausstellung.

Zuständigkeit

§ 46. (1) Die Ermittlung der Ehefähigkeit (§§ 42 bis 44) und die Ausstellung des Ehefähigkeitszeugnisses (§ 45) obliegt der Personenstandsbehörde, in deren Amtsbereich einer der Verlobten seinen Wohnsitz oder Aufenthalt hat. Hat keiner der Verlobten seinen Wohnsitz oder Aufenthalt im Inland, ist die Personenstandsbehörde zuständig, in deren Amtsbereich einer der Verlobten seinen letzten Wohnsitz im Inland hatte. Ergibt sich auch danach keine Zuständigkeit, ist die Gemeinde Wien zuständig.

(2) Die Ehe kann vor jeder Personenstandsbehörde geschlossen werden.

(3) Teilen die Verlobten im Ermittlungsverfahren mit, daß sie die Ehe vor einer anderen Personenstandsbehörde schließen wollen, sind die Unterlagen nach Durchführung der Ermittlungen dieser Behörde abzutreten.

(4) Die Beurteilung der Ehefähigkeit obliegt in den Fällen des Abs. 3 der Personenstandsbehörde, vor der die Ehe geschlossen werden soll.

Trauung

§ 47. (1) Die Personenstandsbehörde hat die Trauung in einer Form und an einem Ort vorzunehmen, die der Bedeutung der Ehe entsprechen.

(2) Der Standesbeamte hat die Verlobten in Gegenwart von zwei Zeugen einzeln und nacheinander zu fragen, ob sie die Ehe miteinander eingehen wollen, und nach Bejahung der Frage auszusprechen, daß sie rechtmäßig verbundene Eheleute sind.

Dritter Teil

Sonstige Bestimmungen

Sprache und Schrift

§ 48. Die Eintragung in die Personenstandsbücher und die Ausstellung von Urkunden hat in deutscher Sprache unter Verwendung lateinischer Schriftzeichen und arabischer Ziffern zu erfolgen. Bestimmungen in zwischenstaatlichen Übereinkommen über die Ausstellung mehrsprachiger Urkunden und die Bestimmungen des Bundesgesetzes über die Rechtsstellung von Volksgruppen in Österreich (Volksgruppengesetz), BGBl. Nr. 396/1976, bleiben unberührt.

Frühere Familiennamen

§ 49. In den Vordrucken nach § 58 Z 7 mit Ausnahme der nach lit. c kann vorgesehen werden, daß außer den Familiennamen der Eltern des Kindes, der Verlobten und des Verstorbenen auch frühere Familiennamen dieser Personen, besonders ihre Geschlechtsnamen, anzuführen sind.

Rechtsauskunft des Landeshauptmannes

§ 50. (1) Die Personenstandsbehörde hat in einem Fall mit Auslandsberührung vor der Beurkundung (§ 8 Abs. 2 und 3) eine Rechtsauskunft des Landeshauptmannes einzuholen. Das kann unterbleiben, wenn über die zu beurteilende Rechtsfrage kein Zweifel besteht oder wenn die damit verbundene Verzögerung wichtige Interessen der Person, auf die sich die Eintragung bezieht, beeinträchtigen würde.

(2) Eine Rechtsauskunft des Landeshauptmannes ist auch einzuholen, wenn sich in dem der Eheschließung oder der Ausstellung des Ehefähigkeitszeugnisses vorausgehenden Ermittlungsverfahren Zweifel an der Ehefähigkeit der Verlobten ergeben.

Namensfestsetzung

§ 51. (1) Kann die Herkunft und der Name einer Person nicht ermittelt werden, hat der Landeshauptmann einen gebräuchlichen Familiennamen und Vornamen festzusetzen.

(2) Das gleiche gilt für den Familiennamen, wenn eine im § 2 Abs. 2 angeführte Person bekannter Herkunft keinen Familiennamen hat oder dieser nicht ermittelt werden kann. Ist die Person unter einem Namen bekannt, ist dieser auf Antrag als Familienname festzusetzen.

(3) Zuständig ist der Landeshauptmann, in dessen Amtsbereich die Person ihren gewöhnlichen Aufenthalt hat. Hat sie keinen gewöhnlichen Aufenthalt im Inland, ist der Landeshauptmann von Wien zuständig.

(4) Der Landeshauptmann hat die Festsetzung nach Abs. 1 und 2 zu widerrufen, sobald die Herkunft oder der Name (Abs. 1) oder der Familienname (Abs. 2) der Person ermittelt worden ist.

Form der Urkunden

§ 52. (1) Die Personenstandsbehörde hat die von ihr ausgestellten Urkunden mit ihrer Bezeichnung, dem Tag der Ausstellung, der Unterschrift des Standesbeamten und dem Amtssiegel zu versehen.

(2) Die Urkunden sind auf Verlangen von der Bezirksverwaltungsbehörde und dem Landeshauptmann zu beglaubigen. Rechtsvorschriften über allfällige weitere Beglaubigungen bleiben unberührt.

Befugnis zur Beurkundung und Beglaubigung

§ 53. (1) Der Standesbeamte hat zu beurkunden und zu beglaubigen

1. die Erklärung über die Anerkennung der Vaterschaft und damit im Zusammenhang stehende Erklärungen; *(BGBl I 2000/135, ab 1. 7. 2001)*

2. die Einwilligung des gesetzlichen Vertreters und der Erziehungsberechtigten zur Eheschließung einer Person, die nicht voll geschäftsfähig ist;

3. die Erklärungen der Verlobten über die Bestimmung ihres nach der Eheschließung zu führenden gemeinsamen Familiennamens oder die Weiterführung des bisherigen Familiennamens durch einen Ehegatten und über die Voran- und Nachstellung des bisherigen Familiennamens;

4. die Erklärungen der Verlobten über die Bestimmung des Familiennamens der aus der Ehe stammenden Kinder;

5. die Erklärung, durch die ein Ehegatte, dessen Ehe aufgelöst ist, einen früheren Familiennamen wieder annimmt;

6. Erklärungen, die für den Eintritt namensrechtlicher Wirkungen bei einem Kind oder Ehegatten in bestimmten Fällen erforderlich sind;

7. sonstige Erklärungen, die für die vollständige Eintragung eines Personenstandsfalles erforderlich sind.

(BGBl 1995/25, ab 1. 5. 1995)

(2) Die österreichischen Vertretungsbehörden im Ausland haben die im Abs. 1 Z 1 „angeführten Erklärungen", wenn der Anerkennende oder das Kind eine im § 2 Abs. 2 angeführte Person ist, zu beurkunden und zu beglaubigen, die im Abs. 1 Z 2 bis 6 angeführten Erklärungen zu beglaubigen. *(BGBl I 2000/135, ab 1. 7. 2001)*

(3) In anderen Rechtsvorschriften eingeräumte Befugnisse der Gerichte, Verwaltungsbehörden und Notare zur Beurkundung und Beglaubigung der im Abs. 1 Z 1 bis 6 angeführten Erklärungen bleiben unberührt.

(BGBl 1989/162)

Entgegennahme von Erklärungen

§ 54. (1) Werden die im § 53 Abs. 1 Z 1 und 3 bis 6 angeführten Erklärungen nicht vor dem zuständigen Standesbeamten abgegeben, so sind sie diesem in öffentlicher oder öffentlich beglaubigter Urkunde zu übermitteln. *(BGBl 1995/25, ab 1. 5. 1995)*

(2) Zuständig ist

1. für die im § 53 Abs. 1 Z 1 „angeführten Erklärungen" die Personenstandsbehörde, in deren Geburtenbuch die Geburt des Kindes eingetragen ist; *(BGBl I 2000/135, ab 1. 7. 2001)*

2. für die im § 53 Abs. 1 Z 3 angeführten Erklärungen die Personenstandsbehörde, in deren Ehebuch die Ehe eingetragen ist;

3. für die im § 53 Abs. 1 Z 4 angeführten Erklärungen die Personenstandsbehörde, in deren Ehebuch die Ehe eingetragen ist;

4. für die im § 53 Abs. 1 Z 5 angeführte Erklärung die Personenstandsbehörde, in deren Ehebuch die Ehe eingetragen ist;

5. für die im § 53 Abs. 1 Z 6 angeführten Erklärungen

a) eines legitimierten oder an Kindes Statt angenommenen Kindes sowie dessen Nachkommen die Personenstandsbehörde, in deren Geburtenbuch die Geburt des Kindes beziehungsweise des Nachkommen des Kindes eingetragen ist;

b) eines Ehegatten eines legitimierten oder an Kindes Statt angenommenen Kindes oder dessen Nachkommen die Personenstandsbehörde, in deren Ehebuch die Eheschließung eingetragen ist;

6. falls die Geburt oder die Ehe nicht in einem inländischen Geburtenbuch bzw. Ehebuch eingetragen ist, die Gemeinde Wien.

(BGBl 1995/25, ab 1. 5. 1995)

(3) Die Übermittlung obliegt, sofern nicht anderes angeordnet ist, der Person, die die Erklärung abgibt. Die Personenstandsbehörden und die österreichischen Vertretungsbehörden im Ausland haben Ausfertigungen der von ihnen beurkundeten oder ihnen hiefür übergebene beglaubigte Erklärungen nach § 53 Abs. 1 Z 1 der nach „Abs. 2 Z 1 beziehungsweise 6" zuständigen Personenstandsbehörde zu übermitteln. *(BGBl 1995/25, ab 1. 5. 1995)*

(4) Die nach Abs. 2 zur Entgegennahme einer Erklärung nach § 53 Abs. 1 Z 1 zuständige Personenstandsbehörde hat die Widerspruchsberechtigten vom Anerkenntnis zu verständigen und auf ihr Widerspruchsrecht hinzuweisen.

(5) Die nach Abs. 2 Z 5 zur Entgegennahme einer Erklärung nach § 53 Abs. 1 Z 6 zuständige Personenstandsbehörde hat die Zustimmungsberechtigten von der Legitimation oder Annahme an Kindes Statt zu verständigen und auf ihr Zustimmungsrecht hinzuweisen. *(BGBl 1995/25, ab 1. 5. 1995)*

(BGBl 1989/162)

Bestätigungen

§ 55. Die Personenstandsbehörde hat auf Verlangen Bestätigungen auszustellen, wenn ein rechtliches Interesse daran glaubhaft gemacht wird und sich der zu bestätigende Sachverhalt aus den der Personenstandsbehörde zur Verfügung stehenden Unterlagen ergibt.

Echtheit von Unterschriften

§ 56. Schriftliche Anbringen bedürfen, soweit für sie nicht besondere Formerfordernisse nach diesem Bundesgesetz oder nach anderen Rechtsvorschriften bestehen, keiner Beglaubigung der Unterschrift. Hat der Standesbeamte jedoch Zweifel an der Echtheit der Unterschrift und erfordert die Wichtigkeit der Anzeige oder des sonstigen Anbringens eine Klärung, kann er eine Beglaubigung der Unterschrift verlangen, wenn der Zweifel nicht anders behoben werden kann.

Strafen

§ 57. (1) Eine Verwaltungsübertretung begeht, wenn die Tat nicht den Tatbestand einer in die Zuständigkeit der Gerichte fallenden strafbaren Handlung bildet,

1. wer einer Pflicht nach den §§ 9 Abs. 3 und 4, 18 und 27 nicht nachkommt oder in einer Anzeige, einem Antrag, einer Erklärung oder Auskunft einer Verwaltungsbehörde, die mit der Vollziehung dieses Bundesgesetzes betraut ist, vorsätzlich unwahre oder unvollständige Angaben macht,

2. wer eine Personenstandsurkunde (§ 31) oder eine Abschrift (§ 36) gegenüber einer Verwaltungsbehörde zum Beweis seines derzeitigen Personenstandes verwendet, obwohl ihm bekannt ist oder bekannt sein müßte, daß die Urkunde bereits zur Zeit ihrer Ausstellung unrichtig war oder nach ihrer Ausstellung unrichtig geworden ist.

(2) Eine Verwaltungsübertretung nach Abs. 1 ist mit Geldstrafe bis „218 Euro", eine solche nach Abs. 1 Z 2 auch mit dem Verfall der Urkunde zu bestrafen. *(BGBl I 2001/98, ab 1. 1. 2002)*

(3) Bezieht sich die Urkunde unmittelbar auf den Täter, ist der Verfall auch dann zu verfügen, wenn sie nicht in dessen Eigentum steht.

(BGBl 1991/350, ab 1. 7. 1991)

Durchführungsverordnung

§ 58. Der Bundesminister für Inneres hat in einer Verordnung besonders die folgenden Regelungen dieses Bundesgesetzes näher auszuführen:

1. die Anlegung der Personenstandsbücher und der Sammelakten sowie deren Aufbewahrung, das Verfahren bei Verlust der Personenstandsbücher und der Sammelakten (§§ 5 und 6);

2. die Eintragungen in die Personenstandsbücher (§§ 8 bis 17);

3. die Ausstellung von Personenstandsurkunden (§§ 31 bis 35);

4. die Mitteilungspflichten (§ 38 Abs. 1 und 2);

5. das Verfahren zur Ermittlung der Ehefähigkeit (§§ 42 bis 44);

6. die Ausstellung von Ehefähigkeitszeugnissen (§ 45);

7. die Form und den Inhalt der zu verwendenden Vordrucke für

a) die Personenstandsbücher (§§ 19, 23, 24, 26, 28 bis 30),

b) die Geburts- und Todesanzeigen (§§ 18 Abs. 3, 19, 23, 27 Abs. 3, 28 und 30),

c) die Personenstandsurkunden (§§ 31 bis 35),

d) die Abschriften aus Personenstandsbüchern (§ 36),

e) die Niederschriften (Erklärungen) zur Ermittlung der Ehefähigkeit (§§ 42 und 44 Abs. 4).

Vierter Teil
Behörden

Aufgaben der Gemeinde

§ 59. (1) Die in diesem Bundesgesetz geregelten Personenstandsangelegenheiten einschließlich des Matrikenwesens sind, soweit in diesem Bundesgesetz nicht anderes bestimmt wird, von den Gemeinden im übertragenen Wirkungsbereich zu besorgen.

(2) Unter „Personenstandsbehörde" ist die Personenstandsbehörde erster Instanz, unter „Standesbeamter" das Organ der Gemeinde oder des Gemeindeverbandes (§ 60 Abs. 1) zu verstehen, das die Aufgaben nach Abs. 1 besorgt, oder der von dem Organ dazu herangezogene Organwalter (Abs. 3).

(3) Das Organ der Gemeinde (des Gemeindeverbandes) hat sich bei Besorgung der Aufgaben nach Abs. 1 eines Gemeindebediensteten, der die für die Besorgung dieser Aufgaben notwendigen Fachkenntnisse besitzt und die nach landesgesetzlichen Vorschriften erforderlichen Dienstprüfungen abgelegt hat, zu bedienen, wenn es nicht selbst fachkundig und geprüft ist.

Standesamtsverbände

§ 60. (1) Gemeinden können zur Besorgung der ihnen nach § 59 übertragenen Aufgaben durch Verordnung des Landeshauptmannes zu einem Gemeindeverband (Standesamtsverband) vereinigt werden, wenn dadurch eine bessere Führung der Verwaltungsgeschäfte gewährleistet ist. Vor der Erlassung der Verordnung sind die beteiligten Gemeinden anzuhören.

(2) Die Verordnung hat jedenfalls zu bestimmen

1. die verbandsangehörigen Gemeinden;

2. die Bezeichnung des Standesamtsverbandes unter Hinweis auf seinen Sitz;

3. den Sitz des Standesamtsverbandes.

(3) Werden Gemeinden, die nicht demselben Verwaltungsbezirk angehören, zu einem Standesamtsverband vereinigt, ist in der Verordnung zu bestimmen, welcher Bezirksverwaltungsbehörde die Aufgaben nach diesem Bundesgesetz obliegen.

(4) Als Tag des Inkrafttretens der Verordnung ist der Beginn eines Kalenderjahres festzulegen.

(5) Dem Standesamtsverband obliegt die Fortführung der bis zum Inkrafttreten der Verordnung von den Gemeinden geführten Personenstandsbücher.

§§ 61. und 62. *(aufgehoben, BGBl 1987/162)*

Auflösung und Umbildung

§ 63. (1) Der Landeshauptmann kann durch Verordnung die Auflösung eines Standesamtsverbandes oder die Aufnahme (das Ausscheiden) einer Gemeinde in einen (aus einem) Standesamtsverband anordnen, wenn dadurch eine bessere Führung der Verwaltungsgeschäfte gewährleistet ist.

(2) In der Verordnung ist die Fortführung der vom früheren Standesamtsverband geführten Personenstandsbücher zu regeln. Dabei ist auf die Grundsätze der Sparsamkeit, Wirtschaftlichkeit und Zweckmäßigkeit Bedacht zu nehmen. *(BGBl 1991/350, ab 1. 7. 1991)*

Deckung des Aufwandes

§ 64. Die Gemeinden (Standesamtsverbände) haben den Aufwand zu tragen, der ihnen aus der Besorgung der Aufgaben nach § 59 erwächst. Ihnen fließen die in Besorgung dieser Aufgaben einzuhebenden Verwaltungsabgaben zu.

(2) *(aufgehoben, BGBl 1987/162)*

(3) *(aufgehoben, BGBl 1987/162)*

Teilung von Gemeinden

§ 64a. Werden Gemeinden in mehrere Gemeinden geteilt, hat der Landeshauptmann durch Verordnung die Fortführung der von den früheren Gemeinden geführten Personenstandsbücher zu regeln; § 63 Abs. 2 zweiter Satz ist anzuwenden.

(BGBl 1991/350, ab 1. 7. 1991)

Amtshilfe

§ 65. Die Organe der Standesamtsverbände sind zur gegenseitigen Hilfeleistung bei Besorgung der sich aus diesem Bundesgesetz ergebenden Aufgaben verpflichtet. Das gleiche gilt für die Organe des Bundes, der Länder und der Gemeinden und die Organe der Standesamtsverbände.

Überprüfung durch die übergeordnete Behörde

§ 66. Die Bezirksverwaltungsbehörde und der Landeshauptmann haben durch regelmäßige Überprüfung besonders die ordnungsgemäße Führung und Fortführung der Personenstandsbücher und Sammelakten sicherzustellen.

Rechtszug

§ 67. Gegen Bescheide, die der Landeshauptmann als erste Instanz erläßt, steht ein ordentliches Rechtsmittel nicht zu.

Fünfter Teil

Übergangs- und Schlußbestimmungen

§ 68. (1) Die nach dem Personenstandsgesetz vom 3. November 1937, deutsches RGBl. I S. 1146, in der bis zum Inkrafttreten dieses Bundesgesetzes geltenden Fassung geführten Personenstandsbücher (Erstbücher) sind Personenstandsbücher im Sinne dieses Bundesgesetzes.

(2) Die Bezirksverwaltungsbehörde hat die ihr von der Personenstandsbehörde übermittelten Zweitbücher fortzuführen und unter sinngemäßer Anwendung des § 5 Abs. 4 erster Satz und Abs. 5 dauernd aufzubewahren. *(BGBl 1991/350, ab 1. 7. 1991)*

(3) Ist ein Erstbuch (Zweitbuch) in Verlust geraten, hat die Personenstandsbehörde ein neues Erstbuch (Zweitbuch) anzulegen.

(4) Ist sowohl das Erstbuch als auch das Zweitbuch, in denen ein Personenstandsfall eingetragen war, in Verlust geraten, hat die örtlich zuständige Personenstandsbehörde (§ 4) den Fall auf Antrag oder von Amts wegen nach Feststellung des Sachverhaltes in das Personenstandsbuch einzutragen, das zur Zeit der Neueintragung geführt wird.

§ 69. (1) Die §§ 31 bis 37, 48, 49, 52 und 55 sind auf die Ausstellung von Personenstandsurkunden und Abschriften aus den im § 68 Abs. 1 angeführten Personenstandsbüchern anzuwenden.

(2) Für die Ausstellung von Personenstandsurkunden sind die in der Durchführungsverordnung (§ 58) vorgesehenen Vordrucke zu verwenden. Enthält die Eintragung nicht alle nach diesen Vordrucken notwendigen Angaben, ist sie durch einen Vermerk (§ 13 Abs. 2) zu ergänzen, soweit dies ohne größeren Verwaltungsaufwand möglich ist.

(3) Für die Ausstellung von Abschriften ist, soweit sie nicht durch Ablichtung der Eintragung erfolgt, Abs. 2 sinngemäß anzuwenden.

§ 70. (1) Die nach dem Personenstandsgesetz vom 3. November 1937 für mehrere Gemeinden gebildeten Standesamtsbezirke sind Standesamtsverbände im Sinne dieses Bundesgesetzes; „der § 60 Abs. 3, die §§ 63 und 64 Abs. 1 sowie die §§ 65 und 66 sind auf sie anzuwenden.“ *(BGBl 1991/350, ab 1. 7. 1991)*

(2) Obmann des Standesamtsverbandes ist bis zu einer gegebenenfalls nach § 61 Abs. 2 zweiter Satz notwendigen Wahl der Bürgermeister der Gemeinde, die bis zum Inkrafttreten dieses Bundesgesetzes die Aufgaben des Standesamtsbezirkes besorgt hat.

§ 71. Das Bundesministerium für Inneres hat nach Inkrafttreten dieses Bundesgesetzes dem Österreichischen Staatsarchiv neben den Militär-Matrikeln (Heeres-Matriken) alle anderen von ihm verwahrten Militärevidenzen zu übergeben.

§ 72. Auf Grund einer vor dem 1. Mai 1995 erfolgten Geburt oder geschlossenen Ehe erworbene Rechte und entstandene Pflichten zum Gebrauch eines Namens bleiben unberührt.

(BGBl 1995/25)

§ 72a. (1) Auf Grund einer Erklärung in öffentlicher oder öffentlich beglaubigter Urkunde einer Person, die zur Führung eines Doppelnamens nach § 93 Abs. 2 ABGB in der vor dem 1. Mai 1995 geltenden Fassung berechtigt ist, ist im Ehebuch ein Vermerk (§§ 13 Abs. 2, 25 PStG) über die Führung des Doppelnamens einzutragen. In der Erklärung kann die Anwendung des § 93 Abs. 3 ABGB in der vor dem 1. Mai 1995 geltenden Fassung begehrt oder ausgeschlossen werden. Mit der Eintragung ist der Ehegatte zur Führung dieses Doppelnamens verpflichtet. Dies ist in der Heiratsurkunde an der für Vermerke vorgesehenen Stelle anzuführen.

(2) Abs. 1 gilt auch dann, wenn die Ehe bereits aufgelöst ist.

(3) Die Abs. 1 und 2 gelten für die Voranstellung des bisherigen Familiennamens nach § 93 Abs. 2 ABGB entsprechend.

(4) Personen, die auf Grund einer vor dem 1. Mai 1995 geschlossenen Ehe den Familiennamen des anderen Ehegatten als gemeinsamen Familiennamen zu führen haben, können erklären, ihren früheren Familiennamen wieder anzunehmen. Der Abs. 1 gilt für diese Wiederannahme des früheren Familiennamens entsprechend.

(BGBl 1995/25)

§ 72b. § 93a ABGB in der ab dem 1. Mai 1995 geltenden Fassung gilt für die Wiederannahme des Geschlechtsnamens entsprechend.

(BGBl 1995/25)

§ 72c. In amtlichen Lichtbildausweisen, die ab dem 1. Mai 1995 ausgestellt werden, ist bei Führung eines Doppelnamens nach § 93 Abs. 2 ABGB in der vor und ab dem 1. Mai 1995 geltenden Fassung anzuführen, welcher Bestandteil des Doppelnamens gemeinsamer Familienname ist. Ist die betreffende Person zur Führung eines Doppelnamens verpflichtet, so ist auch dies anzuführen.

(BGBl 1995/25)

§ 72d. (1) Die §§ 162a bis 162c ABGB in der ab dem 1. Mai 1995 geltenden Fassung sind anzuwenden, wenn die Legitimation nach diesem Zeitpunkt eingetreten ist.

(2) Der § 183 ABGB in der ab dem 1. Mai 1995 geltenden Fassung ist anzuwenden, wenn die Annahme nach diesem Zeitpunkt wirksam (§ 179a ABGB) wird.

(BGBl 1995/25)

§ 72e. § 72a tritt mit Ablauf des 30. April 2007 außer Kraft.

(BGBl 1995/25)

§ 73. (1) Mit dem Inkrafttreten dieses Bundesgesetzes verlieren alle Rechtsvorschriften, die Gegenstände betreffen, die in diesem Bundesgesetz geregelt sind, ihre Wirksamkeit. Dazu gehören besonders nachstehende Rechtsvorschriften, soweit sie bis zum Inkrafttreten dieses Bundesgesetzes noch in Geltung gestanden sind:

1. Patent vom 20. Feber 1784, vollst. chronol. Slg. Jos. II, Bd. 4 Nr. 113, betreffend Führung von Matriken (Geburts- und Taufbücher, Trauungsbücher und Sterbebücher),

2. Hofkanzleidekret vom 25. Juli 1811, Zl. 10.716, betreffend nachträgliche Ergänzung beschädigter und Erneuerung verlorener Pfarrbücher,

3. Hofkanzleidekret vom 5. Jänner 1815, Kropatschek-Goutta, Bd. 10, Nr. 5, betreffend die Führung der Pfarrbücher der griechisch-katholischen Pfarre „Zur heiligen Barbara" in Wien,

4. Hofkanzleidekret vom 5. April 1844, JGS Nr. 799, betreffend nachträgliche Eintragungen (Änderungen oder Richtigstellungen) in Matriken,

5. Gesetz vom 10. Juli 1868, RGBl. Nr. 12/1869, betreffend die Beweiskraft der Geburts-, Trauungs- und Sterbematrikeln der Israeliten,

6. Gesetz vom 9. April 1870, RGBl. Nr. 51, über die Ehen von Personen, welche keiner gesetzlich anerkannten Kirche oder Religionsgesellschaft angehören, und über die Führung der Geburts-, Ehe- und Sterberegister für dieselben,

7. Verordnung vom 20. Oktober 1870, RGBl. Nr. 128, betreffend die innere Einrichtung und Führung der Geburts-, Ehe- und Sterberegister für Personen, welche keiner gesetzlich anerkannten Kirche oder Religionsgesellschaft angehören,

8. Verordnung vom 8. November 1877, RGBl. Nr. 100, betreffend die innere Einrichtung und Führung der Geburts-, Ehe- und Sterberegister für Mitglieder der altkatholischen Kirche,

9. die im Land Burgenland in Geltung stehenden Bestimmungen der ungarischen Gesetzesartikel XXXIII ex 1894 und XXXVI ex 1904,

10. Personenstandsgesetz vom 3. November 1937, deutsches RGBl. I S. 1146, zuletzt geändert durch das Bundesgesetz BGBl. Nr. 331/1976,

11. Erste Verordnung zur Ausführung des Personenstandsgesetzes vom 19. Mai 1938, deutsches RGBl. I S. 533, zuletzt geändert durch das Bundesgesetz BGBl. Nr. 331/1976,

12. Zweite Verordnung über die Einführung des deutschen Personenstandsrechts im Lande Österreich vom 23. Dezember 1938, deutsches RGBl. I S. 1919, zuletzt geändert durch das Bundesgesetz BGBl. Nr. 331/1976,

13. Dritte Verordnung zur Ausführung des Personenstandsgesetzes vom 4. November 1939, deutsches RGBl. I S. 2163, in der Fassung der Bekanntmachung vom 17. Oktober 1942, deutsches RGBl. I S. 597, zuletzt geändert durch das Gesetz StGBl. Nr. 31/1945,

14. Vierte Verordnung zur Ausführung und Ergänzung des Personenstandsgesetzes vom 27. September 1944, deutsches RGBl. I S. 219, zuletzt geändert durch das Gesetz StGBl. Nr. 31/1945,

15. Bundesgesetz vom 22. Jänner 1969, BGBl. Nr. 64/1969, über die Berichtigung von abgeschlossenen Eintragungen in den Personenstandsbüchern.

(2) Die in anderen Rechtsvorschriften enthaltenen Bestimmungen über Anzeigepflichten an die Personenstandsbehörde sowie die vor Inkrafttreten dieses Bundesgesetzes kundgemachten zwischenstaatlichen Übereinkommen in Angelegenheiten des Personenstandswesens werden durch dieses Bundesgesetz nicht berührt.

§ 74. (1) Dieses Bundesgesetz tritt mit 1. Jänner 1984, die Aufhebung der §§ 61, 62 und 64 Abs. 2 und 3 durch das Bundesgesetz BGBl. Nr. 162/1987 mit dem Ablauf des 31. Dezember 1986, die §§ 53, 54 und 75 Z 1 und 2 in der Fassung des Bundesgesetzes BGBl.

Nr. 162/1989 mit 1. Juli 1989, der § 5 Abs. 4 und 5, die §§ 7, 57 und 63 Abs. 2, die §§ 64a und 68 Abs. 2, der § 70 Abs. 1 und der § 74a in der Fassung des Bundesgesetzes BGBl. Nr. 350/1991 mit 1. Juli 1991 in Kraft. *(BGBl 1991/350)*

(2) Auf Grund dieses Bundesgesetzes können ab dem Tag der Kundmachung der dafür jeweils maßgebenden Bestimmung Verordnungen erlassen worden; sie treten frühestens ab dem Tag des Inkrafttretens dieser Bestimmung in Kraft. *(BGBl I 1999/91, ab 1. 9. 1999)*

(3) §§ 28 Abs. 2, 35 und 74 Abs. 2 in der Fassung des Bundesgesetzes BGBl. I Nr. 91/1999 treten mit 1. September 1999 in Kraft. *(BGBl I 1999/91)*

(4) § 53 Abs. 1 Z 1 und Abs. 2 sowie § 54 Abs. 2 Z 1 in der Fassung des KindRÄG 2001, BGBl. I Nr. 135/2000, treten mit 1. Juli 2001 in Kraft. *(BGBl I 2000/135)*

(5) § 57 Abs. 2 in der Fassung des Bundesgesetzes BGBl. I Nr. 98/2001 tritt mit 1. Jänner 2002 in Kraft. *(BGBl I 2001/98)*

§ 74a. Sammelakten, die zu Personenstandsbüchern der Kalenderjahre 1984 bis 1988 gehören und die sich noch bei der Personenstandsbehörde befinden, sind bis spätestens 31. Dezember 1992 der Bezirksverwaltungsbehörde zu übermitteln, sofern sie nicht nach § 5 Abs. 4 letzter Satz bei der Personenstandsbehörde verbleiben können.

(BGBl 1991/350)

§ 75. Mit der Vollziehung dieses Bundesgesetzes sind betraut

1. hinsichtlich der §§ 1, 21, 29, 38, 42 bis 47, 50, 53 Abs. 1 und 3 sowie 54 und 72 bis 72b und 72d der Bundesminister für Inneres im Einvernehmen mit dem Bundesminister für Justiz, *(BGBl 1995/25, ab 1. 5. 1995)*

2. hinsichtlich des § 53 Abs. 2 der Bundesminister für auswärtige Angelegenheiten im Einvernehmen mit dem Bundesminister für Inneres und dem Bundesminister für Justiz, *(BGBl 1989/162)*

3. hinsichtlich der §§ 39 Abs. 2 und 72 Abs. 1 und 3 der Bundeskanzler,

4. hinsichtlich des § 72c der in seinem Wirkungsbereich jeweils betroffene Bundesminister, *(BGBl 1995/25, ab 1. 5. 1995)*

5. hinsichtlich aller übrigen Bestimmungen der Bundesminister für Inneres.

5/1. Personenstandsverordnung

5/1. Personenstandsverordnung, BGBl 1983/629 idF

1 BGBl 1986/193 **2** BGBl 1989/305 **3** BGBl 1994/1071
4 BGBl 1995/336 **5** BGBl 1996/782 **6** BGBl II 1999/410
7 BGBl II 2001/338

Verordnung des Bundesministers für Inneres vom 14. November 1983 zur Durchführung des Personenstandsgesetzes (Personenstandsverordnung – PStV)

Auf Grund des Personenstandsgesetzes, BGBl. Nr. 60/1983, wird verordnet:

Zu § 1 Abs. 2

§ 1. Zu den Merkmalen im Sinn dieser Bestimmung gehören besonders die Abstammung, die Legitimation, die Wahlkind(eltern)-schaft, das Bestehen oder Nichtbestehen einer Ehe, das Geschlecht, der Familienname und die Vornamen.

Zu § 2 Abs. 2

§ 2. Ein rechtliches Interesse liegt jedenfalls vor, wenn der Personenstandsfall im Ausland überhaupt nicht oder nicht in gleicher Weise wie bei Eintragung des Falles im Inland beurkundet worden ist; weiter, wenn eine Personenstandsurkunde aus dem Ausland nicht oder nur unverhältnismäßig schwer beschafft werden kann oder wenn die ausländische Urkunde wesentlichen für inländische Personenstandsurkunden geltenden Grundsätzen widerspricht.

Zu § 5 Abs. 2

§ 3. Für die Anlegung der Personenstandsbücher sind Vordrucke im Format DIN A 4 nach den Anlagen 3 (Geburtenbuch), 7 (Ehebuch), 10 (Sterbebuch) und 12 (Buch für Todeserklärungen) zu verwenden.

Zu § 9

§ 4. Wird auf Grund einer schriftlichen Anzeige eingetragen, so hat der Standesbeamte die Angaben zu überprüfen und nötigenfalls zu ergänzen. Eine mündliche Anzeige ist vom Standesbeamten, nachdem er sich von der Persönlichkeit des Erschienenen überzeugt hat, auf Grund dessen Angaben aufzunehmen und vom Anzeigenden unterschreiben zu lassen.

§ 5. (1) Ist auf Grund einer fremdsprachigen Urkunde einzutragen, so hat die Partei (§ 15 Abs. 7 Z 1 und 2 des Gesetzes) eine von einem allgemein beeideten gerichtlichen Dolmetscher oder Übersetzer angefertigte Übersetzung vorzulegen. Trifft die Vorlagepflicht nicht eine Partei, so hat die Personenstandsbehörde die Übersetzung selbst anfertigen zu lassen. Die im Volksgruppengesetz, BGBl. Nr. 396/1976, und den dazu ergangenen Durchführungsbestimmungen enthaltenen besonderen Regelungen für die Übersetzung von in der Sprache der Volksgruppe abgefaßten Urkunden bleiben unberührt.

(2) Ist die fremdsprachige Urkunde in lateinischer oder in der früher gebräuchlichen deutschen Schrift abgefaßt, so kann auf eine Übersetzung verzichtet werden, wenn die für die Eintragung maßgebenden Daten auch ohne Übersetzung verständlich sind oder wenn der Standesbeamte die fremde Sprache hinreichend beherrscht.

(3) Wird auf Grund einer Urkunde eingetragen, die Personen- oder Ortsnamen in lateinischer oder in der früher gebräuchlichen deutschen Schrift enthält, so müssen die Namen buchstaben- und zeichengetreu wiedergegeben werden. Entspricht einem früheren deutschen Schriftzeichen kein lateinisches, so ist eine Transliteration vorzunehmen.

(4) Wird auf Grund einer Urkunde eingetragen, die Personen- oder Ortsnamen in fremder Schrift enthält, so müssen die Namen so weit wie möglich durch Transliteration wiedergegeben werden.

(5) Bei der Transliteration sind folgende von der Internationalen Normenorganisation (ISO) empfohlene Normen einzuhalten:

1. ISO/R 9 (zyrillisch – lateinisch)
2. ISO/R 233 (arabisch – lateinisch)
3. ISO/R 259 (hebräisch – lateinisch)
4. ISO/R 843 (griechisch – lateinisch)

Zu § 10 Abs. 2

§ 6. (1) Jeder von einer anerkannten in- oder ausländischen postsekundären Bildungseinrichtung verliehene akademische Grad ist in der abgekürzten Form, die aus der Verleihungsurkunde hervorgeht, einzutragen (§ 67 des Universitäts-Studiengesetzes – UniStG, BGBl. I Nr. 48/1997, in der geltenden Fassung). Ist in der Verleihungsurkunde keine abgekürzte Form enthalten, so hat die Eintragung in geeigneter abgekürzter Form zu erfolgen.

(2) Die von österreichischen Universitäten verliehenen Diplom-, Magister- und Doktorgrade (§ 4 Z 7, 7b und 11 UniStG) sowie die akademischen Grade auf Grund von Fachhoch-

schul-Studiengängen (§ 5 des Fachhochschul-Studiengesetzes – FHStG, BGBl. Nr. 340/1993, in der geltenden Fassung) sind vor dem Namen, die in Österreich verliehenen Bakkalaureats- und Master-Grade (§ 4 Z 7a und 19 UniStG) nach dem Namen einzutragen. Ausländische akademische Grade sind je nach Regelung bzw. Praxis im Herkunftsstaat vor oder nach dem Namen einzutragen.

(3) Wenn ein ausländischer akademischer Grad in Österreich nostrifiziert (§§ 70 bis 73 UniStG; § 6 Z 2 FHStG) oder auf Grund eines bilateralen Abkommens voll gleich gestellt wurde, ist ausschließlich der im entsprechenden Bescheid genannte österreichische akademische Grad einzutragen (vgl. § 72 Abs. 1 UniStG).

(4) Vor dem Familiennamen einzutragen sind auch die vom Bundesminister für wirtschaftliche Angelegenheiten oder vom Bundesminister für Land- und Forstwirtschaft verliehenen Standesbezeichnungen „Ingenieur" bzw. „Ingenieurin", „Diplom-HTL-Ingenieur" bzw. „Diplom-HTL-Ingenieurin" und „Diplom-HLFL-Ingenieur" bzw. „Diplom-HLFL-Ingenieurin" (Ingenieurgesetz 1990, BGBl. Nr. 461, zuletzt geändert durch die Kundmachung BGBl. I Nr. 116/1997).

(5) Für die Eintragung eines akademischen Grades oder einer Standesbezeichnung im Geburtenbuch (Eltern des Kindes) und im Sterbebuch sowie im Buch für Todeserklärungen genügt die Vorlage einer inländischen Personenstandsurkunde, in der der akademische Grad oder die Standesbezeichnung eingetragen worden ist.

(BGBl II 1999/410, ab 28. 10. 1999)

Zu § 11 Abs. 3 und 4

§ 7. (1) Dem Antrag nach § 11 Abs. 3 und 4 des Gesetzes sind anzuschließen:

1. Nachweise über die Zugehörigkeit zum Personenkreis des § 2 Abs. 2 des Gesetzes;

2. Nachweise darüber, daß eine vom rechtmäßigen Familiennamen oder Vornamen abweichende Schreibweise gebräuchlich geworden ist;

3. gegebenfalls die Zustimmungserklärung des anderen Ehegatten.

(2) Als Nachweise nach Abs. 1 Z 2 kommen alle Urkunden inländischer Behörden in Betracht, bei denen der Name nicht völlig untergeordnete Bedeutung hat; das sind Staatsbürgerschaftsnachweise, Reisepässe, Heimatscheine, Schulzeugnisse u.dgl.

(3) Der Namensträger ist vor Erledigung seines Antrags davon in Kenntnis zu setzen, daß die beantragte Schreibweise in Hinkunft für alle weiteren Eintragungen maßgebend sein wird, die ihn, gegebenenfalls auch seinen Ehegatten und die zur Zeit der Erledigung seines Antrags minderjährigen Kinder betreffen.

Zu § 15

§ 8. (1) Die betroffene Partei (§ 15 Abs. 7 Z 1 und 2 des Gesetzes) ist von der beabsichtigten Berichtigung nach § 15 Abs. 2 des Gesetzes und von den ihr zur Verfügung stehenden rechtlichen Möglichkeiten in Kenntnis zu setzen.

(2) Der Bescheid nach § 15 Abs. 3 des Gesetzes hat den Wortlaut der Berichtigung zu enthalten. Die Berichtigung darf erst nach Rechtskraft des Bescheides vorgenommen werden.

(3) Die Anordnung der Bezirksverwaltungsbehörde nach § 15 Abs. 5 oder 6 des Gesetzes hat den Wortlaut der Berichtigung zu enthalten.

Zu §§ 18 bis 21

§ 9. (1) Für die Anzeige der Geburt ist der Vordruck nach Anlage 1 und 1a dieser Verordnung zu verwenden.

(2) Bei der Anzeige der Geburt hat der Anzeigepflichtige, wenn er dazu in der Lage ist, vorzulegen:

1. die Heiratsurkunde der Eltern des ehelichen oder die Geburtsurkunde (gegebenenfalls auch die Heiratsurkunde) der Mutter des unehelichen Kindes; gegebenenfalls den Nachweis der Auflösung oder Nichtigerklärung der Ehe;

2. den Nachweis der Staatsangehörigkeit der Eltern (der Mutter);

3. den Nachweis des „Hauptwohnsitzes" der Eltern (der Mutter); *(BGBl 1986/193 und BGBl 1995/336, ab 18. 5. 1995)*

4. die Erklärung über die Vornamensgebung;

5. den Nachweis über eine Bestimmung des Familiennamens der aus der Ehe stammenden Kinder; *(BGBl 1995/336, ab 18. 5. 1995)*

6. die Geburtsbestätigung, wenn die Geburt nicht vom Leiter einer Krankenanstalt angezeigt worden ist.

(3) Der Standesbeamte hat weitere Urkunden zu verlangen, wenn die im Abs. 2 angeführten Urkunden zur ordnungsgemäßen Beurkundung der Geburt nicht ausreichen.

(4) Werden fehlende Urkunden nicht innerhalb angemessener Frist nachgereicht, so hat die Personenstandsbehörde die Eltern oder andere in Betracht kommende Personen zur Vorlage der Urkunden aufzufordern.

(5) Können die erforderlichen Urkunden weder vom Anzeigepflichtigen noch von den Eltern beigebracht werden, so hat die Personenstandsbehörde die Urkunden, soweit ihr dies möglich ist, selbst zu beschaffen.

§ 10. Das Geschlecht des Kindes ist auf Grund der Anzeige der Krankenanstalt oder der

Geburtsbestätigung (§ 9 Abs. 4 des Gesetzes) einzutragen.

Zu §§ 27 und 28

§ 11. (1) Für die Anzeige des Todes ist der Vordruck nach Anlage 9 und 9a dieser Verordnung, für die Anzeige der Geburt eines totgeborenen Kindes der Vordruck nach Anlage 2 und 2a dieser Verordnung zu verwenden.

(2) Bei der Anzeige des Todes hat der Anzeigepflichtige, wenn er dazu in der Lage ist, vorzulegen:

1. die Geburtsurkunde;

2. die Heiratsurkunde über die letzte Eheschließung; gegebenenfalls den Nachweis der Auflösung der Ehe;

3. den Nachweis der Staatsangehörigkeit;

4. den Nachweis des letzten „Hauptwohnsitzes“; *(BGBl 1986/193 und BGBl 1995/336, ab 18. 5. 1995)*

5. die Todesbestätigung, wenn der Tod nicht vom Leiter einer Krankenanstalt angezeigt worden ist.

(3) Bei der Anzeige einer Totgeburt hat der Anzeigepflichtige, wenn er dazu in der Lage ist, vorzulegen:

1. die Heiratsurkunde der Eltern des ehelichen oder die Geburtsurkunde, allenfalls auch die Heiratsurkunde der Mutter des unehelichen Kindes; gegebenenfalls den Nachweis der Auflösung oder Nichtigerklärung der Ehe; *(BGBl 1995/336, ab 18. 5. 1995)*

2. den Nachweis des „Hauptwohnsitzes“ der Eltern (der Mutter); *(BGBl 1986/193 und BGBl 1995/336, ab 18. 5. 1995)*

3. die Geburtsbestätigung und die Todesbestätigung, wenn die Totgeburt nicht vom Leiter einer Krankenanstalt angezeigt worden ist.

(4) Für den Fall, daß die nach Abs. 2, gegebenenfalls Abs. 3 verlangten Urkunden zur ordnungsgemäßen Beurkundung des Todes nicht ausreichen, gilt § 9 Abs. 4 und 5 dieser Verordnung sinngemäß für die nächsten Angehörigen des Verstorbenen anstelle der Eltern des Kindes.

§ 12. (1) Die Familiennamen, die Vornamen und der Wohnort der Eltern eines totgeborenen Kindes sind in das Feld „Sonstige Angaben“ einzutragen.

(2) Im Feld „Zeitpunkt und Ort des Todes“ ist der Tag der Totgeburt mit „totgeboren am: (Tag, Monat, Jahr und Uhrzeit)“ und der Ort mit der genauen Ortsbezeichnung anzugeben; das Feld „Tag und Ort der Geburt“ ist nicht auszufüllen. *(BGBl II 2001/338, ab 12. 9. 2001)*

Zu §§ 33 bis 36

§ 13. (1) Für die Ausstellung von Personenstandsurkunden und Abschriften sind Vordrucke im Format DIN A 4 nach den Anlagen 3 (Geburtenbuch), 4 und 4a (Geburtsurkunde), 5 (Geburtsurkunde gemäß § 33 Abs. 4 des Gesetzes), 7 (Ehebuch), 8 und 8a (Heiratsurkunde), 10 (Sterbebuch), 11 und 11a (Sterbeurkunde) sowie 12 (Buch für Todeserklärungen) zu verwenden. Für die Ausstellung von Personenstandsurkunden nach den Anlagen 5 und 11 kann auch das Format DIN A 4 $^{2}/_{3}$ oder DIN A 5 benützt werden.

(2) Die sich aus zwischenstaatlichen Übereinkommen ergebende Pflicht zur Verwendung darin vorgesehener Vordrucke wird durch Abs. 1 nicht berührt.

(3) Besteht das Recht auf Ausstellung einer Urkunde über den Tod einer Person, ist eine Abschrift aus dem Sterbebuch auszustellen, wenn nicht ausdrücklich eine Sterbeurkunde (Anlage 11 oder 11a) verlangt wird. Dem Antragsteller ist ein Merkblatt gemäß Anlage 10a auszuhändigen, sofern für die Abschrift aus dem Sterbebuch nicht ein Vordruck verwendet wird, dessen Vorderseite der Anlage 10 und dessen Rückseite der Anlage 10a entspricht. *(BGBl 1989/305)*

§ 14. Die Personenstandsbehörde hat für die Geburtsurkunde und die Heiratsurkunde Vordrucke zu verwenden, die kein Feld für die Angabe der Religionszugehörigkeit enthalten, wenn nach der Eintragung im Geburtenbuch (Ehebuch) zur Zeit der Ausstellung kein Elternteil (kein Ehegatte) einer gesetzlich anerkannten Kirche oder Religionsgesellschaft angehört (Anlagen 4a und 8a). Das gleiche gilt für die Sterbeurkunde, wenn der Verstorbene nach der Eintragung im Sterbebuch zur Zeit des Todes keiner gesetzlich anerkannten Kirche oder Religionsgesellschaft angehört hat (Anlage 11a).

Zu § 37

§ 15. Personen, deren Personenstand durch die Eintragung berührt wird (§ 37 Abs. 1 Z 1 des Gesetzes), sind jedenfalls der Ehegatte, die Vorfahren und die Nachkommen der Person, auf die sich die Eintragung bezieht.

§ 16. (1) Das Recht auf Übermittlung von Verzeichnissen gemäß § 37 Abs. 4 des Gesetzes steht jedermann zu.

(2) Die Übermittlung von Verzeichnissen ist als im Privatinteresse des Antragstellers gelegene Amtshandlung verwaltungsabgaben- und gebührenpflichtig.

(3) Für die Aufnahme von Todesfällen in die Verzeichnisse bedarf es keiner Zustimmung.

(4) In den Verzeichnissen dürfen außer dem Tag und dem Ort des Ereignisses (Geburt, Eheschließung, Tod) nur die Familiennamen und Vornamen der Personen, auf die sich die Eintragung bezieht (Kind, Ehegatten, Verstorbener)

und deren Wohngemeinde (letzte Wohngemeinde des Verstorbenen) angegeben werden; die Anführung der Eltern des Kindes und der Wohnanschrift ist unzulässig. *(BGBl 1986/193)*

Zu § 38

§ **17.** (1) Die Personenstandsbehörde, die das Geburtenbuch führt, hat die Geburt mitzuteilen:

1. der Staatsbürgerschaftsevidenzstelle, wenn der Vater oder die Mutter österreichischer Staatsbürger ist;

2. dem Jugendwohlfahrtsträger; *(BGBl 1989/305)*

3. der Bundesanstalt „Statistik Österreich“. *(BGBl II 2001/338)*

(2) Die Personenstandsbehörde, die das Ehebuch führt, hat die Eheschließung mitzuteilen:

1. der Personenstandsbehörde, die das Geburtenbuch der Ehegatten führt;

2. „der Personenstandsbehörde, die das Geburtenbuch eines gemeinsamen als unehelich beurkundeten Kindes führt;“* Angaben, die die Verständigung nach „§ 54 Abs. 5“ ** des Gesetzes erleichtern und von der zur Mitteilung verpflichteten Behörde ohne besonderen Aufwand ermittelt werden können, sind anzufügen; *(* BGBl 1986/193 und ** BGBl 1989/305)*

3. der Personenstandsbehörde, die das Ehebuch der letzten Vorehe führt;

4. der Staatsbürgerschaftsevidenzstelle, wenn sich der Familienname des Ehegatten, der österreichischer Staatsbürger ist, geändert hat;

5. dem Militärkommando, wenn der Mann österreichischer Staatsbürger ist, das Jahr, in dem er das 65. Lebensjahr vollendet, noch nicht abgelaufen ist und sich sein Familienname geändert hat; *(BGBl 1986/193)*

6. der Bundesanstalt „Statistik Österreich“; *(BGBl II 2001/338)*

7. der Wählerevidenz, wenn sich der Familienname des Ehegatten geändert hat, dieser österreichischer Staatsbürger ist und das 18. Lebensjahr vollendet hat. *(BGBl 1986/193)*

(3) Die Personenstandsbehörde, die das Sterbebuch führt, hat den Tod mitzuteilen:

1. der Personenstandsbehörde, die das Geburtenbuch des Verstorbenen führt;

2. der Personenstandsbehörde, die das Ehebuch der zur Zeit des Todes bestehenden Ehe führt;

3. der Staatsbürgerschaftsevidenzstelle, wenn der Verstorbene österreichischer Staatsbürger war;

4. der Meldebehörde des letzten Wohnortes;

5. der Wählerevidenz, wenn der Verstorbene österreichischer Staatsbürger war und das 18. Lebensjahr vollendet hatte;

6. dem Verlassenschaftsgericht;

7. dem Jugendwohlfahrtsträger, wenn der Verstorbene minderjährig war; *(BGBl 1989/305)*

8. dem Militärkommando, wenn der verstorbene Mann österreichischer Staatsbürger war, das 17. Lebensjahr vollendet hat und das Jahr, in dem er das 51. Lebensjahr vollendet, noch nicht abgelaufen ist; *(BGBl 1986/193)*

9. der Bundesanstalt „Statistik Österreich“; *(BGBl II 2001/338)*

10. der Gebietskrankenkasse ihres Zuständigkeitsbereiches; *(BGBl II 2001/338, ab 12. 9. 2001)*

11. dem örtlichen Führerscheinregister des Hauptwohnsitzes, wenn eine Person das 16. Lebensjahr vollendet hat. *(BGBl II 2001/338, ab 12. 9. 2001)*

(4) Totgeburten sind von der in Abs 3 genannten Personenstandsbehörde der Bundesanstalt „Statistik Österreich“ mitzuteilen. *(BGBl 1986/193 und BGBl II 2001/338)*

§ **18.** (1) Die Personenstandsbehörde, die das Geburtenbuch führt, hat mitzuteilen

1. die Anerkennung der Vaterschaft zu einem minderjährigen „ “ Kind dem Jugendwohlfahrtsträger; *(BGBl II 2001/338, ab 12. 9. 2001)*

2. die Eheschließung der Eltern eines unehelichen Kindes, wenn es minderjährig und die Vaterschaft des Ehemannes nicht bereits festgestellt ist, dem Jugendwohlfahrtsträger; wenn es aus anderen als Altersgründen nicht voll geschäftsfähig ist, dem Sachwalterschaftsgericht;

3. die Legitimation durch nachfolgende Ehe

a) der Personenstandsbehörde, die das Ehebuch des Legitimierten führt, wenn sich der Familienname (Geschlechtsname) eines oder beider Ehegatten geändert hat;

b) der Personenstandsbehörde, die das Geburtenbuch des Kindes des Legitimierten führt, sofern sich die namensrechtliche Wirkung auf das Kind erstreckt;

c) der Staatsbürgerschaftsevidenzstelle des Kindes, wenn der Vater oder die Mutter österreichischer Staatsbürger ist;

d) dem Jugendwohlfahrtsträger, wenn der Legitimierte minderjährig ist;

4. die Ehelicherklärung durch den Bundespräsidenten

a) der Personenstandsbehörde, die das Ehebuch des Legitimierten führt, wenn sich der Familienname (Geschlechtsname) eines oder beider Ehegatten geändert hat;

b) der Personenstandsbehörde, die das Geburtenbuch eines Kindes des Legitimierten führt, sofern sich die namensrechtliche Wirkung auf das Kind erstreckt;

c) der Staatsbürgerschaftsevidenzstelle des Kindes, wenn der Vater oder die Mutter österreichischer Staatsbürger ist;

d) dem Jugendwohlfahrtsträger, wenn der Legitimierte minderjährig ist;

5. die Feststellung der Unehelichkeit eines Kindes, das als ehelich beurkundet war

a) der Personenstandsbehörde, die das Ehebuch des Kindes führt;

b) der Personenstandsbehörde, die das Geburtenbuch eines unmittelbaren Nachkommen des Kindes führt, wenn sich die namensrechtliche Wirkung auf diesen erstreckt;

c) der Staatsbürgerschaftsevidenzstelle des Kindes, wenn die zunächst als Vater vermutete Person oder die Mutter österreichischer Staatsbürger ist;

d) dem Jugendwohlfahrtsträger, wenn das Kind minderjährig ist;

6. die Annahme an Kindes Statt

a) der Personenstandsbehörde, die das Ehebuch des Wahlkindes führt;

b) der Personenstandsbehörde, die das Geburtenbuch eines Kindes des Wahlkindes führt, sofern sich die namensrechtliche Wirkung auf das Kind erstreckt;

c) der Staatsbürgerschaftsevidenzstelle, wenn sich der Familienname des Wahlkindes, das österreichischer Staatsbürger ist, geändert hat;

7. die Änderung des Familiennamens einer Person als Wirkung eines Vorgangs nach Z 3 bis 7

a) der Bundespolizeidirektion Wien, wenn die Person das 14. Lebensjahr vollendet hat;

b) der Wählerevidenz, wenn die Person österreichischer Staatsbürger ist und das 18. Lebensjahr vollendet hat;

c) der Staatsbürgerschaftsevidenzstelle, wenn die Person österreichischer Staatsbürger ist und die Änderung des Familiennamens nicht bereits bei Mitteilung der Legitimation (Z 3 lit. c) oder der Ehelicherklärung (Z 4 lit. c) bekanntgegeben wurde;

d) dem Militärkommando, wenn der Mann österreichischer Staatsbürger ist, das 17. Lebensjahr vollendet hat und das Jahr, in dem er das 65. Lebensjahr vollendet, noch nicht abgelaufen ist;

8. die Änderung der Staatsangehörigkeit des Kindes der Personenstandsbehörde, die das Ehebuch des Kindes führt.

(BGBl 1989/305)

(2) Die Personenstandsbehörde, die das Ehebuch führt, hat mitzuteilen:

1. die Nichtigerklärung der Ehe und die Feststellung des Nichtbestehens der Ehe

a) der Staatsbürgerschaftsevidenzstelle, wenn sich der Familienname des früheren Ehegatten, der österreichischer Staatsbürger ist, geändert hat;

b) der Bundespolizeidirektion Wien, wenn sich der Familienname des früheren Ehegatten geändert hat;

c) der Wählerevidenz, wenn sich der Familienname des früheren Ehegatten, der österreichischer Staatsbürger ist, geändert hat;

2. Die Wiederannahme eines (des) früheren Familiennamens und die Voran- oder Nachstellung des früheren Familiennamens

a) der Staatsbürgerschaftsevidenzstelle, wenn die Person, deren Familienname sich geändert hat, österreichischer Staatsbürger ist;

b) der Bundespolizeidirektion Wien;

c) der Wählerevidenz, wenn die Person, deren Familienname sich geändert hat, österreichischer Staatsbürger ist und das 18. Lebensjahr vollendet hat;

d) dem Militärkommando, wenn die Person, deren Familienname sich geändert hat, männlichen Geschlechts und österreichischer Staatsbürger ist, das 17. Lebensjahr vollendet hat und das Jahr, in dem sie das 65. Lebensjahr vollendet, noch nicht abgelaufen ist.

(BGBl 1995/336, ab 18. 5. 1995)

(3) Die Personenstandsbehörde, die eine Eintragung nach § 11 Abs. 3 oder 4 des Gesetzes vorgenommen hat, hat dies mitzuteilen

1. den für die Eintragung eines Vermerks in Betracht kommenden Personenstandsbehörden;

2. der Staatsbürgerschaftsevidenzstelle des Antragstellers, des Ehegatten und der minderjährigen Kinder;

3. dem Jugendwohlfahrtsträger, wenn die Eintragung einen Minderjährigen betrifft; *(BGBl 1989/305)*

4. der Wählerevidenz des Antragstellers und des Ehegatten, wenn sie österreichische Staatsbürger sind und das 18. Lebensjahr vollendet haben;

5. der Bundespolizeidirektion Wien; bei Kindern nur, wenn sie das 14. Lebensjahr vollendet haben;

6. dem Militärkommando, wenn der Antragsteller, der Ehegatte oder das minderjährige Kind männlichen Geschlechts und österreichischer Staatsbürger ist, das 17. Lebensjahr vollendet hat und das Jahr, in dem er das 65. Lebensjahr vollendet, noch nicht abgelaufen ist. *(BGBl 1986/193)*

§ **18a.** Die Gemeinde Wien hat die Anerkennung der Vaterschaft (§ 163c ABGB/§ 163e ABGB) zu einem minderjährigen Kind, dessen Geburt nicht in einem inländischen Geburtenbuch eingetragen ist, dem Jugendwohlfahrtsträger mitzuteilen.

(BGBl II 2001/338, ab 12. 9. 2001)

§ **19.** (1) Mitteilungen an die Personenstandsbehörden haben zu enthalten:

1. die Bezeichnung der Eintragung, auf die sich die Mitteilung bezieht;

2. Familiennamen, gemeinsame Familiennamen, Vornamen sowie Tag, Ort und Eintragung der Geburt, auf die sich die Mitteilung bezieht; *(BGBl 1995/336, ab 18. 5. 1995)*

3. die Bezeichnung des Vorgangs, der Anlaß der Mitteilung ist, gegebenenfalls den Tag des Eintritts der Rechtskraft oder der Wirkung.

(2) Mitteilungen an andere Behörden, die Bundesanstalt „Statistik Österreich" ausgenommen, haben die Angaben nach Abs. 1 Z 2 und 3 sowie die Wohnanschrift der in der Mitteilung angeführten Personen zu enthalten. *(BGBl II 2001/338)*

(3) Für die Mitteilung der Geburt an die Bundesanstalt „Statistik Österreich" ist der Vordruck nach Anlage 1a (Lebendgeburt) bzw. 2a (Totgeburt) dieser Verordnung, für die Mitteilung des Todes der Vordruck nach Anlage 9a dieser Verordnung, für die Mitteilung der Eheschließung ein besonderer für diesen Zweck bestimmter Vordruck zu verwenden. *(BGBl II 2001/338)*

§ 20. (1) Der Personenstandsbehörde, die das Geburtenbuch führt, sind mitzuteilen:

1. vom Gericht

a) die Feststellung der Vaterschaft zu dem Kind durch Urteil; *(BGBl 1989/305)*

b) die Feststellung der Unwirksamkeit eines Vaterschaftsanerkenntnisses oder eines Vaterschaftsfeststellungsurteiles;

c) die Feststellung der Mutterschaft zu dem Kind;

d) die Ehelicherklärung des Kindes,

e) die Feststellung der Unehelichkeit des Kindes,

f) die Annahme an Kindes Statt, deren Widerruf und Aufhebung;

g) die Feststellung der Ehelichkeit des Kindes;

h) die Todeserklärung und die Beweisführung des Todes des Kindes, deren Berichtigung und Aufhebung;

2. vom Landeshauptmann die Festsetzung des Familiennamens des Kindes sowie der Eltern, wenn sich die namensrechtliche Wirkung auf das Kind erstreckt;

3. von der Staatsbürgerschaftsevidenzstelle jede ihr bekannt werdende Änderung der Staatsangehörigkeit des Kindes.

(2) Der Personenstandsbehörde, die das Ehebuch führt, sind mitzuteilen:

1. vom Gericht

a) die Anerkennung einer ausländischen Entscheidung, durch die die Ehe geschieden, aufgehoben, für nichtig erklärt oder durch die das Bestehen oder Nichtbestehen der Ehe festgestellt worden ist;

b) eine Entscheidung, durch die die Ehe geschieden, aufgehoben, für nichtig erklärt oder durch die das Bestehen oder Nichtbestehen der Ehe festgestellt worden ist;

2. vom Landeshauptmann die Festsetzung des Familiennamens eines (beider) Ehegatten;

3. von der Staatsbürgerschaftsevidenzstelle jede ihr bekannt werdende Änderung der Staatsangehörigkeit eines Ehegatten, wenn dessen Geburt nicht in einem inländischen Geburtenbuch beurkundet ist.

(BGBl II 2001/338, ab 12. 9. 2001)

(3) Mitteilungspflichten an die Personenstandsbehörde auf Grund anderer Rechtsvorschriften bleiben unberührt.

(4) Die Mitteilung hat, wenn die verpflichtete Behörde dazu in der Lage ist, zu enthalten:

1. die Bezeichnung der Eintragung, auf die sich die Mitteilung bezieht;

2. den Familiennamen, den Geschlechtsnamen, die Vornamen sowie Tag, Ort und Eintragung der Geburt der Person, auf die sich die Mitteilung bezieht;

3. die Bezeichnung des Vorgangs, der Anlaß der Mitteilung ist, gegebenenfalls den Tag des Eintritts der Rechtskraft oder der Wirkung.

Zu §§ 42 bis 44

§ 21. (1) Verlobte, deren Personalstatut das österreichische Recht ist, haben zur Beurteilung ihrer Ehefähigkeit vorzulegen:

1. wenn sie ledig und voll geschäftsfähig sind,

a) eine Abschrift aus dem Geburtenbuch, deren Ausstellung nicht länger als sechs Monate zurückliegt, oder eine einer solchen entsprechende Urkunde,

b) den Staatsbürgerschaftsnachweis;

c) den Nachweis des „Hauptwohnsitzes", gegebenenfalls auch des Aufenthaltes. *(BGBl 1986/193 und BGBl 1995/336, ab 18. 5. 1995)*

2. wenn sie beschränkt geschäftsfähig oder nicht ehemündig sind, außer den in Z 1 angeführten Urkunden:

a) Verlobte zwischen dem 16. und 18. Lebensjahr den Gerichtsbeschluss über die Ehemündigerklärung, *(BGBl II 2001/338, ab 12. 9. 2001)*

b) Verlobte unter 18 Jahren die Einwilligung des gesetzlichen Vertreters und der Person, der Pflege und Erziehung zustehen oder den Gerichtsbeschluss, mit dem die Einwilligung ersetzt wird, *(BGBl II 2001/338, ab 12. 9. 2001)*

c) Verlobte, denen ein Sachwalter nach § 273 ABGB bestellt worden ist, dessen Einwilligung oder den Gerichtsbeschluß, mit dem die Einwilligung ersetzt wird,

3. wenn sie bereits verheiratet waren, außer den in Z 1 oder 2 angeführten Urkunden die Heiratsurkunden aller früheren Ehen und den

Nachweis über deren Auflösung oder Nichtigerklärung (Sterbeurkunde; mit der Rechtskraftbestätigung versehene gerichtliche Entscheidung über die Todeserklärung oder die Herstellung des Todesbeweises des anderen Ehegatten oder über die Scheidung, Aufhebung oder Nichtigerklärung der früheren Ehe sowie über die Anerkennung der ausländischen Eheentscheidung, sofern nicht ein Gericht des Staates entschieden hat, dem beide Ehegatten zur Zeit der Entscheidung angehört haben, oder die Verordnung [EG] Nr. 1347/2000 des Rates vom 29. Mai 2000 über die Zuständigkeit und die Anerkennung und Vollstreckung von Entscheidungen in Ehesachen und in Verfahren betreffend die elterliche Verantwortung für die gemeinsamen Kinder der Ehegatten [Abl. L 2000/160, 19] – Brüssel II – Verordnung – anwendbar ist, wonach Entscheidungen in Ehesachen, die nach In-Kraft-Treten der Verordnung [1. März 2001] in Mitgliedstaaten [außer Dänemark] getroffen worden sind, weder einer Anerkennung durch das Bundesministerium für Justiz noch durch das Gericht bedürfen. Bei einer gerichtlichen Entscheidung über die Anerkennung einer ausländischen Eheentscheidung ist die Rechtskraftbestätigung nicht erforderlich, wenn dem Rekurs nach § 12 AußStrG die hemmende Wirkung aberkannt wurde). *(BGBl II 2001/338, ab 12. 9. 2001)*

(2) Verlobte, deren Personalstatut nicht das österreichische Recht ist, haben außer den in Abs. 1 Z 1 angeführten Urkunden vorzulegen:

1. Eine Bestätigung ihrer Ehefähigkeit, wenn sie nach dem Recht, das für sie nach ihrem Personalstatut maßgebend ist, eine solche Bestätigung erlangen können;

2. im Fall einer ausländischen Eheentscheidung die mit der Rechtskraftbestätigung versehene gerichtliche Entscheidung über die Anerkennung, sofern nicht ein Gericht des Staates entschieden hat, dem beide Ehegatten zur Zeit der Entscheidung angehört haben, oder die Verordnung (EG) Nr. 1347/2000 des Rates vom 29. Mai 2000 über die Zuständigkeit und die Anerkennung und Vollstreckung von Entscheidungen in Ehesachen und in Verfahren betreffend die elterliche Verantwortung für die gemeinsamen Kinder der Ehegatten (Abl. L 2000/160, 19) – Brüssel II – Verordnung – anwendbar ist, wonach Entscheidungen in Ehesachen, die nach In-Kraft-Treten der Verordnung (1. März 2001) in Mitgliedstaaten (außer Dänemark) getroffen worden sind, weder einer Anerkennung durch das Bundesministerium für Justiz noch durch das Gericht bedürfen. Die Rechtskraftbestätigung ist nicht erforderlich, wenn dem Rekurs nach § 12 AußStrG die hemmende Wirkung aberkannt wurde; *(BGBl II 2001/338, ab 12. 9. 2001)*

3. weitere Urkunden, die nach dem Recht, das für sie auf Grund ihres Personalstatutes maßgebend ist, für die Eheschließung erforderlich sind.

(3) Eine Pflicht zur Vorlage von Urkunden nach Abs. 1 und 2 besteht nicht, wenn die zu beweisenden Tatsachen und Rechtsverhältnisse durch Einsicht in die bei der ermittelnden Behörde (Dienststelle) befindlichen Personenstandsbücher und Sammelakten festgestellt werden können. Andererseits haben die Verlobten auf Verlangen weitere Urkunden oder Nachweise vorzulegen, wenn die allgemein verlangten Urkunden zur Beurteilung der Ehefähigkeit oder für Eintragungen in Personenstandsbüchern im Zusammenhang mit der Eheschließung nicht ausreichen. *(BGBl 1986/193)*

(4) Kann ein Verlobter eine Bestätigung der Ehefähigkeit (Abs. 2 Z 1) nicht beibringen, obwohl er sie erlangen könnte, so ist eine Rechtsauskunft des Landeshauptmannes (§ 50 des Gesetzes) einzuholen. Das gleiche gilt, wenn der Standesbeamte trotz der vorgelegten Urkunden rechtliche Zweifel an der Ehefähigkeit hat.

§ 22. (1) Die Verlobten sind auf die Rechtsvorschriften über ihre Namensführung und die Namensführung der aus der Ehe stammenden Kinder hinzuweisen, vor allem auf Erklärungen, die nur vor oder bei der Eheschließung abgegeben werden können. *(BGBl 1995/336, ab 18. 5. 1995)*

(2) Die Verlobten sind nach gemeinsamen vorehelichen Kindern und weiteren Personen zu befragen, die für eine Erstreckung der namensrechtlichen Wirkungen einer Legitimation in Betracht kommen und von den Voraussetzungen und Wirkungen der Legitimation in Kenntnis zu setzen. Die Verlobten haben die für die Verständigung nach § 54 Abs. 4 des Gesetzes erforderlichen Auskünfte zu geben und die erforderlichen Urkunden vorzulegen; zur Beschaffung von Urkunden nur zu diesem Zweck sind sie jedoch nicht verpflichtet.

(3) Für den Eintritt der namensrechtlichen Wirkungen der Legitimation erforderliche Erklärungen sind, wenn dies ohne größeren Verwaltungsaufwand möglich ist, zu beurkunden oder zu beglaubigen und unverzüglich der Personenstandsbehörde, die das Geburtenbuch des Kindes führt, zu übermitteln.

§ 23. Bedürfen Verlobte zur Eheschließung der Einwilligung des gesetzlichen Vertreters und der Erziehungsberechtigten, so sind deren Erklärungen persönlich vor dem Standesbeamten abzugeben oder in öffentlicher oder öffentlich beglaubigter Urkunde vorzulegen.

§ 24. (1) Über die mündliche Verhandlung ist eine Niederschrift aufzunehmen, die alle für die Ermittlung der Ehefähigkeit, die Eintragung im Ehebuch und die Erfüllung der Mitteilungspflichten erforderlichen Angaben erhält; dafür ist ein Vordruck nach Anlage 6 zu verwenden. Bei Einsatz automationsunterstützter Datenverarbeitung können Ausdrucke verwendet werden, die zwar nach Inhalt und Reihenfolge der Anlage 6 entsprechen, aber nur die von der jeweiligen Amtshandlung her in Betracht kommenden Angaben enthalten. *(BGBl 1996/782, ab 1. 1. 1997)*

(2) Legen Verlobte Erklärungen und Nachweise schriftlich vor, so haben sie gleichfalls den Vordruck nach Anlage 6 zu verwenden. Die Personenstandsbehörde kann, wenn die Ehefähigkeit auf Grund dieser Unterlagen nicht ermittelt werden kann, die Verlobten zur Vorlage ergänzender Erklärungen und Nachweise auffordern.

Zu § 45

§ 25. Wird die Ausstellung eines Ehefähigkeitszeugnisses beantragt, so hat der Antragsteller für sich und den anderen Verlobten die in § 21 angeführten Unterlagen vorzulegen; er ist auf die Rechtsvorschriften über die Namensführung nach der Eheschließung und über die Namensführung der aus der Ehe stammenden Kinder hinzuweisen, vor allem auf Erklärungen, die nur vor oder bei der Eheschließung abgegeben werden können.

(BGBl 1995/336, ab 18. 5. 1995)

Zu § 46

§ 26. Reicht das Ermittlungsverfahren der nach § 46 Abs. 1 des Gesetzes zuständigen Behörde nach Ansicht der Behörde, vor der die Ehe geschlossen werden soll, zur Beurteilung der Ehefähigkeit nicht aus, so hat sie die notwendigen ergänzenden Ermittlungen durchzuführen oder durchführen zu lassen.

§ 27. (1) Die Personenstandsbehörde, vor der die Ehe geschlossen werden soll, hat das Ergebnis des Ermittlungsverfahrens in einem Aktenvermerk festzuhalten.

(2) Sind keine Ehehindernisse festgestellt worden, so hat die Personenstandsbehörde dem Antrag auf Trauung oder Ausstellung des Ehefähigkeitszeugnisses zu einem mit den Verlobten zu vereinbarenden Termin zu entsprechen. Soll die Trauung auf Wunsch der Verlobten erst später stattfinden, so sind sie darauf hinzuweisen, daß bei längerer Verzögerung der Trauung ein neues Ermittlungsverfahren durchgeführt werden muß.

Zu § 47

§ 28. (1) Der Standesbeamte hat sich vor der Trauung von der Persönlichkeit der Verlobten und der Zeugen zu überzeugen.

(2) Die Zeugen müssen mindestens 18 Jahre alt sein, die Sprache, in der die Trauung stattfindet, verstehen und dürfen nach ihrer Körper- und Geistesbeschaffenheit nicht unvermögend sein, in Bezug auf diese Trauung ein Zeugnis abzulegen.

(BGBl II 1999/410, ab 28. 10. 1999)

Zu § 49

§ 29. (1) In der Geburtsanzeige und im Geburtenbuch ist jeweils zusätzlich zum Familiennamen des Vaters oder der Mutter des Kindes der gemeinsame Familienname anzuführen, soweit eine Verpflichtung zur Führung des Doppelnamens nach § 93 Abs. 2 ABGB besteht.

(2) In der Niederschrift (den Erklärungen) zur Ermittlung der Ehefähigkeit und im Ehebuch ist jeweils zusätzlich zum Familiennamen jedes Verlobten der gemeinsame Familienname anzuführen, soweit eine Verpflichtung zur Führung eines Doppelnamens nach § 93 Abs. 2 ABGB besteht.

(3) Gemeinsamer Familienname eines Menschen ist der Familienname oder der Teil eines Familiennamens, der anläßlich der Eheschließung zum gemeinsamen Familiennamen wurde oder bestimmt wurde.

(BGBl 1996/782, ab 1. 1. 1997)

Zu § 52

§ 30. Bei der Beglaubigung einer Urkunde durch die Bezirksverwaltungsbehörde oder der Überbeglaubigung durch den Landeshauptmann ist die Echtheit der Unterschrift und des Amtssiegels der Behörde, die die Urkunde ausgestellt oder beglaubigt hat, sowie die Eigenschaft des Unterzeichners zu bestätigen.

Zu § 53

§ 31. (1) Ist eine Erklärung nach § 53 Abs. 1 Z 1 bis 6 des Gesetzes in ein Personenstandsbuch einzutragen, hat der Erklärende, wenn er dazu in der Lage ist, die für die Eintragung benötigten Urkunden und sonstigen Nachweise vorzulegen.

(2) Der Standesbeamte hat für die Beurkundung und Beglaubigung der in Abs. 1 genannten Erklärungen Vordrucke nach den Anlagen 13 bis „20“ zu verwenden. Bei Einsatz automationsunterstützter Datenverarbeitung können Ausdrucke verwendet werden, die zwar nach Inhalt und Reihenfolge den angeführten Anlagen entsprechen, aber nur die von der jeweiligen Amtshandlung her in Betracht kommenden Angaben enthalten. *(BGBl 1996/782, ab 1. 1. 1997, und BGBl II 2001/338, ab 12. 9. 2001)*

(BGBl 1989/305)

Zu § 54

§ 32. (1) Wird die Erklärung dem Standesbeamten übermittelt, so ist auf der Erklärung der Tag des Einlangens festzuhalten.

(2) Ist die Geburt oder die Ehe nicht in einem inländischen Geburtenbuch oder Ehebuch eingetragen, so hat der Standesbeamte die Entgegennahme der Erklärung „gemäß § 54 Abs. 2

Z 6" des Gesetzes zu bestätigen. *(BGBl 1995/336, ab 18. 5. 1995)*

(3) Bedarf ein Vorgang zu seiner Wirkung auf den Personenstand Erklärungen, die noch nicht vorliegen, so hat die Personenstandsbehörde die zur Abgabe der Erklärungen berechtigten Personen hiezu einzuladen oder die Person, auf die sich die Eintragung bezieht, einzuladen, die Erklärungen der Personenstandsbehörde zu übermitteln. *(BGBl II 2001/338, ab 12. 9. 2001)*

Zu § 55

§ 33. (1) Die Personenstandsbehörde hat auf Antrag Bestätigungen zur Vorlage bei Trägern der Sozialversicherung über die Geburt oder den Tod eines Menschen auszustellen. *(BGBl 1996/782, ab 1. 1. 1997)*

(2) Die Bestätigung hat alle für ihren bestimmungsgemäßen Gebrauch notwendigen Angaben, soweit sie sich aus den der Personenstandsbehörde zur Verfügung stehenden Unterlagen ergeben, zu enthalten; weiter einen Hinweis auf den ausschließlichen Verwendungszweck der Bestätigung und über deren allfällige Befreiung von Verwaltungsabgaben und Gebühren.

Schlußbestimmung

§ 34. Diese Verordnung tritt mit 1. Jänner 1984 in Kraft.

6. Namensänderungsgesetz

6. Namensänderungsgesetz, BGBl 1988/195
1 BGBl 1995/25 (NamRÄG)

STICHWORTVERZEICHNIS

(Die Zahlenangaben beziehen sich auf die Paragraphen)

Bundesgesetz vom 22. März 1988 über die Änderung von Familiennamen und Vornamen (Namensänderungsgesetz – NÄG)

Antrag auf Namensänderung

§ 1. (1) Eine Änderung des Familiennamens oder Vornamens ist auf Antrag[1]) zu bewilligen, wenn ein „“ Grund im Sinn des § 2 vorliegt, § 3 der Bewilligung nicht entgegensteht und die Namensänderung betrifft

1. einen österreichischen Staatsbürger;

2. einen Staatenlosen oder eine Person ungeklärter Staatsangehörigkeit, wenn sie ihren gewöhnlichen Aufenthalt im Inland haben;

3. einen Flüchtling im Sinn der Konvention über die Rechtsstellung der Flüchtlinge, BGBl. Nr. 55/1955 und des Protokolls über die Rechtsstellung der Flüchtlinge, BGBl. Nr. 78/1974, wenn er seinen Wohnsitz, mangels eines solchen seinen gewöhnlichen Aufenthalt im Inland hat.

(BGBl 1995/25, ab 1. 5. 1995)

(2) Insoweit der Antragsteller in seiner Geschäftsfähigkeit beschränkt ist, hat der gesetzliche Vertreter den Antrag einzubringen. Die Einbringung bedarf der persönlichen Zustimmung des Antragstellers, wenn dieser das 14. Lebensjahr vollendet hat.

(3) *(aufgehoben, BGBl 1995/25, ab 1. 5. 1995)*

---

[1]) *Siehe auch NÄV BGBl II 1997/387.*

Voraussetzungen der Bewilligung

§ 2. (1) Ein „“ Grund für die Änderung des Familiennamens liegt vor, wenn

1. der bisherige Familienname lächerlich oder anstößig wirkt;

2. der bisherige Familienname schwer auszusprechen oder zu schreiben ist;

3. der Antragsteller ausländischer Herkunft ist und einen Familiennamen erhalten will, der ihm die Einordnung im Inland erleichtert und der Antrag innerhalb von zwei Jahren nach dem Erwerb der österreichischen Staatsbürgerschaft gestellt wird;

4. der Antragsteller den Familiennamen erhalten will, den er bisher in gutem Glauben, dazu berechtigt zu sein, geführt hat;

5. der Antragsteller einen Familiennamen erhalten will, den er früher zu Recht geführt hat; *(BGBl 1995/25, ab 1. 5. 1995)*

6. die Vor- und Familiennamen sowie der Tag der Geburt des Antragstellers mit den entsprechenden Daten einer anderen Person derart übereinstimmen, daß es zu Verwechslungen der Personen kommen kann; *(BGBl 1995/25, ab 1. 5. 1995)*

7. der Antragsteller einen Familiennamen erhalten will, den er durch eine befristete namensrechtliche Rechtshandlung erlangt hätte, jedoch die rechtzeitige Rechtshandlung ohne sein Verschulden oder bloß mit einem minderen Grad hievon unterlassen hat, oder der Antragsteller einen Doppelnamen nach § 93 Abs. 2 ABGB wünscht oder bereits zu führen hat und den gemeinsamen Familiennamen ohne Voran- oder Nachstellung seines früheren Familiennamens führen will; *(BGBl 1995/25, ab 1. 5. 1995)*

8. der Antragsteller den Familiennamen seiner Eltern oder eines Elternteils erhalten will oder der Antragsteller den Familiennamen einer Person erhalten will, von der er seinen Familiennamen abgeleitet hat und deren Familienname geändert worden ist oder dessen Änderung beantragt ist; *(BGBl 1995/25, ab 1. 5. 1995)*

9. der minderjährige Antragsteller den Familiennamen der Person erhalten soll, der die Obsorge für ihn zukommt oder in deren Pflege er sich befindet und das Pflegeverhältnis nicht nur für kurze Zeit beabsichtigt ist; *(BGBl 1995/25, ab 1. 5. 1995)*

10. der Antragsteller glaubhaft macht, daß die Änderung des Familiennamens notwendig ist, um unzumutbare Nachteile in wirtschaftlicher Hinsicht oder in seinen sozialen Beziehungen zu vermeiden und diese Nachteile auf andere Weise nicht abgewendet werden können;

11. der Antragsteller aus sonstigen Gründen einen anderen Familiennamen wünscht. *(BGBl 1995/25, ab 1. 5. 1995)*

(BGBl 1995/25, ab 1. 5. 1995)

(2) „Die in Abs. 1 Z 1 bis 6, 10 und 11 angeführten Gründe gelten auch für die Änderung von Vornamen;“ ein „“ Grund liegt weiter vor, wenn

1. das minderjährige Wahlkind andere als die bei der Geburt gegebenen Vornamen erhalten soll und der Antrag innerhalb von zwei Jahren nach der Bewilligung der Annahme an Kindesstatt oder dem Erwerb der österreichischen Staatsbürgerschaft eingebracht wird;

2. der Antragsteller nach Änderung seiner Religionszugehörigkeit einen zur nunmehrigen Religionsgemeinschaft in besonderer Beziehung stehenden Vornamen erhalten oder einen zur früheren Religionsgemeinschaft in besonderer Beziehung stehenden Vornamen ablegen will und der Antrag innerhalb von zwei Jahren nach der Änderung der Religionszugehörigkeit eingebracht wird;

3. ein Vorname nicht dem Geschlecht des Antragstellers entspricht.

(BGBl 1995/25, ab 1. 5. 1995)

Versagung der Bewilligung

§ 3. (1) Die Änderung des Familiennamens oder Vornamens darf nicht bewilligt werden, wenn

1. die Änderung des Familiennamens die Umgehung von Rechtsvorschriften ermöglichen würde;

2. der beantragte Familienname lächerlich, anstößig oder für die Kennzeichnung von Personen im Inland nicht gebräuchlich ist;

3. der beantragte Familienname von einer anderen Person rechtmäßig geführt wird, der ein berechtigtes Interesse am Ausschluß des Antragstellers von der Führung des gleichen Familiennamens zukommt; „dies gilt nicht in den Fällen des § 2 Abs. 1 Z 5 und 7 bis 9;" *(BGBl 1995/25, ab 1. 5. 1995)*

4. der[1]) beantragte Familienname aus mehreren Namen zusammengesetzt ist; *(BGBl 1995/25, ab 1. 5. 1995)*

5. die beantragte Änderung des Familiennamens nach § 2 Abs. 1 Z 1 bis 3, 6, 10 und 11 oder des Vornamens nach § 2 Abs. 2, gegebenenfalls in Verbindung mit § 2 Abs. 1 Z 1 bis 3, 6, 10 und 11, dazu führen würde, daß eine Verwechslungsfähigkeit mit einer anderen Person im Sinn des § 2 Abs. 1 Z 6 eintritt; *(BGBl 1995/25, ab 1. 5. 1995)*

6. die beantragte Änderung des Familiennamens oder Vornamens dem Wohl einer hievon betroffenen, nicht eigenberechtigten Person abträglich ist; *(BGBl 1995/25, ab 1. 5. 1995)*

7. der beantragte Vorname nicht gebräuchlich ist oder als erster Vorname nicht dem Geschlecht des Antragstellers entspricht; *(BGBl 1995/25, ab 1. 5. 1995)*

8. der Antragsteller die Änderung eines Familiennamens oder Vornamens beantragt, den er durch eine Namensänderung auf Grund eines von ihm selbst gestellten Antrags innerhalb der letzten zehn Jahre erhalten hat; dies gilt nicht, wenn die Namensänderung nach § 2 Abs. 1 Z 6 bis 9 erfolgen soll. *(BGBl 1995/25, ab 1. 5. 1995)*

(2) Die Namensänderung ist jedoch zulässig, wenn

1. im Fall des Abs. 1 Z 4

a) der Antragsteller den Familiennamen einer Person erhalten soll, die rechtmäßig einen aus mehreren Namen zusammengesetzten Familiennamen führt, von dem der Name einer anderen Person abgeleitet werden kann, oder

b) der Antragsteller in sinngemäßer Anwendung des § 93 Abs. 2 ABGB nach der Eheschließung einen Doppelnamen erhalten soll und angeführt wird, welcher Bestandteil des Doppelnamens gemeinsamer Familienname (§ 93 Abs. 1 ABGB) ist;

2. im Fall des Abs. 1 Z 5 der Antragsteller aus besonders gewichtigen Gründen einen bestimmten Familiennamen wünscht.

(BGBl 1995/25, ab 1. 5. 1995)

---

[1]) *Im BGBl irrtümlich „Der"*

Zustimmungen und Anhörungen

§ 4. (1) Die Zustimmung nach § 1 Abs. 2 ist vor der Bewilligung der Änderung des Familiennamens der nach § 7 zuständigen Behörde zu erklären.

(2) Soweit tunlich hat die Behörde vor der Bewilligung Kinder zwischen dem vollendeten 10. und 14. Lebensjahr, für die ein Antrag auf Änderung ihres Familiennamens oder Vornamens eingebracht wurde, anzuhören.

(3) Hat das zustimmungsberechtigte oder anhörungsberechtigte Kind seinen Wohnsitz, mangels eines solchen seinen gewöhnlichen Aufenthalt im Inland, so ist die Erklärung mündlich bei der nach § 7 zuständigen oder bei der von dieser um die Vernehmung des Berechtigten ersuchten Bezirksverwaltungsbehörde anzubringen. In den übrigen Fällen kann die Erklärung schriftlich oder mündlich angebracht werden.

(BGBl 1995/25, ab 1. 5. 1995)

Ermittlungen

§ 5. Die Behörde kann zur Ermittlung von Personen mit gleichen oder verwechslungsfähigen Familiennamen, Vornamen und Tagen der Geburt sowie von Parteien nach § 8 Abs. 1 Z 2 Anfragen an den Hauptverband der österreichischen Sozialversicherungsträger richten und auch die Bekanntgabe jener Daten verlangen, die die Behörde zur Kontaktaufnahme mit den betreffenden Personen benötigt. Der Hauptverband der österreichischen Sozialversicherungsträger ist zur Auskunftserteilung aus den bei ihm vorhandenen Daten verpflichtet und hat allenfalls die Stellen bekanntzugeben, bei denen weitere Daten vorhanden sein könnten. Diese Stellen sind ebenfalls zur Auskunftserteilung verpflichtet.

(BGBl 1995/25, ab 1. 5. 1995)

Verwaltungsabgaben- und gebührenfreie Namensänderungen

§ 6. Änderungen des Familiennamens oder Vornamens, ausgenommen solche nach § 2 Abs. 1 Z 11, gegebenenfalls in Verbindung mit Abs. 2 erster Halbsatz, sind von den Verwaltungsabgaben und Gebühren des Bundes befreit.

(BGBl 1995/25, ab 1. 5. 1995)

Zuständigkeit

§ 7. Die Bewilligung der Änderung des Familiennamens und des Vornamens obliegt der Bezirksverwaltungsbehörde, in deren örtlichen Wirkungsbereich der Antragsteller seinen Wohnsitz, mangels eines solchen seinen gewöhnlichen Aufenthalt hat. Hat der Antragsteller weder einen Wohnsitz noch einen gewöhnlichen Aufenthalt im Inland, ist die Bezirksverwaltungsbehörde zuständig, in deren örtlichen Wirkungsbereich der Antragsteller seinen letzten Wohnsitz im Inland hatte. Ergibt sich auch danach keine Zuständigkeit, ist der Magistrat der Stadt Wien als Bezirksverwaltungsbehörde zuständig.

Parteien

§ 8. (1) Die Stellung einer Partei kommt in einem Verfahren auf Änderung des Familiennamens oder Vornamens jedenfalls zu

1. dem Antragsteller;

2. der Person, die im Sinn des § 3 Abs. 1 Z 3 in ihren berechtigten Interessen berührt ist.

(2) Lassen sich Parteien nach Abs. 1 Z 2 nicht nach § 5 ermitteln, ist eine mündliche Verhandlung anzuberaumen und im Sinn des § 41 AVG bekanntzumachen.

(BGBl 1995/25, ab 1. 5. 1995)

Mitteilungen

§ 9. Die Behörde hat die Änderung eines Familiennamens oder eines Vornamens schriftlich mitzuteilen

1. allen Verwaltungsbehörden und Gerichten, für die die Kenntnis davon eine wesentliche Voraussetzung für die Wahrnehmung der ihnen gesetzlich übertragenen Aufgaben bildet;

2. dem Hauptverband der österreichischen Sozialversicherungsträger.

(BGBl 1995/25, ab 1. 5. 1995)

Schluß- und Übergangsbestimmungen

§ 10. (1) Mit dem Inkrafttreten dieses Bundesgesetzes verlieren folgende Rechtsvorschriften, soweit sie zu diesem Zeitpunkt noch in Geltung gestanden sind, ihre Wirksamkeit:

1. die Verordnung über die Einführung von namensrechtlichen Vorschriften im Lande Österreich und in den sudetendeutschen Gebieten vom 24. Jänner 1939, deutsches RGBl. I S 81;

2. Das Gesetz über die Änderung von Familiennamen und Vornamen vom 5. Jänner 1938, deutsches RGBl. I S 9;

3. die Erste Verordnung zur Durchführung des Gesetzes über die Änderung von Familiennamen und Vornamen vom 7. Jänner 1938, deutsches RGBl. I S 12.

(2) Verfahren, die vor dem Inkrafttreten dieses Bundesgesetzes eingeleitet wurden, sind nach den in Abs. 1 angeführten Rechtsvorschriften fortzusetzen.

(2a) Verfahren, die vor dem 1. Mai 1995 eingeleitet worden sind, sind nur auf Antrag des Antragstellers und der Personen, auf die sich die Wirkung der Namensänderung erstreckt, nach den bisher geltenden Vorschriften fortzuführen. *(BGBl 1995/25)*

(3) Zwischenstaatliche Übereinkommen auf dem Gebiet des Namensrechts werden durch dieses Bundesgesetz nicht berührt.

§ 11. (1) Dieses Bundesgesetz tritt am 1. Juli 1988 in Kraft.

(2) Ferner treten in Kraft:

der § 1 Abs. 1, die §§ 2, 3 Abs. 1 Z 3 bis 8 und Abs. 2, die §§ 4 bis 6, 8, 9, 10 Abs. 2a, die §§ 11 und 12 in der Fassung des Bundesgesetzes BGBl. Nr. 25/1995 mit 1. Mai 1995.

(3) Verordnungen zur Durchführung dieses Bundesgesetzes können von dem der Kundmachung dieses Bundesgesetzes folgenden Tag an erlassen werden. Sie treten frühestens mit diesem Bundesgesetz in Kraft.

(4) Verordnungen zur Durchführung des Bundesgesetzes BGBl. Nr. 25/1995 können von dem der Kundmachung des genannten Bundesgesetzes folgenden Tag an erlassen werden. Sie treten frühestens mit 1. Mai 1995 in Kraft.

(BGBl 1995/25)

§ 12. Mit der Vollziehung dieses Bundesgesetzes sind betraut

1. hinsichtlich der §§ 5, 9 Z 2 der Bundesminister für Inneres im Einvernehmen mit dem Bundesminister für Arbeit und Soziales;[1])

2. hinsichtlich des § 6, soweit er die Befreiung von den Verwaltungsabgaben des Bundes betrifft, die Bundesregierung, im übrigen der Bundesminister für Finanzen im Einvernehmen mit dem Bundesminister für Inneres;

3. hinsichtlich der übrigen Bestimmungen der Bundesminister für Inneres.

(BGBl 1995/25, ab 1. 5. 1995)

[1]) *Jetzt: BM für soziale Sicherheit und Generationen.*

7. Religiöse Kindererziehung

7. Bundesgesetz über die religiöse Kindererziehung 1985 (Wv), BGBl 1985/155

STICHWORTVERZEICHNIS

(Die Zahlenangaben beziehen sich auf die Paragraphen)

Bundesgesetz über die religiöse Kindererziehung 1985

§ **1.** Über die religiöse Erziehung eines Kindes bestimmt die freie Einigung der Eltern, soweit ihnen die Pflege und Erziehung zustehen. Die Einigung ist jederzeit widerruflich und wird durch den Tod eines Ehegatten gelöst.
(BGBl Nr. 403/1977, Art. IV Z 1)

§ **2.** (1) Besteht eine solche Einigung nicht oder nicht mehr, so gelten auch für die religiöse Erziehung die Vorschriften des ABGB über die Pflege und Erziehung. *(dRGBl. 1939 I S 384, § 2 Abs.1; BGBl. Nr. 403/1977, Art. IV Z 2)*

(2) Es kann jedoch während bestehender Ehe von keinem Elternteil ohne die Zustimmung des anderen bestimmt werden, daß das Kind in einem anderen als dem zur Zeit der Eheschließung gemeinsamen Bekenntnis oder in einem anderen Bekenntnis als bisher erzogen, oder daß ein Kind vom Religionsunterricht abgemeldet werden soll.

(3) Wird die Zustimmung nicht erteilt, so kann die Vermittlung oder Entscheidung des Vormundschaftsgerichts beantragt werden. Für die Entscheidung sind, auch soweit ein Fall des § 176 ABGB nicht vorliegt, die Zwecke der Erziehung maßgebend. Vor der Entscheidung sind die Ehegatten sowie erforderlichenfalls Verwandte, Verschwägerte und die Lehrer des Kindes zu hören, wenn es ohne erhebliche Verzögerung oder unverhältnismäßige Kosten geschehen kann. Das Kind ist zu hören, wenn es das zehnte Jahr vollendet hat. *(dRGBl. 1939 I S 384, § 2 Abs.1 und 2; BGBl. Nr. 403/1977, Art. IV Z 3)*

§ **3.** (1) Stehen dem Vater oder der Mutter die Pflege und Erziehung neben einem dem Kind bestellten Vormund oder Sachwalter zu, so geht bei einer Meinungsverschiedenheit über die Bestimmung des religiösen Bekenntnisses, in dem das Kind erzogen werden soll, die Meinung des Vaters oder der Mutter vor, es sei denn, daß dem Vater oder der Mutter das Recht der religiösen Erziehung auf Grund des § 176 ABGB entzogen ist. *(dRGBl. 1939 I S 384, § 2 Abs.1; BGBl. Nr. 403/1977, Art. IV Z 4)*

(2) Stehen die Pflege und Erziehung eines Kindes einem Vormund oder Sachwalter allein zu, so hat dieser auch über die religiöse Erziehung des Kindes zu bestimmen. Er bedarf dazu der Genehmigung des Vormundschaftsgerichts. Vor der Genehmigung sind die Eltern sowie erforderlichenfalls Verwandte, Verschwägerte und die Lehrer des Kindes zu hören, wenn es ohne erhebliche Verzögerung oder unverhältnismäßige Kosten geschehen kann. Auch ist das Kind zu hören, wenn es das zehnte Lebensjahr vollendet hat. Weder der Vormund noch der Sachwalter können eine schon erfolgte Bestimmung über die religiöse Erziehung ändern.

(dRGBl. 1939 I S 384, § 2 Abs.2; BGBl. Nr. 403/1977, Art. IV Z 5)

§ **4.** Verträge über die religiöse Erziehung eines Kindes sind ohne bürgerliche Wirkung.

§ **5.** Nach der Vollendung des vierzehnten Lebensjahrs steht dem Kind die Entscheidung darüber zu, zu welchem religiösen Bekenntnis es sich halten will. Hat das Kind das zwölfte Lebensjahr vollendet, so kann es nicht gegen seinen Willen in einem anderen Bekenntnis als bisher erzogen werden.

§ **6.** Die vorstehenden Bestimmungen sind auf die Erziehung der Kinder in einer nicht bekenntnismäßigen Weltanschauung entsprechend anzuwenden.

§ **7.** Für Streitigkeiten aus diesem Gesetz ist das Vormundschaftsgericht zuständig. Ein Einschreiten von Amts wegen findet dabei nicht statt, es sei denn, daß die Voraussetzungen der §§ 176 und 177 ABGB vorliegen.

(dRGBl. 1939 I S 384, § 2 Abs.1; BGBl. Nr. 403/1977, Art. IV Z 6)

8/1. Unterhaltsvorschußgesetz

8/1. Unterhaltsvorschußgesetz 1985 (Wv), BGBl 1985/451 idF

1 BGBl 1987/645
2 BGBl 1989/162 (KindRÄG)
3 BGBl 1989/654 (RRAG)
4 BGBl 1991/628 (EO-Nov 1991)
5 BGBl 1996/757 (BRZ GmbH)
6 BGBl I 1997/140 (WGN 1997)
7 BGBl I 2000/135 (KindRÄG 2001)
8 BGBl I 2001/98 (2. Euro-JuBeG)

STICHWORTVERZEICHNIS

(Die Zahlenangaben beziehen sich auf die Paragraphen)

Stichwortverzeichnis

Bundesgesetz über die Gewährung von Vorschüssen auf den Unterhalt von Kindern (Unterhaltsvorschußgesetz 1985 – UVG)

Anwendungsbereich

§ 1. Der Bund hat auf den gesetzlichen Unterhalt minderjähriger Kinder nach diesem Bundesgesetz Vorschüsse zu gewähren.

Siehe Art XVIII § 5 KindRÄG 2001.

Voraussetzungen

§ 2. (1) Anspruch auf Vorschüsse haben minderjährige Kinder, die ihren gewöhnlichen Aufenthalt im Inland haben und entweder österreichische Staatsbürger oder staatenlos sind. Hat derjenige, mit dem das Kind im gemeinsamen Haushalt lebt, in Erfüllung seiner Dienstpflicht gegenüber einer inländischen öffentlich-rechtlichen Körperschaft seinen Aufenthalt im Ausland, so ist für die Vollziehung dieses Bundesgesetzes anzunehmen, daß das Kind seinen gewöhnlichen Aufenthalt im Sprengel seines Vormundschafts- oder Pflegschaftsgerichts hat. *(BGBl. Nr. 278/1980, Art. I Z 1)*

(2) Ein Anspruch auf Vorschüsse besteht nicht, wenn das Kind

1. mit dem Unterhaltsschuldner im gemeinsamen Haushalt lebt oder

2. auf Grund einer Maßnahme der Sozialhilfe oder der vollen Erziehung nach dem öffentlichen Jugendwohlfahrtsrecht in einer Pflegefamilie, in einem Heim oder in einer sonstigen Einrichtung untergebracht ist. *(BGBl 1989/162)*

§ 3. Vorschüsse sind zu gewähren, wenn

1. für den gesetzlichen Unterhaltsanspruch ein im Inland vollstreckbarer Exekutionstitel besteht und

2. eine wegen der laufenden Unterhaltsbeiträge geführte Exekution nach § 291c Abs. 1 EO oder, sofern der Unterhaltsschuldner offenbar keine Gehaltsforderung oder eine andere in fortlaufenden Bezügen bestehende Forderung hat, eine Exekution nach § 372 EO auch nur einen in den letzten sechs Monaten vor Stellung des Antrags auf Vorschußgewährung fällig gewordenen Unterhaltsbeitrag nicht voll gedeckt hat; dabei sind hereingebrachte Unterhaltsrückstände auf den laufenden Unterhalt anzurechnen. *(BGBl 1991/628)*

§ 4. Vorschüsse sind auch zu gewähren, wenn

1. zwar die Voraussetzungen des § 3 Z 1 gegeben sind, aber die Führung einer Exekution nach § 3 Z 2 aussichtslos scheint, besonders weil im Inland ein Drittschuldner oder ein Vermögen, dessen Verwertung einen die laufenden Unterhaltsbeiträge deckenden Ertrag erwarten läßt, nicht bekannt ist;

2. die Festsetzung des Unterhaltsbeitrags überhaupt oder, falls der Exekutionstitel im Sinn des § 3 Z 1, gerechnet vom Zeitpunkt der Erlassung, älter als drei Jahre ist, die Erhöhung des Unterhaltsbeitrags aus Gründen auf Seite des Unterhaltsschuldners nicht gelingt, außer dieser ist nach seinen Kräften offenbar zu einer Unterhaltsleistung beziehungsweise einer höheren Unterhaltsleistung nicht imstande;

3. dem Unterhaltsschuldner auf Grund einer Anordnung in einem strafgerichtlichen Verfahren länger als einen Monat im Inland die Freiheit entzogen wird und er deshalb seine Unterhaltspflicht nicht erfüllen kann;

4. die Vaterschaft zu einem unehelichen Kind in erster Instanz festgestellt und einem mit der Klage auf Feststellung der Vaterschaft verbundenen Unterhaltsbegehren entweder, zumindest mit einem Teilbetrag, in erster Instanz stattgegeben oder hierüber für den Fall der rechtskräftigen Feststellung der Vaterschaft ein gerichtlicher Vergleich geschlossen worden ist;

5. der Unterhaltsschuldner den vorläufigen Unterhalt nach § 382a EO nicht innerhalb eines Monats ab Zustellung der einstweiligen Verfügung an ihn voll erbringt. *(BGBl 1987/645)*

(BGBl Nr. 278/1980, Art. I Z 3)

Höhe

§ 5. (1) Die Vorschüsse sind, sofern im folgenden nicht anderes bestimmt ist, jeweils in der beantragten Höhe bis zu dem im Exekutionstitel festgesetzten Unterhaltsbeitrag zu gewähren. Im Fall der Vorschußgewährung nach § 4 Z 4 gilt als Exekutionstitel das Urteil des Erstgerichts auf Leistung des Unterhaltsbeitrags oder der darüber geschlossene gerichtliche Vergleich.

(2) Ein Fremdwährungsbetrag ist auf Inlandswährung „ “ umzurechnen; maßgebend ist der Geldkurs an dem der Bewilligung vorangegangenen Werktag. *(BGBl I 2001/98, ab 1. 1. 2002; davor gewährte Vorschüsse sind ab 1. 1. 2002 in Eurobeträgen auszuzahlen)*

(3) Lautet der Exekutionstitel auf den Bruchteil der Bezüge des Unterhaltsschuldners aus einem Dienst- oder Arbeitsverhältnis, so hat das Gericht, gegebenenfalls auf Grund der Akten über die vorangegangene Exekution auf das Arbeitseinkommen, festzustellen, welcher Geldbetrag der Gewährung von Vorschüssen zugrunde zu legen ist.

(BGBl. Nr. 278/1980, Art. I Z 4)

§ 6. (1) Die Vorschüsse dürfen monatlich den Richtsatz für pensionsberechtigte Halbwaisen nach § 293 Abs. 1 Buchstabe c bb erster Fall ASVG, vervielfacht mit dem jeweiligen Anpassungsfaktor (§ 108f ASVG), nicht übersteigen.

(2) In den Fällen des § 4 Z 2 und 3 sind, vorbehaltlich des § 7, einem Kind monatlich

1. bis zum Ende des vor Vollendung des 6. Lebensjahrs liegenden Monats ein Viertel,

2. ab diesem Zeitpunkt bis zum Ende des vor Vollendung des 14. Lebensjahrs liegenden Monats die Hälfte und

3. ab diesem Zeitpunkt drei Viertel des im Abs. 1 festgesetzten Höchstbetrags, jeweils aufgerundet auf volle „Eurobeträge", zu gewähren. *(BGBl I 2001/98, ab 1. 1. 2002)*

(BGBl. Nr. 278/1980, Art. I Z 5)

Versagen der Vorschüsse

§ 7. (1) Das Gericht hat die Vorschüsse ganz oder teilweise zu versagen, soweit

1. in den Fällen der §§ 3, 4 Z 1 und 4 begründete Bedenken bestehen, daß die im Exekutionstitel festgesetzte Unterhaltspflicht (noch) besteht oder, der gesetzlichen Unterhaltspflicht nicht entsprechend, zu hoch festgesetzt ist;

2. in den Fällen des § 4 Z 2 und 3 das Kind eigene Einkünfte hat oder unter Berücksichtigung seiner Lebensverhältnisse selbsterhaltungsfähig ist.

(2) Werden einem Kind Vorschüsse nach den §§ 3 oder 4 Z 1, 2 oder 4 gewährt und wird dem Unterhaltsschuldner die Freiheit im Sinn des § 4 Z 3 entzogen, so ist dies kein Grund, die bisher gewährten Vorschüsse zu versagen; wird dem Unterhaltsschuldner aber für länger als sechs Monate die Freiheit entzogen, so sind nach Ablauf dieser Zeit von Amts wegen anstelle der bisher gewährten Vorschüsse solche nach § 4 Z 3 zu gewähren, soweit ein entsprechender Antrag nicht bereits früher gestellt worden ist.

(3) Vorschüsse dürfen nicht deshalb versagt werden, weil die Unterhaltspflicht eines sonst Unterhaltspflichtigen besteht.

(BGBl. Nr. 278/1980, Art. I Z 6)

Beginn und Dauer

§ 8. Die Vorschüsse sind vom Beginn des Monats, in dem das Kind dies beantragt, für die Dauer des voraussichtlichen Vorliegens der Voraussetzungen, jedoch jeweils längstens für drei Jahre zu gewähren. Vorschüsse nach § 4 Z 4 dürfen einem Kind nur bis zur rechtskräftigen Beendigung des Vaterschaftsfeststellungsverfahrens gewährt werden.

(BGBl. Nr. 278/1980, Art. I Z 7)

Vertretung

§ 9. (1) Wer zur Durchsetzung der Unterhaltsansprüche des Kindes berufen ist, hat dieses auch bei Stellung des Antrags auf Gewährung von Vorschüssen auf den gesetzlichen Unterhalt und in dem gerichtlichen Verfahren darüber zu vertreten.

(2) Der Jugendwohlfahrtsträger wird mit der Zustellung des Beschlusses, mit dem Vorschüsse gewährt werden, „alleiniger gesetzlicher Vertreter" des minderjährigen Kindes zur Durchsetzung der Unterhaltsansprüche. *(BGBl 1989/162 und BGBl I 2000/135, ab 1. 7. 2001)*

(3) Die Einstellung der Vorschüsse ist kein Grund zur Beendigung der „Vertretung" nach Abs. 2. Im Fall der Vorschußgewährung bloß nach § 4 Z 2 oder 3 ist der Jugendwohlfahrtsträger zu entheben, wenn er zur Durchsetzung des Unterhaltsanspruchs des Kindes nach der Lage des Falles nichts beizutragen vermag. *(BGBl 1989/162 und BGBl I 2000/135, ab 1. 7. 2001)*

Zuständigkeit

§ 10. Über die Gewährung von Vorschüssen hat das „ " Pflegschaftsgericht im Verfahren außer Streitsachen zu entscheiden. *(BGBl I 2000/135, ab 1. 7. 2001)*

Antrag

§ 11. (1) Die Vorschüsse sind nur auf Antrag zu gewähren.

(2) Soweit der Antragsteller die Voraussetzungen der Gewährung von Vorschüssen nicht auf Grund der „ " Pflegschaftsakten, durch Urkunden oder sonst auf einfache Weise nachweisen kann, sind diese Voraussetzungen durch eine der Wahrheit entsprechende Erklärung des Vertreters glaubhaft zu machen; der Vertreter ist auf die strafrechtlichen Folgen einer wahrheitswidrigen Erklärung hinzuweisen. *(BGBl I 2000/135, ab 1. 7. 2001)*

§ 12. Der Unterhaltsschuldner ist nur zu hören, wenn dadurch Zweifel über das Vorliegen der Voraussetzungen geklärt werden können und das Verfahren nicht verzögert wird.

Bewilligung

§ 13. (1) In dem Beschluß, mit dem die Vorschüsse bewilligt werden, ist

1. die Höhe des monatlichen Vorschusses und der Zeitraum zu bestimmen, für den die Vorschüsse gewährt werden,

2. der Zahlungsempfänger zu bezeichnen,

3. die Auszahlung der Vorschüsse durch den Präsidenten des Oberlandesgerichts zu verfügen,

4. dem Unterhaltsschuldner aufzutragen, die der gesetzlichen Regelung der Rückzahlung der Vorschüsse entsprechenden Zahlungen zu leisten, *(BGBl. Nr. 278/1980, Art. I Z 9)*

5. „dem Jugendwohlfahrtsträger" als gesetzlichem Vertreter des Kindes, ausgenommen in den Fällen der Vorschußgewährung nach § 4 Z 2 oder 3, aufzutragen, die bevorschußten Unterhaltsbeiträge einzutreiben und, soweit eingebracht, monatlich dem Präsidenten des Oberlandesgerichts zu überweisen, *(BGBl. Nr. 278/1980, Art. I Z 9) (BGBl 1989/162)*

6. dem Unterhaltsschuldner die Zahlung der Pauschalgebühr nach § 24 binnen 14 Tagen aufzutragen.

(2) Außerdem ist in dem Beschluß auf die Mitteilungspflicht nach § 21 und die Ersatzpflicht nach § 22 hinzuweisen.

§ 14. Der Beschluß, mit dem die Vorschüsse bewilligt werden, ist dem Kind, dem Jugendwohlfahrtsträger, soweit er das Kind nicht ohnedies vertritt, dem Unterhaltsschuldner, dem Präsidenten des Oberlandesgerichts und dem Zahlungsempfänger zuzustellen.

(BGBl 1989/162)

Rechtsmittel

§ 15. (1) Beschlüsse im Verfahren über die Gewährung von Vorschüssen können von den Beteiligten nur mit Rekurs angefochten werden. Der Bund übt sein Rekursrecht durch den Präsidenten des Oberlandesgerichts aus.

(2) Der Rekurs kann nicht auf Umstände gestützt werden, die den Grund oder die Höhe des Unterhaltsanspruchs des Kindes betreffen, es sei denn, daß solche Umstände Tatbestandsmerkmale des § 4 Z 2 oder 3 oder des § 7 Abs. 1 sind.

(3) *(aufgehoben, BGBl I 1997/140, ab 1. 1. 1998, nicht mehr anzuwenden, wenn das Datum der Entscheidung der zweiten Instanz nach dem 31. 12. 1997 liegt)*

(BGBl. Nr. 278/1980, Art. I Z 11)

Vollzug

§ 16. (1) Der Beschluß, mit dem das Gericht die Vorschüsse bewilligt, ist sogleich zu vollziehen.

(2) Wird gegen den Bewilligungsbeschluß Rekurs erhoben, so hat das Erstgericht oder das Rekursgericht, soweit es die vorgetragenen Einwendungen für beachtlich hält, unverzüglich anzuordnen, daß mit dem Vollzug bis zum Eintritt der Rechtskraft des Beschlusses innegehalten wird. Gegen diese Anordnung ist ein Rechtsmittel unzulässig.

(3) Das die Innehaltung anordnende Gericht hat hievon umgehend den Präsidenten des Oberlandesgerichts zu verständigen. Gleiches gilt, wenn das Rekursgericht den Antrag auf Vorschußgewährung abweist.

(BGBl. Nr. 278/1980, Art. I Z 12)

§ 17. (1) Der Präsident des Oberlandesgerichts hat auf Grund des Bewilligungsbeschlusses die Vorschüsse jeweils am Ersten eines jeden Monats im voraus auszuzahlen. *(BGBl. Nr. 278/1980, Art. I Z 13)*

(2) Die Vorschüsse sind demjenigen auszuzahlen, der das Kind pflegt und erzieht, sofern der gesetzliche Vertreter zum Wohl des Kindes nicht anderes beantragt.

Weitergewährung der Vorschüsse

§ 18. (1) Das Gericht hat die Vorschüsse für längstens jeweils drei weitere Jahre zu gewähren, wenn

1. dies das Kind spätestens innerhalb von drei Monaten nach Ablauf des Monats, für den der letzte Vorschuß gezahlt wird, beantragt und

2. keine Bedenken dagegen bestehen, daß die Voraussetzungen der Gewährung der Vorschüsse, ausgenommen die des § 3 Z 2, weiter gegeben sind.

(2) Die Weitergewährung der Vorschüsse ist zu versagen, wenn es wahrscheinlich ist, daß die laufenden Unterhaltsbeiträge künftig im Weg freiwilliger Zahlungen oder der Exekution vom Unterhaltsschuldner voll eingehen werden.

Änderung der Vorschüsse

§ 19. (1) Wird der Unterhaltsbeitrag herabgesetzt oder tritt ein Fall des § 7 Abs. 1 ein, ohne daß es zur gänzlichen Versagung der Vorschüsse käme, so hat das Gericht auf Antrag oder von Amts wegen die Vorschüsse entsprechend herabzusetzen. Die Herabsetzung ist, gegebenenfalls rückwirkend, mit dem auf den Eintritt des Herabsetzungsgrundes folgenden Monatsersten anzuordnen; zugleich hat das Gericht unter Berücksichtigung der Bedürfnisse des Kindes die Einbehaltung zu Unrecht ausgezahlter Beträge, soweit notwendig in Teilbeträgen, von künftig fällig werdenden Vorschüssen anzuordnen.

(2) Wird der Unterhaltsbeitrag erhöht, so hat das Gericht von Amts wegen oder auf Antrag die Vorschüsse bis zum Ende des im zuletzt gefaßten Beschluß über die Gewährung oder Weitergewährung bestimmten Zeitraums zu erhöhen; die Erhöhung ist mit dem auf das Wirksamwerden der Unterhaltserhöhung folgenden Monatsersten, fällt die Erhöhung auf einen Monatsersten, mit diesem anzuordnen.

(3) Für die Innehaltung gilt § 16 sinngemäß.

(BGBl. Nr. 278/1980, Art. I Z 14)

Einstellung der Vorschüsse

§ 20. (1) Die Vorschüsse sind einzustellen

1. auf Antrag des Kindes (§ 9 Abs. 1),

2. auf Antrag des Unterhaltsschuldners, wenn er nachweist, daß er alle fälligen Unterhaltsbeiträge gezahlt und den Unterhaltsbeitrag für die kommenden zwei Monate entweder gleichfalls gezahlt oder zugunsten des Kindes gerichtlich erlegt hat (§ 1425 ABGB),

3. auf Antrag eines sonst Unterhaltspflichtigen, wenn er nachweist, daß er die Unterhaltsbeiträge des Unterhaltsschuldners regelmäßig voll leistet, oder

4. auf Antrag oder von Amts wegen, wenn

a) eine der Voraussetzungen der Gewährung der Vorschüsse, ausgenommen die des § 3 Z 2, wegfällt oder

b) nach § 7 Abs. 1 die Vorschüsse zur Gänze zu versagen sind.

(2) Die Einstellung ist, gegebenenfalls rückwirkend, mit Ablauf des Monats anzuordnen, in dem der Einstellungsgrund eingetreten ist. Für die Innehaltung gilt § 16 sinngemäß. *(BGBl. Nr. 278/1980, Art. I Z 15)*

Mitteilungspflicht

§ 21. Der gesetzliche Vertreter des Kindes, der Unterhaltsschuldner und derjenige, der das Kind pflegt und erzieht, haben dem Gericht unverzüglich den Eintritt jedes Grundes für die Herabsetzung oder Einstellung der Vorschüsse mitzuteilen.

Ersatz zu Unrecht gewährter Vorschüsse

§ 22. (1) Vorschüsse, die auf Grund eines im Rechtsmittelverfahren geänderten oder aufgehobenen Beschlusses oder entgegen einer Herabsetzung oder Einstellung der Vorschüsse zu Unrecht gezahlt worden sind, hat das Kind zurückzuzahlen, soweit sie nicht nach § 19 Abs. 1 letzter Halbsatz einbehalten oder für den Unterhalt des Kindes verbraucht worden sind. Soweit die zu Unrecht gewährten Vorschüsse vom Kind nicht hereingebracht werden können, haften der gesetzliche Vertreter des Kindes und diejenige Person, in deren Pflege und Erziehung sich das Kind befindet, zur ungeteilten Hand, hilfsweise der Unterhaltsschuldner, jedoch nur derjenige, der die Gewährung der Vorschüsse durch unrichtige Angaben in der Erklärung (§ 11 Abs. 2) oder durch Verletzung der Mitteilungspflicht (§ 21) vorsätzlich oder grob fahrlässig veranlaßt hat.

(2) Die Ersatzpflicht besteht insoweit nicht, als dadurch der laufende Unterhalt des Kindes gefährdet wird.

(3) Die Ersatzpflicht erlischt drei Jahre nach Auszahlung der Vorschüsse.

§ 23. Werden die Unterhaltsvorschüsse herabgesetzt oder eingestellt, keine Beträge nach § 19 Abs. 1 letzter Halbsatz einbehalten und ergibt sich aus der Aktenlage, daß ein Anspruch auf Ersatz zu Unrecht gewährter Vorschüsse nicht besteht, so ist dies von Amts wegen im Beschluß über die Herabsetzung oder Einstellung der Vorschüsse auszusprechen. Sonst hat, unabhängig vom Alter des Kindes, das „ “ Pflegschaftsgericht über den Ersatz zu Unrecht gewährter Vorschüsse auf Antrag des Präsidenten des Oberlandesgerichts im Verfahren außer Streitsachen zu entscheiden. *(BGBl I 2000/135, ab 1. 7. 2001)*

(BGBl. Nr. 278/1980, Art. I Z 16)

Gebühren

§ 24. Für das Verfahren über die Gewährung, Weitergewährung oder Erhöhung von Vorschüssen hat der Unterhaltsschuldner eine Pauschalgebühr in der Höhe der Hälfte des rechtskräftig gewährten (weitergewährten) monatlichen Vorschußbetrags zu entrichten; im Fall der rechtskräftigen Erhöhung der Vorschüsse beträgt die Pauschalgebühr die Hälfte des monatlichen Erhöhungsbetrags. Im übrigen sind die Beteiligten des Verfahrens auf Gewährung, Weitergewährung, Änderung oder Einstellung von Vorschüssen von der Pflicht zur Entrichtung von Gebühren und Kosten befreit.

(BGBl. Nr. 278/1980, Art. I Z 16)

§ 25. *(aufgehoben, BGBl 1991/628)*

Rückzahlung der Vorschüsse

§ 26. (1) Vorschüsse nach den §§ 3 und 4 Z 1, 4 und 5 hat das Kind insoweit zurückzuzahlen, als diese Beträge vom Unterhaltsschuldner hereingebracht werden. *(BGBl 1987/645)*

(2) Der Unterhaltsschuldner hat ab Zustellung des Beschlusses an ihn die Unterhaltsbeiträge an „den Jugendwohlfahrtsträger“ zu zahlen. *(BGBl 1989/162)*

(3) Die Pflicht des Unterhaltsschuldners zur Leistung der Unterhaltsbeiträge verjährt insoweit nicht, als auf sie Vorschüsse gewährt worden sind.

(BGBl. Nr. 278/1980, Art. I Z 17)

§ 27. (1) Aus den hereingebrachten Unterhaltsbeiträgen hat „der Jugendwohlfahrtsträger“ zunächst die Forderung des Kindes auf laufende Unterhaltsbeiträge, soweit auf sie keine Vorschüsse gewährt werden, dann die Forderung des Kindes auf die innerhalb von sechs Monaten vor der Stellung des Antrags auf Vorschußgewährung fällig gewordenen Unterhaltsbeiträge, weiter die Forderung des Bundes auf Rückzahlung der Vorschüsse und schließlich die Forderung des Kindes auf sonstige rückständige Unterhaltsbeiträge zu befriedigen. *(BGBl 1989/162)*

(2) Der Jugendwohlfahrtsträger hat die von ihm hereingebrachten Unterhaltsbeiträge, soweit aus ihnen die Forderung des Bundes auf Rückzahlung der Vorschüsse zu befriedigen ist, monatlich dem Präsidenten des Oberlandesgerichts samt einer den Unterhaltsschuldner betreffenden Aufstellung zu übermitteln. Sind die gewährten Vorschüsse zur Gänze zurückgezahlt oder ist die gesetzliche Vertretung des Jugendwohlfahrtsträgers beendet, so hat dieser dem Präsidenten des Oberlandesgerichts eine Schlußabrechnung zu übersenden. *(BGBl 1989/162)*

(3) Nimmt der Präsident des Oberlandesgerichts wahr, daß „der Jugendwohlfahrtsträger“ seine[1]) Pflicht zur Einbringung der bevorschußten Unterhaltsbeiträge ungenügend erfüllt, so hat er das Vormundschafts- oder Pflegschaftsgericht zu benachrichtigen. *(BGBl 1989/162)*

(BGBl. Nr. 278/1980, Art. I Z 17)

---

[1]) *„Seine“ ergibt sich aus der Ersetzung der Bezirksverwaltungsbehörde durch den Jugendwohlfahrtsträger*

§ 28. (1) Vorschüsse nach § 4 Z 2 hat der Unterhaltsschuldner unmittelbar dem Bund zu Handen des Präsidenten des Oberlandesgerichts zurückzuzahlen, soweit er nicht nachweist, daß er nach seinen Lebensverhältnissen außerstande gewesen ist, dem Kind Unterhaltsbeiträge bis zur Höhe der jeweils gewährten Vorschüsse zu leisten.

(2) Der Beschluß über die Gewährung der Vorschüsse nach § 4 Z 2 gilt als Exekutionstitel; die Höhe des zu vollstreckenden Anspruchs hat das die Exekution bewilligende Gericht auf Grund einer Erklärung des Präsidenten des Oberlandesgerichts festzusetzen. Ein für den Zeitraum der Vorschußgewährung allenfalls bestehender Exekutionstitel auf Leistung des Unterhalts erlischt insoweit.

(3) Einwendungen gegen die Rückzahlungspflicht hat der Unterhaltsschuldner, unabhängig vom Alter des Kindes, ausschließlich beim „ “ Pflegschaftsgericht geltend zu machen. Dieses entscheidet im Verfahren außer Streitsachen. *(BGBl I 2000/135, ab 1. 7. 2001)*

(4) Die Geltendmachung von Einwendungen gilt als Grund für die Aufschiebung einer Exekution im Sinn des § 42 EO; § 44 Abs. 1 und 2 EO ist nicht anzuwenden. Soweit den Einwendungen rechtskräftig stattgegeben wird, ist die Exekution einzustellen.

(BGBl. Nr. 278/1980, Art. I Z 17)

§ 29. (1) Vorschüsse nach § 4 Z 3 hat der Unterhaltsschuldner unmittelbar dem Bund zu Handen des Präsidenten des Oberlandesgerichts zurückzuzahlen, soweit dies nach den Einkommens- und Vermögensverhältnissen des Unterhaltsschuldners unter Berücksichtigung seiner Sorgepflichten und unter Beachtung der Zwecke des Strafvollzugs (§ 20 Abs. 1 StVG) aus Gründen der Billigkeit geboten scheint und seine wirtschaftliche Fähigkeit zur Schadensgutmachung nicht beeinträchtigt.

(2) Über die Pflicht zur Rückzahlung entscheidet, unabhängig vom Alter des Kindes, das „ “ Pflegschaftsgericht auf Antrag des Präsidenten des Oberlandesgerichts im Verfahren außer Streitsachen. *(BGBl I 2000/135, ab 1. 7. 2001)*

(BGBl. Nr. 278/1980, Art. I Z 17)

Übergang der Unterhaltsforderungen auf den Bund

§ 30. Mit Beendigung der gesetzlichen Vertretung „des Jugendwohlfahrtsträgers“ gehen die noch nicht eingebrachten Unterhaltsforderungen des Kindes von Gesetzes wegen für die Zeit, für die die Vorschüsse bewilligt worden sind, und im Ausmaß der noch nicht zurückgezahlten Vorschüsse auf den Bund über; die Unterhaltsbeiträge sind bis zur Höhe der gewährten Vorschüsse an den Präsidenten des Oberlandesgerichts zu erbringen; sonst geleistete Zahlungen befreien nicht von der Schuld. *(BGBl 1989/162)*

Eintreibung durch den Bund

§ 31. (1) Soweit der Unterhaltsschuldner keine schuldbefreienden Zahlungen leistet, hat der Präsident des Oberlandesgerichts die Forderung zwangsweise hereinzubringen.

(2) Der Bund tritt von Gesetzes wegen mit Beendigung der gesetzlichen Vertretung durch „den Jugendwohlfahrtsträger“ bis zur Höhe der gewährten Vorschüsse in anhängige Exekutions-, Konkurs- oder Ausgleichsverfahren gegen den Unterhaltsschuldner sowie in einen allenfalls anhängigen Rechtsstreit gegen den Drittschuldner anstelle des Kindes ein. *(BGBl 1989/162)*

(3) Führen sowohl der Bund als auch das Kind, dieses wegen einer nicht auf den Bund übergegangenen Unterhaltsforderung, auf denselben Gegenstand Exekution, so gilt für die Befriedigung ihrer Forderungen die Rangordnung des § 27 Abs. 1.

(4) Der Präsident des Oberlandesgerichts kann die Finanzprokuratur ersuchen, den Bund in gerichtlichen Verfahren zu vertreten.

(BGBl. Nr. 278/1980, Art. I Z 18)

§ 31a. Mit dem Tod des Unterhaltsschuldners geht dessen Pflicht zur Leistung der Unterhaltsbeiträge, auf die Vorschüsse gewährt worden sind, sowie zur Rückzahlung der Vorschüsse an den Bund bis zum Wert der Verlassenschaft auf die Erben über. Diese Pflicht steht jedoch der zur Leistung des Unterhalts nach § 142 ABGB im Rang nach.

(BGBl. Nr. 278/1980, Art. I Z 19)

§ 32. (1) Der Präsident des Oberlandesgerichts hat die im § 183 AußStrG dem Gericht eingeräumten Auskunftsrechte, ausgenommen das in dessen Abs. 2 letzter Satz genannte Recht. *(BGBl 1989/162)*

(2) Für den Präsidenten des Oberlandesgerichts gelten – soweit ihm ein Kostenersatzanspruch zusteht – die Regelungen nach dem Bundesgesetz vom 22. Mai 1969, BGBl. Nr. 190, über die Bestimmung der Kosten, die einem durch die Bezirksverwaltungsbehörde

vertretenen Minderjährigen in gerichtlichen Verfahren zu ersetzen sind, „einschließlich dessen § 1 Abs. 3“ sinngemäß. *(BGBl I 1997/140, ab 1. 1. 1998, und BGBl I 2001/98, ab 1. 1. 2002)*

§ 33. (1) Beeinträchtigt die Durchsetzung des Anspruchs des Bundes an den Unterhaltsschuldner dessen wirtschaftliche Fähigkeit, die Unterhaltsbeiträge an den Bund oder künftig unmittelbar an das Kind zu leisten, so kann mit dem Unterhaltsschuldner die Erfüllung seiner Zahlungspflicht in Teilbeträgen unter Vorbehalt des Rechtes vereinbart werden, im Fall des Ausbleibens einer Teilzahlung die sofortige Entrichtung aller noch aushaftenden Teilzahlungen zu fordern (Terminsverlust). Reicht dies nicht aus, so kann die Erfüllung der auf den Bund übergegangenen Unterhaltsforderungen längstens bis zu fünf Jahren gestundet werden. Als letztes Mittel der Abhilfe kann im Einvernehmen mit dem Bundesminister für Jugend und Familie sowie mit Zustimmung des Bundesministers für Finanzen auf die Forderung ganz oder teilweise verzichtet werden. *(BGBl Nr. 278/1980, Art. I Z 20; BGBl. Nr. 617/1983, Art. III Z 1)*

(2) Der Unterhaltsschuldner hat keinen Rechtsanspruch auf Zahlungserleichterungen nach Abs. 1.

Örtliche Zuständigkeit des Oberlandesgerichts

§ 34. Als das in diesem Bundesgesetz genannte Oberlandesgericht ist dasjenige zuständig, in dessen Sprengel das Vormundschafts- oder Pflegschaftsgericht liegt.

Automationsunterstützter Datenverkehr

§ 34a. (1) Zum Zweck der Aus- und Rückzahlung der Unterhaltsvorschüsse dürfen folgende Daten zwischen den Präsidenten der Oberlandesgerichte und den Jugendwohlfahrtsträgern mittels maschinell lesbarer Datenträger oder im Weg der Datenfernverarbeitung übermittelt werden:

1. die Bezeichnung des Falles,

2. Name, Geburtsdatum, Geburtsort, Beruf und Anschrift des Kindes, des Zahlungsempfängers, des gesetzlichen Vertreters, der Pflegeperson und des Unterhaltsschuldners sowie dessen Sozialversicherungsnummer,

3. die Bezeichnung des Vorganges, die Höhe des Betrages und der jeweils aushaftende Vorschußbetrag.

(2) Zur Übermittlung nach dem Abs. 1 kann „die Bundesrechenzentrum GmbH“ herangezogen werden. *(BGBl 1996/757, ab 1. 1. 1997)*

(BGBl 1989/162)

§ 35. *(Entfällt samt Überschrift; Art. III der Kundmachung)*

Vollziehung

§ 36. (1) Mit der Vollziehung dieses Bundesgesetzes ist, soweit Abs. 2 nicht anderes bestimmt, der Bundesminister für Justiz betraut.

(2) Mit der Vollziehung sind betraut:

1. des § 17 Abs. 1 und des § 33 der Bundesminister für Justiz im Zusammenwirken mit dem Bundesminister für Jugend und Familie[1]) und mit dem Bundesminister für Finanzen,

2. des § 32 hinsichtlich der Auskunftserteilung durch die Träger der Sozialversicherung der Bundesminister für Arbeit und Soziales[1]) im Einvernehmen mit dem Bundesminister für Justiz und

3. des § 34a Abs. 2 der Bundesminister für Justiz im Einvernehmen mit dem Bundesminister für Finanzen.

(BGBl 1989/162)

---

[1]) *Jetzt: BM für soziale Sicherheit und Generationen.*

8/2. Unterhaltsschutzgesetz

8/2. Unterhaltsschutzgesetz 1985 (Wv), BGBl 1985/452 idF
1 BGBl 1991/628 (EO-Nov 1991)

Bundesgesetz über den Schutz des gesetzlichen Anspruches auf Unterhalt (Unterhaltsschutzgesetz 1985)

Haftung für fremde Unterhaltsschulden

§ **1.** Geht jemand, der gesetzlich zur Leistung von Unterhalt verpflichtet ist, keinem Erwerb nach, der ihm die Erfüllung dieser Pflicht ermöglichen würde, und gewährt ihm ein Dritter in KenntÏnis dieser Pflicht Unterhalt, ohne seinerseits hiezu gesetzlich verpflichtet zu sein, so haftet der Dritte dem Unterhaltsberechtigten als Bürge und Zahler für die Unterhaltsschulden, die auf die Zeit der Unterhaltsgewährung entfallen.

§ **2.** *(aufgehoben, BGBl 1991/628)*

Schlußbestimmungen

§ **3.** Wo in anderen Bundesgesetzen die §§ 2 oder 3 des Bundesgesetzes vom 4. Februar 1925, BGBl. Nr 69, über den Schutz des gesetzlichen Unterhaltsanspruches angeführt sind, tritt an die Stelle dieser Anführung die der entsprechenden Bestimmung des vorliegenden Bundesgesetzes.

§ **4.** Mit der Vollziehung dieses Bundesgesetzes ist der Bundesminister für Justiz betraut.

8/3. Auslandsunterhaltsgesetz

8/3. Auslandsunterhaltsgesetz, BGBl 1990/160

STICHWORTVERZEICHNIS

(Die Zahlenangaben beziehen sich auf die Paragraphen)

Bundesgesetz vom 1. März 1990 zur Geltendmachung von Unterhaltsansprüchen im Verkehr mit ausländischen Staaten (Auslandsunterhaltsgesetz)

Abschnitt I
Allgemeines

§ 1. (1) Unterhaltsansprüche, die einer Person (Anspruchswerber) gegen eine andere Person (Anspruchsgegner) erheben zu können glaubt, können nach dem in diesem Bundesgesetz vorgesehenen Verfahren geltend gemacht werden, wenn sich der Anspruchswerber im Inland aufhält und der Anspruchsgegner der Gerichtsbarkeit eines Staates untersteht, mit dem die Gegenseitigkeit verbürgt ist (Abs. 3), oder wenn der Anspruchswerber sich in einem solchen Staat aufhält und der Anspruchsgegner der inländischen Gerichtsbarkeit unterliegt.

(2) Anspruchswerber im Sinn dieses Bundesgesetzes ist auch eine öffentliche Aufgaben wahrnehmende Einrichtung, die die Rückerstattung der einem Unterhaltsberechtigten erbrachten Leistungen verlangt, wenn diese Einrichtung nach dem Recht, dem sie untersteht, die Rückerstattung vom Anspruchsgegner verlangen kann.

(3) Die Gegenseitigkeit im Sinn dieses Bundesgesetzes ist mit Staaten verbürgt, in denen eine diesem Bundesgesetz entsprechende Rechtsvorschrift in Kraft steht, wenn der Bundesminister für Justiz dies durch Verordnung[1]) feststellt. Die Verordnung kann die Gegenseitigkeit gegebenenfalls auf bestimmte Unterhaltsansprüche oder bestimmte Arten von Unterhaltstiteln beschränken. Die Voraussetzungen der Vollstreckung von Unterhaltstiteln, die in einem solchen Staat erlassen bzw. errichtet worden sind, sind nach den §§ 80 und 81 EO zu beurteilen.

(4) Eine Unterhaltsentscheidung, die in einem Staat, mit dem die Gegenseitigkeit verbürgt ist (Abs. 3), ohne Anhörung des Anspruchsgegners vorläufig und vorbehaltlich der Bestätigung durch das ersuchte Gericht ergangen ist, ist als Antrag im Sinn der §§ 9 und 10 Abs. 2 zu werten.

(5) Teilstaaten und Provinzen von Bundesstaaten sind für Zwecke dieses Bundesgesetzes Staaten gleichzuhalten, wenn sie für die in diesem Bundesgesetz geregelten Angelegenheiten zuständig sind.

Empfangs- und Übermittlungsstelle

§ 2. Die im § 1 genannten Unterhaltsansprüche werden durch Vermittlung des Bundesministeriums für Justiz als Empfangs- und Übermittlungsstelle geltend gemacht. Das Bundesministerium für Justiz verkehrt mit den im Ausland dafür bestimmten Stellen unmittelbar.

Abschnitt II
Anbringen des Antrags

§ 3. Anträge, mit denen die im § 1 genannten Unterhaltsansprüche geltend gemacht werden, sind vom Anspruchswerber bei dem zur Ausübung der Gerichtsbarkeit in bürgerlichen Rechtssachen berufenen Bezirksgericht schriftlich anzubringen oder zu Protokoll zu geben, in dessen Sprengel er seinen gewöhnlichen Aufenthalt hat, bei Fehlen eines solchen im Inland bei dem Bezirksgericht, in dessen Sprengel er seinen Aufenthalt hat. Ist der Anspruchswerber nicht eigenberechtigt, so ist auch das Bezirksgericht zuständig, in dessen Sprengel der gesetzliche Vertreter des Anspruchswerbers seinen gewöhnlichen Aufenthalt (Sitz) hat, bei Fehlen eines solchen im Inland bei dem Bezirksgericht, in dessen Sprengel er seinen Aufenthalt hat.

Inhalt des Antrags

§ 4. (1) Der Antrag hat die für die Geltendmachung des Unterhaltsanspruchs erforderlichen Angaben zu enthalten, und zwar mindestens

1. Angaben über den Anspruchswerber: Vornamen und Familiennamen, Geburtsdaten, Staatsangehörigkeit, Beruf oder Beschäftigung, Anschrift und gegebenenfalls Namen (Bezeichnung) und Anschrift des gesetzlichen Vertreters;

2. Angaben über den Anspruchsgegner: Vornamen und Familiennamen, Geburtsdaten, Staatsangehörigkeit, Beruf oder Beschäftigung, Anschrift und, soweit dem Anspruchswerber bekannt, auch die Anschriften während der letzten fünf Jahre; ist die Anschrift nicht bekannt, alle verfügbaren Hinweise zu deren Ausforschung;

3. Angaben über den Unterhaltsanspruch: Grund des Anspruchs, Art und Höhe des geforderten Unterhalts und sonstige erhebliche Angaben, zB über die finanziellen und familiären Verhältnisse des Anspruchswerbers und, soweit möglich, des Anspruchsgegners, ferner Bezeichnung der Beweismittel, Umfang und Rechtsgrundlage allfälliger früherer Unterhaltsleistungen.

(2) Dem Antrag sind alle sachdienlichen Unterlagen samt den entsprechenden Personenstandsurkunden anzuschließen. Der Anspruchswerber hat die Richtigkeit seiner Angaben zu bestätigen. Besonderen Anforderungen des zu ersuchenden Staates an Form und Inhalt des

---

[1]) *Australien (BGBl 1992/399), einzelne Provinzen Kanadas (BGBl 1992/495, BGBl 1996/209, BGBl II 1997/180, BGBl II 1998/47, BGBl II 1998/82, BGBl II 1999/356 und BGBl II 2000/273), Staaten und Gebiete der Vereinigten Staaten von Amerika (BGBl 1990/479)*

Antrags ist Rechnung zu tragen, soweit nicht zwingende Vorschriften des innerstaatlichen Rechts entgegenstehen.

(3) Der Antrag und die beizufügenden sonstigen Unterlagen sind mit beglaubigten Übersetzungen in die Amtssprache bzw. in eine der Amtssprachen des zu ersuchenden Staates zu versehen.

Verfahrenshilfe zur Herstellung der Übersetzungen

§ 5. (1) Sind der Antrag und die beizufügenden sonstigen Unterlagen mit Übersetzungen in eine fremde Sprache zu versehen (§ 4 Abs. 3), so sind bei Vorliegen eines Antrags des Anspruchswerbers auf Bewilligung der Verfahrenshilfe hinsichtlich der Gebühren der Dolmetscher die §§ 63ff. ZPO anzuwenden.

(2) Der Beschluß über die Bewilligung der Verfahrenshilfe ist dem Antragsgegner nicht zuzustellen und kann von ihm auch nicht angefochten werden.

(3) Nach der Bewilligung der Verfahrenshilfe hat das Gericht die Herstellung der erforderlichen Übersetzungen zu veranlassen.

Prüfung des Antrags

§ 6. (1) Das im § 3 genannte Gericht hat zu prüfen, ob der Antrag und die beizufügenden sonstigen Unterlagen den Erfordernissen dieses Bundesgesetzes bzw. allfälligen besonderen Anforderungen des zu ersuchenden Staates an Form und Inhalt des Antrags entsprechen.

(2) Überdies hat das Gericht zu prüfen, ob in dem Antrag und den beigeschlossenen sonstigen Unterlagen Umstände dargetan werden, aus denen geschlossen werden kann, daß den Anspruchsgegner eine Unterhaltsverpflichtung gegenüber dem Anspruchswerber trifft und der Antrag daher in dem im zu ersuchenden Staat vorgesehenen Verfahren zu behandeln ist. Über das positive Ergebnis dieser Prüfung stellt das Gericht eine Bestätigung aus und veranlaßt deren Übersetzung in die Sprache des zu ersuchenden Staates.

(3) Ist das Ergebnis dieser Prüfung negativ, so hat das Gericht die Weiterleitung des Antrags mit Beschluß abzulehnen; gegen diesen Beschluß ist der Rekurs nach den Bestimmungen des Verfahrens außer Streitsachen zulässig.

Geltendmachung vollstreckbarer Ansprüche

§ 7. Liegt über den Unterhaltsanspruch bereits eine inländische vollstreckbare gerichtliche Entscheidung oder ein sonstiger vollstreckbarer Schuldtitel vor, so kann der Anspruchswerber einen Antrag auf Vollstreckung (Registrierung) dieses Unterhaltstitels im Ausland stellen. Die §§ 3 bis 6 sind sinngemäß anzuwenden; dem Antrag ist eine mit der Rechtskraft- und Vollstreckbarkeitsbestätigung versehene Ausfertigung des Unterhaltstitels anzuschließen.

Weiterleitung des Antrags

§ 8. (1) Das Gericht hat nach Prüfung des Antrags (§§ 6 und 7) diesen samt den beizufügenden sonstigen Unterlagen und Übersetzungen – mit je drei beglaubigten Abschriften – unmittelbar dem Bundesministerium für Justiz vorzulegen.

(2) Das Bundesministerium für Justiz hat zu prüfen, ob der Antrag den förmlichen Anforderungen des einzuleitenden ausländischen Verfahrens genügt. Sind diese erfüllt, so hat das Bundesministerium für Justiz den Antrag samt allen Beilagen gemeinsam mit einer Übersetzung dieses Bundesgesetzes an die dafür im Ausland bestimmte Stelle weiterzuleiten.

(3) Das Bundesministerium für Justiz verfolgt den Fortgang der ordnungsgemäßen Erledigung des Antrags im Ausland.

Abschnitt III
Behandlung aus dem Ausland einlangender Anträge durch das Bundesministerium für Justiz

§ 9. (1) Das Bundesministerium für Justiz hat zu überprüfen, ob der aus dem Ausland einlangende Antrag die für die Geltendmachung des Unterhaltsanspruchs erforderlichen Angaben enthält (§ 4 Abs. 1) und mit einer Vollmacht, mit der das Bundesministerium für Justiz ermächtigt wurd, in Vertretung des Anspruchswerbers tätig zu werden oder eine andere Person hiefür zu bestellen, sowie mit den entsprechenden Personenstandsdokumenten, sonstigen sachdienlichen Unterlagen und mit Übersetzungen aller Schriftstücke in die deutsche Sprache versehen ist. Wird die Verfahrenshilfe angestrebt, so ist auch eine Erklärung des Anspruchswerbers über seine Vermögens-, Einkommens- und Familienverhältnisse erforderlich. Das Bundesministerium für Justiz hat für eine allfällige Ergänzung und Vervollständigung des Antrags und seiner Beilagen Sorge zu tragen.

(2) Das Bundesministerium für Justiz unternimmt alle geeigneten Schritte zur Geltendmachung des Unterhaltsanspruchs; dazu gehört besonders die vergleichsweise Regelung des Anspruchs und, falls erforderlich, die Einleitung und Durchführung eines Unterhaltsverfahrens und die Vollstreckung eines Unterhaltstitels. Das Bundesministerium für Justiz hat hiebei die Interessen des Anspruchswerbers zu wahren.

Weiterleitung aus dem Ausland einlangender Anträge an das Gericht und Behandlung durch das Gericht

§ 10. (1) Das Bundesministerium für Justiz hat den Antrag und seine Beilagen dem Vorsteher des für die Schaffung des Unterhaltstitels (Abs. 2) oder des für die Bewilligung der Exekution (Abs. 3) zuständigen Gerichtes zu übersenden.

(2) Soll ein österreichischer Unterhaltstitel geschaffen werden, so hat der Vorsteher des Gerichtes einen dort tätigen Richteramtsanwärter oder Rechtspraktikanten oder einen Bediensteten dieses Gerichtes zum Vertreter des Anspruchswerbers zu bestellen und die Akten an den zur Durchführung des Verfahrens zuständigen Richter weiterzuleiten. Dieser hat vorerst den bestellten Vertreter des Anspruchswerbers und den Anspruchsgegner zum Zweck des Vergleichsversuchs zu laden. Kommt ein Vergleich nicht zustande, so hat der Richter die Beigebung eines Rechtsanwalts, im Fall der Bewilligung der Verfahrenshilfe eines Rechtsanwalts zur Verfahrenshilfe, zum Zweck der Geltendmachung eines Unterhaltsanspruchs und der Vertretung des Anspruchswerbers im Verfahren einschließlich von Exekutionsverfahren zu beschließen. Der Beschluß über die Bewilligung der Verfahrenshilfe ist dem Antragsgegner nicht zuzustellen und kann von ihm auch nicht angefochten werden. Die Auswahl des Rechtsanwalts obliegt dem Ausschuß der Rechtsanwaltskammer. Der Rechtsanwalt bedarf keiner Vollmacht und ist, auch in Fällen der Verfahrenshilfe, zu allen im § 31 ZPO angeführten Prozeßhandlungen und zur Empfangnahme der Unterhaltszahlungen ermächtigt. Die vereinnahmten Geldbeträge hat er unter Berücksichtigung von gerichtlich bestimmten Kosten sowie von bankmäßigen Überweisungsspesen und Beachtung der einschlägigen devisenrechtlichen Vorschriften an den Anspruchswerber zu überweisen, sofern die übersendende ausländische Behörde keine andere Vorgangsweise erbeten hat. Die Kosten des Rechtsanwalts hat der Anspruchswerber vorläufig selbst zu tragen, sofern ihm nicht die Verfahrenshilfe bewilligt worden ist.

(3) Kann auf Grund der Unterlagen der Unterhaltsanspruch ohne Durchführung eines Verfahrens nach Abs. 2 im Inland vollstreckt werden, so hat der Vorsteher des zur Bewilligung der Exekution zuständigen Gerichtes den Antrag an den zuständigen Richter weiterzuleiten. Dieser hat zur Vertretung des Anspruchswerbers die Beigebung eines Rechtsanwalts, im Fall der Bewilligung der Verfahrenshilfe eines Rechtsanwalts zur Verfahrenshilfe, zu beschließen (Abs. 2), sofern für den Anspruchswerber nicht bereits ein zu einem früheren Zeitpunkt bestellter Rechtsanwalt im Inland vorhanden ist.

(4) Der Vorsteher des Gerichtes hat dem Bundesministerium für Justiz unmittelbar über die von ihm getroffenen Maßnahmen, den Fortgang des Verfahrens und dessen Ergebnis zu berichten. Das Bundesministerium für Justiz kann auch den zur Vertretung des Anspruchswerbers bestellten Rechtsanwalt um Bekanntgabe des Verfahrensstandes ersuchen. Ein allfälliger Schriftverkehr mit dem Anspruchswerber ist im Weg des Bundesministeriums für Justiz abzuwickeln. Kann ein Verfahren nicht eingeleitet werden, so ist das Bundesministerium für Justiz hievon unter Angabe der Gründe zu benachrichtigen; der Antrag und seine Beilagen sind dem Bundesministerium für Justiz zurückzustellen.

(5) Das Bundesministerium für Justiz unterrichtet den Anspruchswerber, erforderlichenfalls über die übersendende ausländische Behörde, über den Fortgang des Verfahrens. Kann ein Verfahren nicht eingeleitet werden, so hat das Bundesministerium für Justiz den Anspruchswerber hievon unter Angabe der Gründe zu benachrichtigen und den Antrag samt Beilagen zurückzustellen.

Abschnitt IV

Begünstigungen

§ 11. (1) Für die Geltendmachung des Unterhaltsanspruchs bei dem im § 3 genannten Gericht und für die Tätigkeit des Bundesministeriums für Justiz sind keine Gebühren zu entrichten.

(2) Anspruchswerber, die nicht österreichische Staatsbürger sind, sind in Verfahren nach diesem Bundesgesetz von der Pflicht zur Sicherheitsleistung für Prozeßkosten befreit.

Auskunft über Beschäftigungs- oder Versicherungsverhältnisse

§ 12. (1) Das Bundesministerium für Justiz kann den Arbeitgeber des Anspruchsgegners und erforderlichenfalls die in Betracht kommenden Träger der Sozialversicherung um Auskunft über das Beschäftigungs- oder Versicherungsverhältnis des Anspruchsgegners ersuchen.

(2) Das Ersuchen hat sich auf die für den Unterhaltsanspruch maßgebenden Tatsachen zu beschränken. Die Ersuchten sind zur Auskunftserteilung verpflichtet.

Abschnitt V

Schlußbestimmung

§ 13. (1) Mit der Vollziehung dieses Bundesgesetzes ist, soweit der Abs. 2 nicht anderes bestimmt, der Bundesminister für Justiz, hinsichtlich des § 11 im Einvernehmen mit dem Bundesminister für Finanzen betraut.

(2) Mit der Vollziehung des § 12 ist hinsichtlich der Auskunftserteilung durch die Träger der Sozialversicherung der Bundesminister für Arbeit und Soziales[1]) im Einvernehmen mit dem Bundesminister für Justiz betraut.

---

[1]) *Jetzt: BM für soziale Sicherheit und Generationen.*

JWG

9. Jugendwohlfahrtsgesetz

9. Jugendwohlfahrtsgesetz 1989, BGBl 1989/161 idF
1 BGBl 1992/259 (VfGH) **2** BGBl I 1999/53 **3** BGBl I 2000/135 (KindRÄG 2001)

STICHWORTVERZEICHNIS

(Die Zahlenangaben beziehen sich auf die Paragraphen)

Bundesgesetz vom 15. März 1989, mit dem Grundsätze über die Mutterschafts-, Säuglings- und Jugendfürsorge aufgestellt und unmittelbar anzuwendende Vorschriften in diesem Bereich erlassen werden (Jugendwohlfahrtsgesetz 1989 – JWG)

Erster Teil
Grundsatzbestimmungen
1. Hauptstück
Allgemeine Bestimmungen
Aufgabe der öffentlichen Jugendwohlfahrt

§ 1. (1) Die Mutterschafts-, Säuglings- und Jugendfürsorge (öffentliche Jugendwohlfahrt) hat

1. für die Betreuung der Mütter, der werdenden Mütter und ihrer Leibesfrucht sowie von Säuglingen und deren Eltern vorzusorgen (Mutterschafts- und Säuglingsfürsorge),

2. die Entwicklung Minderjähriger durch Anbot von Hilfen zur Pflege und Erziehung zu fördern und durch Gewährung von Erziehungsmaßnahmen zu sichern (Jugendfürsorge).

(2) Zwischenstaatliche Vereinbarungen bleiben davon ebenso unberührt wie das Bundesgesetz vom 23. Jänner 1974 über die mit gerichtlicher Strafe bedrohten Handlungen (Strafgesetzbuch).

Familie und öffentliche Jugendwohlfahrt

§ 2. (1) Der öffentlichen Jugendwohlfahrt kommt die allgemeine Aufgabe zu, die Familie bei der Erfüllung ihrer Aufgaben in der Pflege und Erziehung Minderjähriger zu beraten und zu unterstützen.

(2) Öffentliche Jugendwohlfahrt ist zu gewähren, wenn und insoweit die Erziehungsberechtigten das Wohl des Minderjährigen nicht gewährleisten.

(3) Die öffentliche Jugendwohlfahrt darf in familiäre Bereiche und Beziehungen nur insoweit eingreifen, als dies zum Wohl des Minderjährigen notwendig ist. Dies ist besonders auch dann der Fall, wenn zur Durchsetzung von Erziehungszielen Gewalt angewendet oder körperliches oder seelisches Leid zugefügt wird.

(4) Der Jugendwohlfahrtsträger hat Meldungen über den Verdacht der Vernachlässigung, Mißhandlung oder des sexuellen Mißbrauchs von Minderjährigen, welche gemäß § 37 oder auf Grund berufsrechtlicher Ermächtigungen oder Verpflichtungen an den Jugendwohlfahrtsträger erstattet werden, personenbezogen zu erfassen und unverzüglich zu überprüfen. Diese Daten sind nur zur Wahrnehmung von Aufgaben der öffentlichen Jugendwohlfahrt zu verarbeiten, zu benützen, zu übermitteln oder zu überlassen. Unrichtige Daten sind von Amts wegen zu löschen. *(BGBl I 1999/53, ab 1. 7. 1999)*

Persönlicher Anwendungsbereich

§ 3. Öffentliche Jugendwohlfahrt ist allen Personen zu gewähren, die ihren Aufenthalt im Inland haben; österreichischen Staatsbürgern und Staatenlosen jedenfalls, wenn sie ihren gewöhnlichen Aufenthalt im Inland haben.

Trägerschaft und Besorgung

§ 4. (1) Träger der öffentlichen Jugendwohlfahrt ist das Land (Jugendwohlfahrtsträger).

(2) Die Landesgesetzgebung bestimmt, welche Organisationseinheiten die Aufgaben der öffentlichen Jugendwohlfahrt zu besorgen haben.

Örtliche Zuständigkeit

§ 5. (1) Die örtliche Zuständigkeit des Jugendwohlfahrtsträgers richtet sich nach dem gewöhnlichen Aufenthalt, mangels eines solchen nach dem Aufenthalt des Betroffenen.

(2) Bei Gefahr im Verzug ist der Jugendwohlfahrtsträger örtlich zuständig, in dessen Wirkungsbereich die erforderliche Maßnahme zu setzen ist. Doch hat in einem solchen Fall der Jugendwohlfahrtsträger, in dessen Bereich der Betroffene seinen gewöhnlichen Aufenthalt hat, die Kosten zu ersetzen.

Fachliche Ausrichtung

§ 6. (1) Die öffentliche Jugendwohlfahrt ist von Fachkräften durchzuführen, die für den jeweiligen Tätigkeitsbereich ausgebildet und geeignet sind. Für die erforderliche Fortbildung und Supervision ist vorzusorgen. *(BGBl I 1999/53, ab 1. 7. 1999)*

(2) Die Heranziehung sonstiger geeigneter Kräfte ist zulässig, sofern Art und Umfang der Tätigkeit keine Fachausbildung erfordern. *(BGBl I 1999/53, ab 1. 7. 1999)*

(3) Öffentliche Jugendwohlfahrt ist unter Beachtung allgemein anerkannter wissenschaftlicher Erkenntnisse und Berücksichtigung der maßgeblichen Fachbereiche zu gewähren.

Planung und Forschung

§ 7. Die Jugendwohlfahrtsträger haben bei ihrer Planung die gesellschaftlichen Entwicklungen sowie die Ergebnisse der Forschung in den einschlägigen Bereichen zu berücksichtigen. Erforderlichenfalls haben sie sich um die Einleitung entsprechender Forschungen zu bemühen.

Freie Jugendwohlfahrt

§ 8. (1) Einrichtungen der freien Jugendwohlfahrt dürfen zur Erfüllung von nichthoheitlichen Aufgaben der öffentlichen Jugendwohlfahrt herangezogen werden, wenn sie nach Ziel und Ausstattung dazu geeignet sind. Gewährleistet ein freier Jugendwohlfahrtsträger jedoch unter Berücksichtigung seiner Ausstattung und sonstigen Leistungen das Wohl eines Minderjährigen besser und wirtschaftlicher als der öffentliche Träger, so soll der freie Träger herangezogen werden.

(2) Über das Vorliegen der Eignungsvoraussetzungen entscheidet auf Antrag des Eignungswerbers der öffentliche Jugendwohlfahrtsträger mit Bescheid. Die Einrichtungen der freien Jugendwohlfahrt unterliegen sodann der Fachaufsicht des Trägers der öffentlichen Jugendwohlfahrt.

(3) Ändern sich die Eignungsvoraussetzungen, so hat der öffentliche Jugendwohlfahrtsträger die Eignung der Einrichtung zu überprüfen, erforderlichenfalls neu zu entscheiden.

Verschwiegenheitspflicht

§ 9. Soweit gesetzlich nicht anderes bestimmt ist, sind die in der Jugendwohlfahrt tätigen Personen zur Verschwiegenheit über alle ihnen ausschließlich aus dieser Tätigkeit bekanntgewordenen Tatsachen zu verpflichten.

Kinder- und Jugendanwalt

§ 10. Die Jugendwohlfahrtsträger sind berufen,

1. Minderjährige, Erziehungsberechtigte und gesetzliche Vertreter in allen Angelegenheiten zu beraten, die die Stellung des Minderjährigen und die Aufgaben des Erziehungsberechtigten betreffen,

2. bei Meinungsverschiedenheiten und Auseinandersetzungen über die Pflege und Erziehung zu helfen.

2. Hauptstück

Leistungen der Jugendwohlfahrt

1. Abschnitt

Soziale Dienste

Vorsorge für soziale Dienste

§ 11. (1) Soziale Dienste sind Hilfen zur Deckung gleichartig auftretender Bedürfnisse werdender Eltern, Minderjähriger und deren Erziehungsberechtigten. Sie dienen der Entwicklung des Minderjährigen und der Förderung der Familie.

(2) Soziale Dienste, etwa niederschwellige Angebote (§ 12 Abs. 1 Z 6), sind Minderjährigen insbesondere dann anzubieten, wenn dies für die Förderung des Wohles des Kindes zweckmäßiger und erfolgversprechender erscheint als die Gewährung von Hilfen zur Erziehung (§§ 26 ff). *(BGBl I 1999/53, ab 1. 7. 1999)*

(3) Die Jugendwohlfahrtsträger haben vorzusorgen, daß die zur Erfüllung ihrer Aufgaben notwendigen sozialen Dienste bereitgestellt werden. Auf die regionalen Verhältnisse und die Bevölkerungsstruktur ist Bedacht zu nehmen.

Soziale Dienste

§ 12. (1) Als soziale Dienste sollen besonders angeboten werden:

1. Bildung für werdende Eltern, Eltern und Erziehungsberechtigte zur Stärkung der Fähigkeit zur Pflege und Erziehung sowie zur Vorbeugung von Entwicklungsstörungen und Erziehungsschwierigkeiten sowie von physischer, psychischer und sexueller Gewalt, etwa Elternschulen,

2. allgemeine und besondere Beratungsdienste für werdende Eltern, Eltern, Erziehungsberechtigte und Minderjährige, besonders zur Förderung der gewaltlosen Erziehung und zum Schutz Minderjähriger, etwa Mutter- bzw. Elternberatung, Erziehungs- und Familienberatung, Kinderschutzzentren,

3. vorbeugende und therapeutische Hilfen für Minderjährige und deren Familien,

4. Hilfen für Eltern, Erziehungsberechtigte und Minderjährige, besonders durch Einrichtungen zur Früherkennung und Behandlung abweichenden Verhaltens Minderjähriger,

5. Hilfen für die Betreuung Minderjähriger, etwa durch Mutter-Kind-Wohnungen und Tagesbetreuung (§ 21a),

6. Betreuung Minderjähriger durch niederschwellige Dienste, etwa Streetwork, betreute Notschlafstellen,

7. Pflegeplätze in Familien, Heimen und sonstigen Einrichtungen, besonders Kinderdörfern und sozialpädagogischen Wohngemeinschaften.

(BGBl I 1999/53, ab 1. 7. 1999)

(2) Bei der Durchführung dieser Aufgaben ist auf die Zusammenarbeit mit den Einrichtungen der außerschulischen Jugenderziehung und anderer Einrichtungen zu achten, die ebenfalls Aufgaben der Betreuung und Förderung der Jugend wahrnehmen.

Entgelt

§ 13. Die Landesgesetzgebung bestimmt, ob und welche Entgelte für soziale Dienste zu entrichten sind. Dabei sind Art und Umfang der Dienste sowie die persönlichen und wirtschaftlichen Verhältnisse derjenigen angemessen zu berücksichtigen, die diese Dienste in Anspruch nehmen.

2. Abschnitt

Pflegekinder

Begriff

§ 14. Als Pflegekinder im Sinn dieses Bundesgesetzes gelten Minderjährige, die von anderen als bis zum dritten Grad Verwandten oder Verschwägerten, von Wahleltern oder vom Vormund gepflegt und erzogen werden.

Vermittlung von Pflegeplätzen

§ 15. (1) Die Vermittlung von Pflegeplätzen ist dem öffentlichen Jugendwohlfahrtsträger vorbehalten.

(2) Jede Vermittlung hat dem Wohl des Kindes zu dienen. Es muß begründete Aussicht bestehen, daß zwischen den Pflegeeltern (Pflegepersonen) und dem Pflegekind eine dem Verhältnis zwischen leiblichen Eltern und Kindern nahekommende Beziehung hergestellt wird. Ein Entgelt für die Vermittlung ist unzulässig.

(3) Die Landesgesetzgebung darf vorsehen, daß dafür auch Träger der freien Jugendwohlfahrt zugelassen werden, wenn sie eine ordnungsgemäße Besorgung dieser Aufgabe gewährleisten und Hilfen nach § 20 anbieten können.

Pflegebewilligung

§ 16. (1) Pflegekinder unter sechzehn Jahren dürfen nur mit Bewilligung des öffentlichen Jugendwohlfahrtsträgers in Pflege und Erziehung genommen werden.

(2) Die Bewilligung darf nur für ein bestimmtes Pflegeverhältnis und nur dann erteilt werden, wenn die Voraussetzungen des § 15 Abs. 2 vorliegen. „ “ *(BGBl I 1999/53, ab 1. 7. 1999)*

(3) Im behördlichen Verfahren über die Pflegebewilligung haben die Pflegeeltern (Pflegepersonen) und die Erziehungsberechtigten Parteistellung. Das mindestens zehnjährige Kind ist jedenfalls persönlich, das noch nicht zehnjährige Kind tunlichst, in geeigneter Weise zu hören.

§ 17. (1) Keiner Bewilligung bedarf die Übernahme eines Pflegekindes

1. für vorübergehende Dauer oder einen Teil des Tages, wenn Pflege und Erziehung nicht gewerbsmäßig und nicht regelmäßig gewährt werden,

2. im Fall der Unterbringung bei einem Lehrberechtigten,

3. wenn der Jugendwohlfahrtsträger auf Grund seines Erziehungsrechts das Pflegeverhältnis begründet hat,

4. wenn das Gericht den Pflegeeltern das Erziehungsrecht übertragen hat.

(2) Die Landesgesetzgebung darf weitere Ausnahmen von der Bewilligungspflicht bestimmen.

§ 18. Die Pflegebewilligung ist zu widerrufen, wenn es das Wohl des Kindes erfordert. Der § 16 Abs. 3 gilt sinngemäß.

Pflegeaufsicht

§ 19. Der Jugendwohlfahrtsträger hat, abgesehen von den Fällen des § 17 Abs. 1 Z 1, in angemessenen Zeitabständen, jedoch mindestens einmal jährlich, zu prüfen, ob Pflegekindern unter 16 Jahren die Pflege und Erziehung im Sinn des § 146 ABGB gewährt werden. Die für die Pflege und Erziehung des Pflegekindes Verantwortlichen haben die Pflegeaufsicht zu ermöglichen.

Hilfen zur Festigung des Pflegeverhältnisses

§ 20. Die Übernahme eines Pflegekindes unter 16 Jahren soll gemäß ihrer Bedeutung für die Entwicklung des Minderjährigen entsprechend vorbereitet werden. Die Jugendwohlfahrt hat den Pflegeeltern (Pflegepersonen) Aus- und Fortbildungsanbote und diesen sowie dem Pflegekind und der Herkunftsfamilie Beratungshilfe anzubieten.

Pflegegeld

§ 21. (1) Die Landesgesetzgebung hat das Pflegegeld zu regeln, das Pflegeeltern (Pflegepersonen) auf ihren Antrag zur Erleichterung der mit der Pflege verbundenen Lasten erhalten. Dabei sind die örtlichen Verhältnisse und die Unterhaltskosten zu berücksichtigen.

(2) Die Landesgesetzgebung kann vorsehen, daß auch Personen, die mit dem betreuten Kind bis zum dritten Grad verwandt oder verschwägert sind, oder Vormündern, in deren Pflege und Erziehung sich das Kind befindet, eine Entschädigung bis zur Höhe des Pflegegeldes gewährt werden kann. *(BGBl I 1999/53, ab 1. 7. 1999)*

Tagesbetreuung

§ 21a. (1) Tagesbetreuung ist die Übernahme eines Minderjährigen unter 16 Jahren von anderen als bis zum dritten Grad Verwandten oder Verschwägerten, Wahleltern, dem Vormund oder anderen mit Pflege und Erziehung betrauten Personen zur regelmäßigen und gewerbsmäßigen Betreuung für einen Teil des Tages, die nicht im Rahmen des Kindergarten-, Hort- und Schulbetriebes erfolgt. Die Betreuung kann sowohl als individuelle Betreuung im Haushalt einer geeigneten Person (Tagesmutter, -vater) als auch in Gruppen in geeigneten Räumlichkeiten erfolgen.

(2) Tagesmütter, -väter und Gruppen bedürfen einer Bewilligung. Die Voraussetzungen für Bewilligung und Widerruf sind durch die Landesgesetzgebung festzulegen.

(3) Dem Jugendwohlfahrtsträger obliegt die Aufsicht über die Tagesbetreuung gemäß Abs. 1.

(BGBl I 1999/53, ab 1. 7. 1999)

3. Abschnitt

Heime und sonstige Einrichtungen für Minderjährige

Bewilligung und Aufsicht

§ 22. (1) Heime und sonstige Einrichtungen, die zur Übernahme von Minderjährigen in

Pflege und Erziehung bestimmt sind (§ 28) „ “, dürfen nur mit Bewilligung des Jugendwohlfahrtsträgers errichtet und betrieben werden. Sie unterliegen seiner Aufsicht. *(BGBl I 1999/53, ab 1. 7. 1999)*

(2) Die Bewilligung darf nur erteilt werden, wenn für die Leitung der Einrichtung und für die Pflege und Erziehung der Minderjährigen eine ausreichende Anzahl von Fachkräften zur Verfügung steht, die Räumlichkeiten geeignet und die wirtschaftlichen Voraussetzungen für eine den Aufgaben der Jugendwohlfahrt entsprechende Betreuung gegeben sind.

(3) Die Landesgesetzgebung darf Ausnahmen für bestimmte Zeit von der Bewilligungspflicht bestimmen, wenn die Erfüllung des vorstehenden Gesetzeszwecks in anderer Weise gewährleistet ist.

Anzeigepflicht

§ 23. Jugenderholungsheime und Ferienlager sind anzeigepflichtig. Das Nähere regelt die Landesgesetzgebung; sie darf auch Ausnahmen von der Anzeigepflicht bestimmen.

4. Abschnitt
Vermittlung der Annahme an Kindesstatt

Grundsätze

§ 24. (1) Die Vermittlung der Annahme eines Minderjährigen an Kindesstatt ist dem Jugendwohlfahrtsträger vorbehalten.

(2) Jede Vermittlung hat dem Wohl des Minderjährigen zu dienen. Es muß begründete Aussicht bestehen, daß zwischen dem Annehmenden und dem Minderjährigen eine dem Verhältnis zwischen leiblichen Eltern und Kindern entsprechende Beziehung hergestellt wird. Ein Entgelt für die Vermittlung ist unzulässig.

(3) Die Landesgesetzgebung darf vorsehen, daß dafür auch Träger der freien Jugendwohlfahrt anerkannt werden, wenn sie eine ordnungsgemäße Besorgung dieser Aufgaben gewährleisten. Der § 8 gilt sinngemäß.

Vermittlung in das Ausland

§ 25. Die Landesgesetzgebung hat besondere Bestimmungen über die Vermittlung der Annahme eines Minderjährigen an Kindesstatt in das Ausland vorzusehen.

5. Abschnitt
Hilfen zur Erziehung

Arten der Hilfen

§ 26. Hilfen zur Erziehung sind im Einzelfall als Unterstützung der Erziehung oder als volle Erziehung, als freiwillige Erziehungshilfe oder als Erziehungshilfe gegen den Willen der Erziehungsberechtigten zu gewähren. Es ist jeweils die gelindeste, noch zum Ziel führende, Maßnahme zu treffen.

Unterstützung der Erziehung

§ 27. Die Unterstützung der Erziehung umfaßt besonders

1. die Beratung der Erziehungsberechtigten und des Minderjährigen,

2. die Förderung der Erziehungskraft der Familie, besonders auch „ “ der gewaltlosen Erziehung, *(BGBl I 1999/53, ab 1. 7. 1999)*

3. die Förderung der Entwicklung des Minderjährigen,

4. die Betreuung des Minderjährigen in Gruppen,

5. die Betreuung des Minderjährigen nach der Entlassung aus der vollen Erziehung.

Volle Erziehung

§ 28. (1) Volle Erziehung umfaßt die Pflege und Erziehung des Minderjährigen in einer Pflegefamilie, bei Personen gemäß § 21 Abs. 2, in einem Heim, in einer sonstigen Einrichtung (§ 12 Abs. 1 Z 7) oder durch nicht ortsfeste Formen der Pädagogik, sofern der Jugendwohlfahrtsträger mit der Pflege und Erziehung zur Gänze betraut wurde. *(BGBl I 1999/53, ab 1. 7. 1999)*

(2) Ist die volle Erziehung erforderlich, so haben, vor allem bei Säuglingen und Kleinkindern, Pflege und Erziehung in einer Pflegefamilie den Vorrang.

Freiwillige Erziehungshilfen

§ 29. (1) Erziehungshilfen, mit denen die Erziehungsberechtigten einverstanden sind, bedürfen einer schriftlichen Vereinbarung zwischen dem Erziehungsberechtigten und dem Jugendwohlfahrtsträger.

(2) Der Jugendwohlfahrtsträger hat das mindestens zehnjährige Kind jedenfalls persönlich, das noch nicht zehnjährige Kind tunlichst, in geeigneter Weise zu hören.

Erziehungshilfen gegen den Willen der Erziehungsberechtigten

§ 30. Stimmen die Erziehungsberechtigten einer notwendigen Erziehungshilfe nicht zu, so hat der Jugendwohlfahrtsträger das zur Wahrung des Wohles des Minderjährigen Erforderliche zu veranlassen.

Durchführung

§ 31. (1) Die Durchführung der Hilfen zur Erziehung obliegt dem Jugendwohlfahrtsträger.

(2) Es ist jeweils die der Persönlichkeit des Minderjährigen und seinen Lebensverhältnissen entsprechende Maßnahme einzuleiten. Bei der Durchführung sind die Anlagen, Fähigkei-

JWG

ten, Neigungen und Entwicklungsmöglichkeiten des Minderjährigen zu berücksichtigen.

(3) Die getroffene Maßnahme ist zu ändern, wenn es das Wohl des Minderjährigen erfordert, oder aufzuheben, wenn sie dem Minderjährigen nicht mehr förderlich ist.

(4) Hilfen zur Erziehung können nach Erreichung der Volljährigkeit mit Zustimmung des Jugendlichen längstens bis zur Vollendung des 21. Lebensjahres fortgesetzt werden, wenn dies zur Sicherung des Erfolges bisheriger Erziehungshilfen notwendig ist. *(BGBl I 1999/53, ab 1. 7. 1999)*

Vorläufige Kostentragung

§ 32. (1) Unbeschadet der Pflicht zum Tragen und Ersetzen der Kosten von Maßnahmen der öffentlichen Jugendwohlfahrt hat zunächst für diese der Jugendwohlfahrtsträger aufzukommen.

(2) Die Landesgesetzgebung darf andere, durch Landesgesetz geregelte, Rechtsträger zum vorläufigen Tragen der Kosten von Maßnahmen der öffentlichen Jugendwohlfahrt bestimmen. Es muß jedoch gewährleistet sein, daß im Einzelfall die zweckmäßigste Maßnahme ohne Verzögerung ausgewählt und durchgeführt werden kann.

Kostentragung, Kostenersatz

§ 33. Die Kosten der vollen Erziehung haben der Minderjährige und seine Unterhaltspflichtigen nach bürgerlichem Recht zu tragen, gegebenenfalls rückwirkend für drei Jahre zu ersetzen, soweit sie nach ihren Lebensverhältnissen dazu imstande sind. Die Unterhaltspflichtigen haben die Kosten auch insoweit zu ersetzen, als sie nach ihren Lebensverhältnissen zur Zeit der Durchführung der vollen Erziehung dazu imstande gewesen sind.

Übertragung von Rechtsansprüchen

§ 34. Forderungen des Minderjährigen auf wiederkehrende Leistungen, die der Deckung seines Unterhaltsbedarfs dienen, gehen bis zur Höhe der Ersatzforderung auf den die volle Erziehung gewährenden Jugendwohlfahrtsträger unmittelbar kraft Gesetzes auf Grund einer Anzeige an den Dritten über. Der zweite Satz des § 1395 und der § 1396 ABGB sind sinngemäß anzuwenden.

3. Hauptstück
Strafbestimmungen

§ 35. (1) Die Landesgesetzgebung hat Strafbestimmungen zu erlassen und deren Wirksamkeit davon abhängig zu machen, daß die Straftat nicht nach anderen Bestimmungen mit einer strengeren Strafe bedroht ist.

(2) Freiheitsstrafen dürfen nicht vorgesehen werden.

(3) Verwaltungsstrafen sind besonders vorzusehen für

1. die unbefugte oder entgeltliche Vermittlung von Pflegeplätzen und die Vermittlung zur unbefugten Tagesbetreuung, *(BGBl I 1999/53, ab 1. 7. 1999)*

2. die Aufnahme eines Pflegekindes unter 16 Jahren oder die Tagesbetreuung eines Minderjährigen unter 16 Jahren ohne die erforderliche Bewilligung, *(BGBl I 1999/53, ab 1. 7. 1999)*

3. den Betrieb von Heimen oder sonstigen Einrichtungen ohne die erforderliche Bewilligung des Jugendwohlfahrtsträgers,

4. die Unterlassung der Anzeige des Betriebes von Einrichtungen zur Erholung und Freizeitgestaltung Jugendlicher (§ 23),

5. die unbefugte oder entgeltliche Vermittlung der Annahme an Kindesstatt.

Zweiter Teil
Unmittelbar anzuwendendes Bundesrecht
Amtshilfe

§ 36. Die Organe des Bundes, der Länder, der Gemeindeverbände, der Gemeinden und die Träger der Sozialversicherung sind im Rahmen ihres gesetzmäßigen Wirkungsbereichs dem Jugendwohlfahrtsträger bei der Vollziehung seiner Aufgaben zur Hilfe verpflichtet.

Mitteilungspflicht

§ 37. (1) Die Behörden, besonders soweit sie für Einrichtungen zur Betreuung und zum Unterricht von Minderjährigen zuständig sind, und die Organe der öffentlichen Aufsicht haben den Jugendwohlfahrtsträgern alle bekanntgewordenen Tatsachen mitzuteilen, die zur Vollziehung der Jugendwohlfahrt erforderlich sind.

(2) Ergibt sich für in der Begutachtung, Betreuung und Behandlung Minderjähriger tätige Angehörige eines medizinischen Gesundheitsberufes sowie für in der Jugendwohlfahrt tätige oder beauftragte Personen, die auf Grund berufsrechtlicher Vorschriften zur Verschwiegenheit verpflichtet sind, der Verdacht, daß Minderjährige mißhandelt, gequält, vernachlässigt oder sexuell mißbraucht worden sind, haben sie, sofern dies zur Verhinderung einer weiteren erheblichen Gefährdung des Kindeswohles erforderlich ist, dem Jugendwohlfahrtsträger Meldung zu erstatten. *(BGBl I 1999/53, ab 1. 7. 1999)*

(3) Soweit die Wahrnehmungen der in der Jugendwohlfahrt tätigen oder beauftragten Personen, die auf Grund berufsrechtlicher Vorschriften zur Verschwiegenheit verpflichtet sind, drohende oder sonstige bereits eingetretene Gefährdungen des Kindeswohles betreffen, sind diese zur Mitteilung an den Jugendwohlfahrtsträger berechtigt, soweit die Wahrnehmungen Minderjährige betreffen und die Information der Abwendung oder Beseitigung der

Gefährdung dient. Weitergehende Ausnahmen von bestehenden Verschwiegenheitspflichten bleiben unberührt. *(BGBl I 1999/53, ab 1. 7. 1999)*

(4) Wirkt ein Minderjähriger oder ein ihm gegenüber Unterhaltspflichtiger im Einzelfall an der Ermittlung seiner Einkommens- oder Vermögensverhältnisse nicht ausreichend mit, so haben die Träger der Sozialversicherung und die Arbeitgeber auf Ersuchen des Jugendwohlfahrtsträgers über das Versicherungs- oder Beschäftigungsverhältnis der Genannten Auskunft zu geben.

Befreiung von der Pflicht zur Entrichtung öffentlicher Abgaben

§ 38. (1) Eingaben an den Jugendwohlfahrtsträger in Angelegenheiten der Jugendwohlfahrt, ausgenommen Anträge gemäß den §§ 15 Abs. 3, 22 und 24 Abs. 3, sowie Vereinbarungen gemäß § 39 sind von den Stempel- und Rechtsgebühren befreit.

(2) Die Verhandlungsschriften, Beurkundungen und Ausfertigungen, die in den Angelegenheiten der Jugendwohlfahrt vom Jugendwohlfahrtsträger errichtet oder beurkundet werden, sind von den Verwaltungsabgaben des Bundes befreit.

Vereinbarungen über die Kosten der vollen Erziehung

§ 39. Vereinbarungen über das Tragen oder den Ersatz von Kosten der vollen Erziehung (§ 33), die mit dem Jugendwohlfahrtsträger geschlossen und von ihm beurkundet werden, haben die Wirkung eines gerichtlichen Vergleiches.

Gerichtliches Verfahren zur Bestimmung der Kosten der vollen Erziehung

§ 40. Soweit eine Vereinbarung über das Tragen und den Ersatz der Kosten der vollen Erziehung (§ 33) nicht zustande kommt, entscheidet über entstandene wie künftig laufend entstehende Kosten, auch vor Fälligkeit des Ersatzanspruches, unabhängig vom Alter des Kindes, auf Antrag des Jugendwohlfahrtsträgers das Pflegschafts(Vormundschafts)gericht im Verfahren außer Streitsachen. § 183 AußStrG ist hiebei sinngemäß anzuwenden. *(BGBl I 1999/53, ab 1. 7. 1999)*

Anerkennung der Vaterschaft

§ 41. (1) Erklärungen über die Anerkennung der Vaterschaft und damit im Zusammenhang stehende Erklärungen hat jeder Jugendwohlfahrtsträger zu beurkunden und zu beglaubigen.

(2) Der Jugendwohlfahrtsträger hat Ausfertigungen der von ihm beurkundeten Erklärungen über die Anerkennung der Vaterschaft sowie der von ihm beurkundeten damit im Zusammenhang stehenden Erklärungen und der ihm hiefür übergebenen beglaubigten Erklärungen der zuständigen Personenstandsbehörde, gegebenenfalls auch dem zuständigen Jugendwohlfahrtsträger zu übermitteln.

(BGBl I 2000/135, ab 1. 7. 2001)

Dritter Teil
Schluß- und Übergangsbestimmungen

§ 42. (1) Dieses Bundesgesetz tritt mit 1. Juli 1999 in Kraft. *(BGBl I 1999/53)*

(2) Das Jugendwohlfahrtsgesetz, BGBl. Nr. 99/1954, in der geltenden Fassung tritt, sofern es nicht durch das Bundesgesetz über die Änderung des Kindschaftsrechts (Kindschaftsrecht-Änderungsgesetz – KindRÄG) außer Kraft gesetzt wird, mit 30. Juni 1989 außer Kraft.

(3) Die Ausführungsgesetze der Länder sind innerhalb eines Jahres, vom Tag des Inkrafttretens dieses Bundesgesetzes an gerechnet, zu erlassen.

§ 43. (Grundsatzbestimmung) Die Ausführungsgesetze der Länder haben die Anwendung des neuen Rechtes auf die im Zeitpunkt seines Wirksamwerdens anhängigen Verfahren und Maßnahmen vorzusehen. Für anhängige Verwaltungsstrafverfahren hat sich die Strafe nach dem zur Zeit der Tat geltenden Recht zu richten, es sei denn, daß das zur Zeit der Fällung des Bescheides in erster Instanz geltende Recht für den Täter günstiger wäre. Erziehungsmaßnahmen des bisherigen Rechtes sind je nach ihrem Inhalt in Maßnahmen zur Unterstützung der Erziehung oder der vollen Erziehung im Sinn dieses Bundesgesetzes überzuleiten.

§ 44. Das dem Bund gemäß Art. 15 Abs. 8 B-VG zustehende Recht hat der Bundesminister für Jugend und Familie[1]) auszuüben.

---

[1]) *Jetzt: BM für Umwelt, Jugend und Familie.*

§ 45. (1) Mit der Vollziehung des unmittelbar anzuwendenden Bundesrechts ist, soweit Abs. 2 nicht anderes bestimmt, die Bundesregierung betraut.

(2) Mit der Vollziehung sind betraut

1. bezüglich des § 38 Abs. 1 der Bundesminister für Finanzen,

2. bezüglich des § 37, soweit er die Träger der Sozialversicherung betrifft, der Bundesminister für Arbeit und Soziales,[1])

3. bezüglich der §§ 39 und 40 der Bundesminister für Justiz.

§ 46. *(aufgehoben, BGBl 1992/259)*

---

[1]) *Jetzt: BM für soziale Sicherheit und Generationen.*

10. Notwegegesetz

10. Gesetz vom 7. Juli 1896, betreffend die Einräumung von Notwegen, RGBl 1896/140 idF
1 RGBl 1913/7 **2** BGBl 1985/81 (VfGH)

GLIEDERUNG

STICHWORTVERZEICHNIS

(Die Zahlenangaben beziehen sich auf die Paragraphen)

Gesetz vom 7. Juli 1896, betreffend die Einräumung von Notwegen

§ 1. (1) Für eine Liegenschaft, welche der für die Zwecke einer ordentlichen Bewirtschaftung oder Benützung nötigen Wegeverbindung mit dem öffentlichen Wegenetze entbehrt, sei es, daß eine Wegeverbindung gänzlich mangelt oder daß sie unzulänglich erscheint, kann der Eigentümer in jenen Fällen, in denen für die Befriedigung des Wegebedürfnisses nicht die Voraussetzungen der Enteignung oder unentgeltlichen Gestattung nach § 365 ABGB oder nach sonstigen hiefür erlassenen Gesetzen eintreten, die gerichtliche Einräumung eines Notweges über fremde Liegenschaften nach Maßgabe dieses Gesetzes begehren.

(2) Für die Anwendung dieses Gesetzes wird unter dem Ausdrucke „Wegeverbindung" eine Weganlage (ein gebahnter Weg), wie auch eine ohne den Bestand einer Weganlage ausgeübte Wegegerechtigkeit verstanden.

(3) *(aufgehoben, RGBl 1913/7)*

§ 2. (1) Das Begehren um Einräumung eines Notweges ist unzulässig, wenn der Vorteil des Notweges nicht die Nachteile überwiegt, welche durch denselben den zu belastenden Liegenschaften insgesamt erwachsen, ferner, wenn der Mangel der Wegeverbindung auf eine nach dem Inkrafttreten dieses Gesetzes eingetretene auffallende Sorglosigkeit des Grundeigentümers zurückzuführen ist.

(2) Zur Erzielung einer kürzeren als der bestehenden Wegeverbindung wird ein Notweg nicht gewährt.

§ 3. Der Notweg besteht in der Servitut des Fußsteiges, Viehtriebes oder Fahrweges, oder in der Erweiterung solcher bereits bestehender Wegerechte; insbesondere kann als Notweg auch die Mitbenützung eines vorhandenen Privatweges oder die Herstellung einer Weganlage über fremden Grund und Boden bewilligt werden.

§ 4. (1) Für die Art, den Umfang und die Richtung des Notweges und die näheren Modalitäten seiner Benützung ist das Bedürfnis der notleidenden Liegenschaft maßgebend. Zugleich ist jedoch darauf Rücksicht zu nehmen, daß einerseits die fremden Liegenschaften möglichst wenig belastet und deren Eigentümer möglichst wenig belästigt, anderseits dem wegebedürftigen Eigentümer möglichst geringe Auslagen verursacht werden; insbesondere sind die Fälle der Bewilligung einer Weganlage möglichst einzuschränken.

(2) Der Notweg kann nur insoweit eingeräumt werden, als durch denselben die regelmäßige Bewirtschaftung oder Benützung der zu belastenden Liegenschaft nicht unmöglich gemacht oder erheblich beeinträchtigt wird.

(3) Die Einräumung eines Notweges durch Gebäude, geschlossene Hofräume und bei Wohnhäusern befindliche, zur Verhinderung des Zutrittes fremder Personen eingefriedete Gärten, ferner über solche Grundstücke, welche aus öffentlichen Rücksichten die Benützung als Notweg nicht gestatten, ist ausgeschlossen.

§ 5. (1) Der des Notweges bedürftige Grundeigentümer hat für allen Schaden, welcher durch die Einräumung des Notweges den mit demselben belasteten Liegenschaften etwa zugefügt wird, eine angemessene Entschädigung in einem Kapitalbetrage zu leisten.

(2) Der bezügliche Entschädigungsanspruch kommt dem Eigentümer der belasteten Liegenschaft gegen den wegebedürftigen Eigentümer

unmittelbar zu. Andere an dieser Liegenschaft Berechtigte (Nutzungsberechtigte, Bestandnehmer usw.) sind mit ihren Entschädigungsansprüchen, sofern es sich nicht um dingliche Rechte handelt, zu deren Befriedigung das Entschädigungskapital zu dienen hat (§ 22), an den Eigentümer derselben gewiesen; bei der Feststellung der Entschädigung ist auch auf diejenigen Nachteile Rücksicht zu nehmen, welche diese Berechtigten durch die Einräumung des Notweges erleiden.

§ 6. Wird die Mitbenützung eines fremden Privatweges eingeräumt, so sind die hiedurch verursachten Mehrauslagen der Wegerhaltung in den Entschädigungsbetrag einzubeziehen.

§ 7. Wenn es auf die Herstellung einer Weganlage ankommt, ist der Eigentümer der zu belastenden Liegenschaft berechtigt, zu verlangen, daß der wegebedürftige Eigentümer den für den Notweg erforderlichen Grund in sein Eigentum übernehme. In solchem Falle ist bei der Feststellung des Einlösungspreises nicht nur auf den Wert des abzutretenden Grundes, sondern auch auf die Wertverminderung, welche der dem betreffenden Eigentümer verbleibende Teil seines Grundbesitzes erleidet, insbesondere auch auf die durch die Abtretung etwa bewirkten Erschwernisse in der Bewirtschaftung des übrigen Grundbesitzes Rücksicht zu nehmen.

§ 8. Der Anspruch auf Einräumung eines Notweges unterliegt nicht der Verjährung.

§ 9. (1) Die Verhandlung über den Anspruch auf Einräumung eines Notweges findet auf Einschreiten des Eigentümers der notleidenden Liegenschaft statt.

(2) Zur Verhandlung ist das Bezirksgericht ([auch das städtisch-delegierte Bezirksgericht]) berufen, in dessen Sprengel sich die notleidende Liegenschaft befindet.

(3) Hiebei finden, sofern in diesem Gesetze nichts anderes angeordnet ist, die Grundsätze des Verfahrens außer Streitsachen Anwendung.

(4) In bezug auf die Frage, ob und inwieweit öffentliche Rücksichten der Benützung eines bestimmten Grundstückes als Notweg entgegenstehen (§ 4 Abs. 3), ist von dem Gerichte in jedem betreffenden Falle die Erklärung der zuständigen Verwaltungsbehörde einzuholen„“. *(BGBl 1985/81)*

[ ] gegenstandslos

§ 10. (1) In dem Gesuche ist der beanspruchte Notweg mit Angabe der Art und Richtung desselben unter Anführung der Katastralnummern[1]) und Kulturgattungen der betreffenden Liegenschaften und mit Beisetzung des Namens, Standes und Wohnortes der Eigentümer derselben zu bezeichnen, und sind die Gründe des gestellten Begehrens darzulegen. Wenn die Liegenschaften einen Gegenstand des Grundbuches bilden, sind auch die Grundbuchseinlagen anzuführen.

(2) Das Gesuch ist in so vielen Ausfertigungen anzubringen, daß jedem Eigentümer der zu belastenden Liegenschaft ein Exemplar zugestellt und ein Exemplar bei Gericht zurückbehalten werden kann; überdies ist ein stempelfreies Exemplar behufs Zustellung an die politische Bezirksbehörde[2]) beizubringen.

(3) Für mehrere benachbarte Liegenschaften, bei welchen ein gleichartiges Bedürfnis nach einem Notwege obwaltet, kann die Einräumung des Notweges mittels eines einzigen Gesuches begehrt werden.

---

[1]) *Jetzt: Grundstücksnummer*

[2]) *Jetzt: Bezirksverwaltungsbehörde*

§ 11. (1) Über das Gesuch hat sich das Gericht vorerst aus den öffentlichen Büchern die Überzeugung von der Richtigkeit der im Gesuche enthaltenen Angaben hinsichtlich der Eigentumsverhältnisse der in Betracht kommenden Liegenschaften zu verschaffen und, wenn der Einleitung des Verfahrens kein Hindernis entgegensteht, eine Tagsatzung zur Verhandlung unter Vorladung aller Parteien anzuordnen. Die Vorladung der Eigentümer der zu belastenden Liegenschaften erfolgt mit Beobachtung der Vorschriften, welche für die Zustellung zu eigenen Handen maßgebend sind.

(2) Von der Anordnung der Tagsatzung ist auch die politische Bezirksbehörde[1]) wegen der etwa in Betracht kommenden öffentlichen Rücksichten (§ 4 Abs. 3) in Kenntnis zu setzen. Diese hat, wenn sie in dem betreffenden Falle nicht selbst zur Wahrung des öffentlichen Interesses berufen ist, ungesäumt der zuständigen Verwaltungsbehörde entsprechende Mitteilung zu machen.

---

[1]) *Jetzt: Bezirksverwaltungsbehörde*

§ 12. (1) Das Gericht hat alle für die Frage der Notwendigkeit des Notweges und dessen Gestaltung, sowie für die Feststellung der Entschädigung maßgebenden Verhältnisse unter Zuziehung von zwei Sachverständigen, in der Regel an Ort und Stelle zu erheben.

(2) In ganz einfachen Fällen kann von der Vornahme einer Lokalerhebung Umgang genommen werden.

(3) In die Erhebung können auch solche Liegenschaften, welche der wegebedürftige Eigentümer in seinem Gesuche nicht in Anspruch genommen hat, einbezogen werden, wofern sich deren Benützung zur zweckmäßigen Gestaltung des Notweges als erforderlich darstellt. In diesem Falle müssen die Eigentümer der be-

treffenden Liegenschaften gleichfalls zur Verhandlung beigezogen werden.

§ **13.** (1) Als Sachverständige sind mit den in Frage kommenden wirtschaftlichen Verhältnissen vertraute ortskundige Männer zu verwenden. Die Namen derselben sind den Parteien bei der Vorladung zur Verhandlung bekanntzugeben.

(2) Die Parteien können etwaige Einwendungen hinsichtlich der Eignung oder Unbefangenheit der Sachverständigen bis zum Beginne der Verhandlung vorbringen. Diese Einwendungen sind, wenn sie dem Richter begründet erscheinen, zu berücksichtigen. An Stelle eines ausgeschiedenen Sachverständigen ist ohne Aufschub ein anderer Sachverständiger beizuziehen.

§ **14.** (1) Die Sachverständigen sind vor Beginn der Erhebung in Eid zu nehmen, falls nicht auf die Beeidigung von allen Parteien verzichtet wird.

(2) Dieselben haben nach genauer Prüfung der Sachlage ihr Gutachten über den einzuräumenden Notweg und über die zu leistende Entschädigung abzugeben.

(3) Jeder Sachverständige ist verpflichtet, die tatsächlichen Voraussetzungen und übrigen Grundlagen, auf denen sein Gutachten beruht, anzugeben.

§ **15.** (1) Das Gericht hat mit Rücksicht auf die Ergebnisse der Verhandlung, unbeschadet der Bestimmung des § 9 Abs. 4 über den einzuräumenden Notweg und über die zu leistende Entschädigung nach freier Überzeugung, ohne an Beweisregeln gebunden zu sein, zu entscheiden, jedoch die Umstände, welche für seine Überzeugung maßgebend gewesen sind, in der Begründung der Entscheidung darzulegen.

(2) Zugleich ist über die Tragung der Kosten des Verfahrens (§ 25) zu erkennen.

(3) Die Darstellung des eingeräumten Notweges hat möglichst genau, nötigenfalls unter Bezugnahme auf eine anzufertigende Situationsskizze, zu geschehen.

(4) Erstreckt sich der Notweg über mehrere Parzellen[1]), welche im Eigentume verschiedener Personen stehen, beziehungsweise zu verschiedenen Grundbuchskörpern gehören, so ist die Entschädigung für jeden Eigentümer, beziehungsweise für jede Gruppe der betreffenden, nach Grundbuchskörpern zu scheidenden Parzellen[1]) insbesondere festzustellen.

(5) Die Frist zur Bezahlung des Entschädigungsbetrages beträgt vier Wochen nach Eintritt der Rechtskraft der Entscheidung. Auf Ansuchen des Verpflichteten ist jedoch demselben von dem Gerichte eine weitere Frist, und zwar bis zu drei Jahren nach Eintritt der Rechtskraft der Entscheidung, gegen mittlerweilige Verzinsung des Entschädigungsbetrages festzusetzen.

(6) Die Entscheidung ist den Parteien mit Beobachtung der Vorschriften, welche über die Zustellung zu eigenen Handen bestehen, zuzustellen.

---

[1]) *Jetzt: Grundstücke*

§ **16.** (1) Die Entscheidung des Gerichtes kann nur mittels des Rechtsmittels des Rekurses angefochten werden.

(2) Die Rekursfrist beträgt 14 Tage.

(3) Der Rekurs ist in so vielen Ausfertigungen anzubringen, daß ein Exemplar bei Gericht zurückbehalten und je ein Exemplar denjenigen Gegnern des Beschwerdeführers, deren Interesse durch die Beschwerde berührt erscheint, zugestellt werden kann. Den letzteren bleibt freigestellt, ihre Äußerung über den Rekurs binnen 14 Tagen zu überreichen.

(4) Nach Einlangen dieser Äußerungen, beziehungsweise nach fruchtlosem Ablaufe der hiefür bestimmten vierzehntägigen Frist, sind die Akten dem Gerichte zweiter Instanz von Amts wegen vorzulegen.

(5) Die vorstehenden Bestimmungen gelten auch für die Anfechtung der Entscheidung des Gerichtes zweiter Instanz.

(6) *(aufgehoben, BGBl 1985/81)*

(7) Insoweit einem gerichtlichen Erkenntnisse die Erklärung des zuständigen Ministeriums über jene Frage zugrunde liegt, findet ein Rekurs dagegen nicht statt.

(8) Das Betreten des ordentlichen Rechtsweges zur Geltendmachung von Ansprüchen, über welche in dem durch dieses Gesetz geregelten Verfahren zu entscheiden ist, ist unzulässig.

§ **17.** (1) Findet laut rechtskräftiger Entscheidung die Einräumung eines Notweges gegen Entschädigung statt, so hat das Gericht nach Ablauf von vier Wochen nach eingetretener Rechtskraft auf Grundlage der Entscheidung von Amts wegen die entsprechende grundbücherliche Eintragung des Notweges in Gemäßheit der Grundbuchsvorschriften zu veranlassen und zugleich auch die grundbücherliche Einverleibung des Pfandrechtes für den zuerkannten Entschädigungsbetrag samt Zinsen auf die notwegeberechtigte Liegenschaft und, wenn diese in dem Zeitpunkte der Grundbuchs amtshandlung mit anderen Liegenschaften zu einem Grundbuchskörper vereint ist, auf den ganzen Grundbuchskörper zu verfügen. Hiebei ist der zur Eintragung gelangende Betrag ausdrücklich als ein aus Anlaß der gerichtlichen Einräumung eines Notweges festgestellter Entschädigungsbetrag zu bezeichnen und ist die Liegenschaft, für welche derselbe festgestellt wurde, mit Katastralnummer[1]) und Grundbuchseinlage anzuführen.

(2) Ist die notwegeberechtigte Liegenschaft in ein Grundbuch nicht aufgenommen, so ist behufs Begründung des Pfandrechtes für den Entschädigungsbetrag samt Zinsen die pfandweise Beschreibung der Liegenschaft von Amts wegen vorzunehmen.

(3) Wird jedoch dem Gerichte innerhalb der erwähnten Frist von vier Wochen die mittlerweile bereits erfolgte Berichtigung, bzw. gerichtliche Hinterlegung des Entschädigungsbetrages samt entfallenden Zinsen (§ 22) dargetan, so entfällt die im ersten und zweiten Absatze dieses Paragraphen angeordnete Sicherstellung der Entschädigung. In solchem Falle hat der die Eintragung des Notweges verfügende Grundbuchsbescheid eine Bezugnahme auf die dargetane Berichtigung, bzw. gerichtliche Hinterlegung des Entschädigungsbetrages samt Zinsen zu enthalten.

(4) Wurde mit der rechtskräftigen Entscheidung ein Notweg eingeräumt, aber eine Entschädigung hiefür nicht zuerkannt, so ist die im ersten Absatze dieses Paragraphen angeordnete grundbücherliche Eintragung des Notweges sogleich nach Rechtskraft der Entscheidung zu veranlassen.

[1]) *Jetzt: Grundstücksnummer*

§ 18. (1) Erlangt das Gericht Kenntnis von Änderungen in der Person des Eigentümers, welche nach Einleitung des Verfahrens hinsichtlich der Einräumung des Notweges bei den betreffenden Liegenschaften eingetreten sind, so hat dasselbe diese Änderungen behufs Eintrittes der neuen Eigentümer in das weitere Verfahren an Stelle ihrer Rechtsvorgänger zu berücksichtigen.

(2) In jedem Falle ist die durch die gerichtliche Entscheidung geschaffene Rechtslage, wofern nach Einleitung des Verfahrens Eigentumsänderungen vorfallen, auch für die Rechtsnachfolger der in der Entscheidung genannten Parteien, und zwar selbst dann verbindlich, wenn diese das Eigentum auf Grund einer gerichtlichen Versteigerung erworben haben. Es steht hienach den im § 17 vorgeschriebenen Amtshandlungen ein mittlerweile eingetretener Wechsel im Eigentume der betreffenden Liegenschaften nicht im Wege. Jedoch ist derjenige, welcher eine dieser Liegenschaften vor der gerichtlichen Verständigung von der Grundbuchsamtshandlung, bzw. Liegenschaftspfändung ohne Kenntnis des hinsichtlich des Notweges eingeleiteten Verfahrens im Vertragswege erworben hat, berechtigt, von dem Vertrage zurückzutreten, worüber er sich aber binnen der Frist, welche ihm zum Rekurse gegen den bezüglichen Gerichtsbescheid offensteht, der anderen Vertragspartei zu erklären hat.

§ 19. *(gegenstandslos)*

§ 20. Notwegedienstbarkeiten sind im Falle einer Zwangsveräußerung des dienstbaren Gutes als eine Last dieses Gutes aufrechtzuerhalten und an den neuen Erwerber ohne Anrechnung auf den Kaufpreis zu überweisen.

§ 21. Dem pfandrechtlich sichergestellten Entschädigungsbetrage gebührt der Vorrang vor allen anderen auf dem Pfandobjekte haftenden Forderungen nach den [landesfürstlichen] Steuern und sonstigen öffentlichen Abgaben.

[ ] *Gegenstandslos*

§ 22. (1) Die Leistung der Entschädigung hat auch außer den im § 1425 ABGB bezeichneten Fällen durch gerichtlichen Erlag bei der Realinstanz zu erfolgen, wenn an der mit dem Notwege belasteten Liegenschaft dingliche Rechte dritter Personen bestehen.

(2) Die Notwendigkeit des gerichtlichen Erlages entfällt jedoch, wenn und insoweit diese dinglichen Rechte ungeachtet der durch die Einräumung des Notweges verursachten Wertverminderung der betreffenden Liegenschaft derart ungefährdet bleiben, daß die Hypotheken die dem § 1374 ABGB entsprechende Sicherheit behalten, andere Rechte aber eine Gefährdung ihrer Sicherheit offenbar nicht erleiden können.

(3) Dem zur Führung der öffentlichen Bücher berufenen Gerichte steht zu, auf Ansuchen des Eigentümers der Liegenschaft eine Bestätigung über den Bestand der erforderten Sicherheit auf Grund seiner durch eine vorgenommene Untersuchung gewonnenen Überzeugung zu erteilen.

(4) Die erlegte Entschädigungssumme ist zur Befriedigung der Ansprüche der dinglich Berechtigten (Abs. 1) in sinngemäßer Anwendung der Bestimmungen über die Verteilung des bei einer zwangsweisen Versteigerung erzielten Kaufpreises zu verwenden, es sei denn, daß die Gläubiger auf diese Verwendung verzichten; im letzteren Falle ist die erlegte Entschädigungssumme oder der von den Gläubigern nicht in Anspruch genommene Teilbetrag derselben dem berechtigten Grundeigentümer auszufolgen.

§ 23. Wenn für eine Liegenschaft ein Notweg auf Grund dieses Gesetzes eingeräumt worden ist, so kann in der Folge eine Erweiterung des bestehenden Notweges oder die Einräumung eines neuen Notweges nach diesem Gesetze nur insoweit begehrt werden, als die betreffenden tatsächlichen Verhältnisse mittlerweile eine Veränderung in wichtiger Beziehung erfahren haben.

§ 24. (1) Wird eine auf Grund dieses Gesetzes eingeräumte Notwegeservitut in der Folge entbehrlich, so hat das Gericht auf Ansuchen der einen oder anderen Partei nach vorgenommener Prüfung der Sachlage hierüber ein Erkenntnis zu fällen und mit sorgfältiger Bedachtnahme auf alle maßgebenden Verhältnisse nach Billigkeit zu bestimmen, ob dem Eigentümer des herrschenden Gutes ein Teil des seinerzeit entrichteten Entschädigungskapitales und in welcher Höhe von dem Eigentümer der dienstbaren Liegenschaft zurückzuerstatten sei. In solchen Fällen finden die für das Verfahren wegen Einräumung eines Notweges getroffenen Bestimmungen sinngemäße Anwendung.

(2) In gleicher Weise ist auf Ansuchen des Eigentümers der mit der Notwegeservitut belasteten Liegenschaft vorzugehen, wenn diese Liegenschaft durch Bauführung, Kulturänderung u.dgl. eine solche Veränderung erfahren soll, welche den Fortbestand der Servitut im Sinne des Abs. 2 oder 3 des § 4 als unstatthaft erscheinen läßt. Die Notwegeservitut ist aufzuheben, wenn die beabsichtigte Veränderung der Liegenschaft glaubhaft gemacht wird, und ist die Aufhebung der Servitut an geeignete Vorsichten wegen wirklicher Vornahme der bezüglichen Veränderung zu knüpfen.

(3) Anstatt der aufgehobenen Wegeservitut ist auf Verlangen des wegebedürftigen Eigentümers zugleich ein anderer Notweg festzustellen.

§ 25. (1) Die Kosten des in diesem Gesetze geregelten Verfahrens sind von dem des Notweges bedürftigen Grundeigentümer zu bestreiten, soweit sie nicht durch ein ungerechtfertigtes Einschreiten einer Gegenpartei hervorgerufen wurden.

(2) Die durch Intervention der Verwaltungsbehörden wegen Wahrung der öffentlichen Rücksichten (§ 4 Abs. 3) etwa erwachsenen Kosten fallen nicht dem Grundeigentümer zur Last.

(3) In den im § 24 vorgesehenen Fällen der späteren Aufhebung einer Notwegeservitut hat das Gericht mit Rücksichtnahme auf den Vorteil, welcher jeder Partei nach dem Ergebnisse des Verfahrens erwächst, über die Tragung der Kosten durch die Parteien nach Billigkeit zu erkennen.

§ 26. Insoweit die in Gemäßheit dieses Gesetzes ergangenen rechtskräftigen Entscheidungen einer zwangsweisen Vollstreckung bedürfen, kann auf Grund derselben die Exekution nach den Vorschriften des Verfahrens in Streitsachen geführt werden.

§ 27. Die gerichtlich erlegte Entschädigung ist von der Entrichtung der Verwahrungsgebühr befreit.

§ 28. (1) Dieses Gesetz tritt mit dem Tage der Kundmachung in Wirksamkeit.

(2) Mit dem Vollzug desselben sind [Meine] Minister der Justiz, des Innern und der Finanzen beauftragt.

11. Güter- und Seilwege-Grundsatzgesetz

11. Güter- und Seilwege-Grundsatzgesetz 1967, BGBl 1967/198 idF

1 BGBl 1974/476 **2** BGBl 1975/440 **3** BGBl I 2000/39

STICHWORTVERZEICHNIS

(Die Zahlenangaben beziehen sich auf die Paragraphen)

Bundesgesetz vom 9. Juni 1967 betreffend Grundsätze für land- und forstwirtschaftliche Bringungsrechte (Güter- und Seilwege-Grundsatzgesetz 1967)

Artikel I

Für die Landesgesetzgebung werden gemäß Artikel 12 Abs. 1 Z 5 des Bundes-Verfassungsgesetzes[1]) in der Fassung von 1929 folgende Grundsätze aufgestellt:

[1]) *Jetzt: Art 12 Abs 1 Z 3 B-VG (BGBl 1974/444)*

§ 1. (1) Ein Bringungsrecht im Sinne dieses Gesetzes ist das zugunsten von Grundstücken, die land- oder forstwirtschaftlichen Zwecken gewidmet sind, eingeräumte Recht, Personen und Sachen über fremden Grund zu bringen.

(2) Bringungsrechte können auch die Berechtigung umfassen,

1. eine Bringungsanlage zu errichten, auszugestalten, zu erhalten, zu benützen und zu verwalten;

2. eine fremde Bringungsanlage zu benützen und auszugestalten;

3. die zu bringenden Sachen auf fremdem Grund zu lagern;

4. die zur Errichtung, Ausgestaltung und Erhaltung einer Bringungsanlage notwendigen Sachen über fremden Grund zu bringen und auf fremdem Grund zu lagern.

(3) Bringungsanlagen im Sinne dieses Gesetzes sind nichtöffentliche Wege (Güterwege), Materialseilbahnen ohne beschränkt-öffentlichen Verkehr (Seilwege) und sonstige zur zweckmäßigen Bewirtschaftung erforderliche, der Bringung dienende Anlagen.

§ 2. (1) Bringungsrechte sind auf Antrag einzuräumen, wenn

1. die zweckmäßige Bewirtschaftung von Grundstücken, die land- oder forstwirtschaftlichen Zwecken gewidmet sind, oder eines land-

oder forstwirtschaftlichen Betriebes dadurch erheblich beeinträchtigt wird, daß für die Bringung der auf den Grundstücken oder im Betrieb gewonnenen oder gewinnbaren Erzeugnisse oder der zur Bewirtschaftung erforderlichen Personen oder Sachen keine oder nur eine unzulängliche Bringungsmöglichkeit besteht, und

2. dieser Nachteil nur durch ein Bringungsrecht, das öffentliche Interessen nicht verletzt und den im Abs. 2 aufgestellten Erfordernissen entspricht, beseitigt oder gemildert werden kann.

(2) Art, Inhalt und Umfang der Bringungsrechte sind so festzusetzen, daß

1. die durch die Einräumung und Ausübung des Bringungsrechtes erreichbaren Vorteile die damit verbundenen Nachteile überwiegen,

2. weder Menschen noch Sachen gefährdet werden,

3. fremder Grund unter Berücksichtigung seines Verwendungszweckes in möglichst geringem Ausmaß genommen wird und

4. möglichst geringe Kosten verursacht werden.

§ 3. (1) Die Benützung von Bringungsanlagen setzt voraus, daß die technische Ausstattung ausreichende Sicherheit bietet. Im Falle des Abs. 2 ist die Erteilung der Bewilligung vorzusehen.

(2) Die Beförderung von Personen auf Seilwegen ist für einen dem Werksverkehr oder dem erweiterten Werksverkehr entsprechenden Personenkreis (§ 51 Abs. 3 Eisenbahngesetz 1957, BGBl. Nr. 60) vorzusehen.

§ 4. Bringungsrechte, denen ein dauerndes oder regelmäßig wiederkehrendes Bedürfnis zugrunde liegt, sind zeitlich unbegrenzt, andere nur für einen bestimmten Zeitraum einzuräumen.

§ 5. (1) Für die durch die Einräumung eines Bringungsrechtes verursachten vermögensrechtlichen Nachteile ist ein Anspruch auf Entschädigung vorzusehen. Unter diesen Nachteilen sind auch jene zu verstehen, die Nutzungsberechtigte, Gebrauchsberechtigte oder Bestandnehmer erleiden.

(2) Umfaßt ein Bringungsrecht die Berechtigung zur Benützung einer fremden Bringungsanlage (§ 1 Abs. 2 Z 2), so hat der Eigentümer der Bringungsanlage Anspruch auf einen Beitrag zum Aufwand für die Errichtung, Ausgestaltung und Erhaltung der Bringungsanlage.

§ 6. (1) Umfaßt ein Bringungsrecht die Berechtigung zur Errichtung einer Bringungsanlage (§ 1 Abs. 2 Z 1), so hat der Eigentümer des zu belastenden Grundstückes Anspruch auf die Einlösung der für die Bringungsanlage erforderlichen Grundfläche.

(2) Können die nach der Grundeinlösung oder Enteignung verbleibenden Restflächen zur Gänze oder zum Teil nicht mehr zweckmäßig bewirtschaftet werden, so hat der Eigentümer auch Anspruch auf die Einlösung dieser Restflächen, soweit sie für die zweckmäßige Bewirtschaftung nicht mehr geeignet sind.

§ 7. Die zur Errichtung einer dauernden Bringungsanlage erforderlichen Grundflächen können auf Antrag einer Bringungsgemeinschaft zu deren Gunsten gegen angemessene Schadloshaltung enteignet werden. Für den Fall der Gewährung einer Geldentschädigung hat sich deren Ermittlung sinngemäß nach den Vorschriften der §§ 4 Abs. 2 bis 9 Eisenbahnenteignungsgesetz 1954, BGBl. Nr. 71, zu richten.

§ 8. Durch oder über einen Werks- oder Lagerplatz einer gewerblichen Betriebsanlage oder eines Bergbaubetriebes darf ein Bringungsrecht nur eingeräumt werden, wenn der Gewerbeinhaber oder der Bergbauberechtigte zustimmt.

(BGBl I 2000/39, ab 8. 7. 2000, s § 20 Abs 5)

§ 9. (1) Haben sich die Verhältnisse, die für die Einräumung eines Bringungsrechtes maßgebend waren, geändert, so ist das Bringungsrecht auf Antrag den geänderten Verhältnissen entsprechend abzuändern.

(2) Ist ein Bedarf für ein Bringungsrecht dauernd weggefallen, so ist das Bringungsrecht auf Antrag aufzuheben.

(3) Im Falle des Abs. 1 und 2 können auf Antrag die Beseitigung der Bringungsanlage sowie die Rückgabe der eingelösten oder enteigneten Grundflächen angeordnet werden.

§ 10. Felddienstbarkeiten können ohne Rücksicht auf den Rechtstitel ihrer Entstehung geregelt oder aufgehoben werden, wenn sie durch die Einräumung eines Bringungsrechtes teilweise oder ganz entbehrlich werden.

§ 11. (1) Wird ein Bringungsrecht, das die Berechtigung zur Errichtung einer Bringungsanlage (§ 1 Abs. 2 Z. 1) oder Benützung einer fremden Bringungsanlage (§ 1 Abs. 2 Z. 2) umfaßt, zugunsten mehrerer Grundstücke von mindestens drei verschiedenen Eigentümern gemeinsam eingeräumt, so bilden die Eigentümer dieser Grundstücke eine Bringungsgemeinschaft.

(2) Für den Fall, daß eine Bringungsanlage auch anderen als den im Abs. 1 genannten Grundstücken zum Vorteil gereicht, ist die Einbeziehung der Eigentümer dieser Grundstücke in die Bringungsgemeinschaft als Mitglieder vorzusehen.

§ 12. (1) Die Bringungsgemeinschaft besitzt Rechtspersönlichkeit. Sie hat die Bringungsanlage zu errichten, auszugestalten, zu erhalten und zu verwalten sowie die hiefür erforderlichen Sach-, Arbeits- und Geldaufwendungen zu leisten und auf ihre Mitglieder umzulegen.

(2) Die Mitgliedschaft an der Bringungsgemeinschaft ist mit dem Eigentum an den im § 11 Abs.1 und 2 genannten Grundstücken verbunden.

§ 13. (1) Wird für die Einräumung eines Bringungsrechtes eine forstrechtliche Bewilligung (Rodungsbewilligung) oder eine wasserrechtliche Bewilligung erforderlich, erstreckt sich die Zuständigkeit der Agrarbehörde auch auf die Entscheidung über die Erteilung dieser Bewilligungen. In diesen Fällen ist die Zuständigkeit der Behörden nicht gegeben, in deren Wirkungsbereich diese Angelegenheiten sonst gehören. Die Agrarbehörde hat hiebei die für diese Angelegenheiten geltenden Vorschriften des Forstgesetzes 1975, BGBl. Nr. 440, und des Wasserrechtsgesetzes 1959, BGBl. Nr. 215, in der jeweils geltenden Fassung anzuwenden und ihren Bescheid jenen Behörden mitzuteilen, in deren Wirkungsbereich diese Angelegenheiten sonst gehören. Die Landesgesetzgebung bestimmt, über welche nach landesrechtlichen Vorschriften erforderlichen Bewilligungen ebenfalls die Agrarbehörden entscheiden werden. Andere erforderliche Bewilligungen hat die Agrarbehörde vor Einräumung des Bringungsrechtes von Amts wegen bei der zuständigen Behörde einzuholen. Sie hat in diesen Verfahren Parteistellung. *(BGBl I 2000/39, ab 8. 7. 2000, s § 20 Abs 5)*

(2) Auf Antrag ist mit Ausschluß des Rechtsweges über Streitigkeiten zu entscheiden, die

1. Bestand, Inhalt, Umfang und Ausübung eines Bringungsrechtes betreffen;

2. Entschädigungs- oder Beitragsleistungen, die in den Ausführungsbestimmungen zu diesem Bundesgesetz vorgesehen sind, betreffen;

3. zwischen einer Bringungsgemeinschaft und ihren Mitgliedern oder den Mitgliedern untereinander aus dem Gemeinschaftsverhältnis entstehen.

§ 14. *(aufgehoben, BGBl 1974/476)*

§ 15. Während des Verfahrens sind die Organe der Agrarbehörde und die von ihr ermächtigten Personen berechtigt, die für das Verfahren in Betracht kommenden Grundstücke zu betreten und auf diesen die für die Entscheidung notwendigen Arbeiten durchzuführen.

§ 16. (1) Die während des Verfahrens vor der Agrarbehörde abgegebenen Erklärungen und die mit Genehmigung der Agrarbehörde abgeschlossenen Vergleiche bedürfen keiner Genehmigung durch andere Behörden. Solche Erklärungen und Vergleiche können nur mit Zustimmung der Agrarbehörde widerrufen werden.

(2) Im Falle eines Eigentumswechsels tritt der Erwerber des Grundstückes in das anhängige Verfahren in der Lage ein, in der sich das Verfahren befindet.

(3) Die während des Verfahrens durch Bescheide oder durch vor der Agrarbehörde abgegebene Erklärungen der Parteien geschaffene Rechtslage ist auch für die Rechtsnachfolger bindend.

§ 17. Mit dem Inkrafttreten der im § 20 Abs. 1 genannten Ausführungsbestimmungen gelten in dem betreffenden Bundesland Bringungsrechte, die auf Grund des zur Ausführung des Güter- und Seilwege-Grundsatzgesetzes 1951, BGBl. Nr. 103, erlassenen Landesgesetzes eingeräumt wurden, als Bringungsrechte im Sinne der im § 20 Abs. 1 genannten Ausführungsbestimmungen.

Artikel II
(Unmittelbar anwendbares Bundesrecht)

§ 18. *(aufgehoben, BGBl 1975/440)*

§ 19. Wird durch eine Bringung im Sinne dieses Gesetzes ein Bergbauzwecken dienendes Grundstück oder eine nach den Bestimmungen des III. Hauptstückes der Gewerbeordnung genehmigungspflichtige Betriebsanlage betroffen, so ist die Genehmigung der Bergbehörde oder der für die Genehmigung der Betriebsanlage zuständigen Behörde erforderlich. Diese Genehmigung ist zu erteilen, wenn die Bringung weder die Sicherheit des Bergbaues oder des Betriebes der gewerblichen Anlage gefährdet noch Änderungen der gewerblichen Betriebsanlage eintreten läßt, die zu Gefährdungen des Lebens oder der Gesundheit von Menschen, zu Belästigungen der Nachbarschaft durch gesundheitsschädliche Einflüsse oder zu Sachbeschädigungen führen können.

Artikel III

§ 20. (1) Artikel I dieses Bundesgesetzes tritt den Bundesländern gegenüber für die Erlassung der Ausführungsbestimmungen mit dem Tage der Kundmachung in Kraft. Artikel II dieses Bundesgesetzes tritt in jedem Bundesland gleichzeitig mit diesem Ausführungsbestimmungen in Kraft.

(2) Das Güter- und Seilwege-Grundsatzgesetz 1951, BGBl. Nr. 103, tritt in jedem Bundesland im Zeitpunkt des Inkrafttretens der in Abs. 1 genannten Ausführungsbestimmungen außer Kraft.

(3) § 8 und § 13 Abs. 1 und 2 in der Fassung BGBl. I Nr. 39/2000 treten mit Ablauf des Tages der Kundmachung[1]) in Kraft. *(BGBl I 2000/39)*

(4) Die Ausführungsgesetze der Bundesländer zu den in Abs. 3 genannten Grundsatzbestimmungen sind binnen einem Jahr vom Tag des Inkrafttretens[2]) dieser Bestimmungen zu erlassen. *(BGBl I 2000/39)*

(5) Die Bestimmungen der §§ 8 und 13 Abs. 1 in der Fassung BGBl. I Nr. 39/2000 sind nur auf Verfahren anzuwenden, die nach dem Inkrafttreten der diese Bestimmungen ausführenden Landesgesetze eingeleitet werden. *(BGBl I 2000/39)*

[1]) *Somit am 8. 7. 2000.*
[2]) *8. 7. 2000.*

§ 21. (1) [Mit der Vollziehung des § 18 ist das Bundesministerium für Land- und Forstwirtschaft,] mit der Vollziehung des § 19 ist das Bundesministerium für wirtschaftliche Angelegenheiten betraut.[1])

(2) Die Wahrnehmung der Rechte des Bundes gemäß Art. 15 Abs. 8 Bundes-Verfassungsgesetz steht dem Bundesminister für Land- und Forstwirtschaft, Umwelt und Wasserwirtschaft zu. *(BGBl I 2000/39)*

[ ] *Gegenstandslos*

[1]) *Jetzt: BM für Wirtschaft und Arbeit.*

12. Wald- und Weideservitutengrundsatzgesetz

12. Grundsatzgesetz 1951 über die Behandlung der Wald- und Weidenutzungsrechte sowie besonderer Felddienstbarkeiten, BGBl 1951/103 idF
1 BGBl 1976/301 **2** BGBl I 2000/39

STICHWORTVERZEICHNIS

(Die Zahlenangaben beziehen sich auf die Paragraphen)

Grundsatzgesetz 1951 über die Behandlung der Wald- und Weidenutzungsrechte sowie besonderer Felddienstbarkeiten

Artikel I

Für die Landesgesetzgebung werden gemäß Art. 12 Abs. 1 Z. 5 des Bundes-Verfassungsgesetzes[1]) in der Fassung von 1929 für die Behandlung der Wald- und Weidenutzungsrechte sowie besonderer Felddienstbarkeiten nachfolgende Grundsätze aufgestellt:

[1]) *Jetzt: Art 12 Abs 1 Z 3 B-VG (BGBl 1974/444)*

I. Abschnitt
Allgemeine Bestimmungen
Neuregulierung, Regulierung und Ablösung von Nutzungsrechten

§ 1. (1) Nutzungsrechte im Sinne dieses Bundesgesetzes sind die im § 1 Z. 1, 2, 3 lit. a des Kaiserlichen Patentes vom 5. Juli 1853, RGBl. Nr. 130, bezeichneten Rechte, einschließlich der seit Erlassung dieses Patentes entstandenen Rechte dieser Art, und zwar:

1. alle wie immer benannten Holzungs- und Bezugsrechte von Holz und sonstigen Forstprodukten in oder aus einem fremden Walde;

2. die Weiderechte auf fremdem Grund und Boden;

3. alle nicht schon unter 1 und 2 mitinbegriffenen Feldservituten, bei denen das dienstbare Gut Wald oder zur Waldkultur gewidmeter Boden ist, mit Ausnahme der Wegerechte.

(2) Diese Nutzungsrechte können, soweit sie nicht durch ein Erkenntnis der zuständigen Behörde oder durch einen von ihr genehmigten Vergleich aufgehoben wurden, nach den folgenden Grundsätzen und den hiezu erlassenen Ausführungsgesetzen der Länder der Neuregulierung, Regulierung oder Ablösung unterzogen werden.

(3) Auch können Vorkehrungen zur Sicherung dieser Rechte getroffen werden.

Ersitzung, Verjährung, Erlöschung, Neubegründung

§ 2. (1) Nutzungsrechte können nicht ersessen werden. Die Verjährung derartiger Rechte durch Nichtausübung findet nicht statt. Dieselben erlöschen auch nicht durch Vereinigung des berechtigten und verpflichteten Gutes in der Hand desselben Eigentümers.

(2) Die Neubegründung solcher Nutzungsrechte durch Rechtsgeschäfte kann nur erfolgen, wenn sie mit den Rücksichten auf die Landeskultur vereinbar ist und von der Agrarbehörde genehmigt wird.

Abtrennung und Wiedervereinigung

§ 3. Die Landesgesetzgebung bestimmt, ob und unter welchen Voraussetzungen vom berechtigten Gute abgetrennte, für dessen Bewirtschaftung unentbehrliche, für das Gut, dem sie zugewachsen sind, jedoch entbehrliche Rechte auf Verlangen gegen Ersatz des gemeinen Wertes des Nutzungsrechtes wieder mit dem berechtigten Gute zu vereinigen sind.

Übertragung auf Trennstücke

§ 4. (1) Der Eigentümer von Trennstücken einer berechtigten Liegenschaft hat bei wirtschaftlicher Zweckmäßigkeit Anspruch auf die Übertragung eines verhältnismäßigen Teiles der Nutzungsrechte auf die Trennstücke oder auf Überlassung eines verhältnismäßigen Teiles der Bezüge selbst gegen Ersatz des gemeinen Wertes. Bei der Entscheidung sind die Interessen des berechtigten und verpflichteten Gutes zu berücksichtigen.

(2) Wird in Hinkunft eine berechtigte Liegenschaft geteilt, so ist in der Teilungsurkunde auch eine Bestimmung über die Nutzungsrechte zu treffen, welche zu ihrer Gültigkeit der Genehmigung der Agrarbehörde bedarf. Ohne diese Genehmigung darf die Teilung der Liegenschaft im Grundbuche nicht durchgeführt werden. Die Genehmigung ist nach Anhörung des Verpflichteten zu erteilen, wenn die Bestimmung über die Nutzungsrechte den wirtschaftlichen Bedürfnissen der zu bildenden Teile und des verpflichteten Gutes nicht widerspricht. „Unter welchen Voraussetzungen von einer Genehmigung der Agrarbehörde abgesehen werden kann, bestimmt die Landesgesetzgebung.“ *(BGBl I 2000/39, ab 8.7. 2000, s § 39)*

(3) Im Falle einer Teilung des verpflichteten Gutes bleibt der Rechtsbestand der Nutzungsrechte unberührt. Eine Änderung in ihrer Ausübung ist nur mit behördlicher Genehmigung zulässig.

Veränderung von Nutzungsrechten

§ 5. (1) Vereinbarungen über rechtliche Veränderungen an den Nutzungsrechten, insbesondere über die gänzliche oder teilweise Übertragung von der berechtigten Liegenschaft auf eine andere oder von der verpflichteten Liegenschaft auf eine andere, sowie über die Löschung bücherlich eingetragener Nutzungsrechte bedürfen der Bewilligung der Agrarbehörde.

(2) Stimmt der Verpflichtete einer gänzlichen oder teilweisen Übertragung eines Nutzungsrechtes von der berechtigten Liegenschaft auf eine andere nicht zu, so kann die Agrarbehörde auf Antrag einer Partei nach Anhörung der Gegenpartei derartige Veränderungen durch Bescheid verfügen, wenn die Übertragung den wirtschaftlichen Bedürfnissen des berechtigten und verpflichteten Gutes nicht widerspricht.

(3) Die Landesgesetzgebung bestimmt, unter welchen Voraussetzungen die Bewilligung zu versagen ist; sie ist jedenfalls zu versagen, wenn der beabsichtigten Änderung Vorschriften dieses Gesetzes entgegenstehen.

Grundlage der Neuregulierung, Regulierung oder Ablösung

§ 6. Die Grundlage für die Neuregulierung, Regulierung, Ablösung und Sicherung der Nutzungsrechte bildet das durch Übereinkommen festgestellte oder durch Urkunden oder sonstige Beweismittel nachgewiesene Ausmaß der Nutzungsrechte und der Gegenleistungen.

Voraussetzungen der Neuregulierung, Regulierung oder Ablösung

§ 7. Die Landesgesetzgebung bestimmt, ob eine gesetzlich vorgesehene Neuregulierung, Regulierung oder Ablösung der Nutzungsrechte nur auf Antrag oder auch von Amts wegen stattfindet. Sie kann jedoch Antragsrechte nicht einseitig nur dem Berechtigten oder nur dem Verpflichteten einräumen.

II. Abschnitt

Neuregulierung und Regulierung

Gegenstand und Umfang der Neuregulierung

§ 8. (1) Die Neuregulierung hat sich auf den im § 6 bezeichneten Grundlagen auf die näheren Bestimmungen über Ort, Zeit, Ausmaß und Art der Nutzungen und der Gegenleistungen zu erstrecken. Sie bezweckt im Rahmen des nach § 6 festgesetzten Ausmaßes der Nutzungsrechte die Ergänzung oder auch Änderung der Bestimmungen der Regulierungsurkunden, soweit diese mangelhaft oder lückenhaft sind, und soweit die seit der Regulierung eingetretenen Veränderungen in den Verhältnissen eine solche Ergänzung oder Änderung nach den Bedürfnissen des berechtigten oder verpflichteten Gutes zur Erzielung ihrer vollen wirtschaftlichen Ausnutzung erfordern.

(2) Für Holzbezugsrechte hat die Landesgesetzgebung nähere Bestimmungen, insbesondere auch über Bezugsort, Beschaffenheit, Abmaß, Bringung und Vorausbezug, ferner über die in Regulierungsurkunden enthaltenen Elementarholzbezugsrechte, zu treffen.

(3) Die Landesgesetzgebung kann bestimmen, daß im Falle der Notwendigkeit der Sicherung der Forstkulturen gegen das Weidevieh der Berechtigten das zur Verpflockung oder Einzäunung erforderliche Material in einem für die Sicherung unmittelbar gebrauchsfähigen Zustand am Sicherungsorte vom Verpflichteten unentgeltlich beizustellen ist und daß die reine Arbeitsleistung zur Vornahme der Sicherung der Berechtigte beizustellen hat.

(4) Die Landesgesetzgebung kann die der freien Weiterverwendung der eigenen oder bezogenen Holz- und Streumengen durch die Bezugsberechtigten entgegenstehenden Regulierungsbestimmungen aufheben und kann bestimmen, daß die Berechtigten für diese freie Weiterverwendung der eigenen oder bezogenen Holz- und Streumengen keinerlei Entschädigung an die Verpflichteten zu leisten, jedoch die notwendigen Wohn- und Wirtschaftsgebäude und die Zäune auch dann in wirtschaftsfähigem Zustande zu erhalten haben, wenn diese Verpflichtung in der Regulierungsurkunde nicht ausdrücklich vorgesehen ist.

Ersatzleistungen für unbedeckte Nutzungsrechte

§ 9. (1) In Fällen, in denen die gebührenden Nutzungsrechte aus den belasteten Grundstücken keine genügende Bedeckung finden, ist unter den im folgenden näher bezeichneten Voraussetzungen Ersatz zu leisten. Sind die belasteten Grundstücke Wald, so tritt die Ersatzleistung ein, wenn die gebührenden Nutzungsrechte in dem belasteten Walde, sei es, weil der Wald in einer dieser Rechte nicht berücksichtigenden Weise bewirtschaftet wurde, sei es infolge eines Verschuldens des Verpflichteten, keine genügende Bedeckung finden. Sind die belasteten Grundstücke andere Grundstücke als Wald, so tritt die Ersatzleistung nur im Fall eines Verschuldens des Verpflichteten ein.

(2) In beiden vorbezeichneten Fällen ist für die Bedeckung zunächst durch Heranziehung der in der Regulierungsurkunde bezeichneten Aushilfsgrundstücke vorzusorgen. Wenn auf diese Weise der Ersatz nicht verfügt werden kann, ist ein anderes Grundstück des Verpflichteten auch ohne seine Zustimmung heranzuziehen oder es ist von diesem in anderer Weise Naturalersatz zu leisten. Kann kein Ersatz erzielt und auch kein Übereinkommen der Parteien erreicht werden, so ist den Berechtigten eine jährliche Rente zuzuerkennen, welche auf dem Gute des Verpflichteten sicherzustellen ist, sofern nicht für jenen Teil der Rechte, welcher nicht befriedigt werden kann, nach den Bestimmungen des III. Abschnittes eine Ablösung in Geld stattfindet.

Trennung von Wald und Weide

§ 10. Bei der Neuregulierung ist eine vollständige oder teilweise Trennung von Wald und Weide, das ist die Verweisung aller oder einzelner Weiderechte auf ein Gebiet vorhandener oder erst zu schaffender reiner Weide unter gänzlicher Befreiung der restlichen belasteten Grundstücke oder von Teilen derselben von den Nutzungsrechten, grundsätzlich anzustreben. Zur Erzielung einer solchen Trennung können, wenn sie anders nicht durchführbar ist, auch bisher nicht belastete Grundstücke des Verpflichteten selbst ohne seine Zustimmung herangezogen werden. Wenn im Falle solcher Trennung der Berechtigte durch bessere Pflege des Reinweidegebietes eine der Berechtigung gegenüber höhere Bestoßung mit Weidevieh ermöglicht, so ist darin keine Erweiterung der Last des verpflichteten Gutes zu erblicken.

Umwandlung von Holz- und Streubezügen

§ 11. (1) Wenn es sich als zweckmäßig erweist und eine Gefährdung des Betriebes des Verpflichteten oder eine Schädigung der berechtigten Liegenschaft nicht eintritt, kann die Behörde die Holz- und Streubezüge des Berechtigten in Holz- und Streuabgaben des Verpflichteten umwandeln, Holzbezüge jedoch nur mit Zustimmung des Berechtigten und Verpflichteten.

(2) Trotz dieser bewilligten Umwandlung ist das verpflichtete Grundstück so zu bewirtschaften, daß die gebührenden Nutzungsrechte voll gesichert bleiben. Wenn die Holz- und Streuabgaben nicht verpflichtungsgemäß geleistet werden, kann die Behörde die Umwandlung (Abs. 1) wieder aufheben.

(3) Die Behörde bestimmt auch, ob und inwieweit der Ersatz des Brenn- und Nutzholzes und der Waldstreu durch andere zweckdienende Mittel zulässig ist.

Regulierung

§ 12. Die vorstehenden Bestimmungen gelten, sofern eine Regulierung noch nicht stattgefunden hat, sinngemäß auch für die Regulierung der Rechte.

III. Abschnitt
Ablösung von Nutzungsrechten

Voraussetzungen und Formen der Ablösung

§ 13. (1) Die Landesgesetzgebung bestimmt, unter welchen Voraussetzungen die Ablösung zulässig ist.

(2) Sie ist hiebei an folgende Grundsätze gebunden:

Die Ablösung kann durch Abtretung von Grund oder von Anteilsrechten des Verpflichteten an agrargemeinschaftlichen Grundstücken oder durch Zahlung eines Ablösungskapitals erfolgen. Sie ist unzulässig, wenn hiedurch allgemeine Interessen der Landeskultur oder volkswirtschaftliche Interessen oder der ordentliche Wirtschaftsbetrieb des berechtigten oder der Hauptwirtschaftsbetrieb des verpflichteten Gutes gefährdet wird oder wenn sie übereinstimmend vom Berechtigten und Verpflichteten abgelehnt wird.

Ablösung durch Abtretung von Grund; allgemein

§ 14. (1) Bei der Ablösung durch Abtretung von Grund ist aus dem belasteten Besitz des Verpflichteten ein solches Ablösungsgrundstück auszuwählen, welches nach seiner nachhaltigen Ertragfähigkeit bei pfleglicher Bewirtschaftung die Deckung der abzulösenden Nutzungsrechte dauernd sichert.

(2) Aus dem nichtbelasteten Besitz des Verpflichteten darf gegen seinen Willen ein Ablösungsgrundstück nur ausgewählt werden, wenn ein den Voraussetzungen des Abs. 1 entsprechendes Grundstück nicht vorhanden ist.

Ablösung von Waldnutzungsrechten

§ 15. Die Ablösung von Waldnutzungsrechten durch Abtretung von Waldgrundstücken ist in den Fällen, in welchen nach den allgemeinen wirtschaftlichen Verhältnissen und nach den Standortsverhältnissen die Erhaltung des Waldes das oberste Gebot sein muß, nur dann zulässig, wenn die nachhaltige Bewirtschaftung des Waldes gesichert ist. Insoweit Streubezugsrechte nicht durch die für andere Zwecke abgetretenen Waldgrundstücke gedeckt werden können, ist für deren Ablösung durch Abtretung von Wald die Zustimmung des Verpflichteten erforderlich.

Ablösung von Weiderechten

§ 16. (1) Zur Ablösung von Weiderechten durch Abtretung von Grund und Boden ist in erster Linie reine Weidefläche heranzuziehen, und zwar auch dann, wenn es sich um Waldweiderechte handelt. Können diese Waldweiderechte so nicht gedeckt werden, so kann Waldboden, insoweit dessen Umwandlung in Weideboden zulässig ist, zur Umwandlung in Weide herangezogen werden. Der Kulturzustand der belasteten Grundstücke zur Zeit der Ablösung ist auf die Feststellung des Rechtsumfanges ohne Einfluß.

(2) Die Landesgesetzgebung hat für das Ausmaß der zur nachhaltigen Deckung des Weidefutterbedarfes für die Kuheinheit bei pfleglicher Bewirtschaftung erforderlichen reinen Weidebodenfläche und für die Umrechnung der einzelnen Tiergattungen auf das Normalrind einheitliche Normen aufzustellen.

Entschädigung von Mehrnutzungen und Einlösung der Restfläche

§ 17. (1) Werden von dem Ablösungsgrundstück außer den abzulösenden Nutzungen noch Nutzungen anderer Art bezogen, auf die dem Berechtigten kein Anspruch zusteht, so gebührt dem Verpflichteten eine Entschädigung.

(2) Das gleiche gilt, wenn auf den Ablösungsgrundstücken land- oder forstwirtschaftliche Nutzungen möglich sind, die das urkundlich festgesetzte Maß der Nutzungsrechte überschreiten; doch ist in diesen Fällen die Ablösung nur mit Zustimmung beider Parteien zulässig, wenn die Entschädigung den halben Wert der Nutzungsrechte überstiege.

(3) Die Entschädigung ist in diesen beiden Fällen nach den Vorschriften des § 22 zu ermitteln.

(4) Ist auf dem dem Verpflichteten verbleibenden Teil jener Grundfläche, aus welcher das Ablösungsgrundstück genommen wird, keine ordentliche Wirtschaft mehr möglich, so kann er die Einlösung desselben nach dem Ertragswerte verlangen.

Bücherliche Lasten des Ablösungsgrundstückes

§ 18. (1) Die auf dem verpflichteten Gute haftenden Hypothekarrechte erlöschen bezüglich des Ablösungsgrundstückes.

(2) Andere auf dem Ablösungsgrundstück haftende dingliche Lasten bleiben unberührt und sind, wenn eine Liegenschaft geteilt wird, auf das Trennstück zu übertragen. „Bei Grunddienstbarkeiten, die auf bestimmte räumliche Grenzen beschränkt sind (§ 12 Abs. 2 des Allgemeinen Grundbuchsgesetzes 1955, BGBl. Nr. 39), entfällt die Eintragung in der neuen Einlage, wenn sich diese Last auf das abzuschreibende Trennstück nicht bezieht.“ Grunddienstbarkeiten, die infolge der Ablösung oder der damit verbundenen Bewässerungs-, Entwässerungs- oder Weganlagen dem herrschenden Grundstücke entbehrlich werden, sind ohne Anspruch auf Entschädigung aufzuheben. *(BGBl I 2000/39, ab 8. 7. 2000, s § 39)*

(3) Rechte dritter Personen, welche bloß auf einem abzulösenden Nutzungsrechte bücherlich eingetragen sind, werden auf dasjenige Ablösungsgrundstück übertragen, welches an die Stelle des abgelösten Nutzungsrechtes zu treten hat. Dieses Ablösungsgrundstück tritt an die Stelle des abgelösten Nutzungsrechtes auch hinsichtlich jener Rechte, welche auf dem Grundstücke, mit dessen Besitz das Nutzungsrecht verbunden war, bücherlich eingetragen erscheinen.

Absonderung des Ablösungsgrundstückes vom berechtigten Gut

§ 19. (1) Das Ablösungsgrundstück ist als solches zu bezeichnen. Dabei ist die Liegenschaft anzuführen, an deren Eigentümer es abgetreten worden ist, wenn es nicht dieser Liegenschaft zugeschrieben wird.

(2) Die Landesgesetzgebung bestimmt, unter welchen Voraussetzungen die Agrarbehörde die Absonderung bewilligen kann.

Gesamtheit von Berechtigten

§ 20. (1) Wenn mehreren Berechtigten Nutzungsrechte auf demselben Grundstücke zustehen, hat die Abtretung von Grund in der Regel an die Gesamtheit derselben ungeteilt zu erfolgen.

(2) Auf diese Gemeinschaftsbesitzungen finden das Flurverfassungs-Grundsatzgesetz 1951, BGBl. Nr. 103/1951, und die zu seiner Ausführung erlassenen Landesgesetze Anwendung.

(3) Die Landesgesetzgebung bestimmt, in welchen Fällen die Ablösung von Heimweiderechten durch Abtretung von Grundstücken in das Einzeleigentum einzutreten hat.

Ablösung in Geld; Zulässigkeit

§ 21. Die Ablösung der Nutzungsrechte in Geld ist nur dann zulässig, wenn und insoweit

1. das belastete Grundstück dauernd außerstande ist, die Bezüge zu decken, und die Heranziehung eines bisher nicht belasteten Ersatzgrundstückes aus dem Grundbesitz des Verpflichteten unzulässig ist oder durch die Zuweisung eines solchen Grundstückes ein wesentliches Wirtschaftserschwernis für den Berechtigten eintreten würde. Soweit diese Unfähigkeit eines belasteten Grundstückes ausschließlich auf vom Verpflichteten nicht verschuldete Ursachen zurückzuführen ist, zum Beispiel auf Elementarereignisse, kann die Ablösung nicht begehrt werden;

2. die Rechte für das berechtigte Gut dauernd entbehrlich sind;

3. die Rechte durch Eintritt eines dauernden Ersatzes für das berechtigte Gut nicht mehr notwendig sind.

Ermittlung der Entschädigung

§ 22. (1) Wenn ein Übereinkommen der Parteien nicht zustande kommt, wird der Ablösungsbetrag nach dem Werte des Nutzungsrechtes festgesetzt.

(2) Als Wert gilt der Jahreswert der gebührenden Nutzungen unter Zugrundelegung der im Verkehr zwischen Ortsansässigen üblichen Preise und Ansätze abzüglich des zur Ausübung erforderlichen Aufwandes kapitalisiert nach einem Zinsfuß, welcher den jeweils herrschenden allgemeinen wirtschaftlichen Verhältnissen entspricht. *(BGBl I 2000/39, ab 8. 7. 2000, s § 39)*

§ 23. *(aufgehoben, BGBl I 2000/39, ab 8. 7. 2000)*

Ablösung von Gegenleistungen

§ 24. Die in den Urkunden festgelegten Gegenleistungen der Berechtigten sind im Fall einer Ablösung des Nutzungsrechtes unter Berücksichtigung der Geldentwertung seit dem Jahre 1914 immer in Geld abzulösen, wobei der Jahresbetrag derselben, beziehungsweise der der Aufwendung des Berechtigten billigerweise entsprechende Jahreswert der Naturalleistungen nach dem im § 22 Abs. 2 angeführten Zinsfuße zu kapitalisieren ist.

Gewerbeholz

§ 25. (1) Wenn die Ablösung eines Gewerbeholzbezugsrechtes verlangt wird, hat die Agrarbehörde unter Bedachtnahme auf die besonderen Verhältnisse des einzelnen Falles und unter sorgfältiger Abwägung aller in Betracht kommenden Partei- und öffentlichen Interessen nach freiem Ermessen vorzugehen, und zwar sowohl hinsichtlich der Frage, ob eine Ablösung stattfinden soll, als auch bezüglich des Ablösungsmittels (§ 13) und seines Ausmaßes.

(2) Wenn das Gewerbe nicht ausgeübt wird, hat auf Verlangen des Verpflichteten die Agrarbehörde in gleicher Weise (Abs. 1) zu beurteilen, ob eine Verringerung der urkundlichen Gebühr einzutreten oder ob die Holznutzung auf die Dauer der Nichtausübung des Gewerbes zu ruhen hat.

IV. Abschnitt
Sicherung von Nutzungsrechten
Aufforstung von Weideboden

§ 26. (1) Mit Weiderechten belasteter Weideboden darf nur dann aufgeforstet werden, wenn dies von der Agrarbehörde aus Gründen der Landeskultur bewilligt wird. Die durch die Aufforstung eintretende Beeinträchtigung der Weiderechte der Berechtigten ist durch Zuweisung eines anderen Weidebodens oder Zuerkennung einer auf dem verpflichteten Gute sicherzustellenden Rente gutzumachen.

(2) Die Agrarbehörde kann den Weideberechtigten die Säuberung des Weidebodens bewilligen.

(3) Ob ein mit Weiderechten belastetes Grundstück als Weideboden oder Waldboden zu gelten hat, wird im Zweifelsfalle ohne Rücksicht auf die Bezeichnung der Kulturgattung im Grundkataster von der Agrarbehörde nach Anhörung von Sachverständigen entschieden.

Nutzungsplan der belasteten Grundstücke

§ 27. (1) Auf Verlangen der Agrarbehörde oder der Berechtigten hat der Eigentümer des verpflichteten Gutes der Agrarbehörde einen Plan über die Ausnützung des belasteten Grundstückes durch ihn und durch die Berechtigten vorzulegen. Über die gegen diesen Plan vorgebrachten Einwendungen sowie über die Beschwerden über die Nichteinhaltung des Planes entscheidet die Agrarbehörde.

(2) Die Agrarbehörde und die Berechtigten können auch außerhalb des Verfahrens verlangen, daß ihnen Einsicht in die Wirtschafts- und Hiebspläne, Urbücher und sonstige auf die Nutzungsrechte Bezug habenden Dokumente gewährt werde.

Ersatzleistungen für Nutzungsrechte

§ 28. (1) Die Bestimmungen des § 9 finden auch zum Zwecke der Sicherung der Nutzungsrechte Anwendung.

(2) Alle Ersatzleistungen sind auf die Dauer der Beeinträchtigung der Rechte der Berechtigten eingeschränkt. Während dieser Zeit sind dem Verpflichteten nur Nutzungen gestattet, welche die Wiederherstellung des früheren Standes nicht beeinträchtigen.

Sicherstellung der Rentenbezugsrechte

§ 29. Die in den §§ 26 und 28 bezeichneten Rentenbezugsrechte bilden ein Zugehör des berechtigten Gutes und sind bei diesem im Grundbuche ersichtlich zu machen. Die Landesgesetzgebung bestimmt, unter welchen Voraussetzungen die Agrarbehörde die Absonderung bewilligen kann.

Übergang von Weiderechten auf den Verpflichteten

§ 30. Wenn der Verpflichtete durch Ankauf berechtigter Liegenschaften oder durch behördlich genehmigte Übereinkommen Weiderechte einzelner, zu einer Gruppe von Berechtigten gehöriger Parteien eingelöst hat, tritt er in die Rechte und Pflichten dieser Parteien ein.

§ 31. Nutzungsrechte müssen ohne Rücksicht auf ihren bücherlichen Rang bei der Zwangsversteigerung des verpflichteten Gutes vom Ersteher ohne Anrechnung auf das Meistbot übernommen werden.

V. Abschnitt
Besondere Felddienstbarkeiten

§ 32. (1) Die Landesgesetzgebung kann bestimmen, daß Felddienstbarkeiten anderer als der im § 1 dieser Grundsätze bezeichneten Art auf landwirtschaftlich genutzten Grundstücken aberkannt, abgelöst oder geregelt werden können.

(2) Sie ist hiebei an folgende Grundsätze gebunden:

1. Die Dienstbarkeiten müssen unbestritten oder gerichtlich festgestellt sein.

2. Besteht kein schützenswertes Interesse des berechtigten Gutes an der Dienstbarkeit, so ist sie abzuerkennen. Ob und wie eine Entschädigung zu leisten ist, bestimmt die Landesgesetzgebung. Die Ablösung durch Abtretung von Grund tritt ein, wenn die Dienstbarkeit für das berechtigte Gut dauernd unentbehrlich ist und die Bewirtschaftung des verpflichteten Gutes durch die Ablösung nicht gestört wird. Dem dienenden Gute können die notwendigen Dienstbarkeiten auf dem Ablösungsgrundstück eingeräumt werden.

VI. Abschnitt

Behörden und allgemeine Verfahrensbestimmungen

Zuständigkeit der Agrarbehörden

§ 33. (1) Die Bestimmungen der auf Grund dieses Bundesgesetzes erlassenen Landesgesetze und die Anordnungen, welche in den Regulierungsplänen oder Satzungen oder auf Grund des Kaiserlichen Patentes vom 5. Juli 1853, RGBl. Nr. 130, und der Landesgesetze über die Ablösung, Neuregulierung und Sicherung der Nutzungsrechte (§ 1) in Erkenntnissen und genehmigten Vergleichen getroffen wurden, sind mit Ausschluß des Rechtsweges im Sinne der Bestimmungen des Agrarbehördengesetzes 1950, BGBl. Nr. 1/1951, von den Agrarbehörden durchzuführen.

(2) Diese Behörden entscheiden auch außerhalb eines Verfahrens zur Neuregulierung, Regulierung oder Ablösung mit Ausschluß des Rechtsweges über die Frage des Bestandes von Nutzungsrechten und über die Frage, welche Liegenschaften berechtigt und verpflichtet sind.

(3) Das hiebei anzuwendende Verfahren wird gemäß Art. 11 Abs. 2 des Bundes-Verfassungsgesetzes in der Fassung von 1929 durch das Agrarverfahrensgesetz 1950, BGBl. Nr. 173/1950, geregelt.

(4) Die Zuständigkeit der Gerichte zur Entscheidung über Klagen, die auf den Schutz und die Wiederherstellung des letzten Besitzstandes gerichtet sind, bleibt unberührt.

§ 34. (1) Die Einleitung und der Abschluß des Verfahrens zur Neuregulierung, Regulierung oder Ablösung sind durch Bescheid auszusprechen; der Eintritt der Rechtskraft dieser Bescheide ist kundzumachen. Die Einleitung und der Abschluß des Verfahrens sind jedenfalls den zuständigen Grundbuchsgerichten und den Bezirksverwaltungsbehörden mitzuteilen. Diese Einleitung erfolgt allgemein. Ob eine Neuregulierung, Regulierung oder Ablösung durchzuführen ist, wird von der Behörde auf Grund der Ergebnisse ihrer Erhebungen und Verhandlungen bestimmt. *(StGBl. Nr. 94/1945 in der Fassung BGBl. Nr. 142/1946, § 15.)*

(2) Von der Einleitung bis zum Abschluß des Verfahrens erstreckt sich die Zuständigkeit der Agrarbehörden, abgesehen von den Fällen des Abs. 4, auf die Verhandlung und Entscheidung über alle tatsächlichen und rechtlichen Verhältnisse, die zum Zwecke der Durchführung einer Neuregulierung, Regulierung oder Ablösung in die agrarische Operation einbezogen werden müssen. Während dieses Zeitraumes ist in diesen Angelegenheiten die Zuständigkeit der Behörden ausgeschlossen, in deren Wirkungsbereich die Angelegenheiten sonst gehören. Vor Entscheidungen und Verfügungen forstrechtlicher Natur ist die Forstbehörde zu hören.

(3) Soweit nicht anderes bestimmt ist, sind von den Agrarbehörden die Normen, welche sonst für diese Angelegenheiten gelten (zum Beispiel die Vorschriften des bürgerlichen Rechtes, des Wasser- und Forstrechtes), anzuwenden.

(4) Von der Zuständigkeit der Agrarbehörden sind ausgeschlossen:

a) Streitigkeiten über Eigentum und Besitz an den berechtigten oder verpflichteten Gütern,

b) die Angelegenheiten der Eisenbahnen, der Bundesstraßen, der Luftfahrt und des Bergbaues.

(5) Der Landesgesetzgebung bleibt es überlassen, Angelegenheiten, die der Gesetzgebung nach Landessache sind, von der Zuständigkeit der Agrarbehörde auszuschließen.

Umweltverträglichkeitsprüfung

§ 34a. (1) Aufgabe der Umweltverträglichkeitsprüfung (UVP) ist es, unter Beteiligung der Öffentlichkeit auf fachlicher Grundlage die unmittelbaren und mittelbaren Auswirkungen festzustellen, zu beschreiben und zu bewerten, die eine Trennung von Wald und Weide (§ 10)

1. auf Menschen, Tiere, Pflanzen und deren Lebensräume,
2. auf Boden, Wasser, Luft und Klima,
3. auf die Landschaft und
4. auf Sach- und Kulturgüter

hat oder haben kann, wobei Wechselwirkungen mehrerer Auswirkungen untereinander miteinzubeziehen sind.

(2) Vor Erlassung eines Bescheides zur Trennung von Wald und Weide (§ 10) ist im Rahmen von Neuregulierungs- und Regulierungsverfahren bei Rodungen mit einer zusammenhängenden Fläche von mehr als 20 ha zur Schaffung reiner Weide, eine UVP nach den folgenden Bestimmungen durchzuführen.

(3) Das UVP-Verfahren ist im Rahmen des Verfahrens zur Erlassung des Bescheides (Plans) über die Trennung von Wald und Weide (§ 10) durchzuführen. Es besteht in der Erstellung einer Umweltverträglichkeitserklärung, ihrer öffentlichen Auflage und mündet in die Berücksichtigung der Ergebnisse bei Erlassung des Bescheides zur Trennung von Wald und Weide und seiner Ausführung.

(4) Von der geplanten Erlassung eines Bescheides zur Trennung von Wald und Weide sind die mitwirkenden Behörden gemäß Abs. 5, der Umweltanwalt und die Standortgemeinde unter Anschluss von Unterlagen, die eine Beurteilung der Auswirkungen gemäß Abs. 1 Z 1 bis 4 ermöglichen, zu informieren. Der Umweltanwalt kann innerhalb von sechs Wochen ab Zustellung die Feststellung beantragen, ob für das

Vorhaben eine UVP durchzuführen ist. Der Umweltanwalt hat Parteistellung mit den Rechten nach § 34b Abs. 8. Die Agrarbehörde hat über diesen Antrag innerhalb von drei Monaten mit Bescheid zu entscheiden. Der wesentliche Inhalt dieser Entscheidung sowie die wesentlichen Entscheidungsgründe sind von der Agrarbehörde in geeigneter Form kundzumachen oder zur öffentlichen Einsichtnahme aufzulegen; dies gilt nicht, wenn für das Vorhaben jedenfalls eine UVP durchzuführen ist.

(5) Mitwirkende Behörden sind jene Behörden, bei denen durch die Landesgesetzgebung nach § 34 Abs. 5 die Zuständigkeit der Agrarbehörden ausgeschlossen ist.

(6) Die Bestimmungen der Abs. 1 bis 5 gelten sinngemäß für die Schaffung von Reinweide im Rahmen eines Verfahrens gemäß § 16.

(BGBl I 2000/39, ab 8. 7. 2000, s § 39)

Verfahren

§ 34b. (1) Die Agrarbehörde hat die Erstellung einer Umweltverträglichkeitserklärung zu veranlassen. Diese hat folgende Angaben zu enthalten:

1. Beschreibung des Vorhabens nach Standort, Art und Umfang, insbesondere

a) Abgrenzung der Beschreibung des Projektgebietes (Lageplan, einbezogene Fläche, Anzahl der Parteien, Charakterisierung des betroffenen Raumes);

b) Beschreibung der Maßnahmen (Rodung) zur Schaffung reiner Weide.

2. Beschreibung der vom Vorhaben voraussichtlich berührten Umwelt (§ 34a Abs. 1).

3. Die notwendigen Angaben zur Feststellung und Beurteilung der möglichen erheblichen Auswirkungen auf die Umwelt, einschließlich der Wechselwirkungen zwischen den einzelnen Auswirkungen sowie Angaben über die zur Abschätzung der Umweltauswirkungen angewandten Methoden.

4. Beschreibung der Maßnahmen, mit denen wesentliche nachteilige Auswirkungen des Vorhabens auf die Umwelt vermieden, verringert oder soweit wie möglich ausgeglichen werden sollen.

5. Eine klare und übersichtliche Zusammenfassung der Informationen gemäß Z 1 bis 4.

6. Darstellung und Begründung allfälliger Schwierigkeiten (insbesondere technische Lücken oder fehlende Daten) bei der Zusammenstellung der geforderten Angaben.

(2) Die Agrarbehörde hat unverzüglich den allenfalls mitwirkenden Behörden den Entwurf des Plans zur Trennung von Wald und Weide, allfällige weitere diesen betreffende Unterlagen und die Umweltverträglichkeitserklärung zur Stellungnahme zu übermitteln. Diese Behörden haben an der Beurteilung der Umweltauswirkungen im erforderlichen Ausmaß mitzuwirken.

(3) Dem Umweltanwalt und der Standortgemeinde ist unverzüglich nach Fertigstellung je eine Ausfertigung der Umweltverträglichkeitserklärung zu übermitteln. Diese können innerhalb von vier Wochen Stellung nehmen.

(4) Die Agrarbehörde hat der Standortgemeinde, in deren Wirkungsbereich das Vorhaben zur Ausführung kommen soll, je eine Ausfertigung der Umweltverträglichkeitserklärung und des Entwurfes des Plans der Trennung von Wald und Weide zu übermitteln. Diese sind bei der Gemeinde mindestens sechs Wochen lang zur öffentlichen Einsicht aufzulegen. Jedermann kann sich davon an Ort und Stelle Abschriften anfertigen, auf eigene Kosten Kopien anfertigen oder anfertigen lassen und innerhalb der Auflagefrist zum Vorhaben und zur Umweltverträglichkeitserklärung eine schriftliche Stellungnahme an die Agrarbehörde abgeben. Die Agrarbehörde hat das Vorhaben durch Anschlag in der Standortgemeinde, in der für amtliche Kundmachungen des Landes bestimmten Zeitung oder auf andere geeignete Weise kundzumachen.

(5) Vor Abschluss der UVP darf der Bescheid zur Trennung von Wald und Weide nicht erlassen werden. Der Bescheid hat auf die Sicherung und Entwicklung eines unter Bedachtnahme auf die Bewirtschaftungsverhältnisse möglichst ausgeglichenen und nachhaltigen Naturhaushaltes Rücksicht zu nehmen. Maßnahmen, die erhebliche Belastungen der Umwelt durch nachhaltige Einwirkungen verursachen, jedenfalls solche, die geeignet sind, den Boden, den Pflanzenbestand oder den Tierbestand bleibend zu schädigen, sind zu vermeiden.

(6) Bei der Entscheidung sind die Ergebnisse der UVP (Umweltverträglichkeitserklärung, Stellungnahmen) zu berücksichtigen.

(7) Der Bescheid (Plan) über die Trennung von Wald und Weide ist in der Standortgemeinde mindestens zwei Wochen zur öffentlichen Einsicht aufzulegen.

(8) Parteistellung haben die nach § 35 Abs. 1 und den bezughabenden Landesausführungsgesetzen (§ 35 Abs. 2) vorgesehenen Parteien, der Umweltanwalt und die Standortgemeinde. Der Umweltanwalt ist berechtigt, die Einhaltung von Rechtsvorschriften, die dem Schutz der Umwelt oder der von ihm wahrzunehmenden öffentlichen Interessen dient, als subjektives Recht im Verfahren geltend zu machen, Rechtsmittel zu ergreifen und Beschwerde an den Verwaltungsgerichtshof und den Verfassungsgerichtshof zu erheben. In jenen Bundesländern, in denen kein Umweltanwalt eingerichtet ist, kommen die Rechte des Umweltanwaltes der Standortgemeinde zu.

(9) Die Bestimmungen der Abs. 1 bis 8 gelten sinngemäß für die Schaffung von Reinweide im Rahmen eines Verfahrens gemäß § 16.

(BGBl I 2000/39, ab 8. 7. 2000, s § 39)

Parteien und Beteiligte

§ 35. (1) Die Eigentümer der berechtigten und verpflichteten Liegenschaften sind Parteien.

(2) Anderen Personen kommt Parteistellung nur insoweit zu, als ihnen in diesem Gesetz oder in dem zur Ausführung erlassenen Landesgesetz Rechte eingeräumt oder Pflichten auferlegt sind. *(BGBl 1976/301)*

Genehmigung von Parteiübereinkommen

§ 36. Alle über die Ausübung der Nutzungsrechte getroffenen Parteiübereinkommen bedürfen der behördlichen Genehmigung.

Erklärungen, Provisorien, Behandlung von Grundbuchsgesuchen

§ 37. Die Vorschriften der §§ 38 bis einschließlich 48 des Flurverfassungs-Grundsatzgesetzes 1951, BGBl. Nr. 103/1951, gelten sinngemäß.

§ 38. (1) Wird durch ein rechtskräftiges Erkenntnis der Agrarbehörden oder durch ein von ihnen genehmigtes Rechtsgeschäft ein Nutzungsrecht als ein in die öffentlichen Bücher einzutragendes Recht an Liegenschaften oder ein sonstiges in die öffentlichen Bücher einzutragendes Recht festgestellt, eingeräumt, abgeändert, aufgehoben oder übertragen, so hat die Agrarbehörde die erforderlichen Eintragungen in die öffentlichen Bücher zu veranlassen. Der Beibringung einer Urkunde durch die Parteien (§§ 31 bis 33 Allgemeines Grundbuchsgesetz, BGBl. Nr. 39/1955) bedarf es in einem solchen Falle nicht.

(2) Nutzungsrechte, welche den an einem Gemeinschaftsbesitze anteilsberechtigten Stammliegenschaften für Zwecke der Bewirtschaftung des Gemeinschaftsbesitzes zustehen, bilden ein rechtliches Zugehör des letzteren und sind daher im Grundbuche bei diesem, nicht aber bei den einzelnen anteilsberechtigten Gütern einzutragen.

Inkrafttreten, Vollziehung

§ 39. Die Ausführungsgesetze der Länder zu den in den §§ 4 Abs. 2, 18 Abs. 2 zweiter Satz, 22 Abs. 2, 34a und 34b in der Fassung des Bundesgesetzes BGBl. I Nr. 39/2000 aufgestellten Grundsätzen sind binnen sechs Monaten vom Tag des Inkrafttretens[1]) dieses Bundesgesetzes zu erlassen. Sie sind auf Verfahren, die im Zeitpunkt des Inkrafttretens der Ausführungsbestimmungen noch nicht abgeschlossen sind, anzuwenden.

(BGBl I 2000/39)

[1]) 8. 7. 2000.

Vollziehung

§ 40. Mit der Wahrnehmung der Rechte des Bundes gemäß Art. 15 Abs. 8 des Bundes-Verfassungsgesetzes wird der Bundesminister für Land- und Forstwirtschaft, Umwelt und Wasserwirtschaft betraut.

(BGBl I 2000/39)

Artikel II

Stempel- und Rechtsgebühren

Hinsichtlich der Stempel- und Rechtsgebühren gelten die Bestimmungen des § 15 des Agrarverfahrensgesetzes 1950, BGBl. Nr. 173/1950.

Artikel III

Wirksamkeitsbeginn

(1) Dieses Bundesgesetz ist den Ländern gegenüber für die Ausführungsgesetzgebung am 19. Juli 1933 in Kraft getreten. Im übrigen ist dieses Bundesgesetz in jedem Bundesland gleichzeitig mit dem in dem betreffenden Bundesland erlassenen Ausführungsgesetz in Kraft getreten. Sofern in einem Bundesland das Ausführungsgesetz noch nicht erlassen worden ist, tritt dieses Bundesgesetz gleichzeitig mit dem in dem betreffenden Bundesland erlassenen Ausführungsgesetz in Kraft.

(2) Mit den im Abs. 1 genannten Zeitpunkten sind das Kaiserliche Patent vom 5. Juli 1853, RGBl. Nr. 130, und die zu seiner Durchführung erlassenen Vorschriften des Bundes außer Kraft getreten. In jenen Bundesländern, in denen das Ausführungsgesetz noch nicht erlassen worden ist, werden diese Bestimmungen mit dem Inkrafttreten des Ausführungsgesetzes unwirksam.

(3) Die im Art. III Abs. 3 der Verordnung der Bundesregierung vom 30. Juni 1993, BGBl. Nr. 307, gemäß Art. 15 Abs. 6 des Bundes-Verfassungsgesetzes in der Fassung von 1929 mit zwölf Monaten nach dem Tage der Kundmachung der angeführten Verordnung bestimmte Frist, innerhalb der die Ausführungsgesetze der Bundesländer zu den im Art. I aufgestellten Grundsätzen in Wirksamkeit zu setzen waren, ist am 19. Juli 1934 abgelaufen.

KODEX

DES ÖSTERREICHISCHEN RECHTS
SAMMLUNG DER ÖSTERREICHISCHEN BUNDESGESETZE

ARBEITS-RECHT

LINDE VERLAG

1	AngG
2	GewO
3	ABGB
4	ArbVG
5	ArbAbfG
6	APSG
7	AVRAG
8	AuslBG
9	BEinstG
10	BPG
11	DNHG
12	EFZG
13	GleichbG
14	IESG
15	KautSchG
16	KJBG
17	KoalitG/AntiterrG
18	MSchG/EKUG
19	PatG
20	UrlG
21	BAG
22	BauArb
23	GAngG
24	HausbG
25	HausgG
26	HeimAG
27	JournG
28	SchauspG
29	ASchG
30	AZG/ARG
31	BäckAG
32	FrNachtAG
33	NSchG
34	ArbIG
35	AMFG
36	AÜG
37	VBG/StBG
38	ASGG
39	EO, AO, KO
40	EU-Recht

KODEX

DES ÖSTERREICHISCHEN RECHTS
SAMMLUNG DER ÖSTERREICHISCHEN BUNDESGESETZE

AUSHANGPFLICHTIGE GESETZE

LINDE VERLAG

1	ASchG DOK-VO Kenn-V AMZ-VO STZ-VO SFK-VO SVP-VO VGÜ BS-V VbA AStV AM-VO
2	üVO
3	AAV
4	BauV
5	AZG FahrtbVO EU-VOen
6	ARG ARG-VO
7	MSchG
8	FrNArbG
9	KJBG KJBG-VO
10	KA-AZG
11	BäckAG
12	BehEinstG
13	GleichbG

KODEX

DES ÖSTERREICHISCHEN RECHTS
SAMMLUNG DER ÖSTERREICHISCHEN BUNDESGESETZE

PFLEGEGELD-GESETZE

LINDE VERLAG

1	BPGG EinstVO EinbeziehungsVO RL-VO
2	Bundes- und Ländervereinb
3	Bgld PGG EinstVO
4	Krnt PGG EinstVO
5	NÖ PGG EinstVO
6	OÖ PGG EinstVO
7	Sbg PGG EinstVO Stb-NachsVO
8	Stmk PGG EinstVO PG-AnpassG PG-Öff.BedVO
9	Tirol PGG PflegebedVO
10	Vlbg PGG PflegebedVO
11	Wien PGG EinstVO ÜbertragungVO

KODEX

DES ÖSTERREICHISCHEN RECHTS
SAMMLUNG DER ÖSTERREICHISCHEN BUNDESGESETZE

STEUER-GESETZE

LINDE VERLAG

1	EStG
2	KStG
3	UmgrStG UmwG SpaltG
4	UStG
5	BewG
6	GrStG AbgLuF BWA
7	GebG
8	ErbStG
9	GrEStG
10	KVG
11	VersSt FSchSt
12	KfzStG StraBAG
13	Energie-abgaben
14	AbgZuw InvFG WKG NoVAG KGG Sicherheitsb KommSt KarenzgeldG KBGG NeuFÖG WerbeAbg
15	FLAG
16	DBA Übersicht
17	BAO AVOG ZustellG AuskG
18	AbgEO
19	FinStrG
20	HGB §§ 189 ff Euro
21	BWG § 38 § 101
22	Amtshilfe
23	ASVG
24	WTBG
	Anhang

13. Eisenbahnenteignungsgesetz

13. Eisenbahnenteignungsgesetz (Wv), BGBl 1954/71 idF
1 BGBl 1970/20 **2** BGBl 1975/137 **3** BGBl 1995/297
4 BGBl I 1998/156 (VfGH)

STICHWORTVERZEICHNIS

(Die Zahlenangaben beziehen sich auf die Paragraphen)

Eisenbahnenteignungsgesetz – Eisenb.Ent.G. 1954

§ **1.** Die Ausübung des Enteignungsrechtes steht in dem vollen durch § 365 ABGB. zugelassenen Umfange jedem Eisenbahnunternehmen insoweit zu, als die Gemeinnützigkeit des Unternehmens von der hiezu berufenen staatlichen Verwaltungsbehörde anerkannt ist.

I. Gegenstand und Umfang der Enteignung

§ **2.** (1) Das Enteignungsrecht kann zu einer dauernden oder vorübergehenden Enteignung nur insoweit ausgeübt werden, als es die Herstellung und der Betrieb der Eisenbahn notwendig machen.

(2) Es umfaßt insbesondere das Recht:

1. auf Abtretung von Grundstücken;

2. auf Überlassung von Quellen und anderen Privatgewässern;

3. auf Einräumung von Servituten und anderen dinglichen Rechten an unbeweglichen Sachen, sowie auf Abtretung, Einschränkung oder Aufhebung derartiger und solcher Rechte, deren Ausübung an einen bestimmten Ort gebunden ist;

4. auf Duldung von Vorkehrungen, die die Ausübung des Eigentumsrechtes oder eines anderen Rechtes an einem Grundstück oder an einem Bergbau einschränken.

(3) Das Enteignungsrecht kann auch in Beziehung auf das Zugehör eines Gegenstandes der Enteignung ausgeübt werden.

§ **3.** (1) Unter der im § 2 bezeichneten Voraussetzung kann die dauernde oder vorübergehende Abtretung von Grundstücken insoweit begehrt werden, als es zur Herstellung der Bahn, der Bahnhöfe, der an der Bahn und an den Bahnhöfen für Zwecke des Eisenbahnbetriebes zu errichtenden Gebäude oder zu sonstigen Anlagen, deren Herstellung dem Eisenbahnunternehmen obliegt, dann zur Unterbringung des beim Bau zu entfernenden Erdmateriales und Schuttes, endlich zur Gewinnung des notwendigen Schüttungs-, Rohstein- und Schottermateriales erforderlich ist.

(2) Das Recht, die Abtretung eines Grundstückes zu einer vorübergehenden Benützung zu begehren, erstreckt sich nicht auf Gebäude und Wohnräume, noch auf solche Grundstücke, deren Substanz durch die beabsichtigte Benützung voraussichtlich wesentlich und dauernd verändert würde.

(3) Der Eigentümer eines zur vorübergehenden Benützung überlassenen Grundstückes ist berechtigt zu begehren, daß das Eisenbahnunternehmen das Grundstück an sich löse, wenn die Benützung länger als sechs Monate nach der Betriebseröffnung oder, falls die Abtretung zur Benützung erst nach der Betriebseröffnung stattfand, länger als zwei Jahre dauert.

II. Gegenstand und Umfang der Entschädigung

§ **4.** (1) Das Eisenbahnunternehmen ist verpflichtet, den Enteigneten für alle durch die Enteignung verursachten vermögensrechtlichen Nachteile gemäß § 365 ABGB. schadlos zu halten.

(2) Als Enteigneter ist jeder anzusehen, dem der Gegenstand der Enteignung gehört, oder dem an einem Gegenstande der Enteignung ein mit dem Eigentume eines anderen Gegenstandes verbundenes dingliches Recht zusteht.

§ 5. Bei der Ermittlung der Entschädigung ist auch auf die Nachteile Rücksicht zu nehmen, die Nutzungsberechtigte, Gebrauchsberechtigte oder Bestandnehmer durch die Enteignung erleiden, und deren Vergütung dem Enteigneten obliegt, sofern der als Ersatz für den Gegenstand der Enteignung zu leistende Betrag nicht zur Befriedigung der gegen den Enteigneten zustehenden Entschädigungsansprüche zu dienen hat.

§ 6. Wird nur ein Teil eines Grundbesitzes enteignet, so ist bei der Ermittlung der Entschädigung nicht nur auf den Wert des abzutretenden Grundstückes, sondern auch auf die Verminderung des Wertes, die der zurückbleibende Teil des Grundbesitzes erleidet, Rücksicht zu nehmen.

§ 7. (1) Bei der Ermittlung der Entschädigung ist auf Verhältnisse keine Rücksicht zu nehmen, die ersichtlich in der Absicht hervorgerufen worden sind, sie als Grundlage für die Erhöhung der Ansprüche auf Entschädigung zu benützen.

(2) Der Wert der besonderen Vorliebe, dann eine Werterhöhung, die der Gegenstand der Enteignung infolge der Anlage der Eisenbahn erfährt, bleiben bei der Berechnung der Entschädigung außer Betracht.

(3) *(aufgehoben, BGBl I 1998/156, mit Ablauf des 30. 6. 1999)*

§ 8. (1) Die Entschädigung ist in barem Gelde zu leisten. Sie geschieht bei dauernder Enteignung durch Zahlung eines Kapitalbetrages, bei vorübergehender Enteignung durch Zahlung einer Rente.

(2) Wenn jedoch infolge einer vorübergehenden Enteignung eine bei der Bestimmung der Rente nicht berücksichtigte Wertverminderung eintritt, ist dafür nach dem Aufhören der vorübergehenden Enteignung durch Zahlung eines Kapitalbetrages Ersatz zu leisten.

§ 9. (1) Insoweit ein zu leistender Kapitalsbetrag nicht vollständig ermittelt werden kann, weil der abzuschätzende Nachteil sich nicht von vornherein bestimmen läßt, ist jede Partei berechtigt, in angemessenen Zeitabschnitten von mindestens einem Jahre die Feststellung der für die in der Zwischenzeit erkennbar gewordenen Nachteile gebührenden Entschädigung zu begehren.

(2) Nach Ablauf eines vom Vollzug einer dauernden Enteignung zu berechnenden Zeitraumes von drei Jahren, oder nach dem Aufhören einer vorübergehenden Enteignung kann die endgültige Feststellung des zu leistenden Kapitalsbetrages begehrt werden.

§ 10. (1) Das Eisenbahnunternehmen hat für alle Entschädigungen, die es nach dem Vollzug einer Enteignung zu leisten hat (§§ 8 und 9), auf Verlangen des zur Forderung der Entschädigung Berechtigten Sicherheit zu leisten.

(2) Vom Bund und den Ländern kann die Bestellung einer Sicherheit nicht begehrt werden.

(3) Auf Ansuchen einer Partei wird die Art und Höhe der zu bestellenden Sicherheit von dem zur Ermittlung der Entschädigung zuständigen Gericht nach Vernehmung beider Parteien bestimmt. Das Gericht kann vor seiner Entscheidung Sachverständige vernehmen.

(4) Die Zulänglichkeit der Sicherheit beurteilt das Gericht nach seinem Ermessen.

III. Enteignungsverfahren

A. Feststellung des Gegenstandes und Umfanges der Enteignung

§ 11. Gegenstand und Umfang der Enteignung werden auf Grund der dafür maßgebenden tatsächlichen Verhältnisse und unter Berücksichtigung des Ergebnisses einer mündlichen Verhandlung, die zur Prüfung des die Anlage der Bahn darstellenden Bauentwurfes vorgenommen wird, festgestellt.

§ 12. (1) Das Eisenbahnunternehmen hat dem Bundesministerium für öffentliche Wirtschaft und Verkehr[1]) im Rahmen des Bauentwurfes die nach Katastralgemeinden getrennt zu verfassenden Grundeinlösungspläne und Verzeichnisse der in Anspruch genommenen Grundstücke und Rechte vorzulegen.

(2) Diese Verzeichnisse haben zu enthalten: die Namen und Wohnorte der zu Enteignenden, den Gegenstand der Enteignung, bei Grundstücken die Nummer des Grundeinlösungsplanes, wenn das Grundstück einen Gegenstand des Grundbuches bildet, die Bezeichnung der Grundbuchseinlage, bei öffentlichem Gute die Zahl des bezüglichen Verzeichnisses, ferner die Katastralbezeichnung, die Kulturart nach dem Kataster, das Gesamtflächenausmaß und das Ausmaß der beanspruchten Fläche. Für jede Katastralgemeinde ist ein besonderes Verzeichnis anzulegen, in dem auch das Bezirksgericht anzugeben ist, in dessen Sprengel die betreffende Gemeinde liegt. *(BGBl. Nr. 277/1925, Artikel 52 Z. I.)*

(3) Das Bundesministerium für öffentliche Wirtschaft und Verkehr[1]) unterzieht den Bauentwurf einer vorläufigen Prüfung und ordnet, wenn es ihn zur Ausführung für geeignet erachtet, die Bau- und Enteignungsverhandlung (§ 11) an.

---

[1]) *Jetzt: BM für Verkehr, Innovation und Technologie.*

§ 13. (1) Die mit der Bau- und Enteignungsverhandlung betraute Kommission besteht aus einem Vertreter des Landeshauptmannes als Verhandlungsleiter und einem Vertreter des Bundesministeriums für öffentliche Wirtschaft und Verkehr.[1]) Die Landesregierung und die

Bezirksverwaltungsbehörde sind berechtigt, sich an der Verhandlung zu beteiligen. *(BGBl. Nr. 277/1925, Artikel 52 Z. II.)*

(2) Auch bleibt es dem Bundesministerium für öffentliche Wirtschaft und Verkehr[1]) vorbehalten, die Kommission mit Rücksicht auf die in Betracht kommenden öffentlichen Zwecke entsprechend zu verstärken.

(3) Zu dieser Verhandlung sind das Eisenbahnunternehmen und die von der Bahn berührten Gemeinden zu laden. *(BGBl 1970/20)*

(4) Das den Gemeinden im Abs. 3 eingeräumte Recht fällt in den eigenen Wirkungskreis der Gemeinden. *(BGBl 1970/20)*

---

[1]) *Jetzt: BM für Verkehr, Innovation und Technologie.*

§ 14. (1) Die nach § 12 zu überreichenden Verzeichnisse und Grundeinlösungspläne sind vor der Bau- und Enteignungsverhandlung wenigstens acht Tage in der betreffenden Ortsgemeinde zur allgemeinen Einsicht aufzulegen. *(BGBl. Nr. 277/1925, Artikel 52 Z. III.)*

(2) Zugleich ist durch eine in der Gemeinde anzuschlagende und in ortsüblicher Weise kundzumachende Verlautbarung der Ort der Einsicht, sowie der Tag, von dem an Einsicht genommen werden kann, und die Frist, innerhalb deren jeder Beteiligte bei der Bezirksverwaltungsbehörde Einwendungen gegen die begehrte Enteignung mündlich oder schriftlich vorbringen kann, bekanntzugeben.

(3) Die in diesen Verlautbarungen enthaltenen Zeitbestimmungen sind unter Angabe der durch die beabsichtigte Anlage berührten Katastralgemeinden durch ein Edikt bekanntzugeben, das einmal in die für amtliche Kundmachungen bestimmte Landeszeitung einzuschalten ist.

§ 15. (1) Der Tag, an dem die Erhebungen in einer Gemeinde voraussichtlich beginnen, ist vom Verhandlungsleiter zu bestimmen und in der Gemeinde in ortsüblicher Weise bekanntzugeben. Zwischen dieser Bekanntmachung und dem Beginne der Erhebungen muß mindestens ein Zeitraum von acht Tagen verstreichen.

(2) Alle, die bei der Bezirksverwaltungsbehörde rechtzeitig Einwendungen erhoben haben, sind besonders zur Verhandlung zu laden.

(3) Jedem Beteiligten steht es frei, bei den Erhebungen zu erscheinen und Einwendungen gegen die begehrte Enteignung vorzubringen.

(4) Einwendungen, die nach Abschluß der Erhebungen in der Gemeinde vorgebracht werden, bleiben unberücksichtigt.

§ 16. (1) Der Verhandlungsleiter hat nach Tunlichkeit dahin zu wirken, daß ein Einverständnis unter den Parteien erzielt werde.

(2) Wird das Begehren um Enteignung zurückgezogen oder erklärt der Enteignete seine Bereitwilligkeit, die begehrte Enteignung zuzugestehen, so ist das in dem über die Verhandlung geführten Protokoll festzustellen.

(3) Die für die Entscheidung über die begehrte Enteignung maßgebenden Verhältnisse sind in jedem Falle zu ermitteln und die Ergebnisse der Erhebungen unter Angabe der benützten Grundlagen zu Protokoll zu bringen.

(4) In eine Erörterung über die infolge der Enteignung zu leistende Entschädigung ist bei diesen Erhebungen nicht einzugehen.

(5) Die Erhebungen sind, sofern sie sich auf mehrere Katastralgemeinden auszudehnen haben, für jede Katastralgemeinde abzuschließen und dem Landeshauptmann vorzulegen.

§ 17. (1) Der Landeshauptmann hat nach Prüfung der ihm vorgelegten Akten den Gegenstand und Umfang der Enteignung durch Erlassung eines oder mehrerer Enteignungsbescheide festzustellen. Der Enteignungsbescheid bezieht sich auf die im Enteignungsplan dargestellten Flächen, deren Ausmaße im zugehörigen Verzeichnis (§ 12), unbeschadet der genaueren Vermessung in der Natur, ausgewiesen sind. *(BGBl. Nr. 277/1925, Artikel 52 Z. IV.)*

(2) Soweit die Entscheidung von der dem Bundesministerium für öffentliche Wirtschaft und Verkehr[1]) zustehenden Erledigung einer Frage abhängt, ist die Entscheidung bis zum Bekanntwerden der endgültigen Erledigung des Antrages aufzuschieben.

---

[1]) *Jetzt: BM für Verkehr, Innovation und Technologie.*

§ 18. (1) Die Enteignungsbescheide sind dem Eisenbahnunternehmen und den Enteigneten, oder allen Personen, von denen es amtlich bekannt ist, daß das zu enteignende Recht auf sie übergegangen sei, einzuhändigen.

(2) Ein Enteignungsbescheid kann nur von solchen Enteigneten, die rechtzeitig Einwendungen gegen die Enteignung erhoben haben, oder von ihren Rechtsnachfolgern (§§ 14 und 15) und von dem Eisenbahnunternehmen durch Berufung insoweit angefochten werden, als der Bescheid dem Begehren, das der Berufungswerber gestellt hatte, nicht stattgegeben hat.

(3) *Aufgehoben; (EGVG. 1950, BGBl. Nr. 172, Art. III Abs. 1).*

(4) Über die Berufung entscheidet das Bundesministerium für öffentliche Wirtschaft[1]) und Verkehr im Einvernehmen mit den anderen beteiligten Bundesministerien. *(BGBl. Nr. 277/1925, Artikel 52 Z. V.)*

(5) Die Betretung des Zivilrechtsweges über die Frage, welcher Gegenstand und in welchem Umfange er zu enteignen sei, ist unzulässig.

---

[1]) *Jetzt: BM für Verkehr, Innovation und Technologie.*

§ 19. Nach dem Eintritt der Rechtskraft eines Enteignungsbescheides sind die Personen, gegen die die Enteignung wirksam ist, verpflichtet, sich jeder über die Fortsetzung des ordentlichen Wirtschaftsbetriebes hinausgehenden Veränderung an dem Gegenstande der Enteignung zu enthalten, sofern nicht etwas anderes vereinbart worden ist, oder soweit es sich nicht um Verfügungen handelt, die zur Erhaltung des Gegenstandes der Enteignung notwendig und unaufschiebbar sind.

§ 20. (1) Wenn ein den Gegenstand der Enteignung bildendes Grundstück in einem Grundbuch eingetragen ist, hat der zur Entscheidung in erster Instanz berufene Landeshauptmann nach Eintritt der Rechtskraft eines Enteignungsbescheides das Grundbuchsgericht unter Mitteilung der zur Identifizierung des Grundstückes erforderlichen Behelfe, die nötigenfalls dem Eisenbahnunternehmen abzufordern sind, um die Anmerkung der Enteignung zu ersuchen.

(2) Das Grundbuchsgericht hat die Anmerkung in der betreffenden Grundbuchseinlage zu vollziehen.

(3) Diese Anmerkung hat die Wirkung, daß sich niemand, der eine ihr nachfolgende Eintragung erwirkt, auf die Unkenntnis der Enteignung berufen kann.

§ 21. (1) Wird außer dem Falle einer Bauverhandlung eine abgesonderte oder nachträgliche Verhandlung zur Feststellung eines der vorübergehenden oder dauernden Enteignung zu unterziehenden Gegenstandes erforderlich, so hat das Eisenbahnunternehmen unter Bezeichnung des Gegenstandes und des zu Enteignenden, sowie unter Beibringung der zur Identifizierung des Gegenstandes erforderlichen Belege, ferner unter Darlegung der Gründe des Bedarfes das Ansuchen bei der Bezirksverwaltungsbehörde zu stellen, in deren Bezirk der Gegenstand liegt, dessen Enteignung durchgeführt werden soll.

(2) Die Bezirksverwaltungsbehörde hat hierüber unter Zuziehung der beiden Parteien eine Verhandlung anzuordnen.

(3) Auf das weitere Verfahren finden die Bestimmungen der §§ 16 bis 20 Anwendung.

B. Ermittlung der Entschädigung

§ 22. (1) Die infolge einer Enteignung zu leistende Entschädigung ist, sofern sie nicht durch ein zulässiges Übereinkommen zwischen dem Eisenbahnunternehmen und dem Enteigneten bestimmt wird, gerichtlich festzustellen.

(2) Als zulässig ist ein solches Übereinkommen nur dann anzusehen, wenn es an dritten Personen fehlt, denen ein Anspruch auf Befriedigung aus der Entschädigung auf Grund ihrer dinglichen Rechte zusteht, oder wenn diese dritten Personen ihre Zustimmung zu dem Übereinkommen in einer öffentlichen oder legalisierten Urkunde erklärt haben.

(3) Die Notwendigkeit der Erklärung dieser Zustimmung entfällt, wenn es sich um die teilweise Abtretung eines Grundbuchkörpers handelt und wenn ungeachtet der Abtretung eine Hypothek die dem § 1374 ABGB. entsprechende gesetzliche Sicherheit behält, andere dingliche Rechte aber eine Gefährdung ihrer Sicherheit offenbar nicht erleiden können.

(4) Das Grundbuchsgericht ist berufen, auf Ansuchen einer Partei eine Bestätigung über den Bestand der erforderlichen Sicherheit auf Grund der durch eine Untersuchung gewonnenen Überzeugung zu erteilen.

§ 23. (1) Die Entschädigung wird auf Ansuchen des Eisenbahnunternehmens festgestellt; doch ist auch der Enteignete berechtigt, darum anzusuchen, wenn das Eisenbahnunternehmen dieses Ansuchen nicht innerhalb eines Jahres nach Rechtskraft des Enteignungsbescheides stellt.

(2) Zur Feststellung der Entschädigung ist das Bezirksgericht zuständig, in dessen Sprengel die Enteignung zu vollziehen ist.

(3) Dem Gesuch um diese Feststellung ist der Enteignungsbescheid nebst den zur Identifizierung des Gegenstandes der Enteignung erforderlichen Behelfen beizulegen.

(4) Das Gesuch kann für alle in dem Sprengel einer Katastralgemeinde gelegenen Gegenstände der Enteignung in einer einzigen Eingabe gestellt werden.

§ 24. (1) Das Gericht hat alle für die Feststellung der Entschädigung maßgebenden Verhältnisse nach den Grundsätzen des Verfahrens außer Streitsachen an Ort und Stelle unter Zuziehung eines, oder, wenn es die besonderen Verhältnisse erfordern, zweier Sachverständiger zu erheben. *(BGBl. Nr. 277/1925, Artikel 52 Z. VI.)*

(2) *(Aufgehoben, BGBl 1975/137)*

(3) Die Parteien können Einwendungen gegen die Eignung der Sachverständigen bis zum Beginn der Erhebungen vorbringen. Diese Einwendungen sind, wenn sie dem Gericht glaubwürdig erscheinen, von Amts wegen zu berücksichtigen.

§ 25. (1) Die Sachverständigen sind vom Richter aufzufordern, nach der Besichtigung des Gegenstandes der Enteignung ihr Gutachten über die zu leistende Entschädigung abzugeben.

(2) Jeder Sachverständige ist verpflichtet, die tatsächlichen Voraussetzungen, auf denen sein Gutachten beruht, sowie die übrigen Grundlagen seiner Wertberechnung anzugeben.

(3) Insbesondere haben die Sachverständigen in den Fällen, wo nur ein Teil eines Grundbesitzes enteignet wird, die Berechnung des Betrages, der als Ersatz für die Verminderung des Wertes des zurückbleibenden Teiles des Grundbesitzes zu leisten ist, abgesondert anzugeben.

(4) Erstreckt sich die an die Enteigneten zu leistende Entschädigung auch auf Vergütung

solcher Nachteile, die dritte Personen erleiden, deren Ansprüche nicht aus dem für ein enteignetes Grundstück zu leistenden Ersatz zu befriedigen sind (§ 5), so ist der auf die Vergütung dieser Nachteile entfallende Betrag besonders anzugeben.

(5) Wenn über die tatsächlichen Voraussetzungen ein Streit entsteht, so ist, falls es von einer Partei begehrt wird, auf Grundlage jeder der streitig gewordenen Annahmen ein besonderes Gutachten über die zu leistende Entschädigung abzugeben.

§ 26. Auf Begehren beider Parteien kann die Feststellung der Entschädigung auf Objekte ausgedehnt werden, die nicht den Gegenstand eines Enteignungsbescheides bilden, wenn beide Parteien einverstanden sind, diese Objekte der Enteignung zu unterziehen.

§ 27. Erachtet das Eisenbahnunternehmen, daß durch Ausführung einer oder der anderen Anlage, zu deren Herstellung es nicht verpflichtet ist, der Anspruch auf Entschädigung erheblich herabgemindert würde, so kann das Eisenbahnunternehmen sich die Auswahl unter mehreren Arten der Ausführung dieser Anlage vorbehalten und begehren, daß die Entschädigung mit Rücksicht auf jede der von ihm bezeichneten Arten der Ausführung festgestellt werde.

§ 28. Der Leiter der Erhebungen hat in allen Fällen, wo vom Enteigneten eine Forderung gestellt oder vom Eisenbahnunternehmen ein Anerbieten gemacht wird, dies zu protokollieren; ferner das Gutachten der Sachverständigen, die tatsächlichen Voraussetzungen und die Grundlagen, auf denen es beruht, und die allfälligen Erinnerungen und Einwendungen der Parteien zu Protokoll zu bringen.

§ 29. (1) Wenn das Eisenbahnunternehmen und der Enteignete sich über die zu leistende Entschädigung einigen, ist diese Vereinbarung, falls die im § 22 bezeichneten Voraussetzungen eines zulässigen Übereinkommens vorliegen, zu Protokoll zu nehmen.

(2) Liegen die im § 22 bezeichneten Voraussetzungen nicht vor, so kann die Vereinbarung nur dann protokolliert werden, wenn der vereinbarte Betrag nicht hinter dem zurückbleibt, der von den Sachverständigen angegeben wird oder der im Falle einer Verschiedenheit der Gutachten den Durchschnitt der angegebenen Beträge bildet.

(3) Eine mit Beachtung der vorstehenden Bestimmungen protokollierte Vereinbarung hat die Wirkung eines gerichtlichen Vergleiches.

§ 30. (1) Kommt kein Vergleich zustande, so hat das Gericht, ohne an Beweisregeln gebunden zu sein, über die zu leistende Entschädigung zu entscheiden, und, wenn die im § 25 Abs. 4 bezeichnete Voraussetzung eintritt, den auf die Vergütung der Nachteile dritter Personen entfallenden Betrag besonders zu bestimmen.

(2) Diese Entscheidung kann nur mit Rekurs angefochten werden.

(3) Die Rekursfrist beträgt vierzehn Tage.

(4) Der Rekurs ist in doppelter Ausfertigung zu überreichen. Eine Ausfertigung ist dem Gegner des Beschwerdeführers zuzustellen, dem es gestattet ist, seine Äußerung binnen vierzehn Tagen zu überreichen. Nach dem Einlangen dieser Äußerung, oder dem fruchtlosen Ablauf der dafür bestimmten vierzehntägigen Frist sind die Akten dem Landesgericht von Amts wegen vorzulegen. *(§ 3 JN.)*

(5) Die vorstehenden Bestimmungen gelten auch für die Anfechtung der Entscheidung des Landesgerichtes. *(§ 3 JN.)*

(6) Das Betreten des ordentlichen Rechtsweges zur Geltendmachung von Ansprüchen, über die in dem durch dieses Gesetz geregelten Verfahren zum Zweck der Feststellung der Entschädigung entschieden worden ist, ist unzulässig.

§ 31. (1) Wenn eine Partei der Ansicht ist, daß die für die Feststellung der Entschädigung maßgebenden tatsächlichen Verhältnisse bei den nach § 24 vorgenommenen Erhebungen nicht vollständig oder nicht richtig dargestellt worden seien, kann sie vor dem Ablauf der für den Rekurs gegen die gerichtliche Entscheidung über die Entschädigung bestimmten Frist bei dem Gericht, das diese Erhebungen angeordnet hat, um die Vornahme eines Augenscheines ansuchen.

(2) Dem Gesuch ist, wenn darin die festzustellenden Tatsachen oder Zustände genau angegeben sind, stattzugeben.

(3) Bei der Anordnung und Vornahme des Augenscheines ist nach den Bestimmungen der Zivilprozeßordnung betreffend die Sicherung von Beweisen vorzugehen. *(§§ 384 bis 389 ZPO.)*

(4) Wird das Ansuchen vor Ablauf von acht Tagen nach der Zustellung der die Entschädigung feststellenden Entscheidung eingebracht, so kann das Gericht auf Ansuchen dem Besitzer des in Augenschein zu nehmenden Gegenstandes auftragen, sich jeder die Vornahme des Augenscheines erschwerenden Veränderung bis zu seiner Beendigung zu enthalten.

(5) Ein gegen die Anordnung des Augenscheines oder gegen die Erteilung des oben erwähnten Auftrages ergriffener Rekurs hat keine aufschiebende Wirkung.

§ 32. (1) Macht das Eisenbahnunternehmen von dem ihm im § 27 vorbehaltenen Recht, die Ausführung einer Anlage auf verschiedene Weise zu begehren, Gebrauch, so hat das Gericht über die Entschädigung mit Rücksicht auf jede der vorgeschlagenen Arten der Ausführung zu entscheiden und dem Eisenbahnunternehmen die Auswahl vorzubehalten. Wenn das Eisenbahnunternehmen nicht binnen drei Monaten nach der Zustellung dieser Entscheidung bei Gericht die Erklärung abgibt, für welche Art der Ausführung es sich entscheidet, kann der Enteignete begehren, daß dem Eisenbahnunternehmen gegenüber die Annahme gelte, daß es sich für die Art der Ausführung entschieden habe, für die der höchste Entschädigungsbetrag ermittelt worden ist.

(2) Das Gericht hat auf Ansuchen einer Partei das Ergebnis der Auswahl unter Angabe des zu leistenden Entschädigungsbetrages mit Beschluß auszusprechen.

§ 33. (1) Die gerichtlich festgestellte Entschädigung ist, wenn sie in einem Kapitalsbetrage besteht, vor dem Vollzuge der Enteignung zu leisten, soweit nicht nach § 9 eine nachträgliche Leistung stattzufinden hat.

(2) Wenn das Eisenbahnunternehmen einen als Entschädigung zu leistenden Kapitalsbetrag später als vierzehn Tage nach Abschluß des Vergleiches, oder nach Zustellung der die Entschädigung feststellenden gerichtlichen Entscheidung bezahlt, so ist es zur Entrichtung der gesetzlichen Verzugszinsen vom Tage des Vergleiches oder der Zustellung der Entscheidung verpflichtet. Hat aber das Eisenbahnunternehmen von dem ihm im § 27 vorbehaltenen Recht Gebrauch gemacht, so ist es in jedem Falle verpflichtet, die Verzugszinsen von dem Tage der Zustellung der Entscheidung, die die Entschädigung unter dem Vorbehalt der Auswahl feststellt, zu vergüten.

§ 34. (1) Die Entschädigung wird auch außer den im § 1425 ABGB. bezeichneten Fällen durch Gerichtserlag geleistet, wenn und insoweit der Entschädigungsbetrag zur Befriedigung der dritten Personen auf Grund ihrer dinglichen Rechte zustehenden Ansprüche zu dienen hat. Die Notwendigkeit des in diesem Falle vorzunehmenden gerichtlichen Erlages entfällt jedoch dann, wenn in der den Vorschriften des § 22 entsprechenden Weise dargetan wird, daß die Sicherheit der diesen dritten Personen zustehenden dinglichen Rechte ungeachtet der Enteignung ungefährdet bleibt.

(2) Die Ansprüche dieser dritten Personen werden nach den Bestimmungen über die Verteilung des bei einer zwangsweisen Versteigerung erzielten Kaufpreises befriedigt. Der Erlag der Entschädigung ist, wenn es sich um den Gegenstand eines öffentlichen Buches handelt, von Amts wegen bücherlich anzumerken.

(3) Dieser Anmerkung kommen die mit der Anmerkung der Erteilung des Zuschlages verbundenen Wirkungen zu. *(§ 183 Abs. 3 EO.)*

IV. Vollzug der Enteignung

Rechte und Pflichten des Eisenbahnunternehmens und des Enteigneten

§ 35. (1) Die Enteignung ist vollzogen, wenn das Eisenbahnunternehmen mit ausdrücklicher oder stillschweigender Zustimmung des Enteigneten oder im Zwangswege gegen seinen Willen in den Besitz des enteigneten Gegenstandes (§ 2) gelangt ist. Der zwangsweise Vollzug der Enteignung setzt einen rechtskräftigen oder nach § 40 Abs. 2 erlassenen Enteignungsbescheid oder eine nach § 26 getroffene Vereinbarung voraus und steht der Bezirksverwaltungsbehörde zu. *(BGBl. Nr. 277/1925, Artikel 52 Z. VII.)*

(2) Dieser Vollzug ist auf Ansuchen des Eisenbahnunternehmens zu bewilligen, wenn dieses nachweist, daß es den ihm betreffend die Leistung oder die Sicherstellung der Entschädigung obliegenden und vor der Enteignung zu erfüllenden Verbindlichkeiten nachgekommen sei.

(3) Der Vollzug der Enteignung wird dadurch nicht gehindert, daß deren Gegenstand von dem, gegen den die Enteignung eingeleitet worden war, an einen Dritten übergegangen ist, oder daß sich andere diesen Gegenstand betreffende rechtliche Veränderungen ergeben haben.

(4) Der zwangsweise Vollzug kann auch dadurch nicht aufgehalten werden, daß die Entscheidung, die die Entschädigung feststellt oder eine zu leistende Sicherheit bestimmt, mit Rekurs angefochten worden ist.

§ 36. Wenn das Eisenbahnunternehmen die durch Vergleich oder gerichtliche Entscheidung festgestellte Entschädigung oder die gerichtlich bestimmte Sicherheit nicht binnen vierzehn Tagen nach Abschluß des Vergleiches, oder nach Eintritt der Rechtskraft der gerichtlichen Entscheidung leistet, kann der Enteignete das Eisenbahnunternehmen zur Leistung der Entschädigung und der Verzugszinsen, oder zur Leistung der Sicherheit auf dem Wege der Exekution nach den Vorschriften der Exekutionsordnung verhalten.

§ 37. (1) Solange und insoweit die Enteignung nicht vollzogen oder die Entschädigung nicht durch Vergleich oder gerichtliche Entscheidung festgestellt worden ist, ist das Eisenbahnunternehmen innerhalb eines Jahres nach Eintritt der Rechtskraft des Enteignungsbescheides, der Enteignete aber nach Ablauf dieser Frist berechtigt, bei dem Landeshauptmann, der den Enteignungsbescheid erlassen hat, seine gänzliche oder teilweise Aufhebung zu begehren. *(BGBl. Nr. 277/1925, Artikel 52 Z. VIII.)*

(2) Dieses Rechtes kann sich eine Partei nicht mehr bedienen, wenn sie bereits um die gerichtliche Feststellung der Entschädigung angesucht hat.

(3) Dem Begehren um Aufhebung des Enteignungsbescheides ist stattzugeben, wenn die in den vorstehenden Absätzen festgesetzten Bedingungen eingetreten sind.

(4) Der Bescheid des Landeshauptmannes kann von beiden Parteien durch Berufung angefochten werden. Die Bestimmungen des § 18 Abs. 3 und 4 finden auch auf diese Berufung Anwendung. Nach dem Eintritt der Rechtskraft dieses Bescheides hat der Landeshauptmann die Löschung der nach § 20 bewirkten grundbücher-

lichen Anmerkung des Enteignungsbescheides durch das Grundbuchsgericht zu veranlassen.

§ 38. (1) Das Eisenbahnunternehmen hat für den Schaden, der dadurch entsteht, daß es eine Enteignung nicht in Vollzug setzen ließ, Ersatz zu leisten.

(2) Auf den Ersatz dieses Schadens kann es auf dem ordentlichen Rechtswege belangt werden.

V. Verfahren im Falle von Betriebsstörungen

§ 39. Wenn bei einer im Betriebe stehenden Eisenbahn zur Beseitigung oder Verhütung einer Betriebsunterbrechung dringende Vorkehrungen zu treffen sind, die die Ausübung des Enteignungsrechtes notwendig machen, kann – ohne der Entscheidung des Bundesministeriums für öffentliche Wirtschaft und Verkehr[1]) über die definitiven Vorkehrungen vorzugreifen – ein abgekürztes Verfahren unter Anwendung der folgenden Bestimmungen stattfinden.

[1]) Jetzt: BM für Verkehr, Innovation und Technologie.

§ 40. (1) Um Einleitung der Verhandlung zum Zweck der Feststellung des Gegenstandes und Umfanges der Enteignung ist mit Beachtung der Vorschriften des § 21 beim Landeshauptmann anzusuchen.

(2) Dieser bestimmt den Leiter der unter Zuziehung der Parteien vorzunehmenden Verhandlung. Der Leiter hat unmittelbar nach deren Beendigung den Enteignungsbescheid zu erlassen.

(3) Eine gegen diesen Bescheid ergriffene Berufung hat keine aufschiebende Wirkung.

§ 41. (1) Das Eisenbahnunternehmen kann unter Nachweisung der Einleitung der im § 40 bezeichneten Verhandlung beim zuständigen Bezirksgericht um die Feststellung der Entschädigung ansuchen.

(2) Die Einleitungen für die nach § 24 vorzunehmenden Erhebungen sind so zu treffen, daß sie womöglich an dem für die Verhandlung über den Gegenstand und Umfang der Enteignung bestimmten Tage stattfinden und der Erlassung des Enteignungsbescheides unmittelbar nachfolgen können.

(3) Das Gericht ist bei Bestellung der Sachverständigen an die im § 24 erwähnte Liste[1]) nicht gebunden.

[1]) *Die Sachverständigenlisten werden nicht mehr in § 24, sondern in § 3 BG BGBl 1975/137 über den allgemein beeideten gerichtlichen Sachverständigen und Dolmetscher geregelt.*

VI. Vorarbeiten

§ 42. Nicht mehr geltend. *(Artikel 2 Z. 5 der Kundmachung.)*

VII. Schlußbestimmungen

§ 43. (1) Die im Enteignungsverfahren erlassenen Bescheide (§§ 18 und 37) werden nach den Vorschriften zugestellt, die für die Zustellung zu eigenen Handen maßgebend sind.

(2) *Aufgehoben; (EGVG. 1950, BGBl Nr. 172, Art. III Abs. 1; AVG. 1950, BGBl. Nr. 172, § 11.)*

§ 44. (1) Die Kosten des Enteignungsverfahrens und der gerichtlichen Feststellung der Entschädigung sind, soweit sie nicht durch ein ungerechtfertigtes Einschreiten einer Partei hervorgerufen wurden, vom Eisenbahnunternehmen zu bestreiten.

(2) Im gerichtlichen Verfahren zur Feststellung der Entschädigung hat der Enteignete auf der Grundlage des von ihm ersiegten Entschädigungsbetrages Anspruch auf Ersatz der zur zweckentsprechenden Rechtsverfolgung oder Rechtsverteidigung notwendigen, durch das Gerichtsverfahren verursachten Kosten seiner rechtsfreundlichen Vertretung und sachverständigen Beratung. Als ersiegter Entschädigungsbetrag ist die Differenz zwischen dem gerichtlich zugesprochenen Entschädigungsbetrag und jenem Betrag anzusehen, den der Enteignungswerber zu leisten offenkundig bereit war. § 41 Abs. 1 zweiter Satz, Abs. 2 und Abs. 3 ZPO ist anzuwenden.
(BGBl 1995/297, ab 5. 5. 1995)

§ 45. Die Ausfolgung der infolge der Anordnungen dieses Gesetzes vorgenommenen gerichtlichen Erläge ist von der Entrichtung der Verwahrungsgebühr befreit.

§ 46. Gegenstandslos.

§ 47. (1) Wenn die Ausübung des Enteignungsrechtes nach § 1 dieses Gesetzes einem Straßenbahnunternehmen eingeräumt wird, ist die von diesem Unternehmen angelegte Bahn nicht als eine solche anzusehen, die nach § 1 des Gesetzes vom 19. Mai 1874, RGBl. Nr. 70, in die Eisenbahnbücher aufzunehmen wäre.

(2) Auf Eisenbahnen, für deren Herstellung und Betrieb die Ausübung des Enteignungsrechtes auf Grund des Berggesetzes 1975 zusteht, finden die Bestimmungen dieses Gesetzes keine Anwendung.

§ 48. Dieses Gesetz ist in seinem ursprünglichen Wortlaut am 27. Mai 1878, die durch die Bestimmungen des Verwaltungsentlastungsgesetzes vom 21. Juli 1925, BGBl. Nr. 277, bewirkten Änderungen sind am 1. September 1925 in Kraft getreten.

(RGBl. Nr. 113/1869, § 6; BGBl. Nr. 277/1925, Art. 65.)

§ 49. Mit der Vollziehung dieses Gesetzes sind das Bundesministerium für öffentliche Wirtschaft und Verkehr[1]) und das Bundesministerium für Justiz betraut.

[1]) Jetzt: BM für Verkehr, Innovation und Technologie.

14. Wohnungseigentumsgesetz

14. Wohnungseigentumsgesetz 2002, BGBl I 2002/70

GLIEDERUNG

STICHWORTVERZEICHNIS zum WEG
(Die Zahlenangaben beziehen sich auf die Paragraphen)

WEG

Stichwortverzeichnis

Bundesgesetz über das Wohnungseigentum (Wohnungseigentumsgesetz 2002 – WEG 2002)

1. Abschnitt
Regelungsgegenstand und Begriffsbestimmungen

Regelungsgegenstand

§ 1. Dieses Bundesgesetz regelt die Rechtsform des Wohnungseigentums, insbesondere die Voraussetzungen, die Begründung, den Erwerb und das Erlöschen von Wohnungseigentum, die Rechte und Pflichten der Wohnungseigentümer und Wohnungseigentumsbewerber, des Wohnungseigentumsorganisators und des Verwalters, die Verwaltung der Liegenschaft, die Eigentümergemeinschaft, die Ausschließung von Wohnungseigentümern, das vorläufige Wohnungseigentum des Alleineigentümers der Liegenschaft und das wohnungseigentumsrechtliche Außerstreitverfahren.

Begriffsbestimmungen

§ 2. (1) Wohnungseigentum ist das dem Miteigentümer einer Liegenschaft oder einer Eigentümerpartnerschaft eingeräumte dingliche Recht, ein Wohnungseigentumsobjekt ausschließlich zu nutzen und allein darüber zu verfügen. Vorläufiges Wohnungseigentum ist das nach den Regelungen im 10. Abschnitt beschränkte Wohnungseigentum, das unter den dort umschriebenen Voraussetzungen vom Alleineigentümer einer Liegenschaft begründet werden kann.

(2) Wohnungseigentumsobjekte sind Wohnungen, sonstige selbständige Räumlichkeiten und Abstellplätze für Kraftfahrzeuge (wohnungseigentumstaugliche Objekte), an denen Wohnungseigentum begründet wurde. Eine Wohnung ist ein baulich abgeschlossener, nach der Verkehrsauffassung selbständiger Teil eines Gebäudes, der nach seiner Art und Größe geeignet ist, der Befriedigung eines individuellen Wohnbedürfnisses von Menschen zu dienen. Eine sonstige selbständige Räumlichkeit ist ein baulich abgeschlossener, nach der Verkehrsauffassung selbständiger Teil eines Gebäudes, dem nach seiner Art und Größe eine erhebliche wirtschaftliche Bedeutung zukommt, wie etwa ein selbständiger Geschäftsraum oder eine Garage. Ein Abstellplatz für ein Kraftfahrzeug ist eine – etwa durch Bodenmarkierung – deutlich abgegrenzte Bodenfläche, die ausschließlich zum Abstellen eines Kraftfahrzeugs gewidmet und dazu nach ihrer Größe, Lage und Beschaffenheit geeignet ist.

(3) Zubehör-Wohnungseigentum ist das mit dem Wohnungseigentum verbundene Recht, andere, mit dem Wohnungseigentumsobjekt baulich nicht verbundene Teile der Liegenschaft, wie etwa Keller- oder Dachbodenräume, Hausgärten oder Lagerplätze, ausschließlich zu nutzen. Diese rechtliche Verbindung setzt voraus, dass das Zubehörobjekt ohne Inanspruchnahme anderer Wohnungseigentums- oder Zubehörobjekte zugänglich und deutlich abgegrenzt ist.

(4) Allgemeine Teile der Liegenschaft sind solche, die der allgemeinen Benützung dienen oder deren Zweckbestimmung einer ausschließlichen Benützung entgegensteht.

(5) Wohnungseigentümer ist ein Miteigentümer der Liegenschaft, dem Wohnungseigentum an einem darauf befindlichen Wohnungseigentumsobjekt zukommt. Alle Wohnungseigentümer bilden zur Verwaltung der Liegenschaft die Eigentümergemeinschaft; sie ist eine juristische Person mit Rechtsfähigkeit in dem durch § 18 Abs. 1 umschriebenen Umfang.

(6) Wohnungseigentumsbewerber ist derjenige, dem schriftlich, sei es auch bedingt oder befristet, von einem Wohnungseigentumsorganisator die Einräumung von Wohnungseigentum an einem bestimmt bezeichneten wohnungseigentumstauglichen Objekt zugesagt wurde. Wohnungseigentumsorganisator ist sowohl der Eigentümer oder außerbücherliche Erwerber der Liegenschaft als auch jeder, der mit dessen Wissen die organisatorische Abwicklung des Bauvorhabens oder – bei bereits bezogenen Gebäuden – der Wohnungseigentumsbegründung durchführt oder an dieser Abwicklung in eigener Verantwortlichkeit beteiligt ist. Miteigentumsbewerber ist derjenige, dem im Fall der Begründung von vorläufigem Wohnungseigentum schriftlich, sei es auch bedingt oder befristet, vom (früheren) Alleineigentümer die Einräumung von Miteigentum an der Liegenschaft und der Erwerb von Wohnungseigentum an einem bestimmt bezeichneten Wohnungseigentumsobjekt zugesagt wurde.

(7) Die Nutzfläche ist die gesamte Bodenfläche eines Wohnungseigentumsobjekts abzüglich der Wandstärken sowie der im Verlauf der Wände befindlichen Durchbrechungen und Ausnehmungen. Treppen, offene Balkone und Terrassen sowie Zubehörobjekte im Sinne des Abs. 3 sind bei der Berechnung der Nutzfläche nicht zu berücksichtigen; für Keller- und Dachbodenräume gilt dies jedoch nur, soweit sie ihrer Ausstattung nach nicht für Wohn- oder Geschäftszwecke geeignet sind.

(8) Der Nutzwert ist die Maßzahl, mit der der Wert eines Wohnungseigentumsobjekts im Verhältnis zu den Werten der anderen Wohnungseigentumsobjekte der Liegenschaft bezeichnet wird. Er ergibt sich aus der Nutzfläche des Objekts und aus Zuschlägen oder Abstrichen für werterhöhende oder wertvermindernde Eigenschaften desselben.

(9) Der Mindestanteil ist jener Miteigentumsanteil an der Liegenschaft, der zum Erwerb von Wohnungseigentum an einem Wohnungseigentumsobjekt erforderlich ist. Er entspricht dem Verhältnis des Nutzwerts des Objekts zur Summe der Nutzwerte aller Wohnungseigentumsobjekte der Liegenschaft.

(10) Die Eigentümerpartnerschaft ist die Rechtsgemeinschaft zweier natürlicher Personen, die gemeinsam Wohnungseigentümer eines Wohnungseigentumsobjekts sind.

2. Abschnitt
Begründung und Erwerb von Wohnungseigentum

Begründung von Wohnungseigentum; Titel, Zustimmung, Beschränkung

§ 3. (1) Das Wohnungseigentum kann begründet werden auf Grundlage

1. einer schriftlichen Vereinbarung aller Miteigentümer (Wohnungseigentumsvertrag),

2. einer gerichtlichen Entscheidung über eine Klage nach § 43,

3. einer gerichtlichen Entscheidung in einem Verfahren zur Aufhebung einer Miteigentumsgemeinschaft oder

4. einer gerichtlichen Aufteilung des ehelichen Gebrauchsvermögens und der ehelichen Ersparnisse (§§ 81 bis 98 Ehegesetz).

(2) Die Begründung von Wohnungseigentum ist nur zulässig, wenn sie sich auf alle Wohnungen und alle sonstigen selbständigen Räumlichkeiten der Liegenschaft sowie auf all jene Abstellplätze für Kraftfahrzeuge bezieht, die nach der Widmung der Miteigentümer als Wohnungseigentumsobjekte vorgesehen sind.

(3) An allgemeinen Teilen der Liegenschaft kann Wohnungseigentum nicht begründet werden.

(Zu Abs 1 Z 3 s § 56 Abs 3)

Wirkung der Wohnungseigentumsbegründung auf ein bestehendes Mietverhältnis

§ 4. (1) Mit der Begründung von Wohnungseigentum an einem vermieteten wohnungseigentumstauglichen Objekt geht die Rechtsstellung des Vermieters auf den Wohnungseigentümer über, dem das Wohnungseigentum an diesem Objekt zukommt.

(2) Soweit der Hauptmieter des Wohnungseigentumsobjekts Geldansprüche aus dem Mietverhältnis, die noch aus der Zeit vor der Begründung des Wohnungseigentums an dem von ihm gemieteten Objekt herrühren, gegen den Wohnungseigentümer auch durch Exekution nicht hereinbringen kann, haftet die Eigentümergemeinschaft für den Ausfall.

(3) Der Hauptmieter des Wohnungseigentumsobjekts kann mietrechtliche Ansprüche, die sich auf die allgemeinen Teile der Liegenschaft oder auf die Liegenschaft als Gesamtheit beziehen, ungeachtet der Rechtsstellung des Wohnungseigentümers als Vermieter auch gegen die Eigentümergemeinschaft geltend machen.

(Siehe § 56 Abs 5)

Erwerb des Wohnungseigentums

§ 5. (1) Das Wohnungseigentum kann von jedem Miteigentümer erworben werden, dessen Anteil den Mindestanteil nicht unterschreitet. Zwei natürliche Personen, deren Miteigentumsanteile je den halben Mindestanteil nicht unterschreiten, können als Eigentümerpartnerschaft gemeinsam Wohnungseigentum erwerben (§ 13).

(2) Wohnungseigentum an einem Abstellplatz für Kraftfahrzeuge kann bis zum Ablauf von drei Jahren nach Begründung von Wohnungseigentum an der Liegenschaft nur von Personen oder Eigentümerpartnerschaften erworben werden, denen Wohnungseigentum an einer Wohnung oder sonstigen selbständigen Räumlichkeit der Liegenschaft zukommt. Diese Personen und Partnerschaften können während der dreijährigen Frist Wohnungseigentum an mehr als einem Abstellplatz nur erwerben, soweit die Zahl der auf der Liegenschaft vorhandenen Abstellplätze die Zahl der Wohnungen und sonstigen selbständigen Räumlichkeiten übersteigt; bei der Berechnung der überzähligen Abstellplätze ist der schriftlich erklärte Verzicht eines Wohnungseigentümers auf den ihm vorzubehaltenden Abstellplatz zu berücksichtigen. Nach Ablauf dieser Frist können auch andere Personen Wohnungseigentum an einem Abstellplatz erwerben.

(3) Das Wohnungseigentum wird durch die Einverleibung in das Grundbuch erworben. Es ist im Eigentumsblatt auf dem Mindestanteil einzutragen; bei einer Eigentümerpartnerschaft sind die Anteile der Partner am Mindestanteil (§ 13 Abs. 1) zu verbinden.

Wird auf einer Liegenschaft das Wohnungseigentum einverleibt, so ist in der Aufschrift des Gutsbestandsblatts das Wort „Wohnungseigentum" einzutragen.

(Zu Abs 2 s § 56 Abs 6)

Grundlagen für die Einverleibung des Wohnungseigentums

§ 6. (1) Dem Antrag auf Einverleibung sind jedenfalls beizulegen

1. die schriftliche Vereinbarung der Miteigentümer nach § 3 Abs. 1 Z 1 oder die gerichtliche Entscheidung nach § 3 Abs. 1 Z 2 bis 4,

2. die Bescheinigung der Baubehörde oder das Gutachten eines für den Hochbau zuständigen Ziviltechnikers oder eines allgemein beeideten und gerichtlich zertifizierten Sachverständigen für das Hochbau- oder das Immobilienwesen über den Bestand an Wohnungen und sonstigen selbständigen Räumlichkeiten und über die auf der Liegenschaft vorhandenen Abstellplätze für Kraftfahrzeuge,

3. das Nutzwertgutachten (§ 9 Abs. 1) oder die rechtskräftige Entscheidung über die gerichtliche Nutzwertfestsetzung (§ 9 Abs. 2).

(2) Die Bescheinigung oder das Gutachten gemäß Abs. 1 Z 2 darf schon auf Grund der behördlich bewilligten Baupläne auf Antrag eines Miteigentümers oder eines Wohnungseigentumsbewerbers ausgestellt werden; der Verfasser eines solches Gutachtens hat der zuständigen Baubehörde eine Ausfertigung des Gutachtens zu übermitteln.

3. Abschnitt

Nutzfläche, Nutzwert, Mindestanteil

Berechnung der Nutzfläche

§ 7. Die Nutzfläche ist in Quadratmetern auszudrücken. Sie ist auf Grund des behördlich genehmigten Bauplans zu berechnen. Ist dies jedoch nicht möglich oder wird eine Abweichung des Bauplans vom Naturmaß des jeweiligen Wohnungseigentumsobjekts um mehr als 3 vH erwiesen, so ist dessen Nutzfläche nach dem Naturmaß zu berechnen.

Berechnung des Nutzwerts

§ 8. (1) Der Nutzwert ist in einer ganzen Zahl auszudrücken, wobei Teilbeträge unter 0,5 abgerundet und ab 0,5 aufgerundet werden. Er ist aus der Nutzfläche und aus Zuschlägen oder Abstrichen für Umstände zu berechnen, die nach der Verkehrsauffassung den Wert des Wohnungseigentumsobjekts erhöhen oder vermindern, wie etwa dessen Zweckbestimmung, Stockwerkslage, Lage innerhalb eines Stockwerks oder dessen Ausstattung mit offenen Balkonen, Terrassen und Zubehörobjekten im Sinne des § 2 Abs. 3; eine Verbesserung der sonstigen Ausstattung oder der Grundrissgestaltung des Objekts ist nur zu berücksichtigen, wenn sie nicht allein auf Kosten des Miteigentümers vorgenommen wurde.

(2) Zuschläge für die Ausstattung mit Zubehörobjekten im Sinne des § 2 Abs. 3 sind in einer ganzen Zahl auszudrücken; es gilt die Rundungsbestimmung des Abs. 1 erster Satz; der Zuschlag ist jedoch mindestens mit der Zahl Eins anzusetzen. Sonstige werterhöhende oder wertvermindernde Unterschiede, die insgesamt nur einen Zuschlag oder Abstrich von nicht mehr als 2 vH rechtfertigen würden, sind zu vernachlässigen.

(3) Der Nutzwert eines Abstellplatzes für ein Kraftfahrzeug darf dessen Nutzfläche rechnerisch nicht übersteigen. Bei seiner Berechnung ist neben den in Abs. 1 genannten Umständen auch zu berücksichtigen, ob der Abstellplatz in einem Gebäude oder im Freien liegt, letzterenfalls ob er überdacht ist.

Ermittlung und gerichtliche Festsetzung der Nutzwerte

§ 9. (1) Die Nutzwerte sind durch das Gutachten eines für den Hochbau zuständigen Ziviltechnikers oder eines allgemein beeideten und gerichtlich zertifizierten Sachverständigen für das Hochbau- oder das Immobilienwesen zu ermitteln.

(2) Auf Antrag sind die Nutzwerte vom Gericht insbesondere dann abweichend vom Nutzwertgutachten (Abs. 1) festzusetzen, wenn

1. das Gutachten gegen zwingende Grundsätze der Nutzwertberechnung verstößt,

2. das Gutachten bei einem Wohnungseigentumsobjekt um mehr als 3 vH von den tatsächlichen Gegebenheiten abweicht,

3. sich der Nutzwert eines Wohnungseigentumsobjekts durch eine gegenüber den Grundlagen der Nutzwertermittlung abweichende Bauführung um mehr als 3 vH ändert,

4. sich der Nutzwert eines Wohnungseigentumsobjekts nach Vollendung der Bauführung durch bauliche Vorgänge auf der Liegenschaft wesentlich ändert oder

5. sich die Nutzwerte durch Änderungen im Bestand räumlich unmittelbar aneinan-

dergrenzender Wohnungseigentumsobjekte oder durch die Übertragung von Zubehörobjekten im Sinne des § 2 Abs. 3 ändern.

(3) Abs. 2 gilt entsprechend auch für eine gerichtliche Neufestsetzung der Nutzwerte abweichend von einer bereits früher ergangenen Nutzwertfestsetzung durch das Gericht.

(4) In den Entscheidungen über die gerichtliche Nutzwertfestsetzung ist auch festzustellen, inwieweit sich durch sie die Summe der Nutzwerte aller Wohnungseigentumsobjekte der Liegenschaft ändert.

(5) In den Fällen des Abs. 2 Z 5 sind die Nutzwerte der von der Änderung oder Übertragung betroffenen Wohnungseigentumsobjekte so festzusetzen, dass die Summe ihrer Nutzwerte gleich bleibt.

Recht zum Antrag auf gerichtliche Nutzwertfestsetzung; Ausgleichspflicht

§ 10. (1) Die gerichtliche Nutzwertfestsetzung kann in den Fällen des § 9 Abs. 2 Z 1 bis 4 von jedem Miteigentümer und Wohnungseigentumsbewerber, in den Fällen des § 9 Abs. 2 Z 5 nur gemeinsam von den von der Änderung oder Übertragung betroffenen Wohnungseigentümern beantragt werden.

(2) Die gerichtliche Nutzwertfestsetzung kann im Fall des § 9 Abs. 2 Z 2 nur innerhalb eines Jahres ab Rechtskraft der Bewilligung der Einverleibung von Wohnungseigentum und in den Fällen des § 9 Abs. 2 Z 3 und 4 nur innerhalb eines Jahres ab Vollendung der Bauführung beantragt werden. Für einen Wohnungseigentumsbewerber beginnt im Fall des § 9 Abs. 2 Z 2 die Antragsfrist erst mit der Verständigung von der Einverleibung des Wohnungseigentums.

(3) Werden die Nutzwerte nach § 9 Abs. 2 Z 1 bis 4 gerichtlich festgesetzt, so haben die Miteigentümer gegenseitig Miteigentumsanteile in einem solchen Ausmaß zu übernehmen und zu übertragen, dass jedem Wohnungseigentümer der nun für sein Wohnungseigentumsobjekt erforderliche Mindestanteil zukommt. Mangels vereinbarter Unentgeltlichkeit ist für die übernommenen Miteigentumsanteile ein angemessenes Entgelt zu entrichten. Die durch die einzelne Übertragung entstehenden Kosten und Abgaben hat der Miteigentümer zu tragen, dem ein Miteigentumsanteil übertragen wird. Erfolgt aber eine Nutzwertfestsetzung nach § 9 Abs. 2 Z 1 bis 3 nach der Einverleibung des Wohnungseigentums, so sind auf Antrag die Mindestanteile in der Weise zu berichtigen, dass jedem Wohnungseigentümer der für sein Wohnungseigentumsobjekt nun erforderliche Mindestanteil zukommt; bücherliche Rechte Dritter, die auf dem Mindestanteil lasten, beziehen sich ohne weiteres auf den berichtigten Mindestanteil; im Übrigen gilt § 136 Abs. 1 GBG 1955.

(4) Werden die Nutzwerte nach § 9 Abs. 2 Z 5 gerichtlich festgesetzt, so gilt die Ausgleichspflicht nach Abs. 3 erster Satz zwischen den von der Änderung oder Übertragung betroffenen Wohnungseigentümern.

Verbindung mit dem Mindestanteil

§ 11. (1) Das Wohnungseigentum ist mit dem Mindestanteil untrennbar verbunden. Es kann nur mit diesem zusammen beschränkt, belastet, veräußert, von Todes wegen übertragen und der Zwangsvollstreckung unterworfen werden.

(2) Bücherliche Eintragungen auf dem Mindestanteil erstrecken sich auch dann auf das Wohnungseigentum, wenn sie dem Wohnungseigentum im Rang vorangehen.

(3) Im Fall der Zwangsversteigerung eines Miteigentumsanteils sind die durch das Wohnungseigentum bewirkten Beschränkungen vom Ersteher ohne Rücksicht auf den bücherlichen Rang und ohne Anrechnung auf das Meistbot zu übernehmen.

Unteilbarkeit des Mindestanteils

§ 12. (1) Der mit dem Wohnungseigentum untrennbar verbundene Mindestanteil darf, solange das Wohnungseigentum besteht, außer im Fall einer Eigentümerpartnerschaft (§ 2 Abs. 10, § 13), nicht geteilt werden.

(2) Würde nach dem Tod des Wohnungseigentümers nach den Ergebnissen des Verlassenschaftsverfahrens der mit dem Wohnungseigentum verbundene Mindestanteil mehr als zwei natürlichen Personen oder zwei natürlichen Personen zu unterschiedlichen Anteilen oder zum Teil einer juristischen Person, einer Personengesellschaft des Handelsrechts oder einer eingetragenen Erwerbsgesellschaft zufallen und kommt es auch nicht zur Bildung einer eingetragenen Erwerbsgesellschaft, die den Mindestanteil erwirbt, so hat das Verlassenschaftsgericht eine öffentliche Feilbietung des Mindestanteils und des damit verbundenen Wohnungseigentums durch Versteigerung vorzunehmen.

4. Abschnitt

Eigentümerpartnerschaft

Gemeinsames Wohnungseigentum der Partner

§ 13. (1) Für die Eigentümerpartnerschaft gelten, soweit im Folgenden keine besonderen Regelungen getroffen werden, die Bestimmungen des 16. Hauptstücks des Zweiten Teils des ABGB.

(2) Zur Begründung einer Eigentümerpartnerschaft müssen die Partner Eigentümer je eines halben Mindestanteils (im Folgenden „Anteil am Mindestanteil“ genannt) sein; ihre Anteile am Mindestanteil dürfen nicht verschieden belastet sein. Das Gleiche gilt, wenn ein Wohnungseigentümer einer anderen Person unter gleichzeitiger Begründung des gemeinsamen Wohnungseigentums den dazu erforderlichen Anteil am Mindestanteil überträgt.

(3) Durch das gemeinsame Wohnungseigentum der Partner werden ihre Anteile am Mindestanteil so verbunden, dass sie, solange die Eigentümerpartnerschaft besteht, nicht getrennt und nur gemeinsam beschränkt, belastet, veräußert oder der Zwangsvollstreckung unterworfen werden dürfen. Die Zwangsvollstreckung auf Grund eines Exekutionstitels, der bloß gegen einen der Partner besteht, ist nur im Weg des mit der Pfändung des Anspruchs auf Aufhebung des gemeinsamen Wohnungseigentums zu verbindenden Antrags auf Zwangsversteigerung des gesamten Mindestanteils und des damit verbundenen gemeinsamen Wohnungseigentums zulässig. In diesem Exekutionsverfahren ist der Partner, gegen den kein Exekutionstitel besteht, Beteiligter; er kann zur Wahrung seiner Rechte alle Rechtsmittel erheben, wie wenn er selbst Verpflichteter wäre; überdies kann er gegen diese Exekution Widerspruch erheben (§ 37 der Exekutionsordnung), wenn sich die Exekution auf das Wohnungseigentumsobjekt bezieht, das ihm zur Befriedigung seines dringenden Wohnbedürfnisses dient.

(4) Die Partner haften für alle Verbindlichkeiten aus ihrem gemeinsamen Wohnungseigentum zur ungeteilten Hand. Sie dürfen über das gemeinsame Wohnungseigentum und die Nutzung des im gemeinsamen Wohnungseigentum stehenden Wohnungseigentumsobjekts nur gemeinsam verfügen.

(5) Die mit ihrem gemeinsamen Wohnungseigentum verbundenen Befugnisse zur Mitwirkung an der Entscheidungsfindung in der Eigentümergemeinschaft (Äußerungs- und Stimmrecht sowie Minderheitsrechte bei der Willensbildung der Eigentümergemeinschaft) stehen den Partnern nur gemeinsam zu.

(6) Der vertragliche Ausschluss einer Klage auf Aufhebung der Eigentümerpartnerschaft (§ 830 ABGB) ist nur für die ersten drei Jahre ab Einverleibung der Partnerschaft im Grundbuch rechtswirksam. Sind die Partner Ehegatten und dient ihr Wohnungseigentumsobjekt wenigstens einem von ihnen zur Befriedigung seines dringenden Wohnbedürfnisses, so ist während der Ehe die Aufhebungsklage des anderen unzulässig. Dient das gemeinsame Wohnungseigentumsobjekt einem minderjährigen Partner zur Befriedigung seines dringenden Wohnbedürfnisses, so ist während dessen Minderjährigkeit die Aufhebungsklage des anderen unzulässig.

Wohnungseigentum der Partner im Todesfall

§ 14. (1) Erwirbt beim Tod des einen Partners der überlebende Partner den Anteil des Verstorbenen nicht ohnehin als Erbe oder Vermächtnisnehmer allein, so gilt – vorbehaltlich einer abweichenden Vereinbarung nach Abs. 4 – Folgendes:

1. Der Anteil des Verstorbenen am Mindestanteil und gemeinsamen Wohnungseigentum geht von Gesetzes wegen unmittelbar ins Eigentum des überlebenden Partners über.

2. Der Eigentumsübergang tritt jedoch nicht ein, wenn der überlebende Partner innerhalb einer vom Verlassenschaftsgericht festzusetzenden angemessenen Frist entweder auf ihn verzichtet oder gemeinsam mit den Erben des Verstorbenen unter Zustimmung der Pflichtteilsberechtigten eine Vereinbarung schließt, auf Grund derer der gesamte Mindestanteil einer Person ungeteilt oder zwei natürlichen Personen je zur Hälfte – allenfalls unter gleichzeitigem Erwerb des gemeinsamen Wohnungseigentums – zukommt.

3. Im Fall des Verzichts auf den Eigentumsübergang hat das Verlassenschaftsgericht eine öffentliche Feilbietung des gesamten Mindestanteils und des damit verbundenen Wohnungseigentums durch Versteigerung vorzunehmen.

4. Solange die Möglichkeit des Verzichts besteht, sind die Rechte des überlebenden Partners am Anteil des Verstorbenen auf jene eines Verwalters (§ 837 ABGB) beschränkt.

5. Erwirbt der überlebende Partner den Anteil des Verstorbenen nach Z 1 oder geht der gesamte Mindestanteil auf Grund einer Vereinbarung über, so gilt für die Eintragung in das Grundbuch § 178 AußStrG sinngemäß.

(2) Der überlebende Partner, der den Anteil des Verstorbenen am Mindestanteil und Wohnungseigentum gemäß Abs. 1 Z 1 er-

WEG

wirbt, hat der Verlassenschaft nach dem Verstorbenen die Hälfte des Verkehrswerts (§ 2 Abs. 2 LBG) des Mindestanteils zu bezahlen. Eine einvernehmliche Bestimmung der Höhe dieser Zahlungspflicht ist nur zulässig, wenn kein Inventar zu errichten ist.

(3) Ist der überlebende Partner ein Pflichtteilsberechtigter des Verstorbenen und war Gegenstand des gemeinsamen Wohnungseigentums eine Wohnung, die dem Überlebenden zur Befriedigung seines dringenden Wohnbedürfnisses dient, so gilt Abs. 2 nicht. Der überlebende Partner hat jedoch den anderen Pflichtteilsberechtigten jenen Betrag zu bezahlen, der den Pflichtteilsansprüchen der anderen in Bezug auf den halben Verkehrswert im Sinne des Abs. 2 – unter Berücksichtigung auch des übrigen Nachlasses – entspräche. Ist ihm die sofortige Entrichtung dieses Betrags nach seinen Verhältnissen, insbesondere seinem Vermögen, seinem Einkommen, seinen Sorgepflichten, seinen Aufwendungen für die Wohnung und zur Aufrechterhaltung einer angemessenen Lebenshaltung, nicht zumutbar, so hat das Verlassenschaftsgericht mangels einer anderslautenden Vereinbarung auf Antrag die Befriedigung unter Festsetzung einer angemessenen Verzinsung bis zu einer Frist von höchstens fünf Jahren hinauszuschieben; auch kann es die Zahlung in Teilbeträgen innerhalb dieses Zeitraums bewilligen.

(4) Die Partner können durch schriftliche Vereinbarung bestimmen, dass anstelle des gesetzlichen Eigentumsübergangs nach Abs. 1 Z 1 der Anteil des Verstorbenen am Mindestanteil und gemeinsamen Wohnungseigentum einer anderen natürlichen Person zukommt. Der durch eine solche Vereinbarung Begünstigte erwirbt durch den Erbfall nicht unmittelbar Eigentum am halben Mindestanteil, sondern erhält damit erst einen Anspruch auf dessen Übereignung. Er hat diesen Anspruch innerhalb einer vom Verlassenschaftsgericht festzusetzenden angemessenen Frist gegen den Nachlass des Verstorbenen geltend zu machen. Bei erfolgreicher Geltendmachung des Anspruchs hat der Begünstigte im Fall eines Nachlasskonkurses das Recht auf Aussonderung des halben Mindestanteils (§ 44 KO), sofern Gegenstand des gemeinsamen Wohnungseigentums eine Wohnung ist, die ihm zur Befriedigung seines dringenden Wohnbedürfnisses dient. Unterlässt der Begünstigte die fristgerechte Verfolgung seines Anspruchs, so können die Erben des Verstorbenen unter Zustimmung der Pflichtteilsberechtigten eine Vereinbarung schließen, auf Grund derer der halbe Mindestanteil an eine natürliche Person übergeht. Kommt auch eine solche Vereinbarung nicht zustande, so tritt der Eigentumsübergang nach Abs. 1 Z 1 mit der Rechtsfolge des Abs. 2 oder 3 ein.

(5) Die Partner können die in Abs. 2 bestimmte Zahlungspflicht des überlebenden Partners für den gesetzlichen Eigentumserwerb nach Abs. 1 Z 1 durch schriftliche Vereinbarung abbedingen.

(6) Eine Vereinbarung nach Abs. 4 oder 5 ist unwirksam, soweit durch sie die den (anderen) Pflichtteilsberechtigten in Abs. 2 und 3 eingeräumten Rechte beschränkt werden.

Eigentümerpartnerschaft von Ehegatten bei Nichtigerklärung, Aufhebung oder Scheidung der Ehe

§ 15. Einigen sich im Fall der Nichtigerklärung, Aufhebung oder Scheidung der Ehe die bisherigen Ehegatten nicht über die Aufhebung ihrer Eigentümerpartnerschaft, so steht dem Begehren eines von ihnen auf Aufhebung der Partnerschaft (§ 830 ABGB) nach Ablauf eines Jahres seit dem Eintritt der Rechtskraft der Auflösung der Ehe der Einwand der Unzeit oder des Nachteils nicht entgegen.

5. Abschnitt
Nutzung der Wohnungseigentumsobjekte und der allgemeinen Teile der Liegenschaft

Nutzung, Änderung und Erhaltung des Wohnungseigentumsobjekts

§ 16. (1) Die Nutzung des Wohnungseigentumsobjekts kommt dem Wohnungseigentümer zu.

(2) Der Wohnungseigentümer ist zu Änderungen (einschließlich Widmungsänderungen) an seinem Wohnungseigentumsobjekt auf seine Kosten berechtigt; dabei gilt Folgendes:

1. Die Änderung darf weder eine Schädigung des Hauses noch eine Beeinträchtigung schutzwürdiger Interessen der anderen Wohnungseigentümer, besonders auch keine Beeinträchtigung der äußeren Erscheinung des Hauses, noch eine Gefahr für die Sicherheit von Personen, des Hauses oder von anderen Sachen zur Folge haben.

2. Werden für eine solche Änderung auch allgemeine Teile der Liegenschaft in Anspruch genommen, so muss die Änderung überdies entweder der Übung des Verkehrs entsprechen oder einem wichtigen Interesse des Wohnungseigentümers dienen. Die Ein-

beziehung oder der Einbau einer Wasserentnahmestelle oder eines Klosetts in das Innere des Wohnungseigentumsobjekts, die Errichtung von Strom-, Gas-, Wasser- oder Fernsprechleitungen, Beheizungsanlagen und ähnlichen Einrichtungen kann aus diesem Grund jedenfalls nicht untersagt werden; das Gleiche gilt für das Anbringen der nach dem Stand der Technik notwendigen Einrichtungen für den Hörfunk- und Fernsehempfang sowie für Multimediadienste, sofern der Anschluss an eine bestehende Einrichtung nicht möglich oder nicht zumutbar ist.

3. Werden für eine solche Änderung auch Wohnungseigentums- oder Zubehörobjekte anderer Wohnungseigentümer in Anspruch genommen, so muss überdies der betroffene Wohnungseigentümer die Änderung nur zulassen, wenn sie keine wesentliche und dauernde Beeinträchtigung seines Wohnungseigentums zur Folge hat und sie ihm bei billiger Abwägung aller Interessen zumutbar ist. Der Wohnungseigentümer, der die Änderung durchführt, hat den beeinträchtigten Wohnungseigentümer angemessen zu entschädigen.

4. Ist eine behördliche Bewilligung für Änderungen erforderlich, die die anderen Wohnungseigentümer dulden müssen, so dürfen diese eine allenfalls erforderliche Zustimmung nicht verweigern.

5. Die Z 1 und 4 gelten sinngemäß auch für Änderungen im Bestand räumlich unmittelbar aneinandergrenzender Wohnungseigentumsobjekte sowie für die Übertragung von Zubehörobjekten.

(3) Der Wohnungseigentümer hat das Wohnungseigentumsobjekt und die dafür bestimmten Einrichtungen, insbesondere die Strom-, Gas- und Wasserleitungen sowie die Beheizungs- und sanitären Anlagen, auf seine Kosten so zu warten und in Stand zu halten, dass den anderen Wohnungseigentümern kein Nachteil erwächst. Er hat ferner das Betreten und die Benützung des Wohnungseigentumsobjekts zu gestatten, soweit dies zur Erhaltung der allgemeinen Teile der Liegenschaft und der Behebung ernster Schäden des Hauses erforderlich ist; für die vermögensrechtlichen Nachteile, die er dadurch erleidet, ist er von der Eigentümergemeinschaft angemessen zu entschädigen.

Benützungsregelung

§ 17. (1) Sämtliche Wohnungseigentümer können schriftlich eine Vereinbarung über die Benützung der verfügbaren allgemeinen Teile der Liegenschaft treffen.

(2) Jeder Wohnungseigentümer kann eine gerichtliche Regelung über die Benützung der verfügbaren allgemeinen Teile der Liegenschaft oder die gerichtliche Abänderung einer bestehenden Regelung aus wichtigen Gründen beantragen. Im erstgenannten Fall kann während des Verfahrens über den Antrag mit einer Mehrheit von zwei Dritteln der Anteile eine vorläufige Benützungsregelung beschlossen werden.

(3) Die Benützungsregelung wird durch den Wechsel eines Wohnungseigentümers nicht berührt. Sie ist bei Festsetzung durch das Gericht von Amts wegen, sonst, sofern die Unterschrift auch nur eines Wohnungseigentümers öffentlich beglaubigt ist, auf Antrag dieses oder eines anderen Wohnungseigentümers im Grundbuch ersichtlich zu machen.

6. Abschnitt
Eigentümergemeinschaft, Verwalter, Vorzugspfandrecht

Rechtsfähigkeit und Vertretung der Eigentümergemeinschaft

§ 18. (1) Die Eigentümergemeinschaft kann in Angelegenheiten der Verwaltung der Liegenschaft Rechte erwerben und Verbindlichkeiten eingehen sowie klagen und geklagt werden. Für Klagen gegen die Eigentümergemeinschaft ist das Gericht örtlich zuständig, in dessen Sprengel die Liegenschaft gelegen ist. Bei diesem Gericht kann auch ein Wohnungseigentümer von der Eigentümergemeinschaft geklagt werden. Forderungen gegen die Eigentümergemeinschaft können gegen die einzelnen Wohnungseigentümer nur nach Maßgabe des Abs. 3 zweiter Satz und nur durch gesonderte Klagsführung geltend gemacht werden.

(2) Die Eigentümergemeinschaft wird vertreten:

1. wenn ein Verwalter bestellt ist,

a) durch den Verwalter,

b) bei Bestellung eines Eigentümervertreters nach § 22 in dem von der Interessenkollision betroffenen Geschäftsbereich nur durch den Eigentümervertreter;

2. wenn kein Verwalter bestellt ist,

a) durch die nach Miteigentumsanteilen zu berechnende Mehrheit der Wohnungseigentümer,

b) bei Bestellung eines vorläufigen Verwalters nach § 23 nur durch diesen.

(3) Ein gegen die Eigentümergemeinschaft ergangener Exekutionstitel kann nur

in die Rücklage (§ 31) oder in die von den Wohnungseigentümern geleisteten oder geschuldeten Zahlungen für Aufwendungen (§ 32) vollstreckt werden. Soweit die Forderung durch eine solche Exekution nicht hereingebracht werden kann, haften die Wohnungseigentümer für den Ausfall im Verhältnis ihrer Miteigentumsanteile.

Bestellung eines Verwalters

§ 19. Die Eigentümergemeinschaft kann eine natürliche oder juristische Person zum Verwalter bestellen. Name und Anschrift des Verwalters sind auf Grund des Bestellungsbeschlusses auf Antrag des Verwalters oder eines Wohnungseigentümers im Grundbuch ersichtlich zu machen.

Aufgaben und Befugnisse des Verwalters

§ 20. (1) Der Verwalter ist verpflichtet, die gemeinschaftsbezogenen Interessen aller Wohnungseigentümer zu wahren und Weisungen der Mehrheit der Wohnungseigentümer zu befolgen, soweit diese nicht gesetzwidrig sind. Dem Verwalter steht die Verwaltung der Liegenschaft und dabei insbesondere auch die nach außen unbeschränkbare Vertretung der Eigentümergemeinschaft zu; im Rahmen dieser Vertretung ist er auch zur Bestellung eines berufsmäßigen Parteienvertreters befugt.

(2) Der Verwalter hat den Wohnungseigentümern bis spätestens zum Ende der laufenden Abrechnungsperiode auf die in § 24 Abs. 5 beschriebene Weise eine Vorausschau zur Kenntnis zu bringen, in der die in absehbarer Zeit notwendigen, über die laufende Instandhaltung hinausgehenden Erhaltungsarbeiten und die in Aussicht genommenen Verbesserungsarbeiten, die dafür erforderlichen Beiträge zur Rücklage sowie die sonst vorhersehbaren Aufwendungen, vor allem die Bewirtschaftungskosten, und die sich daraus ergebenden Vorauszahlungen bekannt zu geben sind.

(3) Der Verwalter hat den Wohnungseigentümern nach den Regelungen des § 34 eine ordentliche und richtige Abrechnung sowie gegebenenfalls nach den Regelungen des Heizkostenabrechnungsgesetzes die Abrechnung über die Heiz- und Warmwasserkosten zu legen.

(4) Beabsichtigt der Verwalter den Abschluss eines Rechtsgeschäfts mit einer Person, die mit ihm durch ein familiäres oder wirtschaftliches Naheverhältnis verbunden ist, so hat er die Wohnungseigentümer auf dieses Naheverhältnis hinzuweisen. Der Verwalter hat für Erhaltungsarbeiten, die über die laufende Instandhaltung hinausgehen, und für größere Verbesserungsarbeiten mindestens drei Angebote einzuholen.

(5) Der Verwalter hat rückständige Zahlungen eines Wohnungseigentümers auf die Aufwendungen für die Liegenschaft einzumahnen und nötigenfalls Klage nach § 27 Abs. 2 binnen der dort genannten Frist zu erheben und die Anmerkung der Klage zu beantragen.

(6) Der Verwalter hat alle die Eigentümergemeinschaft betreffenden Ein- und Auszahlungen über ein auf die Gemeinschaft lautendes und für jeden Wohnungseigentümer einsehbares gesondertes Konto durchzuführen. Eigentümer eines auf diesem Konto vorhandenen Guthabens ist die Eigentümergemeinschaft.

(7) Die dem Verwalter als Machthaber nach dem 22. Hauptstück des Zweiten Teils des ABGB auferlegten Verbindlichkeiten können weder aufgehoben noch beschränkt werden.

(8) Wenn der Verwalter seine Pflichten grob verletzt, kann die Eigentümergemeinschaft – neben allfälligen Schadenersatzansprüchen – auch eine Herabsetzung des mit dem Verwalter vereinbarten Entgelts nach Maßgabe der mit dem Pflichtverstoß einhergehenden Minderung des Nutzens aus der Verwaltertätigkeit verlangen.

(Abs 6 ab 1. 1. 2003)

Auflösung und Verlängerung des Verwaltungsvertrags

§ 21. (1) Wurde der Verwalter auf unbestimmte Zeit bestellt, so können sowohl die Eigentümergemeinschaft als auch der Verwalter den Verwaltungsvertrag unter Einhaltung einer Frist von drei Monaten zum Ende jeder Abrechnungsperiode (§ 34 Abs. 2) kündigen.

(2) Wurde der Verwalter auf bestimmte, mehr als dreijährige Zeit bestellt, so können sowohl die Eigentümergemeinschaft als auch der Verwalter nach Ablauf von drei Jahren den Verwaltungsvertrag ohne Angabe von Gründen unter Einhaltung einer Frist von drei Monaten zum Ende jeder Abrechnungsperiode (§ 34 Abs. 2) kündigen.

(3) Im Übrigen kann der Verwaltungsvertrag jederzeit aus wichtigen Gründen von der Eigentümergemeinschaft gekündigt oder bei grober Verletzung der Pflichten des Verwalters auf Antrag eines Wohnungseigentümers vom Gericht aufgelöst werden; bei Auflösung durch das Gericht ist die Wiederbestellung des Verwalters unzulässig.

(4) Nach Auflösung des Verwaltungsvertrags ist die Ersichtlichmachung des Verwalters bei Auflösung durch das Gericht von Amts wegen, sonst auf Grund der Kündigungserklärung auf Antrag des Verwalters oder eines Wohnungseigentümers im Grundbuch zu löschen.

(5) Die Regelungen der vorstehenden Absätze können nicht vertraglich abbedungen werden.

(6) Wird ein auf bestimmte Zeit geschlossener Verwaltungsvertrag nach Ablauf der Vertragsdauer stillschweigend verlängert (§ 863 ABGB), so gilt dies als Verlängerung auf unbestimmte Zeit.

Eigentümervertreter

§ **22.** (1) Die Eigentümergemeinschaft kann aus dem Kreis der Wohnungseigentümer eine natürliche Person mit deren Zustimmung zum Eigentümervertreter bestellen. Der Eigentümervertreter vertritt die Eigentümergemeinschaft gegenüber dem bestellten Verwalter, soweit dieser die Belange der Gemeinschaft wegen widerstreitender eigener Interessen – wie etwa im Fall einer gerichtlichen oder außergerichtlichen Auseinandersetzung zwischen ihm und der Gemeinschaft – nicht ausreichend wahrnehmen kann, sowie in dem von der Interessenkollision betroffenen Geschäftsbereich auch gegenüber Dritten. Die Funktion des Eigentümervertreters endet spätestens zwei Jahre nach seiner Bestellung; eine Wiederbestellung ist jedoch zulässig.

(2) Der Eigentümervertreter hat Weisungen der Mehrheit der Wohnungseigentümer zu befolgen, soweit diese nicht gesetzwidrig sind. Im Rahmen der Vertretung der Eigentümergemeinschaft ist er auch zur Bestellung eines berufsmäßigen Parteienvertreters befugt. Für die Ersichtlichmachung des Eigentümervertreters im Grundbuch und deren Löschung gelten § 19 zweiter Satz und § 21 Abs. 4 entsprechend.

Vorläufiger Verwalter

§ **23.** Ist kein Verwalter bestellt, so kann sowohl ein Wohnungseigentümer als auch ein Dritter, der ein berechtigtes Interesse an einer wirksamen Vertretung der Eigentümergemeinschaft hat, die gerichtliche Bestellung eines vorläufigen Verwalters beantragen. Bis zu dieser Entscheidung gilt der im Grundbuch erstgenannte Wohnungseigentümer als Zustellbevollmächtigter. Die Vertretungsbefugnis des vorläufigen Verwalters endet mit der Bestellung eines Verwalters durch die Gemeinschaft.

Beschlüsse der Eigentümergemeinschaft

§ **24.** (1) Zur Willensbildung in der Eigentümergemeinschaft dient vornehmlich die Eigentümerversammlung, doch können Beschlüsse auch – allenfalls ergänzend zu den in einer Eigentümerversammlung abgegebenen Erklärungen – auf andere Weise, etwa auf schriftlichem Weg, zustande kommen. Ein Beschluss ist – mit der sich aus Abs. 6 ergebenden Einschränkung – erst wirksam, nachdem allen Wohnungseigentümern Gelegenheit zur Äußerung gegeben worden ist; bis dahin ist ein Wohnungseigentümer an seine bereits abgegebene Erklärung nicht gebunden.

(2) Die Wohnungseigentümer können ihr Äußerungs- und Stimmrecht entweder persönlich oder durch einen Vertreter ausüben. Weist der für den Wohnungseigentümer Einschreitende seine Vertretungsbefugnis nicht durch eine darauf gerichtete, höchstens drei Jahr alte, schriftliche Vollmacht nach, so ist sein Handeln nur wirksam, wenn es vom Wohnungseigentümer nachträglich binnen 14 Tagen schriftlich genehmigt wird.

(3) Ist Gegenstand der beabsichtigten Beschlussfassung ein Rechtsgeschäft, Rechtsverhältnis oder Rechtsstreit mit einem Wohnungseigentümer oder mit einer Person, mit der dieser durch ein familiäres oder wirtschaftliches Naheverhältnis verbunden ist, so steht diesem Wohnungseigentümer kein Stimmrecht zu.

(4) Die Mehrheit der Stimmen der Wohnungseigentümer richtet sich nach dem Verhältnis der Miteigentumsanteile. Bei Stimmengleichheit kann jeder Wohnungseigentümer die nach pflichtgemäßem Ermessen zu treffende Entscheidung des Gerichts beantragen.

(5) Beschlüsse der Eigentümergemeinschaft sind jedem Wohnungseigentümer sowohl durch Anschlag an einer für alle Wohnungseigentümer deutlich sichtbaren Stelle des Hauses (bei mehreren Häusern oder mehreren Stiegenhäusern an einer entsprechenden Mehrzahl solcher Stellen) als auch durch Übersendung schriftlich zur Kenntnis zu bringen. Eine Übersendung an den Wohnungseigentümer einer Wohnung oder sonstigen selbständigen Räumlichkeit hat an die Anschrift seines Wohnungseigentumsobjekts oder an eine andere von ihm bekannt gegebene inländische Zustellanschrift zu erfolgen. Eine Übersendung an den Wohnungseigentümer eines Abstellplatzes für Kraftfahrzeuge hat an eine von ihm bekannt zu gebende inländische Zustellanschrift zu erfolgen. Dem übersendeten Beschluss ist

WEG

ein Hinweis darauf beizufügen, dass für den Beginn der Frist zur Anfechtung des Beschlusses dessen Anschlag im Haus maßgeblich ist; zugleich ist der Tag des Anschlags und das sich daraus ergebende Ende der Frist bekannt zu geben.

(6) Jeder Wohnungseigentümer kann innerhalb eines Monats ab Anschlag eines Beschlusses der Eigentümergemeinschaft entsprechend Abs. 5 mit einem gegen die übrigen Wohnungseigentümer zu richtenden Antrag verlangen, dass die Rechtsunwirksamkeit des Beschlusses wegen formeller Mängel, Gesetzwidrigkeit oder Fehlens der erforderlichen Mehrheit gerichtlich festgestellt wird. Beschlüsse in Angelegenheiten der außerordentlichen Verwaltung können überdies nach § 29 angefochten werden.

(7) Die den Wohnungseigentümern zustehenden Befugnisse zur Mitwirkung an der Entscheidungsfindung in der Eigentümergemeinschaft (Äußerungs- und Stimmrecht sowie Minderheitsrechte bei der Willensbildung der Eigentümergemeinschaft) können nicht vertraglich abbedungen werden.

(Zu Abs 6 s § 56 Abs 9)

Eigentümerversammlung

§ 25. (1) Soweit nichts anderes vereinbart oder mit einer Mehrheit von zwei Dritteln der Anteile beschlossen wird, hat der Verwalter alle zwei Jahre eine Eigentümerversammlung einzuberufen. Tag und Zeitpunkt der Eigentümerversammlung sind so zu wählen, dass voraussichtlich möglichst viele Wohnungseigentümer daran teilnehmen können. Darüber hinaus können mindestens drei Wohnungseigentümer, die zusammen mindestens ein Viertel der Anteile haben, vom Verwalter schriftlich unter Angabe eines wichtigen Grundes dafür die Einberufung der Eigentümerversammlung verlangen. Das Recht jedes Wohnungseigentümers, auf das Zustandekommen einer Eigentümerversammlung auch ohne Tätigwerden des Verwalters hinzuwirken, bleibt davon unberührt.

(2) Die Einberufung der Eigentümerversammlung und die dabei zur Beschlussfassung anstehenden Gegenstände sind jedem Wohnungseigentümer mindestens zwei Wochen vor dem Versammlungstermin schriftlich auf die in § 24 Abs. 5 beschriebene Weise zur Kenntnis zu bringen.

(3) Der Verwalter hat über die Teilnehmer an und über das Geschehen bei der Eigentümerversammlung, insbesondere über die Ergebnisse von Abstimmungen und gefasste Beschlüsse, eine Niederschrift aufzunehmen und jedem Wohnungseigentümer auf die in § 24 Abs. 5 beschriebene Weise zur Kenntnis zu bringen. Hat eine Abstimmung keine Mehrheit der Miteigentumsanteile für oder gegen einen Vorschlag ergeben, so hat der Verwalter zur Herbeiführung eines Beschlusses die bei der Versammlung nicht erschienenen und auch nicht rechtswirksam vertretenen Wohnungseigentümer zugleich mit der Bekanntmachung der Niederschrift aufzufordern, sich zu dieser Frage ihm gegenüber innerhalb einer zu bestimmenden Frist schriftlich zu äußern.

Gemeinschaftsordnung

§ 26. (1) Sämtliche Wohnungseigentümer können eine Vereinbarung über die Einrichtung bestimmter Funktionen innerhalb der Eigentümergemeinschaft oder über die Willensbildung treffen. Eine solche Vereinbarung ist rechtswirksam, wenn sie schriftlich geschlossen wird und soweit sie nicht zwingenden Grundsätzen dieses Bundesgesetzes widerspricht. Die mit einer solchen Funktion betrauten Wohnungseigentümer können nicht mit Vertretungsbefugnis ausgestattet werden.

(2) Die Gemeinschaftsordnung wird durch den Wechsel eines Wohnungseigentümers nicht berührt. Sie ist, sofern die Unterschrift auch nur eines Wohnungseigentümers öffentlich beglaubigt ist, auf Antrag dieses oder eines anderen Wohnungseigentümers im Grundbuch ersichtlich zu machen.

Gesetzliches Vorzugspfandrecht

§ 27. (1) An jedem Miteigentumsanteil besteht in dem durch § 216 Abs. 1 Z 3 der Exekutionsordnung bestimmten Ausmaß ein gesetzliches Vorzugspfandrecht zu Gunsten

1. der Forderungen der Eigentümergemeinschaft gegen den Eigentümer des Anteils und

2. der Rückgriffsforderungen eines anderen Wohnungseigentümers

a) aus der Inanspruchnahme von dessen Haftung nach § 18 Abs. 3 zweiter Satz,

b) aus dessen Zahlung auf Verbindlichkeiten des Eigentümers des Anteils, die mit der Verwaltung der Liegenschaft zusammenhängen, oder

c) aus dessen Zahlung auf Verbindlichkeiten, die mit der Verwaltung der Liegenschaft zusammenhängen und für die dieser mit den übrigen Wohnungseigentümern zur ungeteilten Hand haftet.

(2) Das Vorzugspfandrecht kommt dem Forderungsberechtigten nur zu, wenn er die

Forderung samt dem Pfandrecht innerhalb von sechs Monaten mit Klage geltend macht und die Anmerkung der Klage im Grundbuch beim Miteigentumsanteil des Beklagten beantragt.

(3) Die durch das Vorzugspfandrecht besicherte Forderung ist im Fall einer Zwangsversteigerung des Miteigentumsanteils durch Barzahlung zu berichtigen, soweit sie in der Verteilungsmasse (§ 215 der Exekutionsordnung) Deckung findet, ansonsten aber vom Ersteher ohne Anrechnung auf das Meistbot zu übernehmen.

7. Abschnitt
Verwaltung der Liegenschaft

Ordentliche Verwaltung

§ 28. (1) In Angelegenheiten der ordentlichen Verwaltung der Liegenschaft entscheidet – unbeschadet der Rechte des einzelnen Wohnungseigentümers nach § 30 – die Mehrheit der Wohnungseigentümer. Zu diesen Angelegenheiten gehören insbesondere:

1. die ordnungsgemäße Erhaltung der allgemeinen Teile der Liegenschaft im Sinne des § 3 MRG, einschließlich der baulichen Veränderungen, die über den Erhaltungszweck nicht hinausgehen, und der Behebung ernster Schäden des Hauses in einem Wohnungseigentumsobjekt,

2. die Bildung einer angemessenen Rücklage (§ 31),

3. die Aufnahme eines Darlehens zur Deckung der durch die Rücklage nicht gedeckten Kosten einer in längeren als einjährigen Abständen wiederkehrenden Arbeit zur ordnungsgemäßen Erhaltung,

4. die angemessene Versicherung der Liegenschaft,

5. die Bestellung des Verwalters und die Auflösung des Verwaltungsvertrags,

6. die Bestellung und Abberufung eines Eigentümervertreters,

7. die Erlassung und Änderung der Hausordnung,

8. die Vermietung der verfügbaren allgemeinen, aber einer abgesonderten Benützung zugänglichen Teile der Liegenschaft, an eine Person, die nicht Wohnungseigentümer ist, und

9. die Aufkündigung der nach Z 8 geschlossenen Mietverträge.

(2) Die Eigentümergemeinschaft kann ungeachtet anderer gesetzlicher oder vertraglicher Regelungen Mietverträge über nicht im Wohnungseigentum stehende Abstellplätze für Kraftfahrzeuge unter Einhaltung einer Frist von drei Monaten kündigen, sobald bei einer Person, der Wohnungseigentum an einer Wohnung oder sonstigen selbständigen Räumlichkeit der Liegenschaft zukommt, ein Bedarf nach einem Abstellplatz entsteht. Bei einem Mietvertrag mit einem Wohnungseigentümer gilt dies nur dann, soweit dieser mehr als einen Abstellplatz gemietet hat und der Bedarf des anderen Wohnungseigentümers bei Abwägung der beiderseitigen Interessen schwerer wiegt.

Außerordentliche Verwaltung

§ 29. (1) Über Veränderungen an den allgemeinen Teilen der Liegenschaft, die über die in § 28 genannten Angelegenheiten hinausgehen, wie etwa nützliche Verbesserungen oder sonstige über die Erhaltung hinausgehende bauliche Veränderungen, entscheidet die Mehrheit der Wohnungseigentümer, doch kann jeder der Überstimmten mit einem gegen die übrigen Wohnungseigentümer zu richtenden Antrag die gerichtliche Aufhebung des Mehrheitsbeschlusses verlangen. Die Antragsfrist beträgt drei Monate, bei unterbliebener Verständigung des Wohnungseigentümers von der beabsichtigten Beschlussfassung und von ihrem Gegenstand (§ 25 Abs. 2) hingegen sechs Monate und beginnt mit dem Anschlag des Beschlusses im Haus gemäß § 24 Abs. 5.

(2) Das Gericht hat den Mehrheitsbeschluss aufzuheben, wenn

1. die Veränderung den Antragsteller übermäßig beeinträchtigen würde oder

2. die Kosten der Veränderung – unter Berücksichtigung auch der in absehbarer Zeit anfallenden Erhaltungsarbeiten – nicht aus der Rücklage gedeckt werden könnten.

(3) Eine Aufhebung des Mehrheitsbeschlusses aus dem Grund des Abs. 2 Z 2 hat nicht stattzufinden, wenn der nicht gedeckte Kostenanteil von der beschließenden Mehrheit getragen wird oder wenn es sich um eine Verbesserung handelt, die auch unter Berücksichtigung der fehlenden Kostendeckung in der Rücklage allen Wohnungseigentümern eindeutig zum Vorteil gereicht.

(4) Würde die Veränderung nur zu einer Beeinträchtigung des Antragstellers führen, die finanziell ausgeglichen werden kann, so hat das Gericht auszusprechen, dass die Veränderung nur gegen Entrichtung einer ziffernmäßig festzusetzenden angemessenen Entschädigung vorgenommen werden darf.

(5) Im Übrigen gelten für Angelegenheiten der außerordentlichen Verwaltung die §§ 834 und 835 ABGB.

(6) Unbeschadet seiner unbeschränkbaren Vertretungsbefugnis (§ 20 Abs. 1) darf der Verwalter Maßnahmen der außerordentlichen Verwaltung nur auf Grund eines Beschlusses nach Abs. 1 durchführen.

Minderheitsrechte und Anzeigepflicht des einzelnen Wohnungseigentümers

§ **30.** (1) Jeder Wohnungseigentümer kann – über die Rechte zur Anfechtung von Beschlüssen nach § 24 Abs. 6 und § 29 hinaus – mit einem gegen die übrigen Wohnungseigentümer zu richtenden Antrag die Entscheidung des Gerichts darüber verlangen, dass

1. Arbeiten im Sinne des § 28 Abs. 1 Z 1 binnen einer angemessenen Frist durchgeführt werden,

2. eine angemessene Rücklage gebildet oder der bereits festgelegte Beitrag zur Bildung der Rücklage angemessen erhöht oder gemindert wird,

3. ihm die Entrichtung des auf ihn entfallenden Teils der durch die Rücklage nicht gedeckten Kosten einer in längeren als einjährigen Abständen wiederkehrenden Erhaltungsarbeit in angemessenen, den Verteilungszeitraum von zehn Jahren nicht übersteigenden Monatsraten gegen Bestellung einer Hypothek auf seinem Miteigentumsanteil und Zahlung der ortsüblichen Hypothekarzinsen gestattet wird, soweit ihm die sofortige Entrichtung des auf ihn entfallenden Teilbetrags der Erhaltungsarbeit unmöglich oder unzumutbar ist,

4. eine angemessene Feuerversicherung und Haftpflichtversicherung abgeschlossen wird,

5. dem Verwalter bei Verstößen gegen § 20 Abs. 2 bis 6 die Einhaltung dieser Pflichten aufgetragen wird,

6. ein Verwalter (§§ 19 ff.) oder ein vorläufiger Verwalter (§ 23) bestellt oder der Verwaltungsvertrag wegen grober Verletzung der Pflichten des Verwalters aufgelöst wird (§ 21 Abs. 3),

7. jene Bestimmungen der Hausordnung aufgehoben oder geändert werden, die seine schutzwürdigen Interessen verletzen oder ihm bei billigem Ermessen unzumutbar sind,

8. jene Bestimmungen einer Gemeinschaftsordnung aufgehoben oder geändert werden, die § 26 widersprechen, und

9. – sofern er Wohnungseigentümer einer Wohnung oder sonstigen selbständigen Räumlichkeit ist – ein nach § 28 Abs. 1 Z 8 über einen Kraftfahrzeug-Abstellplatz geschlossener Mietvertrag wegen eines bei ihm vorliegenden Bedarfs gekündigt wird.

(2) Wenn ein einzelner Wohnungseigentümer die Mehrheit der Miteigentumsanteile hat und zum unverhältnismäßigen Nachteil eines anderen Wohnungseigentümers Maßnahmen trifft oder unterlässt beziehungsweise dem Verwalter aufträgt oder untersagt, kann der andere dagegen mit einem gegen den Mehrheitseigentümer zu richtenden Antrag – im Fall einer bereits getroffenen oder aufgetragenen Maßnahme innerhalb von drei Monaten ab deren Erkennbarkeit – das Gericht anrufen, auch wenn es sich nur um eine Maßnahme der ordentlichen Verwaltung (§ 28 Abs. 1) handelt. Das Gericht kann dem Mehrheitseigentümer die Unterlassung beabsichtigter, die Rücknahme bereits getroffener oder die Durchführung verabsäumter Maßnahmen auftragen. Der Anteilsmehrheit eines einzelnen Wohnungseigentümers ist es gleichzuhalten, wenn die Mehrheit der Miteigentumsanteile im Eigentum mehrerer Personen steht, die miteinander durch ein familiäres oder wirtschaftliches Naheverhältnis verbunden sind.

(3) Jeder Wohnungseigentümer hat Schäden an den allgemeinen Teilen der Liegenschaft und ernste Schäden des Hauses in einem Wohnungseigentumsobjekt bei sonstiger Schadenersatzpflicht ohne Verzug dem Verwalter oder dem vorläufigen Verwalter anzuzeigen, sofern dieser nicht bereits Kenntnis von dem Schaden hat. Bei Gefahr im Verzug darf jeder Wohnungseigentümer auch ohne Zustimmung der übrigen Wohnungseigentümer die zur Abwehr notwendigen Maßnahmen treffen.

Rücklage

§ **31.** (1) Die Wohnungseigentümer haben eine angemessene Rücklage zur Vorsorge für künftige Aufwendungen (§ 32) zu bilden. Bei der Festlegung der Beiträge zur Bildung der Rücklage ist auf die voraussichtliche Entwicklung der Aufwendungen Bedacht zu nehmen.

(2) Die Rücklage ist als Vermögen der Eigentümergemeinschaft auf einem auf die Gemeinschaft lautenden und für jeden Wohnungseigentümer einsehbaren gesonderten Konto fruchtbringend anzulegen und für die Deckung von Aufwendungen zu verwenden.

(3) Bei Beendigung eines Verwaltungsvertrags hat der Verwalter ohne Verzug über die Rücklage Rechnung zu legen und den Überschuss an den neuen Verwalter oder bei

Fehlen eines solchen an die Eigentümergemeinschaft herauszugeben. Wird der Verwaltungsvertrag durch das Gericht aufgelöst, so ist dem Verwalter die Herausgabe des festgestellten Überschusses binnen 14 Tagen bei Zwangsvollstreckung aufzutragen.

(4) Für abweichende Abrechnungseinheiten und gesondert abzurechnende Anlagen (§ 32 Abs. 6) können gesonderte Rücklagen gebildet werden.

Aufteilung der Aufwendungen

§ 32. (1) Die Aufwendungen für die Liegenschaft einschließlich der Beiträge zur Rücklage sind von den Wohnungseigentümern nach dem Verhältnis ihrer Miteigentumsanteile bei Ende der Abrechnungsperiode zu tragen. Besteht aber ein vor Wohnungseigentumsbegründung über ein wohnungseigentumstaugliches Objekt geschlossener Hauptmiet- oder Nutzungsvertrag (§ 1 Abs. 1 MRG, § 13 WGG) nach diesem Zeitpunkt weiter, so sind – soweit nichts anderes rechtswirksam vereinbart ist – nur die Beiträge zur Rücklage sowie die Kosten für die Erhaltung und Verbesserung nach der Regelung des ersten Satzes, die übrigen Aufwendungen jedoch nach dem Aufteilungsschlüssel zu tragen, der für das vor Wohnungseigentumsbegründung eingegangene Hauptmiet- oder Nutzungsverhältnis maßgeblich ist; hinsichtlich der diesem Aufteilungsschlüssel unterliegenden Aufwendungen kann jeder Wohnungseigentümer eine Überprüfung der Aufteilung gemäß § 37 MRG beziehungsweise § 22 WGG beantragen.

(2) Sämtliche Wohnungseigentümer können einen von der Regelung des Abs. 1 abweichenden Aufteilungsschlüssel oder eine von der Liegenschaft abweichende Abrechnungseinheit festlegen; für die nur diese abweichende Abrechnungseinheit betreffenden Angelegenheiten kann auch eine von der Liegenschaft abweichende Abstimmungseinheit festgelegt werden. Solche Vereinbarungen bedürfen zu ihrer Rechtswirksamkeit der Schriftform; sie werden frühestens für die ihrem Abschluss nachfolgende Abrechnungsperiode wirksam.

(3) Wenn einzelne Aufwendungen vom Verbrauch abhängig sind und die Anteile der Wohnungseigentumsobjekte am Gesamtverbrauch mit wirtschaftlich vernünftigem Kostenaufwand durch Messvorrichtungen ermittelt werden können, können die Wohnungseigentümer mit einer Mehrheit von zwei Dritteln der Anteile eine Aufteilung dieser Aufwendungen nach den Verbrauchsanteilen festlegen; dieser Beschluss wird frühestens für die ihm nachfolgende Abrechnungsperiode wirksam. Bei Vorliegen eines solchen Beschlusses hat jeder Wohnungseigentümer die Erfassung der Verbrauchsanteile in seinem Objekt zu dulden. Konnten trotz zumutbarer Bemühungen Verbrauchsanteile nicht erfasst werden, so sind sie, sofern dies dem Stand der Technik entspricht, durch rechnerische Verfahren zu ermitteln; die Nutzfläche, für die auf diese Weise die Verbrauchsanteile ermittelt werden, darf 20 vH nicht übersteigen. Der Teil der Aufwendungen, der dem auf die allgemeinen Teile der Liegenschaft entfallenden Verbrauchsanteil zuzuordnen ist, ist nach dem Schlüssel des Abs. 1 aufzuteilen.

(4) Können bei Gemeinschaftsanlagen die Energiekosten den Benützern zugeordnet werden, so kann die Mehrheit der Wohnungseigentümer festlegen, dass diese Energiekosten in pauschalierter Form (zum Beispiel durch Münzautomaten) von den Benützern eingehoben werden. Diese Entgelte sind in der Abrechnung als Einnahmen auszuweisen.

(5) Das Gericht kann bei einer wesentlichen Änderung der Nutzungsmöglichkeit seit einer Vereinbarung nach Abs. 2 oder bei erheblich unterschiedlichen Nutzungsmöglichkeiten den Aufteilungsschlüssel auf Antrag eines Wohnungseigentümers nach billigem Ermessen neu festsetzen. Eine solche Festsetzung ist ab der der Antragstellung nachfolgenden Abrechnungsperiode wirksam.

(6) Das Gericht kann auf Antrag eines Wohnungseigentümers eine von der Liegenschaft abweichende Abrechnungseinheit festsetzen, wenn auf der Liegenschaft mehr als fünfzig Wohnungseigentumsobjekte oder eine gesondert abzurechnende Anlage, wie etwa eine Waschküche, ein Personenaufzug oder eine gemeinsame Wärmeversorgungsanlage, vorhanden sind. Eine solche Festsetzung ist ab der der Antragstellung nachfolgenden Abrechnungsperiode wirksam. Mit der Festsetzung einer abweichenden Abrechnungseinheit kann auch die Einrichtung einer von der Liegenschaft abweichenden Abstimmungseinheit für die nur diese Abrechnungseinheit betreffenden Angelegenheiten verbunden werden.

(7) Durch den Wechsel eines Wohnungseigentümers werden der Aufteilungsschlüssel, die Abrechnungseinheit und die Abstimmungseinheit nicht berührt.

(8) Von der Regelung des Abs. 1 abweichende Aufteilungsschlüssel sowie von der Liegenschaft abweichende Abrechnungs- und Abstimmungseinheiten sind bei Festset-

zung durch das Gericht von Amts wegen, sonst, sofern die Unterschrift auch nur eines Wohnungseigentümers öffentlich beglaubigt ist, auf Antrag dieses oder eines anderen Wohnungseigentümers im Grundbuch ersichtlich zu machen.

(9) Mangels anderslautender Vereinbarung sind die den Wohnungseigentümern vorgeschriebenen Vorauszahlungen auf die Aufwendungen für die Liegenschaft am Fünften eines jeden Kalendermonats fällig.

(10) Soweit die Eigentümergemeinschaft ihre Umsätze steuerpflichtig behandelt, hat jeder Wohnungseigentümer die auf sein Wohnungseigentumsobjekt nach der jeweiligen Nutzungsart entfallende Umsatzsteuer zu entrichten.

Verteilung der Erträgnisse

§ 33. (1) Erträgnisse aus Wohnungseigentumsobjekten stehen dem Wohnungseigentümer allein zu.

(2) Erträgnisse aus den allgemeinen Teilen der Liegenschaft stehen allen Wohnungseigentümern nach dem Verhältnis ihrer Miteigentumsanteile zu.

(3) Wenn für die Tragung der Kosten, die für die Errichtung allgemeiner Teile der Liegenschaft anfallen, ein vom Verhältnis der Miteigentumsanteile abweichender Schlüssel vereinbart wird, können sämtliche Wohnungseigentümer festlegen, dass die aus diesen allgemeinen Teilen erzielten Erträgnisse entsprechend diesem Schlüssel verteilt werden, soweit diese Festlegung dem § 38 Abs. 1 nicht widerspricht. Für eine solche Festlegung gilt § 32 Abs. 2 zweiter Satz, 7 und 8 entsprechend. Im Übrigen können die Regelungen der vorstehenden Absätze nicht vertraglich abbedungen werden.

(Siehe § 56 Abs 12)

Abrechnung

§ 34. (1) Die Abrechnung ist innerhalb von sechs Monaten nach Ablauf der Abrechnungsperiode jedem Wohnungseigentümer an die in § 24 Abs. 5 bestimmte Anschrift zu übermitteln. Sodann ist den Wohnungseigentümern in geeigneter Weise Einsicht in die Belege – bei Belegen auf Datenträgern Einsicht in Ausdrucke der Belege – zu gewähren. Wenn ein Wohnungseigentümer dies verlangt, sind für ihn gegen Kostenersatz Kopien (weitere Ausdrucke) der Belege anzufertigen. Der Anspruch der Wohnungseigentümer auf Rechnungslegung verjährt in drei Jahren ab dem Ende der Abrechnungsfrist.

(2) Abrechnungsperiode ist das Kalenderjahr. Eine davon abweichende Abrechnungsperiode kann entweder durch schriftliche Vereinbarung aller Wohnungseigentümer oder auf Antrag eines Wohnungseigentümers aus wichtigen Gründen durch das Gericht festgesetzt werden. Die vereinbarte Festsetzung ist frühestens ab der der Vereinbarung, die gerichtliche ab der der Antragstellung nachfolgenden Abrechnungsperiode wirksam. Durch den Wechsel eines Wohnungseigentümers wird die Abrechnungsperiode nicht berührt. Die abweichende Abrechnungsperiode ist bei Festsetzung durch das Gericht von Amts wegen, sonst, sofern die Unterschrift auch nur eines Wohnungseigentümers öffentlich beglaubigt ist, auf Antrag dieses oder eines anderen Wohnungseigentümers im Grundbuch ersichtlich zu machen.

(3) Wird die Abrechnung nicht gehörig gelegt oder die Einsicht in die Belege nicht gewährt oder werden die verlangten Kopien oder Ausdrucke der Belege trotz Kostenerlags nicht angefertigt, so ist der Verwalter auf Antrag eines Wohnungseigentümers vom Gericht unter Androhung einer Geldstrafe bis zu 6 000 Euro dazu zu verhalten. Die Geldstrafe ist zu verhängen, wenn dem Auftrag ungerechtfertigterweise nicht entsprochen wird; eine solche Geldstrafe kann auch wiederholt verhängt werden.

(4) Soweit nichts anderes vereinbart oder beschlossen wird, ist ein sich aus der Abrechnung zu Gunsten eines Wohnungseigentümers ergebender Überschussbetrag auf dessen künftige Vorauszahlungen auf die Aufwendungen für die Liegenschaft gutzuschreiben. Ergibt sich aus der Abrechnung ein Fehlbetrag zu Lasten eines Wohnungseigentümers, so hat dieser den Fehlbetrag innerhalb von zwei Monaten ab der Rechnungslegung nachzuzahlen. Im Fall des Wechsels eines Wohnungseigentümers ist derjenige zur Nachzahlung verpflichtet, der im Zeitpunkt von deren Fälligkeit Wohnungseigentümer ist.

(5) Der Bundesminister für Justiz kann durch Verordnung ÖNORMEN bezeichnen, die in besonderem Maß als Grund- und Vorlage für eine ordentliche Abrechnung geeignet sind.

(Zu Abs 1 s § 56 Abs 10)

8. Abschnitt
Beendigung von Wohnungs- und Miteigentum

Erlöschen des Wohnungseigentums; Aufhebung der Gemeinschaft des Eigentums

§ 35. (1) Das Wohnungseigentum erlischt durch den Untergang des Gegenstands des

Wohnungseigentums oder durch die Einverleibung der Löschung auf Grund eines Verzichts des Wohnungseigentümers; die Einverleibung der Löschung auf Grund eines Verzichts bedarf der Zustimmung der Wohnungseigentümer und der Buchberechtigten, deren Rechte den Mindestanteil belasten.

(2) Die Gemeinschaft des Eigentums an der Liegenschaft kann erst aufgehoben werden, nachdem das auf der Liegenschaft erworbene Wohnungseigentum erloschen ist.

Ausschließung von Wohnungseigentümern

§ 36. (1) Ein Wohnungseigentümer ist auf Klage der Mehrheit der übrigen Wohnungseigentümer aus der Gemeinschaft auszuschließen, wenn er

1. seinen Pflichten aus der Gemeinschaft nicht nachkommt, insbesondere die ihm obliegenden Zahlungen auch nicht bis zum Schluss der dem erstinstanzlichen Urteil vorangehenden Verhandlung leistet,

2. von seinem Wohnungseigentumsobjekt oder den allgemeinen Teilen der Liegenschaft einen die Interessen der übrigen Wohnungseigentümer empfindlich schädigenden Gebrauch macht oder

3. durch sein rücksichtsloses, anstößiges oder sonst grob ungehöriges Verhalten den Mitbewohnern das Zusammenwohnen verleidet oder sich gegenüber einem Wohnungseigentümer oder einer im Haus wohnenden Person einer strafbaren Handlung gegen das Eigentum, die Sittlichkeit oder die körperliche Sicherheit schuldig macht, sofern es sich nicht um den Umständen nach geringfügige Fälle handelt.

(2) Ist im Fall des Abs. 1 Z 1 strittig, welche Zahlungen der beklagte Wohnungseigentümer zu leisten hat, so ist darüber abgesondert zu verhandeln und mit Beschluss zu entscheiden. Zahlt der beklagte Wohnungseigentümer vor Schluss der dem erstinstanzlichen Urteil vorangehenden Verhandlung den geschuldeten Betrag, so ist die Klage abzuweisen; der beklagte Wohnungseigentümer hat jedoch die Kosten des Verfahrens zu ersetzen, soweit ihn ohne Zahlung eine Kostenersatzpflicht getroffen hätte.

(3) In den Fällen des Abs. 1 Z 2 und 3 steht dem Verhalten des auszuschließenden Wohnungseigentümers das Verhalten seines Ehegatten und der anderen mit ihm zusammenwohnenden Familienangehörigen sowie der Personen gleich, die sein Wohnungseigentumsobjekt oder die von ihm sonst benützten allgemeinen Teile der Liegenschaft mit seiner Zustimmung oder Duldung benützen, sofern er es unterlässt, die ihm mögliche Abhilfe zu schaffen.

(4) Die Ausschlussklage ist im Grundbuch anzumerken; diese Anmerkung hat die Rechtsfolge des § 61 Abs. 2 GBG 1955. Nach Ablauf von drei Monaten nach dem Eintritt der Rechtskraft des Urteils kann auf Antrag eines Wohnungseigentümers die Versteigerung des Miteigentumsanteils und des damit verbundenen Wohnungseigentums nach den Bestimmungen der Exekutionsordnung über die Zwangsversteigerung durchgeführt werden.

(5) Findet ein durch ein Verhalten nach Abs. 1 Z 2 oder 3 unmittelbar beeinträchtigter Wohnungseigentümer, der für dieses Verhalten keinen Anlass gegeben hat, nicht die Unterstützung der Mehrheit zur Ausschließung des Wohnungseigentümers, der das Verhalten an den Tag gelegt oder zu vertreten (Abs. 3) hat, so kann der beeinträchtigte Wohnungseigentümer den betreffenden Wohnungseigentümer auf Unterlassung dieses Verhaltens klagen. Wird das Verhalten trotz eines der Klage stattgebenden Urteils und einer darauf gegründeten Zwangsvollstreckung beharrlich fortgesetzt, so steht sodann die Klage auf Ausschließung auch dem beeinträchtigten Wohnungseigentümer zu.

(6) In den Fällen des Abs. 1 Z 2 und 3 sind Personen, die mit dem auszuschließenden Wohnungseigentümer durch ein familiäres oder wirtschaftliches Naheverhältnis verbunden sind, bei der Versteigerung des Miteigentumsanteils vom Bieten ausgeschlossen (§ 180 der Exekutionsordnung).

9. Abschnitt
Schutz des Wohnungseigentumsbewerbers

Annahmeverbot; Ansprüche des Wohnungseigentumsbewerbers

§ 37. (1) Vor Eintragung der Anmerkung der Einräumung von Wohnungseigentum (§ 40 Abs. 2) werden die mit dem Wohnungseigentumsbewerber vereinbarten Zahlungen nicht fällig; der Wohnungseigentumsorganisator darf sie vor Fälligkeit weder fordern noch annehmen. Der Wohnungseigentumsbewerber kann alle Zahlungen, die entgegen diesem Verbot angenommen wurden, zurückfordern. Der Wohnungseigentumsorganisator hat die angenommenen Beträge ab dem Zahlungstag mit einem den jeweiligen Basiszinssatz (§ 1 Abs. 1 1. Euro-JuBeG) um sechs Prozentpunkte übersteigenden Zinssatz zu verzinsen.

(2) Hat der Wohnungseigentumsbewerber einem der Wohnungseigentumsorganisatoren die zahlenmäßig bestimmt vereinbarten, bis zur Vollendung der Bauführung zu entrichtenden Beträge an Grund-, Bau- und sonstigen Kosten bezahlt, so hat er gegen den verfügungsberechtigten Wohnungseigentumsorganisator den Anspruch,

1. dass ihm das zugesagte wohnungseigentumstaugliche Objekt zur Nutzung übergeben wird, sobald es beziehbar ist, und

2. dass nach Vollendung der Bauführung am Haus, in dem sich das zugesagte wohnungseigentumstaugliche Objekt befindet, ohne Verzug die für die Einverleibung seines Eigentumsrechts am Mindestanteil und seines Wohnungseigentums erforderlichen Urkunden errichtet und Anträge gestellt werden.

(3) Überdies haben die Wohnungseigentumsorganisatoren

1. vor oder mit der Zusage der Einräumung des Wohnungseigentums dem Wohnungseigentumsbewerber bestimmt zu erklären, ob ein Nutzwertgutachten (§ 9 Abs. 1) oder eine Entscheidung über die gerichtliche Nutzwertfestsetzung (§ 9 Abs. 2) vorliegt und welches Verhältnis sich daraus zur Summe der Nutzwerte aller wohnungseigentumstauglichen Objekte der Liegenschaft ergibt,

2. den Wohnungseigentumsbewerber in allen Verfahren zur gerichtlichen Nutzwertfestsetzung zu benennen und

3. die Miteigentümer und die Wohnungseigentumsbewerber, die noch nicht Miteigentümer sind, ohne Verzug von der Vollendung der Bauführung zu verständigen.

(4) Vor oder mit der Zusage der Einräumung des Wohnungseigentums an Teilen eines Hauses, dessen Baubewilligung zum Zeitpunkt der Zusage älter als 20 Jahre ist, haben die Wohnungseigentumsorganisatoren dem Wohnungseigentumsbewerber ein Gutachten eines für den Hochbau zuständigen Ziviltechnikers oder eines allgemein beeideten und gerichtlich zertifizierten Sachverständigen für das Hochbauwesen über den Bauzustand der allgemeinen Teile des Hauses, insbesondere über in absehbarer Zeit notwendig werdende Erhaltungsarbeiten, zu übergeben. Das Gutachten darf zum Zeitpunkt der Zusage nicht älter als ein Jahr sein und ist in den Kaufvertrag über den Liegenschaftsanteil, an dem Wohnungseigentum erworben werden soll, einzubeziehen; mit seiner Einbeziehung gilt der darin beschriebene Bauzustand als bedungene Eigenschaft (§ 922 Abs. 1 ABGB). Wird in den Kaufvertrag kein solches Gutachten einbezogen, so gilt ein Erhaltungszustand des Hauses als vereinbart, der in den nächsten zehn Jahren keine größeren Erhaltungsarbeiten erfordert.

(5) Sobald eine Zusage der Einräumung des Wohnungseigentums im Grundbuch angemerkt ist und zumindest ein Wohnungseigentumsbewerber Miteigentum erworben hat, gelten für die Verwaltung der Liegenschaft und die Rechte der Miteigentümer die §§ 16 bis 34, 36 und 52. Ein Wohnungseigentumsbewerber, der noch nicht Miteigentümer, zu dessen Gunsten aber eine solche Zusage angemerkt ist, hat ab Bezug des wohnungseigentumstauglichen Objekts die Rechte nach § 16 und § 52 Abs. 1 Z 2 sowie den Anspruch auf Rechnungslegung gemäß § 34. Weiters hat ein solcher Wohnungseigentumsbewerber ab dem Zeitpunkt, zu dem sein späterer Miteigentumsanteil – insbesondere durch ein bereits vorliegendes Nutzwertgutachten – bekannt ist, die Rechte eines Miteigentümers, sofern zumindest ein anderer Wohnungseigentumsbewerber bereits Miteigentum erworben hat.

(6) Die Regelungen der vorstehenden Absätze können nicht vertraglich abbedungen werden.

(Zu Abs 1 s § 56 Abs 11)

Rechtsunwirksame Vereinbarungen

§ 38. (1) Rechtsunwirksam sind Vereinbarungen oder Vorbehalte, die geeignet sind, die dem Wohnungseigentumsbewerber oder Wohnungseigentümer zustehenden Nutzungs- oder Verfügungsrechte aufzuheben oder unbillig zu beschränken, wie insbesondere

1. von Wohnungseigentumsorganisatoren vereinbarte Mietverträge oder Nutzungsvorbehalte über Teile der Liegenschaft, die sich nur als Zubehörobjekte im Sinn des § 2 Abs. 3 eignen oder an denen Wohnungseigentum nicht bestehen kann (§ 3 Abs. 3),

2. Vereinbarungen oder Vorbehalte über die Vergabe oder Durchführung von künftigen Instandhaltungs- oder Verbesserungsarbeiten oder Vermittlungsaufträge jeder Art,

3. Vereinbarungen über Vorkaufs- und Wiederkaufsrechte,

4. Vereinbarungen über Beschränkungen der nach den §§ 918 bis 924, 932, 933, 933a und 934 ABGB zustehenden Rechte oder

5. Vereinbarungen über Konventionalstrafen oder Reugelder.

(2) Die Rechtsunwirksamkeit erstreckt sich auch auf den daraus begünstigten Dritten, es sei denn, dass ihm die Absicht, auf

der Liegenschaft Wohnungseigentum zu begründen, weder bekannt war noch bekannt sein musste.

Rücktritt des Wohnungseigentumsorganisators

§ 39. Macht der Wohnungseigentumsorganisator seinen Rücktritt wegen Zahlungsverzugs mit Klage geltend und ist die Höhe der vom Wohnungseigentumsbewerber oder Wohnungseigentümer noch zu leistenden Zahlungen strittig, so ist darüber abgesondert zu verhandeln und mit Beschluss zu entscheiden. Zahlt der Wohnungseigentumsbewerber oder Wohnungseigentümer vor Schluss der dem erstinstanzlichen Urteil vorangehenden Verhandlung den geschuldeten Betrag, so ist die Klage abzuweisen; der Wohnungseigentumsbewerber oder Wohnungseigentümer hat jedoch dem Kläger die Kosten des Verfahrens zu ersetzen, soweit ihn ohne Zahlung eine Kostenersatzpflicht getroffen hätte.

Grundbücherliche Sicherung des Wohnungseigentumsbewerbers

§ 40. (1) Auf Antrag des Liegenschaftseigentümers ist im Grundbuch anzumerken, dass für die Begründung von Wohnungseigentum die Verpfändung bis zu einem bestimmten Betrag vorbehalten wird (Anmerkung der vorbehaltenen Verpfändung).

(2) Auf Antrag des Wohnungseigentumsbewerbers oder des Wohnungseigentumsorganisators ist die Zusage der Einräumung des Wohnungseigentums im Grundbuch anzumerken (Anmerkung der Einräumung von Wohnungseigentum). Ist der Wohnungseigentumsorganisator nicht alleiniger Liegenschaftseigentümer, so ist dazu die Zustimmung des alleinigen Eigentümers beziehungsweise aller (anderen) Miteigentümer der Liegenschaft erforderlich; einer öffentlichen Beglaubigung dieser Zustimmungserklärungen bedarf es nicht. In der Anmerkung sind der Wohnungseigentumsbewerber und die Bezeichnung des wohnungseigentumstauglichen Objekts anzuführen. Die Anmerkung kann auf Grund eines Rechtsgeschäfts unter Lebenden oder von Todes wegen mit Rang wahrender Wirkung an den Erwerber des Rechts auf Einräumung des Wohnungseigentums übertragen werden (Anmerkung der Übertragung des Rechts auf Wohnungseigentumseinräumung); diese Anmerkung erfolgt auf Antrag des bisherigen oder des neuen Wohnungseigentumsbewerbers mit Zustimmung des jeweils anderen.

(3) Gleichzeitig mit der erstmaligen Eintragung einer Anmerkung nach Abs. 1 oder 2 sind in der Aufschrift des Gutsbestandsblatts die Worte „Wohnungseigentum in Vorbereitung" einzutragen.

(4) Wird an dem in der Anmerkung der Einräumung von Wohnungseigentum angeführten wohnungseigentumstauglichen Objekt Wohnungseigentum begründet, so kann der eingetragene Wohnungseigentumsbewerber die Einverleibung seines Eigentums am Mindestanteil und des Wohnungseigentums im Rang dieser Anmerkung auch dann verlangen, wenn die Liegenschaft nach der Anmerkung einem Dritten übertragen oder belastet wurde. § 57 Abs. 1 GBG 1955 ist entsprechend anzuwenden. Von der Löschung sind jedoch folgende Eintragungen ausgenommen:

1. Veräußerungsverbote gemäß § 49 des Wohnbauförderungsgesetzes 1984 oder nach den landesgesetzlichen Vorschriften für die Wohnbauförderung und Wohnhaussanierung,

2. Eintragungen, zu deren Übernahme sich der Wohnungseigentumsbewerber gegenüber dem Liegenschaftseigentümer verpflichtet hat, und

3. Pfandrechte im Rang einer Anmerkung der vorbehaltenen Verpfändung, sofern diese der Anmerkung der Einräumung von Wohnungseigentum im Rang vorging, bis zum angemerkten Betrag.

(5) Die Anmerkung der vorbehaltenen Verpfändung darf, wenn im Rang danach eine Anmerkung der Einräumung von Wohnungseigentum und nach dieser ein Pfandrecht eingetragen ist, nur mit Zustimmung des Pfandgläubigers gelöscht werden. Die Anmerkung der Einräumung von Wohnungseigentum darf vor den in Abs. 4 genannten Eintragungen nur mit Zustimmung des eingetragenen Wohnungseigentumsbewerbers gelöscht werden.

Zustimmung zur Nachfinanzierung

§ 41. (1) Ist zwischen Wohnungseigentumsorganisator und Wohnungseigentumsbewerber schriftlich vereinbart, dass der Wohnungseigentumsorganisator dem Wohnungseigentumsbewerber Kostensteigerungen (Bau- einschließlich der Finanzierungskosten, jedoch nicht Grundbeschaffungskosten) in Rechnung stellen darf, so ist dieser verpflichtet, einer zusätzlichen Hypothekardarlehensaufnahme zur Finanzierung der Bauvollendung über den bereits eingetragenen oder vorbehaltenen (§ 40 Abs. 1) Pfandbetrag hinaus zuzustimmen. Die Höhe des zusätzlichen Pfandbetrags hat das Gericht in entsprechender Anwendung des § 273 ZPO festzusetzen. Den beiderseitigen Ansprüchen wird durch diese Entscheidung nicht vorgegriffen.

(2) Wenn über das Vermögen des Wohnungseigentumsorganisators der Konkurs oder das Ausgleichsverfahren eröffnet wurde oder die Voraussetzungen für die Eröffnung des Konkurses vorliegen oder ein Antrag auf Eröffnung des Konkurses nur mangels kostendeckenden Vermögens abgewiesen wurde, entscheidet darüber, ob der Aufnahme zusätzlicher Hypothekardarlehen zur Finanzierung der Bauvollendung zugestimmt wird, die nach Köpfen berechnete Mehrheit der Wohnungseigentumsbewerber.

Rangordnung für die beabsichtigte Einräumung von Wohnungseigentum

§ 42. (1) Ist auf einer Liegenschaft zumindest eine Anmerkung der Einräumung von Wohnungseigentum (§ 40 Abs. 2) eingetragen oder das Miteigentum an einem Anteil auf Grund eines Vertrags einverleibt, der Anspruch auf eine derartige Anmerkung gibt, so ist auf Antrag des nach § 12 BTVG bestellten Treuhänders im Grundbuch die unbefristete Rangordnung für die beabsichtigte Einräumung von Wohnungseigentum anzumerken. In dieser Anmerkung ist der Treuhänder anzugeben. Der Antragsteller hat seine Bestellung zum Treuhänder durch eine beglaubigte Bestätigung des Bauträgers oder durch einen Gerichtsbeschluss nachzuweisen. Ist der Bauträger nicht Liegenschaftseigentümer (Bauberechtigter), so ist überdies eine beglaubigte Erklärung des Liegenschaftseigentümers (Bauberechtigten) über seine Zustimmung zur Eintragung dieser Anmerkung vorzulegen; in der Zustimmungserklärung muss der Bauträger angegeben sein.

(2) Die Anmerkung hat folgende Rechtswirkungen:

1. Soweit für wohnungseigentumstaugliche Objekte noch keine Wohnungseigentumsbewerber vorhanden sind, übt der Treuhänder die Rechte aus, die Wohnungseigentumsbewerbern nach § 41 Abs. 2 und § 44 zustehen würden.

2. Wohnungseigentumsbewerber können die Anmerkung der Einräumung von Wohnungseigentum im Rang der Anmerkung der Rangordnung verlangen.

(3) Die Anmerkung kann nur auf Antrag des Treuhänders gelöscht werden.

(4) Im Fall des § 7 Abs. 6 Z 3 BTVG ist anstelle eines Treuhänders der Bauträger, der zugleich Liegenschaftseigentümer (Bauberechtigter) ist, unter den in Abs. 1 erster Satz genannten Voraussetzungen antragsberechtigt. Der Antrag bedarf der Beglaubigung. Der Bauträger hat die Gewährung der Förderung durch Vorlage der schriftlichen Förderungszusicherung (§ 7 Abs. 6 Z 3 lit. a BTVG) nachzuweisen. In der Anmerkung ist das Vorliegen einer öffentlichen Förderung im Sinne des § 7 Abs. 6 Z 3 BTVG anzugeben.

(5) Die Anmerkung nach Abs. 4 hat nur die Rechtswirkung des Abs. 2 Z 2.

(6) Die Anmerkung nach Abs. 4 kann nur auf Antrag des Bauträgers mit einer beglaubigten Zustimmungserklärung jener Wohnungseigentumsbewerber gelöscht werden, für die eine Anmerkung der Einräumung von Wohnungseigentum eingetragen ist.

Klage auf Einverleibung des Eigentumsrechts

§ 43. (1) Sind die Wohnungseigentumsorganisatoren mit der Stellung der Anträge oder der Errichtung der Urkunden (§ 37 Abs. 2 Z 2) säumig, so kann der Wohnungseigentumsbewerber den Liegenschaftseigentümer auf die Einwilligung in die Einverleibung seines Eigentums am Mindestanteil und seines Wohnungseigentums am zugesagten Objekt bei dem Bezirksgericht klagen, in dessen Sprengel die Liegenschaft gelegen ist.

(2) Sind die für die Bestimmung des Mindestanteils maßgebenden Nutzwerte noch nicht ermittelt oder wird bescheinigt, dass die Voraussetzungen für eine gerichtliche Nutzwertfestsetzung vorliegen, so kann sich der Kläger die bestimmte Angabe des von ihm beanspruchten Mindestanteils bis zur Ermittlung oder Festsetzung der Nutzwerte vorbehalten. In diesem Fall hat das Gericht den Parteien mit Beschluss aufzutragen, einen Ziviltechniker oder Sachverständigen (§ 9 Abs. 1) mit der Erstattung eines Nutzwertgutachtens zu betrauen beziehungsweise die Einleitung des Verfahrens zur gerichtlichen Nutzwertfestsetzung zu beantragen, und zugleich das Verfahren über die Klage zu unterbrechen. Das unterbrochene Verfahren ist nach Vorliegen des Nutzwertgutachtens beziehungsweise nach rechtskräftiger Entscheidung über die gerichtliche Nutzwertfestsetzung auf Antrag wieder aufzunehmen.

(3) Der Kläger kann die Anmerkung der Klage im Grundbuch verlangen. Die Anmerkung hat zur Folge, dass das über die Klage ergehende Urteil auch gegen die Personen

wirkt, die erst nach dem Einlangen des Gesuchs um die Streitanmerkung beim Grundbuchsgericht bücherliche Rechte erlangt haben. § 65 GBG 1955 ist mit der Maßgabe anzuwenden, dass die Einverleibung des Eigentums am Mindestanteil und des Wohnungseigentums im Rang der Streitanmerkung vorzunehmen und alle nach der Streitanmerkung auf dem Mindestanteil vorgenommenen Eintragungen zu löschen sind.

(4) Wenn zu Gunsten des Wohnungseigentumsbewerbers eine Anmerkung nach § 40 Abs. 2 oder eine Streitanmerkung nach Abs. 3 eingetragen ist, hat der Wohnungseigentumsbewerber im Konkurs oder im Ausgleich über das Vermögen des Liegenschaftseigentümers einen Anspruch auf Aussonderung des ihm zustehenden Mindestanteils und des damit verbundenen Wohnungseigentums (§§ 11, 44 KO, §§ 11, 21 AO) sowie im Fall der Zwangsversteigerung der Liegenschaft ein Widerspruchsrecht nach § 37 der Exekutionsordnung.

Fortsetzung der Bauführung bei Insolvenz

§ 44. Wenn über das Vermögen des Wohnungseigentumsorganisators der Konkurs oder das Ausgleichsverfahren eröffnet wurde oder die Voraussetzungen für die Eröffnung des Konkurses vorliegen oder ein Antrag auf Eröffnung des Konkurses nur mangels kostendeckenden Vermögens abgewiesen wurde, entscheidet darüber, ob das Bauvorhaben von einem anderen Wohnungseigentumsorganisator durchgeführt wird, die nach Köpfen berechnete Mehrheit der Wohnungseigentumsbewerber.

10. Abschnitt
Vorläufiges Wohnungseigentum des Alleineigentümers

Begründung von vorläufigem Wohnungseigentum

§ 45. (1) Der Alleineigentümer einer Liegenschaft kann vorläufiges Wohnungseigentum auf Grundlage einer schriftlichen Errichtungserklärung (Wohnungseigentumsstatut) begründen. Das Wohnungseigentumsstatut tritt dabei an die Stelle des Wohnungseigentumsvertrags.

(2) Das Wohnungseigentumsstatut hat zu enthalten:

1. die Bezeichnung der Liegenschaft,

2. die Bezeichnung der wohnungseigentumstauglichen Objekte, an denen vorläufiges Wohnungseigentum begründet werden soll, nach ihrer Art (Wohnung, sonstige selbständige Räumlichkeit oder Kraftfahrzeug-Abstellplatz) und ihrer Lage,

3. die Erklärung des Alleineigentümers der Liegenschaft, an diesen Objekten vorläufiges Wohnungseigentum begründen zu wollen, und

4. die Nutzflächen und Nutzwerte der wohnungseigentumstauglichen Objekte, an denen vorläufiges Wohnungseigentum begründet werden soll.

(3) Die Begründung von vorläufigem Wohnungseigentum ist nur zulässig, wenn sie sich auf alle Wohnungen und alle sonstigen selbständigen Räumlichkeiten der Liegenschaft sowie auf all jene Abstellplätze für Kraftfahrzeuge bezieht, die nach der Widmung des Alleineigentümers als Wohnungseigentumsobjekte vorgesehen sind.

(4) Das vorläufige Wohnungseigentum des Alleineigentümers wird durch die Einverleibung in das Grundbuch begründet; dabei ist in der Aufschrift des Gutsbestandsblatts die Bezeichnung „Vorläufiges Wohnungseigentum" einzutragen. Die Regelungen des § 6 sind mit der Maßgabe anzuwenden, dass anstelle der schriftlichen Vereinbarung der Miteigentümer das Wohnungseigentumsstatut vorzulegen ist.

Wohnungseigentum an einem Abstellplatz für Kraftfahrzeuge

§ 46. Die dreijährige Frist nach § 5 Abs. 2 beginnt im Fall des vorläufigen Wohnungseigentums erst mit dem Erwerb von Miteigentum durch eine vom bisherigen Alleineigentümer verschiedene und mit diesem nicht durch ein familiäres oder wirtschaftliches Naheverhältnis verbundene Person.

Ermittlung und gerichtliche Festsetzung der Nutzwerte

§ 47. Die Regelungen der §§ 9 und 10 gelten für das vorläufige Wohnungseigentum mit der Maßgabe, dass das in § 10 Abs. 1 jedem Miteigentümer eingeräumte Antragsrecht dem Alleineigentümer und das in dieser Bestimmung den Wohnungseigentumsbewerbern eingeräumte Antragsrecht den Miteigentumsbewerbern (§ 2 Abs. 6) zukommt. Die einjährige Frist nach § 10 Abs. 2 beginnt vor dem Erwerb von Miteigentum durch eine vom bisherigen Alleineigentümer verschiedene und mit diesem nicht durch ein familiäres oder wirtschaftliches Naheverhältnis verbundene Person jedenfalls nicht zu laufen.

Nicht anwendbare Regelungen über das Wohnungseigentum

§ 48. Für das vorläufige Wohnungseigentum des Alleineigentümers gelten insbesondere folgende Regelungen der übrigen Abschnitte dieses Bundesgesetzes nicht:

1. die Bestimmung des § 4 über die Wirkung der Wohnungseigentumsbegründung auf ein bestehendes Mietverhältnis,
2. die Regelungen des 4. Abschnitts über die Eigentümerpartnerschaft,
3. die Regelungen des 6. Abschnitts über die Eigentümergemeinschaft, den Verwalter und das Vorzugspfandrecht,
4. die Regelungen des 7. Abschnitts über die Verwaltung der Liegenschaft,
5. die Bestimmung des § 36 über die Ausschließung von Wohnungseigentümern,
6. die Bestimmung des § 52 über das wohnungseigentumsrechtliche Außerstreitverfahren mit Ausnahme der Regelungen über die Nutzwertfestsetzung.

Rechtsunwirksamkeit von Festlegungen

§ 49. (1) Über die Dauer des vorläufigen Wohnungseigentums hinausreichende Festlegungen des Alleineigentümers der Liegenschaft – auf welche Weise immer sie getroffen werden – über die folgenden Angelegenheiten sind unwirksam, dies insbesondere mit der Rechtsfolge, dass Miteigentumsbewerber und spätere Wohnungseigentümer daran nicht gebunden sind:

1. Benützungsregelung (§ 17),
2. Gemeinschaftsordnung (§ 26),
3. Höhe der Rücklage (§ 31),
4. Versicherung der Liegenschaft (§ 28 Abs. 1 Z 4),
5. Hausordnung (§ 28 Abs. 1 Z 7),
6. Vermietung der allgemeinen Teile der Liegenschaft (§ 28 Abs. 1 Z 8 und 9),
7. Bestellung eines Verwalters und Inhalt des Verwaltungsvertrags (§§ 19, 20, § 28 Abs. 1 Z 5),
8. Aufnahme von Darlehen zur Erhaltung der Liegenschaft (§ 28 Abs. 1 Z 3),
9. abweichende Aufteilungsschlüssel, abweichende Abrechnungseinheiten und abweichende Abstimmungseinheiten (§ 32 Abs. 2),
10. verbrauchsabhängige Abrechnung (§ 32 Abs. 3),
11. benützungsabhängige Einhebung der Energiekosten für Gemeinschaftsanlagen (§ 32 Abs. 4),
12. Verteilung der Erträgnisse (§ 33),
13. Rechnungslegung (§ 34),
14. abweichende Abrechnungsperioden (§ 34 Abs. 2),
15. Vorgangsweise bei Überschüssen und Fehlbeträgen aus der Abrechnung (§ 34 Abs. 4).

(2) Abs. 1 gilt entsprechend für Festlegungen einer Eigentümergemeinschaft, die nur aus dem Wohnungseigentumsorganisator und einer mit diesem durch ein familiäres oder wirtschaftliches Naheverhältnis verbundenen Person besteht.

Rechte von Miteigentumsbewerbern

§ 50. Die im 9. und 11. Abschnitt den Wohnungseigentumsbewerbern eingeräumten Rechte kommen bei vorläufigem Wohnungseigentum des Alleineigentümers den Miteigentumsbewerbern zu.

Übergehen in Wohnungseigentum

§ 51. Sobald eine andere Person als der Alleineigentümer Miteigentum an der Liegenschaft erwirbt, geht das vorläufige Wohnungseigentum – unbeschadet der Unwirksamkeit von Festlegungen gemäß § 49 – in Wohnungseigentum über. Jeder Wohnungseigentümer kann die dem entsprechende Berichtigung des Grundbuchsstandes beantragen.

11. Abschnitt

Verfahrens- und gebührenrechtliche Bestimmungen

Wohnungseigentumsrechtliches Außerstreitverfahren

§ 52. (1) Über die Anträge in den folgenden Angelegenheiten entscheidet das für Zivilrechtssachen zuständige Bezirksgericht, in dessen Sprengel die Liegenschaft gelegen ist, im Verfahren außer Streitsachen:

1. Nutzwertfestsetzung (§ 9 Abs. 2) und Nutzwertneufestsetzung (§ 9 Abs. 3);
2. Duldung von Änderungen und Erhaltungsarbeiten einschließlich der Entschädigung eines dadurch beeinträchtigten Wohnungseigentümers (§ 16 Abs. 2 und 3);
3. Minderheitsrechte des einzelnen Wohnungseigentümers (§ 30 Abs. 1 und 2) einschließlich der sonstigen Angelegenheiten der Wohnungseigentümer der Liegenschaft, über die nach dem 16. Hauptstück des Zweiten Teils des ABGB im Verfahren außer Streitsachen zu entscheiden ist, wie etwa Benützungsregelungen (§ 17);
4. Rechtswirksamkeit eines Beschlusses der Eigentümergemeinschaft (§ 24 Abs. 6);

5. Aufhebung eines Beschlusses der Eigentümergemeinschaft über eine zur außerordentlichen Verwaltung zählende Veränderung an den allgemeinen Teilen der Liegenschaft (§ 29);

6. Durchsetzung der Pflichten des Verwalters mit Ausnahme der Herabsetzung des Entgelts (§§ 20 Abs. 1 bis 7, 31 Abs. 3);

7. Festsetzung einer abweichenden Abrechnungsperiode (§ 34 Abs. 2);

8. Bestellung eines vorläufigen Verwalters (§ 23), Rechtswirksamkeit einer Kündigung oder gerichtliche Auflösung des Verwaltungsvertrags (§ 21);

9. Zulässigkeit eines vereinbarten oder Festsetzung eines abweichenden Aufteilungsschlüssels oder einer abweichenden Abrechnungs- oder Abstimmungseinheit (§ 32 Abs. 2, 5 und 6), verbrauchsabhängige Aufteilung von Aufwendungen (§ 32 Abs. 3), benützungsabhängige Einhebung von Energiekosten bei Gemeinschaftsanlagen (§ 32 Abs. 4);

10. Zustimmung zur Nachfinanzierung (§ 41);

11. Fortsetzung der Bauführung bei Insolvenz (§ 44).

(2) In den in Abs. 1 genannten Verfahren gelten die allgemeinen Bestimmungen des Gesetzes über das Verfahren außer Streitsachen mit den in § 37 Abs. 3 Z 6, 8 bis 21 sowie Abs. 4 MRG genannten und den folgenden Besonderheiten:

1. Die Verfahren werden auf Antrag eingeleitet.

2. Den Wohnungseigentümern und dem Verwalter kommt insoweit Parteistellung zu, als ihre Interessen durch die Entscheidung über den Antrag unmittelbar berührt werden können.

3. In Verfahren nach Abs. 1 Z 1 kommt überdies – unbeschadet weiterer Rechte nach § 37 Abs. 5 – den Wohnungseigentumsbewerbern, die dem Gericht vom Antragsteller bekannt gegeben oder sonst bekannt wurden, Parteistellung zu.

4. Für die Beiziehung von im Antrag nicht namentlich genannten Wohnungseigentümern reicht es aus, wenn sie zu einem Zeitpunkt, in dem dies noch zulässig ist, Gelegenheit zu Sachvorbringen haben.

5. Zustellungen an mehr als sechs Wohnungseigentümer können durch Anschlag im Sinne des § 24 Abs. 5 vorgenommen werden. Der Anschlag darf frühestens nach 30 Tagen abgenommen werden. Die Zustellung des das Verfahren einleitenden Antrags ist mit Ablauf dieser Frist als vollzogen anzusehen, spätere Zustellungen hingegen mit dem Anschlag. Die Gültigkeit der Zustellung wird dadurch, dass der Anschlag noch vor dieser Zeit abgerissen oder beschädigt wurde, nicht berührt. Der das Verfahren einleitende Antrag ist überdies einem vom Gericht zu bestimmenden Wohnungseigentümer zu eigenen Handen zuzustellen.

6. Einem Antrag auf gerichtliche Nutzwertfestsetzung (§ 9 Abs. 2) oder Nutzwertneufestsetzung (§ 9 Abs. 3) sind die Unterlagen beizufügen, aus denen sich die Notwendigkeit der Nutzwertfest- oder -neufestsetzung und – soweit dies urkundlich belegbar ist – die Rechtzeitigkeit des Antrags ergeben.

7. § 37 Abs. 3 Z 18a MRG gilt nur in den in Abs. 1 Z 2, 4, 5, 6 und 8 angeführten Angelegenheiten.

(3) In den durch Kundmachung gemäß § 39 Abs. 2 und § 50 MRG bestimmten Gemeinden kann ein Verfahren auf Nutzwertfestsetzung (§ 9 Abs. 2) oder Nutzwertneufestsetzung (§ 9 Abs. 3) bei Gericht nur eingeleitet werden, wenn die Sache vorher bei der Gemeinde anhängig gemacht wurde; diesbezüglich gelten auch § 39 Abs. 3 bis 5 und § 40 MRG.

Gerichtsgebühren

§ 53. Für die in § 52 Abs. 1 genannten Verfahren ist die in der Tarifpost 12 lit. c Z 6 GGG bestimmte Pauschalgebühr zu entrichten.

12. Abschnitt
Schluss- und Übergangsbestimmungen

In-Kraft-Treten

§ 54. (1) Dieses Bundesgesetz tritt mit 1. Juli 2002 in Kraft.

(2) § 20 Abs. 6 tritt abweichend von Abs. 1 mit 1. Jänner 2003 in Kraft.

Außer-Kraft-Treten

§ 55. Das Wohnungseigentumsgesetz 1975, BGBl. Nr. 417, zuletzt geändert durch das Bundesgesetz BGBl. I Nr. 98/2001, tritt mit Ablauf des 30. Juni 2002 außer Kraft. Die Übergangsregelungen des § 29 Abs. 1 bis 3 des Wohnungseigentumsgesetzes 1975 gelten jedoch für die davon erfassten Rechtsverhältnisse weiter.

Übergangsbestimmungen

§ 56. (1) Wurde vor dem 1. Juli 2002 ein Abstellplatz für ein Kraftfahrzeug gemäß § 1

WEG

Abs. 2 WEG 1975 mit einer Wohnung oder sonstigen selbständigen Räumlichkeit verbunden, so bleibt diese Verbindung weiterhin gültig.

(2) Wurde vor dem 1. Juli 2002 selbständiges Wohnungseigentum entgegen der Bestimmung des § 1 Abs. 2 WEG 1975 an einem Abstellplatz für Kraftfahrzeuge oder entgegen der Bestimmung des § 1 Abs. 3 WEG 1975 an einer Substandardwohnung begründet, gilt dieses selbständige Wohnungseigentum nach dem 30. Juni 2002 als wirksam begründet, sofern die Wohnungseigentumsbegründung nach der nunmehrigen Rechtslage gültig wäre.

(3) § 3 Abs. 1 Z 3 dieses Bundesgesetzes ist auf Verfahren anzuwenden, die nach dem 30. Juni 2002 eingeleitet werden. Für früher eingeleitete Verfahren gilt § 2 Abs. 2 Z 2 WEG 1975 weiter und ist die Möglichkeit der Begründung von Wohnungseigentum noch anhand der bisherigen Rechtslage zu beurteilen.

(4) Wurde vor dem 1. Juli 2002 Wohnungseigentum – jedoch nicht an allen wohnungseigentumstauglichen Objekten der Liegenschaft – begründet, so ist nach dem 30. Juni 2002 die weitere Begründung von Wohnungseigentum nur zulässig, wenn sie sich auf alle restlichen Wohnungen und sonstigen selbständigen Räumlichkeiten der Liegenschaft sowie auf alle restlichen Abstellplätze für Kraftfahrzeuge bezieht, die nach der Widmung der Miteigentümer als Wohnungseigentumsobjekte vorgesehen sind.

(5) § 4 dieses Bundesgesetzes ist in Verfahren anzuwenden, die nach dem 30. Juni 2002 eingeleitet werden. In früher eingeleiteten Verfahren ist weiterhin die bisherige Rechtslage anzuwenden.

(6) Bei Liegenschaften, an denen schon vor dem 1. Juli 2002 Wohnungseigentum ganz oder teilweise begründet wurde, beginnt die dreijährige Frist nach § 5 Abs. 2 erst mit 1. Juli 2002 zu laufen.

(7) Wurde bei einem Haus, für das die Baubewilligung vor dem 1. Jänner 1985 erteilt wurde, in einem vor dem 1. Juli 2002 eingeleiteten Verfahren die Nutzfläche gemäß § 6 Abs. 2 WEG 1975 nach dem Naturmaß berechnet, so bleibt die der Entscheidung zugrunde gelegte Nutzflächenberechnung weiter gültig.

(8) Soweit in anderen Rechtsvorschriften auf das gemeinsame Wohnungseigentum von Ehegatten Bezug genommen wird, ist darunter ab dem 1. Juli 2002 die Eigentümerpartnerschaft im Sinne des 4. Abschnitts dieses Bundesgesetzes zu verstehen.

(9) § 24 Abs. 6 dieses Bundesgesetzes ist auf Beschlüsse der Eigentümergemeinschaft anzuwenden, soweit sie nach dem 30. Juni 2002 bekannt gemacht werden. Soweit Beschlüsse früher bekannt gemacht wurden, gilt § 13b Abs. 4 WEG 1975 weiter.

(10) § 34 Abs. 1 letzter Satz dieses Bundesgesetzes ist auch auf Rechnungslegungsansprüche anzuwenden, die vor dem 1. Juli 2002 fällig geworden sind; in diesen Fällen beginnt die dreijährige Verjährungsfrist aber erst mit 1. Juli 2002 zu laufen.

(11) § 37 Abs. 1 dieses Bundesgesetzes ist auf Zahlungen anzuwenden, die nach dem 30. Juni 2002 geleistet werden. Für früher geleistete Zahlungen gilt § 23 Abs. 1a WEG 1975 weiter.

(12) Besteht die Eigentümergemeinschaft auf Grund einer vor dem 1. Juli 2002 durchgeführten, nicht alle wohnungseigentumstauglichen Objekte der Liegenschaft erfassenden Wohnungseigentumsbegründung zum Teil auch aus schlichten Miteigentümern, so gelten die sich auf die Wohnungseigentümer beziehenden Regelungen des neuen Rechts sinngemäß auch für die schlichten Miteigentümer, soweit die ihnen entsprechenden Bestimmungen des Wohnungseigentumsgesetzes 1975 auch für die schlichten Miteigentümer galten. Solange einer solchen Eigentümergemeinschaft noch schlichte Miteigentümer angehören, gilt jedoch anstelle des § 33 dieses Bundesgesetzes der § 20 WEG 1975. Die in § 2 Abs. 2 Z 1 zweiter Halbsatz WEG 1975 vorgesehene Beschränkung des Rechts eines Wohnungseigentümers auf Verweigerung der Zustimmung zur weiteren Begründung von Wohnungseigentum ist nach dem 30. Juni 2002 sowohl auf Wohnungseigentümer als auch auf schlichte Miteigentümer anzuwenden.

(13) Im Übrigen ist dieses Bundesgesetz auch auf die vor dem 1. Juli 2002 begründeten Wohnungseigentumsrechte und auf die vor diesem Zeitpunkt zwischen Wohnungseigentümern, Wohnungseigentumsbewerbern und Wohnungseigentumsorganisatoren untereinander oder mit Dritten geschlossenen Rechtsgeschäfte anzuwenden.

(14) Soweit in anderen Rechtsvorschriften auf Bestimmungen des Wohnungseigentumsgesetzes 1975 verwiesen wird, treten an deren Stelle die entsprechenden Bestimmungen dieses Bundesgesetzes.

Vollziehung

§ 57. Mit der Vollziehung dieses Bundesgesetzes ist der Bundesminister für Justiz betraut.

15. Mietrechtsgesetz

Gliederung:

STICHWORTVERZEICHNIS zum MRG und zum RichtWG

(Die Zahlenangaben beziehen sich auf die Paragraphen, Fundstellen ohne Gesetzesangabe auf das MRG)

MRG mit HeizKG

Stichwortverzeichnis

Bundesgesetz vom 12. November 1981 über das Mietrecht (Mietrechtsgesetz – MRG)

I. Hauptstück
Miete

Geltungsbereich

§ 1. (1) Dieses Bundesgesetz gilt für die Miete von Wohnungen, einzelnen Wohnungsteilen oder Geschäftsräumlichkeiten aller Art (wie im besonderen von Geschäftsräumen, Magazinen, Werkstätten, Arbeitsräumen, Amts- oder Kanzleiräumen) samt den etwa mitgemieteten (§ 1091 ABGB) Haus- oder Grundflächen (wie im besonderen von Hausgärten, Abstell-, Lade- oder Parkflächen) und für die genossenschaftlichen Nutzungsverträge über derartige Objekte (im folgenden Mietgegenstände genannt); in diesem Bundesgesetz wird unter Mietvertrag auch der genossenschaftliche Nutzungsvertrag, unter Mietzins auch das auf Grund eines genossenschaftlichen Nutzungsvertrages zu bezahlende Nutzungsentgelt verstanden.

(2) In den Anwendungsbereich dieses Bundesgesetzes fallen nicht

1. Mietgegenstände, die im Rahmen des Betriebes eines Beherbergungs-, Garagierungs-, Verkehrs-, Flughafenbetriebs-, Speditions- oder Lagerhausunternehmens oder eines hiefür besonders eingerichteten Heimes für ledige oder betagte Menschen, Lehrlinge, jugendliche Arbeitnehmer, Schüler oder Studenten vermietet werden, *(BGBl 1993/800, ab 1. 3. 1994)*

1a. Wohnungen oder Wohnräume, die von einer karitativen oder humanitären Organisation im Rahmen sozialpädagogisch betreuten Wohnens vermietet werden, *(BGBl I 2001/161, ab 1. 1. 2002, s § 49d Abs 2)*

2. Wohnungen, die auf Grund eines Dienstverhältnisses oder im Zusammenhang mit einem solchen als Dienst-, Natural- oder Werkswohnung überlassen werden,

3. Mietverträge, die durch Ablauf der Zeit ohne Kündigung erlöschen, sofern die ursprüngliche oder verlängerte vertragsmäßige Dauer ein halbes Jahr nicht übersteigt und der Mietgegenstand

a) eine Geschäftsräumlichkeit oder

b) eine Wohnung der Ausstattungskategorie A oder B (§ 15a Abs. 1 Z 1 und 2) ist und der Mieter diese nur zum schriftlich vereinbarten Zweck der Nutzung als Zweitwohnung wegen eines durch Erwerbstätigkeit verursachten vorübergehenden Ortswechsels mietet,

(BGBl 1993/800, ab 1. 3. 1994)

4. Wohnungen oder Wohnräume, die vom Mieter bloß als Zweitwohnung zu Zwecken der Erholung oder der Freizeitgestaltung gemietet werden; „eine Zweitwohnung im Sinne der Z 3 und 4 liegt vor, wenn daneben ein gewöhnlicher Aufenthalt im Sinne des § 66 JN besteht, *(BGBl 1993/800, ab 1. 3. 1994)*

5. Mietgegenstände in einem Gebäude mit nicht mehr als zwei selbständigen Wohnungen oder Geschäftsräumlichkeiten, wobei Räume, die nachträglich durch einen Ausbau des Dachbodens neu geschaffen wurden oder werden, nicht zählen. *(BGBl I 2001/161, ab 1. 1. 2002, s § 49d Abs 2)*

(3) Für Mietgegenstände in Gebäuden, die von einer gemeinnützigen Bauvereinigung im eigenen Namen errichtet worden sind, gelten die Bestimmungen dieses Bundesgesetzes nach Maßgabe des § 20 des Wohnungsgemeinnützigkeitsgesetzes. *(BGBl 1991/68, ab 1. 3. 1991)*

(4) Die §§ 14, 29 bis 36, 45, 46 und 49, nicht jedoch die übrigen Bestimmungen des I. und II. Hauptstückes, gelten für

1. Mietgegenstände, die in Gebäuden gelegen sind, die ohne Zuhilfenahme öffentlicher Mittel auf Grund einer nach dem 30. Juni 1953 erteilten Baubewilligung neu errichtet worden sind,

2. Mietgegenstände, die durch den Ausbau eines Dachbodens auf Grund einer nach dem 31. Dezember 2001 erteilten Baubewilligung neu errichtet worden sind, sowie unausgebaute Dachbodenräumlichkeiten, die mit der Abrede vermietet werden, dass darin – wenn auch zum Teil oder zur Gänze durch den Hauptmieter – eine Wohnung oder Geschäftsräumlichkeit errichtet werde, *(BGBl I 2001/161, ab 1. 1. 2002, s § 49d Abs 2)*

3. Mietgegenstände, die im Wohnungseigentum stehen, sofern der Mietgegenstand in einem Gebäude gelegen ist, das auf Grund einer nach dem 8. Mai 1945 erteilten Baubewilligung neu errichtet worden ist.

(5) Die §§ 14 und 29 bis 36, nicht jedoch die übrigen Bestimmungen des I. und II. Hauptstückes, gelten für Mietgegenstände in einem Wirtschaftspark, das ist eine wirtschaftliche Einheit von ausschließlich zu Geschäftszwecken genutzten Gebäuden und Liegenschaften in (auf) denen jedoch nicht überwiegend Handelsgewerbe im Sinne der Gewerbeordnung 1973[1]) betrieben werden. *(BGBl 1993/800, ab 1. 3. 1994)*

[1]) Jetzt: Gewerbeordnung 1994

Haupt- und Untermiete

§ 2. (1) „Hauptmiete liegt vor, wenn der Mietvertrag mit dem Eigentümer oder dem dinglich oder obligatorisch berechtigten Fruchtnießer der Liegenschaft oder mit dem Mieter oder Pächter eines ganzen Hauses geschlossen wird. Steht der Mietgegenstand im Wohnungseigentum, so wird Hauptmiete durch den Mietvertrag mit dem Wohnungseigentümer begründet. Wenn am Mietgegenstand Wohnungseigentum erst begründet werden soll, kommt durch den mit dem Wohnungseigentumsbewerber geschlossenen Mietvertrag Hauptmiete mit dem Eigentümer oder den Eigentümern der Liegenschaft zustande, doch geht mit der Begründung von Wohnungseigentum am Mietgegenstand die Rechtsstellung des Vermieters auf den Wohnungseigentümer über.“ An den wirksam geschlossenen Hauptmietvertrag sind ab der Übergabe des Mietgegenstandes an den Hauptmieter die Rechtsnachfolger des Vermieters auch dann gebunden, wenn der Vertrag nicht in die öffentlichen Bücher eingetragen ist. Enthält ein Hauptmietvertrag Nebenabreden ungewöhnlichen Inhalts, so ist der Rechtsnachfolger des Vermieters an diese Nebenabreden nur gebunden, wenn er sie kannte oder kennen mußte. Soweit das Mietverhältnis zwischen dem Mieter oder Pächter eines ganzen Hauses und dessen Vermieter aufgelöst wird, tritt der Vermieter in den Hauptmietvertrag zwischen dem Mieter oder Pächter des ganzen Hauses und dessen Mieter ein. *(BGBl I 2002/71, ab 1. 7. 2002)*

(2) Untermiete liegt vor, wenn der Mietvertrag mit einer Person geschlossen wird, die in Abs. 1 nicht genannt ist. Wird das Benützungsrecht des Untervermieters aufgelöst, so hat der Untervermieter den Untermieter hievon unverzüglich in Kenntnis zu setzen.

(3) Besteht bei Überlegung aller Umstände kein vernünftiger Grund daran zu zweifeln, daß ein Hauptmietvertrag nur zur Untervermietung durch den Hauptmieter und zur Umgehung der einem Hauptmieter nach diesem Bundesgesetz zustehenden Rechte geschlossen wurde, so kann der Mieter, mit dem der Untermietvertrag geschlossen wurde, begehren, als Hauptmieter des Mietgegenstands mit den sich aus diesem Bundesgesetz ergebenden Rechten und Pflichten anerkannt zu werden. Liegen konkrete Anhaltspunkte für eine solche Umgehungshandlung vor – dies ist insbesondere dann der Fall, wenn der Hauptmieter mehr als eine Wohnung im selben Gebäude zur Gänze untervermietet oder bei Vorliegen eines „ “ befristeten Hauptmietvertrags die Wohnung zur Gänze untervermietet –, so obliegt es dem Antragsgegner, das Fehlen der Umgehungsabsicht zu beweisen. *(BGBl I 2001/161, ab 1. 1. 2002, s § 49d Abs 4)*

(BGBl 1993/800, ab 1. 3. 1994)

Erhaltung

§ 3. (1) Der Vermieter hat nach Maßgabe der rechtlichen, wirtschaftlichen und technischen Gegebenheiten und Möglichkeiten dafür zu sorgen, daß das Haus, die Mietgegenstände und die der gemeinsamen Benützung der Bewohner des Hauses dienenden Anlagen im jeweils ortsüblichen Standard erhalten werden. Im übrigen bleibt § 1096 des allgemeinen bürgerlichen Gesetzbuchs unberührt.

(2) Die Erhaltung im Sinn des Abs. 1 umfaßt:

1. die Arbeiten, die zur Erhaltung der allgemeinen Teile des Hauses „ “ erforderlich sind; *(BGBl I 2000/36, ab 1. 7. 2000, s § 49c Abs 2)*

2. die Arbeiten, die zur Erhaltung der Mietgegenstände des Hauses erforderlich sind; diese Arbeiten jedoch nur dann, wenn es sich um die Behebung von ernsten Schäden des Hauses handelt oder wenn sie erforderlich sind, um einen zu vermietenden Mietgegenstand in brauchbarem Zustand zu übergeben;

3. die Arbeiten, die zur Aufrechterhaltung des Betriebes von bestehenden, der gemeinsamen Benützung der Bewohner dienenden Anlagen, wie im besonderen von zentralen Wärmeversorgungsanlagen, Personenaufzügen oder zentralen Waschküchen erforderlich sind, es sei denn, daß alle Mieter des Hauses für die gesamte Dauer ihres Mietvertrages auf die Benützung der Anlage verzichten; ist die Erhaltung einer bestehenden Anlage unter Bedachtnahme auf die Kosten der Errichtung und des Betriebes einer vergleichbaren neuen Anlage wirtschaftlich nicht vertretbar, so ist anstelle der Erhaltung der bestehenden Anlage eine vergleichbare neue Anlage zu errichten;

4. die Neueinführungen oder Umgestaltungen, die kraft öffentlich-rechtlicher Verpflichtungen vorzunehmen sind, wie etwa der Anschluß an eine Wasserleitung oder an eine Kanalisierung, die Installation von geeigneten Schutzvorrichtungen für die Energieversorgung oder von Geräten zur Feststellung des individuellen Energieverbrauchs;

5. die Installation von technisch geeigneten Gemeinschaftseinrichtungen zur Senkung

des Energieverbrauchs oder die der Senkung des Energieverbrauchs sonst dienenden Ausgestaltungen des Hauses, von einzelnen Teilen des Hauses oder von einzelnen Mietgegenständen, wenn und insoweit die hiefür erforderlichen Kosten in einem wirtschaftlich vernünftigen Verhältnis zum allgemeinen Erhaltungszustand des Hauses und den zu erwartenden Einsparungen stehen;

6. bei Vorliegen einer nach § 17 Abs. 1a zulässigen Vereinbarung die Installation und die Miete von technisch geeigneten Meßvorrichtungen zur Verbrauchsermittlung im Sinn dieser Bestimmung. *(BGBl I 1999/147, ab 1. 1. 2000, anzuwenden auch auf Verträge, die davor geschlossen worden sind)*

(3) Die Kosten von Erhaltungsarbeiten sind aus den in den vorausgegangenen zehn Kalenderjahren erzielten Mietzinsreserven einschließlich der Zuschüsse, die aus Anlaß der Durchführung einer Erhaltungsarbeit gewährt werden, zu decken. Reichen diese Beträge zur Deckung der Kosten aller unmittelbar heranstehenden Erhaltungsarbeiten nicht aus, so gilt folgendes:

1. Zur Bedeckung der Kosten einer Erhaltungsarbeit sind auch die während des Zeitraums, in dem sich solche oder ähnliche Arbeiten unter Zugrundelegung regelmäßiger Bestandsdauer erfahrungsgemäß wiederholen, zu erwartenden oder anrechenbaren Hauptmietzinse, somit einschließlich der zur Deckung eines erhöhten Aufwandes zulässigen Einhebung eines erhöhten Hauptmietzinses, für alle vermieteten, vermietbaren oder vom Vermieter benützten Wohnungen und Geschäftsräumlichkeiten des Hauses heranzuziehen; insoweit hiedurch Deckung geboten ist, hat der Vermieter zur Finanzierung der nach Abzug der erzielten Mietzinsreserven ungedeckten Kosten der Erhaltungsarbeit eigenes oder fremdes Kapital aufzuwenden; die mit der Aufnahme fremden Kapitals verbundenen notwendigen Geldbeschaffungskosten und angemessenen Sollzinsen sowie die durch den Einsatz eigenen Kapitals entgangenen angemessenen Habenzinsen (Kapitalmarktzinsen) sind in diesen Fällen Kosten der Erhaltungsarbeiten.

2. Können die Kosten aller Erhaltungsarbeiten auch auf diese Weise nicht gedeckt werden, so sind die Erhaltungsarbeiten nach Maßgabe ihrer bautechnischen Dringlichkeit zu reihen und durchzuführen; jedenfalls sind aber die Arbeiten,

a) die kraft eines öffentlich-rechtlichen Auftrages vorzunehmen sind,

b) die der Behebung von Baugebrechen, die die Sicherheit von Personen oder Sachen gefährden, dienen oder

c) die zur Aufrechterhaltung des Betriebes von bestehenden Wasserleitungs-, Lichtleitungs-, Gasleitungs-, Beheizungs- (einschließlich der zentralen Wärmeversorgungsanlagen), Kanalisations- und sanitären Anlagen erforderlich sind,

vorweg durchzuführen.

Nützliche Verbesserung durch bautechnische Maßnahmen

§ 4. (1) Der Vermieter hat nützliche Verbesserungen des Hauses oder einzelner Mietgegenstände nach Maßgabe der rechtlichen, wirtschaftlichen und technischen Gegebenheiten und Möglichkeiten durchzuführen, soweit dies im Hinblick auf den allgemeinen Erhaltungszustand des Hauses zweckmäßig ist; „hiebei ist nützlichen Verbesserungen des Hauses gegenüber nützlichen Verbesserungen einzelner Mietgegenstände der Vorrang einzuräumen.“ *(BGBl 1985/559)*

(2) Unter den Voraussetzungen des Abs. 1 sind nützliche Verbesserungen:

1. die den Erfordernissen der Haushaltsführung der Bewohner dienende Neuerrichtung oder Umgestaltung von Wasserleitungs-, Lichtleitungs-, Gasleitungs-, Beheizungs- (einschließlich von zentralen Wärmeversorgungsanlagen), Kanalisations- und sanitären Anlagen in normaler Ausstattung,

2. die Errichtung oder Ausgestaltung von der gemeinsamen Benützung der Bewohner dienenden, einer zeitgemäßen Wohnkultur entsprechenden sonstigen Anlagen in normaler Ausstattung, wie etwa von Personenaufzügen, zentralen Waschküchen oder Schutzräumen vom Typ Grundschutz,

3. Maßnahmen, die eine dem jeweiligen Stand der Technik entsprechende Erhöhung der Schalldämmung bewirken, wie die Verbesserung der Schalldämmung von Fenstern, Außentüren, Außenwänden, Dächern, Kellerdecken und obersten Geschoßdecken,

3a. die Errichtung einer Anlage, die den Anschluß des Hauses (samt den einzelnen Mietgegenständen) an eine Einrichtung zur Fernwärmeversorgung bewirkt; *(BGBl 1985/559)*

4. die Installation einer Wasserentnahmestelle oder eines Klosettes im Inneren eines Mietgegenstandes,

5. die bautechnische Umgestaltung eines Mietgegenstandes, im besonderen einer Mietwohnung der Ausstattungskategorie D oder C in eine Mietwohnung der Ausstattungskategorie C, B oder A.

(3) Nützliche Verbesserungen sind vom Vermieter durchzuführen

1. wenn und soweit die Kosten aus den in den vorausgegangenen zehn Kalenderjahren erzielten Mietzinsreserven einschließlich der Zuschüsse, die zur Finanzierung der nützlichen Verbesserung gewährt werden, gedeckt werden können und Erhaltungsarbeiten nicht erforderlich sind oder sichergestellt ist, daß hiemit auch die erforderlichen Erhaltungsarbeiten in einem Zug durchgeführt werden, oder

2. wenn und soweit sich der Vermieter und die Mehrheit der Mieter – berechnet nach der Anzahl der im Zeitpunkt der Vereinbarung vermieteten Mietgegenstände – des Hauses über ihre Durchführung und die Finanzierung des durch die in den vorausgegangenen zehn Kalenderjahren erzielten Mietzinsreserven nicht gedeckten Teiles der Kosten schriftlich einigen sowie überdies sichergestellt ist, daß die übrigen Mieter des Hauses durch die Verbesserungsarbeiten finanziell nicht belastet und auch sonst nicht übermäßig beeinträchtigt werden.

(4) Nützliche Verbesserungen im Inneren eines Mietgegenstandes bedürfen der Zustimmung des Hauptmieters, es gilt jedoch § 30 Abs. 2 Z 16, sofern der Hauptmieter einer mangelhaft ausgestatteten Wohnung im Sinn des § 3 Z 10 des Stadterneuerungsgesetzes, die zur Anhebung des Standards nach Abs. 2 Z 4 geeignet ist, das vom Vermieter gestellte Anbot, die zur Abwendung eines Enteignungsantrags nach § 14 des Stadterneuerungsgesetzes erforderlichen bautechnischen Maßnahmen gegen Entrichtung des für die so verbesserte Wohnung nach „§ 15a Abs. 3 Z 3" berechneten Hauptmietzinses durchzuführen, ablehnt und auch nicht bereit ist, diese bautechnischen Maßnahmen selbst durchzuführen. *(BGBl 1993/800, ab 1. 3. 1994)*

(5) Auf Antrag auch nur eines Mieters hat der Vermieter im Miethaus einen dem Stand der Technik entsprechenden Behindertenaufzug zu errichten, wenn und soweit eine solche Maßnahme bei billiger Abwägung aller Interessen dem Vermieter auch zumutbar ist; die Kosten der Herstellung und Erhaltung dieser Anlage hat der Mieter, der den Antrag gestellt hat, dem Vermieter zu ersetzen. *(BGBl 1985/559)*

Nützliche Verbesserung durch Vereinigung von Wohnungen; Anbotspflicht

§ 5. (1) Als nützliche Verbesserung gilt auch die Vereinigung und bautechnische Umgestaltung zweier oder mehrerer Wohnungen, im besonderen von Mietwohnungen der Ausstattungskategorie D oder C in eine oder mehrere Mietwohnungen der Ausstattungskategorie C, B oder A.

(2) Wird eine Wohnung der Ausstattungskategorie D durch Beendigung des Mietverhältnisses frei und ist es baurechtlich zulässig und bautechnisch möglich und zweckmäßig, diese Wohnung mit einer Nachbarwohnung der Ausstattungskategorie D zu einer Wohnung der Ausstattungskategorie C mit einer Nutzfläche bis zu 90 m² zu vereinigen und umzugestalten, so hat der Vermieter die frei gewordene Wohnung vor der Vermietung an einen Dritten dem Hauptmieter einer zur Anhebung des Standards geeigneten Nachbarwohnung der Ausstattungskategorie D zur Zumietung und Umgestaltung in eine Wohnung der Ausstattungskategorie C gegen Entrichtung des für die so vergrößerte Wohnung nach „§ 15a Abs. 3 Z 3" berechenbaren Hauptmietzinses anzubieten, es sei denn, daß der Vermieter die durch Beendigung des Mietverhältnisses frei gewordene Wohnung der Ausstattungskategorie D durch sonstige bautechnische Maßnahmen (§ 4 Abs. 2 Z 4 oder 5) in eine Wohnung der Ausstattungskategorie C verbessert. Zur Abgabe des Anbots genügt die Absendung eines eingeschriebenen Briefes. Der Hauptmieter der Nachbarwohnung muß das vom Vermieter gestellte Anbot binnen 30 Tagen annehmen, widrigenfalls sein Recht auf Zumietung erloschen ist. *(BGBl 1993/800, ab 1. 3. 1994)*

(3) Hat der Vermieter eine durch Beendigung des Mietverhältnisses frei gewordene Wohnung der Ausstattungskategorie D allen hiefür in Betracht kommenden Hauptmietern der Nachbarwohnungen der Ausstattungskategorie D im Sinn des Abs. 2 erfolglos zur Zumietung und Umgestaltung angeboten, so kann der Vermieter die frei gewordene Wohnung der Ausstattungskategorie D an einen Dritten vermieten; mit diesem Hauptmieter darf vereinbart werden, daß sich der Hauptmieter im Fall des Freiwerdens einer zur Anhebung des Standards geeigneten Nachbarwohnung der Ausstattungskategorie D zur Zumietung und Umgestaltung in eine Wohnung der Ausstattungskategorie C gegen Entrichtung des für die so vergrößerte Wohnung nach „§ 15a Abs. 3 Z 3" berechenbaren Hauptmietzinses verpflichtet und daß für den Fall, in dem er dieser Pflicht nicht nachkommen sollte, das Freiwerden einer solchen Nachbarwohnung der Ausstattungskategorie D einen Kündigungsgrund darstellt, der im Sinn des § 30 Abs. 2 Z 13 als wichtig und bedeutsam anzusehen ist. *(BGBl 1993/800, ab 1. 3. 1994)*

Auftrag zur Durchführung von Erhaltungs- oder Verbesserungsarbeiten

§ 6. (1) Unterläßt der Vermieter durchzuführende Erhaltungs- oder Verbesserungsarbeiten, so hat ihm das Gericht (die Gemeinde, § 39) auf Antrag die Vornahme der Arbeiten binnen angemessener, ein Jahr nicht übersteigender Frist aufzutragen. Sind darunter Arbeiten, die nach § 3 Abs. 3 Z 2 lit. a bis c vorweg durchzuführen sind, so ist die Durchführung dieser Arbeiten vorweg aufzutragen, hinsichtlich solcher Arbeiten gilt Abs. 4 nicht. Zur Antragstellung sind berechtigt

1. die Gemeinde, in der das Haus gelegen ist, im eigenen Wirkungsbereich und jeder Hauptmieter des Hauses hinsichtlich der im § 3 Abs. 2 Z 1 bis 4 „und 6" genannten Erhaltungsarbeiten, *(BGBl I 1999/147, ab 1. 1. 2000, s Anm zu § 3 Abs 2 Z 6)*

2. die Mehrheit der Hauptmieter – berechnet nach der Anzahl der Mietgegenstände – des Hauses hinsichtlich der im § 3 Abs. 2 Z 5 genannten Erhaltungsarbeiten und der nützlichen Verbesserungen nach Maßgabe des § 4 Abs. 1 und 2.

(2) Der in Rechtskraft erwachsene Auftrag zur Durchführung von Erhaltungs- oder Verbesserungsarbeiten nach Abs. 1 ist ein Exekutionstitel, der nach dem fruchtlosen Ablauf der zur Vornahme der Arbeiten bestimmten Frist jeden Mieter des Hauses und die Gemeinde im eigenen Wirkungsbereich als betreibende Partei zum Antrag berechtigt, zum Zweck der Durchführung der aufgetragenen Arbeiten, der Aufnahme und Tilgung des erforderlichen Kapitals und der ordnungsgemäßen Erhaltung und Verwaltung des Hauses bis zur Tilgung des Kapitals für das Haus einen Verwalter zu bestellen. Zum Verwalter können, wenn sie sich dazu bereit erklären, bestellt werden: die Gemeinde, ein von der Gemeinde vorgeschlagener oder ein hiezu sonst geeigneter Dritter. Der bestellte Verwalter ist im besonderen befugt, zur Finanzierung der aufgetragenen Arbeiten namens des Vermieters ein auf inländische Währung lautendes Hypothekardarlehen gegen angemessene Verzinsung und Abtretung der Hauptmietzinse aufzunehmen, die Übernahme einer Bürgschaft durch eine Gebietskörperschaft zu Bedingungen „ " anzustreben, die erforderlichen Urkunden zu fertigen und die grundbücherliche Sicherstellung auf der Liegenschaft, an der die Arbeit vorgenommen werden soll, durchzuführen. Auf Antrag ist ihm auch die Befugnis zur Verwaltung der in den vorausgegangenen zehn Kalenderjahren erzielten Mietzinsreserven zu erteilen und demjenigen, der über diese Mietzinsreserven verfügt, aufzutragen, diese Mietzinsreserven binnen 14 Tagen bei Exekution an den bestellten Verwalter herauszugeben. Im übrigen sind hierauf die §§ 98, 99, 103, 108 – 121, 130 und 132 der Exekutionsordnung sinngemäß anzuwenden. Über den Exekutionsantrag entscheidet das im § 37 Abs. 1 bestimmte Bezirksgericht im Verfahren außer Streitsachen, es sei denn, daß für das Haus bereits eine Zwangsverwaltung nach §§ 97ff. der Exekutionsordnung anhängig ist. Ist für das Haus bereits ein Zwangsverwalter nach §§ 97ff. der Exekutionsordnung bestellt, so hat das Exekutionsgericht dem bestellten Zwangsverwalter aufzutragen, die aufgetragenen Arbeiten vordringlich durchzuführen, und ihm die vorstehend genannten Ermächtigungen zu erteilen. *(BGBl 1991/68, ab 1. 3. 1991)*

(3) Die Zwangsverwaltung nach Abs. 2 ist nach Einvernehmung der Parteien einzustellen, wenn

1. die aufgetragenen Arbeiten durchgeführt und das hiezu aufgenommene Kapital getilgt ist,

2. sich erweist, daß die aufgetragenen Arbeiten wegen mangelnder Finanzierbarkeit oder aus sonst unüberwindbaren Hindernissen nicht durchgeführt werden können,

3. der verpflichtete Vermieter vor der Aufnahme des zur Finanzierung der aufgetragenen Arbeiten erforderlichen Kapitals und der Inangriffnahme der Arbeiten durch den Zwangsverwalter erweist, daß er die aufgetragenen Arbeiten selbst durchführen und finanzieren wird, oder

4. nach der Durchführung der aufgetragenen Arbeiten und Aufnahme des erforderlichen Kapitals durch den Zwangsverwalter der Kreditgeber und, falls eine Gebietskörperschaft die Bürgschaft übernommen hat, diese zustimmen.

(4) Ist zur Finanzierung der Kosten einer nach Abs. 1 beantragten Erhaltungsarbeit, die nicht vorweg aufzutragen ist, die Einhebung eines erhöhten Hauptmietzinses (§§ 18, 19) erforderlich, so ist der Antrag abzuweisen, wenn die Mehrheit der Hauptmieter – berechnet nach der Anzahl der im Zeitpunkt des Widerspruchs vermieteten Mietgegenstände – des Hauses und der Vermieter der Vornahme der beantragten Arbeit widersprechen. Wird ein solcher Widerspruch nicht erhoben, so hat in diesem Fall sowie auch dann, wenn der Vermieter neben der beantragten Erhaltungsarbeit, die nicht vorweg aufzutragen ist, noch andere unmittelbar heranstehende Erhaltungsarbeiten durchführen will, zu deren Finanzierung die

Einhebung eines erhöhten Hauptmietzinses (§§ 18, 19) erforderlich ist, das Gericht (die Gemeinde, § 39) auf Antrag des Vermieters, des von ihm oder des nach Abs. 2 bestellten Verwalters mit der Entscheidung nach Abs. 1 auch die Entscheidung über die Bewilligung zur Einhebung eines erhöhten Hauptmietzinses (§§ 18, 19) zu verbinden.

Wiederherstellungspflicht

§ **7.** (1) Wird ein Mietgegenstand durch Zufall zur Gänze oder zum Teil unbrauchbar, so ist der Vermieter zur baurechtlich zulässigen und bautechnisch möglichen Wiederherstellung des Mietgegenstandes in dem Maß verpflichtet, als die Leistungen aus einer bestehenden Versicherung ausreichen. Im übrigen gilt der § 1104 des allgemeinen bürgerlichen Gesetzbuchs.

(2) Zur Durchsetzung des Anspruchs auf Wiederherstellung gilt der § 6. Zur Antragstellung sind die Gemeinde im eigenen Wirkungsbereich und jeder Mieter berechtigt, dessen Mietgegenstand unbrauchbar geworden ist.

Umfang des Benützungsrechts

§ **8.** (1) Der Hauptmieter ist berechtigt, den Mietgegenstand dem Vertrag gemäß zu gebrauchen und zu benützen. Er hat den Mietgegenstand und die für den Mietgegenstand bestimmten Einrichtungen, wie im besonderen die Lichtleitungs-, Gasleitungs-, Wasserleitungs-, Beheizungs- (einschließlich von zentralen Wärmeversorgungsanlagen) und sanitären Anlagen so zu warten und, soweit es sich nicht um die Behebung von ernsten Schäden des Hauses handelt, so instand zu halten, daß dem Vermieter und den anderen Mietern des Hauses kein Nachteil erwächst. Wird die Behebung von ernsten Schäden des Hauses nötig, so ist der Hauptmieter bei sonstigem Schadenersatz verpflichtet, dem Vermieter ohne Verzug Anzeige zu machen.

(2) Der Hauptmieter hat das Betreten des Mietgegenstandes durch den Vermieter oder die von diesem beauftragten Personen aus wichtigen Gründen zu gestatten, wobei die berechtigten Interessen des Mieters nach Maßgabe der Wichtigkeit des Grundes angemessen zu berücksichtigen sind; er hat die vorübergehende Benützung und die Veränderung seines Mietgegenstandes bei Vorliegen der folgenden Voraussetzungen zuzulassen:

1. wenn und soweit ein solcher Eingriff in das Mietrecht zur Durchführung von Erhaltungs- oder Verbesserungsarbeiten an allgemeinen Teilen des Miethauses oder zur Behebung ernster Schäden des Hauses in seinem oder in einem anderen Mietgegenstand notwendig oder zweckmäßig ist;

2. wenn und soweit ein solcher Eingriff in das Mietrecht zur Durchführung von Veränderungen (Verbesserungen) in einem anderen Mietgegenstand notwendig, zweckmäßig und bei billiger Abwägung aller Interessen auch zumutbar ist; die Zumutbarkeit ist im besonderen anzunehmen, wenn die Veränderung keine wesentliche oder dauernde Beeinträchtigung des Mietrechts zur Folge hat. *(BGBl 1993/800, ab 1. 3. 1994)*

(3) Alle Erhaltungs-, Verbesserungs-, Änderungs- und Errichtungsarbeiten, die ein Mieter hienach zuzulassen hat, sind so durchzuführen, daß eine möglichste Schonung des Mietrechts des betroffenen Mieters gewährleistet ist; für wesentliche Beeinträchtigungen hat der Vermieter, sofern aber die Arbeiten ein Mieter durchführt, dieser Mieter den Mieter, der hiedurch in seinen Rechten beeinträchtigt wird, angemessen zu entschädigen, wobei im Fall eines zumindest grob fahrlässigen Verstoßes gegen die Pflicht zur möglichsten Schonung des Mietrechts auch auf erlittenes Ungemach Bedacht zu nehmen ist. *(BGBl 1993/800, ab 1. 3. 1994)*

Veränderung (Verbesserung) des Mietgegenstandes

§ **9.** (1) Der Hauptmieter hat eine von ihm beabsichtigte wesentliche Veränderung (Verbesserung) des Mietgegenstandes dem Vermieter anzuzeigen. Lehnt der Vermieter nicht innerhalb von zwei Monaten nach Zugang der Anzeige die beabsichtigte Veränderung ab, so gilt seine Zustimmung als erteilt. Der Vermieter kann seine Zustimmung und eine erforderliche Antragstellung bei der Baubehörde nicht verweigern, wenn[1])

1. die Veränderung dem jeweiligen Stand der Technik entspricht,

2. die Veränderung der Übung des Verkehrs entspricht und einem wichtigen Interesse des Hauptmieters dient,

3. die einwandfreie Ausführung der Veränderung gewährleistet ist,

4. der Hauptmieter die Kosten trägt,

5. durch die Veränderung keine Beeinträchtigung schutzwürdiger Interessen des Vermieters oder eines anderen Mieters zu besorgen ist,

6. durch die Veränderung keine Schädigung des Hauses, im besonderen keine Be-

[1]) Im BGBl steht der Beistrich irrtümlich nach „wenn"

einträchtigung der äußeren Erscheinung des Hauses, erfolgt,

7. die Veränderung keine Gefahr für die Sicherheit von Personen und Sachen bewirkt.

(2) Die Voraussetzung des Abs. 1 Z 2 ist jedenfalls gegeben, wenn es sich handelt um

1. die Errichtung oder die den Erfordernissen der Haushaltsführung dienende Umgestaltung von Wasserleitungs-, Lichtleitungs-, Gasleitungs-, Beheizungs- (einschließlich der Einrichtung von zentralen Wärmeversorgungsanlagen) oder sanitären Anlagen,

2. die der Senkung des Energieverbrauchs dienende Ausgestaltung eines Mietgegenstandes,

3. die Verbesserungen, die von einer Gebietskörperschaft aus öffentlichen Mitteln gefördert werden,

4. die Einleitung eines Fernsprechanschlusses oder

5. die Anbringung der nach dem Stand der Technik notwendigen Antennen und sonstigen Einrichtungen für den Hörfunk- und Fernsehempfang „sowie für Multimediadienste", sofern der Anschluß an eine bestehende Einrichtung nicht möglich oder nicht zumutbar ist. *(BGBl I 2001/161, ab 1. 1. 2002, s § 49d Abs 4)*

(3) Handelt es sich um eine wesentliche Veränderung (Verbesserung), die nicht im Abs. 2 angeführt ist, so kann der Vermieter seine Zustimmung von der Verpflichtung des Hauptmieters zur Wiederherstellung des früheren Zustandes bei der Zurückstellung des Mietgegenstandes abhängig machen.

Ersatz von Aufwendungen auf eine Wohnung

§ **10.** (1) Der Hauptmieter einer Wohnung, der in den letzten zwanzig Jahren vor der Beendigung des Mietverhältnisses in der gemieteten Wohnung Aufwendungen zur wesentlichen Verbesserung (§ 9) gemacht hat, die über seine Mietdauer hinaus wirksam und von Nutzen sind, oder der solche Aufwendungen dem Vormieter oder dem Vermieter abgegolten hat (Abs. 6 erster und zweiter Satz), hat bei der Beendigung des Mietverhältnisses Anspruch auf Ersatz dieser Aufwendungen vermindert um eine jährliche Abschreibung. Das Ausmaß dieser Abschreibung beträgt für jedes vollendete Jahr

1. bei den in Abs. 3 Z 1 und 3 genannten Aufwendungen ein Zehntel,

2. bei den von einer Gebietskörperschaft aus öffentlichen Mitteln geförderten Aufwendungen jenen Bruchteil, der sich aus der Laufzeit der Förderung errechnet,

3. sonst ein Zwanzigstel.

(BGBl I 1997/22, ab 21. 2. 1997, s § 49b Abs 2)

(2) Der Abs. 1 gilt nicht, wenn der Vermieter berechtigterweise seine Zustimmung verweigert oder an die Verpflichtung zur Wiederherstellung des früheren Zustandes gebunden hat oder wenn er deswegen, weil ihm der Hauptmieter die beabsichtigte wesentliche Veränderung nicht angezeigt hat, verhindert war, das eine oder das andere zu tun.

(3) Die im Abs. 1 genannten Aufwendungen sind:

1. die Errichtung oder die den Erfordernissen der Haushaltsführung dienende Umgestaltung von Wasserleitungs-, Lichtleitungs-, Gasleitungs-, Beheizungs- (einschließlich der Errichtung von zentralen Wärmeversorgungsanlagen) oder sanitären Anlagen in normaler und dem jeweiligen Stand der Technik entsprechender Ausstattung,

2. die Vereinigung und die Umgestaltung der Wohnung mit der zur Zumietung angebotenen Nachbarwohnung (§ 5 Abs. 2) in normaler Ausstattung,

3. die gänzliche Erneuerung eines schadhaft gewordenen Fußbodens in einer dem sonstigen Ausstattungszustand der Wohnung entsprechenden Ausführung und

4. andere gleich wesentliche Verbesserungen, insbesondere solche, die von einer Gebietskörperschaft aus öffentlichen Mitteln gefördert worden sind. *(BGBl 1991/68, ab 1. 3. 1991)*

(4) „Der Anspruch auf Ersatz ist bei sonstigem Verlust des Anspruches dem Vermieter vom Hauptmieter unter Vorlage von Rechnungen schriftlich anzuzeigen;"

1. bei einvernehmlicher Auflösung des Mietverhältnisses spätestens zum Zeitpunkt dieser Auflösung,

2. bei Aufkündigung des Mietverhältnisses durch den Hauptmieter spätestens mit der Aufkündigung,

3. in allen übrigen Fällen binnen einer Frist von zwei Monaten ab Eintritt der Rechtskraft des Räumungstitels, bei früherer Zurückstellung des Mietgegenstandes jedoch spätestens mit der Zurückstellung.

(BGBl 1991/68, ab 1. 3. 1991)

(5) Der Hauptmieter einer Wohnung kann den Ersatzanspruch nach Abs. 1 überdies nur gerichtlich geltend machen,

MRG mit HeizKG

1. wenn er innerhalb von sechs Monaten nach der Zurückstellung des Mietgegenstandes dem Vermieter einen Mieter namhaft macht, der zur Befriedigung des Ersatzanspruches nach Abs. 1 bereit ist, oder

2. sobald der Vermieter den Mietgegenstand sonst vermietet oder verwertet.

(6) Befriedigt der neue Mieter den berechtigten Ersatzanspruch des früheren Mieters, so ist die dadurch abgegoltene Aufwendung bei der Bestimmung der Höhe des zulässigen Hauptmietzinses als nicht getätigt zu behandeln. Dies gilt auch dann, wenn der Vermieter die Ansprüche des früheren Mieters befriedigt hat und den Ersatz des von ihm geleisteten Betrags nun vom neuen Mieter begehrt. Verlangt der Vermieter vom neuen Mieter keinen Ersatz, so sind die Bestimmungen über den höchstzulässigen Hauptmietzins (§ 16) uneingeschränkt anzuwenden; der Vermieter kann diesfalls den von ihm an den früheren Mieter geleisteten Betrag insoweit als Ausgabe in der Hauptmietzinsabrechnung ausweisen (§ 20 Abs. 1 Z 2), als dieser Betrag unter Annahme einer zehnjährigen gleichmäßigen Mietzinszahlung den Unterschiedsbetrag zwischen dem ohne die abgegoltene Aufwendung zulässigen Hauptmietzins und dem auf Grund dieser Aufwendung zulässigen Hauptmietzins nicht übersteigt. *(BGBl 1993/800, ab 1. 3. 1994)*

(7) Auf den Ersatzanspruch kann der Hauptmieter im voraus nicht rechtswirksam verzichten.

(8) Weitergehende Ansprüche nach den §§ 1097, 1036, 1037 des allgemeinen bürgerlichen Gesetzbuchs bleiben hiedurch unberührt.

Untermietverbote

§ 11. (1) Auf ein vertragliches Verbot der Untervermietung kann sich der Vermieter nur berufen, wenn ein wichtiger Grund gegen die Untervermietung vorliegt. Ein wichtiger Grund gegen die Untervermietung liegt insbesondere vor, wenn

1. der Mietgegenstand zur Gänze untervermietet werden soll,

2. der in Aussicht genommene Untermietzins eine im Vergleich zu dem vom Untervermieter zu entrichtenden Mietzins und etwaigen sonstigen Leistungen des Untervermieters unverhältnismäßig hohe Gegenleistung darstellt,

3. die Anzahl der Bewohner einer gemieteten Wohnung die Anzahl der Wohnräume übersteigt oder nach der Aufnahme des Untermieters übersteigen würde, oder

4. wenn mit Grund zu besorgen ist, daß der Untermieter den Frieden der Hausgemeinschaft stören wird.

(2) Abs. 1 gilt nicht für eine von einer gemeinnützigen Bauvereinigung, die auf Grund ihrer Satzung oder zufolge ihres tatsächlichen Geschäftsbetriebes ihre Tätigkeit auf einen bestimmten Personenkreis im Sinn des § 8 Abs. 2 Z 1 oder 2 des Wohnungsgemeinnützigkeitsgesetzes eingeschränkt hat, gemietete Wohnung.

Abtretung des Mietrechts

§ 12. (1) Der Hauptmieter einer Wohnung, der die Wohnung verläßt, darf seine Hauptmietrechte an der Wohnung seinem Ehegatten oder Verwandten in gerader Linie einschließlich der Wahlkinder oder Geschwister abtreten, falls der Ehegatte oder die Verwandten in gerader Linie einschließlich der Wahlkinder mindestens die letzten zwei Jahre, die Geschwister mindestens die letzten fünf Jahre mit dem Hauptmieter im gemeinsamen Haushalt in der Wohnung gewohnt haben. Dem mehrjährigen Aufenthalt in der Wohnung ist es gleichzuhalten, wenn der Angehörige die Wohnung seinerzeit mit dem bisherigen Mieter gemeinsam bezogen hat, beim Ehegatten auch, wenn er seit der Verehelichung, und bei Kindern auch, wenn sie seit ihrer Geburt in der Wohnung gewohnt haben, mag auch ihr Aufenthalt in der Wohnung noch nicht die vorgeschriebene Zeit gedauert haben. Der Eintritt in das Hauptmietrecht nach §§ 87 und 88 des Ehegesetzes wird dadurch nicht berührt.

(2) Sowohl der bisherige Hauptmieter als auch der Angehörige (die Angehörigen) sind verpflichtet, die Abtretung der Hauptmietrechte dem Vermieter unverzüglich anzuzeigen. Der Vermieter kann die Rechtsfolgen des durch die Abtretung herbeigeführten Eintritts des (der) Angehörigen in das Hauptmietverhältnis ab dem der Abtretung folgenden Zinstermin geltend machen. Mehrere Angehörige, die in das Hauptmietverhältnis eintreten, sind für den Mietzins zur ungeteilten Hand zahlungspflichtig. *(BGBl 1993/800, ab 1. 3. 1994)*

Veräußerung und Verpachtung eines Unternehmens

§ 12a. (1) Veräußert der Hauptmieter einer Geschäftsräumlichkeit das von ihm im Mietgegenstand betriebene Unternehmen zur Fortführung in diesen Räumen, so tritt der Erwerber des Unternehmens anstelle des bisherigen Hauptmieters in das Hauptmietverhältnis ein. Sowohl der Veräußerer als auch der Erwerber sind verpflichtet, die Unternehmensveräußerung dem Vermieter unverzüglich anzuzeigen. Der Vermieter kann die Rechtsfolgen des durch die Unternehmensveräußerung herbeigeführten Eintritts des Erwerbers in das Hauptmietverhältnis ab dem der Unternehmensveräußerung folgenden Zinstermin geltend machen.

(2) Ist der bisherige Hauptmietzins niedriger als der angemessene Hauptmietzins nach § 16 Abs. 1, so darf der Vermieter bis spätestens sechs Monate nach Anzeige der Unternehmensveräußerung die Anhebung des Hauptmietzinses bis zu dem nach § 16 Abs. 1 zulässigen Betrag, jedoch unter Berücksichtigung der Art der im Mietgegenstand ausgeübten Geschäftstätigkeit, verlangen. Ändert der neue Hauptmieter in der Folge die Art dieser Geschäftstätigkeit, so darf der Vermieter ab diesem Zeitpunkt den nach § 16 Abs. 1 zulässigen Hauptmietzins ohne Berücksichtigung der Art der Geschäftstätigkeit verlangen.

(3) Ist eine juristische Person oder eine Personengesellschaft des Handelsrechts Hauptmieter einer Geschäftsräumlichkeit und ändern sich in ihr die rechtlichen und wirtschaftlichen Einflußmöglichkeiten entscheidend, wie etwa durch Veräußerung der Mehrheit der Anteile an einer Gesellschaft, so ist Abs. 2 anzuwenden, auch wenn die entscheidende Änderung nicht auf einmal geschieht. Die vertretungsbefugten Organe der juristischen Person oder Personengesellschaft des Handelsrechts sind verpflichtet, solche Änderungen der rechtlichen und wirtschaftlichen Einflußmöglichkeiten dem Vermieter unverzüglich anzuzeigen. Besteht bei Überlegung aller Umstände kein vernünftiger Grund, daran zu zweifeln, daß ein Rechtsgeschäft zur Umgehung des dem Vermieter zustehenden Rechtes auf Anhebung des Hauptmietzinses geschlossen wurde, so obliegt es dem Hauptmieter, das Fehlen der Umgehungsabsicht zu beweisen.

(4) Die Anhebung ist entsprechend der Anhebungsregel des § 46a Abs. 2 vorzunehmen, wenn der neue Hauptmieter im Zeitpunkt des Eintritts gesetzlicher Erbe des bisherigen Hauptmieters wäre oder ist.

(5) Der Hauptmieter einer Geschäftsräumlichkeit darf das von ihm im Mietgegenstand betriebene Unternehmen ohne Rücksicht auf entgegenstehende Vereinbarungen verpachten. Sowohl der Hauptmieter als auch der Pächter sind verpflichtet, die Verpachtung unter Angabe der dafür vorgesehenen Dauer dem Vermieter unverzüglich anzuzeigen. Der Vermieter kann die Rechtsfolgen der Verpachtung ab dem der Verpachtung folgenden Zinstermin geltend machen. Ist der bisherige Hauptmietzins niedriger als der angemessene Hauptmietzins nach § 16 Abs. 1, so darf der Vermieter für die Dauer der Verpachtung die Anhebung des Hauptmietzinses bis zu dem nach § 16 Abs. 1 zulässigen Betrag, jedoch unter Berücksichtigung der Art der im Mietgegenstand ausgeübten Geschäftstätigkeit, verlangen. Ändert der Pächter in der Folge die Art dieser Geschäftstätigkeit, so darf der Vermieter ab diesem Zeitpunkt den nach § 16 Abs. 1 zulässigen Hauptmietzins ohne Berücksichtigung der Art der Geschäftstätigkeit verlangen.

(6) Wird das im Mietgegenstand betriebene Unternehmen vom Hauptmieter aus wichtigen, in seiner Person gelegenen Gründen, wie insbesondere Krankheit, für einen Zeitraum von insgesamt höchstens fünf Jahren verpachtet, so findet eine Anhebung des Hauptmietzinses nach Abs. 5 für diesen Zeitraum nicht statt.

(7) Bei Ermittlung des nach § 16 Abs. 1 zulässigen Hauptmietzinses sind im Fall des Abs. 2 die Verhältnisse zum Zeitpunkt der Unternehmensveräußerung, im Fall des Abs. 3 jene zum Zeitpunkt der entscheidenden Änderung und im Fall des Abs. 5 jene bei Beginn des Pachtverhältnisses zugrunde zu legen. Zuvor vom Hauptmieter getätigte Aufwendungen zur Verbesserung des Mietgegenstandes sind aber angemessen zu berücksichtigen, soweit sie über den maßgeblichen Zeitpunkt hinaus von objektivem Nutzen sind.

(8) Auf Antrag des Hauptmieters einer Geschäftsräumlichkeit, der beabsichtigt, das im Mietgegenstand betriebene Unternehmen zu veräußern oder zu verpachten, hat das Gericht (die Gemeinde, § 39) die Höhe des nach § 16 Abs. 1 und § 12a Abs. 2 und 5 zulässigen Hauptmietzinses zu bestimmen. Diese Entscheidung ist auch für den Erwerber oder den Pächter des Unternehmens bindend; sie ist gegenüber dem Vermieter aber nur dann rechtswirksam, wenn das Unternehmen innerhalb eines Jahres ab dem Zeitpunkt des Eintritts der Rechtskraft der Entscheidung veräußert oder verpachtet wird.

(BGBl 1993/800, ab 1. 3. 1994)

Wohnungstausch

§ **13.** (1) Stimmt der Vermieter dem von seinem Hauptmieter, der die Wohnung vor mehr als fünf Jahren gemietet hat, aus wichtigen, besonders sozialen, gesundheitlichen oder beruflichen Gründen mit einem Dritten geschlossenen Vertrag über den Tausch ihrer im selben Gemeindegebiet befindlichen Mietwohnungen zur angemessenen Befriedigung des beiderseitigen Wohnbedürfnisses nicht zu, obwohl ihm der Eintritt des Dritten in den Mietvertrag nach Lage der Verhältnisse zugemutet werden kann, so hat das Gericht (die Gemeinde, § 39) auf Antrag des Hauptmieters die zum Eintritt des Dritten in den Mietvertrag erforderliche Zustimmung des Vermieters zu ersetzen, sofern im Zeitpunkt der Antragstellung gegen den Hauptmieter weder eine gerichtliche Kündigung noch eine Klage auf Räumung der Wohnung anhängig ist.

(2) Gibt das Gericht dem Antrag Folge, so gilt der Eintritt des neuen Mieters in den Mietvertrag in dem Zeitpunkt als vollzogen, in dem er dem Vermieter den Bezug der Wohnung anzeigt. Die Entscheidung verliert ihre Rechtswirksamkeit, wenn

1. der Mieter vor dem Eintritt des Dritten in den Mietvertrag rechtskräftig zur Räumung der Wohnung verurteilt wird,

2. der Dritte die Einwilligung seines Vermieters zum Wohnungstausch nicht unverzüglich einholt oder

3. der von ihm gestellte Antrag rechtskräftig abgewiesen wird.

(3) Wird der Eintritt des Dritten in den Mietvertrag vollzogen, so haften für die Verbindlichkeiten, die während der Mietzeit des bisherigen Mieters entstanden sind, der bisherige Mieter und der neue Mieter zur ungeteilten Hand. Ist der Hauptmietzins, den der tauschende Hauptmieter bisher für die Wohnung entrichtet hat, niedriger als der Betrag, der sich für die Wohnung bei Zugrundelegung des § 16 Abs. 2 und der Ausstattungskategorie im Zeitpunkt des Wohnungstausches errechnet, so darf der Vermieter ab dem auf den Eintritt des Tauschpartners folgenden Zinstermin eine Erhöhung des Hauptmietzinses auf den so berechneten Betrag begehren. Aus Anlaß des Wohnungstausches kann gegen den Vermieter ein Ersatz von Aufwendungen auf die Wohnung nach § 10 nicht geltend gemacht werden.

(4) Die vorstehenden Absätze gelten nicht für eine Wohnung, die von einer gemeinnützigen Bauvereinigung oder einer Gemeinde zum Zweck der Wohnraumversorgung von Flüchtlingen oder Heimatvertriebenen errichtet und an einen Flüchtling oder Heimatvertriebenen vermietet oder zur Nutzung überlassen worden ist. Sie gelten für eine von einer gemeinnützigen Bauvereinigung, die auf Grund ihrer Satzung oder zufolge ihres tatsächlichen Geschäftsbetriebes ihre Tätigkeit auf einen bestimmten Personenkreis im Sinn des § 8 Abs. 2 Z 1 oder 2 des Wohnungsgemeinnützigkeitsgesetzes eingeschränkt hat, gemietete Wohnung mit der Einschränkung, daß auch der Tauschpartner diesem Personenkreis angehören muß.

Mietrecht im Todesfall

§ 14. (1) Durch den Tod des Vermieters oder des Mieters wird der Mietvertrag nicht aufgehoben.

(2) Nach dem Tod des Hauptmieters einer Wohnung treten in den Mietvertrag mit Ausschluß anderer zur Erbfolge berufenen Personen die im Abs. 3 genannten eintrittsberechtigten Personen ein, sofern sie nicht binnen 14 Tagen nach dem Tod des Hauptmieters dem Vermieter bekanntgeben, daß sie das Mietverhältnis nicht fortsetzen wollen. Mit dem Eintritt haften die eintretenden Personen für den Mietzins und die Verbindlichkeiten, die während der Mietzeit des verstorbenen Hauptmieters entstanden sind. Sind mehrere Personen eintrittsberechtigt, so treten sie gemeinsam in den Mietvertrag ein und haften zur ungeteilten Hand.

(3) Eintrittsberechtigt nach Abs. 2 sind der Ehegatte, der Lebensgefährte, Verwandte in gerader Linie einschließlich der Wahlkinder und die Geschwister des bisherigen Mieters, sofern diese Personen ein dringendes Wohnbedürfnis haben und schon bisher im gemeinsamen Haushalt mit dem Mieter in der Wohnung gewohnt haben. Lebensgefährte im Sinne dieser Bestimmung ist, wer mit dem bisherigen Mieter bis zu dessen Tod durch mindestens drei Jahre hindurch in der Wohnung in einer in wirtschaftlicher Hinsicht gleich einer Ehe eingerichteten Haushaltsgemeinschaft gelebt hat; einem dreijährigen Aufenthalt des Lebensgefährten in der Wohnung ist es gleichzuhalten, wenn er die Wohnung seinerzeit mit dem bisherigen Mieter gemeinsam bezogen hat.

Mietzins für Hauptmiete

§ 15. (1) Der vom Mieter für die Überlassung eines Mietgegenstandes in Hauptmiete zu entrichtende Mietzins besteht aus:

1. dem Hauptmietzins,

2. dem auf den Mietgegenstand entfallenden Anteil an den Betriebskosten und den von der Liegenschaft zu entrichtenden laufenden öffentlichen Abgaben,

3. dem auf den Mietgegenstand entfallenden Anteil für allfällige besondere Aufwendungen,

4. dem angemessenen Entgelt für mitvermietete Einrichtungsgegenstände oder son-

stige Leistungen, die der Vermieter über die Überlassung des Mietgegenstandes hinaus erbringt.

(2) Der Vermieter ist ferner berechtigt, vom Mieter die Umsatzsteuer zu begehren, die vom Mietzins zu entrichten ist. Begehrt der Vermieter die Zahlung der Umsatzsteuer, so muß er aber seinerseits alle Aufwendungen, die er dem Mieter auf- oder verrechnet, um die darauf entfallenden Vorsteuerbeträge entlasten.

(3) Der Mieter hat den Mietzins, sofern kein anderer Zahlungstermin vereinbart ist, am 1. eines jeden Kalendermonats im vorhinein zu entrichten.

(4) Auf Antrag des Vermieters oder des Hauptmieters hat das Gericht (die Gemeinde, § 39) mit Beschluß auszusprechen, daß anstelle eines pauschal vereinbarten Mietzinses ab dem auf den Antragstag folgenden Zinstermin ein nach Abs. 1 aufgegliederter Mietzins zu entrichten ist. Dabei sind zur Errechnung des auf den Hauptmietzins entfallenden Betrags die Betriebskosten des Jahres zugrunde zu legen, in dem der Mietzins vereinbart wurde. Soweit die zugrunde zu legenden Beträge nicht oder nur mit unverhältnismäßigen Schwierigkeiten ermittelt werden können, ist die Aufgliederung des Mietzinses nach freier Überzeugung (§ 273 ZPO) vorzunehmen. Der so ermittelte Hauptmietzins valorisiert sich entsprechend der Regelung des § 16 Abs. 6, sofern ursprünglich eine Wertsicherung vereinbart war; § 16 Abs. 8 und 9 sind anzuwenden. *(BGBl 1993/800, ab 1. 3. 1994)*

Ausstattungskategorien und Kategoriebeträge

§ 15a. (1) Eine Wohnung hat die Ausstattungskategorie

1. A, wenn sie in brauchbarem Zustand ist, ihre Nutzfläche mindestens 30 m² beträgt, die Wohnung zumindest aus Zimmer, Küche (Kochnische), Vorraum, Klosett und einer dem zeitgemäßen Standard entsprechenden Badegelegenheit (Baderaum oder Badenische) besteht und über eine gemeinsame Wärmeversorgungsanlage oder eine Etagenheizung oder eine gleichwertige stationäre Heizung und über eine Warmwasseraufbereitung verfügt;

2. B, wenn sie in brauchbarem Zustand ist, zumindest aus Zimmer, Küche (Kochnische), Vorraum, Klosett und einer dem zeitgemäßen Standard entsprechenden Badegelegenheit (Baderaum oder Badenische) besteht;

3. C, wenn sie in brauchbarem Zustand ist und zumindest über eine Wasserentnahmestelle und ein Klosett im Inneren verfügt;

4. D, wenn sie entweder über keine Wasserentnahmestelle oder über kein Klosett im Inneren verfügt oder wenn bei ihr eine dieser beiden Einrichtungen nicht brauchbar ist und auch nicht innerhalb angemessener Frist nach Anzeige durch den Mieter vom Vermieter brauchbar gemacht wird.

(2) Die Ausstattungskategorie nach Abs. 1 richtet sich nach dem Ausstattungszustand der Wohnung im Zeitpunkt des Abschlusses des Mietvertrags. Eine Wohnung ist in eine Ausstattungskategorie auch bei Fehlen eines Ausstattungsmerkmals einzuordnen, wenn das fehlende Ausstattungsmerkmal, nicht jedoch eine Badegelegenheit, durch ein oder mehrere Ausstattungsmerkmale einer höheren Ausstattungskategorie aufgewogen wird.

(3) Der Kategoriebetrag je Quadratmeter der Nutzfläche und Monat wird für die Ausstattungskategorie

1. A mit 2,64 Euro,

2. B mit 1,98 Euro,

3. C mit 1,32 Euro,

4. D mit 0,66 Euro

festgesetzt und entsprechend der Regelung des § 16 Abs. 6 valorisiert.[1]) *(BGBl I 2001/98, ab 1. 1. 2002)*

(4) Der Bundesminister für Justiz hat die durch die Valorisierung geänderten Beträge und den Zeitpunkt, in dem deren Änderung mietrechtlich wirksam wird, im Bundesgesetzblatt kundzumachen. Die Kundmachung hat auch einen Hinweis auf die in § 16 Abs. 9 zweiter Satz angeführten weiteren Voraussetzungen für eine Erhöhung des Hauptmietzinses zu enthalten. *(BGBl I 2001/98, ab 1. 1. 2002)*

(BGBl 1993/800, ab 1. 3. 1994)

---

[1]) Zur Höhe der Kategoriebeträge ab 1. 1. 1982 s K BGBl 1994/245

1. Für den Zeitraum vom 1. Jänner 1982 bis 31. Jänner 1984:

a) für Wohnungen der Ausstattungskategorie A mit 22,– S,

b) für Wohnungen der Ausstattungskategorie B mit 16,50 S,

c) für Wohnungen der Ausstattungskategorie C mit 11,– S und

d) für Wohnungen der Ausstattungskategorie D mit 5,50 S;

2. für den Zeitraum vom 1. Februar 1984 bis 31. Oktober 1988:

a) für Wohnungen der Ausstattungskategorie A mit 24,40 S,

b) für Wohnungen der Ausstattungskategorie B mit 18,30 S,

c) für Wohnungen der Ausstattungskategorie C mit 12,20 S und

d) für Wohnungen der Ausstattungskategorie D mit 6,10 S;

3. für den Zeitraum vom 1. November 1988 bis 30. November 1991:

a) für Wohnungen der Ausstattungskategorie A mit 26,90 S,

b) für Wohnungen der Ausstattungskategorie B mit 20,20 S,

c) für Wohnungen der Ausstattungskategorie C mit 13,40 S und

d) für Wohnungen der Ausstattungskategorie D mit 6,70 S;

4. für den Zeitraum ab 1. Dezember 1991 bis 31. 10. 1994:

a) für Wohnungen der Ausstattungskategorie A mit 29,60 S,

b) für Wohnungen der Ausstattungskategorie B mit 22,20 S,

c) für Wohnungen der Ausstattungskategorie C mit 14,80 S und

d) für Wohnungen der Ausstattungskategorie D mit 7,40 S.

Nach K BGBl 1994/818 ab 1. 11. 1994 bis 31. 3. 1998:

a) für Wohnungen der Ausstattungskategorie A mit 32,80 S,

b) für Wohnungen der Ausstattungskategorie B mit 24,60 S,

c) für Wohnungen der Ausstattungskategorie C mit 16,40 S und

d) für Wohnungen der Ausstattungskategorie D mit 8,20 S.

Nach K BGBl II 1998/74 ab 1. 4. 1998 bis 31. 5. 2001:

a) für Wohnungen der Ausstattungskategorie A mit 34,50 S,

b) für Wohnungen der Ausstattungskategorie B mit 25,90 S,

c) für Wohnungen der Ausstattungskategorie C mit 17,20 S und

d) für Wohnungen der Ausstattungskategorie D mit 8,60 S.

Nach K BGBl II 2001/183 ab 1. 6. 2001:

a) für Wohnungen der Ausstattungskategorie A mit 36,30 S (entspricht 2,64 Euro),

b) für Wohnungen der Ausstattungskategorie B mit 27,20 S (entspricht 1,98 Euro),

c) für Wohnungen der Ausstattungskategorie C mit 18,10 S (entspricht 1,32 Euro) und

d) für Wohnungen der Ausstattungskategorie D mit 9,10 S (entspricht 0,66 Euro).

Vereinbarungen über die Höhe des Hauptmietzinses

§ **16.** (1) Vereinbarungen zwischen dem Vermieter und dem Mieter über die Höhe des Hauptmietzinses für einen in Hauptmiete gemieteten Mietgegenstand sind ohne die Beschränkungen der Abs. 2 bis 5 bis zu dem für den Mietgegenstand im Zeitpunkt des Abschlusses des Mietvertrages nach Größe, Art, Beschaffenheit, Lage, Ausstattungs- und Erhaltungszustand angemessenen Betrag zulässig, wenn

1. der Mietgegenstand nicht zu Wohnzwecken dient; wird ein Mietgegenstand teils als Wohnung, teils als Geschäftsräumlichkeit verwendet, so darf nur der für Wohnungen zulässige Hauptmietzins angerechnet werden, es sei denn, daß die Verwendung zu Geschäftszwecken die Verwendung zu Wohnzwecken bedeutend überwiegt; ein Unternehmer, der eine Geschäftsräumlichkeit mietet, kann sich auf die Überschreitung des zulässigen Höchstmaßes nach Abs. 8 erster Satz nur berufen, wenn er die Überschreitung unverzüglich, spätestens jedoch bei Übergabe des Mietgegenstandes, gerügt hat;

2. der Mietgegenstand in einem Gebäude gelegen ist, das auf Grund einer nach dem 8. Mai 1945 erteilten Baubewilligung neu errichtet worden ist, oder der Mietgegenstand auf Grund einer nach dem 8. Mai 1945 erteilten Baubewilligung durch Um-, Auf-, Ein- oder Zubau neu geschaffen worden ist; „ *(BGBl I 2001/161, ab 1. 1. 2002, s § 49d Abs 2)*

3. der Mietgegenstand in einem Gebäude gelegen ist, an dessen Erhaltung aus Gründen des Denkmalschutzes öffentliches Interesse besteht, sofern der Vermieter unbeschadet der Gewährung öffentlicher Mittel zu dessen Erhaltung nach dem 8. Mai 1945 erhebliche Eigenmittel aufgewendet hat;

4. der Mietgegenstand eine Wohnung der Ausstattungskategorie A oder B ist und seine Nutzfläche 130 m² übersteigt, sofern der Vermieter eine solche Wohnung innerhalb von sechs Monaten nach der Räumung durch den früheren Mieter oder Inhaber an einen nicht zum Eintritt in die Mietrechte des früheren Mieters Berechtigten vermietet; bei Durchführung von Verbesserungsarbeiten verlängert sich diese Frist um ein Jahr;

5. ein unbefristetes Mietverhältnis vorliegt, seit Übergabe des Mietgegenstandes mehr als ein Jahr verstrichen ist und die Vereinbarung über die Höhe des Hauptmietzinses in Schriftform getroffen wird.

(2) Liegen die Voraussetzungen des Abs. 1 nicht vor, so darf der zwischen dem Vermieter und dem Mieter für eine gemietete Wohnung der Ausstattungskategorien A, B oder C vereinbarte Hauptmietzins je Quadratmeter der Nutzfläche und Monat den angemessenen Betrag nicht übersteigen, der ausgehend vom Richtwert (§ 1 RichtWG) unter Berücksichtigung allfälliger Zuschläge und Abstriche zu berechnen ist. Für die Berechnung des demnach höchstzulässigen

Hauptmietzinses sind im Vergleich zur mietrechtlichen Normwohnung (§ 2 Abs. 1 RichtWG) entsprechende Zuschläge zum oder Abstriche vom Richtwert für werterhöhende oder wertvermindernde Abweichungen vom Standard der mietrechtlichen Normwohnung nach der allgemeinen Verkehrsauffassung und der Erfahrung des täglichen Lebens vorzunehmen, wobei die folgenden, für die Bewertung einer Wohnung bedeutsamen Umstände im Zeitpunkt des Abschlusses des Mietvertrages zu berücksichtigen sind:

1. die Zweckbestimmung der Wohnung, ihre Stockwerkslage, ihre Lage innerhalb eines Stockwerks, ihre über oder unter dem Durchschnitt liegende Ausstattung mit anderen Teilen der Liegenschaft, beispielsweise mit Balkonen, Terrassen, Keller- oder Dachbodenräumen, Hausgärten oder Abstellplätzen, ihre sonstige Ausstattung oder Grundrißgestaltung, eine gegenüber der mietrechtlichen Normwohnung bessere Ausstattung oder Grundrißgestaltung jedoch nur, wenn sie nicht allein auf Kosten des Hauptmieters vorgenommen wurde,

2. die Ausstattung der Wohnung (des Gebäudes) mit den in § 3 Abs. 4 RichtWG angeführten Anlagen, Garagen, Flächen und Räumen, wobei die jeweiligen Zuschläge mit den bei der Ermittlung des Richtwerts abgezogenen Baukostenanteilen begrenzt sind,

3. die Verpflichtung des Vermieters zur Erhaltung einer Etagenheizung, die er errichtet oder deren Errichtungskosten er übernommen hat, durch einen entsprechenden Zuschlag,

4. die Lage (Wohnumgebung) des Hauses,

5. der Erhaltungszustand des Hauses,

6. die gegenüber der mietrechtlichen Normwohnung niedrigere Ausstattungskategorie bei einer Wohnung der Ausstattungskategorie B und bei einer Wohnung der Ausstattungskategorie C durch entsprechende Abstriche.

(3) Für werterhöhende oder wertvermindernde Abweichungen gemäß Abs. 2 Z 4 sind je Quadratmeter der Nutzfläche und Monat Zuschläge oder Abstriche bis zur Höhe von 0,33 vH der Differenz zwischen dem der Richtwertermittlung zugrunde gelegten Grundkostenanteil (§ 3 Abs. 2 und 5 und § 6 RichtWG) und den der Lage des Hauses entsprechenden Grundkostenanteilen je Quadratmeter der Nutzfläche zulässig, die unter Berücksichtigung der nach der Bauordnung zulässigen Bebaubarkeit für die Anschaffung von bebauten Liegenschaften, die überwiegend Wohnzwecken dienen, in dieser Lage (Wohnumgebung) üblicherweise aufgewendet werden.

(4) Ein Zuschlag nach Abs. 3 ist nur dann zulässig, wenn die Liegenschaft, auf der sich die Wohnung befindet, eine Lage aufweist, die besser ist als die durchschnittliche Lage (§ 2 Abs. 3 RichtWG), und wenn die für den Lagezuschlag maßgebenden Umstände dem Mieter in Schriftform bis spätestens bei Zustandekommen des Mietvertrages ausdrücklich bekanntgegeben worden sind.

(5) Liegen die Voraussetzungen des Abs. 1 nicht vor, so darf der für eine Wohnung der Ausstattungskategorie D vereinbarte Hauptmietzins je Quadratmeter der Nutzfläche und Monat „0,66 Euro" nicht übersteigen; befindet sich diese Wohnung jedoch in brauchbarem Zustand, so darf ein Hauptmietzins bis zu einem Betrag von „1,32 Euro" je Quadratmeter der Nutzfläche und Monat vereinbart werden. *(BGBl 1994/818, ab 1. 11. 1994 und BGBl I 2001/98, ab 1. 1. 2002; die entsprechenden Schillingbeträge von 9,10 S bzw 18,10 S gelten gemäß K BGBl II 2001/183 ab 1. 6. 2001)*

„(6) Die in Abs. 5 genannten Beträge vermindern oder erhöhen sich in dem Maß, das sich aus der Veränderung des von der Bundesanstalt Statistik Österreich verlautbarten Verbraucherpreisindex 2000 oder des an seine Stelle tretenden Index gegenüber der für Februar 2001 verlautbarten Indexzahl ergibt, wobei Änderungen solange nicht zu berücksichtigen sind, als sie 5 vH dieser Indexzahl und in der Folge 5 vH der zuletzt für die Valorisierung maßgebenden Indexzahl nicht übersteigen. Bei der Berechnung der neuen Beträge sind Beträge, die einen halben Cent nicht übersteigen, auf den nächstniedrigeren ganzen Cent abzurunden und Beträge, die einen halben Cent übersteigen, auf den nächsthöheren ganzen Cent aufzurunden. Die neuen Beträge gelten ab dem der Verlautbarung der Indexveränderung durch die Bundesanstalt Statistik Österreich folgenden übernächsten Monatsersten. Der Bundesminister für Justiz hat die durch die Valorisierung geänderten Beträge und den Zeitpunkt, in dem deren Änderung mietrechtlich wirksam wird, im Bundesgesetzblatt kundzumachen; die Kundmachung hat in den Fällen einer Erhöhung auch einen Hinweis auf die in Abs. 9 zweiter Satz angeführten weiteren Voraussetzungen für eine Erhöhung des Hauptmietzinses zu enthalten." *(BGBl I 2001/98, ab 1. 1. 2002)*

(7) Der nach Abs. 1 bis 6 höchstzulässige Hauptmietzins vermindert sich im Fall eines befristeten Hauptmietvertrags (§ 29 Abs. 1 Z 3) um 25 vH. Wird der befristete Haupt-

mietvertrag in einen Mietvertrag auf unbestimmte Zeit umgewandelt, so gilt die Verminderung des nach Abs. 1 bis 6 höchstzulässigen Hauptmietzinses ab dem Zeitpunkt der Umwandlung nicht mehr, sofern sie im Hauptmietvertrag ziffernmäßig durch Gegenüberstellung des für ein unbefristetes Mietverhältnis zulässigen und des tatsächlich vereinbarten Hauptmietzinses schriftlich ausgewiesen wurde. *(BGBl I 2000/36, ab 1. 7. 2000, s § 49c Abs. 3)*

(7a) *(aufgehoben, BGBl I 2000/36, ab 1. 7. 2000)*

(7b) *(aufgehoben, BGBl I 2000/36, ab 1. 7. 2000, s § 49c Abs. 4)*

(8) Mietzinsvereinbarungen sind insoweit unwirksam, als der vereinbarte Hauptmietzins den nach Abs. 1 bis 7 zulässigen Höchstbetrag überschreitet. Die Unwirksamkeit ist binnen drei Jahren gerichtlich (bei der Gemeinde, § 39) geltend zu machen. Bei befristeten Hauptmietverhältnissen (§ 29 Abs. 1 Z 3) endet diese Frist frühestens sechs Monate nach Auflösung des Mietverhältnisses oder nach seiner Umwandlung in ein unbefristetes Mietverhältnis; die Verjährungsfrist beträgt in diesem Fall zehn Jahre. *(BGBl I 2000/36, ab 1. 7. 2000)*

(9) Ergibt sich durch die Anwendung einer Wertsicherungsvereinbarung ein höherer Hauptmietzins als nach Abs. 1 bis 7 zu diesem Zeitpunkt zulässig ist, so ist der übersteigende Teil unwirksam. Berechtigt eine Wertsicherungsvereinbarung den Vermieter zu einer Erhöhung des Hauptmietzinses, so hat der Hauptmieter dem Vermieter den erhöhten Hauptmietzins von dem auf das Wirksamwerden der Indexveränderung (Abs. 6 dritter Satz) folgenden Zinstermin an zu entrichten, wenn der Vermieter dem Hauptmieter in einem nach Wirksamwerden der Indexveränderung ergehenden Schreiben, jedoch spätestens 14 Tage vor dem Termin, sein darauf gerichtetes Erhöhungsbegehren bekanntgibt.

(10) Die Beschränkungen der Abs. 2 bis 7 gelten nicht für Vereinbarungen über die zeitlich begrenzte Erhöhung des Hauptmietzinses zur Deckung der Kosten der Erhaltung und von nützlichen Verbesserungen im Sinn der §§ 3 und 4 sowie zur Deckung der Kosten von geförderten Sanierungsmaßnahmen. Solche Vereinbarungen sind nur in Schriftform und frühestens ein halbes Jahr nach Abschluß des Mietvertrags zulässig; das Ausmaß der Erhöhung und der Erhöhungszeitraum sind ausdrücklich zu vereinbaren. Bei befristeten Mietverträgen sind solche Vereinbarungen überdies nur zulässig, sofern der Erhöhungszeitraum vor dem Ablauf des Mietverhältnisses endet.

(11) Vereinbarungen gemäß Abs. 10 sind auch für spätere Mieter rechtswirksam, sofern ihnen bei Abschluß des Mietvertrages das Ausmaß der Erhöhung und der Erhöhungszeitraum schriftlich bekanntgegeben wurde und bei einem befristeten Mietvertrag der Erhöhungszeitraum vor dem Ablauf des Mietverhältnisses endet.

(12) Mietzinsvorschriften in förderungsrechtlichen Bestimmungen bleiben unberührt.

(BGBl 1993/800, ab 1. 3. 1994)

Unwirksamkeit von Zinsanpassungsklauseln und Mietzinsvereinbarungen

§ 16a. (1) Vereinbarungen, die eine Erhöhung des Hauptmietzinses für den Fall einer Änderung der gesetzlichen Vorschriften über die Höhe des Hauptmietzinses vorsehen, sind rechtsunwirksam. Darunter sind auch Vereinbarungen zu verstehen, in denen sich der Mieter für den Fall einer Änderung der gesetzlichen Vorschriften über die Höhe des Hauptmietzinses zum Abschluß einer neuen Mietzinsvereinbarung verpflichtet hat.

(2) Ist oder war das Vorliegen einer Zinsanpassungsklausel im Sinn des Abs. 1 Beweggrund für den Abschluß einer Mietzinsvereinbarung, so ist diese Vereinbarung rechtsunwirksam; in diesem Fall gilt eine frühere Mietzinsvereinbarung weiter.

(BGBl 1993/800, ab 1. 3. 1994)

Anteil an den Gesamtkosten; Nutzfläche

§ 17. (1) Insoweit nicht zwischen dem Vermieter und allen Mietern des Hauses für einzelne Aufwendungen des Hauses schriftlich ein anderer Verteilungsschlüssel vereinbart worden ist oder sich aus den folgenden Bestimmungen ein solcher Verteilungsschlüssel ergibt, bestimmt sich der Anteil eines Mietgegenstandes an den Gesamtkosten des Hauses nach dem Verhältnis der Nutzfläche des Mietgegenstandes zur Nutzfläche aller vermieteten, vom Vermieter benützten oder trotz ihrer Vermietbarkeit nicht vermieteten Wohnungen oder sonstigen Mietgegenstände des Hauses „ “. *(BGBl I 2000/36, ab 1. 7. 2000, s § 49c Abs. 2)*

(1a) Wenn einzelne Aufwendungen vom Verbrauch abhängig sind und die Anteile der Wohnungen oder sonstigen Mietgegenstände des Hauses am Gesamtverbrauch mit wirtschaftlich vernünftigem Kostenaufwand durch Meßvorrichtungen ermittelt werden können, kann durch schriftliche Vereinbarung zwischen dem Vermieter und einer Mehrheit von mindestens zwei Dritteln der Mieter – berechnet nach der Anzahl der vermieteten Mietgegenstände – des Hauses eine Aufteilung dieser Aufwendungen nach den Verbrauchsanteilen festgelegt werden. Bei Vorliegen einer solchen Vereinbarung hat jeder Mieter die Erfassung der Verbrauchsanteile in seinem Mietgegenstand zu dulden. Konnten trotz zumutbarer Bemühungen Verbrauchsanteile nicht erfaßt werden, so sind sie, sofern dies dem Stand der Technik entspricht, durch rechnerische Verfahren zu ermitteln; die Nutzfläche, für die auf diese Weise die Verbrauchsanteile ermittelt werden, darf 20 vH nicht übersteigen. Der Teil der Aufwendungen, der dem auf die allgemeinen Teile des Hauses „ " entfallenden Verbrauchsanteil zuzuordnen ist, ist nach dem Verhältnis der Nutzflächen im Sinn des Abs. 1 aufzuteilen. Der Vermieter kann für diese Aufwendungen eine vom Kalenderjahr abweichende Abrechnungsperiode in der Dauer von zwölf Monaten vorsehen. *(BGBl I 1999/147, ab 1. 1. 2000, s Anm zu § 3 Abs 2 Z 6, und BGBl I 2000/36, ab 1. 7. 2000, s § 49c Abs. 2)*

(2) Die Nutzfläche, die in Quadratmetern auszudrücken ist, ist die gesamte Bodenfläche einer Wohnung oder eines sonstigen Mietgegenstandes abzüglich der Wandstärken und der im Verlauf der Wände befindlichen Durchbrechungen (Ausnehmungen). Keller- und Dachbodenräume, soweit sie ihrer Ausstattung nach nicht für Wohn- oder Geschäftszwecke geeignet sind, sowie Treppen, offene Balkone und Terrassen sind bei der Berechnung der Nutzfläche nicht zu berücksichtigen. „Veränderungen der Nutzfläche auf Grund baulicher Maßnahmen des Mieters oder sonstigen Nutzers im Inneren der Wohnung oder des sonstigen Mietgegenstandes einschließlich der Verglasung von Balkonen bleiben bis zur Beendigung seines Miet- oder sonstigen Nutzungsverhältnisses unberücksichtigt. (*BGBl 1984/482 und BGBl I 1999/147, ab 1. 1. 2000, anzuwenden auf am 1. 1. 2000 anhängige Verfahren nach § 37 Abs 1 Z 9, wenn die Entscheidung erster Instanz nicht bis zum Ablauf des 31. 12. 1999 ergangen ist. Wenn in einem solchen Verfahren ein Mieter nur wegen der Änderungen unterliegt, hat der Vermieter dem Mieter ungeachtet dieses Verfahrensausgangs die Kosten des Verfahrens mit Ausnahme der Kosten rechtsfreundlicher Vertretung zu ersetzen.)*

(3) Die Nutzfläche ist nach dem Naturmaß zu berechnen. Bei Gebäuden, für die die Baubewilligung nach dem 1. Jänner 1985 erteilt wurde, ist sie jedoch auf Grund des behördlich genehmigten Bauplans zu berechnen, es sei denn, daß dies nicht möglich ist oder eine Abweichung vom behördlich genehmigten Bauplan um mehr als „3 vH" erwiesen wird. *(BGBl 1984/482 und BGBl I 1997/22, ab 1. 3. 1997, s § 49b Abs. 13)*

Erhöhung der Hauptmietzinse

§ 18. (1) Finden die Kosten einer vom Vermieter durchzuführenden, unmittelbar heranstehenden größeren Erhaltungsarbeit einschließlich der nach § 3 Abs. 3 Z 1 anrechenbaren Verzinsung und Geldbeschaffungskosten in der Summe der sich in den vorausgegangenen zehn Kalenderjahren ergebenden Mietzinsreserven oder Mietzinsabgänge keine Deckung und übersteigen sie die während des Verteilungszeitraums zu erwartenden Hauptmietzinseinnahmen, so kann zur Deckung des Fehlbetrags eine Erhöhung des Hauptmietzinses begehrt werden. Zur Festsetzung des erforderlichen erhöhten Hauptmietzinses sind maßgebend:

1. die Summe der sich in den vorausgegangenen zehn Kalenderjahren ergebenden Mietzinsreserven oder Mietzinsabgänge einschließlich eines allfälligen Zuschusses, der aus Anlaß der Durchführung der Arbeiten gewährt wird;

2. die angemessenen Kosten der durch einen Kostenvoranschlag umschriebenen unmittelbar heranstehenden Erhaltungsarbeit einschließlich der angemessenen Kosten der Bauverwaltung und Bauüberwachung, soweit diese zusammen 5 vH der Baukosten nicht überschreiten; diese Kosten sind um den Unterschiedsbetrag nach Z 1 zu kürzen oder zu erhöhen (Deckungsfehlbetrag);

3. ein zehn Jahre nicht übersteigender Verteilungszeitraum, der unter Berücksichtigung des Zeitraums, in dem sich solche oder ähnliche Arbeiten bei Zugrundelegung regelmäßiger Bestandsdauer erfahrungsgemäß wiederholen, sowie der wirtschaftlichen Lage des Vermieters und der Gesamtheit der Mieter des Hauses nach billigem Ermessen zu bestimmen ist;

4. das zur Finanzierung des Deckungsfehlbetrags notwendige eigene oder fremde Kapital des Vermieters samt den mit der Aufnahme fremden Kapitals verbundenen Geldbeschaffungskosten sowie das auf den Kalendermonat umzurechnende Erfordernis zur Tilgung und angemessenen Verzinsung dieses Kapitals;

5. ein nach freier Überzeugung (§ 273 ZPO) festzusetzender Pauschalbetrag zur

Deckung der Kosten von laufend wiederkehrenden Erhaltungsarbeiten und der laufend fällig werdenden Aufwendungen für die mit dem Eigentum verbundene Vermögensteuer samt Zuschlägen zuzüglich des allfälligen Betrags, der zur Tilgung und Verzinsung einer nach § 3 Abs. 3 Z 1 finanzierten früheren Erhaltungsarbeit je Kalendermonat aufgebracht werden muß;

6. die Gesamtsumme der für die vermieteten, vom Vermieter benützten oder trotz ihrer Vermietbarkeit leerstehenden Mietgegenstände des Hauses anrechenbaren monatlichen Hauptmietzinse, die sich gemäß § 20 Abs. 1 Z 1 lit. b bis d errechnen; *(BGBl 1993/800, ab 1. 3. 1994)*

7. die Feststellung, ob oder inwieweit das nach Z 4 und 5 ermittelte monatliche Deckungserfordernis in der nach Z 6 ermittelten Gesamtsumme Deckung findet oder nicht.

(2) Ist der monatliche Hauptmietzins, den ein Hauptmieter für seinen Mietgegenstand entrichtet, niedriger als der bei der Berechnung der Gesamtsumme nach Abs. 1 Z 6 für den Mietgegenstand ausgewiesene Betrag, so hat das Gericht (die Gemeinde, § 39) dem Vermieter während des festgesetzten Verteilungszeitraums die Anhebung dieses Hauptmietzinses nach Maßgabe des Deckungserfordernisses (Abs. 1 Z 4 und 5) bis zu der im Abs. 1 Z 6 für den Mietgegenstand ausgewiesenen Höhe des Hauptmietzinses zu bewilligen.

(3) Findet das nach Abs. 1 Z 4 und 5 ermittelte Deckungserfordernis in der nach Abs. 1 Z 6 ermittelten Gesamtsumme nicht oder nicht zur Gänze Deckung, so hat das Gericht (die Gemeinde, § 39) neben der nach Abs. 2 allenfalls zu bewilligenden Anhebung der Hauptmietzinse die Einhebung eines erhöhten Hauptmietzinses während des festgesetzten Verteilungszeitraums in der Weise zu bewilligen, daß der Vermieter von jedem Hauptmieter eines Mietgegenstandes im Haus neben dem für den Mietgegenstand nach Abs. 1 Z 6 ausgewiesenen und allenfalls nach Abs. 2 angehobenen monatlichen Hauptmietzins den auf den Mietgegenstand nach dem Verhältnis der Nutzflächen (§ 17) entfallenden Anteil am nicht gedeckten Teil des Deckungserfordernisses begehren darf.

(4) Steht fest, daß eine Erhöhung der Hauptmietzinse auch dann erforderlich ist, wenn die von den Hauptmietern gegen die Hauptmietzinsabrechnung der vorausgegangenen zehn Kalenderjahre erhobenen Einwendungen berechtigt sind, und ist zu besorgen, daß durch die Überprüfung dieser Einwendungen der Hauptmieter die Durchführung der Erhaltungsarbeiten verzögert würde, so kann das Gericht (die Gemeinde, § 39) die Überprüfung dieser Einwendungen der Hauptmieter der Entscheidung nach § 19 Abs. 3 vorbehalten und zunächst die Höhe der anrechenbaren Mietzinsreserven oder Mietzinsabgänge nach freier Überzeugung (§ 273 ZPO) festsetzen.

(5) Der Vermieter kann eine Erhöhung der Hauptmietzinse für eine Wohnung nicht verlangen,

1. wenn es sich um eine Wohnung der Ausstattungskategorie D handelt und für sie ein Hauptmietzins vereinbart wurde, der „0,66 Euro" je Quadratmeter der Nutzfläche und Monat übersteigt; dieser Betrag valorisiert sich entsprechend der Regelung des § 16 Abs. 6; *(BGBl I 2001/98, ab 1. 1. 2002; der entsprechende Schillingbetrag von 9,10 S gilt gemäß K BGBl II 2001/183 ab 1. 6. 2001)*

2. wenn bei einem befristeten Hauptmietvertrag (§ 29 Abs. 1 Z 3) die jeweils vereinbarte Vertragsdauer weniger als vier Jahre beträgt. *(BGBl I 2000/36, ab 1. 7. 2000, s § 49c Abs. 9)*

(BGBl I 1997/22, ab 21. 2. 1997, s § 49b Abs. 5)

Grundsatzentscheidung und vorläufige Erhöhung

§ **18a.** (1) Wird vor der Durchführung einer Erhaltungsarbeit eine Erhöhung der Hauptmietzinse (§ 18) begehrt, so hat das Gericht (die Gemeinde, § 39) auf Antrag zunächst dem Grunde nach zu entscheiden, ob und inwieweit die bestimmt bezeichnete Erhaltungsarbeit die Erhöhung der Hauptmietzinse rechtfertigt und innerhalb welchen Zeitraumes, der zehn Jahre nicht übersteigen darf, die dafür erforderlichen Kosten aus den Hauptmietzinsen zu decken sind.

(2) Verpflichtet sich der Vermieter, die in der Grundsatzentscheidung (Abs. 1) genannten Erhaltungsarbeiten innerhalb einer angemessenen Frist in Angriff zu nehmen und durchzuführen, so kann das Gericht (die Gemeinde, § 39) auf Antrag aussprechen, daß eine vorläufige Erhöhung des Hauptmietzinses zulässig ist. Beginn und Ausmaß dieser vorläufigen Erhöhung (auch die zunächst zugrunde gelegten Ausstattungskategorien) sind unter Berücksichtigung der bereits vorliegenden Verfahrensergebnisse so festzusetzen, daß sie das in der endgültigen Erhöhung voraussichtlich ergebende Ausmaß nicht übersteigen. Werden der Entscheidung über die endgültige Mietzinserhöhung bei einzelnen Mietgegenständen andere Ausstattungskategorien zugrunde gelegt als in der

vorläufigen Mietzinserhöhung, so hat der Hauptmieter den sich daraus ergebenden Differenzbetrag nachzuzahlen bzw. ist ihm ein übersteigender Betrag zurückzuerstatten. Hält der Vermieter seine Pflicht zur Durchführung der Arbeiten nicht ein, so hat er – unbeschadet der Bestimmungen des § 6 – die aus der vorläufigen Erhöhung der Hauptmietzinse sich ergebenden Mehrbeträge samt einer angemessenen Verzinsung zurückzuerstatten.

(BGBl 1985/559)

Kosten von Sanierungsmaßnahmen

§ **18b.** Werden an einem Haus Sanierungsmaßnahmen (§ 11 des Wohnhaussanierungsgesetzes, BGBl. Nr. 483/1984) vorgenommen, die mit Mitteln gefördert werden, die auf Grund der Bestimmungen des Wohnhaussanierungsgesetzes gewährt worden sind, sind die zur Finanzierung erforderlichen Darlehen innerhalb eines Zeitraumes zurückzuzahlen, der zehn Jahre nicht übersteigt und ist außerdem zur Finanzierung der Sanierungsmaßnahmen (Deckung des Fehlbetrages) eine Erhöhung der Hauptmietzinse notwendig, so gelten Sanierungsmaßnahmen in den Verfahren zur Erhöhung der Hauptmietzinse (§§ 18, 18a) als Erhaltungsarbeiten. Die Erhöhung der Hauptmietzinse darf jedoch nicht das Ausmaß übersteigen, das sich bei bloßer Durchführung von Erhaltungsarbeiten (§ 3) ohne Gewährung öffentlicher Förderungsmittel nach dem Wohnhaussanierungsgesetz ergeben würde.

(BGBl 1985/559)

Nachträgliche Neuerrichtung von Mietgegenständen

§ **18c.** (1) Werden in einem Haus (auf einer Liegenschaft) oder in Häusern auf einer Liegenschaft, die hinsichtlich der Mietzinsbildung eine wirtschaftliche Einheit bilden, nachträglich weitere Wohnungen oder Geschäftsräumlichkeiten durch Auf-, Ein-, Um- oder Zubau neu errichtet, sind diese hinsichtlich ihrer Errichtungskosten als eigene wirtschaftliche Einheit zu behandeln.

(2) Stünden den Baumaßnahmen Rechte zur Benützung von allgemeinen Teilen der Liegenschaft, wie etwa von Dachboden- oder Kellerräumen, Grünanlagen oder Hofflächen entgegen, so haben dennoch die bisherigen Benützungsberechtigten die Baumaßnahmen unter der Voraussetzung zu dulden, daß ihnen gleichwertige Benützungsrechte oder die sonstige Möglichkeit zur gleichwertigen Befriedigung ihrer Interessen eingeräumt werden, oder daß ihnen der Verlust des Benützungsrechtes unter Berücksichtigung der bisherigen Ausübung abgegolten wird.

(3) Die Kosten von Baumaßnahmen zur nachträglichen Neuerrichtung weiterer Wohnungen oder Geschäftsräumlichkeiten durch Auf-, Ein-, Um- oder Zubau können, soweit diese Baumaßnahmen in absehbarer Zeit notwendig werdende Erhaltungsarbeiten ersetzen oder nützliche Verbesserungen sind, in der Hauptmietzinsabrechnung nach Maßgabe des § 4 als Ausgaben ausgewiesen werden.

(4) Werden Baumaßnahmen nach Abs. 1 durchgeführt, so hat das Gericht (die Gemeinde, § 39) auf Antrag des Vermieters über die Höhe der Kosten gemäß Abs. 3 zu entscheiden, die aus der Mietzinsreserve zu decken sind. Reicht die Mietzinsreserve zur Deckung der Kosten für die jeweils erkennbaren und in absehbarer Zeit notwendig werdenden Erhaltungsarbeiten sowie nützlichen Verbesserungsarbeiten nicht aus, so sind die Fehlbeträge unter Anwendung der §§ 18, 18a, 18b und 19 zu decken.

(BGBl 1993/800, ab 1. 3. 1994)

MRG mit HeizKG

Antrag und Entscheidung

§ **19.** (1) Die Einhebung eines erhöhten Hauptmietzinses ist nur auf Grund einer Entscheidung des Gerichtes (der Gemeinde, § 39) zulässig. Zur Antragstellung sind der Vermieter, die Gemeinde, in deren Sprengel das Haus gelegen ist, im eigenen Wirkungsbereich oder der nach § 6 Abs. 2 bestellte Verwalter berechtigt. Dem Antrag sind beizulegen:

1. ein Kostenvoranschlag über die unmittelbar heranstehende Erhaltungsarbeit in dreifacher Ausfertigung;

2. die Hauptmietzinsabrechnung über die der Antragstellung unmittelbar vorausgegangenen zehn Kalenderjahre;

3. eine Aufstellung, die alle vermieteten, vermietbaren oder vom Vermieter benützten Mietgegenstände des Hauses enthält, wobei im besonderen von jedem Mietgegenstand die topographische Bezeichnung (Türnummer), die Nutzfläche, die Ausstattungskategorie bei Wohnungen, die Höhe des monatlichen Hauptmietzinses, die Höhe des nach § 18 Abs. 1 Z 6 anrechenbaren monatlichen Betrages, der Vor- und Zuname des Mieters (Benützers) anzuführen sind;

4. eine Berechnung des Deckungsfehlbetrags und des monatlichen Deckungserfordernisses;

5. ein Finanzierungsplan einschließlich allfälliger Kreditzusagen.

(2) Selbst wenn der Antrag auf Bewilligung der Einhebung eines erhöhten Hauptmietzinses nicht im Zuge eines Verfahrens zur Durchführung von Erhaltungsarbeiten gestellt worden ist (§ 6 Abs. 3), ist mit der Bewilligung der Einhebung eines erhöhten Hauptmietzinses der Auftrag zur Vornahme der der Entscheidung zugrunde liegenden Erhaltungsarbeit binnen einer angemessenen, ein Jahr nicht übersteigenden Frist (§ 6 Abs. 1) zu erteilen. Stellt sich nach dem Ablauf der festgesetzten Frist heraus, daß die aufgetragenen Arbeiten nicht durchführbar sind, so ist auf Antrag eines Mieters die Bewilligung der Einhebung eines erhöhten Hauptmietzinses zu widerrufen und der Vermieter zu verpflichten, die von den Mietern des Hauses auf Grund der widerrufenen Entscheidung entrichteten erhöhten Hauptmietzinse zuzüglich einer angemessenen Verzinsung binnen 14 Tagen bei Exekution zurückzuerstatten.

(3) Hat das Gericht (die Gemeinde, § 39) die Überprüfung der von den Mietern gegen die Hauptmietzinsabrechnung der vorausgegangenen zehn Kalenderjahre erhobenen Einwendungen vorbehalten (§ 18 Abs. 3) oder stellt sich während oder nach der Durchführung der aufgetragenen Erhaltungsarbeit heraus, daß sich die veranschlagten Kosten geändert haben und daß daher die zur Finanzierung des Deckungserfordernisses bewilligte Einhebung eines erhöhten Hauptmietzinses zur Deckung eines erhöhten Aufwands nicht ausreicht oder überhöht ist, so ist auf Antrag des Vermieters, des nach § 6 Abs. 2 bestellten Verwalters oder eines Hauptmieters der zur Tilgung des Deckungserfordernisses notwendige erhöhte Hauptmietzins neu zu berechnen und für die restliche Dauer des Verteilungszeitraums dementsprechend zu erhöhen oder zu senken.

Hauptmietzinsabrechnung

§ 20. (1) Der Vermieter hat in übersichtlicher Form eine Abrechnung über die Einnahmen und Ausgaben eines jeden Kalenderjahres zu legen.

1. Die Abrechnung hat als Einnahmen auszuweisen:

a) die dem Vermieter für die vermieteten Mietgegenstände des Hauses als Hauptmietzins (erhöhter Hauptmietzins „ “) entrichteten Beträge; *(BGBl I 2001/161, ab 1. 1. 2002, s § 49d Abs 4)*

b) für Objekte des Hauses, die der Vermieter benützt je Quadratmeter der Nutzfläche und Monat:

aa) den jeweiligen Richtwert (§§ 3, 5 und 6 RichtWG), wenn es sich um eine Wohnung der Ausstattungskategorie A oder um eine Geschäftsräumlichkeit handelt; sofern aber bei Geschäftsräumlichkeiten erwiesen wird, daß dieser Betrag den für die Geschäftsräumlichkeit nach § 16 Abs. 1 angemessenen monatlichen[1]) Hauptmietzins übersteigt, der nach § 16 Abs. 1 angemessene Hauptmietzins,

bb) 75 vH des jeweiligen Richtwerts, wenn es sich um eine Wohnung der Ausstattungskategorie B handelt,

cc) 50 vH des jeweiligen Richtwerts, wenn es sich um eine Wohnung der Ausstattungskategorie C handelt und

dd) „0,66 Euro“ valorisiert entsprechend der Regelung des § 16 Abs. 6, wenn es sich um eine Wohnung der Ausstattungskategorie D handelt; *(BGBl I 2001/98, ab 1. 1. 2002; der entsprechende Schillingbetrag von 9,10 S gilt gemäß K BGBl II 2001/183 ab 1. 6. 2001)*

c) für Objekte des Hauses, die ein Wohnungseigentümer benützt oder vermietet, die Kategoriebeträge gemäß § 15a Abs. 3 je Quadratmeter der Nutzfläche und Monat;

d) für die Objekte des Hauses, die der Vermieter trotz ihrer Vermietbarkeit mehr als sechs Monate leerstehen ließ, das Eineinhalbfache des jeweils nach lit. b anzusetzenden Betrages je Quadratmeter der Nutzfläche und Monat; die sechsmonatige Frist erhöht sich um ein Jahr, wenn der Vermieter zur Anhebung des Standards eines Mietgegenstands nützliche Verbesserungen (§§ 4 oder 5 Abs. 1) durchführen ließ;

e) 25 vH der vom Vermieter aus der Vermietung oder Überlassung von Dach- oder Fassadenflächen des Hauses zu Werbezwecken erzielten Einnahmen;

f) die Zuschüsse, die dem Vermieter aus Anlaß der Durchführung einer Erhaltungs- oder nützlichen Verbesserungsarbeit gewährt wurden;

g) die im § 27 Abs. 4 genannten Beträge. *(BGBl 1993/800, ab 1. 3. 1994, s Art II II. Abschnitt Z 7 und 8 3. WÄG)*

2. In der Abrechnung dürfen als Ausgaben ausgewiesen werden:

a) die Beträge, die aufgewendet wurden, um die durch Rechnungen und Zahlungsbelege (Quittungen) belegten Kosten der zur ordnungsgemäßen Erhaltung (§ 3) oder nützlichen Verbesserung (§§ 4, 5) des Hauses durchgeführten Arbeiten zu decken;

b) 20 vH von den durch Rechnungen und Zahlungsbelege (Quittungen) belegten Kosten der Arbeiten, die der Vermieter in Kalenderjahren, in denen von den Hauptmietern des Hauses kein gemäß § 18 Abs. 2 oder 3 erhöhter Hauptmietzins eingehoben wird, zur ordnungsgemäßen Erhaltung (§ 3) oder nützlichen Verbesserung (§§ 4, 5) des Hauses aufgewendet hat;

c) die Beträge, die vom Vermieter für die mit dem Eigentum des Hauses verbundene Vermögensteuer samt Zuschlägen entrichtet wurden;

d) die zur Tilgung und Verzinsung eines Förderungsdarlehens des Bundes, eines Landes oder eines öffentlich-rechtlichen Fonds oder eines von diesem geförderten Darlehens (Kredites) erforderlichen Beträge, soweit sich das Darlehen (der Kredit) nicht ausschließlich auf vom Vermieter benützte oder trotz ihrer Vermietbarkeit leerstehende Objekte beziehen; *(BGBl 1991/68, ab 1. 3. 1991)*

e) die in § 10 Abs. 6 dritter Satz genannten Beträge; *(BGBl 1993/800, ab 1. 3. 1994, s Art II II. Abschnitt Z 9 3. WÄG)*

f) 40 vH des Überschusses der Einnahmen (Z 1) über die Ausgaben (lit. a bis e). *(BGBl I 1997/22, ab 1. 3. 1997, s § 49b Abs. 6)*

(2) Der Unterschiedsbetrag, der sich aus der Gegenüberstellung der so ausgewiesenen Einnahmen und Ausgaben eines Kalenderjahres errechnet, ist die Mietzinsreserve oder der Mietzinsabgang des Kalenderjahres.

(3) „Der Vermieter ist verpflichtet, spätestens zum 30. Juni eines jeden Kalenderjahres die Abrechnung über das vorausgegangene Kalenderjahr an einer geeigneten Stelle im Haus zur Einsicht durch die Hauptmieter aufzulegen und den Hauptmietern in geeigneter Weise Einsicht in die Belege – bei Belegen auf Datenträgern Einsicht in Ausdrucke der Belege – zu gewähren." Auf Verlangen eines Hauptmieters sind von der Abrechnung und (oder) den Belegen auf seine Kosten Abschriften (Ablichtungen, weitere Ausdrucke) anfertigen zu lassen. *(BGBl I 1999/147, ab 1. 1. 2000, s Anm zu § 3 Abs 2 Z 6, und BGBl I 2000/36, ab 1. 7. 2000, s § 49c Abs. 9)*

(4) Kommt der Vermieter der in den Abs. 1 und 3 ausgesprochenen Verpflichtung zur Abrechnung und Einsichtgewährung nicht nach, so ist er auf Antrag eines Hauptmieters vom Gericht (der Gemeinde, § 39) dazu zu verhalten. Weigert er sich auch bei der mündlichen Verhandlung vor Gericht (der Gemeinde), die Mietzinsabrechnung zu legen oder die Einsicht in die Belege zu gewähren, oder erscheint er zur Verhandlung nicht, so hat das Gericht (die Gemeinde) auf Antrag eines Hauptmieters dem Vermieter unter Androhung einer Ordnungsstrafe bis zu „2 000 Euro" aufzutragen, binnen einer angemessenen, 14 Tage nicht übersteigenden Frist die Abrechnung zu legen und (oder) die Einsicht in die Belege zu gewähren. Die Ordnungsstrafe ist zu verhängen, wenn dem Auftrag ungerechtfertigterweise nicht entsprochen wird; sie kann auch wiederholt verhängt werden. *(BGBl I 2001/98, ab 1. 1. 2002)*

---

[1]) Im BGBl irrtümlich monatliche

MRG mit HeizKG

Betriebskosten und laufende öffentliche Abgaben

§ 21. (1) Als Betriebskosten gelten die vom Vermieter aufgewendeten Kosten für

1. die Versorgung des Hauses mit Wasser aus einer öffentlichen Wasserleitung (Wassergebühren und Kosten, die durch die nach den Lieferbedingungen gebotenen Überprüfungen der Wasserleitungen erwachsen) oder die Erhaltung der bestehenden Wasserversorgung aus einem Hausbrunnen oder einer nicht öffentlichen Wasserleitung;

1a. die Eichung, Wartung und Ablesung von Meßvorrichtungen zur Verbrauchsermittlung im Sinn des § 17 Abs. 1a; *(BGBl I 1999/147, ab 1. 1. 2000, s Anm zu § 3 Abs 2 Z 6)*

2. die auf Grund der Kehrordnung regelmäßig durchzuführende Rauchfangkehrung, die Kanalräumung, die Unratabfuhr und die Schädlingsbekämpfung;

3. die entsprechende Beleuchtung der allgemein zugänglichen Teile des Hauses, erforderlichenfalls auch des Hofraums und des Durchgangs zu einem Hinterhaus;

4. die angemessene Versicherung des Hauses gegen Brandschaden (Feuerversicherung), sofern und soweit die Versicherungssumme dem Betrag entspricht, der im Schadenfall zur Wiederherstellung (§ 7) ausreicht; bestehen für solche Versicherungen besondere Versicherungsbedingungen, die im Schadenfall den Einwand der Unterversicherung des Versicherers ausschließen, so sind die entsprechend solchen Versicherungsbedingungen ermittelten Versicherungswerte als angemessen anzusehen;

5. die angemessene Versicherung des Hauses gegen die gesetzliche Haftpflicht des Hauseigentümers (Haftpflichtversicherung)

und gegen Leitungswasserschäden einschließlich Korrosionsschäden;

6. die angemessene Versicherung des Hauses gegen andere Schäden, wie besonders gegen Glasbruch hinsichtlich der Verglasung der der allgemeinen Benützung dienenden Räume des Hauses einschließlich aller Außenfenster oder gegen Sturmschäden, wenn und soweit die Mehrheit der Hauptmieter – diese berechnet nach der Anzahl der vermieteten Mietgegenstände – des Hauses dem Abschluß, der Erneuerung oder der Änderung des Versicherungsvertrags zugestimmt haben;

7. die im § 22 bestimmten Auslagen für die Verwaltung;

8. die im § 23 bestimmten angemessenen Aufwendungen für die Hausbetreuung. *(BGBl I 2000/36, ab 1. 7. 2000, s § 49c Abs. 5)*

(2) Die anteilig anrechenbaren, öffentlichen Abgaben sind die von der Liegenschaft, auf die sich der Mietvertrag bezieht, zu entrichtenden laufenden öffentlichen Abgaben mit Ausnahme solcher, die nach landesgesetzlichen Bestimmungen auf die Mieter nicht überwälzt werden dürfen.

(3) Der Vermieter darf zur Deckung der im Lauf eines Kalenderjahres fällig werdenden Betriebskosten und öffentlichen Abgaben zu jedem Zinstermin einen gleichbleibenden Teilbetrag zur Anrechnung bringen (Jahrespauschalverrechnung), der vom Gesamtbetrag der Betriebskosten und der öffentlichen Abgaben des vorausgegangenen Kalenderjahres zu errechnen ist und im Fall einer zwischenzeitlichen Erhöhung von Betriebskosten oder den öffentlichen Abgaben um höchstens 10 vH überschritten werden darf. „Der Vermieter hat die im Lauf des Kalenderjahres fällig gewordenen Betriebskosten und öffentlichen Abgaben spätestens zum 30. Juni des folgenden Kalenderjahres abzurechnen; er hat die Abrechnung an einer geeigneten Stelle im Haus zur Einsicht durch die Hauptmieter aufzulegen und den Hauptmietern in geeigneter Weise Einsicht in die Belege – bei Belegen auf Datenträgern Einsicht in Ausdrucke der Belege – zu gewähren.“* „Auf Verlangen eines Hauptmieters sind von der Abrechnung und (oder) den Belegen auf seine Kosten Abschriften (Ablichtungen, weitere Ausdrucke) anfertigen zu lassen.“** In den Fällen einer Jahrespauschalverrechnung beginnt die einjährige Frist zur Geltendmachung der Betriebskosten und öffentlichen Abgaben mit Ablauf des Kalenderjahres zu laufen, in dem die Betriebskosten und öffentlichen Abgaben gegenüber dem Vermieter fällig geworden sind. Ergibt sich aus der Abrechnung ein Überschuß zugunsten der Hauptmieter, so ist der Überschußbetrag zum übernächsten Zinstermin zurückzuerstatten. Ergibt sich aus der Abrechnung ein Fehlbetrag zu Lasten der Hauptmieter, so haben die Hauptmieter den Fehlbetrag zum übernächsten Zinstermin zu entrichten. *(BGBl 1985/559, ** BGBl I 1999/147, ab 1. 1. 2000, s Anm zu § 3 Abs 2 Z 6, und * BGBl I 2000/36, ab 1. 7. 2000, s § 49c Abs. 9)*

(4) Macht der Vermieter von der Jahrespauschalverrechnung nach Abs. 3 nicht Gebrauch, so hat der Mieter den auf seinen Mietgegenstand entfallenden Anteil an den Betriebskosten und den laufenden öffentlichen Abgaben an den Vermieter am 1. eines jeden Kalendermonats zu entrichten, wenn ihm dessen Höhe vorher unter Vorlage der Rechnungsbelege nachgewiesen wird; dabei kann der Vermieter jeweils die Betriebskosten und Abgaben in Anschlag bringen, die spätestens am genannten Tag fällig werden. In jedem dieser Fälle sind die Betriebskosten und Abgaben nur zu entrichten, wenn dem Mieter deren Höhe wenigstens drei Tage vorher unter Vorlage der Rechnungsbelege nachgewiesen wird. Betriebskosten und Abgaben, deren Fälligkeit vor mehr als einem Jahr eingetreten ist, können nicht mehr geltend gemacht werden.

(5) Kommt der Vermieter der im Abs. 3 ausgesprochenen Verpflichtung zur Legung der Abrechnung und Einsichtgewährung in die Belege nicht nach, so gilt § 20 Abs. 4.

(6) Der Bundesminister für Justiz kann durch Verordnung ÖNORMEN bezeichnen, die in besonderem Maß geeignet sind, das Vorliegen der Voraussetzungen für eine ordnungsgemäße Abrechnung nach § 21 Abs. 3 festzustellen. *(BGBl I 1997/22, ab 1. 3. 1997, s § 49b Abs. 13)*

Auslagen für die Verwaltung

§ 22. Zur Deckung der Auslagen für die Verwaltung des Hauses einschließlich der Auslagen für Drucksorten, Buchungsgebühren u. dgl. darf der Vermieter je Kalenderjahr und Quadratmeter der Nutzfläche des Hauses den nach § 15a Abs. 3 Z 1 jeweils geltenden Betrag anrechnen, der auf zwölf gleiche Monatsbeträge zu verteilen ist.

(BGBl 1993/800, ab 1. 3. 1994)

Aufwendungen für die Hausbetreuung

§ 23. (1) Die Hausbetreuung umfaßt die Reinhaltung und Wartung jener Räume des

Hauses, die von allen oder mehreren Hausbewohnern benützt werden können, solcher Flächen und Anlagen der Liegenschaft und der in die Betreuungspflicht des Liegenschaftseigentümers fallenden Gehsteige einschließlich der Schneeräumung sowie die Beaufsichtigung des Hauses und der Liegenschaft.

(2) Aufwendungen für die Hausbetreuung sind, soweit diese

a) durch einen Dienstnehmer des Vermieters erfolgt, das diesem gebührende angemessene Entgelt zuzüglich des Dienstgeberanteils des Sozialversicherungsbeitrags und der sonstigen durch Gesetz bestimmten Belastungen oder Abgaben sowie die Kosten der erforderlichen Gerätschaften und Materialien,

b) durch einen vom Vermieter bestellten Werkunternehmer erfolgt, der angemessene Werklohn,

c) durch den Vermieter selbst erfolgt, der Betrag nach lit. a.

(BGBl I 2000/36, ab 1. 7. 2000, s § 49c Abs. 5)

Anteil an besonderen Aufwendungen

§ 24. (1) Ist der Hauptmieter eines Mietgegenstandes auf Grund des Mietvertrags oder einer anderen Vereinbarung berechtigt, eine der gemeinsamen Benützung der Bewohner dienende Anlage des Hauses, wie einen Personenaufzug, eine gemeinsame Wärmeversorgungsanlage oder eine zentrale Waschküche zu benützen, so bestimmt sich sein Anteil an den Gesamtkosten des Betriebes dieser Anlage – soweit nicht das Heizkostenabrechnungsgesetz anzuwenden ist – nach den Grundsätzen des § 17. *(BGBl 1992/827, ab 1. 10. 1992)*

(2) Zu den besonderen Aufwendungen im Sinn des Abs. 1 zählen auch die Kosten für die Betreuung von Grünanlagen sowie für den Betrieb von sonstigen Gemeinschaftsanlagen, die allen Mietern zur Verfügung stehen.

(2a) Können bei Gemeinschaftsanlagen die Energiekosten den Benützern zugeordnet werden, so dürfen diese Energiekosten in pauschalierter Form (zum Beispiel durch Münzautomaten) von den Benützern eingehoben werden. Diese Entgelte sind in der Abrechnung als Einnahmen auszuweisen. *(BGBl I 1999/147, ab 1. 1. 2000, s Anm zu § 17 Abs. 2)*

(3) Im übrigen gilt § 21 Abs. 3 bis 5 sinngemäß.

Entgelt für mitvermietete Einrichtungsgegenstände oder sonstige Leistungen

§ 25. Stellt der Vermieter dem Hauptmieter eines Mietgegenstandes Einrichtungsgegenstände bei oder verpflichtet er sich auch zu anderen Leistungen, so darf hiefür nur ein angemessenes Entgelt vereinbart werden.

Untermietzins

§ 26. (1) Wird der Mietgegenstand zur Gänze untervermietet, darf der Untermietzins, abgesehen von der Überwälzung der Mietzinsbestandteile gemäß § 15 Abs. 1 Z 2 bis 4 und der Umsatzsteuer, den vom Untervermieter zulässigerweise zu entrichtenden Hauptmietzins um nicht mehr als 50 vH übersteigen. Darüber hinaus sind jedoch bei der Bestimmung des vom Untermieter zulässigerweise zu entrichtenden Mietzinses die vom Untervermieter getätigten Aufwendungen zur Verbesserung des Mietgegenstandes angemessen zu berücksichtigen, soweit sie für den Untermieter von objektivem Nutzen sind. § 25 gilt für das Verhältnis zwischen Untervermieter und Untermieter sinngemäß.

(2) Bei nur teilweiser Untervermietung des Mietgegenstandes darf der Untermietzins einen dem untervermieteten Teil entsprechenden angemessenen Betrag im Sinne des Abs. 1 nicht übersteigen.

(3) Im Fall eines befristeten Untermietvertrags (§ 29 Abs. 1 Z 3) vermindert sich der nach Abs. 1 und 2 höchstzulässige Untermietzins – mit Ausnahme der überwälzten Mietzinsbestandteile gemäß § 15 Abs. 1 Z 2 und 3 – um 25 vH. Wird der befristete Untermietvertrag in einen Mietvertrag auf unbestimmte Zeit umgewandelt, so gilt die Verminderung des höchstzulässigen Untermietzinses ab dem Zeitpunkt der Umwandlung nicht mehr, sofern sie im Untermietvertrag ziffernmäßig durch Gegenüberstellung des für ein unbefristetes Mietverhältnis zulässigen und des tatsächlich vereinbarten Untermietzinses schriftlich ausgewiesen wurde. *(BGBl I 2000/36, ab 1. 7. 2000, s § 49c Abs. 3)*

(4) Vereinbarungen über den Untermietzins sind insoweit unwirksam, als der vereinbarte Untermietzins den nach Abs. 1 bis 3 zulässigen Höchstbetrag überschreitet. Die Unwirksamkeit ist binnen drei Jahren gerichtlich (bei der Gemeinde, § 39) geltend zu machen. Bei befristeten Untermietverträgen endet diese Frist frühestens sechs Monate nach Auflösung des Mietverhältnisses oder nach seiner Umwandlung in ein unbefristetes Mietverhältnis; die Verjährungsfrist

beträgt in diesem Fall zehn Jahre. (*BGBl I 2000/36, ab 1. 7. 2000)*

(BGBl 1993/800, ab 1. 3. 1994)

Verbotene Vereinbarungen und Strafbestimmungen

§ **27.** (1) Ungültig und verboten sind

1. Vereinbarungen, wonach der neue Mieter dafür, daß der frühere Mieter den Mietgegenstand aufgibt oder sonst ohne gleichwertige Gegenleistung dem Vermieter, dem früheren Mieter oder einem anderen etwas zu leisten hat; unter dieses Verbot fallen aber nicht die Verpflichtung zum Ersatz der tatsächlichen Übersiedlungskosten oder zum Rückersatz des Aufwandes, den der Vermieter dem bisherigen Mieter nach § 10 zu ersetzen hat;

2. Vereinbarungen, wonach der Mieter für den Verzicht des Vermieters auf die Geltendmachung eines Kündigungsgrundes dem Vermieter oder einem anderen etwas zu leisten hat;

3. Vereinbarungen, wonach für die Vermittlung einer Miete ein offenbar übermäßiges Entgelt zu leisten ist;

4. Vereinbarungen, wonach von demjenigen, der Erhaltungs- oder Verbesserungsarbeiten im Hause durchführt, dem Vermieter, dem Verwalter, einem Mieter oder einer dritten Person, die von einer dieser Personen bestimmt wurde, ein Entgelt für die Erteilung oder Vermittlung des Auftrages zur Vornahme der Arbeiten zu leisten ist;

5. Vereinbarungen, wonach der Vermieter oder der frühere Mieter sich oder einem anderen gegen die guten Sitten Leistungen versprechen läßt, die mit dem Mietvertrag in keinem unmittelbaren Zusammenhang stehen.

(2) Unter die Verbote des Abs. 1 fallen nicht

a) Beträge, die nach § 14 Abs. 1 oder § 17 WGG geleistet werden;

b) Beträge, die bei Abschluß des Mietvertrages vom Mieter für den Verzicht des Vermieters auf den Kündigungsgrund des § 30 Abs. 2 Z 4 und 6 gezahlt werden, sofern die konkreten Umstände, die für den Mieter schon damals den Abschluß des Mietvertrages ohne einen solchen Verzicht sinnlos gemacht hätten, nachgewiesen werden und der für den Verzicht gezahlte Betrag den Hauptmietzins für 10 Jahre nicht übersteigt.

(3) Was entgegen den Bestimmungen der §§ 15 bis 26 oder den Bestimmungen des Abs. 1 geleistet wird, kann samt gesetzlichen Zinsen zurückgefordert werden. Auf diesen Rückforderungsanspruch kann im voraus nicht rechtswirksam verzichtet werden. „Der Anspruch auf Rückforderung der entgegen den Bestimmungen der §§ 15 bis 26 vereinnahmten Leistungen verjährt in drei Jahren; der Anspruch auf Rückforderung der entgegen den Bestimmungen des Abs. 1 vereinnahmten Leistungen verjährt in zehn Jahren." Die Verjährung des Rückforderungsanspruchs ist gehemmt, solange bei Gericht (bei der Gemeinde, § 39) ein Verfahren über die Höhe des Mietzinses anhängig ist. *(BGBl 1993/800, ab 1. 3. 1994, s Art II II. Abschnitt Z 8 3. WÄG)*

(4) Ungeachtet einer Rückforderung nach Abs. 3 hat der Vermieter die entgegen den Regelungen des Abs. 1 an ihn geleisteten Beträge als Einnahmen im Sinn des § 20 Abs. 1 Z 1 lit. g auszuweisen. *(BGBl 1993/800, ab 1. 3. 1994, s Art II II. Abschnitt Z 8 3. WÄG)*

(5) Wer für sich oder einen anderen Leistungen entgegennimmt oder sich versprechen läßt, die mit den Vorschriften des Abs. 1 im Widerspruch stehen, in den Fällen des Abs. 1 Z 4 auch wer eine solche Leistung erbringt oder verspricht, begeht, sofern die Tat nicht nach anderen Bestimmungen mit strengerer Strafe bedroht ist, eine Verwaltungsübertretung und ist von der Bezirksverwaltungsbehörde mit Geldstrafe bis zu „15 000 Euro" zu bestrafen. Die Geldstrafe ist unter Berücksichtigung der persönlichen Verhältnisse und der wirtschaftlichen Leistungsfähigkeit so zu bemessen, daß sie den Wert der nach Abs. 1 unzulässig vereinbarten Leistung, ist aber der Täter bereits zweimal wegen einer solchen Verwaltungsübertretung bestraft worden, das Zweifache dieses Wertes übersteigt; reicht das gesetzliche Höchstmaß nicht aus, so kann dieses um die Hälfte überschritten werden. Bei der Strafbemessung ist eine den Täter nach Abs. 4 treffende Ausweisungspflicht mildernd zu berücksichtigen. Würde eine so bemessene Geldstrafe zur Gefährdung der wirtschaftlichen Existenz des Täters führen, so kann auch eine niedrigere Geldstrafe ausgesprochen werden, als es dem Wert oder zweifachen Wert der unzulässig vereinbarten Leistung entspräche. Die für den Fall der Uneinbringlichkeit der Geldstrafe festzusetzende Ersatzfreiheitsstrafe darf sechs Wochen nicht übersteigen. *(BGBl 1993/800, ab 1. 3. 1994 und BGBl I 2001/98, ab 1. 1. 2002)*

(6) Ein Vermieter oder ein von diesem mit der Vermietung oder Verwaltung des Mietgegenstands Beauftragter, der dem Vermieter mit vollstreckbarer Entscheidung aufgetragene Erhaltungsarbeiten (§ 6 Abs. 1) nicht oder nur mit ungerechtfertigter Verzögerung durchführt oder durchführen läßt und

dadurch den Mieter erheblich und nachhaltig im Gebrauch des Mietgegenstands beeinträchtigt, ist vom Gericht mit Freiheitsstrafe bis zu sechs Monaten oder mit Geldstrafe bis zu 360 Tagessätzen zu bestrafen. *(BGBl 1993/800, ab 1. 3. 1994)*

(7) Ebenso ist ein Vermieter oder ein von diesem Beauftragter zu bestrafen, der – ungeachtet einer vollstreckbaren Entscheidung auf Unterlassung – eine der in § 8 Abs. 2 festgelegten Duldungspflichten des Hauptmieters in schikanöser und exzessiver Weise mißbraucht. *(BGBl 1993/800, ab 1. 3. 1994)*

Anrechnung von Dienstleistungen auf den Hauptmietzins

§ 28. Besteht der vereinbarte Hauptmietzins ganz oder teilweise in Dienstleistungen des Hauptmieters, so kann der Hauptmieter verlangen, daß der Wert der Dienstleistungen in der Höhe veranschlagt werde, die dem jeweiligen ortsüblichen Entgelt für Dienstleistungen solcher Art entspricht. Ergibt sich dadurch für die Dienstleistungen des Hauptmieters ein erheblich höherer Betrag als der nach diesem Bundesgesetz zulässige Mietzins, so hat der Vermieter dem Hauptmieter für die Dienstleistungen das angemessene Entgelt zu bezahlen. Der Vermieter kann aber seinerseits vom Hauptmieter statt der Dienstleistungen die Entrichtung des nach diesem Bundesgesetz zulässigen Mietzinses in barem begehren; das gleiche gilt, wenn zwar das Dienstverhältnis, nicht aber das Hauptmietverhältnis beendet wird.

Auflösung und Erneuerung des Mietvertrages; Zurückstellung des Mietgegenstandes

§ 29. (1) Der Mietvertrag wird aufgelöst

1. durch Aufkündigung,

2. durch den Untergang des Mietgegenstandes, wenn und soweit eine Pflicht zur Wiederherstellung (§ 7) nicht besteht,

3. durch Zeitablauf, jedoch nur wenn

a) im Haupt- oder Untermietvertrag schriftlich vereinbart wurde, dass er durch den Ablauf der bedungenen Zeit erlischt,

b) bei Wohnungen die ursprünglich vereinbarte Vertragsdauer oder die Verlängerung der Vertragsdauer (Abs. 4) jeweils mindestens drei Jahre beträgt.

(BGBl I 2000/36, ab 1. 7. 2000, s § 49c Abs. 6)

4. wenn der Mieter vom Vertrag vor dem Ablauf der bedungenen Zeit aus den Gründen des § 1117 des allgemeinen bürgerlichen Gesetzbuchs absteht,

5. wenn der Vermieter wegen erheblich nachteiligen Gebrauches des Mietgegenstandes oder wegen Säumnis bei der Bezahlung des Mietzinses nach § 1118 des allgemeinen bürgerlichen Gesetzbuches die frühere Aufhebung des Vertrages fordert.

(2) Im Fall eines nach Abs. 1 Z 3 befristeten Haupt- oder Untermietvertrags über eine Wohnung hat der Mieter nach Ablauf eines Jahres der ursprünglich vereinbarten oder verlängerten Dauer des Mietverhältnisses das unverzichtbare und unbeschränkbare Recht, den Mietvertrag vor Ablauf der bedungenen Zeit jeweils zum Monatsletzten gerichtlich unter Einhaltung einer dreimonatigen Kündigungsfrist zu kündigen. *(BGBl I 2000/36, ab 1. 7. 2000)*

(3) Mietverträge auf bestimmte Zeit, die durch den Verlauf der Zeit nicht auflösbar sind oder nicht aufgelöst werden, gelten als auf unbestimmte Zeit erneuert. *(BGBl I 2000/36, ab 1. 7. 2000)*

(4) Nach Abs. 1 Z 3 befristete Mietverträge können schriftlich beliebig oft um jede – bei Wohnungen jedoch drei Jahre jeweils nicht unterschreitende – Vertragsdauer erneuert werden. *(BGBl I 2000/36, ab 1. 7. 2000)*

(4a) *(aufgehoben, BGBl I 2000/36, ab 1. 7. 2000, s § 49c Abs. 7)*

(4b) *(aufgehoben, BGBl I 2000/36, ab 1. 7. 2000, s § 49c Abs. 7)*

(4c) *(aufgehoben, BGBl I 2000/36, ab 1. 7. 2000, s § 49c Abs. 7)*

§ 29a. *(aufgehoben, BGBl I 2000/36, ab 1. 7. 2000)*

Kündigungsbeschränkungen

§ 30. (1) Der Vermieter kann nur aus wichtigen Gründen den Mietvertrag kündigen.

(2) Als ein wichtiger Grund ist es insbesondere anzusehen, wenn

1. der Mieter trotz einer nach dem Eintritt der Fälligkeit erfolgten Mahnung mit der Bezahlung des Mietzinses über die übliche oder ihm bisher zugestandene Frist hinaus, mindestens aber acht Tage im Rückstand ist;

2. der Mieter, dessen vereinbarter Mietzins ganz oder teilweise in eigenen Dienstleistungen besteht, die bedungenen Dienste vertragswidrig verweigert;

3. der Mieter vom Mietgegenstand einen erheblich nachteiligen Gebrauch macht, namentlich den Mietgegenstand in arger Weise vernachlässigt oder durch sein rücksichtsloses, anstößiges oder sonst grob ungehöriges Verhalten den Mitbewohnern das Zusammenwohnen verleidet oder sich gegenüber dem Vermieter oder einer im Haus wohnenden Person einer mit Strafe bedrohten Handlung gegen das Eigentum, die Sittlichkeit oder die körperliche Sicherheit schuldig macht, sofern es sich nicht um Fälle handelt, die nach den Umständen als geringfügig zu bezeichnen sind; dem Verhalten des Mieters steht, soweit er es unterließ, die ihm mögliche Abhilfe zu schaffen, das Verhalten seines Ehegatten und der anderen mit ihm zusammenwohnenden Familienangehörigen sowie der von ihm sonst in die gemieteten Räume aufgenommenen Personen gleich;

4. der Mieter den Mietgegenstand mit oder ohne Beistellung von Einrichtungsgegenständen ganz weitergegeben hat und ihn offenbar in naher Zeit nicht für sich oder die eintrittsberechtigten Personen (§ 14 Abs. 3) dringend benötigt oder, wenngleich auch nur teilweise, durch Überlassung an einen Dritten gegen eine im Vergleich zu dem von ihm zu entrichtenden Mietzins und etwaigen eigenen Leistungen an den Dritten unverhältnismäßig hohe Gegenleistung verwertet. Die teilweise Weitergabe einer Wohnung kommt einer gänzlichen Weitergabe gleich, wenn die nicht weitergegebenen Teile der Wohnung nicht zur Befriedigung des Wohnbedürfnisses des Mieters oder der eintrittsberechtigten Personen regelmäßig verwendet werden;

5. die vermieteten Wohnräume nach dem Tod des bisherigen Mieters nicht mehr einem dringenden Wohnbedürfnis eintrittsberechtigter Personen (§ 14 Abs. 3) dienen;

6. die vermietete Wohnung nicht zur Befriedigung des dringenden Wohnbedürfnisses des Mieters oder der eintrittsberechtigten Personen (§ 14 Abs. 3) regelmäßig verwendet wird, es sei denn, daß der Mieter zu Kur- oder Unterrichtszwecken oder aus beruflichen Gründen abwesend ist;

7. die vermieteten Räumlichkeiten nicht zu der im Vertrag bedungenen oder einer gleichwertigen geschäftlichen Betätigung regelmäßig verwendet werden, es sei denn, daß der Mieter nur vorübergehend wegen Urlaubs, Krankheit oder Kuraufenthalts abwesend ist;

8. der Vermieter die gemieteten Wohnräume für sich selbst oder für Verwandte in absteigender Linie dringend benötigt und ihm oder der Person, für die der Mietgegenstand benötigt wird, aus der Aufrechterhaltung des Mietvertrags ein unverhältnismäßig größerer Nachteil erwüchse als dem Mieter aus der Kündigung; die Abwägung der beiderseitigen Interessen entfällt, wenn es sich um eine vom Wohnungseigentümer nach Wohnungseigentumsbegründung vermietete Eigentumswohnung handelt; *(BGBl I 2001/161, ab 1. 1. 2002, s § 49d Abs 2)*

9. der Vermieter den Mietgegenstand für sich selbst oder für Verwandte in gerader Linie dringend benötigt und dem Mieter Ersatz beschaffen wird;

10. der Vermieter den Mietgegenstand, der schon vor der Kündigung zur Unterbringung von Arbeitern oder sonstigen Angestellten des eigenen Betriebes bestimmt war, für diesen Zweck dringend benötigt;

11. ein dem Bund, einem Bundesland oder einer Gemeinde gehöriger Mietgegenstand auf eine Art verwendet werden soll, die in höherem Maß den Interessen der Verwaltung dient als die gegenwärtige Verwendung, und dem Mieter Ersatz beschafft wird;

12. bei Untermietverhältnissen durch die Fortsetzung der Untermiete wichtige Interessen des Untervermieters verletzt würden, namentlich wenn der Untervermieter den Mietgegenstand für sich selbst oder für nahe Angehörige dringend benötigt oder wenn ihm nach den Umständen die Aufrechterhaltung der Wohnungsgemeinschaft mit dem Untermieter billigerweise nicht zugemutet werden kann;

13. ein im Mietvertrag schriftlich als Kündigungsgrund vereinbarter Umstand eintritt, der in bezug auf die Kündigung oder die Auflösung des Mietverhältnisses für den Vermieter (Untervermieter), für seine nahen Angehörigen (§ 14 Abs. 3) oder für das Unternehmen, für das der Vermieter (Untervermieter) allein oder in Gemeinschaft mit anderen Personen vertretungsbefugt ist, als wichtig und bedeutsam anzusehen ist;

14. die ordnungsgemäße Erhaltung des Miethauses, in dem sich der Mietgegenstand befindet, aus den Hauptmietzinsen einschließlich der zur Deckung eines erhöhten Erhaltungsaufwandes zulässigen erhöhten Hauptmietzinse weder derzeit, noch auf Dauer sichergestellt werden kann, die baubehördliche Bewilligung zur Abtragung des Miethauses erteilt worden ist und dem Mieter Ersatz beschafft wird;

15. ein Miethaus ganz oder in dem Teil, in dem sich der Mietgegenstand befindet, abgetragen oder umgebaut werden soll, mit dem Abbruch (Umbau) die Errichtung eines neuen (geänderten) Baues sichergestellt ist,

die Bezirksverwaltungsbehörde auf Antrag des Bauwerbers mit Bescheid erkannt hat, daß selbst unter Berücksichtigung schutzwürdiger Interessen der bisherigen Mieter der geplante Neubau (Umbau) aus Verkehrsrücksichten, zu Assanierungszwecken, zur Vermehrung der Wohnungen, die zur Beseitigung oder Milderung eines im Ortsgebiet bestehenden quantitativen Wohnungsbedarfes oder eines qualitativen Wohnfehlbestandes geeignet sind, oder aus anderen Gründen im öffentlichen Interesse liegt und dem Mieter Ersatz beschafft wird; *(BGBl 1991/68, ab 1. 3. 1991)*

16. der Hauptmieter einer Wohnung der Ausstattungskategorie „D" weder bereit ist, eine vom Vermieter im Sinn des „§ 4 Abs. 4"* angebotene Standardverbesserung zuzulassen, noch die angebotene Standardverbesserung selbst durchzuführen, und dem Mieter Ersatz beschafft wird. *(* BGBl 1985/559)*

(3) Eine Vereinbarung, wonach dem Vermieter das Kündigungsrecht unbeschränkt oder in einem weiteren als dem vorstehend bestimmten Maß zustehen soll, ist rechtsunwirksam. Überdies kann der Vermieter, der das Miethaus durch Rechtsgeschäft unter Lebenden erworben hat, aus dem Grund des Abs. 2 Z 8 nur kündigen, wenn zwischen dem Zeitpunkt der Erwerbung und dem Kündigungstermin mindestens zehn Jahre liegen. Ein Miteigentümer kann die Kündigungsgründe des Abs. 2 Z 8 bis 11 überdies nur geltend machen, wenn er wenigstens Eigentümer zur Hälfte ist.

Teilkündigung

§ 31. (1) Benötigt der Vermieter oder ein Miteigentümer des Hauses, der wenigstens Eigentümer zur Hälfte ist, einzelne Teile eines Mietgegenstandes für sich oder für Verwandte in gerader Linie dringend, so kann er den Mietvertrag in Ansehung dieser Teile aufkündigen, wenn der restliche Teil des Mietgegenstandes abgesondert benutzbar ist oder ohne unverhältnismäßige Schwierigkeiten abgesondert benutzbar gemacht werden kann und zur Befriedigung des Wohnbedürfnisses des Mieters und der schon bisher mit ihm im gemeinsamen Haushalt darin wohnenden eintrittsberechtigten Personen oder zur Besorgung seiner Geschäfte ausreicht. Die hiefür erforderlichen Kosten hat mangels anderweitiger Vereinbarung der Vermieter zu tragen.

(2) Im Rechtsstreit auf Grund von Einwendungen gegen eine Aufkündigung kann auf Antrag die Kündigung hinsichtlich einzelner Teile des ganz aufgekündigten Mietgegenstandes oder anderer als der vom Vermieter in Anspruch genommenen Teile als wirksam erkannt, hinsichtlich der übrigen aber aufgehoben werden, wenn der Kündigungsgrund nicht hinsichtlich des ganzen Mietgegenstandes gegeben ist und eine abgesonderte Benutzung der entstehenden Teile des Mietgegenstandes möglich ist oder ohne unverhältnismäßige Schwierigkeiten möglich gemacht werden kann. Die Bestimmung des Abs. 1 über die Kosten findet Anwendung.

(3) Wird eine Kündigung nur hinsichtlich eines Teiles des Mietgegenstandes als wirksam erkannt, so steht es dem Mieter frei zu erklären, daß er den Mietvertrag auch hinsichtlich des restlichen Teiles des Mietgegenstandes nicht fortsetzen will. Eine solche Erklärung ist, um rechtsgültig zu sein, ohne Verzug nach Rechtskraft des Urteils gegenüber dem Vermieter abzugeben; der Mietvertrag endet dann hinsichtlich des ganzen Mietgegenstandes an dem Tage, der sich für den wirksam gekündigten Teil aus dem Urteil ergibt. Muß der restliche Teil des Mietgegenstandes erst abgesondert benutzbar gemacht werden, so hat der Mieter dem Vermieter den diesem zugesprochenen Teil erst zu übergeben, wenn der ihm verbleibende Teil abgesondert benutzbar gemacht ist. Die erforderlichen Arbeiten hat der Mieter zu gestatten. Dies ist im Urteil auszusprechen.

(4) In Fällen der in den vorhergehenden Absätzen bezeichneten Art hat der Mieter für den verbleibenden Teil des Mietgegenstandes einen Mietzins zu entrichten, der gegenüber dem bisher entrichteten Mietzins angemessen vermindert ist. Entsteht darüber Streit, so kann der Vermieter oder der Mieter bei Gericht den Antrag auf Entscheidung stellen.

(5) Die vorstehenden Bestimmungen gelten sinngemäß, wenn der Vermieter, der den Mietgegenstand mit Einrichtungsgegenständen vermietet hat, die Einrichtungsgegenstände oder einzelne von ihnen dringend benötigt, desgleichen für Nebenräume, wie Keller- oder Dachbodenräume, oder Nebenflächen, wie Terrassen, Hausgärten, Abstell- oder Ladeflächen, die mit einer Wohnung, einem Wohnraum oder einer sonstigen Räumlichkeit mitvermietet worden sind.

(6) Überdies kann auch der Mieter die Miete von mitgemieteten Nebenräumen oder Nebenflächen aufkündigen, wenn die aufgekündigten Nebenräume oder Nebenflächen abgesondert benutzbar sind oder ohne unverhältnismäßige Schwierigkeiten abgesondert benutzbar gemacht werden können. In

diesen Fällen hat die für die Abtrennung erforderlichen Kosten mangels anderweitiger Vereinbarung der aufkündigende Mieter zu tragen.

Ersatzbeschaffung

§ 32. (1) Kündigt der Vermieter dem Mieter einen Mietgegenstand aus Gründen des § 30 Abs. 2 Z 9, 11, 14 bis 16 auf, so kann er sich in der Kündigung vorbehalten, die hiernach gebotenen Ersatzmietgegenstände erst im Zug des Verfahrens anzubieten. Erhebt der Mieter gegen diese Aufkündigung Einwendungen, so hat das Gericht vorab durch Zwischenurteil darüber zu entscheiden, ob der Kündigungsgrund – vorbehaltlich der Ersatzbeschaffung – gegeben ist.

(2) Wird durch Zwischenurteil entschieden, daß der Kündigungsgrund gegeben ist, so hat der Vermieter binnen drei Monaten nach dem Eintritt der Rechtskraft des Zwischenurteils dem Mieter bei Geschäftsräumlichkeiten einen nach Lage und Beschaffenheit angemessenen, bei Wohnungen zwei entsprechende Wohnungen zur Auswahl mit Schriftsatz als Ersatz anzubieten. Eine Wohnung ist entsprechend, wenn sie dem Mieter nach der Größe, der Ausstattung, der Lage und der Höhe des Mietzinses unter Berücksichtigung seiner persönlichen, familiären und wirtschaftlichen Verhältnisse zumutbar ist. Das gleiche gilt, wenn der Mieter gegen die Aufkündigung Einwendungen nicht erhebt oder ausdrücklich erklärt, gegen das Vorliegen des Kündigungsgrundes Einwendungen nicht zu erheben. Der Vermieter kann erst nach Ablauf von drei Monaten nach Zustellung des Anbots an den Mieter die Fortsetzung des Verfahrens beantragen. Bietet der Vermieter innerhalb der dreimonatigen Frist die Ersatzmietgegenstände nicht an oder entspricht der Ersatz nach Ansicht des Mieters nicht den Erfordernissen, so kann der Mieter die Fortsetzung des Verfahrens beantragen.

(3) Im Zug des fortgesetzten Verfahrens hat der Vermieter auf Begehren des Mieters überdies eine angemessene Entschädigung anzubieten. Kommt der Vermieter diesem Begehren nicht nach oder ist die Höhe der Entschädigung strittig, so hat das Gericht vor Schluß der Verhandlung die angemessene Entschädigung durch Beschluß festzusetzen und nach Eintritt der Rechtskraft dieses Beschlusses über die Aufkündigung durch Endurteil zu entscheiden. Die Aufkündigung ist für rechtswirksam zu erklären, wenn der Mieter

1. spätestens im Zug des Rechtsstreits erster Instanz das Anbot bezüglich einer der angebotenen Wohnungen, bezüglich des sonst angebotenen Ersatzmietgegenstandes oder bezüglich der angebotenen oder vom Gericht festgesetzten Entschädigung angenommen hat; im Urteil ist die Pflicht zur Räumung Zug um Zug gegen Leistung des angenommenen Ersatzmietgegenstandes oder der angenommenen Entschädigung und unter gegenseitiger Aufhebung der Verfahrenskosten auszusprechen, oder

2. weder einen Ersatzmietgegenstand noch eine Entschädigung angenommen hat und sich erweist, daß das Anbot bezüglich einer der angebotenen Wohnungen oder bezüglich des sonst angebotenen Ersatzmietgegenstandes im Sinn des Abs. 2 angemessen oder entsprechend gewesen ist; in diesem Fall gebührt dem Mieter, unbeschadet seiner Pflicht zur Räumung, die angemessene Entschädigung.

(4) Eine Entschädigung ist angemessen, wenn sie die Kosten für die Beschaffung eines den Voraussetzungen des Abs. 2 angemessenen oder entsprechenden Ersatzmietgegenstandes deckt.

(5) Der Vermieter hat überdies dem Mieter nach der Räumung die für den Umzug in der Gemeinde erforderlichen Übersiedlungskosten zu ersetzen. Das gleiche gilt im Fall des Umzugs in eine angebotene Ersatzwohnung oder Geschäftsräumlichkeit, die außerhalb des Gemeindegebiets gelegen ist. Zieht der Betroffene in eine außerhalb des Gemeindegebiets gelegene Wohnung um, die nicht angeboten (Abs. 2) worden ist, so hat der Vermieter die Übersiedlungskosten in einer für den Umzug innerhalb der Gemeinde erforderlichen Höhe zu ersetzen. Dieser Anspruch auf Ersatz der Übersiedlungskosten besteht auch in den Fällen einer Kündigung aus den Gründen des § 30 Abs. 2 Z 8 oder in den Fällen einer Kündigung wegen Eigenbedarfs nach § 30 Abs. 2 Z 12.

Gerichtliche Kündigung

§ 33. (1) Mietverträge können nur gerichtlich gekündigt werden. Der Vermieter hat in der Kündigung die Kündigungsgründe kurz anzuführen; andere Kündigungsgründe kann er in diesem Verfahren nicht mehr geltend machen. Werden gegen die Kündigung Einwendungen erhoben, so hat der Vermieter nachzuweisen, daß der von ihm geltend gemachte Kündigungsgrund gegeben ist. Gegen die Versäumung der Frist zur Anbringung von Einwendungen ist die Wiedereinsetzung in den vorigen Stand nach den Bestimmungen der §§ 146ff. ZPO zulässig.

(2) Wenn ein Mieter, dem aus dem Grund des § 30 Abs. 2 Z 1 gekündigt wurde und den an dem Zahlungsrückstand kein grobes Verschulden trifft, vor Schluß der der Entscheidung des Gerichtes erster Instanz unmittelbar vorangehenden Verhandlung den geschuldeten Betrag entrichtet, so ist die Kündigung aufzuheben; der Mieter hat jedoch dem Vermieter die Kosten zu ersetzen, soweit ihn ohne seine Zahlung eine Kostenersatzpflicht getroffen hätte. Ist die Höhe des geschuldeten Betrages strittig, so hat das Gericht vor Schluß der Verhandlung darüber durch Beschluß zu entscheiden.

(3) Abs. 2 gilt sinngemäß, wenn in einem Verfahren über eine Kündigung nach § 30 Abs. 2 Z 16 der Mieter sich vor Schluß der der Entscheidung des Gerichtes erster Instanz unmittelbar vorangehenden Verhandlung mit der Standardverbesserung einverstanden erklärt, sowie in Rechtsstreitigkeiten wegen Aufhebung der Miete und Räumung des Mietgegenstandes, wenn der Klagsanspruch darauf gegründet ist, daß der Mieter nach geschehener Einmahnung mit der Bezahlung des Mietzinses dergestalt säumig war, daß er mit dem Ablauf des Termines den rückständigen Mietzins nicht vollständig entrichtet hatte (§ 1118 ABGB).

Benachrichtigung der Gemeinde

§ 33a. Sobald gegen einen Mieter ein auf die Erwirkung eines Exekutionstitels auf Räumung von Wohnräumen abzielendes Verfahren eingeleitet oder mit einem Mieter von Wohnräumen ein Räumungsvergleich abgeschlossen wird, hat das Gericht davon die Gemeinde zu benachrichtigen, sofern sich der Mieter nicht gegen diese Benachrichtigung ausspricht; das Gericht hat dem Mieter Gelegenheit zu einer solchen Ablehnung zu geben. Die Gemeinde kann soziale Institutionen, die Hilfeleistungen bei drohendem Wohnungsverlust oder Obdachlosigkeit erbringen, von der Verfahrenseinleitung oder dem Vergleichsabschluß informieren. *(BGBl I 1999/147, ab 1. 1. 2000, auf zu diesem Zeitpunkt anhängige Verfahren ist nicht § 33a, sondern weiterhin der bisherige § 34 Abs 3 anzuwenden.)*

Verlängerung der Räumungsfrist im Urteil

§ 34. (1) Das Gericht kann in Rechtssachen über die Kündigung oder Räumung gemieteter Wohnräume auf Antrag im Urteil eine längere als die gesetzliche Räumungsfrist festsetzen, wenn der Mieter wichtige Gründe dafür geltend macht und dem Vermieter aus der Verzögerung der Räumung kein unverhältnismäßiger Nachteil erwächst. Die Verlängerung darf nicht mehr als neun Monate betragen. Eine solche Entscheidung kann ohne gleichzeitige Anfechtung der in der Hauptsache ergangenen Entscheidung nur mit Rekurs angefochten werden; gegen die Entscheidung des Gerichtes zweiter Instanz findet kein Rechtsmittel statt.

(2) Während der Dauer der verlängerten Räumungsfrist bleiben, unbeschadet gegenteiliger Vereinbarung und einer nach den Bestimmungen dieses Bundesgesetzes zulässigen Erhöhung des Mietzinses, die Rechte und Pflichten aus dem Mietverhältnis so wie bisher aufrecht.

(3) Hat der Mieter selbst den Mietgegenstand gekündigt, sind die Abs. 1 und 2 nicht anzuwenden. *(BGBl I 2000/36, ab 1. 7. 2000, s § 49c Abs. 9)*

(4) *(aufgehoben, BGBl I 2000/36, ab 1. 7. 2000)*

(5) *(aufgehoben, BGBl I 2000/36, ab 1. 7. 2000, s § 49c Abs. 7)*

Räumungsschutz des Scheinuntermieters

§ 34a. (1) Mit der Räumung ist innezuhalten, wenn den zu räumenden Mietgegenstand ein Mieter nutzt, der glaubhaft macht, daß die Räumungsexekution zur Umgehung der Ansprüche des Mieters nach § 2 Abs. 3 auf Anerkennung als Hauptmieter vollzogen werden soll. Dies ist jedenfalls dann nicht anzunehmen, wenn der betreibende Gläubiger nachweist, daß er den Mieter gemäß § 2 Abs. 2 vor Entstehung des der Räumung zugrunde liegenden Exekutionstitels von der Endigung des Hauptmietverhältnisses schriftlich verständigt hat.

(2) Die Aufschiebung (Hemmung) der Exekution kann auf Antrag angeordnet werden, wenn ein Antrag auf Anerkennung als Hauptmieter nach § 2 Abs. 3 gestellt und glaubhaft gemacht ist, daß die Räumungsexekution zur Umgehung der Ansprüche des Mieters nach § 2 Abs. 3 auf Anerkennung als Hauptmieter vollzogen werden soll. Im übrigen gelten die Bestimmungen der Exekutionsordnung über die Aufschiebung der Exekution; § 44 Abs. 2 Z 3 EO ist nicht anzuwenden.

(3) Die Exekution ist auf Antrag unter gleichzeitiger Aufhebung aller bis dahin vollzogenen Exekutionsakte einzustellen, wenn der in Abs. 1 angeführte Mieter rechtskräftig als Hauptmieter im Sinne des § 2 Abs. 3 anerkannt ist.

(BGBl 1991/68, ab 1. 3. 1991)

[Außerkrafttreten des Exekutionstitels;] Aufschiebung der Räumungsexekution

§ 35. (1) Ist ein Mieter, dem rechtskräftig gekündigt worden ist, im Fall der zwangsweisen Räumung der Wohnung oder eines Wohnraumes der Obdachlosigkeit ausgesetzt, so ist auf seinen Antrag die Räumungsexekution aufzuschieben (§ 42 EO), wenn die Aufschiebung dem betreibenden Vermieter nach Lage der Verhältnisse zugemutet werden kann. Die so bewilligte Verlängerung der Räumungsfrist soll drei Monate nicht übersteigen. Bei besonders berücksichtigungswürdigen Umständen darf darüber hinaus ein weiterer Aufschub, jedoch höchstens zweimal und jeweils nicht länger als um drei Monate, bewilligt werden. Wurde bereits im Urteil eine Verlängerung der Räumungsfrist nach § 34 Abs. 1 bewilligt, so darf eine weitere Verlängerung der Räumungsfrist nur bei Vorliegen besonders berücksichtigungswürdiger Umstände bewilligt werden, und es darf die Gesamtdauer der so bewilligten Räumungsaufschübe ein Jahr nicht übersteigen. Während der Dauer eines Aufschubes gilt der § 34 Abs. 2.

(2) Setzt der Mieter nach der Bewilligung des Aufschubes der Räumungsexekution einen neuen Kündigungsgrund, so ist auf Antrag des Vermieters nach Einvernehmung des Mieters (§ 56 EO) die Aufschiebung zu widerrufen und, wenn die ursprüngliche Räumungsfrist bereits abgelaufen ist, eine neue Räumungsfrist zu bestimmen, die auf das zur freiwilligen Räumung unbedingt erforderliche Maß zu beschränken ist.

(3) Im Verfahren über die Aufschiebung der Räumungsexekution findet ein Kostenersatz zwischen den Parteien nicht statt.

Ersatz des Ausmietungsschadens

§ 36. Der Vermieter, der aus Gründen des § 30 Abs. 2 Z 8, 9, 10, 11, 14, 15 oder 16, ebenso der Vermieter, der auf Grund einer Kündigung nach § 30 Abs. 2 Z 13 wegen des Eintritts eines bestimmten Bedarfes einen gerichtlichen Exekutionstitel auf Räumung des Mietgegenstandes erwirkt hat, der den Mietgegenstand aber nach dessen Räumung entweder gar nicht oder anderweitig verwertet, ohne durch eine mittlerweile eingetretene Änderung der Verhältnisse dazu veranlaßt zu sein, hat dem so ausgemieteten Mieter den durch die Ausmietung tatsächlich erlittenen Schaden zu ersetzen.

Entscheidungen im Verfahren außer Streitsachen

§ 37. (1) Über die Anträge[1]) in den im folgenden genannten Angelegenheiten entscheidet das für Zivilrechtssachen zuständige Bezirksgericht, in dessen Sprengel das Miethaus gelegen ist:

1. Anerkennung als Hauptmieter (§ 2 Abs. 3);

2. Durchführung von Erhaltungs- oder Verbesserungsarbeiten (§§ 3, 4 und 6);

3. Durchsetzung der Anbotspflicht (§ 5 Abs. 2);

4. Durchsetzung des Anspruchs auf Wiederherstellung (§ 7);

5. Duldung von Eingriffen in das Mietrecht zur Durchführung von Erhaltungs-, Verbesserungs-, Änderungs- und Errichtungsarbeiten einschließlich des Anspruches auf angemessene Entschädigung (§ 8 Abs. 2 und 3 und § 18c Abs. 2); *(BGBl 1993/800, ab 1. 3. 1994)*

6. Veränderung (Verbesserung) des Mietgegenstandes (§ 9) sowie Feststellung der Höhe und Ersatz von Aufwendungen auf eine Wohnung (§ 10); *(BGBl 1991/68, ab 1. 3. 1991)*

7. Wohnungstausch (§ 13);

8. Angemessenheit des vereinbarten oder begehrten Hauptmietzinses (§§ 12a, 16, 43, 44, „45", 46, 46a, 46c), Untermietzinses (§ 26) und Anrechnung von Dienstleistungen auf den Hauptmietzins (§ 28); *(BGBl 1993/800, ab 1. 3. 1994, und BGBl I 2001/161, ab 1. 1. 2002, s § 49d Abs 4)*

8a. Aufgliederung eines Pauschalmietzinses (§ 15 Abs. 4); *(BGBl 1993/800, ab 1. 3. 1994)*

9. Verteilung der Gesamtkosten und Anteil eines Mietgegenstandes an den Gesamtkosten (§ 17);

10. Erhöhung der Hauptmietzinse (§§ 18, 18a, 18b, 19) sowie Höhe und Zuordnung der Kosten von Baumaßnahmen gemäß § 18c (§ 18c Abs. 4); *(BGBl 1993/800, ab 1. 3. 1994)*

11. Legung der Abrechnungen (§ 20 Abs. 3 und 4, § 21 Abs. 5, § 24 Abs. 3, § 45 Abs. 2); *(BGBl 1985/559)*

12. Betriebskosten und laufende öffentliche Abgaben, Auslagen für die Verwaltung, „Aufwendungen für die Hausbetreuung," besondere Aufwendungen (§§ 21 bis 24); *(BGBl I 1997/22, ab 1. 3. 1997, s § 49b Abs. 11, und BGBl I 2000/36, ab 1. 7. 2000, s § 49c Abs. 5)*

12a. Entgelt für mitvermietete Einrichtungsgegenstände und sonstige Leistungen

(§ 25); *(BGBl I 1997/22, ab 1. 3. 1997, s § 49b Abs. 11)*

13. Angemessenheit des Erhaltungs- und Verbesserungsbeitrags und Rückzahlung sowie Bekanntgabe der Erhaltungs- und Verbesserungsarbeiten (§ 45)[2]); *(BGBl 1985/559)*

14. Rückzahlungen von verbotenen Leistungen und Entgelten (§ 27). *(BGBl 1991/68, ab 1. 3. 1991)*

(2) Liegen im Falle eines Wohnungstausches (Abs. 1 Z 7, § 13) die Miethäuser in den Sprengeln verschiedener Bezirksgerichte, so ist, sofern der Antrag gemeinsam bei einem der Bezirksgerichte gestellt wird, dieses, sonst das zuerst angerufene der beiden Bezirksgerichte zuständig.

(2a) Gilt der Verteilungsschlüssel für die Gesamtkosten des Hauses (§ 17 Abs. 1) gemäß § 19 Abs. 1 zweiter Satz WEG 1975 auch für die Miteigentümer der Liegenschaft, so stehen jedem dieser Miteigentümer in den im Abs. 1 Z 9 angeführten Angelegenheiten die im Abs. 3 und 4 genannten Rechte und Pflichten in gleicher Weise wie einem Hauptmieter zu. *(BGBl I 1997/22, ab 21. 2. 1997, s § 49b Abs. 11 und 12)*

(3) In den im Abs. 1 genannten Verfahren gelten die allgemeinen Bestimmungen über das Verfahren außer Streitsachen mit folgenden Besonderheiten:

1. Die Verfahren werden auf Antrag eingeleitet.

2. „Von Verfahren, die von einem oder mehreren Hauptmietern einer Liegenschaft gegen den (die) Vermieter eingeleitet werden, hat das Gericht auch die anderen Hauptmieter der Liegenschaft, deren Interessen durch die Stattgebung des Antrages unmittelbar berührt werden könnten, zu verständigen; dies gilt insbesondere auch für die im Abs. 1 Z 12 angeführten Angelegenheiten." Auch diesen Hauptmietern ist Gelegenheit zur Teilnahme am Verfahren zu geben; es genügt, wenn sie zu einem Zeitpunkt, zu dem dies noch zulässig ist, Gelegenheit zu Sachvorbringen haben. *(BGBl I 1997/22, ab 1. 3. 1997, s § 49b Abs. 11)*

3. In Verfahren, die vom Vermieter gegen Hauptmieter einer Liegenschaft eingeleitet werden, kommt Parteistellung den Hauptmietern der Liegenschaft zu, deren Interessen durch die Stattgebung des Antrages unmittelbar berührt werden könnten. Kommt in einem solchen Verfahren allen Hauptmietern der Liegenschaft Parteistellung zu, so kann der Antrag gegen „die Hauptmieter der Liegenschaft" gerichtet und die namentliche Bezeichnung der Antragsgegner durch die Vorlage eines Mieterverzeichnisses ersetzt werden.

4. Sind von einem Verfahren nach Z 2 auch andere Hauptmieter der Liegenschaft zu verständigen, so kann die Zustellung an diese Hauptmieter durch einen Anschlag vorgenommen werden, der an einer allen Hausbewohnern deutlich sichtbaren Stelle des Hauses, falls das Haus mehrere Stiegenhäuser hat, in jedem Stiegenhaus anzubringen ist. Der Anschlag darf frühestens nach dreißig Tagen abgenommen werden. Die Zustellung des das Verfahren einleitenden Antrages ist mit Ablauf dieser Frist, spätere Zustellungen sind mit dem Anschlag als vollzogen anzusehen. Die Gültigkeit der Zustellung wird nicht dadurch berührt, daß der Anschlag noch vor dieser Zeit abgerissen oder beschädigt wurde.

5. Kommt in einem Verfahren nach Z 3 mehr als sechs Hauptmietern Parteistellung zu, so kann die Zustellung an diese Hauptmieter durch einen Anschlag nach Z 4 verbunden mit einer individuellen Zustellung an einen dieser Hauptmieter, der vom Gericht zu bestimmen ist, vorgenommen werden.

6. Mehreren Parteien, die durch einen gemeinsamen Antrag ein Verfahren eingeleitet haben, ist nur einmal zuzustellen, und zwar zu Handen des von ihnen namhaft gemachten Vertreters (Zustellbevollmächtigten), sonst zu Handen der im Antrag zuerst genannten Partei. Überdies kann für namentlich bestimmte Parteien, deren Interessen nicht offenbar widerstreiten, jederzeit auch von Amts wegen ein gemeinsamer Zustellbevollmächtigter bestellt werden; hiefür gilt § 97 ZPO sinngemäß.

7. Zustellungen an den (die) Vermieter können auch zu Handen des für die Liegenschaft bestellten Verwalters vorgenommen werden.

8. Den für das Verfahren bestellten und dem Gericht ausgewiesenen Parteienvertretern ist jedenfalls zuzustellen.

9. Schriftsätze sind in mindestens dreifacher Ausfertigung einzubringen. Das Gericht kann die Vorlage weiterer, zur Verständigung der Parteien erforderlicher Ausfertigungen anordnen.

10. Schriftliche Ladungen an die Parteien des Verfahrens haben den Beisatz zu enthalten, daß es ihnen freisteht, sich schriftlich zu äußern oder bei der mündlichen Verhandlung zu erscheinen.

11. Zur Vertretung der Parteien in erster und zweiter Instanz sind auch die Funktionäre und Angestellten derjenigen Vereine befugt, zu deren satzungsmäßigen Zwecken

der Schutz und die Vertretung der Interessen der Vermieter (Hausbesitzer) oder der Mieter gehört und die sich mit der Beratung ihrer Mitglieder in Mietangelegenheiten in mehr als zwei Bundesländern regelmäßig befassen.

12. Sind zur Entscheidung Ermittlungen oder Beweisaufnahmen notwendig, so hat der Entscheidung eine mündliche Verhandlung voranzugehen. Für die Protokolle und Beweise gelten die Bestimmungen der Zivilprozeßordnung; der § 183 Abs. 2 ZPO gilt nicht, jedoch sind die Vorschriften über zugestandene Tatsachen (§§ 266, 267 ZPO) anzuwenden.

13. Die §§ 146 bis 153 ZPO (Wiedereinsetzung in den vorigen Stand), §§ 168 bis 170 ZPO (Ruhen des Verfahrens) sowie §§ 236 und 259 Abs. 2 ZPO (Zwischenantrag auf Feststellung) sind anzuwenden.

14. Ein Verfahren kann, sofern dies zweckmäßig ist, mit einem anderen Verfahren nach Abs. 1, nach § 26 WEG 1975 oder nach § 22 WGG verbunden oder wegen eines solchen Verfahrens unterbrochen werden.

15. Die Entscheidung in der Sache ergeht mit Sachbeschluß.

16. Vorbehaltlich der „Z 17, 18 und 18a" gelten für Rekurse der Dritte Abschnitt des Vierten Teiles der Zivilprozeßordnung mit Ausnahme der Bestimmungen über die Unterfertigung eines schriftlichen Rekurses durch einen Rechtsanwalt. *(BGBl I 1997/140, ab 1. 1. 1998, anzuwenden, wenn das Datum der Entscheidung der zweiten Instanz nach dem 31. 12. 1997 liegt)*

17. Richtet sich ein Rekurs gegen einen Sachbeschluß, so

a) ist der § 517 ZPO nicht anzuwenden;

b) beträgt die Frist für den Rekurs vier Wochen;

c) ist eine Ausfertigung des Rekurses den Parteien, deren Interessen durch die Stattgebung des Rekurses unmittelbar berührt werden könnten, zuzustellen; die Z 4 und 5 über die Zustellung durch Anschlag sind schon bei der Zustellung an mehr als zwei Hauptmieter mit der Maßgabe anzuwenden, daß sich der Anschlag auf die Bekanntgabe der Rekurserhebung beschränken kann;

d) steht es den in lit. c genannten Parteien frei, binnen vier Wochen nach Zustellung des Rekurses bei dem Gericht erster Instanz eine Rekursbeantwortung einzubringen;

e) hat der Rekurs aufschiebende Wirkung;

f) hat das Rekursgericht, wenn es gegen die im Rekurs ausdrücklich bekämpften Feststellungen Bedenken hat – nach allfälliger Beweiswiederholung oder Beweisergänzung –, selbst Feststellungen zu treffen;

g) gilt für die Anberaumung und die Durchführung einer mündlichen Rekursverhandlung die Z 12.

18. Für Revisionsrekurse gegen Sachbeschlüsse oder für Rekurse gegen nach § 527 Abs. 2 ZPO anfechtbare Beschlüsse des Gerichtes zweiter Instanz, mit denen ein Sachbeschluß aufgehoben worden ist, gilt die Z 17 lit. a bis d; der § 528 Abs. 2 Z 1 und 2 ZPO ist nicht anzuwenden. Für Revisionsrekurse gegen Sachbeschlüsse gilt überdies der § 505 Abs. 3 und Abs. 4 zweiter Satz ZPO entsprechend; der außerordentliche Revisionsrekurs ist ohne die Einschränkungen nach § 528 Abs. 3 ZPO zulässig. *(BGBl I 1997/140, ab 1. 1. 1998, s Anm zu Z 16)*

18a. Die im § 528 Abs. 2 Z 1a, Abs. 2a und 3 ZPO genannten Rechtsmittelbeschränkungen gelten nur für solche Revisionsrekurse, die sich gegen Sachbeschlüsse in den im Abs. 1 Z 5, 6, 8, 8a, 11, 12, 12a, 13 und 14 angeführten Angelegenheiten richten, und überdies nur dann, wenn der Entscheidungsgegenstand insgesamt „10 000 Euro" nicht übersteigt. Unbeachtlich ist, ob der Entscheidungsgegenstand „4 000 Euro" übersteigt oder nicht. Besteht der Entscheidungsgegenstand in den im ersten Satz angeführten Angelegenheiten nicht ausschließlich in einem Geldbetrag, so hat das Rekursgericht auszusprechen, ob der Wert des Entscheidungsgegenstands insgesamt „10 000 Euro" übersteigt oder nicht. *(BGBl I 1997/140, ab 1. 1. 1998, s Anm zu Z 16, und BGBl I 2001/98, ab 1. 1. 2002)*

19. Die Kosten rechtsfreundlicher Vertretung hat grundsätzlich jede Partei selbst zu tragen; einer Partei ist jedoch der Ersatz solcher Kosten aufzutragen, die sie mutwillig durch die Stellung nicht gerechtfertigter Anträge verursacht hat. Inwieweit andere Kosten des Verfahrens von einer Partei zu ersetzen sind oder unter die Parteien zu teilen sind, hat das Gericht in einem Verfahren, an dem zwei Parteien oder zwei Gruppen von Parteien mit widerstreitenden Parteiinteressen beteiligt sind, unter sinngemäßer Anwendung der §§ 41ff. ZPO zu entscheiden. Liegen diese Voraussetzungen nicht vor, so gilt, daß diese Kosten des Verfahrens von den Parteien nach Billigkeit zu tragen sind; dabei ist zu berücksichtigen, in welchem Ausmaß die Parteien mit ihren Anträgen durchgedrungen sind, in wessen Interesse

das Verfahren durchgeführt wurde und welcher nicht zweckentsprechende Verfahrensaufwand zumindest überwiegend durch das Verhalten einzelner Parteien verursacht wurde.

20. Eine Verweisung auf den Rechtsweg ist nicht zulässig.

20a. In den in der Z 2 angeführten Verfahren erstreckt sich die Rechtskraft von antragsstattgebenden Entscheidungen über Feststellungsbegehren auf alle Hauptmieter, die von den Verfahren nach Z 2 und 4 verständigt worden sind. *(BGBl I 1997/22, ab 1. 3. 1997, s § 49b Abs. 11)*

21. Die rechtskräftigen Entscheidungen bilden einen Exekutionstitel nach der Exekutionsordnung; § 19 AußStrG ist nicht anzuwenden.

22. Zur Sicherung von Ansprüchen, die in einem Verfahren nach Abs. 1 geltend zu machen sind, kann das Gericht einstweilige Verfügungen nach der Exekutionsordnung erlassen. Soll die einstweilige Verfügung der Sicherung eines Anspruchs auf Durchführung von Erhaltungsarbeiten nach § 3 Abs. 3 Z 2 dienen, so kann ihre Bewilligung nicht von einer Sicherheitsleistung nach § 390 Abs. 2 der Exekutionsordnung abhängig gemacht werden. Wird ein Antrag auf Erlassung einer einstweiligen Verfügung bei Gericht gestellt, so kann ab diesem Zeitpunkt ein Verfahren vor der Gemeinde gemäß § 39 nicht mehr anhängig gemacht werden; für ein bereits vor der Gemeinde anhängiges Verfahren gilt § 40 Abs. 2 zweiter Satz sinngemäß. Der Antrag in der Hauptsache ist in diesen Fällen bei Gericht einzubringen. *(BGBl 1993/800, ab 1. 3. 1994)*

(4) Ergibt sich in einem Verfahren nach Abs. 1 ein Anspruch des antragstellenden Mieters auf Rückforderung oder Ersatz, so ist sein Gegner auch zur Zahlung des hienach zustehenden Betrages samt Zinsen binnen 14 Tagen bei Exekution zu verhalten.

---

[1]) *Siehe Art IV Z 6 MRG-Nov 1985, Art V Abs 3 Z 3 2. WÄG, Art II II. Abschnitt Z 10 3. WÄG und § 49b Abs 11 MRG.*

[2]) *Siehe die Neufassung des § 45 durch BGBl I 2001/161.*

Stellungnahme der Gemeinde als Baubehörde

§ 38. Das Gericht (die Gemeinde, § 39) hat vor der Entscheidung über einen Antrag auf

1. Durchführung von Erhaltungs-, Verbesserungs- oder Wiederherstellungsarbeiten,

2. Bewilligung eines erhöhten Hauptmietzinses oder

3. Vornahme von Verbesserungen oder Änderungen am Mietgegenstand der für die Baulichkeit als Baubehörde zuständigen Gemeinde die Gelegenheit zu geben, binnen angemessener Frist zu den beantragten Arbeiten und den damit in Zusammenhang stehenden Fragen, wie im besonderen deren Notwendigkeit, Zweckmäßigkeit, Preisangemessenheit, Beeinträchtigung der äußeren Erscheinung des Hauses oder des Ausmaßes der Beeinträchtigung eines Mietgegenstandes, Stellung zu nehmen. „Die Gemeinde kann auch einen Dritten zur Abgabe dieser Stellungnahme ermächtigen." *(BGBl I 1999/147, ab 1. 9. 1999)*

Entscheidung der Gemeinde

§ 39. (1) Verfügt eine Gemeinde über einen in Mietangelegenheiten fachlich geschulten Beamten oder Angestellten und rechtfertigt die Anzahl der dort nach § 37 Abs. 1 anfallenden Verfahren die Betrauung der Gemeinde zum Zwecke der Entlastung des Gerichtes, so kann ein Verfahren nach § 37 Abs. 1 bei Gericht hinsichtlich der in der Gemeinde gelegenen Mietgegenstände nur eingeleitet werden, wenn die Sache vorher bei der Gemeinde anhängig gemacht worden ist.

(2) Auf welche Gemeinden die im Abs. 1 genannten Voraussetzungen zutreffen, stellt der Bundesminister für Justiz gemeinsam mit dem Bundesminister für Inneres durch Kundmachung fest.

(3) Die Gemeinde hat nach Vornahme der erforderlichen Ermittlungen, wenn der Versuch einer gütlichen Beilegung des Streites erfolglos geblieben ist, über den Antrag nach § 37 Abs. 1 zu entscheiden. Auf das Verfahren sind § 37 Abs. 2, Abs. 2a, Abs. 3 Z 1 bis 14, 19 und 20a sowie Abs. 4 sinngemäß anzuwenden, im übrigen auch die Bestimmungen des Allgemeinen Verwaltungsverfahrensgesetzes 1991. *(BGBl I 1999/19, ab 1. 1. 1999)*

(4) Die Entscheidung der Gemeinde kann durch kein Rechtsmittel angefochten werden. Sie bildet, wenn die Frist zur Anrufung des Gerichtes nach § 40 Abs. 1 abgelaufen ist, einen Exekutionstitel im Sinn des § 1 der Exekutionsordnung. *(BGBl I 1999/19, ab 1. 1. 1999)*

(5) Die im Verfahren vor der Gemeinde erforderlichen Schriften und die vor ihr ab-

geschlossenen Vergleiche sind von Stempel- und Rechtsgebühren befreit.

Anrufung des Gerichtes

§ 40. (1) Die Partei, die sich mit der Entscheidung der Gemeinde über den Antrag nach § 37 Abs. 1 nicht zufriedengibt, kann die Sache innerhalb von vier Wochen ab Zustellung der Entscheidung bei Gericht anhängig machen. Durch die Anrufung des Gerichtes tritt die Entscheidung der Gemeinde außer Kraft. Sie tritt jedoch wieder in Kraft, wenn der Antrag auf Entscheidung des Gerichtes zurückgezogen wird. Die Entscheidung über einen Antrag auf Bewilligung der Wiedereinsetzung gegen den Ablauf der Anrufungsfrist obliegt dem Gericht; der Wiedereinsetzungsantrag ist unmittelbar bei Gericht einzubringen. *(BGBl I 1999/19, ab 1. 1. 1999, anzuwenden, wenn die Frist zur Anrufung des Gerichtes zum Zeitpunkt des Inkrafttretens noch nicht zu laufen begonnen hat.)*

(2) Das Gericht kann ferner von jeder Partei angerufen werden, wenn das Verfahren vor der Gemeinde nicht binnen drei Monaten zum Abschluß gelangt ist. Sobald ein solches Begehren bei Gericht eingebracht wurde, hat die Gemeinde das Verfahren einzustellen. *(BGBl I 1999/19, ab 1. 1. 1999)*

(3) Über den Tag, an dem das Verfahren bei der Gemeinde anhängig gemacht wurde, über den Inhalt der Entscheidung der Gemeinde oder, wenn es zu einer solchen nicht kommt, darüber, daß der Vergleichsversuch erfolglos geblieben ist, hat die Gemeinde der Partei auf Verlangen eine Bestätigung auszustellen. Begehrt die Partei die Entscheidung des Gerichtes, so hat sie diesem die Bestätigung vorzulegen. Die Gemeinde hat dem Gerichte auf Ersuchen die Akten zu übermitteln.

Unterbrechung eines Rechtsstreits

§ 41. Das Verfahren über einen Rechtsstreit ist von Amts wegen zu unterbrechen, wenn die Entscheidung von einer Vorfrage abhängt, über die ein Verfahren nach § 37 beim Gericht oder der Gemeinde bereits anhängig ist.

Exekutionsbeschränkung

§ 42. (1) Auf Mietzinse aus Mietverträgen, auf welche die Bestimmungen dieses Bundesgesetzes Anwendung finden, kann vom Tage des Wirksamkeitsbeginnes dieses Bundesgesetzes angefangen nur im Wege der Zwangsverwaltung Exekution geführt werden. Im Zuge der Zwangsverwaltung hat der Verwalter die Mietzinse in der von diesem Bundesgesetze vorgeschriebenen Weise zu verwenden.

(2) Jede Verfügung über Mietzinse für Mietgegenstände in Gebäuden durch Abtretung, Anweisung, Verpfändung oder durch ein anderes Rechtsgeschäft ist, sofern auf den Mietvertrag die Bestimmungen dieses Bundesgesetzes Anwendung finden, vom Tage des Wirksamkeitsbeginnes dieses Bundesgesetzes angefangen ohne rechtliche Wirkung. Die Abtretung (Verpfändung) von Hauptmietzinsen zur Sicherung eines zur ordnungsgemäßen Erhaltung oder notwendigen oder nützlichen Veränderung (Verbesserung) aufgenommenen Darlehens an den Gläubiger ist aber nicht ausgeschlossen. Die Abtretung (Verpfändung) ist unter Beibringung einer einverleibungsfähigen Urkunde auf Antrag im öffentlichen Buch anzumerken; erst von da an ist sie gegenüber dritten Personen rechtswirksam. Die Mietzinse eines Hauses, über die der Hauseigentümer sonach zur ordnungsgemäßen Erhaltung „ " oder nützlichen Veränderung (Verbesserung) rechtsgültig verfügt hat, sind im Sinne der Exekutionsordnung nicht als Nutzungen und Einkünfte (§§ 97, 109 Abs. 3 EO), Erträgnisse (§§ 97 Abs. 3, 119 Abs. 1 EO) oder Früchte und Einkünfte (§ 156 Abs. 1 EO) der betreffenden Liegenschaft anzusehen. *(BGBl 1985/559)*

(3) Den Bestimmungen dieses Bundesgesetzes unterliegende Mietrechte können vom Hauseigentümer zugunsten einer von ihm durch Abtretung erworbenen Forderung nicht in Exekution gezogen werden.

(4) Solche Mietrechte über Wohnungen sind gegenüber jedem Gläubiger der Exekution insoweit entzogen, als sie für den Mieter und die mit ihm im gemeinsamen Haushalt lebenden Familienangehörigen unentbehrliche Wohnräume betreffen.

(5) Der Anspruch des Hauseigentümers gegen seinen Vertreter auf Ausfolgung vereinnahmter Mietzinse ist nur zugunsten der im zweiten Satz des Abs. 2 angeführten Forderungen pfändbar. *(BGBl 1985/559)*

(6) Die Exekutionsbeschränkungen sind in jeder Lage des Verfahrens von Amts wegen wahrzunehmen. *(BGBl 1985/559)*

Vorzugspfandrecht für Erhaltungsarbeiten

§ 42a. (1) An jeder Liegenschaft, auf der sich ein diesem Bundesgesetz unterliegender Mietgegenstand befindet, besteht ein gesetzliches Vorzugspfandrecht zugunsten von

Forderungen der in § 6 Abs. 1 Z 1 genannten Personen, die aus der Finanzierung der in § 3 Abs. 3 Z 2 angeführten Erhaltungsarbeiten entstanden sind, sofern diese nach Erlassung einer einstweiligen Verfügung gemäß § 37 Abs. 3 Z 22 durchgeführt wurden.

(2) Diese einstweilige Verfügung ist von Amts wegen im Grundbuch ersichtlich zu machen.

(3) Die durch das Vorzugspfandrecht besicherte Forderung ist im Fall einer Zwangsversteigerung der Liegenschaft durch Barzahlung zu berichtigen, soweit sie in der Verteilungsmasse (§ 215 EO) Deckung findet, ansonsten aber vom Ersteher ohne Anrechnung auf das Meistbot zu übernehmen. *(BGBl 1993/800, ab 1. 3. 1994)*

II. Hauptstück

Bestimmungen über bestehende Mietverträge und Übergangsregelung

Allgemeine Grundsätze

§ 43. (1) Insoweit im folgenden nichts anderes bestimmt ist, gilt das I. Hauptstück auch für Mietverträge, die vor dem Inkrafttreten dieses Bundesgesetzes geschlossen worden sind.

(2) Ist eine vor dem Inkrafttreten dieses Bundesgesetzes geschlossene Vereinbarung über die Höhe des Mietzinses nach den bisher in Geltung gestandenen Vorschriften rechtsunwirksam, so sind diesbezüglich die bisher in Geltung gestandenen Vorschriften weiter anzuwenden.

§ 44. *(aufgehoben, BGBl I 2000/36, ab 1. 7. 2000, s § 49c Abs. 8)*

Wertbeständigkeit des Mietzinses

§ 45. (1) Im Fall eines vor dem 1. März 1994 geschlossenen Hauptmietvertrags kann der Vermieter den Hauptmietzins für eine Wohnung der Ausstattungskategorie A oder eine Geschäftsräumlichkeit auf 1,75 Euro, für eine Wohnung der Ausstattungskategorie B auf 1,32 Euro, für eine Wohnung der Ausstattungskategorie C oder eine Wohnung der Ausstattungskategorie D in brauchbarem Zustand auf 0,88 Euro und für eine Wohnung der Ausstattungskategorie D in nicht brauchbarem Zustand auf 0,66 Euro, jeweils je Quadratmeter der Nutzfläche und Monat, anheben, wenn der bisherige Hauptmietzins unter dem jeweils anzuwendenden Betrag liegt. Die angeführten Beträge valorisieren sich entsprechend der Regelung des § 16 Abs. 6. Die Anhebung ist aber nur dann zulässig, wenn sich der Mietgegenstand in einem Gebäude befindet, für das weder eine Abbruchbewilligung noch ein Abbruchauftrag der Baubehörde vorliegt.

(2) Ist der nach § 16 Abs. 1 und 9 zulässige Hauptmietzins bei einer Geschäftsräumlichkeit niedriger als 2,64 Euro je Quadratmeter der Nutzfläche und Monat, so kann der Vermieter abweichend von Abs. 1 den Hauptmietzins nur auf zwei Drittel des nach § 16 Abs. 1 und 9 zulässigen Betrags anheben. Der Betrag von 2,64 Euro valorisiert sich entsprechend der Regelung des § 16 Abs. 6.

(3) Der Vermieter hat sein Anhebungsbegehren dem Hauptmieter spätestens einen Monat vor dem Zinstermin, zu dem er die Anhebung fordert, schriftlich bekannt zu geben. Begehrt der Vermieter die Anhebung für einen in § 1 Abs. 4 Z 1 genannten Mietgegenstand, so gelten für die Mietgegenstände dieses Hauses ab diesem Zeitpunkt die Bestimmungen des I. Hauptstücks mit Ausnahme der Bestimmungen über die Mietzinsbildung nach § 16 Abs. 2 bis 7 und 10 und über die Richtwerte nach dem Richtwertgesetz. In diesen Fällen darf der Vermieter in der Hauptmietzinsabrechnung (§ 20) auch die Beträge als Ausgaben absetzen, die in den jeweiligen Verrechnungsjahren zur Amortisation der seinerzeit aufgewendeten Bau-, Grund- oder Aufschließungskosten zu entrichten sind.

(BGBl I 2001/161, ab 1. 1. 2002, s § 49d Abs 3 und 4)

Hauptmietzins bei Eintritt in einen bestehenden Mietvertrag über eine Wohnung

§ 46. (1) Treten in einen am 1. März 1994 bestehenden Hauptmietvertrag über eine Wohnung der Ehegatte, der Lebensgefährte oder minderjährige Kinder (§ 42 ABGB) des bisherigen Hauptmieters allein oder gemeinsam mit anderen Angehörigen ein (§ 12 Abs. 1 und 2, § 14), so darf der Vermieter vom (von den) in das Hauptmietrecht Eintretenden weiterhin nur den Hauptmietzins begehren, den er ohne den Eintritt begehren dürfte. Das gleiche gilt für den Eintritt auf Grund einer gerichtlichen Anordnung nach § 87 Abs. 2 des Ehegesetzes.

(2) Treten in einen am 1. März 1994 bestehenden Hauptmietvertrag über eine Wohnung ausschließlich Personen ein, die in Abs. 1 nicht genannt sind, so darf der Vermieter vom (von den) in das Hauptmietrecht Eintretenden ab dem auf den Eintritt folgenden Zinstermin eine Erhöhung des bisheri-

gen Hauptmietzinses bis zu dem für die Wohnung nach § 16 Abs. 2 bis 6 im Zeitpunkt des Eintritts zulässigen Betrag, höchstens aber „2,64 Euro" je Quadratmeter der Nutzfläche und Monat, verlangen, sofern der bisherige Hauptmietzins niedriger ist. Dieser Höchstbetrag von „2,64 Euro" valorisiert sich entsprechend der Regelung des § 16 Abs. 6. In den Fällen des Abs. 1 darf der Vermieter diese Erhöhung des bisherigen Hauptmietzinses ab dem Zinstermin begehren, zu dem alle in Abs. 1 genannten Eintretenden auf Dauer die Wohnung verlassen haben oder volljährig geworden sind. Gleiches gilt, wenn Personen, die in Abs. 1 in dessen bis 28. Februar 1994 in Geltung gestandener Fassung genannt waren, nach dem 31. Dezember 1981 und vor dem 1. März 1994 in den Hauptmietvertrag eingetreten sind, aber erst nach dem 28. Februar 1994 die Wohnung auf Dauer verlassen haben oder volljährig geworden sind. Die Anhebung des Hauptmietzinses ist aber solange nicht zulässig, als dem Hauptmieter – unter der Annahme einer sofortigen Beendigung des Mietverhältnisses – für vor dem 1. März 1994 getätigte Aufwendungen noch Ersatzansprüche nach § 10 zustünden, die der Mieter geltend macht und der Vermieter zu befriedigen nicht bereit ist. *(BGBl I 2001/98, ab 1. 1. 2002; der entsprechende Schillingbetrag von 36,30 S gilt gemäß K BGBl II 2001/183 ab 1. 6. 2001)*

(BGBl 1993/800, ab 1. 3. 1994)

Hauptmietzins bei bestehenden Mietverträgen über Geschäftsräumlichkeiten

§ 46a. (1) Im Fall eines am 1. März 1994 bestehenden Hauptmietvertrags über eine Geschäftsräumlichkeit ist § 12a Abs. 3 mit der Maßgabe anzuwenden, daß solche Änderungen unberücksichtigt bleiben, die vor dem 1. Oktober 1993 eingetreten sind.

(2) Im Fall eines am 1. März 1994 bestehenden Hauptmietvertrags über eine Geschäftsräumlichkeit darf der Vermieter, sofern der bisherige Hauptmietzins niedriger als der angemessene Hauptmietzins nach § 16 Abs. 1 ist, nach dem Tod des Hauptmieters von dessen Rechtsnachfolgern ab dem auf den Todesfall folgenden 1. Jänner die schrittweise Anhebung des bisherigen Hauptmietzinses bis zu dem für die Geschäftsräumlichkeit nach § 16 Abs. 1 zulässigen Betrag innerhalb von 15 Jahren in der Weise verlangen, daß der Hauptmietzins für jedes Kalenderjahr nach dem Todestag um jeweils ein Fünfzehntel des bis zum angemessenen Hauptmietzins nach § 16 Abs. 1 fehlenden Betrages angehoben wird, wobei eine Valorisierung dieses Betrages entsprechend der Regelung des § 16 Abs. 6 zu erfolgen hat, ein Überschreiten der Indexschwelle aber erst ab dem jeweils folgenden Kalenderjahr zu berücksichtigen ist. Solange der Rechtsnachfolger des verstorbenen Hauptmieters das Unternehmen ohne Änderung der Art der Geschäftstätigkeit fortführt, ist bei Ermittlung des nach § 16 Abs. 1 angemessenen Hauptmietzinses die Art der im Mietgegenstand ausgeübten Geschäftstätigkeit zu berücksichtigen.

(3) § 12a Abs. 5 ist anzuwenden, wenn der Pachtvertrag nach dem 28. Februar 1994 abgeschlossen wurde. Wenn der Hauptmieter einer Geschäftsräumlichkeit sein darin betriebenes Unternehmen vor dem 1. März 1994 verpachtet hat und das Pachtverhältnis nach dem 28. Februar 1994 noch aufrecht ist, darf der Vermieter, sofern der bisherige Hauptmietzins niedriger als der angemessene Hauptmietzins nach § 16 Abs. 1 ist, ab dem auf das Anhebungsbegehren folgenden 1. Jänner die schrittweise Anhebung des bisherigen Hauptmietzinses bis zu dem für die Geschäftsräumlichkeit nach § 16 Abs. 1 zulässigen Betrag innerhalb von 15 Jahren in der in Abs. 2 angeführten Weise verlangen. Das Recht des Vermieters, die Entrichtung eines schrittweise angehobenen Hauptmietzinses zu verlangen, besteht nur für die Dauer des Pachtverhältnisses.

(4) Hat eine juristische Person oder eine Personengesellschaft des Handelsrechts vor dem 1. Jänner 1968 eine Geschäftsräumlichkeit als Hauptmieter gemietet und war bei Vertragsabschluß eine freie Mietzinsvereinbarung nicht möglich, darf der Vermieter ab dem auf das Anhebungsbegehren folgenden 1. Jänner die schrittweise Anhebung des bisherigen Hauptmietzinses bis zu dem für Geschäftsräumlichkeiten nach § 16 Abs. 1 zulässigen Betrag innerhalb von 15 Jahren in der in Abs. 2 angeführten Weise verlangen, wenn der bisherige Hauptmietzins niedriger als der angemessene Hauptmietzins nach § 16 Abs. 1 ist und

1. eine Änderung der rechtlichen und wirtschaftlichen Einflußmöglichkeiten im Sinne des § 12a Abs. 3 erfolgt ist und

2. keine Mietzinsvereinbarung im Sinne des § 16 Abs. 1 Z 7 in der Stammfassung des Mietrechtsgesetzes oder anderer gleichartiger (zB § 38 WSG, § 16 Abs. 1 Z 4 MRG) mietrechtlicher Regelungen erfolgte oder

3. keine Vereinbarung im Sinne der Z 2 geschlossen wurde, obwohl eine solche wegen einer Änderung des Vertrages über den Mietgegenstand möglich gewesen wäre.

(5) Entstand durch die Veräußerung des in einer gemieteten Geschäftsräumlichkeit betriebenen Unternehmens ohne Übergang der Hauptmietrechte vor dem 1. Jänner 1982 ein Mietverhältnis, bei dem im Innenverhältnis zwischen dem Veräußerer und dem Erwerber des Unternehmens die Rechte und Pflichten aus dem Mietverhältnis an den Erwerber übertragen wurden, so darf der Vermieter, sofern der bisherige Hauptmietzins niedriger als der angemessene Hauptmietzins nach § 16 Abs. 1 ist, die schrittweise Anhebung des bisherigen Hauptmietzinses bis zu dem für die Geschäftsräumlichkeit nach § 16 Abs. 1 zulässigen Betrag innerhalb von 15 Jahren in der in Abs. 2 angeführten Weise ab dem auf das schriftliche Anhebungsbegehren folgenden 1. Jänner verlangen, wenn er mit dem Anhebungsbegehren den Erwerber des Unternehmens als neuen Hauptmieter anerkennt. Mit dieser Anerkennung erlischt das Hauptmietverhältnis zum Veräußerer.

(6) Im übrigen ist § 12a Abs. 7 auf die in Abs. 2 bis 5 geregelten Fälle sinngemäß anzuwenden.

(BGBl 1993/800, ab 1. 3. 1994)

Erfordernisse eines Anhebungsbegehrens

§ 46b. In allen Fällen, in denen der Vermieter nach §§ 46 und 46a die Anhebung des Hauptmietzinses verlangen darf, hat der Vermieter sein Anhebungsbegehren dem Hauptmieter spätestens einen Monat vor dem Zinstermin, zu dem er die Entrichtung des angehobenen Mietzinses fordert, schriftlich bekanntzugeben; im Fall einer schrittweisen Anhebung nach § 46a Abs. 2 bis 4 bewirkt ein verspätetes Anhebungsbegehren aber nicht den Verlust des Anhebungsrechts für das gesamte Kalenderjahr. Die schriftliche Aufforderung hat die Höhe des angehobenen Hauptmietzinses und die Nutzfläche des Mietgegenstands sowie gegebenenfalls die der Anhebung für das jeweilige Jahr zugrunde liegende Berechnung zu enthalten. „Bei der Berechnung des angehobenen Hauptmietzinses sind Beträge, die einen halben Cent nicht übersteigen, auf den nächstniedrigeren ganzen Cent abzurunden und Beträge, die einen halben Cent übersteigen, auf den nächsthöheren ganzen Cent aufzurunden.“ *(BGBl I 2001/98, ab 1. 1. 2002)*

(BGBl 1993/800, ab 1. 3. 1994)

Hauptmietzins bei früherer Standardanhebung

§ 46c. Wenn die Voraussetzungen des § 16 Abs. 1 nicht vorliegen, sind dennoch Vereinbarungen über die Höhe des Hauptmietzinses für eine Wohnung ohne die Beschränkungen des § 16 Abs. 2 bis 4 und 6 bis zu dem für die Wohnung nach Größe, Art, Beschaffenheit, Lage, Ausstattungs- und Erhaltungszustand angemessenen Betrag auch weiterhin zulässig, wenn der Mietgegenstand eine Wohnung der Ausstattungskategorie A oder B in ordnungsgemäßem Zustand ist, deren Standard vom Vermieter nach dem 31. Dezember 1967 durch Zusammenlegung von Wohnungen der Ausstattungskategorie B, C oder D, durch eine andere bautechnische Aus- oder Umgestaltung größeren Ausmaßes einer Wohnung oder mehrerer Wohnungen der Ausstattungskategorien B, C oder D oder sonst unter Aufwendungen erheblicher Mittel angehoben wurde, oder wenn der Mietgegenstand eine Wohnung der Ausstattungskategorie C in ordnungsgemäßem Zustand ist, deren Standard vom Vermieter nach dem 31. Dezember 1967 durch Zusammenlegung von Wohnungen der Ausstattungskategorie D, durch eine andere bautechnische Aus- oder Umgestaltung größeren Ausmaßes einer Wohnung oder mehrerer Wohnungen der Ausstattungskategorie D oder sonst unter Aufwendung erheblicher Mittel angehoben wurde, sofern der Vermieter die Arbeiten zur Standardanhebung vor dem 1. Oktober 1993 tatsächlich begonnen hat. Die Beschränkungen des § 16 Abs. 2 bis 4 und 6 werden jedoch sowohl für bestehende, nach dem 28. Februar 1994 geschlossene als auch für neue Mietverträge wieder wirksam, sobald nach dem Abschluß der Arbeiten zur Standardanhebung ein Zeitraum von zwanzig Jahren verstrichen ist. Bei Ermittlung des nach Ablauf dieses zwanzigjährigen Zeitraums zulässigen Hauptmietzinses sind die Verhältnisse am Ende dieses Zeitraums zugrunde zu legen; zuvor vom Hauptmieter getätigte Aufwendungen zur Verbesserung des Mietgegenstands sind aber angemessen zu berücksichtigen, soweit sie über diesen Zeitpunkt hinaus von objektivem Nutzen sind.

(BGBl 1993/800, ab 1. 3. 1994)

Betriebskosten; Umstellung der Verteilungsschlüssel

§ 47. (1) Die vor dem Inkrafttreten dieses Bundesgesetzes auf Grund der bisherigen Vorschriften fällig gewordenen Betriebskosten dürfen nach Maßgabe der bisherigen Vorschriften eingehoben werden.

(2) Die bei Inkrafttreten dieses Bundesgesetzes für die Berechnung des Anteiles an den Betriebskosten oder besonderen Auf-

wendungen maßgebenden Verteilungsschlüssel darf der Vermieter bis 31. Dezember 1983 anwenden. Eine frühere Umstellung auf die in § 17 geregelte Verteilung hat jedenfalls zu erfolgen, wenn vor diesem Zeitpunkt

1. eine Erhöhung der Hauptmietzinse nach den §§ 18 und 19 bewilligt oder

2. ein Erhaltungs- und Verbesserungsbeitrag nach § 45 eingehoben wird.

Anhängiges Verfahren; bewilligte Mietzinserhöhungen

§ 48. (1) Die im Zeitpunkt des Inkrafttretens dieses Bundesgesetzes bei Gericht (der Gemeinde, § 39) anhängigen Verfahren sind nach den bisher in Geltung gestandenen Vorschriften durchzuführen. Wird auf Grund einer Entscheidung über eine Mietzinserhöhung nach § 7, § 28 Abs. 2 des Mietengesetzes innerhalb eines Jahres nach dem Inkrafttreten dieses Bundesgesetzes bei Gericht (der Gemeinde, § 39) das Verfahren über die Mietzinserhöhung der Höhe nach eingeleitet, so ist auch dieses Verfahren nach den bisherigen Vorschriften durchzuführen.

(2) Der Vermieter ist berechtigt, die im Zeitpunkt des Inkrafttretens dieses Bundesgesetzes nach § 7, § 28 Abs. 2 oder 3 des Mietengesetzes oder § 2 des Zinsstoppgesetzes erhöhten Hauptmietzinse bis zum Ablauf der seinerzeit bewilligten Laufzeit einzuheben. Das gleiche gilt für die Mietzinserhöhungen, die nach Abs. 1 bewilligt werden.

Kündigungsrechtliche Übergangsregelung

§ 49. (1) Für die Mietverträge über die Exerzier-, Schieß- und sonstigen Übungsplätze des Bundesheeres, die bei Inkrafttreten dieses Bundesgesetzes bereits bestanden haben, gelten die Kündigungsbeschränkungen des § 30. Insoweit für andere Mietverträge, die dem Geltungsbereich dieses Bundesgesetzes (§ 1) nicht unterliegen, vor dem Inkrafttreten dieses Bundesgesetzes die Kündigungsbeschränkungen des § 19 des Mietengesetzes anzuwenden waren, gelten die §§ 19 bis 23 des Mietengesetzes bis zum 31. Dezember 1988 weiter. „Für solche Mietverhältnisse gilt:

1. Der Bundesminister für Justiz kann für bestimmte Bundesländer für die Zeit bis längstens 31. Dezember 1990 durch Verordnung[1]) für gemietete Grundflächen, die als Sportstätten, Kinderspielplätze oder Verkehrsübungsplätze für Kinder verwendet werden, Regelungen treffen, die den §§ 19 bis 23 des Mietengesetzes entsprechen, wenn nach Anhörung des Landeshauptmannes feststeht, daß im Land Maßnahmen der Raumordnung zur Erhaltung der Widmung von Grundflächen als Sportstätten, Kinderspielplätze oder Verkehrsübungsplätze für Kinder vorbereitet oder getroffen werden.

2. Endet ein Mietverhältnis, für das nach dem zweiten Satz dieses Absatzes die §§ 19 bis 23 des Mietengesetzes bis zum 31. Dezember 1988 weiter gelten oder für das eine Verordnung nach Z 1 gilt, mit oder nach dem 31. Dezember 1988 durch Kündigung des Vermieters oder durch Zeitablauf, so hat der Mieter, der während der Dauer des Mietverhältnisses auf den Mietgegenstand bauliche Aufwendungen gemacht hat, die über die Mietdauer hinaus wirksam und von Nutzen sind, bei Beendigung des Mietverhältnisses Anspruch auf Ersatz dieser Aufwendungen durch den Vermieter nach ihrem gegenwärtigen Wert, soweit dieser den wirklich gemachten Aufwand nicht übersteigt. Dieser Anspruch besteht nicht, wenn der Vermieter seine Zustimmung zu den Aufwendungen verweigert oder an die Verpflichtung zur Wiederherstellung des früheren Zustandes gebunden hat oder wenn der Vermieter verhindert war, das eine oder das andere zu tun, weil ihm der Mieter die beabsichtigten Aufwendungen nicht angezeigt hat. Der Wert ist objektiv unter der Annahme zu ermitteln, daß der Mietgegenstand weiter zu dem Zweck verwendet wird, zu dem ihn der Mieter vertragsgemäß verwendet hat. *(BGBl 1985/559 und 1988/724)*

(2) Wurde in einem vor dem Inkrafttreten dieses Bundesgesetzes geschlossenen Hauptmietvertrag über einen Mietgegenstand, der nach dem 31. Dezember 1967 durch Neu-, Um-, Auf-, Ein- oder Zubau ohne Zuhilfenahme öffentlicher Mittel neu geschaffen worden ist, weder die Anwendbarkeit der Kündigungsbeschränkungen des § 19 des Mietengesetzes, noch eine Bestandsdauer vereinbart, die über den Zeitpunkt des Inkrafttretens dieses Bundesgesetzes hinaus wirksam ist, so gelten für diesen Hauptmietvertrag die Kündigungsbeschränkungen des § 30, sofern es der Vermieter bis 30. Juni 1982 unterläßt, dem Hauptmieter einen befristeten Hauptmietvertrag nach § 29 Abs. 1 Z 3 lit. a „in der Stammfassung dieses Gesetzes“ anzubieten, der zumindest bis 31. Dezember 1984 wirksam ist. Nimmt der Hauptmieter ein diesbezügliches Anbot des Vermieters binnen sechs Monaten nach dem Zugang des Anbotes nicht an und wird auch keine andere Vereinbarung über die Bestandsdauer geschlossen, so gelten für

dieses Hauptmietverhältnis die Kündigungsbeschränkungen des § 30 nicht. *(BGBl I 2000/36, ab 1. 7. 2000)*

(3) Haben für einen vor dem Inkrafttreten dieses Bundesgesetzes geschlossenen Untermietvertrag die Kündigungsbeschränkungen des § 19 des Mietengesetzes nicht gegolten, so gelten hiefür auch nicht die Kündigungsbeschränkungen des § 30.

[1]) V erlassen für Burgenland, Niederösterreich, Steiermark, Tirol (BGBl 1988/759), Oberösterreich und Salzburg (BGBl 1989/11).

Wirksamkeit früherer Befristungen

§ 49a. (1) Eine vor dem 1. März 1994 geschlossene und nach den damaligen Bestimmungen rechtswirksame Vereinbarung über die Befristung eines Mietvertrages behält ihre Rechtswirksamkeit. Eine nach den damaligen Bestimmungen rechtsunwirksame Befristung bleibt rechtsunwirksam.

(2) Wird ein vor dem 1. März 1994 geschlossener und nach den damaligen Bestimmungen des § 1 Abs. 2 Z 3 oder des § 29 Abs. 1 Z 3 lit. c rechtswirksam befristeter Mietvertrag nach dem 28. Februar 1994 erneuert, so gilt diese Erneuerung als Abschluß eines neuen Mietvertrages.

(BGBl 1993/800, ab 1. 3. 1994)

Übergangsregelung für Befristungen und Abrechnungsbestimmungen

§ 49b. (1) Die Änderungen der § 16 Abs. 7 bis 8, § 17 Abs. 3, § 20 Abs. 1 Z 2, § 21 Abs. 6, § 29 Abs. 1 Z 3 lit. b und c, Abs. 4 bis Abs. 6, § 34 Abs. 5, § 37 Abs. 1 Z 12 und 12a, Abs. 3 Z 2 und Z 20a durch das Bundesgesetz BGBl. I Nr. 22/1997 treten mit 1. März 1997 in Kraft.

(2) § 10 Abs. 1 in der Fassung des Bundesgesetzes BGBl. I Nr. 22/1997 gilt für Aufwendungen, die nach dem 28. Februar 1997 vorgenommen werden.

(3) § 16 Abs. 7 und 7a in der Fassung des Bundesgesetzes BGBl. I Nr. 22/1997 gilt für

1. Mietverhältnisse, die nach dem 28. Februar 1997 beginnen, und

2. Verlängerung früherer Mietverhältnisse für einen nach dem 28. Februar 1997 beginnenden Zeitraum.

(4) § 16 Abs. 7b in der Fassung des Bundesgesetzes BGBl. I Nr. 22/1997 gilt für Umwandlungen von Mietverhältnissen in ein Mietverhältnis auf unbestimmte Zeit, die für einen nach dem 28. Februar 1997 liegenden Zeitraum vereinbart werden. Bei der Berechnung der Differenz ist für den Zeitraum vor dem 1. März 1997 § 16 Abs. 7 in der damaligen Fassung zugrunde zu legen.

(5) § 18 Abs. 5 in der Fassung des Bundesgesetzes BGBl. I Nr. 22/1997 gilt für

1. Mietverhältnisse, die nach dem 28. Februar 1997 beginnen, und

2. Verlängerung früherer Mietverhältnisse für einen nach dem 28. Februar 1997 beginnenden Zeitraum.

(6) § 20 Abs. 1 Z 2 lit. f in der Fassung des Bundesgesetzes BGBl. I Nr. 22/1997 gilt in Ansehung des gesamten im § 18 Abs. 1 angeführten zehnjährigen Verrechnungszeitraums (einschließlich der vor dem 1. März 1997 liegenden Zeiten) mit der Maßgabe, daß bei Errechnung des im § 20 Abs. 1 Z 2 lit. f angeführten Absetzbetrages alle in den Verrechnungszeitraum vor 1. Jänner 1996 fallenden Einnahmen und Ausgaben zu berücksichtigen sind, und zwar auch dann, wenn in einem Kalenderjahr die Ausgaben die Einnahmen überstiegen haben; in dem Verrechnungszeitraum ab 1. Jänner 1996 ist der Absetzbetrag durch Gegenüberstellung der Einnahmen und Ausgaben jedes Jahres zu berechnen. Bei der Berechnung der Mietzinsreserve „für die Kalenderjahre 1996 bis 1999" steht der Absetzbetrag gemäß § 20 Abs. 1 Z 2 lit. f dem Vermieter insoweit nicht zu, als die Ausgaben (§ 20 Abs. 1 Z 2 lit. a bis e) im Saldo der im Verrechnungszeitraum bis 31. Dezember 1995 angefallenen Einnahmen und Ausgaben Deckung finden; Einnahmen und Ausgaben, die vor mehr als zehn Kalenderjahren angefallen sind, sind dabei nicht zu berücksichtigen. Dieser Absatz ist auch auf die am 1. März 1997 noch nicht rechtskräftig abgeschlossenen Verfahren anzuwenden; rechtskräftige Entscheidungen werden jedoch nicht berührt. *(BGBl I 1999/28, ab 13. 1. 1999)*

(7) Eine vor dem 1. März 1997 geschlossene und nach den damaligen Bestimmungen rechtswirksame Vereinbarung über die Befristung eines Mietvertrages bleibt rechtswirksam. Eine nach den damaligen Bestimmungen rechtsunwirksame Befristung bleibt rechtsunwirksam.

(8) Wird ein vor dem 1. März 1997 geschlossener und nach den damaligen Bestimmungen des § 29 Abs. 1 Z 3 lit. b oder c in der Fassung des 3. Wohnrechtsänderungsgesetzes, BGBl. Nr. 800/1993, rechtswirksam befristeter Mietvertrag für einen Zeitraum nach dem 28. Februar 1997 verlängert, so ist § 29 Abs. 1 Z 3 lit. b oder c in der Fassung des Bundesgesetzes BGBl. I Nr. 22/1997 anzuwenden.

(9) § 29 Abs. 4a in der Fassung des Bundesgesetzes BGBl. I Nr. 22/1997 ist auch auf Mietverhältnisse anzuwenden, die vor dem 1. März 1997 begonnen haben. Endet das Mietverhältnis jedoch bereits vor dem 1. September 1997, so kann der Vermieter diese Verlängerung nur in sinngemäßer Anwendung des § 569 ZPO verhindern.

(10) § 29 Abs. 4b in der Fassung des Bundesgesetzes BGBl. I Nr. 22/1997 ist nur auf Mietverhältnisse anzuwenden, die nach dem 28. Februar 1997 begonnen haben oder nach diesem Zeitpunkt schon einmal rechtswirksam verlängert worden sind.

(11) § 37 Abs. 1 Z 12 und 12a, Abs. 2a sowie Abs. 3 Z 2 erster Satz und Abs. 3 Z 20a in der Fassung des Bundesgesetzes BGBl. I Nr. 22/1997 sind auf Verfahren anzuwenden, die nach dem 28. Februar 1997 anhängig gemacht worden sind; auf Verfahren, die zu diesem Zeitpunkt anhängig sind, sind die bisherigen Vorschriften anzuwenden.

(12) § 37 Abs. 2a in der Fassung des Bundesgesetzes BGBl. I Nr. 22/1997 ist für Abrechnungsperioden anzuwenden, die nach dem 31. Dezember 1997 beginnen.

(13) Im übrigen ist das Bundesgesetz BGBl. I Nr. 22/1997 ab dem 1. März 1997 auch auf Mietverträge anzuwenden, die vor seinem Inkrafttreten geschlossen worden sind.

(BGBl I 1997/22)

Übergangsregelung zur Wohnrechtsnovelle 2000

§ 49c. (1) Die Änderungen der §§ 3, 16, 17, 18, 20, 21, 23, 26, 29, 34, 37, 45 und 49 sowie die Aufhebung der §§ 29a und 44 durch die Wohnrechtsnovelle 2000, BGBl. I Nr. 36/2000, treten mit 1. Juli 2000 in Kraft.

(2) Solange auf Grund eines vor dem 1. Juli 2000 eingegangenen und nach dem 30. Juni 2000 weiter aufrechten Dienstverhältnisses nach dem Hausbesorgergesetz eine Wohnung des Hauses als Hausbesorgerdienstwohnung benützt wird, zählt diese Wohnung zu den allgemeinen Teilen des Hauses im Sinn des § 3 Abs. 2 Z 1 und des § 17 Abs. 1a vierter Satz und hat die Nutzfläche dieser Wohnung im Sinn des § 17 Abs. 1 außer Betracht zu bleiben. Die diesbezüglich durch die Beendigung des Dienstverhältnisses eintretende Änderung ist erst ab der dieser Beendigung nachfolgenden Abrechnungsperiode wirksam.

(3) § 16 Abs. 7 und § 26 Abs. 3 jeweils in der Fassung der Wohnrechtsnovelle 2000, BGBl. I Nr. 36/2000, gelten für Mietverhältnisse, die nach dem 30. Juni 2000 beginnen, sowie für die Verlängerung früherer Mietverhältnisse für einen nach dem 30. Juni 2000 beginnenden Zeitraum. Bei einem befristeten Mietverhältnis, das vor dem 1. Juli 2000 begonnen hat, gilt eine allfällige Verminderung des höchstzulässigen Mietzinses ab dem Zeitpunkt der Umwandlung in einen Mietvertrag auf unbestimmte Zeit nicht mehr, ohne dass dies von einer schriftlichen Ausweisung der Verminderung im ursprünglichen Mietvertrag oder in einer Verlängerungsvereinbarung abhängig wäre.

(4) § 16 Abs. 7b in der Fassung vor dem Inkrafttreten der Wohnrechtsnovelle 2000, BGBl. I Nr. 36/2000, ist auf Mietverhältnisse weiter anzuwenden, die vor dem 1. Juli 2000 begonnen haben oder verlängert wurden, bei Verlängerung jedoch nur hinsichtlich jenes Verlängerungszeitraums, der vor dem 1. Juli 2000 begonnen hat.

(5) Solange ein vor dem 1. Juli 2000 eingegangenes Dienstverhältnis nach dem Hausbesorgergesetz nach dem 30. Juni 2000 weiter aufrecht ist, gilt anstelle von § 23 Abs. 2 der § 23 Abs. 1 in seiner vor dem Inkrafttreten der Wohnrechtsnovelle 2000, BGBl. I Nr. 36/2000, geltenden Fassung und sind § 21 Abs. 1 Z 8 und § 37 Abs. 1 Z 12 weiterhin in ihrer vor dem Inkrafttreten der Wohnrechtsnovelle 2000, BGBl. I Nr. 36/2000, geltenden Fassung anzuwenden.

(6) Eine vor dem 1. Juli 2000 geschlossene und nach den damaligen Bestimmungen rechtswirksame Vereinbarung über die Befristung eines Mietverhältnisses – einschließlich einer befristeten Erneuerung – bleibt rechtswirksam. Eine nach den damaligen Bestimmungen rechtsunwirksame Befristung bleibt rechtsunwirksam.

(7) § 29 Abs. 4a, 4b und 4c und § 34 Abs. 5 jeweils in der Fassung vor dem Inkrafttreten der Wohnrechtsnovelle 2000, BGBl. I Nr. 36/2000, sind auf Mietverhältnisse weiter anzuwenden, die vor dem 1. Juli 2000 begonnen haben oder verlängert wurden, bei Verlängerung jedoch nur hinsichtlich jenes Verlängerungszeitraums, der vor dem 1. Juli 2000 begonnen hat.

(8) § 44 MRG in der Fassung der Wohnrechtsnovelle 1999, BGBl. I Nr. 147/1999, ist auf Verfahren über die Unwirksamkeit von Mietzinsvereinbarungen, die vor dem 1. Juli 2000 bei Gericht (bei der Gemeinde, § 39) anhängig gemacht worden sind, weiter anzuwenden.

(9) Im Übrigen ist die Wohnrechtsnovelle 2000, BGBl. I Nr. 36/2000, ab dem 1. Juli 2000 auch auf Mietverträge anzuwenden, die vor ihrem Inkrafttreten geschlossen worden sind.

(BGBl I 2000/36)

Übergangsregelung zur Mietrechtsnovelle 2001

§ 49d. (1) Die Änderungen der §§ 1, 2, 9, 16, 20, 30, 37 und 45 durch die Mietrechtsnovelle 2001, BGBl. I Nr. 161/2001, treten mit 1. Jänner 2002 in Kraft.

(2) § 1 Abs. 2 und 4, § 16 und § 30 Abs. 2 jeweils in der Fassung der Mietrechtsnovelle 2001, BGBl. I Nr. 161/2001, gelten für Mietverträge, die nach dem 31. Dezember 2001 geschlossen wurden.

(3) Ein Erhaltungs- und Verbesserungsbeitrag, der vor dem 1. Jänner 2002 eingehoben wurde, ist bei der Anhebung des Hauptmietzinses gemäß § 45 in der Fassung der Mietrechtsnovelle 2001, BGBl. I Nr. 161/2001, durch Hinzurechnung zum bisherigen Hauptmietzins zu berücksichtigen, sodass eine Anhebung nur zulässig ist, soweit die Summe aus dem bisherigen Hauptmietzins und dem Erhaltungs- und Verbesserungsbeitrag unter dem jeweils anzuwendenden Betrag nach § 45 Abs. 1 liegt. Ein Erhaltungs- und Verbesserungsbeitrag, der nach dem 28. Februar 1994 und vor dem 1. Jänner 2002 eingehoben wurde, gilt ab 1. Jänner 2002 als Teil des Hauptmietzinses; ein nach dem 28. Februar 1994 und vor dem 1. Jänner 2002 gestelltes Verlangen des Vermieters nach Entrichtung eines Erhaltungs- und Verbesserungsbeitrags gilt ab 1. Jänner 2002 als Anhebungsbegehren gemäß § 45 in der Fassung der Mietrechtsnovelle 2001, BGBl. I Nr. 161/2001.

(4) Im Übrigen ist die Mietrechtsnovelle 2001, BGBl. I Nr. 161/2001, ab dem 1. Jänner 2002 auch auf Mietverträge anzuwenden, die vor ihrem In-Kraft-Treten geschlossen worden sind.

(BGBl I 2001/161)

Kundmachung gemäß § 39 Abs. 2

§ 50. Die Gemeinden, auf die im Zeitpunkt des Inkrafttretens dieses Bundesgesetzes die Voraussetzungen des § 39 Abs. 1 zutreffen, sind durch die Kundmachung der Bundesminister für Justiz und für Inneres, BGBl. Nr. 299/1979, bestimmt.[1])

[1]) Klagenfurt, Neunkirchen, St. Pölten, Stockerau, Linz, Salzburg, Graz, Leoben, Mürzzuschlag, Innsbruck, Wien

Übergangsregelung für die Mietzinsreserve

§ 51. Für die Anwendung des für die Mietzinsreserve bestimmten Verrechnungszeitraums von zehn Jahren gilt für die Übergangszeit von drei Jahren die Beschränkung, daß dieser Verrechnungszeitraum nicht vor dem 1. Jänner 1975 beginnt. Die Verrechnung der Mietzinsreserve aus der Zeit vor dem Inkrafttreten dieses Bundesgesetzes richtet sich nach den bisherigen Vorschriften des Mietengesetzes.

Übergangsregelung für Darlehens- und Kreditverträge

§ 52. Die in einem vor dem Inkrafttreten dieses Bundesgesetzes geschlossenen Darlehens- oder Kreditvertrag rechtswirksam vereinbarte Abtretung oder Verpfändung der Teilbeträge der Hauptmietzinse, die nach den bisherigen Vorschriften des Mietengesetzes von der Verwendungs- und Verrechnungspflicht ausgenommen waren, wird von der Exekutionsbeschränkung nach § 42 nicht erfaßt.

Pfandrechtliche Übergangsregelungen

§ 52a. Ein vor dem 1. März 1994 zugunsten eines Darlehens oder Kredits zur Finanzierung von Erhaltungsarbeiten an einer Liegenschaft begründetes Pfandrecht geht dem Vorzugspfandrecht nach § 42a im Rang vor, soweit der Darlehens- oder Kreditbetrag tatsächlich für Erhaltungsarbeiten verwendet wurde.

(BGBl 1993/800, ab 1. 3. 1994)

III.–VI. Hauptstück (§§ 53–56)

betreffen andere Gesetze (RückzahlungsbegG, WBFG, WGemG, WEG, UStG)

VII. Hauptstück

Abgabenrechtliche Vorschriften

§ 57. (1) Die Beträge, die der Nachmieter dem Vermieter im Sinne des § 27 Abs. 1 Z 1 des Mietrechtsgesetzes zur teilweisen oder gänzlichen Deckung des vom Vermieter dem Vormieter geleisteten Ersatzes von Aufwendungen nach § 10 des Mietrechtsgesetzes leistet, gelten nicht als Entgelt im Sinne des Umsatzsteuergesetzes 1972.

(2) *(betrifft EStG).*

VIII. Hauptstück

In- und Außerkrafttreten

§ 58. (1) Dieses Bundesgesetz tritt mit 1. Jänner 1982 in Kraft.

(2) *(betrifft EStG)*

(3) Mit dem Inkrafttreten dieses Bundesgesetzes treten vorbehaltlich der Regelungen im II. Hauptstück außer Kraft:

1. das Bundesgesetz über die Miete von Wohnungen und Geschäftsräumlichkeiten (Mietengesetz), BGBl. Nr. 210/1929, in der Fassung des Bundesgesetzes BGBl. Nr. 91/1976;

2. das Bundesgesetz vom 29. Juni 1954, BGBl. Nr. 132, womit Bestimmungen über die Mietzinsbildung für nicht dem Mietengesetz unterliegende Räume getroffen werden;

3. der Art. II des Bundesgesetzes vom 30. Juni 1967, BGBl. Nr. 281, über die Änderung mietrechtlicher Vorschriften (Mietrechtsänderungsgesetz);

4. die Art. XII Z 2 und XIII Z 2 des Einführungsgesetzes zum Umsatzsteuergesetz 1972, BGBl. Nr. 224;

5. der Art. 6 der Verordnung vom 4. Dezember 1943 über Maßnahmen auf dem Gebiete des bürgerlichen Streitverfahrens und der Zwangsvollstreckung (Schutzverordnung), RGBl. I S 666.

(4) Insoweit in anderen bundesgesetzlichen Rechtsvorschriften auf eine durch den Abs. 3 aufgehobene Rechtsvorschrift verwiesen wird, tritt an deren Stelle die entsprechende Bestimmung dieses Bundesgesetzes.

IX. Hauptstück
Vollziehung

§ 59. Mit der Vollziehung dieses Bundesgesetzes sind betraut:

1. der Bundesminister für Finanzen hinsichtlich des § 39 Abs. 5, des § 57 und des § 58 Abs. 2;

2. der Bundesminister für Inneres hinsichtlich der im § 30 Abs. 2 Z 15 geregelten Bescheide der Bezirksverwaltungsbehörde, der „§ 27 Abs. 5“, § 38, § 39 Abs. 3 und 4 sowie § 40 Abs. 3; *(BGBl I 1997/22)*

3. der Bundesminister für Justiz gemeinsam mit dem Bundesminister für Inneres hinsichtlich des § 39 Abs. 2;

4. die Landesregierungen hinsichtlich des „§ 29a und des“ § 54, wobei der Bundesminister für wirtschaftliche Angelegenheiten mit der Wahrnehmung der Rechte des Bundes nach Art. 15 Abs. 8 B-VG betraut ist; *(BGBl 1993/800, ab 1. 3. 1994)*

5. der Bundesminister für Justiz für alle übrigen Bestimmungen.

15/1. MRG-Novelle 1985

15/1. Mietrechtsgesetz-Novelle 1985 (Auszug), BGBl 1985/559

Bundesgesetz vom 12. Dezember 1985, mit dem das Mietrechtsgesetz, das Wohnungsgemeinnützigkeitsgesetz und das Wohnhaussanierungsgesetz geändert werden

Art I – III betreffen MRG, WGG und WSG

Artikel IV
Inkrafttreten und Übergangsbestimmungen

1. Dieses Bundesgesetz tritt mit 1. Jänner 1986 in Kraft.

2. Insoweit im folgenden nichts anderes bestimmt ist, gilt dieses Bundesgesetz auch für Miet- und Nutzungsverträge, die vor dem Inkrafttreten dieses Bundesgesetzes geschlossen worden sind.

3. Auf Mietverträge über Wohnungen der Ausstattungskategorie A, die vor dem Inkrafttreten dieses Bundesgesetzes geschlossen worden sind, sind die bisherigen Vorschriften über die Mietzinsbildung weiter anzuwenden. Gleiches gilt für Wohnungen nach § 16 Abs. 1 Z 3a des Mietrechtsgesetzes in der Fassung des Art. I dieses Bundesgesetzes.

4. Ist in einer vor dem Inkrafttreten dieses Bundesgesetzes geschlossenen Mietzinsvereinbarung über eine Wohnung der Ausstattungskategorie A für den Fall einer Änderung der gesetzlichen Vorschriften über die Hauptmietzinshöhe eine Erhöhung des Hauptmietzinses oder eine Verpflichtung des Mieters zum Abschluß einer neuen Mietzinsvereinbarung vorgesehen, so ist diese Vereinbarung rechtsunwirksam. Gleiches gilt für Wohnungen nach § 16 Abs. 1 Z 3a des Mietrechtsgesetzes in der Fassung des Art. I dieses Bundesgesetzes.

5. Ist für den Abschluß einer Mietzinsvereinbarung das Vorliegen einer in der Z 4 angeführten Zinsanpassungsklausel Beweggrund, so ist diese Vereinbarung rechtsunwirksam und es gilt die frühere Mietzinsvereinbarung weiter.

6. Die im Zeitpunkt des Inkrafttretens dieses Bundesgesetzes bei Gericht (der Gemeinde, § 39 MRG) anhängigen Verfahren sind, soweit im folgenden nichts anderes bestimmt wird, nach den bisher in Geltung gestandenen Vorschriften durchzuführen.

7. Der § 16a des Mietrechtsgesetzes in der Fassung des Art. I dieses Bundesgesetzes ist auch auf die im Zeitpunkt des Inkrafttretens dieses Bundesgesetzes noch nicht rechtskräftig abgeschlossenen streitigen und außerstreitigen Verfahren anzuwenden. Zieht der Vermieter in einem solchen anhängigen Verfahren innerhalb von drei Monaten nach dem Inkrafttreten dieses Bundesgesetzes sein Begehren zurück, so gelten die Verfahrenskosten als gegenseitig aufgehoben. Ist in einem solchen anhängigen Verfahren, das auf Antrag des Mieters eingeleitet worden ist, der Vermieter in der Folge nur deshalb unterlegen, weil § 16a des Mietrechtsgesetzes in der Fassung des Art. I dieses Bundesgesetzes in Kraft getreten ist, so sind die Verfahrenskosten gegenseitig aufzuheben. Eine rechtskräftige Entscheidung steht der Anwendung des § 16a des Mietrechtsgesetzes in der Fassung des Art. I dieses Bundesgesetzes ab 1. Jänner 1986 nicht entgegen.

8. Die Bestimmungen des § 45 des Mietrechtsgesetzes in der Fassung des Art. I dieses Bundesgesetzes sind – mit Ausnahme des Abs. 1 Z 3 und des Abs. 6 – auch auf jene Erhaltungsbeiträge anzuwenden, deren Vorschreibung auf § 45 des Mietrechtsgesetzes in der am 1. Jänner 1982 in Geltung gestandenen Fassung beruht.

9. *(betrifft WGG)*

10. Soweit in anderen bundesgesetzlichen Rechtsvorschriften die Begriffe „Erhaltungsbeitrag" und „Erhaltungsbeiträge" vorkommen, treten an deren Stelle die Begriffe „Erhaltungs- und Verbesserungsbeitrag" und „Erhaltungs- und Verbesserungsbeiträge".

11. Mit der Vollziehung dieses Bundesgesetzes ist der Bundesminister für Justiz betraut.

15/2. 2. Wohnrechtsänderungsgesetz

15/2. 2. Wohnrechtsänderungsgesetz (Auszug), BGBl 1991/68

Bundesgesetz, mit dem das Wohnungsgemeinnützigkeitsgesetz, das Mietrechtsgesetz, das Aktiengesetz 1965 geändert und Maßnahmen zur Hilfe für Wohnungssuchende getroffen werden (2. Wohnrechtsänderungsgesetz – 2. WÄG)

(Auszug aus Art IV und Art V)

Artikel IV
Maßnahmen zur Hilfe für Wohnungssuchende

Abschnitt I
Zwischennutzung bis zur geförderten Sanierung

§ 1. Für Wohnungen in Gebäuden (Baulichkeiten) mit mehr als zwei selbständigen Wohnungen kann – auch ohne Vorliegen der Voraussetzungen nach § 29 Abs. 1 des Mietrechtsgesetzes bis zum Beginn der Aufnahme der Sanierungsarbeiten – schriftlich ein Hauptmietvertrag mit einem Hauptmieter im Sinne des § 2 dieses Artikels mit einer insgesamt drei Jahre nicht übersteigenden Dauer schriftlich vereinbart werden, wenn eine Sanierung der Wohnungen unter Zuhilfenahme von Förderungsmitteln einer Gebietskörperschaft beabsichtigt ist und dies der Förderungsträger schriftlich bestätigt.

§ 2. (1) Die Landesregierung, in deren Bereich unter Zuhilfenahme von Förderungsmitteln einer Gebietskörperschaft Sanierungen von Wohnungen in Gebäuden (Baulichkeiten) durchgeführt werden, hat mit Bescheid für den örtlichen Wirkungsbereich eine gemeinnützigen, mildtätigen oder kirchlichen Zwecken dienende Körperschaft, Religionsgesellschaft oder sonstige Personengemeinschaften auf deren Antrag als zum Abschluß von befristeten Hauptmietverträgen im Sinne des § 1 berechtigt anzuerkennen, wenn

1. Bedarf nach solchen Zwischennutzungen besteht und

2. der Antragsteller die ausreichende Gewähr dafür bietet, gemeinnützige, mildtätige Zwecke zur Hilfe von Wohnraumsuchenden zu erfüllen.

(2) Die Anerkennung ist mit Bescheid zu entziehen, wenn die Gewähr für die tatsächliche Erfüllung dieser gemeinnützigen, mildtätigen Zwecke nicht mehr besteht.

(3) Bescheide über die Entziehung der Zuerkennung der Berechtigung zum Abschluß von befristeten Hauptmietverträgen im Sinne des § 1 sind zusätzlich dem Bundesminister für Justiz zur Bekanntmachung innerhalb angemessener Frist zuzustellen.

§ 3. (1) Der nach § 2 anerkannte Hauptmieter hat die gleiche Rechtsstellung wie ein Wohnungseigentumsmieter (§ 2 des Mietrechtsgesetzes).

(2) Die nach diesem Artikel mit Wohnraum versorgten Nutzungsberechtigten fallen nicht in den Anwendungsbereich des Mietrechtsgesetzes.

Abschnitt II ist überholt

Artikel V
Übergangs- und Vollzugsbestimmungen

(1) Dieses Bundesgesetz tritt mit 1. März 1991 in Kraft.

(2) Insoweit im folgenden nichts anderes bestimmt ist, gelten Art. I und II auch für Miet- und sonstige Nutzungsverträge, die vor dem Inkrafttreten dieses Bundesgesetzes geschlossen worden sind.

(3) Soweit Art. I Z 1 und Z 8 keine gesonderten Regelungen vorsehen, gilt für bestehende Vertragsverhältnisse und anhängige Verfahren:

1. § 20 Abs. 5 und § 22 Abs. 1 Z 4 des Wohnungsgemeinnützigkeitsgesetzes beziehungsweise § 10 und § 37 Abs. 1 Z 6 des Mietrechtsgesetzes in der Fassung des vorliegenden Bundesgesetzes sind, wenn die Ansprüche nach dem 1. März 1991 fällig werden, anwendbar:

a) auf solche auf Ersatz für Aufwendungen auf eine Wohnung, die vor dem 1. Jänner 1982 oder nach dem 28. Feber 1991 vorgenommen wurden;

b) auf alle mit öffentlichen Mitteln einer Gebietskörperschaft geförderten Aufwendungen auf eine Wohnung;

c) auf Ansprüche für Aufwendungen auf eine Wohnung, die ohne Zuhilfenahme öffentlicher Mittel einer Gebietskörperschaft nach dem 1. Jänner 1982, aber vor dem

MRG mit HeizKG

1. März 1991 vorgenommen wurden, mit der Maßgabe, daß die jährliche Abschreibungsquote allgemein ein Zwanzigstel beträgt und daß die Vorlage von Rechnungen nicht Anspruchsvoraussetzung ist.

2. Unanwendbar sind die § 20 Abs. 5 und § 22 Abs. 1 Z 4 des Wohnungsgemeinnützigkeitsgesetzes beziehungsweise § 10 und § 37 Abs. 1 Z 6 des Mietrechtsgesetzes in der Fassung des vorliegenden Bundesgesetzes für die übrigen durch Z 1 nicht erfaßten Ansprüche nach § 10 Mietrechtsgesetz in der bisherigen Fassung.

3. Am 1. März 1991 bei Gericht (der Gemeinde, § 39 des Mietrechtsgesetzes) anhängige Verfahren sind nach den bisherigen Vorschriften durchzuführen.

(4) Die Bestimmungen des Art. I Z 5, 6 und 7 sowie des Art. III Z 1 sind erstmals auf Geschäftsjahre anzuwenden, die nach dem 31. Dezember 1991 beginnen. Eine Verordnung gemäß § 23 Abs. 4 des Wohnungsgemeinnützigkeitsgesetzes kann jedoch bereits ab 1. März 1991 erlassen werden.

(5) Die Vollziehung dieses Bundesgesetzes richtet sich

1. hinsichtlich des Art. I nach Art. IV des Wohnungsgemeinnützigkeitsgesetzes;

2. hinsichtlich des Art. II nach § 59 des Mietrechtsgesetzes;

3. hinsichtlich des Art. III nach § 273 des Aktiengesetzes;

4. hinsichtlich des Art. IV sind mit der Vollziehung betraut:

a) der Bundesminister für Justiz hinsichtlich §§ 1, 3 und 4 Abs. 1 und 2 und der Bekanntmachungspflicht nach § 2 Abs. 3;

b) der Bundesminister für Finanzen hinsichtlich § 4 Abs. 4;

c) die Landesregierungen hinsichtlich der übrigen Bestimmungen.

15/3. 3. Wohnrechtsänderungsgesetz

15/3. 3. Wohnrechtsänderungsgesetz (Auszug), BGBl 1993/800

Bundesgesetz, mit dem das Wohnungsgemeinnützigkeitsgesetz, das Mietrechtsgesetz, das Wohnungseigentumsgesetz 1975, das Heizkostenabrechnungsgesetz, das Bundes-Sonderwohnbaugesetz 1982, das Bundes-Sonderwohnbaugesetz 1983, das Wohnbauförderungsgesetz 1968 und das Wohnbauförderungsgesetz 1984 geändert werden und mit dem ein Richtwertgesetz (RichtWG) geschaffen wird (3. Wohnrechtsänderungsgesetz – 3. WÄG)

(Auszug aus Art II)

II. Abschnitt

Übergangsbestimmungen

1. Insoweit im folgenden nichts anderes bestimmt ist, gilt der I. Abschnitt[1]) auch für Miet- und Nutzungsverträge, die vor seinem Inkrafttreten geschlossen worden sind.

2. Bei bestehenden Hauptmietverträgen mit Wohnungseigentümern oder Wohnungseigentumsbewerbern über eine Wohnung der Ausstattungskategorie D (§ 15a Abs. 1 Z 4) und bei Mietverträgen, die mit dem Mieter oder Pächter eines ganzen Hauses abgeschlossen wurden, richtet sich die Auflösung des Mietvertrages nach den bisher in Geltung gestandenen Regelungen der §§ 29 bis 36. Gleiches gilt für die Regeln über die Verwendung und Verrechnung des Hauptmietzinses (§ 18 und § 20).

3. Ermäßigungen des Hauptmietzinses nach den bisher in Geltung gestandenen Regelungen des § 44 Abs. 2 und 3 MRG bleiben aufrecht.

4. Vor dem Inkrafttreten des I. Abschnittes[1]) entrichtete und noch nicht bestimmungsgemäß verbrauchte Erhaltungs- und Verbesserungsbeiträge sind bis zum 31. Mai 1994 jedenfalls nicht zurückzuerstatten. Sie sind auch nach diesem Zeitpunkt nicht zurückzuerstatten, wenn sich der Vermieter gegenüber den rückforderungsberechtigten Mietern bis spätestens 31. Mai 1994 durch Anschlag im Haus dazu verpflichtet, sämtliche noch nicht verbrauchte Erhaltungs- und Verbesserungsbeiträge einschließlich jener, die nach den Regelungen des § 45 MRG in der bis zum Inkrafttreten des I. Abschnittes[1]) in Geltung gestandenen Fassung am 1. März 1994 noch nicht zur Rückzahlung fällig waren, bis spätestens 31. Dezember 1996 vollständig zur Finanzierung von Erhaltungs- und Verbesserungsarbeiten zu verwenden. Kommt der Vermieter dieser Verwendungspflicht nach, so darf er die zwischen 1. März 1994 und 31. Dezember 1996 verbrauchten Erhaltungs- und Verbesserungsbeiträge auch für die Finanzierung solcher Erhaltungs- und Verbesserungsarbeiten verrechnen, deren Kosten bereits durch die anrechenbare Mietzinsreserve gedeckt wären. Kommt er hingegen dieser Verwendungspflicht nicht bis spätestens 31. Dezember 1996 nach, so hat er sämtliche vor dem Inkrafttreten des I. Abschnittes[1]) entrichteten und noch nicht bestimmungsgemäß verbrauchten Erhaltungs- und Verbesserungsbeiträge – ungeachtet der bisher in Geltung gestandenen Bestimmungen über deren Rückzahlung – bis spätestens 31. Jänner 1997 zurückzuerstatten. Wenn der Vermieter bis spätestens 31. Mai 1994 keine Verpflichtungserklärung im Sinn des zweiten Satzes abgibt, gelten für die Verwendung, Verrechnung und Rückerstattung der Erhaltungs- und Verbesserungsbeiträge die Regelungen des § 45 MRG in der bis zum Inkrafttreten des I. Abschnittes[1]) in Geltung gestandenen Fassung weiter. In allen Fällen einer Rückerstattung von Erhaltungs- und Verbesserungsbeiträgen ist rückforderungsberechtigt derjenige, der die jeweiligen Erhaltungs- und Verbesserungsbeiträge als Hauptmieter entrichtet hat, und rückzahlungspflichtig derjenige, der zum Zeitpunkt der Fälligkeit der Rückzahlung Vermieter ist.

5. Eine vor dem Inkrafttreten des I. Abschnittes[1]) geschlossene und nach den damaligen Bestimmungen rechtswirksame Vereinbarung über die Höhe des Mietzinses oder ein Begehren nach § 46 Abs. 2 in der bisherigen Fassung und deren (dessen) Wertsicherung behält ihre (seine) Rechtswirksamkeit. Eine nach den damaligen Bestimmungen rechtsunwirksame Vereinbarung über die Höhe des Mietzinses bleibt rechtsunwirksam.

6. § 18 Abs. 5 MRG gilt nicht für solche Mietverträge, die vor dem 1. März 1994 geschlossen wurden.

7. § 20 Abs. 1 Z 1 lit. b bis d MRG in der Fassung des I. Abschnittes[1]) ist nur auf sol-

che Abrechnungszeiträume anzuwenden, die nach dem Inkrafttreten des I. Abschnittes[1]) gelegen sind. Für Zeiträume davor ist § 20 Abs. 1 Z 1 lit. b und c MRG in der bisherigen Fassung anzuwenden.

8. § 20 Abs. 1 Z 1 lit. g und § 27 Abs. 3 und 4 MRG in der Fassung des I. Abschnitts[1]) sind auf Leistungen, die vor dem 1. März 1994 erbracht wurden, nicht anzuwenden. Auf Leistungen, die vor dem 1. März 1994 erbracht wurden, ist § 27 Abs. 3 und 4 MRG in der bis zum Zeitpunkt des Inkrafttretens des I. Abschnitts[1]) in Geltung gestandenen Fassung anzuwenden.

9. § 20 Abs. 1 Z 2 lit. e MRG in der Fassung des I. Abschnitts[1]) ist nur auf solche Abrechnungszeiträume anzuwenden, die nach dem Inkrafttreten des I. Abschnitts[1]) gelegen sind. Für Zeiträume davor ist § 20 Abs. 1 Z 2 lit. e MRG in der bisherigen Fassung anzuwenden.

10. Die im Zeitpunkt des Inkrafttretens des I. Abschnittes[1]) bei Gericht (der Gemeinde, § 39) anhängigen Verfahren – ausgenommen Verfahren nach Maßgabe der Z 4 – sind nach den bisher in Geltung gestandenen Bestimmungen durchzuführen. Die Regelung der Z 4 ist auch auf die im Zeitpunkt des Inkrafttretens des I. Abschnittes[1]) noch nicht rechtskräftig abgeschlossenen Verfahren anzuwenden, sofern das Verfahren nach dem 30. Juni 1993 anhängig gemacht wurde.

[1]) Der 1. Abschnitt enthält Änderungen des MRG

III. Abschnitt

Inkrafttreten; Vollzugsklausel

(1) Der I. und II. Abschnitt treten mit 1. März 1994 in Kraft; auf die Regelung der Z 10 des II. Abschnittes ist Bedacht zu nehmen.

(2) Mit der Vollziehung dieses Bundesgesetzes ist der Bundesminister für Justiz betraut.

15/4. Richtwertgesetz

15/4. Richtwertgesetz, BGBl 1993/800, idF

1 BGBl I 2000/36 (WRN 2000) 2 BGBl I 2001/98 (2. Euro-JuBeG)

Bundesgesetz über die Festsetzung des Richtwertes für die mietrechtliche Normwohnung (Richtwertgesetz – RichtWG)

I. Abschnitt
Richtwert

§ 1. (1) Der Richtwert ist jener Betrag, der für die mietrechtliche Normwohnung (§ 2) festgesetzt ist. Er bildet die Grundlage für die Berechnung des angemessenen Hauptmietzinses nach § 16 Abs. 2 MRG.

(2) Der Bundesminister für Justiz hat für jedes Bundesland einen Richtwert in „Eurobeträgen“ je Quadratmeter der Nutzfläche und Monat für die mietrechtliche Normwohnung unter Bedachtnahme auf das Gutachten des Beirates (§ 7) und die in § 3 genannten Grundsätze durch Verordnung festzusetzen. *(BGBl I 2001/98, ab 1. 1. 2002)*

Mietrechtliche Normwohnung

§ 2. (1) Die mietrechtliche Normwohnung ist eine Wohnung mit einer Nutzfläche zwischen 30 Quadratmeter und 130 Quadratmeter in brauchbarem Zustand, die aus Zimmer, Küche (Kochnische), Vorraum, Klosett und einer dem zeitgemäßen Standard entsprechenden Badegelegenheit (Baderaum oder Badenische) besteht, über eine Etagenheizung oder eine gleichwertige stationäre Heizung verfügt und in einem Gebäude mit ordnungsgemäßem Erhaltungszustand auf einer Liegenschaft mit durchschnittlicher Lage (Wohnumgebung) gelegen ist.

(2) Ein Gebäude befindet sich dann in ordnungsgemäßem Erhaltungszustand, wenn der Zustand seiner allgemeinen Teile nicht bloß vorübergehend einen ordentlichen Gebrauch der Wohnung gewährleistet. Ordnungsgemäß ist der Erhaltungszustand des Gebäudes jedenfalls dann nicht, wenn im Zeitpunkt der Vermietung Erhaltungsarbeiten im Sinn des § 3 Abs. 3 Z 2 MRG anstehen.

(3) Die durchschnittliche Lage (Wohnumgebung) ist nach der allgemeinen Verkehrsauffassung und der Erfahrung des täglichen Lebens zu beurteilen, wobei eine Lage (Wohnumgebung) mit einem überwiegenden Gebäudebestand, der in der Zeit von 1870 bis 1917 errichtet wurde und im Zeitpunkt der Errichtung überwiegend kleine, mangelhaft ausgestattete Wohnungen (Wohnungen der Ausstattungskategorie D) aufgewiesen hat, höchstens als durchschnittlich einzustufen ist.

Ermittlung des Richtwertes

§ 3. (1) Bei der Ermittlung des Richtwertes ist vom Herstellungswert (§ 6 Abs. 3 des Liegenschaftsbewertungsgesetzes) einer gut ausgestatteten geförderten Neubaumietwohnung in einem mehrgeschossigen Gebäude mit mindestens 4 Wohnungen auszugehen. Es sind dabei aber nur geförderte Neubaumietwohnungen heranzuziehen, bei denen eine förderungsrechtliche Begrenzung der (förderbaren) Baukosten oder des zulässigen Hauptmietzinses gegeben ist.

(2) Der Grundkostenanteil je Quadratmeter Nutzfläche errechnet sich aus den Grundkosten, die während des Kalenderjahres 1992 den Förderungszusicherungen des jeweiligen Landes tatsächlich zugrunde gelegt wurden.

(3) Zur Ermittlung der Baukosten je Quadratmeter Nutzfläche sind die am 31. Dezember 1992 geltenden Vorschriften des jeweiligen Landes über die förderbaren Baukosten zugrunde zu legen. Fehlen solche Vorschriften, sind die Baukosten zugrunde zu legen, die sich aus den Förderungszusicherungen des jeweiligen Landes im Kalenderjahr 1992 ergeben.

(4) Von den Baukosten gemäß Abs. 3 sind jene Baukostenanteile abzuziehen, die für die Errichtung solcher Gebäudeteile üblicherweise anfallen, die nach den am 31. Dezember 1992 geltenden Wohnbauförderungsvorschriften des jeweiligen Landes zwar gefördert werden, aber dem typischen Althausbestand nicht entsprechen, nämlich Einstell- oder Abstellplätze (Garagen), Aufzugsanlagen, gemeinsame Wärmeversorgungsanlagen und Gemeinschaftsanlagen oder -räume (Fahrrad- und Kinderwagenabstellplätze, Hobbyräume, Schutzräume, modern ausgestattete Waschküchen, Gemeinschaftsantennen, Saunen) sowie solche Baukostenanteile, die bautechnischen Erschwernissen zuzurechnen sind.

(5) Es ist jeweils ein Durchschnittswert der Grundkostenanteile und der Baukosten des jeweiligen Landes heranzuziehen, der in bezug auf die Wohnnutzfläche zu gewichten ist.

(6) Die betragsmäßige Ermittlung des Richtwertes erfolgt, indem zunächst 4 vH des Grundkostenanteils (Abs. 2 und 5) und 5,5 vH der Baukosten (Abs. 3 bis 5) zusammengezählt und sodann von der errechneten Summe 5 vH der Kosten für die Errichtung von Aufzugsanlagen und gemeinsamen Wärmeversorgungsanlagen (fiktiver Erhaltungsaufwand) abgezogen werden; der Richtwert beträgt ein Zwölftel der sich daraus ergebenden Differenz.

MRG mit HeizKG

Kundmachung der Richtwerte

§ 4. (1) Der Bundesminister für Justiz hat die Richtwerte und die ihrer Ermittlung zugrundegelegten Kostenanteile (§ 3 Abs. 2 bis 5), ausgedrückt in Prozentsätzen vom jeweiligen Richtwert, unter Bedachtnahme auf das Gutachten des Beirats durch Verordnung festzusetzen. Kommt ein Gutachten des Beirats über die Ermittlung der Richtwerte nicht zustande, so ist der Richtwert vom Bundesminister für Justiz unter Bedachtnahme auf die Grundsätze des § 3 festzusetzen.

(2) Der Richtwert ist erstmals bis spätestens 28. Februar 1994 für jedes Bundesland festzusetzen und wird mit 1. März 1994 wirksam.

Wertsicherung der Richtwerte

§ 5. Die Richtwerte vermindern oder erhöhen sich jährlich in dem Maß, das sich aus der Veränderung des von der Bundesanstalt Statistik Österreich verlautbarten Verbraucherpreisindex 1986 oder des an seine Stelle tretenden Index im Jahresabstand gegenüber dem Zeitpunkt des In-Kraft-Tretens dieser Bestimmung oder gegenüber dem Zeitpunkt der neuerlichen Festsetzung der Richtwerte ergibt. Bei der Berechnung der neuen Richtwerte sind Beträge, die einen halben Cent nicht übersteigen, auf den nächstniedrigeren ganzen Cent abzurunden und Beträge, die einen halben Cent übersteigen, auf den nächsthöheren ganzen Cent aufzurunden. Die neuen Beträge gelten ab dem der Verlautbarung der Indexveränderung durch die Bundesanstalt Statistik Österreich folgenden übernächsten Monatsersten. Der Bundesminister für Justiz hat die geänderten Richtwerte und den Zeitpunkt, in dem die Richtwertveränderung mietrechtlich wirksam wird, im Bundesgesetzblatt kundzumachen.

(BGBl I 2001/98, ab 1. 1. 2002)

Neufestsetzung des Richtwertes

§ 6. Wenn die Veränderung des Baupreisindex für den Wohnhaus- und Siedlungsbau von der Veränderung des Verbraucherpreisindex 1986 oder des an seine Stelle tretenden Index seit der letztmaligen Festsetzung des Richtwertes insgesamt um mehr als „25“ vH abweicht, hat der Bundesminister für Justiz nach Einholung eines Gutachtens des Beirates (§ 7) die Richtwerte neu festzusetzen. Dabei sind die §§ 3, 4, 7 und 9 mit der Maßgabe anzuwenden, daß bei der Ermittlung des Grundkostenanteils und der Baukosten von den Förderungszusicherungen des Kalenderjahres auszugehen ist, das dem Zeitpunkt der Abweichung vorangegangen ist. Die Richtwerte werden mit dem der Kundmachung folgenden übernächsten Monatsersten wirksam. § 5 letzter Satz ist anzuwenden. *(BGBl I 2000/36, ab 1. 7. 2000)*

Beirat zur Ermittlung der Richtwerte

§ 7. (1) Zur Erstattung von Gutachten zur Ermittlung der Richtwerte und den Empfehlungen betreffend Zuschläge und Abstriche im Sinne des § 16 Abs. 2 MRG ist beim Bundesministerium für Justiz ein Beirat einzurichten.

(2) Der Beirat besteht aus zwei sachkundigen Vertretern der Wirtschaftskammer Österreichs, zwei sachkundigen Vertretern der Bundesarbeitskammer, drei sachkundigen Nachfragervertretern und drei sachkundigen Anbietervertretern jeweils aus dem Kreis der Funktionäre und Angestellten von Vereinen im Sinn des § 37 Abs. 3 Z 11 MRG für jedes Bundesland und aus dem Bundesminister für Justiz oder seinem Vertreter.

(3) Der jeweilige Landeshauptmann hat die Nachfrager- und Anbietervertreter für das Bundesland für eine Funktionsdauer von fünf Jahren namhaft zu machen. Ebenso haben die Wirtschaftskammer Österreichs und die Bundesarbeitskammer ihre Vertreter für eine Funktionsdauer von fünf Jahren namhaft zu machen; diese Beiratsmitglieder können sich durch sachkundige Personen aus dem Bundesland, für dessen Bereich ein Gutachten zu erstatten ist auf Grund einer schriftlichen Vollmacht vertreten lassen. Wenn nicht innerhalb einer Frist von einem Monat ab Aufforderung durch den Bundesminister für Justiz die vorgesehene Anzahl von Vertretern schriftlich namhaft gemacht wird, hat der Bundesminister für Justiz sachkundige unabhängige Personen als stimmberechtigte Mitglieder des Beirats für eine Funktionsdauer von fünf Jahren zu bestellen.

(4) Der Beirat wird vom Bundesminister für Justiz einberufen. Einzuberufen und stimmberechtigt sind die Vertreter der Wirtschaftskammer Österreichs, die Vertreter der Bundesarbeitskammer und die Vertreter des jeweiligen Bundeslands, für dessen Bereich ein Gutachten zu erstatten ist.

(5) Der Vorsitz im Beirat wird vom Bundesminister für Justiz oder von dessen Vertreter geführt.

(6) Der Beirat hat zu seinen Sitzungen einen sachkundigen Vertreter des Landeshauptmanns des Bundeslands, für dessen Bereich ein Gutachten zu erstatten ist, einzuladen. Dieser Vertreter ist anzuhören; er ist – abgesehen vom Fall des Abs. 7 – nicht stimmberechtigt.

(7) Der Beirat ist bei Anwesenheit von mindestens sieben stimmberechtigten Mitgliedern beschlußfähig. Für die Beschlußfassung über ein Gutachten zur Ermittlung der Richtwerte ist die einfache Mehrheit der anwesenden stimmberechtigten Mitglieder erforderlich. Kommt bei Stimmengleichheit ein gültiger Beschluß über die Ermittlung der Richtwerte nicht zustande, entscheidet der für diesen Fall stimmberechtigte Vertreter des Landeshauptmanns. Vertreten mindestens zwei Mitglieder

übereinstimmend eine von der Mehrheit abweichende Meinung, so ist diese im Gutachten zum Ausdruck zu bringen.

(8) Die Mitglieder des Beirats sind zur gewissenhaften und unparteiischen Ausübung ihres Amtes und zur Verschwiegenheit verpflichtet. Jene Mitglieder des Beirats, die der Bundesminister für Justiz mangels Namhaftmachung bestellt hat (Abs. 3 dritter Satz), haben Anspruch auf Ersatz der Reisekosten nach der Reisegebührenvorschrift 1955. Die Kosten des Beirats trägt der Bund.

(9) Die Geschäftsführung des Beirates obliegt dem Bundesminister für Justiz.

(10) Der Bundesminister für Justiz kann die näheren Bestimmungen über die Geschäftsordnung des Beirates mit Verordnung erlassen.

Allgemeine Beiratsempfehlungen

§ 8. Der Beirat kann für Zuschläge und Abstriche im Sinn des § 16 Abs. 2 MRG, die für häufig wiederkehrende Sachverhalte vorzunehmen sind und gleichartig berechenbar sein müssen, insbesondere für die bei Wohnungen der Ausstattungskategorien B und C vorzunehmenden Abstriche für die gegenüber der mietrechtlichen Normwohnung fehlenden Ausstattungsmerkmale allgemeine Empfehlungen unter Berücksichtigung der im jeweiligen Bundesland herrschenden Verkehrsauffassung erstatten. Für die Beschlußfassung gelten die Bestimmungen des § 7 sinngemäß. Der Bundesminister für Justiz hat diese allgemeinen Empfehlungen im Amtsblatt zur Wiener Zeitung kundzumachen.

Mitwirkungspflichten und Amtshilfe

§ 9. (1) Der jeweilige Landeshauptmann hat dem Bundesminister für Justiz auf dessen Verlangen die zur Ermittlung des Richtwerts erforderlichen Angaben über den gewichteten Durchschnitt des Grundkostenanteils gemäß § 3 Abs. 2 und 5, über die gewichteten durchschnittlichen Baukosten gemäß § 3 Abs. 3 und 5 und über die abzuziehenden Baukostenanteile gemäß § 3 Abs. 4 in seinem Bundesland innerhalb von zwei Monaten – jedenfalls auch in zahlenmäßig zusammengefaßter Form – vorzulegen.

(2) Die Behörden des Bundes, die gesetzlichen beruflichen Vertretungen der Arbeitgeber und der Arbeitnehmer sowie die Vereine im Sinn des § 37 Abs. 3 Z 11 MRG sind verpflichtet, dem Bundesminister für Justiz (dem Beirat) auf dessen Verlangen alle ihnen zur Verfügung stehenden Unterlagen, die zur Erfüllung der Aufgaben nach diesem Bundesgesetz erforderlich sind, vorzulegen.

II. Abschnitt

Inkrafttreten, Vollzugsklausel

(1) Der I. Abschnitt tritt mit 1. Dezember 1993 in Kraft.

(2) Mit der Vollziehung dieses Bundesgesetzes sind hinsichtlich des § 7 Abs. 8 der Bundesminister für Justiz im Einvernehmen mit dem Bundesminister für Finanzen und hinsichtlich aller übrigen Bestimmungen der Bundesminister für Justiz betraut.

15/5. Richtwertverordnungen

1/5. Verordnungen des Bundesministers für Justiz über die Festsetzung des Richtwerts, BGBl 1994/140–148 idF

1 BGBl 1995/166 **2** BGBl 1996/124 **3** BGBl II 1997/65
4 BGBl II 1998/72 **5** BGBl II 1999/78 **6** BGBl II 2000/80
7 BGBl II 2001/125 **8** BGBl II 2002/114

Verordnung des Bundesministers für Justiz über die Festsetzung des Richtwerts für das Bundesland Burgenland

BGBl 1994/140

§ 1. Auf Grund des § 4 des Richtwertgesetzes, BGBl. Nr. 800/1993 Art. IX, in Verbindung mit dessen § 3 Abs. 6 wird für das Bundesland Burgenland der Richtwert für die mietrechtliche Normwohnung mit dem Betrag von .... 46,— S[1]) je Quadratmeter der Nutzfläche und Monat festgesetzt.

Frühere Richtwerte:

a) gültig vom 1. 3. 1994 bis 31. 3. 1995: .... 46,— S

b) gültig vom 1. 4. 1995 bis 31. 3. 1996: .... 47,20 S

c) gültig vom 1. 4. 1996 bis 31. 3. 1997: .... 48,10 S

d) gültig vom 1. 4. 1997 bis 31. 3. 1998: .... 49,20 S

e) gültig vom 1. 4. 1998 bis 31. 3. 1999: .... 49,90 S

f) gültig vom 1. 4. 1999 bis 31. 3. 2000: .... 50,20 S

g) gültig vom 1. 4. 2000 bis 31. 3. 2001: .... 50,90 S

h) gültig vom 1. 4. 2001 bis 31. 3. 2002: .... 52,20 S
= 3,79 Euro

[1]) 3,87 Euro, ab 1. 4. 2002

§ 2. (1) Der Richtwert wurde wie folgt ermittelt:

1. Grundkostenanteil 440,– S, davon 4 vH .... 17,60 S

2. Baukosten 11 605,– S, davon 5,5 vH .... 638,28 S

3. abzuziehende Baukostenanteile für Aufzugsanlagen, gemeinsame Wärmeversorgungsanlagen, Fahrrad- und Kinderwagenabstellplätze, Hobbyräume, Schutzräume, Trockenräume und Gemeinschaftsantennen 1 250,– S, davon 5,5 vH ... 68,75 S

4. abzuziehende Kosten für die Errichtung von Aufzugsanlagen und gemeinsamen Wärmeversorgungsanlagen 700,– S, davon 5 vH .... 35,– S

Zwischensumme .... 552,13 S

davon ein Zwölftel, gerundet .... 46,– S

(2) Die der Ermittlung nach Abs. 1 zugrunde gelegten Kostenanteile betragen demgemäß, ausgedrückt in Prozentsätzen vom Richtwert, gerundet:

1. Grundkostenanteil .... 3,19 vH des Richtwerts;

2. Baukosten ..... 115,63 vH des Richtwerts;

3. abzuziehende Baukostenanteile (Abs. 1 Z 3) .... 12,45 vH des Richtwerts;

4. abzuziehende Kosten für die Errichtung von Aufzugsanlagen und gemeinsamen Wärmeversorgungsanlagen .... 6,34 vH des Richtwerts.

§ 3. Diese Verordnung tritt mit 1. März 1994 in Kraft.

Verordnung des Bundesministers für Justiz über die Festsetzung des Richtwerts für das Bundesland Kärnten

BGBl 1994/141

§ 1. Auf Grund des § 4 des Richtwertgesetzes, BGBl. Nr. 800/1993 Art. IX, in Verbindung mit dessen § 3 Abs. 6 wird für das Bundesland Kärnten der Richtwert für die mietrechtliche Normwohnung mit dem Betrag von .... 58,90 S[1]) je Quadratmeter der Nutzfläche und Monat festgesetzt.

Frühere Richtwerte:

a) gültig vom 1. 3. 1994 bis 31. 3. 1995: .... 58,90 S

b) gültig vom 1. 4. 1995 bis 31. 3. 1996: .... 60,40 S

c) gültig vom 1. 4. 1996 bis 31. 3. 1997: .... 61,50 S

d) gültig vom 1. 4. 1997 bis 31. 3. 1998: .... 63,— S

e) gültig vom 1. 4. 1998 bis 31. 3. 1999: .... 63,90 S

f) gültig vom 1. 4. 1999 bis 31. 3. 2000: .... 64,30 S

g) gültig vom 1. 4. 2000 bis 31. 3. 2001: .... 65,20 S

h) gültig vom 1. 4. 2001 bis 31. 3. 2002: .... 66,90 S = 4,86 Euro

[1]) 4,95 Euro, ab 1. 4. 2002

§ 2. (1) Der Richtwert wurde wie folgt ermittelt:

1. Grundkostenanteil 1 070,36 S, davon 4 vH .... 42,81 S

2. Baukosten 15 036,– S, davon 5,5 vH .... 826,98 S

3. abzuziehende Baukostenanteile für Abstellplätze, Aufzugsanlagen, gemeinsame Wärmeversorgungsanlagen, Fahrrad- und Kinderwagenabstellplätze, Schutzräume, modern ausgestattete Waschküchen und Gemeinschaftsantennen 1 893,04 S, davon 5,5 vH .... 104,12 S

4. abzuziehende Kosten für die Errichtung von Aufzugsanlagen und gemeinsamen Wärmeversorgungsanlagen 1 168,30 S, davon 5 vH .... 58,42 S

Zwischensumme .... 707,25 S

davon ein Zwölftel, gerundet .... 58,90 S

(2) Die der Ermittlung nach Abs. 1 zugrunde gelegten Kostenanteile betragen demgemäß, ausgedrückt in Prozentsätzen vom Richtwert, gerundet:

1. Grundkostenanteil .... 6,06 vH des Richtwerts;

2. Baukosten ..... 117,00 vH des Richtwerts;

3. abzuziehende Baukostenanteile (Abs. 1 Z 3) .... 14,73 vH des Richtwerts;

4. abzuziehende Kosten für die Errichtung von Aufzugsanlagen und gemeinsamen Wärmeversorgungsanlagen .... 8,27 vH des Richtwerts.

§ 3. Diese Verordnung tritt mit 1. März 1994 in Kraft.

Verordnung des Bundesministers für Justiz über die Festsetzung des Richtwerts für das Bundesland Niederösterreich

BGBl 1994/142

§ 1. Auf Grund des § 4 des Richtwertgesetzes, BGBl. Nr. 800/1993 Art. IX, in Verbindung mit dessen § 3 Abs. 6 wird für das Bundesland Niederösterreich der Richtwert für die mietrechtliche Normwohnung mit dem Betrag von .... 51,70 S[1]) je Quadratmeter der Nutzfläche und Monat festgesetzt.

Frühere Richtwerte:

a) gültig vom 1. 3. 1994 bis 31. 3. 1995: .... 51,70 S

b) gültig vom 1. 4. 1995 bis 31. 3. 1996: .... 53,— S

c) gültig vom 1. 4. 1996 bis 31. 3. 1997: .... 54,— S

d) gültig vom 1. 4. 1997 bis 31. 3. 1998: .... 55,30 S

e) gültig vom 1. 4. 1998 bis 31. 3. 1999: .... 56,10 S

f) gültig vom 1. 4. 1999 bis 31. 3. 2000: .... 56,50 S

g) gültig vom 1. 4. 2000 bis 31. 3. 2001: .... 57,20 S

h) gültig vom 1. 4. 2001 bis 31. 3. 2002: .... 58,70 S
= 4,27 Euro

[1]) 4,35 Euro, ab 1. 4. 2002

§ 2. (1) Der Richtwert wurde wie folgt ermittelt:

1. Grundkostenanteil 1 247,35 S, davon 4 vH .... 49,89 S

2. Baukosten 14 954,61 S, davon 5,5 vH .... 822,50 S

3. abzuziehende Baukostenanteile für Einstell- oder Abstellplätze (Garagen), Aufzugsanlagen, gemeinsame Wärmeversorgungsanlagen, Fahrrad- und Kinderwagenabstellplätze, Hobbyräume, Schutzräume, modern ausgestattete Waschküchen, Gemeinschaftsantennen und bautechnische Erschwernisse 3 498,25 S, davon 5,5 vH .... 192,40 S

4. abzuziehende Kosten für die Errichtung von Aufzugsanlagen und gemeinsamen Wärmeversorgungsanlagen 1 180,25 S, davon 5 vH ..... 59,01 S

Zwischensumme .... 620,98 S

davon ein Zwölftel, gerundet .... 51,70 S

(2) Die der Ermittlung nach Abs. 1 zugrunde gelegten Kostenanteile betragen demgemäß, ausgedrückt in Prozentsätzen vom Richtwert, gerundet:

1. Grundkostenanteil .... 8,04 vH des Richtwerts;

2. Baukosten ..... 132,58 vH des Richtwerts;

3. abzuziehende Baukostenanteile (Abs. 1 Z 3) .... 31,01 vH des Richtwerts;

4. abzuziehende Kosten für die Errichtung von Aufzugsanlagen und gemeinsamen Wärmeversorgungsanlagen .... 9,51 vH des Richtwerts.

§ 3. Diese Verordnung tritt mit 1. März 1994 in Kraft.

Verordnung des Bundesministers für Justiz über die Festsetzung des Richtwerts für das Bundesland Oberösterreich

BGBl 1994/143

§ 1. Auf Grund des § 4 des Richtwertgesetzes, BGBl. Nr. 800/1993 Art. IX, in Verbindung mit dessen § 3 Abs. 6 wird für das Bundesland Oberösterreich der Richtwert für die mietrechtliche Normwohnung mit dem Betrag von .... 54,60 S[1]) je Quadratmeter der Nutzfläche und Monat festgesetzt.

Frühere Richtwerte:

a) gültig vom 1. 3. 1994 bis 31. 3. 1995: .... 54,60 S

b) gültig vom 1. 4. 1995 bis 31. 3. 1996: .... 56,— S

c) gültig vom 1. 4. 1996 bis 31. 3. 1997: .... 57,— S

d) gültig vom 1. 4. 1997 bis 31. 3. 1998: .... 58,40 S

e) gültig vom 1. 4. 1998 bis 31. 3. 1999: .... 59,20 S

f) gültig vom 1. 4. 1999 bis 31. 3. 2000: .... 59,60 S

g) gültig vom 1. 4. 2000 bis 31. 3. 2001: .... 60,40 S

h) gültig vom 1. 4. 2001 bis 31. 3. 2002: .... 62,— S
= 4,51 Euro

§ 2. (1) Der Richtwert wurde wie folgt ermittelt:

1. Grundkostenanteil 1 227,97 S, davon 4 vH .... 49,12 S

2. Baukosten 15 247,81 S, davon 5,5 vH .... 838,63 S

3. abzuziehende Baukostenanteile für Aufzugsanlagen, gemeinsame Wärmeversorgungsanlagen, Fahrrad- und Kinderwagenabstellplätze, Hobbyräume, Schutzräume, modern ausgestattete Waschküchen, Gemeinschaftsantennen und bautechnische Erschwernisse 3 111,11 S, davon 5,5 vH .... 171,11 S

4. abzuziehende Kosten für die Errichtung von Aufzugsanlagen und gemeinsamen Wärmeversorgungsanlagen 1 220,– S, davon 5 vH .... 61,– S

Zwischensumme .... 655,64 S

davon ein Zwölftel, gerundet .... 54,60 S

MRG mit HeizKG

(2) Die der Ermittlung nach Abs. 1 zugrunde gelegten Kostenanteile betragen demgemäß, ausgedrückt in Prozentsätzen vom Richtwert, gerundet:

1. Grundkostenanteil .... 7,50 vH des Richtwerts;

2. Baukosten ..... 128,00 vH des Richtwerts;

3. abzuziehende Baukostenanteile (Abs. 1 Z 3) .... 26,12 vH des Richtwerts;

4. abzuziehende Kosten für die Errichtung von Aufzugsanlagen und gemeinsamen Wärmeversorgungsanlagen .... 9,31 vH des Richtwerts.

§ 3. Diese Verordnung tritt mit 1. März 1994 in Kraft.

---

[1]) 4,59 Euro, ab 1. 4. 2002

Verordnung des Bundesministers für Justiz über die Festsetzung des Richtwerts für das Bundesland Salzburg

BGBl 1994/144

§ 1. Auf Grund des § 4 des Richtwertgesetzes, BGBl. Nr. 800/1993 Art. IX, in Verbindung mit dessen § 3 Abs. 6 wird für das Bundesland Salzburg der Richtwert für die mietrechtliche Normwohnung mit dem Betrag von .... 69,60 S[1]) je Quadratmeter der Nutzfläche und Monat festgesetzt.

Frühere Richtwerte:

a) gültig vom 1. 3. 1994 bis 31. 3. 1995: .... 69,60 S

b) gültig vom 1. 4. 1995 bis 31. 3. 1996: .... 71,40 S

c) gültig vom 1. 4. 1996 bis 31. 3. 1997: .... 72,70 S

d) gültig vom 1. 4. 1997 bis 31. 3. 1998: .... 74,40 S

e) gültig vom 1. 4. 1998 bis 31. 3. 1999: .... 75,50 S

f) gültig vom 1. 4. 1999 bis 31. 3. 2000: .... 76,— S

g) gültig vom 1. 4. 2000 bis 31. 3. 2001: .... 77 S

h) gültig vom 1. 4. 2001 bis 31. 3. 2002: .... 79,— S
= 5,74 Euro

[1]) 5,85 Euro, ab 1. 4. 2002

§ 2. (1) Der Richtwert wurde wie folgt ermittelt:

1. Grundkostenanteil 2 396,64 S, davon 4 vH .... 95,87 S

2. Baukosten 16 000,– S, davon 5,5 vH .... 880,– S

3. abzuziehende Baukostenanteile für Aufzugsanlagen, gemeinsame Wärmeversorgungsanlagen, Fahrrad- und Kinderwagenabstellplätze, Hobbyräume, modern ausgestattete Waschküchen und Gemeinschaftsantennen 1 416,– S, davon 5,5 vH ... 77,88 S

4. abzuziehende Kosten für die Errichtung von Aufzugsanlagen und gemeinsamen Wärmeversorgungsanlagen 1 256,– S, davon 5 vH .... 62,80 S

Zwischensumme .... 835,19 S

davon ein Zwölftel, gerundet .... 69,60 S

(2) Die der Ermittlung nach Abs. 1 zugrunde gelegten Kostenanteile betragen demgemäß, ausgedrückt in Prozentsätzen vom Richtwert, gerundet:

1. Grundkostenanteil .... 11,48 vH des Richtwerts;

2. Baukosten ..... 105,36 vH des Richtwerts;

3. abzuziehende Baukostenanteile (Abs. 1 Z 3) .... 9,32 vH des Richtwerts;

4. abzuziehende Kosten für die Errichtung von Aufzugsanlagen und gemeinsamen Wärmeversorgungsanlagen .... 7,52 vH des Richtwerts.

§ 3. Diese Verordnung tritt mit 1. März 1994 in Kraft.

Verordnung des Bundesministers für Justiz über die Festsetzung des Richtwerts für das Bundesland Steiermark

BGBl 1994/145

§ 1. Auf Grund des § 4 des Richtwertgesetzes, BGBl. Nr. 800/1993 Art. IX, in Verbindung mit dessen § 3 Abs. 6 wird für das Bundesland Steiermark der Richtwert für die mietrechtliche Normwohnung mit dem Betrag von .... 69,50 S[1]) je Quadratmeter der Nutzfläche und Monat festgesetzt.

Frühere Richtwerte:

a) gültig vom 1. 3. 1994 bis 31. 3. 1995: .... 69,50 S

b) gültig vom 1. 4. 1995 bis 31. 3. 1996: .... 71,30 S

c) gültig vom 1. 4. 1996 bis 31. 3. 1997: .... 72,60 S

d) gültig vom 1. 4. 1997 bis 31. 3. 1998: .... 74,30 S

e) gültig vom 1. 4. 1998 bis 31. 3. 1999: .... 75,40 S

f) gültig vom 1. 4. 1999 bis 31. 3. 2000: .... 75,90 S

g) gültig vom 1. 4. 2000 bis 31. 3. 2001: .... 76,90 S

h) gültig vom 1. 4. 2001 bis 31. 3. 2002: .... 78,90 S
= 5,73 Euro

[1]) 5,84 Euro, ab 1. 4. 2002

§ 2. (1) Der Richtwert wurde wie folgt ermittelt:

1. Grundkostenanteil 1 665,– S, davon 4 vH .... 66,60 S

2. Baukosten 16 502,– S, davon 5,5 vH .... 907,61 S

3. abzuziehende Baukostenanteile für Aufzugsanlagen, gemeinsame Wärmeversorgungsanlagen, Fahrrad- und Kinderwagenabstellplätze, Schutzräume, Trockenräume, Gemeinschaftsantennen und bautechnische Erschwernisse 1 582,– S, davon 5,5 vH .... 87,01 S

4. abzuziehende Kosten für die Errichtung von Aufzugsanlagen und gemeinsamen Wärmeversorgungsanlagen 1 068,– S, davon 5 vH .... 53,40 S

Zwischensumme .... 833,80 S

davon ein Zwölftel, gerundet .... 69,50 S

(2) Die der Ermittlung nach Abs. 1 zugrunde gelegten Kostenanteile betragen demgemäß, ausgedrückt in Prozentsätzen vom Richtwert, gerundet:

1. Grundkostenanteil .... 7,99 vH des Richtwerts;

2. Baukosten ..... 108,83 vH des Richtwerts;

3. abzuziehende Baukostenanteile (Abs. 1 Z 3) .... 10,43 vH des Richtwerts;

4. abzuziehende Kosten für die Errichtung von Aufzugsanlagen und gemeinsamen Wärmeversorgungsanlagen .... 6,40 vH des Richtwerts.

§ 3. Diese Verordnung tritt mit 1. März 1994 in Kraft.

MRG mit HeizKG

Verordnung des Bundesministers für Justiz über die Festsetzung des Richtwerts für das Bundesland Tirol

BGBl 1994/146

§ **1.** Auf Grund des § 4 des Richtwertgesetzes, BGBl. Nr. 800/1993 Art. IX, in Verbindung mit dessen § 3 Abs. 6 wird für das Bundesland Tirol der Richtwert für die mietrechtliche Normwohnung mit dem Betrag von ..... 61,50 S[1]) je Quadratmeter der Nutzfläche und Monat festgesetzt.

Frühere Richtwerte:

a) gültig vom 1. 3. 1994 bis 31. 3. 1995: ..... 61,50 S

b) gültig vom 1. 4. 1995 bis 31. 3. 1996: ..... 63,10 S

c) gültig vom 1. 4. 1996 bis 31. 3. 1997: ..... 64,30 S

d) gültig vom 1. 4. 1997 bis 31. 3. 1998: ..... 65,80 S

e) gültig vom 1. 4. 1998 bis 31. 3. 1999: ..... 66,70 S

f) gültig vom 1. 4. 1999 bis 31. 3. 2000: ..... 67,20 S

g) gültig vom 1. 4. 2000 bis 31. 3. 2001: ..... 68,10 S

h) gültig vom 1. 4. 2001 bis 31. 3. 2002: ..... 69,80 S = 5,07 Euro

[1]) 5,17 Euro, ab 1. 4. 2002

§ **2.** (1) Der Richtwert wurde wie folgt ermittelt:

1. Grundkostenanteil 1 675,18 S, davon 4 vH ..... 67,01 S

2. Baukosten 14 150,– S, davon 5,5 vH ..... 778,25 S

3. abzuziehende Baukostenanteile für Abstellplätze, Aufzugsanlagen, gemeinsame Wärmeversorgungsanlagen, Fahrrad- und Kinderwagenabstellplätze, Hobbyräume, modern ausgestattete Waschküchen und Gemeinschaftsantennen 1 158,55 S, davon 5,5 vH ..... 63,72 S

4. abzuziehende Kosten für die Errichtung von Aufzugsanlagen und gemeinsamen Wärmeversorgungsanlagen 876,50 S, davon 5 vH ..... 43,83 S

Zwischensumme ..... 737,71 S

davon ein Zwölftel, gerundet ..... 61,50 S

(2) Die der Ermittlung nach Abs. 1 zugrunde gelegten Kostenanteile betragen demgemäß, ausgedrückt in Prozentsätzen vom Richtwert, gerundet:

1. Grundkostenanteil ..... 9,08 vH des Richtwerts;

2. Baukosten ..... 105,45 vH des Richtwerts;

3. abzuziehende Baukostenanteile (Abs. 1 Z 3) ..... 8,63 vH des Richtwerts;

4. abzuziehende Kosten für die Errichtung von Aufzugsanlagen und gemeinsamen Wärmeversorgungsanlagen ..... 5,94 vH des Richtwerts.

§ **3.** Diese Verordnung tritt mit 1. März 1994 in Kraft.

Verordnung des Bundesministers für Justiz über die Festsetzung des Richtwerts für das Bundesland Vorarlberg

BGBl 1994/147

§ **1.** Auf Grund des § 4 des Richtwertgesetzes, BGBl. Nr. 800/1993 Art. IX, in Verbindung mit dessen § 3 Abs. 6 wird für das Bundesland Vorarlberg der Richtwert für die mietrechtliche Normwohnung mit dem Betrag von .... 77,40 S[1]) je Quadratmeter der Nutzfläche und Monat festgesetzt.

Frühere Richtwerte:

a) gültig vom 1. 3. 1994 bis 31. 3. 1995: .... 77,40 S

b) gültig vom 1. 4. 1995 bis 31. 3. 1996: .... 79,40 S

c) gültig vom 1. 4. 1996 bis 31. 3. 1997: .... 80,90 S

d) gültig vom 1. 4. 1997 bis 31. 3. 1998: .... 82,80 S

e) gültig vom 1. 4. 1998 bis 31. 3. 1999: .... 84,— S

f) gültig vom 1. 4. 1999 bis 31. 3. 2000: .... 84,50 S

g) gültig vom 1. 4. 2000 bis 31. 3. 2001: .... 85,70 S

h) gültig vom 1. 4. 2001 bis 31. 3. 2002: .... 87,90 S
= 6,39 Euro

[1]) 6,51 Euro, ab 1. 4. 2002

§ **2.** (1) Der Richtwert wurde wie folgt ermittelt:

1. Grundkostenanteil 2 634,50 S, davon 4 vH .... 105,38 S

2. Baukosten 22 000,– S, davon 5,5 vH .... 1 210,– S

3. abzuziehende Baukostenanteile für Einstell- oder Abstellplätze (Garagen), Aufzugsanlagen, gemeinsame Wärmeversorgungsanlagen, Fahrrad- und Kinderwagenabstellplätze, Hobbyräume, Schutzräume, modern ausgestattete Waschküchen, Gemeinschaftsantennen und bautechnische Erschwernisse 5 335,– S, davon 5,5 vH .... 293,43 S

4. abzuziehende Kosten für die Errichtung von Aufzugsanlagen und gemeinsamen Wärmeversorgungsanlagen 1 870,– S, davon 5 vH .... 93,50 S

Zwischensumme .... 928,45 S

davon ein Zwölftel, gerundet ...... 77,40 S

(2) Die der Ermittlung nach Abs. 1 zugrunde gelegten Kostenanteile betragen demgemäß, ausgedrückt in Prozentsätzen vom Richtwert, gerundet:

1. Grundkostenanteil .... 11,35 vH des Richtwerts;

2. Baukosten ..... 130,28 vH des Richtwerts;

3. abzuziehende Baukostenanteile (Abs. 1 Z 3) .... 31,59 vH des Richtwerts;

4. abzuziehende Kosten für die Errichtung von Aufzugsanlagen und gemeinsamen Wärmeversorgungsanlagen .... 10,07 vH des Richtwerts.

§ **3.** Diese Verordnung tritt mit 1. März 1994 in Kraft.

Verordnung des Bundesministers für Justiz über die Festsetzung des Richtwerts für das Bundesland Wien

BGBl 1994/148

§ **1.** Auf Grund des § 4 des Richtwertgesetzes, BGBl. Nr. 800/1993 Art. IX, in Verbindung mit dessen § 3 Abs. 6 wird für das Bundesland Wien der Richtwert für die mietrechtliche Normwohnung mit dem Betrag von .... 50,40 S[1]) je Quadratmeter der Nutzfläche und Monat festgesetzt.

Frühere Richtwerte:

a) gültig vom 1. 3. 1994 bis 31. 3. 1995: .... 50,40 S

b) gültig vom 1. 4. 1995 bis 31. 3. 1996: .... 51,70 S

c) gültig vom 1. 4. 1996 bis 31. 3. 1997: .... 52,70 S

d) gültig vom 1. 4. 1997 bis 31. 3. 1998: .... 53,90 S

e) gültig vom 1. 4. 1998 bis 31. 3. 1999: .... 54,70 S

f) gültig vom 1. 4. 1999 bis 31. 3. 2000: .... 55,— S

g) gültig vom 1. 4. 2000 bis 31. 3. 2001: .... 55,80 S

h) gültig vom 1. 4. 2001 bis 31. 3. 2002: .... 57,20 S
= 4,16 Euro

[1]) 4,24 Euro, ab 1. 4. 2002

§ **2.** (1) Der Richtwert wurde wie folgt ermittelt:

1. Grundkostenanteil 2 602,– S, davon 4 vH .... 104,08 S

2. Baukosten 14 600,– S, davon 5,5 vH .... 803,– S

3. abzuziehende Baukostenanteile für Einstell- oder Abstellplätze (Garagen), Aufzugsanlagen, gemeinsame Wärmeversorgungsanlagen, Fahrrad- und Kinderwagenabstellplätze, Hobbyräume, modern ausgestattete Waschküchen und Gemeinschaftsantennen 4 240,– S, davon 5,5 vH .... 233,20 S

4. abzuziehende Kosten für die Errichtung von Aufzugsanlagen und gemeinsamen Wärmeversorgungsanlagen 1 390,– S, davon 5 vH .... 69,50 S

Zwischensumme .... 604,38 S

davon ein Zwölftel, gerundet .... 50,40 S

(2) Die der Ermittlung nach Abs. 1 zugrunde gelegten Kostenanteile betragen demgemäß, ausgedrückt in Prozentsätzen vom Richtwert, gerundet:

1. Grundkostenanteil .... 17,21 vH des Richtwerts;

2. Baukosten ..... 132,77 vH des Richtwerts;

3. abzuziehende Baukostenanteile (Abs. 1 Z 3) .... 38,56 vH des Richtwerts;

4. abzuziehende Kosten für die Errichtung von Aufzugsanlagen und gemeinsamen Wärmeversorgungsanlagen .... 11,49 vH des Richtwerts.

§ **3.** Diese Verordnung tritt mit 1. März 1994 in Kraft.

15/6. Heizkostenabrechnungsgesetz

15/6. Heizkostenabrechnungsgesetz, BGBl 1992/827 idF
1 BGBl 1993/800 (3. WÄG) **2** BGBl I 1997/140 (WGN 1997)
3 BGBl I 1999/147 (WRN 1999) **4** BGBl I 2000/36 (WRN 2000)
5 BGBl I 2001/136 **6** BGBl I 2002/71 .... Seite 401

Gliederung:

STICHWORTVERZEICHNIS

(Die Zahlenangaben beziehen sich auf die Paragraphen)

MRG mit HeizKG

Bundesgesetz über die sparsamere Nutzung von Energie durch verbrauchsabhängige Abrechnung der Heiz- und Warmwasserkosten (Heizkostenabrechnungsgesetz – HeizKG) sowie über Änderungen des Wohnungseigentumsgesetzes 1975, des Wohnungsgemeinnützigkeitsgesetzes und des Mietrechtsgesetzes

I. Abschnitt
Allgemeine Bestimmungen

Ziel des Gesetzes

§ 1. Zur rationellen und sparsamen Energieverwendung in Gebäuden mit mindestens vier Nutzungsobjekten, die durch gemeinsame Wärmeversorgungsanlagen mit Wärme versorgt werden, sind die Heiz- und Warmwasserkosten unabhängig von der Rechtsform zum überwiegenden Teil auf der Grundlage des tatsächlichen Verbrauchs abzurechnen, sofern die Wärmeabnehmer Einfluß auf den Verbrauch haben und die erwartete Energieeinsparung die Kosten übersteigt, die sich aus dem Einbau und Betrieb der Vorrichtungen zur Ermittlung der Verbrauchsanteile ergeben.

Begriffsbestimmungen

§ 2. Im Sinne dieses Bundesgesetzes bedeuten:

1. Wärme:
die Energie zur Raumbeheizung sowie zur Warmwasserbereitung;

2. gemeinsame Wärmeversorgungsanlage:
eine Einrichtung, die für ein oder mehrere Gebäude einer oder mehrerer abgeschlossener wirtschaftlicher Einheiten, von denen zumindest eine mindestens vier Nutzungsobjekte umfassen muß, Wärme erzeugt und bereitstellt;

3. Wärmeabgeber:
denjenigen, der

a) eine gemeinsame Wärmeversorgungsanlage im eigenen Namen betreibt und Wärme unmittelbar an die Wärmeabnehmer weitergibt oder

b) Wärme vom Erzeuger übernimmt und im eigenen Namen an die Wärmeabnehmer weitergibt;

4. Wärmeabnehmer:
denjenigen, der ein mit Wärme versorgtes Nutzungsobjekt im Sinn der Z 5 entweder

a) als Eigentümer oder Fruchtnießer des Gebäudes selbst,

b) als einer, der sein Benützungsrecht am Nutzungsobjekt unmittelbar vom Eigentümer oder Fruchtnießer des Gebäudes ableitet, oder

c) als Wohnungseigentümer nutzt;

5. Nutzungsobjekte:
die mit Wärme versorgten Wohnungen, sonstigen selbständigen Räumlichkeiten und Abstellplätze für Kraftfahrzeuge – diese jedoch nur, wenn der Verbrauch durch Messung zugeordnet und vom Wärmeabnehmer beeinflusst werden kann – im Sinne des § 6 Abs. 1 Z 2 des Wohnungseigentumsgesetzes 2002, BGBl. I Nr. 70/2002, einschließlich solcher, die der allgemeinen Benützung dienen, und jener, deren Zweckbestimmung einer ausschließlichen Benützung entgegensteht (wie Hobbyraum und Sauna); *(BGBl I 2002/71, ab 1. 7. 2002, s § 29 Abs 1c)*

6. beheizbare Nutzfläche:

a) jedenfalls die Nutzfläche im Sinne des § 2 Abs. 7 in Verbindung mit § 7 des Wohnungseigentumsgesetzes 2002, ausgenommen jener offener Loggien sowie jener von Abstellplätzen für Kraftfahrzeuge, die nicht von einer gemeinsamen Wärmeversorgungsanlage mit Wärme versorgt werden, und

b) die Flächen von sonstigen Räumen im Sinne der Z 5 sowie von Keller-, Dachboden- und Hobbyräumen und Saunen; diese jedoch nur dann, wenn sie von einer gemeinsamen Wärmeversorgungsanlage mit Wärme versorgt werden; *(BGBl I 2002/71, ab 1. 7. 2002, s § 29 Abs 1c)*

7. wirtschaftliche Einheit:
eine Mehrzahl von Nutzungsobjekten in einem oder mehreren Gebäuden oder Gebäudeteilen mit gemeinsamer Wärmeversorgung und -abrechnung, unabhängig davon, ob die Gebäude oder Gebäudeteile auf einer Liegenschaft oder auf mehreren Liegenschaften errichtet sind;

8. Heiz- und Warmwasserkosten:
die Energiekosten sowie die sonstigen Kosten des Betriebes; im Fall einer Wärmeversorgung nach § 4 Abs. 2 die Kosten der Wärmeversorgung auf Grund der vertraglich in den Wärmelieferungsverträgen vereinbarten oder behördlich festgesetzten Preise;

9. Energiekosten:
die Kosten jener Energieträger, die zur Umwandlung in Wärme bestimmt sind, wie Kohle, Öl, Gas, Strom, Biomasse oder Abwärme, und die Kosten der sonst für den Betrieb der Wärmeversorgungsanlage erforderlichen Energieträger, wie etwa Stromkosten für die Umwälzpumpe, für den Brenner oder für die Regelung der Aggregate;

10. sonstige Kosten des Betriebes:
alle übrigen Kosten des Betriebes, zu denen die Kosten für die Betreuung und Wartung einschließlich des Ersatzes von Verschleißteilen – insbesondere von Vorrichtungen zur Erfassung (Messung) der Verbrauchsanteile – und die Kosten der Abrechnung, nicht aber der Auf-

wand für Erhaltung oder Verbesserung der gemeinsamen Wärmeversorgungsanlage zählen;

11. Verbrauchsanteile:
die auf die einzelnen Nutzungsobjekte entfallenden Anteile an der gesamten Heizungs- und Warmwasserversorgung;

12. Stand der Technik:
den auf den einschlägigen wissenschaftlichen Erkenntnissen beruhenden Entwicklungsstand fortschrittlicher technologischer Verfahren, Einrichtungen und Betriebsweisen, deren Funktionstüchtigkeit erprobt und erwiesen ist; bei der Bestimmung des Standes der Technik sind insbesondere vergleichbare Verfahren, Einrichtungen oder Betriebsweisen heranzuziehen.

Geltungsbereich

§ 3. (1) Dieses Bundesgesetz gilt für die Aufteilung der Heiz- und Warmwasserkosten in Gebäuden und wirtschaftlichen Einheiten mit mindestens vier Nutzungsobjekten, die

1. durch eine gemeinsame Wärmeversorgungsanlage mit Wärme versorgt werden und

2. mit Vorrichtungen zur Ermittlung der Verbrauchsanteile ausgestattet sind oder nach den Bestimmungen dieses Bundesgesetzes, nach anderen Rechtsvorschriften oder auf Grund vertraglicher Verpflichtungen auszustatten sind.

(2) Im Falle einer Wärmeversorgung nach § 4 Abs. 2 sind die §§ 16 bis 24 mit der Maßgabe anzuwenden, daß

1. die gesamten Heiz- und Warmwasserkosten nach den vertraglich in den Wärmelieferungsverträgen vereinbarten oder behördlich festgesetzten Preisen abzurechnen sind (§ 18 Abs. 1 Z 2) und

2. sich die in § 19 vorgesehene Verpflichtung zur Einsichtsgewährung in die Abrechnung und die Belegsammlung und die in § 20 vorgesehene Durchsetzung der Abrechnung nur auf die das Gebäude (die wirtschaftliche Einheit) betreffenden Kosten der Wärmeversorgung sowie die Information über die Abrechnung (Abrechnungsübersicht) gemäß § 18 Abs. 1 beziehen.

(3) Für Gebäude und wirtschaftliche Einheiten, für die bereits vor dem 1. Oktober 1992 Heiz- und Warmwasserkosten verbrauchsabhängig abgerechnet wurden, gelten der I. bis IV. Abschnitt nach Maßgabe des § 29.

Verhältnis zu anderen Regelungen

§ 4. (1) Sonstige bundesgesetzliche oder vertragliche Regelungen über die Heiz- und Warmwasserkosten sind nur anzuwenden, soweit sie nicht mit diesem Bundesgesetz in Widerspruch stehen.

(2) Wird ein Gebäude (eine wirtschaftliche Einheit) mit Wärme versorgt, die

1. nicht im Gebäude (in der wirtschaftlichen Einheit) erzeugt wird oder

2. von einem gewerbsmäßigen Wärmeerzeuger mit Zustimmung der Wärmeabnehmer im Gebäude (in der wirtschaftlichen Einheit) erzeugt wird,

richten sich die Erhaltungspflichten betreffend die gemeinsame Wärmeversorgungsanlage nach den vertraglichen Vereinbarungen in den Wärmelieferungsverträgen. Liegen solche Vereinbarungen nicht vor, ist § 7 anzuwenden. *(BGBl 1993/800, ab 1. 3. 1994)*

II. Abschnitt
Aufteilung der verbrauchsabhängigen Heiz- und Warmwasserkosten und Ermittlung der Verbrauchsanteile

Voraussetzungen für die Verbrauchsermittlung

§ 5. (1) Können die Verbrauchsanteile durch Verfahren, die dem Stand der Technik entsprechen, ermittelt werden und ist der Energieverbrauch – bezogen auf das Gebäude (wirtschaftliche Einheit) – überwiegend von den Wärmeabnehmern beeinflußbar, so sind die Energiekosten überwiegend nach den Verbrauchsanteilen aufzuteilen.

(2) Ist die Erfassung (Messung) des Wärmeverbrauchs aus technischen Gründen, insbesondere infolge der wärmetechnischen Ausgestaltung des Gebäudes oder der Gestaltung der gemeinsamen Wärmeversorgungsanlage und der Heizkörper, zur zumindest näherungsweisen Ermittlung der Verbrauchsanteile nicht tauglich, so hat das Gericht auf Antrag auszusprechen, daß die Energiekosten mit Wirksamkeit für die der Entscheidung folgenden Abrechnungen zur Gänze nach der beheizbaren Nutzfläche aufzuteilen sind.

(3) Eine Untauglichkeit im Sinn des Abs. 2 liegt jedenfalls dann vor, wenn der Wärmeverbrauch im Gebäude (wirtschaftliche Einheit) nicht überwiegend von den Wärmeabnehmern beeinflußt werden kann.

Ausstattung mit Vorrichtungen zur Erfassung (Messung) der Verbrauchsanteile

§ 6. (1) Soweit sonst keine Verpflichtung zur Ausstattung des Gebäudes mit Vorrichtungen zur Erfassung (Messung) der Verbrauchsanteile besteht, kann jeder Wärmeabnehmer auch nachträglich eine solche Ausstattung verlangen, wenn

1. jeder Wärmeabnehmer den Energieverbrauch im Sinn des § 5 Abs. 1 beeinflussen kann und

2. sich die Wirtschaftlichkeit einer solchen Ausstattung aus einem Vergleich der dafür entstehenden Kosten mit dem daraus zu erzielen-

den Nutzen ergibt. Die Wirtschaftlichkeit ist gegeben, wenn die aus der Ermittlung der Verbrauchsanteile innerhalb der üblichen Nutzungsdauer zu erwartende Einsparung an Energiekosten

a) mindestens 10 vH beträgt und

b) höher ist als die Summe aus den nach dem Stand der Technik erforderlichen Kosten der Ausstattung einerseits und aus den innerhalb der üblichen Nutzungsdauer laufend anfallenden Aufwendungen für die Ermittlung der Verbrauchsanteile andererseits.

(2) Ein Antrag nach Abs. 1 ist nur zulässig, wenn zugleich ein von einem Ziviltechniker des hiefür in Betracht kommenden Fachgebiets (insbesondere Maschinenbau, Wirtschaftsingenieurwesen im Maschinenbau, Technische Chemie) oder von einem allgemein beeideten gerichtlichen Sachverständigen für Gas-, Heiz- und Feuerungstechnik „oder von einem einschlägigen Technischen Büro im Sinne der Gewerbeordnung 1973“[1]) erstellter Kosten-Nutzen-Vergleich im Sinn des Abs. 1 Z 2 vorgelegt wird. *(BGBl 1993/800, ab 1. 3. 1994)*

(3) Bei Vorliegen der Voraussetzungen des Abs. 1 Z 1 und 2 hat jeder Wärmeabnehmer die nachträgliche Ausstattung seines Nutzungsobjekts mit Vorrichtungen im Sinn des Abs. 1 zu dulden.

---

[1]) Jetzt: Gewerbeordnung 1994

Maßnahmen zur sparsameren Nutzung von Energie

§ 7. (1) Gemeinsame Wärmeversorgungsanlagen sind in allen Teilen der durch sie versorgten Liegenschaft in einem solchen Zustand zu erhalten, zu warten und zu betreiben, daß ein nach Art und Zweck der Anlage unnötiger Energieverbrauch vermieden wird.

(2) Im Interesse der Senkung des Energieverbrauchs gelegene und nach einem Kosten-Nutzen-Vergleich wirtschaftliche Arbeiten zur Veränderung bestehender Anlagen sind wie Erhaltungsarbeiten zu behandeln.

Stammblatt; Prüfpflichten

§ 8. (1) Der Wärmeabgeber hat ein Stammblatt über die für die Ermittlung der Verbrauchsanteile notwendigen Daten zu führen. Das Stammblatt hat insbesondere die wesentlichen Merkmale der wärmetechnischen Ausgestaltung des Gebäudes, der Gestaltung der gemeinsamen Wärmeversorgungsanlage und der Heizkörper zu enthalten.

(2) Bedient sich der Wärmeabgeber zur Abrechnung der Wärme eines besonders darauf ausgerichteten Unternehmens, so hat dieses anstelle des Wärmeabgebers nicht nur aus Anlaß der Auftragsübernahme, sondern auch für jede Abrechnungsperiode zu prüfen, ob die Voraussetzungen für die Verbrauchsermittlung im Sinn des § 5 gegeben sind. Der Wärmeabgeber hat dem Abrechnungsunternehmen das Stammblatt als Grundlage für dessen Tätigkeit zur Verfügung zu stellen.

Trennung der Heiz- und Warmwasserkosten

§ 9. (1) Wird von einer gemeinsamen Wärmeversorgungsanlage Wärme sowohl für die Heizung als auch für Warmwasser bereitgestellt, so hat der Wärmeabgeber die Heiz- und Warmwasserkosten gemäß dem Wärmeverbrauch für die Heizung einerseits und für das Warmwasser andererseits zu trennen. Diese Trennung hat nach den Ergebnissen der Erfassung (Messung) des jeweiligen Wärmeteilverbrauchs durch dem Stand der Technik entsprechende Vorrichtungen oder, wenn dies nicht möglich ist, durch Ermittlung nach einem dem Stand der Technik entsprechenden Verfahren zu erfolgen.

(2) Ist weder eine Erfassung (Messung) noch eine Ermittlung nach Abs. 1 möglich, so sind von den gesamten Heiz- und Warmwasserkosten mindestens 60 vH und höchstens 80 vH der Heizung und der jeweilige Rest (also höchstens 40 vH und mindestens 20 vH) dem Warmwasser zuzuordnen.

Verbrauchsabhängige Aufteilung der gesamten Heiz- und Warmwasserkosten

§ 10. (1) Von den Kosten für Heizung oder den nach § 9 ermittelten Kostenanteilen für Heizung und Warmwasser hat der Wärmeabgeber mindestens 55 vH und höchstens 75 vH der Energiekosten nach den Verbrauchsanteilen und den jeweiligen Rest nach der beheizbaren Nutzfläche aufzuteilen.

(2) Sieht der Wärmelieferungsvertrag in den Fällen der Versorgung nach § 4 Abs. 2 eine Trennung des Preises in einen verbrauchsabhängigen Anteil (Arbeitspreis) und einen verbrauchsunabhängigen Anteil (Grundpreis, Meßpreis) vor, so ist der verbrauchsabhängige Anteil (Arbeitspreis) zu mindestens 55 vH nach den Verbrauchsanteilen, ein allenfalls verbleibender Rest nach der beheizbaren Nutzfläche aufzuteilen.

Ermittlung der Verbrauchsanteile

§ 11. (1) Der Wärmeabgeber hat die Verbrauchsanteile – auf der Grundlage des Ergebnisses der Erfassung (Messung) durch geeignete Vorrichtungen – nach einem dem Stand der Technik entsprechenden Verfahren zu ermitteln.

(2) Jeder Wärmeabnehmer hat die Erfassung (Messung) der Verbrauchsanteile sowie die Feststellung der beheizbaren Nutzfläche in seinem Nutzungsobjekt zu dulden.

(3) Konnten trotz zumutbarer Bemühungen Verbrauchsanteile nicht erfaßt werden, so sind

sie durch eine Hochrechnung zu ermitteln, sofern dies nach einem dem Stand der Technik entsprechenden Verfahren möglich ist. Die beheizbare Nutzfläche, für die auf diese Weise die Verbrauchsanteile ermittelt werden, darf 25 vH nicht übersteigen.

Aufteilung der nicht verbrauchsabhängigen Anteile an den Heiz- und Warmwasserkosten

§ **12.** Die nicht verbrauchsabhängig aufzuteilenden Energiekosten und die sonstigen Kosten des Betriebes sowie ein verbrauchsunabhängiger Anteil im Sinn des § 10 Abs. 2 (Grundpreis, Meßpreis) sind nach dem Verhältnis der beheizbaren Nutzfläche der mit Wärme – sei es Heizung oder Warmwasser – versorgten Nutzungsobjekte aufzuteilen.

Zulässige Vereinbarungen; ergänzende Regelungen

§ **13.** (1) Die Wärmeabnehmer und der Wärmeabgeber können einstimmig festlegen:

1. die Zuordnung der Heiz- und Warmwasserkosten gemäß § 9 Abs. 2,

2. jenen Teil der Energiekosten, der nach Verbrauchsanteilen zu tragen ist, innerhalb des in § 10 vorgegebenen Rahmens und

3. die Aufteilung des nicht verbrauchsabhängigen Anteils an den Heiz- und Warmwasserkosten, besonders zur Berücksichtigung der unterschiedlichen Nutzungsmöglichkeiten der Wärmeabnehmer, abweichend von § 12.

(2) Vereinbarungen über diese Festlegungen bedürfen zu ihrer Rechtswirksamkeit der Schriftform. Sie werden frühestens für die ihnen nachfolgende Abrechnungsperiode wirksam.

(3) Mangels einer entsprechenden Vereinbarung haben

1. die Trennung der Anteile von Heiz- und Warmwasserkosten in einem Verhältnis von 70 vH für Heizkosten zu 30 vH für Warmwasserkosten und

2. die Aufteilung der Energiekosten zu 65 vH nach den Verbrauchsanteilen und zu 35 vH nach der beheizbaren Nutzfläche zu erfolgen.

Wechsel des Wärmeabnehmers oder Wärmeabgebers

§ **14.** (1) Durch den Wechsel eines Wärmeabnehmers oder des Wärmeabgebers werden die Aufteilungsschlüssel (§§ 9 bis 13) nicht berührt.

(2) Im Fall eines Wechsels des Wärmeabnehmers oder des Wärmeabgebers nach Aufnahme des Betriebes der gemeinsamen Wärmeversorgungsanlage treten die neuen Wärmeabnehmer und Wärmeabgeber in die Rechte und Pflichten der bisher Berechtigten ein.

(3) Bei Wechsel eines Wärmeabnehmers während der Abrechnungsperiode (§ 16) gelten die §§ 21 und 23.

Ersichtlichmachung der Aufteilungsschlüssel im Grundbuch

§ **15.** Aufteilungsschlüssel (§§ 9 bis 13) sind bei Festsetzung durch das Gericht von Amts wegen, sonst, sofern die Unterschrift des betreffenden Liegenschaftseigentümers öffentlich beglaubigt ist, auf Antrag des Wärmeabgebers oder auch nur eines Wärmeabnehmers im Grundbuch ersichtlich zu machen.

III. Abschnitt
Abrechnung

Abrechnungsperiode

§ **16.** Die gesamten Heiz- und Warmwasserkosten sowie die Verbrauchsanteile sind für einen Zeitraum von zwölf Monaten zu ermitteln (Abrechnungsperiode). Ein Abweichen von diesem Zeitraum ist nur aus sachlich gerechtfertigten Gründen, wie etwa bei baulichen Veränderungen, Änderungen der Wärmeversorgungsanlage oder der Verbrauchsermittlung, zulässig. Beginn und Ende der Abrechnungsperiode hat der Wärmeabgeber festzulegen.

Abrechnung der Heiz- und Warmwasserkosten

§ **17.** (1) Über die einer Abrechnungsperiode (§ 16) zugeordneten gesamten Heiz- und Warmwasserkosten hat der Wärmeabgeber spätestens sechs Monate nach Ablauf der Abrechnungsperiode eine schriftliche Abrechnung zu erstellen, jeden Wärmeabnehmer nach § 18 zu informieren und ihm Einsicht in die Abrechnung und die Belege zu gewähren. Für die Rechtzeitigkeit der Legung der Abrechnung ist der Beginn der Auflagefrist (§ 19 Abs. 3) maßgeblich.

(2) Die Abrechnung hat alle in der Abrechnungsperiode fällig gewordenen Heiz- und Warmwasserkosten zu umfassen.

(3) Sind die fällig gewordenen Heiz- und Warmwasserkosten überwiegend einer anderen Abrechnungsperiode zuzuordnen, so darf der Wärmeabgeber eine Rechnungsabgrenzung vornehmen. Die derart abgegrenzten Kosten sind in der Abrechnung ersichtlich zu machen.

Information über die Abrechnung (Abrechnungsübersicht)

§ **18.** (1) Jedem Wärmeabnehmer ist eine Information zu übersenden, die in übersichtlicher Form mindestens zu enthalten hat:

1. den Beginn und das Ende der Abrechnungsperiode,

2. die für das gesamte Gebäude (für die wirtschaftliche Einheit) zu verrechnenden Heiz- und Warmwasserkosten summenmäßig,

getrennt nach Energiekosten und sonstigen Kosten des Betriebes,

3. die beheizbare Gesamtnutzfläche des Gebäudes (der wirtschaftlichen Einheit),

4. den ermittelten Gesamtverbrauch für das Gebäude (für die wirtschaftliche Einheit) – sei es für Heizung oder Warmwasser –,

5. die beheizbare Nutzfläche des jeweiligen Nutzungsobjekts,

6. die für das jeweilige Nutzungsobjekt ermittelten Verbrauchsanteile – sei es für Heizung oder Warmwasser –,

7. das Verhältnis zwischen den nach Verbrauchsanteilen und den nach beheizbarer Nutzfläche zu tragenden Energiekosten,

8. den auf das jeweilige Nutzungsobjekt entfallenden betragsmäßigen Anteil an den Energiekosten und an den sonstigen Kosten des Betriebes,

9. die für dieses Nutzungsobjekt während der Abrechnungsperiode geleisteten Vorauszahlungen,

10. den sich daraus ergebenden Überschuß oder Fehlbetrag,

11. den Ort und den Zeitraum (Beginn und Ende), an bzw. zu dem in die Abrechnung und die Belegsammlung Einsicht genommen werden kann,

und

12. einen ausdrücklichen Hinweis auf die Folgen der Abrechnung (§§ 21 bis 24).

(2) Einem Wärmeabnehmer, der sein Benützungsrecht am Nutzungsobjekt nicht selbst ausübt und dem Wärmeabgeber einen inländischen Wohnsitz oder gewöhnlichen Aufenthalt oder einen Zustellungsbevollmächtigten im Inland bekanntgegeben hat, ist die Information über die Abrechnung an die angegebene Anschrift zu übersenden. Unterläßt der Wärmeabnehmer diese Bekanntgabe, so genügt für eine gehörige Rechnungslegung ihm gegenüber die Zusendung der Information über die Abrechnung an die Anschrift des Nutzungsobjekts.

(3) Ein Wohnungseigentümer, der sein Benützungsrecht am Nutzungsobjekt nicht selbst ausübt, sondern dieses vermietet hat, hat dem Mieter auf dessen Verlangen binnen einem Monat Einsicht in die Information über die Abrechnung (Abs. 1) zu gewähren oder ihm eine Ausfertigung (Abschrift, Ablichtung) der Information zu übermitteln.

Einsicht in Abrechnung und Belegsammlung

§ 19. (1) Der Wärmeabgeber hat die der Abrechnung zugrunde liegenden Belege in übersichtlicher und nachprüfbarer Weise so zu sammeln, daß sie den Kostengruppen (§ 18 Abs. 1 Z 2) eindeutig zugeordnet werden können; „im Fall von Belegen auf Datenträgern sind Ausdrucke der Belege anzufertigen.“ *(BGBl I 1999/147, ab 1. 1. 2000, anzuwenden auch auf Verträge, die davor geschlossen worden sind)*

(2) Der Belegsammlung ist eine Liste aller Heiz- und Warmwasserkosten sowie eine Darstellung jener Rechenschritte, die zur Ermittlung der im § 18 Abs. 1 Z 8 angeführten betragsmäßigen Anteile vorgenommen worden sind, voranzustellen.

(3) „Die Abrechnung samt der Belegsammlung ist an einer geeigneten Stelle zur Einsicht durch die Wärmeabnehmer aufzulegen.“* Der Zeitraum für die Einsicht muß mindestens vier Wochen betragen. „Auf Verlangen eines Wärmeabnehmers sind von den Belegen sowie der Gesamtaufstellung (Abs. 2) auf seine Kosten Abschriften, Ablichtungen oder weitere Ausdrucke für ihn anzufertigen.“** *(**BGBl I 1999/147, ab 1. 1. 2000, s Anm zu § 19 Abs 1, und *BGBl I 2000/36, ab 1. 7. 2000)*

Durchsetzung der Abrechnung

§ 20. Wird die Abrechnung nicht gehörig gelegt oder die Einsicht in die Belege nicht gewährt (§§ 16 bis 19), so ist der Wärmeabgeber auf Antrag eines Wärmeabnehmers vom Gericht dazu unter Androhung einer Geldstrafe bis zu „5 800 €“ zu verhalten. Die Geldstrafe ist zu verhängen, wenn dem Auftrag ungerechtfertigterweise nicht entsprochen wird; sie kann auch wiederholt verhängt werden. *(BGBl I 2001/136, ab 1. 1. 2002)*

Vorauszahlung und Folgen der Abrechnung

§ 21. (1) Zur Deckung der im Lauf einer Abrechnungsperiode fällig werdenden Heiz- und Warmwasserkosten kann zu jedem Monatsersten der Abrechnungsperiode ein gleichbleibender Betrag vorgeschrieben werden.

(2) Dieser Betrag ist aus dem Gesamtbetrag der Heiz- und Warmwasserkosten für die vorangegangene Abrechnungsperiode zu ermitteln und kann während der Abrechnungsperiode nur insoweit angepaßt werden, als erhebliche, bei der Ermittlung nicht berücksichtigte Änderungen eingetreten sind.

(3) Ergibt sich aus der Abrechnung ein Überschuß zugunsten des Wärmeabnehmers, so hat der Wärmeabgeber den Überschußbetrag binnen zwei Monaten ab der Abrechnung zurückzuerstatten. Diese Frist beginnt spätestens mit dem Zeitpunkt, zu dem die Abrechnung hätte gelegt werden müssen.

(4) Ergibt sich aus der Abrechnung ein Überschuß von mehr als 10 vH zugunsten des Wärmeabnehmers und wird die Information über die Abrechnung nicht fristgerecht übersendet, so ist der Überschußbetrag ab dem Ablauf der Abrechnungsperiode mit einem Zinssatz von 6 vH über dem jeweils geltenden Zinsfuß für Eskontierungen der Oesterreichischen Nationalbank zu verzinsen.

(5) Ergibt sich aus der Abrechnung ein Fehlbetrag zu Lasten des Wärmeabnehmers, so hat ihn der Wärmeabnehmer binnen zwei Monaten ab der Abrechnung nachzuzahlen.

(6) Die Nachforderung an Heiz- und Warmwasserkosten ist binnen einer Ausschlußfrist von einem Jahr nach Ablauf der Abrechnungsperiode geltend zu machen.

Nachträgliche Berichtigung der Abrechnung

§ 22. (1) Ergibt sich vor dem Ablauf der in § 24 vorgesehenen Frist die Notwendigkeit, eine gehörig gelegte Abrechnung richtigzustellen, so hat der Wärmeabgeber allen betroffenen Wärmeabnehmern binnen vier Wochen nach Ablauf der in § 24 vorgesehenen Frist eine Information über Inhalt, Grund und Auswirkungen der Berichtigung zu übersenden.

(2) Sich aus der Berichtigung ergebende Überschüsse oder Fehlbeträge sind binnen drei Monaten nach Ablauf der in § 24 vorgesehenen Frist zu bezahlen.

(3) Ergibt sich aus der Berichtigung für keinen der Wärmeabnehmer eine Abweichung von mehr als 5 vH von den auf ihn gemäß der Abrechnung entfallenden Heiz- und Warmwasserkosten, so kann der Wärmeabgeber die Berichtigung auch erst bei der nächsten Abrechnung vornehmen.

Zwischenermittlung; Überschüsse und Fehlbeträge

§ 23. (1) Im Fall eines Wärmeabnehmerwechsels kann der scheidende oder der neue Wärmeabnehmer verlangen, daß auf seine Kosten eine Zwischenermittlung der auf das Nutzungsobjekt entfallenden Verbrauchsanteile vorgenommen wird.

(2) Fehlbeträge, die sich aus der Abrechnung ergeben, sind von demjenigen nachzuzahlen, in dessen Nutzungszeitraum der jeweilige Fehlbetrag angefallen ist. Überschüsse kann nur derjenige zurückfordern, in dessen Nutzungszeitraum der jeweilige Überschuß angefallen ist. Wird bei Wärmeabnehmerwechsel keine Zwischenermittlung vorgenommen, so ist der Verbrauch nach gleich hohen monatlichen Anteilen und nur insoweit zu berücksichtigen, als der Wärmeabnehmerwechsel während der der Rechnungslegung unmittelbar vorangegangenen Abrechnungsperiode eingetreten ist.

(3) Endet das Nutzungsverhältnis während der Abrechnungsperiode, so hat der scheidende Wärmeabnehmer dem Wärmeabgeber seinen neuen Wohnsitz oder gewöhnlichen Aufenthalt bekanntzugeben; in diesem Fall ist dem Wärmeabnehmer die Information über die nächste Abrechnung an die angegebene Anschrift zu übersenden. Unterläßt der scheidende Wärmeabnehmer diese Bekanntgabe, so genügt für eine gehörige Rechnungslegung ihm gegenüber die Zusendung der Information über die Abrechnung an die Anschrift des Nutzungsobjekts.

Genehmigung der Abrechnung

§ 24. Soweit ein Wärmeabnehmer gegen die gehörig gelegte Abrechnung nicht spätestens sechs Monate nach Rechnungslegung schriftlich begründete Einwendungen erhebt, gilt die Abrechnung im Verhältnis zwischen Wärmeabnehmer und Wärmeabgeber als genehmigt.

Nachträgliche Inbetriebnahme einer Zusatzheizung

§ 24a. Nimmt ein Wärmeabnehmer, nachdem bereits die Voraussetzungen für die Ermittlung der Verbrauchsanteile (§ 5 Abs. 1) vorgelegen sind, eine Zusatzheizung in Betrieb, so berechtigt ihn allein dieser Umstand nicht, eine Untauglichkeit im Sinn des § 5 Abs. 2 und 3 geltend zu machen oder Einwendungen gegen die Abrechnung zu erheben.

(BGBl I 1999/147, ab 1. 9. 1999, auf zu diesem Zeitpunkt anhängige Verfahren gemäß § 25 Abs. 1 Z 1, 2 und 3 nicht anzuwenden)

IV. Abschnitt
Besondere Verfahrensvorschriften

Entscheidungen im Verfahren außer Streitsachen

§ 25. (1) Über Anträge in den im folgenden genannten Angelegenheiten entscheidet das für Zivilrechtssachen zuständige Bezirksgericht, in dessen Sprengel das Gebäude liegt:

1. Vorliegen der überwiegenden Beeinflußbarkeit des Wärmeverbrauchs als Voraussetzung der verbrauchsabhängigen Aufteilung (§ 5 Abs. 1);

2. Aufteilung der gesamten Heiz- und Warmwasserkosten auf die einzelnen Nutzungsobjekte (§ 5 Abs. 1, §§ 10 bis 13);

3. Bestimmung der verbrauchsunabhängigen Aufteilung der Energiekosten infolge Untauglichkeit der Messung (§ 5 Abs. 2);

4. Durchsetzung des Anspruchs auf Ausstattung mit Vorrichtungen zur Erfassung (Messung) der Verbrauchsanteile (§ 6 Abs. 1 und 2) und der dazu erforderlichen Duldungspflichten (§ 6 Abs. 3);

5. Erhaltung, Wartung und Betrieb der gemeinsamen Wärmeversorgungsanlage (§ 7 Abs. 1, § 8 Abs. 1);

6. Trennung der Heiz- und Warmwasserkosten (§ 9);

7. Duldung der Erfassung (Messung) der Verbrauchsanteile sowie der Feststellung der beheizbaren Nutzfläche (§ 11 Abs. 2);

8. Legung der Abrechnung (§§ 17 bis 20, 22 Abs. 1 und 3);

9. Durchsetzung des Anspruchs auf Zwischenermittlung der Verbrauchsanteile (§ 23 Abs. 1);

10. Änderung der vor dem 1. Jänner 1993 angewendeten Aufteilungsschlüssel (§ 29 Abs. 5).

(2) In den im Abs. 1 genannten Angelegenheiten entscheidet das Gericht im Verfahren außer Streitsachen. § 37 Abs. 3 und 4 und die §§ 39, 40 und 41 MRG sind sinngemäß anzuwenden. „Der § 37 Abs. 3 Z 18a MRG gilt nur in den im Abs. 1 Z 2, 5, 6, 7, 8 und 9 angeführten Angelegenheiten." *(BGBl I 1997/140, ab 1. 1. 1998, anzuwenden, wenn das Datum der Entscheidung der zweiten Instanz nach dem 31. 12. 1997 liegt)*

(3) Soweit in diesem Bundesgesetz nichts anderes bestimmt wird, können in den im Abs. 1 genannten Angelegenheiten Anträge sowohl von jedem Wärmeabnehmer als auch vom Wärmeabgeber gestellt werden. „In den Verfahren nach Abs. 1 sind auch der Verwalter des Gebäudes und das mit der Wärmeabrechnung beauftragte Unternehmen, in den Verfahren nach Abs. 1 Z 1, 4 und 5 auch ein gewerbsmäßiger Wärmeerzeuger im Sinn des § 4 Abs. 2 Z 2 von Amts wegen beizuziehen." Wenn an einem Nutzungsobjekt Wohnungseigentum begründet ist, kommt dem Verwalter in den Verfahren nach Abs. 1 Z 8 auch Parteistellung zu. *(BGBl 1993/800, ab 1. 3. 1994)*

(4) Wird ein Verfahren nach Abs. 1 Z 2, 3, 6, 8 oder 10 anhängig gemacht, so wird der Fortlauf der in § 21 Abs. 6 angeführten Frist für die Dauer dieses Verfahrens gehemmt.

(5) Der Bundesminister für wirtschaftliche Angelegenheiten[1]) kann durch Verordnung für verbindlich erklärte ÖNORMEN bezeichnen, die in besonderem Maß geeignet sind, das Vorliegen der Voraussetzungen

1. für die Verbrauchsermittlung im Sinn des § 5 und

2. für die nachträgliche Ausstattung mit Vorrichtungen zur Erfassung (Messung) der Verbrauchsanteile nach § 6 Abs. 1 Z 1 und 2

festzustellen.

(6) Der Bundesminister für wirtschaftliche Angelegenheiten[1]) kann im Einvernehmen mit dem Bundesminister für Justiz durch Verordnung vorsehen:

1. Formblätter für die in Abs. 1 genannten Anträge, um zu sichern, daß die für die Entscheidung über den Antrag erheblichen tatsächlichen und rechtlichen Angaben gemacht werden;

2. Formblätter für nach § 8 zu führende Stammblätter zur Sicherung der notwendigen Daten für eine verläßliche Verbrauchsermittlung.

(7) Liegt einem Antrag ein Formblatt nach Abs. 6 Z 1 zugrunde, so sind diejenigen Personen, welche trotz gehöriger Zustellung im Sinn des § 37 Abs. 3 MRG nicht erschienen sind, als diesem Antrag zustimmend zu behandeln. Der wesentliche Inhalt des Antrages und die mit dem Nichterscheinen verbundenen Rechtsfolgen sind in der Ladung aufzunehmen.

---

[1]) Jetzt: BM für Wirtschaft und Arbeit.

§§ 26 bis 28. (*betreffen Änderungen des WEG, des WGG und des MRG)*

VIII. Abschnitt
Schluß- und Übergangsbestimmungen

§ 29. (1) Dieses Bundesgesetz tritt mit Ausnahme des § 26, der mit 30. Dezember 1992 in Kraft tritt, und des § 27 Z 2, dessen Inkrafttreten sich nach seiner Z 3 richtet, mit 1. Oktober 1992 in Kraft. *(BGBl 1993/800, ab 1. 3. 1994)*

(1a) § 2 Z 5 und 6, § 4 Abs. 2, § 6 Abs. 2, § 25 Abs. 3 zweiter Satz und § 29 Abs. 8 in der Fassung des Bundesgesetzes BGBl. Nr. 800/1993 treten mit 1. Jänner 1994 in Kraft. *(BGBl 1993/800, ab 1. 3. 1994)*

(1b) § 20 in der Fassung des Bundesgesetzes BGBl. I Nr. 136/2001 tritt mit 1. Jänner 2002 in Kraft. *(BGBl I 2001/136)*

(1c) § 2 Z 5 und Z 6 in der Fassung des Bundesgesetzes BGBl. I Nr. 71/2002 sind erst auf jene Abrechnungsperioden anzuwenden, die nach dem 30. Juni 2002 beginnen. *(BGBl I 2002/71)*

(2) Auf die Heiz- und Warmwasserkosten, die einer Abrechnungsperiode zugeordnet werden (§ 17), die vor dem 1. Oktober 1992 begonnen hat, findet dieses Bundesgesetz nur Anwendung, wenn die folgenden Absätze dies anordnen.

(3) Für Abrechnungsperioden, die vor dem 1. Jänner 1994 enden, gelten die in der letzten vor dem 1. Jänner 1993 gelegten Abrechnung angewendeten Aufteilungsgrundsätze als im Sinn des § 13 Abs. 1 vereinbart; gerichtliche Entscheidungen über die Aufteilungsgrundsätze werden aber hievon nicht berührt. Anmerkungen nach § 19 Abs. 3 WEG 1975 bleiben so lange wirksam.

(4) Mangels einstimmiger anderer Vereinbarung nach § 13 Abs. 1 Z 3 ist für Abrechnungsperioden, die nach dem 31. Dezember 1993 enden, jener Teil der Energiekosten, der nicht nach Verbrauchsanteilen zu tragen ist, nach den beheizbaren Nutzflächen aufzuteilen. Ebenso sind die sonstigen Kosten des Betriebs nach den beheizbaren Nutzflächen aufzuteilen.

(5) Entspricht einer der bei der letzten Abrechnung vor dem 1. Jänner 1993 angewendeten Aufteilungsschlüssel den in § 9 Abs. 2 und § 10 genannten Hundertsätzen nicht, so hat das Gericht mangels einstimmiger Anpassung der Aufteilungsschlüssel auf Antrag auszusprechen, daß ab der Abrechnungsperiode, in der der Antrag gestellt wurde, die im § 13 Abs. 3

genannten Aufteilungsschlüssel anzuwenden sind.

(6) § 5 Abs. 2 und 3 gilt auch dann, wenn der Schlüssel für die Aufteilung der Heiz- und Warmwasserkosten noch vor dem 1. Oktober 1992 vereinbart, festgesetzt oder auf Grund anderer Umstände angewendet wurde.

(7) Hatte die letzte Abrechnung der Heiz- und Warmwasserkosten für die Aufteilung der Energiekosten zu erfolgen:

1. vor dem 1. Oktober 1992 nicht unter Anwendung des § 14 Abs. 1 zweiter Satz WGG oder

2. vor dem 31. Dezember 1992 nicht unter Anwendung des § 19 Abs. 1 Z 1 zweiter Halbsatz WEG 1975 oder

3. vor dem 1. Oktober 1992 nicht unter Anwendung des § 24 Abs. 1 MRG,

so gelten – frühestens mit Wirkung ab 1. Jänner 1994 – die Bestimmungen dieses Bundesgesetzes nur dann, wenn alle Wärmeabnehmer mit dem Wärmeabgeber dies schriftlich vereinbaren.

(8) Im Falle einer Wärmeversorgung nach § 4 Abs. 2 sind die Bestimmungen dieses Bundesgesetzes – auch ohne Vorliegen der Voraussetzungen des Abs. 7 – nach Maßgabe der Abs. 3 und 4 anzuwenden. *(BGBl 1993/800, ab 1. 3. 1994)*

(9) Einwendungen gegen eine vor dem 1. Jänner 1993 gelegte Abrechnung, die nicht die Richtigkeit und Vollständigkeit der Abrechnung betreffen, können nur auf Gründe gestützt werden, die auch nach diesem Bundesgesetz einen Einwendungsgrund darstellen.

Vollziehung

§ 30. Mit der Vollziehung dieses Bundesgesetzes – ausgenommen die §§ 26 bis 28 – ist der Bundesminister für wirtschaftliche Angelegenheiten[1]) im Einvernehmen mit dem Bundesminister für Justiz betraut.

[1]) Jetzt: BM für Wirtschaft und Arbeit.

16. Baurechtsgesetz

STICHWORTVERZEICHNIS

(Die Zahlenangaben beziehen sich auf die Paragraphen, wenn nichts angegeben, auf das BauRG)

Gesetz vom 26. April 1912, betreffend das Baurecht (Baurechtsgesetz – BauRG)

I. Privatrechtliche Bestimmungen

§ 1. (1) Ein Grundstück kann mit dem dinglichen, veräußerlichen und vererblichen Rechte, auf oder unter der Bodenfläche ein Bauwerk zu haben, belastet werden (Baurecht).

(2) Das Baurecht kann sich auch auf Teile des Grundstückes erstrecken, die für das Bauwerk selbst nicht erforderlich, aber für dessen Benützung vorteilhaft sind.

(3) Die Beschränkung des Baurechtes auf einen Teil eines Gebäudes, insbesondere ein Stockwerk, ist unzulässig.

§ 2. *(aufgehoben, BGBl 1990/258, ab 1. 7. 1990)*

§ 3. (1) Das Baurecht kann nicht auf weniger als zehn und nicht mehr als hundert Jahre bestellt werden.

(2) Besteht das Entgelt für die Bestellung des Baurechtes in wiederkehrenden Leistungen (Bauzins), so muß deren Ausmaß und Fälligkeit bestimmt sein; Wertsicherungsvereinbarungen sind zulässig, sofern das Ausmaß des Bauzinses nicht durch die Bezugnahme auf den Wert von Grund und Boden bestimmt wird.

(BGBl 1990/258, ab 1. 7. 1990, s Art III BauRG-Nov 1990)

§ 4. (1) Das Baurecht kann nicht durch eine auflösende Bedingung beschränkt werden.

(2) Das Erlöschen des Baurechtes wegen Verzuges in der Berichtigung des Bauzinses kann nur für den Fall vereinbart werden, daß der Bauzins für wenigstens zwei aufeinanderfolgende Jahre rückständig bleibt.

§ 5. (1) Das Baurecht entsteht durch die bücherliche Eintragung als Last des Grundstückes.

(2) Ein Baurecht kann nicht an einem Teile eines Grundbuchskörpers begründet werden. Pfand- und andere Belastungsrechte, die auf Geldzahlung gerichtet sind oder dem Zwecke des Baurechtes entgegenstehen, dürfen dem Baurecht im Range nicht vorgehen. Für das eingetragene Baurecht ist gleichzeitig eine besondere Grundbuchseinlage zu eröffnen. Alle Eintragungen gegen den Bauberechtigten sind in dieser Einlage zu vollziehen.

§ 6. (1) Das Baurecht gilt als unbewegliche Sache, das auf Grund des Baurechtes erworbene oder hergestellte Bauwerk als Zugehör des Baurechtes.

(2) Dem Bauberechtigten stehen am Bauwerk die Rechte des Eigentümers und an dem Grundstücke, soweit im Baurechtsvertrag nichts anderes bestimmt ist, die Rechte des Nutznießers zu.

(3) Die für Gebäude geltenden Vorschriften finden auf das Baurecht entsprechende Anwendung.

§ 6a. Einem Bauberechtigten kann von den anderen Bauberechtigten Wohnungseigentum eingeräumt werden (Baurechtswohnungseigentum). Das Wohnungseigentumsgesetz 1975, BGBl. Nr. 417, in der jeweils geltenden Fassung gilt für das Baurechtswohnungseigentum sinngemäß.

(BGBl 1990/258, ab 1. 7. 1990)

§ 7. Ein Pfandrecht an einem Baurecht ist als gesetzmäßig sicher (§ „ “ 1374 a.b.G.B) anzusehen, wenn die Belastung nicht die Hälfte des Wertes des Baurechtes übersteigt und die Schuld durch die vereinbarten Annuitäten oder durch gleichmäßige in Zeitabschnitten von höchstens einem Jahre fällige Ratenzahlungen spätestens im fünften Jahre vor Erlöschen des Baurechtes berichtigt sein wird. *(BGBl 1977/403)*

§ 8. Die Löschung des Baurechtes kann vor Ablauf der Zeit, für die es bestellt ist, ohne Zustimmung der darauf eingetragenen Pfandgläubiger und anderer dinglich Berechtigten nur mit der Beschränkung bewilligt werden, daß die Rechtswirkung in Ansehung der Pfand- und anderen dinglichen Rechte erst mit deren Löschung einzutreten hat.

§ 9. (1) Bei Erlöschen des Baurechtes fällt das Bauwerk an den Grundeigentümer. Gesetzliche Pfand- und Vorzugsrechte, die auf dem Baurecht haften, gehen auf das Grundstück über, sobald das Baurecht erlischt.

(2) Mangels anderer Vereinbarung ist dem Bauberechtigten eine Entschädigung in der Höhe eines Vierttelles des vorhandenen Bauwertes zu leisten.

§ 10. Wenn dem Bauberechtigten bei Erlöschung des Baurechtes nach Gesetz oder Vertrag eine Entschädigung für das Bauwerk gebührt, erstrecken sich Pfand- und andere dingliche Rechte an dem Baurecht auf die Entschädigung.

§ 11. Bei der Exekution auf ein mit Baurecht belastetes Grundstück sind die Vorschriften über die Exekution auf ein mit einer Dienstbarkeit belastetes Grundstück sinngemäß anzuwenden; Bauzinsforderungen sind als Einkünfte der Liegenschaft zu behandeln. Sofern zugunsten öffentlicher Abgaben, die nach den bestehenden Vorschriften ein gesetzliches

Pfand- oder Vorzugsrecht am Grundstücke genießen, Zwangsversteigerung stattfindet, muß das Baurecht vom Ersteher ohne Anrechnung auf das Meistbot übernommen werden.

§ 12. Die bestehenden Vorschriften über die Benützung der Unter- und Oberfläche eines Grundstückes bleiben unberührt.

II. Verfahren

§ 13. (1) Wenn dem Ansuchen um Eintragung des Baurechtes nach dem Grundbuchsstand und den vorliegenden Urkunden stattgegeben werden kann, ist es zunächst im Grundbuch anzumerken. Diese Anmerkung hat die Wirkungen einer Anmerkung der Rangordnung nach §§ 53 bis 56 des Allgemeinen Grundbuchsgesetzes 1955.

(2) Zugleich sind die zur Vorschreibung und Eintreibung der von der Liegenschaft zu entrichtenden Steuern, Zuschläge, Vermögensübertragungsgebühren und sonstigen öffentlichen Abgaben berufenen Organe, soweit diese Abgaben ein Vorzugsrecht vor den im Grundbuch eingetragenen Pfandrechten genießen, aufzufordern, ihre Ansprüche binnen 14 Tagen bei Gericht anzumelden, widrigens sie dem einzutragenden Baurecht im Range nachstehen würden. Die Aufzufordernden sind in dem Gesuch um Eintragung des Baurechtes anzugeben. Der Beschluß ist den Aufgeforderten zu eigenen Handen zuzustellen.

§ 14. Ist innerhalb der Aufforderungsfrist kein das Vorzugsrecht genießender Anspruch angemeldet worden, so ist unverzüglich über die Eintragung des Baurechtes zu entscheiden. Sind solche Ansprüche angemeldet worden, so ist der Gesuchsteller von den Anmeldungen durch Beschluß in Kenntnis zu setzen. Die Eintragung des Baurechtes darf nur bewilligt werden, wenn die Berichtigung oder Sicherstellung der angemeldeten Ansprüche dargetan ist. Wenn dieser Nachweis nicht binnen sechzig Tagen nach der Verständigung von der Anmeldung dem Gericht erbracht wird, so ist die Anmerkung des Ansuchens von Amts wegen zu löschen.

III. Gebührenrechtliche Bestimmungen

§ 15. Bei der Bemessung der Gebühr von der Einräumung oder Weiterübertragung des Baurechtes oder von der Übertragung des mit diesem Rechte belasteten Grundstückes sind die allgemeinen Vorschriften der Gebührengesetze mit den in den § 16 bis 19 festgesetzten Abweichungen zu beobachten.

§ 16. (1) Behufs Ermittlung des Wertes des Baurechtes oder des mit diesem Rechte belasteten Grundstückes ist, soweit nicht das bedungene Entgelt die Grundlage der Gebührenbemessung bildet, zunächst der Gesamtwert der Liegenschaft (des Grundstückes samt den etwa darauf befindlichen Baulichkeiten) nach den allgemeinen Vorschriften der Gebührengesetze so zu bestimmen, als ob das Grundstück nicht mit dem Baurechte belastet wäre.

(2) Der Wert des Baurechtes mit Einschluß der auf Grund des Baurechtes erworbenen oder hergestellten Baulichkeiten (§ 6) ist mit so vielen Hundertsteln des gemäß dem vorhergehenden Absatze ermittelten Gesamtwertes der Liegenschaft zu veranschlagen, als die Anzahl der Jahre beträgt, welche zwischen dem für die Bemessung der Gebühr maßgebenden Zeitpunkte und dem Zeitpunkte des Erlöschens des Baurechtes gelegen sind; hierbei sind Bruchteile eines Jahres, wenn sie sechs Monate erreichen, einem vollen Jahre gleichzuachten, andernfalls nicht in Anschlag zu bringen.

(3) Als Wert des mit dem Baurechte belasteten Grundstückes ist der Betrag anzunehmen, der sich ergibt, wenn von dem Gesamtwerte der Liegenschaft der nach dem vorhergehenden Absatz ermittelte Wert des Baurechtes samt Zubehör (§ 6) in Abzug gebracht wird.

(4) Durch die vorstehenden Bestimmungen wird die Anwendung der in den §§ 50ff. des Gesetzes vom 9. Februar 1850, RGBl Nr 50[1]), angeführten Arten der Bewertung in Absicht auf die abgesonderte Feststellung des Wertes des Baurechtes und des mit diesem Rechte belasteten Grundstückes nicht ausgeschlossen.

---

[1]) *Beachte § 6 GGG*

§ 17. (1) Der Wert der im Sinne des § 3, Absatz 2, bedungenen wiederkehrenden Leistungen (Bauzinse) ist folgendermaßen zu veranschlagen:

1. Wenn zwischen dem für die Gebührenbemessung maßgebenden Zeitpunkte und dem Zeitpunkte des Erlöschens des Baurechtes ein Zeitraum von weniger als zehn Jahren gelegen ist, mit der Summe der für diesen Zeitraum bedungenen Bauzinse;

2. wenn dieser Zeitraum zehn oder mehr Jahre, jedoch höchstens fünfundvierzig Jahre beträgt, mit dem Zehnfachen des jährlichen Bauzinses;

3. wenn dieser Zeitraum mehr als fünfundvierzig Jahre beträgt, mit dem Fünfzehnfachen des jährlichen Bauzinses.

(2) Sind in den in Z. 2 und 3 angeführten Fällen die wiederkehrenden Leistungen für die einzelnen Jahre von ungleicher Höhe, so hat der für die Gesamtdauer des Baurechtes sich ergebende Jahresdurchschnitt der Bauzinse die Grundlage der in Z. 2 und 3 vorgesehenen Berechnung zu bilden.

§ 18. Geht die Dauer des Baurechtes aus dem Vertrage, mit dem es eingeräumt wurde, nicht mit Bestimmtheit hervor, oder ist diese Dauer von der Bedingung abhängig, die im Zeitpunkte der Gebührenbemessung noch in Schwebe ist, so ist in Absicht auf die Anwendung der Vorschriften der §§ 16 und 17 die längste nach dem Vertrag oder, in Ermangelung einer die Höchstdauer festsetzenden Vertragsbestimmung nach § 3, Absatz 1, dieses Gesetzes mögliche Dauer anzunehmen.

§ 19. Insoweit den im Sinne [des § 12 des Gesetzes vom 22. Dezember 1910, RGBl. Nr. 242, und des hierzu erlassenen Statuts][1]) als gemeinnützig zu behandelnden Bauvereinigungen, welche die im § 4 desselben Gesetzes erwähnten Zwecke verfolgen, hinsichtlich der Gebühren für die Erwerbung oder Veräußerung unbeweglicher Sachen oder hinsichtlich des Gebührenäquivalents von ihrem unbeweglichen Vermögen im Wege der Gesetzgebung Begünstigungen eingeräumt werden, sind diese Begünstigungen auf die Gebühren für die Erwerbung und Weiterveräußerung des Baurechtes durch die angeführten Bauvereinigungen und auf das Gebührenäquivalent von dem Werte des solchen Bauvereinigungen zustehenden Baurechtes sinngemäß anzuwenden. In Absicht auf die Anwendung der einschlägigen Bestimmungen ist das Baurecht, insolange das mit demselben belastete Grundstück unverbaut ist, einem unverbauten Grundstück, nach erfolgter Verbauung aber einem Gebäude rechtlich gleichzuachten; die näheren Vorschriften hierüber werden im Verordnungswege erlassen.

[1]) *Jetzt wohl im Sinne der Vorschriften des Wohnungsgemeinnützigkeitsgesetzes BGBl 1979/139 zu verstehen*

IV. Schlußbestimmung.

§ 20. Mit dem Vollzuge dieses Gesetzes sind [Mein Minister für öffentliche Arbeiten und Meine] Minister der Justiz [und der Finanzen] betraut.

16/1. Baurechtsgesetznovelle 1990

16/1. Baurechtsgesetznovelle 1990 *(Auszug)*, BGBl. 1990/258

Bundesgesetz vom 25. April 1990, mit dem das Gesetz, betreffend das Baurecht geändert wird (Baurechtsgesetznovelle 1990 – BauRGNov 1990)

Artikel III[1]

(1) Dieses Bundesgesetz tritt mit dem 1. Juli 1990 in Kraft.

(2) Vereinbarungen über die Wertsicherung des Bauzinses, die vor dem Zeitpunkt des Inkrafttretens dieses Bundesgesetzes geschlossen worden sind und dem § 3 Abs. 2 BauRG in der Fassung dieses Bundesgesetzes entsprechen, sind von diesem Zeitpunkt an rechtswirksam.

(3) Zahlungen des Bauzinses, die vor dem Zeitpunkt des Inkrafttretens dieses Bundesgesetzes auf Grund einer Wertsicherungsvereinbarung geleistet worden sind, können wegen des Verstoßes gegen § 3 Abs. 2 BauRG in der bisher geltenden Fassung nicht zurückgefordert werden.

(4) Abs. 3 ist auf anhängige Rechtsstreitigkeiten nur dann anzuwenden, wenn die Klage nach dem 31. März 1990 bei Gericht eingebracht worden ist.

(5) Der Grundeigentümer kann vom Bauberechtigten für die Zukunft die Erhöhung des Bauzinses auf ein angemessenes Ausmaß sowie eine Wertsicherung verlangen, soweit

1. der Baurechtsvertrag vor dem Inkrafttreten dieses Bundesgesetzes geschlossen worden ist,

2. der Bauzins offenbar unangemessen ist,

3. der Baurechtsvertrag keine oder eine solche Vereinbarung über die Wertsicherung des Bauzinses enthält, die dem § 3 Abs. 2 BauRG in der Fassung dieses Bundesgesetzes nicht entspricht, und

4. nach den Umständen, unter denen der Baurechtsvertrag geschlossen worden ist, angenommen werden kann, daß eine Wertsicherung vereinbart worden wäre, wenn sie zulässig gewesen wäre.

(6) Soweit sich der Grundeigentümer und der Bauberechtigte über die Erhöhung des Bauzinses nicht einigen, hat hierüber auf Antrag das für Zivilrechtssachen zuständige Bezirksgericht, in dessen Sprengel das Grundstück gelegen ist, zu entscheiden. Hiefür gelten die allgemeinen Bestimmungen über das Verfahren außer Streitsachen mit den in § 37 Abs. 3 Z 6, 8 bis 10, 12, 13 und 15 bis 21 MRG genannten Besonderheiten.

(7) Der Anspruch auf Erhöhung des Bauzinses erlischt, wenn er nicht binnen einem Jahr nach dem Inkrafttreten dieses Bundesgesetzes durch Vertrag oder Vergleich anerkannt oder gerichtlich geltend gemacht wird.

(8) Mit der Vollziehung dieses Bundesgesetzes ist der Bundesminister für Justiz betraut.

---

[1]) *Art I und II betreffen das BauRG und die DVBauRG*

BauRG

16/2. Durchführungsverordnung

16/2. Verordnung des Justizministers im Einvernehmen mit [dem Minister für öffentliche Arbeiten,] dem Minister des Inneren und dem Finanzminister vom 11. Juni 1912 über die Durchführung des Gesetzes, betreffend das Baurecht, RGBl 1912/114 idF

1 BGBl 1930/74 **2** BGBl 1990/258 (BauRG-Nov 1990)

Verordnung des Justizministers im Einvernehmen mit [dem Minister für öffentliche Arbeiten], dem Minister des Inneren und dem Finanzminister vom 11. Juni 1912 über die Durchführung des Gesetzes, betreffend das Baurecht

Zur Durchführung der Abschnitte I und II des Gesetzes vom 26. April 1912, R.G.Bl. Nr. 86, betreffend das Baurecht, wird verordnet:

§§ 1 bis 5. *(aufgehoben, BGBl 1990/258)*

§ 6. Das Gesuch um Eintragung des Baurechtes ist im Lastenblatte der Grundbuchseinlage anzumerken, an der das Baurecht begründet werden soll, wenn dem Gesuche nach dem Grundbuchsstande und den vorliegenden Urkunden stattgegeben werden kann.

§ 7. (1) Bilden die Parzellen[1]), an denen das Baurecht eingeräumt wird, nur einen Teil des Grundbuchskörpers, so sind sie abzuschreiben und in eine neue Grundbuchseinlage zu übertragen, in deren Lastenblatt das Gesuch um Eintragung des Baurechtes anzumerken ist.

(2) Das weitere Verfahren wird durch die §§ 13 und 14 des Gesetzes vom 26. April 1912, R.G.Bl. Nr. 86, bestimmt. Wenn die Parzellen[1]), an denen das Baurecht eingeräumt wird, in eine neue Grundbuchseinlage übertragen werden, ist in dem Beschlusse, mit dem gemäß § 13, Absatz 2 des Gesetzes zur Anmeldung der ein Vorzugsrecht genießenden Abgaben aufgefordert wird, auch die Grundbuchseinlage anzugeben, von der diese Parzellen[1]) abgeschrieben wurden.

[1]) *Jetzt: Grundstücke*

§ 8. *(aufgehoben, BGBl 1930/74)*

§ 9. Wurde innerhalb der Anmeldungsfrist kein das Vorzugsrecht genießender Anspruch angemeldet oder ist die Berichtigung oder Sicherstellung der angemeldeten Ansprüche dargetan, so ist, ohne daß es eines neuen Eintragungsgesuches bedarf, im Lastenblatte des zu belastenden Grundbuchskörpers die Bestellung des Baurechtes einzutragen und für das eingetragene Baurecht gleichzeitig eine besondere Grundbuchseinlage zu eröffnen.

§ 10. (1) Die für das Baurecht neu zu eröffnende Grundbuchseinlage ist mit der auf die letzte Einlage der Katastralgemeinde folgenden Zahl zu bezeichnen.

(2) Die Eigenschaft dieser Grundbuchseinlage ist im Gutsbestandblatte in der Mitte oben durch die Bezeichnung „Baurechtseinlage" ersichtlich zu machen. Der Vordruck: Postzahl, Katastralzahl und Bezeichnung der Parzelle[1]), Hausnummer, Kulturgattung) ist mit roter Tinte zu durchstreichen und über die ganze Blattseite der ersten Abteilung des Gutsbestandblattes zu schreiben: „Baurecht für die Zeit bis . . . 19 . . an der Grundbuchseinlage Zahl . . . . der Katastralgemeinde . . . ., bestehend aus der Bauparzelle[2]) . . . . Haus Nr. . . . . und der Parzelle[1]) . . . ."

(3) In der zweiten Abteilung des Gutsbestandblattes ist die Eröffnung der neuen Einlage anzumerken.

(4) Im Eigentumsblatte der Baurechtseinlage ist anstatt des Eigentümers der Bauberechtigte einzutragen. Die für andere Eintragungen in diesem sowie im Lastenblatte geltenden Vorschriften bleiben unberührt.

[1]) *Jetzt: Grundstück*

[2]) *Jetzt: Baufläche*

§ 11. Das Grundbuchsgericht hat über alle Baurechtseinlagen ein alphabetisches Verzeichnis nach dem Namen des Bauberechtigten zu führen, das folgende Spalten zu enthalten hat:

1. Name des Bauberechtigten und andere zur Bezeichnung der Person dienende Merkmale;
2. Zahl der Baurechtseinlage;
3. Name der Katastralgemeinde;
4. Anmerkung.

§ 12. *(aufgehoben, BGBl 1930/74)*

17. Landpachtgesetz

17. Landpachtgesetz, BGBl 1969/451

STICHWORTVERZEICHNIS

(Die Zahlenangaben beziehen sich auf die Paragraphen)

LPG

Bundesgesetz vom 26. November 1969, mit dem Bestimmungen über landwirtschaftliche Pachtverträge getroffen werden (Landpachtgesetz)

Abschnitt I
Anwendungsbereich

§ 1. (1) Den Vorschriften dieses Bundesgesetzes unterliegen Verträge, durch die Grundstücke oder der Fischzucht dienende Teichgrundstücke allein oder gemeinsam mit Wohn- oder Wirtschaftsräumen oder anderen Sachen vorwiegend zur landwirtschaftlichen Nutzung verpachtet werden (Landpachtverträge). Die im § 1103 des allgemeinen bürgerlichen Gesetzbuches bezeichneten Verträge sind im Sinne dieses Bundesgesetzes als Pachtverträge anzusehen.

(2) Nutzung im Sinne dieses Bundesgesetzes ist die landwirtschaftliche Bodenbewirtschaftung zur Gewinnung pflanzlicher Erzeugnisse, zur Haltung oder Züchtung von Nutztieren oder zur Fischzucht.

(3) Auf Pachtverträge über Kleingärten, die den Bestimmungen des Kleingartengesetzes vom 16. Dezember 1958, BGBl. Nr. 6/1959, unterliegen, sind die Bestimmungen dieses Bundesgesetzes nicht anzuwenden.

Unabdingbarkeit

§ 2. (1) Auf die in diesem Bundesgesetz bestimmten Rechte kann nicht wirksam verzichtet werden. Vereinbarungen, nach denen einem Vertragsteil besondere Nachteile oder besondere Vorteile erwachsen sollen, wenn er diese Rechte ausübt oder nicht ausübt, sind unwirksam.

(2) Die Vereinbarung schiedsrichterlicher Entscheidungen ist unzulässig.

Wirkung der Anordnungen

§ 3. Die nach diesem Bundesgesetz erlassenen gerichtlichen Anordnungen treten an die Stelle der entsprechenden Vertragsbestimmungen.

Angemessener Pachtzins

§ 4. Im Sinne dieses Bundesgesetzes gilt als angemessen der Pachtzins, der von dem bei einer ordnungsgemäßen Bewirtschaftung des Pachtgegenstandes erzielbaren Ertrag beiden Vertragsteilen den Anteil sichert, der dem Wert der zur Erzielung dieses Ertrages notwendigen beiderseitigen Leistungen entspricht; dabei sind insbesondere die Vertragsdauer, der Wert des Pachtgegenstandes nach Art, Beschaffenheit und örtlicher Nachfrage, der Wert der beiderseits beigestellten Anlagen und Betriebsmittel sowie die sonst notwendigen beiderseitigen Leistungen, Aufwendungen und Kosten zu berücksichtigen.

Richtpachtzeiten

§ 5. (1) Bei der Anwendung dieses Bundesgesetzes gelten die folgenden Richtpachtzeiten:

1. für die Pacht eines landwirtschaftlichen Betriebes, der vorwiegend dem Erwerbsgartenbau, dem Weinbau oder dem Obstbau dient oder der nach dem Vertrag vorwiegend in dieser Art genutzt werden soll, 15 Jahre;

2. für die Pacht eines landwirtschaftlichen Betriebes anderer Art und für die Pacht eines einzelnen Grundstückes, das vorwiegend dem Erwerbsgartenbau, dem Weinbau oder dem Obstbau dient oder das nach dem Vertrag vorwiegend in dieser Art genutzt werden soll, 10 Jahre;

3. in allen übrigen Fällen 5 Jahre.

(2) In die Richtpachtzeiten sind im Falle des Eintrittes in den Landpachtvertrag nach § 1116a des allgemeinen bürgerlichen Gesetzbuches die Zeiten des Vormannes einzurechnen.

Abschnitt II
Verlängerung der Dauer des Landpachtvertrages

§ 6. (1) Überwiegen die Interessen des Pächters an der Fortsetzung die des Verpächters an der Beendigung des Landpachtvertrages, so hat das Gericht auf Antrag des Pächters die Dauer des Landpachtvertrages zu verlängern.

(2) Bei der Interessenabwägung nach Abs. 1 ist insbesondere auf die wirtschaftliche Lage der beiden Vertragsteile Bedacht zu nehmen. Die Interessen des Pächters überwiegen insbesondere dann nicht, wenn

1. ein Grund vorliegt, der den Verpächter zur Aufhebung des Landpachtvertrages nach § 1118 des allgemeinen bürgerlichen Gesetzbuches berechtigt,

2. der Pächter ohne Zustimmung des Verpächters wesentliche Teile des Pachtgegenstandes nicht nur vorübergehend anderen Personen überlassen hat,

3. sich der Pächter weigert, der Erhöhung des Pachtzinses auf die angemessene Höhe zuzustimmen,

4. der Verpächter dem Pächter einen nach Lage und Beschaffenheit angemessenen Ersatz für den Pachtgegenstand beschafft,

5. eine von vornherein schriftlich und bestimmt als Grund für die Beendigung des Landpachtvertrages bezeichnete Tatsache eingetreten ist, die in bezug auf die Beendigung des Landpachtvertrages für den Verpächter als wichtig und bedeutsam anzusehen ist.

(3) Die Verlängerung der Dauer des Landpachtvertrages ist unzulässig, wenn die Dauer des Landpachtvertrages ausdrücklich auf eine solche Zeit vereinbart wurde, die der maßge-

benden Richtpachtzeit (§ 5) entspricht oder diese übersteigt.

(4) Wurde die Dauer des Landpachtvertrages nach Abs. 1 einmal verlängert, so ist eine weitere Verlängerung ferner unzulässig, wenn

1. die Dauer des Landpachtvertrages auf eine bestimmte Zeit vereinbart wurde,

2. im Zeitpunkt der Antragstellung die tatsächliche Dauer des Landpachtvertrages der maßgebenden Richtpachtzeit (§ 5) entspricht oder diese übersteigt.

Dauer der Verlängerung

§ 7. (1) Die zulässige Dauer der jeweiligen Verlängerung des Landpachtvertrages (§ 6) beträgt in den Fällen des
1. § 5 Abs. 1 Z. 1 – 4 Jahre,
2. § 5 Abs. 1 Z. 2 – 3 Jahre,
3. § 5 Abs. 1 Z. 3 – 2 Jahre.

(2) Die im Abs. 1 genannten Fristen sind nicht auszuschöpfen,

1. wenn der Pächter die Verlängerung der Dauer des Landpachtvertrages für einen kürzeren Zeitraum beantragt,

2. wenn und insoweit mit Grund zu besorgen ist, daß innerhalb dieses Zeitraumes ein Umstand eintreten wird, der die Verlängerung der Dauer des Landpachtvertrages ausschließen würde (§ 6 Abs. 1 und Abs. 2),

3. wenn und insoweit dies erforderlich ist, damit das Ende der Vertragsdauer dem Ablauf des Bewirtschaftungsjahres entspricht.

Teilverlängerung

§ 8. (1) Betreffen die im § 6 Abs. 2 Z. 4 oder 5 genannten Gründe, die eine Verlängerung der Dauer des Landpachtvertrages ausschließen, nur einzelne Teile des Pachtgegenstandes und ist der restliche Teil des Pachtgegenstandes abgesondert benutzbar oder kann er ohne unverhältnismäßige Schwierigkeiten abgesondert benutzbar gemacht werden, so hat das Gericht auf Antrag die Dauer des Landpachtvertrages in Ansehung des restlichen Teiles des Pachtgegenstandes zu verlängern. Der Antrag auf Teilverlängerung kann auch im Zuge eines Verfahrens gestellt werden, das die Verlängerung der Dauer des Landpachtvertrages an sich zum Gegenstand hat.

(2) Mangels einer anderweitigen Vereinbarung hat der Antragsteller die Kosten zu tragen, die erforderlich sind, um den restlichen Teil des Pachtgegenstandes abgesondert benutzbar zu machen.

Verzicht auf die Teilverlängerung

§ 9. (1) Wird die Verlängerung der Dauer eines Landpachtvertrages nur für einen Teil des Pachtgegenstandes angeordnet, so kann der Verpächter erklären, daß er den Pachtvertrag zur Gänze fortsetzen will. Der Pächter kann auf die Teilverlängerung verzichten. Die Erklärungen müssen, um rechtswirksam zu sein, innerhalb von 14 Tagen nach dem Eintritt der Rechtskraft des Beschlusses über die Teilverlängerung schriftlich oder mündlich bei dem Gericht abgegeben werden, das in erster Instanz entschieden hat. Eine rechtswirksam abgegebene Erklärung kann nicht widerrufen werden.

(2) Erklärt der Pächter, daß er auf die Teilverlängerung verzichtet, so hat das Gericht auszusprechen, daß die angeordnete Teilverlängerung wirkungslos ist. Dies gilt auch dann, wenn auch der Verpächter die Erklärung abgegeben hat, daß er den Pachtvertrag zur Gänze fortsetzen will.

(3) Gibt nur der Verpächter die Erklärung ab, daß er den Pachtvertrag zur Gänze fortsetzen will, so hat das Gericht den ergangenen Beschluß dahin zu ergänzen, daß sich die Verlängerung der Dauer des Landpachtvertrages auf den ganzen Pachtgegenstand erstreckt.

Antragstellung, Fristen

§ 10. (1) Der Antrag auf Verlängerung der Dauer des Landpachtvertrages muß

1. in den Fällen des fristgemäßen Ablaufes der vereinbarten oder der durch eine Anordnung des Gerichtes (Pachtamtes) geltenden Vertragsdauer spätestens zwei Monate vor dem Ablauf der Vertragsdauer,

2. in allen übrigen Fällen spätestens innerhalb von 14 Tagen nach der Zustellung der gerichtlichen oder außergerichtlichen Aufkündigung, des Übergabsauftrages oder der Klage auf Beendigung des Pachtvertrages oder Räumung des Pachtgegenstandes an den Pächter gestellt werden.

(2) Die Fristen des § 7 Abs. 1 sind

1. in den Fällen des Abs. 1 Z. 1 von dem Zeitpunkt, an dem der Pachtvertrag endet,

2. in den Fällen der Antragstellung nach der Zustellung einer Aufkündigung (eines Übergabsauftrages) vom Kündigungstermin (Übergabstermin),

3. in allen übrigen Fällen vom Tage der Antragstellung auf Verlängerung der Dauer des Landpachtvertrages zu berechnen.

Entscheidungen über den Pachtzins

§ 11. (1) Ist der vom Pächter zu entrichtende Pachtzins so hoch, daß er den bei einer ordnungsgemäßen Bewirtschaftung des Pachtgegenstandes erzielbaren Ertrag übersteigt, oder weicht er vom angemessenen Pachtzins (§ 4) um mehr als die Hälfte ab, so hat das Gericht auf Antrag den vom Pächter zu entrichtenden Pachtzins ab dem auf die Antragstellung folgenden Zinstermin auf den angemessenen Betrag zu mindern oder zu erhöhen.

(2) Kommt nach der Anordnung einer Teilverlängerung eine Einigung über die Höhe des Pachtzinses für den dem Pächter verbleibenden Teil des Pachtgegenstandes nicht zustande, so hat das Gericht auf Antrag den hiefür angemessenen Pachtzins festzusetzen.

(3) Hängt die Entscheidung über die Verlängerung der Dauer eines Landpachtvertrages von der Feststellung der angemessenen Höhe des Pachtzinses ab, so hat das Gericht die Höhe des angemessenen Pachtzinses vor der Beendigung des Verfahrens durch Beschluß festzustellen.

Abschnitt III
Außerstreitiges Verfahren

§ **12.** Über Anträge nach diesem Bundesgesetz entscheidet das Bezirksgericht, in dessen Sprengel der Pachtgegenstand ganz oder zum größeren Teil liegt. Für sein Verfahren gelten die allgemeinen Bestimmungen über das Verfahren außer Streitsachen mit folgenden Abweichungen:

1. Sind zur Entscheidung Ermittlungen oder Beweisaufnahmen notwendig, so hat der Entscheidung eine mündliche Verhandlung voranzugehen.

2. Die Bestimmungen der Zivilprozeßordnung über die Protokolle, über die Aufnahme von Beweisen und über das Rechtsmittel des Rekurses – mit Ausnahme der Bestimmung über die Unterfertigung eines schriftlichen Rekurses durch einen Rechtsanwalt – sind anzuwenden.

3. Über Fragen, deren Beurteilung die Kenntnis der landwirtschaftlichen Verhältnisse erfordert, ist eine Stellungnahme der Landwirtschaftskammer des Bundeslandes einzuholen, in dem der Pachtgegenstand ganz oder zum größeren Teile liegt. Die Stellungnahme kann schriftlich oder durch einen von der Landwirtschaftskammer entsendeten Vertreter mündlich abgegeben werden. Wird die Stellungnahme schriftlich abgegeben, so ist die Landwirtschaftskammer verpflichtet, auf Verlangen des Gerichtes durch einen von ihr entsendeten Vertreter über die schriftliche Stellungnahme mündliche Aufklärungen zu geben oder diese bei der mündlichen Verhandlung zu erläutern.

4. Inwieweit die Kosten des Verfahrens von einer Partei zu ersetzen oder unter die Parteien zu teilen sind, entscheidet das Gericht unter sinngemäßer Anwendung der §§ 41ff. der Zivilprozeßordnung. Die Kosten rechtsfreundlicher Vertretung hat jede Partei selbst zu tragen.

5. Eine Verweisung auf den Rechtsweg findet nicht statt.

6. Die Entscheidungen werden erst mit der Rechtskraft wirksam.

7. Falls ein Antrag im Sinne dieses Bundesgesetzes mittels eines Schriftsatzes gestellt wird, sind so viele Ausfertigungen des Schriftsatzes zu überreichen, daß jedem Gegner eine Ausfertigung zugestellt und überdies eine für die Gerichtsakten zurückbehalten werden kann.

Unterbrechung eines Zivilprozeßverfahrens

§ **13.** (1) Durch einen Antrag auf Verlängerung der Dauer des Landpachtvertrages wird ein anhängiger Rechtsstreit wegen Kündigung oder Beendigung des Landpachtvertrages, Übergabe oder Räumung des Pachtgegenstandes unterbrochen, es sei denn, es handelt sich um einen anhängigen Rechtsstreit wegen Aufhebung des Landpachtvertrages nach § 1118 des allgemeinen bürgerlichen Gesetzbuches.

(2) Wird eine Klage auf Beendigung des Landpachtvertrages einschließlich der Klagen auf Aufhebung nach § 1118 des allgemeinen bürgerlichen Gesetzbuches, Übergabe oder Räumung des Pachtgegenstandes dem Pächter erst nach der Anbringung des Antrages auf Verlängerung der Dauer des Landpachtvertrages zugestellt, so tritt die Unterbrechung mit dem Tage der Zustellung der Klage ein.

(3) Ein auf Grund der Bestimmungen des Abs. 1 oder 2 unterbrochener Rechtsstreit ist auf Antrag fortzusetzen, wenn dem Antrag auf Verlängerung der Dauer des Landpachtvertrages nicht Folge gegeben wird. Wird dem Antrag auf Verlängerung der Dauer des Landpachtvertrages nur hinsichtlich eines Teiles des Pachtgegenstandes Folge gegeben, so ist der Rechtsstreit auf Antrag hinsichtlich des restlichen Teiles des Pachtgegenstandes fortzusetzen.

Einfluß auf Aufkündigungen und Übergabsaufträge

§ **14.** (1) Die Frist zur Erhebung von Einwendungen gegen die Aufkündigung des Landpachtvertrages oder den Auftrag zur Übergabe des Pachtgegenstandes wird durch den Antrag auf Verlängerung der Dauer des Landpachtvertrages bis zur rechtskräftigen Beendigung dieses Verfahrens unterbrochen.

(2) Ist eine im Abs. 1 genannte Frist im Zeitpunkt des Antrages auf Verlängerung der Dauer des Landpachtvertrages ohne Erhebung von Einwendungen abgelaufen, so ist die Vollstreckbarkeit der Aufkündigung oder des Übergabsauftrages bis zur rechtskräftigen Beendigung des Verfahrens auf Verlängerung der Dauer des Landpachtvertrages gehemmt.

(3) Die Aufkündigung (der Übergabsauftrag) wird unwirksam, wenn und insoweit die Verlängerung der Dauer des Landpachtvertrages angeordnet wird.

Unterbrechung des außerstreitigen Verfahrens

§ **15.** (1) Das außerstreitige Verfahren über die Verlängerung der Dauer des Landpachtvertrages ist ab dem Tage der Zustellung des Antrages an den Verpächter unterbrochen, sofern der Antrag nach der Zustellung einer Klage auf Aufhebung des Pachtvertrages nach § 1118 des allgemeinen bürgerlichen Gesetzbuches gestellt wird.

(2) Das unterbrochene außerstreitige Verfahren ist auf Antrag des Pächters fortzusetzen, sofern die Klage auf Aufhebung des Pachtvertrages nach § 1118 des allgemeinen bürgerlichen Gesetzbuches rechtskräftig abgewiesen wird und der Antrag auf Fortsetzung des außerstreitigen Verfahrens längstens innerhalb eines Monates ab dem Zeitpunkt der rechtskräftigen Beendigung des Rechtsstreites gestellt wird.

Abschnitt IV
Übergangsregelung für langjährige Landpachtverträge

§ 16. (1) Auf Antrag des Pächters hat das Gericht die Dauer eines Landpachtvertrages, der am 1. Juli 1969 durch mindestens 10 Jahre bestanden hat und von dessen Aufrechterhaltung die wirtschaftliche Existenz des Pächters abhängt, zu verlängern, es sei denn,

1. daß einer der im § 6 Abs. 2 Z. 1 bis 4 genannten Gründe vorliegt oder

2. daß der Verpächter den Pachtgegenstand zur Sicherung seiner wirtschaftlichen Existenz selbst bewirtschaften will.

(2) Anträge nach Abs. 1 können auch mehrmals gestellt werden. Die zulässige Dauer der Verlängerung beträgt das jeweils Doppelte der nach § 7 Abs. 1 maßgebenden Frist. Diese Frist ist aber nach Maßgabe der Bestimmungen des § 7 Abs. 2 nicht voll auszuschöpfen.

(3) Bei der Ermittlung des im Abs. 1 genannten Zeitraumes sind die Zeiten des Vormannes (§ 5 Abs. 2) einzurechnen. Überdies ist die Dauer zweier oder mehrerer aneinandergereihter Landpachtverträge mit einem im wesentlichen gleichen Inhalt zusammenzurechnen.

Übergangsregelung für sonstige Landpachtverträge

§ 17. (1) Auf alle übrigen Landpachtverträge, die vor dem 1. Juli 1969 geschlossen wurden, finden die Bestimmungen dieses Bundesgesetzes mit den folgenden Einschränkungen Anwendung:

1. die Bestimmungen des § 6 Abs. 3 und Abs. 4 Z. 1 sind nicht anzuwenden;

2. bei der Anwendung der Bestimmung des § 6 Abs. 4 Z. 2 ist auf Verlängerungen, die vor dem 1. Juli 1969 rechtskräftig angeordnet wurden, nicht Bedacht zu nehmen.

(2) Auf alle Landpachtverträge, die nach dem 1. Juli 1969 geschlossen wurden oder werden, finden die Bestimmungen dieses Bundesgesetzes uneingeschränkt Anwendung.

Anhängige Verfahren

§ 18. (1) *(überholt)*

(2) *(überholt)*

(3) Die nach den bisher geltenden Vorschriften ergangenen und im Sinne des Abs. 1 noch ergehenden Entscheidungen der Pachtbehörden bleiben auch nach dem Inkrafttreten dieses Bundesgesetzes nach Maßgabe der bisher geltenden Vorschriften Exekutionstitel im Sinne der Exekutionsordnung; dasselbe gilt für Vergleiche.

Inkrafttreten; Aufhebung von Rechtsvorschriften

§ 19. (1) Dieses Bundesgesetz tritt mit 1. Jänner 1970 in Kraft.

(2) Vorbehaltlich der Bestimmungen des § 18 treten mit dem Inkrafttreten dieses Bundesgesetzes folgende Rechtsvorschriften außer Kraft:

1. die Reichspachtschutzordnung vom 30. Juli 1940, deutsches RGBl. I S. 1065;

2. die Verordnung vom 14. Oktober 1940, deutsches RGBl. I S. 1369, zur Einführung der Reichspachtschutzordnung in der Fassung der Berichtigung vom 13. Dezember 1940, deutsches RGBl. I S. 1606;

3. der § 4 des Gesetzes über die Weitergeltung und Ergänzung des Pachtnotrechtes vom 30. September 1937, deutsches RGBl. I S. 1051;

4. die §§ 2 bis 5 des Bundesgesetzes vom 21. März 1947, BGBl. Nr. 86, über vorläufige Maßnahmen auf dem Gebiete des Pachtschutzrechtes.

(3) Insoweit in anderen bundesgesetzlichen Rechtsvorschriften auf eine durch den Abs. 2 aufgehobene Rechtsvorschrift verwiesen wird, tritt an deren Stelle die entsprechende Bestimmung dieses Bundesgesetzes. An die Stelle des durch den Abschnitt II der Reichspachtschutzordnung eingerichteten örtlich zuständigen Pachtamtes tritt das örtlich zuständige Bezirksgericht im Verfahren nach § 12 dieses Bundesgesetzes.

Vollziehung

§ 20. Mit der Vollziehung dieses Bundesgesetzes ist der Bundesminister für Justiz betraut.

18. Kleingartengesetz

18. Kleingartengesetz, BGBl 1959/6 idF
1 BGBl 1983/135 **2** BGBl 1989/250(VfGH)
3 BGBl 1990/158 **4** BGBl I 1999/147 (WRN 1999)
5 BGBl I 2001/98 (2. Euro-JuBeG)

STICHWORTVERZEICHNIS

(Die Zahlenangaben beziehen sich auf die Paragraphen)

KlGG

Bundesgesetz vom 16. Dezember 1958 über die Regelung des Kleingartenwesens (Kleingartengesetz)

Abschnitt I
Allgemeines
Kleingärten

§ **1.** (1) Kleingärten im Sinne dieses Bundesgesetzes sind Grundstücke (Grundstücksteile) im Ausmaße von mehr als 120 m^2 und höchstens 650 m^2, die der nicht erwerbsmäßigen Nutzung oder der Erholung dienen. Kleingärten können in oder außerhalb einer Kleingartenanlage liegen.

(2) Soweit baurechtliche Vorschriften das zulässige Ausmaß eines Kleingartens mit mehr als 650 m^2 festsetzen, gilt im Anwendungsbereiche dieser baurechtlichen Vorschriften das darin enthaltene Höchstausmaß.

(3) Die Bestimmungen dieses Bundesgesetzes gelten, soweit darin nichts anderes bestimmt wird, nicht für Kleingärten auf Eigengrund.

(4) Von der Anwendung der Bestimmungen dieses Bundesgesetzes sind Grundstücke (Grundstücksteile) ausgenommen, die

a) zu einem land- oder forstwirtschaftlichen Betrieb gehören,

b) in Gemeinden, deren Einwohnerzahl nach den Ergebnissen der jeweils letzten Volkszählung 5000 nicht übersteigt, in Einzelpacht vergeben werden,

c) im Zusammenhange mit der Innehabung einer Wohnung zur Nutzung überlassen werden,

d) im Zusammenhange mit einem Dienstverhältnisse zur Nutzung überlassen werden, sofern die Überlassung nicht auf einem Pachtvertrag beruht (§ 17),

e) gegen jederzeitigen Widerruf zur Nutzung überlassen werden.

Pachtdauer

§ **2.** Pachtverträge (General-, Unter- und Einzelpachtverträge) können auf unbestimmte oder bestimmte Zeit abgeschlossen werden. Pachtverträge auf bestimmte Zeit sind nur zulässig, wenn die Vertragsdauer mindestens zehn Jahre beträgt; werden Pachtverträge auf eine kürzere Vertragsdauer abgeschlossen, so gelten diese Pachtverträge als auf zehn Jahre abgeschlossen.

Pachtbeschränkungen

§ **3.** (1) Dem Inhaber eines Kleingartens sowie seinem Ehegatten ist die Pachtung eines weiteren Kleingartens im selben Bundesland nicht gestattet; dies gilt auch für den Eigentümer eines Kleingartens.

(2) Unterpächter (§ 10) oder Einzelpächter (§ 18) eines Kleingartens kann nur entweder eine einzelne natürliche Person oder können Ehegatten oder Lebensgefährten gemeinsam sein. *(BGBl I 1999/147, ab 1. 9. 1999)*

(3) Dem Kleingärtner ist die Weiterverpachtung des Kleingartens nicht gestattet.

Abschnitt II
Generalpachtverträge
Vertragsparteien

§ **4.** Pachtverträge über Grundstücke (Grundstücksteile) zum Zwecke ihrer Weiterverpachtung als Kleingärten (Generalpachtverträge) dürfen bei sonstiger Nichtigkeit nur mit Gebietskörperschaften, mit Kleingärtnervereinen, mit Verbänden der Kleingärtnervereine oder mit Unternehmern, sofern sie die Grundstücke (Grundstücksteile) an ihre Betriebsangehörigen in Unterpacht weitergeben, abgeschlossen werden.

Pachtzins bei Generalpachtverträgen

§ **5.** (1) Als Pachtzins darf höchstens ein nach den Umständen des Falles, insbesondere nach der Lage und der Bodenbeschaffenheit des Grundstückes (Grundstücksteiles), angemessener Betrag vereinbart werden.

(2) Eine Änderung des Pachtzinses während der Vertragsdauer ist zulässig, wenn sich die für die Bemessung maßgeblich gewesenen Umstände wesentlich geändert haben; hiebei bleibt eine Werterhöhung des Grundstückes (Grundstücksteiles) infolge der Tätigkeit oder von Aufwendungen des General-, Unter- oder Einzelpächters außer Betracht.

(3) Besteht Streit über die Angemessenheit des vereinbarten Pachtzinses (Abs. 1) oder kommt eine Vereinbarung über die Änderung des Pachtzinses (Abs. 2) nicht zustande, so entscheidet hierüber auf Antrag eines Vertragsteiles das Bezirksgericht, in dessen Sprengel der Kleingarten liegt, im Verfahren außer Streitsachen.

(4) Der Anspruch auf Rückforderung von Leistungen, die das nach den Abs. 1 oder 2 zulässige Ausmaß des Pachtzinses übersteigen, verjährt in jedem Fall innerhalb von drei Jahren, gerechnet vom Zeitpunkt der Leistung. Die Verjährung ist gehemmt, solange ein Verfahren zur Festsetzung der Höhe des Pachtzinses anhängig ist. Auf den Rückforderungsanspruch kann im voraus nicht verzichtet werden.

(BGBl 1990/158, ab 22. 3. 1990, auch für anhängige Verfahren anzuwenden, die nicht rechtskräftig abgeschlossen sind)

Kündigung und Aufhebung von Generalpachtverträgen

§ **6.** (1) Generalpachtverträge können nur zum Ende eines Kalenderjahres unter Einhaltung einer halbjährigen Kündigungsfrist gekündigt werden. Wird das Grundstück (der Grundstücksteil) für Zwecke des Eisenbahnbetriebes oder des Eisenbahnverkehres, der Luftfahrt oder der öffentlichen Elektrizitätsversorgung benötigt und die Dringlichkeit dieser Zwecke „von dem nach dem Zweck zuständigen Bundesminister" bestätigt, tritt als Kündigungstermin an die Stelle des Endes des Kalenderjahres das Ende jedes Kalenderviertels und an die Stelle der halbjährigen Kündigungsfrist eine dreimonatige Kündigungsfrist. *(BGBl 1990/158, ab 22. 3. 1990, s Anm zu § 5)*

(2) Der Verpächter kann einen auf unbestimmte Zeit abgeschlossenen Generalpachtvertrag nur aus einem der nachfolgenden Gründe kündigen:

a) wenn der Verpächter das Grundstück (den Grundstücksteil) zur erwerbsmäßig land- oder forstwirtschaftlichen oder erwerbsmäßig gärtnerischen Bewirtschaftung oder zu gewerblichen Zwecken für sich dringend benötigt;

b) wenn das Grundstück (der Grundstücksteil) innerhalb eines Jahres der Bebauung zugeführt oder im öffentlichen Interesse anderweitig verwendet werden soll und die Möglichkeit der fristgerechten Durchführung des Baues oder der anderweitigen Verwendung glaubhaft gemacht wird;

c) wenn der Verpächter das Grundstück (den Grundstücksteil) für andere als die unter lit. a und b genannten Zwecke für sich dringend benötigt, ein nach Lage, Flächenausmaß und Beschaffenheit angemessenes Ersatzgrundstück zur Verfügung stellt und außer der Entschädigung nach § 9 Abs. 1 einen entsprechenden Beitrag zur Verlegung des Kleingartens leistet;

d) wenn der Generalpächter trotz einer nach Eintritt der Fälligkeit mittels eingeschriebenen Briefes erfolgten Mahnung mit der Zahlung des Pachtzinses länger als drei Monate im Rückstand bleibt;

e) wenn der Generalpächter ohne zwingenden Grund trotz einer schriftlich gesetzten angemessenen Frist das Grundstück (den Grundstücksteil) nicht unterverpachtet oder nicht dafür sorgt, daß das Grundstück (der Grundstücksteil) kleingärtnerisch genutzt wird;

f) wenn dem Verpächter aus dem Fortbestande des Pachtverhältnisses ein unverhältnismäßig größerer Nachteil erwüchse als dem Generalpächter und den Unterpächtern aus der Kündigung.

(3) Der Verpächter kann einen auf bestimmte Zeit abgeschlossenen Generalpachtvertrag vor Ablauf der Vertragsdauer kündigen, wenn einer der im Abs. 2 lit. b, d, e oder f angeführten Gründe vorliegt; die Bestimmungen des Abs. 1 gelten sinngemäß.

(4) Eine Vereinbarung, wonach dem Verpächter das Kündigungsrecht unbeschränkt oder in einem weiteren als dem vorstehend bestimmten Maße zustehen soll, ist nichtig.

(5) Die Kündigung des Generalpachtvertrages kann auf einzelne Teile des Pachtgrundstückes beschränkt werden.

(6) Generalpachtverträge, die auf bestimmte Zeit abgeschlossen sind, gelten bei Zutreffen der im § 569 ZPO. angeführten Voraussetzungen als auf unbestimmte Zeit verlängert.

§ 7. (1) Generalpachtverträge können nur gerichtlich gekündigt werden. Der Verpächter hat in der Kündigung die Kündigungsgründe kurz anzuführen; andere Kündigungsgründe kann er im Verfahren über diese Kündigung nicht mehr geltend machen. Werden gegen die Kündigung Einwendungen erhoben, hat der Verpächter nachzuweisen, daß der von ihm geltend gemachte Kündigungsgrund gegeben ist.

(2) Der Generalpächter, dem der Generalpachtvertrag gekündigt wurde, hat die Unterpächter hievon unverzüglich zu verständigen.

(3) Das Gericht kann die Kündigung nur hinsichtlich einzelner Teile des Pachtgrundstückes als wirksam erkennen, wenn der Kündigungsgrund nicht hinsichtlich des ganzen Pachtgrundstückes gegeben ist.

(4) Erkennt das Gericht die Kündigung aus den Gründen des § 6 Abs. 2 lit. a, b, c oder f als wirksam, so hat es im Urteil auszusprechen, daß das Grundstück (der Grundstücksteil) nur Zug um Zug gegen Leistung einer ziffermäßig zu bestimmenden Entschädigung nach § 9 Abs. 1, im Falle des § 6 Abs. 2 lit. c außerdem gegen Beistellung des Ersatzgrundstückes und des ziffermäßig zu bestimmenden Beitrages zur Verlegung des Kleingartens zu räumen ist.

(5) Wenn der Generalpächter, dem nur aus dem Grunde des § 6 Abs. 2 lit. d gekündigt wurde und den an dem Zahlungsrückstande kein grobes Verschulden trifft, vor Schluß der der Entscheidung des Gerichtes erster Instanz unmittelbar vorangehenden Verhandlung den geschuldeten Betrag entrichtet, ist die Kündigung aufzuheben; das gleiche gilt, wenn die Unterpächter an Stelle des Generalpächters bis zu dem angeführten Zeitpunkte den geschuldeten Betrag entrichten. Der Generalpächter hat jedoch dem Verpächter die Kosten des Verfahrens zu ersetzen, soweit ihn ohne die Zahlung eine Kostenersatzpflicht getroffen hätte. Ist die Höhe des geschuldeten Betrages strittig, so hat das Gericht vor Schluß der Verhandlung darüber durch Beschluß zu entscheiden. „Ist jedoch über die Angemessenheit des Pachtzinses ein Verfahren gemäß § 5 Abs. 3 anhängig, so hat das Gericht das Kündigungsverfahren von Amts wegen zu unterbrechen; nach Rechtskraft der Entscheidung gemäß § 5 Abs. 3 ist das unterbrochene Verfahren von Amts wegen aufzunehmen. *(BGBl 1990/158, ab 22. 3. 1990, s Anm zu § 5)*

§ 8. Die Bestimmungen des § 7 Abs. 5 finden auf Rechtsstreitigkeiten wegen Aufhebung der Generalpacht und Räumung des Pachtgegenstandes sinngemäß Anwendung, wenn der Klageanspruch darauf gegründet ist, daß der Generalpächter nach erfolgter Einmahnung mit der Bezahlung des Pachtzinses dergestalt säumig war, daß er mit Ablauf des Termins den rückständigen Pachtzins nicht vollständig entrichtet hatte (§ 1118 ABGB.).

Aufwendungen

§ 9. (1) Bei Beendigung des Generalpachtverhältnisses kann der Generalpächter vom Grundeigentümer den Ersatz für die von ihm oder von den Unterpächtern gemachten Aufwendungen beanspruchen, die zur kleingärtnerischen Nutzung notwendig oder nützlich sind, insbesondere für Obstbäume, Sträucher und sonstige Kulturen; für Baulichkeiten jedoch nur, wenn sie den Bauvorschriften entsprechend errichtet worden sind. Der Ersatz gebührt nach dem gegenwärtigen Werte, insofern er den wirklich gemachten Aufwand nicht übersteigt.

(2) Endet das Generalpachtverhältnis infolge Zeitablaufes und soll das Grundstück einer anderen Verwendung als der kleingärtnerischen Nutzung zugeführt werden, so entfällt der Ersatzanspruch nach Abs. 1, wenn der Grundeigentümer dem Generalpächter erklärt, gegen die Entfernung der Aufwendungen keinen Einspruch zu erheben. Eine Entfernung der Aufwendungen gegen den Willen des Grundeigentümers ist nur insoweit zulässig, als sie nicht für den Grundeigentümer notwendig oder nützlich sind.

(3) Bei Grundstücken, die im Zeitpunkt des Abschlusses des Generalpachtvertrages bereits für eine im öffentlichen Interesse gelegene Verwendung bestimmt waren und nur bis zu ihrer bestimmungsgemäßen Verwendung einstweilen für eine kleingärtnerische Nutzung überlassen werden, kann über den Ersatz von Aufwendungen im Generalpachtvertrag eine andere Regelung getroffen werden.

Abschnitt III
Unter- und Einzelpachtverträge
Unterpachtverträge

§ 10. Die Generalpächter (§ 4) haben die von ihnen gepachteten Grundstücke (Grundstücksteile) an einzelne natürliche Personen „beziehungsweise an Ehegatten oder Lebensgefährten gemeinsam“ in Unterpacht weiterzugeben, soweit diese Grundstücke (Grundstücksteile) nicht für Gemeinschaftseinrichtungen verwendet werden. *(BGBl I 1999/147, ab 1. 9. 1999*

Pachtzins und Ablöse bei Unterpachtverträgen

§ 11. (1) Der Unterpachtzins besteht höchstens aus einem verhältnismäßigen Teil

a) des vom Generalpächter zu leistenden Pachtzinses,

b) der vom Generalpächter für den Pachtgrund zu leistenden Steuern und Abgaben,

c) der angemessenen Verwaltungskosten und

d) der Kosten der vom Generalpächter errichteten gemeinsamen Anlagen und Einrichtungen.

(2) Der Anteil nach Abs. 1 bestimmt sich nach dem Verhältnis der Fläche des einzelnen Kleingartens zur Gesamtfläche der in Unterpacht gegebenen Kleingärten.

(3) Eine Änderung des Unterpachtzinses während der Vertragsdauer ist zulässig, wenn sich die für die Bemessung maßgeblich gewesenen Umstände wesentlich geändert haben.

(4) Besteht Streit über die Angemessenheit des vereinbarten Unterpachtzinses (Abs. 1) oder kommt eine Vereinbarung über die Änderung des Unterpachtzinses (Abs. 3) nicht zustande, so entscheidet hierüber auf Antrag eines Vertragsteiles das Bezirksgericht, in dessen Sprengel der Kleingarten liegt, im Verfahren außer Streitsachen. *(BGBl 1990/158, ab 22. 3. 1990, s Anm zu § 5)*

(5) Bei Abschluß des Unterpachtvertrages ist der Generalpächter berechtigt, den Ersatz einer dem bisherigen Unterpächter nach § 16 Abs. 1 geleisteten Entschädigung vom neuen Unterpächter zu verlangen. Ablöseleistungen, die dieses Ausmaß übersteigen, können innerhalb eines Jahres, gerechnet vom Zeitpunkt der Leistung, zurückgefordert werden. Auf den Rückforderungsanspruch kann im voraus nicht verzichtet werden.

(6) Der Anspruch auf Rückforderung von Leistungen, die das nach den Abs. 1 bis 3 zulässige Ausmaß des Unterpachtzinses übersteigen, verjährt in jedem Fall innerhalb von drei Jahren, gerechnet vom Zeitpunkt der Leistung. Die Verjährung ist gehemmt, solange ein Verfahren zur Festsetzung der Höhe des Unterpachtzinses anhängig ist. Auf den Rückforderungsanspruch kann im voraus nicht verzichtet werden.

Abrechnungsvorschriften

§ 11a. (1) Der Generalpächter hat die im Lauf des Kalenderjahres fällig gewordenen Pachtzinse, Steuern und öffentlichen Abgaben, Kosten der gemeinsamen Anlagen und Einrichtungen sowie die angemessenen Verwaltungskosten spätestens zum 30. Juni des folgenden Kalenderjahres abzurechnen; er hat die Abrechnung mindestens vier Wochen lang während der vereinsüblichen Betriebs- und Sprechzeiten an einer geeigneten Stelle zur Einsicht durch die Unterpächter aufzulegen und den Unterpächtern in geeigneter Weise Einsicht in die Belege – bei Belegen auf Datenträgern Einsicht in Ausdrucke der Belege – zu gewähren. Auf Verlangen eines Unterpächters sind von der Abrechnung und (oder) den Belegen auf seine Kosten Abschriften (Ablichtungen, weitere Ausdrucke) anfertigen zu lassen. Die Einsichtsmöglichkeit ist mindestens zwei Wochen vor ihrem Beginn an der sonst für Ankündigungen in der Kleingartenanlage üblichen Stelle bekanntzumachen.

(2) Besteht Streit über die Richtigkeit der Abrechnung oder die Angemessenheit der Verwaltungskosten (§ 11 Abs. 1 lit. c), so entscheidet darüber das Bezirksgericht, in dessen Sprengel der Kleingarten liegt, auf Antrag eines Vertragsteiles im Verfahren außer Streitsachen.

(3) Der Generalpächter hat spätestens vor Ablauf des laufenden Kalenderjahres mindestens vier Wochen lang während der vereinsüblichen Betriebs- und Sprechzeiten an einer geeigneten Stelle eine Vorausschau aufzulegen, in der für das folgende Kalenderjahr die Höhe des vom Generalpächter zu leistenden Pachtzinses, die in Aussicht genommenen Erhaltungs- und Verbesserungsarbeiten an gemeinsamen Anlagen und Einrichtungen, die erforderlichen Kosten der Verwaltung und die sonst vorhersehbaren Aufwendungen gemäß § 11 Abs. 1 bekanntzugeben sind.

(4) Kommt der Generalpächter den in den Abs. 1 und 3 ausgesprochenen Verpflichtungen zur Abrechnung, Einsichtgewährung oder Legung der Vorausschau nicht nach, so ist er auf Antrag eines Unterpächters vom Bezirksgericht im Außerstreitverfahren dazu zu verhalten. Weigert er sich auch bei der mündlichen Verhandlung vor Gericht, die Abrechnung oder die Vorausschau zu legen oder die Einsicht in die Belege zu gewähren, oder erscheint er zur Verhandlung nicht, so hat das Gericht auf Antrag eines Unterpächters dem Generalpächter unter Androhung einer Ordnungsstrafe bis zu „1 900 Euro“ aufzutragen, binnen einer angemessenen, 14 Tage nicht übersteigenden Frist die Abrechnung oder die Vorausschau zu legen und (oder) die Einsicht in die Belege zu gewähren. Die Ordnungsstrafe ist zu verhängen, wenn dem Auftrag ungerechtfertigterweise nicht entsprochen wird; sie kann auch wiederholt verhängt werden. *(BGBl I 2001/98, ab 1. 1. 2002)*

(BGBl I 1999/147, ab 1. 1. 2000, gilt nur für Abrechnungsperioden, die nach dem 31. 12. 1999 beginnen)

Kündigung und Aufhebung von Unterpachtverträgen

§ 12. (1) Unterpachtverträge können nur zum 31. März oder 30. November eines jeden Jahres unter Einhaltung einer dreimonatigen Kündigungsfrist gekündigt werden.

(2) Der Generalpächter kann den Unterpachtvertrag, gleichgültig, ob er auf unbestimmte oder bestimmte Zeit abgeschlossen ist, nur aus wichtigen Gründen kündigen. Als ein wichtiger Grund ist insbesondere anzusehen, wenn

a) der Unterpächter mit der Zahlung des Unterpachtzinses, von Umlagen oder Beiträgen, zu deren Zahlung er nach den Bestimmungen des Unterpachtvertrages oder nach den Satzungen des Kleingärtnervereines oder Verbandes der Kleingärtnervereine verpflichtet ist, trotz einer nach Eintritt der Fälligkeit mittels eingeschriebenen Briefes ausgesprochenen Mahnung länger als einen Monat im Rückstande bleibt;

b) der Unterpächter durch sein rücksichtsloses, anstößiges oder sonst grob ungehöriges Verhalten anderen Kleingärtnern das Zusammenleben verleidet;

c) der Unterpächter sich gegenüber dem Grundeigentümer oder dem Generalpächter oder deren Organen, einem Mitglied oder Organ des Kleingärtnervereines oder Verbandes der Kleingärtnervereine einer strafbaren Handlung gegen das Eigentum, die Sittlichkeit oder die körperliche Sicherheit schuldig macht, sofern es sich nicht um Fälle handelt, die nach den Umständen als geringfügig zu bezeichnen sind;

d) der Unterpächter den Kleingarten ohne zwingenden Grund länger als ein Jahr nicht im Sinne des § 1 Abs. 1 verwendet oder trotz erfolgter Mahnung die ihm bekanntgegebenen erheblichen Bewirtschaftungsmängel innerhalb einer schriftlich gesetzten angemessenen Frist nicht abstellt;

e) der Unterpächter den Kleingarten trotz erfolgter Mahnung – sei es gärtnerisch, sei es anderweitig – erwerbsmäßig nutzt oder gegen die Bestimmung des § 3 Abs. 1 oder 3 verstößt.

(3) In den Fällen des Abs. 2 lit. b und c steht dem Verhalten des Unterpächters das Verhalten der seinen Garten besuchenden Personen gleich, sofern er es unterläßt, die ihm mögliche Abhilfe zu schaffen.

(4) Als Kündigungsgrund nach Abs. 2 lit. b und c kann ein Verhalten des Unterpächters oder der im Abs. 3 genannten Personen nicht herangezogen werden, wenn seither mehr als ein halbes Jahr verstrichen ist.

(5) Die Bestimmungen des § 6 Abs. 4 sowie des § 7 Abs. 1 und 4 sind auf Unterpachtverträge sinngemäß anzuwenden.

(6) Wenn ein Unterpächter, dem nur aus dem Grunde des Abs. 2 lit. a gekündigt wurde und den an dem Zahlungsrückstand kein grobes Verschulden trifft, vor Schluß der der Entscheidung des Gerichtes erster Instanz unmittelbar vorangehenden Verhandlung den geschuldeten Betrag entrichtet, ist die Kündigung aufzuheben. Der Unterpächter hat jedoch dem Generalpächter die Kosten des Verfahrens zu ersetzen, soweit ihn ohne seine Zahlung eine Kostenersatzpflicht getroffen hätte. Ist die Höhe des geschuldeten Betrages strittig, so hat das Gericht vor Schluß der Verhandlung dar-

über durch Beschluß zu entscheiden. „Ist jedoch über die Angemessenheit des Unterpachtzinses ein Verfahren gemäß § 11 Abs. 4 anhängig, so hat das Gericht das Kündigungsverfahren von Amts wegen zu unterbrechen; nach Rechtskraft der Entscheidung gemäß § 11 Abs. 4 ist das unterbrochene Verfahren von Amts wegen aufzunehmen. *(BGBl 1990/158, ab 22. 3. 1990, s Anm zu § 5)*

§ 13. Die Bestimmungen des § 12 Abs. 6 finden sinngemäß Anwendung auf Rechtsstreitigkeiten wegen Aufhebung der Unterpacht und Räumung des Pachtgegenstandes, wenn der Klageanspruch darauf gegründet ist, daß der Unterpächter nach erfolgter Einmahnung mit der Bezahlung des Pachtzinses dergestalt säumig war, daß er mit Ablauf des Termins den rückständigen Pachtzins nicht vollständig entrichtet hatte (§ 1118 ABGB.).

(2) *(aufgehoben, BGBl 1983/135)*

Übertragung des Kleingartens

§ 14. (1) Die Übertragung der Rechte aus einem Unterpachtvertrag an einem Kleingarten auf eine andere Person bedarf zu ihrer Wirksamkeit der schriftlichen Zustimmung des Generalpächters.

(2) Weigert sich der Generalpächter ohne wichtigen Grund, der Übertragung des Kleingartens an den Ehegatten, „an den Lebensgefährten (§ 14 Abs. 3 zweiter Satz MRG)", an einen Verwandten in gerader Linie oder an ein Wahlkind des Unterpächters zuzustimmen, so kann das Gericht auf Antrag des Kleingärtners die Zustimmung des Generalpächters ersetzen. Die Entscheidung ist vom Bezirksgericht, in dessen Sprengel der Kleingarten liegt, im Verfahren außer Streitsachen zu treffen. *(BGBl I 1999/147, ab 1. 9. 1999, auch auf Verträge anzuwenden, die davor geschlossen worden sind)*

(3) Die Bestimmungen des Abs. 2 finden auf Eisenbahngrundstücke keine Anwendung.

Tod des Unterpächters

§ 15. (1) Durch den Tod des Unterpächters wird der Unterpachtvertrag aufgelöst, es sei denn, daß binnen zwei Monaten der Ehegatte, Verwandte in gerader Linie oder Wahlkinder des Verstorbenen oder eine andere Person, die an der Bewirtschaftung des Kleingartens in den letzten fünf Jahren maßgeblich mitgewirkt hat, schriftlich die Bereitschaft erklären, den Unterpachtvertrag fortzusetzen. Der Generalpächter hat längstens binnen einem weiteren Monat den Eintritt einer dieser Personen in den Unterpachtvertrag schriftlich anzuerkennen. Falls mehrere Personen ihre Bereitschaft erklärt haben und eine Einigung darüber, wer von ihnen das Unterpachtverhältnis fortsetzen soll, nicht zustande gekommen ist, gilt folgendes: Der Ehegatte und die Kinder des Verstorbenen haben den Vorzug vor anderen Eintrittsberechtigten; unter diesen gehen diejenigen, die den Kleingarten bewirtschaftet haben, den übrigen vor. Soweit nach diesen Vorschriften mehrere Personen für das Eintrittsrecht in Betracht kommen, entscheidet der Generalpächter unter diesen nach seiner Wahl.

(1a) Wenn Ehegatten oder Lebensgefährten gemeinsam Unterpächter sind und einer von ihnen stirbt, setzt der andere den Unterpachtvertrag allein fort; wenn auch er stirbt, gilt Abs. 1. *(BGBl I 1999/147, ab 1. 9. 1999, s Anm zu § 14 Abs 2)*

(2) Die in den Unterpachtvertrag gemäß Abs. 1 eintretende Person wird mit dem Wert der Aufwendungen, für die im Falle der Auflösung des Unterpachtverhältnisses im Zeitpunkte des Todes des Unterpächters ein Entschädigungsanspruch gemäß § 16 Abs. 1 erster Satz gegeben wäre, Schuldner der Verlassenschaft.

(3) Eine Person, die selbst oder deren Ehegatte bereits einen Kleingarten im selben Bundesland innehat, kann in den Vertrag nur eintreten, wenn sie den bisher innegehabten Kleingarten zuvor aufgegeben hat; dies gilt auch für den Eigentümer eines Kleingartens.

(4) Das Eintrittsrecht nach Abs. 1 ist bei Eisenbahngrundstücken auf Personen beschränkt, die selbst Bedienstete des in Betracht kommenden Eisenbahnunternehmens sind oder von ihm einen Versorgungsgenuß beziehen; in diesem Fall erlischt der Unterpachtvertrag mit Ende des Jahres, in dem der Versorgungsgenuß endet.

Aufwendungen

§ 16. (1) Bei Beendigung des Unterpachtverhältnisses kann der Unterpächter vom Generalpächter den Ersatz für die von ihm gemachten Aufwendungen beanspruchen, die zur kleingärtnerischen Nutzung notwendig oder nützlich sind, insbesondere für Obstbäume, Sträucher und sonstige Kulturen; für Baulichkeiten jedoch nur, wenn sie den Bauvorschriften entsprechend errichtet worden sind. Der Ersatz gebührt nach dem gegenwärtigen Werte, insofern er den wirklich gemachten Aufwand nicht übersteigt.

(2) Endet das Unterpachtverhältnis infolge Zeitablaufes und soll das Grundstück einer anderen Verwendung als der kleingärtnerischen Nutzung zugeführt werden, so entfällt der Ersatzanspruch nach Abs. 1, wenn der Generalpächter erklärt, gegen die Entfernung der Aufwendungen keinen Einspruch zu erheben. Eine Entfernung der Aufwendungen gegen den Willen des Generalpächters ist im Falle der Beendigung des Unterpachtverhältnisses infolge Beendigung des Generalpachtverhältnisses (§ 9 Abs. 1) nur insoweit zulässig, als sie nicht für den Grundeigentümer, in den übrigen Fällen als sie nicht für den Generalpächter notwendig oder nützlich sind.

(3) Bei Grundstücken, die im Zeitpunkt des Abschlusses des Generalpachtvertrages bereits

für eine im öffentlichen Interesse gelegene Verwendung bestimmt waren und nur bis zu ihrer bestimmungsgemäßen Verwendung einstweilen für eine kleingärtnerische Nutzung überlassen werden, kann über den Ersatz der Aufwendungen im Unterpachtvertrag eine andere Regelung getroffen werden.

Pachtverträge im Zusammenhange mit einem Dienstverhältnisse

§ 17. Sofern Unternehmer Grundstücke (Grundstücksteile) an ihre Betriebsangehörigen in Einzelpacht (§ 18) oder in Unterpacht (§ 10) geben, gelten, solange das Dienstverhältnis dauert, für den Pachtvertrag über den Kleingarten die Bestimmungen der §§ 11, 12, 13 und 14. Mit Beendigung des Dienstverhältnisses erlischt auch das Pachtverhältnis. Endet das Dienstverhältnis zwischen dem 1. April und dem 30. November eines Kalenderjahres, erlischt das Pachtverhältnis erst mit dem 30. November des laufenden Kalenderjahres. Bei Beendigung des Pachtverhältnisses sind die Bestimmungen des § 16 anzuwenden.

Einzelpachtverträge

§ 18. Auf unmittelbar zwischen dem Grundeigentümer und dem Kleingärtner abgeschlossene Pachtverträge (Einzelpachtverträge) sind die Bestimmungen des § 5, § 6 Abs. 2 lit. a bis c und f, „§ 11 Abs. 5," § 12, § 13, § 14, § 15 sowie § 16 sinngemäß anzuwenden. *(BGBl 1990/158, ab 22. 3. 1990)*

Abschnitt IV

Kleingärtnervereine und Verbände der Kleingärtnervereine

§ 19. (1) Kleingärtnervereine und Verbände der Kleingärtnervereine im Sinne dieses Bundesgesetzes sind Vereine, denen die Förderung des Kleingartenwesens und die Wahrung der darauf bezüglichen Interessen ihrer Mitglieder statutengemäß obliegt.

(2) Die den Kleingärtnern nach diesem Bundesgesetze zustehenden Rechte können durch Satzungen und Gartenordnungen der Kleingärtnervereine oder der Verbände der Kleingärtnervereine weder aufgehoben noch beschränkt werden.

(3) Die Kleingärtnervereine und die Verbände der Kleingärtnervereine sind verpflichtet, die in ihrem Eigentume stehenden Grundstücke (Grundstücksteile) als Kleingärten zu verpachten, soweit diese Grundstücke (Grundstücksteile) nicht für Gemeinschaftseinrichtungen verwendet werden.

Abschnitt V

Übergangsbestimmungen

§ 20. (1) Bei Inkrafttreten dieses Bundesgesetzes bereits bestehende Pachtverträge werden durch die §§ 2 und 3 nicht berührt.

(2) Unbeschadet des Abs. 1 findet dieses Bundesgesetz auf bestehende Pachtverträge über Kleingärten auch dann Anwendung, wenn ihr Ausmaß von den Bestimmungen des § 1 Abs. 1 oder Abs. 2 abweicht.

(3) Bestehende Generalpachtverträge über kleingärtnerisch genutzte Grundstücke (Grundstücksteile) mit anderen als den im § 4 genannten Vertragsparteien bleiben aufrecht.

(BGBl 1990/158, ab 22. 3. 1990)

Abschnitt VI

Schlußbestimmungen

Verhältnis zu anderen Rechtsvorschriften

§ 21. (1) Durch die Bestimmungen dieses Bundesgesetzes werden die geltenden gesetzlichen Enteignungsbestimmungen nicht berührt.

(2) Auf Pachtverträge über Kleingärten, die den Bestimmungen dieses Bundesgesetzes unterliegen, finden die Bestimmungen des Landpachtgesetzes, BGBl. Nr. 451/1969, keine Anwendung.

(3) Die Bestimmungen des § 37 Abs. 3 des Mietrechtsgesetzes sind auf die Verfahren außer Streitsachen nach diesem Bundesgesetz sinngemäß mit der Maßgabe anzuwenden, daß an die Stelle der Vereine zum Schutz und zur Vertretung der Interessen der Vermieter (Hausbesitzer) die Dachverbände der Kleingartenvereine treten. *(BGBl I 1999/147, ab 1. 1. 2000)*

Aufhebung von Rechtsvorschriften

§ 22. Mit dem Wirksamkeitsbeginn dieses Bundesgesetzes treten folgende Rechtsvorschriften außer Kraft:

1. § 1 Z. 2 und 5 der Verordnung über die Einführung des Kleinsiedlungs- und Kleingartenrechts im Lande Österreich vom 28. Februar 1939, Deutsches RGBl. I S. 345 (GBl. f. d. L. Ö. Nr. 375/1939), die Kleingarten- und Kleinpachtlandordnung vom 31. Juli 1919, Deutsches RGBl. I S. 1371, das Gesetz zur Ergänzung der Kleingarten- und Kleinpachtlandordnung vom 26. Juni 1935, Deutsches RGBl. I S. 809, in der Fassung des Gesetzes vom 2. August 1940, Deutsches RGBl. I S. 1074, samt den auf Grund dieser Gesetze erlassenen Rechtsvorschriften.

2. Die Verordnung über Kündigungsschutz und andere kleingartenrechtliche Vorschriften in der Fassung vom 15. Dezember 1944, Deutsches RGBl. I S. 347.

Vollziehung

§ 23. Mit der Vollziehung dieses Bundesgesetzes ist, soweit darin nichts anderes bestimmt wird, der Bundesminister für Justiz betraut.

(BGBl 1990/158, ab 22. 3. 1990)

19. Allgemeines Grundbuchsgesetz

19. Allgemeines Grundbuchsgesetz 1955, BGBl 1955/39 idF
1 BGBl 1956/48 **2** BGBl 1957/256
3 BGBl 1958/15 **4** BGBl 1968/306
5 BGBl 1976/91 **6** BGBl 1980/550 (GUG)
7 BGBl 1983/136 **8** BGBl 1989/343 (WGN 1989)
9 BGBl I 1997/140 (WGN 1997) **10** BGBl I 2001/98 (2. Euro-JuBeG)
11 BGBl I 2002/76 (ZVN 2002)

GLIEDERUNG

STICHWORTVERZEICHNIS zum GBG und zum GUG

(Die Zahlenangaben beziehen sich auf die Paragraphen, Fundstellen ohne Gesetzesangabe auf das GBG)

GBG mit GUG

Stichwortverzeichnis

Bundesgesetz vom 2. Feber 1955 über die Grundbücher (Allgemeines Grundbuchsgesetz 1955 – GBG. 1955)

Erstes Hauptstück

Von den Grundbüchern im allgemeinen

§ 1. Das Grundbuch besteht aus dem Hauptbuch und der Urkundensammlung.

§ 2. (1) Das Hauptbuch wird aus den Grundbuchseinlagen gebildet.

(2) Die Grundbuchseinlagen sind bestimmt zur Eintragung:

1. der Grundbuchskörper und ihrer Änderungen;

2. der sich auf die Grundbuchskörper beziehenden dinglichen Rechte und ihrer Änderungen.

§ 3. (1) Jeder Grundbuchskörper ist als ein Ganzes zu behandeln.

(2) Sein Umfang kann nur durch die grundbücherliche Ab- und Zuschreibung von einzelnen Liegenschaften oder Liegenschaftsteilen geändert werden.

(3) Wenn alle in einer Grundbuchseinlage eingetragenen Liegenschaften abgeschrieben worden sind (§ 11) oder wenn sie aufgehört haben, ein Gegenstand des Grundbuches zu sein, ist die Einlage zu löschen.

§ 4. Die Erwerbung, Übertragung, Beschränkung und Aufhebung der bücherlichen Rechte (§ 9) wird nur durch ihre Eintragungen in das Hauptbuch erwirkt.

§ 5. In das Hauptbuch sind die wesentlichen Bestimmungen der bücherlichen Rechte einzutragen. Lassen sie eine kurze Fassung nicht zu, so ist im Hauptbuch eine Berufung auf die genau zu bezeichnenden Stellen der Urkunden, die der Eintragung zugrunde liegen, mit der Wirkung zulässig, daß die bezogenen Stellen als im Hauptbuch eingetragen anzusehen sind.

§ 6. (1) Von jeder Urkunde, auf Grund deren eine bücherliche Eintragung vorgenommen wird, ist bei dem Grundbuch eine beglaubigte Abschrift zurückzubehalten.

(2) Diese Abschriften bilden die Urkundensammlung.

§ 7. (1) Das Grundbuch ist öffentlich.

(2) Jedermann kann das Grundbuch in Gegenwart eines Grundbuchsbeamten einsehen und Abschriften oder Auszüge daraus erheben; der Grundbuchsführer hat sie zu erteilen.

Zweites Hauptstück

Von den bücherlichen Eintragungen

Erster Abschnitt

Von den Eintragungen im allgemeinen

1. Arten der Eintragung

§ 8. Die grundbücherlichen Eintragungen sind:

1. Einverleibungen (unbedingte Rechtserwerbungen oder Löschungen – Intabulationen oder Extabulationen), die ohne weitere Rechtfertigung oder

2. Vormerkungen (bedingte Rechtserwerbungen oder Löschungen – Pränotationen), die nur unter der Bedingung ihrer nachfolgenden Rechtfertigung die Erwerbung, Übertragung, Beschränkung oder Erlöschung bücherlicher Rechte bewirken, oder

3. bloße Anmerkungen.

2. Gegenstand der Einverleibung oder Vormerkung

§ 9. Im Grundbuch können nur dingliche Rechte und Lasten, ferner das Wiederkaufs- und das Vorkaufsrecht (§§ 1070 und 1073 ABGB.) sowie das Bestandrecht (§ 1095 ABGB.) eingetragen werden.

Besondere Bestimmungen in Ansehung a) des Eigentumsrechtes:

§ 10. Das Miteigentum an den zu einem Grundbuchskörper gehörigen Liegenschaften kann, sofern nicht besondere Vorschriften eine Ausnahme zulassen, nur nach Anteilen, die im Verhältnisse zum Ganzen bestimmt sind, zum Beispiel zur Hälfte, zu einem Drittel, eingetragen werden.

§ 11. Eintragungen zur Erwerbung des Eigentumes einzelner Bestandteile eines Grundbuchskörpers sind nur nach den Bestimmungen des Liegenschaftsteilungsgesetzes, BGBl. Nr. 3/1930, zulässig.

b) der Dienstbarkeiten und Reallasten:

§ 12. (1) Bei Dienstbarkeiten und Reallasten muß Inhalt und Umfang des einzutragenden Rechtes möglichst bestimmt angegeben werden; einer Angabe des Geldwertes bedarf es nicht.

(2) Sollen Dienstbarkeiten auf bestimmte räumliche Grenzen beschränkt sein, so müssen diese genau bezeichnet werden.

c) des Pfandrechtes:

§ 13. (1) Das Pfandrecht kann entweder auf einen ganzen Grundbuchskörper oder bei Miteigentum auf den Anteil eines jeden Miteigentümers, dagegen nicht auf einzelne Bestandteile eines Grundbuchskörpers oder auf einen Teil des einem Miteigentümer im Grundbuche zugeschriebenen Anteiles eingetragen werden.

(2) Die Übertragung einer Hypothekarforderung und die Erwerbung des Afterpfandrechtes ist zulässig an der ganzen Forderung sowie an einem verhältnismäßig oder ziffermäßig bestimmten Teile.

§ 14. (1) Das Pfandrecht kann nur für eine ziffermäßig bestimmte Geldsumme[1]) eingetragen werden. Bei einer verzinslichen Forderung muß auch die Höhe der Zinsen eingetragen werden.

(2) Sollen Forderungen, die aus einem gegebenen Kredite, aus einer übernommenen Geschäftsführung oder aus dem Titel der Gewährleistung oder des Schadenersatzes entstehen können, pfandrechtlich sichergestellt werden, so ist in der Urkunde, auf Grund derer die Eintragung vorgenommen werden soll, ein Höchstbetrag anzugeben, bis zu dem der Kredit oder die Haftung reichen soll.

(3) Fehlt die Angabe dieses Betrages in der Urkunde, so muß er in dem Ansuchen ausgedrückt werden.

(4) Hält sich im letzteren Falle der, gegen den die Eintragung erwirkt wird, dadurch beschwert, daß ein zu großer Betrag zur Eintragung angegeben wurde, so kann er innerhalb der ihm zustehenden Rekursfrist seine Verminderung verlangen. Das Gericht, von dem die Eintragung bewilligt worden ist, hat darüber nach Einvernehmung der Parteien zu erkennen und den Betrag nach billigem Ermessen festzusetzen.

---

[1]) *Siehe Art I § 5 1. Euro-JuBeG*

§ 15. (1) Das Pfandrecht kann für dieselbe Forderung ungeteilt auf zwei oder mehrere Grundbuchskörper oder Hypothekarforderungen eingetragen werden (Simultanhypothek).

(2) Der Gläubiger ist in solchen Fällen berechtigt, die Bezahlung der ganzen Forderung aus jeder einzelnen Pfandsache zu verlangen.

§ 16. Das für eine Forderung erworbene Pfandrecht kommt, abgesehen von besonderen Bestimmungen, auch den Prozeß- und Exekutionskosten zu.

§ 17. Dreijährige Rückstände von Zinsen, die aus einem Vertrag oder aus dem Gesetze gebühren, genießen gleichen Rang mit dem Kapital.

§ 18. Den drei Jahre rückständigen Ansprüchen auf jährliche Renten, Unterhaltsgelder und andere wiederkehrende Zahlungen gebührt der gleiche Rang, der dem Bezugsrechte selbst zukommt.

d) der Bestandrechte:

§ 19. Bei Einverleibung oder Vormerkung von Bestandrechten ist die Angabe einer Summe zur Sicherstellung eines allfälligen Schadenersatzes (§ 1121 ABGB.) nicht notwendig.

3. Gegenstand der Anmerkung

§ 20. Die grundbücherlichen Anmerkungen können erfolgen:

a) zur Ersichtlichmachung persönlicher Verhältnisse, insbesondere von Beschränkungen der Vermögensverwaltung, mit der Rechtsfolge, daß, wer immer in der betreffenden Grundbuchseinlage eine Eintragung erwirkt, sich auf die Unkenntnis dieser Verhältnisse nicht berufen kann; zum Beispiel die Anmerkung der Minderjährigkeit, „der Bestellung eines Sachwalters (§ 248 Abs. 2 AußStrG), der Verlängerung der Minderjährigkeit, des Eintritts der Volljährigkeit," der Konkurseröffnung oder *(BGBl 1983/136)*

b) zur Begründung bestimmter, nach den Vorschriften dieses oder eines anderen Gesetzes damit verbundener Rechtswirkungen, wie zum Beispiel die Anmerkung der Rangordnung, der Abschreibung von Grundstücken, der Simultanhaftung, der Aufkündigung einer Hypothekarforderung, der Streitanhängigkeit, der Zwangsverwaltung, der Erteilung des Zuschlages.

4. Bücherlicher Vormann

§ 21. Eintragungen sind nur wider den zulässig, der zur Zeit des Ansuchens als Eigentümer der Liegenschaft oder des Rechtes, in Ansehung deren die Eintragung erfolgen soll, im Grundbuch erscheint oder doch gleichzeitig als solcher einverleibt oder vorgemerkt wird.

§ 22. Ist eine Liegenschaft oder ein bücherliches Recht auf mehrere Personen nacheinander außerbücherlich übertragen worden, so kann der letzte Übernehmer unter Nachweisung seiner Vormänner verlangen, daß die bücherliche Übertragung unmittelbar auf seine Person vorgenommen werde. Ist eine Hypothekarforderung, die außerbücherlich auf einen Dritten übergegangen ist, getilgt worden, so kann der Schuldner die Löschung des Pfandrechtes ohne vorhergehende Eintragung der außerbücherlichen Übertragung begehren.

§ 23. Wird ein zu einer Verlassenschaft gehöriges unbewegliches Gut oder bücherliches Recht veräußert, so ist dem Erwerber die Eintragung seines Rechtes unmittelbar nach dem Erblasser zu bewilligen.

§ 24. Inwiefern Gläubiger eines Erben die Sicherstellung auf die ihm angefallenen Liegenschaften oder Forderungen des Erblassers erwirken können, bestimmt § 822 ABGB.

§ **25.** Inwiefern grundbücherliche Rechte noch nach der Eröffnung eines Konkurses erworben werden können, bestimmt die Konkursordnung.

5. Urkunden

§ **26.** (1) Einverleibungen und Vormerkungen können nur auf Grund von Urkunden bewilligt werden, die in der zu ihrer Gültigkeit vorgeschriebenen Form ausgefertigt sind.

(2) Diese Urkunden müssen, wenn es sich um die Erwerbung oder Umänderung eines dinglichen Rechtes handelt, einen gültigen Rechtsgrund enthalten.

§ **27.** (1) Die Urkunden, auf Grund deren eine bücherliche Eintragung geschehen soll, müssen frei von solchen sichtbaren Mängeln sein, durch die ihre Glaubwürdigkeit geschwächt wird, und, wenn sie aus mehreren Bogen bestehen, so geheftet sein, daß kein Bogen unterschoben werden kann.

(2) Sie müssen auch eine solche Bezeichnung der an dem Rechtsgeschäft beteiligten Personen, daß sie nicht mit anderen verwechselt werden können, einschließlich des Geburtsdatums natürlicher Personen sowie die Angabe des Ortes, Tages, Monates und Jahres der Ausfertigung der Urkunde enthalten. *(BGBl 1980/550)*

6. Wirkung der Eintragung

§ **28.** Inwiefern Rechte, die dritte Personen im Vertrauen auf die öffentlichen Bücher erwerben, angefochten werden können, wird in den §§ 63ff. bestimmt.

7. Rangordnung

§ **29.** (1) Die Rangordnung einer Eintragung richtet sich nach dem Zeitpunkt, in dem die Eingabe bei dem Grundbuchsgericht eingelangt ist (§§ 438, 440 ABGB.).

(2) Eintragungen, die infolge gleichzeitig eingelangter Eingaben vorgenommen worden sind, stehen untereinander in gleicher Rangordnung (§ 103).

8. Vorrangseinräumung

§ **30.** (1) Durch Einverleibung oder Vormerkung der Vorrangseinräumung kann die Rangordnung der auf einer Liegenschaft verbücherten Rechte geändert werden. Dazu bedarf es der Einwilligung des zurücktretenden und des vortretenden Berechtigten, ferner, wenn das zurücktretende Recht eine Hypothek ist, des Eigentümers und, wenn es mit dem Recht eines Dritten belastet ist, auch dessen Zustimmung. Umfang und Rang der übrigen verbücherten Rechte werden dadurch nicht berührt.

(2) Das vortretende Recht erhält ohne Beschränkung die Rangstelle des zurücktretenden, wenn es bücherlich unmittelbar auf dieses folgt oder ihm der Vorrang auch von allen Zwischenberechtigten eingeräumt wird.

(3) Hat eine Vorrangseinräumung zwischen nicht unmittelbar aufeinanderfolgenden Rechten ohne Zustimmung der Zwischenberechtigten stattgefunden, so wird dem vortretenden Recht im Umfang und nach der Beschaffenheit des zurücktretenden dessen Rang erworben.

(4) Das vortretende Recht geht, wenn nichts anderes vereinbart ist, dem zurücktretenden Recht auch an seiner ursprünglichen Stelle vor.

(5) Treten mehrere Rechte infolge einer gleichzeitig verbücherten Vorrangseinräumung an die Stelle eines anderen, so geht an dieser Stelle, wenn nichts anderes vereinbart ist, das bis dahin im Rang frühere vor.

(6) Nachträgliche Änderungen im Bestand oder Umfange des zurücktretenden Rechtes üben, wenn nichts anderes vereinbart ist, auf den Rang des vortretenden Rechtes keinen Einfluß.

Zweiter Abschnitt
Von der Einverleibung

§ **31.** (1) Die Einverleibung (§ 8 Z 1) kann nur auf Grund öffentlicher Urkunden oder solcher Privaturkunden geschehen, auf denen die Unterschriften der Parteien gerichtlich oder notariell beglaubigt sind und der Beglaubigungsvermerk bei natürlichen Personen auch das Geburtsdatum enthält. *(BGBl 1980/550)*

(2) Die gerichtliche oder notarielle Beglaubigung der Unterschrift auf einer Privaturkunde ist nicht erforderlich, wenn diese Urkunde mit der genehmigenden Erklärung einer Behörde des Bundes oder eines Landes versehen ist, die berufen erscheint, die Interessen desjenigen wahrzunehmen, dessen Recht beschränkt, belastet, aufgehoben oder auf eine andere Person übertragen werden soll.

(3) Die Beglaubigung ausländischer Urkunden wird durch Staatsverträge geregelt. Urkunden, die von der österreichischen Vertretungsbehörde, in deren Sprengel die Urkunde errichtet oder beglaubigt worden ist, oder von der inländischen Vertretungsbehörde des Staates, in dem die Urkunde errichtet oder beglaubigt worden ist, beglaubigt sind, bedürfen keiner weiteren Beglaubigung.

(4) Besteht weder für den Staat, in dem die ausländische Urkunde ausgestellt wurde, eine österreichische Vertretungsbehörde noch für Österreich eine Vertretungsbehörde dieses Staates, so kann das Bundesministerium für Justiz von der nach den bestehenden Vorschriften erforderlichen diplomatischen Beglaubigung (Abs. 3) Nachsicht erteilen.

(5) Das gleiche gilt, wenn die Einholung einer Beglaubigung nach Abs. 3 infolge außerge-

wöhnlicher Verhältnisse unmöglich ist oder doch auf erhebliche Schwierigkeiten stößt.

(6) Auf Grund von Urkunden eines Machthabers kann eine Einverleibung gegen den Machtgeber überdies nur dann bewilligt werden, wenn die von diesem ausgefertigte Vollmacht entweder auf das bestimmte Geschäft lautet oder doch nicht früher als drei Jahre vor dem Ansuchen um die Einverleibung ausgestellt ist.

§ 32. (1) Privaturkunden, auf Grund deren eine Einverleibung stattfinden soll, müssen außer den Erfordernissen der §§ 26, 27 enthalten:

a) die genaue Angabe der Liegenschaft oder des Rechtes, in betreff deren die Einverleibung erfolgen soll;

b) die ausdrückliche Erklärung desjenigen, dessen Recht beschränkt, belastet, aufgehoben oder auf eine andere Person übertragen werden soll, daß er in die Einverleibung einwillige.

(2) Diese Erklärung kann auch in einer besonderen Urkunde oder in dem Grundbuchsgesuch abgegeben werden. In solchen Fällen muß aber die Urkunde oder das Gesuch, in dem die Erklärung enthalten ist, mit den Erfordernissen zur Einverleibung versehen sein.

§ 33. (1) Öffentliche Urkunden, auf Grund deren Einverleibungen stattfinden können, sind:

a) die über Rechtsgeschäfte von einer öffentlichen Behörde oder von einem Notar innerhalb der Grenzen ihrer Amtsbefugnisse aufgenommenen Urkunden, wenn sie mit den im § 32 vorgeschriebenen Erfordernissen versehen sind;

b) die von den Gerichten oder anderen dazu berechtigten Behörden oder Personen aufgenommenen exekutionsfähigen Vergleiche;

c) Zahlungsaufträge über gesetzliche Gebühren und Beiträge sowie Ausweise über rückständige Steuern und öffentliche Abgaben, insoweit sie nach den bestehenden Gesetzen vollziehbar sind;

d) andere Urkunden, die die Eigenschaft eines gerichtlich vollziehbaren Ausspruches einer öffentlichen Behörde haben. Dahin gehören insbesondere rechtskräftige Erkenntnisse, Beschlüsse über bücherliche Einverleibungen und Löschungen zur Ausführung des Verteilungsbeschlusses (§ 237 EO.), Amtsbestätigungen über die freiwillige Versteigerung einer Liegenschaft sowie die Einantwortungs- und Bestätigungsurkunden der Abhandlungsbehörden (§§ 177 und 178 des Kaiserlichen Patentes vom 9. August 1854, RGBl. Nr. 208).

(2) Das Bundesministerium für Justiz ist berechtigt zu erklären, ob und unter welchen Voraussetzungen Einverleibungen auf Grund ausländischer Urkunden stattfinden können, die am Ort ihrer Errichtung als öffentliche Urkunden gelten. Die Erklärung ist für die Gerichte bindend.

§ 34. (1) In geringfügigen Grundbuchssachen wird das zum Zwecke einer grundbücherlichen Einverleibung vorgeschriebene Erfordernis der gerichtlichen oder notariellen Beglaubigung der Unterschriften einer Privaturkunde durch die Mitfertigung von zwei glaubwürdigen Personen als Zeugen ersetzt, wenn die Einverleibung in dem einem Gerichtshof erster Instanz zugewiesenen Sprengel, in dem die Urkunde errichtet worden ist, vorgenommen werden soll. Die Zeugen haben die Unterschrift ihres Vor- und Zunamens, die Angabe ihres Gewerbes oder ihrer Beschäftigung, ihres Wohnortes, Alters sowie die Erklärung eigenhändig beizusetzen, daß ihnen der, dessen Unterschrift sie als echt bestätigen, persönlich bekannt sei.

(2) Die Bestimmungen des Abs. 1 finden keine Anwendung:

1. auf landtäfliche Urkunden;

2. auf Vollmachten;

3. auf Urkunden, in denen der Betrag einer Forderung oder der Preis oder der Wert einer Liegenschaft oder eines Rechtes überhaupt nicht bestimmt ist oder in denen die angegebene Summe ohne Zinsen und Nebengebühren den Betrag von „600 Euro" übersteigt. *(BGBl I 2001/98, ab 1. 1. 2002)*

Dritter Abschnitt
Von der Vormerkung
a) Zulässigkeit

§ 35. Wenn die beigebrachte Urkunde nicht alle in den §§ 31 bis 34 festgesetzten besonderen Erfordernisse zur Einverleibung, wohl aber die allgemeinen Erfordernisse (§§ 26, 27) zur grundbücherlichen Eintragung besitzt, kann auf Grund der Urkunde die Vormerkung (§ 8 Z. 2) bewilligt werden.

§ 36. Die Vormerkung zur Erwirkung des Pfandrechtes findet nur dann statt, wenn sowohl die Forderung als auch der Rechtsgrund zum Pfandrecht hinlänglich bescheinigt sind.

§ 37. Die Vormerkung des Wiederkaufs-, Vorkaufs- und Bestandrechtes findet nur dann statt, wenn sowohl der Bestand des Rechtes als die Einwilligung zur Eintragung hinlänglich bescheinigt sind.

§ 38. Die Vormerkung findet statt:

a) auf Grund gerichtlicher Erkenntnisse erster oder höherer Instanz, durch die das dingliche Recht zwar unbedingt zugesprochen oder abgesprochen wird, die aber noch nicht in Rechtskraft erwachsen sind;

b) auf Grund gerichtlicher Verfügungen, wodurch die Vormerkung als Exekution zur Sicherstellung bewilligt wird;

c) auf Grund des Einschreitens öffentlicher Behörden in Fällen, wenn diese nach ihrem Wirkungskreise berufen sind, von Amts wegen die pfandweise Sicherstellung von Ansprüchen des Bundes oder eines Landes zu verfügen.

§ 39. Wird der Betrag einer Hypothekarschuld, die aus einem der im § 1425 ABGB. erwähnten Gründe dem Gläubiger nicht gezahlt werden kann oder rücksichtlich deren dieser dem Zahler nach § 1422 ABGB. erst seine Rechte abzutreten hat, gerichtlich erlegt, so findet gegen Beibringung der Amtsurkunde über den gerichtlichen Erlag die Vormerkung zum Zweck der Löschung oder zum Zweck der Übertragung der Forderung auf den Zahler statt.

b) Rechtfertigung

§ 40. Jede Vormerkung begründet die Erwerbung, Übertragung, Beschränkung oder Aufhebung des dinglichen Rechtes nur unter der Bedingung ihrer Rechtfertigung und nur in dem Umfang, in dem die Rechtfertigung erfolgt.

§ 41. Die Rechtfertigung erfolgt:

a) auf Grund einer zur Einverleibung geeigneten Erklärung dessen, gegen den die Vormerkung bewirkt worden ist;

b) in den Fällen des § 38 durch den Ausweis über den Eintritt der Exekutionsfähigkeit des vorgemerkten gerichtlichen Erkenntnisses oder durch das rechtskräftige Erkenntnis der zuständigen Behörde, die über den Bestand des sichergestellten Anspruches zu entscheiden hat;

c) durch ein von dem zuständigen Gericht im Prozeßwege gefälltes Erkenntnis gegen die Person, wider die die Vormerkung erwirkt worden ist.

§ 42. (1) Muß die Rechtfertigung im Prozeßwege geschehen, so ist die Klage binnen 14 Tagen nach dem Tage der Zustellung des Vormerkungsbeschlusses von dem Vormerkungswerber bei dem zuständigen Gerichte zu erheben.

(2) In dem Rechtfertigungsprozeß hat der Kläger den Rechtsgrund zum Erwerb des angesprochenen bücherlichen Rechtes, daher hinsichtlich eines vorgemerkten Pfandrechtes nicht nur die Richtigkeit der Forderung, sondern auch den Rechtsgrund zur Erwerbung des Pfandrechtes und dessen Umfang darzutun. Dem Beklagten steht frei, alle seine Einwendungen gegen den Bestand des bücherlichen Rechtes selbst dann anzubringen, wenn er gegen den Beschluß, wodurch die Vormerkung bewilligt worden ist, den Rekurs nicht oder ohne Erfolg ergriffen haben sollte.

§ 43. (1) Die Frist zur Erhebung der Rechtfertigungsklage ist in dem Vormerkungsbeschluß auszudrücken. Sie kann aus erheblichen Gründen verlängert werden.

(2) Das Fristgesuch ist bei dem Grundbuchsgericht zu überreichen und nach der Zivilprozeßordnung zu behandeln.

§ 44. Ist zur Zeit der Überreichung des Ansuchens um Vormerkung der Prozeß über den Bestand des vorgemerkten Rechtes schon anhängig, so bedarf es, solange nach den Bestimmungen der Zivilprozeßordnung das Begehren auch noch auf die Rechtfertigung der Vormerkung ausgedehnt werden darf, keiner besonderen Rechtfertigungsklage.

§ 45. (1) Unterbleibt die Rechtfertigung, so kann der, gegen den die Vormerkung bewilligt worden ist, um deren Löschung ansuchen.

(2) Liegt dem Grundbuchsgericht vor, daß die Rechtfertigungsklage rechtzeitig erhoben oder die Frist zur Rechtfertigung am Tage der Überreichung des Löschungsgesuches offengehalten ist, so hat es das Löschungsgesuch abzuweisen. Liegt dies nicht vor, so ist eine Tagsatzung auf kurze Zeit anzuordnen, bei der der Vormerkungswerber den Beweis, daß die Frist zur Rechtfertigung offengehalten oder die Klage rechtzeitig erhoben worden ist, zu liefern hat, widrigens die Löschung der Vormerkung zu bewilligen ist.

(3) Die Rechtfertigungsklage ist als rechtzeitig erhoben anzusehen, wenn sie, obgleich nach Ablauf der hiefür bestimmten Frist, doch noch vor Überreichung des Löschungsgesuches oder doch an dem nämlichen Tage erhoben worden ist.

§ 46. (1) Wird die Vormerkung für gerechtfertigt erkannt, so ist auf Ansuchen des Beteiligten die Rechtfertigung nach Maßgabe des rechtskräftigen Erkenntnisses im Grundbuch einzutragen.

(2) Wird dagegen die Vormerkung nicht für gerechtfertigt erkannt, so ist sie auf Ansuchen des Beteiligten auf Grund des rechtskräftigen Erkenntnisses zu löschen.

§ 47. Ist die Vormerkung deshalb gelöscht worden, weil dem Kläger das vorgemerkte Recht endgültig aberkannt oder die Vormerkung nicht für gerechtfertigt erklärt worden ist oder weil der, der sie erwirkt hat, unbedingt darauf verzichtet hat, so ist jede in der Folge auf Grund der nämlichen Urkunde abermals angesuchte Vormerkung desselben Rechtes entweder von Amts wegen abzuweisen oder, wenn dies unterblieben und abermals eine Vormerkung vorgenommen worden ist, diese Vormerkung wieder zu löschen, sobald der Gegner anzeigt, daß sie schon einmal gelöscht worden ist.

§ 48. (1) Ist dagegen die Vormerkung nur aus dem Grunde gelöscht worden, weil die Rechtfertigungsklage nicht in gehöriger Zeit angebracht worden ist, so kann zwar abermals eine Vormerkung angesucht werden; diese äußert jedoch ihre rechtliche Wirksamkeit erst von dem Zeitpunkte der Überreichung des neuen Gesuches.

(2) Auch steht dem Eigentümer der Liegenschaft oder des bücherlichen Rechtes frei, auf Feststellung des Nichtbestehens des vorgemerkt gewesenen Rechtes zu klagen und im Falle eines günstigen Erkenntnisses durch dessen Anmerkung im Grundbuch einer wiederholten Bewilligung der Vormerkung vorzubeugen.

§ 49. (1) Wenn gegen den, der als Eigentümer einer Liegenschaft einverleibt ist, die Vormerkung des Eigentumsrechtes bewirkt worden ist, können sowohl gegen den einverleibten als gegen den vorgemerkten Eigentümer weitere Eintragungen zwar bewilligt werden, doch hängt deren rechtlicher Bestand davon ab, ob die Vormerkung des Eigentumsrechtes gerechtfertigt wird oder nicht.

(2) Wird die Vormerkung gerechtfertigt, so sind bei Eintragung der Rechtfertigung zugleich alle Eintragungen von Amts wegen zu löschen, die gegen den einverleibten Eigentümer nach dem Einlangen desjenigen Einschreitens erwirkt worden sind, auf das das Eigentumsrecht vorgemerkt worden ist.

(3) Wird dagegen die Vormerkung des Eigentumsrechtes gelöscht, so sind zugleich alle in bezug auf diese Vormerkung vorgenommenen Eintragungen von Amts wegen zu löschen.

(4) Diese Bestimmungen sind auch auf den Fall anzuwenden, daß gegen den Besitzer einer pfandrechtlich sichergestellten Forderung eine Vormerkung ihrer Übertragung auf eine andere Person bewirkt worden ist.

§ 50. (1) Ist die Löschung eines Rechtes nur vorgemerkt worden, so können in Hinsicht desselben zwar weitere Eintragungen, zum Beispiel von Afterpfandrechten oder Zessionen, bewilligt werden; doch hängt der rechtliche Bestand davon ab, ob die Vormerkung der Löschung gerechtfertigt wird oder nicht.

(2) Wird die Vormerkung gerechtfertigt, so sind bei der Eintragung der Rechtfertigung zugleich alle Eintragungen von Amts wegen zu löschen, die hinsichtlich des nunmehr gelöschten Rechtes mittlerweile bewilligt worden sind.

§ 51. (1) Wenn auf einer Hypothekarforderung zur Zeit, als ihre Löschung begehrt wird, noch Afterpfandrechte haften, darf die Löschung der Forderung nur mit dem Beisatz bewilligt werden, daß ihre Rechtswirkung in Ansehung der Afterpfandrechte erst mit deren Löschung einzutreten hat.

(2) Weitere Eintragungen auf diese Hypothekarforderung dürfen, wenn die Löschung einverleibt worden ist, nicht mehr bewilligt werden; ist die Löschung bloß vorgemerkt worden, so können diese nur mit der Rechtswirkung des § 50 erfolgen.

Vierter Abschnitt
Von der Anmerkung

1. Anmerkung persönlicher Verhältnisse

§ 52. Die Anmerkung der im § 20 lit. a erwähnten Verhältnisse sowie die Löschung dieser Anmerkung erfolgt auf Ansuchen der Beteiligten, ihrer gesetzlichen Vertreter oder der hiezu berufenen Gerichte auf Grund beweiswirkender Urkunden.

2. Anmerkung der Rangordnung

§ 53. (1) Der Eigentümer ist berechtigt, die bücherliche Anmerkung für eine beabsichtigte Veräußerung oder Verpfändung zu verlangen, um die bücherliche Rangordnung vom Zeitpunkte dieses Ansuchens für die infolge dieser Veräußerung oder Verpfändung einzutragenden Rechte zu begründen. Hiebei macht es keinen Unterschied, ob die Verpfändung für eine Schuld, deren Betrag anzugeben ist, oder für einen Höchstbetrag (§ 14 Abs. 2) erfolgt und ob die Urkunde, auf Grund deren die aus der Veräußerung oder Verpfändung sich ergebenden Rechte eingetragen werden sollen, vor oder nach dem Ansuchen um die Anmerkung errichtet worden ist. „Auf Antrag ist in die Anmerkung der beabsichtigten Verpfändung die Bedingung aufzunehmen, daß die Eintragung eines Pfandrechtes im Range der Anmerkung nur für dieselbe Forderung zulässig ist, für die entweder im Zeitpunkt des Einlangens des Ansuchens um Eintragung des Pfandrechts bereits im Range einer anderen Anmerkung der beabsichtigten Verpfändung, der eine Bedingung nicht beigesetzt ist, die Eintragung eines anderen Pfandrechtes bewilligt worden ist oder gleichzeitig mit der Bewilligung der Eintragung im Range einer anderen Anmerkung der beabsichtigten Verpfändung, der eine Bedingung nicht beigesetzt ist, die Eintragung eines anderen Pfandrechtes bewilligt wird.“ *(BGBl 1958/15)*

(2) Mit gleicher Rechtsfolge kann ein Hypothekargläubiger die Anmerkung der beabsichtigten Abtretung oder Löschung seiner Forderung verlangen.

(3) Die Anmerkungen solcher Gesuche können jedoch nur dann bewilligt werden, wenn nach dem Grundbuchsstand die Einverleibung des einzutragenden Rechtes oder die Löschung

des bestehenden Rechtes zulässig wäre und wenn die Unterschrift der Gesuche gerichtlich oder notariell beglaubigt ist. Die Bestimmungen des § 31 Abs. 3 bis 5 sind anzuwenden.

§ 54. Von dem Beschluß, mit dem das Gesuch bewilligt wird, darf nur eine Ausfertigung erteilt werden; diese ist mit der Bestätigung der vollzogenen Anmerkung zu versehen.

§ 55. Die Anmerkung der Rangordnung verliert ihre Wirksamkeit mit Ablauf eines Jahres nach ihrer Bewilligung. Dies ist in dem Beschluß unter Angabe des Kalendertages, an dem die Frist endet, auszusprechen.

§ 56. (1) Das Gesuch um Eintragung des Rechtes oder der Löschung, für die die Rangordnung angemerkt worden ist, ist unter Vorlage der Ausfertigung des die Anmerkung bewilligenden Beschlusses innerhalb der im § 55 festgesetzten Frist anzubringen. Wird über dieses Gesuch die Einverleibung oder Vormerkung bewilligt, so kommt der Eintragung die angemerkte Rangordnung zu. Die Eintragung ist auf der vorerwähnten Ausfertigung anzumerken.

(2) Die Eintragung in der angemerkten Rangordnung kann selbst dann bewilligt werden, wenn die Liegenschaft oder die Hypothekarforderung nach dem Einschreiten um die Anmerkung der Rangordnung an einen Dritten übertragen oder belastet worden wäre.

(3) Verfällt der Eigentümer der Liegenschaft oder der Hypothekargläubiger vor der Überreichung des Eintragungsgesuches in Konkurs, so kann die Eintragung nur dann bewilligt werden, wenn die Urkunde über das Geschäft schon vor dem Tage der Konkurseröffnung ausgefertigt war und der Tag ihrer Ausfertigung durch eine gerichtliche oder notarielle Beglaubigung dargetan ist. Entspricht die Urkunde diesen Voraussetzungen nicht, so ist die Zulässigkeit der Eintragung nach den Vorschriften der Konkursordnung zu beurteilen.

§ 57. (1) Wird die Einverleibung der Veräußerung der Liegenschaft oder der Zession oder Löschung der Forderung in der angemerkten Rangordnung bewilligt, so ist auf Ansuchen der Partei, für die die Einverleibung vorgenommen worden ist, die Löschung der Eintragungen zu verfügen, die etwa in Ansehung dieser Liegenschaft oder Forderung nach Überreichung des Anmerkungsgesuches erwirkt worden sind. Um die Löschung dieser Eintragungen muß jedoch binnen 14 Tagen nach Rechtskraft der in der angemerkten Rangordnung bewilligten Einverleibung angesucht werden.

(2) Wird das Eintragungsgesuch nicht vor dem Ende der festgesetzten Frist angebracht oder wird der Betrag, für den die Anmerkung der Rangordnung erfolgt ist, bis zum Ende dieser Frist nicht erschöpft, so wird die Anmerkung unwirksam und ist von Amts wegen zu löschen.

(3) Vor Ablauf der gesetzlichen Frist kann die Löschung der Anmerkung nur dann bewilligt werden, wenn die Ausfertigung des Beschlusses über die Bewilligung der Anmerkung vorgelegt wird. Die Löschung ist auf dieser Ausfertigung anzumerken.

3. Rangvorbehalt

§ 58. (1) Im Falle der Löschung des Pfandrechtes kann der Eigentümer zugleich die Anmerkung im Grundbuch erwirken, daß die Eintragung eines neuen Pfandrechtes im Rang und bis zur Höhe des gelöschten Pfandrechtes binnen drei Jahren nach der Bewilligung der Anmerkung vorbehalten bleibt. Dieser Vorbehalt ist im Falle eines Eigentumswechsels zugunsten des neuen Eigentümers wirksam.

(2) Diese Bestimmung ist sinngemäß anzuwenden, wenn die neue Forderung an die Stelle zweier oder mehrerer im Rang unmittelbar aufeinanderfolgender Hypothekarforderungen treten soll.

4. Bedingte Pfandrechtseintragung

§ 59. (1) Der Eigentümer einer Liegenschaft kann begehren, daß im Rang und bis zur Höhe eines auf der Liegenschaft haftenden Pfandrechtes das Pfandrecht für eine neue Forderung mit der Beschränkung eingetragen werde, daß es Rechtswirksamkeit erlangt, wenn binnen einem Jahr nach der Bewilligung der Eintragung des neuen Pfandrechtes die Löschung des älteren Pfandrechtes einverleibt wird.

(2) Der Eintritt dieser Bedingung ist im öffentlichen Buch zugleich mit der Löschung des älteren Pfandrechtes anzumerken.

(3) Wenn innerhalb der Frist nicht um die Löschung angesucht oder wenn die Löschung nicht bewilligt wird, erlischt das neue Pfandrecht mit dem Ablauf der Frist und ist samt allen darauf bezüglichen Eintragungen von Amts wegen zu löschen.

(4) Zur Anbringung des Gesuches um Löschung des älteren Pfandrechtes ist außer dem Hypothekarschuldner auch der Gläubiger berechtigt, zu dessen Gunsten das Pfandrecht für die neue Forderung eingetragen ist.

(5) Ist das ältere Pfandrecht belastet, so wird das in dessen Rang eingetragene neue Pfandrecht nur unter der weiteren Bedingung (Abs. 1) rechtswirksam, daß die Belastung gelöscht oder mit Zustimmung der Beteiligten auf das eingetragene neue Pfandrecht übertragen wird.

(6) Haftet das ältere Pfandrecht simultan auf mehreren Grundbuchsobjekten, so wird das neue Pfandrecht nur unter der weiteren Bedin-

gung (Abs. 1) rechtswirksam, daß das ältere Pfandrecht auf sämtlichen Grundbuchsobjekten gelöscht wird.

(7) Die Bestimmungen der Abs. 1 bis 6 sind sinngemäß anzuwenden, wenn die neue Forderung an die Stelle zweier oder mehrerer im Range unmittelbar aufeinanderfolgender Hypothekarforderungen treten soll.

5. Anmerkung der Aufkündigung und der Hypothekarklage

§ **60.** (1) Die Anmerkung einer gerichtlich oder notariell beurkundeten Aufkündigung einer Hypothekarforderung sowie die Anmerkung einer Hypothekarklage ist auf Begehren des Gläubigers vom Grundbuchsgericht zu bewilligen, wenn der, gegen den die Aufkündigung oder die Klage gerichtet ist, als Eigentümer der verpfändeten Liegenschaft eingetragen und die Anhängigkeit der Hypothekarklage ausgewiesen ist.

(2) Die Anmerkung der Hypothekarklage kann auch vom Prozeßgericht sofort bewilligt werden.

(3) Eine solche Anmerkung hat zur Folge, daß die Aufkündigung oder die Klage ihre Wirksamkeit auch gegen jeden späteren Eigentümer des Pfandes äußert und daß insbesondere die Exekution auf die verpfändete Liegenschaft auf Grund des über die angemerkte Klage erfolgten rechtskräftigen Urteiles oder exekutionsfähigen Vergleiches unmittelbar gegen jeden Eigentümer dieser Liegenschaft geführt werden kann.

6. Löschungsklagen und Streitanmerkungen

§ **61.** (1) Wenn jemand, der durch eine Einverleibung in seinem bücherlichen Rechte verletzt erscheint, die Einverleibung aus dem Grunde der Ungültigkeit im Prozeßwege bestreitet und die Wiederherstellung des vorigen bücherlichen Standes begehrt, kann er die Anmerkung eines solchen Streites im Grundbuch entweder gleichzeitig mit der Klage oder später verlangen. Die Anmerkung des Streites kann sowohl bei dem Prozeßgericht als auch bei dem Grundbuchsgericht angesucht werden.

(2) Diese Streitanmerkung hat zur Folge, daß das über die Klage ergehende Urteil auch gegen die Personen, die erst nach dem Zeitpunkt, in dem das Gesuch um die Streitanmerkung an das Grundbuchsgericht gelangt ist, bücherliche Rechte erlangt haben, seine volle Wirksamkeit äußert.

§ **62.** Wenn die Löschungsklage gegen die Personen gerichtet werden soll, die unmittelbar durch die Einverleibung, auf deren Löschung geklagt wird, Rechte erworben haben oder von einer Last befreit worden sind, oder wenn sich die Klage auf solche Verhältnisse stützt, die unmittelbar zwischen dem Kläger und Beklagten obwalten, ist die Dauer des Klagerechtes nach den zivilrechtlichen Bestimmungen über die Verjährung zu beurteilen.

§ **63.** (1) Wer jedoch eine Einverleibung, von deren Bewilligung er vorschriftsmäßig verständigt worden ist, auch gegen dritte Personen als ungültig bestreiten will, hat binnen der Frist, die ihm zum Rekurs gegen deren Bewilligung zukäme, bei dem Grundbuchsgericht die Anmerkung, daß diese Einverleibung streitig sei, anzusuchen und entweder zugleich oder längstens binnen weiteren sechzig Tagen nach Ablauf der Rekursfrist die Klage auf Löschung gegen alle Personen zu überreichen, die durch die bestrittene Einverleibung ein bücherliches Recht erlangt oder weitere Einverleibungen oder Vormerkungen darauf erwirkt haben.

(2) Nach Ablauf dieser Fristen kann auf Löschung der bestrittenen Einverleibung gegen dritte Personen, die noch vor der Streitanmerkung weitere bücherliche Rechte darauf erwirkt haben, nur dann erkannt werden, wenn sie sich hinsichtlich ihrer Gültigkeit nicht im guten Glauben befunden haben.

§ **64.** Sollte aber die vorschriftsmäßige Verständigung des Klägers von der Bewilligung einer Einverleibung, deren Ungültigkeit er behauptet, aus was immer für einem Grund unterblieben sein, so erlischt das Klagerecht auf deren Löschung gegen dritte Personen, die weitere bücherliche Rechte darauf in gutem Glauben erworben haben, erst binnen drei Jahren von dem Zeitpunkt an, in dem die angefochtene Einverleibung bei dem Grundbuchsgericht angesucht worden ist.

§ **65.** (1) Steht der Kläger von der Klage ab oder wird er durch rechtskräftiges Erkenntnis abgewiesen oder hat er die Klage im Falle des § 63 in der vorgeschriebenen Frist nicht überreicht, so ist auf Ansuchen des Gegners die Löschung der Streitanmerkung zu verfügen.

(2) Wird aber durch ein rechtskräftiges Urteil oder einen Vergleich die bestrittene Einverleibung ganz oder teilweise aufgehoben, so ist auf Ansuchen des Klägers die Vornahme der Löschung der bestrittenen Einverleibung in der in dem Urteil oder Vergleich ausgedrückten Art und Ausdehnung zu bewilligen und zugleich sowohl die Löschung der Streitanmerkung als aller der Einverleibungen und Vormerkungen anzuordnen, die hinsichtlich des zu löschenden Rechtes erst nach dem Zeitpunkt, in dem das Gesuch um die Streitanmerkung an das Grundbuchsgericht gelangt ist, angesucht worden sind.

§ **66.** (1) Wer behauptet, daß eine Einverleibung in Folge einer strafgesetzlich verbotenen

Handlung erwirkt worden sei, kann, um die im § 61 bezeichnete Rechtswirkung gegen spätere Eintragungen zu begründen, bei dem Grundbuchsgericht unter Beibringung der Bestätigung der zuständigen Behörde, daß die Strafanzeige bei ihr erstattet worden ist, die Anmerkung ansuchen, daß die Einverleibung streitig sei.

(2) Soll jedoch durch die Streitanmerkung die Wirkung begründet werden, daß der Anspruch auf die Ungültigerklärung einer Einverleibung auch gegen dritte Personen, die bücherliche Rechte noch vor der Streitanmerkung im guten Glauben darauf erworben haben, gewahrt werde, so muß das Gesuch um die Streitanmerkung bei dem Grundbuchsgericht innerhalb der Frist eingebracht werden, die der Partei zum Rekurs gegen die Bewilligung der Einverleibung zukäme.

§ 67. Erklärt das Strafgericht, daß die Einverleibung samt den bücherlichen Rechten, die etwa vor der im § 66 bezeichneten Anmerkung erworben worden sind, zu löschen sei, so hat das Grundbuchsgericht, wenn von der verletzten Partei das Erkenntnis hierüber mit der Bestätigung seiner Rechtskraft beigebracht wird, diese Löschung nach den Bestimmungen des § 65 in Vollzug setzen zu lassen. Hat das Strafgericht dagegen zwar auf die Schuld des Angeklagten, jedoch nicht auf eine solche Löschung erkannt und die geschädigte Partei hinsichtlich der angesprochenen Löschung der Einverleibung auf den Zivilrechtsweg gewiesen, so steht der Partei für die Klage auf Löschung der Einverleibung und der oben bezeichneten bücherlichen Rechte eine Frist von sechzig Tagen nach Eintritt der Rechtskraft dieser Entscheidung zu. Nach dem fruchtlosen Ablauf dieser Frist sowie wenn das Strafgericht auf die Schuld des Angeklagten nicht erkannt hat, ist die Löschung der Streitanmerkung auf Ansuchen dessen, der an der Aufrechterhaltung der Einverleibung ein Interesse hat, zu bewilligen.

§ 68. Wird die Löschung einer Streitanmerkung aus dem Grunde begehrt, weil die Klage auf Löschung nicht innerhalb der in den §§ 63, 67 bestimmten Fristen erhoben worden ist, so hat das Grundbuchsgericht, falls ihm nicht das Gegenteil bekannt ist, eine Tagsatzung auf kurze Zeit anzuordnen, bei welcher der, der die Streitanmerkung erwirkt hat, den Beweis zu liefern hat, daß die Klage rechtzeitig erhoben worden ist, widrigens die Löschung der Anmerkung zu bewilligen ist.

§ 69. Wenn ein bücherlicher Eigentümer oder Gläubiger, auf dessen Gut oder Forderung ein Recht einverleibt ist, aus dem Grunde der Verjährung auf gänzliche oder teilweise Löschung klagt, kann die Anmerkung des Streites bewilligt werden.

§ 70. Die Anmerkung des Streites kann auch dem bewilligt werden, der aus dem Grund der Ersitzung (§ 1498 ABGB.) die Zuerkennung eines dinglichen Rechtes begehrt.

§ 71. (1) Die Streitanmerkung einer Löschungsklage wegen Verjährung (§ 69) oder einer Klage auf Zuerkennung eines dinglichen Rechtes in Folge der Ersitzung (§ 70) hat jedoch gegen dritte Personen keine Wirkung, die im Vertrauen auf das Grundbuch bücherliche Einverleibungen oder Vormerkungen vor dem Zeitpunkt erwirkt haben, in dem das Gesuch um die Streitanmerkung an das Grundbuchsgericht gelangt ist. Das zuerkannte ersessene Recht genießt die Rangordnung vor allen Eintragungen, die erst nach der Streitanmerkung vorgenommen worden sind; alle damit im Widerspruch stehenden, nach der Streitanmerkung eingetragenen Rechte sind zu löschen.

(2) Im übrigen ist nach den Bestimmungen des § 65 vorzugehen.

7. Anmerkung der Erteilung des Zuschlages

§ 72. (1) Jenes Gericht, bei dem die Zwangsversteigerung einer Liegenschaft vollzogen worden ist, hat die Anmerkung dieses Vollzuges von Amts wegen im Grundbuch zu verfügen.

(2) Diese Anmerkung hat die Folge, daß weitere Eintragungen gegen den bisherigen Eigentümer nur für den Fall ein Recht bewirken, als die Versteigerung für unwirksam erklärt wird.

(3) Ist eine Anfechtung der Versteigerung entweder nicht erfolgt oder endgültig abgewiesen worden, so findet auf Ansuchen der Beteiligten die Löschung aller nach der Anmerkung der Erteilung des Zuschlages gegen den bisherigen Eigentümer erwirkten Eintragungen und der etwa in bezug auf diese weiter vorgenommenen Eintragungen statt.

§ 73. Inwieweit das Grundbuchsgericht oder ein anderes Gericht in anderen Fällen eine Anmerkung anzuordnen hat, wird teils in diesem Bundesgesetz, teils im Liegenschaftsteilungsgesetz, BGBl. Nr. 3/1930, teils in anderen Gesetzen bestimmt.

Fünfter Abschnitt

Von der Abschreibung von Bestandteilen eines Grundbuchskörpers

§ 74. (1) Die Abschreibung des Bestandteiles eines Grundbuchskörpers und seine Zuschreibung zu einem anderen Grundbuchskörper oder die Eröffnung einer neuen Einlage für diesen Bestandteil ist nur dann zulässig, wenn der abzuschreibende Teil genau, nötigenfalls durch Pläne, von denen eine Kopie in der Urkundensammlung aufzubewahren ist, bezeichnet ist und wenn die das Begehren begründenden Urkunden den zu einer Einverleibung des Eigentumsrechtes vorgeschriebenen Erfordernissen entsprechen.

(2) Bei der Durchführung der Abschreibung ist nach den Bestimmungen des Liegenschaftsteilungsgesetzes, BGBl. Nr. 3/1930, vorzugehen.

Drittes Hauptstück
Von dem Verfahren in Grundbuchssachen

Erster Abschnitt
Allgemeine Bestimmungen

1. Zuständigkeit

§ 75. Die Bewilligung einer Eintragung ist mit Ausnahme der in diesem Bundesgesetz sowie in den Gesetzen über das gerichtliche Verfahren bestimmten Fällen bei dem Grundbuchsgericht anzusuchen, bei dem sich die Einlage, in der die Eintragung erfolgen soll, befindet.

2. Grundsatz des Verfahrens

§ 76. Das Grundbuchsgericht ordnet, außer den in diesem oder in einem anderen Gesetz bestimmten Fällen, Eintragungen nicht von Amts wegen, sondern nur auf Ansuchen von Parteien oder Behörden an.

3. Berechtigung zum Ansuchen

§ 77. (1) Wenn jemand im Namen eines anderen einschreitet, muß dargetan sein, daß er zur Anbringung von Grundbuchsgesuchen befugt sei.

(2) Zum Ansuchen um eine Eintragung im Namen dessen, dem sie zum Vorteil gereicht, genügt eine allgemeine Vollmacht.

(3) Gesetzliche oder gerichtlich bestellte Vertreter bedürfen keiner besonderen Ermächtigung, um die Eintragung von Rechten der ihrer Vertretung zugewiesenen Personen oder die Löschung von Lasten des ihrer Verwaltung anvertrauten Vermögens zu bewirken.

§ 78. Wenn der, an den eine Liegenschaft oder ein bücherliches Recht außerbücherlich gelangt ist, darauf ein Recht, das Gegenstand der öffentlichen Bücher ist, einem anderen eingeräumt hat, kann letzterer die Eintragung der Rechte seines Vormannes verlangen.

§ 79. Auch der Bürge kann, wenn der Gläubiger das ihm eingeräumte Recht zur Erlangung des Pfandrechtes an der Liegenschaft oder dem bücherlichen Recht seines Schuldners nicht ausübt, im Namen des Gläubigers die Eintragung begehren.

§ 80. Um die Eintragung gemeinschaftlicher Rechte, die eine Teilung im Verhältnis zum Ganzen nicht zulassen, kann jeder Teilhaber für sich und im Namen der übrigen Teilhaber ansuchen.

4. Fristen

§ 81. (1) Die nicht auf einen Kalendertag festgesetzten Fristen beginnen mit dem Tag nach der Zustellung.

(2) Bei ihrer Berechnung dürfen Sonn- oder Feiertage sowie die Tage, während deren sich eine bei dem Grundbuchsgericht zu überreichende Schrift auf der Post befindet, nicht abgerechnet werden.[1])

(3) Diese Fristen lassen, mit Ausnahme der Frist zur Rechtfertigung einer Vormerkung (§ 43) und der Frist zur Beibringung der Originalurkunde (§ 88) oder der Übersetzung (§ 89), keine Erstreckung zu.

[1]) *Vgl Europäisches Übereinkommen über die Berechnung von Fristen vom 16. Mai 1972, BGBl 1983/254.*

§ 82. Wegen der Versäumung der in diesem Bundesgesetz bestimmten Fristen ist keine Wiedereinsetzung in den vorigen Stand zulässig.

Zweiter Abschnitt
Von den Gesuchen

1. Form des Ansuchens

§ 83. (1) Grundbuchsgesuche können sowohl schriftlich als auch mündlich angebracht werden.

(2) Wird das Gesuch mündlich angebracht, so ist darüber unter Beachtung der für den Inhalt der schriftlichen Gesuche gegebenen Vorschriften ein Protokoll aufzunehmen und der Antragsteller zu einem bestimmten Begehren anzuleiten.

2. Erfordernisse

§ 84. In jedem Grundbuchsgesuch sind das Grundbuchsgericht, bei dem es zu überreichen ist, sowie der Vor- und Zuname, der Stand und Wohnort des Antragstellers und der Personen, die von der Erledigung zu verständigen sind, und wenn sie juristische Personen (Körperschaften usw.) sind, die ihnen zukommenden Benennungen anzugeben.

§ 85. (1) Die Grundbuchseinlagen, in denen eine Eintragung geschehen soll, sind mit der nämlichen Bezeichnung anzuführen, unter der sie im Grundbuch erscheinen.

(2) Im Begehren ist genau anzugeben, was im Grundbuch eingetragen werden soll.

(3) Das Begehren um Einverleibung begreift jenes um Vormerkung stillschweigend in sich, wenn der Antragsteller die Vormerkung nicht ausdrücklich ausgeschlossen hat. Kann oder will der Antragsteller nur auf die Früchte der Liegenschaft ein dingliches Recht erwerben, so hat er dies ausdrücklich zu bemerken.

3. Kumulierung der Gesuche

§ 86. Mehrere Eintragungen, die durch dieselbe Urkunde begründet werden, sowie die Eintragung eines Rechtes in mehreren Grundbuchseinlagen oder die Eintragung mehrerer Rechte in einer Grundbuchseinlage können mit einem einzigen Gesuch begehrt werden.

4. Beilagen

a) Originale

§ 87. (1) Die Urkunden, auf Grund deren eine Eintragung erfolgen soll, sind im Original beizulegen.

(2) Liegt die Originalurkunde bei dem Grundbuchsgericht entweder in den Amtsakten oder in Aufbewahrung oder ist sie einem im Zug befindlichen Gesuch angeschlossen, so genügt es, eine Abschrift beizubringen und anzugeben, wo sich das Original befindet.

§ 88. (1) Kann das Original nicht sogleich beigebracht werden, weil es sich bei einer anderen Behörde befindet, so ist dies in dem Gesuch anzugeben und eine beglaubigte Abschrift beizulegen.

(2) Könnte das Gesuch, selbst wenn die Originalurkunde vorläge, nicht bewilligt werden, so ist es sogleich abzuweisen.

(3) Könnte aber unter jener Voraussetzung dem Gesuche stattgegeben werden, so ist dieses zur Wahrung der Rangordnung des Rechtes sogleich mit dem Beisatze „Bis zum Einlangen des Originals“ im Grundbuch anzumerken.

(4) Dem Antragsteller ist zugleich, wenn die Originalurkunde nicht schon von Amts wegen von einem Grundbuchsgericht, bei dem sie sich befindet, einzusenden ist, eine angemessene Frist zu ihrer Beibringung zu bestimmen; wird die Originalurkunde von dem Grundbuchsgericht eingesendet oder in der gegebenen Frist überreicht, so ist das Gesuch in der Sache selbst zu erledigen.

(5) Wird die Originalurkunde in der gegebenen oder erweiterten Frist nicht überreicht, so ist das Gesuch sofort abzuweisen und die Anmerkung von Amts wegen zu löschen.

b) Übersetzungen

§ 89. (1) Sind die Urkunden nicht in einer Sprache verfaßt, in der Eingaben bei dem Grundbuchsgericht überreicht werden können, so muß eine vollen Glauben verdienende Übersetzung beigebracht werden.

(2) Fehlt die Übersetzung und geht nicht aus dem Gesuch hervor, daß es jedenfalls abzuweisen ist, so ist das Gesuch zur Wahrung der Rangordnung des Rechtes mit dem Beisatz „Bis zum Einlangen der Übersetzung“ im Grundbuch anzumerken. Zugleich ist dem Antragsteller eine angemessene Frist zur Vorlage der Übersetzung zu bestimmen. Wird die Übersetzung in der gegebenen oder erweiterten Frist eingereicht, so ist das Gesuch in der Sache selbst zu erledigen; im entgegengesetzten Fall ist es abzuweisen und die Anmerkung von Amts wegen zu löschen.

c) Abschriften

§ 90. Sofern für die Urkundensammlungen Abschriften erforderlich sind (§ 6), sind sie von den Stempel- und Gerichtsgebühren befreit. Werden sie nicht beigebracht oder sind sie nicht brauchbar, so sind die Originale in der Urkundensammlung aufzubewahren und die Parteien von dem Grundbuchsführer zu verständigen, daß es ihnen freistehe, sie gegen nachträgliche Beibringung ordnungsmäßiger Abschriften zu beheben; das Gericht kann für die Urkundensammlung auch Abschriften gegen Einhebung der einfachen für gerichtliche Abschriften bestimmten Gebühr anfertigen und die Originalurkunde bei den Akten zur Ausfolgung bereithalten. Wenn aber das Gesuch, in dem eine Eintragung bei mehreren Grundbuchsgerichten beantragt wird, nebst der Originalurkunde von einem Grundbuchsgericht zum anderen gelangen soll, hat jedes Grundbuchsgericht, wenn die für sein Grundbuch erforderlichen Abschriften nicht beiliegen oder unbrauchbar sind, solche gegen Einhebung der doppelten für beglaubigte Abschriften bestimmten Gerichtsgebühr auszufertigen.

§ 91. Der Grundbuchsführer hat auf den eingelegten Abschriften die Übereinstimmung mit den Originalurkunden von Amts wegen zu bestätigen.

5. Ausfertigungen des Gesuches und Halbschriften

§ 92. (1) Grundbuchsgesuche sind, sofern nicht eine Ausnahme gesetzlich festgesetzt ist, in einer Ausfertigung zu überreichen.

(2) Den Gesuchen sind so viele Halbschriften beizulegen, als Verständigungen von der Gesuchserledigung stattzufinden haben. Der Mangel dieser Halbschriften bildet jedoch keinen Grund zur Abweisung des Gesuches.

(3) Auf den Halbschriften ist das in dem Gesuch gestellte Begehren in den wesentlichen Punkten anzugeben.

(4) Statt der Halbschriften können vollständige Abschriften des Gesuches beigelegt werden. In diesem Fall ist anzugeben, wem sie zuzustellen sind.

(5) Ist das Gesuch zu Protokoll genommen worden, so hat das Gericht die erforderlichen Halbschriften und auf Ansuchen vollständige Protokollsabschriften zur Verständigung der Beteiligten anzufertigen.

Dritter Abschnitt
Von der Erledigung der Gesuche
1. Prüfung und Entscheidung

§ 93. Der Zeitpunkt, in dem ein Ansuchen bei dem Grundbuchsgericht einlangt, ist für die Beurteilung dieses Ansuchens entscheidend.

§ 94. (1) Das Grundbuchsgericht hat das Ansuchen und dessen Beilagen einer genauen Prüfung zu unterziehen und darf eine grundbücherliche Eintragung nur dann bewilligen, wenn

1. aus dem Grundbuch in Ansehung der Liegenschaft oder des Rechtes kein Hindernis gegen die begehrte Eintragung hervorgeht;

2. kein gegründetes Bedenken gegen die persönliche Fähigkeit der bei der Eintragung Beteiligten zur Verfügung über den Gegenstand, den die Eintragung betrifft, oder gegen die Befugnis der Antragsteller zum Einschreiten vorhanden ist;

3. das Begehren durch den Inhalt der beigebrachten Urkunden begründet erscheint und

4. die Urkunden in der Form vorliegen, die zur Bewilligung einer Einverleibung, Vormerkung oder Anmerkung erforderlich ist.

(2) Bei grundbücherlichen Eintragungen, die nicht von dem Grundbuchsgericht, sondern von einem anderen Gericht bewilligt werden, hat sich das Grundbuchsgericht darauf zu beschränken, über die Zulässigkeit der Eintragung mit Rücksicht auf den Grundbuchsstand zu entscheiden; hinsichtlich der übrigen Erfordernisse steht die Entscheidung dem bewilligenden Gericht zu.

§ 95. (1) Über jedes Grundbuchsgesuch hat das Grundbuchsgericht, mit Ausnahme der in den §§ 45, 68 und 104 dieses Bundesgesetzes sowie im Liegenschaftsteilungsgesetz, BGBl. Nr. 3/1930, festgesetzten Fälle, ohne Einvernehmung der Parteien und in der Regel (§§ 88 und 89) ohne Zwischenerledigung in der Sache zu entscheiden und in dem zu erlassenden Beschluß die Bewilligung oder Abweisung des Gesuches ausdrücklich auszusprechen.

(2) Kann dem Begehren zwar nicht im vollen Umfang, aber doch zum Teil stattgegeben werden, so ist die Eintragung, soweit sie zulässig ist, anzuordnen und der Teil des Begehrens, dem nicht entsprochen werden kann, abzuweisen.

(3) Wird das Gesuch ganz oder teilweise abgewiesen, so sind in dem Beschluß alle Gründe anzugeben, die der Bewilligung entgegenstehen.

2. Besondere Bestimmungen in Ansehung
a) der Bewilligung:

§ 96. (1) Mehr oder etwas anderes, als die Partei angesucht hat, darf nicht bewilligt werden, auch wenn sie nach den beigebrachten Urkunden zu einem ausgedehnteren oder anderen Begehren berechtigt wäre.

(2) Ist nur die Vormerkung angesucht worden, so darf die Einverleibung nicht angeordnet werden, wenn sie auch zulässig wäre (§ 85).

§ 97. (1) Wenn aus der Urkunde hervorgeht, daß dem Erwerber eines dinglichen Rechtes die Bewilligung zur Einverleibung erteilt worden ist, daß ihm aber zugleich Beschränkungen in der Verfügung über das erworbene Recht oder Gegenverpflichtungen auferlegt worden sind, hinsichtlich deren die gleichzeitige Einverleibung für die daraus Berechtigten bedungen worden ist, darf die Eintragung jenes Rechtes nicht bewilligt werden, wenn nicht zugleich hinsichtlich der bedungenen Beschränkungen oder Gegenverpflichtungen die Einverleibung oder nach der Beschaffenheit der Urkunde doch die Vormerkung angesucht wird.

(2) Das Gesuch um die gleichzeitige Eintragung der gegenseitigen Rechte kann sowohl von dem einen als von dem anderen Teil angebracht werden.

§ 98. In den Beschlüssen, womit eine Eintragung bewilligt wird, sind die Grundbuchseinlagen zu bezeichnen, in denen die Eintragung erfolgen soll; ferner sind unter Beziehung auf die der Bewilligung zugrunde liegenden Urkunden die Personen, für die, und die Objekte, auf die die Eintragung erfolgen soll, endlich die einzutragenden Rechte nebst den wesentlichen Bestimmungen mit den in das Hauptbuch einzutragenden Worten anzuführen (§ 5). „Bei natürlichen Personen ist auch das Geburtsdatum anzuführen.“ *(BGBl 1980/550)*

b) der Abweisung:

§ 99. (1) Wird ein Einverleibungs- oder Vormerkungsgesuch oder ein Gesuch um Abschreibung von Grundstücken oder um Anmerkung der Rangordnung abgewiesen, so ist das abgewiesene Gesuch im Grundbuch anzumerken. Das gleiche gilt, wenn ein Antrag auf Bewilligung der Zwangsversteigerung oder der Zwangsverwaltung zur Hereinbringung einer Forderung abgewiesen wird, für die kein Pfandrecht einverleibt ist.

(2) Diese Anmerkung findet nicht statt, wenn das Gut oder das Recht, auf das die Eintragung begehrt wird,

a) weder aus dem Gesuch noch aus dessen Beilagen ersichtlich oder in den Büchern des Grundbuchsgerichtes nicht eingetragen ist oder

b) für eine andere Person eingetragen ist, als die, gegen die nach Inhalt der Urkunde eine Einverleibung oder Vormerkung stattfinden kann.

§ 100. Ist die Abweisung eines des im § 99 angeführten Gesuche von einem anderen Gericht als von dem Grundbuchsgericht ausgegangen, so ist dieses von Amts wegen um die Anmerkung der Abweisung zu ersuchen.

§ 101. Sobald das Grundbuchsgericht Kenntnis erlangt, daß ein Beschluß, wodurch eines der im § 99 angeführten Gesuche abgewiesen worden ist, durch Unterlassung des Rekurses rechtskräftig geworden ist, hat es die Anmerkung des abgewiesenen Gesuches von Amts wegen zu löschen und die Beteiligten hievon zu verständigen.

Vierter Abschnitt
Von dem Vollzug der Eintragungen

§ 102. (1) Eine Eintragung in das Grundbuch darf nur auf Grund eines schriftlichen Auftrages des Grundbuchsgerichtes und nicht anders als nach dem Inhalt dieses Auftrages vorgenommen werden.

(2) Wenn sich der Vollzug eines Auftrages nach dem Grundbuchsstand als unausführbar herausstellt, kann der erteilte Auftrag nur durch einen neuen Auftrag des Grundbuchsgerichtes berichtigt werden.

§ 103. (1) Jede Eintragung (§ 8) hat nebst der Bezeichnung ihrer Art die Angabe des Tages, Monates, Jahres und der Einreichungszahl zu enthalten, unter denen das Ansuchen an das Grundbuchsgericht gelangt ist.

(2) Sind bei dem Grundbuchsgericht mehrere denselben Grundbuchskörper betreffende Ansuchen gleichzeitig eingelangt, so sind bei jeder Eintragung auf Grund dieser Ansuchen die Einreichungszahlen der gleichzeitig eingelangten Ansuchen mit einem ihre Gleichzeitigkeit ausdrückenden Beisatz anzumerken.

§ 104. (1) Im Grundbuch darf nichts radiert und das Eingetragene auch nicht in anderer Weise unleserlich gemacht werden.

(2) Wird ein Fehler bei der Eintragung begangen und noch während der Eintragung bemerkt, so ist er ohne Einholung eines Auftrages des Grundbuchsgerichtes zu berichtigen.

(3) Ein nach vollendeter Eintragung wahrgenommener Fehler kann nur im Auftrag des Grundbuchsgerichtes berichtigt werden; es hat, wenn der Fehler irgendeine Rechtsfolge nach sich ziehen könnte, die Beteiligten zu vernehmen. Die Einleitung des Verfahrens ist auf dem Blatt, wo die fehlerhafte Eintragung vollzogen worden ist, anzumerken. Die Anmerkung hat die Wirkung, daß spätere Eintragungen der Berichtigung des Fehlers nicht entgegenstehen. Sie ist nach Rechtskraft des über den wahrgenommenen Fehler ergangenen Beschlusses von Amts wegen zu löschen.

Fünfter Abschnitt
Von den Simultanhypotheken

1. Bestimmung einer Haupteinlage

§ 105. (1) Bei Simultanhypotheken (§ 15), die durch Eintragung in verschiedene Grundbuchseinlagen gebildet werden sollen, ist eine Einlage als Haupteinlage und sind die übrigen Einlagen als Nebeneinlagen zu bezeichnen. Fehlt eine solche Bezeichnung, so wird die im Gesuch erstgenannte Einlage als Haupteinlage angenommen.

(2) Wird um die Ausdehnung einer für dieselbe Forderung bereits haftenden Hypothek auf andere Grundbuchseinlagen angesucht, so wird die ursprünglich belastete Einlage als Haupteinlage behandelt.

(3) Bei der Haupteinlage ist auf die Nebeneinlagen und bei jeder Nebeneinlage auf die Haupteinlage durch eine Anmerkung hinzuweisen.

2. Anzeige und Eintragung der Simultanhypotheken

§ 106. (1) Wenn ein Gläubiger um die Ausdehnung des für seine Forderung haftenden Pfandrechtes ansucht, ist er verpflichtet, die für diese Forderung bereits bestehende Hypothek anzuzeigen, damit die Simultanhaftung angemerkt werde.

(2) Den durch Verschweigung einer bereits bestehenden Hypothek entstandenen Schaden hat der Gläubiger zu tragen.

§ 107. (1) Sollte die Anmerkung einer Simultanhaftung aus was immer für einem[1]) Grund unterblieben sein, so kann der Hypothekarschuldner um die Anmerkung ansuchen. Die hiedurch verursachten Kosten hat der Gläubiger zu ersetzen, wenn ihm diesfalls ein Verschulden zur Last fällt.

(2) Wenn ein Grundbuchsgericht bei der Bewilligung der Einverleibung oder Vormerkung des Pfandrechtes für eine Forderung wahrnimmt, daß ein Pfandrecht für diese Forderung in seinen oder in den Büchern eines anderen Grundbuchsgerichtes eingetragen ist, hat es von Amts wegen darauf Bedacht zu nehmen, die Einlage, in der das Pfandrecht eingetragen ist, als Haupteinlage anzusehen und die Grundbuchsgerichte, in deren Büchern die Forderung bereits eingetragen ist, hievon zu verständigen.

---

[1]) *Im BGBl irrtümlich „einen"*

§ 108. (1) Die Eintragung einer Simultanhypothek bei mehreren Grundbuchsgerichten kann unter Anschluß von Originalurkunden oder beglaubigten Abschriften (§ 88) gleichzeitig bei den einzelnen Grundbuchsgerichten verlangt oder in einem einzigen Gesuch begehrt werden.

(2) Im ersten Fall sind in jedem Gesuch die Haupteinlage und alle Nebeneinlagen anzugeben.

(3) Im zweiten Fall ist das Gesuch bei dem Grundbuchsgericht anzubringen, bei dem die Haupteinlage geführt werden soll, und die Reihenfolge zu bezeichnen, in der das Gesuch den übrigen Grundbuchsgerichten zur Erledigung zuzusenden ist.

§ 109. (1) Wenn bei der ursprünglichen oder späteren Eintragung einer Simultanhypothek mehrere Grundbuchsgerichte mitzuwirken haben, hat jedes von ihnen hinsichtlich der in seinen Büchern enthaltenen Hypothekarobjekte über die Frage der Einverleibung oder Vormerkung des Pfandrechtes selbständig zu entscheiden und die Entscheidung dem Grundbuchsgericht der Haupteinlage bekanntzugeben.

(2) Der Rekurs gegen jeden der Beschlüsse ist bei dem Grundbuchsgericht anzubringen, das ihn erlassen hat.

(3) Ist die von einem Grundbuchsgericht in den Nebeneinlagen bewilligte Einverleibung oder Vormerkung im Rekurswege aufgehoben und gelöscht worden, so muß diese Löschung dem Grundbuchsgericht der Haupteinlage zur Anmerkung mitgeteilt werden.

§ 110. Für die Rangordnung einer Simultanhypothek ist bei jedem einzelnen Hypothekarobjekt der Zeitpunkt entscheidend, in dem das Ansuchen um die Bewilligung der Eintragung bei dem Grundbuchsgericht eingelangt ist, in dessen Büchern die Eintragung stattgefunden hat.

3. Eintragungen der Änderungen in der Haupteinlage

§ 111. (1) Alle Grundbuchsgesuche, die sich auf ein in mehreren Einlagen simultan haftendes Pfandrecht beziehen, sind bei dem Grundbuchsgericht, bei dem die Haupteinlage geführt wird, anzubringen und nach dem Stand dieser Einlage zu beurteilen.

(2) Wenn das Gesuch bei einem anderen Grundbuchsgericht überreicht wird, ist es mit der Weisung zurückzustellen, daß es bei dem Grundbuchsgericht der Haupteinlage anzubringen ist.

§ 112. (1) Alle Änderungen, die an dem simultan haftenden Pfandrecht durch Übertragung, Beschränkung, Belastung, Löschung oder auf andere Weise vorgenommen werden sollen, sind nur in der Haupteinlage einzutragen.

(2) Die Eintragung der Änderungen in der Haupteinlage gilt rechtlich als in allen schon bestehenden oder noch hinzukommenden Nebeneinlagen vollzogen; doch ist die teilweise oder gänzliche Löschung der Simultanhypothek hinsichtlich aller Hypothekarobjekte auch in allen Nebeneinlagen und die Löschung des Pfandrechtes hinsichtlich einzelner Nebeneinlagen in diesen anzumerken.

§ 113. (1) Wenn das Pfandrecht hinsichtlich des in der Haupteinlage eingetragenen Hypothekarobjektes gelöscht wird, sind auch alle darauf erfolgten weiteren Eintragungen in der Haupteinlage zu löschen und in eine Nebeneinlage desselben Grundbuchsgerichtes zu übertragen. Sofern eine Simultanhypothek noch fortbesteht, ist diese Nebeneinlage in der Folge als Haupteinlage zu behandeln.

(2) Besteht in den Büchern dieses Grundbuchsgerichtes keine Nebeneinlage, so hat dieses Gericht, insofern eine Erklärung des Hypothekargläubigers nicht vorliegt, zu bestimmen, welche Nebeneinlage in Zukunft als Haupteinlage zu behandeln ist, und dem Grundbuchsgericht der neuen Haupteinlage beglaubigte Abschriften der im Hauptbuch bestehenden Eintragungen und der hierauf bezüglichen Urkundenabschriften von Amts wegen zu übermitteln.

(3) Die Umwandlung einer Nebeneinlage in die Haupteinlage ist den Grundbuchsgerichten aller Nebeneinlagen bekanntzugeben und bei jeder fortbestehenden Nebeneinlage von Amts wegen anzumerken.

§ 114. (1) Dem Grundbuchsgericht, an das die Führung der Haupteinlage übergeht, sind die Grundbuchsgesuche zu übersenden, die wegen der bereits erfolgten Löschung des Pfandrechtes in der Haupteinlage nicht mehr erledigt werden können; die Antragsteller sind hievon zu verständigen.

(2) Die Rangordnung dieser Gesuche untereinander wird durch den Zeitpunkt bestimmt, in dem sie bei dem Grundbuchsgerichte der früheren Haupteinlage eingelangt sind.

§ 115. (1) Wenn in Ansehung einer vor dem 16. Februar 1872 in verschiedenen Grundbuchseinlagen erwirkten Simultanhypothek weitere Eintragungen erfolgen sollen, ist bei dem Ansuchen um eine neue Eintragung die Einlage zu bezeichnen, die als Haupteinlage geführt werden soll.

(2) In diese Einlage sind alle Eintragungen, die nach der Begründung der Simultanhypothek in Ansehung derselben in den anderen Einlagen vorgenommen worden sind, zu über-

tragen. Diese Übertragung ist unter Bezeichnung der Haupteinlage in den übrigen Einlagen, die fortan als Nebeneinlagen zu behandeln sind, anzumerken.

4. Rechtfertigungsklage

§ 116. (1) Zur Rechtfertigung einer bei verschiedenen Grundbuchsgerichten für dieselbe Forderung simultan haftenden Vormerkung des Pfandrechtes ist nur eine Rechtfertigungsklage erforderlich.

(2) Die Rechtfertigungsklage ist entweder bei dem allgemeinen Gerichtsstand des Hypothekarschuldners oder bei einem Gericht zu erheben, das in Ansehung eines der Hypothekarobjekte, auf die die Vormerkung bewilligt worden ist, die Realinstanz ist.

5. Grundbuchsauszüge

§ 117. In Grundbuchsauszügen über solche Einlagen, die in Ansehung einer Simultanhypothek als Nebeneinlagen geführt werden, ist der Hinweis auf die Haupteinlage und die Bemerkung aufzunehmen, daß die an dem simultan eingetragenen Pfandrecht vorgenommenen Änderungen nur in der Haupteinlage eingetragen sind.

Sechster Abschnitt
Von der Zustellung

§ 118. In jedem Beschluß sind die Personen sowie die Amtsstellen zu bezeichnen, denen er zuzustellen ist. Auch ist anzugeben, an wen mit dem Beschluß eine Urkunde zuzustellen ist. Inwieweit hievon bei Anmerkungen im Exekutionsverfahren abgesehen werden kann, bestimmt die Geschäftsordnung.

§ 119. Von den Erledigungen der Grundbuchsgesuche sind nebst dem Antragsteller nachstehende Personen von Amts wegen zu verständigen:

1. Derjenige, auf dessen Eigentum ein bücherliches Recht erworben wird oder dessen bücherliche Rechte abgetreten, belastet, beschränkt oder aufgehoben werden oder gegen den eine grundbücherliche Anmerkung erfolgt.

2. Wird die gänzliche oder teilweise Löschung einer Eintragung bewilligt, so ist der Beschluß auch allen zuzustellen, für die auf dem eingetragenen Recht weitere Einverleibungen oder Vormerkungen haften.

3. Beschlüsse über eine Einverleibung oder Vormerkung, wodurch bereits eingetragene Rechte dritter Personen verpfändet oder abgetreten werden, sind auch dem Eigentümer des Gutes zuzustellen.

4. Wird eine Eintragung gegen einen Machtgeber auf Ansuchen seines Machthabers erwirkt, so ist der Beschluß dem Machtgeber zuzustellen, es sei denn die Bevollmächtigung durch eine den Erfordernissen des § 31 entsprechende Vollmacht dargetan.

5. Von Änderungen, welche die im Grenzkataster oder im Grundsteuerkataster enthaltenen Angaben berühren, ist das Vermessungsamt in Kenntnis zu setzen. *(BGBl 1968/306)*

6. *(aufgehoben, BGBl I 2002/76, ab 1. 1. 2003)*

§ 120. (1) Die Zustellung an die im § 119 Z. 1 bis 4 bezeichneten Personen hat nach den über die Zustellung zu eigenen Handen in der Zivilprozeßordnung enthaltenen Vorschriften zu geschehen.

(2) Die Originalurkunden sind, insofern nicht in dem Gesuch eine andere Verfügung beantragt wird, dem zurückzustellen, der sie überreicht hat.

(3) Die Grundbuchsgerichte sind verpflichtet, über die schnelle und richtige Zustellung der Beschlüsse in Grundbuchssachen zu wachen.

§ 121. Der Umstand, daß eine Zustellung ordnungswidrig oder gar nicht erfolgt ist, gibt keine Berechtigung, die Gültigkeit der bücherlichen Eintragung zu bestreiten. Wer aus einer bücherlichen Eintragung für sich Rechte oder eine Befreiung von Verbindlichkeiten ableitet, ist nicht schuldig, den Beweis der Zustellung zu liefern.

Siebenter Abschnitt
Vom Rekurs

1. Anbringung des Rekurses

§ 122. (1) Gegen Grundbuchsbeschlüsse ist nur das Rechtsmittel des Rekurses zulässig.

(2) Im Rekurs dürfen weder neue Angaben gemacht noch dürfen ihm neue Urkunden beigelegt werden.

(3) Der Rekurs ist stets in erster Instanz anzubringen. Er kann auch mündlich zu Protokoll gegeben werden.

(4) Einem schriftlichen Rekurs sind die zur Verständigung der Beteiligten erforderlichen Halbschriften beizulegen.

(5) Ein unmittelbar bei der zweiten oder dritten Instanz überreichter Rekurs ist zurückzuweisen.

(6) Beschwerden über Verzögerungen können unmittelbar bei den höheren Gerichten angebracht werden.

§ 123. (1) Die Rekursfrist beträgt bei Zustellungen im Inland 30 Tage, bei Zustellungen im europäischen Ausland, mit Ausnahme von Island und den Färöern, 60 Tage, bei Zustellungen im außereuropäischen Auslande sowie in Island und den Färöern 90 Tage (§ 81).

(2) Ein verspäteter Rekurs ist von der ersten Instanz sogleich zurückzuweisen, wenn auch die in das Grundbuch eingetragene Anmerkung des abschlägigen Beschlusses noch nicht gelöscht sein sollte.

§ 124. Ein rechtzeitig angebrachter Rekurs ist unter Anschluß der zur Entscheidung erforderlichen Akten der zweiten Instanz zur eigenen Entscheidung oder, wenn der Rekurs gegen eine Erledigung der zweiten Instanz gerichtet sein sollte, zur Beförderung an die dritte Instanz vorzulegen. Hievon sind die Personen, denen der angefochtene Beschluß zugestellt worden ist, zu verständigen. Eine Verständigung des Rekurrenten ist nicht erforderlich.

§ 125. (1) Ist der Rekurs gegen die Bewilligung einer Einverleibung oder Vormerkung gerichtet, so ist er im Grundbuch anzumerken und diese Anmerkung nach der Erledigung des Rekurses zu löschen, wenn ein Revisionsrekurs nach § 14 Abs. 3 AußStrG auch unter Bedachtnahme auf § 14a AußStrG unzulässig ist. *(BGBl I 1997/140, ab 1. 1. 1998, anzuwenden, wenn das Datum der Entscheidung der zweiten Instanz nach dem 31. 12. 1997 liegt)*

(2) Diese Anmerkung sowie die Löschung haben von Amts wegen zu erfolgen.

§ 126. (1) Für die Entscheidung des Rekursgerichts gilt § 13 AußStrG. *(BGBl 1989/343)*

(2) Der Beschluß des Rekursgerichts kann nach Maßgabe der §§ 14, 14a und 15 AußStrG angefochten werden, wobei die Bestimmungen der §§ 122 bis 125 – hinsichtlich des § 14a Abs. 2 AußStrG sinngemäß – zu beachten sind. Ein Revisionsrekurs, der aus einem anderen Grund als wegen des Fehlens der Voraussetzungen nach § 14 Abs. 1 AußStrG unzulässig ist, ist vom Gericht erster Instanz, allenfalls vom Gericht zweiter Instanz zurückzuweisen; dies gilt auch für einen Antrag nach § 14a Abs. 1 AußStrG, mit dem ein ordentlicher Revisionsrekurs verbunden ist. *(BGBl I 1997/140, ab 1. 1. 1998, s Anm zu § 125 Abs 1)*

(3) Der Erledigung des Rekurses sind, wenn der Beschluß, gegen den er gerichtet war, abgeändert oder aus wesentlich abweichenden Gründen bestätigt wird, die Entscheidungsgründe beizufügen.

2. Wirkung der Rekurserledigung

§ 127. *(aufgehoben, ab 1. 1. 1998, s Anm zu § 125 Abs 1)*

§ 128. „Ist einem der im § 99 angeführten Gesuche, das in erster Instanz abgewiesen worden ist, von der höheren Instanz stattgegeben worden, so ist diese Bewilligung im Grundbuch einzutragen." Die Wirkung dieser Eintragung ist so zu beurteilen, als ob sie in dem Zeitpunkt der Überreichung des ersten Gesuches erfolgt wäre. *(BGBl 1989/343)*

§ 129. (1) Wird eine von der ersten Instanz bewilligte Löschung von der zweiten Instanz aufgehoben, so muß die gelöschte Einverleibung oder Vormerkung wiederhergestellt werden.

(2) „Wird aber ein anderes der im § 99 angeführten Gesuche, das in erster Instanz bewilligt worden ist, von der zweiten Instanz abgewiesen, so ist diese Verfügung im Grundbuch anzumerken, das eingetragene Recht aber nicht zu löschen, solange nicht entweder die Entscheidung des Obersten Gerichtshofs ergangen oder die Frist zur Ergreifung eines Revisionsrekurses gegen die Anordnung der zweiten Instanz oder zur Einbringung eines Antrags verbunden mit einem Revisionsrekurs (§ 14a AußStrG) verstrichen ist; dies gilt nicht, wenn der Revisionsrekurs nach § 14 Abs. 3 AußStrG auch unter Bedachtnahme auf § 14a AußStrG unzulässig ist." Bestätigt die dritte Instanz den Beschluß der ersten Instanz, so ist die durch den Rekurs veranlaßte Anmerkung zu löschen. Wird die abändernde Verfügung der zweiten Instanz von der dritten bestätigt oder in gehöriger Zeit kein Rekurs dagegen ergriffen, so ist das einverleibte oder vorgemerkte Recht zu löschen. *(BGBl I 1997/140, ab 1. 1. 1998, s Anm zu § 125 Abs 1)*

Viertes Hauptstück

Von der Bereinigung und Berichtigung des Grundbuches

Erster Abschnitt

Bereinigung des Grundbuches von Amts wegen

1. Unzulässige Eintragungen

§ 130. Ergibt sich aus einer Eintragung, daß ihr Inhalt nach dem Gesetz nicht Gegenstand einer grundbücherlichen Eintragung sein kann, so ist sie von Amts wegen als unzulässig zu löschen. Die Vorschriften des ersten bis dritten und fünften Hauptstückes, insbesondere über die Verständigung der Beteiligten und den Rekurs, sind entsprechend anzuwenden.

2. Gegenstandslose Eintragungen

§ 131. (1) Ist eine Eintragung gegenstandslos, so kann sie das Grundbuchsgericht gemäß den §§ 132 bis 135 von Amts wegen löschen.

(2) Eine Eintragung ist gegenstandslos, soweit das ihren Gegenstand bildende Recht oder das Recht, auf das sie sich bezieht,

a) nicht besteht oder aus tatsächlichen Gründen dauernd nicht ausgeübt werden kann,

b) verjährt ist,

c) für den Berechtigten einen lediglich wirtschaftlichen Wert darstellt, der „1500 S“* „(entspricht einem Gegenwert von 109,0093 Euro)“**, bei wiederkehrenden Leistungen „500 S“* „(entspricht einem Gegenwert von 36,3364 Euro)“** jährlich, nicht übersteigt, sofern die Eintragung des Rechtes vor dem 1. Mai 1945 erfolgt ist. *(* BGBl 1989/343 und ** BGBl I 2001/98, ab 1. 1. 2002)*

(3) Im Falle des Abs. 2 lit. c bedarf es zur Löschung eines Pfandrechtes nicht der Zustimmung des Eigentümers, dem das Verfügungsrecht nach § 469 ABGB. zusteht.

(4) Abs. 2 lit. c gilt auch für Pfandrechte, bei denen gemäß Artikel 3 der Grundbuchsnovelle, BGBl. Nr. 4/1930, ein Antrag auf Aufrechterhaltung angemerkt ist.

§ 132. (1) Das Grundbuchsgericht soll das Verfahren zur Löschung gegenstandsloser Eintragungen einleiten, wenn besondere äußere Umstände (zum Beispiel Umschreibung der Grundbuchseinlage wegen Unübersichtlichkeit, Teilveräußerung oder Neubelastung des Grundstückes, Anregung seitens eines Beteiligten) hinreichenden Anlaß dazu geben und Grund zu der Annahme besteht, daß die Eintragung gegenstandslos ist.

(2) Das Grundbuchsgericht entscheidet nach freiem Ermessen, ob das Löschungsverfahren einzuleiten und durchzuführen ist; diese Entscheidung ist unanfechtbar.

§ 133. (1) Voraussetzung für die Löschung ist, daß

a) die Gegenstandslosigkeit der Eintragung offenkundig oder durch öffentliche oder gerichtlich oder notariell beglaubigte Urkunden nachgewiesen ist,

oder daß, falls dies nicht zutrifft,

b) dem Betroffenen eine Löschungsankündigung unter kurzer Bekanntgabe des Grundes zugestellt ist und er nicht binnen einer vom Grundbuchsgericht zugleich zu bestimmenden Frist Widerspruch erhoben hat,

oder daß, falls auch nach lit. b nicht verfahren werden kann, insbesondere wenn Widerspruch erhoben ist,

c) durch einen mit Gründen versehenen Beschluß rechtskräftig festgestellt ist, daß die Eintragung gegenstandslos ist.

(2) Kann die Löschung nicht sogleich angeordnet werden, so ist die Einleitung des Verfahrens im Grundbuch anzumerken. Die Anmerkung hat die Wirkung, daß spätere Eintragungen die Löschung nicht hindern. Sie ist zu löschen, wenn die gegenstandslose Eintragung gelöscht oder von der Fortsetzung des Verfahrens Abstand genommen wird. Einer Verständigung der Beteiligten von der Anordnung dieser Anmerkung und ihrer Löschung bedarf es nicht. Gegen diese Anordnungen ist ein Rechtsmittel nicht zulässig.

§ 134. Für das Verfahren gelten sinngemäß die Vorschriften des dritten Hauptstückes. Die Vorschriften über das Verfahren außer Streitsachen sind, soweit erforderlich, ergänzend heranzuziehen. Dabei gilt folgendes:

a) Eine Verweisung der Beteiligten auf den Rechtsweg oder das Verwaltungsverfahren (§ 2 Z. 7 des Kaiserlichen Patentes vom 9. August 1854, RGBl. Nr. 208) findet nicht statt;

b) die Löschungsankündigung (§ 133 Abs. 1 lit. b) kann nicht durch öffentliche Bekanntmachung zugestellt werden;

c) ist die Person des Beteiligten, dem zugestellt werden soll, unbekannt, so sind die Vorschriften über die Zustellung durch öffentliche Bekanntmachung sinngemäß anzuwenden;

d) die Rechtsmittel gegen die Entscheidungen des Grundbuchsgerichtes, mit denen die Löschung gegenstandslos gewordener Eintragungen angeordnet wird, richten sich nach dem siebenten Abschnitt des dritten Hauptstückes; im übrigen gelten für die Anfechtung von Entscheidungen die Vorschriften über das Verfahren außer Streitsachen. Gegen die Löschungsankündigung (§ 133 Abs. 1 lit. b) ist kein Rechtsmittel gegeben.

§ 135. Ist ein Beteiligter durch eine nach den §§ 131ff. bewilligte Löschung in seinem bücherlichen Rechte verletzt, so kann er im Prozeßwege die Wiederherstellung des vorigen bücherlichen Standes begehren. Die Vorschriften der §§ 61ff. sind sinngemäß anzuwenden.

Zweiter Abschnitt

Berichtigung des Grundbuches auf Ansuchen

§ 136. (1) Gibt das Grundbuch die wirkliche Rechtslage nicht richtig wieder, so ist auf Ansuchen die zur Berichtigung erforderliche Eintragung vorzunehmen, ohne daß die sonst für eine solche Eintragung von diesem Bundesgesetz geforderten Voraussetzungen erfüllt sein müssen, wenn die Unrichtigkeit offenkundig oder durch öffentliche Urkunden nachgewiesen ist. Soweit dieser Nachweis durch die Erklärung eines Beteiligten erbracht werden kann, genügt eine gerichtlich oder notariell beglaubigte Privaturkunde.

(2) Würden durch die Berichtigung nach Abs. 1 bestehende bücherliche Rechte Dritter betroffen, so kann die Berichtigung nur unter Wahrung dieser Rechte (zum Beispiel nach § 51) bewilligt werden.

(3) Die Löschung eines Rechtes auf wiederkehrende Leistungen kann nach Abs. 1 nur bewilligt werden, wenn seit dem Erlöschen des Bezugsrechtes (§ 18) drei Jahre verstrichen sind und keine Klage auf Zahlung von Rückständen im Grundbuch angemerkt ist.

Fünftes Hauptstück
Schlußbestimmungen

§ 137. (1) Dieses Bundesgesetz tritt drei Monate nach seiner Kundmachung in Kraft.

(2) Gleichzeitig treten außer Kraft:

1. das Gesetz vom 25. Juli 1871, RGBl. Nr. 95, über die Einführung eines Allgemeinen Grundbuchsgesetzes;

2. die §§ 1 und 3 des Gesetzes vom 4. Juni 1882, RGBl. Nr. 67, enthaltend Bestimmungen über die Entbehrlichkeit der Legalisierung gewisser Unterschriften auf Tabularurkunden und über Erleichterungen des Beweises der Identität einer Person bei Legalisierungen und anderen Beurkundungen;

3. das Gesetz vom 5. Juni 1890, RGBl. Nr. 109, betreffend die grundbücherliche Einverleibung auf Grund von Privaturkunden in geringfügigen Grundbuchssachen;

4. Artikel XXXIX des Gesetzes vom 1. August 1895, RGBl. Nr. 112, betreffend die Einführung des Gesetzes über das gerichtliche Verfahren in bürgerlichen Rechtsstreitigkeiten (Zivilprozeßordnung);

5. die §§ 37 erster und zweiter Satz, 38 bis 41, 44 bis 46, 47 Abs. 1, 48 bis 50 sowie die Worte „des § 30 des Allgemeinen Grundbuchsgesetzes und“ in § 51 Abs. 2 der Kaiserlichen Verordnung vom 19. März 1916, RGBl. Nr. 69, über die dritte Teilnovelle zum Allgemeinen Bürgerlichen Gesetzbuch;

6. das Bundesgesetz vom 4. Juni 1923, BGBl. Nr. 306, über die Erhöhung der Wertgrenze im Gesetz vom 5. Juni 1890, RGBl. Nr. 109, betreffend die grundbücherliche Einverleibung auf Grund von Privaturkunden in geringfügigen Grundbuchssachen;

7. die Artikel I bis III des Bundesgesetzes vom 31. März 1927, BGBl. Nr. 118, betreffend geringfügige Grundbuchssachen;

8. Artikel 1 der Grundbuchsnovelle BGBl. Nr. 4/1930;

9. die Verordnung zur Änderung und Ergänzung des Grundbuchsrechts im Geltungsbereich des Österreichischen Allgemeinen Grundbuchsgesetzes vom 19. Jänner 1942, Deutsches RGBl. I S. 37, in der Fassung der Druckfehlerberichtigung Deutsches RGBl. 1942 I S. 50; § 10 Abs. 2 dieser Verordnung tritt jedoch erst am „1. Jänner 1960“ außer Kraft; *(BGBl 1957/256)*

10. die §§ 1 und 3 des Bundesgesetzes vom 21. Juni 1950, BGBl. Nr. 141, über die Änderung einiger grundbuchsrechtlicher Vorschriften;

11. Artikel XXVI des Einführungsgesetzes zur Exekutionsordnung, BGBl. Nr. 6/1953.

(3) Andere Vorschriften grundbuchsrechtlichen Inhaltes bleiben unberührt.

§ 138. In Ansehung der Bergbücher sind nebst diesem Bundesgesetz auch die Vorschriften des Berggesetzes 1975 BGBl. Nr. 259 zu beachten.

§ 139. Soweit in anderen Bundesgesetzen die durch dieses Bundesgesetz aufgehobenen Vorschriften zitiert sind, treten an deren Stelle die entsprechenden Bestimmungen dieses Bundesgesetzes.

§ 140. Mit der Vollziehung sind betraut:

a) hinsichtlich des § 90, soweit sich dieser auf die Befreiung von Stempelgebühren bezieht, das Bundesministerium für Finanzen;

b) hinsichtlich des § 137 Abs. 2 Z. 9, soweit sich diese Bestimmung auf die Aufhebung des § 10 Abs. 2 der in § 137 Abs. 2 Z. 9 genannten Verordnung bezieht, das Bundesministerium für Inneres;

c) im übrigen das Bundesministerium für Justiz.

19/1. Grundbuchsumstellungsgesetz

19/1. Grundbuchsumstellungsgesetz, BGBl 1980/550 idF

1 BGBl 1987/646	**2** BGBl 1989/343 (WGN 1989)
3 BGBl 1996/757 (BRZ GmbH)	**4** BGBl I 1997/30 (GBNov 1997)
5 BGBl I 2001/98 (2. Euro-JuBeG)	**6** BGBl I 2002/76 (ZVN 2002)

Bundesgesetz vom 27. November 1980 über die Umstellung des Grundbuchs auf automationsunterstützte Datenverarbeitung und die Änderung des Grundbuchsgesetzes und des Gerichtskommissärsgesetzes (Grundbuchsumstellungsgesetz – GUG)

1. Abschnitt

Allgemeine Bestimmungen

§ 1. (1) Der Bundesminister für Justiz wird ermächtigt, im Einvernehmen mit dem „Bundesminister für wirtschaftliche Angelegenheiten" die Umstellung des Grundbuchs auf automationsunterstützte Datenverarbeitung (§ 2 Abs. 1) nach Maßgabe der technischen und personellen Möglichkeiten sowie unter Bedachtnahme auf die wirtschaftliche Vertretbarkeit für bestimmte Gerichte mit Verordnung anzuordnen. Für die Landtafel und für das Eisenbahnbuch kann diese Anordnung gesondert getroffen werden. *(BGBl I 1997/30)*

(2) Auf das umgestellte Grundbuch sind die geltenden gesetzlichen Bestimmungen nur anzuwenden, soweit im zweiten Abschnitt nichts anderes bestimmt wird.

2. Abschnitt

Bestimmungen für das umgestellte Grundbuch

Grundstücksdatenbank

§ 2. (1) Das Hauptbuch ist nur durch Speicherung der Eintragungen in einer Datenbank zu führen und mit dem Grundstücksverzeichnis des Grundsteuer- oder Grenzkatasters zu verknüpfen (Grundstücksdatenbank).

(2) Die Benützungsarten der Grundstücke sind nicht als Grundbuchseintragung zu führen. Mit den Eintragungen des Hauptbuchs sind jedoch die Eintragungen des Grundsteuer- oder Grenzkatasters über die Benützungsarten, das Flächenausmaß und die Anschrift der Grundstücke wiederzugeben.

(3) Der Bundesminister für Justiz kann durch Verordnung[1]) anordnen, daß weitere Eintragungen des Grundsteuer- oder Grenzkatasters mit den Eintragungen des Hauptbuchs wiedergegeben werden, soweit ein berechtigtes Interesse an einer solchen zusätzlichen Information bei der Grundbuchseinsicht besteht und die Führung der Grundstücksdatenbank dadurch nicht unangemessen erschwert wird. *(BGBl I 1997/30, ab 1. 4. 1997)*

Verzeichnis der gelöschten Eintragungen

§ 3. (1) Zu jedem Hauptbuch ist ein Verzeichnis der gelöschten Eintragungen zu führen; es steht rechtlich dem Hauptbuch gleich.

(2) Soweit die Wiedergabe des Grundbuchsstandes dadurch nicht beeinträchtigt wird, sind die Einverleibung der Löschung und die Löschung von Grundbuchseintragungen nur dadurch einzutragen, daß diese in das Verzeichnis der gelöschten Eintragungen übertragen werden. Eine Eintragung über die Übertragung ist nur im Verzeichnis der gelöschten Eintragungen vorzunehmen; sie hat das Datum (Tag, Monat, Jahr) der Übertragung anzugeben. Diese Eintragung ersetzt die Löschungseintragung.

(3) Wird eine nur teilweise gelöschte Eintragung übertragen, so ist sie im Hauptbuch durch eine Eintragung zu ersetzen, die den noch aufrechten Teil der Eintragung wiedergibt. In dieser Eintragung ist auch die Tagebuchzahl, zu der die Übertragung vorgenommen wurde, unter Beifügung der Jahreszahl anzugeben.

(4) Eintragungen, die für die Wiedergabe des aufrechten Grundbuchsstandes nicht mehr von Bedeutung sind, sind von Amts wegen in das Verzeichnis der gelöschten Eintragungen zu übertragen. Dies gilt insbesondere für Eintragungen, mit denen eine vorgemerkte Löschung gerechtfertigt wird, mit denen ein Bestandteil eines Grundbuchskörpers abgeschrieben wird oder mit denen die Grenzen eines Grundstücks geändert werden, sowie für Eintragungen, mit denen ein Bestandteil eines Grundbuchskörpers zugeschrieben wird, sobald alle in der Einlage eingetragenen Eigentümer gewechselt haben.

(5) In das Verzeichnis der gelöschten Eintragungen sind im Weg der automationsunterstützten Datenverarbeitung auch Hinweise über den Vollzug der Eintragungen im Hauptbuch unter Angabe des Datums (Tag, Monat, Jahr) aufzunehmen.

Hilfsverzeichnisse

§ 4. (1) In der Grundstücksdatenbank ist auch ein Verzeichnis der Anschriften der Grundstücke (Anschriftenverzeichnis) zu führen.

(2) Die Hilfsverzeichnisse (Grundstücks-, Anschriften- und Personenverzeichnis) sind nur durch Verknüpfung der in der Grundstücksdatenbank gespeicherten Eintragungen

GBG mit GUG

[1]) *BGBl II 1998/139*

des Grundbuchs und des Grundsteuer- oder Grenzkatasters zu führen.

Grundbuchsabschriften und Grundbuchseinsicht bei Gericht

§ 5. (1) An der Stelle von Grundbuchsauszügen sind Abschriften auszufertigen.

(2) Die Einsicht in das Hauptbuch und die Hilfsverzeichnisse ist durch die Ausfertigung von Abschriften zu gewähren. Auf Verlangen hat der Grundbuchsführer jedoch kurze Mitteilungen über Eintragungen im Hauptbuch oder in Hilfsverzeichnissen mündlich zu erteilen; statt dessen kann auch die Einsicht in Abschriften oder mit Hilfe geeigneter technischer Vorrichtungen gewährt werden.

(3) Abschriften aus dem Hauptbuch und den Hilfsverzeichnissen sind nur auf Verlangen mit dem Gerichtssiegel zu versehen und zu unterfertigen.

(4) Abschriften und Mitteilungen aus dem Personenverzeichnis sind den dort eingetragenen Personen über die sie betreffenden Eintragungen zu erteilen. Darüber hinaus sind Abschriften und Mitteilungen aus dem Personenverzeichnis nur denjenigen Personen, die ein rechtliches Interesse daran darlegen, in dem dadurch gerechtfertigten Umfang zu erteilen. Über die Verweigerung der Erteilung einer Abschrift ist mit Beschluß zu entscheiden. Die Anfechtung dieses Beschlusses richtet sich nach den Vorschriften über das Verfahren außer Streitsachen.

(5) Abschriften (Abs. 1) und Einsicht (Abs. 2) sind auch über Grundbücher zu gewähren, die bei anderen Gerichten geführt werden.

Grundbuchsabfrage

§ 6. (1) Nach Maßgabe der technischen und personellen Möglichkeiten ist jedermann zur Abfrage von Eintragungen des Grundbuchs und der Hilfsverzeichnisse mit Ausnahme des Personenverzeichnisses aus der Grundstücksdatenbank mittels automationsunterstützter Datenverarbeitung (Grundbuchsabfrage) befugt.

(2) Auch zur Abfrage des Personenverzeichnisses sind jedoch befugt:

1. Notare, um als Gerichtskommissär in Verlassenschaftssachen oder als Erbenmachthaber verbücherte Rechte des Erblassers zu ermitteln, und nach Maßgabe des § 7; *(BGBl I 2002/76, ab 1. 1. 2003)*

1a. Rechtsanwälte, um als Erbenmachthaber verbücherte Rechte des Erblassers zu ermitteln und um Personen, die im Personenverzeichnis eingetragen sind, Abschriften und Mitteilungen über die sie betreffenden Eintragungen zu erteilen; *(BGBl I 2002/76, ab 1. 1. 2003)*

2. die Dienststellen des Bundes, der Länder und der Gemeinden sowie die Sozialversicherungsträger und der Hauptverband der Sozialversicherungsträger, soweit dies zur Erfüllung der ihnen übertragenen Aufgaben notwendig ist.

(BGBl I 1997/30, ab 1. 4. 1997)

Grundbuchsabfrage durch Notare

§ 7. Notare haben in ihrer Amtskanzlei die technischen Voraussetzungen für die Grundbuchsabfrage zu schaffen und jedermann Grundbuchseinsicht zu gewähren. § 5 Abs. 2, 3, 4 erster Satz und Abs. 5 ist sinngemäß anzuwenden.

(BGBl I 1997/30, ab 1. 4. 1997)

Auflagen

§ 8. Der Bundesminister für Justiz kann durch Verordnung Auflagen für die Durchführung der Grundbuchsabfrage anordnen, soweit dies zur Sicherung des ordnungsgemäßen Betriebs notwendig ist.

(BGBl I 1997/30, ab 1. 4. 1997)

§ 9. *(aufgehoben, BGBl I 1997/30, ab 1. 4. 1997)*

Anträge

§ 10. Der Bundesminister für Justiz kann für die Einbringung von Grundbuchsanträgen mit Verordnung die Verwendung von amtlichen Formularen anordnen, um deren zweckmäßigere Behandlung zu ermöglichen.

Plombe

§ 11. Die Tagebuchzahl unerledigter Grundbuchsstücke ist unter Beifügung der Jahreszahl in der Aufschrift der Einlage, in der eine Eintragung stattfinden soll, als Plombe ersichtlich zu machen.

Beschlußfassung

§ 11a. (1) Wenn eine Grundbuchseintragung bewilligt oder angeordnet wird, die selbst nach § 3 Abs. 4 zweiter Satz in das Verzeichnis der gelöschten Eintragungen zu übertragen ist oder durch die eine andere Eintragung im Sinn des § 3 Abs. 4 gegenstandslos wird, dann ist die Übertragung in das Verzeichnis der gelöschten Eintragungen auf Grund desselben Beschlusses vorzunehmen.

(2) Sind in mehreren Grundbuchseinlagen von Amts wegen inhaltlich gleiche Eintragungen vorzunehmen, wie etwa die Anmerkung der Einleitung eines agrarischen Verfahrens, so sind diese Eintragungen nach Möglichkeit in einem einzigen Beschluß anzuordnen.

(BGBl I 1997/30, ab 1. 4. 1997)

Inhalt der Eintragungen

§ 12. (1) In Grundbuchseintragungen sind der Tag und der Monat des Einlangens des Grundbuchsstücks beim Grundbuchsgericht sowie die Bezeichnung der Eintragung als Einverleibung, Anmerkung oder Ersichtlichmachung nicht anzugeben.

(2) Beim Erwerb des Eigentumrechts und des Pfandrechts ist die Urkunde, aus der sich der Anspruch auf den Erwerb des Eigentumsrechts oder des Pfandrechts ergibt, nach ihrem Ausstellungsdatum und ihrem Inhalt, sofern es sich jedoch um eine der im § 33 Abs. 1 lit. b bis d GBG 1955 aufgezählten Urkunden handelt, nach ihrer Art zu bezeichnen. Der Bundesminister für Justiz kann im Einvernehmen mit dem Bundesminister für wirtschaftliche Angelegenheiten durch Verordnung anordnen, daß dabei nur bestimmte Bezeichnungen verwendet werden dürfen. Von mehreren Ausstellungsdaten ist nur das letzte anzugeben.

(3) Soweit sich aus Abs. 2 und § 5 zweiter Satz GBG 1955 nichts anderes ergibt, hat in Grundbuchseintragungen die Angabe von Urkunden zu unterbleiben.

(4) Bei der Eintragung des Eigentümers und des Bauberechtigten ist auch deren Anschrift ersichtlich zu machen.

Vollzug

§ 13. (1) Eine Eintragung in das Grundbuch darf, sofern die zugrunde liegende Plombe ersichtlich gemacht ist, auch ohne schriftlichen Auftrag des Grundbuchsgerichts vorgenommen werden. Die Plombe darf jedoch erst auf Grund eines diese Eintragung bewilligenden oder anordnenden Beschlusses des Grundbuchsgerichts gelöscht werden. Danach darf die Eintragung nur noch auf Grund eines gerichtlichen Auftrags berichtigt werden.

(2) Der Abs. 1 gilt für die Übertragung von Eintragungen in das Verzeichnis der gelöschten Eintragungen sinngemäß.

Letzte Tagebuchzahl

§ 14. In jeder Einlage ist im Weg der automationsunterstützten Datenverarbeitung in der Aufschrift die Tagebuchzahl der jeweils letzten vollzogenen Eintragung unter Beifügung der Jahreszahl als letzte Tagebuchzahl ersichtlich zu machen. Diese Ersichtlichmachung ist gleichzeitig mit der Löschung der Plombe gemäß § 13 Abs. 1 zu berichtigen. Ein Beschluß des Grundbuchsgerichts ist hierfür nicht erforderlich.

Berichtigung des Lastenblatts

§ 15. Die Bezeichnung des belasteten Miteigentumsanteils in einer Eintragung im Lastenblatt ist im Weg der automationsunterstützten Datenverarbeitung zu berichtigen, wenn sich diese Bezeichnung auf Grund einer Eintragung in das Eigentumsblatt ändert. Ein Beschluß des Grundbuchsgerichts ist hiefür nicht erforderlich.

Verständigung des Vermessungsamtes

§ 16. Die Verständigung des Vermessungsamtes von Änderungen im Eigentumsblatt hat zu unterbleiben.

Berichtigung von Fehlern

§ 17. Tritt bei der Speicherung von Grundbuchseintragungen ein Fehler auf, so ist § 104 Abs. 3 GBG 1955 sinngemäß anzuwenden.

Innere Einrichtung des Grundbuchs

§ 18. (1) Abgesonderte Eigentums- und Lastenblätter (§ 6 Abs. 1 AllgGAG) sind nicht anzulegen.

(2) In Tirol sind die gesonderten Abteilungen des Hauptbuchs (§ 69 AllgGAG) dadurch zu bilden, daß den Einlagen der geschlossenen Höfe die Einlagezahlen von 90 000 aufwärts, den anderen Einlagen die Einlagezahlen bis 90 000 vorbehalten werden.

3. Abschnitt
Umstellungsverfahren

Ersterfassung

§ 19. (1) Bei der Umstellung sind die im bestehenden Hauptbuch enthaltenen Eintragungen in dem Umfang und in der Fassung in der Grundstücksdatenbank zu speichern, die den Bestimmungen über die Führung des Hauptbuchs im automationsunterstützten Grundbuch entsprechen. Wohnungseigentum ist stets auf dem Mindestanteil einzutragen, mit dem es verbunden ist.

(2) Die folgenden Eintragungen sind jedoch nicht zu speichern:

1. Eintragungen, von denen mit großer Wahrscheinlichkeit angenommen werden kann, daß sie gemäß § 131 Abs. 2 GBG 1955 gegenstandslos sind;

2. vor dem 1. Mai 1945 eingetragene Pfandrechte zur Sicherung von Forderungen, die „1 100 Euro" nicht übersteigen. *(BGBl I 2001/98, ab 1. 1. 2002)*

(3) In Tirol sind die in der Höfeabteilung enthaltenen Einlagen mit einer um 90 000 erhöhten Einlagezahl zu bezeichnen.

Eröffnung des umgestellten Grundbuchs

§ 20. Sobald die Eintragungen sämtlicher Einlagen einer Katastralgemeinde, einer Landtafel oder eines Eisenbahnbuchs in der Grundstücksdatenbank gespeichert sind, hat das Grundbuchsgericht den Tag festzusetzen, mit dem sie als Grundbuch zu behandeln sind (Eröffnung des umgestellten Grundbuchs).

Berichtigung

§ 21. (1) Entsprechen die im Zeitpunkt der Eröffnung des umgestellten Grundbuchs gespeicherten Eintragungen nicht dem § 19, so sind sie auf Antrag oder von Amts wegen im Verfahren in Grundbuchssachen zu berichtigen. Die Berichtigung umfaßt auch die Aufnahme fehlender Eintragungen.

(2) Auf Antrag sind auch Eintragungen aufzunehmen, deren Speicherung gemäß § 19 Abs. 2 unterblieben ist. Für die im § 19 Abs. 2 Z 1 angeführten Eintragungen gilt dies jedoch nicht, wenn ihre Löschung gemäß § 133 GBG 1955 sogleich angeordnet werden könnte.

(3) Werden durch die Berichtigung bücherliche Rechte dritter Personen berührt, die auf Grund eines Rechtsgeschäftes nach der Umstellung des Grundbuchs eingetragen wurden, so ist sie nur dann zulässig, wenn der Antrag auf Berichtigung innerhalb von sechs Monaten nach der Eröffnung des umgestellten Grundbuchs beim Grundbuchsgericht einlangt oder die amtswegige Berichtigung innerhalb dieser Frist vollzogen wird.

Edikt

§ 22. (1) Das Grundbuchsgericht hat die Eröffnung des umgestellten Grundbuchs mit Edikt unter sinngemäßer Anwendung des § 60 Abs. 1 erster Satz AllgGAG kundzumachen.

(2) Das Edikt hat eine Belehrung über die Möglichkeit der Berichtigung gemäß § 21 zu enthalten.

Behandlung von Grundbuchsstücken

§ 23. Im Zeitpunkt der Eröffnung des umgestellten Grundbuchs unerledigte Grundbuchsstücke sowie Grundbuchsstücke, die während der im § 21 Abs. 3 bestimmten Frist beim Grundbuchsgericht einlangen, sind auch mit dem Buchstand in dem vor der Umstellung geführten Hauptbuch zu vergleichen. Gegebenenfalls ist eine Berichtigung gemäß § 21 vorzunehmen.

Übertragung von Grundbuchskörpern aus der Landtafel

§ 24. (1) Die Übertragung von Grundbuchskörpern oder Teilen von Grundbuchskörpern gemäß § 68 Abs. 2 AllgGAG ist nach der Umstellung einer Landtafel auf automationsunterstützte Datenverarbeitung auf Anordnung des Präsidenten des Oberlandesgerichtes auch von Amts wegen vorzunehmen, wenn dies mit Rücksicht auf den Stand der Umstellung der betroffenen Grundbücher auf automationsunterstützte Datenverarbeitung zweckmäßig ist.

(2) Erstrecken sich die zu übertragenden Grundbuchskörper oder Teile von Grundbuchskörpern innerhalb eines Gerichtsbezirks über mehrere Katastralgemeinden, so können unter Berücksichtigung der Übersichtlichkeit des Grundbuchs und der leichteren Grundbuchsführung für diesen Gerichtsbezirk auch mehrere Grundbuchskörper gebildet werden.

4. und 5. Abschnitt

§§ 25 und 26. *(betreffen Änderungen des GBG und des Gerichtskommissärsgesetzes)*

6. Abschnitt

Schlußbestimmungen

Haftung des Bundes

§ 27. Der Bund haftet für durch den Einsatz der automationsunterstützten Datenverarbeitung verursachte Schäden aus Fehlern bei der Grundbuchsführung. Die Haftung ist ausgeschlossen, wenn der Schaden durch ein unabwendbares Ereignis verursacht wird, das weder auf einem Fehler in der Beschaffenheit noch auf einem Versagen der Mittel der automationsunterstützten Datenverarbeitung beruht. Im übrigen ist das Amtshaftungsgesetz, BGBl. Nr. 20/1949, anzuwenden.

Anwendung des Datenschutzgesetzes

§ 28. (1) Die §§ 11, 12, 25, 32 bis 34 und 47 Abs. 4 zweiter und dritter Satz[1]) Datenschutzgesetz, BGBl. Nr. 565/1978, sind auf das Grundbuch nicht anzuwenden.

(2) Hinsichtlich der Grundstücksdatenbank ist die Betriebsordnung gemäß § 10 Datenschutzgesetz vom Bundesminister für Justiz im Rahmen seines Wirkungsbereiches im Einvernehmen mit dem Bundesminister für wirtschaftliche Angelegenheiten zu erlassen.

[1]) *Die Regelung des § 47 Abs 4 Satz 2 und 3 DSG findet sich seit der DSGNov 1986 BGBl 370 in § 8 Abs 5*

Gebühren

§ 29. (1) Innerhalb von sechs Monaten nach der Eröffnung des umgestellten Grundbuchs sind unbeglaubigte Grundbuchsabschriften von den Gerichtsgebühren befreit.

(2) Für die Grundbuchsabfrage nach den §§ 6 und 7 sind Verwaltungsabgaben zu entrichten, die vom Bundesminister für wirtschaftliche Angelegenheiten im Einvernehmen mit dem Bundesminister für Justiz in sinngemäßer Anwendung des § 47 Abs. 1 Vermessungsgesetz festzusetzen sind.[1]) *(BGBl I 1997/30, ab 1. 4. 1997)*

1) GrundstücksdatenbankV – GBDV BGBl II 1997/169

Inkrafttreten

§ 30. (1) Dieses Bundesgesetz tritt mit 1. Jänner 1981 in Kraft.

(2) Vor dem 1. Jänner 1981 datierte Urkunden, auf Grund deren eine bücherliche Eintragung geschehen soll, müssen bloß den zum Zeitpunkt des Inkrafttretens dieses Gesetzes geltenden gesetzlichen Bestimmungen entsprechen. Wenn aus diesen Urkunden das Geburtsdatum natürlicher Personen, die als Berechtigte in das Grundbuch eingetragen werden sollen, nicht hervorgeht, so ist es im Grundbuchsantrag anzugeben.

Vollziehung

§ 31. Mit der Vollziehung dieses Bundesgesetzes ist betraut:

1. mit der in der Z 2 bestimmten Ausnahme der Bundesminister für Justiz, und zwar im Einvernehmen mit dem „Bundesminister für wirtschaftliche Angelegenheiten", soweit die Führung der Grundstücksdatenbank berührt wird, und überdies im Einvernehmen mit dem Bundesminister für Finanzen bezüglich des „§ 29 Abs. 1". *(BGBl I 1997/30, ab 1. 4. 1997)*

2. nach Maßgabe des „§ 2 Abs. 1 bis 4 des Bundesgesetzes über die Bundesrechenzentrum GmbH, BGBl. Nr. 757/1996"*, der „Bundesminister für wirtschaftliche Angelegenheiten"** im Einvernehmen mit dem Bundesminister für Justiz hinsichtlich der Einrichtung und Betreibung der für die Grundstücksdatenbank erforderlichen Mittel der automationsunterstützten Datenverarbeitung mit Ausnahme der Datenendstationen im Wirkungsbereich des Bundesministers für Justiz und überdies im Einvernehmen mit dem Bundesminister für Finanzen bezüglich des „§ 29 Abs. 2"**. *(* BGBl 1996/757, ab 1. 1. 1997, und ** BGBl I 1997/30, ab 1. 4. 1997)*

19/2. Grundbuchsumstellungsverordnung

19/2. Verordnung des Bundesministers für Justiz vom 9. Feber 1981 gemäß § 12 Grundbuchsumstellungsgesetz, BGBl 1981/82

Verordnung des Bundesministers für Justiz vom 9. Feber 1981 gemäß § 12 Grundbuchsumstellungsgesetz

Gemäß § 12 Abs. 2 des Grundbuchsumstellungsgesetzes, BGBl. Nr. 550/1980, wird im Einvernehmen mit dem Bundesminister für Bauten und Technik[1]) verordnet:

[1]) *Jetzt: BM für Wirtschaft und Arbeit.*

§ 1. Nach Maßgabe des § 12 Abs. 2 und 3 GUG sind die im folgenden aufgezählten Bezeichnungen von Urkunden zu verwenden:

1. beim Erwerb des Eigentumsrechts die Bezeichnungen Amtsbestätigung, Amtsurkunde, Anmeldungsbogen, Anmeldungsbogen gemäß § 13 LiegTeilG, Aufhebungsvertrag, Ausstattungsvertrag, Baurechtsvertrag, Bescheid, Beschluß, Ehepakt, Einantwortungsurkunde, Einbringungsvertrag, Erbverzichtsvertrag, Gesellschaftsvertrag, Kaufvertrag, Leibrentenvertrag, Realteilungsvertrag, Schenkungsvertrag, Tauschvertrag, Treuhandvertrag, Übergabsvertrag, Urteil und gerichtlicher Vergleich;

2. beim Erwerb des Pfandrechts die Bezeichnungen Kaufvertrag, Leibrentenvertrag, Pfandurkunde, Schuldschein, Übergabsvertrag und Urteil.

§ 2. Entsprechen zwei oder mehrere der aufgezählten Bezeichnungen dem Inhalt der Urkunde, so sind diese Bezeichnungen gemeinsam zu verwenden (zum Beispiel Kauf- und Tauschvertrag).

§ 3. Entspricht keine der aufgezählten Bezeichnungen dem Inhalt der Urkunde, so ist die Bezeichnung Urkunde zu verwenden.

20/1. Urkundenhinterlegungsgesetz

20/1. Urkundenhinterlegungsgesetz, BGBl 1974/326

STICHWORTVERZEICHNIS

(Die Zahlenangaben beziehen sich auf die Paragraphen)

UHG mit LiegTG

Bundesgesetz vom 21. Mai 1974 über die gerichtliche Hinterlegung und Einreihung von Urkunden über Rechte an nichtverbücherten Liegenschaften und an Bauwerken (Urkundenhinterlegungsgesetz – UHG)

I. Abschnitt

Vorschriften für nichtverbücherte Liegenschaften und für Bauwerke

§ 1. (1) In die Sammlung der bei Gericht hinterlegten und eingereihten Liegenschafts- und Bauwerksurkunden werden aufgenommen

1. durch Hinterlegung

a) die in den §§ 434 bis 437, 451 und 481 ABGB bezeichneten Urkunden;

b) Urkunden über den Erwerb und die Übertragung von Reallasten;

c) Urkunden über den Erwerb und die Übertragung von Bestandrechten (§ 1095 ABGB);

d) Urkunden über den Erwerb von Wiederkaufsrechten und von Vorkaufsrechten (§§ 1070 und 1073 ABGB);

e) Urkunden über Belastungs- und Veräußerungsverbote (§ 364c ABGB);

2. durch Einreihung

a) Abschriften der Protokolle über die pfandweise Beschreibung nach den §§ 90 und 134 EO, Ausfertigungen des Beschlusses über die Erteilung des Zuschlags nach § 183 EO sowie Abschriften der Protokolle über die Pfändung und den Verkauf eines Bauwerks im Exekutionsverfahren;

b) andere Urkunden über den Erwerb eines dinglichen Rechtes, sofern zum Rechtserwerb nicht die Hinterlegung erforderlich ist;

c) Urkunden, die das Erlöschen eines durch Hinterlegung oder Einreihung ausgewiesenen Rechtes bewirken oder sein Nichtbestehen feststellen;

d) Beschlüsse, mit denen ein Antrag auf Hinterlegung oder Einreihung abgewiesen wird;

e) Rekurse gegen Beschlüsse, mit denen die Hinterlegung oder die Einreihung bewilligt oder abgewiesen worden ist, und Beschlüsse, mit denen über solche Rekurse entschieden wird;

f) Urkunden über sonstige Umstände, sofern diese im Fall der Verbücherung Gegenstand einer Anmerkung, Ersichtlichmachung oder Löschung sein könnten.

(2) Soweit die Wirkungen der Urkundenhinterlegung nicht bereits in anderen Vorschriften geregelt sind, entstehen die durch den Abs. 1 Z. 1 betroffenen Rechte und Lasten bzw. deren dingliche Wirkung erst mit der Urkundenhinterlegung. Der § 29 GBG 1955 ist sinngemäß anzuwenden.

(3) Die folgenden Bestimmungen über die Hinterlegung gelten für die Einreihung, soweit diese nicht gesondert genannt wird, sinngemäß.

§ 2. (1) Für die Bewilligung und den Vollzug der Urkundenhinterlegung ist das Bezirksgericht zuständig, in dessen Sprengel die nichtverbücherte Liegenschaft (das Bauwerk) liegt.

(2) Wäre zur Bewilligung der Eintragung in das Grundbuch ein anderes Gericht zuständig, so ist um die Hinterlegung bei diesem Gericht anzusuchen; wird die Hinterlegung bewilligt, so ist das im Abs. 1 genannte Gericht um den Vollzug zu ersuchen.

§ 3. (1) Anträge auf Hinterlegung sind schriftlich einzubringen. Bei den Bezirksgerichten können sie auch mündlich zu Protokoll gegeben werden.

(2) Der Antrag auf Urkundenhinterlegung ist in einer Ausfertigung zu überreichen. Im übrigen gilt der § 92 Abs. 2 bis 5 GBG 1955 sinngemäß.

(3) Dem Antrag ist die Urkunde, die hinterlegt werden soll, in Urschrift anzuschließen.

§ 4. (1) In dem Antrag ist die Liegenschaft durch die Einlagezahl, erforderlichenfalls durch die Grundstücksnummer zu bezeichnen und anzugeben, ob die Hinterlegung oder die Einreihung der Urkunde und für welche Rechte sie begehrt wird.

(2) Im Fall eines Bauwerks kann dem Antrag ein Plan über die Lage des Bauwerks angeschlossen werden.

(3) Urkunden eignen sich zur Hinterlegung, wenn sie den §§ 432 bis 437, 451, 481 ABGB entsprechen. Soweit diese Bestimmungen nicht unmittelbar anzuwenden sind, gelten die §§ 432, 433 ABGB sinngemäß.

§ 5. Einlaufstücke, die zu einer Hinterlegung führen können, sind mit dem Eingangsvermerk zu versehen; hierbei sind außer dem Tag, dem Monat und dem Jahr des Einlangens die Stunde, erforderlichenfalls auch die Minute des Einlangens anzugeben. Gelangen mehrere Stücke, die sich auf die nämliche Liegenschaft, auf das nämliche Bauwerk oder auf das nämliche Recht beziehen, gleichzeitig in die Einlaufstelle, so ist auf jedem dieser Stücke im Eingangsvermerk auf die übrigen gleichzeitig eingelangten Stücke hinzuweisen.

§ 6. (1) Einlaufstücke sind nach der Reihenfolge ihres Einlangens in ein besonderes Tagebuch einzutragen.

(2) Jedes in das Tagebuch eingetragene Einlaufstück ist in einer Kartei zu verzeichnen. Die Karteikarten sind nach Katastralgemeinden und Grundstücksnummern zu ordnen. Kartei-

karten sind neu zu eröffnen, wenn das erste auf die betreffende nichtverbücherte Liegenschaft (das betreffende Bauwerk) bezügliche Einlaufstück (§ 1) einlangt. Auf dieser Karteikarte sind dann die weiteren Einlaufstücke zu verzeichnen. Der wesentliche Inhalt des Einlaufstücks ist ersichtlich zu machen. Befinden sich jedoch auf einer Liegenschaft mehrere Bauwerke, so ist für jedes von ihnen eine gesonderte Karteikarte zu führen. Auf die anderen, dieselbe Liegenschaft betreffenden Karteikarten ist hinzuweisen.

(3) Für jeden Gerichtsbezirk ist eine alphabetisch angelegte Namenskartei zu führen. Alle Personen, deren Rechte durch die Urkundenhinterlegung berührt werden, sind in die Namenskartei aufzunehmen. Dabei ist die Art des Rechtes oder der Last ersichtlich zu machen. Der Name einer Person darf in der Kartei nur einmal vorkommen.

§ 7. (1) Vor der Entscheidung über den Hinterlegungsantrag ist durch Einsichtnahme in die Grundbücher und die zugehörigen Behelfe sowie die im § 6 Abs. 2 genannte Kartei festzustellen,

1. ob die in der Urkunde als nicht verbüchert angeführte Liegenschaft tatsächlich in keinem Grundbuch eingetragen ist,

2. ob das in der Urkunde angeführte Bauwerk im Grundbuch bereits ersichtlich gemacht ist,

3. ob bereits eine Karteikarte über die nichtverbücherte Liegenschaft (das Bauwerk) besteht.

(2) Das Ergebnis dieser Prüfung ist auf dem Antrag zu vermerken.

§ 8. Ist im Fall des § 7 Abs. 1 Z. 1 die Liegenschaft in einem Grundbuch eingetragen, so ist der Antrag auf Hinterlegung abzuweisen.

§ 9. (1) Wird der Antrag nicht nach § 8 abgewiesen, so ist die Hinterlegung zu bewilligen, wenn

1. kein gegründetes Bedenken gegen die persönliche Fähigkeit der bei der Hinterlegung Beteiligten zur Verfügung über den Gegenstand, den die Hinterlegung betrifft, oder gegen die Befugnis des Antragstellers zum Einschreiten vorhanden ist,

2. das Begehren durch den Inhalt der beigebrachten Urkunden begründet ist und

3. die Urkunden in der Form vorliegen, die zur Bewilligung der Hinterlegung erforderlich ist (§ 4 Abs. 3).

(2) Für die Hinterlegung bedarf es nicht des Nachweises, daß der, gegen den sich der durch die Hinterlegung beabsichtigte Rechtserwerb richtet (der Vormann, § 21 GBG 1955), Eigentümer der Liegenschaft oder sonst zur Bestellung des Rechtes befugt ist.

(3) Die in einer Urkunde enthaltene Bewilligung zur Einverleibung ersetzt die Erklärung der Einwilligung zur Hinterlegung der Urkunde, jedoch ist ein Antrag auf Einverleibung nicht als Antrag auf Hinterlegung anzusehen.

§ 10. (1) Über den Hinterlegungsantrag ist ohne Vernehmung der Parteien zu entscheiden. Wenn kein Bedenken besteht, ist im Beschluß auszusprechen, daß die gerichtliche Hinterlegung der Urkunde bewilligt wird. In dem Beschluß sind die Urkunde durch Angabe des Tages ihrer Ausstellung und die Liegenschaft oder das Bauwerk durch Anführung der Katastralgemeinde und der Grundstücksnummer sowie eines kennzeichnenden Wortes zu bezeichnen. Liegt Gleichzeitigkeit vor (§ 5 zweiter Satz), so ist in dem Beschluß auch darauf hinzuweisen.

(2) Die §§ 93, 95 bis 98, 102 Abs. 1 sowie die §§ 103 und 104 GBG 1955 sind sinngemäß anzuwenden.

(3) Die Entscheidung über den Hinterlegungsantrag ist in die Kartei nach § 6 Abs. 2 einzutragen.

§ 11. Die vollzogene Hinterlegung ist auf der Urschrift der Urkunde ersichtlich zu machen.

§ 12. (1) Der Beschluß, mit dem eine Hinterlegung oder eine Einreihung bewilligt wird, ist allen Personen, gegen die hierdurch die Übertragung, die Aufhebung, die Beschränkung oder die Belastung eines ihnen zustehenden dinglichen Rechtes bewirkt werden soll, dem Antragsteller und, wenn die Hinterlegung oder die Einreihung ein Bauwerk betrifft, stets auch dem bücherlichen Eigentümer der Liegenschaft zu eigenen Handen zuzustellen.

(2) Die Vorschriften über die Verständigungen durch Übermittlung einer Ausfertigung eines bewilligenden Grundbuchsbeschlusses sind sinngemäß anzuwenden.

(3) Der Beschluß, mit dem ein Hinterlegungs- oder ein Einreihungsantrag abgewiesen wird, ist dem Antragsteller unter Rückstellung der Urkunde zu eigenen Handen zuzustellen.

§ 13. Auf die Sammlung der bei Gericht hinterlegten und eingereihten Urkunden, besonders auf die Aufnahme einer Abschrift, sind die Vorschriften über die Urkundensammlung des Grundbuches anzuwenden. Jene Sammlung und die Urkundensammlung (§ 6 GBG 1955) sind getrennt zu führen.

§ 14. Wird eine bücherlich nicht eingetragene Liegenschaft pfandweise beschrieben oder im Lauf eines Versteigerungsverfahrens zugeschlagen (§§ 90, 134, 183 EO) oder wird ein Bauwerk gepfändet oder zwangsweise verkauft, so ist eine Abschrift des Protokolls über die Beschreibung bzw. eine Ausfertigung des Beschlusses über die Erteilung des Zuschlags, bzw. eine Abschrift des Protokolls über die Pfändung oder den Verkauf dem Grundbuchsgericht zu übersenden. Die Abschrift des Protokolls (die Ausfertigung des Beschlusses) ist von Amts wegen in die Sammlung der gerichtlich hinterlegten und eingereihten Urkunden einzureihen.

§ 15. Wird ein Antrag auf Hinterlegung abgewiesen, so ist die Eingabe mit der Urschrift des Abweisungsbeschlusses einzureihen.

§ 16. Rekurse sind samt der Urschrift der angefochtenen Entscheidung einzureihen.

§ 17. Die Bestimmungen des Allgemeinen Grundbuchsgesetzes 1955 über den Rekurs sind auf Rekurse gegen Beschlüsse über die Bewilligung oder die Verweigerung der Hinterlegung oder der Einreihung sinngemäß anzuwenden.

§ 18. Jedermann kann das Tagebuch, die Karteien und die Sammlung der bei Gericht hinterlegten und eingereihten Urkunden einsehen und abschreiben. Die Vorschriften über die Einsicht in das Grundbuch, die Grundbuchsabschriften und die Grundbuchsauszüge gelten sinngemäß.

§ 19. (1) Wird die Hinterlegung einer Urkunde über ein Bauwerk im Sinn des § 435 ABGB mit Zustimmung des Eigentümers der Liegenschaft, auf der das Bauwerk als befindlich behauptet wird, beantragt und festgestellt, daß das Bauwerk im Grundbuch nicht ersichtlich gemacht ist (§ 7 Abs. 1 Z. 2), so ist von Amts wegen im Gutsbestandsblatt ersichtlich zu machen, daß ein Bauwerk im Sinn des § 435 ABGB besteht.

(2) Von diesem Beschluß ist jeder Buchberechtigte zu verständigen. Ein Buchberechtigter kann gegen die Ersichtlichmachung des Bauwerks binnen 30 Tagen vom Tag der Zustellung des bewilligenden Beschlusses an Einspruch erheben, wenn ein Bauwerk überhaupt nicht oder nicht im behaupteten Umfang besteht. Über den Einspruch hat das Gericht von Amts wegen nach den Grundsätzen des Verfahrens außer Streitsachen die erforderlichen Erhebungen zu pflegen, wobei eine Einigung unter den Beteiligten anzustreben ist. Wird keine Einigung erzielt, so ist mit Beschluß zu entscheiden. Wird dem Einspruch stattgegeben, so ist nach Eintritt der Rechtskraft des Beschlusses der frühere Grundbuchsstand von Amts wegen wiederherzustellen. Die § 6 Abs. 2 und § 7 des Liegenschaftsteilungsgesetzes sind anzuwenden.

(3) Wird dem Grundbuchsgericht bekannt, daß das selbständige Eigentum am Bauwerk untergegangen ist, so ist die Ersichtlichmachung des Bauwerks im Grundbuch zu löschen.

§ 20. Auf die Unkenntnis von Tatsachen und Rechten, die aus den Karteien sowie aus den dort verzeichneten Urkunden ersichtlich sind, sowie auf die Vollständigkeit und Richtigkeit der Karteien kann sich niemand berufen.

II. Abschnitt
Vorschriften für den Fall der Vernichtung von Grundbüchern

§ 21. (1) Wird ein Grundbuch, besonders durch höhere Gewalt, vernichtet, so gelten bis zur Wiederanlegung des Grundbuchs die folgenden Bestimmungen.

(2) Der Präsident des übergeordneten Oberlandesgerichts hat die Vernichtung des Grundbuchs und ihren Umfang durch ein Edikt kundzumachen. Der § 60 des Allgemeinen Grundbuchsanlegungsgesetzes gilt sinngemäß.

§ 22. (1) Soweit zur Erwerbung, Übertragung, Beschränkung, Belastung oder Aufhebung eines Rechtes, zur Ersichtlichmachung persönlicher Verhältnisse oder zur Begründung bestimmter Rechtswirkungen bei Liegenschaften, die in einem öffentlichen Buch eingetragen sind, eine bücherliche Eintragung erforderlich ist, tritt an deren Stelle bei den Liegenschaften, die in den vernichteten öffentlichen Büchern eingetragen gewesen sind, die gerichtliche Hinterlegung des Geschäftsstücks (Urkunde, Antrag, Beschluß usw.), das beim Bestehen eines Grundbuchs den Grund zur bücherlichen Eintragung gegeben hätte.

(2) Die Hinterlegung hat unter der Bedingung, daß die aus dem hinterlegten Geschäftsstück sich ergebenden Rechte und Tatsachen in die wiederhergestellten öffentlichen Bücher aufgenommen werden, die Wirkung einer bücherlichen Eintragung.

§ 23. Für die Bewilligung und den Vollzug der Hinterlegung ist das Gericht zuständig, das für die Bewilligung und den Vollzug einer bücherlichen Eintragung zuständig wäre, wenn die öffentlichen Bücher nicht vernichtet worden wären.

§ 24. (1) In dem Antrag auf Hinterlegung ist die Liegenschaft durch die frühere Einlagezahl, erforderlichenfalls durch die Grundstücksnummer zu bezeichnen und anzugeben, ob die Hinterlegung an Stelle der Einverleibung, der Vormerkung, der Anmerkung, der Ersichtlichmachung oder der Löschung beantragt wird. Ein Antrag auf Einverleibung, Vormerkung, Anmerkung, Ersichtlichmachung oder Löschung gilt als Antrag auf entsprechende Hinterlegung.

(2) Die in einer Urkunde enthaltene Bewilligung zur Einverleibung oder Vormerkung ersetzt die Erklärung der Einwilligung zur entsprechenden Hinterlegung.

§ 25. Die §§ 3, 5 und 6 Abs. 1 sind anzuwenden. An die Stelle des Tagebuchs tritt der Reihungsvormerk.

§ 26. (1) Die Hinterlegung ist nur zu bewilligen, wenn die im § 94 Abs. 1 Z. 2 bis 4 GBG 1955 angeführten Voraussetzungen gegeben sind.

(2) Für die Hinterlegung bedarf es nicht des Nachweises, daß der, gegen den sie sich richtet (Vormann), Eigentümer der Liegenschaft oder sonst zur Bestellung, Übertragung, Beschränkung, Belastung oder Aufhebung des Rechtes befugt ist.

§ 27. Über den Hinterlegungsantrag ist ohne Vernehmung der Parteien zu entscheiden. In dem Beschluß ist die Liegenschaft durch die frühere Einlagezahl, erforderlichenfalls durch die Grundstücksnummer zu bezeichnen.

§ 28. (1) Besteht kein Bedenken, so ist im Beschluß auszusprechen, daß die gerichtliche Hinterlegung des Geschäftsstücks an Stelle der Einverleibung, der Vormerkung, der Anmerkung, der Ersichtlichmachung oder der Löschung bewilligt wird. Der § 11 ist anzuwenden.

(2) Ist die Hinterlegung an Stelle einer Anmerkung der Rangordnung (§§ 53ff. GBG 1955) dem Antrag gemäß bewilligt worden, so ist der Antrag mit der Urschrift des Beschlusses zu hinterlegen und dies auf der der Partei zuzustellenden Ausfertigung zu bestätigen. Diese Ausfertigung gilt als Rangordnungsbeschluß.

(3) Wird der Antrag auf Hinterlegung abgewiesen, so sind die §§ 99 bis 101 GBG 1955 mit der Änderung anzuwenden, daß an die Stelle der Anmerkung der Abweisung und deren Löschung die Hinterlegung der entsprechenden Beschlüsse tritt. Der § 16 ist anzuwenden.

§ 29. (1) Die zu hinterlegenden Geschäftsstücke sind in Urschrift samt den Eingaben und den Rückscheinen und samt der Urschrift des gerichtlichen Beschlusses in der Reihenfolge des Einlangens der Anträge bei Gericht, nach den Zahlen des Reihungsvormerks geordnet, zu hinterlegen.

(2) Der Antragsteller kann gegen Vorlage einer gerichtlich oder notariell beglaubigten Abschrift die Ausfolgung der von ihm überreichten Urschrift verlangen. Dieses Verlangen kann schon im Antrag auf Hinterlegung gestellt werden, wenn dem Antrag eine gerichtlich oder notariell beglaubigte Abschrift des zu hinterlegenden Geschäftsstücks beigelegt wird.

§ 30. (1) Jedes in den Reihungsvormerk eingetragene Einlaufstück ist in einer Kartei zu verzeichnen, die nach den Katastralgemeinden und den ehemaligen Einlagezahlen geordnet ist. Im übrigen gilt der § 6 Abs. 2 sinngemäß.

(2) Ferner ist ein Personenverzeichnis in Karteiform zu führen. Die Vorschriften über das Personenverzeichnis zum Grundbuch sind anzuwenden.

(3) Der § 18 gilt sinngemäß.

§ 31. (1) Dieser Abschnitt gilt auch für die bücherlichen Eintragungen, die in einem Exekutions-(Sicherungs-)verfahren vorzunehmen wären. Die Anträge müssen die frühere Einlagezahl, erforderlichenfalls die Angabe der Grundstücksnummer enthalten. Das Exekutionsverfahren richtet sich nach den Vorschriften für bücherlich eingetragene Liegenschaften. Es genügt aber die Vorlage eines Grundbuchsauszugs[1]), der vom Grundbuchsgericht für das betreffende Exekutionsverfahren aus den erhaltenen Teilen der Geschäftsbehelfe, der Akten und den Eintragungen im Reihungsvormerk ergänzt ist. Bei der Bewilligung der Exekution ist auch eine Ausfertigung des vollstreckbaren Exekutionstitels zu hinterlegen. Ein nach Berichtigung aller Ansprüche verbleibender Rest der Verteilungsmasse (§ 217 Abs. 2 EO) darf erst einen Monat nach Ablauf des zweiten Ediktes (§ 46 des Allgemeinen Grundbuchsanlegungsgesetzes) dem Verpflichteten ausgefolgt werden.

(2) Wird das Grundbuch während der Anhängigkeit des Exekutionsverfahrens wiedereröffnet, so ist bei der Fortsetzung auf die wiederhergestellten Einlagen Bedacht zu nehmen. Alle bücherlich Berechtigten haben das Verfahren in der Lage anzunehmen, in der es sich zur Zeit der Eröffnung der neuen Einlage befindet.

[1]) *Jetzt: Grundbuchsabschrift (§ 5 GUG)*

§ 32. Der § 20 ist anzuwenden.

§ 33. Dieser Abschnitt ist auch auf Baurechte anzuwenden, die in einer vernichteten Einlage eingetragen gewesen sind.

§ 34. Soweit dieser Abschnitt nicht anderes anordnet, ist das Allgemeine Grundbuchsgesetz 1955 sinngemäß anzuwenden.

III. Abschnitt
Schluß- und Übergangsbestimmungen

§ 35. Dieses Bundesgesetz tritt mit 1. Juni 1974 in Kraft.

§ 36. Mit dem Inkrafttreten dieses Bundesgesetzes treten der § 24 der Kaiserlichen Verordnung vom 19. März 1916, RGBl. Nr. 69, über die dritte Teilnovelle zum allgemeinen bürgerlichen Gesetzbuch und die Verordnung des Bundesministeriums für Justiz vom 18. November 1927, BGBl. Nr. 326, über die gerichtliche Hinterlegung von Urkunden zum Erwerbe dinglicher Rechte an nichtverbücherten Liegenschaften und an Bauwerken, soweit sie noch gelten, außer Kraft.

§ 37. *(überholt)*

§ 38. Bereits hinterlegte Urkunden sind auf Antrag eines Berechtigten oder eines Belasteten auch in den Karteien zu verzeichnen (Verzeichnungsantrag). Diese Verzeichnung ist auf der Urkunde ersichtlich zu machen. Erworbene Rechte werden hierdurch nicht erweitert. Der § 20 ist anzuwenden, sofern die bereits hinterlegte Urkunde in den Karteien verzeichnet worden ist.

§ 39. Die Anträge nach § 38 sind von den Eintragungsgebühren nach TP 9 Buchstabe b des Tarifes zum Gerichtsgebührengesetz befreit.

§ 40. Mit der Vollziehung dieses Bundesgesetzes ist der Bundesminister für Justiz betraut.

20/2. Liegenschaftsteilungsgesetz

20/2. Liegenschaftsteilungsgesetz, BGBl 1930/3 idF

1 dRGBl 1944 I 216
2 BGBl 1950/141
3 BGBl 1961/166
4 BGBl 1961/265 (DFB)
5 BGBl 1968/306
6 BGBl 1975/238
7 BGBl 1976/91
8 BGBl 1989/343 (WGN 1989)
9 BGBl I 1997/140 (WGN 1997)
10 BGBl I 2001/98 (2. Euro-JuBeG)

GLIEDERUNG

UHG mit LiegTG

STICHWORTVERZEICHNIS

(Die Zahlenangaben beziehen sich auf die Paragraphen)

Bundesgesetz vom 19. Dezember 1929 über grundbücherliche Teilungen, Ab- und Zuschreibungen (Liegenschaftsteilungsgesetz [Lieg.Teil.G.])

I. Teilung von Grundstücken

§ 1. (1) Die grundbücherliche Teilung eines Grundstückes kann nur auf Grund eines Planes durchgeführt werden, der

1. von einem Ingenieurkonsulenten für Vermessungswesen,

2. von einer Vermessungsbehörde,

3. innerhalb ihres Wirkungsbereiches von einer Dienststelle des Bundes oder eines Landes, die über einen Bediensteten verfügt, der das Studium für Vermessungswesen an einer wissenschaftlichen Hochschule vollendet hat und eine praktische Betätigung durch mindestens zwei Jahre auf dem Gebiet der Grenzvermessungen für alle Zwecke der grundbücherlichen Teilungen, Ab- und Zuschreibungen nachweist, oder

4. innerhalb ihres Wirkungsbereiches von einer Agrarbehörde verfaßt worden ist.

(2) Durch Verordnung können nach Einholung eines Gutachtens der beteiligten Ingenieurkammern auch die für Zwecke des eigenen Dienstbereiches verfaßten Pläne anderer Behörden und Ämter, die über mindestens einen Bediensteten verfügen, der das Studium für Vermessungswesen an einer wissenschaftlichen Hochschule vollendet hat, und eine praktische Betätigung durch mindestens zwei Jahre auf dem Gebiet der Grenzvermessungen für alle Zwecke der grundbücherlichen Teilungen, Ab- und Zuschreibungen nachweist, als geeignet erklärt werden, zur Grundlage grundbücherlicher Teilungen zu dienen.

(3) Die durch eine Verordnung gemäß Abs. 2 verliehene Berechtigung erlischt, wenn kein Bediensteter, der die genannten Voraussetzungen aufweist, dieser Dienststelle mehr angehört.

(BGBl 1975/238)

§ 2. Nebst der Urschrift des Planes ist eine vom Verfasser desselben oder von einer der in § 1 bezeichneten Person oder Stelle beglaubigte gebührenfreie Kopie für die Urkundensammlung und die Bescheinigung des Vermessungsamtes gemäß § 39 Vermessungsgesetz beizulegen. Die für die Urkundensammlung bestimmte Kopie kann durch die Urschrift ersetzt werden.

(BGBl 1968/306)

II. Abschreibung

A. Allgemeine Bestimmungen

§ 3. (1) Zur Abschreibung einzelner Bestandteile eines Grundbuchskörpers ist die Zustimmung der Personen, für die dingliche Rechte an dem Grundbuchskörper bücherlich eingetragen sind (Buchberechtigte), nicht erforderlich, wenn für das Trennstück eine neue Einlage eröffnet wird und die Rechte der Buchberechtigten in diese, und zwar die Pfandrechte als Simultanhypotheken, eingetragen werden.

(2) Bei Grunddienstbarkeiten, die auf bestimmte räumliche Grenzen beschränkt sind (§ 12, Absatz 2, G.B.G.), entfällt die Eintragung in der neuen Einlage, wenn sich diese Lasten auf das abzuschreibende Trennstück nicht beziehen (§ 847 a.b.G.B.).

(3) Eine Anmerkung der Rangordnung hindert die Abschreibung, sofern nicht die Ausfertigung des die Anmerkung bewilligenden Bescheides vorgelegt wird; in diesem Fall ist die Abschreibung sowie die Bezeichnung der für das Trennstück eröffneten neuen Einlage auf der vorgelegten Ausfertigung zu vermerken.

(4) Von der Abschreibung und der Eröffnung der neuen Einlage sind alle Beteiligten zu verständigen.

§ 4. (1) Soll das Trennstück lastenfrei abgeschrieben werden, so kann der Eigentümer des Grundbuchskörpers, von dem es abgetrennt werden soll, die Buchberechtigten durch das Grundbuchsgericht auffordern lassen, gegen die lastenfreie Abtrennung binnen 30 Tagen vom Tage der Zustellung der Aufforderung an Einspruch zu erheben, widrigens die Abschreibung bewilligt wird und der Aufgeforderte sein Recht an dem Trennstücke zugleich mit der Abschreibung verliert.

(2) Haften auf dem Grundbuchskörper, von dem das Trennstück lastenfrei abgeschrieben werden soll, nach dem Kaiserlichen Patent vom 5. Juli 1853, R.G.Bl. Nr. 130, regulierte Nutzungsrechte oder noch nicht regulierte Nutzungsrechte solcher Art, so ist von dem Antrag auch die Agrarbehörde von Amts wegen zu verständigen, der die Rechte eines Buchberechtigten zustehen.

(3) Der Antrag hat das Trennstück genau zu beschreiben; nötigenfalls ist ein entsprechender Teilungsplan anzuschließen.

(4) Die Bestimmungen des § 3, Absatz 2 und 3, sind auf die lastenfreie Abschreibung sinngemäß anzuwenden; auf der Ausfertigung des Rangordnungsbescheides ist zu vermerken, daß das Trennstück lastenfrei abgeschrieben wurde.

§ 5. (1) Der Antrag nach § 4, Absatz 1, ist in der Einlage des Grundbuchskörpers, von dem das Trennstück abgeschrieben werden soll, anzumerken. Die Anmerkung hat die Wirkung, daß spätere Eintragungen die Abschreibung nicht hindern.

(2) Die Anmerkung ist gleichzeitig mit der Bewilligung der Abschreibung, spätestens aber

zwei Jahre nach der Bewilligung der Anmerkung von Amts wegen zu löschen.

§ 6. (1) Die Aufforderung ist nach den für die Zustellung von Klagen geltenden Vorschriften zuzustellen.

(2) Die Frist für den Einspruch kann nicht erstreckt werden. Bei ihrer Berechnung dürfen Ferial-, Sonn- oder Feiertage sowie die Tage des Postenlaufes nicht abgerechnet werden. Wiedereinsetzung gegen die Versäumung der Frist findet nicht statt.

§ 7. (1) Der Einspruch ist bei dem Grundbuchsgerichte mündlich oder schriftlich anzubringen. Von einem Einspruch ist der Antragsteller zu verständigen.

(2) Verspätete Einsprüche sind von Amts wegen zurückzuweisen.

§ 8. Wurde ein Einspruch rechtzeitig nicht erhoben, so ist hierüber auf Antrag eine Bestätigung unter Anführung der Aufgeforderten, die Einspruch nicht erhoben haben, auszustellen.

§ 9. (1) Ein rechtzeitig erhobener Einspruch hemmt die beabsichtigte Abschreibung; der Angabe von Gründen im Einspruche bedarf es nicht.

(2) Durch Zahlung der Schuld oder durch einen gerichtlichen Beschluß, der den Einspruch zurückweist (§ 7, Absatz 2) oder für unwirksam erklärt (§ 11), wird die Hemmung behoben. Die Zahlung muß durch eine den Erfordernissen einer Einverleibung entsprechende Urkunde nachgewiesen werden.

§ 10. Buchberechtigte, die Einspruch erhoben haben, müssen, wenn ihre Forderung mit einem dem Betrage nach bestimmten Kapital eingetragen ist, die Zahlung selbst dann annehmen, wenn die Forderung noch nicht fällig ist; doch bleibt ihnen das persönliche Recht auf Schadenersatz wegen des durch die vorzeitige Zahlung etwa erlittenen Nachteiles vorbehalten.

§ 11. (1) Der Einspruch eines Buchberechtigten ist auf Antrag für unwirksam zu erklären,

1. wenn er gegen die Vornahme eines Tausches von Grundstücken gerichtet ist, die der Landwirtschaft gewidmet sind, und wenn der Tausch geeignet ist, entweder eine Arrondierung oder eine bessere Bewirtschaftung der Besitztümer der Tauschenden zu bewirken, und wenn

2. in beiden Fällen die Sicherheit der Forderung, wegen welcher Einspruch erhoben wurde, nach den Bestimmungen des § 1374 a.b.G.B. nicht gefährdet erscheint.

(2) Der Nachweis, daß durch den Grundtausch eine Arrondierung bewirkt wird, kann durch die Katastralmappe, durch ein amtliches Zeugnis der Agrarbehörde oder des Gemeindevorstandes der Gemeinde, in deren Gemarkung die Grundstücke gelegen sind, oder auf andere glaubwürdige Art geführt werden. Wege oder Bäche heben den Zusammenhang von Grundstücken nicht auf.

(3) Der Nachweis, daß der Tausch geeignet ist, eine bessere Bewirtschaftung zu bewirken, ist durch Beibringung eines amtlichen Zeugnisses der Agrarbehörde zu führen.

§ 12. Über Anträge auf Unwirksamerklärung eines Einspruches hat das Gericht nach den Grundsätzen des Verfahrens außer Streitsachen die erforderlichen Erhebungen durchzuführen, wobei eine Einigung unter den Beteiligten anzustreben ist. Wird keine Einigung erzielt, so ist über den Antrag auf Unwirksamerklärung des Einspruches durch Beschluß zu entscheiden.

B. Abschreibung geringwertiger Trennstücke

§ 13. (1) Sollen ein Trennstück oder mehrere Trennstücke lastenfrei abgeschrieben werden, so kann die Vermessungsbehörde den Antrag auf bücherliche Durchführung und bei Übertragung des Eigentums auch den Titel des Eigentumserwerbes beurkunden, wenn die Voraussetzungen für die Zulässigkeit der Abschreibung hinsichtlich des Wertes oder des Flächeninhaltes des Trennstückes oder der Trennstücke (Abs. 3 oder 5) offenbar gegeben sind.

(2) Auf Grund dieser Beurkundung und des dem Anmeldungsbogen angeschlossenen Planes ist, sofern die in den Abs. 3 oder 5 genannten Voraussetzungen vorliegen, die Ab- und Zuschreibung zu bewilligen. Hiezu bedarf es unbeschadet sonstiger Voraussetzungen weder der Vorlegung einer Urkunde noch der Zustimmung oder Aufforderung (§ 4) der Buchberechtigten. Doch sind diese von der Abschreibung zu verständigen.

(3) Die Abschreibung von einem unbelasteten Grundbuchskörper ist zulässig, wenn sich der Wert der bei dem Grundbuchskörper verbleibenden Grundstücke infolge der Abschreibung jedes einzelnen Trennstückes offenbar um nicht mehr als je „1 300 Euro" verringern würde. *(BGBl I 2001/98, ab 1. 1. 2002)*

(4) Ein Grundbuchskörper, der nur mit Dienstbarkeiten belastet ist, die auf bestimmte räumliche Grenzen beschränkt sind (§ 12 Abs. 2 GBG. 1955) und die sich nicht auf die abzuschreibenden Trennstücke beziehen, wird wie ein unbelasteter Grundbuchskörper behandelt.

(5) Im übrigen ist die Abschreibung von einem belasteten Grundbuchskörper zulässig,

a) wenn sich der Wert der bei dem Grundbuchskörper verbleibenden Grundstücke infolge der Abschreibung insgesamt offenbar um nicht mehr als „1 300 Euro“ verringern würde, *(BGBl I 2001/98, ab 1. 1. 2002)*

b) wenn die Summe der Flächeninhalte der Trennstücke ein Hundertstel des Flächeninhaltes des zusammenhängenden Teiles des Grundbuchskörpers nicht übersteigt,

c) wenn innerhalb eines Zeitraumes von fünf Jahren vor der Bewilligung der Abschreibung keine lastenfreie Abschreibung auf Grund dieses Absatzes vorgenommen worden ist und

d) wenn durch die begehrte Abschreibung die Ausübung einer Grunddienstbarkeit nicht unmöglich gemacht oder behindert würde.

(BGBl 1961/166 und DFB BGBl 1961/265)

§ 14. (1) Ein Buchberechtigter kann gegen die lastenfreie Abschreibung innerhalb 30 Tagen vom Tage der Zustellung des bewilligenden Beschlusses an Einspruch erheben, wenn er behauptet, daß eine der Voraussetzungen für die Zulässigkeit der Abschreibung gemäß § 13 Abs. 5 nicht gegeben ist. Über den Einspruch hat das Gericht von Amts wegen nach den Grundsätzen des Verfahrens außer Streitsachen die erforderlichen Erhebungen zu pflegen, wobei eine Einigung unter den Beteiligten anzustreben ist. Wird keine Einigung erzielt, so ist über den Einspruch durch Beschluß zu entscheiden. Wird ihm stattgegeben, so ist nach Rechtskraft des Beschlusses der frühere Grundbuchsstand von Amts wegen wiederherzustellen. Die Bestimmungen des § 6 Abs. 2 und der §§ 7 und 10 sind sinngemäß anzuwenden. *(BGBl 1961/166)*

(2) Wurde das Trennstück einem andern Grundbuchskörper zugeschrieben oder wurde aus ihm ein neuer Grundbuchskörper gebildet, so ist der Einspruch in der Einlage dieses Grundbuchskörpers anzumerken. Die Anmerkung hat die Wirkung, daß der Abschreibung nachfolgende Eintragungen die Wiederherstellung des früheren Grundbuchsstandes nicht hindern, wenn dem Einspruche stattgegeben wird. Sie ist nach rechtskräftiger Erledigung des Einspruches von Amts wegen zu löschen.

C. Sonderbestimmungen für die Verbücherung von Straßen-, Weg-, Eisenbahn- und Wasserbauanlagen

§ 15. Die folgenden Bestimmungen sind anzuwenden:

1. auf Grundstücke, die zur Herstellung, Umlegung oder Erweiterung und Erhaltung einer Straßen-, Weg- oder Eisenbahnanlage oder einer Anlage zur Leitung, Benützung, Reinhaltung oder Abwehr eines Gewässers (zum Beispiel Bewässerungs-, Entwässerungs-, Kanalisations-, Wasserleitungsanlage, Schutz- oder Regulierungsbau, Wildbachverbauung), einschließlich der hiezu erforderlichen besonderen Werkanlagen (zum Beispiel Trieb- und Stauwerke), verwendet worden sind;

2. auf Teile eines bei der Herstellung einer solchen Anlage aufgelassenen Straßenkörpers, Weges oder Eisenbahngrundstückes oder eines frei gewordenen Gewässerbettes;

3. auf Grundstücksreste, die durch eine solche Anlage von den Stammgrundstücken abgeschnitten worden sind.

(BGBl 1961/166)

§ 16. Die Vermessungsbehörde hat auf dem Anmeldungsbogen nach Maßgabe der tatsächlichen Verhältnisse zu bestätigen, daß es sich um eine Straßen-, Weg-, Eisenbahn- oder Wasserbauanlage handelt.

(BGBl 1961/166)

§ 17. (1) Hinsichtlich der im § 15, Z. 1 und 2, bezeichneten Grundstücke hat das Gericht nach Einlangen des Anmeldungsbogens zu ermitteln, ob ihr Wert den Betrag von „5 200 Euro“ wahrscheinlich nicht übersteigt, und zwar ist hinsichtlich der im § 15, Z. 1, bezeichneten Grundstücke der Wert der von jedem einzelnen Grundbuchskörper abzuschreibenden Trennstücke festzustellen. *(BGBl I 2001/98, ab 1. 1. 2002)*

UHG mit LiegTG

(2) Der Wert ist ohne förmliche Schätzung durch Bedachtnahme auf Wertermittlungen gelegentlich von Verkäufen oder Schätzungen gleichartiger benachbarter Grundstücke, allenfalls durch Vernehmung von Vertrauensmännern der Gemeinde, zu ermitteln.

§ 18. (1) Übersteigt der Wert den Betrag von „5 200 Euro“ wahrscheinlich nicht, so sind die durch die Anlage verursachten, aus dem Anmeldungsbogen und seinen Beilagen ersichtlichen Änderungen hinsichtlich der im § 15 Z. 1 und 2 bezeichneten Grundstücke sofort und von Amts wegen bücherlich durchzuführen. Der Zustimmung der Eigentümer oder der Buchgläubiger bedarf es unbeschadet sonstiger Voraussetzungen nicht. Das gleiche gilt von den im § 15 Z. 3 angeführten Grundstücken, sofern für sie keine neue Grundbuchseinlage eröffnet werden muß. *(BGBl 1961/166 und BGBl I 2001/98, ab 1. 1. 2002)*

(2) War die aufgelassene Anlage als öffentliches Gut oder Gemeindegut im Grundbuche nicht eingetragen, so bedarf es einer Einleitung des Einbücherungsverfahrens (§ 65 Allg.G.A.G.) nicht, doch ist durch Befragung der Gemeindevorstehung oder in anderer einfacher Weise festzustellen, ob und welche Lasten auf dem Grundstücke haften.

(3) Übersteigt der Wert der zu der Anlage verwendeten, von einem Grundbuchskörper

abzuschreibenden Trennstücke den Betrag von „5 200 Euro", so kann die bücherliche Durchführung gleichwohl gemäß Absatz 1 erfolgen, wenn der Mehrbetrag voraussichtlich durch die Wertsteigerung ausgeglichen wird, welche die bei dem Grundbuchskörper verbleibenden Grundstücke durch die Anlage erfahren haben. *(BGBl I 2001/98, ab 1. 1. 2002)*

§ 19. (1) Der Beschluß über die bücherliche Durchführung der Veränderungen ist dem Bauherrn, den Eigentümern der betroffenen Grundstücke und den Buchberechtigten nach den für die Zustellung von Klagen geltenden Vorschriften zuzustellen.

(2) Für Personen, an die der Beschluß nicht zugestellt werden kann, weil sie unbekannten Aufenthaltes sind, oder an die er nur in umständlicher Weise zugestellt werden könnte, weil sie sich in einem Staat aufhalten, mit dem der Zustellungsverkehr erfahrungsgemäß schwierig ist, hat das Gericht auf Kosten des Bauherrn von Amts wegen Kuratoren zu bestellen. Vor Bestellung eines Kurators ist dem Bauherrn Gelegenheit zur Äußerung zu geben.

§ 20. Allfällige Ersatzansprüche der Eigentümer, Buchberechtigten oder sonstiger Beteiligter, die aus Anlass der bücherlichen Durchführung der durch die Anlage verursachten Veränderungen erhoben werden, verjähren gegen die Personen, die nach den Grundsätzen des Privatrechtes zum Schadenersatz verpflichtet sind, in drei Jahren nach Ablauf des Tages, an dem der Schaden dem Geschädigten bekannt geworden ist, keinesfalls aber vor einem Jahr nach Rechtskraft der Eintragung. Ist dem Geschädigten der Schaden nicht bekannt geworden oder ist der Schaden aus einem Verbrechen entstanden, so verjährt der Anspruch erst nach zehn Jahren nach der Entstehung des Schadens. Auf diese Rechtslage ist im Beschluss hinzuweisen.

(BGBl I 2001/98, ab 1. 1. 2002)

§ 21. Soweit die durch die Anlage verursachten Veränderungen nicht nach den vorstehenden Bestimmungen bücherlich durchgeführt werden können, ist gemäß § 28 vorzugehen.

§ 22. Berührt die Anlage die Sprengel mehrerer Bezirksgerichte, so ist jedes für den in seinem Sprengel gelegenen Teil der Anlage zuständig. Diese Gerichte haben das Verfahren auch für die von der Anlage berührten landtäflichen oder im Eisenbahnbuch oder Bergbuch eingetragenen Liegenschaften durchzuführen. *(dRGBl 1944 I 216)*

(2) *(aufgehoben, dRGBl 1944 I 216)*

§ 22a. *(Nicht anwendbar wegen Art. 18 Abs. 2 B-VG.)*

III. Verfahren bei Ab- und Zuschreibungen

§ 23. (1) Die Abschreibung einzelner Bestandteile eines Grundbuchskörpers von einer Einlage und deren Zuschreibung zu einer andern oder die Eröffnung einer neuen Einlage für sie ist mit einem einzigen Gesuch anzusuchen.

(2) Sind die Verfügungen darüber in den Büchern zweier Gerichte zu vollziehen, so ist das Gesuch bei dem Gerichte zu überreichen, das die Abschreibung vornehmen soll. Findet dieses keinen Anstand gegen die Bewilligung, so hat es die Abschreibung anzumerken und das Gesuch behufs Bewilligung und Vornahme der Zuschreibung oder Eröffnung einer neuen Einlage an das zweite Gericht mit dem Bemerken zu senden, daß gegen die Abschreibung kein Anstand obwalte.

(3) Die Anmerkung der Abschreibung hat die Wirkung, daß spätere Eintragungen für den abzuschreibenden Bestandteil nur dann Wirksamkeit erlangen, wenn dessen Eintragung in einer anderen Einlage nicht bewilligt wird.

§ 24. (1) Das zweite Gericht hat, wenn es ebenfalls keinen Anstand findet, die Zuschreibung oder die Eröffnung der neuen Einlage vorzunehmen und hievon das erste Gericht in Kenntnis zu setzen, das die angemerkte Abschreibung unter Angabe des Buches und der Einlage, in der der abgeschriebene Bestandteil eingetragen worden ist, zu vollziehen und die Beteiligten hievon zu verständigen hat.

(2) Wird dagegen die Zuschreibung oder die Eröffnung einer neuen Einlage nicht bewilligt, so ist das erste Gericht unter Angabe der Abweisungsgründe in Kenntnis zu setzen. Dieses hat hievon den Einschreiter unter Mitteilung der Abweisungsgründe mit dem Bemerken zu verständigen, daß die Anmerkung der Abschreibung nach eingetretener Rechtskraft des abweislichen Bescheides gelöscht werden wird.

(3) Wird die Ab- und Zuschreibung bewilligt, so ist das Gesuch mit den Beilagen bei dem Gericht aufzubewahren, bei dem die Zuschreibung oder die Eröffnung der neuen Einlage erfolgt ist.

(4) In sinngemäßer Weise ist auch bei der Ab- und Zuschreibung von Grundstücken im Wege des Tausches vorzugehen. Den Beteiligten steht dabei die Wahl frei, bei welchem der beiden Gerichte sie das Gesuch überreichen wollen.

§ 25. (1) Durch die Abschreibung erlischt außer dem Falle des § 3 für den abgeschriebenen Bestandteil die Wirksamkeit aller auf den Grundbuchskörper sich beziehenden Eintragungen.

(2) Durch die Zuschreibung erlangen alle auf den Grundbuchskörper, dem der Bestandteil zugeschrieben wird, sich beziehenden Eintragungen auch für das zugeschriebene Stück Wirksamkeit.

IV. Übereinstimmung des Grundbuches und der Grundbuchsmappe mit dem Grundkataster

§ 26. Soweit die Eintragungen im Gutsbestandsblatte des Grundbuches sich auf Tatsachen beziehen, die aus dem Grundkataster ersichtlich sind, hat das Gericht Veränderungen auf Grund des Anmeldungsbogens ohne Einvernehmung der Parteien von Amts wegen durchzuführen, wenn sich aus dem Grundbuchsstande keine Hindernisse ergeben.

§ 27. *(aufgehoben, BGBl 1975/238)*

§ 28. (1) Erlangt das Buchgericht durch eine Mitteilung der Vermessungsbehörde oder aus Anlaß einer Verlassenschaftsabhandlung amtliche Kenntnis, daß die bücherliche Eintragung des Eigentums unterblieben ist, so hat es der säumigen Partei nach deren Einvernehmung eine Frist zu bestimmen, innerhalb welcher sie die Ordnung des Grundbuchsstandes zu bewirken oder sich über die Schritte auszuweisen hat, die sie zur Beseitigung entgegenstehender Hindernisse unternommen hat.

(2) In gleicher Weise ist vorzugehen, wenn der Ersteher im Fall einer Zwangsversteigerung mit dem Antrag auf Einverleibung seines Eigentums und Löschung der nicht übernommenen Lasten und Rechte (§ 237 E.O.) säumig und das Exekutionsgericht zugleich Grundbuchsgericht ist; andernfalls hat das Exekutionsgericht das Grundbuchsgericht von der Säumigkeit des Erstehers zu verständigen, worauf dieses nach Absatz 1 vorzugehen hat.

(3) Das Überschreiten der Frist, deren Einhaltung von Amts wegen zu überwachen ist, wird durch eine im vorhinein anzudrohende und im Falle der Wiederholung zu steigernde Geldstrafe bis „500 Euro“ geahndet. *(BGBl I 2001/98, ab 1. 1. 2002)*

(4) Das Verfahren hat sich nach den Bestimmungen über das Verfahren in Angelegenheiten außer Streitsachen zu richten.

§ 28a. (1) Betreffen die angezeigten Veränderungen Grundstücke, bezüglich deren das Grundbuch bei mehreren Gerichten geführt wird, so haben diese Gerichte miteinander das Einvernehmen zu pflegen. Das Gericht, bei dem der Anmeldungsbogen eingebracht wurde, hat bei seinen Erhebungen (Vernehmungen) auch auf die bei dem anderen Gerichte vorzunehmenden Amtshandlungen Bedacht zu nehmen, dem anderen Gerichte den zweiten Durchschlag oder eine Abschrift des Anmeldungsbogens und der aufgenommenen, zur Erledigung notwendigen Protokolle zu übersenden und hiebei mitzuteilen, welche Erledigung es beabsichtigt.

(2) Sind die beiden Gerichte einig, so erlassen sie entsprechende Beschlüsse. Ist nach Ansicht beider Gerichte ein Auftrag zur Herstellung der Grundbuchsordnung zu erteilen, so obliegt das weitere Verfahren ausschließlich dem Gerichte, dessen Grundstück verkleinert werden soll.

(3) Sind die beiden Gerichte verschiedener Meinung, so ist zunächst die Ansicht des Gerichtes maßgebend, das eine weitergehende Veränderung annimmt, zum Beispiel nicht eine Mappenberichtigung, sondern die Erteilung eines Auftrages zur Herstellung der Grundbuchsordnung beabsichtigt. Erwächst dieser Beschluß in Rechtskraft, so sind beide Gerichte an diese Entscheidung gebunden.

(BGBl 1968/306)

§ 29. (1) Die grundbücherlichen Eintragungen, deren Grundlagen im Lauf einer Verlassenschaftsabhandlung in einer den Erfordernissen der Einverleibung entsprechenden Form festgestellt wurden, sind in Ermangelung eines entsprechenden Ansuchens der Beteiligten durch das Verlassenschaftsgericht nach Eintritt der Rechtskraft der Einantwortung von Amts wegen zu bewirken, wenn die für die Bewilligung der Eintragung erforderlichen Urkunden, soweit sie nicht Ausfertigungen der Entscheidungen des Verlassenschaftsgerichtes sind, diesem Gerichte vorliegen. Mit den von Amts wegen zu treffenden Verfügungen ist, wenn nicht eine entgegenstehende Erklärung der Beteiligten vorliegt, in der Regel (Absatz 4) bis zum Ablaufe von sechs Wochen nach Eintritt der Rechtskraft der Einantwortung innezuhalten.

(2) Die erforderlichen Urkundenabschriften hat die Partei dem Verlassenschaftsgerichte rechtzeitig vorzulegen. Geschieht dies nicht, so sind sie von Amts wegen gegen Einhebung des Doppelten der für gerichtliche Abschriften zu entrichtenden Gebühr anzufertigen.

(3) Wird das öffentliche Buch, in dem die Eintragungen zu vollziehen sind, nicht bei dem Verlassenschaftsgerichte geführt, so hat dieses das zuständige Buchgericht um den Vollzug der Eintragung zu ersuchen.

(4) [Wird ein Nachlaß vor der Bemessung und Sicherstellung oder Berichtigung der Erbgebühren, Immobiliargebühren und sonstigen Abgaben eingeantwortet, so sind die bücherlichen Eintragungen im Sinne des Absatzes 1 ohne Zustimmung der Finanzbehörde von Amts wegen erst ein Jahr nach dem Tage des Einantwortungsbeschlusses vorzunehmen (§ 27 des Gesetzes vom 6. Februar 1919, St.G.Bl. Nr. 98). Wird jedoch die Berichtigung oder ausreichende Sicherstellung der Erbgebühren, Immobiliargebühren und sonstigen Abgaben dem Gerichte von der Finanzbehörde vor Ablauf der einjährigen Frist mitgeteilt,] so ist die Eintragung sofort, aber nicht vor Ablauf von

sechs Wochen nach Eintritt der Rechtskraft des Einantwortungsbeschlusses einzuleiten.

[ ] *Gegenstandslos, s Erbschafts- u. Schenkungssteuergesetz)*

V. Schlußbestimmungen

§ 30. Ein Grundstück ist jener Teil einer Katastralgemeinde, der im Grenzkataster oder im Grundsteuerkataster als solcher mit einer eigenen Nummer bezeichnet ist.

(BGBl 1975/238)

§ 31. Gesuche um Grundteilungen, um Abschreibung und Zuschreibung zu einem demselben Eigentümer gehörigen Grundbuchskörper oder um Bildung eines selbständigen Grundbuchskörpers für denselben Eigentümer sowie um Aufforderung der Buchgläubiger[1]) gemäß § 4 bedürfen keiner Beglaubigung der Unterschrift des Antragstellers.

[1]) *Richtig: Buchberechtigte*

§ 32. Die Anfechtung von Beschlüssen, die sich auf das Ansuchen einer Partei um Bewilligung einer grundbücherlichen Eintragung beziehen, richtet sich nach den Bestimmungen der §§ 122ff. GBG. Für die Anfechtung sonstiger Beschlüsse über die in diesem Gesetze geregelten Angelegenheiten gelten die Grundsätze des Verfahrens außer Streitsachen.

§ 33. Pläne und Planpausen, die von einer im § 1 bezeichneten Person oder Stelle beglaubigt sind, bedürfen für den gerichtlichen Gebrauch keiner weiteren Beglaubigung.

§ 34. (*gegenstandslose Übergangsvorschrift)*

§ 35. (1) Gebührenfrei sind:

1. die Eintragungen gemäß § 3 dieses Gesetzes;

2. die Beurkundungen gemäß §§ 13 [und 27, Absatz 1,] hinsichtlich der festen Stempelgebühr;

3. Amtshandlungen, Ausfertigungen, Protokolle, Eingaben und Beilagen, sofern sie nur die Anwendung der Bestimmungen der §§ 15 bis 22 und 28 betreffen und nicht das Ansuchen einer Partei um Bewilligung einer bücherlichen Eintragung zum Gegenstande haben.

(2) Dagegen unterliegen die im § 8 vorgesehenen Bestätigungen der Gebühr nach T. P. 116a, aa, des Allgemeinen Gebührentarifs 1925, B.G.Bl. Nr. 208,[1]) und die im § 11 vorgesehenen Erkenntnisse der Gebühr gemäß T. P. 28g der Gerichtsgebührennovelle 1926, B.G.Bl. Nr. 272.[2])

[ ] *Gegenstandslos*

[1]) *Jetzt: TP 15 lit b GGG*

[2]) *Jetzt: TP 12 lit c Z 7 GGG*

§ 36. Die Gesetze vom 6. Februar 1869, R.G.Bl. Nr. 18, vom 23. Mai 1883, R.G.Bl. Nr. 82, und vom 11. Mai 1894, R.G.Bl. Nr. 126, die kaiserliche Verordnung vom 1. Juni 1914, R.G.Bl. Nr. 116, das Gesetz vom 17. März 1921, B.G.Bl. Nr. 230, sowie Artikel 57 des Gesetzes vom 21. Juli 1925, B.G.Bl. Nr. 277, treten außer Kraft.

§ 37. Die in anderen Gesetzen enthaltenen Vorschriften, wonach die Teilung oder die Ab- und Zuschreibung von Grundstücken nicht oder nur unter gewissen Bedingungen zulässig ist, bleiben unberührt.

§ 38. Soweit in anderen Gesetzen auf die Vorschriften des Gesetzes vom 6. Februar 1869, R.G.Bl. Nr. 18, verwiesen wird, treten an deren Stelle die entsprechenden Bestimmungen dieses Gesetzes.

§ 39. Mit der Vollziehung dieses Gesetzes, das drei Monate nach seiner Kundmachung in Kraft tritt, ist der Bundesminister für Justiz betraut.

21. Anerbengesetz

21. Anerbengesetz, BGBl 1958/106 idF
1 BGBl 1973/108 **2** BGBl 1974/444 **3** BGBl 1989/659

GLIEDERUNG

STICHWORTVERZEICHNIS
(Die Zahlenangaben beziehen sich auf die Paragraphen)

AnerbG

Stichwortverzeichnis

Bundesgesetz vom 21. Mai 1958 über besondere Vorschriften für die bäuerliche Erbteilung (Anerbengesetz)

I. Abschnitt
Der Erbhof
Begriff

§ 1. (1) Erbhöfe sind mit einer Hofstelle versehene land- und forstwirtschaftliche Betriebe, die im Eigentum einer natürlichen Person, von Ehegatten oder eines Elternteils und eines Kindes (§ 42 ABGB) stehen und mindestens einen zur angemessenen Erhaltung von zwei erwachsenen Personen ausreichenden, jedoch das Zwanzigfache dieses Ausmaßes nicht übersteigenden Durchschnittsertrag haben. *(BGBl 1989/659)*

(2) Zu „land- und forstwirtschaftlichen" Betrieben im Sinne des Abs. 1 zählen auch solche, die ausschließlich oder vorwiegend dem Wein-, Obst- oder Gemüsebau dienen. Ausschließlich forstwirtschaftlich genutzte Besitzungen sind keine „land- und forstwirtschaftlichen" Betriebe im Sinne des Abs. 1. *(BGBl 1989/659)*

(3) Ob die Erhaltung von zwei erwachsenen Personen im Sinn des Abs. 1 angemessen ist, ist nach den örtlichen Verhältnissen zu beurteilen. *(BGBl 1989/659)*

Umfang

§ 2. (1) Der Erbhof besteht aus den dem Eigentümer des Erbhofs gehörenden Grundstücken, die den Zwecken der Landwirtschaft (§ 1) dienen und eine wirtschaftliche Einheit bilden, samt den auf diesen Grundstücken befindlichen Wohn- und Wirtschaftsgebäuden.

(2) Bewegliche körperliche Sachen gehören insoweit zum Erbhof, als sie dem Eigentümer des Erbhofs gehören und zur Führung eines ordentlichen Wirtschaftsbetriebs erforderlich sind.

(3) Zum Erbhof gehören ferner die damit verbundenen Nutzungsrechte sowie Anteilsrechte an agrargemeinschaftlichen Grundstücken, die Rechte des Eigentümers des Erbhofs aus der Mitgliedschaft zu landwirtschaftlichen Genossenschaften und die auf dem Erbhof betriebenen „Unternehmen" des Eigentümers, sofern diese nicht die Hauptsache bilden und vom „land- und forstwirtschaftlichen Betrieb" nicht getrennt werden können oder ihre Trennung unwirtschaftlich wäre. *(BGBl 1989/659)*

II. Abschnitt
Der Anerbe
Gesetzliche Erbfolge

§ 3. (1) Sind bei der gesetzlichen Erbfolge nach dem Alleineigentümer eines Erbhofs mehrere Miterben berufen, so kann nur einer von ihnen, der Anerbe, Eigentümer des Erbhofs werden. Einigen sich die Miterben nicht über die Person des Anerben, so gelten für dessen Bestimmung folgende Regeln:

1. Abkömmlinge des Erblassers, die zur Land- oder Forstwirtschaft erzogen werden oder wurden, haben gegenüber anderen den Vorrang. Unter mehreren zur Land- oder Forstwirtschaft erzogenen Abkömmlingen werden diejenigen bevorzugt, die auf dem Erbhof aufwachsen oder aufwuchsen.

2. Abkömmlinge des Erblassers, die auf dem Erbhof aufwachsen oder aufwuchsen, gehen dessen überlebendem Ehegatten vor; dieser reiht vor den übrigen Verwandten. Stammt der Erbhof jedoch ganz oder überwiegend von der Seite des überlebenden Ehegatten, so gehen dieser und die Abkömmlinge des Erblassers mit diesem anderen Abkömmlingen vor.

3. Miterben, die für einen anderen Beruf als den der Land- oder Forstwirtschaft erzogen wurden oder im Zeitpunkt des Todes des Erblassers seit mindestens zwei Jahren erzogen werden oder die anderweitig versorgt sind, scheiden als Anerbe aus, wenn in derselben Linie (§ 731 ABGB) Miterben vorhanden sind, die für die Land- oder Forstwirtschaft erzogen wurden oder werden und nicht anderweitig versorgt sind.

4. Stammt der Erbhof ganz oder überwiegend von der Seite eines früheren Ehegatten des Erblassers, so haben die Abkömmlinge des Erblassers mit diesem Ehegatten den Vorzug vor anderen Miterben.

5. Sind weder Abkömmlinge noch ein Ehegatte des Erblassers vorhanden und stammt der Erbhof ganz oder überwiegend von der Vaterseite oder der Mutterseite, so haben die Erben von dieser bestimmten Seite den Vorzug.

(2) Bleiben bei der Auslese nach den vorstehenden Regeln immer noch mehrere Miterben übrig, die als Anerbe in Betracht kommen, so gilt für die Bestimmung des Anerben ferner folgendes:

1. Im Grade näher Verwandte gehen den im Grad entfernter Verwandten vor.

2. Unter gleich nahen Verwandten entscheidet je nach dem in der Gegend geltenden Brauch Ältesten- oder Jüngstenrecht; besteht kein Brauch, so gilt Ältestenrecht. Bei gleichem Alter mehrerer in Betracht kommender Miterben entscheidet das Verlassenschaftsgericht. Es hat denjenigen zum Anerben zu bestimmen, der als Landwirt am fähigsten ist oder zu werden verspricht; dabei sind die Wünsche des überlebenden Ehegatten nach Tunlichkeit zu berücksichtigen.

(3) Die Länder sind ermächtigt, durch Landesgesetze festzustellen, welcher Brauch im Sinn des Abs. 2 Z 2 in den einzelnen Gebieten des Landes besteht oder ob ein bestimmter Brauch fehlt.

(BGBl 1989/659)

§ 4. (1) Stand der Erbhof im Eigentum von Ehegatten, so ist bei der gesetzlichen Erbfolge der überlebende Ehegatte Anerbe.

(2) Starben die Ehegatten gleichzeitig, so ist der Anerbe für den ganzen Erbhof nach § 3 zu bestimmen. Sind in diesem Fall nach einem Ehegatten Erben vorhanden, die nicht zugleich Erben des anderen Ehegatten sind, so sind sie hinsichtlich der Übernahme des Erbhofs so zu behandeln, als ständen sie auch zu diesem anderen Ehegatten im gleichen Verwandtschaftsverhältnis. Stammt der Erbhof jedoch ganz oder überwiegend von einem Ehegatten, so haben dessen Verwandte den Vorzug. *(BGBl 1989/659)*

§ 4a. (1) Stand der Erbhof im Eigentum eines Elternteils und eines Kindes, so ist bei der gesetzlichen Erbfolge der überlebende Miteigentümer, sofern er ein gesetzliches Erbrecht hat, Anerbe. Hat der Überlebende kein gesetzliches Erbrecht, so ist der Anerbe des erledigten Anteils unter den gesetzlichen Erben des verstorbenen Miteigentümers nach § 3 zu bestimmen.

(2) Starben der Elternteil und das Kind gleichzeitig, so ist das Kind als Anerbe des Erbhofs anzusehen. An die Stelle des Kindes treten dessen gesetzliche Erben, unter denen der Anerbe des ganzen Erbhofs nach § 3 zu bestimmen ist.

(BGBl 1989/659)

§ 5. (1) Der nach § 3 berufene Anerbe ist von der Übernahme des Erbhofs durch Beschluß des Verlassenschaftsgerichts auszuschließen, wenn er

1. infolge einer psychischen Krankheit, einer geistigen Behinderung oder eines körperlichen Gebrechens zur dauernden Bewirtschaftung des Erbhofs offenbar unfähig ist;

2. infolge seiner auffallenden und anhaltenden Neigung zur Verschwendung, zur Trunksucht oder zum Mißbrauch von Suchtgiften befürchten läßt, daß er den Erbhof abwirtschaftet oder

3. über zwei Jahre ohne Nachricht von seinem Aufenthalt unter solchen Umständen abwesend ist, die eine Rückkehr binnen angemessener Frist zweifelhaft machen. Eine Abwesenheit durch Krieg oder Kriegsgefangenschaft bleibt außer Betracht.

(BGBl 1989/659)

(2) Das Verlassenschaftsgericht kann den Anerben nur ausschließen, wenn innerhalb derselben Linie (§ 731 ABGB.) mehrere Miterben vorhanden sind und wenigstens einer von ihnen nicht ausgeschlossen ist. Unter den nicht ausgeschlossenen Miterben wird jener Anerbe, der Anerbe geworden wäre, wenn der ausgeschlossene Anerbe nicht vorhanden gewesen wäre.

(3) Die Vermutung spricht für das Fehlen von Ausschließungsgründen. Von Amts wegen ist nur zu entscheiden, wenn sich nicht die Miterben über die Person des Anerben geeinigt haben und wenn ein Ausschließungsgrund offensichtlich vorliegt.

§ 6. (1) Ist der Anerbe zur Zeit des Erbanfalls bereits allein oder gemeinsam mit seinem Ehegatten, einem Elternteil oder einem Kind Eigentümer eines Erbhofs, so hat er auf Antrag eines Miterben derselben Linie (§ 731 ABGB) in dem Recht, einen Erbhof nach § 3 zu übernehmen, hinter seinen Miterben zurückzustehen. Der Antrag muß entweder mit der Erbserklärung oder innerhalb eines Monats nach Feststellung der Erbhofeigenschaft gestellt werden. Der Erbhof fällt dem nach § 3 Nächstberufenen zu. Für diesen und alle nach ihm als Anerbe berufenen Miterben gilt das gleiche, wenn sie schon allein oder gemeinsam mit ihrem Ehegatten, Elternteil oder Kind Eigentümer eines Erbhofs sind. Der Anerbe, der zurückstehen muß, kann jedoch seinen Erbhof, erforderlichenfalls mit Zustimmung seines Miteigentümers, seinen Miterben, die nicht bereits Eigentümer eines Erbhofs sind, in der in § 3 festgelegten Reihenfolge um einen nach § 11 zu ermittelnden Preis anbieten. Er behält seine Rechte als Anerbe, wenn einer der Miterben seinen Erbhof erwirbt oder diesen keiner der Miterben binnen der vom Verlassenschaftsgericht gestellten Frist übernehmen will. *(BGBl 1989/659)*

(2) Gehören zu einem Nachlaß mehrere Erbhöfe und treten mehrere Personen derselben Linie (§ 731 ABGB.) als Miterben ein, so sind diese in der Reihenfolge, in der sie nach diesem Bundesgesetz als Anerbe berufen wären, zur Übernahme je eines Erbhofs nach ihrer Wahl berufen. Sind im Nachlaß mehr Erbhöfe als Miterben derselben Linie (§ 731 ABGB.) vorhanden, so übernehmen die Miterben die ihre Kopfzahl übersteigenden Erbhöfe nach der gleichen Reihenfolge. Das Wahlrecht wird durch Erklärung gegenüber dem Verlassenschaftsgericht ausgeübt. Sie ist unwiderruflich. Bei Nichteinhaltung der vom Verlassenschaftsgericht zur Erklärung gesetzten Frist erlischt das Wahlrecht des einzelnen Miterben; erforderlichenfalls trifft das Verlassenschaftsgericht nach billigem Ermessen unter gehöriger Würdigung aller Umstände die Wahl.

§ 7. (1) Die §§ 3 bis 6 sind auch dann anzuwenden, wenn neben der gesetzlichen auch gewillkürte Erbfolge eintritt. Ist in diesem Falle nur ein einziger gesetzlicher Erbe vorhanden, so wird dieser Anerbe.

(2) Die Bestimmungen des Abs. 1 gelten nicht, wenn der Erblasser letztwillig die Übernahme des Erbhofs oder dessen wesentlicher Teile anders verfügt oder wenn er in der letztwilligen Verfügung ausdrücklich oder still-

schweigend (§ 863 ABGB.) erklärt hat, daß auf die Erbteilung dieses Bundesgesetz nicht angewendet werden soll. Eine stillschweigende Erklärung in diesem Sinn ist insbesondere dann anzunehmen, wenn der Erblasser über die in den §§ 11 bis 13 und 17 geregelten Gegenstände besondere Anordnungen getroffen hat und sich diese mit den Bestimmungen der §§ 11 bis 13 und 17 nicht vereinbaren lassen.

Gewillkürte Erbfolge

§ 8. (1) Bei der gewillkürten Erbfolge auf Grund eines Testaments des Alleineigentümers eines Erbhofs ist dieses Bundesgesetz mit Ausnahme der Bestimmungen über die gesetzliche Erbfolge anzuwenden, wenn der Erblasser

1. eine einzige natürliche Person, Ehegatten allein oder einen Elternteil und ein Kind allein als Erben einsetzt und über den Erbhof oder dessen wesentliche Teile nicht durch Vermächtnis zugunsten einer anderen Person verfügt;

2. bestimmt, daß von den eingesetzten mehreren Miterben eine einzige natürliche Person, Ehegatten allein oder ein Elternteil und ein Kind allein den Erbhof oder dessen wesentliche Teile übernehmen sollen, oder

3. bestimmt, daß von den eingesetzten mehreren Miterben eine einzige Person, Ehegatten allein oder ein Elternteil und ein Kind allein den Erbhof oder dessen wesentliche Teile aufzugreifen berechtigt sind, und diese Personen von dem Recht auch tatsächlich Gebrauch machen.

(BGBl 1989/659)

(2) Ist der Erblasser nicht Alleineigentümer eines Erbhofs, sondern Eigentümer eines Erbhofs von Ehegatten oder eines Elternteils und eines Kindes, so gilt die Anordnung des Abs. 1, wenn eine der dort aufgezählten Bedingungen auf den anderen Miteigentümer zutrifft. *(BGBl 1989/659)*

(3) Im Falle der gewillkürten Erbfolge auf Grund eines Erbvertrags sind die Bestimmungen dieses Bundesgesetzes mit Ausnahme jener über die gesetzliche Erbfolge anzuwenden, wenn durch den Vertrag der andere Ehegatte Alleineigentümer des Erbhofs oder dessen wesentlicher Teile wird.

(4) Der Miterbe oder die Miterben, die nach den Abs. 1 bis 3 den Erbhof übernehmen, sind Anerbe im Sinne dieses Bundesgesetzes.

(5) Im übrigen sind die Bestimmungen dieses Bundesgesetzes mit Ausnahme jener über die gesetzliche Erbfolge bei der gewillkürten Erbfolge nur anzuwenden, wenn sich die eingesetzten Miterben einigen, daß einer von ihnen den Erbhof oder dessen wesentliche Teile, über den oder über die der Erblasser nicht durch Vermächtnis zugunsten einer anderen Person verfügt hat, als Anerbe übernimmt.

(6) Die Bestimmungen der Abs. 1 bis 4 gelten nicht, wenn der Erblasser in der letztwilligen Verfügung ausdrücklich oder stillschweigend (§ 863 ABGB.) erklärt hat, daß auf die Erbteilung dieses Bundesgesetz nicht angewendet werden soll. Eine stillschweigende Erklärung in diesem Sinn ist insbesondere dann anzunehmen, wenn der Erblasser über die in den §§ 11 bis 13 und 17 geregelten Gegenstände besondere Anordnungen getroffen hat und sich diese mit den Bestimmungen der §§ 11 bis 13 und 17 nicht vereinbaren lassen; lassen sie sich wegen ihrer untergeordneten Bedeutung noch vereinbaren, dann gehen sie bei Anwendung dieses Bundesgesetzes vor.

§ 9. (1) Hat der Erblasser über den Erbhof oder dessen wesentliche Teile durch Vermächtnis verfügt, so ist dieses Bundesgesetz mit Ausnahme der Bestimmungen über die gesetzliche Erbfolge anzuwenden, wenn auf Grund des Vermächtnisses eine einzige natürliche Person, Ehegatten allein oder ein Elternteil und ein Kind allein Eigentümer des Erbhofs oder dessen wesentlicher Teile werden und diese Personen in allen Fällen zu den Miterben gehören. Der oder die Vermächtnisnehmer, die den Erbhof nach dem vorstehenden Satz übernehmen, sind Anerbe im Sinn dieses Bundesgesetzes; § 8 Abs. 6 gilt sinngemäß. *(BGBl 1989/659)*

(2) Vermächtnisse über einzelne Teile oder Zubehör des Erbhofs hindern die Anwendung dieses Bundesgesetzes nicht, wenn sie die Erbhofeigenschaft nicht beeinträchtigen.

III. Abschnitt
Erbteilung
Zuweisung des Erbhofs; Abfindungsansprüche

§ 10. (1) Hat nach den Bestimmungen des Abschnitts II der Anerbe unter mehreren Miterben den Erbhof zu übernehmen, so hat das Verlassenschaftsgericht vor der Einantwortung von Amts wegen eine Erbteilung vorzunehmen. Hiebei ist vorerst der Erbhof dem Anerben zuzuweisen. Dieser wird mit dem Übernahmspreis (§ 11) Schuldner der Verlassenschaft. In die Erbteilung selbst ist der Übernahmspreis des Erbhofs als Forderung der Verlassenschaft einzubeziehen; der Erbhof als solcher scheidet aus.

(2) Stehen den übrigen Miterben gegen den Anerben aus der Erbteilung im Zusammenhang mit der Zuweisung des Erbhofs Ansprüche zu (Abfindungsansprüche), so sind diese in der Regel als Geldforderungen zu behandeln. Das Verlassenschaftsgericht kann jedoch auf Antrag aller Miterben eine anderweitige Befriedigung genehmigen, durch Zuweisung einzelner Grundstücke oder von Zubehör des Erbhofs aber nur, soweit hiedurch die Erbhofeigenschaft nicht beeinträchtigt wird; auch ist einer

letztwilligen Verfügung des Erblassers in dieser Hinsicht unter dem gleichen Vorbehalt Rechnung zu tragen.

(3) Diejenigen übrigen Miterben, die auf dem Erbhof mitgearbeitet haben, haben Anspruch auf angemessene Abgeltung ihrer in den letzten drei Jahren vor dem Tod des Erblassers geleisteten Dienste; dabei ist insbesondere auf Art, Umfang und Dauer der Mitarbeit und auf die örtlichen Verhältnisse Bedacht zu nehmen. Können sich die Miterben nicht einigen, so hat das Verlassenschaftsgericht die Mitarbeit bei der Bestimmung der Abfindungsansprüche nach billigem Ermessen zu berücksichtigen. *(BGBl 1989/659)*

(4) Das Verlassenschaftsgericht hat in der Einantwortungsurkunde die grundbücherliche Eintragung des Eigentumsrechts des Anerben am Erbhof und allfälliger Eigentumsrechte der übrigen Miterben an einzelnen Grundstücken des Erbhofs (Abs. 2) anzuordnen.

Übernahmspreis

§ 11. (1) Der Übernahmspreis ist, sofern er nicht von den Miterben im Vergleichsweg bestimmt wird, durch das Verlassenschaftsgericht unter Berücksichtigung aller auf dem Erbhof haftenden Lasten nach billigem Ermessen auf Grund des Gutachtens zweier bäuerlicher Sachverständiger so zu bestimmen, daß der Anerbe wohl bestehen kann. Hiebei ist auf die Interessen der übrigen Miterben gebührend Bedacht zu nehmen. An die Bewertung in einem eidesstättigen Vermögensbekenntnis ist das Verlassenschaftsgericht nicht gebunden.

(2) Auf dem Erbhof betriebene Unternehmen des Erblassers, die nach § 2 Abs. 3 zum Erbhof gehören und wirtschaftlich nicht unbedeutend sind, sind selbständig zu schätzen und nach dem Verkehrswert zu berücksichtigen.

(BGBl 1989/659)

Auszahlung und Sicherstellung der Abfindungsansprüche

§ 12. (1) Mangels Einigung des Anerben mit den übrigen Miterben über die Frist der Auszahlung sowie über die Verzinsung der in Geldforderungen bestehenden Abfindungsansprüche der übrigen Miterben (§ 10 Abs. 2) kann das Verlassenschaftsgericht, vorbehaltlich der Bestimmung des § 13 Abs. 3, auf Antrag des Anerben die Auszahlung dieser Abfindungsansprüche auf einmal oder in Teilbeträgen bis zu einer Frist von höchstens fünf Jahren vom Todestag des Erblassers hinausschieben und gleichzeitig eine angemessene Verzinsung festlegen, wenn die sofortige Auszahlung die wirtschaftliche Leistungsfähigkeit des Erbhofs erheblich beeinträchtigen würde; hiebei ist auf eine Auszahlung nach dem inneren Werte Bedacht zu nehmen. Auf Verlangen des Anerben muß das Verlassenschaftsgericht die Auszahlungsfrist ohne Rücksicht auf die Leistungsfähigkeit des Erbhofs mit wenigstens drei Jahren bestimmen. Veräußert der Anerbe den Erbhof oder dessen wesentliche Teile vor Ablauf der Frist durch Rechtsgeschäft unter Lebenden an eine andere Person als seinen Ehegatten oder seine Abkömmlinge, so sind die übrigen Miterben berechtigt, ihre Forderungen sofort geltend zu machen.

(2) Wird eine Auszahlungsfrist von den Miterben vereinbart oder vom Verlassenschaftsgericht bestimmt (Abs. 1), so hat dieses in der Einantwortungsurkunde anzuordnen, daß mit dem Eigentumsrecht für den Anerben gleichzeitig das Pfandrecht zur Sicherstellung der Abfindungsansprüche der übrigen Miterben, und zwar im Range hinter allfälligen Versorgungsrechten (§ 15) grundbücherlich eingetragen werden muß. Diese Anordnung entfällt nur, wenn sich der anspruchsberechtigte Miterbe gegen die Sicherstellung seines Abfindungsanspruchs ausspricht. Die Möglichkeit einer früheren Fälligstellung der Ansprüche im Sinne des Abs. 1 letzter Satz ist in die Verbücherungsanordnung der Einantwortungsurkunde aufzunehmen.

Versorgungsansprüche

§ 13. (1) Den minderjährigen Abkömmlingen des Erblassers, die auf dem Erbhof leben und ihren Unterhalt weder aus eigenem Vermögen, ohne Berücksichtigung des bereits ausgezahlten Abfindungsanspruchs, bestreiten können noch von anderer Seite zu erhalten haben, steht, wenn sie Miterben des Anerben sind, das Recht zu, bis zu ihrer Selbsterhaltungsfähigkeit, längstens bis zur Erreichung der Eigenberechtigung in angemessener Weise auf dem Erbhof weitererhalten und weitererzogen zu werden. Solange sie dieses Recht in Anspruch nehmen, können sie die Auszahlung der Abfindungsansprüche nicht begehren. Sie sind bei sonstigem Verlust des Versorgungsanspruchs zu einer ihren Kräften angemessenen üblichen Mithilfe auf dem Erbhof verpflichtet.

(2) Die Bestimmungen des Abs. 1 sind insoweit, als dies mit der Leistungsfähigkeit des Erbhofs vereinbar ist, auch auf „volljährige" Abkömmlinge des Erblassers anzuwenden, die sich wegen schwerer körperlicher oder geistiger Gebrechen nicht selbst erhalten können. Bei der Beurteilung, ob sie ihren Unterhalt selbst bestreiten können, sind jedoch auch die bereits ausgezahlten Abfindungsansprüche zu berücksichtigen. *(BGBl 1973/108)*

(3) Befinden sich minderjährige Abkömmlinge (Abs. 1) in auswärtiger Berufsausbildung oder werden sie nach dem Tode des Erblassers mit Genehmigung des Vormundschaftsgerichts einer solchen zugeführt und reichen ihr Vermögen und ihre Einkünfte zur Bestreitung der damit verbundenen Kosten nicht aus, so kann der Anerbe durch das Vormundschaftsgericht verhalten werden, von dem Abfindungsanspruch,

der ihnen zusteht und gestundet wurde, das Fehlende in monatlichen Teilbeträgen zu leisten. Reicht auch der gestundete Abfindungsanspruch nicht aus, so kann das Vormundschaftsgericht den Anerben zur Bestreitung der erforderlichen Kosten insoweit verpflichten, als dies mit der Leistungsfähigkeit des Erbhofs vereinbar ist.

§ **14.** (1) Der überlebende Ehegatte, der nicht Anerbe ist, hat das Recht, einen den ortsüblichen Lebensumständen angemessenen Unterhalt auf Lebenszeit (Ausgedinge) auf dem Erbhof zu verlangen. Dieses Recht gebührt nicht, soweit sich der Ehegatte aus eigenem Vermögen erhalten kann. Aus berücksichtigungswürdigen Gründen kann das Ausgedinge auf Antrag der Beteiligten vermindert oder erhöht oder überhaupt anders gestaltet werden; berücksichtigungswürdige Gründe sind insbesondere anzunehmen, wenn der Anerbe das Ausgedinge infolge unverschuldeter Verschlechterung seiner wirtschaftlichen Verhältnisse nicht mehr im selben Ausmaß tragen kann, wenn der Ausgedinger infolge unverschuldeter Erhöhung seiner Bedürfnisse mit den Ausgedingsleistungen nicht mehr auskommt oder wenn infolge ständiger Zwistigkeiten dem Ausgedinger das weitere Verbleiben auf dem Erbhof nicht mehr zugemutet werden kann. Über den Antrag entscheidet das Bezirksgericht, in dessen Sprengel der wirtschaftliche Mittelpunkt des Erbhofs liegt, im außerstreitigen Verfahren.

(2) Dem überlebenden Ehegatten, der zur Zeit des Todes des Erblassers auf dem Erbhof gelebt hat, steht das Recht des Fruchtgenusses am Erbhof zu, solange der Anerbe, sofern er ein Abkömmling des Erblassers oder des überlebenden Ehegatten ist, das 25. Lebensjahr nicht erreicht hat und solange er Eigentümer des Erbhofs bleibt. Voraussetzung ist, daß der Ehegatte den Erbhof bewirtschaftet. Insolange kann er das Ausgedinge nicht in Anspruch nehmen. Bei Wiederverehelichung des überlebenden Ehegatten gebührt das Fruchtgenußrecht auch dem neuen Ehegatten, wenn dieser nicht selbst Alleineigentümer eines Erbhofs ist.

(3) Die während der Dauer des Fruchtgenußrechts (Abs. 2) fällig werdenden, dem Anerben zur Abfindung der übrigen Miterben auferlegten Leistungen (§§ 10 bis 13) sind vom Fruchtnießer aus den Ertragsüberschüssen des Erbhofs zu erbringen. Reichen die Ertragsüberschüsse nicht aus, so bleibt für den Rest der Anerbe verpflichtet.

§ **15.** Das Verlassenschaftsgericht hat in der Einantwortungsurkunde anzuordnen, daß mit dem Eigentumsrecht für den Anerben gleichzeitig die in den §§ 13 und 14 angeführten Versorgungsrechte grundbücherlich eingetragen werden müssen. Die im § 13 Abs. 1, 2 und 3 letzter Satz und im § 14 Abs. 1 bezeichneten Rechte sind als Reallasten, das im § 14 Abs. 2 bezeichnete Recht als Dienstbarkeit unter Berufung auf die vorstehenden Gesetzesstellen ins Grundbuch einzutragen.

Vorläufige Aufschiebung der Erbteilung

§ **16.** (1) Treten bei der gesetzlichen oder der gewillkürten Erbfolge Abkömmlinge des Erblassers allein oder gemeinsam mit dem überlebenden Ehegatten als Miterben ein und ist der als Anerbe Berufene noch minderjährig, so kann das Verlassenschaftsgericht auf Antrag des Anerben und wenigstens eines der übrigen Miterben verfügen, daß die Erbteilung vorläufig aufgeschoben werde; der Erbhof ist in diesem Falle den beantragenden Miterben in das gleichteilige Eigentum zu übertragen. Hiedurch wird die Erbhofeigenschaft des Erbhofs nicht berührt. Die vorläufige Aufschiebung der Erbteilung ist bei der grundbücherlichen Eintragung des Eigentumsrechts anzumerken. Die Anmerkung hat die Wirkung eines Veräußerungsverbots (§ 364c ABGB.). Eine vertragsmäßige Belastung ist nur mit Zustimmung des Anerben zulässig.

(2) Miterben, die sich dem Antrag nicht angeschlossen haben, sind im Sinne der §§ 10ff. abzufinden und zu versorgen. Hiebei treffen die Verpflichtungen alle Miteigentümer des Erbhofs, solange ihr Miteigentum währt. Eine Abfindung (Versorgung) ist auch vorzunehmen, wenn später einer der eingetragenen übrigen Miterben aus der Gemeinschaft austreten will oder stirbt. In diesem Fall übernehmen die übrigen eingetragenen Miterben den erledigten Anteil am Erbhof gleichteilig ins Eigentum; das Verlassenschaftsgericht hat die grundbücherliche Übertragung von Amts wegen anzuordnen. Wollen die übrigen Miterben das Eigentum nicht übernehmen, so ist die vorläufig aufgeschobene Erbteilung durchzuführen.

(3) Die vorläufig aufgeschobene Erbteilung ist ferner durchzuführen, wenn dies der Anerbe verlangt oder wenn er stirbt, spätestens aber, sobald er die Eigenberechtigung erlangt. Das Verlassenschaftsgericht hat die grundbücherlichen Eintragungen zur Durchführung der Erbteilung von Amts wegen anzuordnen.

Ansprüche der Noterben

§ **17.** Der Berechnung der Pflichtteilsansprüche ist der Übernahmspreis zugrundezulegen. Die §§ 10 bis 15 gelten für Noterben sinngemäß.

(BGBl 1989/659)

Nachtragserbteilung

§ **18.** (1) Überträgt der Anerbe binnen zehn Jahren nach dem Tod des Erblassers oder, falls er minderjährig ist, nach dem Eintritt der Volljährigkeit das Eigentum am ganzen Erbhof oder an dessen Teilen durch ein oder mehrere Rechtsgeschäfte unter Lebenden auf einen anderen, so hat er jenen Betrag herauszugeben, um den der bei einem Verkauf des Erbhofs oder seiner Teile erzielbare Erlös den inneren Wert des seinerzeitigen Übernahmspreises (§ 11) übersteigt. Dieser Mehrbetrag ist auf Antrag als nachträglich hervorgekommenes Verlassenschaftsvermögen zu behandeln, über das eine Nachtragserbteilung einzuleiten ist. Ein Mehrbetrag liegt erst vor, wenn und soweit sich nach Hinzurechnung des Wertes allfälliger vom Anerben bewirkter Verbesserungen zum Übernahmspreis etwas erübrigt. Der Ersatz für Teile des Hofes ist auf Grund des Verhältnisses ihres Übernahmspreises zum Übernahmspreis des ganzen Hofes zu berechnen.

(2) Abs. 1 gilt sinngemäß für die Veräußerung im Fall der Zwangsversteigerung. Hiebei ist ein den inneren Wert des seinerzeitigen Übernahmspreises übersteigender Teil des Meistbots auf Antrag insoweit der Nachtragserbteilung zu unterziehen, als er dem Verpflichteten aus der Verteilungsmasse zugewiesen wird. Für die Frist von zehn Jahren ist der Zeitpunkt des Zuschlags maßgebend.

(3) Eine Nachtragserbteilung unterbleibt insoweit, als der Anerbe

1. den Mehrbetrag (Teil des Restes der Verteilungsmasse) innerhalb von zwei Jahren nach Erhalt für den Erwerb des Eigentums an gleichwertigen Grundstücken oder zur Erhaltung oder Steigerung der Leistungsfähigkeit des Erbhofs verwendet oder

2. durch Tausch das Eigentum an gleichwertigen Grundstücken erwirbt; hiebei ist eine zur Übertragung des Eigentums tretende Mehrleistung des Anerben bei einer späteren Nachtragserbteilung als vom Anerben bewirkte Verbesserung (Abs. 1) anzusehen.

(4) Eine Nachtragserbteilung können nur die übrigen Miterben, die Noterben sowie die gesetzlichen Erben dieser Mit- und Noterben beantragen. Dieses Recht erlischt drei Jahre nach der Einverleibung des Eigentumsrechts des Erwerbers.

(5) Die Abs. 1 bis 4 gelten nicht für den Erwerb des Eigentums am Erbhof oder an dessen Teilen durch den Ehegatten, einen Elternteil oder ein Kind des Anerben, wohl aber für die Übertragung des von diesen erworbenen Eigentums auf einen anderen.

(BGBl 1989/659)

Anhörung der Landwirtschaftskammer

§ 19. Das nach den Bestimmungen dieses Bundesgesetzes vorgehende Verlassenschaftsgericht hat vor allen Entscheidungen, die eine besondere Kenntnis der bäuerlichen Verhältnisse voraussetzen, die nach seinem Sitz örtlich bestimmte Landwirtschaftskammer oder zwei von dieser für den bestimmten Verlassenschaftsfall namhaft gemachte bäuerliche Sachverständige zu hören.

IV. Abschnitt

Schluß- und Übergangsbestimmungen

Überleitung

§ 20. (1) Die Erbhofeigenschaft landwirtschaftlicher Betriebe, die im Alleineigentum des Ehegatten als Anerben nach § 12 der Erbhoffortbildungsverordnung oder als Anerben nach §§ 24, 25 der Erbhoffortbildungsverordnung stehen (§ 10 des Bundesgesetzes vom 21. März 1947, BGBl. Nr. 85), wird durch die Tatsache der Nacherbschaft nicht berührt. Ist die eben genannte Anerbeneigenschaft des zur Anerbenfolge gelangten Ehegatten nach § 12 Erbhoffortbildungsverordnung im Sinne des § 12 Abs. 5 der Erbhoffortbildungsverordnung in der Einantwortungsurkunde (Amtsbestätigung) angeführt, so hat das Verlassenschaftsgericht von Amts wegen die Ersichtlichmachung der Nacherbschaft im Grundbuch anzuordnen.

(2) Tritt der Tatbestand ein, der die Nacherbfolge nach dem Anerben nach § 12 der Erbhoffortbildungsverordnung (§ 10 Abs. 1 des Bundesgesetzes vom 21. März 1947, BGBl. Nr. 85) auslösen soll, so gilt folgendes:

1. Ist ein vom vorverstorbenen Ehegatten oder von beiden Ehegatten bestimmter weiterer Anerbe vorhanden, so ist dieser Nacherbe und im Sinne dieses Bundesgesetzes Anerbe.

2. Trifft die Voraussetzung der Z. 1 nicht zu, ist aber ein Abkömmling des vorverstorbenen Ehegatten vorhanden, so ist dieser Nacherbe. Sind mehrere Abkömmlinge des vorverstorbenen Ehegatten da, so ist Nacherbe derjenige Abkömmling, der bei der gesetzlichen Erbfolge nach diesem Bundesgesetz als Anerbe des vorverstorbenen Ehegatten berufen wäre, wenn dieser jetzt erst gestorben wäre. Der in den beiden vorstehenden Sätzen genannte Nacherbe ist Anerbe im Sinne dieses Bundesgesetzes. Für minderjährige Kinder des Vorerben aus späterer Ehe und für dessen überlebenden späteren Ehegatten gelten die Bestimmungen des § 13 Abs. 1 erster und dritter Satz, Abs. 2 sowie Abs. 3 zweiter Satz und § 14 sinngemäß, sofern diesen Personen nicht bereits auf Grund der Erbhoffortbildungsverordnung Versorgungsansprüche zustehen.

3. Andernfalls erlischt die Nacherbschaft.

(3) Der Anerbe nach §§ 24, 25 der Erbhoffortbildungsverordnung (§ 10 Abs. 2 des Bundesgesetzes vom 21. März 1947, BGBl. Nr. 85) erwirbt im Zeitpunkt des Inkrafttretens dieses Bundesgesetzes das freie Eigentum an dem ihm vom vorverstorbenen Ehegatten zugekommenen Anteil am Erbhof. Die Bestimmung eines weiteren Anerben durch beide Ehegatten oder durch den überlebenden Ehegatten allein

ist als letztwillige Anordnung über den ganzen Erbhof nach dem Tode des überlebenden Ehegatten wirksam. Für minderjährige Kinder des vorverstorbenen Ehegatten gelten die Bestimmungen des § 13 Abs. 1 erster und dritter Satz, Abs. 2 sowie Abs. 3 zweiter Satz sinngemäß.

(4) Wurde der Antrag eines weichenden Erben auf Zuerkennung einer Entschädigung im Sinne des § 15 des Bundesgesetzes vom 21. März 1947, BGBl. Nr. 85, von der Bäuerlichen Schlichtungsstelle nur deshalb ganz oder teilweise abgewiesen, weil dem Antragsteller ein Anwartschaftsrecht nach § 10 des genannten Bundesgesetzes zusteht, so kann der Abgewiesene, wenn ihm das Anwartschaftsrecht infolge der vorstehenden Regelung (Abs. 2 und 3) nicht mehr zukommt, binnen zwei Jahren nach Inkrafttreten dieses Bundesgesetzes die Wiederaufnahme des Verfahrens erwirken. Hat ein weichender Erbe die Stellung eines Antrags auf Entschädigung im Sinne der angeführten Gesetzesstelle nur wegen des Anwartschaftsrechts unterlassen, so kann er binnen der eben genannten Frist noch einen Antrag auf Entschädigung bei der Bäuerlichen Schlichtungsstelle einbringen.

Ausnahmen vom Geltungsbereich

§ 21. Dieses Bundesgesetz gilt nicht in den Ländern Kärnten und Tirol.

(BGBl 1989/659)

Inkrafttreten und Außerkrafttreten

§ 22. (1) Dieses Bundesgesetz tritt mit dem Ablauf von drei Monaten nach seiner Kundmachung in Kraft. Es gilt nicht für Erbfälle, in denen der Tod des Erblassers oder der Tatbestand der Nacherbfolge nach § 10 des Bundesgesetzes vom 21. März 1947, BGBl. Nr. 85, vor seinem Wirksamwerden eingetreten ist oder in denen, im Fall einer letztwilligen Verfügung aus der Zeit vor seinem Wirksamwerden, die nicht bereits eine Erklärung im Sinne des § 8 Abs. 6 (§ 9 Abs. 1 letzter Satz) enthält, der Erblasser nach dem Inkrafttreten dieses Bundesgesetzes letztwillig eine solche Erklärung abgibt; örtlichen Gewohnheiten über die Übernahme landwirtschaftlicher Betriebe im Erbweg wird jedoch kein Abbruch getan.

(2) Die zur Durchführung dieses Bundesgesetzes erforderlichen Verordnungen können von dem der Kundmachung folgenden Tag an erlassen werden. Sie treten jedoch frühestens mit dem Wirksamwerden dieses Bundesgesetzes in Kraft.

Vollziehung

§ 23. Mit der Vollziehung dieses Bundesgesetzes ist das Bundesministerium für Justiz im Einvernehmen mit dem Bundesministerium für Land- und Forstwirtschaft[1]) betraut.

Jetzt: BM für Land- und Forstwirtschaft, Umwelt und Wasserwirtschaft.

22/1. Konsumentenschutzgesetz

22/1. Konsumentenschutzgesetz, BGBl 1979/140 idF

1 BGBl 1983/135
2 BGBl 1984/456
3 BGBl 1985/481
4 BGBl 1993/247
5 BGBl 1996/262 (MaklerG)
6 BGBl I 1997/6
7 BGBl I 1997/140 (WGN 1997)
8 BGBl I 1998/119
9 BGBl I 1999/185
10 BGBl I 2001/48 (GewRÄG)
11 BGBl I 2001/98 (2. Euro-JuBeG)
12 BGBl I 2002/111

GLIEDERUNG

STICHWORTVERZEICHNIS

(Die Zahlenangaben beziehen sich auf die Paragraphen)

Bundesgesetz vom 8. März 1979, mit dem Bestimmungen zum Schutz der Verbraucher getroffen werden (Konsumentenschutzgesetz – KSchG)

I. Hauptstück
Besondere Bestimmungen für Verträge zwischen Unternehmern und Verbrauchern

Abschnitt I
Geltungsbereich

§ 1. (1) Dieses Hauptstück gilt für Rechtsgeschäfte, an denen

1. einerseits jemand, für den das Geschäft zum Betrieb seines Unternehmens gehört, (im folgenden kurz Unternehmer genannt) und

2. andererseits jemand, für den dies nicht zutrifft, (im folgenden kurz Verbraucher genannt) beteiligt sind.

(2) Unternehmen im Sinn des Abs. 1 Z. 1 ist jede auf Dauer angelegte Organisation selbständiger wirtschaftlicher Tätigkeit, mag sie auch nicht auf Gewinn gerichtet sein. Juristische Personen des öffentlichen Rechts gelten immer als Unternehmer.

(3) Geschäfte, die eine natürliche Person vor Aufnahme des Betriebes ihres Unternehmens zur Schaffung der Voraussetzungen dafür tätigt, gehören noch nicht im Sinn des Abs. 1 Z. 1 zu diesem Betrieb.

(4) Dieses Hauptstück gilt nicht für Verträge, die jemand als Arbeitnehmer oder arbeitnehmerähnliche Person „(§ 51 Abs 3 ASGG)" mit dem Arbeitgeber schließt. *(BGBl I 1997/6, ab 1. 1. 1997)*

(5) Die Bestimmungen des I. und des II. Hauptstücks sind auch auf den Beitritt zu und die Mitgliedschaft bei Vereinen anzuwenden, wenn diese zwar von ihren Mitgliedern Beiträge oder sonstige Geldleistungen verlangen, ihnen aber nur eingeschränkte Mitgliedschaftsrechte einräumen und die Mitgliedschaft nicht geschäftlichen Zwecken dient. *(BGBl I 1999/185, ab 1. 10. 1999, s § 41a Abs 7)*

§ 2. (1) Dieses Hauptstück läßt Regelungen unberührt, nach denen die hier vorgesehenen Rechtsfolgen in anderen Fällen eintreten.

(2) Soweit in Vereinbarungen von diesem Hauptstück zum Nachteil des Verbrauchers abgewichen wird, sind sie unwirksam.

Abschnitt II
Allgemeine Regeln
Rücktrittsrecht

§ 3. (1) Hat der Verbraucher seine Vertragserklärung weder in den vom Unternehmer für seine geschäftlichen Zwecke dauernd benützten Räumen noch bei einem von diesem dafür auf einer Messe oder einem Markt benützten Stand abgegeben, so kann er von seinem Vertragsantrag oder vom Vertrag zurücktreten. „Dieser Rücktritt kann bis zum Zustandekommen des Vertrags oder danach binnen einer Woche erklärt werden; die Frist beginnt mit der Ausfolgung einer Urkunde, die zumindest den Namen und die Anschrift des Unternehmers, die zur Identifizierung des Vertrags notwendigen Angaben sowie eine Belehrung über das Rücktrittsrecht enthält, an den Verbraucher, frühestens jedoch mit dem Zustandekommen des Vertrags zu laufen. Diese Belehrung ist dem Verbraucher anläßlich der Entgegennahme seiner Vertragserklärung auszufolgen. Das Rücktrittsrecht erlischt spätestens einen Monat nach der vollständigen Erfüllung des Vertrags durch beide Vertragspartner, bei Versicherungsverträgen spätestens einen Monat nach dem Zustandekommen des Vertrags." *(BGBl 1993/247, ab 1. 1. 1994, s § 41a Abs 2)*

(2) Das Rücktrittsrecht besteht auch dann, wenn der Unternehmer oder ein mit ihm zusammenwirkender Dritter den Verbraucher im Rahmen einer Werbefahrt, einer Ausflugsfahrt oder einer ähnlichen Veranstaltung „oder durch persönliches, individuelles Ansprechen auf der Straße" in die vom Unternehmer für seine geschäftlichen Zwecke benützten Räume gebracht hat. *(BGBl 1984/456)*

(3) Das Rücktrittsrecht steht dem Verbraucher nicht zu,

1. wenn er selbst die geschäftliche Verbindung mit dem Unternehmer oder dessen Beauftragten zwecks Schließung dieses Vertrages angebahnt hat,

2. wenn dem Zustandekommen des Vertrages keine Besprechungen zwischen den Beteiligten oder ihren Beauftragten vorangegangen sind oder

3. bei Verträgen, bei denen die beiderseitigen Leistungen sofort zu erbringen sind, wenn sie üblicherweise von Unternehmern außerhalb ihrer Geschäftsräume geschlossen werden und das vereinbarte Entgelt „15 Euro", oder wenn das Unternehmen nach seiner Natur nicht in ständigen Geschäftsräumen betrieben wird und das Entgelt „45 Euro" nicht übersteigt. *(BGBl I 2001/98, ab 1. 1. 2002, s § 41a Abs 13)*

(4) Der Rücktritt bedarf zu seiner Rechtswirksamkeit der Schriftform. Es genügt, wenn der Verbraucher ein Schriftstück, das seine Vertragserklärung oder die des Unternehmers enthält, dem Unternehmer oder dessen Beauftragten, der an den Vertragshandlungen mitgewirkt hat, mit einem Vermerk zurückstellt, der erkennen läßt, daß der Verbraucher das Zustandekommen oder die Aufrechterhaltung des Vertrages ablehnt. Es genügt, wenn die Erklärung innerhalb des im Abs. 1 genannten Zeitraumes abgesendet wird.

(5) Der Verbraucher kann ferner von seinem Vertragsantrag oder vom Vertrag zurücktreten,

wenn der Unternehmer gegen die gewerberechtlichen Regelungen über das Sammeln und die Entgegennahme von Dienstleistungen über das Aufsuchen von Privatpersonen oder über die Entgegennahme von Bestellungen auf Waren (§§ 54, 57 und 59 GewO 1994) verstoßen hat. Die Bestimmungen des Abs. 1 und 4 sind auch auf dieses Rücktrittsrecht anzuwenden. Es steht dem Verbraucher auch in den Fällen des Abs. 3 zu. *(BGBl I 2002/111, ab 1. 8. 2002, s § 41a Abs 14)*

§ 3a. (1) Der Verbraucher kann von seinem Vertragsantrag oder vom Vertrag weiters zurücktreten, wenn ohne seine Veranlassung für seine Einwilligung maßgebliche Umstände, die der Unternehmer im Zuge der Vertragsverhandlungen als wahrscheinlich dargestellt hat, nicht oder nur in erheblich geringerem Ausmaß eintreten.

(2) Maßgebliche Umstände im Sinn des Abs. 1 sind

1. die Erwartung der Mitwirkung oder Zustimmung eines Dritten, die erforderlich ist, damit die Leistung des Unternehmers erbracht oder vom Verbraucher verwendet werden kann,

2. die Aussicht auf steuerrechtliche Vorteile,

3. die Aussicht auf eine öffentliche Förderung und

4. die Aussicht auf einen Kredit.

(3) Der Rücktritt kann binnen einer Woche erklärt werden. Die Frist beginnt zu laufen, sobald für den Verbraucher erkennbar ist, daß die in Abs. 1 genannten Umstände nicht oder nur in erheblich geringerem Ausmaß eintreten und er eine schriftliche Belehrung über dieses Rücktrittsrecht erhalten hat. Das Rücktrittsrecht erlischt jedoch spätestens einen Monat nach der vollständigen Erfüllung des Vertrags durch beide Vertragspartner, bei Bank- und Versicherungsverträgen mit einer ein Jahr übersteigenden Vertragsdauer spätestens einen Monat nach dem Zustandekommen des Vertrags.

(4) Das Rücktrittsrecht steht dem Verbraucher nicht zu, wenn

1. er bereits bei den Vertragsverhandlungen wußte oder wissen mußte, daß die maßgeblichen Umstände nicht oder nur in erheblich geringerem Ausmaß eintreten werden,

2. der Ausschluß des Rücktrittsrechts im einzelnen ausgehandelt worden ist oder

3. der Unternehmer sich zu einer angemessenen Anpassung des Vertrags bereit erklärt.

(5) Für die Rücktrittserklärung gilt § 3 Abs. 4 sinngemäß.

(BGBl I 1997/6, ab 1. 1. 1997, s § 41a Abs 4 Z 2)

§ 4. (1) Tritt der Verbraucher „nach § 3 oder § 3a“ vom Vertrag zurück, so hat Zug um Zug

1. der Unternehmer alle empfangenen Leistungen samt gesetzlichen Zinsen vom Empfangstag an zurückzuerstatten und den vom Verbraucher auf die Sache gemachten notwendigen und nützlichen Aufwand zu ersetzen,

2. der Verbraucher die empfangenen Leistungen zurückzustellen und dem Unternehmer ein angemessenes Entgelt für die Benützung, einschließlich einer Entschädigung für eine damit verbundene Minderung des gemeinen Wertes der Leistung, zu zahlen; die Übernahme der Leistungen in die Gewahrsame des Verbrauchers ist für sich allein nicht als Wertminderung anzusehen.

(BGBl I 1997/6, ab 1. 1. 1997, s § 41a Abs 4 Z 2)

(2) Ist die Rückstellung der vom Unternehmer bereits erbrachten Leistungen unmöglich oder untunlich, so hat der Verbraucher dem Unternehmer deren Wert zu vergüten, soweit sie ihm zum klaren und überwiegenden Vorteil gereichen.

(3) Die Abs. 1 und 2 lassen Schadenersatzansprüche unberührt.

Kostenvoranschläge

§ 5. (1) Für die Erstellung eines Kostenvoranschlags im Sinn des § 1170a ABGB durch den Unternehmer hat der Verbraucher ein Entgelt nur dann zu zahlen, wenn er vorher auf diese Zahlungspflicht hingewiesen worden ist.

(2) Wird dem Vertrag ein Kostenvoranschlag des Unternehmers zugrunde gelegt, so gilt dessen Richtigkeit als gewährleistet, wenn nicht das Gegenteil ausdrücklich erklärt ist.

Vertragsabschlüsse im Fernabsatz

§ 5a. (1) Die §§ 5c bis 5i gelten für Verträge, die unter ausschließlicher Verwendung eines oder mehrerer Fernkommunikationsmittel geschlossen werden, sofern sich der Unternehmer eines für den Fernabsatz organisierten Vertriebs- oder Dienstleistungssystems bedient.

(2) Fernkommunikationsmittel im Sinn des Abs. 1 sind Kommunikationsmittel, die zum Abschluß eines Vertrages ohne gleichzeitige körperliche Anwesenheit der Parteien verwendet werden können, insbesondere Drucksachen mit oder ohne Anschrift, Kataloge, Pressewerbungen mit Bestellschein, vorgefertigte Standardbriefe, Ferngespräche mit Personen oder Automaten als Gesprächspartnern, Hörfunk, Bildtelefon, Telekopie, Teleshopping sowie öffentlich zugängliche elektronische Medien, die eine individuelle Kommunikation ermöglichen, wie etwa die elektronische Post.

(BGBl I 1999/185, ab 1. 6. 2000; s § 41a Abs 9)

§ 5b. Die §§ 5c bis 5i sind nicht anzuwenden auf

1. Verträge über Finanzdienstleistungen, das sind insbesondere Wertpapierdienstleistungen, Versicherungen und Rückversicherungen, Bankdienstleistungen, Tätigkeiten im Zusammenhang mit Versorgungsfonds sowie Dienstleistungen im Zusammenhang mit Termin- oder Optionsgeschäften,

2. Verträge über den Bau und den Verkauf von Immobilien oder über sonstige Rechte an Immobilien mit Ausnahme der Vermietung,

3. Verträge, die unter Verwendung von Warenautomaten oder automatisierten Geschäftsräumen geschlossen werden, und

4. Versteigerungen.

(BGBl I 1999/185, ab 1. 6. 2000; s § 41a Abs 9)

§ 5c. (1) Der Verbraucher muß rechtzeitig vor Abgabe seiner Vertragserklärung über folgende Informationen verfügen:

1. Name (Firma) und ladungsfähige Anschrift des Unternehmers,

2. die wesentlichen Eigenschaften der Ware oder Dienstleistung,

3. den Preis der Ware oder Dienstleistung einschließlich aller Steuern,

4. allfällige Lieferkosten,

5. die Einzelheiten der Zahlung und der Lieferung oder Erfüllung,

6. das Bestehen eines Rücktrittsrechts, außer in den Fällen des § 5f.

7. die Kosten für den Einsatz des Fernkommunikationsmittels, sofern sie nicht nach dem Grundtarif berechnet werden,

8. die Gültigkeitsdauer des Angebots oder des Preises sowie

9. die Mindestlaufzeit des Vertrages, wenn dieser eine dauernde oder wiederkehrende Leistung zum Inhalt hat.

(2) Die in Abs. 1 genannten Informationen müssen dem Verbraucher klar und verständlich in einer dem verwendeten Fernkommunikationsmittel angepaßten Art und Weise erteilt werden. Ihr geschäftlicher Zweck muß unzweideutig erkennbar sein.

(3) Bei Ferngesprächen mit Verbrauchern sind der Name oder die Firma des Unternehmers und der geschäftliche Zweck des Gesprächs zu dessen Beginn klar und verständlich offenzulegen. Die Verwendung eines Automaten als Gesprächspartner eines Verbrauchers bedarf dessen vorheriger – jederzeit widerruflicher – Zustimmung. Andere Regelungen über die Zulässigkeit der Verwendung von Fernkommunikationsmitteln bleiben unberührt.

(4) Die Abs. 1 und 2 sind nicht anzuwenden auf Verträge

1. über die Lieferung von Lebensmitteln, Getränken oder sonstigen Haushaltsgegenständen des täglichen Bedarfs, die am Wohnsitz, am Aufenthaltsort oder am Arbeitsplatz des Verbrauchers von Unternehmern im Rahmen häufiger und regelmäßiger Fahrten geliefert werden (Hauslieferungen), sowie

2. über Dienstleistungen in den Bereichen Unterbringung, Beförderung, Lieferung von Speisen und Getränken sowie Freizeitgestaltung, wenn sich der Unternehmer bei Vertragsabschluß verpflichtet, die Dienstleistungen zu einem bestimmten Zeitpunkt oder innerhalb eines genau angegebenen Zeitraums zu erbringen (Freizeit-Dienstleistungen).

(BGBl I 1999/185, ab 1. 6. 2000; s § 41a Abs 9)

§ 5d. (1) Der Verbraucher muß rechtzeitig während der Erfüllung des Vertrags, bei nicht zur Lieferung an Dritte bestimmten Waren spätestens zum Zeitpunkt der Lieferung, eine schriftliche Bestätigung der in § 5c Abs. 1 Z 1 bis 6 genannten Informationen erhalten, soweit ihm diese nicht bereits vor Vertragsabschluß schriftlich erteilt wurden. Der schriftlichen Bestätigung (Informationserteilung) steht eine solche auf einem für den Verbraucher verfügbaren dauerhaften Datenträger gleich.

(2) Dem Verbraucher sind zudem rechtzeitig folgende Angaben schriftlich oder auf einem für ihn verfügbaren dauerhaften Datenträger zu übermitteln:

1. Informationen über die Bedingungen und die Einzelheiten der Ausübung des Rücktrittsrechts nach § 5e, einschließlich der in § 5f Z 1 genannten Fälle,

2. die geographische Anschrift der Niederlassung des Unternehmers, bei der der Verbraucher allfällige Beanstandungen vorbringen kann,

3. Informationen über den Kundendienst und die geltenden Garantiebedingungen sowie

4. bei unbestimmter oder mehr als einjähriger Vertragsdauer die Kündigungsbedingungen.

(3) Die Abs. 1 und 2 sind auf Verträge über Hauslieferungen (§ 5c Abs. 4 Z 1) und Freizeit-Dienstleistungen (§ 5c Abs. 4 Z 2) nicht anzuwenden. Sie sind weiters nicht auf Dienstleistungen anzuwenden, die unmittelbar durch den Einsatz eines Fernkommunikationsmittels erbracht werden, sofern sie auf einmal erbracht und über den Betreiber des Kommunikationsmittels abgerechnet werden; der Verbraucher muß jedoch die Möglichkeit haben, die geographische Anschrift der Niederlassung des Unternehmers zu erfahren, bei der er seine Beanstandungen vorbringen kann.

(BGBl I 1999/185, ab 1. 6. 2000; s § 41a Abs 9)

§ 5e. (1) Der Verbraucher kann von einem im Fernabsatz geschlossenen Vertrag oder einer im Fernabsatz abgegebenen Vertragserklärung bis zum Ablauf der in Abs. 2 und 3 genannten Fristen zurücktreten. Es genügt, wenn die Rücktrittserklärung innerhalb der Frist abgesendet wird.

(2) Die Rücktrittsfrist beträgt sieben Werktage, wobei der Samstag nicht als Werktag zählt. Sie beginnt bei Verträgen über die Lieferung von Waren mit dem Tag ihres Eingangs beim Verbraucher, bei Verträgen über die Erbringung von Dienstleistungen mit dem Tag des Vertragsabschlusses.

(3) Ist der Unternehmer seinen Informationspflichten nach § 5d Abs. 1 und 2 nicht nachgekommen, so beträgt die Rücktrittsfrist drei Monate ab den in Abs. 2 genannten Zeitpunkten. Kommt der Unternehmer seinen Informationspflichten innerhalb dieser Frist nach, so beginnt mit dem Zeitpunkt der Übermittlung der Informationen durch den Unternehmer die in Abs. 2 genannte Frist zur Ausübung des Rücktrittsrechts.

(BGBl I 1999/185, ab 1. 6. 2000; s § 41a Abs 9)

§ 5f. Der Verbraucher hat kein Rücktrittsrecht bei Verträgen über

1. Dienstleistungen, mit deren Ausführung dem Verbraucher gegenüber vereinbarungsgemäß innerhalb von sieben Werktagen (§ 5e Abs. 2 erster Satz) ab Vertragsabschluß begonnen wird,

2. Waren oder Dienstleistungen, deren Preis von der Entwicklung der Sätze auf den Finanzmärkten, auf die der Unternehmer keinen Einfluß hat, abhängt,

3. Waren, die nach Kundenspezifikationen angefertigt werden, die eindeutig auf die persönlichen Bedürfnisse zugeschnitten sind, die auf Grund ihrer Beschaffenheit nicht für eine Rücksendung geeignet sind, die schnell verderben können oder deren Verfallsdatum überschritten würde,

4. Audio- oder Videoaufzeichnungen oder Software, sofern die gelieferten Sachen vom Verbraucher entsiegelt worden sind,

5. Zeitungen, Zeitschriften und Illustrierte mit Ausnahme von Verträgen über periodische Druckschriften (§ 26 Abs. 1 Z 1),

6. Wett- und Lotterie-Dienstleistungen sowie

7. Hauslieferungen oder Freizeit-Dienstleistungen (§ 5c Abs. 4 Z 1 und 2).

(BGBl I 1999/185, ab 1. 6. 2000; s § 41a Abs 9)

§ 5g. (1) Tritt der Verbraucher nach § 5e vom Vertrag zurück, so hat Zug um Zug

1. der Unternehmer die vom Verbraucher geleisteten Zahlungen zu erstatten und den vom Verbraucher auf die Sache gemachten notwendigen und nützlichen Aufwand zu ersetzen sowie

2. der Verbraucher die empfangenen Leistungen zurückzustellen und dem Unternehmer ein angemessenes Entgelt für die Benützung, einschließlich einer Entschädigung für eine damit verbundene Minderung des gemeinen Wertes der Leistung, zu zahlen; die Übernahme der Leistungen in die Gewahrsame des Verbrauchers ist für sich allein nicht als Wertminderung anzusehen.

(2) An Kosten dürfen dem Verbraucher nur die unmittelbaren Kosten der Rücksendung auferlegt werden, sofern die Parteien dies vereinbart haben.

(3) § 4 Abs. 2 und 3 ist anzuwenden.

(BGBl I 1999/185, ab 1. 6. 2000; s § 41a Abs 9)

§ 5h. (1) Tritt der Verbraucher nach § 5e von einem im Fernabsatz geschlossenen Vertrag zurück, bei dem das Entgelt für die Ware oder Dienstleistung ganz oder teilweise durch einen vom Unternehmer oder in wirtschaftlicher Einheit von einem Dritten (§ 18) gewährten Kredit finanziert wird, so gilt der Rücktritt auch für den Kreditvertrag.

(2) Nach einem Rücktritt vom Kreditvertrag im Sinn des Abs. 1 hat jeder Teil dem anderen die empfangenen Leistungen zu erstatten. Dem Verbraucher können nur die Kosten einer allenfalls erforderlichen Beglaubigung von Unterschriften sowie der Ersatz der vom Unternehmer oder vom Dritten auf Grund der Kreditgewährung entrichteten Abgaben auferlegt werden, sofern die Parteien dies vereinbart haben. Ansprüche gegen den Verbraucher auf Zahlung sonstiger Kosten und von Zinsen sind ausgeschlossen.

(BGBl I 1999/185, ab 1. 6. 2000; s § 41a Abs 9)

§ 5i. (1) Sofern die Parteien nicht etwas anderes vereinbart haben, hat der Unternehmer eine Bestellung des Verbrauchers spätestens 30 Tage nach dem auf die Übermittlung der Bestellung durch den Verbraucher folgenden Tag auszuführen, es sei denn, daß er das Anbot des Verbrauchers nicht annimmt.

(2) Kann der Unternehmer eine Bestellung des Verbrauchers nicht ausführen, weil die bestellte Ware oder Dienstleistung nicht verfügbar ist, so hat er dies dem Verbraucher unverzüglich mitzuteilen und ihm bereits geleistete Zahlungen zu erstatten. Gleiches gilt, wenn der Unternehmer das Anbot des Verbrauchers nicht annimmt.

(3) Abs. 1 ist auf Verträge über Hauslieferungen (§ 5c Abs. 4 Z 1) und Freizeit-Dienstleistungen (§ 5c Abs. 4 Z 2) nicht anzuwenden.

(BGBl I 1999/185, ab 1. 6. 2000; s § 41a Abs 9)

§ 5j. Unternehmer, die Gewinnzusagen oder andere vergleichbare Mitteilungen an bestimmte Verbraucher senden und durch die Gestaltung dieser Zusendungen den Eindruck erwecken, daß der Verbraucher einen bestimmten Preis gewonnen habe, haben dem Verbraucher diesen Preis zu leisten; er kann auch gerichtlich eingefordert werden.

(BGBl I 1999/185, ab 1. 10. 1999; s § 41a Abs 7)

Unzulässige Vertragsbestandteile

§ 6. (1) Für den Verbraucher sind besonders solche Vertragsbestimmungen im Sinn des § 879 ABGB jedenfalls nicht verbindlich, nach denen

1. sich der Unternehmer eine unangemessen lange oder nicht hinreichend bestimmte Frist ausbedingt, während deren er einen Vertragsantrag des Verbrauchers annehmen oder ablehnen kann oder während deren der Verbraucher an den Vertrag gebunden ist;

2. ein bestimmtes Verhalten des Verbrauchers als Abgabe oder Nichtabgabe einer Erklärung gilt, es sei denn, der Verbraucher wird bei Beginn der hiefür vorgesehenen Frist auf die Bedeutung seines Verhaltens besonders hingewiesen und hat zur Abgabe einer ausdrücklichen Erklärung eine angemessene Frist;

3. eine für den Verbraucher rechtlich bedeutsame Erklärung des Unternehmers, die jenem nicht zugegangen ist, als ihm zugegangen gilt, sofern es sich nicht um die Wirksamkeit einer an die zuletzt bekanntgegebene Anschrift des Verbrauchers gesendeten Erklärung für den Fall handelt, daß der Verbraucher dem Unternehmer eine Änderung seiner Anschrift nicht bekanntgegeben hat;

4. eine vom Verbraucher dem Unternehmer oder einem Dritten abzugebende Anzeige oder Erklärung einer strengeren Form als der Schriftform oder besonderen Zugangserfordernissen zu genügen hat;

5. dem Unternehmer auf sein Verlangen für seine Leistung ein höheres als das bei der Vertragsschließung bestimmte Entgelt zusteht, es sei denn, daß der Vertrag bei Vorliegen der vereinbarten Voraussetzungen für eine Entgeltänderung auch eine Entgeltsenkung vorsieht, daß die für die Entgeltänderung maßgebenden Umstände im Vertrag umschrieben und sachlich gerechtfertigt sind sowie daß ihr Eintritt nicht vom Willen des Unternehmers abhängt; *(BGBl I 1997/6, ab 1. 3. 1997, s § 41a Abs 4 Z 3)*

6. das Recht des Verbrauchers, seine Leistung nach § 1052 ABGB bis zur Bewirkung oder Sicherstellung der Gegenleistung zu verweigern, für den Fall ausgeschlossen oder eingeschränkt wird, daß der Unternehmer seine Leistung nicht vertragsgemäß erbringt oder ihre Erbringung durch seine schlechten Vermögensverhältnisse, die dem Verbraucher zur Zeit der Vertragsschließung weder bekannt waren noch bekannt sein mußten, gefährdet ist, indem etwa das Leistungsverweigerungsrecht davon abhängig gemacht wird, daß der Unternehmer Mängel seiner Leistung anerkennt;

7. ein dem Verbraucher nach dem Gesetz zustehendes Zurückbehaltungsrecht ausgeschlossen oder eingeschränkt wird;

8. das Recht des Verbrauchers, seine Verbindlichkeiten durch Aufrechnung aufzuheben, für den Fall der Zahlungsunfähigkeit des Unternehmers oder für Gegenforderungen ausgeschlossen oder eingeschränkt wird, die im rechtlichen Zusammenhang mit der Verbindlichkeit des Verbrauchers stehen, die gerichtlich festgestellt oder die vom Unternehmer anerkannt worden sind;

9. eine Pflicht des Unternehmers zum Ersatz eines Schadens an der Person ausgeschlossen oder eingeschränkt wird oder eine Pflicht des Unternehmers zum Ersatz sonstiger Schäden für den Fall ausgeschlossen oder eingeschränkt wird, daß er oder eine Person, für die er einzustehen hat, den Schaden vorsätzlich oder grob fahrlässig verschuldet hat; *(BGBl I 1997/6, ab 1. 1. 1997, s § 41a Abs 4 Z 2)*

10. der Unternehmer oder eine seinem Einflußbereich unterliegende Stelle oder Person ermächtigt wird, mit bindender Wirkung für den Verbraucher darüber zu entscheiden, ob die ihm vom Unternehmer erbrachten Leistungen der Vereinbarung entsprechen;

11. dem Verbraucher eine Beweislast auferlegt wird, die ihn von Gesetzes wegen nicht trifft;

12. die Rechte des Verbrauchers auf eine Sache, die der Unternehmer zur Bearbeitung übernommen hat, in unangemessen kurzer Frist verfallen;

13. die im Fall des Verzugs des Verbrauchers zu zahlenden Zinsen den für den Fall vertragsgemäßer Zahlung vereinbarten Zinssatz um mehr als fünf Prozentpunkte pro Jahr übersteigen; *(BGBl I 1997/6, ab 1. 3. 1997, s § 41a Abs 4 Z 3)*

14. das Recht zur Geltendmachung eines ihm unterlaufenen Irrtums oder des Fehlens oder Wegfalls der Geschäftsgrundlage im vorhinein ausgeschlossen oder eingeschränkt wird, etwa auch durch eine Vereinbarung, wonach Zusagen des Unternehmers nicht die Hauptsache oder eine wesentliche Beschaffenheit derselben (§ 871 Abs. 1 ABGB) betreffen; *(BGBl I 1997/6, ab 1. 1. 1997, s § 41a Abs 4 Z 2)*

15. er sich nach Eintritt des Verzugs zur Zahlung von Betreibungs- oder Einbringungskosten verpflichtet, sofern diese Kosten in der Vereinbarung nicht gesondert und aufgeschlüsselt ausgewiesen sind oder soweit diese Kosten zur zweckentsprechenden Betreibung oder Einbringung der Forderung nicht notwendig waren. *(BGBl I 1997/6, ab 1. 1. 1997, s § 41a Abs 4 Z 2)*

(2) Sofern der Unternehmer nicht beweist, daß sie im einzelnen ausgehandelt worden sind, gilt das gleiche auch für Vertragsbestimmungen, nach denen

1. der Unternehmer ohne sachliche Rechtfertigung vom Vertrag zurücktreten kann,

2. dem Unternehmer das Recht eingeräumt wird, seine Pflichten oder den gesamten Vertrag mit schuldbefreiender Wirkung einem Dritten zu überbinden, der im Vertrag nicht namentlich genannt ist;

3. der Unternehmer eine von ihm zu erbringende Leistung einseitig ändern oder von ihr abweichen kann, es sei denn, die Änderung beziehungsweise Abweichung ist dem Verbraucher zumutbar, besonders weil sie geringfügig und sachlich gerechtfertigt ist;

4. dem Unternehmer auf sein Verlangen für seine innerhalb von zwei Monaten nach der Vertragsschließung zu erbringende Leistung ein höheres als das ursprünglich bestimmte Entgelt zusteht;

5. eine Pflicht des Unternehmers zum Ersatz eines Schadens an einer Sache, die er zur Bearbeitung übernommen hat, ausgeschlossen oder beschränkt wird;

6. Ansprüche des Verbrauchers aus § 908 ABGB eingeschränkt oder ausgeschlossen werden. *(BGBl I 1997/6, ab 1. 1. 1997, s § 41a Abs 4 Z 2)*

(3) Eine in Allgemeinen Geschäftsbedingungen oder Vertragsformblättern enthaltene Vertragsbestimmung ist unwirksam, wenn sie unklar oder unverständlich abgefaßt ist. *(BGBl I 1997/6, ab 1. 1. 1997, s § 41a Abs 4 Z 2)*

Angeld und Reugeld

§ 7. Ist der Unternehmer zur Einbehaltung oder Rückforderung eines Angeldes (§ 908 ABGB) berechtigt oder der Verbraucher zur Zahlung eines Reugeldes (§ 909 ABGB) verpflichtet, so kann der Richter das Angeld beziehungsweise das Reugeld in sinngemäßer Anwendung des § 1336 Abs. 2 ABGB mäßigen.

(BGBl I 1997/6, ab 1. 1. 1997, s § 41a Abs 4 Z 2)

Gewährleistung

§ 8. (1) „Ist der Unternehmer zur Verbesserung oder zum Austausch verpflichtet (§ 932 ABGB), so hat er diese Pflicht zu erfüllen"

1. an dem Ort, an dem die Sache übergeben worden ist; hat der Unternehmer die Sache vertragsgemäß nach einem im Inland gelegenen Ort befördert oder versendet, so tritt dieser Ort an die Stelle des Übergabsortes; oder wenn es der Verbraucher verlangt

2. an dem Ort, an dem sich die Sache gewöhnlich befindet, sofern dieser Ort im Inland gelegen ist, für den Unternehmer nicht überraschend sein mußte und sofern nach der Art der Sache deren Beförderung zum Unternehmer für den Verbraucher untunlich ist, besonders weil die Sache sperrig, gewichtig oder durch Einbau unbeweglich geworden ist.

(BGBl I 2001/48, ab 1. 1. 2002, s § 41a Abs 11)

(2) Der Unternehmer kann verlangen, dass ihm der Verbraucher, wenn es für diesen tunlich ist, die Sache übersendet. Der Unternehmer hat jedoch die Gefahr der Übersendung zu tragen. *(BGBl I 2001/48, ab 1. 1. 2002, s § 41a Abs 11)*

(3) Die notwendigen Kosten der Verbesserung oder des Austauschs, insbesondere Versand-, Arbeits- und Materialkosten, hat der Unternehmer zu tragen. *(BGBl I 2001/48, ab 1. 1. 2002, s § 41a Abs 11)*

§ 9. (1) Gewährleistungsrechte des Verbrauchers (§§ 922 bis 933 ABGB) können vor Kenntnis des Mangels nicht ausgeschlossen oder eingeschränkt werden. Die Vereinbarung einer kürzeren als der gesetzlichen Gewährleistungsfrist ist unwirksam, doch kann bei der Veräußerung gebrauchter beweglicher Sachen die Gewährleistungsfrist auf ein Jahr verkürzt werden, sofern dies im Einzelnen ausgehandelt wird. Bei Kraftfahrzeugen ist eine solche Verkürzung nur dann wirksam, wenn seit dem Tag der ersten Zulassung mehr als ein Jahr verstrichen ist.

(2) Die §§ 925 bis 927 und 933 Abs. 2 ABGB über Viehmängel sind auf den Erwerb durch Verbraucher nicht anzuwenden.

(BGBl I 2001/48, ab 1. 1. 2002, s § 41a Abs 11)

§ 9a. War der Unternehmer nach dem Vertrag zur Montage verpflichtet, so haftet er auch für einen dabei durch sein unsachgemäßes Verhalten an der Sache verursachten Mangel. Dasselbe gilt, wenn die Sache zur Montage durch den Verbraucher bestimmt war und die unsachgemäße Montage auf einem Fehler der Montageanleitung beruht.

(BGBl I 2001/48, ab 1. 1. 2002, s § 41a Abs 11)

Vertragliche Garantie

§ 9b. (1) Verpflichtet sich ein Unternehmer gegenüber einem Verbraucher, für den Fall der

Mangelhaftigkeit der Sache diese zu verbessern, auszutauschen, den Kaufpreis zu erstatten oder sonst Abhilfe zu schaffen (Garantie), so hat er auch auf die gesetzliche Gewährleistungspflicht des Übergebers und darauf hinzuweisen, dass sie durch die Garantie nicht eingeschränkt wird. Der Unternehmer ist an die Zusagen in der Garantieerklärung und an den in der Werbung bekannt gemachten Inhalt der Garantie gebunden.

(2) Die Garantieerklärung hat den Namen und die Anschrift des Garanten sowie in einfacher und verständlicher Form den Inhalt der Garantie, vor allem ihre Dauer und ihre räumliche Geltung, und die sonstigen für ihre Inanspruchnahme nötigen Angaben zu enthalten. Gehen aus der Erklärung die garantierten Eigenschaften nicht hervor, so haftet der Garant dafür, dass die Sache die gewöhnlich vorausgesetzten Eigenschaften hat.

(3) Die Garantie ist dem Verbraucher auf sein Verlangen schriftlich oder auf einem anderen für ihn verfügbaren dauerhaften Datenträger bekannt zu geben.

(4) Verstößt der Garant gegen die Abs. 1 bis 3, so berührt dies die Gültigkeit der Garantie nicht. Der Garant haftet überdies dem Verbraucher für den durch den Verstoß verschuldeten Schaden.

(BGBl I 2001/48, ab 1. 1. 2002, s § 41a Abs 11)

Umfang der Vertretungsmacht und mündliche Zusagen

§ 10. (1) Eine Vollmacht, die ein Unternehmer erteilt hat, erstreckt sich im Verkehr mit Verbrauchern auf alle Rechtshandlungen, die derartige Geschäfte gewöhnlich mit sich bringen; besondere gesetzliche Regeln über den Umfang der Vollmacht bleiben davon unberührt. Eine Beschränkung dieser Vollmacht ist dem Verbraucher gegenüber nur wirksam, wenn sie ihm bewußt war.

(2) War dem Verbraucher die Beschränkung der Vollmacht nur infolge grober Fahrlässigkeit nicht bewußt, so hat der Unternehmer – unbeschadet der Geltendmachung dieses Umstandes nach anderen Bestimmungen – das Recht, vom Vertrag zurückzutreten; der Rücktritt muß unverzüglich nach Kenntnis des Unternehmers von der Überschreitung durch den Vertreter und den Umständen, aus denen sich die grobe Fahrlässigkeit des Verbrauchers ergibt, erklärt werden.

(3) Die Rechtswirksamkeit formloser Erklärungen des Unternehmers oder seiner Vertreter kann zum Nachteil des Verbrauchers vertraglich nicht ausgeschlossen werden.

Verbot des Orderwechsels

§ 11. (1) Der Unternehmer darf sich für seine Forderungen an den Verbraucher eine Wechselverbindlichkeit eines Verbrauchers nur einräumen lassen, wenn der Unternehmer Wechselnehmer (Art. 1 Z. 6, Art. 75 Z. 5 des Wechselgesetzes 1955) ist und der Wechsel die Worte „nicht an Order" oder einen gleichbedeutenden Vermerk enthält. Eine Verletzung dieser Bestimmung läßt die Rechtswirksamkeit des Wechsels unberührt.

(2) Ist dem Abs. 1 nicht entsprochen worden, so hat jeder Verbraucher, der den Wechsel eingelöst hat, an den Unternehmer einen Anspruch auf Zahlung eines Betrages in der Höhe der Rückgriffssumme, soweit nicht der Unternehmer beweist, daß der Verbraucher durch die Übernahme oder Erfüllung der Wechselverbindlichkeit von einer auch ohne den Wechsel bestehenden Pflicht zur Zahlung dieses Betrages befreit worden ist.

Verbot der Gehaltsabtretung

§ 12. (1) Eine Lohn- oder Gehaltsforderung des Verbrauchers darf dem Unternehmer nicht zur Sicherung oder Befriedigung seiner noch nicht fälligen Forderungen abgetreten werden.

(2) Hat der Dienstgeber dem Unternehmer oder einem Dritten auf Grund einer entgegen dem Abs. 1 abgetretenen Lohn- oder Gehaltsforderung Beträge mit der Wirkung gezahlt, daß er von der Lohn- oder Gehaltsforderung des Verbrauchers befreit worden ist, so hat der Verbraucher an den Unternehmer einen Anspruch auf Ersatz dieses Betrages, soweit nicht der Unternehmer beweist, daß der Verbraucher durch die Abtretung oder die Bezahlung der Lohn- oder Gehaltsforderung von einer Schuld befreit worden ist.

Vorzeitige Rückzahlung

§ 12a. (1) Der Verbraucher ist berechtigt, seine Verbindlichkeiten aus einem Kreditvertrag vorzeitig zu erfüllen. In diesem Fall hat er Anspruch auf Ermäßigung der Kreditkosten um jenen Betrag an Zinsen und laufzeitabhängigen Kosten, der bei kontokorrentmäßiger Abrechnung des vorzeitig zurückgezahlten Betrags nicht anfällt. Die Vereinbarung oder Verrechnung darüber hinausgehender Entgelte ist nicht zulässig.

(2) Abs. 1 gilt nicht für

1. Kredite,

a) die zur Schaffung oder Sanierung von Gebäuden bestimmt sind und eine Laufzeit von mindestens 10 Jahren haben oder

b) die durch eine Hypothek gesichert sind oder

c) die „25 000 Euro" übersteigen, und *(BGBl I 2001/98, ab 1. 1. 2002, s § 41a Abs 13)*

2. Leasingverträge, die nicht den Übergang des Eigentums am Leasinggegenstand auf den Leasingnehmer vorsehen.

(BGBl 1993/247, ab 1. 1. 1994, s § 41a Abs 2)

Terminsverlust

§ 13. Hat der Verbraucher seine Schuld in Raten zu zahlen und hat sich der Unternehmer für den Fall der Nichtzahlung von Teilbeträgen oder Nebenforderungen das Recht vorbehalten, die sofortige Entrichtung der gesamten noch offenen Schuld zu fordern (Terminsverlust), so darf er dieses Recht nur ausüben, wenn er selbst seine Leistungen bereits erbracht hat, zumindest eine rückständige Leistung des Verbrauchers seit mindestens sechs Wochen fällig ist sowie der Unternehmer den Verbraucher unter Androhung des Terminsverlustes und unter Setzung einer Nachfrist von mindestens zwei Wochen erfolglos gemahnt hat.

Verbraucherverträge mit Auslandsbezug

§ 13a. (1) Haben die Parteien eines Verbrauchervertrags mit Auslandsbezug das Recht eines Staates gewählt, der nicht Vertragsstaat des EWR-Abkommens ist, so ist diese Rechtswahl für die Beurteilung

1. der Gültigkeit und der Folgen der Ungültigkeit einer Vertragsbestimmung, die nicht eine der beiderseitigen Hauptleistungen festlegt,

2. der Folgen einer unklar und unverständlich abgefaßten Vertragsbestimmung,

3. des Schutzes im Sinn der §§ 5c bis 5i und 31a bei Fernabsatzverträgen (§ 5a) und

4. der Gewährleistung und der Garantie beim Kauf oder bei der Herstellung beweglicher Sachen im Sinne der §§ 8 bis 9b sowie der §§ 922 bis 924, 928, 932 und 933 ABGB *(BGBl I 2001/48, ab 1. 1. 2002, s § 41a Abs 11)*

insoweit unbeachtlich, als das gewählte Recht für den Verbraucher nachteiliger ist als das Recht, das ohne die Rechtswahl maßgebend wäre. Dies gilt nur, wenn ohne die Rechtswahl das Recht eines Staates anzuwenden wäre, der Vertragsstaat des EWR-Abkommens ist. *(BGBl I 1999/185, ab 1. 6. 2000, s § 41a Abs 9)*

(2) § 6 KSchG und die §§ 864a und 879 Abs. 3 ABGB sind zum Schutz des Verbrauchers ohne Rücksicht darauf anzuwenden, welchem Recht der Vertrag unterliegt, wenn dieser im Zusammenhang mit einer in Österreich entfalteten, auf die Schließung solcher Verträge gerichteten Tätigkeit des Unternehmers oder der von ihm hiefür verwendeten Personen zustande gekommen ist. *(BGBl I 1998/119, s § 41a Abs 5)*

Gerichtsstand

§ 14. (1) Hat der Verbraucher im Inland seinen Wohnsitz oder seinen gewöhnlichen Aufenthalt oder ist er im Inland beschäftigt, so kann für eine Klage gegen ihn nach den §§ 88, 89, 93 Abs. 2 und 104 Abs. 1 JN nur die Zuständigkeit des Gerichtes begründet werden, in dessen Sprengel der Wohnsitz, der gewöhnliche Aufenthalt oder der Ort der Beschäftigung liegt; dies gilt nicht für Rechtsstreitigkeiten, die bereits entstanden sind. *(BGBl I 1997/140, ab 1. 1. 1998, anzuwenden auf Verfahren, in denen die Klagen bei Gericht nach dem 31. 12. 1997 angebracht werden)*

(2) Das Fehlen der inländischen Gerichtsbarkeit sowie der örtlichen Zuständigkeit des Gerichts ist in jeder Lage des Verfahrens von Amts wegen wahrzunehmen; die Bestimmungen über die Heilung des Fehlens der inländischen Gerichtsbarkeit oder der sachlichen oder örtlichen Zuständigkeit (§ 104 Abs. 3 JN) sind jedoch anzuwenden. *(BGBl I 1997/140, ab 1. 1. 1998, s Anm zu Abs 1)*

(3) Eine Vereinbarung, mit der für eine Klage des Verbrauchers gegen den Unternehmer ein nach dem Gesetz gegebener Gerichtsstand ausgeschlossen wird, ist dem Verbraucher gegenüber rechtsunwirksam.

(4) Die Abs. 1 bis 3 sind insoweit zur Gänze oder zum Teil nicht anzuwenden, als nach Völkerrecht oder besonderen gesetzlichen Anordnungen ausdrücklich anderes bestimmt ist. *(BGBl I 1997/140, ab 1. 1. 1998, s Anm zu Abs 1)*

Abschnitt III
Besondere Vertragsarten

Verträge über wiederkehrende Leistungen

§ 15. (1) Verträge, durch die sich der Unternehmer zur wiederholten Lieferung beweglicher körperlicher Sachen einschließlich Energie oder zu wiederholten Werkleistungen und der Verbraucher zu wiederholten Geldzahlungen verpflichten und die für eine unbestimmte oder eine ein Jahr übersteigende Zeit geschlossen worden sind, kann der Verbraucher unter Einhaltung einer zweimonatigen Frist zum Ablauf des ersten Jahres, nachher zum Ablauf jeweils eines halben Jahres kündigen. „ “ *(BGBl 1984/456)*

(2) Ist die Gesamtheit der zu liefernden Sachen eine nach ihrer Art unteilbare Leistung, deren Umfang und Preis schon bei der Vertragsschließung bestimmt sind, so kann der erste Kündigungstermin bis zum Ablauf des zweiten Jahres hinausgeschoben werden. „In solchen Verträgen kann die Kündigungsfrist auf höchstens sechs Monate verlängert werden.“ *(BGBl 1984/456)*

(3) Erfordert die Erfüllung eines bestimmten, im Abs. 1 genannten Vertrages oder von solchen Verträgen mit einer Gruppe von bereits bestimmten einzelnen Verbrauchern erhebliche Aufwendungen des Unternehmers und hat er dies dem Verbraucher spätestens bei der Vertragsschließung bekanntgegeben, so können den Umständen angemessene, von den Abs. 1 und 2 abweichende Kündigungstermine und Kündigungsfristen vereinbart werden.

(4) Eine Kündigung des Verbrauchers, die nicht fristgerecht ausgesprochen worden ist, wird zum nächsten nach Ablauf der Kündigungsfrist liegenden Kündigungstermin wirksam.

Abzahlungsgeschäfte

§ **16.** (1) Die §§ 18 bis 25 gelten für Abzahlungsgeschäfte, bei denen

1. der Barzahlungspreis „25 000 Euro" nicht übersteigt oder bei der Vertragsschließung nicht feststeht, daß er „25 000 Euro" übersteigen wird, und *(BGBl I 1997/6, ab 1. 1. 1997, s § 41a Abs 4 Z 2 und BGBl I 2001/98, ab 1. 1. 2002, s § 41a Abs 13)*

2. nach der Erbringung der Leistung des Unternehmers – abgesehen von einer Anzahlung – mindestens zwei Teilzahlungen zu entrichten sind.

(2) Ein Abzahlungsgeschäft im Sinn dieser Bestimmungen ist ein Kaufvertrag über eine bewegliche körperliche Sache, auf Grund dessen der Unternehmer die Sache vor vollständiger Bezahlung dem Verbraucher zu übergeben und dieser das Entgelt in Teilzahlungen zu entrichten hat.

(3) Als Barzahlungspreis im Sinn dieser Bestimmungen gilt das Entgelt, das bei sofortiger Barzahlung zu entrichten wäre, als Gesamtentgelt der Barzahlungspreis samt allen Zinsen und sonstigen Zuschlägen. *(BGBl I 1997/6, ab 1. 1. 1997, s § 41a Abs 4 Z 2)*

Gleichgestellte Geschäfte

§ **17.** Die §§ 18 bis 25 gelten unter den im § 16 genannten Voraussetzungen sinngemäß auch für andere Rechtsgeschäfte als Kaufverträge, wenn die Beteiligten damit den gleichen wirtschaftlichen Zweck verfolgen wie bei einem Abzahlungsgeschäft.

§ **18.** Wird der gleiche wirtschaftliche Zweck dadurch verfolgt, daß ein Dritter die Mittel für das Entgelt zur Verfügung stellt (Geldgeber), und hat der Verbraucher den dem Geldgeber geschuldeten Betrag in Teilbeträgen zu zahlen, so gilt der § 17 auch für das Verhältnis des Verbrauchers zum Geldgeber, wenn die Verträge mit dem Unternehmer und dem Geldgeber für diese eine wirtschaftliche Einheit bilden; eine solche ist anzunehmen, wenn der Geldgeber und der Unternehmer im Rahmen dieses Vorganges zueinander in eine Rechtsbeziehung treten oder wenn sie miteinander wegen derartiger Finanzierungen in ständiger Geschäftsverbindung stehen. In diesem Fall kann der Verbraucher die Befriedigung des Geldgebers auch verweigern, soweit ihm Einwendungen aus seinem Rechtsverhältnis zum Unternehmer gegen diesen zustehen.

§ **19.** Wird bei einem Kaufvertrag, der weder ein Abzahlungsgeschäft ist noch unter den § 18 fällt, der gleiche wirtschaftliche Zweck dadurch verfolgt, daß der Unternehmer in wirtschaftlicher Einheit mit dem Vertrag den Verbraucher veranlaßt, zur Zahlung des Entgelts ein in Teilbeträgen zurückzuzahlendes Darlehen aufzunehmen, und bei der Vorbereitung der Darlehensaufnahme mitwirkt, so sind die §§ 18 bis 25 auf das Verhältnis zwischen dem Unternehmer und dem Verbraucher sinngemäß mit folgenden Besonderheiten anzuwenden:

1. Soweit dabei der Inhalt des Darlehensvertrags maßgebend ist, kann sich der Verbraucher auf eine Abweichung des tatsächlich geschlossenen von dem in Aussicht genommenen Darlehensvertrag nicht berufen.

2. *(aufgehoben, BGBl I 1997/6, ab 1. 1. 1997, s § 41a Abs 4 Z 2)*

3. Hat der Verbraucher dem Darlehensgeber Zahlungen zu leisten, zu denen er nicht verpflichtet wäre, wenn der Darlehensvertrag ein Rechtsgeschäft nach § 18 wäre, so hat der Unternehmer den Verbraucher von der Pflicht zur Zahlung dieser Beträge an den Geldgeber zu befreien beziehungsweise dem Verbraucher bereits gezahlte Beträge zu vergüten.

Anzahlung

§ **20.** (1) Der Verbraucher hat einen Teil des Barzahlungspreises spätestens bei der Übergabe der Sache anzuzahlen; die Anzahlung muß mindestens zehn vom Hundert des Barzahlungspreises „oder, wenn"* dieser „220 Euro"** übersteigt, mindestens zwanzig vom Hundert des Barzahlungspreises betragen. Wird als Anzahlung eine bewegliche körperliche Sache gegeben, so ist ihr gemeiner Wert anzurechnen. In den Fällen der §§ 18 und 19 kann der Verbraucher die Anzahlung entweder dem Unternehmer oder dem Geldgeber leisten. *(* BGBl I 1997/6, ab 1. 1. 1997, s § 41a Abs 4 Z 2, und ** BGBl I 2001/98, ab 1. 1. 2002, s § 41a Abs 13)*

(2) Übergibt der Unternehmer dem Verbraucher die Sache, ohne die Mindestanzahlung (Abs. 1) erhalten zu haben, so hat er keinen Anspruch auf den der nicht geleisteten Anzahlung entsprechenden Teil des Kaufpreises.

Laufzeit

§ **21.** Der Verbraucher hat die aushaftenden Teilzahlungsforderungen längstens binnen fünf Jahren seit der Übergabe der Sache zu tilgen. Ist eine längere Tilgungsfrist als fünf Jahre vereinbart worden, so hat der Unternehmer keinen Anspruch auf den Teil der Zinsen und sonstigen Zuschläge, der bei ihrer gleichmäßigen Aufteilung auf die gesamte Tilgungsfrist nach dem Ablauf von fünf Jahren zu zahlen wäre.

Nichterfüllung durch den Verbraucher

§ **22.** (1) Hat sich in den Fällen des § 18 der Geldgeber vorbehalten, dem Verbraucher wegen Nichterfüllung von dessen Pflichten die Benützung der Sache zu entziehen und diese freihändig zu verkaufen, so ist die Geltendmachung dieser Rechte nicht als Rücktritt vom Vertrag anzusehen, wenn die Voraussetzungen des § 13 für den Terminsverlust vorliegen und dem Verbraucher für den Fall des Verkaufes der gesamte Erlös, mindestens aber der gemeine Wert, den die Sache zur Zeit des Verkaufes gehabt hat, angerechnet wird.

(2) In den Fällen des § 18 umfassen die den Geldgeber nach dem § 4 Abs. 1 Z. 1 treffenden Erstattungs- und Erhaltungspflichten auch die dem Unternehmer zugekommenen Leistungen.

Gewährleistung

§ 23. Solange der Kaufpreis noch nicht vollständig gezahlt ist, kann der Anspruch auf Gewährleistung wegen Sachmängeln über die im § 933 ABGB dafür vorgesehenen Fristen hinaus bis zur Fälligkeit der letzten Teilzahlung durch Klage geltend gemacht werden; die Geltendmachung durch Einrede bleibt dem Käufer darüber hinaus vorbehalten, wenn er bis dahin dem Verkäufer den Mangel angezeigt hat.

Ratenbrief

§ 24. (1) Der Vertrag über das Abzahlungsgeschäft ist schriftlich festzuhalten (Ratenbrief). Der Ratenbrief hat zu enthalten

1. den Vor- und den Familiennamen (die Firma), den Beruf (Gegenstand des Unternehmens) und den gewöhnlichen Aufenthalt (Sitz) der Vertragsteile;

2. den Tag und den Ort des Vertragsantrags beziehungsweise der Vertragsannahme des Verbrauchers;

3. den Gegenstand des Abzahlungsgeschäfts;

4. den Barzahlungspreis;

5. das Gesamtentgelt und die Höhe des sich daraus ergebenden effektiven Jahreszinssatzes (§ 33 Abs. 4 BWG); *(BGBl I 1997/6, ab 1. 1. 1997, s § 41a Abs 4 Z 2)*

6. die Höhe der Anzahlung;

7. die Zahl, die Höhe und die Fälligkeit der Teilzahlungen;

8. den Tag der Übergabe der Sache;

9. die Erklärung, ob und wie viele Wechsel zur Sicherung der aushaftenden Teilzahlungsforderungen übergeben und ob sonstige Sicherheiten, einschließlich eines allfälligen Eigentumsvorbehalts, vereinbart worden sind;

10. im Fall des ersten Satzes des § 3 Abs. 1 den Wortlaut des § 3 (Rücktrittsrecht des Verbrauchers) samt Überschrift, jedoch ohne den letzten Satz des Abs. 1.

(2) Der Unternehmer hat auf seine Kosten unverzüglich nach der Unterfertigung des Ratenbriefs durch den Verbraucher diesem eine Abschrift auszufolgen; die im Abs. 1 genannten Angaben sind darin deutlich lesbar wiederzugeben.

(3) Die Rechtswirksamkeit des Abzahlungsgeschäfts ist von der Errichtung des Ratenbriefs unabhängig.

§ 25. (1) Der § 24 gilt für Abzahlungsgeschäfte im „Handel mit Druckwerken" nur, wenn das Geschäft unter solchen Umständen geschlossen worden ist, unter denen der Verbraucher nach § 3 zum Rücktritt berechtigt ist. *(BGBl 1984/456)*

(2) In den Fällen des § 18 haben der Unternehmer und der Verbraucher über den Kaufvertrag und der Geldgeber und der Verbraucher über ihr Rechtsgeschäft gesonderte Urkunden zu errichten; diese bilden zusammen den Ratenbrief. Die Urkunde über den Kaufvertrag hat die im § 24 Abs. 1 Z. 1 bis 4, 6, 8 und 10 genannten Angaben zu enthalten, die Urkunde über das andere Rechtsgeschäft sinngemäß die im § 24 Abs. 1 Z. 1, 3, 7 und 9 genannten Angaben, außerdem das finanzierte Entgelt oder den finanzierten Entgeltrest sowie die Gegenleistung für die Kreditgewährung. Die Pflicht nach § 24 Abs. 2 trifft den Unternehmer und den Geldgeber nur für die jeweils von ihnen zu errichtenden Urkunden.

(3) In den Fällen des § 19 haben der Unternehmer und der Verbraucher über den Vertrag eine Urkunde zu errichten; sie gilt als Ratenbrief. Die Urkunde hat die im § 24 Abs. 1 Z. 1, 2, 8 und 10 genannten Angaben, ferner den Gegenstand des Vertrags, das Entgelt und den der Anzahlung entsprechenden Betrag sowie den Betrag und die Laufzeit des vorgesehenen Darlehens zu enthalten.

Kreditgeschäfte von Ehegatten

§ 25a. Unternehmer, deren Unternehmensgegenstand die Gewährung oder die Vermittlung von Krediten ist, haben Ehegatten, die als Verbraucher gemeinsam einen Kredit aufnehmen, mag auch einer die Haftung nur als Bürge eingehen, oder einem Ehegatten, der als Verbraucher die Haftung für eine bestehende Kreditverbindlichkeit des anderen übernimmt, durch die Übergabe einer gesonderten Urkunde darüber zu belehren,

1. daß, falls die Ehegatten solidarisch haften, von jedem der Schuldner in beliebiger Reihenfolge der volle Schuldbetrag verlangt werden kann, ohne Rücksicht darauf, wem von ihnen die Kreditsumme zugekommen ist,

2. daß die Haftung auch bei Auflösung der Ehe aufrecht bleibt sowie

3. daß nur das Gericht im Fall der Scheidung die Haftung eines der Ehegatten gemäß § 98 Ehegesetz auf eine Ausfallsbürgschaft beschränken kann, was binnen eines Jahres nach Eintritt der Rechtskraft der Scheidung beantragt werden müßte.

(BGBl I 1997/6, ab 1. 1. 1997, s § 41a Abs 4 Z 2)

Kreditverbindlichkeiten von Verbrauchern

§ 25b. (1) Ist ein Verbraucher Solidarschuldner eines von einem in § 25a genannten Unternehmer gewährten Kredites, so hat der Gläubiger jede Mahnung und sonstige Erklärung wegen einer Säumigkeit eines anderen Solidarschuldners auch dem Verbraucher zuzustellen.

(2) Ist ein Verbraucher Bürge oder Garant eines von einem in § 25a genannten Unternehmer gewährten Kredites und wird der Hauptschuldner säumig, so hat der Gläubiger den Verbraucher davon in angemessener Frist zu verständigen. Unterläßt er dies, so haftet ihm der Verbraucher nicht für die Zinsen und Kosten, die ab der Kenntnis des Gläubigers von der Säumigkeit des Hauptschuldners bis zu einem Verzug des Verbrauchers selbst entstehen.

(BGBl I 1997/6, ab 1. 1. 1997, s § 41a Abs 4 Z 2)

§ 25c. Tritt ein Verbraucher einer Verbindlichkeit als Mitschuldner, Bürge oder Garant bei (Interzession), so hat ihn der Gäubiger auf die wirtschaftliche Lage des Schuldners hinzuweisen, wenn er erkennt oder erkennen muß, daß der Schuldner seine Verbindlichkeit voraussichtlich nicht oder nicht vollständig erfüllen wird. Unterläßt der Unternehmer diese Information, so haftet der Interzedent nur dann, wenn er seine Verpflichtung trotz einer solchen Information übernommen hätte.

(BGBl I 1997/6, ab 1. 1. 1997, s § 41a Abs 4 Z 2)

Mäßigungsrecht

§ 25d. (1) Der Richter kann die Verbindlichkeit eines Interzedenten (§ 25c) insoweit mäßigen oder auch ganz erlassen, als sie in einem unter Berücksichtigung aller Umstände unbilligen Mißverhältnis zur Leistungsfähigkeit des Interzedenten steht, sofern die Tatsache, daß der Verbraucher bloß Interzedent ist, und die Umstände, die dieses Mißverhältnis begründet oder herbeigeführt haben, bei Begründung der Verbindlichkeit für den Gläubiger erkennbar waren.

(2) Bei der Entscheidung nach Abs. 1 ist insbesondere zu berücksichtigen:

1. das Interesse des Gläubigers an der Begründung der Haftung des Interzedenten,

2. das Verschulden des Interzedenten an den Umständen, die das in Abs. 1 genannte Mißverhältnis begründet oder herbeigeführt haben,

3. der Nutzen des Interzedenten aus der Leistung des Gläubigers sowie

4. der Leichtsinn, die Zwangslage, die Unerfahrenheit, die Gemütsaufregung oder die Abhängigkeit des Interzedenten vom Schuldner bei Begründung der Verbindlichkeit.

(BGBl I 1997/6, ab 1. 1. 1997, s § 41a Abs 4 Z 2)

Lieferungen im Handel mit Druckwerken

§ 26. (1) Verträge im Handel mit Druckwerken sind schriftlich zu errichten, wenn sie

1. den Verkäufer zu wiederholten Lieferungen und den Käufer zu wiederholten Geldzahlungen verpflichten sowie

2. unter Umständen geschlossen werden, die den Verbraucher nach § 3 zum Rücktritt berechtigen.

(2) Die Vertragsurkunde hat zu enthalten

1. den Vor- und den Familiennamen (die Firma), den Beruf (Gegenstand des Unternehmens) und den gewöhnlichen Aufenthalt (Sitz) der Vertragsteile;

2. den Tag und den Ort des Vertragsantrags beziehungsweise der Vertragsannahme des Verbrauchers;

3. den Gegenstand des Vertrags;

4. die Höhe und die Fälligkeit der zu leistenden Zahlungen sowie, wenn sie bereits feststeht, deren Zahl;

5. eine Belehrung über das Rücktrittsrecht nach § 3.

(3) Der Unternehmer hat auf seine Kosten unverzüglich nach der Unterfertigung der Vertragsurkunde durch den Verbraucher diesem eine Abschrift auszufolgen; die im Abs. 2 genannten Angaben sind darin deutlich lesbar wiederzugeben.

(4) Die Rechtswirksamkeit eines Vertrags über nichtperiodische Druckschriften ist von der Errichtung der Vertragsurkunde unabhängig.

(BGBl 1984/456)

§ 26a. (1) Bei Verträgen über periodische Druckschriften, die unter § 26 fallen, hat überdies der Unternehmer, der die Erfüllung des Vertrages als Vertragspartner übernimmt, dem Verbraucher mit der Post eine Urkunde zu übersenden, die deutlich lesbar die in § 26 Abs. 2 angeführten Angaben enthält. Die Frist für den Rücktritt vom Vertrag nach § 3 beginnt jedenfalls erst zu laufen, sobald dem Verbraucher diese Urkunde zugekommen ist. Der Rücktritt kann auch dem Unternehmer gegenüber wirksam erklärt werden, der diese Urkunde zugesandt hat.

(2) Der Abs. 1 gilt nicht für periodische Druckschriften, die mindestens sechsmal wöchentlich erscheinen.

(BGBl 1984/456)

§ 26b. Die §§ 26 und 26a gelten nicht für Verträge, in denen der Gesamtpreis oder, wenn ein solcher noch nicht errechenbar ist, der innerhalb eines Jahres zu leistende Kaufpreis mit mehr als „25 000 Euro“ zahlenmäßig bestimmt ist. *(BGBl I 2001/98, ab 1. 1. 2002, s § 41a Abs 13)*

(BGBl 1984/456)

Einwendungsdurchgriff

§ 26c. (1) Erhält ein Verbraucher zur Finanzierung des Bezugs von Waren oder von Dienstleistungen einen Kredit von einem anderen als dem Leistenden (dem Lieferanten beziehungsweise dem Dienstleistungserbringer), so kann er die Befriedigung des Geldgebers – ungeachtet der Anwendbarkeit der §§ 17 bis 19 – auch verweigern, soweit ihm Einwendungen aus seinem Rechtsverhältnis zum Leistenden gegen diesen zustehen, sofern für den Bezug von Waren oder Dienstleistungen ein Kredit mit einer anderen Person vereinbart worden ist und

a) zwischen dem Kreditgeber und dem Leistenden eine vorherige Abmachung besteht, wonach Kredite an Kunden dieses Leistenden zum Zweck des Erwerbs von Waren oder der Inanspruchnahme von Dienstleistungen dieses Leistenden ausschließlich von diesem Kreditgeber bereitgestellt werden, und

b) der Verbraucher seinen Kredit im Rahmen dieser Abmachung erhält und

c) die unter den Kreditvertrag fallenden Waren oder Dienstleistungen nicht oder nur teilweise geliefert werden oder dem Liefervertrag nicht entsprechen und

d) der Verbraucher seine Rechte gegen den Lieferanten erfolglos geltend gemacht hat.

(2) Abs. 1 gilt nicht für die im § 12a Abs. 2 „ “ genannten Rechtsgeschäfte. *(BGBl I 1997/6, ab 1. 1. 1997, s § 41a Abs 4 Z 2)*

(BGBl 1993/247, ab 1. 1. 1994, s § 41a Abs 2)

Wohnungsverbesserung

§ 26d. (1) Verträge über Leistungen zur Sanierung von Wohnräumen sind schriftlich zu errichten, wenn der Besteller Verbraucher ist und sie unter solchen Umständen geschlossen werden, die ihn nach § 3 zum Rücktritt berechtigen.

(2) Die Vertragsurkunde hat zu enthalten:

1. den Vor- und den Familiennamen (die Firma), den Beruf (Gegenstand des Unternehmes) und den gewöhnlichen Aufenthalt (Sitz) der Vertragsteile;

2. den Tag und den Ort des Vertragsantrags oder der Vertragsannahme des Verbrauchers;

3. den Gegenstand des Vertrags, und zwar unter Angabe des Herstellers und der Type der Waren, die zur Erfüllung des Vertrags zu liefern sind, sofern deren Umschreibung mit Hersteller und Type üblich ist;

4. die Höhe und die Fälligkeit der zu leistenden Zahlungen;

5. falls der Rücktritt des Verbrauchers nach § 3a Abs. 4 Z 2 ausgeschlossen worden ist, diese Vereinbarung;

6. eine Belehrung über das Rücktrittsrecht nach den §§ 3 und 3a.

(3) Der Unternehmer hat auf seine Kosten unverzüglich nach Unterfertigung der Vertragsurkunde durch den Verbraucher diesem eine Abschrift auszufolgen; darin sind die in Abs. 2 genannten Angaben deutlich lesbar wiederzugeben.

(4) Die Rechtswirksamkeit eines Vertrags nach Abs. 1 ist von der Errichtung der Vertragsurkunde unabhängig.

(BGBl I 1997/6, ab 1. 1. 1997, s § 41a Abs 4 Z 2)

Vorauszahlungskäufe

§ 27. Von einem Vertrag über die Lieferung einer beweglichen körperlichen Sache, mit dem sich der Verbraucher verpflichtet, den Kaufpreis in Teilbeträgen vorauszuzahlen, kann er zurücktreten, sofern die Ware bloß durch Erklärung der Vertragspartner bestimmbar oder der Preis nicht nach den Preisverhältnissen zur Zeit der Vertragsschließung festgelegt und solange der Vertrag nicht beiderseits vollständig erfüllt ist. Für die Rückstellung bereits erbrachter Leistungen gilt der § 4 sinngemäß.

Werkvertrag

§ 27a. Ist die Ausführung eines Werkes unterblieben und verlangt der Unternehmer gleichwohl das vereinbarte Entgelt (§ 1168 Abs. 1 ABGB), so hat er dem Verbraucher die Gründe dafür mitzuteilen, daß er infolge Unterbleibens der Arbeit weder etwas erspart noch durch anderweitige Verwendung erworben oder zu erwerben absichtlich versäumt hat.

(BGBl I 1997/6, ab 1. 1. 1997, s § 41a Abs 4 Z 2)

II. Hauptstück
Verbandsklage

Unterlassungsanspruch

§ 28. (1) Wer im geschäftlichen Verkehr in Allgemeinen Geschäftsbedingungen, die er von ihm geschlossenen Verträgen zugrunde legt, oder in hiebei verwendeten Formblättern für Verträge Bedingungen vorsieht, die gegen ein gesetzliches Verbot oder gegen die guten Sitten verstoßen, oder wer solche Bedingungen für den geschäftlichen Verkehr empfiehlt, kann auf Unterlassung geklagt werden. Dieses Verbot schließt auch das Verbot ein, sich auf eine solche Bedingung zu berufen, soweit sie unzulässigerweise vereinbart worden ist.

(2) Die Gefahr einer Verwendung und Empfehlung derartiger Bedingungen besteht nicht mehr, wenn der Unternehmer nach Abmahnung durch eine gemäß § 29 klageberechtigte Einrichtung binnen angemessener Frist eine mit angemessener Konventionalstrafe (§ 1336 ABGB) besicherte Unterlassungserklärung abgibt.

(BGBl I 1997/6, ab 1. 1. 1997, nicht auf Empfehlungen anzuwenden, die davor abgegeben worden sind)

§ 28a. (1) Wer im geschäftlichen Verkehr mit Verbrauchern im Zusammenhang mit Haustürgeschäften, Verbraucherkreditverhältnissen, Pauschalreisevereinbarungen, Teilzeitnutzungsrechtsverhältnissen, Abschlüssen im Fernabsatz, „der Vereinbarung von missbräuchlichen Vertragsklauseln, der Gewährleistung oder Garantie beim Kauf oder bei der Herstellung beweglicher körperlicher Sachen oder im Zusammenhang mit Diensten der Informationsgesellschaft im elektronischen Geschäftsverkehr" gegen ein gesetzliches Gebot oder Verbot verstößt und dadurch die allgemeinen Interessen der Verbraucher beeinträchtigt, kann unbeschadet des § 28 Abs. 1 auf Unterlassung geklagt werden. *(BGBl I 2001/48, ab 1. 1. 2002, s § 41a Abs 11)*

(2) § 28 Abs. 2 ist anzuwenden.

(BGBl I 1999/185, ab 1. 1. 2001)

Klageberechtigung

§ 29. (1) Der Anspruch kann von der Wirtschaftskammer Österreich, der Bundesarbeitskammer, dem Österreichischen Landarbeiterkammertag, der Präsidentenkonferenz der Landwirtschaftskammern Österreichs, dem Österreichischen Gewerkschaftsbund, dem Verein für Konsumenteninformation und dem Österreichischen Seniorenrat geltend gemacht werden.

(2) Liegt der Ursprung des Verstoßes (§§ 28 Abs. 1 und 28a Abs. 1) in Österreich, so kann der Anspruch auch von jeder der im Amtsblatt der Europäischen Gemeinschaften von der Kommission gemäß Artikel 4 Abs. 3 der Richtlinie 98/27/EG über Unterlassungsklagen zum Schutz der Verbraucherinteressen, ABl. Nr. L 166 vom 11. Juni 1998 S 51, veröffentlichten Stellen und Organisationen eines anderen Mitgliedstaates der Europäischen Union geltend gemacht werden, sofern

1. die von dieser Einrichtung geschützten Interessen in diesem Mitgliedstaat beeinträchtigt werden und

2. der in der Veröffentlichung angegebene Zweck der Einrichtung diese Klagsführung rechtfertigt.

(3) Die Veröffentlichung ist bei Klagseinbringung nachzuweisen.

(BGBl I 1999/185, Abs 1 ab 20. 8. 1999, Abs 2 und 3 ab 1. 1. 2001)

Anwendung des UWG

§ 30. (1) Die §§ 24, 25 Abs. 3 bis 7 und 26 des Bundesgesetzes gegen den unlauteren Wettbewerb 1984 gelten sinngemäß. *(BGBl I 1997/6, ab 1. 1. 1997)*

(2) Der § 7 Abs. 2 erster Satz und der § 8 Abs. 2 JN sind nicht anzuwenden.

III. Hauptstück
Ergänzende Bestimmungen

Rücktritt von Immobiliengeschäften

§ 30a. (1) Gibt ein Verbraucher eine Vertragserklärung, die auf den Erwerb eines Bestandrechts, eines sonstigen Gebrauchs- oder Nutzungsrechts oder des Eigentums an einer Wohnung, an einem Einfamilienwohnhaus oder an einer Liegenschaft, die zum Bau eines Einfamilienwohnhauses geeignet ist, am selben Tag ab, an dem er das Vertragsobjekt das erste Mal besichtigt hat, so kann er von seiner Vertragserklärung zurücktreten, sofern der Erwerb der Deckung des dringenden Wohnbedürfnisses des Verbrauchers oder eines nahen Angehörigen dienen soll.

(2) Der Rücktritt kann binnen einer Woche nach der Vertragserklärung des Verbrauchers erklärt werden. Ist ein Makler eingeschritten und wird die Rücktrittserklärung an diesen gerichtet, so gilt der Rücktritt auch für einen im Zug der Vertragserklärung geschlossenen Maklervertrag. Im übrigen gilt für die Rücktrittserklärung § 3 Abs. 4.

(3) Die Frist des Abs. 2 beginnt erst zu laufen, sobald der Verbraucher eine Zweitschrift seiner Vertragserklärung und eine schriftliche Belehrung über das Rücktrittsrecht erhalten hat. Das Rücktrittsrecht erlischt jedoch spätestens einen Monat nach dem Tag der erstmaligen Besichtigung.

(4) Die Zahlung eines Angelds, Reugelds oder einer Anzahlung vor Ablauf der Rücktrittsfrist kann nicht wirksam vereinbart werden.

(BGBl 1996/262, ab 1. 7. 1996, ist auf Vertragserklärungen anzuwenden, die ein Verbraucher nach Inkrafttreten abgegeben hat)

Besondere Aufklärungspflichten des Immobilienmaklers

§ 30b. (1) Der Immobilienmakler hat vor Abschluß des Maklervertrags dem Auftraggeber, der Verbraucher ist, mit der Sorgfalt eines ordentlichen Immobilienmaklers eine schriftliche Übersicht zu geben, aus der hervorgeht, daß er als Makler einschreitet, und die sämtliche dem Verbraucher durch den Abschluß des zu vermittelnden Geschäfts voraussichtlich erwachsenden Kosten, einschließlich der Vermittlungsprovision, ausweist. Die Höhe der Vermittlungsprovision ist gesondert anzuführen; auf ein allfälliges wirtschaftliches oder familiäres Naheverhältnis im Sinn des § 6 Abs. 4 dritter Satz MaklerG ist hinzuweisen. Wenn der Immobilienmakler kraft Geschäftsgebrauchs als Doppelmakler tätig sein kann, hat diese Übersicht auch einen Hinweis darauf zu enthalten. Bei erheblicher Änderung der Verhältnisse hat der Immobilienmakler die Übersicht entsprechend richtigzustellen. Erfüllt der Makler diese Pflichten nicht spätestens vor einer Vertragserklärung des Auftraggebers zum vermittelten Geschäft, so gilt § 3 Abs. 4 MaklerG.

(2) Zu den erforderlichen Nachrichten, die der Immobilienmakler dem Auftraggeber nach § 3 Abs. 3 MaklerG zu geben hat, zählen jedenfalls auch sämtliche Umstände, die für die Beurteilung des zu vermittelnden Geschäfts wesentlich sind.

(BGBl 1996/262, ab 1. 7. 1996, auf vor dem Inkrafttreten geschlossene Maklerverträge nicht anzuwenden)

Höchstdauer von Alleinvermittlungsaufträgen

§ 30c. (1) Die Dauer von Alleinvermittlungsaufträgen (§ 14 Abs. 2 MaklerG) von Verbrauchern darf höchstens vereinbart werden mit

1. drei Monaten für die Vermittlung von Bestandverträgen über Wohnungen oder sonstigen den Gebrauch oder die Nutzung von Wohnungen betreffenden Verträgen;

2. sechs Monaten für die Vermittlung von Verträgen zur Veräußerung oder zum Erwerb des Eigentums an Wohnungen, Einfamilienwohnhäusern und einzelnen Grundstücken, die zum Bau eines Einfamilienwohnhauses geeignet sind.

(2) Wenn besondere Umstände vorliegen, die die Vermittlung wesentlich erschweren oder verzögern, darf auch eine entsprechend längere als die in Abs. 1 bestimmte Frist vereinbart werden.

(BGBl 1996/262, ab 1. 7. 1996, auf vor dem Inkrafttreten geschlossene Maklerverträge nicht anzuwenden)

Schriftlichkeit und zwingende Bestimmungen beim Maklervertrag

§ 31. (1) Die folgenden Vereinbarungen sind nur rechtswirksam, wenn sie ausdrücklich und schriftlich erfolgen:

1. Vereinbarung des Ersatzes von Aufwendungen auf Grund von zusätzlichen Aufträgen (§ 9 MaklerG);

2. Abschluß und Verlängerung von Alleinvermittlungsaufträgen (§ 14 MaklerG);

3. besondere Vereinbarungen für Fälle fehlenden Vermittlungserfolgs (§ 15 MaklerG).

(2) Von den Bestimmungen der §§ 30a bis 31 Abs. 1 sowie von § 2 Abs. 2, § 3, § 9, § 10, § 28 Z 4 und Z 5 sowie § 39 MaklerG darf nicht zum Nachteil des Verbrauchers abgegangen werden. *(BGBl I 1997/6, ab 1. 1. 1997, s § 41a Abs 4 Z 2)*

(BGBl 1996/262, ab 1. 7. 1996, auf vor dem Inkrafttreten geschlossene Maklerverträge nicht anzuwenden)

Mißbrauch von Zahlungskarten im Fernabsatz

§ 31a. Wenn bei einem Vertragsabschluß im Fernabsatz (§ 5a) eine Zahlungskarte oder deren Daten mißbräuchlich verwendet werden, so kann der berechtigte Karteninhaber vom Aussteller der Karte verlangen, daß eine Buchung oder Zahlung rückgängig gemacht bzw. erstattet wird. Von dieser Bestimmung kann zum Nachteil eines Verbrauchers nicht abgewichen werden.

(BGBl I 1999/185, ab 1. 6. 2000, s § 41a Abs 9)

Reiseveranstaltungsvertrag

§ 31b. (1) Die folgenden Bestimmungen gelten für Reiseveranstaltungen.

(2) In diesen Bestimmungen bedeutet:

1. Reiseveranstaltung: eine im voraus festgelegte Verbindung von mindestens zwei der folgenden Dienstleistungen, die zu einem Gesamtentgelt angeboten oder vereinbart wird:

a) Beförderung,

b) Unterbringung,

c) andere touristische Dienstleistungen, die nicht bloß Nebenleistungen der Beförderung sind und die einen beträchtlichen Teil der Gesamtleistung ausmachen;

diese Voraussetzung ist auch erfüllt, wenn einzelne Leistungen, die im Rahmen derselben Reiseveranstaltung erbracht werden, getrennt berechnet werden;

2. Veranstalter: eine Person, die nicht nur gelegentlich im eigenen Namen vereinbart oder anbietet, von ihr organisierte Reiseleistungen zu erbringen;

3. Reisender: eine Person, die den Vertrag oder einen Vorvertrag über Reiseleistungen schließt, jede weitere Person, in deren Namen jene Person den Vertrag eingeht, und jede Person, der eine dieser Personen ihre Ansprüche abtritt („der Erwerber").

(BGBl 1993/247, ab 1. 5. 1994, s § 41a Abs 2)

§ 31c. (1) Für die Zeit ab dem zwanzigsten Tag vor dem vereinbarten Abreisetermin darf eine Befugnis des Veranstalters, das im Reisevertrag festgelegte Entgelt zu erhöhen, nicht vereinbart werden. Im übrigen ist – abgesehen von den allgemeinen Grenzen der Zulässigkeit einer solchen Vertragsbestimmung – eine solche Vereinbarung nur zulässig, wenn sie bei Vorliegen der vereinbarten Voraussetzungen für eine Preiserhöhung auch eine Preissenkung vorsieht und genaue Angaben zur Berechnung des neuen Preises enthält, bei der ausschließlich Änderungen der Beförderungskosten, etwa der Treibstoffkosten, der Abgaben für bestimmte Leistungen, wie Landegebühren, Ein- oder Ausschiffungsgebühren in Häfen und entsprechende Gebühren auf Flughäfen, oder der für die betreffende Reiseveranstaltung anzuwendenden Wechselkurse Rechnung getragen werden darf.

(2) Ändert der Veranstalter – soweit ihm gesetzliche oder vertragliche Bestimmungen dieses Recht geben – vor der Abreise wesentliche Bestandteile des Vertrags, etwa auch den Preis, erheblich, so hat der Reisende die Wahl, die Vertragsänderung anzunehmen oder vom Vertrag zurückzutreten, ohne zur Zahlung einer Vertragsstrafe oder eines Reugeldes verpflichtet zu sein. Der Veranstalter hat dem Reisenden die Vertragsänderung unverzüglich zu erklären und ihn dabei über die bestehende Wahlmöglichkeit zu belehren; der Reisende hat sein Wahlrecht unverzüglich auszuüben.

(3) Ist der Reisende gehindert, die Reiseveranstaltung anzutreten, so kann er das Vertragsverhältnis auf eine andere Person übertragen, sofern diese alle Bedingungen für die Teilnahme erfüllt und die Übertragung dem Veranstalter binnen einer angemessenen Frist vor dem Abreisetermin mitgeteilt wird. Der Überträger und der Erwerber haften für das noch unbeglichene Entgelt sowie gegebenenfalls für die durch die Übertragung entstehenden Mehrkosten zur ungeteilten Hand.

(BGBl 1993/247, ab 1. 5. 1994, s § 41a Abs 2)

§ 31d. (1) Tritt der Reisende nach § 31c Abs. 2 vom Vertrag zurück oder storniert der Veranstalter die Reiseveranstaltung vor dem vereinbarten Abreisetag aus einem anderen Grund als einem Verschulden des Reisenden, so kann dieser anstelle der Rückabwicklung des Vertrags durch Rückerstattung aller geleisteten Zahlungen dessen Erfüllung durch die Teilnahme an einer gleichwertigen anderen Reiseveranstaltung verlangen, sofern der Veranstalter zur Erbringung dieser Leistung in der Lage ist. Der Veranstalter kann dem Reisenden bei gleichbleibendem Entgelt auch eine höherwertige Reiseveranstaltung anbieten; wählt der Reisende eine geringerwertige Reiseveranstaltung, so hat ihm der Veranstalter den Unterschied zum Entgelt der ursprünglich vereinbarten Leistung zu vergüten.

(2) Neben dem Anspruch nach Abs. 1 hat der Reisende Anspruch auf Schadenersatz wegen Nichterfüllung des Vertrags, es sei denn,

1. die Stornierung erfolgt, weil die Anzahl der Personen, die die Reiseveranstaltung gebucht haben, nicht die geforderte Mindestteilnehmerzahl erreicht und dem Verbraucher die Stornierung innerhalb der in der Beschreibung der Reiseveranstaltung angegebenen Frist schriftlich mitgeteilt wurde, oder

2. die Stornierung erfolgt auf Grund höherer Gewalt, das heißt auf Grund ungewöhnlicher und unvorhersehbarer Ereignisse, auf die derjenige, der sich auf höhere Gewalt beruft, keinen Einfluß hat und deren Folgen trotz Anwendung der gebotenen Sorgfalt nicht hätten vermieden werden können; hiezu zählt jedoch nicht die Überbuchung.

(BGBl 1993/247, ab 1. 5. 1994, s § 41a Abs 2)

§ 31e. (1) Ergibt sich nach der Abreise, daß ein erheblicher Teil der vertraglich vereinbarten Leistungen nicht erbracht wird oder nicht erbracht werden kann, so hat der Veranstalter ohne zusätzliches Entgelt angemessene Vorkehrungen zu treffen, damit die Reiseveranstaltung weiter durchgeführt werden kann. Können solche Vorkehrungen nicht getroffen werden oder werden sie vom Reisenden aus triftigen Gründen nicht akzeptiert, so hat der Veranstalter ohne zusätzliches Entgelt gegebenenfalls für eine gleichwertige Möglichkeit zu sorgen, mit der der Reisende zum Ort der Abreise oder an einen anderen mit ihm vereinbarten Ort befördert wird. Im übrigen ist der Veranstalter verpflichtet, bei Nichterfüllung oder mangelhafter Erfüllung des Vertrags dem Reisenden zur Überwindung von Schwierigkeiten nach Kräften Hilfe zu leisten.

(2) Der Reisende hat jeden Mangel der Erfüllung des Vertrags, den er während der Reise feststellt, unverzüglich einem Repräsentanten des Veranstalters mitzuteilen, wenn ihm ein solcher bekanntgegeben wurde und dieser an Ort und Stelle ohne nennenswerte Mühe erreichbar ist und wenn ihn der Veranstalter schriftlich auf diese Obliegenheit und darauf hingewiesen hat, daß eine Unterlassung der Mitteilung die Gewährleistungsansprüche des Reisenden nicht berührt, sie ihm allerdings als Mitverschulden angerechnet werden kann (§ 1304 ABGB).

(BGBl 1993/247, ab 1. 5. 1994, s § 41a Abs 2)

§ 31f. (1) § 6 Abs. 1 Z 9 und § 9 sind auch auf solche Verträge über Reiseveranstaltungen anzuwenden, die im übrigen dem I. Hauptstück nicht unterliegen. *(BGBl I 1997/6, ab 1. 1. 1997, s § 41a Abs 4 Z 2)*

(2) Soweit in Vereinbarungen von den §§ „31b" bis 31e zum Nachteil des Reisenden abgewichen wird, sind sie unwirksam. *(BGBl I 1997/6, ab 1. 1. 1997, s § 41a Abs 4 Z 2)*

(BGBl 1993/247, ab 1. 5. 1994, s § 41a Abs 2)

Strafbestimmungen

§ 32. (1) Sofern die Tat nicht den Tatbestand einer in die Zuständigkeit der Gerichte fallenden strafbaren Handlung bildet, begeht ein Unternehmer, in den Fällen des § 18 auch der Geldgeber, oder ein für diese Personen handelnder Vertreter eine Verwaltungsübertretung und ist mit einer Geldstrafe bis „1 450 Euro" zu bestrafen, der

1. es unterläßt,

a) einen Ratenbrief (§ 24 Abs. 1) oder eine in den §§ 25 Abs. 1 bis 3, 26 Abs. 1 und 26d Abs. 1 vorgesehene Urkunde zu errichten,

b) in diese die in den §§ 24 Abs. 1, 25 Abs. 2 und 3, 26 Abs. 2 beziehungsweise 26d Abs. 2 vorgeschriebenen Angaben aufzunehmen oder

c) Kreditnehmer oder Interzedenten den §§ 25a bis 25c entsprechend zu belehren oder zu informieren,

2. dem § 24 Abs. 2, dem § 26 Abs. 3 oder dem § 26d Abs. 3 zuwiderhandelt,

3. dem § 11 Abs. 1 zuwiderhandelt,

4. dem § 12 Abs. 1 zuwiderhandelt,

5. einem Verbraucher ohne dessen Veranlassung Waren übersendet oder Dienstleistungen erbringt und damit eine Zahlungsaufforderung verbindet,

6. in die dem Verbraucher gemäß § 3 Abs. 1 auszufolgende Urkunde unrichtige Angaben aufnimmt oder

7. ein Ferngespräch beginnt, ohne zu Beginn des Gesprächs den Namen (die Firma) des Unternehmers und den geschäftlichen Zweck des Gesprächs klar und verständlich offenzulegen. *(BGBl I 1999/185, ab 1. 6. 2000, s § 41a Abs 9)*

(BGBl I 1997/6, ab 1. 1. 1997, s § 41a Abs 4 Z 2, und BGBl I 2001/98, ab 1. 1. 2002, s § 41a Abs 13)

(2) Macht im Fall des Abs. 1 Z. 3 ein Dritter gegen den Verbraucher oder dessen Bürgen die Wechselschuld wechselmäßig oder im Fall des Abs. 1 Z. 4 der Unternehmer oder ein Dritter die abgetretene Lohn- oder Gehaltsforderung gegen den Dienstgeber geltend, so kann die Obergrenze der Geldstrafe bis zum Betrag der Wechselsumme beziehungsweise dem Betrag, dessen Zahlung vom Dienstgeber verlangt worden ist, jedenfalls aber bis zum Doppelten überschritten werden.

(3) Die Verjährungsfrist beginnt in den Fällen des Abs. 1 Z. 3 und 4 – je nachdem, welcher Zeitpunkt früher liegt – mit der wechselmäßigen Geltendmachung oder mit der Rückstellung oder Vernichtung des Wechsels beziehungsweise mit der Geltendmachung der abgetretenen Lohn- oder Gehaltsforderung gegenüber dem Dienstgeber oder mit dem Zeitpunkt zu laufen, an dem die Abtretung rückgängig gemacht wird.

§§ 33–37. *(betreffen Änderungen des ABGB, des HGB, des WucherG, der ZPO und der EO)*

Übergangs- und Schlußbestimmungen

§ 38. Dieses Bundesgesetz tritt mit dem 1. Oktober 1979 in Kraft.

§ 39. (1) Dieses Bundesgesetz ist auf Verträge, die vor seinem Inkrafttreten geschlossen worden sind, nicht anzuwenden.

(2) *(betrifft §§ 36 und 37)*

§ 40. (1) Mit dem Inkrafttreten dieses Bundesgesetzes tritt das Bundesgesetz vom 15. November 1961, BGBl. Nr. 279, über das Abzahlungsgeschäft (Ratengesetz) außer Kraft. Es ist jedoch – mit Ausnahme der §§ 12 und 15 Abs. 1 Z. 12 – auf Abzahlungsgeschäfte, die vorher geschlossen worden sind, weiterhin anzuwenden.

(2) Das Gesetz vom 30. Juni 1878, RGBl. Nr. 90, enthaltend einige Bestimmungen über die Veräußerung von Staats- und anderen Losen oder deren Gewinsthoffnung, und das Gesetz vom 25. November 1933, deutsches RGBl. I Seite 1011, über Preisnachlässe (Rabattgesetz), in der Fassung der Verordnung vom 16. Feber 1940, deutsches RGBl. I Seite 399, bleiben unberührt.

§ 41. Mit dem Inkrafttreten dieses Bundesgesetzes tritt der Art. 8 Z. 6 der Vierten Verordnung zur Einführung handelsrechtlicher Vorschriften im Lande Österreich vom 24. Dezember 1938, deutsches RGBl. I Seite 1999, zuletzt geändert durch das Bundesgesetz BGBl. Nr. 91/1976, außer Kraft. Diese Bestimmung ist jedoch auf Handelsgeschäfte, die vor diesem Zeitpunkt geschlossen worden sind, weiterhin anzuwenden.

§ 41a. (1) Die §§ 3 Abs. 1, 16 Abs. 1 Z 1, 19 Z 2 und 26b sowie die §§ 12a, 26c und 31b bis 31f in der Fassung des Bundesgesetzes BGBl. Nr. 247/1993 treten mit demselben Zeitpunkt in Kraft wie das Abkommen über den Europäischen Wirtschaftsraum[1]), die §§ 31b bis 31f jedoch frühestens mit 1. Mai 1994. *(BGBl I 1997/6, ab 1. 1. 1997)*

(2) Die neuen Bestimmungen sind auf Verträge, die vor den im Abs. 1 genannten Zeitpunkten geschlossen worden sind, nicht anzuwenden.

(3) Die Änderungen in § 1 Abs. 4, § 3 Abs. 3, § 3a, § 4 Abs. 1, § 6 Abs. 1 Z 9, 14 und 15, Abs. 2 Z 6 sowie Abs. 3, § 7, § 16 Abs. 1 Z 1 und Abs. 3, § 19 Z 2, § 20 Abs. 1, § 24 Abs. 1 Z 5, §§ 25a bis 25d, § 26c Abs. 2, § 26d, § 27a, §§ 28 und 29, § 30 Abs. 1, § 31 Abs. 2, § 31a, § 31f Abs. 1 und 2, § 32 Abs. 1, § 41a Abs. 1 und § 42 durch das Bundesgesetz BGBl. I Nr. 6/1997 treten mit 1. Jänner 1997 in Kraft. § 6 Abs. 1 Z 5 und 13 in der Fassung des Bundesgesetzes BGBl. I Nr. 6/1997 tritt mit 1. März 1997 in Kraft. *(BGBl I 1997/6)*

(4) Nicht in der in Abs. 3 genannten Fassung anzuwenden sind

1. § 28 auf Empfehlungen, die vor dem 1. Jänner 1997 abgegeben worden sind,

2. § 3 Abs. 3, § 3a, § 4 Abs. 1, § 6 Abs. 1 Z 9, 14 und 15, Abs. 2 Z 6 sowie Abs. 3, § 7, § 16 Abs. 1 Z 1 und Abs. 3, § 19 Z 2, § 20 Abs. 1, § 24 Abs. 1, §§ 25a bis 25d, § 26c

Abs. 2, § 26d, § 27a, § 31 Abs. 2, § 31a, § 31f Abs. 1 und 2 sowie § 32 Abs. 1 auf Verträge, die vor dem 1. Jänner 1997 geschlossen worden sind, sowie

3. § 6 Abs. 1 Z 5 und 13 auf Verträge, die vor dem 1. März 1997 geschlossen worden sind.

(BGBl I 1997/6)

(5) § 13a tritt mit dem Tag in Kraft, an dem das Übereinkommen vom 19. Juni 1980 über das auf vertragliche Schuldverhältnisse anzuwendende Recht für die Republik Österreich in Kraft tritt[2]); er ist auf Verträge anzuwenden, die nach diesem Zeitpunkt geschlossen worden sind. *(BGBl I 1998/119)*

(6) § 1 Abs. 5, § 5j und § 42 in der Fassung des Bundesgesetzes BGBl. I Nr. 185/1999 treten mit 1. Oktober 1999 in Kraft. *(BGBl I 1999/185)*

(7) § 1 Abs. 5 ist auf den Beitritt und die Mitgliedschaft bei Vereinen nicht anzuwenden, wenn der Beitritt vor dem 1. Oktober 1999 erfolgt ist. § 5j ist auf Gewinnzusagen und andere vergleichbare Mitteilungen, die einem bestimmten Verbraucher vor dem 1. Oktober 1999 zugegangen sind, nicht anzuwenden. *(BGBl I 1999/185)*

(8) Die §§ 5a bis 5i, 13a Abs. 1, 31a und 32 Abs. 1 Z 7 in der Fassung des Bundesgesetzes BGBl. I Nr. 185/1999 treten mit 1. Juni 2000 in Kraft. *(BGBl I 1999/185)*

(9) Die in Abs. 8 genannten Bestimmungn sind auf Verträge, die vor dem 1. Juni 2000 geschlossen worden sind, nicht anzuwenden. *(BGBl I 1999/185)*

(10) Die §§ 28a und 29 Abs. 2 und 3 in der Fassung des Bundesgesetzes BGBl. I Nr. 185/1999 treten mit 1. Jänner 2001 in Kraft. *(BGBl I 1999/185)*

(11) Die §§ 8, 9, 9a, 9b, 13a und 28a in der Fassung des Bundesgesetzes BGBl. I Nr. 48/2001 treten mit 1. Jänner 2002 in Kraft. Sie sind in dieser Fassung auf Verträge anzuwenden, die nach dem 31. Dezember 2001 geschlossen werden. *(BGBl I 2001/48)*

(12) Die §§ 3, 12a, 16, 20, 26b, 32 und 41a in der Fassung des Bundesgesetzes BGBl. I Nr. 98/2001 treten mit 1. Jänner 2002 in Kraft. *(BGBl I 2001/98)*

(13) Die §§ 3, 12a, 16, 20 und 26b in der in Abs. 12 genannten Fassung sind auf Verträge anzuwenden, die nach dem 31. Dezember 2001 abgeschlossen worden sind. § 32 in der in Abs. 12 genannten Fassung ist auf strafbare Handlungen anzuwenden, die nach dem 31. Dezember 2001 begangen worden sind. *(BGBl I 2001/98)*

(14) § 3 in der Fassung des Bundesgesetzes BGBl. I Nr. 111/2002 tritt mit dem auf die Kundmachung dieses Gesetzes folgenden Monatsersten in Kraft. Die Bestimmung ist in dieser Fassung auf Verträge anzuwenden, die nach diesem Zeitpunkt geschlossen werden. *(BGBl I 2002/111)*

(BGBl 1992/247)

[1]) *Am 1. 1. 1994 (Z 42 K BGBl 1993/917)*
[2]) *Am 1. 12. 1998*

§ **42.** Mit der Vollziehung dieses Bundesgesetzes sind [hinsichtlich des § 32 der Bundeskanzler im Einvernehmen mit dem Bundesminister für Justiz und im übrigen] der Bundesminister für Justiz betraut. *(BGBl I 1999/185)*

[ ] Gegenstandslos

22/2. Bauträgervertragsgesetz

22/2. Bauträgervertragsgesetz, BGBl I 1997/7 idF
1 BGBl I 1999/72 **2** BGBl I 2001/98 (2. Euro-JuBeG)

Stichwortverzeichnis
(Die Zahlenangaben beziehen sich auf die Paragraphen)

Bundesgesetz, mit dem Regelungen über den Erwerb von Rechten an Gebäuden und Wohnungen von Bauträgern getroffen werden (Bauträgervertragsgesetz – BTVG) und das Wohnungseigentumsgesetz 1975 geändert wird

Artikel I

Bauträgervertragsgesetz (BTVG)

Geltungsbereich

§ **1.** (1) Dieses Bundesgesetz ist auf Bauträgerverträge anzuwenden, bei denen der Erwerber vor der Fertigstellung vereinbarungsgemäß Zahlungen von mehr als „145 Euro“ pro Quadratmeter Nutzfläche (§ 6 WEG 1975) zu leisten hat. *(BGBl I 2001/98, ab 1. 1. 2002, s § 18 Abs 5)*

(2) Andere Vorschriften, die für den Erwerber günstiger sind, bleiben unberührt. Die Bestimmungen dieses Bundesgesetzes können nicht zum Nachteil des Erwerbers abbedungen werden, wenn dieser Verbraucher (§ 1 Abs. 1 Z 2 KSchG) ist.

Begriffsbestimmungen

§ **2.** (1) Ein Bauträgervertrag ist ein Vertrag über den Erwerb des Eigentums, des Wohnungseigentums, des Baurechts, des Bestandrechts oder eines sonstigen Nutzungsrechts einschließlich Leasings an zu errichtenden oder durchgreifend zu erneuernden Gebäuden, Wohnungen oder Geschäftsräumen.

(2) Bauträger ist, wer sich verpflichtet, einem Erwerber die in Abs. 1 genannten Rechte einzuräumen.

(3) Erwerber ist, wem Ansprüche auf den Erwerb der in Abs. 1 genannten Rechte gegen den Bauträger zustehen sollen.

(4) Ein Bauträgervertrag (Abs. 1) liegt auch dann vor, wenn zwar der Erwerber sein Recht an der Liegenschaft von einem Dritten erwirbt, dieser Vertrag aber mit dem Vertrag über die Errichtung oder durchgreifende Erneuerung des Gebäudes, der Wohnung oder des Geschäftsraums eine wirtschaftliche Einheit bildet.

Form des Vertrags

§ **3.** (1) Der Bauträgervertrag bedarf der Schriftform.

(2) Auf den Mangel der Form kann sich nur der Erwerber bis zum Ende der Sicherungspflicht (§ 7 Abs. 5) berufen.

Vertragsinhalt

§ **4.** (1) Der Bauträgervertrag hat jedenfalls folgende Punkte zu enthalten:

1. den bestimmt bezeichneten Vertragsgegenstand, wobei in den Vertrag genaue Pläne und Baubeschreibungen sowie die Ausstattung und deren Zustand einzubeziehen sind;

2. das vom Erwerber zu zahlende Entgelt und dessen Fälligkeit; ist das Entgelt nicht als Fixpreis bestimmt, so kann ein von bestimmten Kostenfaktoren abhängiges Entgelt vereinbart werden; eine solche Vereinbarung ist nur wirksam, wenn diese Faktoren genau festgelegt sind und eine Obergrenze bestimmt ist oder diese Festlegung des Entgelts nach dem WGG zulässig ist;

3. den spätesten Übergabetermin;

4. vom Erwerber allenfalls zu übernehmende Lasten;

5. die Art der Sicherung des Erwerbers (§ 7) sowie

6. den Treuhänder, sofern ein solcher zu bestellen ist (§ 12).

(2) Liegt bei Abschluß des Bauträgervertrags noch keine rechtskräftige Baubewilligung vor, so kann vereinbart werden, daß den Bauträger aus der verspäteten Übergabe keine Verzugsfolgen treffen und der Erwerber an den Vertrag gebunden bleibt, sofern die Verzögerung auf die für den Bauträger nicht vorhersehbare und durch ihn nicht abwendbare lange Dauer des baubehördlichen Verfahrens zurückzuführen ist und ein Jahr nicht übersteigt.

Gesetzliche Rücktrittsrechte des Erwerbers

§ **5.** (1) Der Erwerber kann von seiner Vertragserklärung zurücktreten, wenn ihm der Bauträger nicht eine Woche vor deren Abgabe schriftlich folgendes mitgeteilt hat:

1. alle wesentlichen Informationen über den Vertragsinhalt (§ 4 Abs. 1);

2. wenn allfällige Rückforderungsansprüche des Erwerbers schuldrechtlich (§ 8) ohne Bestellung eines Treuhänders gesichert werden sollen, den vorgesehenen Wortlaut der ihm auszustellenden Sicherheit;

3. wenn die Sicherungspflicht des Bauträgers nach § 7 Abs. 6 Z 2 erfüllt werden soll, den vorgesehenen Wortlaut der Haftungserklärung der inländischen Gebietskörperschaft oder die entsprechende gesetzliche Bestimmung;

4. wenn die Sicherungspflicht nach § 7 Abs. 6 Z 3 erfüllt werden soll, den vorgesehenen Wortlaut der eine gleichwertige Sicherung gewährleistenden Vereinbarungen;

5. wenn die Sicherungspflicht nach § 7 Abs. 6 Z 4 erfüllt werden soll, den vorgesehenen Wortlaut der Vereinbarung mit dem Kreditinstitut.

(2) Der Rücktritt ist binnen einer Woche zu erklären. Die Rücktrittsfrist beginnt mit dem Tag, an dem der Erwerber eine Zweitschrift oder Kopie seiner Vertragserklärung und die in Abs. 1 genannten Informationen sowie eine Belehrung über das Rücktrittsrecht schriftlich

erhält. Das Rücktrittsrecht erlischt jedoch spätestens einen Monat nach Abgabe der Vertragserklärung des Erwerbers.

(3) Darüber hinaus kann der Erwerber von seiner Vertragserklärung zurücktreten, wenn eine von den Parteien dem Vertrag zugrunde gelegte Wohnbauförderung ganz oder in erheblichem Ausmaß aus nicht bei ihm gelegenen Gründen nicht gewährt wird. Der Rücktritt ist binnen einer Woche zu erklären. Die Rücktrittsfrist beginnt, sobald der Erwerber vom Unterbleiben der Wohnbauförderung informiert wird und gleichzeitig oder nachher eine schriftliche Belehrung über das Rücktrittsrecht erhält. Das Rücktrittsrecht erlischt jedoch spätestens einen Monat nach Erhalt der Information über das Unterbleiben der Wohnbauförderung.

(4) Der Erwerber kann den Rücktritt dem Bauträger oder dem Treuhänder gegenüber erklären. Für die Rücktrittserklärung gilt § 3 Abs. 4 KSchG sinngemäß. Rechte des Erwerbers, die Aufhebung oder Änderung des Vertrags nach anderen Bestimmungen zu verlangen, bleiben unberührt.

(5) Der Rücktritt gilt im Fall des § 2 Abs. 4 auch für den mit dem Dritten geschlossenen Vertrag.

Vertragliche Rücktrittsrechte des Bauträgers

§ 6. (1) Ein Recht des Bauträgers, vom Vertrag zurückzutreten, kann nur für den Fall vereinbart werden, daß

1. Bauträgerverträge über eine bestimmte Mindestzahl von Objekten desselben Vorhabens oder über einen bestimmten Anteil der Gesamtnutzfläche nicht zustande kommen; dieses Rücktrittsrecht steht dem Bauträger längstens sechs Monate nach der Vertragsschließung mit dem Erwerber zu;

2. der Erwerber entgegen seiner vertraglichen Verpflichtung nicht innerhalb der von den Parteien festgelegten oder sonst einer angemessenen Frist ein Förderungsansuchen stellt, Erklärungen vor Behörden abgibt, Finanzierungszusagen, Sicherheiten oder Urkunden beibringt oder Unterschriften leistet.

(2) Das Rücktrittsrecht nach Abs. 1 Z 2 kann nur ausgeübt werden, wenn der Erwerber schriftlich zur Vornahme der betreffenden Handlung unter Setzung einer Frist von mindestens einem Monat aufgefordert worden ist und dieser Aufforderung nicht rechtzeitig nachkommt.

Sicherung des Erwerbers

§ 7. (1) Der Bauträger hat den Erwerber gegen den Verlust der von diesem auf Grund des Bauträgervertrags geleisteten Zahlungen zu sichern.

(2) Die Sicherung kann entweder durch schuldrechtliche Sicherung (§ 8), durch grundbücherliche Sicherstellung des Rechtserwerbs auf der zu bebauenden Liegenschaft in Verbindung mit der Zahlung nach Ratenplan (§§ 9 und 10) oder durch pfandrechtliche Sicherung (§ 11) erfolgen.

(3) Die schuldrechtliche Sicherung, die grundbücherliche Sicherstellung und die pfandrechtliche Sicherung können auch nebeneinander eingesetzt werden. Ein späterer einvernehmlicher Austausch von Sicherheiten ist zulässig, soweit dadurch der Sicherungszweck nicht beeinträchtigt wird.

(4) Ansprüche des Bauträgers und eines Dritten gemäß § 2 Abs. 4 werden erst fällig, wenn und soweit die in diesem Bundesgesetz vorgesehenen Sicherungen des Erwerbers vorliegen.

(5) Die Sicherungspflicht des Bauträgers endet mit der tatsächlichen Übergabe des fertiggestellten Vertragsobjekts und der Sicherung der Erlangung der vereinbarten Rechtsstellung.

(6) Die Sicherungspflicht (Abs. 1 bis 5) ist außer durch die Einhaltung der §§ 8 bis 14 auch erfüllt, wenn

1. eine inländische Gebietskörperschaft Bauträger ist oder

2. eine inländische Gebietskörperschaft dem Erwerber auf Grund einer gesetzlichen oder vertraglichen Bestimmung für seine allfälligen Rückforderungsansprüche unmittelbar haftet oder

3. eine inländische Gebietskörperschaft eine Förderung aus öffentlichen Mitteln gewährt und eine den Sicherungsmitteln der §§ 8 bis 14 gleichwertige Sicherung des Erwerbers erfolgt, die insbesondere in Förderungsregelungen vorgesehen ist, deren Einhaltung von der Gebietskörperschaft überwacht wird; die Gleichwertigkeit ist in der Regel gegeben, wenn

a) der Abschluß des Bauträgervertrags erst nach Vorliegen einer rechtskräftigen Baubewilligung und der schriftlichen Zusicherung der öffentlichen Förderung erfolgt,

b) die Finanzierung der gesamten Herstellungskosten des Bauvorhabens nach dem Finanzierungsplan der Gebietskörperschaft, der der Förderungszusage zugrunde liegt, gesichert ist und gewährleistet ist, daß außer der Sicherstellung der Finanzierungsmittel nach dem Finanzierungsplan keine weiteren geldwerten Lasten vor Ende der Sicherungspflicht ohne Zustimmung der Gebietskörperschaft oder des Erwerbers verbüchert sind oder werden,

c) der Erwerber, sofern er Anspruch auf die Einräumung des Eigentums, des Wohnungseigentums oder des Baurechts hat, grundbücherlich sichergestellt, und

d) eine Kontrolle des Baufortschritts und der Verwendung der Finanzierungsmittel einschließlich der Eigenmittel des Erwerbers durch die Gebietskörperschaft erfolgt, oder

4. Zahlungen des Erwerbers auf ein bei einem Kreditinstitut (§ 8 Abs. 3) treuhändig für Rechnung des Erwerbers geführtes Konto des Bauträgers erfolgen und mit dem Kreditinstitut zugunsten des Erwerbers vereinbart ist, daß der Bauträger über diese Zahlungen und die angewachsenen Zinsen erst nach der tatsächlichen Übergabe des fertiggestellten Vertragsobjekts und der Sicherung der Erlangung der vereinbarten Rechtsstellung verfügen kann.

Schuldrechtliche Sicherung

§ 8. (1) Allfällige Rückforderungsansprüche des Erwerbers können durch Bürgschaft, Garantie oder geeignete Versicherung gesichert werden. Die Sicherungspflicht erstreckt sich auch auf nicht länger als drei Jahre rückständige Zinsen bis zu der in § 14 Abs. 1 genannten Höhe.

(2) Die in Abs. 1 genannten Sicherheiten können durch eine der Höhe nach begrenzte Fertigstellungsgarantie ersetzt werden, die jedenfalls die Rückforderungsansprüche einschließt.

(3) Bürgen oder Garanten müssen Kreditinstitute oder Versicherungsunternehmen, die zur Geschäftsausübung im Inland berechtigt sind, oder inländische Gebietskörperschaften sein.

(4) Ein dem Bauträger vertraglich zugestandenes Verfügungsrecht über die dem Erwerber eingeräumte Sicherheit ist unwirksam.

Grundbücherliche Sicherstellung

§ 9. (1) Der Erwerber aus einem Bauträgervertrag über den Erwerb des Eigentums, des Wohnungseigentums oder des Baurechts kann auch durch eine ausreichende bücherliche Sicherstellung des Rechtserwerbs auf der zu bebauenden Liegenschaft in Verbindung mit der Zahlung nach Ratenplan (§ 10) gesichert werden.

(2) Bei einem Bauträgervertrag über den Erwerb von Wohnungseigentum stellt die Anmerkung der Einräumung von Wohnungseigentum gemäß § 24a Abs. 2 WEG 1975 eine ausreichende bücherliche Sicherstellung des Erwerbers dar.

(3) Sofern nicht etwas anderes vereinbart worden ist (§ 4 Abs. 1 Z 4), muß weiters die Lastenfreiheit der Liegenschaft hergestellt oder die künftige Lastenfreiheit gesichert sein. Zwischen dem Hypothekargläubiger und dem Bauträger muß zugunsten des Erwerbers vereinbart sein, daß die Liegenschaft oder der Anteil des Erwerbers mit Ausnahme jenes Teiles des Entgeltes freigestellt wird, den der Erwerber noch nicht entrichtet hat.

Zahlung nach Ratenplan

§ 10. (1) Bei der Zahlung nach Ratenplan ist der vereinbarte Preis in Raten zu entrichten, die jeweils erst nach Abschluß der in Abs. 2 festgelegten Bauabschnitte fällig werden.

(2) Zu nachstehenden Terminen sind höchstens fällig:

1. bei Baubeginn auf Grund einer rechtskräftigen Baubewilligung 30 vom Hundert des Entgelts, wenn dem Erwerber Eigentum (Wohnungseigentum) zu übertragen ist, oder 20 vom Hundert, wenn das Baurecht einzuräumen ist;

2. vom Restbetrag:

40 vom Hundert nach Fertigstellung des Rohbaus und des Daches,

25 vom Hundert nach Fertigstellung der Rohinstallationen,

15 vom Hundert nach Fertigstellung der Fenster und deren Verglasung,

17 vom Hundert nach Bezugsfertigstellung und

3 vom Hundert nach Fertigstellung der gesamten Anlage oder bei vereinbarter vorzeitiger Übernahme des Gebäudes oder der Wohnung.

(3) Eine Vereinbarung der Fälligkeit der ersten Rate vor Baubeginn (Abs. 2 Z 1) ist unter der Voraussetzung zulässig, daß auf Grund des hohen Wertes der zu bebauenden Liegenschaft die grundbücherliche Sicherstellung des Erwerbers bereits eine ausreichende Sicherheit bietet.

(4) Die Abs. 1 bis 3 sind auf durchgreifende Erneuerungen von Altbauten sinngemäß anzuwenden.

(5) Die Abs. 2 bis 4 sind auf die Übernahme von Geldlasten durch den Erwerber sinngemäß anzuwenden.

Pfandrechtliche Sicherung

§ 11. (1) Allfällige Rückforderungsansprüche des Erwerbers können auch durch ein ausreichende Deckung bietendes Pfandrecht auf einer Liegenschaft gesichert werden. Die Sicherungspflicht erstreckt sich auch auf nicht länger als drei Jahre rückständige Zinsen in der in § 14 Abs. 1 genannten Höhe.

(2) Allfällige Rückforderungsansprüche mehrerer Erwerber können auch durch ein Pfandrecht zugunsten des Treuhänders gesichert werden. Zur Verfügung über ein solches Pfandrecht und zu seiner Verwertung ist allein der Treuhänder berechtigt.

(3) Das Pfandrecht nach Abs. 1 und 2 kann auch auf einen Höchstbetrag lauten, bis zu dem die Deckung reichen soll.

Bestellung eines Treuhänders

§ 12. (1) Der Bauträger ist verpflichtet, spätestens bei der Unterfertigung des Bauträgervertrags einen Treuhänder zu bestellen, dessen

Tätigkeit erst mit dem Ende der Sicherungspflicht des Bauträgers (§ 7 Abs. 5) dem jeweiligen Erwerber gegenüber endet. Auf die Bestellung des Treuhänders kann nur verzichtet werden, wenn für alle allfälligen Rückforderungsansprüche des Erwerbers eine schuldrechtliche Sicherung (§ 8) bestellt wird.

(2) Als Treuhänder kann nur ein Rechtsanwalt (eine Rechtsanwalts-Partnerschaft) oder ein Notar „ " bestellt werden. *(BGBl I 1999/72, ab 1. 6. 1999)*

(3) Der Treuhänder hat außer den Verpflichtungen aus diesem Bundesgesetz, aus anderen Vorschriften oder aus Vertrag insbesondere die Pflicht,

1. den Erwerber über die Natur des Vertrags und die wesentlichen Vertragspunkte in rechtlicher Hinsicht zu belehren und

2. die Erfüllung der Sicherungspflicht des Bauträgers nach diesem Bundesgesetz zu überwachen und

3. dem Erwerber über die von ihm entgegengenommenen Zahlungen entweder laufend, mindestens aber jährlich Abschluß des Kalenderjahrs spätestens zum 31. Jänner des Folgejahrs Rechnung zu legen.

(4) Bei der grundbücherlichen Sicherstellung (§ 9) hat der Treuhänder die vertraglichen und grundbuchsrechtlichen Voraussetzungen, insbesondere das Vorhandensein von Freistellungsverpflichtungen der Hypothekargläubiger (§ 9 Abs. 3), zu prüfen und den Erwerber bei der Einhaltung des Ratenplans durch Überwachung des Baufortschritts zu unterstützen.

(5) Bei der pfandrechtlichen Sicherung (§ 11) hat der Treuhänder die vertraglichen, die grundbuchsrechtlichen und die wertmäßigen Voraussetzungen für die Deckung allfälliger Rückforderungsansprüche zu prüfen.

(6) Im Fall einer längerfristigen Verhinderung des Treuhänders hat das Bezirksgericht, in dessen Sprengel die Liegenschaft liegt, im Verfahren außer Streitsachen auf Antrag des Bauträgers oder eines Erwerbers einen anderen Treuhänder zu bestellen, sofern weder im Bauträgervertrag für diesen Fall Vorsorge getroffen worden ist noch sich die Beteiligten in angemessener Frist einigen.

Feststellung des Baufortschritts, Bewertung des Pfandrechts

§ 13. (1) Der Abschluß eines Bauabschnitts (§ 10 Abs. 2) ist nach dem Fertigstellungsgrad der Hauptanlage zu beurteilen. Bei mehreren selbständigen Bauwerken ist der Fertigstellungsgrad desjenigen Bauwerks maßgeblich, auf das sich der Anspruch des Erwerbers bezieht.

(2) Zur Feststellung des Abschlusses des jeweiligen Bauabschnitts kann der Treuhänder einen für den Hochbau zuständigen Ziviltechniker, einen allgemein beeideten gerichtlichen Sachverständigen für das Bauwesen oder eine im Rahmen der Förderung des Vorhabens tätige inländische Gebietskörperschaft beiziehen. Diese haften dem Erwerber unmittelbar; sie gelten nicht als Erfüllungsgehilfen des Treuhänders.

(3) Zur Feststellung der ausreichenden Deckung eines vom Bauträger gemäß § 11 angebotenen Pfandrechts sowie zur Feststellung des Wertes der zu bebauenden Liegenschaft im Sinn des § 10 Abs. 3 kann der Treuhänder einen allgemein beeideten gerichtlichen Sachverständigen für das Immobilienwesen beiziehen. Dieser haftet dem Erwerber unmittelbar; er gilt nicht als Erfüllungsgehilfe des Treuhänders.

Rückforderungsansprüche des Erwerbers bei vorzeitiger Zahlung

§ 14. (1) Der Erwerber kann alle Leistungen, die er oder der Treuhänder für ihn entgegen den Bestimmungen dieses Bundesgesetzes erbracht hat, zurückfordern. Der Bauträger hat für Rückforderungsansprüche Zinsen ab dem Zahlungstag in einer den jeweiligen „Basiszinssatz" um sechs Prozentpunkte übersteigenden Höhe zu zahlen. *(BGBl I 2001/98, ab 1. 1. 2002)*

(2) Der Rückforderungsanspruch verjährt in drei Jahren. Auf ihn kann im voraus nicht wirksam verzichtet werden.

(3) Rückforderungsansprüche nach anderen Vorschriften bleiben unberührt.

Haftung des Bauträgers für Rückforderungsansprüche des Erwerbers

§ 15. Rückforderungsansprüche des Erwerbers nach § 14 und aus anderen Rechtsgründen richten sich auch dann gegen den Bauträger, wenn der Erwerber entsprechend dem Bauträgervertrag Zahlungen an Dritte geleistet hat.

Abtretung von Ansprüchen auf Grund mangelhafter Leistung

§ 16. Ist die Durchsetzung von Gewährleistungs- und Schadenersatzansprüchen auf Grund mangelhafter Leistung gegen den Bauträger durch Eröffnung des Konkurses über sein Vermögen oder aus anderen Gründen unmöglich oder erheblich erschwert, so kann der Erwerber die Abtretung der dem Bauträger gegen Dritte zustehenden Gewährleistungs- und Schadenersatzansprüche auf Grund mangelhafter Leistung verlangen. Der Rechtsübergang tritt mit dem Einlangen des auf die Abtretung gerichteten schriftlichen Verlangens des Erwerbers beim Bauträger ein; für den Dritten gelten die §§ 1395 und 1396 ABGB.

Strafbestimmungen

§ 17. Ein Bauträger, der

1. es unterläßt, einen den § 3 Abs. 1 oder § 4 Abs. 1 entsprechenden Vertrag zu errichten,

2. Zahlungen entgegen den Bestimmungen dieses Bundesgesetzes vereinbart, fordert oder entgegennimmt oder

3. es entgegen dem § 12 unterläßt, von der Vertragsschließung bis zum Ende der Sicherungspflicht (§ 7 Abs. 5) einen Treuhänder beizuziehen,

begeht – sofern die Tat nicht den Tatbestand einer gerichtlich strafbaren Handlung erfüllt – eine Verwaltungsübertretung und ist im Fall der Z 1 mit einer Geldstrafe bis zu „14 000 Euro", in den Fällen der Z 2 und 3 mit einer solchen bis zu „28 000 Euro" zu bestrafen. *(BGBl I 2001/98, ab 1. 1. 2002, s § 18 Abs 5)*

Inkrafttreten, Verweisungen und Vollziehungsklausel

§ 18. (1) Dieses Bundesgesetz tritt mit 1. Jänner 1997 in Kraft. Es ist auf nach seinem Inkrafttreten geschlossene Bauträgerverträge über Bauvorhaben anzuwenden, bei denen der Baubeginn nach dem 30. November 1996 der Baubehörde angezeigt worden ist.

(2) Soweit in diesem Bundesgesetz auf Bestimmungen anderer Bundesgesetze verwiesen wird, sind diese in ihrer jeweils geltenden Fassung anzuwenden.

(3) Mit der Vollziehung dieses Bundesgesetzes sind [hinsichtlich des § 17 der Bundesminister für Gesundheit und Konsumentenschutz im Einvernehmen mit dem Bundesminister für Justiz und im übrigen] der Bundesminister für Justiz betraut.

(4) Die §§ 1, 14, 17 und 18 in der Fassung des Bundesgesetzes BGBl. I Nr. 98/2001 treten mit 1. Jänner 2002 in Kraft. *(BGBl I 2001/98)*

(5) § 1 in der in Abs. 4 genannten Fassung ist auf Bauträgerverträge anzuwenden, die nach dem 31. Dezember 2001 abgeschlossen worden sind. § 17 in der in Abs. 4 genannten Fassung ist auf strafbare Handlungen anzuwenden, die nach dem 31. Dezember 2001 begangen worden sind. *(BGBl I 2001/98)*

[ ] Gegenstandslos

22/3. Teilzeitnutzungsgesetz

22/3. Teilzeitnutzungsgesetz, BGBl I 1997/32 idF
1 BGBl I 1997/82 (DFB) **2** BGBl I 1999/72
3 BGBl I 2001/98 (2. Euro-JuBeG)

Stichwortverzeichnis

(Die Zahlenangaben beziehen sich auf die Paragraphen)

Bundesgesetz über den Erwerb von Teilzeitnutzungsrechten an unbeweglichen Sachen (Teilzeitnutzungsgesetz – TNG)

Geltungsbereich

§ 1. (1) Dieses Bundesgesetz gilt für Verträge, mit denen ein Verbraucher von einem Unternehmer (§ 1 KSchG) Teilzeitnutzungsrechte erwirbt.

(2) Andere Vorschriften, die für den Erwerber günstiger sind, bleiben unberührt. Soweit Vereinbarungen zum Nachteil des Erwerbers Abweichungen von den Bestimmungen dieses Bundesgesetzes vorsehen, sind sie unwirksam.

Begriffsbestimmungen

§ 2. (1) Teilzeitnutzungsrecht ist das für mindestens drei Jahre eingeräumte dingliche oder obligatorische Recht, ein Nutzungsobjekt wiederkehrend während eines begrenzten Zeitraums zu benützen (Nutzungsrecht). Das Recht kann an einem bestimmten Nutzungsobjekt oder in der Möglichkeit bestehen, aus mehreren Nutzungsobjekten nach Maßgabe allgemeiner Vergaberichtlinien wiederkehrend – gleichbleibend oder wechselnd – ein Nutzungsobjekt auszuwählen.

(2) Teilzeitnutzungsvertrag ist der Vertrag über den Erwerb eines Teilzeitnutzungsrechts gegen ein Gesamtentgelt, unabhängig von der für den Erwerb und das Recht gewählten Rechtsform, von der Rechtsform des Veräußerers, von einer allfälligen Beteiligung des Erwerbers am Veräußerer und von den das Nutzungsobjekt betreffenden Rechtsverhältnissen (Nutzungsvertrag).

(3) Nutzungsobjekt ist eine Wohnung, ein zu Wohn- oder Beherbergungszwecken dienendes Gebäude oder ein Teil derselben.

Informationsschrift

§ 3. (1) Der Veräußerer hat jedem, der von ihm Informationen über die angebotenen Nutzungsobjekte begehrt oder der über diese im Rahmen unmittelbarer Werbemaßnahmen – etwa bei einer Werbeveranstaltung – Werbematerial größeren Umfangs erhält, eine Informationsschrift auszufolgen, die enthält

1. besonders bedeutsame Angaben, nämlich

a) den Namen und Wohnsitz oder Sitz des Veräußerers, den Namen und Wohnsitz oder Sitz des Eigentümers der Nutzungsobjekte sowie die Rechtsstellung des Veräußerers zu den Nutzungsobjekten;

b) eine genaue Beschreibung des angebotenen Nutzungsrechts sowie der Voraussetzungen, die für seinen Erwerb und seine Ausübung nach dem Recht der Staaten, in dem die Nutzungsobjekte gelegen sind, vorliegen müssen, wobei anzugeben ist, inwieweit diese Voraussetzungen noch nicht erfüllt sind;

c) sofern sich das Nutzungsrecht auf ein bestimmtes Nutzungsobjekt bezieht, eine genaue Beschreibung des Nutzungsobjekts, seiner Lage, seiner Ausstattung und seines Erhaltungszustands, das Jahr, in dem das Nutzungsobjekt errichtet wurde, und gegebenenfalls die nutzungsbezogenen Dienstleistungen (wie etwa Zimmerservice), die dem Erwerber zur Verfügung stehen sollen;

d) bei im Bau befindlichen Nutzungsobjekten den Stand der Bauarbeiten und der Arbeiten an den Versorgungseinrichtungen, wie etwa Gas-, Elektrizitäts-, Wasser- und Telefonanschlüssen, sowie den voraussichtlichen Fertigstellungstermin;

e) das Gesamtentgelt für den Erwerb des Nutzungsrechts, die voraussichtlichen Aufwendungen, die vom Erwerber an nicht verbrauchsabhängigen Kosten für die Ver- und Entsorgung der Nutzungsobjekte, an Kosten für die Erhaltung der Nutzungsobjekte, für die Inanspruchnahme nutzungsbezogener und sonstiger Dienstleistungen und für die Benützung der Gemeinschaftseinrichtungen zu tragen sind, allfällige Instandhaltungsrücklagen und ihre Höhe sowie die Grundlagen (wie etwa die steuerlichen Einheitswerte oder Aufteilungsschlüssel) für die Berechnung der laufenden Kosten, die der Erwerber für die Benützung der Nutzungsobjekte zu entrichten hat (wie etwa Steuern und Gebühren oder Kosten der Bewirtschaftung, Erhaltung und Verwaltung der Liegenschaft);

f) einen Hinweis auf das Rücktrittsrecht gemäß § 6 und auf dessen zeitliche und formale Voraussetzungen unter Angabe von Name und Anschrift der Person, der gegenüber der Rücktritt zu erklären ist, sowie von Art und Höhe der im Fall eines Rücktritts nach § 6 Abs. 4 zu ersetzenden Kosten;

g) einen Hinweis auf das Rücktrittsrecht gemäß §§ 8 und 9 und auf dessen zeitliche und formale Voraussetzungen und

h) Angaben darüber, ob der Erwerber an einem Organisationssystem für den Tausch oder die Weitergabe des Nutzungsrechts teilnehmen kann, wie in einem solchen Organisationssystem der Tausch oder die Weitergabe im einzelnen vonstatten geht, ob dieses Organisationssystem vom Veräußerer oder von einem – diesfalls genau zu bezeichnenden – Dritten betrieben wird und mit welchen Kosten die Organisation des Tausches oder der Weitergabe durch den Veräußerer oder den Dritten verbunden ist;

2. sonstige Angaben, nämlich

a) die Ver- und Entsorgungseinrichtungen (wie etwa Gas-, Elektrizitäts-, Wasser- und Telefonanschlüsse oder Müllabfuhr) und die sonstigen Dienstleistungen (wie etwa Instandhaltung), die dem Erwerber zur Verfügung stehen sollen, und ihre Nutzungsbedingungen;

b) die Gemeinschaftseinrichtungen (wie etwa Schwimmbad oder Sauna), die dem Erwerber zur Verfügung stehen sollen, und ihre Nutzungsbedingungen;

c) die Grundsätze der Bewirtschaftung, Erhaltung und Verwaltung der Nutzungsobjekte;

d) bei im Bau befindlichen Nutzungsobjekten, sofern sich das Nutzungsrecht auf ein bestimmtes Nutzungsobjekt bezieht, den Namen und die Anschrift der zuständigen Baubehörde und das Aktenzeichen der Baugenehmigung sowie Angaben darüber, ob und gegebenenfalls welche Sicherheiten für die ordnungsgemäße Fertigstellung des Nutzungsobjekts und für die Rückzahlung von Vorausleistungen für den Fall unterbliebener Fertigstellung eingeräumt werden, und

e) Angaben darüber, ob und gegebenenfalls welche Beschränkungen für die Übertragung des Nutzungsrechts unter Lebenden oder von Todes wegen vorgesehen sowie ob und gegebenenfalls welche besonderen Zahlungen für diesen Fall zu entrichten sind.

(2) In jeder Werbung für ein Nutzungsrecht ist auf die in Abs. 1 genannte Informationsschrift hinzuweisen und anzugeben, an welcher Stelle sie angefordert werden kann.

Form und Mindestinhalte von Nutzungsverträgen

§ 4. (1) Nutzungsverträge müssen schriftlich und in der in § 5 Abs. 1 geforderten Sprache geschlossen werden. Auf die Unwirksamkeit des Nutzungsvertrags wegen Gebrauchs einer anderen Sprache kann sich nur der Erwerber berufen; dieses Recht erlischt nach Ablauf von zwei Jahren ab Beginn des Vertragsverhältnisses.

(2) Bei Abschluß eines Nutzungsvertrags werden die in § 3 Abs. 1 angeführten Angaben Vertragsbestandteil, soweit nicht die Vertragsteile unter Hinweis auf die Abweichung Änderungen ausdrücklich vereinbaren.

(3) Neben den in Abs. 2 angeführten Vertragsbestandteilen hat die Urkunde über den Nutzungsvertrag zu enthalten:

1. besonders bedeutsame Angaben, nämlich

a) das in einem Zeitraum oder in einem anderen Maßstab auszudrückende Ausmaß, in dem der Erwerber das Nutzungsrecht wiederkehrend auszuüben berechtigt ist;

b) den Zeitpunkt, ab dem das Nutzungsrecht erstmals ausgeübt werden kann;

c) die unbestimmte oder durch Vertragslaufzeit und Endtermin bestimmte Dauer des Nutzungsrechts und

d) die Zeit und den Ort der Unterzeichnung der Vertragsurkunde durch jede Vertragspartei;

2. sonstige Angaben, nämlich

a) den Namen und Wohnsitz des Erwerbers und

b) eine Zusage des Veräußerers, wonach der Erwerb des Nutzungsrechts für den Erwerber mit keinen anderen als den im Vertrag angegebenen Kosten, Verpflichtungen oder sonstigen Lasten verbunden ist.

(4) Der Veräußerer hat dem Erwerber eine Ausfertigung oder Abschrift der Vertragsurkunde auszufolgen.

Vertragssprache

§ 5. (1) Ist der Erwerber Angehöriger eines Vertragsstaats des EWR-Abkommens oder hat er in einem solchen Staat seinen Wohnsitz, so ist der Nutzungsvertrag nach seiner Wahl in der oder einer zu den Amtssprachen der Vertragsstaaten des EWR-Abkommens zählenden Sprache des Heimat- oder des Wohnsitzstaates abzufassen.

(2) Abs. 1 gilt entsprechend für die Informationsschrift nach § 3.

(3) Wurde die Vertragsurkunde über ein bestimmtes Nutzungsobjekt nicht in der oder einer zu den Amtssprachen der Vertragsstaaten des EWR-Abkommens zählenden Sprache des Vertragsstaats abgefaßt, in dem sich das Nutzungsobjekt befindet, so ist dem Erwerber auch eine beglaubigte Übersetzung der Vertragsurkunde in diese Sprache auszufolgen.

Rücktrittsrecht

§ 6. (1) Der Erwerber kann binnen vierzehn Tagen vom Nutzungsvertrag oder von einem darauf gerichteten Vorvertrag zurücktreten. Die Frist beginnt mit der Ausfolgung der Vertragsurkunde.

(2) Enthält die Vertragsurkunde eine der in § 3 Abs. 1 Z 1 und § 4 Abs. 3 Z 1 vorgesehenen besonders bedeutsamen Angaben nicht, so beginnt die vierzehntägige Rücktrittsfrist erst nach Ausfolgung einer Ergänzungsurkunde, die sämtliche fehlenden Angaben enthält, spätestens jedoch drei Monate nach Ausfolgung der zumindest die Hinweise auf das Rücktrittsrecht nach § 3 Abs. 1 Z 1 lit. f und g, § 4 Abs. 2 enthaltenden Vertragsurkunde.

(3) Der Rücktritt bedarf zu seiner Rechtswirksamkeit der Schriftform; eine Übermittlung der schriftlichen Erklärung durch Telekopie reicht aus. Es genügt auch, wenn der Erwerber die ihm ausgefolgte Vertragsurkunde mit einem Vermerk zurückstellt, der erkennen läßt, daß er das Zustandekommen oder die Aufrechterhaltung des Vertrags ablehnt. Für die Rechtzeitigkeit des Rücktritts genügt es, wenn die Erklärung innerhalb der Rücktrittsfrist abgesendet wird. Verstößt der Veräußerer gegen die ihn nach § 3 Abs. 1 Z 1 lit. f treffende Verpflichtung, dem Erwerber Name und Anschrift derjenigen Person bekanntzugeben, der gegenüber der Rücktritt zu erklären ist, so kann die Rücktrittserklärung im dargestellten Sinn auch an den vom Veräußerer Beauftrag-

ten, der an den Vertragsverhandlungen mitgewirkt hat, gerichtet werden.

(4) Tritt der Erwerber vom Vertrag zurück, so hat er dem Veräußerer die von diesem auf Grund des Vertragsabschlusses entrichteten Abgaben sowie die von diesem getragenen Kosten einer allenfalls erforderlichen Beglaubigung von Unterschriften und einer allenfalls erforderlichen Übersetzung der Vertragsurkunde zu ersetzen, soweit darauf gemäß § 3 Abs. 1 Z 1 lit. f und § 4 Abs. 2 in der Vertragsurkunde ausdrücklich hingewiesen wurde. § 4 KSchG gilt mit der Einschränkung, daß dem Veräußerer ein Anspruch auf ein angemessenes Entgelt für die Benützung des Nutzungsobjekts oder auf Ersatz der Kosten für dessen Benützung (§ 3 Abs. 1 Z 1 lit. e) nicht zusteht. Ist die ausgefolgte Vertragsurkunde im Sinn des Abs. 2 unvollständig, so ist jeglicher Kostenersatzanspruch des Veräußerers ausgeschlossen.

Annahme von Zahlungen des Erwerbers

§ 7. (1) Vor Ablauf von vierzehn Tagen nach Ausfolgung der Vertragsurkunde über den Nutzungsvertrag werden die mit dem Erwerber vereinbarten Zahlungen nicht fällig; der Veräußerer darf sie vor Fälligkeit weder fordern noch annehmen. Ist die ausgefolgte Vertragsurkunde im Sinn des § 6 Abs. 2 unvollständig, so beginnt die vierzehntägige Wartefrist erst nach Ausfolgung einer Ergänzungsurkunde, die sämtliche fehlenden Angaben enthält, spätestens jedoch drei Monate nach Ausfolgung der zumindest die Hinweise auf das Rücktrittsrecht nach § 3 Abs. 1 Z 1 lit. f und g, § 4 Abs. 2 enthaltenden Vertragsurkunde.

(2) Der Erwerber kann alle Zahlungen, die vom Veräußerer entgegen Abs. 1 angenommen wurden, zurückfordern. Der Veräußerer hat die angenommenen Beträge ab dem Zahlungstag mit einem Zinssatz von 6 vH über dem jeweils geltenden „Basiszinssatz" zu verzinsen. *(BGBl I 2001/98, ab 1. 1. 2002)*

Kreditweise Aufbringung des Entgelts

§ 8. (1) Werden die Mittel für das vom Erwerber auf Grund des Nutzungsvertrags zu leistende Entgelt ganz oder teilweise durch einen vom Veräußerer gewährten Kredit finanziert, so gilt ein vom Erwerber gemäß § 6 erklärter Rücktritt vom Nutzungsvertrag auch für den Kreditvertrag mit der Wirkung, daß zwar jeder Teil dem anderen die empfangenen Leistungen zurückzuerstatten hat, Ansprüche gegen den Erwerber auf Zahlung von Zinsen und Kosten jedoch ausgeschlossen sind. Der Erwerber hat dem Veräußerer die von diesem auf Grund der Kreditgewährung entrichteten Abgaben sowie die von diesem getragenen Kosten einer allenfalls erforderlichen Beglaubigung von Unterschriften zu ersetzen, soweit darauf im Kreditvertrag ausdrücklich hingewiesen wurde. Ansprüche gegen den Erwerber auf Zahlung sonstiger Kosten sind ausgeschlossen. Ist die ausgefolgte Vertragsurkunde über den Nutzungsvertrag im Sinn des § 6 Abs. 2 unvollständig, so ist jeglicher Kostenersatzanspruch des Veräußerers aus der Kreditgewährung ausgeschlossen.

(2) Werden die Mittel für das vom Erwerber auf Grund des Nutzungsvertrags zu leistende Entgelt ganz oder teilweise durch einen von einem Dritten gewährten Kredit finanziert und bilden der Nutzungs- und der Kreditvertrag für den Veräußerer und den Dritten eine wirtschaftliche Einheit (§ 18 KSchG), so kann sowohl der Erwerber als auch der Dritte auf Grund eines gemäß § 6 erklärten Rücktritts vom Nutzungsvertrag binnen drei Monaten ab Absendung dieser Rücktrittserklärung auch vom Kreditvertrag zurücktreten. Für die Form und die Rechtzeitigkeit des Rücktritts gilt § 6 Abs. 3 erster bis dritter Satz entsprechend. Die Rücktrittserklärung kann auch an den vom Dritten Beauftragten, der an den Vertragsverhandlungen mitgewirkt hat, gerichtet werden.

(3) Auf Grund eines Rücktritts vom Kreditvertrag nach Abs. 2 hat jeder Teil dem anderen die empfangenen Leistungen zurückzuerstatten; Ansprüche gegen den Erwerber auf Zahlung von Zinsen sind jedoch ausgeschlossen. Der Erwerber hat dem Dritten die von diesem auf Grund des Vertragsabschlusses entrichteten Abgaben sowie die von diesem getragenen Kosten einer allenfalls erforderlichen Beglaubigung von Unterschriften zu ersetzen, soweit darauf im Kreditvertrag ausdrücklich hingewiesen wurde. Ansprüche gegen den Erwerber auf Zahlung sonstiger Kosten sind ausgeschlossen. Ist die ausgefolgte Vertragsurkunde über den Nutzungsvertrag im Sinn des § 6 Abs. 2 unvollständig, so ist jeglicher Kostenersatzanspruch des Dritten ausgeschlossen.

Zusammenhängende Verträge

§ 9. (1) Bilden ein mit einem Dritten geschlossener Vertrag, der die Ausübung oder Verwertung des Nutzungsrechts betrifft und nicht ohnedies Bestandteil des Nutzungsvertrags im Sinn des § 2 Abs. 2 ist, und der Nutzungsvertrag für den Veräußerer und den Dritten eine wirtschaftliche Einheit (§ 18 KSchG), so kann sowohl der Erwerber als auch der Dritte auf Grund eines gemäß § 6 erklärten Rücktritts vom Nutzungsvertrag binnen drei Monaten ab Absendung dieser Rücktrittserklärung auch vom zusammenhängenden Vertrag zurücktreten. Für die Form und die Rechtzeitigkeit des Rücktritts gilt § 6 Abs. 3 erster bis dritter Satz entsprechend. Die Rücktrittserklärung kann auch an den vom Dritten Beauftragten, der an den Vertragsverhandlungen mitgewirkt hat, gerichtet werden.

(2) Auf Grund eines Rücktritts vom zusammenhängenden Vertrag hat jeder Teil dem anderen die empfangenen Leistungen zurückzuerstatten; Ansprüche gegen den Erwerber auf Zahlung von Zinsen sind jedoch ausgeschlossen. Der Erwerber hat dem Dritten die von diesem auf Grund des Vertragsabschlusses entrichteten Abgaben sowie die von diesem getragenen Kosten einer allenfalls erforderlichen Beglaubigung von Unterschriften zu ersetzen, soweit darauf im zusammenhängenden Vertrag ausdrücklich hingewiesen wurde. Ansprüche gegen den Erwerber auf Zahlung sonstiger Kosten sind ausgeschlossen. Ist die ausgefolgte Vertragsurkunde über den Nutzungsvertrag im Sinn des § 6 Abs. 2 unvollständig, so ist jeglicher Kostenersatzanspruch des Dritten ausgeschlossen.

Grundbücherliche Sicherung

§ **10.** (1) Zur Sicherung der den Erwerbern in den Nutzungsverträgen eingeräumten Nutzungsrechte an den Nutzungsobjekten einer bestimmten Teilzeitnutzungsanlage kann zugunsten eines Rechtsanwalts (einer Rechtsanwalts-Partnerschaft) oder eines Notars „ “ als Treuhänder der Erwerber auf Antrag des Treuhänders auf der Liegenschaft, auf der sich die Anlage befindet, die Reallast des Betreibens der Teilzeitnutzungsanlage einverleibt werden. Zur Verfügung über eine solche Reallast ist allein der Treuhänder berechtigt. *(BGBl I 1999/72, ab 1. 6. 1999)*

(2) Zur Sicherung allfälliger Rückforderungsansprüche der Erwerber von Teilzeitnutzungsrechten an einer Liegenschaft kann zugunsten eines Rechtsanwalts (einer Rechtsanwalts-Partnerschaft) oder eines Notars „ “ als Treuhänder der Erwerber auf Antrag des Treuhänders auf der Liegenschaft ein Pfandrecht einverleibt werden. Zur Verfügung über ein solches Pfandrecht und zu dessen Verwertung ist allein der Treuhänder berechtigt. Das Pfandrecht kann auch auf einen Höchstbetrag lauten, bis zu dem die Deckung reichen soll. *(BGBl I 1999/72, ab 1. 6. 1999)*

(3) Die Einverleibung eines Rechts nach Abs. 1 oder 2 bedarf einer Zustimmungserklärung des Liegenschaftseigentümers sowie einer Bestätigung des Veräußerers über die Bestellung des Antragstellers zum Treuhänder.

(4) Der Treuhänder hat jeden Erwerber in ein Verzeichnis der an der Liegenschaft Teilzeitnutzungsberechtigten einzutragen, den Eigentümer der Liegenschaft von dieser Eintragung zu verständigen und dem Erwerber eine Bestätigung über die Eintragung in das Verzeichnis auszuhändigen.

(5) Im Fall einer längerfristigen Verhinderung des Treuhänders hat das Bezirksgericht, in dessen Sprengel die Liegenschaft liegt, im Verfahren außer Streitsachen auf Antrag des Veräußerers oder eines Erwerbers einen anderen Treuhänder zu bestellen, sofern weder im Nutzungsvertrag für diesen Fall Vorsorge getroffen worden ist noch sich die Parteien des Nutzungsvertrags in angemessener Frist auf einen anderen Treuhänder einigen.

Nutzungsverträge mit Auslandsbezug

§ **11.** (1) Befindet sich zumindest eines der von einem Nutzungsvertrag erfaßten Nutzungsobjekte in einem Vertragsstaat des EWR-Abkommens, so ist auf den Nutzungsvertrag, einen Kreditvertrag nach § 8 oder einen zusammenhängenden Vertrag nach § 9 das Recht des Staates anzuwenden, in dem der Erwerber seinen gewöhnlichen Aufenthalt hat, wenn der Vertrag im Zusammenhang mit einer in diesem Staat entfalteten, auf die Schließung solcher Verträge gerichteten Tätigkeit des Veräußerers, des Dritten oder der von diesen hiefür verwendeten Personen zustande gekommen ist; führt diese Verweisung nicht zum Recht eines Vertragsstaats des EWR-Abkommens, so ist das Recht jenes Vertragsstaats des EWR-Abkommens anzuwenden, in dem das Nutzungsobjekt gelegen ist. Dies gilt nicht, wenn auf Grund der Rechtswahl der Parteien oder sonstiger Regeln des internationalen Privatrechts ohnedies das Recht eines Vertragsstaats des EWR-Abkommens anzuwenden ist.

(2) Unbeschadet des auf einen Nutzungsvertrag, einen Kreditvertrag nach § 8 oder einen zusammenhängenden Vertrag nach § 9 nach Abs. 1 oder nach anderen Regeln des internationalen Privatrechts anzuwendenden Rechts hat der Erwerber jedenfalls die Rechte nach den §§ 6, 7 Abs. 2, §§ 8 und 9, wenn der Vertrag im Zusammenhang mit einer im Inland entfalteten, auf die Schließung solcher Verträge gerichteten Tätigkeit des Veräußerers, des Dritten oder der von diesen hiefür verwendeten Personen zustande gekommen ist.

Strafbestimmungen

§ **12.** (1) Ein Veräußerer, der

1. es entgegen § 3 Abs. 1 unterläßt, eine Informationsschrift mit dem dort umschriebenen Inhalt und in der gemäß § 5 Abs. 1 und 2 vom Erwerber gewählten Sprache auszuhändigen,

2. es entgegen § 4 Abs. 4 unterläßt, dem Erwerber eine Ausfertigung oder Abschrift der Vertragsurkunde mit dem in § 4 Abs. 3 umschriebenen Inhalt und in der in § 5 Abs. 1 bestimmten Sprache auszufolgen,

3. es entgegen § 5 Abs. 3 unterläßt, dem Erwerber eine beglaubigte Übersetzung der Vertragsurkunde in die in § 5 Abs. 3 bestimmte Sprache auszufolgen,

begeht, sofern die Tat nicht den Tatbestand einer gerichtlich strafbaren Handlung erfüllt, eine Verwaltungsübertretung und ist mit einer

Geldstrafe bis zu „1 450 Euro“ zu bestrafen. *(BGBl I 2001/98, ab 1. 1. 2002, s § 13 Abs 2)*

(2) Ein Veräußerer, der Zahlungen entgegen § 7 Abs. 1 vereinbart, fordert oder entgegennimmt, begeht, sofern die Tat nicht den Tatbestand einer gerichtlich strafbaren Handlung erfüllt, eine Verwaltungsübertretung und ist mit einer Geldstrafe bis zu „7 260 Euro“ zu bestrafen. *(BGBl I 2001/98, ab 1. 1. 2002, s § 13 Abs 2)*

Inkrafttreten

§ 13. (1) Dieses Bundesgesetz tritt mit 1. April 1997 in Kraft. Es ist auf vor seinem Inkrafttreten geschlossene Nutzungsverträge nicht anzuwenden.

(2) Die §§ 7, 12 und 13 in der Fassung des Bundesgesetzes BGBl. I Nr. 98/2001 treten mit 1. Jänner 2002 in Kraft. § 12 ist in dieser Fassung auf strafbare Handlungen anzuwenden, die nach dem 31. Dezember 2001 begangen worden sind. *(BGBl I 2001/98)*

Vollziehung

§ 14. Mit der Vollziehung des Bundesgesetzes sind betraut:

[1. der Bundeskanzler im Einvernehmen mit dem Bundesminister für Justiz hinsichtlich des § 12,]

2. der Bundesminister für Justiz [hinsichtlich der übrigen Bestimmungen.]

[ ] Gegenstandslos

23. Wuchergesetz

23. Wuchergesetz 1949 (Wv), BGBl 1949/271 idF
1 BGBl 1974/422 **2** BGBl 1979/140
3 BGBl I 2001/98 (2. Euro-JuBeG)

STICHWORTVERZEICHNIS

(Die Zahlenangaben beziehen sich auf die Paragraphen)

Wuchergesetz 1949

Nichtigkeit eines wucherischen Vertrages

§ 1. Ein Vertrag ist nichtig, wenn jemand den Leichtsinn, die Zwangslage, Verstandesschwäche, Unerfahrenheit oder Gemütsaufregung eines anderen dadurch ausbeutet, daß er sich oder einem Dritten für eine Leistung eine Gegenleistung versprechen oder gewähren läßt, deren Vermögenswert zu dem Werte seiner Leistung in auffallendem Mißverhältnis steht.

§§ 2–6 *(aufgehoben, BGBl 1974/422)*

Rechtsfolgen der Nichtigkeit eines wucherischen Vertrages

§ 7. (1) Ist ein Vertrag nach den vorstehenden Bestimmungen nichtig, so hat jeder der beiden Teile alles zurückzustellen, was er aus dem nichtigen Geschäfte zu seinem Vorteil erhalten hat. Insbesondere sind Geldzahlungen mit den gesetzlichen Zinsen vom Empfangstage zurückzuerstatten, die übergebenen Sachen zurückzustellen oder deren Wert zur Zeit des Empfanges zu ersetzen, die auf die Sache gemachten notwendigen und nützlichen Verwendungen zu ersetzen und für die Benützung und die Entwertung der Sache in der Zwischenzeit eine angemessene Vergütung zu leisten. Ergibt sich aus der Berechnung der beiderseitigen Ansprüche ein Mehranspruch für einen der Vertragsteile, so haftet hiefür die für den vertragsmäßigen Anspruch erworbene Sicherstellung.

(2) Ist jedoch die Gewährung oder Verlängerung von Kredit nach den vorstehenden Bestimmungen nichtig, so hat der Benachteiligte für den erhaltenen Kreditbetrag vom Empfangstag bis zur Rückzahlung – sofern im Vertrag nicht eine geringere Verzinsung vorgesehen ist – Zinsen in der Höhe des Zweifachen des im Zeitpunkt der Schließung des Vertrags „geltenden Basiszinssatzes" zu vergüten. Er kann für die Rückzahlung des Erhaltenen die im Vertrag vorgesehenen Zahlungsfristen in Anspruch nehmen. Bestimmungen, nach denen der Benachteiligte in besonderen Fällen weitergehende Rechte hat, bleiben unberührt. *(BGBl 1979/140 und BGBl I 2001/98, ab 1. 1. 2002)*

Verfahrensbestimmungen

§ 8. (1) Das Strafgericht hat auf Begehren des Verletzten ein Geschäft, wegen dessen eine Verurteilung wegen Wuchers erfolgt, als nichtig zu erklären und, wenn die Ergebnisse des Strafverfahrens ausreichen, über die weiteren Rechtsfolgen der Nichtigkeit zu erkennen.

(2) Reichen die Ergebnisse des Strafverfahrens zum Erkenntnis über die Rechtsfolgen der Nichtigkeit des Geschäftes nicht aus, so erfolgt unter Aufrechterhaltung der erworbenen Sicherstellung die Verweisung auf den Zivilrechtsweg, der in diesem Falle sowohl dem Privatbeteiligten als auch dem Angeklagten offen steht.

§ 9. (1) Auf Ersuchen des Strafgerichtes, bei dem ein Verfahren wegen Wuchers anhängig ist, hat der Zivilrichter jederzeit mit dem den fraglichen Anspruch betreffenden Verfahren innezuhalten.

(2) Wenn sich während eines zivilgerichtlichen Verfahrens der Verdacht des Wuchers ergibt, kann das Gericht den Rechtsstreit (§ 191 ZPO.) oder die Exekution bis zum Abschlusse des Strafverfahrens unterbrechen. Nach Ermessen des Gerichtes kann während der Unterbrechung eine einstweilige Verfügung oder, wenn ein Exekutionstitel vorliegt, die Exekution zur Sicherstellung zugunsten des Anspruches bewilligt werden.

§ 10. *(überholt)*

Beginn der Wirksamkeit des Gesetzes

§ 11. (1) Dieses Gesetz ist am 20. Oktober 1914 in Wirksamkeit getreten. Mit dem gleichen Tage hat das Gesetz vom 28. Mai 1881, R.G.Bl. Nr. 47, betreffend Abhilfe wider unredliche Vorgänge bei Kreditgeschäften, seine Geltung verloren.

(2) Mit der Vollziehung ist das Bundesministerium für Justiz betraut.

(3) *(gegenstandslos)*

24. Urheberrechtsgesetz

24. Urheberrechtsgesetz, BGBl 1936/111 idF

1 BGBl 1949/206	**2** BGBl 1953/106
3 BGBl 1963/175	**4** BGBl 1972/492
5 BGBl 1973/142 (DFB)	**6** BGBl 1974/422
7 BGBl 1980/321 (UrhGNov 1980)	**8** BGBl 1982/295 (UrhGNov 1982)
9 BGBl 1988/601 (UrhGNov 1988)	**10** BGBl 1989/612 (UrhGNov 1989)
11 BGBl 1993/93 (UrhGNov 1993)	**12** BGBl 1996/151 (UrhGNov 1996)
13 BGBl I 1998/25 (UrhGNov 1997)	**14** BGBl I 2000/110 (UrhGNov 2000)

GLIEDERUNG

STICHWORTVERZEICHNIS zum UrhG

(Die Zahlenangaben beziehen sich auf die Paragraphen)

Stichwortverzeichnis

Bundesgesetz über das Urheberrecht an Werken der Literatur und der Kunst und über verwandte Schutzrechte (Urheberrechtsgesetz)

I. Hauptstück
Urheberrecht an Werken der Literatur und der Kunst
1. Abschnitt
Das Werk
Werke der Literatur und der Kunst

§ 1. (1) Werke im Sinne dieses Gesetzes sind eigentümliche geistige Schöpfungen auf den Gebieten der Literatur, der Tonkunst, der bildenden Künste und der Filmkunst.

(2) Ein Werk genießt als Ganzes und in seinen Teilen urheberrechtlichen Schutz nach den Vorschriften dieses Gesetzes.

Werke der Literatur

§ 2. Werke der Literatur im Sinne dieses Gesetzes sind:

1. Sprachwerke aller Art einschließlich Computerprogrammen (§ 40 a); *(BGBl 1993/93, ab 1. 3. 1993)*

2. Bühnenwerke, deren Ausdrucksmittel Gebärden und andere Körperbewegungen sind (choreographische und pantomimische Werke);

3. Werke wissenschaftlicher oder belehrender Art, die in bildlichen Darstellungen in der Fläche oder im Raume bestehen, sofern sie nicht zu den Werken der bildenden Künste zählen.

Werke der bildenden Künste

§ 3. (1) Zu den Werken der bildenden Künste im Sinne dieses Gesetzes gehören auch die Werke der Lichtbildkunst (Lichtbildwerke), der Baukunst und „der angewandten Kunst (des Kunstgewerbes)“. *(BGBl 1996/151, ab 1. 4. 1996)*

(2) Werke der Lichtbildkunst (Lichtbildwerke) sind durch ein photographisches oder durch ein der Photographie ähnliches Verfahren hergestellte Werke.

(BGBl 1953/106)

Werke der Filmkunst

§ 4. Unter Werken der Filmkunst (Filmwerke) versteht dieses Gesetz Laufbildwerke, wodurch die den Gegenstand des Werkes bildenden Vorgänge und Handlungen entweder bloß für das Gesicht oder gleichzeitig für Gesicht und Gehör zur Darstellung gebracht werden, ohne Rücksicht auf die Art des bei der Herstellung oder Aufführung des Werkes verwendeten Verfahrens.

Bearbeitungen

§ 5. (1) Übersetzungen und andere Bearbeitungen werden, soweit sie eine eigentümliche geistige Schöpfung des Bearbeiters sind, unbeschadet des am bearbeiteten Werke bestehenden Urheberrechtes, wie Originalwerke geschützt.

(2) Die Benutzung eines Werkes bei der Schaffung eines anderen macht dieses nicht zur Bearbeitung, wenn es im Vergleich zu dem benutzten Werke ein selbständiges neues Werk darstellt.

Sammelwerke

§ 6. Sammlungen, die infolge der Zusammenstellung einzelner Beiträge zu einem einheitlichen Ganzen eine eigentümliche geistige Schöpfung darstellen, werden als Sammelwerke urheberrechtlich geschützt; die an den aufgenommenen Beiträgen etwa bestehenden Urheberrechte bleiben unberührt.

(BGBl 1953/106)

Freie Werke

§ 7. (1) Gesetze, Verordnungen, amtliche Erlässe, Bekanntmachungen und Entscheidungen sowie ausschließlich oder vorwiegend zum amtlichen Gebrauch hergestellte amtliche Werke der im § 2 Z. 1 oder 3 bezeichneten Art genießen keinen urheberrechtlichen Schutz.

(2) Vom Bundesamt für Eich- und Vermessungswesen hergestellte oder bearbeitete (§ 5 Abs. 1) und zur Verbreitung (§ 16) bestimmte Landkartenwerke sind keine freien Werke.

(BGBl 1953/106)

Veröffentlichte Werke

§ 8. Ein Werk ist veröffentlicht, sobald es mit Einwilligung des Berechtigten der Öffentlichkeit zugänglich gemacht worden ist.

Erschienene Werke

§ 9. (1) Ein Werk ist erschienen, sobald es mit Einwilligung des Berechtigten der Öffentlichkeit dadurch zugänglich gemacht worden ist, daß Werkstücke in genügender Anzahl feilgehalten oder in Verkehr gebracht worden sind.

(2) Ein Werk, das innerhalb eines Zeitraumes von 30 Tagen im Inland und im Ausland erschienen ist, zählt zu den im Inland erschienenen Werken.

(BGBl 1953/106)

II. Abschnitt
Der Urheber

§ 10. (1) Urheber eines Werkes ist, wer es geschaffen hat.

(2) In diesem Gesetz umfaßt der Ausdruck „Urheber“, wenn sich nicht aus dem Hinweis

auf die Bestimmung des Absatzes 1 das Gegenteil ergibt, außer dem Schöpfer des Werkes auch die Personen, auf die das Urheberrecht nach seinem Tode übergegangen ist.

Miturheber

§ 11. (1) Haben mehrere gemeinsam ein Werk geschaffen, bei dem die Ergebnisse ihres Schaffens eine untrennbare Einheit bilden, so steht das Urheberrecht allen Miturhebern gemeinschaftlich zu.

(2) Jeder Miturheber ist für sich berechtigt, Verletzungen des Urheberrechtes gerichtlich zu verfolgen. Zu einer Änderung oder Verwertung des Werkes bedarf es des Einverständnisses aller Miturheber. Verweigert ein Miturheber seine Einwilligung ohne ausreichenden Grund, so kann ihn jeder andere Miturheber auf deren Erteilung klagen. Hat der Beklagte im Inland keinen allgemeinen Gerichtsstand, so sind die Gerichte, in deren Sprengel der erste Wiener Gemeindebezirk liegt, zuständig.

(3) Die Verbindung von Werken verschiedener Art – wie die eines Werkes der Tonkunst mit einem Sprachwerk oder einem Filmwerk – begründet an sich keine Miturheberschaft.

Vermutung der Urheberschaft

§ 12. (1) Wer auf den Vervielfältigungsstücken eines erschienenen Werkes oder auf einem Urstück eines Werkes der bildenden Künste in der üblichen Weise als Urheber bezeichnet wird, gilt bis zum Beweis des Gegenteils als Urheber (§ 10, Absatz 1) des Werkes, wenn die Bezeichnung in der Angabe seines wahren Namens oder eines von ihm bekanntermaßen gebrauchten Decknamens oder – bei Werken der bildenden Künste – in einem solchen Künstlerzeichen besteht.

(2) Dasselbe gilt von dem, der bei einem öffentlichen Vortrag, einer öffentlichen Aufführung oder Vorführung oder bei einer Rundfunksendung des Werkes auf die im Absatz 1 angegebene Art als Urheber bezeichnet wird, wenn nicht die im Absatz 1 aufgestellte Vermutung der Urheberschaft für einen anderen spricht.

Ungenannte Urheber

§ 13. Solange der Urheber (§ 10, Absatz 1) eines erschienenen Werkes nicht auf eine Art bezeichnet worden ist, die nach § 12 die Vermutung der Urheberschaft begründet, gilt der Herausgeber oder, wenn ein solcher auf den Werkstücken nicht angegeben ist, der Verleger als mit der Verwaltung des Urheberrechtes betrauter Bevollmächtigter des Urhebers. Auch ist der Herausgeber oder Verleger in einem solchen Falle berechtigt, Verletzungen des Urheberrechtes im eigenen Namen gerichtlich zu verfolgen.

III. Abschnitt
Das Urheberrecht
1. Verwertungsrechte

§ 14. (1) Der Urheber hat mit den vom Gesetz bestimmten Beschränkungen das ausschließliche Recht, das Werk auf die ihm durch die folgenden Vorschriften vorbehaltenen Arten zu verwerten (Verwertungsrechte).

(2) Der Urheber einer Übersetzung oder anderen Bearbeitung darf diese auf die ihm vorbehaltenen Arten nur verwerten, soweit ihm der Urheber des bearbeiteten Werkes das ausschließliche Recht oder die Bewilligung dazu (Bearbeitungs- oder Übersetzungsrecht) erteilt.

(3) Die öffentliche Mitteilung des Inhaltes eines Werkes der Literatur oder der Filmkunst ist dem Urheber vorbehalten, solange weder das Werk noch dessen wesentlicher Inhalt mit Einwilligung des Urhebers veröffentlicht ist.

Vervielfältigungsrecht

§ 15. (1) Der Urheber hat das ausschließliche Recht, das Werk – gleichviel in welchem Verfahren und in welcher Menge – zu vervielfältigen.

(2) Eine Vervielfältigung liegt namentlich auch in dem Festhalten des Vortrages oder der Aufführung eines Werkes auf Mitteln zur wiederholbaren Wiedergabe für Gesicht oder Gehör (Bild- oder Schallträger), wie zum Beispiel auf Filmstreifen oder Schallplatten.

(3) Solchen Schallträgern stehen der wiederholbaren Wiedergabe von Werken dienende Mittel gleich, die ohne Schallaufnahme durch Lochen, Stanzen, Anordnen von Stiften oder auf ähnliche Art hergestellt werden (Drehorgeln, Spieldosen u. dgl.).

(4) Bei Plänen und Entwürfen zu Werken der bildenden Künste umfaßt das Vervielfältigungsrecht auch das ausschließliche Recht, das Werk danach auszuführen.

Verbreitungsrecht

§ 16. (1) Der Urheber hat das ausschließliche Recht, Werkstücke zu verbreiten. Kraft dieses Rechtes dürfen Werkstücke ohne seine Einwilligung weder feilgehalten noch auf eine Art, die das Werk der Öffentlichkeit zugänglich macht, in Verkehr gebracht werden.

(2) Solange ein Werk nicht veröffentlicht ist, umfaßt das Verbreitungsrecht auch das ausschließliche Recht, das Werk durch öffentliches Anschlagen, Auflegen, Aushängen, Ausstellen oder durch eine ähnliche Verwendung von Werkstücken der Öffentlichkeit zugänglich zu machen.

(3) Dem Verbreitungsrecht unterliegen – „vorbehaltlich des § 16a“ – Werkstücke nicht, die mit Einwilligung des Berechtigten durch Übertragung des Eigentums in Verkehr gebracht worden sind; ist aber die Einwilligung

nur für ein bestimmtes Gebiet erteilt worden, so bleibt das Recht, die dort in Verkehr gebrachten Werkstücke außerhalb dieses Gebietes zu verbreiten, unberührt; diese Ausnahme gilt nicht für Werkstücke, die in einem Mitgliedstaat der Europäischen Wirtschaftsgemeinschaft oder der Europäischen Freihandelsassoziation mit Einwilligung des Berechtigten in Verkehr gebracht worden sind. *(BGBl 1993/93, ab 1. 3. 1993 und BGBl I 2000/110, ab 26. 10. 2000)*

(4) Dem an einem Werke der bildenden Künste bestehenden Verbreitungsrecht unterliegen Werkstücke nicht, die Zugehör einer unbeweglichen Sache sind.

(5) Wo sich dieses Gesetz des Ausdruckes „ein Werk verbreiten" bedient, ist darunter nur die nach den Absätzen 1 bis 3 dem Urheber vorbehaltene Verbreitung von Werkstücken zu verstehen.

Vermieten und Verleihen

§ 16a. (1) § 16 Abs. 3 gilt nicht für das Vermieten (Abs. 3) von Werkstücken.

(2) § 16 Abs. 3 gilt für das Verleihen (Abs. 3) von Werkstücken mit der Maßgabe, daß der Urheber einen Anspruch auf angemessene Vergütung hat. Solche Ansprüche können nur von Verwertungsgesellschaften geltend gemacht werden.

(3) Im Sinn dieser Bestimmung ist unter Vermieten die zeitlich begrenzte, Erwerbszwecken dienende Gebrauchsüberlassung zu verstehen, unter Verleihen die zeitlich begrenzte, nicht Erwerbszwecken dienende Gebrauchsüberlassung durch eine der Öffentlichkeit zugängliche Einrichtung (Bibliothek, Bild- oder Schallträgersammlung, Artothek und dergleichen).

(4) Die Abs. 1 und 2 gelten nicht.

1. für das Vermieten und Verleihen zum Zweck der Rundfunksendung (§ 17) sowie des öffentlichen Vortrags und der öffentlichen Aufführung und Vorführung (§ 18),

2. für Werke der angewandten Kunst (des Kunstgewerbes).

(5) Gestattet ein Werknutzungsberechtigter oder der nach § 38 Abs. 1 berechtigte Filmhersteller gegen Entgelt anderen das Vermieten oder Verleihen von Werkstücken, so hat der Urheber gegen den Werknutzungsberechtigten beziehungsweise den Filmhersteller einen unverzichtbaren Anspruch auf einen angemessenen Anteil an diesem Entgelt. Steht der Vergütungsanspruch für das Verleihen von Werkstücken nach dem Gesetz oder auf Grund eines Vertrages einem anderen zu, so hat der Urheber einen unverzichtbaren Anspruch auf einen angemessenen Anteil an der Vergütung.

(BGBl 1993/93, ab 1. 1. 1994, gilt auch für Werkstücke, an denen das Verbreitungsrecht nach § 16 Abs. 3 davor erloschen ist. Solche Werkstücke dürfen jedoch bis 31. 12. 1994 vermietet werden; der Urheber hat hiefür einen Anspruch auf angemessene Vergütung. § 16a Abs. 2, 4 und 5 nF gilt für diesen Vergütungsanspruch sinngemäß)

§ 16b. *(aufgehoben, BGBl I 2000/110, ab 26. 10. 2000)*

Senderecht

§ 17. (1) Der Urheber hat das ausschließliche Recht, das Werk durch Rundfunk oder auf eine ähnliche Art zu senden.

(2) Einer Rundfunksendung steht es gleich, wenn ein Werk von einer im In- oder im Ausland gelegenen Stelle aus der Öffentlichkeit im Inland, ähnlich wie durch Rundfunk, aber mit Hilfe von Leitungen wahrnehmbar gemacht wird. *(BGBl 1980/321)*

(3) Die Übermittlung von Rundfunksendungen

1. durch eine Rundfunkvermittlungsanlage und

2. durch eine Gemeinschaftsantennenanlage,

a) wenn sich die Standorte aller Empfangsanlagen nur auf zusammenhängenden Grundstücken befinden, kein Teil der Anlage einen öffentlichen Weg benützt oder kreuzt und die Antenne vom Standort der am nächsten liegenden Empfangsanlage nicht mehr als 500 m entfernt ist oder

b) wenn an die Anlage nicht mehr als 500 Teilnehmer angeschlossen sind,

gilt nicht als neue Rundfunksendung. Im übrigen gilt die gleichzeitige, vollständige und unveränderte Übermittlung von Rundfunksendungen des Österreichischen Rundfunks mit Hilfe von Leitungen im Inland als Teil der ursprünglichen Rundfunksendung.

(BGBl 1980/321)

§ 17a. Wenn die programmtragenden Signale verschlüsselt gesendet werden, liegt eine Rundfunksendung nur dann vor, wenn die Mittel zur Entschlüsselung der Sendung durch den Rundfunkunternehmer selbst oder mit seiner Zustimmung der Öffentlichkeit zugänglich gemacht worden sind.

(BGBl 1996/151, ab 1. 4. 1996)

§ 17b. (1) Im Fall der Rundfunksendung über Satellit liegt die dem Urheber vorbehaltene Verwertungshandlung in der unter der Kontrolle und Verantwortung des Rundfunkunternehmers vorgenommenen Eingabe der programmtragenden Signale in eine ununterbrochene Kommunikationskette, die zum Satelliten und zurück zur Erde führt. Die Rundfunksendung über Satellit findet daher vorbehaltlich des Abs. 2 nur in dem Staat statt, in dem diese Eingabe vorgenommen wird.

(2) Findet die in Abs. 1 bezeichnete Eingabe in einem Staat statt, der kein Mitgliedstaat des Europäischen Wirtschaftsraums ist und in dem das in Kapitel II der Richtlinie des Rates der Europäischen Gemeinschaften vom 27. September 1993 zur Koordinierung bestimmter urheber- und leistungsschutzrechtlicher Vorschriften betreffend Satellitenrundfunk und Kabelweiterverbreitung, ABl. Nr. L 248 vom 6. Oktober 1993, S 15, in der für Österreich gemäß Anh. XVII des EWR-Abkommens geltenden Fassung, vorgesehene Schutzniveau nicht gewährleistet ist, dann findet die Sendung statt

1. in dem Mitgliedstaat des Europäischen Wirtschaftsraums, in dem die Erdfunkstation liegt, von der aus die programmtragenden Signale zum Satelliten geleitet werden;

2. wenn die Voraussetzung nach Z 1 nicht vorliegt, in dem Mitgliedstaat des Europäischen Wirtschaftsraums, in dem die Hauptniederlassung des Rundfunkunternehmers liegt, der die Eingabe im Sinn des Abs. 1 in Auftrag gegeben hat.

(3) In den Fällen des Abs. 2 gilt das Betreiben der Erdfunkstation beziehungsweise die Auftragserteilung zur Eingabe im Sinn des Abs. 1 als Sendung im Sinn des § 17 Abs. 1.

(BGBl 1996/151, ab 1. 4. 1996)

Vortrags-, Aufführungs- und Vorführungsrecht

§ 18. (1) Der Urheber hat das ausschließliche Recht, ein Sprachwerk öffentlich vorzutragen oder aufzuführen, ein Werk der im § 2, Z. 2, bezeichneten Art, ein Werk der Tonkunst oder ein Filmwerk öffentlich aufzuführen und ein Werk der bildenden Künste durch optische Einrichtungen öffentlich vorzuführen.

(2) Dabei macht es keinen Unterschied, ob der Vortrag oder die Aufführung unmittelbar oder mit Hilfe von Bild- oder Schallträgern vorgenommen wird.

(3) Zu den öffentlichen Vorträgen, Aufführungen und Vorführungen gehört auch die Benutzung einer Rundfunksendung zu einer öffentlichen Wiedergabe des gesendeten Werkes durch Lautsprecher oder durch eine andere technische Einrichtung sowie die auf eine solche Art bewirkte öffentliche Wiedergabe von Vorträgen, Aufführungen oder Vorführungen eines Werkes außerhalb des Ortes (Theater, Saal, Platz, Garten u. dgl.), wo sie stattfinden.

2. Schutz geistiger Interessen

Schutz der Urheberschaft

§ 19. (1) Wird die Urheberschaft an einem Werke bestritten oder wird das Werk einem anderen als seinem Schöpfer zugeschrieben, so ist dieser berechtigt, die Urheberschaft für sich in Anspruch zu nehmen. Nach seinem Tode steht in diesen Fällen den Personen, auf die das Urheberrecht übergegangen ist, das Recht zu, die Urheberschaft des Schöpfers des Werkes zu wahren.

(2) Ein Verzicht auf dieses Recht ist unwirksam.

Urheberbezeichnung

§ 20. (1) Der Urheber bestimmt, ob und mit welcher Urheberbezeichnung das Werk zu versehen ist.

(2) Eine Bearbeitung darf mit der Urheberbezeichnung nicht auf eine Art versehen werden, die der Bearbeitung den Anschein eines Originalwerkes gibt.

(3) Vervielfältigungsstücken von Werken der bildenden Künste darf durch die Urheberbezeichnung nicht der Anschein eines Urstückes verliehen werden.

Werkschutz

§ 21. (1) Wird ein Werk auf eine Art, die es der Öffentlichkeit zugänglich macht, benutzt oder zum Zweck der Verbreitung vervielfältigt, so dürfen auch von dem zu einer solchen Werknutzung Berechtigten an dem Werke selbst, an dessen Titel oder an der Urheberbezeichnung keine Kürzungen, Zusätze oder andere Änderungen vorgenommen werden, soweit nicht der Urheber einwilligt oder das Gesetz die Änderung zuläßt. Zulässig sind insbesondere Änderungen, die der Urheber dem zur Benutzung des Werkes Berechtigten nach den im redlichen Verkehr geltenden Gewohnheiten und Gebräuchen nicht untersagen kann, namentlich Änderungen, die durch die Art oder den Zweck der erlaubten Werknutzung gefordert werden.

(2) Für Urstücke von Werken der bildenden Künste gelten die Vorschriften des Absatzes 1 auch dann, wenn die Urstücke nicht auf eine Art benutzt werden, die das Werk der Öffentlichkeit zugänglich macht.

(3) Die Erteilung der Einwilligung zu nicht näher bezeichneten Änderungen hindert den Urheber nicht, sich Entstellungen, Verstümmelungen und anderen Änderungen des Werkes zu widersetzen, die seine geistigen Interessen am Werke schwer beeinträchtigen.

3. Pflichten des Besitzers eines Werkstückes

§ 22. Der Besitzer eines Werkstückes hat es dem Urheber auf Verlangen zugänglich zu machen, soweit es notwendig ist, um das Werk vervielfältigen zu können; hiebei hat der Urheber die Interessen des Besitzers entsprechend zu berücksichtigen. Der Besitzer ist nicht verpflichtet, dem Urheber das Werkstück zu dem angeführten Zwecke herauszugeben; auch ist er dem Urheber gegenüber nicht verpflichtet, für die Erhaltung des Werkstückes zu sorgen.

4. Übertragung des Urheberrechtes

§ **23.** (1) Das Urheberrecht ist vererblich; in Erfüllung einer auf den Todesfall getroffenen Anordnung kann es auch auf Sondernachfolger übertragen werden.

(2) Wird die Verlassenschaft eines Miturhebers von niemand erworben und auch nicht als erbloses Gut vom Staat übernommen, so geht das Miturheberrecht auf die anderen Miturheber über. Dasselbe gilt im Falle des Verzichtes eines Miturhebers auf sein Urheberrecht, soweit dieser Verzicht wirkt.

(3) Im übrigen ist das Urheberrecht unübertragbar.

(4) Geht das Urheberrecht auf mehrere Personen über, so sind auf sie die für Miturheber (§ 11) geltenden Vorschriften entsprechend anzuwenden.

5. Werknutzungsbewilligung und Werknutzungsrecht

§ **24.** (1) Der Urheber kann anderen gestatten, das Werk auf einzelne oder alle nach den §§ 14 bis 18 dem Urheber vorbehaltenen Verwertungsarten zu benutzen (Werknutzungsbewilligung). Auch kann er einem anderen das ausschließliche Recht dazu einräumen (Werknutzungsrecht).

(2) Eine Werknutzungsbewilligung, die vor Einräumung oder Übertragung eines Werknutzungsrechts erteilt worden ist, bleibt gegenüber dem Werknutzungsberechtigten wirksam, wenn mit dem Inhaber der Werknutzungsbewilligung nichts anderes vereinbart ist. *(BGBl 1982/295)*

6. Exekutionsbeschränkungen

§ **25.** (1) Verwertungsrechte sind der Exekution wegen Geldforderungen entzogen.

(2) Die wegen einer Geldforderung auf ein Werkstück geführte Exekution ist unzulässig, wenn durch dessen Verkauf das Verbreitungsrecht des Urhebers oder eines Werknutzungsberechtigten verletzt würde.

(3) Absatz 2 gilt nicht für Werkstücke, die zur Zeit der Pfändung von dem zu ihrer Verbreitung Berechtigten oder mit seiner Einwilligung verpfändet sind.

(4) Bei Werken der bildenden Künste wird durch das Verbreitungsrecht die Exekution auf Werkstücke nicht gehindert, die von dem zur Verbreitung Berechtigten zum Verkauf bereitgestellt sind.

(5) Mittel, die ausschließlich zur Vervielfältigung eines Werkes bestimmt sind (wie Formen, Platten, Steine, Holzstöcke, Filmstreifen u. dgl.) und einem dazu Berechtigten gehören, dürfen wegen einer Geldforderung nur gleich einem Zugehör des Vervielfältigungsrechtes mit diesem in Exekution gezogen werden.

(6) Dasselbe gilt entsprechend für Mittel, die ausschließlich zur Aufführung eines Filmwerkes bestimmt sind (Filmstreifen u. dgl.) und einem dazu Berechtigten gehören.

IV. Abschnitt
Werknutzungsrechte

§ **26.** Auf welche Art, mit welchen Mitteln und innerhalb welcher örtlichen und zeitlichen Grenzen das Werk von einem Werknutzungsberechtigten (§ 24 Abs. 1 Satz 2) benutzt werden darf, richtet sich nach dem mit dem Urheber abgeschlossenen Vertrag. Soweit hienach das Werknutzungsrecht reicht, hat sich auch der Urheber gleich einem Dritten, jedoch unbeschadet seines Rechtes, Verletzungen des Urheberrechtes gerichtlich zu verfolgen, der Benutzung des Werkes zu enthalten. Mit dem Erlöschen dieser Verpflichtung erlangt das Verwertungsrecht seine frühere Kraft. *(BGBl 1982/295)*

Übertragung der Werknutzungsrechte

§ **27.** (1) Werknutzungsrechte sind vererblich und veräußerlich.

(2) Auf Sondernachfolger kann ein Werknutzungsrecht in der Regel nur mit Einwilligung des Urhebers übertragen werden. Die Einwilligung kann nur aus einem wichtigen Grunde verweigert werden. Sie gilt als erteilt, wenn der Urheber sie nicht binnen zwei Monaten nach dem Empfang der schriftlichen Aufforderung des Werknutzungsberechtigten oder dessen, auf den das Werknutzungsrecht übertragen werden soll, versagt; auf diese Wirkung muß in der Aufforderung ausdrücklich hingewiesen sein.

(3) Wer ein Werknutzungsrecht im Wege der Sondernachfolge erwirbt, hat an Stelle des Veräußerers die Verbindlichkeiten zu erfüllen, die diesem nach dem mit dem Urheber geschlossenen Vertrag obliegen. Für das dem Urheber gebührende Entgelt sowie für den Schaden, den der Erwerber im Falle der Nichterfüllung einer der aus diesem Vertrag für ihn entspringenden Pflichten dem Urheber zu ersetzen hat, haftet der Veräußerer dem Urheber wie ein Bürge und Zahler.

(4) Vom Veräußerer mit dem Erwerber ohne Einwilligung des Urhebers getroffene Vereinbarungen, die dem Absatz 3 zum Nachteil des Urhebers widersprechen, sind diesem gegenüber unwirksam.

(5) Die Haftung des Erwerbers für einen schon vor der Übernahme gegen den Veräußerer entstandenen Schadenersatzanspruch des Urhebers richtet sich nach den allgemeinen Vorschriften.

§ **28.** (1) Ist nichts anderes vereinbart, so kann ein Werknutzungsrecht mit dem Unternehmen, zu dem es gehört, oder mit einem solchen Zweige des Unternehmens auf einen anderen übertragen werden, ohne daß es der Einwilligung des Urhebers bedarf.

(2) Ferner können, wenn der Werknutzungsberechtigte zur Ausübung seines Rechtes nicht verpflichtet ist und mit dem Urheber nichts anderes vereinbart hat, ohne dessen Einwilligung übertragen werden:

1. Werknutzungsrechte an Sprachwerken und Werken der im § 2, Z. 3, bezeichneten Art, die entweder auf Bestellung des Werknutzungsberechtigten nach seinem den Inhalt und die Art der Behandlung bezeichnenden Plane oder bloß als Hilfs- oder Nebenarbeit für ein fremdes Werk geschaffen werden;

2. Werknutzungsrechte an Werken der Lichtbildkunst (Lichtbildwerken) und des Kunstgewerbes, die auf Bestellung oder im Dienst eines gewerblichen Unternehmens für dieses geschaffen werden. *(BGBl 1953/106)*

Vorzeitige Auflösung des Vertragsverhältnisses

§ **29.** (1) Wird von einem Werknutzungsrecht ein dem Zwecke seiner Bestellung entsprechender Gebrauch überhaupt nicht oder nur in so unzureichendem Maße gemacht, daß wichtige Interessen des Urhebers beeinträchtigt werden, so kann dieser, wenn ihn kein Verschulden daran trifft, das Vertragsverhältnis, soweit es das Werknutzungsrecht betrifft, vorzeitig lösen.

(2) Die Auflösung kann erst nach fruchtlosem Ablauf einer vom Urheber dem Werknutzungsberechtigten gesetzten angemessenen Nachfrist erklärt werden. Der Setzung einer Nachfrist bedarf es nicht, wenn die Ausübung des Werknutzungsrechtes dem Erwerber unmöglich ist oder von ihm verweigert wird oder wenn die Gewährung einer Nachfrist überwiegende Interessen des Urhebers gefährdet.

(3) Auf das Recht, das Vertragsverhältnis aus den im Absatz 1 bezeichneten Gründen zu lösen, kann im voraus für eine drei Jahre übersteigende Frist nicht verzichtet werden. In diese Frist wird die Zeit nicht eingerechnet, in der der Werknutzungsberechtigte durch Umstände, die auf seiten des Urhebers liegen, daran verhindert war, das Werk zu benutzen.

(4) Die Wirksamkeit der vom Urheber abgegebenen Erklärung, das Vertragsverhältnis aufzulösen, kann nicht bestritten werden, wenn der Werknutzungsberechtigte diese Erklärung nicht binnen 14 Tagen nach ihrem Empfang zurückweist.

§ **30.** (1) Bei den im § 28, Absatz 2, Z. 1 und 2, bezeichneten Werknutzungsrechten gelten die Vorschriften des § 29 nur, wenn der Werknutzungsberechtigte zur Ausübung seines Rechtes verpflichtet ist.

(2) Durch die Vorschriften des § 29 werden die dem Urheber nach Vertrag oder Gesetz zustehenden Rechte nicht berührt, den Vertrag aus anderen Gründen aufzuheben, vom Vertrag zurückzutreten oder dessen Erfüllung zu begehren sowie Schadenersatz wegen Nichterfüllung zu verlangen.

Werknutzungsrechte an künftigen Werken

§ **31.** (1) Auch über erst zu schaffende Werke kann im voraus gültig verfügt werden.

(2) Hat sich der Urheber verpflichtet, einem anderen Werknutzungsrechte an allen nicht näher oder nur der Gattung nach bestimmten Werken einzuräumen, die er zeit seines Lebens oder binnen einer fünf Jahre übersteigenden Frist schaffen wird, so kann jeder Teil den Vertrag kündigen, sobald seit dessen Abschluß fünf Jahre abgelaufen sind. Auf das Kündigungsrecht kann im voraus nicht verzichtet werden. Die Kündigungsfrist beträgt drei Monate, wenn keine kürzere Frist vereinbart ist. Durch die Kündigung wird das Vertragsverhältnis nur hinsichtlich der Werke beendet, die zur Zeit des Ablaufs der Kündigungsfrist noch nicht vollendet sind.

(3) Durch die Vorschrift des Absatzes 2 werden andere Rechte, den Vertrag aufzuheben, nicht berührt.

Konkurs und Ausgleich

§ **32.** (1) Hat der Urheber einem anderen das ausschließliche Recht eingeräumt, ein Werk zu vervielfältigen und zu verbreiten, und wird gegen den Werknutzungsberechtigten das Ausgleichsverfahren oder über sein Vermögen der Konkurs eröffnet, so wird die Anwendung der Vorschriften der Ausgleichsordnung und der Konkursordnung über noch nicht erfüllte zweiseitige Verträge dadurch nicht ausgeschlossen, daß der Urheber dem Werknutzungsberechtigten das zu vervielfältigende Werkstück schon vor der Eröffnung des Ausgleichsverfahrens oder des Konkurses übergeben hat.

(2) Ist zur Zeit der Eröffnung des Ausgleichsverfahrens oder des Konkurses mit der Vervielfältigung des Werkes noch nicht begonnen worden, so kann der Urheber vom Vertrag zurücktreten. Auf Antrag des Schuldners oder Masseverwalters hat das Ausgleichs- oder Konkursgericht eine Frist zu bestimmen, nach deren Ablauf der Urheber den Rücktritt nicht mehr erklären kann.

(BGBl 1982/370)

V. Abschnitt

Vorbehalte zugunsten des Urhebers

Auslegungsregeln

§ **33.** (1) Wenn nicht das Gegenteil vereinbart worden ist, erstreckt sich die Gewährung des Rechtes, ein Werk zu benutzen, nicht auf Übersetzungen und andere Bearbeitungen, die Gewährung des Rechtes, ein Werk der Literatur oder Tonkunst zu vervielfältigen, nicht auf die Vervielfältigung des Werkes auf Bild- oder Schallträgern und die Gewährung des Rechtes, ein Werk zu senden (§ 17), nicht auf das Recht, das Werk während der Sendung oder zum Zwecke der Sendung auf Bild- oder Schallträgern festzuhalten. *(BGBl 1953/106)*

(2) In der Übertragung des Eigentums an einem Werkstück ist im Zweifel die Einräumung eines Werknutzungsrechtes oder die Erteilung einer Werknutzungsbewilligung nicht enthalten.

Gesamtausgaben

§ **34.** Der Urheber, der einem anderen das ausschließliche Recht eingeräumt hat, ein Werk der Literatur oder Tonkunst zu vervielfältigen und zu verbreiten, behält gleichwohl das Recht, das Werk in einer Gesamtausgabe zu vervielfältigen und zu verbreiten, sobald seit dem Ablauf des Kalenderjahrs, in dem das Werk erschienen ist, zwanzig Jahre verstrichen sind. Dieses Recht kann durch Vertrag weder beschränkt noch aufgehoben werden.

Vorbehalt bei Werken der bildenden Künste

§ **35.** Der Urheber, der einem anderen das ausschließliche Recht eingeräumt hat, ein Werk der bildenden Künste zu vervielfältigen und zu verbreiten, behält gleichwohl das Recht, es in Aufsätzen über die künstlerische Tätigkeit des Schöpfers des Werkes oder als Probe seines Schaffens zu vervielfältigen und zu verbreiten.

Beiträge zu Sammlungen

§ **36.** (1) Wird ein Werk als Beitrag zu einer periodisch erscheinenden Sammlung (Zeitung, Zeitschrift, Jahrbuch, Almanach u. dgl.) angenommen, so bleibt der Urheber berechtigt, das Werk anderweit zu vervielfältigen und zu verbreiten, wenn nichts anderes vereinbart und wenn auch nicht aus den Umständen zu entnehmen ist, daß der Herausgeber oder Verleger der Sammlung das Recht, das Werk darin zu vervielfältigen und zu verbreiten, als ausschließliches Recht in dem Sinn erwerben soll, daß das Werk sonst nicht vervielfältigt oder verbreitet werden darf.

(2) Ein solches ausschließliches Recht erlischt bei Beiträgen zu einer Zeitung sogleich nach dem Erscheinen des Beitrages in der Zeitung. Bei Beiträgen zu anderen periodisch erscheinenden Sammlungen sowie bei Beiträgen, die zu einer nicht periodisch erscheinenden Sammlung angenommen werden und für deren Überlassung dem Urheber kein Anspruch auf ein Entgelt zusteht, erlischt ein solches ausschließliches Recht, wenn seit dem Ablauf des Kalenderjahrs, in dem der Beitrag in der Sammlung erschienen ist, ein Jahr verstrichen ist.

§ **37.** Nimmt der Herausgeber oder Verleger einer periodisch erscheinenden Sammlung ein Werk als Beitrag an und wird über die Zeit nichts vereinbart, wann der Beitrag in der Sammlung zu vervielfältigen und zu verbreiten ist, so ist der Herausgeber oder Verleger im Zweifel dazu nicht verpflichtet. Der Urheber kann aber in diesem Falle das Recht des Herausgebers oder Verlegers für erloschen erklären, wenn der Beitrag nicht binnen einem Jahre nach der Ablieferung in der Sammlung erscheint; der Anspruch des Urhebers auf das Entgelt bleibt unberührt. § 29, Absatz 4, gilt entsprechend.

VI. Abschnitt

Sondervorschriften für gewerbsmäßig hergestellte Filmwerke

Filmhersteller

§ **38.** (1) Die Verwertungsrechte an gewerbsmäßig hergestellten Filmwerken stehen mit der im § 39, Absatz 4, enthaltenen Beschränkung dem Inhaber des Unternehmens (Filmhersteller) zu. Durch diese Vorschrift werden Urheberrechte, die an den bei der Schaffung des Filmwerkes benutzten Werken bestehen, nicht berührt. „Die gesetzlichen Vergütungsansprüche des Urhebers stehen dem Filmhersteller und dem Urheber je zur Hälfte zu, soweit sie nicht unverzichtbar sind und der Filmhersteller mit dem Urheber nichts anderes vereinbart hat." *(BGBl 1996/151, ab 1. 4. 1996, s Art VI UrhGNov 1996)*

(2) Änderungen des Filmwerkes, seines Titels und der Bezeichnung des Filmherstellers dürfen, unbeschadet der Vorschrift des § 39, Absatz 3, ohne Einwilligung des Filmherstellers nur vorgenommen werden, soweit sie nach der auf den Filmhersteller entsprechend anzuwendenden Vorschrift des § 21, Absatz 1, zulässig sind.

(3) Bis zum Beweis des Gegenteils gilt als Filmhersteller, wer als solcher auf den Vervielfältigungsstücken eines Filmwerkes in der üblichen Weise durch Angabe seines wahren Namens, seiner Firma oder eines von ihm bekanntermaßen gebrauchten Decknamens oder Unternehmenskennzeichens bezeichnet wird. Dasselbe gilt von dem, der bei einer öffentlichen Aufführung oder bei einer Rundfunksendung des Filmwerkes auf die angegebene Art als Filmhersteller bezeichnet wird, sofern nicht die im vorigen Satz aufgestellte Vermutung dafür spricht, daß Filmhersteller ein anderer ist. *(BGBl 1982/295)*

Urheber

§ **39.** (1) Wer an der Schaffung eines gewerbsmäßig hergestellten Filmwerkes derart mitgewirkt hat, daß der Gesamtgestaltung des Werkes die Eigenschaft einer eigentümlichen geistigen Schöpfung zukommt, kann vom Hersteller verlangen, auf dem Film und in Ankündigungen des Filmwerkes als dessen Urheber genannt zu werden.

(2) Die Urheberbezeichnung (Absatz 1) ist in den Ankündigungen von öffentlichen Aufführungen und von Rundfunksendungen des Filmwerkes anzuführen.

(3) Zu einer nach § 21 nur mit Einwilligung des Urhebers zulässigen Änderung des Filmwerkes, seines Titels und der Urheberbezeichnung bedarf es, unbeschadet der Vorschrift des § 38, Absatz 2, der Einwilligung der in der Urheberbezeichnung genannten Urheber.

(4) Zur Verwertung von Bearbeitungen und Übersetzungen des Filmwerkes bedarf es außer der Einwilligung des Filmherstellers auch der Einwilligung der in der Urheberbezeichnung genannten Urheber. „Soweit diese Urheber mit dem Filmhersteller nichts anderes vereinbart haben, bedarf es dieser Einwilligung nicht für Übersetzungen und Bearbeitungen einschließlich der Fertigstellung des unvollendet gebliebenen Filmwerks, die nach den im redlichen Verkehr geltenden Gewohnheiten und Gebräuchen zur normalen Verwertung des Filmwerks erforderlich sind und die geistigen Interessen der Urheber am Werk nicht beeinträchtigen." *(BGBl 1996/151, ab 1. 4. 1996, s Art VI UrhG-Nov 1996)*

(5) *(aufgehoben, BGBl 1996/151, ab 1. 4. 1996, s Art VI UrhGNov 1996)*

Verwertungsrechte und Werknutzungsrechte

§ 40. (1) Die dem Filmhersteller zustehenden Verwertungsrechte sind vererblich und veräußerlich und können ohne Einschränkung in Exekution gezogen werden. Werden sie auf einen anderen übertragen, so kann dem Erwerber auch das Recht eingeräumt werden, sich als Hersteller des Filmwerkes zu bezeichnen. In diesem Falle gilt der Erwerber fortan als Filmhersteller und genießt auch den diesem nach § 38, Absatz 2, zukommenden Schutz.

(2) Werknutzungsrechte an gewerbsmäßig hergestellten Filmwerken können, wenn mit dem Hersteller nichts anderes vereinbart worden ist, ohne dessen Einwilligung auf einen anderen übertragen werden.

(3) Die Vorschriften des § 29 gelten für Werknutzungsrechte an gewerbsmäßig hergestellten Filmwerken nicht.

VIa. Abschnitt
Sondervorschriften für Computerprogramme
Computerprogramme

§ 40a. (1) Computerprogramme sind Werke im Sinn dieses Gesetzes, wenn sie das Ergebnis der eigenen geistigen Schöpfung ihres Urhebers sind.

(2) In diesem Gesetz umfaßt der Ausdruck „Computerprogramm" alle Ausdrucksformen einschließlich der Maschinencodes sowie das Material zur Entwicklung des Computerprogramms.

(BGBl 1993/93, ab 1. 3. 1993)

Dienstnehmer

§ 40b. Wird ein Computerprogramm von einem Dienstnehmer in Erfüllung seiner dienstlichen Obliegenheiten geschaffen, so steht dem Dienstgeber hieran ein unbeschränktes Werknutzungsrecht zu, wenn er mit dem Urheber nichts anderes vereinbart hat. In solchen Fällen ist der Dienstgeber auch zur Ausübung der in § 20 und § 21 Abs. 1 bezeichneten Rechte berechtigt; das Recht des Urhebers, nach § 19 die Urheberschaft für sich in Anspruch zu nehmen, bleibt unberührt.

(BGBl 1993/93, ab 1. 3. 1993, gilt nicht für Computerprogramme, die davor geschaffen wurden)

Werknutzungsrechte

§ 40c. Werknutzungsrechte an Computerprogrammen können, wenn mit dem Urheber nichts anderes vereinbart worden ist, ohne dessen Einwilligung auf einen anderen übertragen werden. Die Vorschriften des § 29 gelten für Werknutzungsrechte an Computerprogrammen nicht.

(BGBl 1993/93, ab 1. 3. 1993, s Anm zu § 40 b)

Freie Werknutzungen

§ 40d. (1) § 42 gilt für Computerprogramme nicht.

(2) Computerprogramme dürfen vervielfältigt und bearbeitet werden, soweit dies für ihre bestimmungsgemäße Benutzung durch den zur Benutzung Berechtigten notwendig ist; hiezu gehört auch die Anpassung an dessen Bedürfnisse.

(3) Die zur Benutzung eines Computerprogramms berechtigte Person darf

1. Vervielfältigungsstücke für Sicherungszwecke (Sicherungskopien) herstellen, soweit dies für die Benutzung des Computerprogramms notwendig ist;

2. das Funktionieren des Programms beobachten, untersuchen oder testen, um die einem Programmelement zugrunde liegenden Ideen und Grundsätze zu ermitteln, wenn sie dies durch Handlungen zum Laden, Anzeigen, Ablaufen, Übertragen oder Speichern des Programms tut, zu denen sie berechtigt ist.

(4) Auf die Rechte nach Abs. 2 und 3 kann wirksam nicht verzichtet werden; dies schließt Vereinbarungen über den Umfang der bestimmungsgemäßen Benutzung im Sinn des Abs. 2 nicht aus.

(BGBl 1993/93, ab 1. 3. 1993)

Dekompilierung

§ 40e. (1) Der Code eines Computerprogramms darf vervielfältigt und seine Codeform übersetzt werden, sofern folgende Bedingungen erfüllt sind:

1. Die Handlungen sind unerläßlich, um die erforderlichen Informationen zur Herstellung der Interoperabilität eines unabhängig geschaffenen Computerprogramms mit anderen Programmen zu erhalten;

2. die Handlungen werden von einer zur Verwendung des Vervielfältigungsstücks eines Computerprogramms berechtigten Person oder in deren Namen von einer hiezu ermächtigten Person vorgenommen;

3. die für die Herstellung der Interoperabilität notwendigen Informationen sind für die unter Z 1 genannten Personen noch nicht ohne weiteres zugänglich gemacht; und

4. die Handlungen beschränken sich auf die Teile des Programms, die zur Herstellung der Interoperabilität notwendig sind.

(2) Die nach Abs. 1 gewonnenen Informationen dürfen nicht

1. zu anderen Zwecken als zur Herstellung der Interoperabilität des unabhängig geschaffenen Programms verwendet werden;

2. an Dritte weitergegeben werden, es sei denn, daß dies für die Interoperabilität des unabhängig geschaffenen Programms notwendig ist;

3. für die Entwicklung, Vervielfältigung oder Verbreitung eines Programms mit im wesentlichen ähnlicher Ausdrucksform oder für andere, das Urheberrecht verletzende Handlungen verwendet werden.

(3) Auf das Recht der Dekompilierung (Abs. 1) kann wirksam nicht verzichtet werden.

(BGBl 1993/93, ab 1. 3. 1993)

VIb. Abschnitt
Sondervorschriften für Datenbankwerke
Datenbanken und Datenbankwerke

§ 40f. (1) Datenbanken im Sinn dieses Gesetzes sind Sammlungen von Werken, Daten oder anderen unabhängigen Elementen, die systematisch oder methodisch angeordnet und einzeln mit elektronischen Mitteln oder auf andere Weise zugänglich sind. Ein Computerprogramm, das für die Herstellung oder den Betrieb einer elektronisch zugänglichen Datenbank verwendet wird, ist nicht Bestandteil der Datenbank.

(2) Datenbanken werden als Sammelwerke (§ 6) urheberrechtlich geschützt, wenn sie infolge der Auswahl oder Anordnung des Stoffes eine eigentümliche geistige Schöpfung sind (Datenbankwerke).

(3) Die §§ 40b und 40c gelten für Datenbankwerke entsprechend.

(BGBl I 1998/25, ab 1. 1. 1998, gilt auch für Datenbankwerke, die davor geschaffen worden sind)

Wiedergaberecht

§ 40g. Der Urheber hat das ausschließliche Recht, ein Datenbankwerk öffentlich wiederzugeben.

(BGBl I 1998/25, ab 1. 1. 1998, s Anm zu § 40f)

Freie Werknutzungen

§ 40h. (1) § 42 Abs. 1 gilt für Datenbankwerke, deren Elemente einzeln mit Hilfe elektronischer Mittel zugänglich sind, mit der Maßgabe, daß der eigene Gebrauch durch Zwecke der wissenschaftlichen Forschung gerechtfertigt ist und ohne Erwerbszweck geschieht und daß die Quelle angegeben wird.

(2) § 42 Abs. 3 gilt für Datenbankwerke mit der Maßgabe, daß die Vervielfältigung ohne Erwerbszweck geschieht und daß die Quelle angegeben wird.

(3) Die zur Benutzung eines Datenbankwerks oder eines Teiles desselben berechtigte Person darf die dem Urheber sonst vorbehaltenen Verwertungshandlungen vornehmen, wenn sie für den Zugang zum Inhalt des Datenbankwerks oder des Teiles desselben oder für deren bestimmungsgemäße Benutzung notwendig sind. Auf dieses Recht kann wirksam nicht verzichtet werden; dies schließt Vereinbarungen über den Umfang der bestimmungsgemäßen Benutzung nicht aus.

(BGBl I 1998/25, ab 1. 1. 1998, s Anm zu § 40f; Abs 2 ist nicht auf Verträge anzuwenden, die vor dem 1. 1. 1998 geschlossen worden sind)

VII. Abschnitt
Beschränkungen der Verwertungsrechte
1. Freie Werknutzungen
Freie Werknutzungen im Interesse der Rechtspflege und der Verwaltung

§ 41. Der Benutzung eines Werkes zu Beweiszwecken im Verfahren vor den Gerichten oder vor anderen Behörden sowie für Zwecke der Strafrechtspflege und der öffentlichen Sicherheit steht das Urheberrecht nicht entgegen.

Vervielfältigung zum eigenen Gebrauch

§ 42. (1) Jedermann darf von einem Werk einzelne Vervielfältigungsstücke zum eigenen Gebrauch herstellen.

(2) Eine Vervielfältigung zum eigenen Gebrauch liegt vorbehaltlich der Abs. 3 und 4 nicht vor, wenn sie zu dem Zweck vorgenommen wird, das Werk mit Hilfe des Vervielfälti-

gungsstückes der Öffentlichkeit zugänglich zu machen. Zum eigenen Gebrauch hergestellte Vervielfältigungsstücke dürfen nicht dazu verwendet werden, das Werk damit der Öffentlichkeit zugänglich zu machen.

(3) Schulen und Hochschulen dürfen für Zwecke des Unterrichts beziehungsweise der Lehre in dem dadurch gerechtfertigten Umfang Vervielfältigungsstücke in der für eine bestimmte Schulklasse beziehungsweise Lehrveranstaltung erforderlichen Anzahl herstellen (Vervielfältigung zum eigenen Schulgebrauch) und verbreiten. Die Befugnis zur Vervielfältigung zum eigenen Schulgebrauch gilt nicht für Werke, die ihrer Beschaffenheit und Bezeichnung nach zum Schul- oder Unterrichtsgebrauch bestimmt sind.

(4) Der Öffentlichkeit zugängliche Einrichtungen, die Werkstücke sammeln, dürfen, sofern dies nicht zu Erwerbszwecken geschieht, (Vervielfältigung zum eigenen Gebrauch von Sammlungen)

1. von eigenen Werkstücken jeweils ein Vervielfältigungsstück herstellen; ein solches Vervielfältigungsstück darf statt des vervielfältigten Werkstücks unter denselben Voraussetzungen wie dieses ausgestellt (§ 16 Abs. 2), verliehen (§ 16a) und nach § 56b benützt werden;

2. von veröffentlichten, aber nicht erschienenen oder vergriffenen Werken einzelne Vervielfältigungsstücke herstellen; solange das Werk nicht erschienen beziehungsweise vergriffen ist, dürfen solche Vervielfältigungsstücke ausgestellt (§ 16 Abs. 2), nach § 16a verliehen und nach § 56b benützt werden.

(5) Die folgenden Vervielfältigungen sind jedoch stets nur mit Einwilligung des Berechtigten zulässig:

1. die Vervielfältigung ganzer Bücher oder Zeitschriften, soweit sie nicht durch Abschreiben vorgenommen wird, ein nicht erschienenes oder vergriffenes Werk betrifft oder unter den Voraussetzungen des Abs. 4 Z 1; dies gilt auch dann, wenn als Vervielfältigungsvorlage nicht das Buch oder die Zeitschrift selbst, sondern eine gleichviel in welchem Verfahren hergestellte Vervielfältigung des Buches oder der Zeitschrift verwendet wird;

2. die Ausführung eines Werkes der Baukunst nach einem Plan oder Entwurf oder der Nachbau eines solchen Werkes.

(BGBl 1996/151, ab 1. 4. 1996)

§ **42a.** Auf Bestellung dürfen unentgeltlich einzelne Vervielfältigungsstücke auch zum eigenen Gebrauch eines anderen hergestellt werden. Eine solche Vervielfältigung ist jedoch auch entgeltlich zulässig,

1. wenn die Vervielfältigung mit Hilfe reprographischer oder ähnlicher Verfahren vorgenommen wird;

2. wenn ein Werk der Literatur oder Tonkunst durch Abschreiben vervielfältigt wird.

(BGBl 1996/151, ab 1. 4. 1996)

§ **42b.** (1) Ist von einem Werk, das durch Rundfunk gesendet oder auf einem zu Handelszwecken hergestellten Bild- oder Schallträger festgehalten worden ist, seiner Art nach zu erwarten, daß es durch Festhalten auf einem Bild- oder Schallträger zum eigenen Gebrauch vervielfältigt wird, so hat der Urheber Anspruch auf eine angemessene Vergütung (Leerkassettenvergütung), wenn Trägermaterial im Inland gewerbsmäßig entgeltlich in den Verkehr kommt; als Trägermaterial gelten unbespielte Bild- oder Schallträger, die für solche Vervielfältigungen geeignet sind, oder andere Bild- oder Schallträger die hiefür bestimmt sind.

(2) Ist von einem Werk seiner Art nach zu erwarten, daß es mit Hilfe reprographischer oder ähnlicher Verfahren zum eigenen Gebrauch vervielfältigt wird, so hat der Urheber Anspruch auf eine angemessene Vergütung (Reprographievergütung),

1. wenn ein Gerät, das seiner Art nach zur Vornahme solcher Vervielfältigungen bestimmt ist (Vervielfältigungsgerät), im Inland gewerbsmäßig entgeltlich in den Verkehr kommt (Gerätevergütung) und

2. wenn ein Vervielfältigungsgerät in Schulen, Hochschulen, Einrichtungen der Berufsbildung oder der sonstigen Aus- und Weiterbildung, Forschungseinrichtungen, öffentlichen Bibliotheken oder in Einrichtungen betrieben wird, die Vervielfältigungsgeräte entgeltlich bereithalten (Betreibervergütung).

(3) Folgende Personen haben die Vergütung zu leisten:

1. die Leerkassetten- beziehungsweise Gerätevergütung derjenige, der das Trägermaterial beziehungsweise das Vervielfältigungsgerät im Inland als erster gewerbsmäßig entgeltlich in den Verkehr bringt; wer das Trägermaterial beziehungsweise das Vervielfältigungsgerät im Inland gewerbsmäßig entgeltlich, jedoch nicht als erster in den Verkehr bringt oder feilhält, haftet wie ein Bürge und Zahler; von der Haftung für die Leerkassettenvergütung ist jedoch ausgenommen, wer im Halbjahr Schallträger mit nicht mehr als 5.000 Stunden Spieldauer und Bildträger mit nicht mehr als 10.000 Stunden Spieldauer bezieht;

2. die Betreibervergütung der Betreiber des Vervielfältigungsgeräts.

(4) Bei der Bemessung der Vergütung ist insbesondere auf die folgenden Umstände Bedacht zu nehmen:

1. bei der Leerkassettenvergütung auf die Spieldauer;

2. bei der Gerätevergütung auf die Leistungsfähigkeit des Geräts;

3. bei der Betreibervergütung auf die Art und den Umfang der Nutzung des Vervielfälti-

gungsgeräts, die nach den Umständen, insbesondere nach der Art des Betriebs, dem Standort des Geräts und der üblichen Verwendung wahrscheinlich ist.

(5) Vergütungsansprüche nach den Abs. 1 und 2 können nur von Verwertungsgesellschaften geltend gemacht werden.

(6) Die Verwertungsgesellschaft hat die angemessene Vergütung zurückzuzahlen

1. an denjenigen, der Trägermaterial oder ein Vervielfältigungsgerät vor der Veräußerung an den Letztverbraucher in das Ausland ausführt;

2. an denjenigen, der Trägermaterial für eine Vervielfältigung zum nichteigenen Gebrauch benutzt, es sei denn, daß der nichteigene Gebrauch eine freie Werknutzung ist; Glaubhaftmachung genügt.

(BGBl 1996/151, ab 1. 4. 1996)

Berichterstattung über Tagesereignisse

§ **42c.** Zur Berichterstattung über Tagesereignisse dürfen Werke, die bei Vorgängen, über die berichtet wird, öffentlich wahrnehmbar werden, in einem durch den Informationszweck gerechtfertigten Umfang vervielfältigt, verbreitet, durch Rundfunk gesendet und zu öffentlichen Vorträgen, Aufführungen und Vorführungen benutzt werden.

(BGBl 1982/295)

Freie Werknutzungen an Werken der Literatur

§ **43.** (1) Reden, die in einer zur Besorgung öffentlicher Angelegenheiten zuständigen Versammlung oder im Verfahren vor den Gerichten oder anderen Behörden gehalten werden, sowie öffentlich gehaltene politische Reden dürfen zum Zweck der Berichterstattung vervielfältigt, verbreitet, öffentlich vorgetragen und durch Rundfunk gesendet werden.

(2) Ist eine Rede dieser Art auf einem Schallträger festgehalten worden, so darf dieser nur mit Einwilligung des Urhebers verbreitet werden.

(3) Die Vervielfältigung und Verbreitung der im Absatz 1 bezeichneten Reden in Sammlungen solcher Werke ist dem Urheber vorbehalten.

§ **44.** (1) Einzelne in einer Zeitung oder Zeitschrift enthaltene Aufsätze über wirtschaftliche, politische oder religiöse Tagesfragen dürfen in anderen Zeitungen und Zeitschriften vervielfältigt und verbreitet werden. Dies gilt jedoch nicht, wenn die Vervielfältigung ausdrücklich verboten wird. Zu einem solchen Verbot genügt der Vorbehalt der Rechte bei dem Aufsatz oder am Kopfe der Zeitung oder Zeitschrift.

(2) In einer Zeitung oder Zeitschrift enthaltene Aufsätze, deren Vervielfältigung nach Absatz 1 zulässig ist, dürfen auch öffentlich vorgetragen und durch Rundfunk gesendet werden.

(3) Einfache Mitteilungen, darstellende Presseberichte (vermischte Nachrichten, Tagesneuigkeiten) genießen keinen urheberrechtlichen Schutz. Für solche Presseberichte gilt § 79.

§ **45.** (1) Einzelne Sprachwerke oder Werke der im § 2 Z 3 bezeichneten Art dürfen nach ihrem Erscheinen in einem durch den Zweck gerechtfertigten Umfang vervielfältigt und verbreitet werden:

1. in einer Sammlung, die Werke mehrerer Urheber enthält und ihrer Beschaffenheit und Bezeichnung nach zum Kirchen-, Schul- oder Unterrichtsgebrauch bestimmt ist; ein Werk der im § 2 Z 3 bezeichneten Art darf bloß zur Erläuterung des Inhalts aufgenommen werden;

2. in einem Werk, das seiner Beschaffenheit und Bezeichnung nach zum Schulgebrauch bestimmt ist, bloß zur Erläuterung des Inhalts.

(BGBl 1996/151, ab 1. 4. 1996)

(2) Auch dürfen erschienene Sprachwerke in einem durch den Zweck gerechtfertigten Umfang zu Rundfunksendungen verwendet werden, deren Benutzung zum Schulgebrauch von der Unterrichtsbehörde für zulässig erklärt worden ist und die als Schulfunk bezeichnet werden.

(3) Für die Vervielfältigung und Verbreitung nach Abs. 1 und für die Rundfunksendung nach Abs. 2 steht dem Urheber ein Anspruch auf angemessene Vergütung zu. Solche Ansprüche können nur von Verwertungsgesellschaften geltend gemacht werden. *(BGBl 1993/93, ab 1. 3. 1993, gilt nicht für Werkstücke, die davor erstmals verbreitet wurden)*

§ **46.** Zulässig sind die Vervielfältigung und die Verbreitung sowie der öffentliche Vortrag und die Rundfunksendung:

1. wenn einzelne Stellen eines veröffentlichten Sprachwerkes angeführt werden;

2. wenn einzelne Sprachwerke oder Werke der im § 2, Z. 3, bezeichneten Art nach ihrem Erscheinen in einem durch den Zweck gerechtfertigten Umfang in ein die Hauptsache bildendes wissenschaftliches Werk aufgenommen werden; ein Werk der im § 2, Z. 3, bezeichneten Art darf nur zur Erläuterung des Inhaltes aufgenommen werden.

§ **47.** (1) Kleine Teile eines Sprachwerkes oder Sprachwerke von geringem Umfang dürfen nach ihrem Erscheinen als Text eines zum Zweck ihrer Vertonung geschaffenen Werkes der Tonkunst in Verbindung mit diesem vervielfältigt, verbreitet, öffentlich vorgetragen und durch Rundfunk gesendet werden.

(2) Doch gebührt dem Urheber des vertonten Sprachwerkes ein angemessener Anteil an dem Entgelt, das der zur öffentlichen Aufführung oder Rundfunksendung des Werkes der Tonkunst ausschließlich Berechtigte für die Bewil-

ligung von öffentlichen Aufführungen oder von Rundfunksendungen dieses Werkes in Verbindung mit dem vertonten Sprachwerk erhält.

(3) Absatz 1 gilt nicht für die Vervielfältigung und Verbreitung von Sprachwerken auf Schallträgern.

(4) Absatz 1 gilt ferner weder für Sprachwerke, die ihrer Gattung nach zur Vertonung bestimmt sind, wie die Texte zu Oratorien, Opern, Operetten und Singspielen, noch für Sprachwerke, die als Text eines Werkes der Tonkunst mit einem die Anwendung des Absatzes 1 ausschließenden Vorbehalt erschienen sind.

§ **48.** Kleine Teile eines Sprachwerkes und Sprachwerke von geringem Umfang, die vertont worden sind, dürfen nach ihrem Erscheinen auch abgesondert von dem Werke der Tonkunst vervielfältigt und verbreitet werden:

1. zum Gebrauch der Zuhörer, die einer unmittelbaren persönlichen Wiedergabe der verbundenen Werke am Aufführungsorte beiwohnen, mit Andeutung dieser Bestimmung;

2. in Programmen, worin die Rundfunksendung der verbundenen Werke angekündigt wird;

3. in Aufschriften auf Schallträgern oder in Beilagen dazu; die Schallträger dürfen nicht mit Verletzung eines ausschließlichen Rechtes, die darauf festgehaltenen Werke zu vervielfältigen oder zu verbreiten, hergestellt oder verbreitet, die Beilagen müssen als solche bezeichnet sein.

§ **49.** *(aufgehoben, BGBl 1982/295)*

§ **50.** (1) Zulässig ist der öffentliche Vortrag eines erschienenen Sprachwerkes, wenn die Zuhörer weder ein Eintrittsgeld noch sonst ein Entgelt entrichten und der Vortrag keinerlei Erwerbszwecken dient oder wenn sein Ertrag ausschließlich für wohltätige Zwecke bestimmt ist.

(2) Diese Vorschrift gilt aber nicht, wenn die Mitwirkenden ein Entgelt erhalten; sie gilt ferner nicht, wenn der Vortrag mit Hilfe eines Schallträgers vorgenommen wird, der mit Verletzung eines ausschließlichen Rechtes, das darauf festgehaltene Sprachwerk zu vervielfältigen oder zu verbreiten, hergestellt oder verbreitet worden ist.

Freie Werknutzungen an Werken der Tonkunst

§ **51.** (1) Einzelne Werke der Tonkunst dürfen nach ihrem Erscheinen in Form von Notationen in einem durch den Zweck gerechtfertigten Umfang in einem Werk vervielfältigt und verbreitet werden, das seiner Beschaffenheit und Bezeichnung nach zum Schulgebrauch bestimmt ist,

1. wenn sie in eine für den Gesangsunterricht bestimmte Sammlung aufgenommen werden, die Werke mehrerer Urheber vereinigt,

2. wenn sie bloß zur Erläuterung des Inhalts aufgenommen werden.

(BGBl 1996/151, ab 1. 4. 1996)

(2) Für die Vervielfältigung und Verbreitung nach Abs. 1 steht dem Urheber ein Anspruch auf angemessene Vergütung zu. Solche Ansprüche können nur von Verwertungsgesellschaften geltend gemacht werden. *(BGBl 1993/93, ab 1. 3. 1993, s Anm zu § 45 Abs 3)*

§ **52.** Zulässig ist die Vervielfältigung und die Verbreitung sowie die öffentliche Aufführung und die Rundfunksendung:

1. wenn einzelne Stellen eines erschienenen Werkes der Tonkunst in einem selbständigen neuen Werke der Tonkunst angeführt werden;

2. wenn einzelne Stellen eines veröffentlichten Werkes der Tonkunst in einer literarischen Arbeit angeführt werden;

3. wenn einzelne erschienene Werke der Tonkunst in einem durch den Zweck gerechtfertigten Umfang in ein die Hauptsache bildendes wissenschaftliches Werk aufgenommen werden.

(2) *(aufgehoben, BGBl 1982/295)*

§ **53.** (1) Zulässig ist die öffentliche Aufführung eines erschienenen Werkes der Tonkunst:

1. wenn die Aufführung mit Drehorgeln, Spieldosen oder anderen Schallträgern der im § 15, Absatz 3, bezeichneten Art vorgenommen wird, die nicht auf eine Weise beeinflußt werden können, daß das Werk damit nach Art einer persönlichen Aufführung wiedergegeben werden kann;

2. wenn das Werk bei einer kirchlichen oder bürgerlichen Feierlichkeit oder aus einem militärdienstlichen Anlaß aufgeführt wird und die Zuhörer ohne Entgelt zugelassen werden;

3. wenn die Zuhörer weder ein Eintrittsgeld noch sonst ein Entgelt entrichten und die Aufführung keinerlei Erwerbszwecken dient oder wenn ihr Ertrag ausschließlich für wohltätige Zwecke bestimmt ist;

4. wenn die Aufführung von einer nicht aus Berufsmusikern bestehenden „Musikkapelle oder einem solchen Chor"** veranstaltet wird, deren Bestand nach einem von der zuständigen Landesregierung ausgestellten Zeugnis der Pflege volkstümlichen Brauchtums dient und deren Mitglieder nicht um des Erwerbes willen mitwirken, „und wenn bei dieser Aufführung – zumindest weitaus überwiegend – volkstümliche Brauchtumsmusik oder infolge Ablaufs der Schutzfrist freigewordene Musik oder Bearbeitungen von infolge Ablaufs der Schutzfrist freigewordener Musik gepflegt werden;"* doch darf die Aufführung in Gemeinden mit mehr als 2500 Einwohnern nicht im Betriebe eines Erwerbsunternehmens, in Gemeinden bis zu 2500 Einwohnern nur dann im Betriebe eines Er-

werbsunternehmens stattfinden, wenn andere passende Räume nicht zur Verfügung stehen und der Reingewinn nicht dem Erwerbsunternehmen zufließt. *(BGBl 1949/206, * BGBl 1953/106, ** BGBl 1996/151, ab 1. 4. 1996)*

(2) Die Vorschriften des Abs. 1 Z. 1 bis 3 gelten nicht, wenn die Aufführung mit Hilfe eines Schallträgers vorgenommen wird, der mit Verletzung eines ausschließlichen Rechtes, das darauf festgehaltene Werk zu vervielfältigen oder zu verbreiten, hergestellt oder verbreitet worden ist; die Vorschriften des Abs. 1 Z. 3 gelten ferner nicht, wenn die Mitwirkenden ein Entgelt erhalten. *(BGBl 1953/106)*

(3) Die Vorschriften des Absatzes 1 gelten weder für bühnenmäßige Aufführungen einer Oper oder eines anderen mit einem Werke der Literatur verbundenen Werkes der Tonkunst noch für die Aufführung eines Werkes der Tonkunst in Verbindung mit einem Filmwerk oder einem anderen kinematographischen Erzeugnisse.

Freie Werknutzungen an Werken der bildenden Künste

§ 54. (1) Es ist zulässig:

1. Werke der bildenden Künste nach bleibend zu einer öffentlichen Sammlung gehörenden Werkstücken in den vom Eigentümer der Sammlung für ihre Besucher herausgegebenen Verzeichnissen zu vervielfältigen und zu verbreiten;

2. veröffentlichte Werke der bildenden Künste nach Werkstücken, die versteigert werden sollen oder sonst zum Kauf angeboten werden, in Verzeichnissen der feilgebotenen Werkstücke oder in ähnlichen Werbeschriften zu vervielfältigen und zu verbreiten; doch dürfen solche Werbeschriften vom Herausgeber nur unentgeltlich oder zu einem die Herstellungskosten nicht übersteigenden Preise verbreitet werden;

3. einzelne erschienene Werke der bildenden Künste in einem seiner Beschaffenheit und Bezeichnung nach zum Schul- oder Unterrichtsgebrauch bestimmten Sprachwerk bloß zur Erläuterung des Inhalts oder in einem solchen Schulbuch zum Zweck der Kunsterziehung der Jugend zu vervielfältigen und zu verbreiten; *(BGBl 1996/151, ab 1. 4. 1996)*

3a. einzelne erschienene Werke der bildenden Künste in einem die Hauptsache bildenden wissenschaftlichen Werk zu vervielfältigen und zu verbreiten; *(BGBl 1996/151, ab 1. 4. 1996)*

4. veröffentlichte Werke der bildenden Künste bei einem die Hauptsache bildenden wissenschaftlichen oder belehrenden Vortrag bloß zur Erläuterung des Inhaltes durch optische Einrichtungen öffentlich vorzuführen und die dazu notwendigen Vervielfältigungsstücke herzustellen;

5. Werke der Baukunst nach einem ausgeführten Bau oder andere Werke der bildenden Künste nach Werkstücken, die sich an einem dem öffentlichen Verkehr dienenden Orte bleibend befinden, zu vervielfältigen, zu verbreiten, durch optische Einrichtungen öffentlich vorzuführen und durch Rundfunk zu senden; ausgenommen sind das Nachbauen von Werken der Baukunst, die Vervielfältigung eines Werkes der Malkunst oder der graphischen Künste zur bleibenden Anbringung an einem Orte der genannten Art sowie die Vervielfältigung von Werken der Plastik durch die Plastik.

(2) Für die Vervielfältigung und Verbreitung nach Abs. 1 Z 3 steht dem Urheber ein Anspruch auf angemessene Vergütung zu. Diese Ansprüche können nur von Verwertungsgesellschaften geltend gemacht werden. *(BGBl 1993/93, ab 1. 3. 1993, s Anm zu § 45 Abs 3)*

§ 55. (1) Von einem auf Bestellung geschaffenen Bildnis einer Person dürfen, wenn nichts anderes vereinbart ist, der Besteller und seine Erben sowie der Abgebildete und nach seinem Tode die mit ihm in gerader Linie Verwandten und sein überlebender Ehegatte einzelne Lichtbilder herstellen oder durch einen anderen, auch gegen Entgelt, herstellen lassen.

(2) Abs. 1 gilt jedoch für Bildnisse, die in einem Druckverfahren, in einem photographischen oder in einem der Photographie ähnlichen Verfahren hergestellt sind, nur, wenn sich die im Abs. 1 angeführten Personen weitere in diesen Verfahren hergestellte Werkstücke von dem Berechtigten überhaupt nicht oder nur mit unverhältnismäßig großen Schwierigkeiten beschaffen können. *(BGBl 1953/106)*

(3) Vervielfältigungsstücke, deren Herstellung nach den Absätzen 1 und 2 zulässig ist, dürfen unentgeltlich verbreitet werden.

Benutzung von Bild- oder Schallträgern und Rundfunksendungen in bestimmten Geschäftsbetrieben

§ 56. (1) In Geschäftsbetrieben, die die Herstellung, den Vertrieb oder die Instandsetzung von Bild- oder Schallträgern oder von Vorrichtungen zu ihrer Herstellung oder zu ihrem Gebrauch zum Gegenstand haben, dürfen Vorträge, Aufführungen und Vorführungen von Werken auf Bild- oder Schallträgern festgehalten und Bild- oder Schallträger zu öffentlichen Vorträgen, Aufführungen und Vorführungen der darauf festgehaltenen Werke benutzt werden, soweit es notwendig ist, um die Kunden mit den Bild- oder Schallträgern oder mit Vorrichtungen zu ihrer Herstellung oder zu ihrem Gebrauch bekanntzumachen oder die Brauchbarkeit zu prüfen.

(2) Dasselbe gilt für die Benutzung von Rundfunksendungen zur öffentlichen Wiedergabe eines Werkes durch Lautsprecher oder eine andere technische Einrichtung in Geschäftsbetrieben, die die Herstellung, den Vertrieb oder die Instandsetzung von Rundfunk-

geräten zum Gegenstand haben. *(BGBl 1972/492)*

(3) Absatz 1 gilt nicht, wenn ein Bild- oder Schallträger benutzt wird, der mit Verletzung eines ausschließlichen Rechtes, das darauf festgehaltene Werk zu vervielfältigen oder zu verbreiten, hergestellt oder verbreitet worden ist. *(BGBl 1972/492)*

Überlassung von Bild- oder Schallträgern an Bundesanstalten für audiovisuelle Medien

§ 56a. (1) Bild- oder Schallträger, auf denen ein veröffentlichtes Werk festgehalten ist, dürfen durch Überlassung an Bundesanstalten für audiovisuelle Medien (§ 30a Forschungsorganisationsgesetz, BGBl. Nr. 341/1981) verbreitet werden. Zum Zweck der Überlassung darf auch eine Vervielfältigung des Bild- oder Schallträgers hergestellt werden.

(2) Abs. 1 gilt nicht für Bild- oder Schallträger, die mit Verletzung eines ausschließlichen Rechtes, das darauf festgehaltene Werk zu vervielfältigen oder zu verbreiten, hergestellt oder verbreitet worden sind.

(BGBl 1996/151, ab 1. 4. 1996)

Benutzung von Bild- oder Schallträgern in Bibliotheken

§ 56b. (1) Der Öffentlichkeit zugängliche Einrichtungen (Bibliothek, Bild- oder Schallträgersammlung und dergleichen) dürfen Bild- oder Schallträger zu öffentlichen Vorträgen, Aufführungen und Vorführungen der darauf festgehaltenen Werke für jeweils nicht mehr als zwei Besucher der Einrichtung benützen, sofern dies nicht zu Erwerbszwecken geschieht. Hiefür steht dem Urheber ein Anspruch auf angemessene Vergütung zu. Solche Ansprüche können nur von Verwertungsgesellschaften geltend gemacht werden.

(2) Abs. 1 gilt nicht, wenn ein Bild- oder Schallträger benutzt wird, der mit Verletzung eines ausschließlichen Rechtes, das darauf festgehaltene Werk zu vervielfältigen oder zu verbreiten, hergestellt oder verbreitet worden ist.

(BGBl 1996/151, ab 1. 4. 1996)

Öffentliche Wiedergabe im Unterricht

§ 56c. (1) Schulen und Hochschulen dürfen für Zwecke des Unterrichts beziehungsweise der Lehre in dem dadurch gerechtfertigten Umfang Werke der Filmkunst und die damit verbundenen Werke der Tonkunst öffentlich aufführen; das Recht zur Aufführung von Spielfilmen steht jedoch nur Hochschulen zu.

(2) Für die öffentliche Aufführung nach Abs. 1 steht dem Urheber ein Anspruch auf angemessene Vergütung zu. Solche Ansprüche können nur von Verwertungsgesellschaften geltend gemacht werden.

(3) Die Abs. 1 und 2 gelten nicht

1. für Filmwerke, die ihrer Beschaffenheit und Bezeichnung nach zum Schul- oder Unterrichtsgebrauch bestimmt sind;

2. wenn ein Bild- oder Schallträger benutzt wird, der mit Verletzung eines ausschließlichen Rechtes, das darauf festgehaltene Werk zu vervielfältigen oder zu verbreiten, hergestellt oder verbreitet worden ist.

(BGBl 1996/151, ab 1. 4. 1996)

Öffentliche Wiedergabe in Beherbergungsbetrieben

§ 56d. (1) Beherbergungsunternehmer dürfen für die von ihnen aufgenommenen Gäste Werke der Filmkunst öffentlich aufführen, wenn

1. seit der Erstaufführung des Filmwerkes entweder im Inland oder in deutscher Sprache oder in einer Sprache einer in Österreich anerkannten Volksgruppe mindestens zwei Jahre vergangen sind,

2. die Aufführung mit Hilfe eines zu Handelszwecken hergestellten Bild- oder Schallträgers, dessen Verbreitung nach § 16 Abs. 3 zulässig ist, vorgenommen wird und

3. die Zuschauer ohne Entgelt zugelassen werden.

(2) Für die öffentliche Aufführung nach Abs. 1 steht dem Urheber ein Anspruch auf angemessene Vergütung zu. Solche Ansprüche können nur von Verwertungsgesellschaften geltend gemacht werden.

(BGBl 1996/151, ab 1. 4. 1996)

UrhG mit ZuKG

Schutz geistiger Interessen bei freien Werknutzungen

§ 57. (1) Die Zulässigkeit von Kürzungen, Zusätzen und anderen Änderungen an dem Werke selbst, an dessen Titel oder an der Urheberbezeichnung ist auch bei freien Werknutzungen nach § 21 zu beurteilen. Sinn und Wesen des benutzten Werkes dürfen in keinem Fall entstellt werden.

(2) Werden Stellen eines Werkes nach § 46, Z. 1, oder „§ 52 Z. 1“ auf andere Art als auf Schallträgern oder wird ein Werk ganz oder zum Teil auf Grund der §§ 45, 46, Z. 2, §§ 47, 48, 51, „52 Z 2 oder 3“ oder des § 54, Z. 1 bis 3, vervielfältigt, so ist stets die Quelle deutlich anzugeben. In der Quellenangabe sind der Titel und die Urheberbezeichnung des benutzten Werkes nach den Vorschriften des § 21, Absatz 1, anzuführen. Bei einer nach § 45 zulässigen Benutzung einzelner Teile von Sprachwerken in Schulbüchern muß der Titel des benutzten Werkes nur angegeben werden, wenn dieses nicht mit dem Namen oder Decknamen des Urhebers bezeichnet ist. Werden Stellen oder Teile von Sprachwerken nach § 46 vervielfältigt, so sind sie in der Quellenangabe so genau zu

bezeichnen, daß sie in dem benutzten Werke leicht aufgefunden werden können. Wird im Fall einer nach § 46 zulässigen Vervielfältigung das benutzte Werk einer Sammlung entnommen, so ist auch diese anzugeben; dabei kann die Angabe des Titels des Werkes durch einen Hinweis auf die in Betracht kommende Stelle der Sammlung ersetzt werden. *(BGBl 1982/295)*

(3) In den im § 44, Absatz 1 und 2, bezeichneten Fällen ist außer dem in der benutzten Quelle angeführten Namen oder Decknamen des Urhebers des Aufsatzes auch die Zeitung oder Zeitschrift, aus der der Aufsatz entnommen ist, wenn aber dort eine andere Zeitung oder Zeitschrift als Quelle angeführt ist, diese deutlich anzugeben. Wird die Angabe der Zeitung oder Zeitschrift unterlassen, so stehen ihrem Herausgeber oder, wenn ein solcher nicht genannt ist, ihrem Verleger die gleichen Ansprüche zu wie einem Urheber im Fall einer rechtswidrigen Unterlassung der Angabe der Urheberbezeichnung.

(4) Ob und inwieweit bei anderen als den in den Absätzen 2 und 3 bezeichneten freien Werknutzungen eine Quellenangabe unterbleiben kann, ist nach den im redlichen Verkehr geltenden Gewohnheiten und Gebräuchen zu beurteilen.

2. Bewilligungszwang bei Schallträgern

§ 58. (1) Hat der Berechtigte einem anderen gestattet, ein Werk der Tonkunst auf Schallträgern zu vervielfältigen und zu verbreiten, so kann, sobald das Werk erschienen ist, jeder Hersteller von Schallträgern vom Berechtigten verlangen, daß auch ihm die gleiche Werknutzung gegen angemessenes Entgelt bewilligt wird; dies gilt, wenn der Hersteller seinen Wohnsitz oder seine Hauptniederlassung im Ausland hat, unbeschadet von Staatsverträgen nur unter der Voraussetzung, daß Hersteller mit Wohnsitz oder Hauptniederlassung im Inland auch in diesem Staat in annähernd gleicher Weise behandelt werden, jedenfalls aber in gleicher Weise wie die Hersteller mit Wohnsitz oder Hauptniederlassung in diesem Staat. Diese Gegenseitigkeit ist dann anzunehmen, wenn sie in einer Kundmachung des Bundesministers für Justiz im Hinblick auf die in dem betreffenden Staat bestehende Rechtslage festgestellt worden ist. Darüber hinaus können die zuständigen Behörden die Gegenseitigkeit mit einem anderen Staat vertraglich vereinbaren, wenn dies zur Wahrung der Interessen österreichischer Hersteller von Schallträgern geboten erscheint. Die Werknutzungsbewilligung gilt nur für die Vervielfältigung und Verbreitung des Werkes auf Schallträgern im Inland und für die Ausfuhr nach Staaten, in denen der Urheber keinen Schutz gegen die Vervielfältigung und Verbreitung des Werkes auf Schallträgern genießt. *(BGBl 1982/295)*

(2) Absatz 1 gilt für die mit einem Werke der Tonkunst als Text verbundenen Sprachwerke entsprechend, wenn der Berechtigte einem anderen gestattet hat, das Sprachwerk in dieser Verbindung auf Schallträgern zu vervielfältigen und zu verbreiten.

(3) Für Klagen auf Erteilung der Bewilligung nach Absatz 1 oder 2 sind, wenn der Beklagte im Inland keinen allgemeinen Gerichtsstand hat, die Gerichte, in deren Sprengel der erste Wiener Gemeindebezirk liegt, zuständig.

(4) Bei Anwendung der Vorschriften der Absätze 1 und 2 bleiben Mittel, die zur gleichzeitigen wiederholbaren Wiedergabe von Werken für Gesicht und Gehör bestimmt sind (Bild- und Schallträger), außer Betracht.

3. Benutzung von Rundfunksendungen

§ 59. Rundfunksendungen von Sprachwerken sowie von Werken der Tonkunst dürfen zu öffentlichen Vorträgen und Aufführungen der gesendeten Werke mit Hilfe von Lautsprechern benutzt werden, wenn der Veranstalter einer solchen öffentlichen Wiedergabe die Bewilligung dazu von der zuständigen Verwertungsgesellschaft (§ 3 des Verwertungsgesellschaftengesetzes, B.G.Bl.Nr. 112/1936) erhalten hat. Die Verwertungsgesellschaft hat das Entgelt für solche Bewilligungen auf gleiche Weise zu verteilen wie das Entgelt, das sie von der den allgemeinen Inlandsrundspruchdienst besorgenden öffentlichen Telegraphenanstalt für die Bewilligung erhält, Sprachwerke oder Werke der Tonkunst durch Rundfunk zu senden.

§ 59a. Das Recht, Rundfunksendungen von Werken einschließlich solcher über Satellit zur gleichzeitigen, vollständigen und unveränderten Weitersendung mit Hilfe von Leitungen zu benutzen, kann nur von Verwertungsgesellschaften geltend gemacht werden; dies gilt jedoch nicht für das Recht, Verletzungen des Urheberrechtes gerichtlich zu verfolgen.

(2) Rundfunksendungen dürfen zu einer Weitersendung im Sinn des Abs. 1 benutzt werden, wenn der weitersendende Rundfunkunternehmer die Bewilligung dazu von der zuständigen Verwertungsgesellschaft (§ 3 VerwGesG, BGBl. Nr. 112/1936) erhalten hat. Mit Beziehung auf diese Bewilligung haben auch die Urheber, die mit der Verwertungsgesellschaft keinen Wahrnehmungsvertrag geschlossen haben und deren Rechte auch nicht auf Grund eines Gegenseitigkeitsvertrags mit einer ausländischen Verwertungsgesellschaft wahrgenommen werden, dieselben Rechte und Pflichten wie die Bezugsberechtigten der Verwertungsgesellschaft.

(3) Die Abs. 1 und 2 gelten jedoch nicht, soweit das Recht zur Weitersendung im Sinn des Abs. 1 dem Rundfunkunternehmer, dessen Sendung weitergesendet wird, zusteht.

(BGBl 1996/151, ab 1. 1. 1998)

§ 59b. (1) Kommt ein Vertrag über die Bewilligung der Weitersendung im Sinn des § 59a nicht zustande, so kann jeder der Beteiligten bei der Schiedsstelle (Art. III UrhGNov. 1980) Vertragshilfe beantragen. Die Schiedsstelle kann den Parteien Vorschläge unterbreiten. Ein solcher Vorschlag gilt als von den Parteien angenommen, wenn keine der Parteien binnen drei Monaten Einwände erhebt.

(2) Kommt ein Vertrag über die Bewilligung einer Weitersendung im Sinn des § 59a Abs. 1 nur deshalb nicht zustande, weil die Verwertungsgesellschaft oder der berechtigte Rundfunkunternehmer (§ 59a Abs. 3) die Verhandlungen darüber nicht nach Treu und Glauben aufgenommen oder sie ohne triftigen Grund behoder verhindert hat, dann hat der weitersendende Rundfunkunternehmer einen Anspruch auf Erteilung der Bewilligung zu angemessenen Bedingungen.

(BGBl 1996/151, ab 1. 1. 1998)

VIII. Abschnitt
Dauer des Urheberrechtes
Werke der Literatur, der Tonkunst und der bildenden Künste

§ 60. Das Urheberrecht an Werken der Literatur, der Tonkunst und der bildenden Künste, deren Urheber (§ 10 Abs. 1) auf eine Art bezeichnet worden ist, die nach § 12 die Vermutung der Urheberschaft begründet, endet siebzig Jahre nach dem Tode des Urhebers (§ 10 Abs. 1), bei einem von mehreren Urhebern gemeinsam geschaffenen Werke (§ 11) endet das Urheberrecht siebzig Jahre nach dem Tode des letztlebenden Miturhebers (§ 10 Abs. 1).

(BGBl 1972/492)

§ 61. Das Urheberrecht an Werken, deren Urheber (§ 10 Abs. 1) nicht auf eine Art bezeichnet worden ist, die nach § 12 die Vermutung der Urheberschaft begründet, endet siebzig Jahre nach ihrer Schaffung. Wenn aber das Werk vor dem Ablauf dieser Frist veröffentlicht wird, endet das Urheberrecht siebzig Jahre nach der Veröffentlichung.

(BGBl 1996/151, ab 1. 4. 1996, s Art VIII UrhGNov 1996)

Urheberregister

§ 61a. Innerhalb der im § 61 bezeichneten Frist kann der wahre Name des Urhebers (§ 10 Abs. 1) von ihm selbst oder von den Personen, auf die das Urheberrecht nach seinem Tod übergegangen ist, zu dem vom Bundesminister für Justiz geführten Urheberregister angemeldet werden. Eine solche Anmeldung bewirkt, daß die Schutzfrist nach § 60 zu bemessen ist.

(BGBl 1982/295)

§ 61b. (1) Die Anmeldung bedarf der Schriftform. Jede Anmeldung hat Art und Titel des Werkes oder seine andere Bezeichnung, Zeit, Ort und Art der Veröffentlichung, die bisher verwendeten Urheberbezeichnungen, Vor- und Familiennamen des Urhebers (§ 10 Abs. 1) und Vor- und Familiennamen, Beschäftigung und Wohnort des Anmelders zu enthalten. Eine Anmeldung kann auch mehrere Werke, die demselben Urheber zugeschrieben werden, umfassen.

(2) Die Eintragung ist vom Bundesminister für Justiz ohne Prüfung der Befugnis des Anmelders zum Einschreiten und der Richtigkeit der angemeldeten Tatsachen vorzunehmen; sie hat jedenfalls die im Abs. 1 vorgeschriebenen Angaben zu enthalten. Gibt eine Anmeldung auch den Tag und den Ort der Geburt des Urhebers oder seines Ablebens oder seine Staatsangehörigkeit an, so sind auch diese Angaben einzutragen.

(BGBl 1982/295)

§ 61c. (1) Die Eintragung ist auf Kosten des Anmelders im „Amtsblatt der Wiener Zeitung“ öffentlich bekanntzumachen.

(2) Jedermann kann in das Urheberregister Einsicht nehmen und die Ausfertigung amtlich beglaubigter Auszüge sowie die Ausstellung von Zeugnissen darüber verlangen, daß ein bestimmtes Werk im Urheberregister nicht eingetragen ist.

(BGBl 1982/295)

Filmwerke

§ 62. Das Urheberrecht an Filmwerken endet siebzig Jahre nach dem Tode des Letztlebenden der folgenden Personen, und zwar des Hauptregisseurs sowie des Urhebers des Drehbuchs, der Dialoge und des für das Filmwerk besonders geschaffenen Werkes der Tonkunst.

(BGBl 1996/151, ab 1. 4. 1996, s Art VIII UrhGNov 1996)

Lieferungswerke

§ 63. Bei Werken, die in mehreren Bänden, Teilen, Lieferungen, Nummern oder Episoden veröffentlicht werden und bei denen die Veröffentlichung die für den Beginn der Schutzfrist maßgebende Tatsache darstellt, wird die Schutzfrist von der Veröffentlichung jedes einzelnen Bestandteils berechnet.

(BGBl 1996/151, ab 1. 4. 1996, s Art VIII UrhGNov 1996)

Berechnung der Schutzfristen

§ 64. Bei Berechnung der Schutzfristen (§§ 60 bis 63) ist das Kalenderjahr, in dem die für den Beginn der Frist maßgebende Tatsache eingetreten ist, nicht mitzuzählen.

Die Schutzfrist überdauernde Rechte

§ 65. Der Schöpfer eines Werkes kann die ihm nach den §§ 19 und 21, Absatz 3, zustehenden Rechte zeit seines Lebens geltend machen, wenngleich die Schutzfrist schon abgelaufen ist.

II. Hauptstück
Verwandte Schutzrechte

I. Abschnitt
Schutz der Vorträge und Aufführungen von Werken der Literatur und der Tonkunst

1. Verwertung auf Bild- oder Schallträgern

§ 66. (1) Wer ein Werk der Literatur oder Tonkunst vorträgt oder aufführt, hat mit den vom Gesetz bestimmten Beschränkungen das ausschließliche Recht, den Vortrag oder die Aufführung – auch im Falle der Sendung durch Rundfunk – auf einem Bild- oder Schallträger festzuhalten, diesen zu vervielfältigen und zu verbreiten. Unter der Vervielfältigung wird auch die Benutzung einer mit Hilfe eines Bild- oder Schallträgers bewirkten Wiedergabe des Vortrages oder der Aufführung zur Übertragung auf einen anderen Bild- oder Schallträger verstanden.

(2) Bei Vorträgen und Aufführungen, die – wie die Aufführung eines Schauspiels oder eines Chor- oder Orchesterwerkes – durch das Zusammenwirken mehrerer Personen unter einer einheitlichen Leitung zustande kommen, können die Verwertungsrechte (Abs. 1) derjenigen Personen, die bloß im Chor oder Orchester oder auf ähnliche Art mitwirken, nur durch einen gemeinsamen Vertreter wahrgenommen werden. *(BGBl 1972/492)*

(3) Falls die Vertretung nicht bereits kraft Gesetzes oder durch Satzung, Kollektiv- oder Einzelvertrag geregelt ist, wird der gemeinsame Vertreter von den im Abs. 2 erwöhnten Mitwirkenden mit einfacher Mehrheit ohne Berücksichtigung allfälliger Stimmenthaltungen gewählt. *(BGBl 1972/492)*

(4) In Ermangelung eines gemeinsamen Vertreters hat das Bezirksgericht Innere Stadt Wien einen Sachwalter zu bestellen, der an die Stelle des gemeinsamen Vertreters tritt. Zur Antragstellung ist jeder berechtigt, der ein Interesse an der Verwertung des Vortrages oder der Aufführung glaubhaft macht. *(BGBl 1972/492)*

(5) Vorträge und Aufführungen, die auf Anordnung eines Veranstalters stattfinden, dürfen, soweit das Gesetz keine Ausnahme zuläßt, vorbehaltlich des Abs. 1 nur mit Einwilligung des Veranstalters auf Bild- oder Schallträgern festgehalten werden. Entgegen dieser Bestimmung hergestellte Bild- oder Schallträger dürfen weder vervielfältigt noch verbreitet werden. *(BGBl 1982/295)*

(6) Ob gegenüber dem Veranstalter von Vorträgen oder Aufführungen, die auf die im Absatz 1 bezeichnete Art verwertet werden sollen, die Verpflichtung besteht, daran mitzuwirken und eine solche Verwertung zu gestatten, ist nach den das Rechtsverhältnis der Mitwirkenden zum Veranstalter regelnden Vorschriften und Vereinbarungen zu beurteilen. Hienach richtet sich auch, ob einem Mitwirkenden ein Anspruch auf ein besonderes Entgelt gegen den Veranstalter zusteht. In jedem Falle hat der Veranstalter, mit dessen Einwilligung ein Vortrag oder eine Aufführung festgehalten werden soll, hievon die Mitwirkenden, auch wenn sie zur Mitwirkung verpflichtet sind, vorher auf angemessene Art in Kenntnis zu setzen.

(7) „Den Abs. 1 und 5 zuwider“ hergestellte oder verbreitete Bild- oder Schallträger dürfen zu einer Rundfunksendung (§ 17) oder öffentlichen Wiedergabe des Vortrages oder der Aufführung nicht benutzt werden. *(BGBl 1972/492)*

Verwertungsrechte

§ 67. (1) Die Verwertungsrechte der im § 66 Abs. 1 und 5 bezeichneten Personen erlöschen fünfzig Jahre nach dem Vortrag oder der Aufführung, wenn aber vor dem Ablauf dieser Frist ein Bild- oder Schallträger, auf dem der Vortrag oder die Aufführung festgehalten worden ist, veröffentlicht wird, fünfzig Jahre nach der Veröffentlichung. Die Fristen sind nach § 64 zu berechnen. *(BGBl 1996/151, ab 1. 4. 1996, s Art VIII UrhGNov 1996)*

(2) Die §§ 11, 12, 13, 15 Abs. 1, § 16 Abs. 1 und 3, „§§ 16 a, 23,“* 24, 25 Abs. 1, 2, 3 und 5, §§ 26, 27, 28 Abs 1, §§ 29, 31, 32, 33 Abs. 2 „ “** gelten entsprechend; an die Stelle der im § 31 Abs. 2 genannten Frist von fünf Jahren tritt jedoch eine solche von einem Jahr. *(BGBl 1989/612 und * BGBl 1993/93, ab 1. 3. 1993, s Anm zu § 16a; ** BGBl 1996/151, ab 1. 1. 1998)*

Schutz geistiger Interessen

§ 68. (1) Auf Verlangen eines nach „§ 66 Abs. 1“ Verwertungsberechtigten ist sein Name (Deckname) auf den Bild- oder Schallträgern anzugeben. Ohne seine Einwilligung darf das nicht geschehen. Die Einwilligung kann zurückgenommen werden, wenn ein Bild- oder Schallträger den Vortrag oder die Aufführung mit solchen Änderungen oder so mangelhaft wiedergibt, daß seine Benutzung geeignet ist, den künstlerischen Ruf des Verwertungsberechtigten zu beeinträchtigen. *(BGBl 1972/492)*

(2) Die im Absatz 1 bezeichneten Rechte enden keinesfalls vor dem Tode des nach „§ 66 Abs. 1“ Verwertungsberechtigten. Nach seinem Tode stehen sie bis zum Erlöschen der Verwertungsrechte den Personen zu, auf die die Verwertungsrechte übergegangen sind. *(BGBl 1972/492)*

(3) Die Abs. 1 und 2 gelten nicht für Personen, die bloß im Chor oder Orchester oder auf ähnliche Art mitwirken. *(BGBl 1972/492)*

Ausnahmen

§ 69. (1) Zur Vervielfältigung und Verbreitung gewerbsmäßig hergestellter Filmwerke und anderer kinematographischer Erzeugnisse bedarf es der sonst nach „§ 66 Abs. 1" erforderlichen Einwilligung der Personen nicht, die an den zum Zweck der Herstellung des Filmwerkes oder des kinematographischen Erzeugnisses vorgenommenen Vorträgen oder Aufführungen in Kenntnis dieses Zweckes mitgewirkt haben. *(BGBl 1972/492)*

(2) Zum eigenen Gebrauch darf jedermann durch Rundfunk gesendete Vorträge oder Aufführungen sowie die mit Hilfe eines Bild- oder Schallträgers bewirkte Wiedergabe eines Vortrages oder einer Aufführung auf einem Bild- oder Schallträger festhalten und von diesem einzelne Vervielfältigungsstücke herstellen. Solche Bild- oder Schallträger dürfen weder verbreitet noch zu einer Rundfunksendung oder öffentlichen Wiedergabe des Vortrages oder der Aufführung verwendet werden. „§ 42 Abs. 3 und 4, § 42a und § 42b Abs. 1 und 3 bis 6 gelten entsprechend." *(BGBl 1972/492 und BGBl 1996/151, ab 1. 4. 1996)*

(3) § 56 Abs. 1 und 3 und § 56a gelten entsprechend. *(BGBl 1996/151, ab 1. 4. 1996)*

2. Verwertung im Rundfunk

§ 70. (1) Der Vortrag oder die Aufführung eines Werkes der Literatur oder Tonkunst darf nur mit Einwilligung der Personen, deren Einwilligung nach „§ 66 Abs. 1 und 5"* zur Festhaltung auf Bild- oder Schallträgern erforderlich ist, durch Rundfunk gesendet werden (§ 17); „§ 33 Abs. 1, § 66 Abs. 6, §§ 59a und 59b gelten entsprechend."** *(* BGBl 1972/492 und ** BGBl 1996/151, ab 1. 1. 1998)*

(2) Die nach Abs. 1 erforderliche Einwilligung ist für eine Rundfunksendung mit Hilfe von Bild- oder Schallträgern nicht erforderlich, es sei denn, daß diese nach § 66 Abs. 7 oder § 69 Abs. 2 zu einer Rundfunksendung nicht benutzt werden dürfen. *(BGBl 1982/295)*

3. Verwertung zur öffentlichen Wiedergabe

§ 71. (1) Vorträge oder Aufführungen eines Werkes der Literatur oder Tonkunst dürfen nur mit Einwilligung der Personen, deren Einwilligung nach „§ 66 Abs. 1 und 5" zur Festhaltung auf Bild- oder Schallträgern erforderlich ist, durch Lautsprecher oder durch eine andere technische Einrichtung außerhalb des Ortes (Theater, Saal, Platz, Garten u. dgl.), wo sie stattfinden, öffentlich wiedergegeben werden; „§ 66 Abs. 6" gilt entsprechend. Doch bedarf es nur der Einwilligung des Veranstalters der Vorträge oder Aufführungen, wenn diese mit Hilfe von Bild- oder Schallträgern oder Rundfunksendungen vorgenommen werden, die hiezu nach den Vorschriften dieses Abschnittes benutzt werden dürfen. *(BGBl 1972/492)*

(2) Eine dem § 70 entsprechende Rundfunksendung des Vortrages oder der Aufführung eines Werkes der Literatur oder Tonkunst darf zu einer öffentlichen Wiedergabe des Vortrages oder der Aufführung durch Lautsprecher oder durch eine andere technische Einrichtung benutzt werden.

4. Gemeinsame Vorschriften

§ 72. (1) Die §§ 66 bis 71 gelten auch dann, wenn die vorgetragenen oder aufgeführten Werke der Literatur oder Tonkunst den urheberrechtlichen Schutz dieses Gesetzes nicht genießen.

(2) § 41 gilt für die an Vorträgen und Aufführungen bestehenden Schutzrechte entsprechend.

(3) Zur Berichterstattung über Tagesereignisse dürfen Vorträge und Aufführungen, die bei Vorgängen, über die berichtet wird, öffentlich wahrnehmbar werden, in einem durch den Informationszweck gerechtfertigten Umfang auf Bild- oder Schallträgern festgehalten, durch Rundfunk gesendet und öffentlich wiedergegeben werden; solche Bild- oder Schallträger dürfen in diesem Umfang vervielfältigt und verbreitet werden. Ob und inwieweit in einem solchen Fall die nach § 66 Abs. 1 Verwertungsberechtigten verlangen können, daß ihr Name auf dem Bild- oder Schallträger angegeben wird, ist nach den im redlichen Verkehr geltenden Gewohnheiten und Gebräuchen zu beurteilen. *(BGBl 1982/295)*

(4) Die Benutzung einzelner Vorträge oder Aufführungen von Werken der Literatur oder Tonkunst zu Zwecken der Wissenschaft oder des Unterrichts in einem durch den Zweck gerechtfertigten Umfang ist zulässig. *(BGBl 1972/492)*

(5) Vorträge oder Aufführungen von Werken der Literatur oder Tonkunst dürfen durch den Veranstalter auf einem Bild- oder Schallträger festgehalten und mit Hilfe eines solchen Bild- oder Schallträgers oder einer anderen technischen Einrichtung innerhalb des Gebäudes, in dem die Veranstaltung stattfindet, zu dem Zweck wiedergegeben werden, die Veranstaltung in einem anderen Raume wahrnehmbar zu machen. *(BGBl 1972/492)*

(6) Für den Vortrag einer der im § 43 bezeichneten Reden durch den Redner selbst gelten die Vorschriften der §§ 66 bis 71 nicht.

II. Abschnitt

Schutz von Lichtbildern, Schallträgern, Rundfunksendungen und nachgelassenen Werken

1. Lichtbilder

§ 73. (1) Lichtbilder im Sinne dieses Gesetzes sind durch ein photographisches Verfahren hergestellte Abbildungen. Als photographisches

Verfahren ist auch ein der Photographie ähnliches Verfahren anzusehen.

(2) Derart hergestellte Laufbilder (kinematographische Erzeugnisse) unterliegen, unbeschadet der urheberrechtlichen Vorschriften zum Schutze von Filmwerken, den für Lichtbilder geltenden Vorschriften.

Schutzrecht

§ 74. (1) Wer ein Lichtbild aufnimmt (Hersteller), hat mit den vom Gesetz bestimmten Beschränkungen das ausschließliche Recht, das Lichtbild zu vervielfältigen, zu verbreiten, durch optische Einrichtungen öffentlich vorzuführen und durch Rundfunk zu senden. Bei gewerbsmäßig hergestellten Lichtbildern gilt der Inhaber des Unternehmens als Hersteller.

(2) Die dem Hersteller nach Absatz 1 zustehenden Verwertungsrechte sind vererblich und veräußerlich.

(3) Hat der Hersteller ein Lichtbild mit seinem Namen (Decknamen, Firma) bezeichnet, so sind auch die von anderen hergestellten, zur Verbreitung bestimmten Vervielfältigungsstücke mit einem entsprechenden Hinweis auf den Hersteller zu versehen. Gibt ein derart bezeichnetes Vervielfältigungsstück das Lichtbild mit wesentlichen Änderungen wieder, so ist die Herstellerbezeichnung mit einem entsprechenden Zusatz zu versehen.

(4) Bei den mit einer Herstellerbezeichnung versehenen Vervielfältigungsstücken darf auch die Gegenstandsbezeichnung von der vom Hersteller angegebenen nur so weit abweichen, als es der Übung des redlichen Verkehrs entspricht.

(5) Nach dem Tode des Herstellers kommt der ihm durch die Absätze 3 und 4 gewährte Schutz den Personen zu, auf die die Verwertungsrechte übergehen. Werden die Verwertungsrechte auf einen anderen übertragen, so kann dem Erwerber auch das Recht eingeräumt werden, sich als Hersteller des Lichtbildes zu bezeichnen. In diesem Falle gilt der Erwerber fortan als Hersteller und genießt, wenn er als solcher auf den Lichtbildstücken genannt ist, auch Schutz nach den Vorschriften der Absätze 3 und 4.

(6) Das Schutzrecht an Lichtbildern erlischt „fünfzig Jahre“ nach der Aufnahme, wenn aber das Lichtbild vor dem Ablauf dieser Frist veröffentlicht wird, dreißig Jahre nach der Veröffentlichung. Die Fristen sind nach § 64 zu berechnen. *(BGBl 1972/492 und BGBl 1996/151, ab 1. 4. 1996, s Art VIII UrhGNov 1996)*

(7) Die §§ 5, 7 bis 9, 11 bis 13, 14 Abs. 2, § 15 Abs. 1, §§ 16, 16a, „ “ 17, 17a, 17b, 18 Abs. 3, § 23 Abs. 2 und 4, §§ 24, 25 Abs. 2 bis 6, §§ 26, 27 Abs. 1, 3, 4 und 5, § 31 Abs. 1, § 32 Abs. 1, § 33 Abs. 2, §§ 36, 37, 41, 42, 42a, 42b, 42c, 54 Abs. 1 Z 3, 3a und 4 und Abs. 2, §§ 56, 56a, 56b, 59a und 59b gelten für Lichtbilder, die §§ 56c und 56d für kinematographische Erzeugnisse entsprechend; § 42a zweiter Satz Z 1 gilt jedoch nicht für die Vervielfältigung von gewerbsmäßig hergestellten Lichtbildern nach einer Vorlage, die in einem photographischen Verfahren hergestellt worden ist *(BGBl 1996/151, ab 1. 4. 1996, und BGBl I 2000/110, ab 26. 10. 2000)*.

Sondervorschriften für Lichtbildnisse von Personen

§ 75. (1) Von einem auf Bestellung aufgenommenen Lichtbildnis einer Person dürfen, wenn nichts anderes vereinbart ist, der Besteller und seine Erben sowie der Abgebildete und nach seinem Tode die mit ihm in gerader Linie Verwandten und sein überlebender Ehegatte einzelne Vervielfältigungsstücke herstellen oder durch einen anderen, auch gegen Entgelt, herstellen lassen, in einem photographischen Verfahren aber nur dann, wenn sie sich in einem solchen Verfahren hergestellte Vervielfältigungsstücke von dem Berechtigten überhaupt nicht oder nur mit unverhältnismäßig großen Schwierigkeiten beschaffen können.

(2) Vervielfältigungsstücke, deren Herstellung nach Absatz 1 zulässig ist, dürfen unentgeltlich verbreitet werden.

2. Schallträger

§ 76. (1) Wer akustische Vorgänge zu ihrer wiederholbaren Wiedergabe auf einem Schallträger festhält (Hersteller), hat mit den vom Gesetz bestimmten Beschränkungen das ausschließliche Recht, den Schallträger zu vervielfältigen und zu verbreiten. Unter der Vervielfältigung wird auch die Benutzung einer mit Hilfe eines Schallträgers bewirkten Wiedergabe zur Übertragung auf einen anderen verstanden. Bei gewerbsmäßig hergestellten Schallträgern gilt der Inhaber des Unternehmens als Hersteller.

(2) Dem Absatz 1 zuwider vervielfältigte oder verbreitete Schallträger dürfen zu einer Rundfunksendung (§ 17) oder öffentlichen Wiedergabe nicht benutzt werden.

(3) Wird ein zu Handelszwecken hergestellter Schallträger zu einer Rundfunksendung (§ 17) oder öffentlichen Wiedergabe benutzt, so hat der Benutzer dem Hersteller (Abs. 1), vorbehaltlich des § 66 Abs. 7 und des vorstehenden Abs. 2, eine angemessene Vergütung zu entrichten. Die im § 66 Abs. 1 bezeichneten Personen haben gegen den Hersteller einen Anspruch auf einen Anteil an dieser Vergütung. Dieser Anteil beträgt mangels Einigung der Berechtigten die Hälfte der dem Hersteller nach Abzug der Einhebungskosten verbleibenden Vergütung. Die Ansprüche des Herstellers und der im § 66 Abs. 1 bezeichneten Personen können nur von Verwertungsgesellschaften oder durch eine einzige Verwertungsgesellschaft geltend gemacht werden. *(BGBl 1982/295)*

(4) Zum eigenen Gebrauch darf jedermann eine mit Hilfe eines Schallträgers bewirkte

Wiedergabe auf einem Schallträger festhalten und von diesem einzelne Vervielfältigungsstücke herstellen. Solche Schallträger dürfen weder verbreitet noch zu einer Rundfunksendung oder öffentlichen Wiedergabe benutzt werden. „§ 42 Abs. 2 und 3, § 42a und § 42b Abs. 1 und 3 bis 6 gelten entsprechend.“ *(BGBl 1972/492 und BGBl 1996/151, ab 1. 4. 1996)*

(5) Das Schutzrecht an Schallträgern erlischt fünfzig Jahre nach der Aufnahme, wenn aber der Schallträger vor dem Ablauf dieser Frist veröffentlicht wird, fünfzig Jahre nach der Veröffentlichung. Die Fristen sind nach § 64 zu berechnen. *(BGBl 1972/492)*

(6) Die §§ 5, 7, 8, 9, 11, 12, 13, 14 Abs. 2, § 15 Abs. 1, § 16 Abs. 1 und 3, „§§ 16 a, 23 Abs. 2 und 4,“ * §§ 24, 25 Abs. 2, 3 und 5, §§ 26, 27 Abs. 1, 3, 4 und 5, § 31 Abs. 1, § 32 Abs. 1, § 33 Abs. 2, §§ 41, „42c,“** 56, 72 Abs. 4 und § 74 Abs. 2 bis 5 gelten entsprechend. „ “** *(BGBl 1989/612 und * BGBl 1993/93, ab 1. 3. 1993, s Anm zu § 16a, ** BGBl 1996/151)*

3. Rundfunksendungen

§ 76a. (1) Wer Töne oder Bilder durch Rundfunk oder eine ähnliche Art sendet (§ 17, Rundfunkunternehmer), hat mit den vom Gesetz bestimmten Beschränkungen das ausschließliche Recht, die Sendung gleichzeitig über eine andere Sendeanlage zu senden, die Sendung auf einem Bild- oder Schallträger (besonders auch in Form eines Lichtbildes) festzuhalten, diesen zu vervielfältigen und zu verbreiten. Unter der Vervielfältigung wird auch die Benutzung einer mit Hilfe eines Bild- oder Schallträgers bewirkten Wiedergabe zur Übertragung auf einen anderen verstanden.

(2) Dem Abs.1 zuwider vervielfältigte oder verbreitete Bild- oder Schallträger dürfen zu einer Rundfunksendung (§ 17) oder zu einer öffentlichen Wiedergabe nicht benutzt werden.

(3) Zum eigenen Gebrauch darf jedermann eine Rundfunksendung auf einem Bild- oder Schallträger festhalten und von diesem einzelne Vervielfältigungsstücke herstellen. Solche Bild- oder Schallträger dürfen weder verbreitet noch zu einer Rundfunksendung oder zu einer öffentlichen Wiedergabe benutzt werden. „§ 42 Abs. 3 und 4 gilt entsprechend.“ *(BGBl 1996/151, ab 1. 4. 1996)*

(4) Das Schutzrecht an Rundfunksendungen erlischt „fünfzig Jahre“ nach der Sendung. Die Frist ist nach § 64 zu berechnen. *(BGBl 1996/151, ab 1. 4. 1996, s Art VIII UrhGNov 1996)*

(5) Die §§ 5, 7, 8, 9, 11, 12, 13, 14 Abs. 2, § 15 Abs. 1, § 16 Abs. 1 und 3, „§§ 16 a, 18 Abs. 2,“ * § 23 Abs. 2 und 4, §§ 24, 25 Abs. 2, 3 und 5, §§ 26, 27 Abs. 1, 3, 4 und 5, § 31 Abs. 1, § 32 Abs. 1, § 33 Abs. 2, §§ 41, „42 c, 56, 56a,“** 72 Abs. 4 und § 74 Abs. 2 bis 5 gelten entsprechend. *(BGBl 1982/295, * BGBl 1993/93, ab 1. 3. 1993, s Anm zu § 16a, ** BGBl 1996/151, ab 1. 4. 1996)*

(BGBl 1972/492)

4. Nachgelassene Werke

§ 76b. Wer ein nichtveröffentlichtes Werk, für das die Schutzfrist abgelaufen ist, erlaubterweise veröffentlicht, dem stehen die Verwertungsrechte am Werk wie einem Urheber zu. Dieses Schutzrecht erlischt fünfundzwanzig Jahre nach der Veröffentlichung; die Frist ist nach § 64 zu berechnen.

(BGBl 1996/151, ab 1. 4. 1996, s Art IX UrhGNov 1996)

IIa. Abschnitt
Geschützte Datenbanken

§ 76c. (1) Eine Datenbank (§ 40f Abs. 1) genießt den Schutz nach diesem Abschnitt, wenn für die Beschaffung, Überprüfung oder Darstellung ihres Inhalts eine nach Art oder Umfang wesentliche Investition erforderlich war.

(2) Eine in ihrem Inhalt nach Art oder Umfang wesentlich geänderte Datenbank gilt als neue Datenbank, wenn die Änderung eine nach Art oder Umfang wesentliche Investition erfordert hat; dies gilt auch dann, wenn diese Voraussetzung nur durch mehrere aufeinander folgende Änderungen gemeinsam erfüllt wird.

(3) Der Schutz nach diesem Abschnitt ist unabhängig davon, ob die Datenbank als solche oder ihr Inhalt für den urheberrechtlichen oder einen anderen sonderrechtlichen Schutz in Betracht kommt.

(4) Der Schutz nach diesem Abschnitt berührt nicht die am Inhalt der Datenbank etwa bestehenden Rechte.

(BGBl I 1998/25, ab 1. 1. 1998, gilt auch für Datenbanken, deren Herstellung zwischen dem 1. 1. 1983 und dem 31. 12. 1997 abgeschlossen worden ist. Die Schutzfrist beginnt in diesen Fällen am 1. 1. 1998)

Schutzrecht

§ 76d. (1) Wer die Investition im Sinn des § 76c vorgenommen hat (Hersteller), hat mit den vom Gesetz bestimmten Beschränkungen das ausschließliche Recht, die ganze Datenbank oder einen nach Art oder Umfang wesentlichen Teil derselben zu vervielfältigen, zu verbreiten, durch Rundfunk zu senden und öffentlich wiederzugeben. Diesen Verwertungshandlungen stehen die wiederholte und systematische Vervielfältigung, Verbreitung, Rundfunksendung und öffentliche Wiedergabe von unwesentlichen Teilen der Datenbank gleich, wenn diese Handlungen der normalen Verwertung der Datenbank entgegenstehen oder die berechtigten Interessen des Herstellers der Datenbank unzumutbar beeinträchtigen.

(2) Das Verbreitungsrecht des Herstellers umfaßt nicht das Verleihen (§ 16a Abs. 3).

(3) Die Vervielfältigung eines wesentlichen Teils einer veröffentlichten Datenbank ist zulässig

1. für private Zwecke; dies gilt nicht für eine Datenbank, deren Elemente einzeln mit Hilfe elektronischer Mittel zugänglich sind;

2. zu Zwecken der Wissenschaft oder des Unterrichts in einem durch den Zweck gerechtfertigten Umfang, wenn dies ohne Erwerbszweck geschieht und die Quelle angegeben wird.

(4) Das Schutzrecht an Datenbanken erlischt 15 Jahre nach Abschluß der Herstellung der Datenbank, wenn aber die Datenbank vor dem Ablauf dieser Frist veröffentlicht wird, 15 Jahre nach der Veröffentlichung. Die Fristen sind nach § 64 zu berechnen.

(5) Die § 8, 9, 11 bis 13, 14 Abs. 2, § 15 Abs. 1, §§ 16, 16a Abs. 1 und 3, §§ 17, 17a, 17b, § 23 Abs. 2 und 4, §§ 24, 25 Abs. 2, 3 und 5, §§ 26, 27 Abs. 1 und 3 bis 5, § 31 Abs. 1, § 32 Abs. 1, § 33 Abs. 2 und § 41 gelten entsprechend.

(BGBl I 1998/25, ab 1. 1. 1998, s Anm zu § 76c)

Verträge über die Benutzung einer Datenbank

§ 76e. Eine vertragliche Vereinbarung, durch die sich der rechtmäßige Benutzer einer veröffentlichten Datenbank gegenüber dem Hersteller verpflichtet, die Vervielfältigung, Verbreitung, Rundfunksendung oder öffentliche Wiedergabe von nach Art und Umfang unwesentlichen Teilen der Datenbank zu unterlassen, ist insoweit unwirksam, als diese Handlungen weder der normalen Verwertung der Datenbank entgegenstehen noch die berechtigten Interessen des Datenbankherstellers unzumutbar beeinträchtigen.

(BGBl I 1998/25, ab 1. 1. 1998, s Anm zu § 76c, ist nicht auf Verträge anzuwenden, die vor dem 1. 1. 1998 geschlossen worden sind)

III. Abschnitt
Brief- und Bildnisschutz

Briefschutz

§ 77. (1) Briefe, Tagebücher und ähnliche vertrauliche Aufzeichnungen dürfen weder öffentlich vorgelesen noch auf eine andere Art, wodurch sie der Öffentlichkeit zugänglich gemacht werden, verbreitet werden, wenn dadurch berechtigte Interessen des Verfassers oder, falls er gestorben ist, ohne die Veröffentlichung gestattet oder angeordnet zu haben, eines nahen Angehörigen verletzt würden.

(2) Nahe Angehörige im Sinne des Absatzes 1 sind die Verwandten in auf- und absteigender Linie sowie der überlebende Ehegatte. Die mit dem Verfasser im ersten Grade Verwandten und der überlebende Ehegatte genießen diesen Schutz zeit ihres Lebens, andere Angehörige nur, wenn seit dem Ablauf des Todesjahres des Verfassers zehn Jahre noch nicht verstrichen sind.

(3) Briefe dürfen auch dann nicht auf die im Absatz 1 bezeichnete Art verbreitet werden, wenn hiedurch berechtigte Interessen dessen, an den der Brief gerichtet ist, oder, falls er gestorben ist, ohne die Veröffentlichung gestattet oder angeordnet zu haben, eines nahen Angehörigen verletzt würden. Absatz 2 gilt entsprechend.

(4) Die Absätze 1 bis 3 gelten ohne Rücksicht darauf, ob die im Absatz 1 bezeichneten Schriften den urheberrechtlichen Schutz dieses Gesetzes genießen oder nicht. Die Anwendung urheberrechtlicher Bestimmungen auf solche Schriften bleibt unberührt.

(5) Die Absätze 1 bis 3 gelten nicht für Schriften, die, wenngleich nicht ausschließlich, zum amtlichen Gebrauch verfaßt worden sind.

(6) Die Vorschriften des § 41 gelten entsprechend.

Bildnisschutz

§ 78. (1) Bildnisse von Personen dürfen weder öffentlich ausgestellt noch auf eine andere Art, wodurch sie der Öffentlichkeit zugänglich gemacht werden, verbreitet werden, wenn dadurch berechtigte Interessen des Abgebildeten oder, falls er gestorben ist, ohne die Veröffentlichung gestattet oder angeordnet zu haben, eines nahen Angehörigen verletzt würden.

(2) Die Vorschriften der §§ 41 und 77, Absatz 2 und 4, gelten entsprechend.

IV. Abschnitt
Nachrichtenschutz. Schutz des Titels von Werken der Literatur und der Kunst

Nachrichtenschutz

§ 79. (1) Presseberichte der im § 44 Abs. 3 bezeichneten Art, die in Zeitungskorrespondenzen oder anderen der entgeltlichen Vermittlung von Nachrichten an Zeitungen oder Zeitschriften dienenden Mitteilungen enthalten sind, dürfen in Zeitungen oder Zeitschriften erst dann wiedergegeben werden, wenn seit ihrer Verlautbarung in einer vom Nachrichtensammler dazu ermächtigten Zeitung oder Zeitschrift mindestens 12 Stunden verstrichen sind.

(2) Bei der Anwendung des Abs. 1 stehen den Zeitungen und Zeitschriften alle anderen Einrichtungen gleich, die die periodische Verbreitung von Nachrichten an jedermann besorgen. § 59 a gilt jedoch entsprechend.

(BGBl 1982/295)

Titelschutz

§ 80. (1) Im geschäftlichen Verkehr darf weder der Titel oder die sonstige Bezeichnung eines Werkes der Literatur oder Kunst noch die äußere Ausstattung von Werkstücken für ein anderes Werk auf eine Weise verwendet werden, die geeignet ist, Verwechslungen hervorzurufen.

(2) Absatz 1 gilt auch für Werke der Literatur und der Kunst, die den urheberrechtlichen Schutz dieses Gesetzes nicht genießen.

III. Hauptstück
Rechtsdurchsetzung
I. Abschnitt
Zivilrechtliche Vorschriften

Unterlassungsanspruch

§ 81. (1) Wer in einem auf dieses Gesetz gegründeten Ausschließungsrecht verletzt worden ist oder eine solche Verletzung zu besorgen hat, kann auf Unterlassung klagen. Der Inhaber eines Unternehmens kann hierauf auch dann geklagt werden, wenn eine solche Verletzung im Betrieb seines Unternehmens von einem Bediensteten oder Beauftragten begangen worden ist oder droht. *(BGBl 1982/295)*

(2) Einstweilige Verfügungen können erlassen werden, auch wenn die im § 381 der Exekutionsordnung bezeichneten Voraussetzungen nicht zutreffen.

Beseitigungsanspruch

§ 82. (1) Wer in einem auf dieses Gesetz gegründeten Ausschließungsrechte verletzt wird, kann verlangen, daß der dem Gesetz widerstreitende Zustand beseitigt werde.

(2) Der Verletzte kann insbesondere verlangen, daß die den Vorschriften dieses Gesetzes zuwider hergestellten oder verbreiteten sowie die zur widerrechtlichen Verbreitung bestimmten Vervielfältigungsstücke vernichtet und daß die ausschließlich zur widerrechtlichen Vervielfältigung bestimmten Mittel (Formen, Steine, Platten, Filmstreifen u. dgl.) unbrauchbar gemacht werden.

(3) Enthalten die im Absatz 2 bezeichneten Eingriffsgegenstände oder Eingriffsmittel Teile, deren unveränderter Bestand und deren Gebrauch durch den Beklagten das Ausschließungsrecht des Klägers nicht verletzen, so hat das Gericht diese Teile in dem die Vernichtung oder Unbrauchbarmachung aussprechenden Urteil zu bezeichnen. Bei der Vollstreckung sind diese Teile, soweit es möglich ist, von der Vernichtung oder Unbrauchbarmachung auszunehmen, wenn der Verpflichtete die damit verbundenen Kosten im voraus bezahlt. Zeigt sich im Exekutionsverfahren, daß die Unbrauchbarmachung von Eingriffsmitteln unverhältnismäßig große Kosten erfordern würde, und werden diese vom Verpflichteten nicht im voraus bezahlt, so ordnet das Exekutionsgericht nach Einvernehmung der Parteien die Vernichtung dieser Eingriffsmittel an.

(4) Kann der dem Gesetz widerstreitende Zustand auf eine andere als die im Absatz 2 bezeichnete, mit keiner oder einer geringeren Wertvernichtung verbundene Art beseitigt werden, so kann der Verletzte nur Maßnahmen dieser Art begehren. Namentlich dürfen Werkstücke nicht bloß deshalb vernichtet werden, weil die Quellenangabe fehlt oder dem Gesetz nicht entspricht.

(5) Statt der Vernichtung von Eingriffsgegenständen oder Unbrauchbarmachung von Eingriffsmitteln kann der Verletzte verlangen, daß ihm die Eingriffsgegenstände oder Eingriffsmittel von ihrem Eigentümer gegen eine angemessene, die Herstellungskosten nicht übersteigende Entschädigung überlassen werden.

(6) Der Beseitigungsanspruch richtet sich gegen den Eigentümer der Gegenstände, die den der Beseitigung des gesetzwidrigen Zustandes dienenden Maßnahmen unterliegen. Der Anspruch kann während der Dauer des verletzten Rechtes so lange geltend gemacht werden, als solche Gegenstände vorhanden sind.

Unterlassungs- und Beseitigungsanspruch bei Werken der bildenden Künste

§ 83. (1) Ist ein Urstück eines Werkes der bildenden Künste unbefugt geändert worden, so kann der Urheber, soweit im folgenden nichts anderes bestimmt ist, nur verlangen, daß die Änderung auf dem Urstück als nicht vom Schöpfer des Werkes herrührend gekennzeichnet oder daß eine darauf befindliche Urheberbezeichnung beseitigt oder berichtigt werde.

(2) Ist die Wiederherstellung des ursprünglichen Zustandes möglich und stehen ihr nicht überwiegende öffentliche Interessen oder überwiegende Interessen des Eigentümers entgegen, so kann der Schöpfer des Werkes nach seiner Wahl an Stelle der im Absatz 1 bezeichneten Maßnahmen verlangen, daß ihm die Wiederherstellung gestattet werde.

(3) Bei Werken der Baukunst kann der Urheber auf Grund des § 81 eine unbefugte Änderung nicht untersagen. Auch kann er nicht verlangen, daß Bauten abgetragen, umgebaut oder ihm nach § 82, Absatz 5, überlassen werden. Doch ist auf sein Verlangen je nach der Sachlage eine der im Absatz 1 bezeichneten Maßnahmen zu treffen oder auf dem Nachbau eine der Wahrheit entsprechende Urheberbezeichnung anzubringen.

Unterlassungs- und Beseitigungsanspruch in den Fällen der §§ 79 und 80

§ 84. (1) Im Falle des § 79 können Unterlassungs- und Beseitigungsansprüche nicht nur vom Nachrichtensammler geltend gemacht werden, sondern auch von jedem Unternehmer, der mit dem Täter in Wettbewerb steht, sowie von Vereinigungen zur Förderung wirtschaftlicher Interessen von Unternehmern, wenn diese Interessen durch die Tat berührt werden.

(2) Im Falle des § 80 können Unterlassungs- und Beseitigungsansprüche von einer solchen Vereinigung sowie von jedem Unternehmer geltend gemacht werden, der sich damit befaßt, Stücke des Werkes, dessen Titel, Bezeichnung oder Ausstattung für ein anderes Werk verwendet wird, in Verkehr zu bringen oder es öffentlich vorzutragen, aufzuführen oder vorzuführen, und dessen Interessen durch die Tat beeinträchtigt werden. Bei urheberrechtlich geschützten Werken ist dazu stets auch der Urheber berechtigt.

(3) Eingriffsgegenstände unterliegen in den Fällen der §§ 79 und 80 dem Beseitigungsanspruch nur, wenn sie zur widerrechtlichen Verbreitung bestimmt sind. Ein Anspruch auf Überlassung von Eingriffsgegenständen oder Eingriffsmitteln (§ 82, Absatz 5) besteht in diesen Fällen nicht.

Urteilsveröffentlichung

§ 85. (1) Wird auf Unterlassung oder Beseitigung oder Feststellung des Bestehens oder Nichtbestehens eines auf dieses Gesetz gegründeten Ausschließungsrechtes oder der Urheberschaft (§ 19) geklagt, so hat das Gericht der obsiegenden Partei, wenn diese daran ein berechtigtes Interesse hat, auf Antrag die Befugnis zuzusprechen, das Urteil innerhalb bestimmter Frist auf Kosten des Gegners zu veröffentlichen. Die Art der Veröffentlichung ist im Urteil zu bestimmen.

(2) Die Veröffentlichung umfaßt den Urteilsspruch. Auf Antrag der obsiegenden Partei kann jedoch das Gericht einen vom Urteilsspruch nach Umfang oder Wortlaut abweichenden oder ihn ergänzenden Inhalt der Veröffentlichung bestimmen. Dieser Antrag ist spätestens vier Wochen nach Rechtskraft des Urteils zu stellen. Ist der Antrag erst nach Schluß der mündlichen Streitverhandlung gestellt worden, so hat hierüber das Gericht erster Instanz nach Rechtskraft des Urteils mit Beschluß zu entscheiden.

(3) Das Gericht erster Instanz hat auf Antrag der obsiegenden Partei die Kosten der Veröffentlichung festzusetzen und deren Ersatz dem Gegner aufzutragen.

(4) Die Veröffentlichung auf Grund eines rechtskräftigen Urteils oder eines anderen vollstreckbaren Exekutionstitels ist vom Medienunternehmer ohne unnötigen Aufschub vorzunehmen.

(BGBl 1982/295)

Anspruch auf angemessenes Entgelt

§ 86. (1) Wer unbefugt

1. ein Werk der Literatur oder Kunst auf eine nach den §§ 14 bis 18 dem Urheber vorbehaltene Verwertungsart benutzt,

2. den Vortrag oder die Aufführung eines Werkes der Literatur oder Tonkunst dem § 66 Abs. 1 und 5 zuwider auf einem Bild- oder Schallträger festhält oder diesen vervielfältigt oder dem § 66 Abs. 1 und 5 oder dem „§ 69 Abs. 2" zuwider verbreitet, *(BGBl 1982/295)*

3. den Vortrag oder die Aufführung eines Werkes der Literatur oder Tonkunst dem § 66 Abs. 7, „§ 69 Abs. 2," §§ 70 oder 71 zuwider durch Rundfunk sendet oder öffentlich wiedergibt, *(BGBl 1982/295)*

4. ein Lichtbild oder einen Schallträger auf eine nach den §§ 74 oder 76 dem Hersteller vorbehaltene Verwertungsart benutzt,

5. eine Rundfunksendung auf eine nach § 76 a dem Rundfunkunternehmer vorbehaltene Verwertungsart benutzt oder

6. eine Datenbank auf eine nach § 76d dem Hersteller vorbehaltene Verwertungsart benutzt,[1]) *(BGBl I 1998/25, ab 1. 1. 1998)*

hat, auch wenn ihn kein Verschulden trifft, dem Verletzten, dessen Einwilligung einzuholen gewesen wäre, ein angemessenes Entgelt zu zahlen. *(BGBl 1972/492)*

(2) Auf ein solches Entgelt besteht aber kein Anspruch, wenn eine Rundfunksendung oder öffentliche Wiedergabe nur deshalb unzulässig gewesen ist, weil sie mit Hilfe von Bild- oder Schallträgern oder Rundfunksendungen vorgenommen worden ist, die nach dem § 50 Abs. 2, § 53 Abs. 2, „§ 56 Abs. 3, § 56b Abs. 2, § 56c Abs. 3 Z 2, § 56d Abs. 1 Z 2,"** § 66 Abs. 7, „§ 69 Abs. 2,"* §§ 70, 71, 74, 76 oder 76 a Abs. 2 und 3 dazu nicht verwendet werden durften, und wenn diese Eigenschaft der Bild- oder Schallträger oder Rundfunksendungen ihrem Benutzer ohne sein Verschulden unbekannt gewesen ist. *(BGBl 1972/492, * BGBl 1982/295 und ** BGBl 1996/151, ab 1. 4. 1996)*

(3) Wer einen Pressebericht dem § 79 zuwider benutzt, hat, auch wenn ihn kein Verschulden trifft, dem Nachrichtensammler ein angemessenes Entgelt zu bezahlen.

---

1) Infolge eines Redaktionsversehens findet sich der Schlußteil des Abs 1 auch in Z 6.

Anspruch auf Schadenersatz und auf Herausgabe des Gewinnes

§ 87. (1) Wer durch eine Zuwiderhandlung gegen dieses Gesetz einen anderen schuldhaft schädigt, hat dem Verletzten ohne Rücksicht auf den Grad des Verschuldens auch den entgangenen Gewinn zu ersetzen.

(2) Auch kann der Verletzte in einem solchen Fall eine angemessene Entschädigung für

die in keinem Vermögensschaden bestehenden Nachteile verlangen, die er durch die Handlung erlitten hat.

(3) Der Verletzte, dessen Einwilligung einzuholen gewesen wäre, kann als Ersatz des ihm schuldhaft zugefügten Vermögensschadens (Abs. 1), wenn kein höherer Schaden nachgewiesen wird, das Doppelte des ihm nach § 86 gebührenden Entgelts begehren. *(BGBl 1982/295)*

(4) Wird ein Werk der Literatur oder Kunst unbefugt vervielfältigt oder verbreitet, so kann der Verletzte, dessen Einwilligung einzuholen gewesen wäre, auch die Herausgabe des Gewinnes verlangen, den der Schädiger durch den schuldhaften Eingriff erzielt hat. Dasselbe gilt, wenn der Vortrag oder die Aufführung eines Werkes der Literatur oder Tonkunst dem § 66 Abs.1 zuwider oder eine Rundfunksendung dem § 76 a zuwider auf einem Bild- oder Schallträger verwertet oder wenn ein Lichtbild dem § 74 zuwider oder ein Schallträger dem § 76 zuwider vervielfältigt oder verbreitet wird. *(BGBl 1972/492)*

(5) Neben einem angemessenen Entgelt (§ 86) oder der Herausgabe des Gewinnes (Absatz 4) kann ein Ersatz des Vermögensschadens nur begehrt werden, soweit er das Entgelt oder den herauszugebenden Gewinn übersteigt.

Anspruch auf Rechnungslegung

§ 87a. (1) „Wer nach diesem Gesetz zur Leistung eines angemessenen Entgelts oder angemessenen Vergütung, eines angemessenen Anteils an einer solchen Vergütung, zum Schadenersatz oder zur Herausgabe des Gewinnes verpflichtet ist, hat dem Anspruchsberechtigten Rechnung zu legen und deren Richtigkeit durch einen Sachverständigen prüfen zu lassen." Wenn sich dabei ein höherer Betrag als aus der Rechnungslegung ergibt, sind die Kosten der Prüfung vom Zahlungspflichtigen zu tragen. *(BGBl 1982/295 und BGBl 1996/151, ab 1. 4. 1996)*

(2) Wer nach § 42b Abs. 3 Z 1 als Bürge und Zahler haftet, hat dem Anspruchsberechtigten auch anzugeben, von wem er das Trägermaterial oder das Vervielfältigungsgerät bezogen hat, sofern er nicht die Vergütung leistet. *(BGBl 1996/151, ab 1. 4. 1996)*

(3) Die Abs. 1 und 2 gelten sinngemäß auch für denjenigen, der nach „§ 42b Abs. 3 Z 1" von der Haftung ausgenommen ist. *(BGBl 1989/612 und BGBl 1996/151, ab 1. 4. 1996)*

Anspruch auf Auskunft

§ 87b. Wer im Inland Werkstücke verbreitet, an denen das Verbreitungsrecht durch Inverkehrbringen in einem Mitgliedstaat der Europäischen Wirtschaftsgemeinschaft oder der Europäischen Freihandelsassoziation erloschen ist (§ 16 Abs. 3), hat dem Berechtigten auf Verlangen richtig und vollständig Auskunft über Hersteller, Inhalt, Herkunftsland und Menge der verbreiteten Werkstücke zu geben. Anspruch auf Auskunft hat, wem das Recht, die Werkstücke im Inland zu verbreiten, im Zeitpunkt des Erlöschens zugestanden ist.

(BGBl 1993/93, ab 1. 3. 1993)

Haftung des Inhabers eines Unternehmens

§ 88. (1) Wird der einen Anspruch auf angemessenes Entgelt (§ 86) begründende Eingriff im Betrieb eines Unternehmens von einem Bediensteten oder Beauftragten begangen, so trifft die Pflicht zur Zahlung des Entgeltes den Inhaber des Unternehmens.

(2) Hat ein Bediensteter oder Beauftragter im Betrieb eines Unternehmens diesem Gesetz zuwidergehandelt, so haftet, unbeschadet einer allfälligen Ersatzpflicht dieser Personen, der Inhaber des Unternehmens für den Ersatz des dadurch verursachten Schadens (§ 87, Absatz 1 bis 3), wenn ihm die Zuwiderhandlung bekannt war oder bekannt sein mußte. Auch trifft ihn in einem solchen Falle die Pflicht zur Herausgabe des Gewinnes nach § 87, Absatz 4.

Haftung mehrerer Verpflichteter

§ 89. Soweit derselbe Anspruch auf ein angemessenes Entgelt (§ 86), auf Schadenersatz (§ 87, Absatz 1 bis 3) oder auf Herausgabe des Gewinnes (§ 87, Absatz 4) gegen mehrere Personen begründet ist, haften sie zur ungeteilten Hand.

Verjährung

§ 90. (1) Die Verjährung der Ansprüche auf angemessenes Entgelt, angemessene Vergütung, Herausgabe des Gewinnes und Auskunft richtet sich nach den Vorschriften für Entschädigungsklagen. *(BGBl 1988/601)*

(2) Die Ansprüche der einzelnen Anspruchsberechtigten oder Gruppen von Anspruchsberechtigten gegen die Verwertungsgesellschaft verjähren ohne Rücksicht auf die Kenntnis des Anspruchsberechtigten von den die Zahlungspflicht der Verwertungsgesellschaft begründenden Tatsachen in drei Jahren ab diesem Zeitpunkt.

(BGBl 1982/295)

§ 90a. (1) Trägermaterial und Vervielfältigungsgeräte im Sinn des § 42b, die in den zollrechtlichen freien Verkehr übergeführt oder in ein Lager des Typs D im Sinn der zollrechtlichen Vorschriften eingelagert werden, sind vom Anmelder nach Maßgabe der Verordnungen nach den Abs. 3 und 4 mit einem eigenen Anmeldeschein anzumelden. Im Anmeldeschein sind Stückzahl, Art und Warenzeichen der angemeldeten Waren sowie der Name und die Anschrift des Anmelders und des Empfängers der angemeldeten Waren anzugeben; bei

Trägermaterial ist überdies die Spieldauer, bei Vervielfältigungsgeräten die Leistungsfähigkeit (Vervielfältigungen je Minute) anzugeben. Der Anmeldeschein ist eine erforderliche Unterlage zur Zollanmeldung im Sinn der zollrechtlichen Vorschriften. Die Anmeldescheine sind von den Zollstellen den Verwertungsgesellschaften, die Ansprüche nach § 42b und in Verbindung damit aus § 69 Abs. 3, § 74 Abs. 7 und § 76 Abs. 4 geltend machen, zu übersenden. *(BGBl 1996/151, ab 1. 4. 1996)*

(2) Von der Anmeldepflicht nach Abs. 1 sind Sendungen ausgenommen, die nach zollrechtlichen Vorschriften eingangsabgabefrei bleiben, im Fall von Trägermaterial überdies Sendungen, die nicht mehr als 100 Stück umfassen. *(BGBl 1996/151, ab 1. 4. 1996)*

(3) Der Bundesminister für Justiz hat im Einvernehmen mit dem Bundesminister für Finanzen durch Verordnung zu bestimmen, welche nach den Positionen der Kombinierten Nomenklatur (Verordnung [EWG] Nr. 2658/87 des Rates vom 23. Juli 1987 über die zolltarifliche und statistische Nomenklatur sowie den gemeinsamen Zolltarif, ABl. Nr. L 253 vom 11. Oktober 1993, S 1, in der jeweils geltenden Fassung) bezeichnete Waren unter die Anmeldepflicht nach Abs. 1 fallen und welchen Verwertungsgesellschaften die Anmeldescheine zu übersenden sind; die Verordnung hat auch Form und Inhalt des Anmeldescheins zu bestimmen. Die Verordnung hat auf den erforderlichen Verwaltungsaufwand und auf die Bedürfnisse der Verwertungsgesellschaften angemessen Bedacht zu nehmen. *(BGBl 1996/151, ab 1. 4. 1996)*

(4) Der Bundesminister für Justiz kann im Einvernehmen mit dem Bundesminister für Finanzen durch Verordnung[1]) weitere Ausnahmen von der Anmeldepflicht vorsehen, wenn das Interesse an der Erleichterung des Warenverkehrs oder der Verwaltungsvereinfachung das Interesse der Verwertungsgesellschaften an der Anmeldung überwiegt.

(5) Der Anmelder und der im Anmeldeschein genannte Empfänger der angemeldeten Waren haben den in Abs. 1 bezeichneten Verwertungsgesellschaften auf deren Verlangen richtig und vollständig Auskunft über die für die Entstehung der Zahlungspflicht maßgeblichen Umstände zu geben. *(BGBl 1996/151, ab 1. 4. 1996)*

(BGBl 1989/612)

[1]) *V BGBl 1990/40*

II. Abschnitt
Strafrechtliche Vorschriften
Eingriff

§ 91. (1) Wer einen Eingriff der im § 86 Abs. 1 bezeichneten Art begeht, ist mit Freiheitsstrafe bis zu sechs Monaten oder mit Geldstrafe bis zu 360 Tagessätzen zu bestrafen. „Der Eingriff ist jedoch dann nicht strafbar, wenn es sich nur um eine unbefugte Vervielfältigung oder um ein unbefugtes Festhalten eines Vortrags oder einer Aufführung jeweils zum eigenen Gebrauch oder unentgeltlich auf Bestellung zum eigenen Gebrauch eines anderen handelt." *(BGBl 1996/151, ab 1. 4. 1996)*

(1a) Ebenso ist zu bestrafen, wer Mittel in Verkehr bringt oder zu Erwerbszwecken besitzt, die ausschließlich dazu bestimmt sind, die unerlaubte Beseitigung oder Umgehung technischer Mechanismen zum Schutz von Computerprogrammen zu erleichtern. *(BGBl 1993/93, ab 1. 3. 1993)*

(2) Ebenso ist zu bestrafen, wer als Inhaber oder Leiter eines Unternehmens einen im Betrieb des Unternehmens von einem Bediensteten oder Beauftragten begangenen Eingriff dieser Art (Abs. 1 und 1a) nicht verhindert. *(BGBl 1993/93, ab 1. 3. 1993)*

(2a) Wer eine nach den Abs. 1, 1a oder 2 strafbare Handlung gewerbsmäßig begeht, ist mit Freiheitsstrafe bis zu zwei Jahren zu bestrafen. *(BGBl 1996/151, ab 1. 4. 1996)*

(3) Der Täter ist nur auf Verlangen des in seinem Recht Verletzten zu verfolgen.

(4) § 85 Abs. 1, 3 und 4 über die Urteilsveröffentlichung gilt entsprechend.

(5) Das Strafverfahren obliegt dem Einzelrichter des Gerichtshofes erster Instanz.

(BGBl 1982/295)

Vernichtung und Unbrauchbarmachung von Eingriffsgegenständen und Eingriffsmitteln

§ 92. (1) „In dem Urteil, womit ein Angeklagter des Vergehens nach § 91 schuldig erkannt wird, ist auf Antrag des Privatanklägers die Vernichtung der zur widerrechtlichen Verbreitung bestimmten Eingriffsgegenstände sowie die Unbrauchbarmachung der ausschließlich zur widerrechtlichen Vervielfältigung bestimmten und der im § 91 Abs. 1 a bezeichneten Eingriffsmittel anzuordnen". Solche Eingriffsgegenstände und Eingriffsmittel unterliegen diesen Maßnahmen ohne Rücksicht darauf, wem sie gehören. Bauten sind diesen Maßnahmen nicht unterworfen. Die Vorschriften des § 82, Absatz 3, gelten entsprechend. *(BGBl 1993/93, ab 1. 3. 1993)*

(2) Kann keine bestimmte Person verfolgt oder verurteilt werden, so hat das Strafgericht auf Antrag des Verletzten die im Absatz 1 bezeichneten Maßnahmen im freisprechenden Erkenntnis oder in einem selbständigen Verfahren anzuordnen, wenn die übrigen Voraussetzungen dieser Maßnahmen vorliegen. Im selbständigen Verfahren erkennt hierüber das Gericht, das zur Durchführung des Strafverfahrens zuständig wäre, nachdem die etwa erforderlichen

Erhebungen gepflogen worden sind, nach mündlicher Verhandlung durch Urteil. Auf die Verhandlung, die Entscheidung und ihre Veröffentlichung sowie auf die Anfechtung der Entscheidung sind die Vorschriften entsprechend anzuwenden, die für die Entscheidung über den Strafanspruch gelten. Für den Kostenersatz gelten dem Sinne nach die allgemeinen Vorschriften über den Ersatz der Kosten des Strafverfahrens; wird dem Antrag stattgegeben, so trifft die Kostenersatzpflicht die an dem Verfahren als Gegner des Antragstellers Beteiligten.

(3) In den Fällen der Absätze 1 und 2 sind, soweit es möglich ist, auch die Eigentümer der der Vernichtung oder Unbrauchbarmachung unterliegenden Gegenstände zur Verhandlung zu laden. Sie sind, soweit es sich um die gesetzlichen Voraussetzungen dieser Maßnahmen handelt, berechtigt, tatsächliche Umstände vorzubringen, Anträge zu stellen und gegen die Entscheidung die nach der Strafprozeßordnung zulässigen Rechtsmittel zu ergreifen. Wegen Nichtigkeit können sie das Urteil auch dann anfechten, wenn das Gericht die ihm nach den Absätzen 1 und 2 zustehenden Befugnisse überschritten hat. Sie können ihre Sache selbst oder durch einen Bevollmächtigten führen und sich eines Rechtsbeistandes aus der Zahl der in die Verteidigerliste eingetragenen Personen bedienen. Die Frist zur Erhebung von Rechtsmitteln beginnt für sie mit der Verkündung des Urteils, auch wenn sie dabei nicht anwesend waren. Gegen ein in ihrer Abwesenheit gefälltes Urteil können sie keinen Einspruch erheben.

Beschlagnahme

§ 93. (1) Zur Sicherung der auf Grund des § 92 beantragten Maßnahmen können die ihnen unterliegenden Eingriffsgegenstände und Eingriffsmittel auf Antrag des Privatanklägers vom Strafgericht in Beschlag genommen werden.

(2) Das Strafgericht hat über einen solchen Antrag sofort zu entscheiden. Es kann die Bewilligung der Beschlagnahme von dem Erlag einer Sicherstellung abhängig machen. Die Beschlagnahme ist auf das unbedingt notwendige Maß zu beschränken. Sie muß aufgehoben werden, wenn eine angemessene Sicherheit dafür geleistet wird, daß die beschlagnahmten Gegenstände nicht auf eine unerlaubte Art benutzt und dem Zugriff des Gerichtes nicht entzogen werden.

(3) Wird die Beschlagnahme nicht schon früher aufgehoben, so bleibt sie bis zur rechtskräftigen Erledigung des Verfahrens über den Antrag auf Vernichtung der Eingriffsgegenstände oder Unbrauchbarmachung der Eingriffsmittel und, wenn im Urteil hierauf erkannt wird, bis zur Vollstreckung der angeordneten Maßnahmen aufrecht.

(4) Gegen Beschlüsse, betreffend die Anordnung, Einschränkung oder Aufhebung der Beschlagnahme, kann binnen drei Tagen Beschwerde erhoben werden; sie hat nur dann aufschiebende Wirkung, wenn sie sich gegen die Aufhebung oder Beschränkung der Beschlagnahme richtet.

(5) Erkennt das Gericht nicht auf Vernichtung oder Unbrauchbarmachung der beschlagnahmten Gegenstände, so hat der Antragsteller dem von der Beschlagnahme Betroffenen alle hiedurch verursachten vermögensrechtlichen Nachteile zu ersetzen. Kommt es infolge einer von den Parteien getroffenen Vereinbarung zu keiner Entscheidung über den Antrag auf Vernichtung oder Unbrauchbarmachung, so kann der Betroffene den Anspruch auf Ersatz nur erheben, wenn er sich ihn in der Vereinbarung vorbehalten hat.

(6) Der Anspruch auf den nach Absatz 5 gebührenden Ersatz ist im ordentlichen Rechtswege geltend zu machen.

IV. Hauptstück
Anwendungsbereich des Gesetzes
1. Werke der Literatur und der Kunst
Werke der Staatsbürger

§ 94. Ein Werk genießt ohne Rücksicht darauf, ob und wo es erschienen ist, den urheberrechtlichen Schutz dieses Gesetzes, wenn der Urheber (§ 10, Absatz 1) oder ein Miturheber österreichischer „Staatsbürger" ist. *(BGBl 1953/106)*

Im Inland erschienene und mit inländischen Liegenschaften verbundene Werke

§ 95. Den urheberrechtlichen Schutz dieses Gesetzes genießen ferner alle nicht schon nach § 94 geschützten Werke, die im Inland erschienen sind, sowie die Werke der bildenden Künste, die Bestandteil oder Zugehör einer inländischen Liegenschaft sind. *(BGBl 1953/106)*

(2) *(aufgehoben, BGBl 1972/492)*

Nicht im Inland erschienene und nicht mit inländischen Liegenschaften verbundene Werke von Ausländern

§ 96. (1) Für Werke ausländischer Urheber (§ 10 Abs. 1), die nicht nach § 94 oder nach § 95 geschützt sind, besteht der urheberrechtliche Schutz unbeschadet von Staatsverträgen unter der Voraussetzung, daß die Werke österreichischer Urheber auch in dem Staat, dem der ausländische Urheber angehört, in annähernd gleicher Weise geschützt sind, jedenfalls aber im selben Ausmaß wie die Werke der Angehörigen dieses Staates. Diese Gegenseitigkeit ist dann anzunehmen, wenn sie in einer Kundmachung des Bundesministers für Justiz im Hinblick auf die in dem betreffenden Staat bestehende Rechtslage festgestellt worden ist.

Darüber hinaus können die zuständigen Behörden die Gegenseitigkeit mit einem anderen Staat vertraglich vereinbaren, wenn dies zur Wahrung der Interessen von österreichischen Urhebern geboten erscheint.

(2) Für die Berechnung der Dauer des Schutzes, den ausländische Urheber für ihre Werke in Österreich nach dem Welturheberrechtsabkommen vom 6. September 1952, BGBl. Nr. 108/1957, oder nach dem Welturheberrechtsabkommen, revidiert am 24. Juli 1971, BGBl. Nr. 293/1982, genießen, sind ihre Art. IV Z 4 Abs. 1 bzw. Art. IV Abs. 4 lit. a anzuwenden.

(BGBl 1982/295)

2. Vorträge und Aufführungen von Werken der Literatur und der Tonkunst

§ 97. (1) Vorträge und Aufführungen von Werken der Literatur und der Tonkunst, die im Inland stattfinden, sind nach den Vorschriften der §§ 66 bis 72 ohne Rücksicht darauf geschützt, welchem Staate die Personen angehören, deren Einwilligung nach „§ 66 Abs. 1 und 5" zur Festhaltung des Vortrages oder der Aufführung auf einem Bild- oder Schallträger erforderlich ist. *(BGBl 1972/492)*

(2) Bei Vorträgen und Aufführungen, die im Ausland stattfinden, gelten die §§ 66 bis 72 zugunsten österreichischer Staatsbürger. Ausländer werden bei solchen Vorträgen und Aufführungen unbeschadet von Staatsverträgen unter der Voraussetzung geschützt, daß die Vorträge und Aufführungen österreichischer Staatsbürger auch in dem Staat, dem der Ausländer angehört, in annähernd gleicher Weise geschützt sind, jedenfalls aber im selben Ausmaß wie Vorträge und Aufführungen der Angehörigen dieses Staates. Diese Gegenseitigkeit ist dann anzunehmen, wenn sie in einer Kundmachung des Bundesministers für Justiz im Hinblick auf die in dem betreffenden Staat bestehende Rechtslage festgestellt worden ist. Darüber hinaus können die zuständigen Behörden die Gegenseitigkeit mit einem anderen Staat vertraglich vereinbaren, wenn dies zur Wahrung der Interessen von österreichischen nach § 66 Abs. 1 Verwertungsberechtigten geboten erscheint. *(BGBl 1982/295)*

3. Lichtbilder

§ 98. (1) Für die Anwendbarkeit der Vorschriften zum Schutze von Lichtbildern (§§ 73 bis 75) gelten die Vorschriften der §§ 94 bis 96 entsprechend.

(2) Ist der Hersteller eine juristische Person, so ist dem Erfordernis der österreichischen „Staatsbürgerschaft" genügt, wenn die juristische Person ihren Sitz im Inland hat. *(BGBl 1953/106)*

4. Schallträger und Rundfunksendungen

Anm: In der Überschrift werden die nachgelassenen Werke (§ 99b) irrtümlich nicht erwähnt.

Schallträger

§ 99. (1) Schallträger werden nach § 76 ohne Rücksicht darauf geschützt, ob und wie sie erschienen sind, wenn der Hersteller österreichischer Staatsbürger ist. § 98 Abs. 2 gilt entsprechend.

(2) Andere Schallträger werden nach § 76 Abs. 1, 2 und 4 bis 6 geschützt, wenn sie im Inland erschienen sind.

(3) Schallträger ausländischer Hersteller, die nicht im Inland erschienen sind, werden nach § 76 Abs. 1, 2 und 4 bis 6 unbeschadet von Staatsverträgen unter der Voraussetzung geschützt, daß Schallträger österreichischer Hersteller auch in dem Staat, dem der ausländische Hersteller angehört, in annähernd gleicher Weise geschützt sind, jedenfalls aber im selben Ausmaß wie die Schallträger der Angehörigen dieses Staates. Diese Gegenseitigkeit ist dann anzunehmen, wenn sie in einer Kundmachung des Bundesministers für Justiz im Hinblick auf die in dem betreffenden Staat bestehende Rechtslage festgestellt worden ist. Darüber hinaus können die zuständigen Behörden die Gegenseitigkeit mit einem anderen Staat vertraglich vereinbaren, wenn dies zur Wahrung der Interessen österreichischer Hersteller von Schallträgern geboten erscheint.

(4) Nicht im Inland erschienene Schallträger ausländischer Hersteller werden ferner nach § 76 Abs. 1, 2 und 4 bis 6 geschützt, wenn der Hersteller einem Vertragsstaat des Übereinkommens vom 29. Oktober 1971, BGBl. Nr. 294/1982, zum Schutz der Hersteller von Tonträgern gegen die unerlaubte Vervielfältigung ihrer Tonträger angehört.

(5) Auf den Schutz nach § 76 Abs. 3 haben Ausländer jedenfalls nur nach Maßgabe von Staatsverträgen Anspruch.

(BGBl 1982/295)

Rundfunksendungen

§ 99a. Rundfunksendungen, die nicht im Inland ausgestrahlt werden, sind nur nach Maßgabe von Staatsverträgen geschützt.

(BGBl 1972/492)

Nachgelassene Werke

§ 99b. Für den Schutz nachgelassener Werke (§ 76b) gelten die Vorschriften der §§ 94 bis 96 entsprechend.

(BGBl 1996/151, ab 1. 4. 1996)

4a. Datenbanken

§ 99c. (1) Datenbanken werden nach § 76d geschützt, wenn der Hersteller österreichischer Staatsbürger ist oder seinen gewöhnlichen Aufenthalt im Inland hat. § 98 Abs. 2 gilt entsprechend.

(2) Andere Datenbanken werden nach § 76d geschützt, wenn der Hersteller eine juristische Person ist, die nach den Rechtsvorschriften eines Mitgliedstaates der Europäischen Gemeinschaft oder eines Vertragsstaates des Abkommens über den Europäischen Wirtschaftsraum gegründet worden ist und

1. ihre Hauptverwaltung oder Hauptniederlassung in einem dieser Staaten hat oder
2. ihren satzungsmäßigen Sitz in einem dieser Staaten hat und deren Tätigkeit eine tatsächliche ständige Verbindung zu der Wirtschaft eines dieser Staaten hat.

(3) Im übrigen werden Datenbanken nach Maßgabe von Staatsverträgen sowie von Vereinbarungen geschützt, die der Rat der Europäischen Gemeinschaft nach Art. 11 Abs. 3 der Richtlinie 96/9/EG des Europäischen Parlaments und des Rates über den rechtlichen Schutz von Datenbanken (ABl. Nr. L 77 vom 27. März 1996, S 20) schließt.
(BGBl I 1998/25, ab 1. 1. 1998)

5. Nachrichtenschutz und Titelschutz

§ 100. (1) Ausländern, die im Inland keine Hauptniederlassung haben, kommt der Schutz nach den §§ 79 und 80 nur nach Maßgabe von Staatsverträgen oder unter Voraussetzung der Gegenseitigkeit zu; der Bundesminister für Justiz ist ermächtigt, im Bundesgesetzblatt kundzumachen, daß und allenfalls wieweit die Gegenseitigkeit nach den innerstaatlichen Rechtsvorschriften des fremden Staates verbürgt ist. *(BGBl 1972/492)*

(2) Dem Urheber eines geschützten Werkes und den Personen, denen ein Werknutzungsrecht daran zusteht, wird der im § 80 bezeichnete Schutz auch dann gewährt, wenn die im Absatz 1 bezeichneten Voraussetzungen nicht vorliegen.

V. Hauptstück

Übergangs- und Schlußbestimmungen

§ 101. (1) Die urheberrechtlichen Vorschriften dieses Gesetzes gelten, soweit es nichts anderes bestimmt, auch für die vor seinem Inkrafttreten geschaffenen Werke der Literatur und der Kunst, die nicht schon früher infolge Ablaufs der Schutzfrist freigeworden sind.

(2) Werke, die zur Zeit des Inkrafttretens dieses Gesetzes urheberrechtlichen Schutz genießen, weil sie nach älteren Vorschriften als im Inland erschienen anzusehen sind, bleiben gleich den im Inland erschienenen Werken geschützt, auch wenn sie nach § 9 nicht zu den im Inland erschienenen Werken gehören.

(3) Der durch Verordnungen gewährte Gegenseitigkeitsschutz im Verhältnis zu fremden Staaten erstreckt sich auch auf den Schutz nach diesem Gesetze.

§ 102. (1) Wem das Urheberrecht an den aus unterscheidbaren Beiträgen verschiedener Mitarbeiter gebildeten, gleichwohl ein einheitliches Ganzes darstellenden Werken, die vor dem Inkrafttreten dieses Gesetzes von Behörden, Korporationen, Unterrichtsanstalten und öffentlichen Instituten, von Vereinen oder Gesellschaften herausgegeben worden sind (§ 40 des Urheberrechtsgesetzes, St.G.Bl. Nr. 417/1920), zusteht, ist nach dem neuen Gesetz zu beurteilen. Doch stehen die Werknutzungsrechte an solchen Sammelwerken im Zweifel den genannten Herausgebern zu.

(2) Wem das Urheberrecht an einem gegen Entgelt bestellten Porträt (§ 13 des Urheberrechtsgesetzes, St.G.Bl.Nr. 417/1920) zusteht, das vor dem Inkrafttreten des neuen Gesetzes geschaffen wurde, ist nach diesem zu beurteilen. Doch stehen die Werknutzungsrechte an einem solchen Porträt im Zweifel dem Besteller zu.

§ 103. Ist die Ausübung des Urheberrechtes vor dem Inkrafttreten dieses Gesetzes einem anderen beschränkt oder unbeschränkt überlassen worden, so erstreckt sich diese Verfügung im Zweifel nicht auf Befugnisse, die dem Urheber durch dieses Gesetz neu eingeräumt werden.

§ 104. Die Verwertungsrechte an einem gewerbsmäßig hergestellten Filmwerk stehen auch dann, wenn es vor dem Inkrafttreten dieses Gesetzes geschaffen worden ist, nach § 38 dem Filmhersteller zu, soweit dem nicht eine diese Rechte des Filmherstellers einschränkende Vereinbarung der Parteien entgegensteht. Will der Urheber ein nach § 38 dem Filmhersteller zukommendes Verwertungsrecht an einem solchen Werke für sich in Anspruch nehmen, so muß er sein Recht bei sonstigem Verlust binnen einem Jahre nach dem Inkrafttreten dieses Gesetzes geltend machen.

§ 105. Die Rechte der Urheber von Übersetzungen, die vor dem Inkrafttreten dieses Gesetzes erlaubterweise erschienen sind, ohne daß es der Einwilligung des Urhebers des übersetzten Werkes bedurfte, werden durch dieses Gesetz nicht berührt.

§ 106. (1) Soweit die freie Verbreitung von Vervielfältigungsstücken eines Werkes nach den bisherigen Vorschriften zulässig ist, dürfen vor dem Inkrafttreten dieses Gesetzes hergestellte Vervielfältigungsstücke auch weiterhin frei verbreitet werden, wenngleich ihre Verbreitung ohne Einwilligung des Berechtigten nach den Vorschriften dieses Gesetzes über freie Werknutzungen nicht erlaubt ist.

(2) Die Gesetzmäßigkeit der Beschaffenheit von Vervielfältigungsstücken, die vor dem Inkrafttreten dieses Gesetzes hergestellt worden sind, ist nach den bisherigen Vorschriften zu beurteilen.

§ **107.** Der zu einem Werke der Tonkunst gehörige Text, der vor dem Inkrafttreten dieses Gesetzes erlaubterweise (§ 25, Z. 5, des Urheberrechtsgesetzes, St.G.Bl.Nr. 417/1920) in Verbindung mit dem Werke der Tonkunst herausgegeben worden ist, darf in dieser Verbindung auch weiterhin auf die nach § 47, Absatz 1 und 3, zulässige Art benutzt werden. Dabei ist jedoch die Vorschrift des § 47, Absatz 2, anzuwenden.

§ **108.** Ist ein Werk der Literatur oder Tonkunst vor dem Inkrafttreten dieses Gesetzes auf eine Vorrichtung zur mechanischen Wiedergabe für das Gehör übertragen worden, so erlischt mit dem Inkrafttreten dieses Gesetzes das nach § 23, Absatz 3, und § 28, Absatz 2, des Urheberrechtsgesetzes, St.G.Bl.Nr. 417/1920, an der Übertragung bestehende Urheberrecht der danach als Bearbeiter geltenden Personen. Das vom Urheber einem anderen eingeräumte Recht, ein Werk zur mechanischen Wiedergabe für das Gehör zu verwerten, bleibt unberührt. Doch erstreckt sich dieses Recht im Zweifel weder auf Mittel, die zur gleichzeitigen wiederholbaren Wiedergabe für Gesicht und Gehör bestimmt sind, noch darauf, das Werk mit Hilfe von Schallträgern öffentlich vorzutragen oder aufzuführen oder durch Rundfunk zu senden.

§ **109.** (1) Vorrichtungen, die zur mechanischen Wiedergabe von Werken der Literatur oder Tonkunst für das Gehör dienen, dürfen noch bis zum Ablauf des Jahres 1936 wie bisher (§ 25, Z. 6, und § 30, Z. 5, des Urheberrechtsgesetzes, St.G.Bl.Nr. 417/1920) zu öffentlichen Vorträgen und Aufführungen frei verwendet werden.

(2) Absatz 1 gilt nicht für Mittel, die zur gleichzeitigen wiederholbaren Wiedergabe für Gesicht und Gehör bestimmt sind.

§ **110.** (1) Die Vorschriften der §§ 66 bis 72 gelten zugunsten der im „§ 66 Abs. 1" bezeichneten Personen auch dann, wenn der Vortrag oder die Aufführung eines Werkes der Literatur oder Tonkunst vor dem Inkrafttreten dieses Gesetzes stattgefunden hat. *(BGBl 1972/492)*

(2) Ist der Vortrag oder die Aufführung vor dem Inkrafttreten dieses Gesetzes mit Einwilligung des nach „§ 66 Abs. 1" Verwertungsberechtigten auf einem Bild- oder Schallträger festgehalten worden, so ist mit dieser Einwilligung dem Hersteller des Bild- oder Schallträgers im Zweifel auch das ausschließliche Nutzungsrecht eingeräumt worden, diesen auf die dem Verwertungsberechtigten nach § 66 vorbehaltene Art zu vervielfältigen und zu verbreiten. Auch enthält die Einwilligung in einem solchen Fall im Zweifel die Erteilung der Erlaubnis, die Bild- oder Schallträger mit dem Namen der vortragenden oder aufführenden Person zu bezeichnen. *(BGBl 1982/295)*

§ **111.** Für die vor dem Inkrafttreten dieses Bundesgesetzes aufgenommenen Lichtbilder (§§ 73 bis 75) gelten die Vorschriften der §§ 101 bis 103 und 106 entsprechend.

§ **112.** Schallträger sind nach § 76 geschützt, auch wenn die Aufnahme der akustischen Vorgänge vor dem Inkrafttreten dieses Gesetzes stattgefunden hat.

§ **113.** (1) Das Urheberrechtsgesetz, R.G.Bl. Nr. 197/1895, wird in seiner derzeit geltenden Fassung (Vollzugsanweisung St.G.Bl.Nr. 417/1920 und Verordnung B.G.Bl.Nr. 555/1933) aufgehoben. Desgleichen wird die Verordnung B.G.Bl.Nr. 347/1933 außer Kraft gesetzt.

(2) bis (3) *(betreffen ABGB bzw UWG)*

(4) *(gegenstandslos)*

§ **114.** (1) Dieses Bundesgesetz tritt am 1. Juli 1936 in Kraft.

(2) Mit seiner Vollziehung ist der Bundesminister für Justiz betraut, hinsichtlich des § 90 a Abs. 1 bis 4 jedoch im Einvernehmen mit dem Bundesminister für Finanzen. *(BGBl 1989/612)*

(3) Auf Grund dieses Bundesgesetzes können Verordnungen von dem auf seine Kundmachung folgenden Tag an erlassen werden; doch treten sie frühestens mit diesem Gesetz in Kraft.

24/1. Urheberrechtsgesetz-Novelle 1996

24/1. Urheberrechtsgesetz-Novelle 1996 *(Auszug)*, BGBl 1996/151

Bundesgesetz, mit dem das Urheberrechtsgesetz und die Urheberrechtsgesetznovelle 1980 geändert werden (Urheberrechtsgesetz-Novelle 1996 – UrhG-Nov. 1996)

Artikel I–II

(betreffen UrhG und UrhGNov 1980)

Artikel III
Inkrafttreten und Vollziehung

(1) Dieses Bundesgesetz tritt vorbehaltlich des Abs. 2 mit 1. April 1996 in Kraft.

(2) Art. I Z 16, 22[1]) und 24 (§§ 59a und 59b UrhG in der Fassung dieses Bundesgesetzes und die entsprechende Geltung dieser Bestimmungen nach § 67 Abs. 2 und § 70 Abs. 1 UrhG in der Fassung dieses Bundesgesetzes) und Art. II treten mit 1. Jänner 1998 in Kraft.

(3) Durchführungsverordnungen dürfen bereits vor dem 1. April 1996 erlassen werden; sie dürfen jedoch frühestens mit diesem Tag in Kraft gesetzt werden.

(4) Mit der Vollziehung dieses Bundesgesetzes ist der Bundesminister für Justiz betraut.

[1]) *Richtig: 21.*

Artikel IV

(betrifft UrhGNov 1980)

Artikel V
Ausstellen

§ 16b UrhG in der Fassung dieses Bundesgesetzes gilt auch für Werkstücke, an denen das Verbreitungsrecht nach § 16 Abs. 2 und 3 UrhG vor dem 1. April 1996 erloschen ist. Dies gilt auch für die entsprechende Geltung der angeführten Bestimmung nach § 74 Abs. 7 UrhG in der Fassung dieses Bundesgesetzes.

Artikel VI
Filmwerke

(1) Die §§ 38 und 39 UrhG in der Fassung dieses Bundesgesetzes gelten für gewerbsmäßig hergestellte Filmwerke, mit deren Aufnahme nach dem 31. Dezember 1995 begonnen worden ist.

(2) Für andere gewerbsmäßig hergestellte Filmwerke, die nach dem 31. Dezember 1969 veröffentlicht worden sind, gelten die §§ 38 und 39 UrhG in der Fassung dieses Bundesgesetzes mit der Maßgabe, daß dem Urheber der folgende Anteil an den gesetzlichen Vergütungsansprüchen zusteht: für die Zeit vom 1. Jänner bis 31. Dezember 1996 beträgt der Anteil 3,3 %, für das Jahr 1997 und die folgenden Jahre bis zum Jahr 2004 vergrößert sich der Anteil jährlich um 3,3 % und beträgt ab dem Jahr 2005 33 %.

(3) Gestattet der nach § 38 Abs. 1 UrhG berechtigte Filmhersteller oder ein Werknutzungsberechtigter gegen Entgelt anderen die Benutzung eines der im Abs. 2 bezeichneten Filmwerke zur gleichzeitigen, vollständigen und unveränderten Weitersendung mit Hilfe von Leitungen, so hat der Urheber Anspruch auf einen Anteil an diesem Entgelt; die Höhe des Anteils entspricht der Höhe des Anteils an den gesetzlichen Vergütungsansprüchen nach Abs. 2.

Artikel VII
Rundfunksendung über Satellit

Der Mithersteller eines Filmwerks darf einem anderen die Rundfunksendung des Filmwerks über Satellit nur mit Zustimmung des beeinträchtigten Mitherstellers (Z 5) gestatten, wenn

1. das Filmwerk von Herstellern aus mehreren Staaten gemeinsam hergestellt worden ist,

2. zumindest ein Mithersteller einem Mitgliedstaat des Europäischen Wirtschaftsraums angehört,

3. der Vertrag über die gemeinsame Herstellung des Filmwerks vor dem 1. April 1996 geschlossen worden ist,

4. dieser Vertrag ausdrücklich das Senderecht für bestimmte Gebiete aufteilt, und zwar für alle technischen Mittel der Sendung, und keine besondere Regelung für die Sendung über Satellit trifft und

5. die Sendung über Satellit das ausschließliche Senderecht eines Mitherstellers beeinträchtigt.

Artikel VIII
Schutzfristen

(1) Dieses Bundesgesetz gilt nicht, soweit dadurch eine bereits laufende Schutzfrist verkürzt würde.

(2) Soweit durch dieses Bundesgesetz eine Verlängerung der Schutzfrist bewirkt wird, gilt es für die vor dem 1. April 1996 entstandenen Werke, vorgenommenen Vorträge und Aufführungen, aufgenommenen Lichtbilder und gesendeten Rundfunksendungen,

1. für die am 1. Juli 1995 die Schutzfrist nach den bisher geltenden Bestimmungen noch nicht abgelaufen ist oder

2. die in einem Mitgliedstaat des Europäischen Wirtschaftsraums geschützt werden und für die die Schutzfrist in diesem Mitgliedstaat am 1. Juli 1995 noch nicht abgelaufen ist.

(3) Hat der Urheber (§ 10 Abs. 2 UrhG) vor dem 1. April 1996 ein Werknutzungsrecht begründet, eine Werknutzungsbewilligung erteilt oder über einen gesetzlichen Vergütungsanspruch verfügt, so erstreckt sich diese Verfügung im Zweifel nicht auf den Zeitraum der durch dieses Bundesgesetz bewirkten Verlängerung der Schutzfristen; wer jedoch ein Werknutzungsrecht oder eine Werknutzungsbewilligung gegen Entgelt erworben hat, bleibt gegen Zahlung einer angemessenen Vergütung zur Werknutzung auch während dieser Verlängerung berechtigt. Dies gilt entsprechend für Verfügungen über die Schutzrechte an Vorträgen und Aufführungen von Werken der Literatur und der Tonkunst, an Lichtbildern und an Rundfunksendungen.

(4) Soweit der Schutz von Werken, für die die Schutzfrist nach den bisher geltenden Bestimmungen schon abgelaufen war, nach Abs. 2 wiederauflebt, dürfen vor dem 1. Juli 1995 bereits begonnene Vervielfältigungen solcher Werke auch nach dem 31. März 1996 vollendet und diese Vervielfältigungen sowie vor dem 1. Juli 1995 bereits vorhandene Vervielfältigungsstücke auch nach dem 31. März 1996 verbreitet werden. Dies gilt entsprechend für Vorträge und Aufführungen von Werken der Literatur und der Tonkunst, für Lichtbilder und für Rundfunksendungen.

Artikel IX

Nachgelassene Werke

(1) Dieses Bundesgesetz gilt für nachgelassene Werke,

1. die nach dem 30. Juni 1995 im Sinn des § 76b UrhG in der Fassung dieses Bundesgesetzes veröffentlicht worden sind oder

2. die am 1. Juli 1995 in einem Mitgliedstaat des Europäischen Wirtschaftsraums im Sinn des § 76b UrhG in der Fassung dieses Bundesgesetzes geschützt werden.

(2) Art. VIII Abs. 4 gilt entsprechend auch für den Schutz von nachgelassenen Werken, die vor dem 1. April 1996 im Sinn des § 76b UrhG in der Fassung dieses Bundesgesetzes veröffentlicht worden sind.

24/2. Zugangskontrollgesetz

24/2. Zugangskontrollgesetz, BGBl I 2000/60 idF

1 BGBl I 2001/32

Stichwortverzeichnis

(Die Zahlenangaben beziehen sich auf die Paragraphen)

Bundesgesetz über den Schutz zugangskontrollierter Dienste (Zugangskontrollgesetz – ZuKG)

1. Abschnitt
Geltungsbereich und Begriffsbestimmungen

Geltungsbereich

§ 1. Dieses Bundesgesetz regelt den rechtlichen Schutz von Diensteanbietern, die Fernsehsendungen, Radiosendungen oder Dienste der Informationsgesellschaft gegen Entgelt und unter einer Zugangskontrolle bereitstellen.

Begriffsbestimmungen

§ 2. Im Sinn dieses Bundesgesetzes bedeuten

1. Diensteanbieter: eine natürliche oder juristische Person oder eine sonstige rechtsfähige Einrichtung, die geschützte Dienste bereitstellt;

2. geschützter Dienst: eine Fernsehsendung, eine Radiosendung oder ein Dienst der Informationsgesellschaft, die oder der gegen Entgelt und unter einer Zugangskontrolle erbracht wird, einschließlich der Zugangskontrolle für solche Dienste, soweit sie als eigenständiger Dienst anzusehen sind;

3. Fernsehsendung: eine drahtgebundene oder drahtlose, erdgebundene oder durch Satelliten vermittelte, unverschlüsselte oder verschlüsselte Erstsendung von Fernsehprogrammen, die zum Empfang durch die Allgemeinheit bestimmt ist, einschließlich der Übermittlung an andere Veranstalter zur Weiterverbreitung an die Allgemeinheit;

4. Radiosendung: eine drahtgebundene oder drahtlose – einschließlich der durch Satelliten vermittelten – Sendung von Radioprogrammen, die zum Empfang durch die Allgemeinheit bestimmt ist;

5. Dienst der Informationsgesellschaft: ein in der Regel gegen Entgelt elektronisch im Fernabsatz und auf individuellen Abruf eines Empfängers erbrachter Dienst, wobei als

a) im Fernabsatz erbrachter Dienst ein Dienst, der ohne gleichzeitige körperliche Anwesenheit der Parteien erbracht wird, als

b) elektronisch erbrachter Dienst ein Dienst, der mittels Geräten für die elektronische Verarbeitung, einschließlich digitaler Kompression, und Speicherung von Daten am Ausgangspunkt gesendet und am Endpunkt empfangen sowie vollständig über Draht, über Funk, auf optischem oder anderem elektromagnetischen Weg gesendet, weitergeleitet und empfangen wird, und als

c) auf individuellen Abruf eines Empfängers erbrachter Dienst ein Dienst, der durch die Übertragung von Daten auf individuelle Anforderung erbracht wird, verstanden werden;

6. Zugangskontrolle: eine technische Maßnahme oder Vorrichtung, die den Zugang zu einem geschützten Dienst in verständlicher Form von einer vorherigen individuellen Erlaubnis abhängig macht;

7. Zugangskontrollvorrichtung: ein Gerät oder Computerprogramm, das dazu bestimmt oder angepasst ist, den Zugang zu einem geschützten Dienst in verständlicher Form zu ermöglichen;

8. Umgehungsvorrichtung: ein Gerät oder Computerprogramm, das dazu bestimmt oder angepasst ist, den Zugang zu einem geschützten Dienst in verständlicher Form ohne Erlaubnis des Diensteanbieters zu ermöglichen.

2. Abschnitt
Rechtsschutz
Recht auf Zugangskontrolle

§ 3. Der Diensteanbieter hat das ausschließliche Recht, den Zugang zu einem von ihm bereitgestellten geschützten Dienst in verständlicher Form von seiner vorherigen individuellen Erlaubnis abhängig zu machen.

Unerlaubte Handlungen

§ 4. (1) Die Herstellung, die Einfuhr, der Vertrieb, der Verkauf, die Vermietung oder Verpachtung und die Innehabung von Umgehungsvorrichtungen sowie deren Installierung, Wartung, Instandsetzung oder Austausch sind, soweit damit gewerbliche Zwecke verfolgt werden, verboten.

(2) Ebenso sind, soweit damit gewerbliche Zwecke verfolgt werden, die Werbung und andere Maßnahmen zur Förderung des In-Verkehr-Bringens von Umgehungsvorrichtungen, wie etwa das Direktmarketing, das Sponsoring oder die Öffentlichkeitsarbeit, verboten.

(3) Die Verbote nach den Abs. 1 und 2 erfassen alle im Inland begangenen oder verwirklichten Handlungen unabhängig davon, wo sich der den Verboten zuwider Handelnde niedergelassen hat.

3. Abschnitt
Zivilrechtliche Ansprüche
Unterlassung

§ 5. Ein Diensteanbieter, der durch eine unerlaubte Handlung (§ 4) in seinem Recht auf Zugangskontrolle verletzt worden ist oder dem eine solche Verletzung droht, hat Anspruch auf Unterlassung. Der Inhaber eines Unternehmens kann wegen einer solchen unerlaubten Handlung auch dann auf Unterlassung belangt werden, wenn die Handlung im Betrieb seines Unternehmens von einem Bediensteten oder Beauftragten begangen worden ist oder von einer solchen Person droht.

Beseitigung

§ 6. (1) Ein Diensteanbieter, der durch eine unerlaubte Handlung (§ 4) in seinem Recht der Zugangskontrolle verletzt worden ist, hat Anspruch darauf, dass der den Vorschriften dieses Bundesgesetzes widerstreitende Zustand beseitigt wird. Er kann insbesondere verlangen, dass die Umgehungsvorrichtungen vernichtet oder sonst unbrauchbar gemacht werden; kann der diesem Bundesgesetz widerstreitende Zustand auf eine schonendere Art beseitigt werden, so kann der Diensteanbieter nur Maßnahmen dieser Art verlangen.

(2) Enthalten die Umgehungsvorrichtungen Teile, deren unveränderter Bestand und deren Gebrauch durch den Beklagten das Recht des Klägers auf Zugangskontrolle nicht verletzen und die von der Vernichtung oder Unbrauchbarmachung ausgenommen werden können, so hat das Gericht diese Teile in dem die Vernichtung oder Unbrauchbarmachung aussprechenden Urteil zu bezeichnen. Bei der Vollstreckung sind diese Teile von der Vernichtung oder Unbrauchbarmachung auszunehmen, wenn der Verpflichtete die damit verbundenen Kosten im voraus bezahlt.

(3) Statt der Vernichtung oder Unbrauchbarmachung von Umgehungsvorrichtungen kann der Diensteanbieter verlangen, dass ihm diese gegen eine angemessene, die Herstellungskosten nicht übersteigende Entschädigung überlassen werden.

(4) Der Diensteanbieter hat auch Anspruch darauf, dass die entgegen den Vorschriften dieses Bundesgesetzes verwendeten Werbemittel, wie etwa Plakate, Broschüren oder sonstige Druckwerke, vernichtet werden.

(5) Der Beseitigungsanspruch richtet sich ungeachtet des Eigentums- oder eines sonstigen Verfügungsrechts gegen denjenigen gewerblich tätigen Rechtsträger, in dessen Gewahrsame die betroffenen Umgehungsvorrichtungen oder Werbemittel stehen.

Schadenersatz und Herausgabe des Gewinns

§ 7. (1) Wer durch eine unerlaubte Handlung (§ 4) einen Diensteanbieter schuldhaft schädigt, hat diesem ohne Rücksicht auf den Grad des Verschuldens auch den entgangenen Gewinn zu ersetzen.

(2) Wird ein geschützter Dienst unbefugt zugänglich gemacht, so hat der Diensteanbieter auch Anspruch auf Herausgabe des Gewinns, den der Schädiger durch den schuldhaften Eingriff erzielt hat. Die Verjährung dieses Anspruchs richtet sich nach den Vorschriften für Schadenersatzansprüche. Neben der Herausgabe des Gewinns kann ein Ersatz des Vermögensschadens (Abs. 1) nur begehrt werden, soweit dieser den herauszugebenden Gewinn übersteigt.

(3) Der Diensteanbieter kann anstelle des Ersatzes des Vermögensschadens (Abs. 1) sowie der Herausgabe des Gewinns (Abs. 2) das Doppelte des angemessenen Entgelts für die Inanspruchnahme des geschützten Dienstes begehren.

(4) Hat ein Bediensteter oder Beauftragter eine unerlaubte Handlung (§ 4) im Betrieb eines Unternehmens begangen, so haftet, unbeschadet einer allfälligen Ersatzpflicht dieser Personen, der Inhaber des Unternehmens für die in Abs. 1 bis 3 genannten Ansprüche, wenn ihm die unerlaubte Handlung bekannt war oder bekannt sein musste.

(5) Mehrere Personen haften für die in den Abs. 1 bis 3 genannten Ansprüche zur ungeteilten Hand.

Rechnungslegung

§ 8. Wer nach diesem Bundesgesetz zum Schadenersatz oder zur Herausgabe des Gewinns verpflichtet ist, hat dem Diensteanbieter Rechnung zu legen und auf dessen Verlangen die Richtigkeit der Rechnung durch einen Sachverständigen prüfen zu lassen. Wenn sich dabei ein höherer Betrag als aus der gelegten Rechnung ergibt, sind die Kosten der Prüfung vom Zahlungspflichtigen zu tragen.

Einstweilige Verfügungen

§ 9. Zur Sicherung der Ansprüche auf Unterlassung und Beseitigung können einstweilige Verfügungen auch ohne Vorliegen der Voraussetzungen des § 381 EO erlassen werden.

4. Abschnitt
Strafrechtliche Bestimmungen
Eingriff in das Recht auf Zugangskontrolle

§ 10. (1) Wer gewerbsmäßig (§ 70 StGB) Umgehungsvorrichtungen vertreibt, verkauft, vermietet oder verpachtet, ist vom Gericht mit Freiheitsstrafe bis zu zwei Jahren oder mit Geldstrafe bis zu 360 Tagessätzen zu bestrafen.

(2) Ebenso ist zu bestrafen, wer gewerbsmäßig (§ 70 StGB) Umgehungsvorrichtungen herstellt, einführt oder mit dem Vorsatz erwirbt oder innehat, dass diese auf die im Abs. 1 beschriebene Art und Weise in Verkehr gebracht werden oder dass mit ihrer Hilfe anderen der Zugang zu einem geschützten Dienst ermöglicht wird.

(3) Wer Umgehungsvorrichtungen ausschließlich zum privaten Gebrauch einführt, erwirbt oder sich sonst verschafft, ist nicht als Beteiligter (§ 12 StGB) zu bestrafen.

(4) Ein Bediensteter oder Beauftragter des Inhabers oder Leiters eines Unternehmens (§ 5) ist nicht zu bestrafen, wenn er eine der in den Abs. 1 und 2 genannten Handlungen auf Anordnung des Dienst- oder Auftraggebers vorgenommen hat und ihm wegen seiner wirtschaftlichen Abhängigkeit nicht zugemutet werden konnte, die Vornahme der Tat zu unterlassen.

(5) Der Täter ist nur auf Verlangen des in seinen Rechten verletzten Diensteanbieters zu verfolgen.

Einziehung

§ 11. (1) Die den Gegenstand einer in § 10 mit Strafe bedrohten Handlung bildenden Umgehungsvorrichtungen sind auf Antrag des Privatanklägers ohne Rücksicht darauf, wem sie gehören, einzuziehen, es sei denn, dass trotz des vorangegangenen mit Strafe bedrohten Verhaltens Gewähr geboten ist, dass die Umgehungsvorrichtungen nicht unter Verletzung der Bestimmungen dieses Bundesgesetzes in Verkehr gebracht oder innegehabt werden.

(2) Liegt der objektive Tatbestand einer in § 10 mit Strafe bedrohten Handlung vor, so sind die Umgehungsvorrichtungen auch dann einzuziehen, wenn keine bestimmte Person wegen der mit Strafe bedrohten Handlung verfolgt oder verurteilt werden kann. In einem solchen Fall hat der Privatankläger einen gesonderten Antrag auf Einziehung zu stellen.

(3) Auf das Verfahren bei der Einziehung sind die §§ 443 bis 446 StPO anzuwenden.

(4) Die eingezogenen Umgehungsvorrichtungen sind nach Maßgabe des § 6 Abs. 2 erster Satz zu vernichten.

Beschlagnahme

§ 12. (1) Das Gericht hat auf Antrag des Privatanklägers die betroffenen Umgehungsvorrichtungen zur Sicherung der Einziehung nach § 11 zu beschlagnahmen (§ 98 Abs. 2 und § 143 Abs. 1 StPO).

(2) Gegen den Beschluss, mit dem über einen Antrag auf Beschlagnahme oder auf deren Aufhebung entschieden wird, steht dem Privatankläger, dem Beschuldigten und den vom Beschluss sonst Betroffenen (§ 444 StPO) die binnen 14 Tagen beim Gerichtshof erster Instanz einzubringende Beschwerde an den Gerichtshof zweiter Instanz zu (§ 114 StPO).

(3) Erkennt das Gericht nicht auf Vernichtung oder Unbrauchbarmachung der beschlagnahmten Umgehungsvorrichtungen, so hat der Antragsteller dem von der Beschlagnahme Betroffenen alle dadurch verursachten Vermögensschäden zu ersetzen. Kommt es infolge einer von den Parteien getroffenen Vereinbarung zu keiner Entscheidung über den Antrag auf Vernichtung oder Unbrauchbarmachung, so kann der Betroffene den Ersatzanspruch nur erheben, wenn er sich diesen in der Vereinbarung vorbehalten hat. Der Ersatzanspruch ist im Zivilrechtsweg geltend zu machen.

5. Abschnitt
Verwaltungsrechtliche Bestimmungen
Verwaltungsübertretung

§ 13. (1) Eine Verwaltungsübertretung begeht und ist mit Geldstrafe bis zu 15 000 Euro zu bestrafen, wer gewerbsmäßig (§ 70 StGB) und wissentlich

1. Umgehungsvorrichtungen installiert, wartet, instand setzt oder austauscht oder

2. durch Werbung, Direktmarketing, Sponsoring oder andere Öffentlichkeitsarbeit zum Kauf, zur Miete oder zur Pacht von Umgehungsvorrichtungen anregt.

(2) Ebenso ist zu bestrafen, wer vorsätzlich als Inhaber oder Leiter eines Unternehmens eine im Betrieb des Unternehmens von einem Bediensteten oder Beauftragten begangene Handlung im Sinn des Abs. 1 nicht verhindert.

(3) Die Bestimmung des § 10 Abs. 4 über die Straflosigkeit eines im Betrieb eines Unternehmens tätigen Bediensteten oder Beauftragten ist anzuwenden.

(4) Wer Umgehungsvorrichtungen ausschließlich zum privaten Gebrauch verwendet, ist nicht wegen Anstiftung oder Beihilfe (§ 7 VStG) zu bestrafen.

(5) Eine Verwaltungsübertretung nach Abs. 1 oder 2 liegt nicht vor, wenn die Tat den Tatbestand einer in die Zuständigkeit der Gerichte fallenden strafbaren Handlung bildet oder nach anderen Verwaltungsstrafbestimmungen mit strengerer Strafe bedroht ist. „Verwaltungsstrafen sind von der KommAustria zu verhängen." *(BGBl I 2001/32, ab 1. 4. 2001)*

6. Abschnitt
Schlussbestimmungen
Verweisungen

§ 14. Soweit in diesem Bundesgesetz auf Bestimmungen anderer Bundesgesetze verwiesen wird, sind diese in ihrer jeweils geltenden Fassung anzuwenden.

Vollzug

§ 15. Mit der Vollziehung dieses Bundesgesetzes ist der Bundesminister für Justiz, hinsichtlich des § 13 jedoch der Bundeskanzler betraut.

Hinweis auf Umsetzung

§ 16. Mit diesem Bundesgesetz wird die Richtlinie 98/84/EG über den rechtlichen Schutz von zugangskontrollierten Diensten und von Zugangskontrolldiensten, ABl. L 320 vom 28. November 1998, S 54, umgesetzt.

In-Kraft-Treten

§ 17. Die Bestimmungen des § 13 Abs. 5 und § 17 in der Fassung des Bundesgesetzes BGBl. I Nr. 32/2001 treten mit 1. April 2001 in Kraft.

(BGBl I 2001/32)

Inkrafttreten der Stammfassung: 12. 7. 2000

25. Reichshaftpflichtgesetz

25. Gesetz, betreffend die Verbindlichkeit zum Schadenersatz für die beim Betriebe von [Eisenbahnen], [Bergwerken] usw. herbeigeführten Tötungen und Körperverletzungen vom 7. Juni 1871, dRGBl 1871/207, idF

1 dRGBl 1896, 604	**2** dRGBl 1923 I 615
3 dRGBl 1939 I 2391	**4** dRGBl 1940 I 713
5 dRGBl 1943 I 489	**6** StGBl 1945/231
7 BGBl 1959/48	**8** BGBl 1969/147
9 BGBl 1976/91	**10** BGBl 1989/343 (WGN 1989)
11 BGBl 1991/628 (EO-Nov 1991)	**12** BGBl I 1997/140 (WGN 1997)
13 BGBl I 2000/121	**14** BGBl I 2001/98 (2. Euro-JuBeG)

25/1. Verordnung zur Einführung des Reichshaftpflichtgesetzes [in den Reichsgauen der Ostmark und im Reichsgau Sudetenland] ... Seite 560

STICHWORTVERZEICHNIS

(Die Zahlenangaben beziehen sich auf die Paragraphen, wenn nichts angegeben, auf das RHPflG)

Gesetz, betreffend die Verbindlichkeit zum Schadenersatz für die bei dem Betriebe von [Eisenbahnen], [Bergwerken] usw. herbeigeführten Tötungen und Körperverletzungen vom 7. Juni 1871

§ **1.** *(aufgehoben, BGBl 1959/48)*

§ **1a.** (1) Ist ein Unfall, der den Tod oder die Gesundheitsschädigung eines Menschen oder eine Sachbeschädigung zur Folge hat, auf die Wirkungen der Elektrizität oder des Gases zurückzuführen, die von einer Anlage zur Fortleitung oder Abgabe von Elektrizität oder Gas ausgehen, so ist der Inhaber der Anlage verpflichtet, den Schaden zu ersetzen. Das gleiche gilt, wenn der Schaden, ohne auf den Wirkungen der Elektrizität oder des Gases zu beruhen, auf das Vorhandensein einer solchen Anlage zurückzuführen ist, es sei denn, daß sich diese zur Zeit des Unfalls in ordnungsmäßigem Zustand befand. Ordnungsmäßig ist eine Anlage, solange sie den anerkannten Regeln der Technik entspricht und unversehrt ist.

(2) Abs. 1 gilt nicht für Anlagen, die lediglich der Übertragung von Zeichen oder Lauten dienen, sowie für Anlagen, für die nach den Bestimmungen des Gaswirtschaftsgesetzes, BGBl. I Nr. 121/2000, eine Haftung des Inhabers bestimmt ist. *(BGBl I 2000/121, ab 2. 12. 2000)*

(3) Die Ersatzpflicht nach Abs. 1 ist ausgeschlossen,

1. wenn der Schaden innerhalb eines Gebäudes entstanden und auf eine darin befindliche Anlage (Abs. 1) zurückzuführen oder wenn er innerhalb eines im Besitz des Inhabers der Anlage stehenden befriedeten Grundstücks entstanden ist;

2. wenn ein Energieverbrauchsgerät beschädigt oder durch ein solches Gerät ein Schaden verursacht worden ist;

3. wenn der Schaden durch höhere Gewalt verursacht worden ist, es sei denn, daß er auf das Herabfallen von Leitungsdrähten zurückzuführen ist.

(4) Hat bei der Entstehung des Schadens ein Verschulden des Geschädigten mitgewirkt, so gilt § 1304 des Allgemeinen Bürgerlichen Gesetzbuchs; bei Beschädigung einer Sache steht das Verschulden desjenigen, der die tatsächliche Gewalt über die Sache ausübt, dem Verschulden des Geschädigten gleich.

(dRGBl 1943 I 489, s auch Art 3 Nr 3 dRGBl 1943 I 489: „Sind bei einem durch eine Anlage im Sinne des § 1a verursachten Schaden mehrere Haftpflichtige vorhanden, so haften sie zur ungeteilten Hand, auch soweit sie nicht Inhaber einer schädigenden Anlage sind.")

§ **2.** Wer [ein Bergwerk,] einen Steinbruch, eine Gräberei (Grube) oder eine Fabrik betreibt, haftet, wenn ein Bevollmächtigter oder ein Repräsentant oder eine zur Leitung oder Beaufsichtigung des Betriebes oder der Arbeiter angenommene Person durch ein Verschulden in Ausführung der Dienstverrichtungen den Tod oder die Körperverletzung eines Menschen herbeigeführt hat, für den dadurch entstandenen Schaden.

[ ] *Gegenstandslos, s Anm 2 zu Art I EVRHPflG*

§ **3.** Für die in diesem Gesetz vorgesehenen Ersatzansprüche gelten die §§ 12 und 13 EKHG über den Gegenstand des Ersatzes sinngemäß.

(BGBl I 1997/140, ab 1. 7. 1998, anzuwenden auf Schadensereignisse, die sich nach dem 30. 6. 1998 ereignet haben)

§ **3a.** *(aufgehoben, BGBl I 1997/140, ab 1.7. 1998, s Anm zu § 3)*

§ **4.** War der Getötete oder Verletzte unter Mitleistung von Prämien oder anderen Beiträgen durch den Betriebs-Unternehmer „oder den im § 1a bezeichneten Inhaber der Anlage" bei einer Versicherungsanstalt, Knappschafts-, Unterstützungs-, Kranken- oder ähnlichen Kasse gegen den Unfall versichert, so ist die Leistung der Letzteren an den Ersatzberechtigten auf die Entschädigung einzurechnen, wenn die Mitleistung des Betriebsunternehmers „oder des im § 1a bezeichneten Inhabers der Anlage" nicht unter einem Drittel der Gesamtleistung beträgt. *(dRGBl 1943 I 489)*

§ **5.** (1) Die „im § 2" * bezeichneten Unternehmer „und der im § 1a bezeichnete Inhaber der Anlage"** sind nicht befugt, die Anwendung der in den „§§ 1a bis 3" * enthaltenen Bestimmungen zu ihrem Vorteil durch Verträge (mittels Reglements oder durch besondere Übereinkunft) im Voraus auszuschließen oder zu beschränken. *(* BGBl I 1997/140, ab 1. 7. 1998, s Anm zu § 3, und **dRGBl 1943 I 489)*

(2) Vertragsbestimmungen, welche dieser Vorschrift entgegenstehen, haben keine rechtliche Wirkung.

(dRGBl 1896, 604)

§ **6.** *(in Österreich nie in Kraft)*

§ **7.** (1) Der Schadenersatz wegen Aufhebung oder Minderung der Erwerbsfähigkeit, wegen Vermehrung der Bedürfnisse und wegen der Unterhaltsansprüche Dritter ist für die Zukunft durch Entrichtung einer Geldrente zu leisten.

(2) Die Geldrente ist für einen Monat im voraus zu zahlen. Statt der Rente kann der Ersatzberechtigte aus wichtigen Gründen eine

Abfindung in Kapital verlangen, wenn die einmalige Zahlung dem Ersatzpflichtigen wirtschaftlich zumutbar ist. Der Anspruch auf die Geldrente wird nicht dadurch ausgeschlossen, daß ein Dritter dem Verletzten Unterhalt zu gewähren hat. Für die Geldrente gilt § 1418 Satz 3 ABGB sinngemäß.

(BGBl I 1997/140, ab 1. 7. 1998, s Anm zu § 3)

§ 7a. Der im § 1a bezeichnete Inhaber der Anlage und der im § 2 bezeichnete Unternehmer haften im Falle des § 7 Abs. 1 nur bis zu einer Jahresrente von „17 520 Euro." *(BGBl I 2001/98, ab 1. 1. 2002, anzuwenden auf Schadensereignisse, die sich nach dem 31. 12. 2001 ereignet haben)*

§ 7b. (1) Im Falle des § 1a haftet der Inhaber der Anlage für Sachschaden nur bis zum Betrag von „145 000 Euro", auch wenn durch dasselbe Ereignis mehrere Sachen beschädigt werden. *(BGBl I 2001/98, ab 1. 1. 2002, anzuwenden auf Schadensereignisse, die sich nach dem 31. 12. 2001 ereignet haben)*

(2) Sind auf Grund desselben Ereignisses an mehrere Personen Entschädigungen zu leisten, die insgesamt den Höchstbetrag von „145 000 Euro" übersteigen, so verringern sich die einzelnen Entschädigungen in dem Verhältnis, in dem ihr Gesamtbetrag zu dem Höchstbetrag steht. *(BGBl I 2001/98, ab 1. 1. 2002, anzuwenden auf Schadensereignisse, die sich nach dem 31. 12. 2001 ereignet haben)*

(3) Abs. 1 und 2 gelten nicht für die Beschädigung von Grundstücken.

(dRGBl 1943 I 489)

§ 8. Die Ersatzansprüche nach diesem Gesetz verjähren in drei Jahren von dem Zeitpunkt an, in dem der Ersatzberechtigte von dem Schaden und von der Person des Ersatzpflichtigen Kenntnis erlangt, ohne Rücksicht auf diese Kenntnis in dreißig Jahren vom Unfall an. Gegen denjenigen, welchem der Getötete Unterhalt zu gewähren hatte, beginnt die Verjährung mit dem Tode. Im übrigen finden die Vorschriften des allgemeinen bürgerlichen Gesetzbuches über die Verjährung Anwendung.

(BGBl I 1997/140, ab 1. 7. 1998, s Anm zu § 3)

§ 9. Die gesetzlichen Vorschriften, nach welchen außer den in diesem Gesetz vorgesehenen Fällen der Unternehmer einer „im § 2" bezeichneten Anlage oder eine andere Person, insbesondere wegen eines eigenen Verschuldens, für den bei dem Betriebe der Anlage durch Tötung oder Körperverletzung eines Menschen entstandenen Schaden haftet, bleiben unberührt. *(BGBl I 1997/140, ab 1. 7. 1998, s Anm zu § 3)*

(dRGBl 1896, 604)

[1]) *§ 1 wurde aufgehoben*

§ 9a. Unberührt bleiben die Vorschriften des Allgemeinen Bürgerlichen Gesetzbuchs, wonach der im § 1a bezeichnete Inhaber der Anlage für den Schaden in weiterem Umfang haftet oder die Haftung eines anderen begründet ist.

(dRGBl 1943 I 489)

§ 9b. (1) Ist der Schaden durch mehrere im § 1a bezeichnete Anlagen verursacht worden und sind die Inhaber der Anlagen einem Dritten kraft Gesetzes zum Ersatz des Schadens verpflichtet, so hängt im Verhältnis der Inhaber zueinander die Verpflichtung zum Ersatz sowie der Umfang des zu leistenden Ersatzes von den Umständen, insbesondere davon ab, inwieweit der Schaden überwiegend durch die eine oder andere Anlage verursacht worden ist. Das gleiche gilt, wenn der Schaden einem der Inhaber entstanden ist, von der Haftpflicht, die einen anderen von ihnen trifft.

(2) Abs. 1 gilt entsprechend, wenn neben der Haftung des Inhabers der Anlage die Haftung eines anderen für den Schaden durch Gesetz bestimmt ist.

(dRGBl 1943 I 489)

25/1. Einführungsverordnung

25/1. Verordnung zur Einführung des Reichshaftpflichtgesetzes [in den Reichsgauen der Ostmark und im Reichsgau Sudetenland], dRGBl 1940 I 713

Verordnung zur Einführung des Reichshaftpflichtgesetzes [in den Reichsgauen der Ostmark und im Reichsgau Sudetenland]

Artikel I

Die §§ [1] bis 5, 7 bis 9 des Gesetzes, betreffend die Verbindlichkeit zum Schadenersatz für die bei dem Betriebe von [Eisenbahnen][1]), [Bergwerken][2]) usw. herbeigeführten Tötungen und Körperverletzungen, vom 7. Juni 1871 (Reichsgesetzbl. S. 207) in der Fassung des Artikels 42 des Einführungsgesetzes zum Bürgerlichen Gesetzbuch vom 18. August 1896 (Reichsgesetzbl. S. 604, 616) und der Verordnung zur Änderung des Reichshaftpflichtgesetzes vom 8. Dezember 1939 (Reichsgesetzbl. I S. 2391) treten in [den Reichsgauen der Ostmark und im Reichsgau Sudetenland] nach Maßgabe der nachstehenden Vorschriften am 1. Juni 1940 in Kraft.

[1]) *Das RHG wurde, soweit es sich auf Eisenbahnen bezieht, aufgehoben durch das EKHG BGBl 1959/48*

[2]) *Das RHG ist für Bergschäden gegenstandslos durch die §§ 160–169 Mineralrohstoffgesetz BGBl I 1999/36*

Artikel II und III

(betreffen RHG)

Artikel IV

(Gegenstandslos, betraf Eisenbahnen, s Anm 1 zu Art I)

Artikel V

Für Klagen, die auf Grund des im Artikel I genannten Gesetzes erhoben werden, ist [in den Reichsgauen der Ostmark] auch das Gericht zuständig, in dessen Bezirk sich der Unfall ereignet hat.

[ ] *Gegenstandslos*

Artikel VI

(1) Außer Kraft treten am 1. Juni 1940:

1. in [den Reichsgauen der Ostmark] das Gesetz vom 5. März 1869 (RGBl. Nr. 27), betreffend die Haftung der Eisenbahn-Unternehmungen für die durch Ereignungen auf Eisenbahnen herbeigeführten körperlichen Verletzungen oder Tötungen von Menschen, und das Gesetz vom 12. Juli 1902 (RGBl. Nr. 147), betreffend die Haftpflicht der Eisenbahnen;

2. *(für Österreich gegenstandslos)*

(2) Wo in Vorschriften des in den [Reichsgauen der Ostmark] oder im [Reichsgau Sudetenland] geltenden Rechts auf die im Abs. 1 genannten Vorschriften verwiesen wird, erhält die Verweisung ihren Inhalt aus dem in Artikel I genannten Gesetz und aus den Vorschriften dieser Verordnung.

Artikel VII

(Gegenstandslose Übergangsvorschrift)

26/1. Eisenbahn- und Kraftfahrzeughaftpflichtgesetz

26/1. Eisenbahn- und Kraftfahrzeughaftpflichtgesetz, BGBl 1959/48 idF

1 BGBl 1968/69	**2** BGBl 1976/91
3 BGBl 1977/676	**4** BGBl 1989/343
5 BGBl 1991/628 (EO-Nov 1991)	**6** BGBl I 1997/140 (WGN 1997)
7 BGBl I 2001/98 (2. Euro-JuBeG)	

STICHWORTVERZEICHNIS

(Die Zahlenangaben beziehen sich auf die Paragraphen)

Bundesgesetz vom 21. Jänner 1959 über die Haftung für den Ersatz von Schäden aus Unfällen beim Betrieb von Eisenbahnen und beim Betrieb von Kraftfahrzeugen (Eisenbahn- und Kraftfahrzeughaftpflichtgesetz – EKHG.)

Anwendungsbereich

§ **1.** Wird durch einen Unfall beim Betrieb einer Eisenbahn oder beim Betrieb eines Kraftfahrzeugs ein Mensch getötet, an seinem Körper oder an seiner Gesundheit verletzt oder eine Sache beschädigt, so ist der hieraus entstehende Schaden gemäß den Bestimmungen dieses Bundesgesetzes zu ersetzen.

§ **2** (1) „Der Begriff der Eisenbahn ist im Sinn des Eisenbahngesetzes 1957, BGBl. Nr. 60, auszulegen; für den Anwendungsbereich dieses Bundesgesetzes gelten als Eisenbahnen auch die Schlepplifte (§ 179 der Gewerbeordnung 1973, BGBl. Nr. 50/1974[1]))." Soweit sich aus dem vorliegenden Bundesgesetz nichts anderes ergibt, ist dieses auf Materialbahnen und Materialseilbahnen ohne beschränkt-öffentlichen Verkehr, die Bestandteil eines Bergwerks oder eines gewerblichen oder land- oder forstwirtschaftlichen Unternehmens sind oder einer Gemeinschaft solcher Unternehmungen gehören, sowie auf Bahnen, die ohne besondere Herstellung des Unterbaus angelegt werden (Feldbahnen), nicht anzuwenden. *(BGBl 1977/676)*

(2) Der Begriff des Kraftfahrzeugs ist im Sinne des Kraftfahrgesetzes 1967, BGBl. Nr. 267, auszulegen. Soweit sich aus dem vorliegenden Bundesgesetz nicht anderes ergibt, ist dieses auf Kraftfahrzeuge, bei denen nach ihrer Bauart und ihrer Ausrüstung dauernd gewährleistet ist, daß mit ihnen auf gerader, waagrechter Fahrbahn bei Windstille eine Geschwindigkeit von 10 km in der Stunde nicht überschritten werden kann, nicht anzuwenden. *(BGBl 1968/69)*

---

[1]) *Jetzt: § 276 GewO 1994 BGBl 194*

§ **3.** Im Falle der Tötung oder Verletzung eines durch die Eisenbahn oder das Kraftfahrzeug beförderten Menschen ist dieses Bundesgesetz hinsichtlich der befördernden Eisenbahn oder des befördernden Kraftfahrzeugs insofern nicht anzuwenden, als der Verletzte zur Zeit des Unfalls

1. durch die Eisenbahn ohne den Willen des Betriebsunternehmers und ohne ein diesem zufließendes, wenn auch unangemessenes Entgelt befördert wurde oder

2. durch das Kraftfahrzeug entweder ohne den Willen des Halters oder doch nur auf sein, des Verletzten, Ersuchen, in seinem ausschließlichen oder überwiegenden wirtschaftlichen Interesse und ohne ein dem Halter zufließendes, wenn auch unangemessenes Entgelt befördert wurde oder

3. beim Betrieb der Eisenbahn oder beim Betrieb des Kraftfahrzeugs tätig war.

§ **4.** (1) Im Falle der Beschädigung einer durch die Eisenbahn oder das Kraftfahrzeug beförderten Sache ist dieses Bundesgesetz hinsichtlich der befördernden Eisenbahn oder des befördernden Kraftfahrzeugs nur insofern anzuwenden, als zur Zeit des Unfalls ein Fahrgast die Sache als Handgepäck mit sich führte oder an sich trug, dem gegenüber die Anwendung dieses Bundesgesetzes nicht nach § 3 ausgeschlossen ist.

(2) Hinsichtlich der Sachen, die zur Zeit des Unfalls von der Eisenbahn zur Beförderung oder zur Aufbewahrung angenommen waren, ist dieses Bundesgesetz nicht anzuwenden.

Haftung

§ **5.** (1) Für den Ersatz der im § 1 bezeichneten Schäden haftet bei der Eisenbahn der Betriebsunternehmer, beim Kraftfahrzeug der Halter.

(2) Mehrere Betriebsunternehmer derselben Eisenbahn und mehrere Halter desselben Kraftfahrzeugs haften zur ungeteilten Hand.

§ **6.** (1) Benutzte jemand zur Zeit des Unfalls das Verkehrsmittel der Eisenbahn ohne den Willen des Betriebsunternehmers oder das Kraftfahrzeug ohne den Willen des Halters, so haftet er an Stelle des Betriebsunternehmers oder Halters für den Ersatz des Schadens. Daneben bleibt der Betriebsunternehmer oder Halter für den Ersatz des Schadens haftbar, wenn die Benutzung des Verkehrsmittels der Eisenbahn oder des Kraftfahrzeugs durch sein oder der Personen Verschulden ermöglicht worden ist, die mit seinem Willen beim Betrieb der Eisenbahn oder beim Betrieb des Kraftfahrzeugs tätig gewesen sind.

(2) Der Abs. 1 gilt nicht, wenn der Benutzer vom Betriebsunternehmer oder Halter für den Betrieb der Eisenbahn oder für den Betrieb des Kraftfahrzeugs angestellt oder wenn ihm das Verkehrsmittel der Eisenbahn vom Betriebsunternehmer oder das Kraftfahrzeug vom Halter überlassen war. Eine aus dem allgemeinen bürgerlichen Recht abzuleitende Ersatzpflicht eines solchen Benutzers ist ausgeschlossen, wenn er beweist, daß der Schaden nicht durch sein Verschulden verursacht worden ist.

(3) Benutzer im Sinne der Abs. 1 und 2 ist jeder, der sich den Gebrauch des Verkehrsmittels der Eisenbahn als solchen oder des Kraftfahrzeugs als solchen mit Herrschaftswillen anmaßt.

§ 7. (1) Hat bei der Entstehung des Schadens ein Verschulden des Geschädigten mitgewirkt, so ist der § 1304 Allgemeines bürgerliches Gesetzbuch anzuwenden.

(2) Dem Verschulden des Geschädigten steht im Falle der Tötung das Verschulden des Getöteten und im Falle der Beschädigung einer Sache das Verschulden desjenigen gleich, der die tatsächliche Gewalt über die Sache ausübte.

§ 8. (1) Wurde der Schaden durch mehrere Eisenbahnen oder mehrere Kraftfahrzeuge oder durch eine oder mehrere Eisenbahnen und ein oder mehrere Kraftfahrzeuge verursacht, so kann der Geschädigte seine Ersatzansprüche gegen jeden an dem Unfall Beteiligten richten, soweit nicht dessen Haftung nach den für seine Ersatzpflicht geltenden Vorschriften ausgeschlossen ist.

(2) Sind im Falle des Abs. 1 mehrere Beteiligte verschiedener Eisenbahnen oder Kraftfahrzeuge nebeneinander ersatzpflichtig, so haften sie zur ungeteilten Hand, es haftet jedoch keiner der mehreren Betriebsunternehmer oder Halter, außer bei Verschulden, über die für ihn maßgeblichen Haftungshöchstbeträge hinaus.

Haftungsbefreiung

§ 9. (1) Die Ersatzpflicht ist ausgeschlossen, wenn der Unfall durch ein unabwendbares Ereignis verursacht wurde, das weder auf einem Fehler in der Beschaffenheit noch auf einem Versagen der Verrichtungen der Eisenbahn oder des Kraftfahrzeugs beruhte.

(2) Als unabwendbar gilt ein Ereignis insbesondere dann, wenn es auf das Verhalten des Geschädigten, eines nicht beim Betrieb tätigen Dritten oder eines Tieres zurückzuführen ist, sowohl der Betriebsunternehmer oder Halter als auch die mit Willen des Betriebsunternehmers oder Halters beim Betrieb tätigen Personen jede nach den Umständen des Falles gebotene Sorgfalt beachtet haben und der Unfall nicht unmittelbar auf die durch das Verhalten eines nicht beim Betrieb tätigen Dritten oder eines Tieres ausgelöste außergewöhnliche Betriebsgefahr zurückzuführen ist.

§ 9a. Der Betriebsunternehmer eines Schleppliftes haftet für Schäden, die sich aus dem Zustand der Schleppspur ergeben, nur bei eigenem Verschulden oder Verschulden eines seiner Leute.

(BGBl 1977/676)

§ 10. Die Verpflichtung des Betriebsunternehmers oder Halters, für die Tötung oder Verletzung entgeltlich beförderter Personen Ersatz zu leisten, darf im vorhinein weder ausgeschlossen noch beschränkt werden; entgegenstehende Vereinbarungen sind nichtig.

Rückgriffs- und Ausgleichsanspruch

§ 11. (1) Wurde der Schaden durch mehrere Eisenbahnen oder mehrere Kraftfahrzeuge oder durch eine oder mehrere Eisenbahnen und ein oder mehrere Kraftfahrzeuge verursacht und sind die Beteiligten einem Dritten kraft Gesetzes zum Ersatz des Schadens verpflichtet, so hängen im Verhältnis der Beteiligten zueinander die Verpflichtung zum Ersatz und der Umfang des Ersatzes von den Umständen, insbesondere davon ab, inwieweit der Schaden vorwiegend von dem einen oder anderen Beteiligten verschuldet oder durch außergewöhnliche Betriebsgefahr (§ 9 Abs. 2) oder überwiegende gewöhnliche Betriebsgefahr verursacht wurde. Das gleiche gilt für die gegenseitige Ersatzpflicht der Beteiligten.

(2) In den Fällen des Abs. 1 haftet keiner der beteiligten Betriebsunternehmer oder Halter, außer bei Verschulden, über die für ihn maßgeblichen Haftungshöchstbeträge hinaus.

Gegenstand des Ersatzes

§ 12. (1) Im Falle der Tötung sind zu ersetzen

1. die Kosten der versuchten Heilung des Verletzten,

2. der Vermögensnachteil, den der Verletzte dadurch erlitten hat, daß infolge der Verletzung seine Erwerbsfähigkeit aufgehoben oder gemindert gewesen ist,

3. die Kosten aus einer Vermehrung seiner Bedürfnisse,

4. ein angemessenes Schmerzengeld und

5. die Kosten angemessener Bestattung; Anspruch auf Ersatz der Bestattungskosten hat derjenige, der sie zu tragen verpflichtet ist oder der sie tatsächlich getragen hat.

(BGBl 1968/69)

(2) Stand der Getötete zur Zeit der Verletzung zu einem Dritten in einem Verhältnis, vermöge dessen er diesem kraft Gesetzes unterhaltspflichtig war oder unterhaltspflichtig werden konnte, und ist dem Dritten infolge der Tötung das Recht auf Unterhalt entzogen, so hat der Ersatzpflichtige dem Dritten insoweit Schadenersatz zu leisten, als der Getötete während der mutmaßlichen Dauer seines Lebens zur Gewährung des Unterhalts verpflichtet gewesen wäre. Die Ersatzpflicht tritt auch dann ein, wenn der Dritte zur Zeit der Verletzung gezeugt, aber noch nicht geboren war.

§ 13. Im Falle der Verletzung des Körpers oder der Gesundheit sind zu ersetzen

1. die Kosten der Heilung oder der versuchten Heilung des Verletzten,

2. der Vermögensnachteil, den der Verletzte dadurch erleidet, daß infolge der Verletzung zeitweise oder dauernd seine Erwerbsfähigkeit aufgehoben oder gemindert ist,

3. die Kosten aus einer Vermehrung seiner Bedürfnisse,

4. ein angemessenes Schmerzengeld und

5. im Fall einer Verunstaltung, durch die das bessere Fortkommen des Verletzten verhindert werden kann, eine angemessene Entschädigung.

(BGBl 1968/69)

§ 14. (1) Der Schadenersatz hinsichtlich

1. der Aufhebung oder Minderung der Erwerbsfähigkeit,

2. der Vermehrung der Bedürfnisse und

3. der Unterhaltsansprüche Dritter

ist für die Zukunft durch Entrichtung einer Geldrente zu leisten.

(2) Die Geldrente ist für einen Monat vorauszuzahlen. „Für die Geldrente gilt § 1418 Satz 3 ABGB sinngemäß.“ *(BGBl 1991/628)*

(3) Statt der Rente kann der Ersatzberechtigte aus wichtigen Gründen eine Abfindung in Kapital verlangen, wenn die einmalige Zahlung dem Ersatzpflichtigen wirtschaftlich zumutbar ist.

(4) Der Anspruch auf Geldrente wird nicht dadurch ausgeschlossen, daß ein Dritter dem Ersatzberechtigten Unterhalt zu gewähren hat.

Haftungshöchstbeträge

§ 15. (1) Die in diesem Bundesgesetz festgesetzte Haftung für Tötung und Verletzung von Menschen ist der Höhe nach mit

1. einem Kapitalsbetrag von „292 000 Euro“ oder *(BGBl I 2001/98, ab 1. 1. 2002, s § 21 Abs 2)*

2. einem jährlichen Rentenbetrag von „17 520 Euro“ *(BGBl I 2001/98, ab 1. 1. 2002, s § 21 Abs 2)*

für den einzelnen Verletzten begrenzt.

(2) Treffen Schäden, die mit einem Kapitalsbetrag abzufinden sind, mit Schäden zusammen, für die eine Rente zu gewähren ist, so kürzt sich der im Abs. 1 für die Rente festgesetzte Höchstbetrag um den Hundertsatz, den der zu leistende Kapitalsbetrag vom Kapitalshöchstbetrag ausmacht.

(3) Im Falle der Tötung oder der Verletzung mehrerer Menschen durch dasselbe Ereignis haftet der Halter eines Kraftfahrzeugs insgesamt nur bis zu den im folgenden genannten Höchstbeträgen. Hierbei bleiben hinsichtlich der einzelnen Verletzten die in Abs. 1 genannten Höchstbeträge unberührt. Übersteigen die mehreren Menschen zu leistenden Ersätze die nachstehenden Höchstbeträge, so verringern sich die einzelnen Ersätze in demVerhältnis, in dem ihr Gesamtbetrag zum Höchstbetrag steht. Die Gesamthöchstbeträge sind:

1. für den Halter eines jeden Kraftfahrzeugs „876 000 Euro“; *(BGBl I 2001/98, ab 1. 1. 2002, s § 21 Abs 2)*

2. für den Halter eines Omnibusses mit nicht mehr als 19 Plätzen (Sitz- und Stehplätzen) außer dem Lenkerplatz sowie für den Halter eines Lastkraftwagens mit mehr als acht, jedoch nicht mehr als 19 Plätzen außer dem Lenkerplatz überdies „876 000 Euro“ bezüglich der beförderten Menschen, für den Halter eines Omnibusses und den Halter eines Lastkraftwagens mit mehr als 19 Plätzen außer dem Lenkerplatz für je weitere angefangene fünf Plätze überdies je „438 000 Euro“ bezüglich der beförderten Menschen; *(BGBl I 2001/98, ab 1. 1. 2002, s § 21 Abs 2)*

3. für den Halter eines Kraftfahrzeugs zur Beförderung gefährlicher Güter überdies „1 314 000 Euro“ für Schäden infolge der gefährlichen Beschaffenheit des Gutes; für Kraftfahrzeuge, die nicht ausschließlich oder überwiegend zur Beförderung gefährlicher Güter bestimmt sind, gilt dies nur für die Dauer des Transports gefährlicher Güter. *(BGBl I 2001/98, ab 1. 1. 2002, s § 21 Abs 2)*

(BGBl I 1997/140, ab 1. 7. 1998, anzuwenden auf Schadensereignisse, die sich nach dem 30. 6. 1998 ereignet haben)

§ 16. (1) Die in diesem Bundesgesetz festgesetzte Haftung für Schäden an Sachen ist, selbst wenn durch dasselbe Ereignis mehrere Sachen beschädigt werden, der Höhe nach mit folgenden Beträgen begrenzt:

1. für den Halter eines jeden Kraftfahrzeugs oder den Betriebsunternehmer einer Eisenbahn (§ 2) bei einem Unfall aus dem Betrieb des Kraftfahrzeugs oder der Eisenbahn mit „145 000 Euro“; *(BGBl I 2001/98, ab 1. 1. 2002, s § 21 Abs 2)*

2. für den Halter eines Kraftfahrzeugs zur Beförderung gefährlicher Güter überdies mit „1 314 000 Euro“ für Schäden infolge der gefährlichen Beschaffenheit des Gutes; für Kraftfahrzeuge, die nicht ausschließlich oder überwiegend zur Beförderung gefährlicher Güter bestimmt sind, gilt dies nur für die Dauer des Transports gefährlicher Güter. *(BGBl I 2001/98, ab 1. 1. 2002, s § 21 Abs 2)*

(2) Sind auf Grund desselben Ereignisses an mehrere Geschädigte Ersätze zu leisten, die insgesamt die im Abs. 1 genannten Höchstbeträge übersteigen, so verringern sich die einzelnen Ersätze in dem Verhältnis, in dem ihr Gesamtbetrag zum Höchstbetrag steht.

(3) Für Schäden an Liegenschaften durch einen Unfall aus dem Betrieb einer Eisenbahn gelten die Haftungsbegrenzungen des Abs. 1 nicht.

(BGBl I 1997/140, ab 1. 7. 1998, anzuwenden auf Schadensereignisse, die sich nach dem 30. 6. 1998 ereignet haben)

Verjährung und Anzeigepflicht

§ 17. (1) Die in diesem Bundesgesetz festgesetzten Ersatzansprüche verjähren in drei Jahren von dem Zeitpunkt an, in dem der Ersatzberechtigte von dem Schaden und von der

Person des Ersatzpflichtigen Kenntnis erlangt, ohne Rücksicht auf diese Kenntnis in 30 Jahren vom Unfall an.

(2) Im übrigen gelten für die Verjährung die Vorschriften des allgemeinen bürgerlichen Rechtes.

§ 18. Der Ersatzberechtigte verliert die in diesem Bundesgesetz festgesetzten Ersatzansprüche, wenn er nicht innerhalb dreier Monate, nachdem er von dem Schaden und von der Person des Ersatzpflichtigen Kenntnis erlangt hat, diesem den Unfall anzeigt. Der Verlust tritt nicht ein, wenn die Anzeige infolge eines vom Ersatzberechtigten nicht zu vertretenden Umstands unterblieben ist oder der Ersatzpflichtige innerhalb der bezeichneten Frist auf andere Weise von dem Schaden Kenntnis erhalten hat.

Vorschriften des bürgerlichen Rechtes

§ 19. (1) Unberührt bleiben die Vorschriften des Allgemeinen bürgerlichen Gesetzbuchs und andere Vorschriften, nach denen der Betriebsunternehmer oder Halter für den verursachten Schaden in weiterem Umfang als nach den Bestimmungen dieses Bundesgesetzes haftet oder nach denen ein anderer für den Schaden verantwortlich ist.

(2) Auch dort, wo die Ersatzansprüche für einen durch einen Unfall beim Betrieb einer Eisenbahn oder beim Betrieb eines Kraftfahrzeugs verursachten Schaden nach den allgemeinen Vorschriften des bürgerlichen Rechtes zu beurteilen sind, wie insbesondere auch bei solchen Eisenbahnen und Kraftfahrzeugen, auf die dieses Bundesgesetz nicht anzuwenden ist, haftet der Betriebsunternehmer und der Halter für das Verschulden der Personen, die mit seinem Willen beim Betrieb der Eisenbahn oder beim Betrieb des Kraftfahrzeugs tätig waren, soweit diese Tätigkeit für den Unfall ursächlich war.

Gerichtsstand

§ 20. Für Klagen, die auf Grund dieses Bundesgesetzes erhoben werden, ist auch das Gericht zuständig, in dessen Sprengel sich der Unfall ereignet hat. Bei diesem Gericht können auch anderweitige aus dem Schadensfall abgeleitete Klageansprüche gegen den Betriebsunternehmer oder den Halter oder einen sonst Ersatzpflichtigen erhoben werden.

Inkrafttreten

§ 21. (1) Dieses Bundesgesetz tritt mit dem ersten Tage des auf die Kundmachung folgenden dritten Monats in Kraft.

(2) Die §§ 15, 16 und 21 in der Fassung des Bundesgesetzes BGBl. I Nr. 98/2001 treten mit 1. Jänner 2002 in Kraft. Die geänderten Bestimmungen sind auf Unfälle anzuwenden, die sich nach dem 31. Dezember 2001 ereignet haben. *(BGBl I 2001/98)*

Aufhebung bisheriger Vorschriften

§ 22. (1) Soweit der § 23 nichts anderes bestimmt, werden mit dem Inkrafttreten dieses Bundesgesetzes folgende Vorschriften aufgehoben:

1. Verordnung zur Einführung des Reichshaftpflichtgesetzes in den Reichsgauen der Ostmark und im Reichsgau Sudetenland vom 3. Mai 1940, Deutsches RGBl. I S. 713, soweit sie sich auf Eisenbahnen bezieht,

2. Gesetz, betreffend die Verbindlichkeit zum Schadenersatz für die bei dem Betrieb von Eisenbahnen, Bergwerken usw. herbeigeführten Tötungen und Körperverletzungen vom 7. Juni 1871, Deutsches RGBl. S. 207, soweit es sich auf Eisenbahnen bezieht;

3. Verordnung zur Einführung des Gesetzes über die Haftpflicht der Eisenbahnen und Straßenbahnen für Sachschaden in den Reichsgauen der Ostmark und im Reichsgau Sudetenland vom 25. September 1940, Deutsches RGBl. I S. 1279;

4. Gesetz über die Haftpflicht der Eisenbahnen und Straßenbahnen für Sachschaden vom 29. April 1940, Deutsches RGBl. I S. 691;

5. Verordnung zur Ergänzung des Gesetzes über die Haftpflicht der Eisenbahnen und Straßenbahnen für Sachschaden vom 6. Mai 1941, Deutsches RGBl. I S. 252;

6. Verordnung zur Einführung des Gesetzes über den Verkehr mit Kraftfahrzeugen in der Ostmark und im Reichsgau Sudetenland vom 23. März 1940, Deutsches RGBl. I S. 537;

7. Gesetz über den Verkehr mit Kraftfahrzeugen vom 3. Mai 1909, Deutsches RGBl. S. 437, soweit es nicht bereits aufgehoben ist;

8. Gesetz über die erweiterte Zulassung von Schadenersatzansprüchen bei Dienst- und Arbeitsunfällen vom 7. Dezember 1943, Deutsches RGBl. I S. 674, soweit es nicht bereits aufgehoben ist.

(2) Wo in anderen gesetzlichen Vorschriften des geltenden Rechtes auf die im Abs. 1 genannten Vorschriften verwiesen wird, erhält die Verweisung ihren Inhalt aus den entsprechenden Bestimmungen dieses Bundesgesetzes.

(3) Unberührt bleiben:

1. die §§ 11 und 19 Abs. 2 Eisenbahngesetz 1957, BGBl. Nr. 60,

2. der § 1 Abs. 4 Kraftfahrgesetz 1967, BGBl. Nr. 267, *(BGBl 1968/69)*

3. das Atomhaftpflichtgesetz, BGBl. Nr. 117/1964, *(BGBl 1968/69)*

4. das Allgemeine Sozialversicherungsgesetz, BGBl. Nr. 189/1955,

5. Bestimmungen in Staatsverträgen, soweit sie die Haftung für Schäden aus Unfällen beim Betrieb von Eisenbahnen regeln.

Überleitung

§ 23. Dieses Bundesgesetz ist nur auf Unfälle anzuwenden, die sich nach seinem Inkrafttreten ereignen. Für Unfälle, die sich vorher ereignet haben, gelten die bisherigen Vorschriften.

§ 24. Mit der Vollziehung dieses Bundesgesetzes ist das Bundesministerium für Justiz betraut. Dieses hat das Einvernehmen herzustellen,

1. soweit es sich um Eisenbahnen handelt, mit dem Bundesministerium für öffentliche Wirtschaft und Verkehr,

2. soweit es sich um Kraftfahrzeuge handelt, mit dem Bundesministerium für wirtschaftliche Angelegenheiten und,

3. soweit es sich um die Bestimmungen über die Haftungshöchstbeträge für Kraftfahrzeuge handelt, außerdem mit dem Bundesministerium für Finanzen.

(BGBl 1968/69)

26/2. Verkehrsopferschutzgesetz

26/2. Bundesgesetz vom 2. Juni 1977 über den erweiterten Schutz der Verkehrsopfer, BGBl 1977/322 idF

1 BGBl 1987/291 **2** BGBl 1993/94 **3** BGBl 1994/651
4 BGBl 1995/258 **5** BGBl I 1997/6 **6** BGBl I 2001/98 (2. Euro-JuBeG)
7 BGBl I 2002/11

STICHWORTVERZEICHNIS

(Die Zahlenangaben beziehen sich auf die Paragraphen)

Bundesgesetz vom 2. Juni 1977 über den erweiterten Schutz der Verkehrsopfer

Allgemeine Bestimmungen

§ **1.** (1) Zur Erbringung von Leistungen nach diesem Bundesgesetz ist der Fachverband der Versicherungsunternehmen verpflichtet. *(BGBl 1993/94, ab 1. 1. 1994, s § 9 Abs 2)*

(2) Die Leistungen sind, sofern sich aus diesem Bundesgesetz nicht anderes ergibt, unter sinngemäßer Anwendung des Eisenbahn- und Kraftfahrzeughaftpflichtgesetzes, BGBl. Nr. 48/1959, in der jeweils geltenden Fassung so zu erbringen, als ob ihnen ein zivilrechtlicher Schadenersatzanspruch und das Bestehen einer Kraftfahrzeug-Haftpflichtversicherung im Rahmen der in den kraftfahrrechtlichen Bestimmungen festgesetzten Versicherungspflicht zugrundelägen.

(3) Überdies sind in sinngemäßer Anwendung der §§ 12, 13 und 15 des Eisenbahn- und Kraftfahrzeughaftpflichtgesetzes Leistungen zum Ausgleich von Schäden zu erbringen, die durch die bestimmungsgemäße Verwendung eines Sicherheitsgurts oder eines Sturzhelms entstanden sind. *(BGBl 1987/322)*

(3a) Der Fachverband der Versicherungsunternehmen hat nach Maßgabe der nachstehenden Vorschriften auch Leistungen im Umfang der Leistungspflicht des Haftpflichtversicherers an dessen Stelle zu erbringen (Entschädigungsstelle). *(BGBl I 2002/11, ab 19. 1. 2003, s § 9 Abs 6)*

(4) Der Fachverband der Versicherungsunternehmen hat gegen die Unternehmen, die das Haftpflichtrisiko für im Inland zum Verkehr zugelassene Fahrzeuge versichern, Anspruch auf Ersatz der nach diesem Bundesgesetz zu erbringenden Leistungen und eines angemessenen Verwaltungsaufwands. Dies Versicherer sind zur Beitragsleistung in demjenigen Verhältnis verpflichtet, in dem ihr Prämienaufkommen aus der Kraftfahrzeug-Haftpflichtversicherung für Fahrzeuge, die im Inland zum Verkehr zugelassen sind, zum gesamten Prämienaufkommen aller Versicherer aus dieser Versicherung steht. *(BGBl 1993/94, ab 1. 1. 1994, s § 9 Abs 2)*

Anspruchsvoraussetzungen

§ **2.** (1) Entschädigung im Sinn des § 1 Abs. 2 ist für „Schäden" zu leisten, die im Inland durch ein nach den kraftfahrrechtlichen Bestimmungen versicherungspflichtiges „Fahrzeug" verursacht wurden, wenn

1. trotz bestehender Versicherungspflicht kein Versicherungsvertrag bestand,

2. eine zivilrechtlich haftpflichtige Person nicht ermittelt werden konnte, *(BGBl 1995/258, ab 12. 4. 1995)*

3. das „Fahrzeug" ohne Willen des Halters benützt worden ist, wenn und soweit dieser gemäß dem § 6 des Eisenbahn- und Kraftfahrzeughaftpflichtgesetzes von der Haftung befreit ist, *(BGBl 1993/94, ab 1. 1. 1994, s § 9 Abs 2)*

4. für einen Schaden, der durch die Verwendung des ermittelten oder nicht ermittelten Fahrzeuges verursacht worden ist, ein Haftpflichtversicherer deshalb keine Deckung gewährt oder gewähren würde, weil der Schädiger den Eintritt der Tatsache, für die er schadenersatzpflichtig ist, vorsätzlich und rechtswidrig herbeigeführt hat, oder *(BGBl 1994/651, ab 1. 9. 1994)*

5. über das Vermögen des leistungspflichtigen Versicherers ein Insolvenzverfahren eröffnet worden ist oder die Eröffnung eines solchen Verfahrens mangels hinreichenden Vermögens abgelehnt worden ist. *(BGBl 1994/651, ab 1. 9. 1994)*

(BGBl 1993/94, ab 1. 1. 1994, s § 9 Abs 2)

(2) Im Fall des Abs. 1 Z. 2 besteht der Entschädigungsanspruch auch dann, wenn nicht ermittelt werden konnte, ob es sich bei dem „Fahrzeug", das den Schaden verursacht hat, um ein nach den kraftfahrrechtlichen Bestimmungen versicherungspflichtiges „Fahrzeug" gehandelt hat. *(BGBl 1993/94, ab 1. 1. 1994, s § 9 Abs 2)*

(3) Der Fachverband der Versicherungsunternehmen kann einen Anspruch weder mit der Begründung ablehnen, ein Haftpflichtiger habe Ersatz zu leisten, noch mit der Behauptung, ein Haftpflichtversicherer habe einzutreten, wenn dieser seine Deckungspflicht bestreitet. *(BGBl 1993/94, ab 1. 1. 1994, s § 9 Abs 2)*

(4) Die Entschädigung umfaßt in allen Fällen des Abs. 1 Schäden durch Verletzung des Körpers oder der Gesundheit oder durch die Tötung einer Person, in den Fällen des „Abs. 1 Z 1 und Z 3 bis 5"* auch solche durch Beschädigung einer Sache. Sachschäden sind jedoch nur zu ersetzen, soweit sie den Betrag von „220 Euro"** übersteigen. *(BGBl 1993/94, ab 1. 1. 1994, s § 9 Abs 2, * BGBl I 1997/6, ab 1. 1. 1997, und ** BGBl I 2001/98, ab 1. 1. 2002, s § 9 Abs 5)*

(5) Die Leistungen für Entschädigungen gemäß Abs. 1 Z 5 sind mit 0,5 vH des gesamten Prämienaufkommens aller Versicherer aus der Kraftfahrzeug-Haftpflichtversicherung in jedem Kalenderjahr begrenzt. *(BGBl 1994/651, ab 1. 9. 1994)*

§ **2a.** (1) Entschädigung nach § 1 Abs. 3 ist zu leisten,

1. wenn eine Person bei einem Unfall im Inland getötet, an ihrem Körper verletzt oder an ihrer Gesundheit geschädigt worden ist,

2. wenn sie während des Unfalls bestimmungsgemäß einen Sicherheitsgurt oder einen Sturzhelm verwendet hat,

3. soweit mit Wahrscheinlichkeit anzunehmen ist, daß die Schädigung ohne die Verwendung des Sicherheitsgurts beziehungsweise des Sturzhelms nicht oder nicht in dieser Schwere eingetreten wäre, und

4. soweit der Geschädigte keinen Anspruch auf Schadenersatz hat.

(2) Der Entschädigungsanspruch ist nach Abs. 1 Z 4 ausgeschlossen durch

1. Schadenersatzansprüche nach den §§ 1293ff. ABGB, nach dem EKHG oder nach vergleichbaren Haftpflichtbestimmungen, die durch eine Haftpflichtversicherung gedeckt sind oder unverzüglich, spätestens nach Mahnung gezahlt werden;

2. Ansprüche gegen einen Sozialversicherungsträger auf Leistungen, die den selben Schaden ausgleichen sollen, oder ähnliche Versorgungsansprüche.

(3) Die Entschädigung ist überdies ausgeschlossen, wenn der Verletzte oder Getötete

1. den Schaden vorsätzlich oder durch grobe Fahrlässigkeit herbeigeführt hat, etwa durch das Lenken eines Kraftfahrzeugs in einem durch Alkohol beeinträchtigten Zustand, oder

2. das Kraftfahrzeug benützt hat oder mit ihm befördert worden ist, obwohl er wußte, daß dies gegen den Willen des Halters geschieht.

(BGBl 1987/291)

§ **2b.** (1) Ersatzleistungen gemäß § 1 Abs. 3a sind für Schäden zu erbringen, die Personen mit Sitz oder Wohnsitz im Inland in einem anderen Staat, dessen nationales Versicherungsbüro (Art. 1 Z 3 der Richtlinie 72/166/EWG, ABl. Nr. L 103 vom 2. Mai 1972, S 1) dem System der Grünen Karte beigetreten ist, mit einem Fahrzeug zugefügt worden sind, das seinen gewöhnlichen Standort in einem anderen Vertragsstaat des Abkommens über den Europäischen Wirtschaftsraum hat und das beim Sitz oder einer in einem anderen Vertragsstaat gelegenen Zweigniederlassung eines Versicherungsunternehmens mit Sitz in einem anderen Vertragsstaat oder bei der in einem anderen Vertragsstaat gelegenen Zweigniederlassung eines Versicherungsunternehmens mit Sitz außerhalb der Vertragsstaaten versichert ist.

(2) Ein Anspruch auf Leistungen gemäß Abs. 1 besteht, wenn

1. das Versicherungsunternehmen oder sein nach Art. 4 Abs. 1 der Richtlinie 2000/26/EG (ABl. Nr. L 181 vom 20. Juli 2000, S 65) bestellter Schadenregulierungsbeauftragter die Pflichten nach Art. 6 Abs. 1 zweiter Unterabsatz lit. a der

Richtlinie 2000/26/EG nicht rechtzeitig erfüllt hat,

2. das Versicherungsunternehmen für das Inland keinen Schadenregulierungsbeauftragten nach Art. 4 Abs. 1 der Richtlinie 2000/26/EG (ABl. Nr. L 181 vom 20. Juli 2000, S 65) bestellt hat und der Geschädigte seinen Anspruch nicht unmittelbar gegenüber dem Versicherer geltend gemacht hat.

(3) Der Anspruch ist im Fall des Abs. 2 Z 1 innerhalb von vier Wochen nach Ablauf der in Art. 6 Abs. 1 zweiter Unterabsatz lit. a der Richtlinie 2000/26/EG festgesetzten Frist und im Fall des Abs. 2 Z 2 innerhalb von vier Wochen ab dem Zeitpunkt geltend zu machen, zu dem der Geschädigte davon Kenntnis erlangt hat oder erlangen hätte müssen, dass kein Schadenregulierungsbeauftragter bestellt ist. Ein Anspruch besteht nicht, wenn der Geschädigte gegen den Schädiger oder den Versicherer gerichtliche Schritte eingeleitet hat.

(4) Der Anspruch auf eine Leistung gemäß Abs. 1 erlischt, wenn das Versicherungsunternehmen oder der Schadenregulierungsbeauftragte die Pflichten nach Art. 6 Abs. 1 zweiter Unterabsatz lit. a erfüllt.

(5) Der Geschädigte kann gegenüber dem Fachverband der Versicherungsunternehmen gerichtlich nur geltend machen, dass die Voraussetzungen für den Anspruch auf eine Leistung gemäß Abs. 1 bis 3 vorliegen und der Anspruch noch nicht erloschen ist.

(6) Die §§ 4, 6 und 7 sind auf Leistungen gemäß Abs. 1 nicht anzuwenden.

(BGBl I 2002/11, ab 19. 1. 2003, s § 9 Abs 6)

§ 2c. Der Fachverband der Versicherungsunternehmen als Entschädigungsstelle (§ 1 Abs. 3a) hat Personen mit Wohnsitz oder Sitz im Inland in den in § 2 Abs. 1 Z 1 und 2 angeführten Fällen Leistungen im Umfang des § 1 Abs. 2 und unter Anwendung des § 2 Abs. 2 bis 4 dann zu erbringen, wenn der Schaden in einem anderen Vertragsstaat verursacht wurde. § 7 ist auf diese Leistungen nicht anzuwenden.

(BGBl I 2002/11, ab 19. 1. 2003, s § 9 Abs 6)

Anspruchsberechtigte Personen

§ 3. (1) Anspruch auf Leistungen nach diesem Bundesgesetz haben ausschließlich

1. Personen die durch ein Schadenereignis im Sinn des „§ 2 Abs. 1, § 2a, eine Körperverletzung oder sonstige Gesundheitsschädigungen „oder einen Sachschaden"* erlitten haben, *(§ 2b oder § 2c"** BGBl 1993/94, ab 1. 1. 1994, s § 9 Abs 2, und BGBl I 2002/11, ab 19. 1. 2003, s § 9 Abs 6)*

2. Hinterbliebene von durch ein solches Schadenereignis getöteten Personen.

(2) *(aufgehoben, BGBl 1993/94, ab 1. 1. 1994, s § 9 Abs 2)*

(3) Personen, die zur Zeit des Schadenereignisses mit ihrem Willen in einem Fahrzeug befördert worden sind, erwerben keinen Entschädigungsanspruch, wenn sie wußten, daß auf dieses Fahrzeug die Voraussetzungen des § 2 Abs. 1 Z 1 oder 3 zutreffen. *(BGBl 1993/94, ab 1. 1. 1994, s § 9 Abs 2)*

Pflichten der Anspruchsberechtigten

§ 4. (1) Die anspruchsberechtigten Personen sind verpflichtet,

1. Personenschäden ohne unnötigen Aufschub der nächsten Polizei- oder Gendarmeriedienststelle zu melden, *(BGBl 1993/94, ab 1. 1. 1994, s § 9 Abs 2)*

2. das Schadenereignis innerhalb von drei Monaten nach seinem Eintritt dem Fachverband der Versicherungsunternehmen anzuzeigen,

3. nach Möglichkeit zur Feststellung des Sachverhalts beizutragen,

4. die zur Vermeidung oder zur Minderung von Schäden notwendigen Maßnahmen zu treffen.

(2) Die vorsätzliche Verletzung der Pflichten nach Abs. 1 hat den Verlust des Anspruchs zur Folge. Bei grobfahrlässiger Verletzung bleibt der Anspruch nur insoweit bestehen, als der Umfang des Schadens auch bei gehöriger Erfüllung nicht geringer gewesen wäre.

Aufgaben der Entschädigungsstelle

§ 5. (1) Der Fachverband der Versicherungsunternehmen hat innerhalb von zwei Monaten, nachdem der Geschädigte einen Anspruch gemäß § 2b erhoben hat, Maßnahmen zur Feststellung seiner Leistungsverpflichtung einzuleiten.

(2) Der Fachverband der Versicherungsunternehmen hat die Erhebung des Anspruchs unverzüglich mitzuteilen

1. dem Versicherungsunternehmen oder dem Schadenregulierungsbeauftragten, die die Pflichten nach Art. 6 Abs. 1 zweiter Unterabsatz lit. a der Richtlinie 2000/26/EG nicht rechtzeitig erfüllt haben,

2. der Entschädigungsstelle im Staat der Niederlassung (Sitz oder Zweigniederlassung) des Versicherungsunternehmens, bei der der Versicherungsvertrag abgeschlossen worden ist,

3. der Person, die den Schaden verursacht hat.

(BGBl I 2002/11, ab 19. 1. 2003, s § 9 Abs 6)

Freiwillige Leistungsversprechen

§ 6. (1) Werden für den Fall des Vorliegens der Anspruchsvoraussetzungen „der §§ 2 oder 2a" durch Versicherungsunternehmen weitergehende Leistungen zugesagt, als sie nach diesem Bundesgesetz vorgesehen sind, so hat der Fachverband der Versicherungsunternehmen die Erbringung solcher Leistungen auszuloben

EKHG mit LFG

(§§ 860 bis 860b ABGB). Die Pflicht der Versicherer gemäß dem „§ 1 Abs. 4“ erstreckt sich in diesem Fall auch auf den Ersatz dieser weiteren Leistungen. *(BGBl 1987/291)*

(2) Die Auslobung ist dem Bundesministerium für Finanzen als Versicherungsaufsichtsbehörde zur Kenntnis zu bringen und von diesem im „Amtsblatt zur Wiener Zeitung“ kundzumachen. Mit dieser Kundmachung wird die Auslobung verbindlich.

(3) Leistungszusagen nach Abs. 1 wirken auch zugunsten von Ausländern, die nach zwischenstaatlichen Vereinbarungen im Hinblick auf Ansprüche, deren Voraussetzungen den im § 2 Abs. 1 angeführten entsprechen, österreichischen Staatsbürgern gleichgestellt sind.

Übergang von Schadenersatzansprüchen

§ 7. Steht einer Person, die Leistungen nach diesem Bundesgesetz einschließlich solcher nach § 6 erhalten hat, ein Schadenersatzanspruch gegen einen Dritten zu, so geht dieser Anspruch auf den Fachverband der Versicherungsunternehmen über, soweit dieser der anspruchsberechtigten Person den Schaden ersetzt hat. „Soweit Entschädigung gemäß § 2 Abs. 1 Z 5 geleistet wird, sind Rückersatzansprüche gegen den Versicherungsnehmer und mitversicherte Personen, soweit sie Verbraucher im Sinn des § 1 Abs. 1 Z 1 Konsumentenschutzgesetz, BGBl. Nr. 140/1979, sind, auf je „2 200 Euro“ beschränkt.“ *(BGBl 1994/651, ab 1. 9. 1994, und BGBl I 2001/98, ab 1. 1. 2002, s § 9 Abs 5)*

Erstattungsanspruch der Entschädigungsstellen

§ 7a. (1) Der Fachverband der Versicherungsunternehmen erwirbt, sobald er dem Geschädigten eine Leistung gemäß § 2b erbracht hat, einen Anspruch auf Erstattung dieser Leistung durch die Entschädigungsstelle im Staat der Niederlassung (Sitz oder Zweigniederlassung) des Versicherungsunternehmens, bei der der Versicherungsvertrag abgeschlossen worden ist.

(2) Der Fachverband der Versicherungsunternehmen ist den Entschädigungsstellen in anderen Vertragsstaaten, die eine Leistung nach Art. 6 Abs. 1 der Richtlinie 2000/26/EG erbracht haben, nach Maßgabe der Rechtsvorschriften dieses Vertragsstaates zur Erstattung dieser Leistung verpflichtet, wenn der Versicherungsvertrag beim Sitz eines inländischen Versicherungsunternehmens oder einer im Inland gelegenen Zweigniederlassung eines ausländischen Versicherungsunternehmens abgeschlossen worden ist. Durch diese Erstattung geht der Anspruch des Geschädigten gegen den Schädiger und den Haftpflichtversicherer auf den Fachverband der Versicherungsunternehmen über.

(3) Der Fachverband der Versicherungsunternehmen als Entschädigungsstelle erwirbt, sobald er dem Geschädigten eine Leistung gemäß § 2c erbracht hat, einen Anspruch auf Erstattung dieser Leistung durch

1. die Einrichtung gemäß Art. 1 Abs. 4 der Richtlinie 84/5/EWG (ABl. Nr. L 8 vom 11. Jänner 1984, S 17) in dem Vertragsstaat, in dem das Fahrzeug, mit dem der Schaden verursacht wurde, seinen gewöhnlichen Standort hat, im Fall des § 2 Abs. 1 Z 1,

2. die Einrichtung gemäß Art. 1 Abs. 4 der Richtlinie 84/5/EWG in dem Vertragsstaat, in dem das Schadenereignis eingetreten ist, wenn der Schaden im Fall des § 2 Abs. 1 Z 2 durch ein Fahrzeug mit gewöhnlichem Standort in einem Vertragsstaat oder im Fall des § 2 Abs. 1 Z 1 oder 2 durch ein Fahrzeug mit gewöhnlichem Standort außerhalb der Vertragsstaaten verursacht wurde.

(4) Der Fachverband der Versicherungsunternehmen ist den Entschädigungsstellen in anderen Vertragsstaaten, die eine Leistung nach Art. 7 der Richtlinie 2000/26/EG erbracht haben, nach Maßgabe der Rechtsvorschriften dieses Vertragsstaates zur Erstattung dieser Leistung verpflichtet, wenn das Fahrzeug, mit dem der Schaden verursacht wurde, im Inland zugelassen ist oder das Schadenereignis im Inland eingetreten ist. Durch diese Erstattung geht der Anspruch des Geschädigten gegen den Schädiger und den Haftpflichtversicherer auf den Fachverband der Versicherungsunternehmen über.

(5) Auf Erstattungsleistungen gemäß Abs. 2 und 4 ist § 1 Abs. 4 anzuwenden.

(BGBl I 2002/11, ab 19. 1. 2003, s § 9 Abs 6)

Schlußbestimmungen

§ 8. Mit der Vollziehung dieses Bundesgesetzes ist hinsichtlich des § 6 Abs. 2 der Bundesminister für Finanzen, hinsichtlich der übrigen Bestimmungen der Bundesminister für Justiz im Einvernehmen mit dem Bundesminister für Finanzen betraut.

§ 9. (1) § 1 Abs. 1 und 4, § 2, § 3 und § 4 Abs. 1 Z 1 in der Fassung des Bundesgesetzes BGBl. Nr. 94/1993 und die Aufhebung des § 5 durch dieses Bundesgesetz treten zu demselben Zeitpunkt in Kraft wie das Abkommen über den Europäischen Wirtschaftsraum.[1]) *(BGBl 1993/94)*

(2) Auf Unfälle, die sich vor dem Inkrafttreten ereignet haben, ist dieses Bundesgesetz ohne die Änderungen durch das im Abs. 1 genannte Bundesgesetz anzuwenden. *(BGBl 1993/94)*

(3) § 2 Abs. 1 und 5 und § 7 in der Fassung des Bundesgesetzes BGBl. Nr. 651/1994 treten mit 1. September 1994 in Kraft. *(BGBl 1994/651)*

(4) § 2 Abs. 4 in der Fassung des Bundesgesetzes BGBl. I Nr. 6/1997 tritt mit 1. Jänner 1997 in Kraft. *(BGBl I 1997/6)*

(5) Die §§ 2, 7 und 9 in der Fassung des Bundesgesetzes BGBl. I Nr. 98/2001 treten mit 1. Jänner 2002 in Kraft. Die §§ 2 und 7 sind in

dieser Fassung auf Unfälle, die sich vor diesem Tag ereignet haben, nicht anzuwenden. *(BGBl I 2001/98)*

(6) § 1 Abs. 3a, § 2b, § 2c, § 3 Abs. 1, § 5 und § 7a in der Fassung von Art. V des Bundesgesetzes BGBl. I Nr. 11/2002 treten mit 19. Jänner 2003 in Kraft. Sie sind auf Schadenfälle anzuwenden, die nach dem 18. Jänner 2003 eintreten. *(BGBl I 2002/11)*

(7) Der Fachverband der Versicherungsunternehmen ist berechtigt, von dem der Kundmachung des Bundesgesetzes BGBl. I Nr. 11/2002 folgenden Tag an mit den Einrichtungen anderer Vertragsstaaten, die nach Art. 6 Abs. 1 der Richtlinie 2000/26/EG als Entschädigungsstellen geschaffen oder anerkannt sind, Vereinbarungen über die Aufgaben und Pflichten der Entschädigungsstellen sowie über das Verfahren zur Erstattung der Entschädigungsleistungen zu treffen. *(BGBl I 2002/11)*

---

[1]) *Am 1. 1. 1994 (Z 27 K BGBl 1993/917)*

26/3. Luftfahrtgesetz

Stichwortverzeichnis zum LFG und zur EU-LFV
(Die Zahlenangaben ohne Gesetzesangabe beziehen sich auf die Paragraphen des LFG)

Bundesgesetz vom 2. Dezember 1957 über die Luftfahrt (Luftfahrtgesetz)

X. Teil

Haftungsrecht

1. Abschnitt

Haftung für Personen und Sachen, welche nicht im Luftfahrzeug befördert werden

Haftung

§ 146. (1) Wird durch einen Unfall beim Betrieb eines Luftfahrzeuges oder motorisierten Flugmodells ein Mensch getötet oder am Körper verletzt oder an der Gesundheit geschädigt oder eine körperliche Sache beschädigt, so haftet der Halter für den Ersatz des Schadens.

(2) Der Halter haftet nicht nach den Bestimmungen dieses Abschnittes, wenn

1. ein Mensch an Bord des Luftfahrzeugs oder beim Ein- oder Aussteigen getötet oder am Körper verletzt oder an der Gesundheit geschädigt wird oder

2. Sachen, die eine an Bord des Luftfahrzeuges befindliche oder ein- oder aussteigende Person an sich trägt oder die sich als Frachtgüter oder aufgegebenes Reisegepäck während der Luftbeförderung in der Obhut des Halters befinden, beschädigt werden.

(BGBl I 1997/102, ab 1. 1. 1998; nicht anzuwenden auf Schäden, die davor eingetreten sind)

§ 147. (1) Benutzte jemand zur Zeit des Unfalls das Luftfahrzeug oder Flugmodell ohne den Willen des Halters, so haftet er anstelle des Halters. Daneben bleibt der Halter für den Ersatz des Schadens haftbar, wenn die Benutzung des Luftfahrzeuges oder Flugmodells durch sein oder der Personen Verschulden ermöglicht worden ist, die mit seinem Willen beim Betrieb des Luftfahrzeuges oder des Flugmodells tätig gewesen sind.

(2) Abs. 1 gilt nicht, wenn der Benutzer vom Halter für den Betrieb des Luftfahrzeuges oder Flugmodells angestellt oder wenn ihm das Luftfahrzeug oder Flugmodell vom Halter überlassen war. Eine aus dem allgemeinen bürgerlichen Recht abzuleitende Ersatzpflicht eines solchen Benutzers ist ausgeschlossen, wenn er beweist, daß der Schaden nicht durch sein Verschulden verursacht worden ist.

(3) Benutzer im Sinn der Abs. 1 und 2 ist jeder, der sich den Gebrauch des Luftfahrzeuges oder Flugmodells als solchen mit Herrschaftswillen anmaßt.

(BGBl I 1997/102, ab 1. 1. 1998, s Anm zu § 146)

Solidarhaftung

§ 148. Hat ein Luftfahrzeug oder Flugmodell mehrere Halter, so haften diese zur ungeteilten Hand. Das gleiche gilt für mehrere an einem Unfall Beteiligte. Es haftet jedoch jeder Beteiligte nach den für seine Ersatzpflicht geltenden Vorschriften und, soweit seine Ersatzpflicht begrenzt ist, nur bis zu den für ihn maßgeblichen Haftungshöchstbeträgen.

(BGBl I 1997/102, ab 1. 1. 1998, s Anm zu § 146)

Haftungshöchstbeträge

§ 149. (1) Der Ersatzpflichtige haftet für jeden Unfall bis zu folgenden Beträgen:

1. bei Flugmodellen bis 20 kg Höchstgewicht .... 12 Millionen Schilling[1])

2. bei Flugmodellen über 20 kg Höchstgewicht und bei Luftfahrzeugen, soweit sie nicht durch einen Verbrennungsmotor angetrieben werden, bis zu 750 kg Höchstgewicht .... „17“ Millionen Schilling[2])
(BGBl I 1999/105, ab 1. 10. 1999)

3. bei Luftfahrzeugen, welche nicht unter Z 2 fallen, bis 1 200 kg Höchstgewicht .... 40 Millionen Schilling[3])

4. bei Luftfahrzeugen mit mehr als 1 200 kg bis zu 2 000 kg Höchstgewicht .... 60 Millionen Schilling[4])

5. bei Luftfahrzeugen mit mehr als 2 000 kg bis 5 700 kg Höchstgewicht .... 120 Millionen Schilling[5])

6. bei Luftfahrzeugen mit mehr als 5 700 kg bis 14 000 kg Höchstgewicht .... 300 Millionen Schilling[6])

7. bei Luftfahrzeugen mit mehr als 14 000 kg Höchstgewicht .... 900 Millionen Schilling[7])

(2) Ein Drittel der im Abs. 1 genannten Summe dient für den Ersatz von Sachschäden, zwei Drittel für den Ersatz von Personenschäden. Wird der für den Ersatz von Sachschäden oder den Ersatz von Personenschäden jeweils vorgesehene Höchstbetrag nicht oder nicht zur Gänze in Anspruch genommen, so kann er für den Ersatz der Schäden der anderen Art beansprucht werden.

(3) Die Höchstsumme des Schadenersatzes für jede verletzte Person beträgt 15 Millionen Schilling[8]).

(4) Die Haftung mehrerer Halter eines Luftfahrzeuges oder Flugmodells für einen Unfall ist durch die in den Abs. 1 bis 3 vorgesehenen Höchstbeträge begrenzt. Im übrigen haftet jeder der an einem Unfall beteiligten Halter bis zu den für ihn vorgesehenen Höchstbeträgen.

(BGBl I 1997/102, ab 1. 1. 1998, s Anm zu § 146)

[1]) = 872 074,01 Euro
[2]) = 1 235 438,18 Euro
[3]) = 2 906 913,37 Euro
[4]) = 4 360 370,05 Euro
[5]) = 8 720 740,10 Euro
[6]) = 21 801 850,25 Euro
[7]) = 65 405 550,75 Euro
[8]) = 1 090 092,51 Euro

§ 150. (1) Ist eine Jahresrente anstelle eines Kapitalbetrags zu bezahlen, so darf der Kapitalwert der Rente die Höchstbeträge nach § 149 nicht übersteigen.

(2) Übersteigen die Entschädigungen, die mehreren Geschädigten auf Grund desselben Ereignisses zustehen, die Höchstbeträge nach § 149, so verringern sich die einzelnen Entschädigungen in dem Verhältnis, in dem ihr Gesamtbetrag zum Höchstbetrag steht.

(BGBl I 1997/102, ab 1. 1. 1998, s Anm zu § 146)

§ 151. Die Haftungsgrenzen der §§ 149 und 150 gelten nicht für Schäden, die durch Luftfahrzeuge oder Flugmodelle des Bundesheeres oder der Sicherheitsbehörden im Sinn des § 4 Sicherheitspolizeigesetz, BGBl. Nr. 566/1991, verursacht werden.

(BGBl I 1997/102, ab 1. 1. 1998, s Anm zu § 146)

Rückgriffs- und Ausgleichsanspruch

§ 152. (1) Wurde der Schaden durch mehrere Luftfahrzeuge oder Flugmodelle verursacht und sind die Halter einem Dritten kraft Gesetzes zum Schadenersatz verpflichtet, so hängen im Verhältnis der Halter zueinander die Verpflichtung zum Ersatz und der Umfang des Ersatzes von den Umständen, insbesondere davon ab, inwieweit der Schaden überwiegend von dem einen oder anderen verursacht wurde. Das gleiche gilt für die gegenseitige Ersatzpflicht der Halter.

(2) Abs. 1 gilt entsprechend, wenn neben dem Halter ein anderer für den Schaden verantwortlich ist.

(BGBl I 1997/102, ab 1. 1. 1998, s Anm zu § 146)

Anzeigepflicht

§ 153. Der Ersatzberechtigte verliert die Ersatzansprüche nach diesem Abschnitt, wenn er nicht spätestens drei Monate, nachdem er vom Schaden und von der Person des Ersatzpflichtigen Kenntnis erlangt hat, diesem den Unfall anzeigt. Der Rechtsverlust tritt nicht ein, wenn die Anzeige zufolge eines vom Ersatzberechtigten nicht zu vertretenden Umstands unterblieben ist oder der Ersatzpflichtige innerhalb der Frist auf andere Weise vom Unfall Kenntnis erlangt hat.

(BGBl I 1997/102, ab 1. 1. 1998, s Anm zu § 146)

2. Abschnitt
Haftung aus dem Beförderungsvertrag
Haftung für Fluggäste, Reisegepäck und Luftfracht

§ 154. (1) Wird ein Fluggast an Bord eines Luftfahrzeuges oder beim Ein- oder Aussteigen getötet oder am Körper verletzt oder an der Gesundheit geschädigt, so haftet der Beförderer für den Ersatz des Schadens.

(2) Der Beförderer haftet ferner für den Schaden, der an Sachen, die der Fluggast an sich trägt oder mit sich führt, an Frachtgütern und an aufgegebenem Reisegepäck während der Beförderung entsteht. Die Beförderung umfaßt den Zeitpunkt, in dem sich die Frachtgüter oder das Reisegepäck auf einem Flughafen, an Bord eines Luftfahrzeuges oder – bei Landung außerhalb eines Flughafens – sonst in der Obhut des Beförderers befinden.

(BGBl I 1997/102, ab 1. 1. 1998, s Anm zu § 146)

Ausschluß der Haftung

§ 155. Die Ersatzpflicht des Beförderers im Falle des § 154 Abs. 1 und 2 tritt nicht ein, wenn er beweist, daß er, seine Leute und sonstige Personen, deren er sich zur Erfüllung des Beförderungsvertrags bedient, alle erforderlichen Maßnahmen zur Verhütung des Schadens getroffen haben oder daß sie diese Maßnahmen nicht treffen konnten.

(BGBl I 1997/102, ab 1. 1. 1998, s Anm zu § 146)

Vereinbarung von Haftungsbeschränkungen

§ 156. (1) Für den Fall des Verlustes oder der Beschädigung einer beförderten Sache kann die Haftung für leichte Fahrlässigkeit auf einen Betrag von 480 S[1]) pro Kilogramm, für Gegenstände, die der Fluggast an sich trägt oder mit sich führt oder als Reisegepäck aufgegeben hat, auf einen Betrag von 25 000 S[2]) beschränkt werden. Ist die Beförderung unentgeltlich, so kann die Haftung auch bei grober Fahrlässigkeit auf die im ersten Satz vorgesehenen Beträge beschränkt werden.

(2) Im übrigen sind Vereinbarungen, durch die die Haftung des Beförderers aus dem Beförderungsvertrag ausgeschlossen oder eingeschränkt wird, unwirksam.

(BGBl I 1997/102, ab 1. 1. 1998, s Anm zu § 146)

---
[1]) = 34,88 Euro
[2]) = 1 816,82 Euro

3. Abschnitt
Gemeinsame Bestimmungen für die Haftung
Mitverschulden des Geschädigten

§ 157. Trifft den Geschädigten oder jemanden, dessen Verhalten er zu vertreten hat, ein Verschulden, so ist § 1304 ABGB sinngemäß anzuwenden.

(BGBl I 1997/102, ab 1. 1. 1998, s Anm zu § 146)

Anwendung des ABGB

§ 158. Soweit in diesem Bundesgesetz nichts anderes bestimmt ist, ist auf die darin vorgesehenen Ersatzansprüche das ABGB anzuwenden.

(BGBl I 1997/102, ab 1. 1. 1998, s Anm zu § 146)

Sonstige Ersatzansprüche

§ 159. Bestimmungen des ABGB und anderer Vorschriften, nach denen Schäden in weiterem Umfang und von anderen Personen als nach diesem Bundesgesetz zu ersetzen sind, bleiben unberührt.

(BGBl I 1997/102, ab 1. 1. 1998, s Anm zu § 146)

Gerichtsstand

§ 160. (1) Für Klagen, die auf Grund des 1. und 2. Abschnittes dieses Teils erhoben werden, ist auch das Gericht zuständig, in dessen Sprengel sich der Unfall ereignet hat. Bei diesem Gericht können auch anderweitige aus dem Schadensfall abgeleitete Klageansprüche gegen den Halter oder Beförderer oder einen sonst Ersatzpflichtigen erhoben werden.

(2) Für Klagen, die auf Grund des § 154 erhoben werden, ist auch das Gericht des Bestimmungsortes zuständig.

(BGBl I 1997/102, ab 1. 1. 1998, s Anm zu § 146)

4. Abschnitt
Haftung nach internationalen Abkommen und Haftung für Postsendungen

Haftung nach internationalen Abkommen

§ 161. Ist der Schaden bei einer internationalen Beförderung im Sinn des Abkommens zur Vereinheitlichung von Regeln über die Beförderung im internationalen Luftverkehr (Warschauer Abkommen) vom 12. Oktober 1929, BGBl. Nr. 286/1961, des Warschauer Abkommens in der Fassung von Den Haag 1955 vom 28. September 1955, BGBl. Nr. 161/1971, oder des Zusatzabkommens zum Warschauer Abkommen zur Vereinheitlichung von Regeln über die von einem anderen als dem vertraglichen Luftfrachtführer ausgeführte Beförderung im internationalen Luftverkehr vom 18. September 1961, BGBl. Nr. 46/1966, entstanden, so gilt jeweils das betreffende Übereinkommen.

(BGBl I 1997/102, ab 1. 1. 1998, s Anm zu § 146)

Haftung für Postsendungen

§ 162. Werden Sendungen, welche bei der Post aufgegeben werden, im Luftfahrzeug befördert, so bestimmt sich die Haftung ausschließlich nach den postrechtlichen Vorschriften.

(BGBl I 1997/102, ab 1. 1. 1998, s Anm zu § 146)

5. Abschnitt
Versicherung
Versicherung zugunsten von Personen und Sachen, die nicht im Luftfahrzeug befördert werden

§ 163. (1) Der Halter eines Luftfahrzeuges oder motorisierten Flugmodells hat zur Deckung von Schadenersatzansprüchen von Personen und wegen Sachen, die nicht im Luftfahrzeug befördert werden, eine Haftpflichtversicherung zumindest über die in § 149 vorgesehenen Beträge abzuschließen.

(2) Der Vertrag ist so abzuschließen, daß bei einem Wechsel des Halters während der Versicherungsdauer auch die Haftpflicht des neuen Halters gedeckt ist.

(BGBl I 1997/102, ab 1. 1. 1998, s Anm zu § 146)

Fluggast-Versicherungen

§ 164. (1) Der Halter eines Luftfahrzeuges hat seine Fluggäste gegen Unfälle an Bord des Luftfahrzeuges oder beim Ein- oder Aussteigen zu versichern. Unentgeltliche Flüge im Rahmen des Flugsports sind davon nicht betroffen.

(2) Die Mindesthöhe der Versicherungssumme beträgt für den Fall des Todes oder der dauernden Erwerbsunfähigkeit 550 000 S[1]) für jeden Fluggast.

(3) Soweit aus der Unfallversicherung geleistet wird, erlöschen Schadenersatzansprüche gegen den Ersatzpflichtigen.

(4) Aus der Unfallversicherung steht dem Fluggast als Versichertem ein unmittelbarer Anspruch gegen den Versicherer zu. Im übrigen sind die §§ 74, 75 Abs. 1, 78, 79 Versicherungsvertragsgesetz 1958, BGBl. Nr. 2/1959, entsprechend und dessen § 158c Abs. 1 bis 3 mit der Maßgabe anzuwenden, daß anstelle des Wortes „Dritter“ das Wort „Fluggast“ tritt.

(5) Der Halter eines Luftfahrzeuges hat zur Deckung der Schadenersatzforderungen der Fluggäste eine Haftpflichtversicherung zumindest über eine Summe von 3 Millionen Schilling[2]), ein Luftverkehrsunternehmen zumindest über eine Summe von 5 Millionen Schilling[3]), für jeden Fluggast abzuschließen.

(6) Im Fall des § 161 ist eine Versicherung zugunsten des Fluggastes zumindest über die in den internationalen Abkommen genannten Summen abzuschließen.

(BGBl I 1997/102, ab 1. 1. 1998, s Anm zu § 146)

[1]) = 39 970,06 Euro
[2]) = 218 018,50 Euro
[3]) = 363 364,17 Euro

Haftpflichtversicherung für Fracht und Fluggastgepäck

§ 165. (1) Ein Luftverkehrsunternehmen hat für die von ihm beförderte Fracht und das Fluggastgepäck eine Haftpflichtversicherung zumindest über die in § 156 genannten Beträge abzuschließen.

(2) Im Fall des § 161 ist eine Haftpflichtversicherung für Fracht und Fluggastgepäck zumindest über die in den internationalen Abkommen genannten Summen abzuschließen.

(BGBl I 1997/102, ab 1. 1. 1998, s Anm zu § 146)

Ansprüche gegen den Versicherer

§ 166. Der Geschädigte kann den ihm zustehenden Schadenersatzanspruch im Rahmen des betreffenden Versicherungsvertrages auch gegen den Versicherer geltend machen. Der Versicherer und der ersatzpflichtige Versicherte haften als Gesamtschuldner. Wird das versicherte Risiko von mehreren Versicherern getragen, haften diese dem Geschädigten als Gesamtschuldner.

(BGBl I 1997/102, ab 1. 1. 1998, s Anm zu § 146)

Grundsätze der Pflichtversicherung

§ 167. (1) Die Versicherungen nach den §§ 163, 164 und 165 sind bei einem zum Betrieb dieses Versicherungszweiges in Österreich berechtigten Versicherer abzuschließen. Auf den Versicherungsvertrag muß jedenfalls österreichisches Recht anzuwenden sein. Eine Anzeige eines Umstandes, der das Nichtbestehen oder die Beendigung des Versicherungsverhältnisses im Sinne des § 158c Abs. 2 Versicherungsvertragsgesetz 1958 zur Folge hat, ist an das Bundesministerium für Wissenschaft und Verkehr zu richten.

(2) Der Versicherer und der versicherte Halter haben dem Bundesminister für Wissenschaft und Verkehr jede vor Ablauf der Versicherungsdauer eintretende Beendigung des Versicherungsverhältnisses sowie jede Unterbrechung des Versicherungsschutzes unverzüglich anzuzeigen.

(3) Eine Versicherungspflicht nach den §§ 163 bis 165 besteht nicht, wenn der Halter des Luftfahrzeuges oder Flugmodells der Bund, ein Land, ein Gemeindeverband oder eine Ortsgemeinde mit mehr als 50 000 Einwohnern ist.

(4) Abs. 1 gilt nicht für Luftverkehrsunternehmen, die eine Bewilligung gemäß dem Bundesgesetz über den zwischenstaatlichen Luftverkehr (BGzLV) benötigen.

(BGBl I 1997/102, ab 1. 1. 1998, s Anm zu § 146)

Versicherungsnachweis

§ 168. (1) Der Versicherer hat dem Versicherungsnehmer auf Verlangen nach der Übernahme der Verpflichtungen aus einer vorgeschriebenen Haftpflichtversicherung oder Fluggast-Unfallversicherung eine Bestätigung über die Übernahme dieser Verpflichtungen (Versicherungsnachweis) kostenlos auszustellen. Auf dem Versicherungsnachweis ist anzugeben, daß auf den Versicherungsvertrag österreichisches Recht anzuwenden ist.

(2) Der Versicherungsnachweis über die aufrechte Versicherung gemäß den §§ 163 bis 165 ist in den Luftfahrzeugen mitzuführen und jederzeit auf Verlangen den Organen der Aufsichtsbehörde, den Organen der Austro Control GmbH und sonstigen, mit der Überwachung der Einhaltung der in der Luftfahrt geltenden Rechts- und Sicherheitsvorschriften (§ 119 lit. e) betrauten Personen (§ 120) vorzulegen.

(BGBl I 1997/102, ab 1. 1. 1998, s Anm zu § 146)

26/3/1. EU-Luftfahrtverordnung

26/3/1. Verordnung über die Haftung von Luftfahrtunternehmen bei Unfällen,
ABl L 285, 1

Verordnung (EG) Nr. 2027/97 des Rates vom 9. Oktober 1997 über die Haftung von Luftfahrtunternehmen bei Unfällen

Art. 1. Diese Verordnung regelt die Haftung von Luftfahrtunternehmen der Gemeinschaft für Schäden bei Unfällen, bei denen ein Fluggast getötet, körperlich verletzt oder sonst gesundheitlich geschädigt wird, sofern sich der Unfall, durch den der Schaden verursacht worden ist, an Bord eines Flugzeugs oder beim Ein- oder Ausstieg ereignet hat.

In dieser Verordnung werden außerdem einige Anforderungen an den Versicherungsschutz von Luftfahrtunternehmen der Gemeinschaft geklärt.

Mit dieser Verordnung werden ferner einige Anforderungen festgelegt, denen Luftfahrtunternehmen, die nicht in der Gemeinschaft niedergelassen sind und Flüge nach, aus oder innerhalb der Gemeinschaft durchführen, hinsichtlich der Information der Fluggäste nachzukommen haben.

Art. 2. (1) Im Sinne dieser Verordnung bedeutet:

a) „Luftfahrtunternehmen" ein Lufttransportunternehmen mit einer gültigen Betriebsgenehmigung;

b) „Luftfahrtunternehmen der Gemeinschaft" ein Luftfahrtunternehmen mit einer von einem Mitgliedstaat im Einklang mit der Verordnung (EWG) Nr. 2407/92 erteilten gültigen Betriebsgenehmigung;

c) „Schadenersatzberechtigter" ein Fluggast oder jede Person, die in bezug auf diesen Fluggast gemäß den geltenden Rechtsvorschriften schadenersatzberechtigt ist;

d) „Ecu" die bei der Aufstellung des Gesamthaushaltsplans der Europäischen Gemeinschaften gemäß den Artikeln 207 und 209 des Vertrags verwendete Rechnungseinheit;

e) „SZR" ein Sonderziehungsrecht gemäß der Definition des Internationalen Währungsfonds;

f) „Warschauer Abkommen" das am 12. Oktober 1929 in Warschau unterzeichnete Abkommen zur Vereinheitlichung von Regeln über die Beförderung im internationalen Luftverkehr bzw. das Warschauer Abkommen in der durch das Haager Protokoll vom 28. September 1955 geänderten Fassung und das in Guadalajara am 18. September 1961 geschlossene Zusatzabkommen zum Warschauer Abkommen – je nachdem welches auf den Fluggastbeförderungsvertrag Anwendung findet – sowie alle anderen internationalen Vereinbarungen, die auf diesem Abkommen aufbauen oder mit ihm im Zusammenhang stehen und in Kraft sind.

(2) Die in dieser Verordnung verwendeten Begriffe, die nicht in Absatz 1 definiert sind, entsprechen den im Warschauer Abkommen benutzten Begriffen.

Art. 3. (1) a) Die Haftung eines Luftfahrtunternehmens der Gemeinschaft für Schäden bei Unfällen, bei denen ein Fluggast getötet, körperlich verletzt oder sonst gesundheitlich geschädigt wird, ist keiner durch Rechtsvorschriften, Übereinkünfte oder Verträge festgelegten finanziellen Begrenzung unterworfen.

b) Die Versicherungspflicht nach Artikel 7 der Verordnung (EWG) Nr. 2407/92 ist in dem Sinne zu verstehen, daß ein Luftfahrtunternehmen der Gemeinschaft bis zu der in Artikel 3 Absatz 2 festgelegten Haftungsbegrenzung und darüber hinaus bis zu einer angemessenen Höhe versichert sein muß.

(2) Bei Schäden bis zu einem 100 000 SZR entsprechenden Betrag in Ecu kann das Luftfahrtunternehmen der Gemeinschaft auch dann keine Haftungsfreistellung oder Haftungsbegrenzung geltend machen, wenn es beweist, daß es selbst oder sein Personal alle erforderlichen Maßnahmen zur Verhütung des Schadens getroffen hat oder daß diese Maßnahmen nicht getroffen werden konnten.

(3) Unbeschadet des Absatzes 2 kann das Luftfahrtunternehmen der Gemeinschaft – sofern es nachweist, daß der Schaden durch die Fahrlässigkeit der geschädigten oder getöteten Personen verursacht oder mitverursacht wurde – gemäß dem anwendbaren Recht ganz oder teilweise von seiner Haftung befreit werden.

Art. 4. Wird ein Fluggast bei einem Unfall getötet, körperlich verletzt oder sonst gesundheitlich geschädigt, so besagt keine Bestimmung dieser Verordnung, daß

a) das Luftfahrtunternehmen der Gemeinschaft die einzige schadensersatzpflichtige Partei ist oder

b) die Rechte des Luftfahrtunternehmens der Gemeinschaft, eine Mithaftung oder Entschädigung seitens einer anderen Partei gemäß den geltenden Rechtsvorschriften zu erwirken, eingeschränkt werden.

Art. 5. (1) Das Luftfahrtunternehmen der Gemeinschaft zahlt unverzüglich, keinesfalls jedoch später als fünfzehn Tage nach der Feststellung der Identität der schadensersatzberechtigten natürlich Person einen Vorschuß zur Befriedigung der unmittelbaren wirtschaftlichen Bedürfnisse, und zwar im Verhältnis zur Schwere des Falles.

(2) Unbeschadet des Absatzes 1 beläuft sich dieser Vorschuß mindestens auf einen 15 000 SZR entsprechenden Betrag in Ecu je Fluggast im Todesfall.

(3) Der Vorschuß stellt keine Haftungsanerkennung dar und kann mit den eventuell später aufgrund der Haftung des Luftfahrtunternehmens der Gemeinschaft gezahlten Beträgen verrechnet werden, ist aber nicht zurückzuzahlen, es sei denn, es handelt sich um Fälle gemäß Artikel 3 Absatz 3 oder um Fälle, in denen in der Folge nachgewiesen wird, daß die Person, die den Vorschuß erhalten hat, den Schaden durch Fahrlässigkeit verursacht oder mitverursacht hat oder keinen Schadensersatzanspruch hatte.

Art. 6. (1) Die Bestimmungen der Artikel 3 und 5 werden in die Beförderungsbedingungen des Luftfahrtunternehmens der Gemeinschaft aufgenommen.

(2) Angemessene Auskünfte über die Bestimmungen der Artikel 3 und 5 sind den Fluggästen in den Vertretungen des Luftfahrtunternehmens der Gemeinschaft sowie in Reisebüros, an den Abfertigungsschaltern und den Verkaufsstellen auf Anfrage zu erteilen. Auf dem Beförderungsschein oder einem Äquivalent werden diese Bestimmungen in zusammengefaßter Form in einfacher und verständlicher Sprache wiedergegeben.

(3) Luftfahrtunternehmen mit Sitz außerhalb der Gemeinschaft, die Flüge nach, aus oder innerhalb der Gemeinschaft durchführen und nicht die Bestimmungen der Artikel 3 und 5 anwenden, informieren die Fluggäste beim Kauf des Beförderungsscheins in den Vertretungen des Luftfahrtunternehmens, in Reisebüros oder an den Abfertigungsschaltern im Gebiet des Mitgliedstaats ausdrücklich und eindeutig darüber. Die Fluggäste erhalten von den Luftfahrtunternehmen ein Formblatt mit deren Beförderungsbedingungen. Allein die Angabe einer Haftungsgrenze auf dem Beförderungsschein oder einem Äquivalent ist als Information nicht ausreichend.

Art. 7. Die Kommission erstellt bis spätestens zwei Jahre nach Inkrafttreten dieser Verordnung einen Bericht über die Anwendung dieser Verordnung, in dem unter anderem den wirtschaftlichen Entwicklungen und den in internationalen Gremien sich vollziehenden Entwicklungen Rechnung getragen wird. Dieser Bericht kann durch Vorschläge für eine Überprüfung dieser Verordnung ergänzt werden.

Art. 8. Diese Verordnung tritt ein Jahr nach ihrer Veröffentlichung im Amtsblatt der Europäischen Gemeinschaften in Kraft.[1])

[1]) Inkrafttreten: 17. 10. 1998.

27. Atomhaftungsgesetz

27. **Atomhaftungsgesetz 1999,** BGBl I 1998/170 idF
1 BGBl I 2001/98 (2. Euro-JuBeG)

STICHWORTVERZEICHNIS

(Die Zahlenangaben beziehen sich auf die Paragraphen)

Bundesgesetz über die zivilrechtliche Haftung für Schäden durch Radioaktivität (Atomhaftungsgesetz 1999 – AtomHG 1999)

1. Abschnitt
Geltungsbereich und Begriffsbestimmungen

Geltungsbereich

§ 1. Dieses Bundesgesetz regelt die zivilrechtliche Haftung für Schäden, die durch ionisierende Strahlung von Kernanlagen, Kernmaterial oder Radionukliden an Menschen oder Sachen verursacht werden.

Begriffsbestimmungen

§ 2. Im Sinn dieses Bundesgesetzes bedeuten:

1. Kernmaterial: besonderes spaltbares Material und Ausgangsmaterial (Art. II § 1 Z 1 bis 3 Sicherheitskontrollgesetz 1991, BGBl. Nr. 415/1992) mit Ausnahme kleinster, radiologisch unbedeutender Mengen (Art. II § 6 Abs. 2 Z 1 Sicherheitskontrollgesetz 1991);

2. Radionuklide: sonstige radioaktive Stoffe, die zufolge spontaner Kernprozesse ionisierende Strahlung aussenden, einschließlich von Stoffen oder Gegenständen, die radioaktive Stoffe enthalten oder an deren Oberfläche sich solche Stoffe befinden;

3. Kernanlagen: Anlagen, in denen mit Kernmaterial in einer Menge und Art umgegangen wird, daß eine Kettenreaktion stattfinden oder nicht ausgeschlossen werden kann, insbesondere Kernreaktoren, Anlagen zur Herstellung, Bearbeitung, Verwendung, Aufbewahrung, Lagerung, Aufbereitung und Unschädlichmachung von Kernmaterial sowie Anlagen zur Trennung von Isotopen spaltbaren Materials;

4. Betriebsunternehmer: ein Unternehmer, der über den Betrieb einer Kernanlage verfügungsberechtigt ist und sich deren wirtschaftlichen Erfolg laufend zuordnet oder jederzeit zuordnen kann; der Inhaber der erforderlichen Betriebsbewilligung ist jedenfalls Betriebsunternehmer;

5. Halter: diejenige Person, die über ein Radionuklid verfügungsberechtigt ist und dieses für eigene Rechnung in Gebrauch hat;

6. Beförderer: diejenige Person, die Kernmaterial mit oder ohne Beförderungsvertrag über Straßen, Schienen, Luft oder Wasser befördert.

2. Abschnitt
Haftung für Kernanlagen und -material

Haftung des Betriebsunternehmers

§ 3. (1) Der Betriebsunternehmer einer Kernanlage haftet für Schäden, die durch den Betrieb der Kernanlage an Menschen oder Sachen verursacht werden. Der Betrieb der Kernanlage umfaßt auch den Abbau der Anlage bis zur Entsorgung des radioaktiven Inventars.

(2) Der Betriebsunternehmer einer Kernanlage haftet weiters für Schäden, die außerhalb der Kernanlage verursacht werden, wenn diese Schäden

1. auf Kernmaterial aus seiner Kernanlage zurückgehen und eingetreten sind, bevor der Betriebsunternehmer einer anderen Kernanlage die Verfügungsgewalt über dieses Kernmaterial übernommen hat, oder

2. auf an seine Kernanlage mit seinem Einverständnis versendetes Kernmaterial zurückgehen und eingetreten sind, nachdem er die Verfügungsgewalt über dieses Kernmaterial übernommen hatte.

Haftung des Beförderers

§ 4. Der Beförderer von Kernmaterial haftet für Schäden, die im Verlauf der Beförderung an Menschen oder Sachen verursacht werden, sofern er nicht beweist, daß er nicht gewußt hat und nicht hätte wissen müssen, daß es sich um Kernmaterial handelt.

Haftungsumfang und -ausschluß

§ 5. (1) Die Haftpflicht des Betriebsunternehmers und des Beförderers nach den §§ 3 und 4 erstreckt sich auch auf Schäden, die auf die radioaktiven Eigenschaften von Kernmaterial in Verbindung mit dessen giftigen, explosiven oder sonstigen gefährlichen Eigenschaften zurückzuführen sind.

(2) Die Haftpflicht nach den §§ 3 und 4 erstreckt sich nicht auf Schäden

1. an der Kernanlage selbst und an anderen auf deren Gelände befindlichen Kernanlagen, einschließlich der im Bau befindlichen Anlagen,

2. an Sachen, die sich auf diesem Gelände befinden und die im Zusammenhang mit der Kernanlage verwendet werden oder worden sind, und

3. an Transportmitteln, mit denen Kernmaterial befördert wird.

Sicherstellung

§ 6. (1) Der Betriebsunternehmer einer in Österreich gelegenen Kernanlage hat zur Deckung seiner Haftpflicht eine Haftpflichtversicherung abzuschließen. Diese Haftpflichtversicherung ist zumindest bis zum Ablauf von zehn Jahren nach Beendigung des Betriebs der Kernanlage aufrechtzuerhalten. Sie hat sich auf alle Schäden zu erstrecken, die während der Versicherungszeit verursacht und längstens innerhalb von zehn Jahren nach Eintritt geltend gemacht werden. Diese Sicherstellungspflicht erstreckt sich nicht auf Schäden, die auf einen Krieg, ein kriegerisches Unternehmen, einen Bürgerkrieg, einen Aufruhr oder einen Aufstand zurückzuführen sind.

(2) Die Haftpflichtversicherung muß mindestens den Betrag von „406 000 000 Euro" je Versicherungsfall zuzüglich „40 600 000 Euro" für Zinsen und Kosten, für Versuchs- oder Forschungsreaktoren aber den Betrag von „40 600 000 Euro" je Versicherungsfall zuzüglich „4 060 000 Euro" für Zinsen und Kosten, abdecken. *(BGBl I 2001/98, ab 1. 1. 2002)*

(3) Eine Versicherungspflicht besteht nicht, wenn der Bund oder ein Land selbst haftpflichtig ist oder dem Betriebsunternehmer einer Kernanlage gegenüber eine Haftungserklärung zumindest über den in den Abs. 1 und 2 angeführten Umfang abgegeben hat. Der Bundesminister für Finanzen wird ermächtigt, eine solche Haftung zu übernehmen, soweit der Abschluß einer Haftpflichtversicherung für den Haftpflichtigen wirtschaftlich nicht tragbar ist und die Haftungsübernahme durch den Bund im öffentlichen Interesse liegt.

§ 7. (1) Der Beförderer von Kernmaterial hat zur Deckung seiner Haftpflicht eine Haftpflichtversicherung abzuschließen, soweit das Risiko nicht auf Grund einer anderen Pflichtversicherung gedeckt ist. Die Haftpflichtversicherung hat sich auf alle Schäden zu erstrecken, die auf die Beförderung von Kernmaterial in Österreich zurückzuführen sind. Diese Sicherstellungspflicht erstreckt sich nicht auf Schäden, die auf einen Krieg, ein kriegerisches Unternehmen, einen Bürgerkrieg, einen Aufruhr oder einen Aufstand zurückzuführen sind.

(2) Die Haftpflichtversicherung muß mindestens den Betrag von „40 600 000 Euro" je Versicherungsfall zuzüglich „4 060 000 Euro" für Zinsen und Kosten, für Ausgangsmaterial aber den Betrag von „4 060 000 Euro" je Versicherungsfall zuzüglich „406 000 Euro" für Zinsen und Kosten, abdecken. *(BGBl I 2001/98, ab 1. 1. 2002)*

(3) Bei der Beförderung von Kernmaterial ist der Versicherungsnachweis (§ 158i Versicherungsvertragsgesetz 1958) mitzuführen und jederzeit auf Verlangen denjenigen Organen vorzulegen, die für die Überprüfung der Einhaltung der für die Beförderung maßgeblichen Rechts- und Sicherheitsvorschriften zuständig sind.

(4) § 6 Abs. 3 über den Entfall der Sicherstellungspflicht des Betriebsunternehmers ist auch auf die Sicherstellungspflicht des Beförderers von Kernmaterial anzuwenden.

§ 8. (1) Eine als Sicherstellung dienende Haftpflichtversicherung nach den §§ 6 und 7 muß bei einem zum Betrieb dieses Versicherungszweigs in Österreich berechtigten Versicherer abgeschlossen werden. Darauf muß österreichisches Recht anzuwenden sein. Der Versicherer hat die Versicherungsbedingungen vor ihrer Verwendung dem Bundesminister für Finanzen mitzuteilen.

(2) Zuständige Stelle für die in § 158c Abs. 2 Versicherungsvertragsgesetz 1958 vorgesehene Anzeige ist für die Bewilligung des Betriebs einer Kernanlage oder für die Bewilligung der Beförderung von Kernmaterial zuständige Behörde.

3. Abschnitt
Haftung für Radionuklide

Haftung des Halters

§ 9. (1) Der Halter eines Radionuklides haftet für Schäden, die durch die ionisierende Strahlung des Radionuklides allein oder in Verbindung mit dessen sonstigen gefährlichen Eigenschaften an Menschen oder Sachen verursacht werden.

(2) Der Halter haftet nicht, wenn er beweist, daß er und seine Leute jede nach den Umständen des Einzelfalls gebotene Sorgfalt zur Verhinderung des Schadens aufgewendet haben. Bei der Verwendung von Radionukliden zur ärztlichen Heilbehandlung genügt dem geschädigten Patienten gegenüber der Beweis, daß die verwendeten Stoffe und Einrichtungen dem jeweiligen Stand der Wissenschaft und Technik entsprochen haben und der eingetretene Schaden nicht auf einem Versagen der Verrichtungen beruht.

Deckungsvorsorge

§ 10. (1) Der Halter eines Radionuklides hat in einer Art und in einem Ausmaß, wie sie im redlichen Geschäftsverkehr üblich sind, durch Eingehen einer Versicherung oder in anderer geeigneter Weise dafür Vorsorge zu treffen, daß Schadenersatzpflichten nach diesem Bundesgesetz erfüllt werden können.

(2) Für Radionuklide mit einer Aktivität von mehr als 370 Gigabecquerel muß diese Vorsorge jedenfalls in einer Haftpflichtversicherung mit einer Versicherungssumme von mindestens „4 060 000 Euro" je Versicherungsfall bestehen. Die Haftpflichtversicherung muß bei einem zum Betrieb dieses Versicherungszweigs in Österreich berechtigten Versicherer abgeschlossen sein. Darauf muß österreichisches Recht anzuwenden sein. Der Versicherer hat die Versicherungsbedingungen vor ihrer Verwendung dem Bundesminister für Finanzen mitzuteilen. *(BGBl I 2001/98, ab 1. 1. 2002)*

(3) Zuständige Stelle für die in § 158c Abs. 2 Versicherungsvertragsgesetz 1958 vorgesehene Anzeige ist die für die Bewilligung nach strahlenschutzrechtlichen Vorschriften zuständige Behörde.

(4) Eine Verpflichtung zur Deckungsvorsorge besteht nicht, wenn der Bund, ein Land, ein Gemeindeverband oder eine Ortsgemeinde mit mehr als 50 000 Einwohnern Halter des Radionuklides ist.

4. Abschnitt
Gegenstand des Ersatzes, Verursachungsvermutung und Auskunftspflichten

Gegenstand des Ersatzes

§ 11. (1) Die Ersatzpflicht für Schäden an der Person und an Sachen richtet sich nach den Bestimmungen des ABGB. Die Ersatzpflicht für Sachschäden umfaßt auch die Kosten der Beseitigung der von einer Sache ausgehenden Gefahr ionisierender Strahlung.

(2) Ist der Schaden an einer körperlichen Sache auch eine wesentliche Beeinträchtigung der Umwelt und ist eine Wiederherstellung des vorigen Zustandes durch den Haftpflichtigen nicht tunlich oder findet sich dieser nicht zur Wiederherstellung bereit, so gebührt dem Geschädigten auch dann der Ersatz der Kosten der Wiederherstellung, wenn diese Kosten den Wert der beschädigten Sache übersteigen. Der Geschädigte kann die Wiederherstellungskosten vorschußweise verlangen, hat eine Vorschußleistung in einem den Wert der beschädigten Sache übersteigenden Ausmaß jedoch zurückzuerstatten, wenn er nicht innerhalb angemessener Zeit den vorigen Zustand wiederherstellt.

(3) Die Ersatzpflicht umfaßt weiters die Kosten angemessener vorbeugender Maßnahmen zur Abwehr einer von einer Kernanlage, von Kernmaterial oder von Radionukliden ausgehenden, unmittelbar drohenden Gefahr (Rettungskosten). Anspruch auf Ersatz dieser Kosten hat diejenige Person, die sie tatsächlich getragen hat.

(4) Die Ersatzpflicht umfaßt auch den Verdienstentgang von Personen, die durch vorbeugende Maßnahmen (Abs. 3) oder wegen der Gefahren ionisierender Strahlung in der Ausübung ihrer Erwerbstätigkeit gehindert sind, sowie eine angemessene Entschädigung der erlittenen Beeinträchtigungen. Diese Ansprüche sind der Höhe nach mit dem Betrag von höchstens „40 600 Euro" je Person begrenzt. *(BGBl I 2001/98, ab 1. 1. 2002, s § 29 Abs 4)*

Verursachung

§ 12. (1) Kann der Geschädigte als wahrscheinlich dartun, daß sein Körper ionisierender Strahlung aus einer Kernanlage, von Kernmaterial oder von Radionukliden ausgesetzt war, so wird vermutet, daß der Schaden auf die ionisierende Strahlung zurückzuführen ist, soweit ionisierende Strahlung geeignet ist, einen solchen Schaden herbeizuführen. Diese Vermutung ist widerlegt, wenn der in Anspruch Genommene als wahrscheinlich dartut, daß der Schaden nicht durch die ionisierende Strahlung verursacht worden ist.

(2) Die Vermutung nach Abs. 1 gilt nicht zugunsten des geschädigten Patienten bei der Verwendung von Radionukliden zur ärztlichen Heilbehandlung.

Auskunftspflichten

§ 13. (1) Liegen Umstände für die Annahme vor, daß ein Schaden durch ionisierende Strahlung verursacht worden ist, so hat der Geschädigte gegen jeden Betriebsunternehmer einer Kernanlage, Beförderer von Kernmaterial oder Halter von Radionukliden, der örtlich und nach der Art der Strahlung als Verursacher in Betracht kommt, Anspruch auf Auskunft über alle Umstände, deren Kenntnis zur Beurteilung der Ursache und des Ausmaßes des Schadens erforderlich ist.

(2) Der Betriebsunternehmer einer Kernanlage, Beförderer von Kernmaterial oder

Halter von Radionukliden, dessen Haftpflicht nach diesem Bundesgesetz in Anspruch genommen worden ist, hat gegen jeden anderen Betriebsunternehmer, Beförderer oder Halter Anspruch auf Auskunft im Sinn des Abs. 1.

(3) Ein Anspruch auf Auskunft besteht nicht, soweit der Betriebsunternehmer, Beförderer oder Halter durch die Erteilung der Auskunft unverhältnismäßig belastet würde, insbesondere wegen der dafür notwendigen Aufwendungen, wegen einer ihm deshalb drohenden strafgerichtlichen Verfolgung oder wegen der dazu erforderlichen Preisgabe eines im Verhältnis zum Schaden wesentlich bedeutsameren Geschäfts- oder Betriebsgeheimnisses.

(4) Der auf Auskunft in Anspruch genommene Betriebsunternehmer, Beförderer oder Halter hat gegen den Auskunftswerber Anspruch auf Auskunft, soweit dies zur Beurteilung erforderlich ist, ob und in welchem Ausmaß der Schaden durch den Auskunftswerber selbst oder durch andere Ursachen herbeigeführt worden ist, und soweit der Geschädigte bei Abwägung aller maßgeblichen Interessen durch die Erteilung der Auskunft nicht unverhältnismäßig belastet würde.

(5) Durch außergerichtliche Verhandlungen über die Erteilung einer Auskunft sowie durch ein gerichtliches Verfahren zur Durchsetzung des Auskunftsanspruchs ist die Fortsetzung der Verjährung eines Anspruchs nach diesem Bundesgesetz gehemmt.

§ 14. (1) Eine nach § 13 erlangte Auskunft darf nur zur Durchsetzung von Ansprüchen nach diesem Bundesgesetz verwendet werden.

(2) Werden in einem gerichtlichen Verfahren Geschäfts- oder Betriebsgeheimnisse oder sonst der Inhalt von Auskünften nach § 13 erörtert oder Beweise dazu aufgenommen, so ist auf Antrag einer Partei die Öffentlichkeit auszuschließen.

5. Abschnitt

Sonstige Bestimmungen

Mitverschulden

§ 15. Trifft den Geschädigten oder jemanden, dessen Verhalten er zu vertreten hat, ein Verschulden, so ist § 1304 ABGB anzuwenden.

Sonstige Ersatzansprüche

§ 16. (1) Bestimmungen des ABGB und anderer Rechtsvorschriften, nach denen Schäden in weiterem Umfang oder von anderen Personen als nach diesem Bundesgesetz zu ersetzen sind, bleiben unberührt. Der Geschädigte kann solche Ansprüche unmittelbar gerichtlich geltend machen.

(2) Gegen Personen, die dem Betriebsunternehmer Sachen geliefert oder Dienstleistungen erbracht haben, kann der Geschädigte solche Ansprüche insoweit unmittelbar gerichtlich geltend machen, als nicht der Beklagte beweist, daß

1. eine vorherige Klagsführung gegen den Betriebsunternehmer einer Kernanlage eine Entscheidung in angemessener Frist erwarten läßt,

2. diese Entscheidung gegen den Betriebsunternehmer auch durchgesetzt werden kann und

3. entsprechende Mittel für die Entschädigung im Rahmen der Haftung des Betriebsunternehmers zur Verfügung stehen.

Haftung für Gehilfen

§ 17. Bedient sich ein nach diesem Bundesgesetz Haftpflichtiger anderer Personen, so haftet er auch in denjenigen Fällen, in denen die Ersatzansprüche des Geschädigten nach dem ABGB zu beurteilen sind, für das Verschulden seiner Leute, soweit deren Tätigkeit den Schaden verursacht hat.

Haftung mehrerer Haftpflichtiger

§ 18. Sind mehrere Personen nach diesem Bundesgesetz oder anderen Rechtsvorschriften haftpflichtig, so haften sie, sofern sich die den einzelnen Haftpflichtigen zuzurechnenden Schäden nicht auseinander halten lassen, zur ungeteilten Hand. Jeder Haftpflichtige haftet jedoch dem Grunde und der Höhe nach nur nach den für ihn geltenden Bestimmungen.

Rückgriffs- und Ausgleichsansprüche

§ 19. (1) Sind mehrere Personen nach diesem Bundesgesetz oder anderen Rechtsvorschriften einem Dritten gegenüber haftpflichtig, so hängen im Verhältnis zueinander die Verpflichtung zum Ersatz und dessen Umfang von den Umständen des Einzelfalls ab, insbesondere davon, inwieweit der Schaden zumindest mit Wahrscheinlichkeit vom einen oder anderen Haftpflichtigen verschuldet oder sonst verursacht worden ist.

Das gleiche gilt für die gegenseitige Ersatzpflicht.

(2) Jeder der mehreren Haftpflichtigen haftet jedoch dem Grunde und der Höhe nach nur nach den für ihn geltenden Bestimmungen.

(3) Dem Betriebsunternehmer einer Kernanlage steht ein Rückgriffsrecht jedoch nur dann zu, sofern der Schaden aus einer in Schädigungsabsicht begangenen Handlung oder Unterlassung herrührt oder soweit ein solcher Rückgriff vertraglich ausdrücklich vorgesehen ist.

Verjährung

§ 20. Ersatzansprüche nach diesem Bundesgesetz verjähren in drei Jahren von dem Tag an, an dem der Ersatzberechtigte vom Schaden und vom Haftpflichtigen Kenntnis erlangt hat, ohne Rücksicht auf diese Kenntnis oder bei Herbeiführung des Schadens durch eine oder mehrere gerichtlich strafbare Handlungen, die nur vorsätzlich begangen werden können und mit mehr als einjähriger Freiheitsstrafe bedroht sind, aber in 30 Jahren seit dem Eintritt des Schadens. Für den Ersatz der Kosten von Vorbeugemaßnahmen beginnen diese Fristen frühestens in dem Zeitpunkt, in dem der Geschädigte die Kosten getragen hat. Im übrigen gelten für die Verjährung die Vorschriften des ABGB.

Unwirksame Vereinbarungen

§ 21. Die Haftpflicht nach diesem Bundesgesetz für Schäden an der Person kann im vorhinein weder ausgeschlossen noch beschränkt werden.

Zuständigkeit

§ 22. (1) Für Klagen und Anträge auf Erlassung einstweiliger Verfügungen, die auf Grund dieses Bundesgesetzes oder auf Grund anderer Rechtsvorschriften wegen Schäden durch ionisierende Strahlung eingebracht werden, ist der Gerichtshof erster Instanz zuständig. Gleiches gilt für Klagen und Anträge auf Erlassung einstweiliger Verfügungen, mit denen der Ersatz der Kosten von Vorbeugemaßnahmen geltend gemacht wird.

(2) Für die in Abs. 1 genannten Klagen und Anträge ist auch der Gerichtshof erster Instanz örtlich zuständig, in dessen Sprengel der Schaden verursacht oder eingetreten ist oder die Vorbeugemaßnahmen durchgeführt worden sind.

Anzuwendendes Recht

§ 23. (1) Ist ein durch ionisierende Strahlung verursachter Schaden in Österreich eingetreten, so sind die außervertraglichen Ansprüche auf Ersatz dieses Schadens auf Verlangen des Geschädigten nach österreichischem Recht zu beurteilen.

(2) Ist ein durch ionisierende Strahlung verursachter Schaden im Ausland eingetreten und nach österreichischem Recht zu beurteilen, so ist der Schaden nur dann und soweit zu ersetzen, als dies auch das Personalstatut des Geschädigten vorsieht.

Direktklage

§ 24. (1) Der Geschädigte kann die ihm zustehenden Ansprüche im Rahmen des Versicherungsvertrags auch gegen den nach den §§ 6, 7 und 10 eintretenden Haftpflichtversicherer geltend machen. Der Versicherer und der Haftpflichtige haften als Gesamtschuldner. Wird das versicherte Risiko von mehreren Versicherern getragen, so haften diese dem Geschädigten zur ungeteilten Hand.

(2) Abs. 1 ist auch auf eine Haftungserklärung des Bundes oder Landes (§ 6 Abs. 3 und § 7 Abs. 4) anzuwenden.

Strafbestimmungen

§ 25. (1) Wer eine Kernanlage betreibt oder Kernmaterial befördert, ohne eine Haftpflichtversicherung, Pflichtversicherung oder eine sonstige Sicherstellung nach den §§ 6 und 7 zu erbringen oder aufrechtzuerhalten, begeht, sofern die Tat nicht den Tatbestand einer in die Zuständigkeit der Gerichte fallenden strafbaren Handlung bildet, eine Verwaltungsübertretung und ist mit Geldstrafe bis zu „36 000 Euro“ zu bestrafen. *(BGBl I 2001/98, ab 1. 1. 2002, s § 29 Abs 4)*

(2) Wer

1. Radionuklide hält, ohne die in § 10 vorgesehene Haftpflichtversicherung zu erbringen, oder

2. Kernmaterial befördert, ohne einen Versicherungsnachweis mit sich zu führen,

begeht, sofern die Tat nicht den Tatbestand einer in die Zuständigkeit der Gerichte fallenden strafbaren Handlung bildet, eine Verwaltungsübertretung und ist mit Geldstrafe bis zu „3 600 Euro“ zu bestrafen. *(BGBl I 2001/98, ab 1. 1. 2002, s § 29 Abs 4)*

6. Abschnitt
Schlußbestimmungen

Verweisungen

§ 26. (1) Soweit in diesem Bundesgesetz auf andere Bundesgesetze verwiesen wird, sind diese in der jeweils geltenden Fassung anzuwenden.

(2) Soweit in anderen Bundesgesetzen und Verordnungen auf Bestimmungen verwiesen wird, die durch dieses Bundesgesetz geändert oder aufgehoben werden, erhält die Verweisung ihren Inhalt aus den entsprechenden Bestimmungen dieses Bundesgesetzes.

Vorschriften der Sozialversicherung

§ 27. Vorschriften, die die Sozialversicherung regeln, bleiben durch dieses Bundesgesetz unberührt.

Vollzug

§ 28. Mit der Vollziehung dieses Bundesgesetzes sind

1. hinsichtlich der §§ 6, 7, 8 Abs. 1 sowie 10 Abs. 1, 2 und 4 der Bundesminister für Finanzen im Einvernehmen mit dem Bundesminister für Justiz,

2. hinsichtlich der §§ 8 Abs. 2, 10 Abs. 2 und 25 der Bundeskanzler bzw. der Bundesminister für Wissenschaft und Verkehr[1]),

3. hinsichtlich des § 30 die Bundesregierung und

4. hinsichtlich der übrigen Bestimmungen der Bundesminister für Justiz betraut.

[1]) *Jetzt: BM für Land- und Forstwirtschaft, Umwelt und Wasserwirtschaft.*

Inkrafttreten

§ 29. (1) Dieses Bundesgesetz tritt mit 1. Jänner 1999 in Kraft. Es ist auf Schäden anzuwenden, die nach diesem Zeitpunkt verursacht werden.

(2) Die Haftung nach § 16 Abs. 1 tritt erst ein, wenn das schädigende Verhalten nach dem Inkrafttreten dieses Bundesgesetzes gesetzt worden ist.

(3) Die §§ 6, 7, 10, 11, 25 und 29 in der Fassung des Bundesgesetzes BGBl. I Nr. 98/2001 treten mit 1. Jänner 2002 in Kraft. *(BGBl I 2001/98)*

(4) § 11 in der in Abs. 3 genannten Fassung ist auf Schadensereignisse anzuwenden, die sich nach dem 31. Dezember 2001 ereignet haben. § 25 in der in Abs. 3 genannten Fassung ist auf strafbare Handlungen anzuwenden, die nach dem 31. Dezember 2001 begangen worden sind. *(BGBl I 2001/98)*

§ 30. Die Bundesregierung hat dem Nationalrat spätestens zum 31. Dezember 2001 und in der Folge alle drei Jahre über die Entwicklung der internationalen Haftungsinstrumente für Atomschäden, insbesondere über das Ausmaß der auf internationaler Ebene zur Verfügung stehenden Entschädigungsbeträge, Bericht zu erstatten.

Außerkrafttreten

§ 31. Mit dem Inkrafttreten dieses Bundesgesetzes tritt das Bundesgesetz vom 29. April 1964 über die Haftung für nukleare Schäden (Atomhaftpflichtgesetz), BGBl. Nr. 117/1964, zuletzt geändert durch das Bundesgesetz BGBl. I Nr. 140/1997, außer Kraft. Es ist auf Schäden, die vor diesem Zeitpunkt verursacht worden sind, weiter anzuwenden.

28. Amtshaftungsgesetz

STICHWORTVERZEICHNIS zum AHG und zur AHV

(Die Zahlenangaben beziehen sich auf die Paragraphen, wenn nichts angegeben, auf das AHG)

AHG mit PolBEG

Bundesgesetz vom 18. Dezember 1948, womit die Haftung des Bundes, der Länder, der Bezirke, der Gemeinden und der sonstigen Körperschaften und Anstalten des öffentlichen Rechts für den in Vollziehung der Gesetze zugefügten Schaden geregelt wird (Amtshaftungsgesetz)

I. Abschnitt

Haftpflicht

§ 1. (1) Der Bund, die Länder, die Bezirke, die Gemeinden, sonstige Körperschaften des öffentlichen Rechts und die Träger der Sozialversicherung – im folgenden Rechtsträger genannt – haften nach den Bestimmungen des bürgerlichen Rechts für den Schaden am Vermögen oder an der Person, den die als ihre Organe handelnden Personen in Vollziehung der Gesetze durch ein rechtswidriges Verhalten wem immer schuldhaft zugefügt haben; dem Geschädigten haftet das Organ nicht. Der Schaden ist nur in Geld zu ersetzen.

(2) Organe im Sinne dieses Bundesgesetzes sind alle physischen Personen, wenn sie in Vollziehung der Gesetze (Gerichtsbarkeit oder Verwaltung) handeln, gleichviel, ob sie dauernd oder vorübergehend oder für den einzelnen Fall bestellt sind, ob sie gewählte, ernannte oder sonstwie bestellte Organe sind und ob ihr Verhältnis zum Rechtsträger nach öffentlichem oder privatem Recht zu beurteilen ist.

(3) Mit dem im Abs. 1 genannten Rechtsträger haftet zur ungeteilten Hand auch derjenige, als dessen Organ die handelnde Person gewählt, ernannt oder sonstwie bestellt worden ist. Hat dieser Rechtsträger auf Grund dieser Haftung Zahlungen geleistet, so hat er an den im Abs. 1 genannten Rechtsträger einen Anspruch auf Rückersatz. *(BGBl 1989/343)*

§ 2. (1) Bei Geltendmachung des Ersatzanspruches muß ein bestimmtes Organ nicht genannt werden; es genügt der Beweis, daß der Schaden nur durch die Rechtsverletzung eines Organes des beklagten Rechtsträgers entstanden sein konnte.

(2) Der Ersatzanspruch besteht nicht, wenn der Geschädigte den Schaden durch Rechtsmittel oder durch Beschwerde an den Verwaltungsgerichtshof hätte abwenden können.

(3) Aus einem Erkenntnis des Verfassungsgerichtshofes, des Obersten Gerichtshofes und des Verwaltungsgerichtshofes kann ein Ersatzanspruch nicht abgeleitet werden.

§ 3. (1) Hat der Rechtsträger dem Geschädigten auf Grund dieses Bundesgesetzes den Schaden ersetzt, so kann er von den Personen, die als seine Organe gehandelt und die Rechtsverletzung vorsätzlich oder grobfahrlässig verübt oder verursacht haben, Rückersatz begehren.

(2) Hat das Organ die Rechtsverletzung grobfahrlässig verübt oder verursacht, so kann das Gericht aus Gründen der Billigkeit den Rückersatz mäßigen. Dabei hat das Gericht insbesondere auf die in § 2 Abs. 2 des Dienstnehmerhaftpflichtgesetzes, BGBl. Nr. 80/1965, zuletzt geändert durch das Bundesgesetz BGBl. Nr. 169/1983, angeführten Umstände sinngemäß Bedacht zu nehmen. *(BGBl 1984/537)*

(3) Für die von einem Kollegialorgan beschlossenen Entscheidungen und Verfügungen haften nur die Stimmführer, die für sie gestimmt haben. Beruht jedoch die Entscheidung oder Verfügung auf einer unvollständigen oder unrichtigen Darstellung des Sachverhaltes durch den Berichterstatter, so haften auch die Stimmführer, die dafür gestimmt haben, nicht, es sei denn, daß sie die pflichtmäßige Sorgfalt grobfahrlässig außer acht gelassen haben.

§ 4. Von einem Organ kann kein Rückersatz wegen einer Handlung begehrt werden, die auf Weisung (Auftrag, Befehl) eines Vorgesetzten erfolgt ist, es sei denn, das Organ hätte die Weisung eines offenbar unzuständigen Vorgesetzten befolgt oder in Befolgung der Weisung gegen strafgesetzliche Vorschriften verstoßen.

§ 5. Das Organ kann dem Anspruch auf Rückersatz alle Einwendungen entgegensetzen, die der Rechtsträger nicht ausgeführt hat, und sich dadurch von dem Rückersatz in dem Maße befreien, als diese Einwendungen, wenn von ihnen gehörig Gebrauch gemacht worden wäre, eine andere Entscheidung über das Schadenersatzbegehren veranlaßt haben würden.

§ 6. (1) Ersatzansprüche nach „§ 1 Abs. 1" verjähren in drei Jahren nach Ablauf des Tages, an dem der Schaden dem Geschädigten bekanntgeworden ist, keinesfalls aber vor einem Jahr nach Rechtskraft einer rechtsverletzenden Entscheidung oder Verfügung. Ist dem Geschädigten der Schaden nicht bekanntgeworden oder ist der Schaden aus einer gerichtlich strafbaren Handlung, die nur vorsätzlich begangen werden kann und mit mehr als einjähriger Freiheitsstrafe bedroht ist, entstanden, so verjährt der Ersatzanspruch erst nach zehn Jahren nach der Entstehung des Schadens. Die Verjährung wird durch die Aufforderung gemäß § 8 für die dort bestimmte Frist oder, wenn die Aufforderung innerhalb dieser Frist beantwortet wird, bis zur Zustellung dieser Antwort an den Geschädigten gehemmt. *(BGBl 1989/343)*

(2) Rückersatzansprüche nach „§ 1 Abs. 3 und § 3" verjähren in sechs Monaten nach Ablauf des Tages, an dem der Rechtsträger den Ersatzanspruch dem Geschädigten gegenüber anerkannt hat oder rechtskräftig zum Ersatz verurteilt worden ist. *(BGBl 1989/343)*

§ 7. Wenn österreichische Staatsangehörige in einem fremden Staat Ersatzansprüche im Sinne dieses Bundesgesetzes überhaupt nicht oder nicht unter den gleichen Bedingungen geltend machen können wie Angehörige des betreffenden Staates, und wenn ihren Interessen auch nicht in anderer Weise durch den betreffenden Staat Rechnung getragen wird, kann die Bundesregierung durch Verordnung festlegen, daß den Angehörigen des betreffenden Staates Ansprüche auf Grund dieses Bundesgesetzes nicht zustehen.

(BGBl 1982/204)

II. Abschnitt
Verfahren

§ 8. (1) Der Geschädigte soll den Rechtsträger, gegen den er den Ersatzanspruch geltend machen will, zunächst schriftlich auffordern, ihm binnen einer Frist von drei Monaten eine Erklärung zukommen zu lassen, ob er den Ersatzanspruch anerkennt oder den Ersatz ganz oder zum Teil ablehnt. Das im § 9 genannte Gericht kann dem Ersatzwerber für dieses Aufforderungsverfahren nach den Bestimmungen der ZPO über die Verfahrenshilfe einen Rechtsanwalt beigeben.

(2) Hat der Geschädigte den Rechtsträger zur Anerkennung eines Anspruches nicht oder nicht hinreichend deutlich aufgefordert oder die Klage vor Ablauf der Frist von drei Monaten erhoben oder den Anspruch erst im Laufe des Rechtsstreites geltend gemacht, so steht dem Rechtsträger, soweit er den Ersatzanspruch anerkennt oder erfüllt, für die Dauer von drei Monaten ab Geltendmachung, längstens jedoch bis zum Schluß der mündlichen Streitverhandlung, Kostenersatz nach § 45 ZPO zu.

(BGBl 1989/343)

§ 9. (1) Zur Entscheidung über die Klage des Geschädigten gegen den Rechtsträger auf Ersatz „ “ ist in erster Instanz das mit der Ausübung der Gerichtsbarkeit in bürgerlichen Rechtssachen betraute Landesgericht, in dessen Sprengel die Rechtsverletzung begangen wurde, ausschließlich zuständig. *(BGBl 1985/104)*

(2) *(aufgehoben, BGBl 1993/91, ab 1. 3. 1993)*

(3) Vorbehaltlich des „Abs. 4“ ist auf Klagen des Rechtsträgers gegen das schuldtragende Organ auf Rückersatz das Arbeits- und Sozialgerichtsgesetz anzuwenden. *(BGBl 1985/104 und BGBl 1989/343)*

(4) Wird der Ersatzanspruch aus einer Verfügung des Präsidenten eines Gerichtshofes erster Instanz oder eines Oberlandesgerichtes oder aus einem kollegialen Beschluß eines dieser Gerichtshöfe abgeleitet, die nach den Bestimmungen dieses Bundesgesetzes unmittelbar oder im Instanzenzuge zuständig wären, so ist ein anderes Gericht gleicher Gattung zur Verhandlung und Entscheidung der Rechtssache vom übergeordneten Gericht zu bestimmen. *(BGBl 1985/104)*

(5) Der Geschädigte kann den Ersatz des Schadens, den ihm ein Organ eines im § 1 dieses Bundesgesetzes genannten Rechtsträgers in Vollziehung des Gesetzes zugefügt hat, gegen das Organ im ordentlichen Rechtsweg nicht geltend machen.

§ 10. (1) „Der beklagte Rechtsträger hat

1. den Rechtsträgern, die er nach § 1 Abs. 1 und

2. den Organen, die er für den Rückersatzanspruch

für haftbar erachtet, den Streit zu verkünden (§ 21 ZPO).“ Diese können dem Rechtsstreit als Nebenintervenienten beitreten (§ 17 ZPO.). *(BGBl 1989/343)*

(2) Hat der Rechtsträger einem Organ den Streit verkündet, so hat der Vorsitzende des Senates die für das Organ zuständige Dienstbehörde von der Klage zu benachrichtigen. Diese Behörde hat dem Gericht in angemessener Frist mitzuteilen, ob ein Disziplinarverfahren bereits eingeleitet wurde oder nunmehr eingeleitet wird.

(3) In der Klage gegen das schuldtragende Organ auf Rückersatz kann der Rechtsträger beantragen, daß gegen den Beklagten ein Zahlungsauftrag (Mandat) erlassen werde. Über diesen Antrag ist in sinngemäßer Anwendung der §§ 550 bis 554 ZPO. zu verfahren.

§ 11. (1) Ist die Entscheidung des Rechtsstreites von der Frage der Rechtswidrigkeit des Bescheides einer Verwaltungsbehörde abhängig, über die noch kein Erkenntnis des Verfassungsgerichtshofes oder des Verwaltungsgerichtshofes vorliegt, und hält das Gericht den Bescheid für rechtswidrig, so hat es, sofern die Klage nicht gemäß § 2 Abs. 2 abzuweisen ist, das Verfahren zu unterbrechen und beim Verwaltungsgerichtshof mit Beschwerde (Antrag) nach Artikel 131 Abs. 2 des Bundes-Verfassungsgesetzes die Feststellung der Rechtswidrigkeit des Bescheides zu begehren. Nach Einlangen des Erkenntnisses des Verwaltungsgerichtshofes hat das Gericht das Verfahren fortzusetzen und den Rechtsstreit unter Bindung an die Rechtsanschauung des Verwaltungsgerichtshofes zu entscheiden.

(2) Die Bestimmungen des Abs. 1 gelten nicht, wenn der Bescheid in einer Angelegenheit erlassen wurde, die nach Artikel 133 des Bundes-Verfassungsgesetzes von der Zuständigkeit des Verwaltungsgerichtshofes ausgeschlossen ist.

(3) Die im Artikel 89 Abs. 2 bis 4 des Bundes-Verfassungsgesetzes festgelegten Verpflichtungen der Gerichte bleiben unberührt.

(BGBl 1952/60)

§ 12. (1) Wenn das Ergebnis eines eingeleiteten Disziplinarverfahrens für die Entscheidung des Rechtsstreites voraussichtlich von Einfluß ist, kann das Gericht selbst vor der für die mündliche Verhandlung bestimmten Tagsatzung auf Antrag oder von Amts wegen das Verfahren über die Klage bis zur Beendigung des Disziplinarverfahrens unterbrechen.

(2) Wenn die Klage auf Ersatz des Schadens gegen den Bund oder ein Land wegen einer Rechtsverletzung erhoben wird, die bereits Gegenstand einer Anklage gemäß Artikel 142 und 143 des Bundes-Verfassungsgesetzes in der Fassung von 1929 vor dem Verfassungsgerichtshof ist, kann das Gericht sein Verfahren über die Schadenersatzklage bis zur Fällung des Erkenntnisses des Verfassungsgerichtshofes unterbrechen. Das Gericht ist an das Erkenntnis des Verfassungsgerichtshofes ebenso wie an ein sonstiges rechtskräftiges gerichtliches Straferkenntnis über das Verschulden eines Organes gebunden.

§ 13. (1) Im Verfahren nach diesem Bundesgesetz sind weder das Organ noch die als Zeugen oder Sachverständigen zu vernehmenden Personen zur Wahrung des Amtsgeheimnisses verpflichtet.

(2) Die Öffentlichkeit der Verhandlung ist auf Antrag einer Partei auch dann auszuschließen (§ 172 ZPO.), wenn Tatsachen erörtert oder bewiesen werden müssen, die sonst durch das Amtsgeheimnis gedeckt wären.

(3) Das Gericht hat überdies den anwesenden Personen auf Antrag einer Partei die Geheimhaltung von Tatsachen, die sonst durch das Amtsgeheimnis gedeckt wären, zur Pflicht zu machen. Dieser Beschluß ist im Verhandlungsprotokoll zu beurkunden. Die Verletzung der Pflicht zur Geheimhaltung ist ebenso zu bestrafen wie eine gesetzwidrige Verlautbarung (§ 301 StGB).

§ 14. Die Bestimmungen dieses Abschnittes finden auch Anwendung, wenn der Rückersatzanspruch des Rechtsträgers gegen den Nachlaß oder die Erben eines Organes geltend gemacht wird.

III. Abschnitt
Schluß- und Übergangsbestimmungen

§ 15. Mit dem Inkrafttreten dieses Bundesgesetzes verlieren die folgenden Vorschriften, soweit sie noch in Geltung stehen, ihre Wirksamkeit:

das Hofdekret vom 14. März 1806, JGS. 758,

das Gesetz vom 12. Juli 1872, R. G. Bl. Nr. 112, womit zur Durchführung des Artikels 9 StGG. vom 21. Dezember 1867, R. G. Bl. Nr. 144, über die richterliche Gewalt das Klagerecht der Parteien wegen der von richterlichen Beamten in Ausübung ihrer amtlichen Wirksamkeit zugefügten Rechtsverletzungen geregelt wird, in der geltenden Fassung,

Artikel VI, Z. 4, und Artikel XII, Abs. (1), des Gesetzes vom 1. August 1895, R. G. Bl. Nr. 110, betreffend die Einführung des Gesetzes über die Ausübung der Gerichtsbarkeit und die Zuständigkeit der ordentlichen Gerichte in bürgerlichen Rechtssachen (Jurisdiktionsnorm),

§ 80 des Gesetzes vom 1. August 1895, R. G. Bl. Nr. 111, über die Ausübung der Gerichtsbarkeit und die Zuständigkeit der ordentlichen Gerichte in bürgerlichen Rechtssachen (Jurisdiktionsnorm),

Artikel XI, Z. 5, des Gesetzes vom 1. August 1895, R. G. Bl. Nr. 112, betreffend die Einführung des Gesetzes über das gerichtliche Verfahren in bürgerlichen Rechtsstreitigkeiten (Zivilprozeßordnung),

die §§ 600, 601 und 602 des Gesetzes vom 1. August 1895, R. G. Bl. Nr. 113, über das gerichtliche Verfahren in bürgerlichen Rechtsstreitigkeiten (Zivilprozeßordnung),

die Verordnung des Justizministers und des Finanzministers vom 6. Juni 1918, R. G. Bl. Nr. 206, über die administrative Behandlung von Syndikatsansprüchen gegen den Staat, in der geltenden Fassung,

§ 2, Z. 5, des Gesetzes vom 12. September 1945, St. G. Bl. Nr. 172, über die Finanzprokuratur in Wien (Prokuratursgesetz).

§ 16. (1) *(überholt)*

(2) *(überholt)*

(3) An Stelle der in anderen Gesetzen enthaltenen Hinweise auf das Gesetz vom 12. Juli 1872, R. G. Bl. Nr. 112, treten die entsprechenden Bestimmungen dieses Bundesgesetzes.

§ 17. Mit der Vollziehung dieses Bundesgesetzes ist die Bundesregierung betraut.

28/1. Amtshaftungsverordnung

28/1. Verordnung der Bundesregierung vom 1. Februar 1949, betreffend die Geltendmachung von Ersatzansprüchen gegen den Bund auf Grund des Amtshaftungsgesetzes, BGBl 1949/45

Verordnung der Bundesregierung vom 1. Februar 1949, betreffend die Geltendmachung von Ersatzansprüchen gegen den Bund auf Grund des Amtshaftungsgesetzes

Auf Grund der §§ 8 und 16 des Bundesgesetzes vom 18. Dezember 1948, B. G. Bl. Nr. 20/1949, womit die Haftung des Bundes, der Länder, der Bezirke, der Gemeinden und der sonstigen Körperschaften und Anstalten des öffentlichen Rechts für den in Vollziehung der Gesetze zugefügten Schaden geregelt wird (Amtshaftungsgesetz), in Verbindung mit dem Gesetz vom 12. September 1945, St. G. Bl. Nr. 172, über die Finanzprokuratur in Wien (Prokuraturgesetz), wird verordnet:

§ 1. (1) Beabsichtigt ein Geschädigter auf Grund des Bundesgesetzes vom 18. Dezember 1948, B. G. Bl. Nr. 20/1949, womit die Haftung des Bundes, der Länder, der Bezirke, der Gemeinden und der sonstigen Körperschaften und Anstalten des öffentlichen Rechts für den in Vollziehung der Gesetze zugefügten Schaden geregelt wird (Amtshaftungsgesetz), einen Ersatzanspruch gegen den Bund geltend zu machen, so hat er die im § 8 dieses Bundesgesetzes vorgesehene schriftliche Aufforderung zur Anerkennung des Ersatzanspruches an die Finanzprokuratur zu richten.

(2) In der schriftlichen Aufforderung ist das rechtswidrige Verhalten zu schildern, das nach Meinung des Geschädigten den Ersatzanspruch zu begründen geeignet war, und der Ersatzanspruch genau zu beziffern. Ferner soll der Geschädigte die Dienststelle bezeichnen, deren Organ sich nach seinen Behauptungen rechtswidrig verhalten hat. Kann sich der Geschädigte hiebei auf Akten einer Dienststelle berufen, so hat er die Geschäftszahl anzugeben. Allfällige in Händen des Geschädigten befindliche Urkunden sind in Urschrift oder in Abschrift anzuschließen.

§ 2. Die Finanzprokuratur verständigt den Geschädigten, ob sein Ersatzanspruch anerkannt oder ganz oder zum Teil verweigert wird.

§ 3. *(überholt)*

28/2. Polizeibefugnis-Entschädigungsgesetz

28/2. Polizeibefugnis-Entschädigungsgesetz, BGBl 1988/735 idF
1 BGBl 1989/343 (WGN 1989) **2** BGBl 1996/201
3 BGBl I 2001/98

STICHWORTVERZEICHNIS

(Die Zahlenangaben beziehen sich auf die Paragraphen)

Bundesgesetz vom 13. Dezember 1988 über den Ersatz des bei der Ausübung polizeilicher Zwangsbefugnisse entstandenen Schadens (Polizeibefugnis-Entschädigungsgesetz)

I. Abschnitt
Ersatzpflicht

§ 1. Der Bund hat nach Maßgabe der folgenden Bestimmungen Ersatz für Schäden zu leisten, die von einem Organ des öffentlichen Sicherheitsdienstes bei der Ausübung von Zwangsbefugnissen durch die im Waffengebrauchsgesetz 1969 genannten Maßnahmen unmittelbar verursacht worden sind, sofern der Zwang im Vollziehungsbereich des Bundes ausgeübt und nicht vom Geschädigten durch rechtswidriges Verhalten ausgelöst wurde.

§ 2. (1) Wer einen Schaden im Sinne des § 1 durch Verletzung am Körper oder durch Beschädigung einer körperlichen Sache erleidet, hat Anspruch auf Schadloshaltung in Geld in dem Umfang, als dieser Schaden nicht durch Versicherung oder durch Hilfeleistung nach dem Bundesgesetz über die Gewährung von Hilfeleistungen an Opfer von Verbrechen, BGBl. Nr. 288/1972, gedeckt ist. Ein Anspruch auf Schmerzengeld besteht nicht.

(2) Trifft den Geschädigten an der Entstehung des Schadens ein Verschulden, so hat er diesen verhältnismäßig zu tragen; läßt sich das Verhältnis nicht bestimmen, so hat er ihn zur Hälfte zu tragen. „Lag die Maßnahme (§ 1) im überwiegenden Interesse des Geschädigten, steht bei Sachschäden ein Ersatzanspruch nicht, bei Personenschäden nach Billigkeit zu.“ *(BGBl 1996/201, ab 1. 7. 1996)*

(3) Stehen Angehörigen eines fremden Staates auf Grund einer Verordnung gemäß § 7 des Amtshaftungsgesetzes keine Ansprüche nach jenem Bundesgesetz zu, so haben sie auch keinen Anspruch nach Abs. 1.

§ 3. (1) Ansprüche auf Ersatz der im § 2 genannten Schäden, die dem Geschädigten wegen der Ausübung der Zwangsbefugnis gegen Dritte zustehen, gehen in dem Umfang auf den Bund über, in dem dieser Leistungen nach diesem Bundesgesetz erbringt. Für die Wirksamkeit des Anspruchsüberganges gegenüber dem Dritten gelten der letzte Satz des § 1395 und der erste Satz des § 1396 ABGB sinngemäß.

(2) Ansprüche des Bundes auf Rückersatz gegenüber Personen, die als seine Organe gehandelt haben, sind nach den Bestimmungen des Amtshaftungsgesetzes geltend zu machen; Leistungen auf Grund eines Anspruches nach § 2 gelten insoweit als Schadenersatz nach dem Amtshaftungsgesetz. In einem solchen Verfahren ist das Gericht nicht an die Feststellungen gemäß § 8 gebunden.

§ 4. (1) Steht einem Geschädigten ein Anspruch auf Versicherungsleistung zu, auf den bei der Bemessung der Ersatzleistung Bedacht zu nehmen ist, so hat er dies dem Bundesminister für Inneres vor Ergehen der Entscheidung mitzuteilen.

(2) Ein Entschädigter, dem ein Anspruch nach Abs. 1 erst nachträglich bekannt wurde, hat diesen dem Bundesminister für Inneres binnen einem Monat, nachdem er davon Kenntnis erlangt hat, mitzuteilen.

(3) Der Bundesminister für Inneres hat von einem Entschädigten Rückersatz zu fordern, soweit diesem Ersatz für einen Schaden geleistet wurde, der durch Versicherungsleistung gedeckt war. Hiebei sind außer im Falle einer gemäß Abs. 2 fristgerechten Mitteilung für den zu Unrecht zuerkannten Betrag die seit Zahlung oder seit Ablauf der Frist des Abs. 2 angewachsenen gesetzlichen Zinsen zu fordern.

§ 5. (1) Ersatzansprüche nach § 2 verjähren in drei Jahren nach Ablauf des Tages, an dem der Schaden dem Geschädigten bekanntgeworden ist, jedenfalls aber in zehn Jahren nach der Entstehung des Schadens, sofern sie nicht vorher bei Gericht geltend gemacht worden sind. In den Ablauf dieser Fristen ist die Zeit eines Verfahrens gemäß den §§ 7 und 8 bis zur Höchstdauer von drei Monaten oder einer Handlungsunfähigkeit des Geschädigten, solange er keinen gesetzlichen Vertreter hat, nicht einzurechnen.

(2) Rückersatzansprüche nach § 3 Abs. 2 verjähren in sechs Monaten nach Ablauf des Tages, an dem die Schadloshaltung durch Bescheid oder rechtskräftig durch Urteil zugesprochen worden ist; § 1497 ABGB gilt sinngemäß.

(3) Der Rückersatzanspruch nach § 4 verjährt in drei Jahren nach Ablauf des Tages, an dem der Bundesminister für Inneres von der Versicherungsleistung Kenntnis erlangt hat, jedenfalls aber in 10 Jahren nach Zuerkennung der Ersatzleistung, sofern nicht vorher Rückersatz gefordert worden ist.

II. Abschnitt
Information des Geschädigten; Verfahren

§ 6. (1) Der Geschädigte ist von jener Behörde, der die Ausübung der Zwangsbefugnis zuzurechnen ist, über den eingetretenen Schaden und die ihm nach diesem Bundesgesetz offenstehenden Möglichkeiten zu informieren.

(2) Außerdem ist der Geschädigte vor Zuerkennung einer Schadloshaltung auf die strafgerichtlichen Folgen des Verschweigens einer ihm zustehenden Versicherungsleistung (§§ 146f. StGB), bei Zuerkennung einer solchen Schadloshaltung auf die verwaltungsstrafrechtlichen Folgen des Unterlassens der Mittei-

lung eines nachträglich bekanntgewordenen Anspruches (§ 16) aufmerksam zu machen.

§ 7. (1) Ersatzansprüche nach § 2 sind beim Bundesminister für Inneres schriftlich geltend zu machen, der hievon die Finanzprokuratur zu verständigen hat. Macht der Antragsteller auch Amtshaftungsansprüche geltend, so gilt dies als Aufforderung nach dem Amtshaftungsgesetz; „die im § 8 Abs. 1 des Amtshaftungsgesetzes genannte dreimonatige Frist beginnt mit dem Einlangen der Verständigung bei der Finanzprokuratur zu laufen. *(BGBl 1989/343)*

(2) Werden Ersatzansprüche, die auf § 2 gestützt werden können, unmittelbar bei der Finanzprokuratur geltend gemacht, so hat sie hievon den Bundesminister für Inneres zu verständigen; dieser hat, sofern ihm nicht bereits ein Antrag gemäß Abs. 1 vorliegt, anzufragen, ob ein solcher gestellt werde. Wird in einem solchen Falle der Ersatzanspruch nach § 2 binnen 14 Tagen geltend gemacht, so gilt der Antrag als am Tage des Einlangens der Verständigung beim Bundesminister für Inneres eingebracht.

§ 8. (1) Der Bundesminister für Inneres hat über den Antrag einen Bescheid zu erlassen. Hiebei hat er, ohne an eine vom Antragsteller allenfalls vorgenommene nähere Bestimmung des Anspruches gebunden zu sein, über das Bestehen einer Ersatzpflicht und – nach Erfordernis – über

1. die im Verhältnis zu einem allenfalls bestehenden Verschulden des Antragstellers gerechtfertigte Ersatzquote sowie

2. die sich daraus und aus dem erlittenen Schaden ergebende Schadloshaltung

abzusprechen.

(2) Übersteigt der Betrag der Schadloshaltung, die einem Geschädigten zuerkannt werden soll, „2 180 Euro“, so hat der Bundesminister für Inneres ein Gutachten der Finanzprokuratur nach § 1 Abs. 1 Z 2 des Prokuraturgesetzes, StGBl. Nr. 172/1945, einzuholen. *(BGBl I 2001/98, ab 1. 1. 2002)*

(3) Hat der Bundesminister für Inneres im Rahmen des Parteiengehörs (§ 45 Abs. 3 AVG 1950[1])) den Antragsteller auch darüber in Kenntnis gesetzt, wie er gemäß Abs. 1 zu entscheiden beabsichtigt, so bedarf ein dementsprechend abgefaßter Bescheid keiner Begründung, wenn der Antragsteller binnen einer ihm einzuräumenden Frist von mindestens zwei Wochen der in Aussicht genommenen Entscheidung ausdrücklich zugestimmt hat.

(4) Die Anfechtung von Bescheiden gemäß Abs. 1 und 3 bei Verwaltungs- oder Verfassungsgerichtshof ist unzulässig.

[1]) *Jetzt: AVG 1991 BGBl 51*

§ 9. (1) Ersatzansprüche nach § 2 können, soweit darauf nicht nach Erlassung eines Bescheides gemäß § 8 verzichtet wurde, durch Klage gegen den Bund geltend gemacht werden

1. nach Erlassung eines Bescheides gemäß § 8 oder

2. nach Ablauf dreier Monate nach Einlangen eines Antrages gemäß § 7 beim Bundesminister für Inneres.

(2) Mit der Anrufung des Gerichtes tritt im Falle des Abs. 1 Z 1 der Bescheid außer Kraft, eine darin zuerkannte Schadloshaltung gilt jedoch als vom Bund anerkannt.

(3) Für das gerichtliche Verfahren sind die §§ 9, 10, 12 Abs. 1, 13 und 14 des Amtshaftungsgesetzes anzuwenden. Mit Zurückziehung der Klage tritt im Falle des Abs. 1 Z 1 der Bescheid wieder in Kraft.

§ 10. Wurde wegen desselben Schadens auch nach dem Amtshaftungsgesetz ein Ersatzanspruch gegen den Bund geltend gemacht, so steht dies einer Entscheidung gemäß § 8 nicht entgegen.

§ 11. (1) Der Rückersatz (§ 4) ist vom Bundesminister für Inneres mit Bescheid zu fordern.

(2) Hat der Bundesminister für Inneres im Rahmen des Parteiengehörs (§ 45 Abs. 3 AVG 1950[1])) den Entschädigten auch darüber in Kenntnis gesetzt, welchen Rückersatz er zu fordern beabsichtige, so bedarf ein dementsprechend abgefaßter Bescheid keiner Begründung, wenn der Antragsteller binnen einer ihm einzuräumenden Frist von mindestens zwei Wochen der in Aussicht genommenen Entscheidung ausdrücklich zugestimmt hat.

(3) In allen Fällen ist eine angemessene Leistungsfrist zu bestimmen. Über Antrag des Geschädigten ist aus berücksichtigungswürdigen Gründen die Zahlung in Teilbeträgen zu bewilligen.

(4) Die Anfechtung von Bescheiden gemäß Abs. 1 und 2 bei Verwaltungs- oder Verfassungsgerichtshof ist unzulässig.

[1]) *Jetzt: AVG 1991 BGBl 51*

§ 12. (1) Wer durch Bescheid gemäß § 11 zu Rückersatz verpflichtet wurde, hat – soweit darauf nicht nach Erlassung eines Bescheides verzichtet wurde – das Recht, den Bund binnen vier Wochen auf teilweise oder gänzliche Unzulässigkeit der Rückforderung zu klagen. Dadurch tritt der Bescheid im Umfang des Klagebegehrens außer Kraft.

(2) Zur Entscheidung über die Klage ist das gemäß § 9 Abs. 3 berufene Gericht zuständig. Die Klage kann nicht zurückgenommen werden, doch kann die Rechtsstreitigkeit im Umfang des Klagebegehrens durch gerichtlichen

Vergleich ganz oder teilweise beigelegt werden.

(3) Die Beweislast für das Vorliegen der Voraussetzungen für den Rückersatz trifft den Bundesminister für Inneres.

(4) Wird die Klage abgewiesen, weil eine Rückersatzpflicht besteht, so ist dem Kläger unter einem der Rückersatz an den Bund aufzuerlegen. Hiebei ist eine angemessene Leistungsfrist zu bestimmen; die Zahlung in Raten kann angeordnet werden.

(5) Die Anfechtung des Ausspruches ausschließlich im Hinblick auf die Leistungsfrist oder die Ratenanordnung ist nicht zulässig.

§ 13. Der Bundesminister für Inneres kann mit der Feststellung des maßgeblichen Sachverhaltes auch eine nachgeordnete Sicherheitsbehörde beauftragen.

§ 14. Eingaben und Erledigungen nach diesem Bundesgesetz sind von der Entrichtung von Gebühren nach dem Gebührengesetz 1957 und von Bundesverwaltungsabgaben befreit.

III. Abschnitt
Schäden durch Zwangsmaßnahmen nach dem Strafvollzugsgesetz oder nach dem Zollgesetz 1955

§ 15. (1) Soweit bei der Ausübung von Zwangsbefugnissen

1. von Strafvollzugsbediensteten durch Maßnahmen gemäß den §§ 104 und 105 des Strafvollzugsgesetzes oder

2. von Organen der Zollwache durch Maßnahmen gemäß § 23a des Zollgesetzes 1955[1])

Schäden im Sinne des § 1 verursacht worden sind, hat der Bund im Umfang und unter den Voraussetzungen des I. Abschnittes Ersatz zu leisten.

(2) In den Fällen des Abs. 1 Z 1 steht ein Anspruch auf Ersatz nicht zu, soweit dem Geschädigten wegen einer erlittenen Verletzung am Körper nach dem Strafvollzugsgesetz Behandlung und Fürsorge zuteil wird.

(3) Im übrigen gelten hiefür die Bestimmungen dieses Bundesgesetzes mit der Maßgabe, daß an die Stelle des Bundesministers für Inneres im Rahmen ihrer Zuständigkeit die Bundesminister für Justiz und für Finanzen zu treten haben. Sie können mit der Feststellung des maßgeblichen Sachverhaltes ihnen nachgeordnete Behörden beauftragen.

---

[1]) *Jetzt: § 14 ZollR-DG*

IV. Abschnitt
Straf- und Schlußbestimmungen

§ 16. (1) Wer der Meldepflicht nach § 4 Abs. 2 nicht fristgerecht nachkommt, begeht eine Verwaltungsübertretung und ist von der Bezirksverwaltungsbehörde, im Wirkungsbereich einer Bundespolizeibehörde von dieser, mit Geldstrafe bis zu „2 180 Euro" zu bestrafen. *(BGBl I 2001/98, ab 1. 1. 2002)*

(2) Bei der Bemessung der Strafe ist insbesondere auf die Schwere des den Täter treffenden Vorwurfes und auf die Höhe der nicht mitgeteilten Versicherungsleistung Bedacht zu nehmen.

§ 17. (1) Dieses Bundesgesetz tritt mit dem 1. Jänner 1989 in Kraft und ist nur auf solche Fälle anzuwenden, in denen die Ausübung der Zwangsbefugnisse nicht vor diesem Tage erfolgte. „§ 2 Abs. 2 in der Fassung des Bundesgesetzes BGBl. Nr. 201/1996 tritt mit 1. Juli 1996 in Kraft." *(BGBl 1996/201)*

(2) Die §§ 8 Abs. 2 und 16 Abs. 1 in der Fassung des Bundesgesetzes BGBl. I Nr. 98/2001 treten mit 1. Jänner 2002 in Kraft. *(BGBl I 2001/98)*

§ 18. Mit der Vollziehung

1. des § 3 Abs. 1 ist der Bundesminister für Justiz,

2. der §§ 3 Abs. 2 und 5 Abs. 2 die Bundesregierung,

3. der §§ 9 und 12 der Bundesminister für Justiz,

4. des § 14 der Bundesminister für Finanzen, soweit jedoch Bundesverwaltungsabgaben betroffen sind, die Bundesregierung,

5. des § 15, im Rahmen ihrer Zuständigkeit, der Bundesminister für Justiz und der Bundesminister für Finanzen,

6. aller anderen Bestimmungen dieses Bundesgesetzes der Bundesminister für Inneres

betraut.

29. Organhaftpflichtgesetz

29. Organhaftpflichtgesetz, BGBl 1967/181 idF
1 BGBl 1984/537 **2** BGBl 1985/104

STICHWORTVERZEICHNIS

(Die Zahlenangaben beziehen sich auf die Paragraphen)

Bundesgesetz vom 19. Mai 1967 über die Haftung der Organe der Gebietskörperschaften und der sonstigen Körperschaften und Anstalten des öffentlichen Rechts für Schäden, die sie dem Rechtsträger in Vollziehung der Gesetze unmittelbar zugefügt haben (Organhaftpflichtgesetz)

I. Abschnitt
Haftpflicht

§ 1. (1) Personen, die als Organe des Bundes, eines Landes, eines Bezirkes, eines Gemeindeverbandes, einer Gemeinde, eines Trägers der Sozialversicherung oder einer sonstigen Körperschaft oder Anstalt des öffentlichen Rechts – im folgenden Rechtsträger genannt – handeln, haften, soweit dieses Bundesgesetz nicht anderes bestimmt, nach den Bestimmungen des bürgerlichen Rechts für den Schaden am Vermögen, den sie dem Rechtsträger, als dessen Organ sie gehandelt haben, in Vollziehung der Gesetze durch ein schuldhaftes und rechtswidriges Verhalten unmittelbar zugefügt haben (Artikel 23 Abs. 3 des Bundes-Verfassungsgesetzes in der Fassung von 1929). Der Schaden ist nur in Geld zu ersetzen.

(2) Organe im Sinne dieses Bundesgesetzes sind alle physischen Personen, wenn sie in Vollziehung der Gesetze (Gerichtsbarkeit oder Hoheitsverwaltung) handeln, gleichviel, ob sie dauernd oder vorübergehend oder für den einzelnen Fall bestellt sind, ob sie gewählte, ernannte oder sonstwie bestellte Organe sind und ob ihr Verhältnis zum Rechtsträger nach öffentlichem oder nach privatem Recht zu beurteilen ist.

§ 2. (1) Ein Ersatzanspruch (§ 1 Abs. 1) besteht nicht, wenn der Rechtsträger den Schaden durch Rechtsmittel oder durch eine Beschwerde an den Verfassungsgerichtshof oder an den Verwaltungsgerichtshof oder durch sonst eine gesetzlich begründete Maßnahme hätte abwenden können.

(2) Von einem Organ kann kein Ersatz wegen einer Handlung begehrt werden, die auf einer entschuldbaren Fehlleistung beruht oder auf Weisung (Auftrag, Befehl) eines Vorgesetzten erfolgt ist, es sei denn, das Organ hätte die Weisung eines offenbar unzuständigen Vorgesetzten befolgt oder in Befolgung der Weisung gegen strafgesetzliche Vorschriften verstoßen.

(3) Aus einem Erkenntnis des Verfassungsgerichtshofes, des Obersten Gerichtshofes oder des Verwaltungsgerichtshofes kann ein Ersatzanspruch nicht abgeleitet werden.

§ 3. (1) Beruht die Schädigung, derentwegen das Organ zur Ersatzleistung herangezogen wird, auf einem Versehen, so kann das Gericht aus Gründen der Billigkeit den Ersatz mäßigen oder, sofern der Schaden durch einen minderen Grad des Versehens zugefügt worden ist, auch ganz erlassen. *(BGBl 1984/537)*

(2) Auf die Ausübung der dem Gericht nach Abs. 1 eingeräumten Befugnis sind die Bestimmungen des „§ 2 Abs. 2 des Dienstnehmerhaftpflichtgesetzes, BGBl. Nr. 80/1965, zuletzt geändert durch das Bundesgesetz BGBl. Nr. 169/1983“ sinngemäß anzuwenden. *(BGBl 1984/537)*

§ 4. Gründet sich der Ersatzanspruch auf eine von einem Kollegialorgan beschlossene Entscheidung oder Verfügung, so haften nur die Stimmführer, die für diese Entscheidung oder Verfügung gestimmt haben. Beruht jedoch die Entscheidung oder Verfügung auf einer unvollständigen oder unrichtigen Darstellung des Sachverhaltes durch den Berichterstatter, so haften auch die Stimmführer, die dafür gestimmt haben, nicht, es sei denn, sie hätten die pflichtgemäße Sorgfalt grob fahrlässig außer acht gelassen.

§ 5. Ersatzansprüche nach § 1 Abs. 1 verjähren in drei Jahren nach Ablauf des Tages, an dem der Schaden dem Rechtsträger bekanntgeworden ist, keinesfalls aber vor einem Jahr nach Eintritt der Rechtskraft einer rechtsverletzenden Entscheidung oder Verfügung. Ist dem Rechtsträger der Schaden nicht bekanntgeworden oder ist der Schaden aus einer gerichtlich strafbaren Handlung, die nur vorsätzlich begangen werden kann und mit mehr als einjähriger Freiheitsstrafe bedroht ist, entstanden, so verjährt der Ersatzanspruch erst nach zehn Jahren nach der Entstehung des Schadens.

§ 6. (1) Die Aufrechnung von Ansprüchen des Rechtsträgers nach diesem Bundesgesetz gegen Ansprüche auf Geldleistungen, die dem Haftpflichtigen aus seiner Eigenschaft als Organ des Rechtsträgers diesem gegenüber zustehen, ist nur zulässig, wenn innerhalb von zwei Wochen ab Zustellung einer schriftlichen Aufrechnungserklärung dieser vom Organ nicht widersprochen wird. Die Aufrechnungserklärung hat eine Belehrung über das Widerspruchsrecht zu enthalten.

(2) Abs. 1 gilt nicht für die Aufrechnung auf Grund einer rechtskräftigen gerichtlichen Entscheidung.

II. Abschnitt
Verfahren

§ 7. Der Rechtsträger hat das Organ, gegen das er den Ersatzanspruch geltend machen will, zunächst zur Anerkennung des Anspruches schriftlich aufzufordern. Steht das Organ zum Rechtsträger in einem Verrechnungsverhältnis, so kann mit dieser Aufforderung eine Aufrechnungserklärung gemäß § 6 Abs. 1 verbunden werden. Kommt dem Rechtsträger binnen drei Monaten nach Zustellung der Aufforderung zur Anerkennung des Ersatzanspruches an das Organ eine Erklärung über sein Begehren nicht zu, wird der Ersatz innerhalb dieser Frist ganz oder zum Teil verweigert oder wird der Aufrechnungserklärung fristgerecht (§ 6 Abs. 1) widersprochen, so kann der Rechtsträger den Ersatzanspruch durch Klage gegen das Organ geltend machen. Enthält die fristgerecht abgegebene Erklärung des haftpflichtigen Organs lediglich den Widerspruch gegen die Aufrechnungserklärung, so kann der Ersatzanspruch frühestens nach Ablauf von drei Monaten ab Zustellung der Aufforderung zur Anerkennung gerichtlich geltend gemacht werden.

§ 8. (1) Vorbehaltlich des Abs. 2 ist auf Rechtsstreitigkeiten, die Ersatzansprüche im Sinne des § 1 Abs. 1 betreffen, das Arbeits- und Sozialgerichtsgesetz anzuwenden.

(2) Wird der Ersatzanspruch aus einer Verfügung des Präsidenten eines Gerichtshofs erster Instanz oder eines Oberlandesgerichts oder aus einem kollegialen Beschluß eines dieser Gerichtshöfe abgeleitet, die nach den Bestimmungen dieses Bundesgesetzes unmittelbar oder im Instanzenzuge zuständig wären, so ist vom übergeordneten Gericht unter Bedachtnahme auf die Grundsätze der Zweckmäßigkeit, Raschheit, Einfachheit und Kostenersparnis ein anderes Gericht gleicher Gattung zur Verhandlung und Entscheidung der Rechtssache zu bestimmen.

(BGBl 1985/104)

§ 9. (1) Ist die Entscheidung des Rechtsstreites von der Frage der Rechtswidrigkeit des Bescheides einer Verwaltungsbehörde abhängig, über die noch kein Erkenntnis des Verfassungsgerichtshofes oder des Verwaltungsgerichtshofes vorliegt, und hält das Gericht den Bescheid für rechtswidrig, so hat es, sofern die Klage nicht gemäß § 2 abzuweisen ist, das Verfahren zu unterbrechen und beim Verwaltungsgerichtshof mit Beschwerde (Antrag) nach Artikel 131 Abs. 2 des Bundes-Verfassungsgesetzes in der Fassung von 1929 die Feststellung der Rechtswidrigkeit des Bescheides zu begehren. Nach Einlangen des Erkenntnisses des Verwaltungsgerichtshofes hat das Gericht das Verfahren fortzusetzen und den Rechtsstreit unter Bindung an die Rechtsanschauung des Verwaltungsgerichtshofes zu entscheiden.

(2) Die Bestimmungen des Abs. 1 gelten nicht, wenn der Bescheid in einer Angelegenheit erlassen wurde, die nach Artikel 133 des Bundes-Verfassungsgesetzes in der Fassung von 1929 von der Zuständigkeit des Verwaltungsgerichtshofes ausgeschlossen ist.

(3) Die im Artikel 89 Abs. 2 bis 4 des Bundes-Verfassungsgesetzes festgelegten Verpflichtungen der Gerichte bleiben unberührt.

§ 10. (1) Wenn das Ergebnis eines eingeleiteten Disziplinarverfahrens für die Entscheidung des Rechtsstreites voraussichtlich von Einfluß ist, kann das Gericht, soweit dies im Interesse der Verminderung des Verfahrensaufwandes gelegen ist, selbst vor der für die mündliche Verhandlung bestimmten Tagsatzung auf Antrag oder von Amts wegen das Verfahren bis zur Beendigung des Disziplinarverfahrens unterbrechen.

(2) Liegt dem Ersatzanspruch eine Rechtsverletzung zugrunde, die bereits Gegenstand einer Anklage gemäß den Artikeln 142 und 143 des Bundes-Verfassungsgesetzes ist, so hat das Gericht das Verfahren bis zur Fällung des Erkenntnisses des Verfassungsgerichtshofes zu unterbrechen. Das Gericht ist an das Erkenntnis des Verfassungsgerichtshofes ebenso wie an ein sonstiges rechtskräftiges verurteilendes Erkenntnis eines Strafgerichtes über das Verschulden eines Organs gebunden (§ 268 der ZPO.).

§ 11. (1) Im Verfahren nach diesem Bundesgesetz sind weder das Organ noch die als Zeugen oder Sachverständige zu vernehmenden Personen zur Wahrung des Amtsgeheimnisses verpflichtet.

(2) Die Öffentlichkeit der Verhandlung ist auf Antrag einer Partei auch dann auszuschließen (§ 172 ZPO.), wenn Tatsachen erörtert oder bewiesen werden müssen, die sonst durch das Amtsgeheimnis gedeckt wären.

(3) Das Gericht hat überdies den anwesenden Personen auf Antrag einer Partei die Geheimhaltung von Tatsachen, die sonst durch das Amtsgeheimnis gedeckt wären, zur Pflicht zu machen. Dieser Beschluß ist im Verhandlungsprotokoll zu beurkunden. Die Verletzung der Pflicht zur Geheimhaltung ist ebenso zu bestrafen wie eine gesetzwidrige Verlautbarung (§ 301 des Strafgesetzbuches).

§ 12. Die Bestimmungen dieses Abschnittes finden auch Anwendung, wenn der Ersatzanspruch des Rechtsträgers gegen den Nachlaß oder die Erben eines Organs geltend gemacht wird.

III. Abschnitt
Schluß- und Übergangsbestimmungen

§ 13. (1) Dieses Bundesgesetz tritt mit 1. Jänner 1968 in Kraft.

(2) Mit dem im Abs. 1 genannten Zeitpunkt treten, soweit sich aus § 14 nicht anderes ergibt, die mit den Bestimmungen dieses Bundesgesetzes im Widerspruch stehenden Rechtsvorschriften außer Kraft. Insbesondere verlieren damit die folgenden Rechtsvorschriften, soweit sie noch in Geltung stehen, ihre Wirksamkeit:

das Patent vom 16. Jänner 1786, JGS. Nr. 516,

das Hofdekret vom 6. März 1789, JGS. Nr. 984,

das Hofkammerdekret vom 1. Dezember 1834, JGS. Nr. 2675,

die §§ 90 bis 98 der Dienstordnung für die der III. Sektion des Handelsministeriums untergeordneten Beamten vom 16. Dezember 1852, Zl. 2649, VdgBl. Nr. 100,

§ 156 des Gesetzes über das gerichtliche Verfahren in Rechtsangelegenheiten außer Streitsachen, RGBl. Nr. 208/1854,

Artikel XXXVIII des Gesetzes vom 1. August 1895, RGBl. Nr. 112, betreffend die Einführung des Gesetzes über das gerichtliche Verfahren in bürgerlichen Rechtsstreitigkeiten (Zivilprozeßordnung),

§ 89 Abs. 2 der Dienstpragmatik, RGBl. Nr. 15/1914,

§ 97 Abs. 2 der Lehrerdienstpragmatik, RGBl. Nr. 319/1917, und

§ 2 Abs. 2 der Vollzugsanweisung vom 2. März 1919, StGBl. Nr. 161.

(3) *(überholt)*

§ 14. Dieses Bundesgesetz ist nur auf Rechtsverletzungen anzuwenden, die nach dem 31. Dezember 1967 begangen wurden. Für Ersatzansprüche aus Rechtsverletzungen, die vorher begangen wurden, gelten die bisherigen Rechtsvorschriften.

§ 15. Mit der Vollziehung dieses Bundesgesetzes ist die Bundesregierung betraut.

30. Dienstnehmerhaftpflichtgesetz

30. Dienstnehmerhaftpflichtgesetz, BGBl 1965/80 idF
1 BGBl 1983/169

STICHWORTVERZEICHNIS

(Die Zahlenangaben beziehen sich auf die Paragraphen)

Bundesgesetz vom 31. März 1965 über die Beschränkung der Schadenersatzpflicht der Dienstnehmer (Dienstnehmerhaftpflichtgesetz)

Artikel I

§ 1. (1) Die Vorschriften dieses Bundesgesetzes gelten für Dienstnehmer (Lehrlinge) in einem privatrechtlichen oder in einem öffentlich-rechtlichen Dienst(Lehr)verhältnis (im folgenden als Dienstnehmer bezeichnet). Sie sind auf Heimarbeiter und Personen, die gemäß § 3 des Heimarbeitsgesetzes 1960 den Entgeltschutz für Heimarbeit genießen, ferner auf sonstige Personen, die, ohne in einem Dienstverhältnis zu stehen, im Auftrag und für Rechnung bestimmter anderer Personen Arbeit leisten und wegen wirtschaftlicher Unselbständigkeit als arbeitnehmerähnlich anzusehen sind, im Verhältnis zu ihren Auftraggebern singgemäß anzuwenden.

(2) Ausgenommen vom Geltungsbereich dieses Bundesgesetzes sind Dienstnehmer, soweit sie als Organe der im Artikel 23 Abs. 1 des Bundes-Verfassungsgesetzes in der Fassung von 1929 genannten Rechtsträger in Vollziehung der Gesetze dem Rechtsträger oder einem Dritten einen Schaden zugefügt haben.

§ 2. (1) Hat ein Dienstnehmer bei Erbringung seiner Dienstleistungen dem Dienstgeber durch ein Versehen einen Schaden zugefügt, so kann das Gericht aus Gründen der Billigkeit den Ersatz mäßigen oder, sofern der Schaden durch einen minderen Grad des Versehens zugefügt worden ist, auch ganz erlassen. *(BGBl 1983/169)*

(2) Bei der Entscheidung über die Ersatzpflicht im Sinn des Abs. 1 hat das Gericht vor allem auf das Ausmaß des Verschuldens des Dienstnehmers und außerdem insbesondere auf folgende Umstände Bedacht zu nehmen:

1. auf das Ausmaß der mit der ausgeübten Tätigkeit verbundenen Verantwortung,

2. inwieweit bei der Bemessung des Entgelts ein mit der ausgeübten Tätigkeit verbundenes Wagnis berücksichtigt worden ist,

3. auf den Grad der Ausbildung des Dienstnehmers,

4. auf die Bedingungen, unter denen die Dienstleistung zu erbringen war und

5. ob mit der vom Dienstnehmer erbrachten Dienstleistung erfahrungsgemäß die nur schwer vermeidbare Möglichkeit oder Wahrscheinlichkeit des Eintritts eines Schadens verbunden ist.

(3) Für eine entschuldbare Fehlleistung haftet der Dienstnehmer nicht.

§ 3. (1) Wird ein Dienstnehmer zum Ersatz des Schadens herangezogen, den er bei Erbringung seiner Dienstleistungen einem Dritten zugefügt hat, so hat er dies dem Dienstgeber unverzüglich mitzuteilen und ihm im Falle der Klage den Streit zu verkündigen.

(2) Hat der Dienstnehmer im Einverständnis mit dem Dienstgeber oder auf Grund eines

rechtskräftigen Urteils dem Dritten den durch ein Versehen zugefügten Schaden ersetzt, so kann er die Vergütung des solcherart Geleisteten und der ihm erwachsenen notwendigen Prozeß- und Exekutionskosten zum Teil oder, sofern der Schaden durch einen minderen Grad des Versehens zugefügt worden ist, zur Gänze vom Dienstgeber verlangen, wenn der Dienstgeber auf Grund der §§ 1313a bis 1316 des allgemeinen bürgerlichen Gesetzbuches oder auf Grund einer anderen gesetzlichen Verpflichtung vom Dritten zum Ersatz des Schadens in Anspruch hätte genommen werden können und das Verlangen des Dienstnehmers der Billigkeit entspricht. § 2 Abs. 2 ist anzuwenden. *(BGBl 1983/169)*

(3) Hat der Dienstnehmer im Einverständnis mit dem Dienstgeber oder auf Grund eines rechtskräftigen Urteils dem Dritten den durch eine entschuldbare Fehlleistung zugefügten Schaden ersetzt, so kann er jedoch die Vergütung des solcherart Geleisteten und der ihm erwachsenen notwendigen Prozeß- und Exekutionskosten zur Gänze vom Dienstgeber verlangen, wenn dieser auf Grund der §§ 1313a bis 1316 des allgemeinen bürgerlichen Gesetzbuches oder auf Grund einer anderen gesetzlichen Verpflichtung vom Dritten zum Ersatz des Schadens in Anspruch hätte genommen werden können.

(4) Unterläßt es der Dienstnehmer, dem Dienstgeber den Streit zu verkündigen, so verliert er zwar nicht das Recht auf Vergütung gegenüber dem Dienstgeber, doch kann ihm dieser alle wider den Dritten unausgeführt gebliebenen Einwendungen entgegensetzen und sich dadurch von der Vergütung in dem Maße befreien, als erkannt wird, daß diese Einwendungen, wenn von ihnen der gehörige Gebrauch gemacht worden wäre, eine andere Entscheidung gegen den Dritten veranlaßt hätten.

§ 4. (1) Wird ein Dienstgeber auf Grund der §§ 1313a bis 1316 des allgemeinen bürgerlichen Gesetzbuches oder auf Grund einer anderen gesetzlichen Verpflichtung vom Dritten zum Ersatz des Schadens herangezogen, den sein Dienstnehmer bei Erbringung seiner Dienstleistungen einem Dritten zugefügt hat, so hat er dies dem Dienstnehmer unverzüglich mitzuteilen und ihm im Falle der Klage den Streit zu verkündigen.

(2) Hat der Dienstgeber im Einverständnis mit dem Dienstnehmer oder auf Grund eines rechtskräftigen Urteils dem Dritten den Schaden ersetzt, so hat er einen die Vergütung des solcherart Geleisteten und der ihm erwachsenen notwendigen Prozeß- und Exekutionskosten umfassenden Rückgriffsanspruch gegen den Dienstnehmer, es sei denn, daß der Dienstnehmer den Schaden durch ein Versehen zugefügt hat und das Gericht aus Gründen der Billigkeit den Rückersatz mäßigt oder, sofern der Schaden durch einen minderen Grad des Versehens zugefügt worden ist, ganz erläßt. § 2 Abs. 2 ist anzuwenden. *(BGBl 1983/169)*

(3) Hat der Dienstgeber dem Dritten den Schaden ersetzt, den der Dienstnehmer dem Dritten durch eine entschuldbare Fehlleistung zugefügt hat, so hat der Dienstgeber jedoch gegen den Dienstnehmer keinen Rückgriffsanspruch.

(4) Unterläßt es der Dienstgeber, dem Dienstnehmer den Streit zu verkündigen, so verliert er zwar nicht das Recht auf Vergütung gegenüber dem Dienstnehmer, doch kann ihm dieser wider den Dritten unausgeführt gebliebenen Einwendungen entgegensetzen und sich dadurch von der Vergütung in dem Maße befreien, als erkannt wird, daß diese Einwendungen, wenn von ihnen der gehörige Gebrauch gemacht worden wäre, eine andere Entscheidung gegen den Dritten veranlaßt hätten.

§ 5. Die Rechte des Dienstnehmers, die sich aus den §§ 2 bis 4 ergeben, können nur durch Kollektivvertrag aufgehoben oder beschränkt werden.

§ 6. Auf einem minderen Grad des Versehens beruhende Schadenersatz- oder Rückgriffsansprüche zwischen Dienstgeber und Dienstnehmer (§ 2 Abs. 1, § 3 Abs. 2 bis 4, § 4 Abs. 2 und 4) erlöschen, wenn sie nicht binnen sechs Monaten nach Ablauf des Tages, an dem sie erhoben werden können, gerichtlich geltend gemacht werden.

§ 7. (1) Während des aufrechten Bestandes des Dienstverhältnisses ist eine Aufrechnung von Ansprüchen gegen den Dienstnehmer nach diesem Bundesgesetz nur zulässig, wenn der Dienstnehmer nicht innerhalb von 14 Tagen ab Zugehen der Aufrechnungserklärung dieser widerspricht.

(2) Abs. 1 gilt nicht für eine Aufrechnung auf Grund eines rechtskräftigen Urteils.

Artikel II

(1) Auf Schadensfälle, die vor dem Inkrafttreten dieses Bundesgesetzes eingetreten sind, sind die bisherigen Bestimmungen anzuwenden.

(2) Die Rechte des Dienstnehmers, die sich aus den §§ 2 bis 4 ergeben, können nur durch einen Kollektivvertrag aufgehoben oder beschränkt werden, der nach dem Inkrafttreten dieses Bundesgesetzes abgeschlossen worden ist.

Artikel III

Mit der Vollziehung dieses Bundesgesetzes ist das Bundesministerium für Justiz betraut.

31. Allgemeines Sozialversicherungsgesetz

31. **Allgemeines Sozialversicherungsgesetz** *(Auszug),* BGBl 1955/189
Fünfter Teil, Abschnitt IV, idF
1 BGBl 1962/13 **2** BGBl 1973/31 **3** BGBl 1976/704
4 BGBl 1978/684 **5** BGBl 1989/642 **6** BGBl 1990/741
7 BGBl 1996/764

GLIEDERUNG

STICHWORTVERZEICHNIS

(Die Zahlenangaben beziehen sich auf die Paragraphen)

Bundesgesetz vom 9. September 1955 über die Allgemeine Sozialversicherung (Allgemeines Sozialversicherungsgesetz – ASVG.)

Fünfter Teil
Beziehungen der Versicherungsträger (des Hauptverbandes) zueinander und Ersatzleistungen. Haftung des Dienstgebers bei Arbeitsunfällen

Abschnitt IV
Schadenersatz und Haftung

Übergang von Schadenersatzansprüchen auf die Versicherungsträger

§ 332. (1) Können Personen, denen nach den Bestimmungen dieses Bundesgesetzes Leistungen zustehen oder für die als Angehörige gemäß § 123 Leistungen zu gewähren sind, den Ersatz des Schadens, der ihnen durch den Versicherungsfall erwachsen ist, auf Grund anderer gesetzlicher Vorschriften beanspruchen, geht der Anspruch auf den Versicherungsträger insoweit über, als dieser Leistungen zu erbringen hat. „Der Anspruch umfaßt auch die Aufwendungen des Landesfonds, die nach § 148 Z 2 von der Krankenanstalt in Rechnung gestellt werden. Der Versicherungsträger hat dem Landesfonds jenen Teil der Regreßeinnahmen, der nicht durch Mittel der Sozialversicherung gemäß § 447f Abs. 1 gedeckt ist, abzüglich eines anteilsmäßigen Verwaltungskostenersatzes für die Geltendmachung, zu überweisen." Ansprüche auf Schmerzengeld gehen auf den Versicherungsträger nicht über. *(BGBl 1989/642 und BGBl 1996/764)*

(2) Der Versicherungsträger kann Ersatzbeträge, die der Ersatzpflichtige dem Versicherten „(Angehörigen)" oder seinen Hinterbliebenen in Unkenntnis des Überganges des Anspruches gemäß Abs. 1 geleistet hat, auf die nach diesem Bundesgesetz zustehenden Leistungsansprüche ganz oder zum Teil anrechnen. Soweit hienach Ersatzbeträge angerechnet werden, erlischt der nach Abs. 1 auf den Versicherungsträger übergegangene Ersatzanspruch gegen den Ersatzpflichtigen. *(BGBl 1962/13)*

(3) Ein Schadenersatzanspruch nach § 333 geht auf den Versicherungsträger nicht über.

(4) § 328 ist auf Ersatzansprüche für Krankenbehandlung (§§ 133 bis 137) oder für Unfallheilbehandlung (§§ 135 bis 137 in Verbindung mit § 189) entsprechend anzuwenden. *(BGBl 1973/31)*

(5) Der Versicherungsträger kann einen im Sinne der Abs. 1 bis 4 auf ihn übergegangenen Schadenersatzanspruch gegen einen Dienstnehmer, der im Zeitpunkt des schädigenden Ereignisses in demselben Betrieb wie der Verletzte oder Getötete beschäftigt war, nur geltend machen, wenn

a) der Dienstnehmer den Versicherungsfall vorsätzlich oder grob fahrlässig verursacht hat oder

b) der Versicherungsfall durch ein Verkehrsmittel verursacht wurde, für dessen Betrieb auf Grund gesetzlicher Vorschrift eine erhöhte Haftpflicht besteht.

In den Fällen der lit. b kann der Versicherungsträger den Schadenersatzanspruch unbeschadet der Bestimmungen des § 336 über das Zusammentreffen von Schadenersatzansprüchen verschiedener Versicherungsträger und den Vorrang eines gerichtlich festgestellten Schmerzengeldanspruches nur bis zur Höhe der aus einer bestehenden Haftpflichtversicherung zur Verfügung stehenden Versicherungssumme geltend machen, es sei denn, daß der Versicherungsfall durch den Dienstnehmer vorsätzlich oder grob fahrlässig verursacht worden ist. *(BGBl 1962/13)*

(6) Abs. 5 gilt entsprechend für Schadenersatzansprüche gegen einen Schüler im Sinne des § 8 Abs. 1 Z 3 lit. h, sofern dieser im Zeitpunkt des Eintrittes des schädigenden Ereignisses dieselbe Schule besucht hat wie der Verletzte oder Getötete. *(BGBl 1976/704)*

Einschränkung der Schadenersatzpflicht des Dienstgebers gegenüber dem Dienstnehmer bei Arbeitsunfällen (Berufskrankheiten)

§ 333. (1) Der Dienstgeber ist dem Versicherten zum Ersatz des Schadens, der diesem durch eine Verletzung am Körper infolge eines Arbeitsunfalles oder durch eine Berufskrankheit entstanden ist, nur verpflichtet, wenn er den Arbeitsunfall (die Berufskrankheit) vorsätzlich verursacht hat. Diese Einschränkung gilt auch gegenüber den Hinterbliebenen des Versicherten, wenn dessen Tod auf die körperliche Verletzung infolge des Arbeitsunfalles oder auf die Berufskrankheit zurückzuführen ist.

(2) Hat der Dienstgeber den Arbeitsunfall (die Berufskrankheit) vorsätzlich verursacht, so vermindert sich der Schadenersatzanspruch des Versicherten oder seiner Hinterbliebenen um die Leistungen aus der gesetzlichen Unfallversicherung.

(3) Die Bestimmungen der Abs. 1 und 2 sind, unbeschadet der Bestimmungen des § 477, nicht anzuwenden, „wenn der Arbeitsunfall durch ein Verkehrsmittel" eingetreten ist, für dessen Betrieb auf Grund gesetzlicher Vorschrift eine erhöhte Haftpflicht besteht. „Der Dienstgeber haftet nur bis zur Höhe der aus einer bestehenden Haftpflichtversicherung zur Verfügung stehenden Versicherungssumme, es sei denn, daß der Versicherungsfall durch den Dienstgeber vorsätzlich verursacht worden ist." *(BGBl 1989/642)*

(4) Die Bestimmungen des Abs. 1 und 2 gelten auch für Ersatzansprüche Versicherter

und ihrer Hinterbliebenen gegen gesetzliche oder bevollmächtige Vertreter des Unternehmers und gegen Aufseher im Betrieb. *(BGBl 1962/13)*

Haftung des Dienstgebers bei Arbeitsunfällen (Berufskrankheiten) gegenüber den Trägern der Sozialversicherung

§ 334. (1) Hat der Dienstgeber oder ein ihm gemäß § 333 Abs. 4 Gleichgestellter den Arbeitsunfall oder die Berufskrankheit vorsätzlich oder durch grobe Fahrlässigkeit verursacht, so hat er den Trägern der Sozialversicherung alle nach diesem Bundesgesetz zu gewährenden Leistungen zu ersetzen. „Dies gilt nicht in den Fällen von Leistungen nach § 213a." *(BGBl 1989/642)*

(2) § 328 ist auf Ersatzansprüche für Krankenbehandlung (§§ 133 bis 137) oder für Unfallheilbehandlung (§§ 135 bis 137 in Verbindung mit § 189) entsprechend anzuwenden. *(BGBl 1973/31)*

(3) Durch ein Mitverschulden des Versicherten wird die Haftung gemäß Abs. 1 weder aufgehoben noch gemindert.

(4) Der Träger der Unfallversicherung kann als Ersatz für eine von ihm zu gewährende Rente deren Kapitalswert (§ 184) fordern.

(5) Hat der Dienstgeber oder ein ihm gemäß § 333 Abs. 4 Gleichgestellter den Arbeitsunfall nicht vorsätzlich herbeigeführt, so kann der Träger der Sozialversicherung auf den Ersatz ganz oder teilweise verzichten, wenn die wirtschaftlichen Verhältnisse des Verpflichteten dies begründen.

Schadenersatzpflicht und Haftung bei juristischen Personen

§ 335. (1) Die Bestimmungen der §§ 333 und 334 sind auch anzuwenden, wenn der Dienstgeber eine juristische Person, eine „offene Handelsgesellschaft bzw. offene Erwerbsgesellschaft" oder eine „Kommanditgesellschaft bzw. Kommandit-Erwerbsgesellschaft" ist und der Arbeitsunfall oder die Berufskrankheit vorsätzlich – bei der Anwendung des § 334 auch grob fahrlässig – durch ein Mitglied des geschäftsführenden Organes der juristischen Person oder durch einen persönlich haftenden Gesellschafter einer „offenen Handelsgesellschaft bzw. offenen Erwerbsgesellschaft" oder einer „Kommanditgesellschaft bzw. Kommandit-Erwerbsgesellschaft" verursacht worden ist. *(BGBl 1990/741)*

(2) Im Falle des Abs. 1 haften mit der juristischen Person als Dienstgeber die Mitglieder des geschäftsführenden Organes oder die zur Geschäftsführung berechtigten Personen zur ungeteilten Hand, sofern die betreffenden Mitglieder des geschäftsführenden Organes beziehungsweise die zur Geschäftsführung berechtigten Personen den Arbeitsunfall vorsätzlich oder im Falle des § 334 auch grob fahrlässig verursacht haben.

(3) Bei den in einem Ausbildungsverhältnis stehenden Pflichtversicherten (§ 4 Abs. 1 Z. 4, 5 und 8) sowie bei den gemäß § 8 Abs. 1 Z. 3 lit. c, h und i in der Unfallversicherung Teilversicherten steht für die Anwendung der Abs. 1 und 2 sowie der §§ 333 und 334 der Träger der Einrichtung, in der die Ausbildung beziehungsweise die Rehabilitation oder Gesundheitsvorsorge erfolgt, dem Dienstgeber gleich. *(BGBl 1978/684)*

Konkurrenz von Ersatzansprüchen mehrerer Versicherungsträger

§ 336. Treffen Ersatzansprüche verschiedener Versicherungsträger gemäß § 332 aus demselben Ereignis zusammen, welche die aus einer bestehenden Haftpflichtversicherung zur Verfügung stehende Versicherungssumme übersteigen, so sind sie aus dieser unbeschadet der weiteren Haftung des Ersatzpflichtigen im Verhältnis ihrer Ersatzforderungen zu befriedigen. Ein gerichtlich festgestellter Schmerzengeldanspruch geht hiebei den Ersatzansprüchen der Versicherungsträger im Range vor.

Verjährung der Ersatzansprüche

§ 337. (1) Der Ersatzanspruch des Versicherungsträgers gemäß § 334 verjährt in drei Jahren nach der ersten rechtskräftigen Feststellung der Entschädigungspflicht.

(2) Im übrigen gelten für die Verjährung der Ersatzansprüche die Bestimmungen des § 1489 des Allgemeinen Bürgerlichen Gesetzbuches.

32/1. Produkthaftungsgesetz

32/1. Produkthaftungsgesetz, BGBl 1988/99
1 BGBl 1993/95 **2** BGBl 1994/510 (GTG)
3 BGBl I 1999/185 **4** BGBl I 2001/98 (2. Euro-JuBeG)

STICHWORTVERZEICHNIS

(Die Zahlenangaben beziehen sich auf die Paragraphen)

Bundesgesetz vom 21. Jänner 1988 über die Haftung für ein fehlerhaftes Produkt (Produkthaftungsgesetz)

Haftung

§ 1. (1) Wird durch den Fehler eines Produkts ein Mensch getötet, am Körper verletzt oder an der Gesundheit geschädigt oder eine von dem Produkt verschiedene körperliche Sache beschädigt, so haftet für den Ersatz des Schadens

1. der Unternehmer, der es hergestellt und in den Verkehr gebracht hat,

2. der Unternehmer, der es zum Vertrieb in den Europäischen Wirtschaftsraum eingeführt und hier in den Verkehr gebracht hat (Importeur). *(BGBl 1993/95, ab 1. 1. 1994; nicht anzuwenden, wenn das Produkt davor in Verkehr gebracht wurde)*

(2) Kann der Hersteller oder – bei eingeführten Produkten – der Importeur (Abs. 1 Z 2) nicht festgestellt werden, so haftet jeder Unternehmer, der das Produkt in den Verkehr gebracht hat, nach Abs. 1, wenn er nicht dem Geschädigten in angemessener Frist den Hersteller beziehungsweise – bei eingeführten Produkten – den Importeur oder denjenigen nennt, der ihm das Produkt geliefert hat.

§ 2. Der Schaden durch die Beschädigung einer Sache ist nur zu ersetzen,

1. wenn ihn nicht ein Unternehmer erlitten hat, der die Sache überwiegend in seinem Unternehmen verwendet hat, und

2. überdies nur mit dem „500 Euro" übersteigenden Teil. *(BGBl I 2001/98, ab 1. 1. 2002, s § 19a Abs 3)*

(BGBl 1993/95, ab 1. 1. 1994; nicht anzuwenden, wenn das Produkt davor in Verkehr gebracht wurde)

Hersteller

§ 3. Hersteller (§ 1 Abs. 1 Z 1) ist derjenige, der das Endprodukt, einen Grundstoff oder ein Teilprodukt erzeugt hat, sowie jeder, der als Hersteller auftritt, indem er seinen Namen, seine Marke oder ein anderes Erkennungszeichen auf dem Produkt anbringt.

Produkt

§ 4. Produkt ist jede bewegliche körperliche Sache, auch wenn sie ein Teil einer anderen beweglichen Sache oder mit einer unbeweglichen Sache verbunden worden ist, einschließlich Energie. „ " *(BGBl I 1999/185, ab 1. 1. 2000, s § 19a Abs 3)*

Fehler

§ 5. (1) Ein Produkt ist fehlerhaft, wenn es nicht die Sicherheit bietet, die man unter Berücksichtigung aller Umstände zu erwarten berechtigt ist, besonders angesichts

1. der Darbietung des Produkts,

2. des Gebrauchs des Produkts, mit dem billigerweise gerechnet werden kann,

3. des Zeitpunkts, zu dem das Produkt in den Verkehr gebracht worden ist.

(2) Ein Produkt kann nicht allein deshalb als fehlerhaft angesehen werden, weil später ein verbessertes Produkt in den Verkehr gebracht worden ist.

Inverkehrbringen

§ 6. Ein Produkt ist in den Verkehr gebracht, sobald es der Unternehmer, gleich auf Grund welchen Titels, einem anderen in dessen Verfügungsmacht oder zu dessen Gebrauch übergeben hat. Die Versendung an den Abnehmer genügt.

Beweislastumkehr

§ 7. (1) Behauptet ein Hersteller oder ein Importeur, die Sache nicht in den Verkehr gebracht oder nicht als Unternehmer gehandelt zu haben, so obliegt ihm der Beweis.

(2) Behauptet ein in Anspruch Genommener, daß das Produkt den Fehler, der den Schaden verursacht hat, noch nicht hatte, als er es in den Verkehr gebracht hat, so hat er dies als unter Berücksichtigung der Umstände wahrscheinlich darzutun.

Haftungsausschlüsse

§ 8. Die Haftung kann nicht durch den Mangel eines Verschuldens, sondern nur durch den Nachweis ausgeschlossen werden, daß

1. der Fehler auf eine Rechtsvorschrift oder behördliche Anordnung zurückzuführen ist, der das Produkt zu entsprechen hatte,

2. die Eigenschaften des Produkts nach dem Stand der Wissenschaft und Technik zu dem Zeitpunkt, zu dem es der in Anspruch Genommene in den Verkehr gebracht hat, nicht als Fehler erkannt werden konnten oder

3. – wenn der in Anspruch Genommene nur einen Grundstoff oder ein Teilprodukt hergestellt hat – der Fehler durch die Konstruktion des Produkts, in welches der Grundstoff oder das Teilprodukt eingearbeitet worden ist, oder durch die Anleitungen des Herstellers dieses Produkts verursacht worden ist.

4. *(aufgehoben, BGBl I 1999/185, ab 1. 1. 2000, s § 19a Abs 3)*

§ 9. Die Ersatzpflicht nach diesem Bundesgesetz kann im voraus weder ausgeschlossen noch beschränkt werden.

(BGBl 1993/95, ab 1. 1. 1994; nicht anzuwenden, wenn das Produkt davor in Verkehr gebracht wurde)

Solidarhaftung

§ 10. Trifft die Haftpflicht mehrere, so haften sie zur ungeteilten Hand. Ihre Haftung wird nicht dadurch gemindert, daß auch andere nach anderen Bestimmungen für den Ersatz desselben Schadens haften.

Mitverschulden des Geschädigten

§ 11. Trifft den Geschädigten oder jemanden, dessen Verhalten er zu vertreten hat, ein Verschulden, so ist § 1304 ABGB sinngemäß anzuwenden.

Rückgriff

§ 12. (1) Hat ein Ersatzpflichtiger Schadenersatz geleistet und ist der Fehler des Produkts weder von ihm noch von einem seiner Leute verursacht worden, so kann er vom Hersteller des fehlerhaften Endprodukts, Grundstoffs oder Teilprodukts Rückersatz verlangen. Sind mehrere rückersatzpflichtig, so haften sie zur ungeteilten Hand.

(2) Haben mehrere Haftende den Fehler mitverursacht, so richtet sich das Ausmaß des Anspruchs desjenigen, der den Schaden ersetzt hat, auf Rückersatz gegen die übrigen nach den Umständen, besonders danach, wie weit der Schaden von dem einen oder dem anderen Beteiligten verschuldet oder durch die Herbeiführung eines Fehlers des Produkts verursacht worden ist.

(3) Kann ein nach Abs. 1 oder 2 Rückersatzpflichtiger nicht festgestellt werden, so ist jeder Unternehmer rückersatzpflichtig, der das Produkt vor dem Rückersatzberechtigten in den Verkehr gebracht hat, wenn er nicht diesem in angemessener Frist den Hersteller oder denjenigen nennt, der ihm das Produkt geliefert hat.

Erlöschung

§ 13. Sofern nach diesem Bundesgesetz bestehende Ersatzansprüche nicht früher verjähren, erlöschen sie zehn Jahre nach dem Zeitpunkt, zu dem der Ersatzpflichtige das Produkt in den Verkehr gebracht hat, es sei denn, der Geschädigte hat seinen Anspruch inzwischen gerichtlich geltend gemacht.

(BGBl 1993/95, ab 1. 1. 1994; nicht anzuwenden, wenn das Produkt davor in Verkehr gebracht wurde)

Anwendung des ABGB

§ 14. Soweit in diesem Bundesgesetz nicht anderes bestimmt ist, ist auf die darin vorgesehenen Ersatzansprüche das Allgemeine bürgerliche Gesetzbuch anzuwenden.

Sonstige Ersatzansprüche

§ 15. (1) Bestimmungen des Allgemeinen bürgerlichen Gesetzesbuchs und anderer Vorschriften, nach denen Schäden in weiterem Umfang oder von anderen Personen als nach diesem Bundesgesetz zu ersetzen sind, bleiben unberührt.

(2) Dieses Bundesgesetz gilt nicht für Schäden durch ein nukleares Ereignis, die in einem von EFTA-Staaten und EG-Mitgliedstaaten ratifizierten internationalen Übereinkommen erfaßt sind. *(BGBl 1993/95, ab 1. 1. 1994; nicht anzuwenden, wenn das Produkt davor in Verkehr gebracht wurde)*

Deckungsvorsorge

§ 16. Hersteller und Importeure von Produkten sind verpflichtet, in einer Art und in einem Ausmaß, wie sie im redlichen Geschäftsverkehr üblich sind, durch das Eingehen einer Versicherung oder in anderer geeigneter Weise dafür Vorsorge zu treffen, daß Schadenersatzpflichten nach diesem Bundesgesetz befriedigt werden können.

§ 17. Als Importeur im Sinn des § 1 Abs. 1 Z 2 gilt überdies derjenige Unternehmer, der das Produkt zum Vertrieb von einem EFTA-Staat in die Europäische Wirtschaftsgemeinschaft oder von der Europäischen Wirtschaftsgemeinschaft in einen EFTA-Staat oder von einem EFTA-Staat in einen anderen EFTA-Staat eingeführt und hier in den Verkehr gebracht hat. Dies gilt ab dem Tag, an dem das Luganer Übereinkommen vom 16. September 1988 über die gerichtliche Zuständigkeit und die Vollstreckung gerichtlicher Entscheidungen in Zivil- und Handelssachen für einen EG-Mitgliedstaat oder einen EFTA-Staat in Kraft tritt, nicht mehr für diejenigen Staaten, die das Übereinkommen ratifiziert haben, insoweit auf Grund dieser Ratifikationen ein zugunsten des Geschädigten erwirktes nationales Urteil gegen den Hersteller oder den Importeur im Sinn des § 1 Abs. 1 Z 2 vollstreckbar ist.

(BGBl 1993/95, ab 1. 1. 1994; nicht anzuwenden, wenn das Produkt davor in Verkehr gebracht wurde)

Übergangsbestimmung, Vollziehung

§ 18. Dieses Bundesgesetz tritt mit 1. Juli 1988 in Kraft.

§ 19. Dieses Bundesgesetz ist auf Schäden durch Produkte, die vor seinem Inkrafttreten in den Verkehr gebracht worden sind, nicht anzuwenden.

§ 19a. (1) § 1 Abs. 1 Z 2, § 2, § 9, § 13, § 15 Abs. 2 und § 17 in der Fassung des Bundesgesetzes BGBl. Nr. 95/1993 treten zu demselben Zeitpunkt in Kraft wie das Abkommen über den Europäischen Wirtschaftsraum.[1])

(2) Die Neufassung dieser Bestimmungen ist auf Schäden durch Produkte, die vor dem im Abs. 1 genannten Zeitpunkt in Verkehr gebracht worden sind, nicht anzuwenden.

(3) Die §§ 4 und 8 in der Fassung des Bundesgesetzes BGBl. I Nr. 185/1999 treten mit 1. Jänner 2000 in Kraft. Die Neufassung dieser Bestimmungen ist auf Produkte, die vor dem 1. Jänner 2000 in Verkehr gebracht worden sind, nicht anzuwenden. *(BGBl I 1999/185)*

(4) Die §§ 2 und 19a in der Fassung des Bundesgesetzes BGBl. I Nr. 98/2001 treten mit 1. Jänner 2002 in Kraft. § 2 ist in dieser Fassung auf Schäden durch Produkte, die vor diesem Tag in Verkehr gebracht worden sind, nicht anzuwenden. *(BGBl I 2001/98)*

(BGBl 1993/95)

§ 20. Mit der Vollziehung dieses Bundesgesetzes ist der Bundesminister für Justiz betraut.

[1]) *Am 1. 1. 1994 (Z 28 K BGBl 1993/917).*

32/2. Gentechnikgesetz

32/2. Gentechnikgesetz *(Auszug)*, BGBl 1994/510
Abschnitt IVa, idF
1 BGBl I 1998/73 **2** BGBl I 2001/98

STICHWORTVERZEICHNIS

(Die Zahlenangaben beziehen sich auf die Paragraphen)

Bundesgesetz, mit dem Arbeiten mit gentechnisch veränderten Organismen, das Freisetzen und Inverkehrbringen von gentechnisch veränderten Organismen und die Anwendung von Genanalyse und Gentherapie am Menschen geregelt werden (Gentechnikgesetz – GTG) und das Produkthaftungsgesetz geändert wird

IVa. Abschnitt

Zivilrechtliche Haftung

Personen- und Sachschäden

§ 79a. (1) Wird bei Arbeiten mit GVO[1]) (§ 4 Z 4) oder bei deren Freisetzung (§ 4 Z 20) als Folge der durch die gentechnische Veränderung bewirkten Eigenschaften des Organismus ein Mensch getötet, am Körper verletzt oder an der Gesundheit geschädigt oder eine körperliche Sache beschädigt, so hat der Betreiber (§ 4 Z 18) den Schaden zu ersetzen. Der Betreiber haftet für Arbeiten und Freisetzungen auch dann, wenn bereits eine Genehmigung für die Freisetzung oder für das Inverkehrbringen erteilt worden ist, solange das Erzeugnis (§ 54 Abs. 1) noch nicht zulassungsgemäß in Verkehr gebracht worden ist.

(2) Die Haftung des Betreibers erstreckt sich auch auf Schäden, die auf die durch die gentechnische Veränderung bewirkten Eigenschaften des GVO in Verbindung mit dessen sonstigen gefährlichen Eigenschaften zurückzuführen sind.

(BGBl I 1998/73, ab 1. 10. 1998, nicht anzuwenden auf Schäden, die davor verursacht worden sind)

Beeinträchtigung der Umwelt

§ 79b. Ist der Schaden an einer körperlichen Sache auch eine wesentliche Beeinträchtigung der Umwelt (§ 101a Abs. 1) und ist eine Wiederherstellung des vorigen Zustandes durch den haftpflichtigen Betreiber nicht tunlich oder findet sich dieser nicht zur Wiederherstellung bereit, so gebührt dem Geschädigten auch dann der Ersatz der Kosten der Wie-

[1]) Gentechnisch veränderte Organismen

derherstellung, wenn diese Kosten den Wert der beschädigten Sache übersteigen. Der Geschädigte kann die Wiederherstellungskosten vorschußweise verlangen, hat eine Vorschußleistung in einem den Wert der beschädigten Sache übersteigenden Ausmaß jedoch zurückzuerstatten, wenn er nicht innerhalb angemessener Zeit den vorigen Zustand wiederherstellt.

(BGBl I 1998/73, ab 1. 10. 1998, s Anm zu § 79a)

Ausschluß der Haftung

§ 79c. Die Haftung des Betreibers ist ausgeschlossen, wenn der Schaden

1. durch eine Kriegshandlung, ähnliche Feindseligkeiten, einen Bürgerkrieg, einen Aufstand oder ein außergewöhnliches, unabwendbares und in seinen Folgen zumutbarerweise nicht vermeidbares Naturereignis,

2. durch einen in Schädigungsabsicht handelnden, nicht bei der Tätigkeit nach § 79a mitwirkenden Dritten trotz Einhaltung aller nach der Art der Tätigkeit gemäß §§ 10 und 45 gebotenen Sicherheitsmaßnahmen oder

3. in Befolgung einer Rechtsvorschrift oder einer besonderen behördlichen Anordnung oder Zwangsmaßnahme

verursacht worden ist.

(BGBl I 1998/73, ab 1. 10. 1998, s Anm zu § 79a)

Beweiserleichterung

§ 79d. Ist ein GVO, der Gegenstand einer Tätigkeit nach § 79a war, nach den Umständen des Einzelfalls geeignet, den Schaden herbeizuführen, so wird vermutet, daß er den Schaden als Folge seiner durch die gentechnische Veränderung bewirkten Eigenschaften verursacht hat. Die Vermutung ist widerlegt, wenn es der Betreiber als wahrscheinlich dartut, daß der Schaden nicht durch diese Eigenschaften verursacht oder im Sinn des § 79a Abs. 1 mitverursacht worden ist.

(BGBl I 1998/73, ab 1. 10. 1998, s Anm zu § 79a)

Haftung, Rückgriff und Ausgleich bei mehreren Betreibern

§ 79e. (1) Sind mehrere Personen nach diesem Bundesgesetz oder anderen Rechtsvorschriften haftpflichtig, so haften sie, sofern sich die den einzelnen Haftpflichtigen zuzurechnenden Schäden nicht auseinanderhalten lassen, zur ungeteilten Hand. Gleiches gilt, wenn mehrere Betreiber eine schädigende Tätigkeit nacheinander ausgeübt haben und sich die den einzelnen Haftpflichtigen zuzurechnenden Schäden nicht auseinanderhalten lassen. Jeder Haftpflichtige haftet jedoch dem Grunde und dem Umfang nach nur nach den für ihn geltenden Bestimmungen.

(2) Sind mehrere Personen nach diesem Bundesgesetz oder anderen Rechtsvorschriften haftpflichtig, so hängen im Verhältnis zueinander die Verpflichtung zum Ersatz und dessen Umfang von den Umständen des Einzelfalls ab, insbesondere davon, inwieweit der Schaden zumindest mit Wahrscheinlichkeit vom einen oder anderen Haftpflichtigen verschuldet oder sonst verursacht worden ist. Gleiches gilt für die gegenseitige Ersatzpflicht. Jeder Haftpflichtige haftet jedoch dem Grunde und dem Umfang nach nur nach den für ihn geltenden Bestimmungen.

(BGBl I 1998/73, ab 1. 10. 1998, s Anm zu § 79a)

Auskunft

§ 79f. (1) Liegen Umstände vor, die die Annahme begründen, daß ein Schaden durch GVO als Folge von deren durch die gentechnische Veränderung bewirkten Eigenschaften verursacht worden ist, so hat der Geschädigte gegen jeden Betreiber, dessen Tätigkeit nach § 79a örtlich sowie nach der Art der GVO als Ursache allgemein in Betracht kommt, einen Anspruch auf Auskunft. Der Betreiber hat über die für seine Haftung nach § 79a maßgeblichen Gesichtspunkte seiner Tätigkeit, insbesondere über die dabei hergestellten, verwendeten, vermehrten, gelagerten, zerstörten, entsorgten oder freigesetzten GVO sowie deren Eigenschaften und Wirkungen, Auskunft zu erteilen. Der Anspruch auf Auskunft besteht nicht, soweit der Betreiber darlegt, daß die Auskunft zur Beurteilung, ob und in welchem Ausmaß der Schaden durch die durch die gentechnische Veränderung bewirkten Eigenschaften dieses GVO verursacht worden ist, nicht erforderlich ist.

(2) Der Betreiber, dessen Haftung in Anspruch genommen worden ist, hat gegen jeden anderen Betreiber, auf dessen Tätigkeit die in Abs. 1 genannten Voraussetzungen zutreffen, Anspruch auf Auskunft nach Abs. 1.

(3) Ein Anspruch auf Auskunft besteht nicht, soweit der Betreiber bei Abwägung aller maßgeblichen Interessen durch die Erteilung der Auskunft unverhältnismäßig belastet würde, insbesondere wegen der dafür notwendigen Aufwendungen, wegen einer ihm deshalb drohenden strafgerichtlichen Verfolgung oder wegen der dazu erforderlichen Preisgabe eines im Verhältnis zum Schaden wesentlich bedeutsameren Geschäfts- oder Betriebsgeheimnisses.

(4) Der Betreiber, der auf Auskunft oder dessen Haftung in Anspruch genommen worden ist, hat gegen den Geschädigten Anspruch auf Auskunft, soweit dies zur Beurteilung erforderlich ist, ob und in welchem Ausmaß der Schaden durch den Geschädigten oder andere Verursacher herbeigeführt worden ist, und so-

weit der Geschädigte bei Abwägung aller maßgeblichen Interessen durch die Erteilung der Auskunft nicht unverhältnismäßig belastet würde.

(5) Durch außergerichtliche Verhandlungen über die Erteilung einer Auskunft sowie durch ein gerichtliches Verfahren zur Durchsetzung des Auskunftsanspruchs ist die Fortsetzung der Verjährung eines Anspruchs nach diesem Abschnitt gehemmt.

(BGBl I 1998/73, ab 1. 10. 1998, s Anm zu § 79a)

§ 79g. (1) Eine nach § 79f erlangte Auskunft darf nur zur Durchsetzung von Ansprüchen nach diesem Abschnitt verwendet werden.

(2) Werden in einem gerichtlichen Verfahren Geschäfts- oder Betriebsgeheimnisse oder sonst der Inhalt von Auskünften nach § 79f erörtert oder Beweise dazu aufgenommen, so ist auf Antrag einer der Parteien die Öffentlichkeit auszuschließen.

(BGBl I 1998/73, ab 1. 10. 1998, s Anm zu § 79a)

Anwendung des ABGB

§ 79h. (1) Soweit in diesem Abschnitt nicht anderes bestimmt ist, ist auf die darin vorgesehenen Ansprüche das allgemeine bürgerliche Gesetzbuch anzuwenden.

(2) Der Betreiber haftet auch in den Fällen, in denen Ersatzansprüche für Schäden, die durch GVO als Folge von deren durch die gentechnische Veränderung bewirkten Eigenschaften verursacht worden sind, nach den allgemeinen Vorschriften des bürgerlichen Rechts zu beurteilen sind, für das Verschulden der Personen, die mit seinem Willen bei der Tätigkeit nach § 79a mitgewirkt haben, soweit diese Mitwirkung für den Schaden ursächlich gewesen ist.

(3) Trifft den Geschädigten oder jemanden, dessen Verhalten er zu vertreten hat, ein Verschulden, so ist § 1304 ABGB sinngemäß anzuwenden.

(BGBl I 1998/73, ab 1. 10. 1998, s Anm zu § 79a)

Sonstige Ersatzansprüche

§ 79i. Bestimmungen des allgemeinen bürgerlichen Gesetzbuchs und anderer Vorschriften, nach denen Schäden in anderem Umfang oder von anderen Personen als nach diesem Bundesgesetz zu ersetzen sind, bleiben unberührt.

(BGBl I 1998/73, ab 1. 10. 1998, s Anm zu § 79a)

Deckungsvorsorge

§ 79j. (1) Der Betreiber einer Tätigkeit nach § 79a hat in einer Art und in einem Ausmaß, wie sie im redlichen Geschäftsverkehr üblich sind, durch Eingehen einer Versicherung oder in anderer geeigneter Weise dafür Vorsorge zu treffen, daß Schadenersatzpflichten nach diesem Abschnitt erfüllt werden können. Besteht die Tätigkeit in Arbeiten mit GVO der Sicherheitsstufe 3 im großen Maßstab oder in der Freisetzung von GVO in einem kleinen Ausmaß (§ 36 Abs. 1 Z 1), so muß diese Vorsorge jedenfalls in einer Haftpflichtversicherung mit einer Versicherungssumme von mindestens „712 200 Euro" für jeden Schadensfall bestehen. Besteht die Tätigkeit in Arbeiten mit GVO der Sicherheitsstufe 4 oder in der Freisetzung von GVO in einem großen Ausmaß (§ 36 Abs. 1 Z 2), so muß diese Vorsorge jedenfalls in einer Haftpflichtversicherung mit einer Versicherungssumme von mindestens „4 069 700 Euro" für jeden Schadensfall bestehen. Die Haftpflichtversicherung muß bei einem zum Betrieb dieses Versicherungszweigs in Österreich berechtigten Versicherer abgeschlossen sein; darauf muß österreichisches Recht anzuwenden sein. Zuständige Stelle im Sinne des § 158c Abs. 2 Versicherungsvertragsgesetz 1958 ist die Behörde nach § 100. *(BGBl I 2001/98, ab 1. 1. 2002)*

(2) Eine Verpflichtung zur Deckungsvorsorge besteht nicht, wenn der Bund oder ein Land Betreiber ist.

(BGBl I 1998/73, ab 1. 10. 1998, s Anm zu § 79a)

33. UN-Kaufrechtsübereinkommen

33. Übereinkommen der Vereinten Nationen über Verträge über den Internationalen Warenkauf, BGBl 1988/96

STICHWORTVERZEICHNIS

(Die Zahlenangaben beziehen sich auf die Artikel)

UN-KaufR

ÜBEREINKOMMEN DER VEREINTEN NATIONEN ÜBER VERTRÄGE ÜBER DEN INTERNATIONALEN WARENKAUF

DIE VERTRAGSTAATEN DIESES ÜBEREINKOMMENS,

IM HINBLICK AUF die allgemeinen Ziele der Entschließungen, die von der Sechsten Außerordentlichen Tagung der Generalversammlung der Vereinten Nationen über die Errichtung einer neuen Weltwirtschaftsordnung angenommen worden sind,

IN DER ERWÄGUNG, daß die Entwicklung des internationalen Handels auf der Grundlage der Gleichberechtigung und des gegenseitigen Nutzens ein wichtiges Element zur Förderung freundschaftlicher Beziehungen zwischen den Staaten ist,

IN DER MEINUNG, daß die Annahme einheitlicher Bestimmungen, die auf Verträge über den internationalen Warenkauf Anwendung finden und die verschiedenen Gesellschafts-, Wirtschafts- und Rechtsordnungen berücksichtigen, dazu beitragen würde, die rechtlichen Hindernisse im internationalen Handel zu beseitigen und seine Entwicklung zu fördern,

HABEN folgendes VEREINBART:

Teil I

ANWENDUNGSBEREICH UND ALLGEMEINE BESTIMMUNGEN

Kapitel I

ANWENDUNGSBEREICH

Artikel 1

(1) Dieses Übereinkommen ist auf Kaufverträge über Waren zwischen Parteien anzuwenden, die ihre Niederlassung in verschiedenen Staaten haben,

a) wenn diese Staaten Vertragsstaaten sind oder

b) wenn die Regeln des internationalen Privatrechts zur Anwendung des Rechts eines Vertragsstaats führen.

(2) Die Tatsache, daß die Parteien ihre Niederlassung in verschiedenen Staaten haben, wird nicht berücksichtigt, wenn sie sich nicht aus dem Vertrag, aus früheren Geschäftsbeziehungen oder aus Verhandlungen oder Auskünften ergibt, die vor oder bei Vertragsabschluß zwischen den Parteien geführt oder von ihnen erteilt worden sind.

(3) Bei Anwendung dieses Übereinkommens wird weder berücksichtigt, welche Staatsangehörigkeit die Parteien haben, noch ob sie Kaufleute oder Nichtkaufleute sind oder ob der Vertrag handelsrechtlicher oder zivilrechtlicher Art ist.

Artikel 2

Dieses Übereinkommen findet keine Anwendung auf den Kauf

a) von Ware für den persönlichen Gebrauch oder den Gebrauch in der Familie oder im Haushalt, es sei denn, daß der Verkäufer vor oder bei Vertragsabschluß weder wußte noch wissen mußte, daß die Ware für einen solchen Gebrauch gekauft wurde,

b) bei Versteigerungen,

c) auf Grund von Zwangsvollstreckungs- oder anderen gerichtlichen Maßnahmen,

d) von Wertpapieren oder Zahlungsmitteln,

e) von Seeschiffen, Binnenschiffen, Luftkissenfahrzeugen oder Luftfahrzeugen,

f) von elektrischer Energie.

Artikel 3

(1) Den Kaufverträgen stehen Verträge über die Lieferung herzustellender oder zu erzeugender Ware gleich, es sei denn, daß der Besteller einen wesentlichen Teil der für die Herstellung oder Erzeugung notwendigen Stoffe selbst zur Verfügung zu stellen hat.

(2) Dieses Übereinkommen ist auf Verträge nicht anzuwenden, bei denen der überwiegende Teil der Pflichten der Partei, welche die Ware liefert, in der Ausführung von Arbeiten oder anderen Dienstleistungen besteht.

Artikel 4

Dieses Übereinkommen regelt ausschließlich den Abschluß des Kaufvertrages und die aus ihm erwachsenden Rechte und Pflichten des Verkäufers und des Käufers. Soweit in diesem Übereinkommen nicht ausdrücklich etwas anderes bestimmt ist, betrifft es insbesondere nicht

a) die Gültigkeit des Vertrages oder einzelner Vertragsbestimmungen oder die Gültigkeit von Bräuchen,

b) die Wirkungen, die der Vertrag auf das Eigentum an der verkauften Ware haben kann.

Artikel 5

Dieses Übereinkommen findet keine Anwendung auf die Haftung des Verkäufers für den durch die Ware verursachten Tod oder die Körperverletzung einer Person.

Artikel 6

Die Parteien können die Anwendung dieses Übereinkommens ausschließen oder, vorbehaltlich des Artikels 12, von seinen Bestimmungen abweichen oder deren Wirkung ändern.

Kapitel II

ALLGEMEINE BESTIMMUNGEN

Artikel 7

(1) Bei der Auslegung dieses Übereinkommens sind sein internationaler Charakter und die Notwendigkeit zu berücksichtigen, seine einheitliche Anwendung und die Wahrung des guten Glaubens im internationalen Handel zu fördern.

(2) Fragen, die in diesem Übereinkommen geregelte Gegenstände betreffen, aber in diesem Übereinkommen nicht ausdrücklich entschieden werden, sind nach den allgemeinen Grundsätzen, die diesem Übereinkommen zugrundeliegen, oder mangels solcher Grundsätze nach dem Recht zu entscheiden, das nach den Regeln des internationalen Privatrechts anzuwenden ist.

Artikel 8

(1) Für die Zwecke dieses Übereinkommens sind Erklärungen und das sonstige Verhalten einer Partei nach deren Willen auszulegen, wenn die andere Partei diesen Willen kannte oder darüber nicht in Unkenntnis sein konnte.

(2) Ist Absatz 1 nicht anwendbar, so sind Erklärungen und das sonstige Verhalten einer Partei so auszulegen, wie eine vernünftige Person der gleichen Art wie die andere Partei sie unter den gleichen Umständen aufgefaßt hätte.

(3) Um den Willen einer Partei oder die Auffassung festzustellen, die eine vernünftige Person gehabt hätte, sind alle erheblichen Umstände zu berücksichtigen, insbesondere die Verhandlungen zwischen den Parteien, die zwischen ihnen entstandenen Gepflogenheiten, die Bräuche und das spätere Verhalten der Parteien.

Artikel 9

(1) Die Parteien sind an die Bräuche, mit denen sie sich einverstanden erklärt haben, und an die Gepflogenheiten gebunden, die zwischen ihnen entstanden sind.

(2) Haben die Parteien nichts anderes vereinbart, so wird angenommen, daß sie sich in ihrem Vertrag oder bei seinem Abschluß stillschweigend auf Bräuche bezogen haben, die sie kannten oder kennen mußten und die im internationalen Handel den Parteien von Verträgen dieser Art in dem betreffenden Geschäftszweig weithin bekannt sind und von ihnen regelmäßig beachtet werden.

Artikel 10

Für die Zwecke dieses Übereinkommens ist,

a) falls eine Partei mehr als eine Niederlassung hat, die Niederlassung maßgebend, die unter Berücksichtigung der vor oder bei Vertragsabschluß den Parteien bekannten oder von ihnen in Betracht gezogenen Umstände die engste Beziehung zu dem Vertrag und zu seiner Erfüllung hat;

b) falls eine Partei keine Niederlassung hat, ihr gewöhnlicher Aufenthalt maßgebend.

Artikel 11

Der Kaufvertrag braucht nicht schriftlich geschlossen oder nachgewiesen zu werden und unterliegt auch sonst keinen Formvorschriften. Er kann auf jede Weise bewiesen werden, auch durch Zeugen.

Artikel 12

Die Bestimmungen der Artikel 11 und 29 oder des Teils II dieses Übereinkommens, die für den Abschluß eines Kaufvertrages, seine Änderung oder Aufhebung durch Vereinbarung oder für ein Angebot, eine Annahme oder eine sonstige Willenserklärung eine andere als die schriftliche Form gestatten, gelten nicht, wenn eine Partei ihre Niederlassung in einem Vertragsstaat hat, der eine Erklärung nach Artikel 96 abgegeben hat. Die Parteien dürfen von dem vorliegenden Artikel weder abweichen noch seine Wirkung ändern.

Artikel 13

Für die Zwecke dieses Übereinkommens umfaßt der Ausdruck „schriftlich" auch Mitteilungen durch Telegramm oder Fernschreiben.

Teil II

ABSCHLUSS DES VERTRAGES

Artikel 14

(1) Der an eine oder mehrere bestimmte Personen gerichtete Vorschlag zum Abschluß eines Vertrages stellt ein Angebot dar, wenn er bestimmt genug ist und den Willen des Anbietenden zum Ausdruck bringt, im Falle der Annahme gebunden zu sein. Ein Vorschlag ist bestimmt genug, wenn er die Ware bezeichnet und ausdrücklich oder stillschweigend die Menge und den Preis festsetzt oder deren Festsetzung ermöglicht.

(2) Ein Vorschlag, der nicht an eine oder mehrere bestimmte Personen gerichtet ist, gilt nur als Aufforderung, ein Angebot abzugeben, wenn nicht die Person, die den Vorschlag macht, das Gegenteil deutlich zum Ausdruck bringt.

Artikel 15

(1) Ein Angebot wird wirksam, sobald es dem Empfänger zugeht.

(2) Ein Angebot kann, selbst wenn es unwiderruflich ist, zurückgenommen werden, wenn die Rücknahmeerklärung dem Empfänger vor oder gleichzeitig mit dem Angebot zugeht.

Artikel 16

(1) Bis zum Abschluß des Vertrages kann ein Angebot widerrufen werden, wenn der Widerruf dem Empfänger zugeht, bevor dieser eine Annahmeerklärung abgesandt hat.

(2) Ein Angebot kann jedoch nicht widerrufen werden,

a) wenn es durch Bestimmung einer festen Frist zur Annahme oder auf andere Weise zum Ausdruck bringt, daß es unwiderruflich ist, oder

b) wenn der Empfänger vernünftigerweise darauf vertrauen konnte, daß das Angebot unwiderruflich ist und er im Vertrauen auf das Angebot gehandelt hat.

Artikel 17

Ein Angebot erlischt, selbst wenn es unwiderruflich ist, sobald dem Anbietenden eine Ablehnung zugeht.

Artikel 18

(1) Eine Erklärung oder ein sonstiges Verhalten des Empfängers, das eine Zustimmung zum Angebot ausdrückt, stellt eine Annahme dar. Schweigen oder Untätigkeit allein stellen keine Annahme dar.

(2) Die Annahme eines Angebots wird wirksam, sobald die Äußerung der Zustimmung dem Anbietenden zugeht. Sie wird nicht wirksam, wenn die Äußerung der Zustimmung dem Anbietenden nicht innerhalb der von ihm gesetzten Frist oder, bei Fehlen einer solchen Frist, innerhalb einer angemessenen Frist zugeht; dabei sind die Umstände des Geschäfts einschließlich der Schnelligkeit der vom Anbietenden gewählten Übermittlungsart zu berücksichtigen. Ein mündliches Angebot muß sofort angenommen werden, wenn sich aus den Umständen nichts anderes ergibt.

(3) Äußert jedoch der Empfänger auf Grund des Angebots, der zwischen den Parteien entstandenen Gepflogenheiten oder der Bräuche seine Zustimmung durch eine Handlung, die sich zum Beispiel auf die Absendung der Ware oder die Bezahlung des Preises bezieht, ohne den Anbietenden davon zu unterrichten, so ist die Annahme zum Zeitpunkt der Handlung wirksam, sofern diese innerhalb der in Absatz 2 vorgeschriebenen Frist vorgenommen wird.

Artikel 19

(1) Eine Antwort auf ein Angebot, die eine Annahme darstellen soll, aber Ergänzungen, Einschränkungen oder sonstige Änderungen enthält, ist eine Ablehnung des Angebots und stellt ein Gegenangebot dar.

(2) Eine Antwort auf ein Angebot, die eine Annahme darstellen soll, aber Ergänzungen oder Abweichungen enthält, welche die Bedingungen des Angebots nicht wesentlich ändern, stellt jedoch eine Annahme dar, wenn der Anbietende das Fehlen der Übereinstimmung nicht unverzüglich mündlich beanstandet oder eine entsprechende Mitteilung absendet. Unterläßt er dies, so bilden die Bedingungen des Angebots mit den in der Annahme enthaltenen Änderungen den Vertragsinhalt.

(3) Ergänzungen oder Abweichungen, die sich insbesondere auf Preis, Bezahlung, Qualität und Menge der Ware, auf Ort und Zeit der Lieferung, auf den Umfang der Haftung der einen Partei gegenüber der anderen oder auf die Beilegung von Streitigkeiten beziehen, werden so angesehen, als änderten sie die Bedingungen des Angebots wesentlich.

Artikel 20

(1) Eine vom Anbietenden in einem Telegramm oder einem Brief gesetzte Annahmefrist beginnt mit Aufgabe des Telegramms oder mit dem im Brief angegebenen Datum oder, wenn kein Datum angegeben ist, mit dem auf dem Umschlag angegebenen Datum zu laufen. Eine vom Anbietenden telefonisch, durch Fernschreiben oder eine andere sofortige Übermittlungsart gesetzte Annahmefrist beginnt zu laufen, sobald das Angebot dem Empfänger zugeht.

(2) Gesetzliche Feiertage oder arbeitsfreie Tage, die in die Laufzeit der Annahmefrist fallen, werden bei der Fristberechnung mitgezählt. Kann jedoch die Mitteilung der Annahme am letzten Tag der Frist nicht an die Anschrift des Anbietenden zugestellt werden, weil dieser Tag am Ort der Niederlassung des Anbietenden auf einen gesetzlichen Feiertag oder arbeitsfreien Tag fällt, so verlängert sich die Frist bis zum ersten darauffolgenden Arbeitstag.

Artikel 21

(1) Eine verspätete Annahme ist dennoch als Annahme wirksam, wenn der Anbietende unverzüglich den Annehmenden in diesem Sinne mündlich unterrichtet oder eine entsprechende schriftliche Mitteilung absendet.

(2) Ergibt sich aus dem eine verspätete Annahme enthaltenden Brief oder anderen Schriftstück, daß die Mitteilung nach den Umständen, unter denen sie abgesandt worden ist, bei normaler Beförderung dem Anbietenden rechtzeitig zugegangen wäre, so ist die verspätete Annahme als Annahme wirksam, wenn der Anbietende nicht unverzüglich den Annehmenden mündlich davon unterrichtet, daß er sein Angebot als erloschen betrachtet, oder eine entsprechende schriftliche Mitteilung absendet.

Artikel 22

Eine Annahme kann zurückgenommen werden, wenn die Rücknahmeerklärung dem Anbietenden vor oder in dem Zeitpunkt zugeht, in dem die Annahme wirksam geworden wäre.

Artikel 23

Ein Vertrag ist in dem Zeitpunkt geschlossen, in dem die Annahme eines Angebots nach diesem Übereinkommen wirksam wird.

Artikel 24

Für die Zwecke dieses Teils des Übereinkommens „geht" ein Angebot, eine Annahmeerklärung oder sonstige Willenserklärung dem Empfänger „zu", wenn sie ihm mündlich gemacht wird oder wenn sie auf anderem Weg ihm persönlich, an seiner Niederlassung oder Postanschrift oder, wenn diese fehlen, an seinem gewöhnlichen Aufenthaltsort zugestellt wird.

Teil III
WARENKAUF
Kapitel I
ALLGEMEINE BESTIMMUNGEN

Artikel 25

Eine von einer Partei begangene Vertragsverletzung ist wesentlich, wenn sie für die andere Partei solchen Nachteil zur Folge hat, daß ihr im wesentlichen entgeht, was sie nach dem Vertrag hätte erwarten dürfen, es sei denn, daß die vertragsbrüchige Partei diese Folge nicht vorausgesehen hat und eine vernünftige Person der gleichen Art diese Folge unter den gleichen Umständen auch nicht vorausgesehen hätte.

Artikel 26

Eine Erklärung, daß der Vertrag aufgehoben wird, ist nur wirksam, wenn sie der anderen Partei mitgeteilt wird.

Artikel 27

Soweit in diesem Teil des Übereinkommens nicht ausdrücklich etwas anderes bestimmt wird, nimmt bei einer Anzeige, Aufforderung oder sonstigen Mitteilung, die eine Partei gemäß diesem Teil mit den nach den Umständen geeigneten Mitteln macht, eine Verzögerung oder ein Irrtum bei der Übermittlung der Mitteilung oder deren Nichteintreffen dieser Partei nicht das Recht, sich auf die Mitteilung zu berufen.

Artikel 28

Ist eine Partei nach diesem Übereinkommen berechtigt, von der anderen Partei die Erfüllung einer Verpflichtung zu verlangen, so braucht ein Gericht eine Entscheidung auf Erfüllung in Natur nur zu fällen, wenn es dies auch nach seinem eigenen Recht bei gleichartigen Kaufverträgen täte, die nicht unter dieses Übereinkommen fallen.

Artikel 29

(1) Ein Vertrag kann durch bloße Vereinbarung der Parteien geändert oder aufgehoben werden.

(2) Enthält ein schriftlicher Vertrag eine Bestimmung, wonach jede Änderung oder Aufhebung durch Vereinbarung schriftlich zu erfolgen hat, so darf er nicht auf andere Weise geändert oder aufgehoben werden. Eine Partei kann jedoch auf Grund ihres Verhaltens davon ausgeschlossen sein, sich auf eine solche Bestimmung zu berufen, soweit die andere Partei sich auf dieses Verhalten verlassen hat.

Kapitel II
PFLICHTEN DES VERKÄUFERS

Artikel 30

Der Verkäufer ist nach Maßgabe des Vertrages und dieses Übereinkommens verpflichtet, die Ware zu liefern, die sie betreffenden Dokumente zu übergeben und das Eigentum an der Ware zu übertragen.

Abschnitt I
Lieferung der Ware und Übergabe der Dokumente

Artikel 31

Hat der Verkäufer die Ware nicht an einem anderen bestimmten Ort zu liefern, so besteht seine Lieferpflicht in folgendem:

a) Erfordert der Kaufvertrag eine Beförderung der Ware, so hat sie der Verkäufer dem ersten Beförderer zur Übermittlung an den Käufer zu übergeben;

b) bezieht sich der Vertrag in Fällen, die nicht unter Buchstabe a fallen, auf bestimmte Ware oder auf gattungsmäßig bezeichnete Ware, die aus einem bestimmten Bestand zu entnehmen ist, oder auf herzustellende oder zu erzeugende Ware und wußten die Parteien bei Vertragsabschluß, daß die Ware sich an einem bestimmten Ort befand oder dort herzustellen oder zu erzeugen war, so hat der Verkäufer die Ware dem Käufer an diesem Ort zur Verfügung zu stellen;

c) in den anderen Fällen hat der Verkäufer die Ware dem Käufer an dem Ort zur Verfügung zu stellen, an dem der Verkäufer bei Vertragsabschluß seine Niederlassung hatte.

Artikel 32

(1) Übergibt der Verkäufer nach dem Vertrag oder diesem Übereinkommen die Ware einem Beförderer und ist die Ware nicht deutlich durch daran angebrachte Kennzeichen oder durch Beförderungsdokumente oder auf andere Weise dem Vertrag zugeordnet, so hat der Verkäufer dem Käufer die Versendung anzuzeigen und dabei die Ware im einzelnen zu bezeichnen.

(2) Hat der Verkäufer für die Beförderung der Ware zu sorgen, so hat er die Verträge zu schließen, die zur Beförderung an den festgesetzten Ort mit den nach den Umständen angemessenen Beförderungsmitteln und zu den für solche Beförderungen üblichen Bedingungen erforderlich sind.

(3) Ist der Verkäufer nicht zum Abschluß einer Transportversicherung verpflichtet, so hat er dem Käufer auf dessen Verlangen alle ihm verfügbaren, zum Abschluß einer solchen Versicherung erforderlichen Auskünfte zu erteilen.

Artikel 33

Der Verkäufer hat die Ware zu liefern,

a) wenn ein Zeitpunkt im Vertrag bestimmt ist oder auf Grund des Vertrages bestimmt werden kann, zu diesem Zeitpunkt,

b) wenn ein Zeitraum im Vertrag bestimmt ist oder auf Grund des Vertrages bestimmt werden kann, jederzeit innerhalb dieses Zeitraums, sofern sich nicht aus den Umständen ergibt, daß der Käufer den Zeitpunkt zu wählen hat, oder

c) in allen anderen Fällen innerhalb einer angemessenen Frist nach Vertragsabschluß.

Artikel 34

Hat der Verkäufer Dokumente zu übergeben, die sich auf die Ware beziehen, so hat er sie zu dem Zeitpunkt, an dem Ort und in der Form zu übergeben, die im Vertrag vorgesehen sind. Hat der Verkäufer die Dokumente bereits vorher übergeben, so kann er bis zu dem für die Übergabe vorgesehenen Zeitpunkt jede Vertragswidrigkeit der Dokumente beheben, wenn die Ausübung dieses Rechts dem Käufer nicht unzumutbare Unannehmlichkeiten oder unverhältnismäßige Kosten verursacht. Der Käufer behält jedoch das Recht, Schadenersatz nach diesem Übereinkommen zu verlangen.

Abschnitt II
Vertragsmäßigkeit der Ware und Rechte oder Ansprüche Dritter

Artikel 35

(1) Der Verkäufer hat Ware zu liefern, die in Menge, Qualität und Art sowie hinsichtlich Verpackung oder Behältnis den Anforderungen des Vertrages entspricht.

(2) Haben die Parteien nichts anderes vereinbart, so entspricht die Ware dem Vertrag nur,

a) wenn sie sich für die Zwecke eignet, für die Ware der gleichen Art gewöhnlich gebraucht wird;

b) wenn sie sich für einen bestimmten Zweck eignet, der dem Verkäufer bei Vertragsabschluß ausdrücklich oder auf andere Weise zur Kenntnis gebracht wurde, sofern sich nicht aus den Umständen ergibt, daß der Käufer auf die Sachkenntnis und das Urteilsvermögen des Verkäufers nicht vertraute oder vernünftigerweise nicht vertrauen konnte;

c) wenn sie die Eigenschaften einer Ware besitzt, die der Verkäufer dem Käufer als Probe oder Muster vorgelegt hat;

d) wenn sie in der für Ware dieser Art üblichen Weise oder, falls es eine solche Weise nicht gibt, in einer für die Erhaltung und den Schutz der Ware angemessenen Weise verpackt ist.

(3) Der Verkäufer haftet nach Absatz 2 Buchstaben a bis d nicht für eine Vertragswidrigkeit der Ware, wenn der Käufer bei Vertragsabschluß diese Vertragswidrigkeit kannte oder darüber nicht in Unkenntnis sein konnte.

Artikel 36

(1) Der Verkäufer haftet nach dem Vertrag und diesem Übereinkommen für eine Vertragswidrigkeit, die im Zeitpunkt des Übergangs der Gefahr auf den Käufer besteht, auch wenn die Vertragswidrigkeit erst nach diesem Zeitpunkt offenbar wird.

(2) Der Verkäufer haftet auch für eine Vertragswidrigkeit, die nach dem in Absatz 1 angegebenen Zeitpunkt eintritt und auf die Verletzung einer seiner Pflichten zurückzuführen ist, einschließlich der Verletzung einer Garantie dafür, daß die Ware für eine bestimmte Zeit für den üblichen Zweck oder für einen bestimmten Zweck geeignet bleiben oder besondere Eigenschaften oder Merkmale behalten wird.

Artikel 37

Bei vorzeitiger Lieferung der Ware behält der Verkäufer bis zu dem für die Lieferung festgesetzten Zeitpunkt das Recht, fehlende Teile nachzuliefern, eine fehlende Menge auszugleichen, für nicht vertragsgemäße Ware Ersatz zu liefern oder die Vertragswidrigkeit der gelieferten Ware zu beheben, wenn die Ausübung dieses Rechts dem Käufer nicht unzumutbare Unannehmlichkeiten oder unverhältnismäßige Kosten verursacht. Der Käufer behält jedoch das Recht, Schadenersatz nach diesem Übereinkommen zu verlangen.

Artikel 38

(1) Der Käufer hat die Ware innerhalb einer so kurzen Frist zu untersuchen oder untersuchen zu lassen, wie es die Umstände erlauben.

(2) Erfordert der Vertrag eine Beförderung der Ware, so kann die Untersuchung bis nach dem Eintreffen der Ware am Bestimmungsort aufgeschoben werden.

(3) Wird die Ware vom Käufer umgeleitet oder von ihm weiterversandt, ohne daß er ausreichend Gelegenheit hatte, sie zu untersuchen,

und kannte der Verkäufer bei Vertragsabschluß die Möglichkeit einer solchen Umleitung oder Weiterversendung oder mußte er sie kennen, so kann die Untersuchung bis nach dem Eintreffen der Ware an ihrem neuen Bestimmungsort aufgeschoben werden.

Artikel 39

(1) Der Käufer verliert das Recht, sich auf eine Vertragswidrigkeit der Ware zu berufen, wenn er sie dem Verkäufer nicht innerhalb einer angemessenen Frist nach dem Zeitpunkt, in dem er sie festgestellt hat oder hätte feststellen müssen, anzeigt und dabei die Art der Vertragswidrigkeit genau bezeichnet.

(2) Der Käufer verliert in jedem Fall das Recht, sich auf die Vertragswidrigkeit der Ware zu berufen, wenn er sie nicht spätestens innerhalb von zwei Jahren, nachdem ihm die Ware tatsächlich übergeben worden ist, dem Verkäufer anzeigt, es sei denn, daß diese Frist mit einer vertraglichen Garantiefrist unvereinbar ist.

Artikel 40

Der Verkäufer kann sich auf die Artikel 38 und 39 nicht berufen, wenn die Vertragswidrigkeit auf Tatsachen beruht, die er kannte oder über die er nicht in Unkenntnis sein konnte und die er dem Käufer nicht offenbart hat.

Artikel 41

Der Verkäufer hat Ware zu liefern, die frei von Rechten oder Ansprüchen Dritter ist, es sei denn, daß der Käufer eingewilligt hat, die mit einem solchen Recht oder Anspruch belastete Ware anzunehmen. Beruhen jedoch solche Rechte oder Ansprüche auf gewerblichem oder anderem geistigen Eigentum, so regelt Artikel 42 die Verpflichtung des Verkäufers.

Artikel 42

(1) Der Verkäufer hat Ware zu liefern, die frei von Rechten oder Ansprüchen Dritter ist, die auf gewerblichem oder anderem geistigen Eigentum beruhen und die der Verkäufer bei Vertragsabschluß kannte oder über die er nicht in Unkenntnis sein konnte, vorausgesetzt, das Recht oder der Anspruch beruht auf gewerblichem oder anderem geistigen Eigentum

a) nach dem Recht des Staates, in dem die Ware weiterverkauft oder in dem sie in anderer Weise verwendet wird, wenn die Parteien bei Vertragsabschluß in Betracht gezogen haben, daß die Ware dort weiterverkauft oder verwendet wird, oder

b) in jedem anderen Falle nach dem Recht des Staates, in dem der Käufer seine Niederlassung hat.

(2) Die Verpflichtung des Verkäufers nach Absatz 1 erstreckt sich nicht auf Fälle,

a) in denen der Käufer im Zeitpunkt des Vertragsabschlusses das Recht oder den Anspruch kannte oder darüber nicht in Unkenntnis sein konnte, oder

b) in denen das Recht oder der Anspruch sich daraus ergibt, daß der Verkäufer sich nach technischen Zeichnungen, Entwürfen, Formeln oder sonstigen Angaben gerichtet hat, die der Käufer zur Verfügung gestellt hat.

Artikel 43

(1) Der Käufer kann sich auf Artikel 41 oder 42 nicht berufen, wenn er dem Verkäufer das Recht oder den Anspruch des Dritten nicht innerhalb einer angemessenen Frist nach dem Zeitpunkt, in dem er davon Kenntnis erlangt hat oder hätte erlangen müssen, anzeigt und dabei genau bezeichnet, welcher Art das Recht oder der Anspruch des Dritten ist.

(2) Der Verkäufer kann sich nicht auf Absatz 1 berufen, wenn er das Recht oder den Anspruch des Dritten und seine Art kannte.

Artikel 44

Ungeachtet des Artikels 39 Absatz 1 und des Artikels 43 Absatz 1 kann der Käufer den Preis nach Artikel 50 herabsetzen oder Schadenersatz, außer für entgangenen Gewinn, verlangen, wenn er eine vernünftige Entschuldigung dafür hat, daß er die erforderliche Anzeige unterlassen hat.

Abschnitt III

Rechtsbehelfe des Käufers wegen Vertragsverletzung durch den Verkäufer

Artikel 45

(1) Erfüllt der Verkäufer eine seiner Pflichten nach dem Vertrag oder diesem Übereinkommen nicht, so kann der Käufer

a) die in Artikel 46 bis 52 vorgesehenen Rechte ausüben;

b) Schadenersatz nach Artikel 74 bis 77 verlangen.

(2) Der Käufer verliert das Recht, Schadenersatz zu verlangen, nicht dadurch, daß er andere Rechtsbehelfe ausübt.

(3) Übt der Käufer einen Rechtsbehelf wegen Vertragsverletzung aus, so darf ein Gericht oder Schiedsgericht dem Verkäufer keine zusätzliche Frist gewähren.

Artikel 46

(1) Der Käufer kann vom Verkäufer Erfüllung seiner Pflichten verlangen, es sei denn, daß der Käufer einen Rechtsbehelf ausgeübt hat, der mit diesem Verlangen unvereinbar ist.

(2) Ist die Ware nicht vertragsgemäß, so kann der Käufer Ersatzlieferung nur verlangen, wenn die Vertragswidrigkeit eine wesentliche

Vertragsverletzung darstellt und die Ersatzlieferung entweder zusammen mit einer Anzeige nach Artikel 39 oder innerhalb einer angemessenen Frist danach verlangt wird.

(3) Ist die Ware nicht vertragsgemäß, so kann der Käufer den Verkäufer auffordern, die Vertragswidrigkeit durch Verbesserung zu beheben, es sei denn, daß dies unter Berücksichtigung aller Umstände unzumutbar ist. Verbesserung muß entweder zusammen mit einer Anzeige nach Artikel 39 oder innerhalb einer angemessenen Frist danach verlangt werden.

Artikel 47

(1) Der Käufer kann dem Verkäufer eine angemessene Nachfrist zur Erfüllung seiner Pflichten setzen.

(2) Der Käufer kann vor Ablauf dieser Frist keinen Rechtsbehelf wegen Vertragsverletzung ausüben, außer wenn er vom Verkäufer die Anzeige erhalten hat, daß dieser seine Pflichten nicht innerhalb der so gesetzten Frist erfüllen wird. Der Käufer behält jedoch das Recht, Schadenersatz wegen verspäteter Erfüllung zu verlangen.

Artikel 48

(1) Vorbehaltlich des Artikels 49 kann der Verkäufer einen Mangel in der Erfüllung seiner Pflichten auch nach dem Liefertermin auf eigene Kosten beheben, wenn dies keine unzumutbare Verzögerung nach sich zieht und dem Käufer weder unzumutbare Unannehmlichkeiten noch Ungewißheit über die Erstattung seiner Auslagen durch den Verkäufer verursacht. Der Käufer behält jedoch das Recht, Schadenersatz nach diesem Übereinkommen zu verlangen.

(2) Fordert der Verkäufer den Käufer auf, ihm mitzuteilen, ob er die Erfüllung annehmen will, und entspricht der Käufer der Aufforderung nicht innerhalb einer angemessenen Frist, so kann der Verkäufer innerhalb der in seiner Aufforderung angegebenen Frist erfüllen. Der Käufer kann vor Ablauf dieser Frist keinen Rechtsbehelf ausüben, der mit der Erfüllung durch den Verkäufer unvereinbar ist.

(3) Zeigt der Verkäufer dem Käufer an, daß er innerhalb einer bestimmten Frist erfüllen wird, so wird vermutet, daß die Anzeige eine Aufforderung an den Käufer nach Absatz 2 enthält, seine Entscheidung mitzuteilen.

(4) Eine Aufforderung oder Anzeige des Verkäufers nach Absatz 2 oder 3 ist nur wirksam, wenn der Käufer sie erhalten hat.

Artikel 49

(1) Der Käufer kann die Aufhebung des Vertrages erklären,

a) wenn die Nichterfüllung einer dem Verkäufer nach dem Vertrag oder diesem Übereinkommen obliegenden Pflicht eine wesentliche Vertragsverletzung darstellt oder

b) wenn im Falle der Nichtlieferung der Verkäufer die Ware nicht innerhalb der vom Käufer nach Artikel 47 Absatz 1 gesetzten Nachfrist liefert oder wenn er erklärt, daß er nicht innerhalb der so gesetzten Frist liefern wird.

(2) Hat der Verkäufer die Ware geliefert, so verliert jedoch der Käufer sein Recht, die Aufhebung des Vertrages zu erklären, wenn er

a) im Falle der verspäteten Lieferung die Aufhebung nicht innerhalb einer angemessenen Frist erklärt, nachdem er erfahren hat, daß die Lieferung erfolgt ist, oder

b) im Falle einer anderen Vertragsverletzung als verspäteter Lieferung die Aufhebung nicht innerhalb einer angemessenen Frist erklärt,

i) nachdem er die Vertragsverletzung kannte oder kennen mußte,

ii) nachdem eine vom Käufer nach Artikel 47 Absatz 1 gesetzte Nachfrist abgelaufen ist oder nachdem der Verkäufer erklärt hat, daß er seine Pflichten nicht innerhalb der Nachfrist erfüllen wird, oder

iii) nachdem eine vom Verkäufer nach Artikel 48 Absatz 2 gesetzte Frist abgelaufen ist oder nachdem der Käufer erklärt hat, daß er die Erfüllung nicht annehmen wird.

Artikel 50

Ist die Ware nicht vertragsgemäß, so kann der Käufer unabhängig davon, ob der Kaufpreis bereits gezahlt worden ist oder nicht, den Preis in dem Verhältnis herabsetzen, in dem der Wert, den die tatsächlich gelieferte Ware im Zeitpunkt der Lieferung hatte, zu dem Wert steht, den vertragsgemäße Ware zu diesem Zeitpunkt gehabt hätte. Behebt jedoch der Verkäufer nach Artikel 37 oder 48 einen Mangel in der Erfüllung seiner Pflichten oder weigert sich der Käufer, Erfüllung durch den Verkäufer nach den genannten Artikeln anzunehmen, so kann der Käufer den Preis nicht herabsetzen.

Artikel 51

(1) Liefert der Verkäufer nur einen Teil der Ware oder ist nur ein Teil der gelieferten Ware vertragsgemäß, so gelten für den Teil, der fehlt oder der nicht vertragsgemäß ist, die Artikel 46 bis 50.

(2) Der Käufer kann nur dann die Aufhebung des gesamten Vertrages erklären, wenn die unvollständige oder nicht vertragsgemäße Lieferung eine wesentliche Vertragsverletzung darstellt.

Artikel 52

(1) Liefert der Verkäufer die Ware vor dem festgesetzten Zeitpunkt, so steht es dem Käufer

frei, sie anzunehmen oder die Annahme zu verweigern.

(2) Liefert der Verkäufer eine größere als die vereinbarte Menge, so kann der Käufer die zuviel gelieferte Menge annehmen oder ihre Annahme verweigern. Nimmt der Käufer die zuviel gelieferte Menge ganz oder teilweise an, so hat er sie entsprechend dem vertraglichen Preis zu bezahlen.

Kapitel III
PFLICHTEN DES KÄUFERS

Artikel 53

Der Käufer ist nach Maßgabe des Vertrages und dieses Übereinkommens verpflichtet, den Kaufpreis zu zahlen und die Ware anzunehmen.

Abschnitt I
Zahlung des Kaufpreises

Artikel 54

Zur Pflicht des Käufers, den Kaufpreis zu zahlen, gehört es auch, die Maßnahmen zu treffen und die Förmlichkeiten zu erfüllen, die der Vertrag oder Rechtsvorschriften erfordern, damit Zahlung geleistet werden kann.

Artikel 55

Ist ein Vertrag gültig geschlossen worden, ohne daß er den Kaufpreis ausdrücklich oder stillschweigend festsetzt oder dessen Festsetzung ermöglicht, so wird mangels gegenteiliger Anhaltspunkte vermutet, daß die Parteien sich stillschweigend auf den Kaufpreis bezogen haben, der bei Vertragsabschluß allgemein für derartige Ware berechnet wurde, die in dem betreffenden Geschäftszweig unter vergleichbaren Umständen verkauft wurde.

Artikel 56

Ist der Kaufpreis nach dem Gewicht der Ware festgesetzt, so bestimmt er sich im Zweifel nach dem Nettogewicht.

Artikel 57

(1) Ist der Käufer nicht verpflichtet, den Kaufpreis an einem anderen bestimmten Ort zu zahlen, so hat er ihn dem Verkäufer wie folgt zu zahlen:

a) am Ort der Niederlassung des Verkäufers oder,

b) wenn die Zahlung gegen Übergabe der Ware oder von Dokumenten zu leisten ist, an dem Ort, an dem die Übergabe stattfindet.

(2) Der Verkäufer hat alle mit der Zahlung zusammenhängenden Mehrkosten zu tragen, die durch einen Wechsel seiner Niederlassung nach Vertragsabschluß entstehen.

Artikel 58

(1) Ist der Käufer nicht verpflichtet, den Kaufpreis zu einer bestimmten Zeit zu zahlen, so hat er den Preis zu zahlen, sobald ihm der Verkäufer entweder die Ware oder die Dokumente, die zur Verfügung darüber berechtigen, nach dem Vertrag und diesem Übereinkommen zur Verfügung gestellt hat. Der Verkäufer kann die Übergabe der Ware oder der Dokumente von der Zahlung abhängig machen.

(2) Erfordert der Vertrag eine Beförderung der Ware, so kann der Verkäufer sie mit der Maßgabe versenden, daß die Ware oder die Dokumente, die zur Verfügung darüber berechtigen, dem Käufer nur gegen Zahlung des Kaufpreises zu übergeben sind.

(3) Der Käufer ist nicht verpflichtet, den Kaufpreis zu zahlen, bevor er Gelegenheit gehabt hat, die Ware zu untersuchen, es sei denn, die von den Parteien vereinbarten Lieferungs- oder Zahlungsmodalitäten bieten hierzu keine Gelegenheit.

Artikel 59

Der Käufer hat den Kaufpreis zu dem Zeitpunkt, der in dem Vertrag festgesetzt oder nach dem Vertrag und diesem Übereinkommen bestimmbar ist, zu zahlen, ohne daß es einer Aufforderung oder der Einhaltung von Förmlichkeiten seitens des Verkäufers bedarf.

Abschnitt II
Annahme

Artikel 60

Die Pflicht des Käufers zur Annahme besteht darin,

a) alle Handlungen vorzunehmen, die vernünftigerweise von ihm erwartet werden können, damit dem Verkäufer die Lieferung ermöglicht wird, und

b) die Ware zu übernehmen.

Abschnitt III
Rechtsbehelfe des Verkäufers wegen Vertragsverletzung durch den Käufer

Artikel 61

(1) Erfüllt der Käufer eine seiner Pflichten nach dem Vertrag oder diesem Übereinkommen nicht, so kann der Verkäufer

a) die in Artikel 62 bis 65 vorgesehenen Rechte ausüben;

b) Schadenersatz nach Artikel 74 bis 77 verlangen.

(2) Der Verkäufer verliert das Recht, Schadenersatz zu verlangen, nicht dadurch, daß er andere Rechtsbehelfe ausübt.

(3) Übt der Verkäufer einen Rechtsbehelf wegen Vertragsverletzung aus, so darf ein Ge-

richt oder Schiedsgericht dem Käufer keine zusätzliche Frist gewähren.

Artikel 62

Der Verkäufer kann vom Käufer verlangen, daß er den Kaufpreis zahlt, die Ware annimmt sowie seine sonstigen Pflichten erfüllt, es sei denn, daß der Verkäufer einen Rechtsbehelf ausgeübt hat, der mit diesem Verlangen unvereinbar ist.

Artikel 63

(1) Der Verkäufer kann dem Käufer eine angemessene Nachfrist zur Erfüllung seiner Pflichten setzen.

(2) Der Verkäufer kann vor Ablauf dieser Frist keinen Rechtsbehelf wegen Vertragsverletzung ausüben, außer wenn er vom Käufer die Anzeige erhalten hat, daß dieser seine Pflichten nicht innerhalb der so gesetzten Frist erfüllen wird. Der Verkäufer verliert dadurch jedoch nicht das Recht, Schadenersatz wegen verspäteter Erfüllung zu verlangen.

Artikel 64

(1) Der Verkäufer kann die Aufhebung des Vertrages erklären,

a) wenn die Nichterfüllung einer dem Käufer nach dem Vertrag oder diesem Übereinkommen obliegenden Pflicht eine wesentliche Vertragsverletzung darstellt, oder

b) wenn der Käufer nicht innerhalb der vom Verkäufer nach Artikel 63 Absatz 1 gesetzten Nachfrist seine Pflicht zur Zahlung des Kaufpreises oder zur Annahme der Ware erfüllt oder wenn er erklärt, daß er dies nicht innerhalb der so gesetzten Frist tun wird.

(2) Hat der Käufer den Kaufpreis gezahlt, so verliert jedoch der Verkäufer sein Recht, die Aufhebung des Vertrages zu erklären, wenn er

a) im Falle verspäteter Erfüllung durch den Käufer die Aufhebung nicht erklärt, bevor er erfahren hat, daß erfüllt worden ist, oder

b) im Falle einer anderen Vertragsverletzung als verspäteter Erfüllung durch den Käufer die Aufhebung nicht innerhalb einer angemessenen Zeit erklärt,

i) nachdem der Verkäufer die Vertragsverletzung kannte oder kennen mußte, oder

ii) nachdem eine vom Verkäufer nach Artikel 63 Absatz 1 gesetzte Nachfrist abgelaufen ist, oder nachdem der Käufer erklärt hat, daß er seine Pflichten nicht innerhalb der Nachfrist erfüllen wird.

Artikel 65

(1) Hat der Käufer nach dem Vertrag die Form, die Maße oder andere Merkmale der Ware näher zu bestimmen und nimmt er diese Spezifizierung nicht zu dem vereinbarten Zeitpunkt oder innerhalb einer angemessenen Frist nach Eingang einer Aufforderung durch den Verkäufer vor, so kann der Verkäufer unbeschadet aller ihm zustehenden sonstigen Rechte die Spezifizierung nach den Bedürfnissen des Käufers, soweit ihm diese bekannt sind, selbst vornehmen.

(2) Nimmt der Verkäufer die Spezifizierung selbst vor, so hat er dem Käufer deren Einzelheiten mitzuteilen und ihm eine angemessene Frist zu setzen, innerhalb deren der Käufer eine abweichende Spezifizierung vornehmen kann. Macht der Käufer nach Eingang einer solchen Mitteilung von dieser Möglichkeit innerhalb der so gesetzten Frist keinen Gebrauch, so ist die vom Verkäufer vorgenommene Spezifizierung verbindlich.

Kapitel IV
ÜBERGANG DER GEFAHR

Artikel 66

Untergang oder Beschädigung der Ware nach Übergang der Gefahr auf den Käufer befreit diesen nicht von der Pflicht, den Kaufpreis zu zahlen, es sei denn, daß der Untergang oder die Beschädigung auf eine Handlung oder Unterlassung des Verkäufers zurückzuführen ist.

Artikel 67

(1) Erfordert der Kaufvertrag eine Beförderung der Ware und ist der Verkäufer nicht verpflichtet, sie an einem bestimmten Ort zu übergeben, so geht die Gefahr auf den Käufer über, sobald die Ware gemäß dem Kaufvertrag dem ersten Beförderer zur Übermittlung an den Käufer übergeben wird. Hat der Verkäufer dem Beförderer die Ware an einem bestimmten Ort zu übergeben, so geht die Gefahr erst auf den Käufer über, wenn die Ware dem Beförderer an diesem Ort übergeben wird. Ist der Verkäufer befugt, die Dokumente, die zur Verfügung über die Ware berechtigen, zurückzubehalten, so hat dies keinen Einfluß auf den Übergang der Gefahr.

(2) Die Gefahr geht jedoch erst auf den Käufer über, wenn die Ware eindeutig dem Vertrag zugeordnet ist, sei es durch an der Ware angebrachte Kennzeichen, durch Beförderungsdokumente, durch eine Anzeige an den Käufer oder auf andere Weise.

Artikel 68

Wird Ware, die sich auf dem Transport befindet, verkauft, so geht die Gefahr im Zeitpunkt des Vertragsabschlusses auf den Käufer über. Die Gefahr wird jedoch bereits im Zeitpunkt der Übergabe der Ware an den Beförderer, der die Dokumente über den Beförderungsvertrag ausgestellt hat, von dem Käufer übernommen, falls die Umstände diesen Schluß nahelegen. Wenn dagegen der Verkäufer bei Abschluß des Kaufvertrages wußte oder wissen mußte, daß die Ware untergegangen oder beschädigt war und er dies dem Käufer nicht offenbart hat, geht der Untergang oder die Beschädigung zu Lasten des Verkäufers.

Artikel 69

(1) In den durch Artikel 67 und 68 nicht geregelten Fällen geht die Gefahr auf den Käufer über, sobald er die Ware übernimmt oder, wenn er sie nicht rechtzeitig übernimmt, in dem Zeitpunkt, in dem ihm die Ware zur Verfügung gestellt wird und er durch Nichtannahme eine Vertragsverletzung begeht.

(2) Hat jedoch der Käufer die Ware an einem anderen Ort als einer Niederlassung des Verkäufers zu übernehmen, so geht die Gefahr über, sobald die Lieferung fällig ist und der Käufer Kenntnis davon hat, daß ihm die Ware an diesem Ort zur Verfügung steht.

(3) Betrifft der Vertrag Ware, die ihm noch nicht zugeordnet ist, so gilt sie erst dann als dem Käufer zur Verfügung gestellt, wenn sie eindeutig dem Vertrag zugeordnet worden ist.

Artikel 70

Hat der Verkäufer eine wesentliche Vertragsverletzung begangen, so berühren die Artikel 67, 68 und 69 nicht die dem Käufer wegen einer solchen Verletzung zustehenden Rechtsbehelfe.

Kapitel V
GEMEINSAME BESTIMMUNGEN ÜBER DIE PFLICHTEN DES VERKÄUFERS UND DES KÄUFERS

Abschnitt I
Vorweggenommene Vertragsverletzung und Verträge über aufeinanderfolgende Lieferungen

Artikel 71

(1) Eine Partei kann die Erfüllung ihrer Pflichten aussetzen, wenn sich nach Vertragsabschluß herausstellt, daß die andere Partei einen wesentlichen Teil ihrer Pflichten nicht erfüllen wird

a) wegen eines schwerwiegenden Mangels ihrer Fähigkeit, den Vertrag zu erfüllen, oder ihrer Kreditwürdigkeit oder

b) wegen ihres Verhaltens bei der Vorbereitung der Erfüllung oder bei der Erfüllung des Vertrages.

(2) Hat der Verkäufer die Ware bereits abgesandt, bevor sich die in Absatz 1 bezeichneten Gründe herausstellen, so kann er sich der Übergabe der Ware an den Käufer widersetzen, selbst wenn der Käufer ein Dokument hat, das ihn berechtigt, die Ware zu erlangen. Der vorliegende Absatz betrifft nur die Rechte auf die Ware im Verhältnis zwischen Käufer und Verkäufer.

(3) Setzt eine Partei vor oder nach der Absendung der Ware die Erfüllung aus, so hat sie dies der anderen Partei sofort anzuzeigen; sie hat die Erfüllung fortzusetzen, wenn die andere Partei für die Erfüllung ihrer Pflichten ausreichende Gewähr gibt.

Artikel 72

(1) Ist schon vor dem für die Vertragserfüllung festgesetzten Zeitpunkt offensichtlich, daß eine Partei eine wesentliche Vertragsverletzung begehen wird, so kann die andere Partei die Aufhebung des Vertrages erklären.

(2) Wenn es die Zeit erlaubt und es nach den Umständen vernünftig ist, hat die Partei, welche die Aufhebung des Vertrages erklären will, dies der anderen Partei anzuzeigen, um ihr zu ermöglichen, für die Erfüllung ihrer Pflichten ausreichende Gewähr zu geben.

(3) Absatz 2 ist nicht anzuwenden, wenn die andere Partei erklärt hat, daß sie ihre Pflichten nicht erfüllen wird.

Artikel 73

(1) Sieht ein Vertrag aufeinanderfolgende Lieferungen von Ware vor und begeht eine Partei durch Nichterfüllung einer eine Teillieferung betreffenden Pflicht eine wesentliche Vertragsverletzung in bezug auf diese Teillieferung, so kann die andere Partei die Aufhebung des Vertrages in bezug auf diese Teillieferung erklären.

(2) Gibt die Nichterfüllung einer eine Teillieferung betreffenden Pflicht durch eine der Parteien der anderen Partei triftigen Grund zu der Annahme, daß eine wesentliche Vertragsverletzung in bezug auf künftige Teillieferungen zu erwarten ist, so kann die andere Partei innerhalb angemessener Frist die Aufhebung des Vertrages für die Zukunft erklären.

(3) Ein Käufer, der den Vertrag in bezug auf eine Lieferung als aufgehoben erklärt, kann gleichzeitig die Aufhebung des Vertrages in bezug auf bereits erhaltene Lieferungen oder in bezug auf künftige Lieferungen erklären, wenn diese Lieferungen wegen des zwischen ihnen bestehenden Zusammenhangs nicht mehr für den Zweck verwendet werden können, den die Parteien im Zeitpunkt des Vertragsabschlusses in Betracht gezogen haben.

Abschnitt II
Schadenersatz

Artikel 74

Als Schadenersatz für die durch eine Partei begangene Vertragsverletzung ist der der anderen Partei infolge der Vertragsverletzung entstandene Verlust, einschließlich des entgangenen Gewinns, zu ersetzen. Dieser Schadenersatz darf jedoch den Verlust nicht übersteigen, den die vertragsbrüchige Partei bei Vertragsabschluß als mögliche Folge der Vertragsverletzung vorausgesehen hat oder unter Berücksichtigung der Umstände, die sie kannte oder kennen mußte, hätte voraussehen müssen.

Artikel 75

Ist der Vertrag aufgehoben und hat der Käufer einen Deckungskauf oder der Verkäufer einen Deckungsverkauf in angemessener Weise und innerhalb eines angemessenen Zeitraums nach der Aufhebung vorgenommen, so kann die Partei, die Schadenersatz verlangt, den Unterschied zwischen dem im Vertrag vereinbarten Preis und dem Preis des Deckungskaufs oder des Deckungsverkaufs sowie jeden weiteren Schadenersatz nach Artikel 74 verlangen.

Artikel 76

(1) Ist der Vertrag aufgehoben und hat die Ware einen Marktpreis, so kann die Schadenersatz verlangende Partei, wenn sie keinen Deckungskauf oder Deckungsverkauf nach Artikel 75 vorgenommen hat, den Unterschied zwischen dem im Vertrag vereinbarten Preis und dem Marktpreis zur Zeit der Aufhebung sowie jeden weiteren Schadenersatz nach Artikel 74 verlangen. Hat jedoch die Partei, die Schadenersatz verlangt, den Vertrag aufgehoben, nachdem sie die Ware übernommen hat, so gilt der Marktpreis zur Zeit der Übernahme und nicht der Marktpreis zur Zeit der Aufhebung.

(2) Als Marktpreis im Sinne von Absatz 1 ist maßgebend der Marktpreis, der an dem Ort gilt, an dem die Lieferung der Ware hätte erfolgen sollen, oder, wenn dort ein Marktpreis nicht besteht, der an einem angemessenen Ersatzort geltende Marktpreis; dabei sind Unterschiede in den Kosten der Beförderung der Ware zu berücksichtigen.

Artikel 77

Die Partei, die sich auf eine Vertragsverletzung beruft, hat alle den Umständen nach angemessenen Maßnahmen zur Verringerung des aus der Vertragsverletzung folgenden Verlusts, einschließlich des entgangenen Gewinns, zu treffen. Versäumt sie dies, so kann die vertragsbrüchige Partei Herabsetzung des Schadenersatzes in Höhe des Betrags verlangen, um den der Verlust hätte verringert werden sollen.

Abschnitt III
Zinsen
Artikel 78

Versäumt eine Partei, den Kaufpreis oder einen anderen fälligen Betrag zu zahlen, so hat die andere Partei für diese Beträge Anspruch auf Zinsen, unbeschadet eines Schadenersatzanspruchs nach Artikel 74.

Abschnitt IV
Befreiungen
Artikel 79

(1) Eine Partei hat für die Nichterfüllung einer ihrer Pflichten nicht einzustehen, wenn sie beweist, daß die Nichterfüllung auf einem außerhalb ihres Einflußbereichs liegenden Hinderungsgrund beruht und daß von ihr vernünftigerweise nicht erwartet werden konnte, den Hinderungsgrund bei Vertragsabschluß in Betracht zu ziehen oder den Hinderungsgrund oder seine Folgen zu vermeiden oder zu überwinden.

(2) Beruht die Nichterfüllung einer Partei auf der Nichterfüllung durch einen Dritten, dessen sie sich zur völligen oder teilweisen Vertragserfüllung bedient, so ist diese Partei von der Haftung nur befreit,

a) wenn sie nach Absatz 1 befreit ist und

b) wenn der Dritte selbst ebenfalls nach Absatz 1 befreit wäre, sofern Absatz 1 auf ihn Anwendung fände.

(3) Die in diesem Artikel vorgesehene Befreiung gilt für die Zeit, während der der Hinderungsgrund besteht.

(4) Die Partei, die nicht erfüllt, hat den Hinderungsgrund und seine Auswirkung auf ihre Fähigkeit zu erfüllen der anderen Partei mitzuteilen. Erhält die andere Partei die Mitteilung nicht innerhalb einer angemessenen Frist, nachdem die nicht erfüllende Partei den Hinderungsgrund kannte oder kennen mußte, so haftet sie für den aus diesem Nichterhalt entstehenden Schaden.

(5) Dieser Artikel hindert die Parteien nicht, ein anderes als das Recht auszuüben, Schadenersatz nach diesem Übereinkommen zu verlangen.

Artikel 80

Eine Partei kann sich auf die Nichterfüllung von Pflichten durch die andere Partei nicht berufen, soweit diese Nichterfüllung durch ihre Handlung oder Unterlassung verursacht wurde.

Abschnitt V
Wirkungen der Aufhebung
Artikel 81

(1) Die Aufhebung des Vertrages befreit beide Parteien von ihren Vertragspflichten, mit Ausnahme etwaiger Schadenersatzpflichten. Die Aufhebung berührt nicht Bestimmungen des Vertrages über die Beilegung von Streitigkeiten oder sonstige Bestimmungen des Vertrages, welche die Rechte und Pflichten der Parteien nach Vertragsaufhebung regeln.

(2) Hat eine Partei den Vertrag ganz oder teilweise erfüllt, so kann sie ihre Leistung von der anderen Partei zurückfordern. Sind beide

Parteien zur Rückgabe verpflichtet, so sind die Leistungen Zug um Zug zurückzugeben.

Artikel 82

(1) Der Käufer verliert das Recht, die Aufhebung des Vertrages zu erklären oder vom Verkäufer Ersatzlieferung zu verlangen, wenn es ihm unmöglich ist, die Ware im wesentlichen in dem Zustand zurückzugeben, in dem er sie erhalten hat.

(2) Absatz 1 findet keine Anwendung,

a) wenn die Unmöglichkeit, die Ware zurückzugeben oder sie im wesentlichen in dem Zustand zurückzugeben, in dem der Käufer sie erhalten hat, nicht auf einer Handlung oder Unterlassung des Käufers beruht,

b) wenn die Ware ganz oder teilweise infolge der in Artikel 38 vorgesehenen Untersuchung untergegangen oder verschlechtert worden ist, oder

c) wenn der Käufer die Ware ganz oder teilweise im normalen Geschäftsverkehr verkauft oder der normalen Verwendung entsprechend verbraucht oder verändert hat, bevor er die Vertragswidrigkeit entdeckt hat oder hätte entdecken müssen.

Artikel 83

Der Käufer, der nach Artikel 82 das Recht verloren hat, die Aufhebung des Vertrages zu erklären oder vom Verkäufer Ersatzlieferung zu verlangen, behält alle anderen Rechtsbehelfe, die ihm nach dem Vertrag und diesem Übereinkommen zustehen.

Artikel 84

(1) Hat der Verkäufer den Kaufpreis zurückzuzahlen, so hat er außerdem vom Tag der Zahlung an auf den Betrag Zinsen zu zahlen.

(2) Der Käufer schuldet dem Verkäufer den Gegenwert aller Vorteile, die er aus der Ware oder einem Teil der Ware gezogen hat,

a) wenn er die Ware ganz oder teilweise zurückgeben muß oder

b) wenn es ihm unmöglich ist, die Ware ganz oder teilweise zurückzugeben oder sie ganz oder teilweise im wesentlichen in dem Zustand zurückzugeben, in dem er sie erhalten hat, er aber dennoch die Aufhebung des Vertrages erklärt oder vom Verkäufer Ersatzlieferung verlangt hat.

Abschnitt VI
Erhaltung der Ware

Artikel 85

Nimmt der Käufer die Ware nicht rechtzeitig an oder versäumt er, falls Zahlung des Kaufpreises und Lieferung der Ware Zug um Zug erfolgen sollen, den Kaufpreis zu zahlen, und hat der Verkäufer die Ware noch in Besitz oder ist er sonst in der Lage, über sie zu verfügen, so hat der Verkäufer die den Umständen angemessenen Maßnahmen zu ihrer Erhaltung zu treffen. Er ist berechtigt, die Ware zurückzubehalten, bis ihm der Käufer seine angemessenen Aufwendungen erstattet hat.

Artikel 86

(1) Hat der Käufer die Ware empfangen und beabsichtigt er, ein nach dem Vertrag oder diesem Übereinkommen bestehendes Zurückweisungsrecht auszuüben, so hat er die den Umständen angemessenen Maßnahmen zu ihrer Erhaltung zu treffen. Er ist berechtigt, die Ware zurückzubehalten, bis ihm der Verkäufer seine angemessenen Aufwendungen erstattet hat.

(2) Ist die dem Käufer zugesandte Ware ihm am Bestimmungsort zur Verfügung gestellt worden und übt er das Recht aus, sie zurückzuweisen, so hat er sie für Rechnung des Verkäufers in Besitz zu nehmen, sofern dies ohne Zahlung des Kaufpreises und ohne unzumutbare Unannehmlichkeiten oder unverhältnismäßige Kosten möglich ist. Dies gilt nicht, wenn der Verkäufer oder eine Person, die befugt ist, die Ware für Rechnung des Verkäufers in Obhut zu nehmen, am Bestimmungsort anwesend ist. Nimmt der Käufer die Ware nach diesem Absatz in Besitz, so werden seine Rechte und Pflichten durch Absatz 1 geregelt.

Artikel 87

Eine Partei, die Maßnahmen zur Erhaltung der Ware zu treffen hat, kann die Ware auf Kosten der anderen Partei in den Lagerräumen eines Dritten einlagern, sofern daraus keine unverhältnismäßigen Kosten entstehen.

Artikel 88

(1) Eine Partei, die nach Artikel 85 oder 86 zur Erhaltung der Ware verpflichtet ist, kann sie auf jede geeignete Weise verkaufen, wenn die andere Partei die Inbesitznahme oder die Rücknahme der Ware oder die Zahlung des Kaufpreises oder der Erhaltungskosten ungebührlich hinauszögert, vorausgesetzt, daß sie der anderen Partei ihre Verkaufsabsicht in vernünftiger Weise angezeigt hat.

(2) Ist die Ware einer raschen Verschlechterung ausgesetzt oder würde ihre Erhaltung unverhältnismäßige Kosten verursachen, so hat die Partei, der nach Artikel 85 oder 86 die Erhaltung der Ware obliegt, sich in angemessener Weise um ihren Verkauf zu bemühen. Soweit möglich, hat sie der anderen Partei ihre Verkaufsabsicht anzuzeigen.

(3) Hat eine Partei die Ware verkauft, so kann sie aus dem Erlös des Verkaufs den Betrag behalten, der den angemessenen Kosten der Erhaltung und des Verkaufs der Ware ent-

spricht. Den Überschuß schuldet sie der anderen Partei.

Teil IV
SCHLUSSBESTIMMUNGEN

Artikel 89

Der Generalsekretär der Vereinten Nationen wird hiermit zum Depositar dieses Übereinkommens bestimmt.

Artikel 90

Dieses Übereinkommen geht bereits geschlossenen oder in Zukunft zu schließenden internationalen Vereinbarungen, die Bestimmungen über in diesem Übereinkommen geregelte Gegenstände enthalten, nicht vor, sofern die Parteien ihre Niederlassung in Vertragsstaaten einer solchen Vereinbarung haben.

Artikel 91

(1) Dieses Übereinkommen liegt in der Schlußsitzung der Konferenz der Vereinten Nationen über Verträge über den internationalen Warenkauf zur Unterzeichnung auf und liegt dann bis 30. September 1981 am Sitz der Vereinten Nationen in New York für alle Staaten zur Unterzeichnung auf.

(2) Dieses Übereinkommen bedarf der Ratifikation, Annahme oder Genehmigung durch die Unterzeichnerstaaten.

(3) Dieses Übereinkommen steht allen Staaten, die nicht Unterzeichnerstaaten sind, von dem Tag an zum Beitritt offen, an dem es zur Unterzeichnung aufgelegt wird.

(4) Die Ratifikations-, Annahme-, Genehmigungs- und Beitrittsurkunden werden beim Generalsekretär der Vereinten Nationen hinterlegt.

Artikel 92

(1) Ein Vertragsstaat kann bei der Unterzeichnung, der Ratifikation, der Annahme, der Genehmigung oder dem Beitritt erklären, daß Teil II dieses Übereinkommens für ihn nicht verbindlich ist oder daß Teil III dieses Übereinkommens für ihn nicht verbindlich ist.

(2) Ein Vertragsstaat, der eine Erklärung nach Absatz 1 zu Teil II oder Teil III dieses Übereinkommens abgegeben hat, ist hinsichtlich solcher Gegenstände, die durch den Teil geregelt werden, auf den sich die Erklärung bezieht, nicht als Vertragsstaat im Sinne des Artikels 1 Absatz 1 zu betrachten.

Artikel 93

(1) Ein Vertragsstaat, der zwei oder mehr Gebietseinheiten umfaßt, in denen nach seiner Verfassung auf die in diesem Übereinkommen geregelten Gegenstände unterschiedliche Rechtsordnungen angewendet werden, kann bei der Unterzeichnung, der Ratifikation, der Annahme, der Genehmigung oder dem Beitritt erklären, daß dieses Übereinkommen sich auf alle seine Gebietseinheiten oder nur auf eine oder mehrere derselben erstreckt; er kann seine Erklärung jederzeit durch eine neue Erklärung ändern.

(2) Die Erklärungen sind dem Depositar zu notifizieren und haben ausdrücklich anzugeben, auf welche Gebietseinheiten das Übereinkommen sich erstreckt.

(3) Erstreckt sich das Übereinkommen auf Grund einer Erklärung nach diesem Artikel auf eine oder mehrere, jedoch nicht auf alle Gebietseinheiten eines Vertragsstaates und liegt die Niederlassung einer Partei in diesem Staat, so wird diese Niederlassung im Sinne dieses Übereinkommens nur dann als in einem Vertragsstaat gelegen betrachtet, wenn sie in einer Gebietseinheit liegt, auf die sich das Übereinkommen erstreckt.

(4) Gibt ein Vertragsstaat keine Erklärung nach Absatz 1 ab, so erstreckt sich das Übereinkommen auf alle Gebietseinheiten dieses Staates.

Artikel 94

(1) Zwei oder mehr Vertragsstaaten, welche gleiche oder einander sehr nahekommende Rechtsvorschriften für Gegenstände haben, die in diesem Übereinkommen geregelt werden, können jederzeit erklären, daß das Übereinkommen auf Kaufverträge und ihren Abschluß keine Anwendung findet, wenn die Parteien ihre Niederlassung in diesen Staaten haben. Solche Erklärungen können als gemeinsame oder als aufeinander bezogene einseitige Erklärungen abgegeben werden.

(2) Hat ein Vertragsstaat für Gegenstände, die in diesem Übereinkommen geregelt werden, Rechtsvorschriften, die denen eines oder mehrerer Nichtvertragsstaaten gleich sind oder sehr nahekommen, so kann er jederzeit erklären, daß das Übereinkommen auf Kaufverträge oder ihren Abschluß keine Anwendung findet, wenn die Parteien ihre Niederlassung in diesen Staaten haben.

(3) Wird ein Staat, auf den sich eine Erklärung nach Absatz 2 bezieht, Vertragsstaat, so hat die Erklärung von dem Tag an, an dem das Übereinkommen für den neuen Vertragsstaat in Kraft tritt, die Wirkung einer nach Absatz 1 abgegebenen Erklärung, vorausgesetzt, daß der neue Vertragsstaat sich einer solchen Erklärung anschließt oder eine darauf bezogene einseitige Erklärung abgibt.

Artikel 95

Jeder Staat kann bei der Hinterlegung seiner Ratifikations-, Annahme-, Genehmigungs- oder Beitrittsurkunde erklären, daß Artikel 1

Absatz 1 Buchstabe b für ihn nicht verbindlich ist.

Artikel 96

Ein Vertragsstaat, nach dessen Rechtsvorschriften Kaufverträge schriftlich zu schließen oder nachzuweisen sind, kann jederzeit eine Erklärung nach Artikel 12 abgeben, daß die Bestimmungen der Artikel 11 und 29 oder des Teils II dieses Übereinkommens, die für den Abschluß eines Kaufvertrages, seine Änderung oder Aufhebung durch Vereinbarung oder für ein Angebot, eine Annahme oder eine sonstige Willenserklärung eine andere als die schriftliche Form gestatten, nicht gelten, wenn eine Partei ihre Niederlassung in diesem Staat hat.

Artikel 97

(1) Erklärungen, die nach diesem Übereinkommen bei der Unterzeichnung abgegeben werden, bedürfen der Bestätigung bei der Ratifikation, Annahme oder Genehmigung.

(2) Erklärungen und Bestätigungen von Erklärungen bedürfen der Schriftform und sind dem Depositar zu notifizieren.

(3) Eine Erklärung wird gleichzeitig mit dem Inkrafttreten dieses Übereinkommens für den betreffenden Staat wirksam. Eine Erklärung, die dem Depositar nach diesem Inkrafttreten notifiziert wird, tritt jedoch am ersten Tag des Monats in Kraft, der auf einen Zeitabschnitt von sechs Monaten nach ihrem Eingang beim Depositar folgt. Aufeinander bezogene einseitige Erklärungen nach Artikel 94 werden am ersten Tag des Monats wirksam, der auf einen Zeitabschnitt von sechs Monaten nach Eingang der letzten Erklärung beim Depositar folgt.

(4) Ein Staat, der eine Erklärung nach diesem Übereinkommen abgibt, kann sie jederzeit durch eine an den Depositar gerichtete schriftliche Notifikation zurücknehmen. Eine solche Rücknahme wird am ersten Tag des Monats wirksam, der auf einen Zeitabschnitt von sechs Monaten nach Eingang der Notifikation beim Depositar folgt.

(5) Die Rücknahme einer nach Artikel 94 abgegebenen Erklärung macht eine von einem anderen Staat nach Artikel 94 abgegebene, darauf bezogene Erklärung von dem Tag an unwirksam, an dem die Rücknahme wirksam wird.

Artikel 98

Vorbehalte sind nur zulässig, soweit sie in diesem Übereinkommen ausdrücklich für zulässig erklärt werden.

Artikel 99

(1) Vorbehaltlich des Absatzes 6 tritt dieses Übereinkommen am ersten Tag des Monats in Kraft, der auf einen Zeitabschnitt von zwölf Monaten nach Hinterlegung der zehnten Ratifikations-, Annahme-, Genehmigungs- oder Beitrittsurkunde einschließlich einer Urkunde, die eine nach Artikel 92 abgegebene Erklärung enthält, folgt.

(2) Wenn ein Staat dieses Übereinkommen nach Hinterlegung der zehnten Ratifikations-, Annahme-, Genehmigungs- oder Beitrittsurkunde ratifiziert, annimmt, genehmigt oder ihm beitritt, tritt dieses Übereinkommen mit Ausnahme des ausgeschlossenen Teils für diesen Staat vorbehaltlich des Absatzes 6 am ersten Tag des Monats in Kraft, der auf einen Zeitabschnitt von zwölf Monaten nach Hinterlegung seiner Ratifikations-, Annahme-, Genehmigungs- oder Beitrittsurkunde folgt.

(3) Ein Staat, der dieses Übereinkommen ratifiziert, annimmt, genehmigt oder ihm beitritt und Vertragsstaat des Haager Übereinkommens vom 1. Juli 1964 zur Einführung eines Einheitlichen Gesetzes über den Abschluß von internationalen Kaufverträgen über bewegliche Sachen (Haager Abschlußübereinkommen von 1964) oder des Haager Übereinkommens vom 1. Juli 1964 zur Einführung eines Einheitlichen Gesetzes über den internationalen Kauf beweglicher Sachen (Haager Kaufrechtsübereinkommen von 1964) ist, kündigt gleichzeitig das Haager Kaufrechtsübereinkommen von 1964 oder das Haager Abschlußübereinkommen von 1964 oder gegebenenfalls beide Übereinkommen, indem er der Regierung der Niederlande die Kündigung notifiziert.

(4) Ein Vertragsstaat des Haager Kaufrechtsübereinkommens von 1964, der das vorliegende Übereinkommen ratifiziert, annimmt, genehmigt oder ihm beitritt und nach Artikel 92 erklärt oder erklärt hat, daß Teil II dieses Übereinkommens für ihn nicht verbindlich ist, kündigt bei der Ratifikation, der Annahme, der Genehmigung oder dem Beitritt das Haager Kaufrechtsübereinkommen von 1964, indem er der Regierung der Niederlande die Kündigung notifiziert.

(5) Ein Vertragsstaat des Haager Abschlußübereinkommens von 1964, der das vorliegende Übereinkommen ratifiziert, annimmt, genehmigt oder ihm beitritt und nach Artikel 92 erklärt oder erklärt hat, daß Teil III dieses Übereinkommens für ihn nicht verbindlich ist, kündigt bei der Ratifikation, der Annahme, der Genehmigung oder dem Beitritt das Haager Abschlußübereinkommen von 1964, indem er der Regierung der Niederlande die Kündigung notifiziert.

(6) Für die Zwecke dieses Artikels werden Ratifikationen, Annahmen, Genehmigungen und Beitritte bezüglich dieses Übereinkommens, die von Vertragsstaaten des Haager Abschlußübereinkommens von 1964 oder des Haager Kaufrechtsübereinkommens von 1964 vorgenommen werden, erst wirksam, nachdem die erforderlichen Kündigungen durch diese

Staaten bezüglich der genannten Übereinkommen selbst wirksam geworden sind. Der Depositar dieses Übereinkommens setzt sich mit der Regierung der Niederlande als Depositar der Übereinkommen von 1964 in Verbindung, um die hierfür notwendige Koordinierung sicherzustellen.

Artikel 100

(1) Dieses Übereinkommen findet auf den Abschluß eines Vertrages nur Anwendung, wenn das Angebot zum Vertragsabschluß an oder nach dem Tag gemacht wird, an dem das Übereinkommen für die in Artikel 1 Absatz 1 Buchstabe a genannten Vertragsstaaten oder den in Artikel 1 Absatz 1 Buchstabe b genannten Vertragsstaat in Kraft tritt.

(2) Dieses Übereinkommen findet nur auf Verträge Anwendung, die an oder nach dem Tag geschlossen werden, an dem das Übereinkommen für die in Artikel 1 Absatz 1 Buchstabe a genannten Vertragsstaaten oder den in Artikel 1 Absatz 1 Buchstabe b genannten Vertragsstaat in Kraft tritt.

Artikel 101

(1) Ein Vertragsstaat kann dieses Übereinkommen oder dessen Teil II oder Teil III durch eine an den Depositar gerichtete schriftliche Notifikation kündigen.

(2) Eine Kündigung wird am ersten Tag des Monats wirksam, der auf einen Zeitabschnitt von zwölf Monaten nach Eingang der Notifikation beim Depositar folgt. Ist in der Notifikation eine längere Kündigungsfrist angegeben, so wird die Kündigung nach Ablauf dieser längeren Frist nach Eingang der Notifikation beim Depositar wirksam.

GESCHEHEN zu Wien am 11. April 1980 in einer Urschrift in arabischer, chinesischer, englischer, französischer, russischer und spanischer Sprache, wobei jeder Wortlaut gleichermaßen verbindlich ist.

ZU URKUND DESSEN haben die unterzeichneten, hierzu von ihren Regierungen gehörig befugten Bevollmächtigten dieses Übereinkommen unterschrieben.

Die vom Bundespräsidenten unterzeichnete und vom Bundeskanzler gegengezeichnete Ratifikationsurkunde wurde am 29. Dezember 1987 beim Generalsekretär der Vereinten Nationen hinterlegt; das Übereinkommen tritt gemäß seinem Art. 99 Abs. 2 mit 1. Jänner 1989 in Kraft.

Nach Mitteilungen des Generalsekretärs der Vereinten Nationen haben folgende weitere Staaten das Übereinkommen ratifiziert bzw. sind ihm beigetreten:[1])

Ägypten, Argentinien, China, Frankreich, Italien, Jugoslawien, Lesotho, Sambia, Syrien, Ungarn[2]) und die Vereinigten Staaten.

Anläßlich der Hinterlegung ihrer Ratifikations- bzw. Beitrittsurkunden haben folgende Staaten Erklärungen abgegeben:

gemäß Art. 95: China, Vereinigte Staaten;

gemäß Art. 96: Argentinien, China.

---

[1]) *Weitere Mitglieder: Australien (BGBl 1988/550), Belgien (BGBl III 1997/20), Bosnien-Herzegowina (BGBl 1994/542), Bulgarien (BGBl 1991/108), Burundi (BGBl III 1999/6), Chile (BGBl 1990/303), Dänemark (BGBl 1989/261), Deutschland (BGBl 1990/303), Ecuador (BGBl 1992/264), Estland (BGBl 1993/843), Finnland (BGBl 1988/175), Georgien (BGBl 1995/12), Grenadinen (BGBl III 2000/193), Griechenland (BGBl III 1998/63), Guinea (BGBl 1991/302), Irak (BGBl 1990/505), Island (BGBl III 2001/147), Israel (BGBl III 2002/55), Jugoslawien (BGBl III 2001/108), Kanada (BGBl 1991/456, s auch BGBl 1992/783), Kolumbien (BGBl III 2001/221), Kroatien (BGBl III 1998/ 132), Kuba (BGBl 1995/136), Lettland (BGBl III 1998/1), Litauen (BGBl 1995/420), Luxemburg (BGBl III 1998/84), Mauretanien (BGBl III 1999/208), Mexiko (BGBl 1988/175), Moldau (BGBl 1995/136), Mongolei (BGBl III 1998/49), Neuseeland (BGBl 1995/136), Niederlande (BGBl 1991/302), Norwegen (BGBl 1989/ 235), Peru (BGBl III 1999/164), Polen (BGBl 1995/608), Rumänien (BGBl 1991/456), Russische Föderation (BGBl 1994/124), Schweden (BGBl 1988/175), Schweiz (BGBl 1990/303), Singapur (BGBl 1995/ 420), Slowakei (BGBl 1994/124), Slowenien (BGBl 1994/358), Spanien (BGBl 1991/108), St. Vincent (BGBl III 2000/193), Tschechien (BGBl 1994/168), Uganda (BGBl 1992/264), Ukraine (BGBl 1990/303), Usbekistan (BGBl III 1997/79), Weißrußland (BGBl 1990/303)*

[2]) *Siehe auch BGBl 1988/175*

34. Angestelltengesetz

34. Angestelltengesetz, BGBl 1921/292, idF

1 BGBl 1937/229	**2** BGBl 1946/174	**3** BGBl 1947/159
4 BGBl 1958/108	**5** BGBl 1959/253	**6** BGBl 1971/292
7 BGBl 1971/317	**8** BGBl 1975/418	**9** BGBl 1976/390
10 BGBl 1979/107	**11** BGBl 1983/144 (ARG)	**12** BGBl 1983/544
13 BGBl 1989/651 (EKUG)	**14** BGBl 1990/299	**15** BGBl 1990/408
16 BGBl 1991/157	**17** BGBl 1992/833 (ArbBG)	**18** BGBl 1993/335 (SRÄG 1993)
19 BGBl 1993/459 (AVRAG)	**20** BGBl 1993/502	**21** BGBl I 2000/44 (ARÄG 2000)
22 BGBl I 2001/98	**23** BGBl I 2002/100 (BMVG)	

STICHWORTVERZEICHNIS

(Die Zahlenangaben beziehen sich auf die Paragraphen)

Bundesgesetz vom 11. Mai 1921 über den Dienstvertrag der Privatangestellten (Angestelltengesetz)

Artikel I

An dem Tage, an dem dieses Gesetz in Wirksamkeit tritt, erlischt die Wirksamkeit des Gesetzes vom 16. Jänner 1910, RGBl. Nr. 20, über den Dienstvertrag der Handlungsgehilfen und anderer Dienstnehmer in ähnlicher Stellung (Handlungsgehilfengesetz) sowie die Wirksamkeit der Verordnung vom 22. März 1921, BGBl. Nr. 187, über die Beschränkung der Kündigung bestimmter Dienstverhältnisse. Gleichzeitig treten die §§ 201, 202, 203, 205 und 208 des allgemeinen Berggesetzes vom 23. Mai 1854, RGBl. Nr. 146, soweit sie sich auf Angestellte beziehen, außer Kraft.

Anwendungsgebiet des Gesetzes

§ **1.** (1) Dieses Bundesgesetz gilt für das Dienstverhältnis von Personen, die im Geschäftsbetrieb eines Kaufmannes vorwiegend zur Leistung kaufmännischer (Handlungsgehilfen) oder höherer, nicht kaufmännischer Dienste oder zu Kanzleiarbeiten angestellt sind. *(BGBl 1992/833, ab 1. 1. 1993)*

(2) Bei einem Kaufmann angestellte Personen, die nur ausnahmsweise zu kaufmännischen Diensten verwendet werden, sowie Personen, die vorwiegend untergeordnete Verrichtungen leisten, sind nicht als Handlungsgehilfen anzusehen.

§ **2.** (1) „Dieses Bundesgesetz findet ferner Anwendung auf das Dienstverhältnis von Personen, die vorwiegend zur Leistung kaufmännischer oder höherer, nicht kaufmännischer Dienste oder zu Kanzleiarbeiten im Geschäftsbetrieb von Unternehmungen, Anstalten oder sonstigen Dienstgebern der nachstehenden Art angestellt sind:“

1. In Unternehmungen jeder Art, auf welche die Gewerbeordnung Anwendung findet, ferner in Vereinen und Stiftungen jeder Art;

2. in Kreditanstalten, Sparkassen, Vorschußkassen, Erwerbs- und Wirtschaftsgenossenschaften, Versatz-, Versorgungs- und Rentenanstalten, Krankenkassen, registrierten Hilfskassen, Versicherungsanstalten jeder Art, gleichviel, ob sie private Versicherungsgeschäfte betreiben oder den Zwecken der öffentlich-rechtlichen Versicherung dienen, sowie in Verbänden der genannten Anstalten;

3. in der Schriftleitung, Verwaltung oder dem Verschleiß einer periodischen Druckschrift;

4. in Kanzleien der Rechtsanwälte, Notare und Patentanwälte;

5. bei Zivilingenieuren, [nicht autorisierten Architekten][1]) und [Zivilgeometern][2]);

6. in Tabaktrafiken und Lottokollekturen;

7. bei Handelsmäklern, Privatgeschäftsvermittlungen und Auskunftsbureaus;

8. bei Ärzten, Zahntechnikern, in Privatheil- und -pflegeanstalten und in privaten Unterrichtsanstalten;

9. im Bergbau auf vorbehaltene Mineralien[3]) einschließlich der auf Grund der Bergwerksverleihung (§ 131 des allgemeinen Berggesetzes vom 23. Mai 1854, RGBl. Nr. 146)[4]) errichteten Werksanlagen.

(BGBl 1992/833, ab 1. 1. 1993)

(2) *(durch B-VG derogiert)*

---

[1]) *Gibt es nicht mehr*

[2]) *Jetzt: Ingenieurkonsulenten für Vermessungswesen*

[3]) *Jetzt: bergfreie mineralische Rohstoffe*

[4]) *Jetzt: Bergwerksberechtigung nach §§ 22 ff Mineralrohstoffgesetz BGBl I 1999/36*

§ **3.** Wird eine Unternehmung der in den §§ 1 oder 2 bezeichneten Art von einem öffentlichen Fonds, von einem Lande, von einem Bezirk oder von einer Gemeinde betrieben, so unterliegen die in diesen Unternehmungen vorwiegend zu kaufmännischen oder zu höheren, nicht kaufmännischen Diensten oder zu Kanzleiarbeiten verwendeten Personen den Bestimmungen dieses Gesetzes nur dann, wenn ihr Dienstverhältnis auf einem privatrechtlichen Vertrage beruht.

§ **4.** Das Dienstverhältnis der als Beamte oder Bedienstete des Bundes, einer Bundesanstalt oder eines vom Bund verwalteten Fonds angestellten Personen wird durch die Bestimmungen dieses Gesetzes nicht berührt.

§ **5.** Die Bestimmungen dieses Gesetzes finden keine Anwendung auf Lehrlinge im Sinne [der Gewerbeordnung][1]), ferner auf Angestellte der Seeschiffahrt und der Eisenbahnen sowie auf Angestellte in land- und forstwirtschaftlichen Betrieben[2]), sofern letztere nicht Handlungsgehilfen sind.

---

[1]) *Jetzt: Berufsausbildungsgesetz, BGBl 1969/142*

[2]) *Beachte Gutsangestelltengesetz BGBl 1923/538*

Inhalt des Dienstvertrages

§ **6.** (1) Art und Umfang der Dienstleistungen sowie das dafür gebührende Entgelt (Geld- und Naturalbezüge) werden mangels Vereinbarung durch den für die betreffende Art der Unternehmung bestehenden Ortsgebrauch bestimmt. In Ermanglung eines solchen sind die den Umständen nach angemessenen Dienste und ein ebensolches Entgelt zu leisten.

(2) *(durch B-VG derogiert)*

(3) Dem Angestellten ist bei Abschluß des Dienstvertrages vom Dienstgeber eine schriftliche Aufzeichnung über die wesentlichen Rechte und Pflichten aus dem Dienstvertrag auszuhändigen, auf die die Vorschriften des § 2 des Arbeitsvertragsrechts-Anpassungsgesetzes (AVRAG), BGBl. Nr. 459/1993, in der jeweils geltenden Fassung anzuwenden sind. *(BGBl 1993/459, ab 1. 1. 1994)*

Konkurrenzverbot

§ 7. (1) Die im § 1 bezeichneten Angestellten dürfen ohne Bewilligung des Dienstgebers weder ein selbständiges kaufmännisches Unternehmen betreiben noch in dem Geschäftszweige des Dienstgebers für eigene oder fremde Rechnung Handelsgeschäfte machen.

(2) Übertritt der Angestellte diese Vorschrift, so kann der Dienstgeber Ersatz des verursachten Schadens fordern oder statt dessen verlangen, daß die für Rechnung des Angestellten gemachten Geschäfte als für seine Rechnung geschlossen angesehen werden. Bezüglich der für fremde Rechnung geschlossenen Geschäfte kann er die Herausgabe der hiefür bezogenen Vergütung oder Abtretung des Anspruches auf Vergütung begehren.

(3) Die Ansprüche des Dienstgebers erlöschen in drei Monaten von dem Zeitpunkt an, in dem er Kenntnis von dem Abschlusse des Geschäftes erlangt hat, jedenfalls aber in fünf Jahren von dem Abschlusse des Geschäftes an.

(4) Angestellten, die bei den im § 2, Z. 5, bezeichneten Dienstgebern angestellt sind, ist untersagt, ohne Einwilligung des Dienstgebers Aufträge, die in das Gebiet der geschäftlichen Tätigkeit des Dienstgebers fallen, auf eigene oder fremde Rechnung zu übernehmen, sofern dadurch das geschäftliche Interesse des Dienstgebers beeinträchtigt wird; ferner ist ihnen untersagt, ohne Einwilligung des Dienstgebers gleichzeitig mit diesem an einem und demselben Wettbewerbe teilzunehmen. Übertritt der Angestellte diese Vorschrift, so kann der Dienstgeber Ersatz des verursachten Schadens fordern. Die Bestimmungen des vorhergehenden Absatzes sind sinngemäß anzuwenden.

Anspruch bei Dienstverhinderung

§ 8. (1) Ist ein Angestellter nach Antritt des Dienstverhältnisses durch Krankheit oder Unglücksfall an der Leistung seiner Dienste verhindert, ohne daß er die Verhinderung vorsätzlich oder durch grobe Fahrlässigkeit herbeigeführt hat, so behält er seinen Anspruch auf das Entgelt bis zur Dauer von sechs Wochen. Beruht die Dienstverhinderung jedoch auf einem Arbeitsunfall oder einer Berufskrankheit im Sinne der Vorschriften über die gesetzliche Unfallversicherung, so verlängert sich die Frist von sechs Wochen um die Dauer dieser Dienstverhinderungen, höchstens jedoch um zwei Wochen. Der Anspruch auf das Entgelt beträgt, wenn das Dienstverhältnis fünf Jahre gedauert hat, jedenfalls acht Wochen; es erhöht sich auf die Dauer von zehn Wochen, wenn es fünfzehn Jahre, und auf zwölf Wochen, wenn es fünfundzwanzig Jahre ununterbrochen gedauert hat. Durch je weitere vier Wochen behält der Angestellte den Anspruch auf das halbe Entgelt. *(BGBl 1975/418)*

(2) Tritt innerhalb eines halben Jahres nach Wiederantritt des Dienstes abermals eine Dienstverhinderung ein, so hat der Angestellte für die Zeit der Dienstverhinderung, soweit die Gesamtdauer der Verhinderungen die im Absatz 1 bezeichneten Zeiträume übersteigt, Anspruch nur auf die Hälfte des ihm gemäß Absatz 1 gebührenden Entgeltes.

(3) Der Angestellte behält ferner den Anspruch auf das Entgelt, wenn er durch andere wichtige, seine Person betreffende Gründe ohne sein Verschulden während einer verhältnismäßig kurzen Zeit an der Leistung seiner Dienste verhindert wird.

(4) Weibliche Angestellte behalten den Anspruch auf das Entgelt während sechs Wochen nach ihrer Niederkunft; während dieser Zeit dürfen sie zur Arbeit nicht zugelassen werden. Erkranken sie, so gelten vom Zeitpunkte der Niederkunft die Bestimmungen des Absatzes 1.

(5) Gegen Vorweisung eines ärztlichen Zeugnisses, daß ihre Niederkunft voraussichtlich innerhalb sechs Wochen stattfinden wird, können weibliche Angestellte die Arbeit einstellen. Erkrankt die Angestellte während dieser Frist, so gelten vom Tage der Erkrankung die Bestimmungen des Absatzes 1.

(6) Nach der Niederkunft haben sie, wenn sie ihre Kinder selbst stillen, während der Arbeitszeit Anspruch auf zwei halbstündige Stillpausen täglich.

(7) Beträge, die der Angestellte für die Zeit der Verhinderung auf Grund einer öffentlichrechtlichen Versicherung bezieht, dürfen auf die Geldbezüge nicht angerechnet werden.

(8) Der Angestellte ist verpflichtet, ohne Verzug die Dienstverhinderung dem Dienstgeber anzuzeigen und auf Verlangen des Dienstgebers, das nach angemessener Zeit wiederholt werden kann, eine Bestätigung der zuständigen Krankenkasse oder eines Amts- oder Gemeindearztes über Ursache und Dauer der Arbeitsunfähigkeit vorzulegen. Kommt der Angestellte diesen Verpflichtungen nicht nach, so verliert er für die Dauer der Säumnis den Anspruch auf das Entgelt.

§ 9. (1) Wird der Angestellte während einer Dienstverhinderung gemäß § 8 Abs. 1 und 2 gekündigt, ohne wichtigen Grund vorzeitig entlassen oder trifft den Dienstgeber ein Verschulden an dem vorzeitigen Austritt der Angestellten, so bleibt der Anspruch auf Fortzahlung des

Entgelts für die nach diesem Bundesgesetz vorgesehene Dauer bestehen, wenngleich das Dienstverhältnis früher endet. *(BGBl 1975/418)*

(2) Weibliche Angestellte dürfen wegen der durch ihre Schwangerschaft (§ 8, Absatz 5) oder ihre Niederkunft verursachten Dienstverhinderung nicht entlassen werden. Wird das Dienstverhältnis vom Dienstgeber innerhalb sechs Wochen vor oder innerhalb sechs Wochen nach der Niederkunft gekündigt, so endigt es in keinem Falle vor Ablauf von acht Wochen nach der Niederkunft.

(3) Die Ansprüche des Angestellten auf Fortbezug des Entgeltes (§ 8) erlöschen mit der Beendigung des Dienstverhältnisses, wenn dieses infolge Ablaufes der Zeit, für die es eingegangen wurde, oder infolge einer früheren Kündigung aufgelöst wird. Das gleiche gilt, wenn der Angestellte aus einem anderen Grunde als wegen der durch Erkrankung oder Unglücksfall verursachten Dienstverhinderung entlassen wird.

Provision

§ 10. (1) Ist bedungen, daß der Angestellte für Geschäfte, die von ihm geschlossen oder vermittelt werden, Provision erhalten soll, so gebührt ihm mangels Vereinbarung die für den betreffenden Geschäftszweig am Orte der Niederlassung, für die er tätig ist, übliche Provision.

(2) Hat ein Angestellter, der nur mit der Vermittlung von Geschäften betraut ist, ein Geschäft im Namen des Dienstgebers mit dem Dritten abgeschlossen, so gilt es als vom Dienstgeber genehmigt, wenn dieser nicht ohne Verzug, nachdem er vom Abschluß des Geschäftes Kenntnis erhalten hat, dem Dritten erklärt, daß er das Geschäft ablehne.

(3) Bei Verkaufsgeschäften gilt mangels Vereinbarung der Anspruch des Angestellten auf Provision als erworben, wenn eine Zahlung eingeht, und zwar nur nach dem Verhältnis des eingegangenen Betrages, bei anderen Geschäften mit dem Abschlusse des Geschäftes.

(4) Die Abrechnung über die zu zahlenden Provisionen findet mangels Vereinbarung mit Ende jedes Kalendervierteljahres, wenn aber das Dienstverhältnis vor Ablauf eines Kalendervierteljahres gelöst wird, mit dem Dienstaustritte statt.

(5) Der Angestellte kann, unbeschadet des nach anderen gesetzlichen Vorschriften bestehenden Rechtes auf Vorlegung der Bücher, die Mitteilung eines Buchauszuges über die durch seine Tätigkeit zustande gekommenen Geschäfte verlangen.

§ 11. (1) Dem Angestellten gebührt im Zweifel die Provision auch für solche Geschäfte, die ohne seine unmittelbare Mitwirkung während der Dauer des Dienstverhältnisses zwischen der ihm zugewiesenen oder von ihm zugeführten Kundschaft und dem Dienstgeber zustande gekommen sind.

(2) Ist der Angestellte ausdrücklich für einen bestimmten Bezirk als alleiniger Vertreter des Dienstgebers bestellt, so gebührt ihm mangels Vereinbarung die Provision auch für solche Geschäfte, die ohne seine Mitwirkung während der Dauer des Dienstverhältnisses durch den Dienstgeber oder für diesen in dem Bezirke abgeschlossen worden sind.

(3) Ist die Ausführung eines vom Angestellten oder durch dessen Vermittlung abgeschlossenen Geschäftes oder die Gegenleistung des Dritten, mit dem das Geschäft abgeschlossen worden ist, infolge Verhaltens des Dienstgebers ganz oder teilweise unterblieben, ohne daß hiefür wichtige Gründe in der Person des Dritten vorlagen, so kann der Angestellte die volle Provision verlangen.

(4) Nachlässe, die der Dienstgeber dem Dritten gewährt hat, dürfen mangels Vereinbarung oder mangels eines abweichenden für den betreffenden Geschäftszweig bestehenden Gebrauches bei Berechnung der Provision nur dann abgezogen werden, wenn sie bei Abschluß des Geschäftes vereinbart worden sind.

§ 12. Wenn der Angestellte vom Dienstgeber vertragswidrig verhindert wird, Provisionen oder Taggelder (Diäten) in dem vereinbarten oder in dem nach den getroffenen Vereinbarungen zu erwartenden Umfange zu verdienen, so gebührt ihm eine angemessene Entschädigung.

§ 13. (1) Ein mit dem Abschlusse oder der Vermittlung von Geschäften betrauter Angestellter darf vom Tage des Dienstantrittes ohne Einwilligung des Dienstgebers von dem Dritten, mit dem er für den Dienstgeber Geschäfte abschließt oder vermittelt, eine Provision oder eine sonstige Belohnung nicht annehmen.

(2) Der Dienstgeber kann, unbeschadet allfälliger weiterer Schadenersatzansprüche, vom Angestellten die Herausgabe der unrechtmäßig empfangenen Provision oder Belohnung verlangen.

(3) Dieser Anspruch des Dienstgebers erlischt innerhalb dreier Monate nach Kenntnis des pflichtwidrigen Verhaltens, jedenfalls aber in drei Jahren vom Entstehen des Anspruches an.

Gewinnbeteiligung

§ 14. (1) Ist bedungen, daß das Entgelt ganz oder zum Teil in einem Anteil an dem Gewinn aus allen oder aus bestimmten Geschäften besteht oder daß der Gewinn in anderer Art für die Höhe des Entgeltes maßgebend sein soll, so findet mangels Vereinbarung die Abrechnung für das abgelaufene Geschäftsjahr auf Grund der Bilanz statt.

(2) Der Angestellte kann die Einsicht der Bücher verlangen, soweit dies zur Prüfung der Richtigkeit der Abrechnung erforderlich ist.

Zahlungsfrist

§ 15. Die Zahlung des dem Angestellten zukommenden fortlaufenden Gehaltes hat spätestens am Fünfzehnten und am Letzten eines jeden Monats in zwei annähernd gleichen Beträgen zu erfolgen. Die Zahlung für den Schluß eines jeden Kalendermonats kann vereinbart werden.

Remuneration

§ 16. (1) Falls der Angestellte Anspruch auf eine periodische Remuneration oder auf eine andere besondere Entlohnung hat, gebührt sie ihm, wenngleich das Dienstverhältnis vor Fälligkeit des Anspruches gelöst wird, in dem Betrage, der dem Verhältnisse zwischen der Dienstperiode, für die die Entlohnung gewährt wird, und der zurückgelegten Dienstzeit entspricht.

(2) Dem Angestellten, dessen Arbeitszeit bei demselben Dienstgeber wegen Inanspruchnahme der Gleitpension auf ein im § 253c Abs. 2 ASVG genanntes Ausmaß vermindert wird, gebühren im Kalenderjahr der Umstellung sonstige, insbesondere einmalige Bezüge im Sinne des § 67 Abs. 1 EStG 1988 in dem der Vollzeitbeschäftigung und der Beschäftigung mit verminderter Arbeitszeit entsprechenden Ausmaß im Kalenderjahr. *(BGBl 1993/335, ab 1. 7. 1993)*

Urlaub

§ 17. Dem Angestellten gebührt in jedem Dienstjahr ein ununterbrochener Urlaub, auf den die Vorschriften des Art. I Abschnitt 1 des Bundesgesetzes vom 7. Juli 1976 betreffend die Vereinheitlichung des Urlaubsrechtes und die Einführung einer Pflegefreistellung, BGBl. Nr. 390, anzuwenden sind.

(BGBl 1976/390)

Fürsorgepflicht

§ 18. (1) Der Dienstgeber ist verpflichtet, auf seine Kosten alle Einrichtungen bezüglich der Arbeitsräume und Gerätschaften herzustellen und zu erhalten, die mit Rücksicht auf die Beschaffenheit der Dienstleistung zum Schutze des Lebens und der Gesundheit der Angestellten erforderlich sind.

(2) Wenn dem Angestellten vom Dienstgeber Wohnräume überlassen werden, dürfen zu diesem Zwecke keine gesundheitsschädlichen Räumlichkeiten verwendet werden.

(3) Der Dienstgeber hat dafür zu sorgen, daß, soweit es die Art der Beschäftigung zuläßt, die Arbeitsräume während der Arbeitszeit licht, rein und staubfrei gehalten werden, daß sie im Winter geheizt und ausreichende Sitzplätze zur Benutzung für die Angestellten in den Arbeitspausen vorhanden sind.

(4) Der Dienstgeber hat jene Maßnahmen zur Wahrung der Sittlichkeit zu treffen, die durch das Alter und Geschlecht der Angestellten geboten sind.

Endigung des Dienstverhältnisses durch Ablauf der Zeit

§ 19. (1) Das Dienstverhältnis endet mit dem Ablaufe der Zeit, für die es eingegangen wurde.

(2) Ein Dienstverhältnis auf Probe kann nur für die Höchstdauer eines Monats vereinbart werden und während dieser Zeit von jedem Vertragsteil jederzeit gelöst werden.

Kündigung

§ 20. (1) Ist das Dienstverhältnis ohne Zeitbestimmung eingegangen oder fortgesetzt worden und beträgt die vereinbarte oder tatsächlich geleistete Arbeitszeit bezogen auf den Monat mindestens ein Fünftel des 4,3fachen der durch Gesetz oder Kollektivvertrag vorgesehenen wöchentlichen Normalarbeitszeit, so kann es durch Kündigung nach folgenden Bestimmungen gelöst werden. *(BGBl 1992/833, ab 1. 1. 1993)*

(2) Mangels einer für den Angestellten günstigeren Vereinbarung kann der Dienstgeber das Dienstverhältnis mit Ablauf eines jeden Kalendervierteljahres durch vorgängige Kündigung lösen. Die Kündigungsfrist beträgt sechs Wochen und erhöht sich nach dem vollendeten zweiten Dienstjahr auf zwei Monate, nach dem vollendeten fünften Dienstjahr auf drei, nach dem vollendeten fünfzehnten Dienstjahr auf vier und nach dem vollendeten fünfundzwanzigsten Dienstjahr auf fünf Monate.

(3) Die Kündigungsfrist kann durch Vereinbarung nicht unter die im Absatz 2 bestimmte Dauer herabgesetzt werden; jedoch kann vereinbart werden, daß die Kündigungsfrist am Fünfzehnten oder am Letzten eines Kalendermonats endigt.

(4) Mangels einer für ihn günstigeren Vereinbarung kann der Angestellte das Dienstverhältnis mit dem letzten Tage eines Kalendermonats unter Einhaltung einer einmonatigen Kündigungsfrist lösen. Diese Kündigungsfrist kann durch Vereinbarung bis zu einem halben Jahr ausgedehnt werden; doch darf die vom Dienstgeber einzuhaltende Frist nicht kürzer sein als die mit dem Angestellten vereinbarte Kündigungsfrist.

(5) Ist das Dienstverhältnis nur für die Zeit eines vorübergehenden Bedarfes vereinbart, so kann es während des ersten Monats von beiden Teilen jederzeit unter Einhaltung einer einwöchigen Kündigungsfrist gelöst werden.

§ 21. Ein für die Lebenszeit einer Person oder für länger als fünf Jahre vereinbartes Dienstverhältnis kann von dem Angestellten nach Ablauf von fünf Jahren unter Einhaltung einer Kündigungsfrist von sechs Monaten gekündigt werden.

Freizeit während der Kündigungsfrist

§ 22. (1) Bei Kündigung durch den Dienstgeber ist dem Angestellten während der Kündigungsfrist auf sein Verlangen wöchentlich mindestens ein Fünftel der regelmäßigen wöchentlichen Arbeitszeit ohne Schmälerung des Entgelts freizugeben.

(2) Ansprüche nach Abs. 1 bestehen nicht, wenn der Angestellte einen Anspruch auf eine Pension aus der gesetzlichen Pensionsversicherung hat, sofern eine Bescheinigung über die vorläufige Krankenversicherung vom Pensionsversicherungsträger ausgestellt wurde.

(3) Abs. 2 gilt nicht bei Kündigung wegen Inanspruchnahme einer Gleitpension gemäß § 253c ASVG.

(4) Durch Kollektivvertrag können abweichende Regelungen getroffen werden.

(BGBl I 2000/44, ab 1. 1. 2001)

Abfertigung[1])

§ 23. (1) Hat das Dienstverhältnis ununterbrochen drei Jahre gedauert, so gebührt dem Angestellten bei Auflösung des Dienstverhältnisses eine Abfertigung. Diese beträgt das Zweifache des dem Angestellten für den letzten Monat des Dienstverhältnisses gebührenden Entgeltes und erhöht sich nach fünf Dienstjahren auf das Dreifache, nach zehn Dienstjahren auf das Vierfache, nach fünfzehn Dienstjahren auf das Sechsfache, nach zwanzig Dienstjahren auf das Neunfache und nach fünfundzwanzig Dienstjahren auf das Zwölffache des monatlichen Entgeltes. „Alle Zeiten, die der Angestellte in unmittelbar vorausgegangenen Dienstverhältnissen als Arbeiter oder Lehrling zum selben Dienstgeber zurückgelegt hat, sind für die Abfertigung zu berücksichtigen; Zeiten eines Lehrverhältnisses jedoch nur dann, wenn das Dienstverhältnis einschließlich der Lehrzeit mindestens sieben Jahre ununterbrochen gedauert hat. Zeiten eines Lehrverhältnisses allein begründen keinen Abfertigungsanspruch.“ *(BGBl 1979/107)*

(1a) Bei der Berechnung der Abfertigung ist eine geringfügige Beschäftigung nach § 2 Abs. 3 Eltern-Karenzurlaubsgesetz, BGBl. Nr. 651/1989 (EKUG), § 15 Abs. 1a Mutterschutzgesetz 1989, BGBl. Nr. 221 (MSchG), oder gleichartigen österreichischen Rechtsvorschriften nicht zu berücksichtigen. *(BGBl 1990/408, ab 1. 7. 1990)*

(2) Im Falle der Auflösung eines Unternehmens entfällt die Verpflichtung zur Gewährung einer Abfertigung ganz oder teilweise dann, wenn sich die persönliche Wirtschaftslage des Dienstgebers derart verschlechtert hat, daß ihm die Erfüllung dieser Verpflichtung zum Teil oder zur Gänze billigerweise nicht zugemutet werden kann.

(3) Wird ein Unternehmen an einen anderen übertragen, so besteht ein Anspruch auf Abfertigung nicht, wenn der Angestellte die Fortsetzung des Dienstverhältnisses ablehnt, obwohl ihm der Erwerber die Fortsetzung des Dienstverhältnisses unter den bisherigen Bedingungen angeboten und sich verpflichtet hat, die bei seinem Vorgänger geleistete Dienstzeit als bei ihm selbst verbracht zu betrachten.

(4) Die Abfertigung wird, soweit sie den Betrag des Dreifachen des Monatsentgeltes nicht übersteigt, mit der Auflösung des Dienstverhältnisses fällig; der Rest kann vom vierten Monat an in monatlichen im voraus zahlbaren Teilbeträgen abgestattet werden.

(5) Beträge, die der Dienstnehmer auf Grund einer öffentlich-rechtlichen Versicherung bezieht, dürfen in die Abfertigung nur insoweit eingerechnet werden, als sie die gesetzlichen Mindestleistungen übersteigen.

(6) Wird das Dienstverhältnis durch den Tod des Angestellten aufgelöst, so beträgt die Abfertigung nur die Hälfte des im Absatz 1 bezeichneten Betrages und gebührt nur den gesetzlichen Erben, zu deren Erhaltung der Erblasser gesetzlich verpflichtet war.

(7) Der Anspruch auf Abfertigung besteht, vorbehaltlich des § 23a, nicht, wenn der Angestellte kündigt, wenn er ohne wichtigen Grund vorzeitig austritt oder wenn ihn ein Verschulden an der vorzeitigen Entlassung trifft. *(BGBl 1971/292)*

(8) Wird das Dienstverhältnis während einer Teilzeitbeschäftigung nach § 15c MSchG oder § 8 EKUG infolge Kündigung durch den Arbeitgeber, unverschuldeter Entlassung, begründeten Austritt oder einvernehmlich beendet, so ist bei Ermittlung des Entgelts (Abs. 1) die frühere Normalarbeitszeit des Angestellten zugrunde zu legen. *(BGBl 1990/408, ab 1. 7. 1990)*

---

[1]) Siehe § 42 Abs 3.

§ 23a.[1]) (1) Der Anspruch auf Abfertigung besteht auch dann, wenn das Dienstverhältnis

1. mindestens zehn Jahre ununterbrochen gedauert hat und

a) bei Männern nach Vollendung des 65. Lebensjahres, bei Frauen nach Vollendung des 60. Lebensjahres oder

b) wegen Inanspruchnahme der vorzeitigen Alterspension bei langer Versicherungsdauer aus einer gesetzlichen Pensionsversicherung oder

c) wegen Inanspruchnahme einer Gleitpension aus einer gesetzlichen Pensionsversicherung oder

2. wegen Inanspruchnahme einer

a) Pension aus einem Versicherungsfall der geminderten Arbeitsfähigkeit aus einer gesetzlichen Pensionsversicherung oder

b) vorzeitigen Alterspension wegen geminderter Arbeitsfähigkeit aus einer gesetzlichen Pensionsversicherung

durch Kündigung seitens des Dienstnehmers endet. Die Abfertigung gebührt in den Fällen der Z 1 lit. c auch dann, wenn das Dienstverhältnis mit einem im § 253c Abs. 2 ASVG genannten verminderten Arbeitszeitausmaß fortgesetzt wird.

(BGBl 1993/335, ab 1. 7. 1993)

(1a) Der Anspruch auf Abfertigung nach Abs. 1 Z 1 lit. c entsteht, wenn das Dienstverhältnis bei demselben Dienstgeber fortgesetzt wird, mit dem Zeitpunkt der Herabsetzung der Arbeitszeit auf ein im § 253c Abs. 2 ASVG genanntes Ausmaß. Die Inanspruchnahme der Gleitpension ist hinsichtlich der Abfertigungsansprüche, die auf Normen der kollektiven Rechtsgestaltung beruhen, der Inanspruchnahme einer vorzeitigen Alterspension bei langer Versicherungsdauer gleichzuhalten. Hat der Angestellte bei Inanspruchnahme der Gleitpension einen Abfertigungsanspruch im Höchstausmaß der auf Grund Gesetz, Normen der kollektiven Rechtsgestaltung oder Einzelarbeitsvertrag gebührenden Abfertigung erhalten, so entsteht während des bei demselben Dienstgeber mit verminderter Arbeitszeit fortgesetzten Dienstverhältnisses kein weiterer Abfertigungsanspruch. Sofern der Angestellte bei Inanspruchnahme einer Gleitpension im Zeitpunkt der Herabsetzung der Arbeitszeit auf ein im § 253c Abs. 2 ASVG genanntes Ausmaß eine Abfertigung erhalten hat, sind die bis zu diesem Zeitpunkt zurückgelegten Dienstzeiten für einen weiteren Abfertigungsanspruch nicht zu berücksichtigen. *(BGBl 1993/335, ab 1. 7. 1993)*

(2) Eine nach den Abs. 1 und 1a gebührende Abfertigung kann in gleichen monatlichen Teilbeträgen gezahlt werden. Die Zahlung beginnt mit dem auf das Ende des Dienstverhältnisses folgenden Monatsersten, bei Fortsetzung des Arbeitsverhältnisses unter Inanspruchnahme einer Gleitpension mit dem Monatsersten, welcher der Herabsetzung der Arbeitszeit (Abs. 1a Satz 1) folgt. Eine Rate darf die Hälfte des der Bemessung der Abfertigung zugrunde liegenden Monatsentgeltes nicht unterschreiten. *(BGBl 1993/335, ab 1. 7. 1993)*

(3) Weiblichen Angestellten gebührt – sofern das Dienstverhältnis ununterbrochen fünf Jahre gedauert hat – die Hälfte der nach § 23 Abs. 1 zustehenden Abfertigung, höchstens jedoch das Dreifache des monatlichen Entgelts, wenn sie

1. nach der Geburt eines lebenden Kindes innerhalb der Schutzfrist (§ 5 Abs. 1 des Mutterschutzgesetzes 1979, BGBl. Nr. 221) oder

2. nach der Annahme eines Kindes, welches „das zweite Lebensjahr" noch nicht vollendet hat, an Kindes Statt (§ 15 Abs. 6 Z. 1 MSchG) oder nach Übernahme eines solchen Kindes in unentgeltliche Pflege (§ 15 Abs. 6 Z. 2 MSchG) innerhalb von acht Wochen *(BGBl 1990/299 und BGBl 1991/157, ab 1. 4. 1991)*

innerhalb von acht Wochen[2]) ihren vorzeitigen Austritt aus dem Arbeitsverhältnis erklären. „Bei Inanspruchnahme eines Karenzurlaubes nach dem MSchG ist der Austritt spätestens drei Monate vor Ende des Karenzurlaubes zu erklären. Zeiten geringfügiger Beschäftigungen nach § 15 Abs. 1a MSchG bleiben für den Abfertigungsanspruch außer Betracht."

(BGBl 1989/651 und BGBl 1990/408, ab 1. 7. 1990)

(4) Abs. 3 gilt auch für männliche Angestellte, sofern sie einen Karenzurlaub nach dem EKUG oder gleichartigen österreichischen Rechtsvorschriften in Anspruch nehmen und ihren vorzeitigen Austritt aus dem Arbeitsverhältnis spätestens drei Monate vor Ende des Karenzurlaubes erklären. *(BGBl 1990/408, ab 1. 7. 1990)*

(4a) Eine Abfertigung nach Abs. 3 und 4 gebührt auch dann, wenn das Dienstverhältnis während einer Teilzeitbeschäftigung gemäß § 15c MSchG oder § 8 EKUG durch Kündigung seitens des Dienstnehmers endet. Bei Berechnung des für die Höhe der Abfertigung maßgeblichen Monatsentgeltes ist vom Durchschnitt der in den letzten fünf Jahren geleisteten Arbeitszeit unter Außerachtlassung der Zeiten eines Karenzurlaubes gemäß EKUG oder MSchG auszugehen. *(BGBl 1990/408, ab 1. 7. 1990)*

(5) Ein Abfertigungsanspruch gebührt nicht, wenn der männliche Arbeitnehmer seinen Austritt im Sinne des Abs. 4 erklärt, nachdem der gemeinsame Haushalt mit dem Kind aufgehoben oder die überwiegende Betreuung des Kindes beendet wurde. *(BGBl 1989/651)*

(6) Im Sinne des § 23 zulässige Vereinbarungen, die eine Anrechnung der Versorgungsleistungen auf Abfertigungsansprüche oder bei Zahlung einer Versorgungsleistung den gänzlichen oder teilweisen Wegfall der Abfertigung vorsehen, gelten auch für Abfertigungsansprüche nach den Abs. 1, 3 und 4. Bei Anwendung des Abs. 2 ruhen jedoch solche Versorgungsleistungen nur für die Monate, für die die Abfertigung gebührt. *(BGBl 1989/651)*

(7) Im übrigen gilt der § 23 sinngemäß.

(BGBl 1971/292)

[1]) Siehe § 42 Abs 3.

[2]) *Die Worte „innerhalb von acht Wochen" nach Z 2 sind ein Redaktionsversehen*

Tod des Angestellten

§ 24. (1) Stirbt ein Angestellter, dem vom Dienstgeber auf Grund des Dienstvertrages

Wohnräume überlassen werden, so ist die Wohnung, wenn der Angestellte einen eigenen Haushalt führte, binnen einem Monat, sonst binnen vierzehn Tagen nach dessen Tode zu räumen.

(2) Sind die Angehörigen des verstorbenen Angestellten, die mit ihm im gemeinsamen Haushalte gelebt haben, durch die Räumung binnen der Frist des Absatzes 1 der Gefahr der Obdachlosigkeit ausgesetzt, so kann das Bezirksgericht, in dessen Sprengel die Wohnung liegt, eine Verlängerung der Räumungsfrist um höchstens zwei Monate bewilligen. Nur unter besonders berücksichtigungswerten Umständen darf eine weitere Verlängerung um höchstens einen Monat bewilligt werden.

(3) Der Dienstgeber kann jedoch die sofortige Räumung eines Teiles der Wohnung verlangen, soweit dies zur Unterbringung des Nachfolgers und seiner Einrichtung erforderlich ist.

Vorzeitige Auflösung

§ **25.** Das Dienstverhältnis kann, wenn es für bestimmte Zeit eingegangen wurde, vor Ablauf dieser Zeit, sonst aber ohne Einhaltung einer Kündigungsfrist von jedem Teile aus wichtigen Gründen gelöst werden.

§ **26.** Als ein wichtiger Grund, der den Angestellten zum vorzeitigen Austritte berechtigt, ist insbesondere anzusehen:

1. Wenn der Angestellte zur Fortsetzung seiner Dienstleistung unfähig wird oder diese ohne Schaden für seine Gesundheit oder Sittlichkeit nicht fortsetzen kann;

2. wenn der Dienstgeber das dem Angestellten zukommende Entgelt ungebührlich schmälert oder vorenthält, ihn bei Naturalbezügen durch Gewährung ungesunder oder unzureichender Kost oder ungesunder Wohnung benachteiligt oder andere wesentliche Vertragsbestimmungen verletzt;

3. wenn der Dienstgeber den ihm zum Schutze des Lebens, der Gesundheit oder der Sittlichkeit des Angestellten gesetzlich obliegenden Verpflichtungen nachzukommen verweigert;

4. wenn der Dienstgeber sich Tätlichkeiten, Verletzungen der Sittlichkeit oder erhebliche Ehrverletzungen gegen den Angestellten oder dessen Angehörige zuschulden kommen läßt oder es verweigert, den Angestellten gegen solche Handlungen eines Mitbediensteten oder eines Angehörigen des Dienstgebers zu schützen.

§ **27.** Als ein wichtiger Grund, der den Dienstgeber zur vorzeitigen Entlassung berechtigt, ist insbesondere anzusehen:

1. Wenn der Angestellte im Dienste untreu ist, sich in seiner Tätigkeit ohne Wissen oder Willen des Dienstgebers von dritten Personen unberechtigte Vorteile zuwenden läßt, insbesondere entgegen der Bestimmung des § 13 eine Provision oder eine sonstige Belohnung annimmt, oder wenn er sich einer Handlung schuldig macht, die ihn des Vertrauens des Dienstgebers unwürdig erscheinen läßt;

2. wenn der Angestellte unfähig ist, die versprochenen oder die den Umständen nach angemessenen Dienste (§ 6) zu leisten;

3. wenn einer der im § 1 bezeichneten Angestellten ohne Einwilligung des Dienstgebers ein selbständiges kaufmännisches Unternehmen betreibt oder im Geschäftszweige des Dienstgebers für eigene oder fremde Rechnung Handelsgeschäfte macht oder wenn ein Angestellter den in § 7, Absatz 4, bezeichneten Verboten zuwiderhandelt;

4. wenn der Angestellte ohne einen rechtmäßigen Hinderungsgrund während einer den Umständen nach erheblichen Zeit die Dienstleistung unterläßt oder sich beharrlich weigert, seine Dienste zu leisten oder sich den durch den Gegenstand der Dienstleistung gerechtfertigten Anordnungen des Dienstgebers zu fügen, oder wenn er andere Bedienstete zum Ungehorsam gegen den Dienstgeber zu verleiten sucht;

5. wenn der Angestellte durch eine längere Freiheitsstrafe oder durch Abwesenheit während einer den Umständen nach erheblichen Zeit, ausgenommen wegen Krankheit oder Unglücksfalls, an der Verrichtung seiner Dienste gehindert ist; *(BGBl 1975/418)*

6. wenn der Angestellte sich Tätlichkeiten, Verletzungen der Sittlichkeit oder erhebliche Ehrverletzungen gegen den Dienstgeber, dessen Stellvertreter, deren Angehörige oder gegen Mitbedienstete zuschulden kommen läßt.

§ **28.** (1) Wenn der Angestellte ohne wichtigen Grund vorzeitig austritt oder wenn ihn ein Verschulden an der vorzeitigen Entlassung trifft, steht dem Dienstgeber der Anspruch auf Ersatz des ihm verursachten Schadens zu.

(2) Für die schon bewirkten Leistungen, deren Entgelt noch nicht fällig ist, steht dem Angestellten ein Anspruch auf den entsprechenden Teil des Entgeltes nur insoweit zu, als sie nicht durch die vorzeitige Auflösung des Dienstverhältnisses für den Dienstgeber ihren Wert ganz oder zum größten Teil eingebüßt haben.

§ **29.** (1) Wenn der Dienstgeber den Angestellten ohne wichtigen Grund vorzeitig entläßt oder wenn ihn ein Verschulden an dem vorzeitigen Austritte des Angestellten trifft, behält dieser, unbeschadet weitergehenden Schadenersatzes, seine vertragsmäßigen Ansprüche auf das Entgelt für den Zeitraum, der bis zur Beendigung des Dienstverhältnisses durch Ablauf der bestimmten Vertragszeit oder durch ordnungsmäßige Kündigung durch den Dienstgeber hätte verstreichen müssen, unter Einrechnung dessen, was er infolge des Unterbleibens der Dienstleistung erspart oder durch anderweitige Verwendung erworben oder zu erwerben absichtlich versäumt hat.

(2) Soweit der im Absatz 1 genannte Zeitraum drei Monate nicht übersteigt, kann der Angestellte das ganze für diese Zeit gebührende Entgelt ohne Abzug sofort, den Rest zur vereinbarten oder gesetzlichen (§ 15) Zeit fordern. Der Anspruch auf die dem Angestellten gebührende Abfertigung „(§§ 23 und 23a)" bleibt unberührt. *(BGBl 1971/292)*

§ 30. (1) Ist der Angestellte unter der ausdrücklichen Bedingung aufgenommen, daß er den Dienst genau an einem festbestimmten Tage anzutreten hat, so kann der Dienstgeber vom Vertrage zurücktreten, wenn der Angestellte, aus welchem Grund immer, den Dienst an dem bestimmten Tage nicht antritt.

(2) Außer diesem Falle kann der Dienstgeber vor Antritt des Dienstes vom Vertrage zurücktreten, wenn der Angestellte, ohne durch ein unabwendbares Hindernis gehindert zu sein, den Dienst an dem vereinbarten Tage nicht antritt oder wenn sich infolge eines unabwendbaren Hindernisses der Dienstantritt um mehr als vierzehn Tage verzögert. Das gleiche gilt, wenn ein Grund vorliegt, der den Dienstgeber zur vorzeitigen Entlassung des Angestellten berechtigt.

(3) Der Angestellte kann vor Antritt des Dienstes vom Vertrage zurücktreten, wenn ein Grund vorliegt, der ihn zum vorzeitigen Austritt aus dem Dienstverhältnisse berechtigt. Das gleiche gilt, wenn sich der Dienstantritt infolge Verschuldens des Dienstgebers oder infolge eines diesen treffenden Zufalles um mehr als vierzehn Tage verzögert. Tritt der Angestellte im letzteren Fall ungeachtet der Verzögerung den Dienst an, so gebührt ihm das Entgelt von dem Tage, an dem der Dienst hätte angetreten werden sollen.

(4) Wird vor Antritt des Dienstes über das Vermögen des Dienstgebers der Konkurs eröffnet, so kann sowohl der Masseverwalter als der Angestellte vom Vertrage zurücktreten.

§ 31. (1) Ist der Dienstgeber ohne wichtigen Grund vom Vertrage zurückgetreten oder hat er durch sein schuldbares Verhalten dem Angestellten zum Rücktritte begründeten Anlaß gegeben, so hat er dem Angestellten das Entgelt zu ersetzen, das diesem für den Zeitraum gebührt, der bei ordnungsmäßiger Kündigung durch den Dienstgeber vom Tage des Dienstantrittes bis zur Beendigung des Dienstverhältnisses hätte verstreichen müssen. Wenn das Dienstverhältnis auf bestimmte Zeit eingegangen wurde, hat der Dienstgeber dem Angestellten, falls die vereinbarte Dienstdauer drei Monate nicht übersteigt, das für die ganze Dauer entfallende Entgelt, falls die vereinbarte Dienstdauer dagegen drei Monate übersteigt, den für drei Monate entfallenden Teilbetrag des Entgeltes zu ersetzen. Allfällige weitere Schadenersatzansprüche werden durch die vorstehenden Bestimmungen nicht berührt.

(2) Die gleichen Ansprüche stehen dem Angestellten zu, wenn der Masseverwalter vom Vertrage zurückgetreten ist.

(3) Ist der Angestellte ohne wichtigen Grund vom Vertrage zurückgetreten oder hat er durch sein schuldbares Verhalten dem Dienstgeber zum Rücktritte begründeten Anlaß gegeben, so kann der Dienstgeber Schadenersatz verlangen.

§ 32. Trifft beide Teile ein Verschulden an dem Rücktritt oder der vorzeitigen Lösung des Dienstverhältnisses, so hat der Richter nach freiem Ermessen zu entscheiden, ob und in welcher Höhe ein Ersatz gebührt.

§ 33. *(aufgehoben, BGBl 1959/253)*

Frist zur Geltendmachung der Ansprüche

§ 34. (1) Ersatzansprüche wegen vorzeitigen Austrittes oder vorzeitiger Entlassung im Sinne der §§ 28 und 29, ferner Ersatzansprüche wegen Rücktrittes vom Vertrage im Sinne des § 31 müssen bei sonstigem Ausschlusse binnen sechs Monaten gerichtlich geltend gemacht werden.

(2) Die Frist beginnt bei Ansprüchen der erstgenannten Art mit dem Ablaufe des Tages, an dem der Austritt oder die Entlassung stattfand, bei Ansprüchen der letztgenannten Art mit dem Ablaufe des Tages, an dem der Dienstantritt hätte erfolgen sollen.

§ 35. *(aufgehoben, BGBl 1937/229)*

Konkurrenzklausel

§ 36. Eine Vereinbarung, durch die der Angestellte für die Zeit nach der Beendigung des Dienstverhältnisses in seiner Erwerbstätigkeit beschränkt wird (Konkurrenzklausel), ist nur insoweit wirksam, als:

1. der Angestellte zur Zeit der Vereinbarung nicht minderjährig ist,

2. sich die Beschränkung auf die Tätigkeit in dem Geschäftszweige des Dienstgebers bezieht und den Zeitraum eines Jahres nicht übersteigt, und

3. die Beschränkung nicht nach Gegenstand, Zeit oder Ort und im Verhältnis zu dem geschäftlichen Interesse, das der Dienstgeber an

ihrer Einhaltung hat, eine unbillige Erschwerung des Fortkommens des Angestellten enthält.

(BGBl I 2001/98, ab 1. 1. 2002)

§ 37. (1) Hat der Dienstgeber durch schuldbares Verhalten dem Angestellten begründeten Anlaß zum vorzeitigen Austritt oder zur Kündigung des Dienstverhältnisses gegeben, so kann er die durch die Konkurrenzklausel begründeten Rechte gegen den Angestellten nicht geltend machen.

(2) Das gleiche gilt, wenn der Dienstgeber das Dienstverhältnis löst, es sei denn, daß der Angestellte durch schuldbares Verhalten hiezu begründeten Anlaß gegeben oder daß der Dienstgeber bei der Auflösung des Dienstverhältnisses erklärt hat, während der Dauer der Beschränkung dem Angestellten das ihm zuletzt zukommende Entgelt zu leisten.

(3) Hat der Angestellte für den Fall des Zuwiderhandelns gegen die Konkurrenzklausel eine Konventionalstrafe versprochen, so kann der Dienstgeber nur die verwirkte Konventionalstrafe verlangen. Der Anspruch auf Erfüllung oder auf Ersatz eines weiteren Schadens ist ausgeschlossen.

Konventionalstrafen

§ 38. Konventionalstrafen unterliegen dem richterlichen Mäßigungsrechte.

Zeugnis

§ 39. (1) Der Dienstgeber ist verpflichtet, bei Beendigung des Dienstverhältnisses dem Angestellten auf Verlangen ein schriftliches Zeugnis über die Dauer und die Art der Dienstleistung auszustellen. Eintragungen und Anmerkungen im Zeugnisse, durch die dem Angestellten die Erlangung einer neuen Stelle erschwert wird, sind unzulässig.

(2) Verlangt der Angestellte während der Dauer des Dienstverhältnisses ein Zeugnis, so ist ihm ein solches auf seine Kosten auszustellen.

(3) Zeugnisse des Angestellten, die sich in der Verwahrung des Dienstgebers befinden, sind ihm auf Verlangen jederzeit auszufolgen.

§ 40. Die Rechte, die dem Angestellten auf Grund der Bestimmungen der §§ 6 Abs. 3, 8, 9, 10 letzter Absatz, 12, 14 Abs. 2, 15, 16, 17, 17a, 18, 19 Abs. 2, 20 Abs. 2 bis 5, 21 bis 24, 29, 30 Abs. 2 bis 4, 31 Abs. 1, 34, 35, 37 bis 39 zustehen, können durch den Dienstvertrag weder aufgehoben noch beschränkt werden.

(BGBl 1993/459, ab 1. 1. 1994)

§ 41. Für Streitigkeiten aus den in diesem Gesetze geregelten Dienstverhältnissen sind die Arbeits- und Sozialgerichte zuständig.

§ 42. (1) Insoweit dieses Gesetz nichts anderes bestimmt, finden die Vorschriften des allgemeinen bürgerlichen Rechtes über den Dienstvertrag auf die in diesem Gesetze geregelten Dienstverhältnisse Anwendung.

(2) *(Gegenstandslos)*

(3) Die §§ 23 und 23a sind auf Dienstverhältnisse, deren vertraglich vereinbarter Beginn nach dem 31. Dezember 2002 liegt, nicht mehr anzuwenden, soweit nicht durch Verordnung gemäß § 46 Abs. 1 letzter Satz des Betrieblichen Mitarbeitervorsorgegesetzes (BMVG), BGBl. I Nr. 100/2002, etwas anderes angeordnet wird. Sie sind jedoch weiterhin auf Dienstverhältnisse anzuwenden, deren vertraglich vereinbarter Beginn vor dem 1. Jänner 2003 oder dem durch Verordnung festgelegten Zeitpunkt liegt. Soweit eine Vereinbarung gemäß § 47 Abs. 1 und 3 BMVG erfolgt, sind diese Bestimmungen bis zum In-Kraft-Treten dieser Vereinbarung anzuwenden. *(BGBl I 2002/100, ab 1. 7. 2002)*

Artikel II

(1) Dieses Bundesgesetz findet auch auf das Dienstverhältnis von Personen Anwendung, die vorwiegend zur Leistung kaufmännischer oder höherer, nicht kaufmännischer Dienste oder zu Kanzleiarbeiten bei Wirtschaftstreuhändern angestellt sind. § 7 Abs. 4 mit Ausnahme der Bestimmungen über die Teilnahme an einem Wettbewerb ist auf diese Dienstverhältnisse sinngemäß anzuwenden.

(2) Dieses Bundesgesetz findet ferner auf die auf einem privatrechtlichen Vertrag beruhenden Dienstverhältnisse von Personen Anwendung, die zur Leistung kaufmännischer oder höherer, nicht kaufmännischer Dienste oder zu Kanzleiarbeiten bei einem durch Bundesgesetz errichteten Fonds mit Rechtspersönlichkeit angestellt sind. Ausgenommen sind Dienstverhältnisse, auf die das Vertragsbedienstetengesetz gemäß § 1 Abs. 2 VBG sinngemäß anzuwenden ist.

(BGBl 1992/833, ab 1. 1. 1993)

Artikel III – VI

(Gegenstandslos bzw aufgehoben, BGBl 1983/144)

Artikel VII

Unberührt bleiben:

1. Die Bestimmungen des Journalistengesetzes vom 11. Februar 1920, StGBl. Nr. 88, sofern sie für die Redakteure (Schriftleiter) günstiger sind als die Bestimmungen dieses Gesetzes.

2. *(Gegenstandslos)*

Artikel VIII – IX

(Gegenstandslos)

Artikel X

(1) Dieses Gesetz tritt am 1. Juli 1921 in Wirksamkeit.

(2) 1. § 1 Abs. 1, § 2 Abs. 1, § 20 Abs. 1 und Art. II dieses Bundesgesetzes in der Fassung des Bundesgesetzes BGBl. Nr. 833/1992 treten mit 1. Jänner 1993 in Kraft. *(BGBl 1992/833)*

2. § 16 und § 23a Abs. 1, 1a und 2 in der Fassung des Bundesgesetzes BGBl. Nr. 335/1993 treten mit 1. Juli 1993 in Kraft. *(BGBl 1993/335)*

3. § 6 Abs. 3 und § 40 dieses Bundesgesetzes in der Fassung des Bundesgesetzes BGBl. Nr. 459/1993 treten gleichzeitig mit dem Abkommen über den Europäischen Wirtschaftsraum[1]) in Kraft. *(BGBl 1993/459)*

4. § 22 dieses Bundesgesetzes in der Fassung des Bundesgesetzes BGBl. Nr. 502/1993 tritt mit 1. August 1993 in Kraft. *(BGBl 1993/502)*

5. § 22 in der Fassung des Bundesgesetzes BGBl. I Nr. 44/2000 tritt mit 1. Jänner 2001 in Kraft. *(BGBl I 2000/44)*

6. § 36 in der Fassung des Bundesgesetzes BGBl. I Nr. 98/2001 tritt mit 1. Jänner 2002 in Kraft. *(BGBl I 2001/98)*

7. § 42 Abs. 3 in der Fassung des Bundesgesetzes BGBl. I Nr. 100/2002 tritt mit 1. Juli 2002 in Kraft. *(BGBl I 2002/100)*

[1]) *Am 1. 1. 1994 (Z 49 K BGBl 1993/917)*

Artikel XI

Mit der Vollziehung dieses Bundesgesetzes ist der Bundesminister für Wirtschaft und Arbeit betraut.

(BGBl I 2000/44)

35. Notariatsaktsgesetz

35. Notariatsaktsgesetz, RGBl 1871/76 idF
1 BGBl I 2001/98 (2. Euro-JuBeG)

Gesetz vom 25. Juli 1871, betreffend das Erfordernis der notariellen Errichtung einiger Rechtsgeschäfte (Notariatsaktsgesetz)

§ 1. (1) Die Gültigkeit der nachbezeichneten Verträge und Rechtshandlungen ist durch die Aufnahme eines Notariatsaktes über dieselben bedingt:

a) Ehepakten;

b) zwischen Ehegatten geschlossene Kauf-, Tausch-, Renten- und Darlehensverträge und Schuldbekenntnisse, welche von einem Ehegatten dem anderen abgegeben werden;

c) Bestätigungen über den Empfang des Heiratsgutes, auch wenn dieselben anderen Personen als der Ehegattin ausgestellt werden;

d) Schenkungsverträge ohne wirkliche Übergabe;

e) alle Urkunden über Rechtsgeschäfte unter Lebenden, welche von Blinden, oder welche von Tauben, die nicht lesen, oder von Stummen, die nicht schreiben können, errichtet werden, sofern dieselben das Rechtsgeschäft in eigener Person schließen; dies gilt nicht für von Blinden errichtete Urkunden über Rechtsgeschäfte, wenn das Rechtsgeschäft eine Angelegenheit des täglichen Lebens betrifft und eine von der blinden Person beigezogene Vertrauensperson die Urkunde über das Rechtsgeschäft mit unterfertigt. Gleiches gilt für bankübliche Verträge über die Eröffnung von Girokonten. *(BGBl I 2001/98, ab 1. 1. 2002)*

(2) An den sonst bestehenden besonderen Bestimmungen, betreffend das Erfordernis der gerichtlichen oder notariellen Errichtung eines Rechtsgeschäftes, wird durch dieses Gesetz nichts geändert.

(3) Auf die Ungültigkeit eines Rechtsgeschäftes wegen Fehlens des nach § 1 Abs. 1 lit. e erforderlichen Notariatsaktes kann sich nur die behinderte Person berufen. *(BGBl I 2001/98, ab 1. 1. 2002)*

§ 2. *(überholt)*

§ 3. Mit dem Vollzuge dieses Gesetzes ist der Justizminister beauftragt.

36. E-Commerce-Gesetz

36. E-Commerce-Gesetz, BGBl I 2001/152

STICHWORTVERZEICHNIS

(Die Zahlenangaben beziehen sich auf die Paragraphen)

Bundesgesetz, mit dem bestimmte rechtliche Aspekte des elektronischen Geschäfts- und Rechtsverkehrs geregelt werden (E-Commerce-Gesetz – ECG)

1. Abschnitt
Anwendungsbereich und Begriffsbestimmungen

Anwendungsbereich

§ 1. (1) Dieses Bundesgesetz regelt einen rechtlichen Rahmen für bestimmte Aspekte des elektronischen Geschäfts- und Rechtsverkehrs. Es behandelt die Zulassung von Diensteanbietern, deren Informationspflichten, den Abschluss von Verträgen, die Verantwortlichkeit von Diensteanbietern, das Herkunftslandprinzip und die Zusammenarbeit mit anderen Mitgliedstaaten im elektronischen Geschäfts- und Rechtsverkehr.

(2) Die Bestimmungen dieses Bundesgesetzes über das Herkunftslandprinzip (§§ 20 bis 23) und die Zusammenarbeit mit anderen Mitgliedstaaten (§ 25) sind nur auf den Verkehr von Diensten der Informationsgesellschaft innerhalb des Europäischen Wirtschaftsraums anzuwenden.

§ 2. Dieses Bundesgesetz lässt Belange des Abgabenwesens, des Datenschutzes und des Kartellrechts unberührt.

Begriffsbestimmungen

§ 3. Im Sinne dieses Bundesgesetzes bedeuten:

1. **Dienst der Informationsgesellschaft:** ein in der Regel gegen Entgelt elektronisch im Fernabsatz auf individuellen Abruf des Empfängers bereitgestellter Dienst (§ 1 Abs. 1 Z 2 Notifikationsgesetz 1999), insbesondere der Online-Vertrieb von Waren und Dienstleistungen, Online-Informationsangebote, die Online-Werbung, elektronische Suchmaschinen und Datenabfragemöglichkeiten sowie Dienste, die Informationen über ein elektronisches Netz übermitteln, die den Zugang zu einem solchen vermitteln oder die Informationen eines Nutzers speichern;

2. **Diensteanbieter:** eine natürliche oder juristische Person oder sonstige rechtsfähige Einrichtung, die einen Dienst der Informationsgesellschaft bereitstellt;

3. **niedergelassener Diensteanbieter:** ein Diensteanbieter, der eine Wirtschaftstätigkeit mittels einer festen Einrichtung auf unbestimmte Zeit tatsächlich ausübt, wobei das Vorhandensein und die Nutzung von technischen Mitteln und Technologien, die zur Bereitstellung des Dienstes erforderlich sind, für sich allein noch keine Niederlassung des Diensteanbieters begründen;

4. **Nutzer:** eine natürliche oder juristische Person oder sonstige rechtsfähige Einrichtung, die zu beruflichen oder sonstigen Zwecken einen Dienst der Informationsgesellschaft in Anspruch nimmt, insbesondere um Informationen zu erlangen oder Informationen zugänglich zu machen;

5. **Verbraucher:** eine natürliche Person, die zu Zwecken handelt, die nicht zu ihren gewerblichen, geschäftlichen oder beruflichen Tätigkeiten gehören;

6. **kommerzielle Kommunikation:** Werbung und andere Formen der Kommunikation, die der unmittelbaren oder mittelbaren Förderung des Absatzes von Waren und Dienstleistungen oder des Erscheinungsbildes eines Unternehmens dienen, ausgenommen

a) Angaben, die einen direkten Zugang zur Tätigkeit des Unternehmens ermöglichen, etwa ein Domain-Name oder eine elektronische Postadresse, sowie

b) unabhängig und insbesondere ohne finanzielle Gegenleistung gemachte Angaben über Waren, Dienstleistungen oder das Erscheinungsbild eines Unternehmens;

7. **Mitgliedstaat:** ein Mitgliedstaat der Europäischen Gemeinschaft oder des Abkommens über den Europäischen Wirtschaftsraum;

8. **koordinierter Bereich:** die allgemein oder besonders für Dienste der Informationsgesellschaft und für Diensteanbieter geltenden Rechtsvorschriften über die Aufnahme und die Ausübung einer solchen Tätigkeit, insbesondere Rechtsvorschriften über die Qualifikation und das Verhalten der Diensteanbieter, über die Genehmigung oder Anmeldung sowie die Qualität und den Inhalt der Dienste der Informationsgesellschaft – einschließlich der für die Werbung und für Verträge geltenden Bestimmungen – und über die rechtliche Verantwortlichkeit der Diensteanbieter.

2. Abschnitt
Zulassung von Diensten der Informationsgesellschaft

Zulassungsfreiheit

§ 4. (1) Die Aufnahme und die Ausübung der Tätigkeit eines Diensteanbieters bedürfen keiner gesonderten behördlichen Zulassung, Bewilligung, Genehmigung oder Konzession oder sonstigen Anforderung gleicher Wirkung.

(2) Rechtsvorschriften, die die Zulässigkeit der Aufnahme oder Ausübung einer geschäftlichen, gewerblichen oder beruflichen Tätigkeit regeln und nicht besonders und ausschließlich für Dienste der Informationsgesellschaft oder deren Anbieter gelten, bleiben unberührt. Gleiches gilt für Rechtsvorschriften über die Anzeige- oder Konzessionspflicht von Telekommunikationsdiensten.

3. Abschnitt
Informationspflichten

Allgemeine Informationen

§ 5. (1) Ein Diensteanbieter hat den Nutzern ständig zumindest folgende Informationen leicht und unmittelbar zugänglich zur Verfügung zu stellen:

1. seinen Namen oder seine Firma;

2. die geografische Anschrift, unter der er niedergelassen ist;

3. Angaben, auf Grund deren die Nutzer mit ihm rasch und unmittelbar in Verbindung treten können, einschließlich seiner elektronischen Postadresse;

4. sofern vorhanden, die Firmenbuchnummer und das Firmenbuchgericht;

5. soweit die Tätigkeit einer behördlichen Aufsicht unterliegt, die für ihn zuständige Aufsichtsbehörde;

6. bei einem Diensteanbieter, der gewerbe- oder berufsrechtlichen Vorschriften unterliegt, die Kammer, den Berufsverband oder eine ähnliche Einrichtung, der er angehört, die Berufsbezeichnung und den Mitgliedstaat, in dem diese verliehen worden ist, sowie einen Hinweis auf die anwendbaren gewerbe- oder berufsrechtlichen Vorschriften und den Zugang zu diesen;

7. sofern vorhanden, die Umsatzsteuer-Identifikationsnummer.

(2) Sofern in Diensten der Informationsgesellschaft Preise angeführt werden, sind diese so auszuzeichnen, dass sie ein durchschnittlich aufmerksamer Betrachter leicht lesen und zuordnen kann. Es muss eindeutig erkennbar sein, ob die Preise einschließlich der Umsatzsteuer sowie aller sonstigen Abgaben und Zuschläge ausgezeichnet sind (Bruttopreise) oder nicht. Darüber hinaus ist auch anzugeben, ob Versandkosten enthalten sind.

(3) Sonstige Informationspflichten bleiben unberührt.

Informationen über kommerzielle Kommunikation

§ 6. (1) Ein Diensteanbieter hat dafür zu sorgen, dass eine kommerzielle Kommunikation, die Bestandteil eines Dienstes der Informationsgesellschaft ist oder einen solchen Dienst darstellt, klar und eindeutig

1. als solche erkennbar ist,

2. die natürliche oder juristische Person, die die kommerzielle Kommunikation in Auftrag gegeben hat, erkennen lässt,

3. Angebote zur Absatzförderung wie etwa Zugaben und Geschenke als solche erkennen lässt und einen einfachen Zugang zu den Bedingungen für ihre Inanspruchnahme enthält sowie

4. Preisausschreiben und Gewinnspiele als solche erkennen lässt und einen einfachen Zugang zu den Teilnahmebedingungen enthält.

(2) Sonstige Informationspflichten für kommerzielle Kommunikation sowie Rechtsvorschriften über die Zulässigkeit von Angeboten zur Absatzförderung und von Preisausschreiben und Gewinnspielen bleiben unberührt.

Nicht angeforderte kommerzielle Kommunikation

§ 7. (1) Ein Diensteanbieter, der eine kommerzielle Kommunikation zulässigerweise ohne vorherige Zustimmung des Empfängers mittels elektronischer Post versendet, hat dafür zu sorgen, dass die kommerzielle Kommunikation bei ihrem Eingang beim Nutzer klar und eindeutig als solche erkennbar ist.

(2) Die Rundfunk und Telekom Regulierungs-GmbH (RTR-GmbH) hat eine Liste zu führen, in die sich diejenigen Personen und Unternehmen kostenlos eintragen können, die für sich die Zusendung kommerzieller Kommunikation im Weg der elektronischen Post ausgeschlossen haben. Die in Abs. 1 genannten Diensteanbieter haben diese Liste zu beachten.

(3) Rechtsvorschriften über die Zulässigkeit und Unzulässigkeit der Übermittlung kommerzieller Kommunikation im Weg der elektronischen Post bleiben unberührt.

Kommerzielle Kommunikation für Angehörige geregelter Berufe

§ 8. (1) Für Diensteanbieter, die berufsrechtlichen Vorschriften unterliegen, ist eine kommerzielle Kommunikation, die Bestandteil eines von ihnen bereitgestellten Dienstes der Informationsgesellschaft ist oder einen solchen darstellt, zulässig.

(2) Berufsrechtliche Vorschriften, die kommerzielle Kommunikation für die Angehörigen dieser Berufe insbesondere zur Wahrung der Unabhängigkeit, Würde und Ehre des Berufs, zur Sicherung des Berufsgeheimnisses und zur Einhaltung eines lauteren Verhaltens gegenüber Kunden und anderen Berufsangehörigen einschränken, bleiben unberührt.

4. Abschnitt
Abschluss von Verträgen

Informationen für Vertragsabschlüsse

§ 9. (1) Ein Diensteanbieter hat einen Nutzer vor Abgabe seiner Vertragserklärung (Vertragsanbot oder -annahme) über folgende Belange klar, verständlich und eindeutig zu informieren:

1. die einzelnen technischen Schritte, die zu seiner Vertragserklärung und zum Vertragsabschluss führen;

2. den Umstand, ob der Vertragstext nach Vertragsabschluss vom Diensteanbieter gespei-

chert wird sowie gegebenenfalls den Zugang zu einem solchen Vertragstext;

3. die technischen Mittel zur Erkennung und Berichtigung von Eingabefehlern vor Abgabe der Vertragserklärung sowie

4. die Sprachen, in denen der Vertrag abgeschlossen werden kann.

(2) Ein Diensteanbieter hat die freiwilligen Verhaltenskodizes, denen er sich unterwirft, und den elektronischen Zugang zu diesen Kodizes anzugeben.

(3) Die Informationspflichten nach den Abs. 1 und 2 können nicht zum Nachteil von Verbrauchern abbedungen werden. Sie gelten nicht für Verträge, die ausschließlich im Weg der elektronischen Post oder eines damit vergleichbaren individuellen Kommunikationsmittels abgeschlossen werden.

(4) Sonstige Informationspflichten des Diensteanbieters bleiben unberührt.

Abgabe einer Vertragserklärung

§ 10. (1) Ein Diensteanbieter hat dem Nutzer angemessene, wirksame und zugängliche technische Mittel zur Verfügung zu stellen, mit denen dieser Eingabefehler vor der Abgabe seiner Vertragserklärung erkennen und berichtigen kann.

(2) Ein Diensteanbieter hat dem Nutzer den Zugang einer elektronischen Vertragserklärung unverzüglich elektronisch zu bestätigen.

(3) Die Verpflichtungen des Diensteanbieters nach den Abs. 1 und 2 können nicht zum Nachteil von Verbrauchern abbedungen werden. Sie gelten nicht für Verträge, die ausschließlich im Weg der elektronischen Post oder eines damit vergleichbaren individuellen elektronischen Kommunikationsmittels abgeschlossen werden.

Vertragsbestimmungen und Geschäftsbedingungen

§ 11. Ein Diensteanbieter hat die Vertragsbestimmungen und die allgemeinen Geschäftsbedingungen dem Nutzer so zur Verfügung zu stellen, dass er sie speichern und wiedergeben kann. Diese Verpflichtung kann nicht zum Nachteil des Nutzers abbedungen werden.

Zugang elektronischer Erklärungen

§ 12. Elektronische Vertragserklärungen, andere rechtlich erhebliche elektronische Erklärungen und elektronische Empfangsbestätigungen gelten als zugegangen, wenn die Partei, für die sie bestimmt sind, unter gewöhnlichen Umständen abrufen kann. Diese Regelung kann nicht zum Nachteil von Verbrauchern abbedungen werden.

5. Abschnitt
Verantwortlichkeit von Diensteanbietern

Ausschluss der Verantwortlichkeit bei Durchleitung

§ 13. (1) Ein Diensteanbieter, der von einem Nutzer eingegebene Informationen in einem Kommunikationsnetz übermittelt oder den Zugang zu einem Kommunikationsnetz vermittelt, ist für die übermittelten Informationen nicht verantwortlich, sofern er

1. die Übermittlung nicht veranlasst,

2. den Empfänger der übermittelten Informationen nicht auswählt und

3. die übermittelten Informationen weder auswählt noch verändert.

(2) Die Übermittlung von Informationen und die Vermittlung des Zugangs im Sinn des Abs. 1 umfassen auch die automatische kurzzeitige Zwischenspeicherung der übermittelten Informationen, soweit diese Zwischenspeicherung nur der Durchführung der Übermittlung im Kommunikationsnetz dient und die Information nicht länger gespeichert wird, als es für die Übermittlung üblicherweise erforderlich ist.

Ausschluss der Verantwortlichkeit bei Suchmaschinen

§ 14. (1) Ein Diensteanbieter, der Nutzern eine Suchmaschine oder andere elektronische Hilfsmittel zur Suche nach fremden Informationen bereitstellt, ist für die abgefragten Informationen nicht verantwortlich, sofern er

1. die Übermittlung der abgefragten Informationen nicht veranlasst,

2. den Empfänger der abgefragten Informationen nicht auswählt und

3. die abgefragten Informationen weder auswählt noch verändert.

(2) Abs. 1 ist nicht anzuwenden, wenn die Person, von der die abgefragten Informationen stammen, dem Diensteanbieter untersteht oder von ihm beaufsichtigt wird.

Ausschluss der Verantwortlichkeit bei Zwischenspeicherungen (Caching)

§ 15. Ein Diensteanbieter, der von einem Nutzer eingegebene Informationen in einem Kommunikationsnetz übermittelt, ist für eine automatische, zeitlich begrenzte Zwischenspeicherung, die nur der effizienteren Gestaltung der auf Abruf anderer Nutzer erfolgenden Informationsübermittlung dient, nicht verantwortlich, sofern er

1. die Information nicht verändert,

2. die Bedingungen für den Zugang zur Information beachtet,

3. die Regeln für die Aktualisierung der Information, die in allgemein anerkannten und

verwendeten Industriestandards festgelegt sind, beachtet,

4. die zulässige Anwendung von Technologien zur Sammlung von Daten über die Nutzung der Information, die in allgemein anerkannten und verwendeten Industriestandards festgelegt sind, nicht beeinträchtigt und

5. unverzüglich eine von ihm gespeicherte Information entfernt oder den Zugang zu ihr sperrt, sobald er tatsächliche Kenntnis davon erhalten hat, dass die Information am ursprünglichen Ausgangsort der Übertragung aus dem Netz entfernt oder der Zugang zu ihr gesperrt wurde oder dass ein Gericht oder eine Verwaltungsbehörde die Entfernung oder Sperre angeordnet hat.

Ausschluss der Verantwortlichkeit bei Speicherung fremder Inhalte (Hosting)

§ 16. (1) Ein Diensteanbieter, der von einem Nutzer eingegebene Informationen speichert, ist für die im Auftrag eines Nutzers gespeicherten Informationen nicht verantwortlich, sofern er

1. von einer rechtswidrigen Tätigkeit oder Information keine tatsächliche Kenntnis hat und sich in Bezug auf Schadenersatzansprüche auch keiner Tatsachen oder Umstände bewusst ist, aus denen eine rechtswidrige Tätigkeit oder Information offensichtlich wird, oder,

2. sobald er diese Kenntnis oder dieses Bewusstsein erhalten hat, unverzüglich tätig wird, um die Information zu entfernen oder den Zugang zu ihr zu sperren.

(2) Abs. 1 ist nicht anzuwenden, wenn der Nutzer dem Diensteanbieter untersteht oder von ihm beaufsichtigt wird.

Ausschluss der Verantwortlichkeit bei Links

§ 17. (1) Ein Diensteanbieter, der mittels eines elektronischen Verweises einen Zugang zu fremden Informationen eröffnet, ist für diese Informationen nicht verantwortlich,

1. sofern er von einer rechtswidrigen Tätigkeit oder Information keine tatsächliche Kenntnis hat und sich in Bezug auf Schadenersatzansprüche auch keiner Tatsachen oder Umstände bewusst ist, aus denen eine rechtswidrige Tätigkeit oder Information offensichtlich wird, oder,

2. sobald er diese Kenntnis oder dieses Bewusstsein erlangt hat, unverzüglich tätig wird, um den elektronischen Verweis zu entfernen.

(2) Abs. 1 ist nicht anzuwenden, wenn die Person, von der die Informationen stammen, dem Diensteanbieter untersteht oder von ihm beaufsichtigt wird oder der Diensteanbieter die fremden Informationen als seine eigenen darstellt.

Umfang der Pflichten der Diensteanbieter

§ 18. (1) Die in den §§ 13 bis 17 genannten Diensteanbieter sind nicht verpflichtet, die von ihnen gespeicherten, übermittelten oder zugänglich gemachten Informationen allgemein zu überwachen oder von sich aus nach Umständen zu forschen, die auf rechtswidrige Tätigkeiten hinweisen.

(2) Die in den §§ 13 und 16 genannten Diensteanbieter haben auf Grund der Anordnung eines dazu gesetzlich befugten inländischen Gerichtes diesem alle Informationen zu übermitteln, an Hand deren die Nutzer ihres Dienstes, mit denen sie Vereinbarungen über die Übermittlung oder Speicherung von Informationen abgeschlossen haben, zur Verhütung, Ermittlung, Aufklärung oder Verfolgung gerichtlich strafbarer Handlungen ermittelt werden können.

(3) Die in § 16 genannten Diensteanbieter haben auf Grund der Anordnung einer Verwaltungsbehörde dieser den Namen und die Adressen der Nutzer ihres Dienstes, mit denen sie Vereinbarungen über die Speicherung von Informationen abgeschlossen haben, zu übermitteln, sofern die Kenntnis dieser Informationen eine wesentliche Voraussetzung der Wahrnehmung der der Behörde übertragenen Aufgaben bildet.

(4) Die in § 16 genannten Diensteanbieter haben den Namen und die Adresse eines Nutzers ihres Dienstes, mit dem sie Vereinbarungen über die Speicherung von Informationen abgeschlossen haben, auf Verlangen dritten Personen zu übermitteln, sofern diese ein überwiegendes rechtliches Interesse an der Feststellung der Identität eines Nutzers und eines bestimmten rechtswidrigen Sachverhalts sowie überdies glaubhaft machen, dass die Kenntnis dieser Informationen eine wesentliche Voraussetzung für die Rechtsverfolgung bildet.

(5) Sonstige Auskunfts- und Mitwirkungspflichten der Diensteanbieter gegenüber Behörden oder Gerichten bleiben unberührt.

Weitergehende Vorschriften

§ 19. (1) Die §§ 13 bis 18 lassen gesetzliche Vorschriften, nach denen ein Gericht oder eine Behörde dem Diensteanbieter die Unterlassung, Beseitigung oder Verhinderung einer Rechtsverletzung auftragen kann, unberührt.

(2) Abs. 1 sowie die §§ 13 bis 18 sind auch auf Anbieter anzuwenden, die unentgeltlich elektronische Dienste bereitstellen.

6. Abschnitt
Herkunftslandprinzip und Ausnahmen

Herkunftslandprinzip

§ 20. (1) Im koordinierten Bereich (§ 3 Z 8) richten sich die rechtlichen Anforderungen an einen in einem Mitgliedstaat niedergelassenen Diensteanbieter nach dem Recht dieses Staats.

(2) Der freie Verkehr der Dienste der Informationsgesellschaft aus einem anderen Mitgliedstaat darf vorbehaltlich der §§ 21 bis 23 nicht auf Grund inländischer Rechtsvorschriften eingeschränkt werden, die in den koordinierten Bereich fallen.

Ausnahmen vom Herkunftslandprinzip

§ 21. Das Herkunftslandprinzip ist in folgenden Bereichen nicht anzuwenden:

1. Belange des Urheberrechts und verwandter Schutzrechte, der gewerblichen Schutzrechte sowie des Datenbank- und Halbleiterschutzes;

2. die Ausgabe elektronischen Geldes durch Institute, auf die die Mitgliedstaaten eine der in Art. 8 Abs. 1 der Richtlinie 2000/46/EG, ABl. Nr. L 275 vom 27. Oktober 2000, S 39, vorgesehenen Ausnahmen angewendet haben;

3. Rechtsvorschriften über die Werbung für Investmentfonds und andere Organismen für gemeinsame Anlagen von Wertpapieren im Vertriebsstaat;

4. die in Art. 30 und in Titel IV der Richtlinie 92/49/EWG, ABl. Nr. L 228 vom 11. August 1992, S 1, zuletzt geändert durch die Richtlinie 95/26/EG, ABl. Nr. L 168 vom 18. Juli 1995, S 7, in Titel IV der Richtlinie 92/96/EWG, ABl. Nr. L 360 vom 9. Dezember 1992, S 1, zuletzt geändert durch die Richtlinie 95/26/EG, in den Art. 7 und 8 der Richtlinie 88/357/EWG, ABl. Nr. L 172 vom 4. Juli 1988, S 1, zuletzt geändert durch die Richtlinie 92/49/EG, sowie in Art. 4 der Richtlinie 90/619/EWG, ABl. Nr. L 330 vom 29. November 1990, S 50, zuletzt geändert durch die Richtlinie 92/96/EG, enthaltenen Rechtsvorschriften über die Verpflichtungen von Versicherungsunternehmen zur Vorlage der Bedingungen für eine Pflichtversicherung an die zuständige Aufsichtsbehörde, über die freie Niederlassung und den freien Dienstleistungsverkehr von Versicherungsunternehmen im Europäischen Wirtschaftsraum und über das anwendbare Recht bei Nicht-Lebens- und Lebensversicherungsverträgen, die in einem Mitgliedstaat gelegene Risiken decken;

5. die Freiheit der Parteien eines Vertrags zur Rechtswahl;

6. vertragliche Schuldverhältnisse in Bezug auf Verbraucherverträge einschließlich der gesetzlichen Informationspflichten, die einen bestimmenden Einfluss auf die Entscheidung zum Vertragsabschluss haben;

7. die Rechtswirksamkeit von Verträgen zur Begründung oder Übertragung von Rechten an Immobilien, sofern diese Verträge nach dem Recht des Mitgliedstaats, in dem sich die Immobilie befindet, zwingenden Formvorschriften unterliegen;

8. die Zulässigkeit nicht angeforderter Werbung und anderer Maßnahmen zur Absatzförderung im Weg der elektronischen Post;

9. die Tätigkeit von Notaren und die Tätigkeit von Angehörigen gleichwertiger Berufe, soweit diese öffentlich-rechtliche Befugnisse ausüben;

10. die Vertretung einer Partei und die Verteidigung ihrer Interessen vor den Gerichten, vor unabhängigen Verwaltungssenaten oder vor Behörden im Sinne des Art. 133 Z 4 B-VG;

11. Gewinn- und Glücksspiele, bei denen ein Einsatz, der einen Geldwert darstellt, zu leisten ist, einschließlich von Lotterien und Wetten;

12. Rechtsvorschriften über Waren, wie etwa Sicherheitsnormen, Kennzeichnungspflichten, Verbote und Einschränkungen der Innehabung oder des Besitzes, sowie über die Haftung für fehlerhafte Waren;

13. Rechtsvorschriften über die Lieferung von Waren einschließlich der Lieferung von Arzneimitteln und

14. Rechtsvorschriften über Dienstleistungen, die nicht elektronisch erbracht werden.

Abweichungen vom Herkunftslandprinzip

§ 22. (1) Ein Gericht oder eine Verwaltungsbehörde kann im Rahmen seiner bzw. ihrer gesetzlichen Befugnisse abweichend vom Herkunftslandprinzip Maßnahmen ergreifen, die den freien Verkehr der Dienste der Informationsgesellschaft aus einem anderen Mitgliedstaat einschränken. Solche Maßnahmen müssen jedoch zum Schutz eines der in Abs. 2 genannten Rechtgüter erforderlich sein. Sie dürfen sich nur gegen einen Diensteanbieter richten, der eines dieser Rechtsgüter beeinträchtigt oder ernstlich und schwerwiegend zu beeinträchtigen droht. Auch müssen sie in einem angemessenen Verhältnis zu den damit verfolgten Zielen stehen.

(2) Der freie Verkehr der Dienste der Informationsgesellschaft aus einem anderen Mitgliedstaat kann nur aus folgenden Gründen eingeschränkt werden:

1. Schutz der öffentlichen Ordnung, etwa zur Verhütung, Ermittlung, Aufklärung oder Verfolgung strafbarer Handlungen, einschließlich des Jugendschutzes und der Bekämpfung der Hetze aus Gründen der Rasse, des Geschlechts, des Glaubens oder der Nationalität;

2. Schutz der Würde einzelner Menschen;

3. Schutz der öffentlichen Gesundheit;

4. Schutz der öffentlichen Sicherheit einschließlich der Wahrung nationaler Sicherheits- und Verteidigungsinteressen und

5. Schutz der Verbraucher einschließlich des Schutzes der Anleger.

§ 23. (1) Eine Verwaltungsbehörde hat ihre Absicht zur Ergreifung von Maßnahmen, die den freien Verkehr von Diensten der Informationsgesellschaft aus einem anderen Mitgliedstaat einschränken, der Europäischen Kommission und der zuständigen Stelle des anderen

Staates mitzuteilen und diese aufzufordern, geeignete Maßnahmen gegen den Diensteanbieter zu veranlassen. Die Behörde kann die von ihr beabsichtigten Maßnahmen erst durchführen, wenn die zuständige Stelle des anderen Mitgliedstaats dieser Aufforderung nicht innerhalb angemessener Frist Folge geleistet hat oder die von ihr ergriffenen Maßnahmen unzulänglich sind.

(2) Bei Gefahr im Verzug kann die Verwaltungsbehörde die von ihr beabsichtigten Maßnahmen auch ohne Verständigung der Kommission und Aufforderung der zuständigen Stelle des anderen Mitgliedstaats erlassen. In diesem Fall hat sie die von ihr ergriffene Maßnahme unverzüglich der Kommission und der zuständigen Stelle unter Angabe der Gründe für die Annahme von Gefahr im Verzug mitzuteilen.

(3) Die Abs. 1 und 2 sind auf gerichtliche Verfahren nicht anzuwenden.

7. Abschnitt

Transparenz und Verbindung mit anderen Mitgliedstaaten

Transparenz

§ **24.** (1) Der Bundesminister für Justiz hat die ihm bekannt gewordenen wesentlichen gerichtlichen oder verwaltungsbehördlichen Entscheidungen im Zusammenhang mit Diensten der Informationsgesellschaft der Europäischen Kommission bekannt zu geben.

(2) Der Bundesminister für Justiz hat im Internet Informationen über

1. die vertraglichen Rechte und Pflichten der Nutzer sowie über die bei Streitfällen verfügbaren Beschwerde- und Rechtsschutzverfahren einschließlich der praktischen Aspekte dieser Verfahren und

2. die Anschriften von Behörden, Körperschaften öffentlichen Rechts und anderer Stellen, bei denen die Nutzer oder Dienstanbieter weitere Informationen oder praktische Unterstützung erhalten können,

zu veröffentlichen.

Verbindungsstelle

§ **25.** (1) Der Bundesminister für Justiz hat als Verbindungsstelle mit den zuständigen Stellen anderer Mitgliedstaaten und der Europäischen Kommission zusammenzuarbeiten. Er hat den an ihn gelangten Auskunftsbegehren anderer Mitgliedstaaten und der Kommission zu entsprechen und die nicht in seinen Wirkungsbereich fallenden Ersuchen um Amts- oder Rechtshilfe oder Auskünfte an die zuständigen Gerichte oder Verwaltungsbehörden weiterzuleiten.

(2) Der Bundesminister für Justiz hat die Anschriften der ihm bekannt gegebenen Verbindungsstellen anderer Mitgliedstaaten im Internet zu veröffentlichen.

8. Abschnitt

Strafbestimmungen

Verwaltungsübertretungen

§ **26.** (1) Ein Diensteanbieter begeht eine Verwaltungsübertretung und ist mit Geldstrafe bis zu 3 000 Euro zu bestrafen, wenn er

1. gegen seine allgemeinen Informationspflichten nach § 5 Abs. 1 verstößt,

2. gegen seine Informationspflichten für kommerzielle Kommunikation nach § 6 verstößt,

3. gegen seine Informationspflichten für Vertragsabschlüsse nach § 9 Abs. 1 verstößt oder entgegen § 9 Abs. 2 keinen elektronischen Zugang zu den freiwilligen Verhaltenskodizes, denen er sich unterwirft, angibt,

4. entgegen § 10 Abs. 1 keine technischen Mittel zur Erkennung und Berichtigung von Eingabefehlern zur Verfügung stellt oder

5. entgegen § 11 die Vertragsbestimmungen und die allgemeinen Geschäftsbedingungen nicht so zur Verfügung stellt, dass sie der Nutzer speichern und wiedergeben kann.

(2) Eine Verwaltungsübertretung nach Abs. 1 liegt nicht vor, wenn die Tat den Tatbestand einer gerichtlich strafbaren Handlung bildet oder nach anderen Verwaltungsstrafbestimmungen mit strengerer Strafe bedroht ist.

Tätige Reue

§ **27.** (1) Die Behörde kann einen Diensteanbieter, der die Verpflichtungen nach diesem Bundesgesetz verletzt, darauf hinweisen und ihm auftragen, den gesetzmäßigen Zustand innerhalb einer von ihr festgelegten angemessenen Frist herzustellen. Dabei hat sie ihn auf die mit einer solchen Aufforderung verbundenen Rechtsfolgen hinzuweisen.

(2) Ein Diensteanbieter ist wegen einer Verwaltungsübertretung nach § 26 Abs. 1 nicht zu bestrafen, wenn er den gesetzmäßigen Zustand innerhalb der von der Behörde gesetzten Frist herstellt.

9. Abschnitt

Vollzugs- und Schlussbestimmungen

In-Kraft-Treten

§ **28.** Dieses Bundesgesetz tritt mit 1. Jänner 2002 in Kraft.

Verweise auf andere Bundesgesetze

§ **29.** Soweit in diesem Bundesgesetz auf Bestimmungen anderer Bundesgesetze verwiesen wird, sind diese in ihrer jeweils geltenden Fassung anzuwenden.

Vollzug

§ 30. Mit der Vollziehung dieses Bundesgesetzes sind hinsichtlich des § 7 der Bundesminister für Verkehr, Innovation und Technologie, hinsichtlich der §§ 24 und 25 der Bundesminister für Justiz sowie hinsichtlich der übrigen Bestimmungen der Bundesminister für Justiz und der Bundesminister für Wirtschaft und Arbeit betraut.

Hinweise auf Notifikation und Umsetzung

§ 31. (1) Dieses Bundesgesetz wurde unter Einhaltung der Bestimmungen der Richtlinie 98/34/EG, ABl. Nr. L 204 vom 21. Juli 1998, S 37, in der Fassung der Richtlinie 98/48/EG, ABl. Nr. L 217 vom 5. August 1998, S 18, der Europäischen Kommission notifiziert (Notifikationsnummer 2001/290/A).

(2) Mit diesem Bundesgesetz wird die Richtlinie 2000/31/EG über bestimmte Aspekte des elektronischen Geschäftsverkehrs im Binnenmarkt (Richtlinie über den elektronischen Geschäftsverkehr), ABl. Nr. L 178 vom 17. Juli 2000, S 1, umgesetzt.

37. Signaturgesetz

37. Signaturgesetz, BGBl I 1999/190, idF
1 BGBl I 2000/137 **2** BGBl I 2001/32 **3** BGBl I 2001/152 (ECG)

STICHWORTVERZEICHNIS

(Die Zahlenangaben beziehen sich auf die Paragraphen)

Bundesgesetz über elektronische Signaturen (Signaturgesetz – SigG)

1. Abschnitt

Gegenstand und Begriffsbestimmungen

Gegenstand und Anwendungsbereich

§ 1. (1) Dieses Bundesgesetz regelt den rechtlichen Rahmen für die Erstellung und Verwendung elektronischer Signaturen sowie für die Erbringung von Signatur- und Zertifizierungsdiensten.

(2) Dieses Bundesgesetz ist auch anzuwenden in geschlossenen Systemen, sofern deren Teilnehmer dies vereinbart haben, sowie im offenen elektronischen Verkehr mit Gerichten und anderen Behörden, sofern durch Gesetz nicht anderes bestimmt ist.

Begriffsbestimmungen

§ 2. Im Sinne dieses Bundesgesetzes bedeuten

1. elektronische Signatur: elektronische Daten, die anderen elektronischen Daten beigefügt oder mit diesen logisch verknüpft werden und die der Authentifizierung, also der Feststellung der Identität des Signators, dienen;

2. Signator: eine natürliche Person, der Signaturerstellungsdaten und die entsprechenden Signaturprüfdaten zugeordnet sind und die entweder im eigenen oder im fremden Namen eine elektronische Signatur erstellt, oder ein Zertifizierungsdiensteanbieter, der Zertifikate für die Erbringung von Zertifizierungsdiensten verwendet;

3. sichere elektronische Signatur: eine elektronische Signatur, die

a) ausschließlich dem Signator zugeordnet ist,

b) die Identifizierung des Signators ermöglicht,

c) mit Mitteln erstellt wird, die der Signator unter seiner alleinigen Kontrolle halten kann,

d) mit den Daten, auf die sie sich bezieht, so verknüpft ist, daß jede nachträgliche Veränderung der Daten festgestellt werden kann, sowie

e) auf einem qualifizierten Zertifikat beruht und unter Verwendung von technischen Komponenten und Verfahren, die den Sicherheitsanforderungen dieses Bundesgesetzes und der auf seiner Grundlage ergangenen Verordnungen entsprechen, erstellt wird;

4. Signaturerstellungsdaten: einmalige Daten wie Codes oder private Signaturschlüssel, die vom Signator zur Erstellung einer elektronischen Signatur verwendet werden;

5. Signaturerstellungseinheit: eine konfigurierte Software oder Hardware, die zur Verarbeitung der Signaturerstellungsdaten verwendet wird;

6. Signaturprüfdaten: Daten wie Codes oder öffentliche Signaturschlüssel, die zur Überprüfung einer elektronischen Signatur verwendet werden;

7. Signaturprüfeinheit: eine konfigurierte Software oder Hardware, die zur Verarbeitung der Signaturprüfdaten verwendet wird;

8. Zertifikat: eine elektronische Bescheinigung, mit der Signaturprüfdaten einer bestimmten Person zugeordnet werden und deren Identität bestätigt wird;

9. qualifiziertes Zertifikat: ein Zertifikat, das die Angaben des § 5 enthält und von einem den Anforderungen des § 7 entsprechenden Zertifizierungsdiensteanbieter ausgestellt wird.

10. Zertifizierungsdiensteanbieter: eine natürliche oder juristische Person oder eine sonstige rechtsfähige Einrichtung, die Zertifikate ausstellt oder andere Signatur- und Zertifizierungsdienste erbringt;

11. Signatur- und Zertifizierungsdienste: die Bereitstellung von Signaturprodukten und -verfahren, die Ausstellung, Erneuerung und Verwaltung von Zertifikaten, Verzeichnis-, Widerrufs-, Registrierungs- und Zeitstempeldienste sowie Rechner- und Beratungsdienste im Zusammenhang mit elektronischen Signaturen;

12. Zeitstempeldienst: eine elektronisch signierte Bescheinigung eines Zertifizierungsdiensteanbieters, daß bestimmte elektronische Daten zu einem bestimmten Zeitpunkt vorgelegen sind;

13. Signaturprodukt: Hard- oder Software bzw. deren spezifische Komponenten, die für die Erstellung und Überprüfung elektronischer Signaturen oder von einem Zertifizierungsdiensteanbieter für die Bereitstellung von Signatur- oder Zertifizierungsdiensten verwendet werden;

14. Kompromittierung: die Beeinträchtigung von Sicherheitsmaßnahmen oder Sicherheitstechnik, sodaß das vom Zertifizierungsdiensteanbieter zugrundegelegte Sicherheitsniveau nicht eingehalten ist;

15. Signaturrichtlinie: Richtlinie des Europäischen Parlamentes und des Rates vom 13. Dezember 1999 über gemeinschaftliche Rahmenbedingungen für elektronische Signaturen, ABl. L Nr. 13 vom 19. Jänner 2000, S 12. *(BGBl I 2000/137, ab 30. 12. 2000)*

2. Abschnitt

Rechtserheblichkeit elektronischer Signaturen

Allgemeine Rechtswirkungen

§ 3. (1) Im Rechts- und Geschäftsverkehr können Signaturverfahren mit unterschiedlichen Sicherheitsstufen und unterschiedlichen Zertifikatsklassen verwendet werden.

(2) Die rechtliche Wirksamkeit einer elektronischen Signatur und deren Verwendung als Beweismittel können nicht allein deshalb ausgeschlossen werden, weil die elektronische Signatur nur in elektronischer Form vorliegt, weil sie nicht auf einem qualifizierten Zertifikat oder nicht auf einem von einem akkreditierten Zertifizierungsdiensteanbieter ausgestellten qualifi-

zierten Zertifikat beruht oder weil sie nicht unter Verwendung von technischen Komponenten und Verfahren im Sinne des § 18 erstellt wurde.

Besondere Rechtswirkungen

§ 4. (1) Eine sichere elektronische Signatur erfüllt das rechtliche Erfordernis einer eigenhändigen Unterschrift, insbesondere der Schriftlichkeit im Sinne des § 886 ABGB, sofern durch Gesetz oder Parteienvereinbarung nicht anderes bestimmt ist.

(2) Eine sichere elektronische Signatur entfaltet nicht die Rechtswirkungen der Schriftlichkeit im Sinne des § 886 ABGB bei

1. Rechtsgeschäften des Familien- und Erbrechts, die an die Schriftform oder ein strengeres Formerfordernis gebunden sind,

2. anderen Willenserklärungen oder Rechtsgeschäften, die zu ihrer Wirksamkeit an die Form einer öffentlichen Beglaubigung, einer gerichtlichen oder notariellen Beurkundung oder eines Notariatsakts gebunden sind,

3. Willenserklärungen, Rechtsgeschäften oder Eingaben, die zu ihrer Eintragung in das Grundbuch, das Firmenbuch oder ein anderes öffentliches Register einer öffentlichen Beglaubigung, einer gerichtlichen oder notariellen Beurkundung oder eines Notariatsakts bedürfen, und

4. einer Bürgschaftserklärung (§ 1346 Abs. 2 ABGB), die von Personen außerhalb ihrer gewerblichen, geschäftlichen oder beruflichen Tätigkeit abgegeben wird. *(BGBl I 2001/152, ab 1. 1. 2002)*

(3) Die Bestimmung des § 294 ZPO über die Vermutung der Echtheit des Inhalts einer unterschriebenen Privaturkunde ist auf elektronische Dokumente, die mit einer sicheren elektronischen Signatur versehen sind, anzuwenden.

(4) Die Rechtswirkungen der Abs. 1 und 3 treten nicht ein, wenn nachgewiesen wird, daß die Sicherheitsanforderungen dieses Bundesgesetzes und der auf seiner Grundlage ergangenen Verordnungen nicht eingehalten oder die zur Einhaltung dieser Sicherheitsanforderungen getroffenen Vorkehrungen kompromittiert wurden.

Qualifizierte Zertifikate

§ 5. (1) Ein qualifiziertes Zertifikat hat zumindest folgende Angaben zu enthalten:

1. den Hinweis darauf, daß es sich um ein qualifiziertes Zertifikat handelt,

2. den unverwechselbaren Namen des Zertifizierungsdiensteanbieters und den Staat seiner Niederlassung,

3. den Namen des Signators oder ein Pseudonym, das als solches bezeichnet sein muß,

4. gegebenenfalls auf Verlangen des Zertifikatswerbers Angaben über eine Vertretungsmacht oder eine andere rechtlich erhebliche Eigenschaft des Signators,

5. die dem Signator zugeordneten Signaturprüfdaten,

6. Beginn und Ende der Gültigkeit des Zertifikats,

7. die eindeutige Kennung des Zertifikats,

8. gegebenenfalls eine Einschränkung des Anwendungsbereichs des Zertifikats und

9. gegebenenfalls eine Begrenzung des Transaktionswerts, auf den das Zertifikat ausgestellt ist.

(2) Auf Verlangen des Zertifikatswerbers können weitere rechtlich erhebliche Angaben in das qualifizierte Zertifikat aufgenommen werden.

(3) Ein qualifiziertes Zertifikat muss mit einer den Anforderungen des § 2 Z 3 lit. a bis d entsprechenden Signatur des Zertifizierungsdiensteanbieters versehen sein. *(BGBl I 2000/137, ab 30. 12. 2000)*

3. Abschnitt
Zertifizierungsdiensteanbieter

Tätigkeit der Zertifizierungsdiensteanbieter

§ 6. (1) Die Aufnahme und die Ausübung der Tätigkeit eines Zertifizierungsdiensteanbieters bedürfen keiner gesonderten Genehmigung.

(2) Ein Zertifizierungsdiensteanbieter hat die Aufnahme seiner Tätigkeit unverzüglich der Aufsichtsstelle (§ 13) anzuzeigen. Er hat der Aufsichtsstelle spätestens mit Aufnahme der Tätigkeit oder bei Änderung seiner Dienste ein Sicherheitskonzept sowie ein Zertifizierungskonzept für jeden von ihm angebotenen Signatur- und Zertifizierungsdienst samt den verwendeten technischen Komponenten und Verfahren vorzulegen.

(3) Ein Zertifizierungsdiensteanbieter, der sichere elektronische Signaturverfahren bereitstellt, hat in seinem Sicherheitskonzept die Einhaltung der Sicherheitsanforderungen dieses Bundesgesetzes und der auf seiner Grundlage ergangenen Verordnungen darzulegen.

(4) Ein Zertifizierungsdiensteanbieter hat die im Sicherheits- und im Zertifizierungskonzept dargelegten Angaben sowohl bei der Aufnahme als auch während der Ausübung seiner Tätigkeit zu erfüllen.

(5) Ein Zertifizierungsdiensteanbieter hat alle Umstände, die eine ordnungsgemäße und dem Sicherheits- sowie dem Zertifizierungskonzept entsprechende Tätigkeit nicht mehr ermöglichen, unverzüglich der Aufsichtsstelle anzuzeigen.

(6) Stellt ein Zertifizierungsdiensteanbieter Zertifikate aus, so hat er im Sicherheitskonzept darzulegen, ob und gegebenenfalls in welcher Form Verzeichnis- und Widerrufsdienste geführt werden.

(7) Ein Zertifikat für Zertifizierungsdiensteanbieter darf von diesen nur für die Erbringung von Zertifizierungsdiensten verwendet werden.

Zertifizierungsdiensteanbieter für qualifizierte Zertifikate

§ 7. (1) Ein Zertifizierungsdiensteanbieter, der qualifizierte Zertifikate ausstellt, hat

1. die erforderliche Zuverlässigkeit für die von ihm bereitgestellten Signatur- oder Zertifizierungsdienste aufzuweisen,

2. den Betrieb eines schnellen und sicheren Verzeichnisdienstes sowie eines unverzüglichen und sicheren Widerrufsdienstes sicherzustellen,

3. in qualifizierten Zertifikaten sowie für Verzeichnis- und Widerrufsdienste qualitätsgesicherte Zeitangaben „(zB sichere Zeitstempel)" zu verwenden und jedenfalls sicherzustellen, daß der Zeitpunkt der Ausstellung und des Widerrufs eines qualifizierten Zertifikats bestimmt werden kann. *(BGBl I 2000/137, ab 30. 12. 2000)*

4. anhand eines amtlichen Lichtbildausweises die Identität und gegebenenfalls besondere rechtlich erhebliche Eigenschaften der Person, für die ein qualifiziertes Zertifikat ausgestellt wird, zuverlässig zu überprüfen,

5. zuverlässiges Personal mit den für die bereitgestellten Dienste erforderlichen Fachkenntnissen, Erfahrungen und Qualifikationen, insbesondere mit Managementfähigkeiten sowie mit Kenntnissen der Technologie elektronischer Signaturen und angemessener Sicherheitsverfahren, zu beschäftigen und geeignete Verwaltungs- und Managementverfahren, die anerkannten Normen entsprechen, einzuhalten.

6. über ausreichende Finanzmittel zu verfügen, um den Anforderungen dieses Bundesgesetzes und der auf seiner Grundlage ergangenen Verordnungen zu entsprechen, sowie Vorsorge für die Befriedigung von Schadenersatzansprüchen, etwa durch Eingehen einer Haftpflichtversicherung, zu treffen,

7. alle maßgeblichen Umstände über ein qualifiziertes Zertifikat während eines für den Verwendungszweck angemessenen Zeitraums – gegebenenfalls auch elektronisch - aufzuzeichnen, sodaß insbesondere in gerichtlichen Verfahren die Zertifizierung nachgewiesen werden kann, sowie

8. Vorkehrungen dafür zu treffen, daß die Signaturerstellungsdaten der Signatoren weder vom Zertifizierungsdiensteanbieter noch von Dritten gespeichert oder kopiert werden können.

(2) Ein Zertifizierungsdiensteanbieter, der qualifizierte Zertifikate ausstellt, hat für die Signatur- und Zertifizierungsdienste sowie für die Erstellung und Speicherung von Zertifikaten vertrauenswürdige Systeme, Produkte und Verfahren, die vor Veränderungen geschützt sind und für die technische und kryptographische Sicherheit sorgen, zu verwenden. Er hat insbesondere geeignete Vorkehrungen dafür zu treffen, daß Signaturerstellungsdaten geheimgehalten werden, daß Daten für qualifizierte Zertifikate nicht unerkannt gefälscht oder verfälscht werden können und daß diese Zertifikate nur mit Zustimmung des Signators öffentlich abrufbar sind. Für die „Erzeugung und Speicherung" von Signaturerstellungsdaten sowie für die Erstellung und Speicherung von qualifizierten Zertifikaten sind technische Komponenten und Verfahren, die den Anforderungen des § 18 entsprechen, zu verwenden. *(BGBl I 2000/137, ab 30. 12. 2000)*

(3) Signaturerstellungsdaten der Zertifizierungsdiensteanbieter sind vor unbefugtem Zugriff zu sichern.

(4) Für sichere elektronische Signaturen kann das Vorliegen der Voraussetzungen der Abs. 1 bis 3 im Rahmen der freiwilligen Akkreditierung (§ 17) bescheinigt werden.

(5) Stellt der Zertifizierungsdiensteanbieter ein sicheres elektronisches Signaturverfahren bereit, so muß der Umstand, daß es sich um eine sichere elektronische Signatur handelt, im Zertifikat oder in einem elektronisch jederzeit allgemein zugänglichen Verzeichnis aufscheinen.

(6) Auf Ersuchen von Gerichten oder anderen Behörden hat ein Zertifizierungsdiensteanbieter die Prüfung der auf seinen qualifizierten Zertifikaten beruhenden sicheren Signaturen vorzunehmen.

Ausstellung qualifizierter Zertifikate

§ 8. (1) Ein Zertifizierungsdiensteanbieter hat die Identität von Personen, denen ein qualifiziertes Zertifikat ausgestellt werden soll, anhand eines amtlichen Lichtbildausweises zuverlässig festzustellen. Er hat die Zuordnung bestimmter Signaturprüfdaten zu dieser Person durch ein qualifiziertes Zertifikat zu bestätigen.

(2) Das Verlangen auf Ausstellung eines qualifizierten Zertifikats kann auch bei einer im Auftrag des Zertifizierungsdiensteanbieters tätigen anderen Stelle eingebracht werden, die die Überprüfung der Identität des Zertifikatswerbers vorzunehmen hat.

(3) Ein Zertifizierungsdiensteanbieter hat nach Maßgabe des Zertifizierungskonzepts auf Verlangen des Zertifikatswerbers Angaben über seine Vertretungsmacht oder eine andere rechtlich erhebliche Eigenschaft in das qualifizierte Zertifikat aufzunehmen, sofern ihm oder einer anderen Stelle (Abs. 2) diese Umstände zuverlässig nachgewiesen werden.

(4) Ein Zertifizierungsdiensteanbieter kann nach Maßgabe des Zertifizierungskonzepts auf Verlangen des Zertifikatswerbers im Zertifikat anstatt des Namens des Signators ein Pseudonym angeben. Das Pseudonym darf weder anstößig noch offensichtlich zur Verwechslung mit Namen oder Kennzeichen geeignet sein.

Widerruf von Zertifikaten

§ 9. (1) Ein Zertifizierungsdiensteanbieter hat ein Zertifikat unverzüglich zu widerrufen, wenn

1. der Signator oder ein im Zertifikat genannter Machtgeber dies verlangt,

2. der Zertifizierungsdiensteanbieter Kenntnis vom Ableben des Signators oder sonst von der Änderung im Zertifikat bescheinigter Umstände erlangt,

3. das Zertifikat auf Grund unrichtiger Angaben erwirkt wurde,

4. der Zertifizierungsdiensteanbieter seine Tätigkeit einstellt und seine Verzeichnis- und Widerrufsdienste nicht von einem anderen Zertifizierungsdiensteanbieter übernommen werden,

5. die Aufsichtsstelle gemäß § 14 den Widerruf des Zertifikats anordnet oder

6. die Gefahr einer mißbräuchlichen Verwendung des Zertifikats besteht.

(2) Können die in Abs. 1 genannten Umstände nicht sofort zweifelsfrei festgestellt werden, so hat der Zertifizierungsdiensteanbieter das Zertifikat jedenfalls unverzüglich zu sperren.

(3) Die Sperre und der Widerruf müssen den Zeitpunkt, ab dem sie wirksam werden, enthalten. Wird ein Widerrufsdienst geführt, so werden die Sperre und der Widerruf mit der Eintragung in das entsprechende Verzeichnis wirksam. Eine rückwirkende Sperre oder ein rückwirkender Widerruf ist unzulässig. Der Signator bzw. sein Rechtsnachfolger ist von der Sperre oder dem Widerruf unverzüglich zu verständigen.

(4) Ein Zertifizierungsdiensteanbieter hat ein elektronisch jederzeit allgemein zugängliches Verzeichnis der gesperrten und der widerrufenen qualifizierten Zertifikate zu führen.

(5) Die Aufsichtsstelle hat das Zertifikat eines Zertifizierungsdiensteanbieters unverzüglich zu widerrufen, wenn

1. dem Zertifizierungsdiensteanbieter die Ausübung seiner Tätigkeit untersagt wird und seine Verzeichnis- und Widerrufsdienste nicht von einem anderen Zertifizierungsdiensteanbieter übernommen werden oder

2. der Zertifizierungsdiensteanbieter seine Tätigkeit einstellt und seine Verzeichnis- und Widerrufsdienste nicht von einem anderen Zertifizierungsdiensteanbieter übernommen werden.

Zeitstempeldienste

§ 10. Stellt ein Zertifizierungsdiensteanbieter Zeitstempeldienste bereit, so hat er im Sicherheits- und im Zertifizierungskonzept die näheren Angaben darzulegen. Für sichere Zeitstempeldienste sind technische Komponenten und Verfahren zu verwenden, die die Richtigkeit und Unverfälschtheit der Zeitangabe sicherstellen und den Anforderungen des § 18 entsprechen.

Dokumentation

§ 11. (1) Ein Zertifizierungsdiensteanbieter hat die Sicherheitsmaßnahmen, die er zur Einhaltung dieses Bundesgesetzes und der auf seiner Grundlage ergangenen Verordnungen getroffen hat, sowie das Ausstellen und gegebenenfalls die Sperre und den Widerruf von Zertifikaten zu dokumentieren. Dabei müssen die Daten und ihre Unverfälschtheit sowie der Zeitpunkt ihrer Aufnahme in das Protokollierungssystem jederzeit nachprüfbar sein.

(2) Auf Ersuchen von Gerichten oder anderen Behörden hat ein Zertifizierungsdiensteanbieter die Dokumentation nach Abs. 1 auszufolgen.

Einstellung der Tätigkeit

§ 12. Ein Zertifizierungsdiensteanbieter hat die Einstellung seiner Tätigkeit unverzüglich der Aufsichtsstelle anzuzeigen. Weiters hat er die im Zeitpunkt der Einstellung seiner Tätigkeit gültigen Zertifikate zu widerrufen oder dafür Sorge zu tragen, daß zumindest seine Verzeichnis- und Widerrufsdienste von einem anderen Zertifizierungsdiensteanbieter übernommen werden., Die Signatoren sind von der Einstellung der Tätigkeit sowie vom Widerruf oder der Übernahme unverzüglich zu verständigen. Auch im Fall des Widerrufs der Zertifikate hat der Zertifizierungsdiensteanbieter sicherzustellen, daß die Widerrufsdienste weitergeführt werden; kommt er dieser Verpflichtung nicht nach, so hat die Aufsichtsstelle für die Weiterführung der Widerrufsdienste auf Kosten des Zertifizierungsdiensteanbieters Sorge zu tragen.

4. Abschnitt
Aufsicht
Aufsichtsstelle

§ 13. (1) Aufsichtsstelle ist die Telekom-Control-Kommission (§ 110 TKG). Ihr obliegt die laufende Aufsicht über die Einhaltung der Bestimmungen dieses Bundesgesetzes und der auf seiner Grundlage ergangenen Verordnungen.

(2) Die Aufsichtsstelle hat insbesondere

1. die Umsetzung der Angaben im Sicherheits- und im Zertifizierungskonzept zu überprüfen,

2. im Fall der Bereitstellung sicherer elektronischer Signaturen die Verwendung geeigneter technischer Komponenten und Verfahren (§ 18) zu überwachen,

3. Zertifizierungsdiensteanbieter nach § 17 zu akkreditieren und

4. die organisatorische Aufsicht über Bestätigungsstellen (§ 19) durchzuführen.

(3) Die Aufsichtsstelle hat dafür Sorge zu tragen, daß ein elektronisch jederzeit allgemein zugängliches Verzeichnis der gültigen, der gesperrten und der widerrufenen Zertifikate für Zertifizierungsdiensteanbieter geführt wird. Weiters hat die Aufsichtsstelle dafür Sorge zu tragen, daß ein elektronisch jederzeit allgemein zugängliches Verzeichnis der im Inland nieder-

gelassenen Zertifizierungsdiensteanbieter, der von ihr akkreditierten Zertifizierungsdiensteanbieter und der Drittstaatenzertifizierungsdiensteanbieter, für deren Zertifikate ein im Inland niedergelassener Zertifizierungsdiensteanbieter nach § 24 Abs. 2 Z 2 einsteht, geführt wird. Auf Antrag sind auch andere im Ausland niedergelassene Zertifizierungsdiensteanbieter in dieses Verzeichnis aufzunehmen. In das Verzeichnis der Zertifikate für Zertifizierungsdiensteanbieter sind deren qualifizierte Zertifikate für die Erbringung von Zertifizierungsdiensten einzutragen. Solche Zertifikate können auch von der Aufsichtsstelle ausgestellt werden. Die Aufsichtsstelle hat die bei ihr geführten Verzeichnisse mit ihrer sicheren elektronischen Signatur zu versehen. Das Zertifikat der Aufsichtsstelle ist im Amtsblatt zur Wiener Zeitung zu veröffentlichen.

(4) Die Aufsichtsstelle hat den Zertifizierungsdiensteanbietern für ihre Tätigkeit und für die Heranziehung der „RTR-GmbHG"** eine mit Verordnung festgelegte kostendeckende Gebühr vorzuschreiben. Die Einnahmen aus dieser Gebühr fließen der Aufsichtsstelle zu und sind nach Heranziehung der Telekom-Control GmbH oder der Bestätigungsstelle nach deren Aufwand weiterzuleiten. „Für die ersten drei Jahre der operativen Tätigkeit der Aufsichtsstelle kann der Bundesminister für Verkehr, Innovation und Technologie im Einvernehmen mit dem Bundesminister für Finanzen einen Zuschuss aus Bundesmitteln im Wege einer Kapitalerhöhung bei der Telekom Control GmbH in Höhe von bis zu insgesamt 24 Millionen Schilling[1]) für den laufenden Betrieb und in Höhe von einmalig bis zu 5 Millionen Schilling[2]) für Investitionen gewähren."* *(* BGBl I 2000/137, ab 1. 10. 2000, und ** BGBl I 2001/32, ab 1. 4. 2001)*

(5) Die Aufsichtsstelle kann sich zur Beratung geeigneter Personen oder Einrichtungen wie etwa einer Bestätigungsstelle (§ 19) bedienen.

(6) Die Mitglieder der Aufsichtsstelle sind gemäß Art. 20 Abs. 2 B-VG bei Ausübung ihres Amtes an keine Weisungen gebunden. Sofern gesetzlich nicht anderes bestimmt ist, hat die Aufsichtsstelle das AVG 1991 anzuwenden. Sie entscheidet in oberster Instanz. Die Anrufung des Verwaltungsgerichtshofs ist zulässig.

(7) Die Tätigkeit der Aufsichtsstelle nach diesem Bundesgesetz ist von ihrer Tätigkeit nach anderen Bundesgesetzen organisatorisch und finanziell zu trennen.

---

[1]) = 1 744 148,02 Euro

[2]) = 363 364,17 Euro

Aufsichtsmaßnahmen

§ **14.** (1) Die Aufsichtsstelle hat den Zertifizierungsdiensteanbietern Maßnahmen zur Sicherstellung der Erfüllung der Pflichten aus diesem Bundesgesetz und der auf seiner Grundlage ergangenen Verordnungen vorzuschreiben. Sie kann einem Zertifizierungsdiensteanbieter insbesondere die Verwendung ungeeigneter technischer Komponenten und Verfahren oder die Ausübung der Tätigkeit ganz oder teilweise untersagen. Weiters kann die Aufsichtsstelle Zertifikate für Zertifizierungsdiensteanbieter oder von Signatoren widerrufen oder den Widerruf der Zertifikate von Signatoren durch den Zertifizierungsdiensteanbieter anordnen.

(2) Sofern nicht nach Abs. 6 gelindere Mittel in Betracht kommen, ist einem Zertifizierungsdiensteanbieter die Ausübung der Tätigkeit ganz oder teilweise zu untersagen, wenn

1. er oder sein Personal nicht die für die bereitgestellten Signatur- oder Zertifizierungsdienste erforderliche Zuverlässigkeit aufweist,

2. er oder sein Personal nicht über die erforderlichen Fachkenntnisse verfügt,

3. ihm keine ausreichenden Finanzmittel zur Verfügung stehen,

4. er bei der Ausübung seiner Tätigkeit die im Sicherheits- oder im Zertifizierungskonzept dargelegten Angaben nicht erfüllt,

5. er die vorgeschriebenen Verzeichnis- oder Widerrufsdienste nicht oder nicht ordnungsgemäß führt oder der Sperr- oder Widerrufspflicht (§ 9) nicht oder nur unzureichend nachkommt oder

6. er der Anzeigepflicht nach § 6 Abs. 2 nicht nachkommt.

(3) Sofern nicht nach Abs. 6 gelindere Mittel in Betracht kommen, ist einem Zertifizierungsdiensteanbieter, der qualifizierte Zertifikate ausstellt, die Ausübung seiner Tätigkeit zudem ganz oder teilweise zu untersagen, wenn die übrigen für die Ausübung einer solchen Tätigkeit erforderlichen Voraussetzungen nach diesem Bundesgesetz oder den auf seiner Grundlage ergangenen Verordnungen nicht erfüllt werden.

(4) Sofern nicht nach Abs. 6 gelindere Mittel in Betracht kommen, ist einem Zertifizierungsdiensteanbieter, der sichere elektronische Signaturverfahren bereitstellt, die Ausübung seiner Tätigkeit auch dann ganz oder teilweise zu untersagen, wenn die verwendeten technischen Komponenten und Verfahren nicht die Sicherheitsanforderungen nach § 18 erfüllen.

(5) Wenn die Aufsichtsstelle einem Zertifizierungsdiensteanbieter die Ausübung seiner Tätigkeit untersagt, hat sie für den Widerruf der Zertifikate des Zertifizierungsdiensteanbieters und der Signatoren Sorge zu tragen oder die Übernahme der erbrachten Signatur- und Zertifizierungsdienste oder zumindest seiner Verzeichnis- und Widerrufsdienste durch einen anderen Zertifizierungsdiensteanbieter zu veranlassen, sofern die beteiligten Zertifizierungsdiensteanbieter der Übernahme zustimmen. Die Signatoren sind von der Untersagung sowie vom Widerruf oder der Übernahme unverzüglich zu verständigen. Auch im Fall des Widerrufs der Zertifikate hat der Zertifizierungsdiensteanbieter sicherzustellen, daß die Widerrufsdienste weitergeführt werden; kommt er dieser Verpflichtung nicht nach, so hat die Aufsichts-

stelle für die Weiterführung der Widerrufsdienste auf Kosten des Zertifizierungsdiensteanbieters Sorge zu tragen.

(6) Die Aufsichtsstelle hat von einer Untersagung der Tätigkeit eines Zertifizierungsdiensteanbieters abzusehen, soweit die Anordnung gelinderer Mittel ausreicht, um die Einhaltung der Bestimmungen dieses Bundesgesetzes und der auf seiner Grundlage ergangenen Verordnungen sicherzustellen. Sie kann insbesondere Auflagen erteilen oder unter Setzung einer angemessenen Frist zur Behebung von ihr aufgezeigter Mängel Maßnahmen androhen.

Heranziehung der RTR-GmbH

§ 15. (1) Die Aufsichtsstelle kann sich bei der Durchführung der Aufsicht der „RTR-GmbH" (§ 108 TKG) bedienen *(BGBl I 2001/32, ab 1. 4. 2001)*

(2) Die „RTR-GmbH" hat insbesondere

1. die Aufsichtsstelle bei der laufenden Aufsicht der Zertifizierungsdiensteanbieter zu unterstützen und die technischen Produkte, Verfahren und sonstigen Mittel, die im Rahmen der bereitgestellten Signatur- und Zertifizierungsdienste eingesetzt werden, sowie die Qualifikation des Personals zu überprüfen,

2. die Zertifizierungsdiensteanbieter nach der Anzeige der Aufnahme ihrer Tätigkeit zu registrieren,

3. Verzeichnisse der Zertifikate für Zertifizierungsdiensteanbieter und der Zertifizierungsdiensteanbieter (§ 13 Abs. 3) sowie ein Verzeichnis der akkreditierten Zertifizierungsdiensteanbieter (§ 17 Abs. 1) zu führen,

4. für den Fall der Einstellung oder Untersagung der Tätigkeit eines Zertifizierungsdiensteanbieters einen Widerrufsdienst zu führen, sofern keine Übernahme im Sinne der §§ 12 oder 14 Abs. 5 erfolgt,

5. auf Anordnung der Aufsichtsstelle die Erfüllung der Voraussetzungen einer freiwilligen Akkreditierung (§ 17) zu erheben,

6. bei der Feststellung der Gleichwertigkeit von Prüfberichten aus Drittstaaten im Sinne des § 24 Abs. 3 mitzuwirken und

7. im Fall des begründeten Verdachts, daß die Sicherheitsanforderungen dieses Bundesgesetzes oder der auf seiner Grundlage ergangenen Verordnungen nicht eingehalten werden, oder auf Verlangen eines Zertifizierungsdiensteanbieters unmittelbar die vorläufige Untersagung der Tätigkeit des Zertifizierungsdiensteanbieters oder vorläufig Maßnahmen im Sinne des § 14 Abs. 1 anzuordnen.

(BGBl I 2001/32, ab 1. 4. 2001)

(3) Die „RTR-GmbH" hat alle organisatorischen Vorkehrungen dafür zu treffen, daß sie ihre Aufgaben erfüllen und die Aufsichtsstelle bei Erfüllung ihrer Aufgaben unterstützen kann. Sie kann sich zur Beratung geeigneter Personen oder Einrichtungen wie etwa einer Bestätigungsstelle (§ 19) bedienen. Die Wahrnehmung ihrer Aufgaben in technischen Belangen hat in Abstimmung mit einer Bestätigungsstelle (§ 19) zu erfolgen. Im Rahmen ihrer Tätigkeit für die Aufsichtsstelle ist das Personal der „RTR-GmbH" an die Weisungen des Vorsitzenden oder des in der Geschäftsordnung bezeichneten Mitgliedes gebunden. *(BGBl I 2001/32, ab 1. 4. 2001)*

(4) Unbeschadet der Zuständigkeit der ordentlichen Gerichte können Kunden oder Interessenvertretungen Streit- oder Beschwerdefälle, insbesondere über die Qualität eines Zertifizierungsdienstes, die mit dem Zertifizierungsdiensteanbieter nicht befriedigend gelöst worden sind, der „RTR-GmbH"* vorlegen. Die „RTR-GmbH"* hat sich zu bemühen, innerhalb angemessener Frist eine einvernehmliche Lösung herbeizuführen. Die Zertifizierungsdiensteanbieter sind verpflichtet, an einem solchen Verfahren mitzuwirken und alle zur Beurteilung der Sachlage erforderlichen Auskünfte zu erteilen. Die „RTR-GmbH"* hat Richtlinien für die Durchführung dieses Verfahrens festzulegen, die in geeigneter Form zu veröffentlichen sind. „Mit Zustimmung des Antragstellers kann das Verfahren auch auf elektronischem Weg durchgeführt werden." *(BGBl I 2000/137, ab 30. 12. 2000, und * BGBl I 2001/32, ab 1. 4. 2001)*

(5) § 13 Abs. 7 über die organisatorische und finanzielle Trennung ist auf die Tätigkeit der „RTR-GmbH" anzuwenden. *(BGBl I 2001/32, ab 1. 4. 2001)*

Durchführung der Aufsicht

§ 16. (1) Die Zertifizierungsdiensteanbieter haben den im Auftrag der Aufsichtsstelle handelnden Personen das Betreten der Geschäfts- und Betriebsräume während der Geschäftszeiten zu gestatten, die in Betracht kommenden Bücher und sonstigen Aufzeichnungen oder Unterlagen einschließlich der Dokumentation nach § 11 vorzulegen oder zur Einsicht bereitzuhalten, Auskünfte zu erteilen und jede sonst erforderliche Unterstützung zu gewähren. Bestehende gesetzliche Verschwiegenheits- und Aussageverweigerungsrechte bleiben unberührt.

(2) Die Organe des öffentlichen Sicherheitsdienstes haben der Aufsichtsstelle und den in ihrem Auftrag handelnden Personen über deren Ersuchen zur Durchführung der Aufsicht im Rahmen ihres gesetzmäßigen Wirkungsbereichs Hilfe zu leisten.

(3) Die Durchführung der Aufsicht nach den Abs. 1 und 2 ist unter möglichster Schonung der Betroffenen und ohne unnötiges Aufsehen so durchzuführen, daß dadurch die Sicherheit der Signatur- und Zertifizierungsdienste nicht verletzt wird.

Freiwillige Akkreditierung

§ 17. (1) Zertifizierungsdiensteanbieter, die sichere elektronische Signaturverfahren bereitstellen und der Aufsichtsstelle vor der Aufnahme ihrer Tätigkeit als akkreditierte Zertifizierungsdiensteanbieter die Einhaltung der Anforderungen dieses Bundesgesetzes und der auf seiner Grundlage ergangenen Verordnungen nachweisen, sind auf Antrag von der Aufsichtsstelle zu akkreditieren. Akkreditierte Zertifizierungsdiensteanbieter dürfen sich mit Zustimmung der Aufsichtsstelle im Geschäftsverkehr als solche bezeichnen. Im Zusammenhang mit Signatur- und Zertifizierungsdiensten sowie mit Signaturprodukten darf diese Bezeichnung nur verwendet werden, wenn die Sicherheitsanforderungen nach § 18 erfüllt werden. Die Aufsichtsstelle hat dafür Sorge zu tragen, daß die akkreditierten Zertifizierungsdiensteanbieter in ein elektronisch jederzeit allgemein zugängliches Verzeichnis aufgenommen werden.

(2) Die freiwillige Akkreditierung eines Zertifizierungsdiensteanbieters ist in das qualifizierte Zertifikat aufzunehmen oder sonst in geeigneter Weise zugänglich zu machen.

(3) Die Aufsichtsstelle hat für die laufende Aufsicht über die von ihr akkreditierten Zertifizierungsdiensteanbieter Sorge zu tragen.

5. Abschnitt

Technische Sicherheitserfordernisse

Technische Komponenten und Verfahren für sichere Signaturen

§ **18.** (1) Für die Erzeugung und Speicherung von Signaturerstellungsdaten sowie für die Erstellung sicherer Signaturen sind solche technische Komponenten und Verfahren einzusetzen, die die Fälschung von Signaturen sowie die Verfälschung signierter Daten zuverlässig erkennbar machen und die die unbefugte Verwendung von Signaturerstellungsdaten verläßlich verhindern.

(2) Die bei der Erstellung einer sicheren Signatur verwendeten technischen Komponenten und Verfahren müssen zudem sicherstellen, daß die zu signierenden Daten nicht verändert werden; sie müssen es weiters ermöglichen, daß dem Signator die zu signierenden Daten vor Auslösung des Signaturvorgangs dargestellt werden. Die Signaturerstellungsdaten dürfen mit an Sicherheit grenzender Wahrscheinlichkeit nur einmal vorkommen, sie dürfen weiters mit hinreichender Sicherheit nicht ableitbar sein; ihre Geheimhaltung muß sichergestellt sein.

(3) Bei der Erstellung und Speicherung von qualifizierten Zertifikaten sind solche technische Komponenten und Verfahren einzusetzen, die die Fälschung und Verfälschung von Zertifikaten verhindern.

(4) Für die Überprüfung von sicher signierten Daten sind solche technische Komponenten und Verfahren anzubieten, die sicherstellen, daß

1. die signierten Daten nicht verändert worden sind,

2. die Signatur zuverlässig überprüft und das Ergebnis dieser Überprüfung korrekt angezeigt wird,

3. der Überprüfer feststellen kann, auf welche Daten sich die elektronische Signatur bezieht,

4. der Überprüfer feststellen kann, welchem Signator die elektronische Signatur zugeordnet ist, wobei die Verwendung eines Pseudonyms angezeigt werden muß, und

5. sicherheitsrelevante Veränderungen der signierten Daten erkannt werden können.

(5) Die technischen Komponenten und Verfahren für die Erstellung sicherer elektronischer Signaturen müssen nach dem Stand der Technik hinreichend und laufend geprüft sein. Die Erfüllung der Sicherheitsanforderungen nach diesem Bundesgesetz und den auf seiner Grundlage ergangenen Verordnungen muss von einer Bestätigungsstelle (§ 19) bescheinigt sein. Bescheinigungen von Stellen, die von anderen Mitgliedstaaten der Europäischen Union oder von anderen Vertragsstaaten des Abkommens über den Europäischen Wirtschaftsraum zur Beurteilung der Sicherheitsanforderungen für sichere Signaturerstellungseinheiten nach Art. 3 Abs. 4 der Signaturrichtlinie namhaft gemacht wurden, sind den Bescheinigungen einer Bestätigungsstelle gleich zu halten. *(BGBl I 2000/137, ab 30. 12. 2000)*

(6) Entsprechen technische Komponenten und Verfahren den allgemein anerkannten Normen, die von der Europäischen Kommission nach Art. 3 Abs. 5 der Signaturrichtlinie festgelegt werden, so gelten die entsprechenden Sicherheitsanforderungen nach diesem Bundesgesetz und den auf seiner Grundlage ergangenen Verordnungen als erfüllt. *(BGBl I 2000/137, ab 30. 12. 2000)*

Bestätigungsstelle

§ **19.** (1) Die nach diesem Bundesgesetz und den auf seiner Grundlage ergangenen Verordnungen einer Bestätigungsstelle zugewiesenen Aufgaben können nur von einer dazu geeigneten Einrichtung wahrgenommen werden.

(2) Eine Einrichtung ist zur Wahrnehmung der einer Bestätigungsstelle zugewiesenen Aufgaben geeignet, wenn sie

1. die erforderliche Zuverlässigkeit aufweist,

2. zuverlässiges Personal mit den für diese Aufgaben erforderlichen Fachkenntnissen, Erfahrungen und Qualifikationen, insbesondere mit Kenntnissen über elektronische Signaturen, angemessene Sicherheitsverfahren, Kryptographie, Kommunikations- und Chipkartentechnologien sowie die technische Begutachtung solcher Komponenten, beschäftigt,

3. über ausreichende technische Einrichtungen und Mittel sowie eine ausreichende wirtschaftliche Leistungsfähigkeit verfügt und

4. die erforderliche Unabhängigkeit, Unparteilichkeit und Unbefangenheit sicherstellt.

(3) Darüber hinaus sind für die Eignung einer Bestätigungsstelle die von der Europäischen Kommission nach Art. 3 Abs. 4 der Signaturrichtlinie festgelegten Mindestkriterien für die Benennung von Bestätigungsstellen maßgeblich. Der Bundeskanzler hat diese Kriterien im Einvernehmen mit dem Bundesminister für Justiz mit Verordnung kundzumachen. *(BGBl I 2000/137, ab 30. 12. 2000)*

(4) Der Bundeskanzler hat im Einvernehmen mit dem Bundesminister für Justiz mit Verordnung festzustellen, daß eine Einrichtung als Bestätigungsstelle geeignet ist. Eine solche Verordnung kann nur auf Antrag der betreffenden Einrichtung erlassen werden. Die Eignung kann nur festgestellt werden, wenn die Einrichtung nach ihren Statuten oder Satzungen oder nach ihrem Gesellschaftsvertrag, nach ihrer Organisation und nach ihrem Sicherheits- und Finanzierungskonzept die in Abs. 2 genannten Anforderungen erfüllt.

(5) Eine Bestätigungsstelle kann zur Erfüllung der ihr nach diesem Bundesgesetz oder der auf seiner Grundlage ergangenen Verordnungen zugewiesenen Aufgaben von anderen Einrichtungen oder Stellen Prüfberichte zu technischen Komponenten und Verfahren einholen.

6. Abschnitt

Rechte und Pflichten der Anwender

Allgemeine Informationspflichten der Zertifizierungsdiensteanbieter

§ 20. (1) Ein Zertifizierungsdiensteanbieter hat den Zertifikatswerber vor Vertragschließung schriftlich oder unter Verwendung eines dauerhaften Datenträgers klar und allgemein verständlich über den Inhalt des Sicherheits- und des Zertifizierungskonzepts zu unterrichten. Bei der Ausstellung eines qualifizierten Zertifikats hat der Zertifizierungsdiensteanbieter zudem die Bedingungen der Verwendung des Zertifikats, wie etwa Einschränkungen seines Anwendungsbereichs oder des Transaktionswerts, bekanntzugeben; weiters ist auf eine freiwillige Akkreditierung (§ 17) sowie auf besondere Streitbeilegungsverfahren hinzuweisen.

(2) Auf Verlangen sind die in Abs. 1 genannten Angaben auch Dritten, die ein rechtliches Interesse daran glaubhaft machen, zugänglich zu machen.

(3) Ein Zertifizierungsdiensteanbieter hat weiters den Zertifikatswerber darüber zu unterrichten, welche technischen Komponenten und Verfahren für das verwendete Signaturverfahren geeignet sind, gegebenenfalls auch darüber, welche technischen Komponenten und Verfahren sowie sonstigen Maßnahmen die Anforderungen für die Erzeugung und Prüfung sicherer Signaturen erfüllen. Ferner ist der Zertifikatswerber über die möglichen Rechtswirkungen des von ihm verwendeten Signaturverfahrens, über die Pflichten eines Signators sowie über die besondere Haftung des Zertifizierungsdiensteanbieters zu belehren. Der Zertifikatswerber ist auch darüber zu unterrichten, daß und wie gegebenenfalls eine neue elektronische Signatur anzubringen ist, bevor der Sicherheitswert der vorhandenen Signatur durch Zeitablauf geringer wird.

Pflichten des Signators

§ 21. Der Signator hat die Signaturerstellungsdaten sorgfältig zu verwahren, soweit zumutbar Zugriffe auf Signaturerstellungsdaten zu verhindern und deren Weitergabe zu unterlassen. Er hat den Widerruf des Zertifikats zu verlangen, wenn die Signaturerstellungsdaten abhanden kommen, wenn Anhaltspunkte für eine Kompromittierung der Signaturerstellungsdaten bestehen oder wenn sich die im Zertifikat bescheinigten Umstände geändert haben.

Datenschutz

§ 22. (1) Ein Zertifizierungsdiensteanbieter darf nur jene personenbezogenen Daten verwenden, die er zur Durchführung der erbrachten Dienste benötigt. Diese Daten dürfen nur unmittelbar beim Betroffenen selbst oder mit seiner ausdrücklichen Zustimmung bei einem Dritten erhoben werden.

(2) Bei Verwendung eines Pseudonyms hat der Zertifizierungsdiensteanbieter die Daten über die Identität des Signators zu übermitteln, sofern an der Feststellung der Identität ein überwiegendes berechtigtes Interesse im Sinne des § 8 Abs. 1 Z 4 und Abs. 3 DSG glaubhaft gemacht wird. Die Übermittlung ist zu dokumentieren.

(3) Die Auskunfts- und Mitwirkungspflichten des Zertifizierungsdiensteanbieters gegenüber Gerichten und anderen Behörden bleiben unberührt.

Haftung der Zertifizierungsstellen

§ 23. (1) Ein Zertifizierungsdiensteanbieter, der ein Zertifikat als qualifiziertes Zertifikat ausstellt oder für ein solches Zertifikat nach § 24 Abs. 2 Z 2 einsteht, haftet gegenüber jeder Person, die auf das Zertifikat vertraut, dafür, daß

1. alle Angaben im qualifizierten Zertifikat im Zeitpunkt seiner Ausstellung richtig sind und das Zertifikat alle für ein qualifiziertes Zertifikat vorgeschriebenen Angaben enthält, *(BGBl I 2000/137, ab 30. 12. 2000)*

2. der im qualifizierten Zertifikat angegebene Signator im Zeitpunkt der Ausstellung des Zertifikats im Besitz jener Signaturerstellungsdaten ist, die den im Zertifikat angegebenen Signaturprüfdaten entsprechen,

3. die Signaturerstellungsdaten und die ihnen zugeordneten Signaturprüfdaten einander bei Verwendung der von ihm bereitgestellten oder als geeignet bezeichneten Produkte und Verfahren in komplementärer Weise entsprechen,

4. das Zertifikat bei Vorliegen der Voraussetzungen unverzüglich widerrufen wird und die Widerrufsdienste verfügbar sind sowie

5. die Anforderungen des § 7 erfüllt und für die Erzeugung und Speicherung von Signaturerstellungsdaten sowie für die Erstellung und Speicherung von qualifizierten Zertifikaten technische Komponenten und Verfahren nach § 18 verwendet werden. *(BGBl I 2000/137, ab 30. 12. 2000)*

(2) Ein Zertifizierungsdiensteanbieter, der sichere elektronische Signaturverfahren bereitstellt, haftet zudem dafür, daß für die von ihm bereitgestellten oder als geeignet bezeichneten Produkte, Verfahren und sonstigen Mittel für die Erstellung elektronischer Signaturen sowie für die Darstellung zu signierender Daten nur technische Komponenten und Verfahren nach § 18 verwendet werden.

(3) Der Zertifizierungsdiensteanbieter haftet nicht, wenn er nachweist, daß ihn und seine Leute an der Verletzung der Verpflichtungen nach den Abs. 1 und 2 kein Verschulden trifft. Kann der Geschädigte als wahrscheinlich dartun, daß die Verpflichtungen nach den Abs. 1 und 2 verletzt oder die zur Einhaltung der Sicherheitsanforderungen dieses Bundesgesetzes und der auf seiner Grundlage ergangenen Verordnungen getroffenen Vorkehrungen kompromittiert wurden, so wird vermutet, daß der Schaden dadurch verursacht wurde. Diese Vermutung ist widerlegt, wenn der Zertifizierungsdiensteanbieter als wahrscheinlich dartut, daß der Schaden nicht durch eine Verletzung bzw. Kompromittierung der im zweiten Satz genannten Verpflichtungen und Vorkehrungen verursacht wurde.

(4) Enthält ein qualifiziertes Zertifikat eine Einschränkung des Anwendungsbereichs, so haftet der Zertifizierungsdiensteanbieter nicht für Schäden, die sich aus einer anderen Verwendung des Zertifikats ergeben. Enthält ein qualifiziertes Zertifikat einen bestimmten Transaktionswert, bis zu dem das Zertifikat verwendet werden darf, so haftet der Zertifizierungsdiensteanbieter nicht für Schäden, die sich aus der Überschreitung dieses Transaktionswerts ergeben.

(5) Die Haftung eines Zertifizierungsdiensteanbieters nach Abs. 1 bis 3 kann im vorhinein weder ausgeschlossen noch beschränkt werden.

(6) Bestimmungen des Allgemeinen Bürgerlichen Gesetzbuchs und anderer Rechtsvorschriften, nach denen Schäden in anderem Umfang oder von anderen Personen als nach diesem Bundesgesetz zu ersetzen sind, bleiben unberührt.

7. Abschnitt
Anerkennung ausländischer Zertifikate
Anerkennung

§ 24. (1) Zertifikate, die von einem in der Europäischen Gemeinschaft „oder im Europäischen Wirtschaftsraum" niedergelassenen Zertifizierungsdiensteanbieter ausgestellt wurden und deren Gültigkeit vom Inland aus überprüft werden kann, sind inländischen Zertifikaten gleichgestellt. Qualifizierte Zertifikate solcher Zertifizierungsdiensteanbieter entfalten dieselben Rechtswirkungen wie inländische qualifizierte Zertifikate. *(BGBl I 2000/137, ab 30. 12. 2000)*

(2) Zertifikate, die von einem in einem Drittstaat niedergelassenen Zertifizierungsdiensteanbieter ausgestellt wurden und deren Gültigkeit vom Inland aus überprüft werden kann, werden im Inland anerkannt. Qualifizierte Zertifikate werden inländischen qualifizierten Zertifikaten rechtlich gleichgestellt, wenn

1. der Zertifizierungsdiensteanbieter die Anforderungen nach § 7 erfüllt und unter einem freiwilligen Akkreditierungssystem eines Mitgliedstaates der Europäischen Union „oder des Europäischen Wirtschaftsraums" akkreditiert ist, *(BGBl I 2000/137, ab 30. 12. 2000)*

2. ein in der Europäischen Gemeinschaft „oder im Europäischen Wirtschaftsraum" niedergelassener Zertifizierungsdiensteanbieter, der die Anforderungen nach § 7 erfüllt, für das Zertifikat haftungsrechtlich einsteht oder *(BGBl I 2000/137, ab 30. 12. 2000)*

3. im Rahmen einer bilateralen oder multilateralen Vereinbarung zwischen der Europäischen Gemeinschaft einerseits und Drittstaaten oder internationalen Organisationen andererseits das Zertifikat als qualifiziertes Zertifikat oder der Zertifizierungsdiensteanbieter als Aussteller qualifizierter Zertifikate anerkannt ist.

(3) Ist „ " in einem Drittstaat zum Nachweis der Sicherheitsanforderungen für sichere elektronische Signaturen eine staatlich anerkannte Stelle eingerichtet, so werden Bescheinigungen dieser Stelle über die Einhaltung der Sicherheitsanforderungen für die Erzeugung sicherer elektronischer Signaturen den Bescheinigungen einer Bestätigungsstelle (§ 19) gleichgehalten, soweit die Aufsichtsstelle feststellt, daß die den Beurteilungen dieser Stellen zugrunde liegenden technischen Anforderungen, Prüfungen und Prüfverfahren jenen der Bestätigungsstelle gleichwertig sind. *(BGBl I 2000/137, ab 30. 12. 2000)*

8. Abschnitt
Schlußbestimmungen
Signaturverordnung

§ 25. Der Bundeskanzler hat mit Verordnung[1]) im Einvernehmen mit dem Bundesminister für Justiz die nach dem jeweiligen Stand der Wissenschaft und Technik zur Durchführung dieses Bundesgesetzes erforderlichen Rechtsvorschriften zu erlassen über

1. die Festsetzung pauschaler kostendeckender Gebühren für die Leistungen der Aufsichtsstelle und der „RTR-GmbH" sowie die Vorschreibung dieser Gebühren, *(BGBl I 2001/32, ab 1. 4. 2001)*

2. die Festsetzung der zur Erfüllung der Anforderungen dieses Bundesgesetzes und der auf seiner Grundlage ergangenen Verordnungen ausreichenden Finanzmittel sowie der für die Abdeckung des Haftungsrisikos der Zertifizierungsdiensteanbieter ausreichenden Finanzmittel, insbesondere die Festsetzung einer Mindestversicherungssumme für eine Haftpflichtversicherung,

3. die Zuverlässigkeit des Zertifizierungsdiensteanbieters und seines Personals (§§ 7 Abs. 1 und 14 Abs. 2),

4. die näheren Anforderungen an die technischen Komponenten und Verfahren sowie die technischen Produkte und sonstigen Mittel zur Anwendung der §§ 7 Abs. 2, 10 und 18, die Durchführung der Prüfung der technischen Komponenten und Verfahren nach § 18 sowie die Ausstellung der Bestätigung, daß diese Anforderungen erfüllt sind,

5. die Dauer der Weiterführung der Widerrufsdienste durch die Aufsichtsstelle (§ 12 und § 14 Abs. 5),

6. die Anwendungsbereiche, Anforderungen und Toleranzen von sicheren Zeitstempeldiensten,

7. die Gültigkeitsdauer und die Erneuerung der qualifizierten Zertifikate sowie den Zeitraum und das Verfahren, nach denen eine neue elektronische Signatur angebracht werden sollte (Nachsignieren),

8. die Form, Darstellung und Verfügbarkeit des Zertifizierungskonzepts (zB Klartext),

9. die Dauer der Aufbewahrung einer Dokumentation (§ 11) und

10. die Art und Form der Kennzeichnung akkreditierter Zertifizierungsdiensteanbieter.

---

[1]) *Signaturverordnung SigV BGBl II 2000/30.*

Verwaltungsstrafbestimmungen

§ 26. (1) Eine Verwaltungsübertretung begeht und ist mit Geldstrafe bis zu „4 000 Euro" zu bestrafen, wer fremde Signaturerstellungsdaten ohne Wissen und Willen des Signators mißbräuchlich verwendet. *(BGBl I 2000/137, ab 30. 12. 2000)*

(2) Ein Zertifizierungsdiensteanbieter begeht eine Verwaltungsübertretung und ist mit Geldstrafe bis zu „8 000 Euro" zu bestrafen, wenn er

1. entgegen § 9 Abs. 1 seine Widerrufspflicht verletzt,

2. entgegen § 11 seine Dokumentationspflicht verletzt,

3. entgegen § 16 Abs. 1 nicht Einsicht in die dort genannten Bücher, sonstige Aufzeichnungen oder Unterlagen gewährt oder nicht die notwendigen Auskünfte erteilt oder

4. entgegen § 20 Abs. 1 und 3 den Zertifikatswerber nicht unterrichtet.

(BGBl I 2000/137, ab 30. 12. 2000)

(3) Ein Zertifizierungsdiensteanbieter begeht eine Verwaltungsübertretung und ist mit Geldstrafe bis zu „16 000 Euro" zu bestrafen, wenn er

1. entgegen § 6 Abs. 2 die Aufnahme seiner Tätigkeit nicht anzeigt oder das Sicherheitskonzept oder das Zertifizierungskonzept nicht vorlegt,

2. entgegen § 6 Abs. 5 nicht alle Umstände, die eine ordnungsgemäße und dem Sicherheitssowie dem Zertifizierungskonzept entsprechende Tätigkeit nicht mehr ermöglichen, der Aufsichtsstelle anzeigt,

3. entgegen § 7 Abs. 1 Z 2 keinen geeigneten Widerrufsdienst oder keinen geeigneten Verzeichnisdienst führt,

4. entgegen § 7 Abs. 1 Z 8 keine geeigneten Vorkehrungen dafür trifft, daß die Signaturerstellungsdaten der Signatoren weder vom Zertifizierungsdiensteanbieter noch von Dritten gespeichert oder kopiert werden können,

5. entgegen § 18 keine geeigneten technischen Komponenten und Verfahren für sichere elektronische Signaturen verwendet, bereitstellt oder bezeichnet oder

6. trotz Untersagung durch die Aufsichtsstelle (§ 14 Abs. 2 bis 4) die ihm untersagte Tätigkeit weiterhin ausübt.

(BGBl I 2000/137, ab 30. 12. 2000)

(4) Eine Verwaltungsübertretung gemäß den Abs. 1 bis 3 liegt nicht vor, wenn die Tat den Tatbestand einer in die Zuständigkeit der Gerichte fallenden strafbaren Handlung bildet oder nach anderen Verwaltungsstrafbestimmungen mit strengerer Strafe bedroht ist.

(5) Im Straferkenntnis können die Gegenstände, mit denen die strafbare Handlung begangen wurde, für verfallen erklärt werden.

Inkrafttreten und Verweisungen

§ 27. (1) Dieses Bundesgesetz tritt mit 1. Jänner 2000 in Kraft.

(2) Soweit in diesem Bundesgesetz auf Bestimmungen anderer Bundesgesetze verwiesen wird, sind diese in ihrer jeweils geltenden Fassung anzuwenden.

(3) § 13 in der Fassung des Bundesgesetzes BGBl. I Nr. 137/2000 tritt mit 1. Oktober 2000 in Kraft. *(BGBl I 2000/137)*

(4) Die §§ 5, 7, 15, 18, 19, 23, 24, 26, 27 und 29 in der Fassung des Bundesgesetzes

BGBl. I Nr. 137/2000 treten mit dem auf die Kundmachung dieses Bundesgesetzes folgenden Tag in Kraft. *(BGBl I 2000/137)*

(5) Die Bestimmungen der § 13 Abs. 4, § 15 Abs. 1 bis 5, § 25 Z 1 und § 27 Abs. 5 in der Fassung des Bundesgesetzes BGBl. I Nr. 32/2001 treten mit 1. April 2001 in Kraft. *(BGBl I 2001/32)*

(6) § 4 in der Fassung des Bundesgesetzes BGBl. I Nr. 152/2001 tritt mit 1. Jänner 2002 in Kraft. *(BGBl I 2001/152)*

Vollzug

§ 28. Mit der Vollziehung dieses Bundesgesetzes sind betraut:

1. hinsichtlich der §§ 3, 4 und 23 der Bundesminister für Justiz,

2. hinsichtlich der §§ 13 bis 17 der Bundesminister für Wissenschaft und Verkehr,[1])

3. hinsichtlich der §§ 22 und 26 der Bundeskanzler,

4. hinsichtlich der §§ 7 Abs. 1 Z 6 und 13 Abs. 4 der Bundeskanzler im Einvernehmen mit dem Bundesminister für Justiz und dem Bundesminister für Finanzen und

5. hinsichtlich der übrigen Bestimmungen der Bundeskanzler im Einvernehmen mit dem Bundesminister für Justiz.

[1]) *Jetzt*: *BM für Verkehr, Innovation und Technologie.*

Hinweis auf Umsetzung

§ 29. Mit diesem Bundesgesetz wird die Richtlinie 99/93/EG des Europäischen Parlaments und des Rates vom 13. Dezember 1999 über gemeinschaftliche Rahmenbedingungen für elektronische Signaturen, ABl. L Nr. 13 vom 19. Jänner 2000, S 12, umgesetzt.

(BGBl I 2000/137)

38. Rechtsanwaltsprüfungsgesetz

38. Rechtsanwaltsprüfungsgesetz, BGBl 1985/556 idF
1 BGBl 1986/612 (DFB) **2** BGBl 1987/163
3 BGBl 1992/176 **4** BGBl 1993/21 (EWR-RAG 1992)
5 BGBl I 1999/71

STICHWORTVERZEICHNIS

(Die Zahlenangaben beziehen sich auf die Paragraphen)

Bundesgesetz vom 12. Dezember 1985, mit dem Bestimmungen über die Rechtsanwaltsprüfung und über sonstige Erfordernisse zur Ausübung der Rechtsanwaltschaft getroffen werden (Rechtsanwaltsprüfungsgesetz – RAPG)

Artikel I

§ 1. Die Rechtsanwaltsprüfung soll die für die Ausübung des Rechtsanwaltsberufs notwendigen Fähigkeiten und Kenntnisse des Prüfungswerbers, im besonderen seine Gewandtheit bei der Einleitung und Besorgung der einem Rechtsanwalt übertragenen öffentlichen und privaten Angelegenheiten sowie seine Eignung zur Abfassung von Rechtsurkunden und Rechtsgutachten sowie zum geordneten schriftlichen und mündlichen Vortrag einer Rechts- und Sachlage nachweisen.

§ 2. (1) Die Rechtsanwaltsprüfung kann nach Erlangung des Doktorates der Rechte oder, für Absolventen des Diplomstudiums nach dem Bundesgesetz vom 2. März 1978, BGBl. Nr. 140, über das Studium der Rechtswissenschaften, des Magisteriums der Rechtswissenschaften und einer praktischen Verwendung im Ausmaß von drei Jahren, hievon mindestens neun Monate bei Gericht und mindestens zwei Jahre bei einem Rechtsanwalt, abgelegt werden. *(BGBl 1993/21)*

(2) Voraussetzung für die Ablegung der „Rechtsanwaltsprüfung“ ist überdies die Teilnahme an den für Rechtsanwaltsanwärter verbindlichen Ausbildungsveranstaltungen. *(BGBl 1993/21)*

§ 3. Die Rechtsanwaltsprüfung ist vor einem Senat der Rechtsanwaltsprüfungskommission abzulegen. Die Rechtsanwaltsprüfungskommissionen bestehen bei den Oberlandesgerichten für den jeweiligen Oberlandesgerichtssprengel. Ihr gehören an der Präsident des Oberlandesgerichts als Präses, der Vizepräsident des Oberlandesgerichts als sein Stellvertreter und als weitere Mitglieder (Prüfungskommissäre) die erforderliche, durch den Präses im Einvernehmen mit den beteiligten Rechtsanwaltskammern zu bestimmende Anzahl von Richtern und die gleiche Anzahl von Rechtsanwälten.

§ 4. Die Prüfungskommissäre aus dem Kreis der Rechtsanwälte werden von den Plenarversammlungen der beteiligten Rechtsanwaltskammern entsprechend dem Verhältnis ihrer Mitgliederzahl für jeweils fünf Jahre gewählt. Die Prüfungskommissäre aus dem Kreis der Richter werden vom Präsidenten des Oberlandesgerichts im Einvernehmen mit den beteiligten Rechtsanwaltskammern für den gleichen Zeitraum bestellt.

§ 5. Die Kanzleigeschäfte der Rechtsanwaltsprüfungskommissionen werden von den Oberlandesgerichten geführt.

§ 6. Über die Zulassung „zur Rechtsanwaltsprüfung“ entscheidet auf Antrag des Prüfungswerbers der Präses der Kommission im Einvernehmen mit der Rechtsanwaltskammer, in deren Liste der Prüfungswerber eingetragen ist oder zuletzt war. Auf begründeten Antrag ist die Ablegung der Prüfung vor der Rechtsanwaltsprüfungskommission am Sitz eines anderen Oberlandesgerichts zu bewilligen. *(BGBl 1993/21)*

§ 7. Dem Antrag auf Zulassung „zur Rechtsanwaltsprüfung“ sind beizuschließen Geburtsurkunde, Staatsbürgerschaftsnachweis, Promotionsurkunde beziehungsweise Magisterdiplom, die Zeugnisse über die praktische Verwendung des Prüfungswerbers, der Beleg über die Einzahlung der Prüfungsgebühr und der Nachweis der Teilnahme an den für Rechtsanwaltsanwärter verbindlichen Ausbildungsveranstaltungen „ “. *(BGBl 1993/21)*

§ 8. Gegen die Nichtzulassung „zur Rechtsanwaltsprüfung“ steht dem Prüfungswerber das Recht auf Berufung an die Oberste Berufungs- und Disziplinarkommission zu. § 5a der Rechtsanwaltsordnung ist sinngemäß anzuwenden. *(BGBl 1993/21)*

§ 9. Der Präses der Rechtsanwaltsprüfungskommission bestimmt für jede Prüfung in gleichbleibender alphabetischer Reihenfolge die Prüfungskommissäre und verständigt sie sowie den Prüfungswerber unter Einhaltung einer Mindestfrist von vier Wochen vor der schriftlichen Prüfung vom Zeitpunkt der schriftlichen und der mündlichen Prüfung unter Bekanntgabe der Namen der Mitglieder des Prüfungssenats und des Prüfungswerbers.

§ 10. Umstände, die geeignet sind, die Unbefangenheit eines Mitgliedes des Prüfungssenats dem Prüfungswerber gegenüber in Zweifel zu ziehen, sowie eine Verhinderung aus anderen Gründen haben diese und der Prüfungswerber unverzüglich dem Präses anzuzeigen. Der Präses hat in begründeten Fällen den in der alphabetischen Reihenfolge nächsten Prüfungskommissär zu bestimmen. Ist der Präses selbst betroffen, so hat er sich durch seinen Stellvertreter vertreten zu lassen.

§ 11. Der Prüfungssenat besteht aus vier Mitgliedern, davon zwei aus dem Kreis der Richter und zwei aus dem Kreis der Rechtsanwälte; den Vorsitz führt der Präses oder sein Stellvertreter, bei deren Verhinderung der an Lebensjahren älteste Prüfungskommissär aus dem Kreis der Richter.

§ 12. (1) Der Vorsitzende des Prüfungssenats hat im Einvernehmen mit den übrigen Mitgliedern des Prüfungssenats die Aufteilung der Prüfungsgegenstände vorzunehmen. „Die Aufgaben für die schriftliche Prüfung gemäß § 13 Z 1 und 2 sind jedenfalls von den Prüfungskommissären aus dem Kreis der Rechtsanwälte auszuwählen.“ *(BGBl 1993/21)*

(2) Die Rechtsgebiete gemäß „§ 20 Z 4 bis 9“ sind jedenfalls von den Rechtsanwälten zu prüfen. *(BGBl I 1999/71, ab 1. 6. 1999, anzuwenden, wenn der Prüfungswerber nach dem 31. 5. 1999 die Zulassung zur Rechtsanwaltsprüfung beantragt)*

(3) Bei den mündlichen Prüfungen sind die Mitglieder des Prüfungssenats berechtigt, Fragen auch aus den von ihnen nicht übernommenen Prüfungsgegenständen zu stellen, sofern sie mit ihrem Prüfungsgegenstand in Zusammenhang stehen.

§ 13. Bei der schriftlichen Prüfung hat der Prüfungswerber auszuarbeiten:

1. im Zivilrecht auf Grund einer schriftlichen Information Klage, Klagebeantwortung und Entscheidung oder Antrag, allfällige Gegenäußerung und Entscheidung im außerstreitigen Verfahren oder an Hand von Gerichtsakten eine Rechtsmittelschrift gegen eine Entscheidung erster Instanz,

2. im Verwaltungsrecht (mit Einschluß des Abgabenrechts) auf Grund eines Bescheides eine Rechtsmittelschrift oder eine Beschwerde an den Verfassungs- oder an den Verwaltungsgerichtshof,

3. im Strafrecht an Hand von Gerichtsakten eine Rechtsmittelschrift gegen eine Entscheidung erster Instanz.

(BGBl 1993/21)

§ 14. Der Prüfungswerber hat in den schriftlichen Arbeiten anzuführen, welche Hilfsmittel (§ 16 zweiter Satz) er bei deren Ausarbeitung benützt hat.

§ 15. Die schriftlichen Aufgaben sind derart auszuwählen, daß sie bei durchschnittlicher Fähigkeit jeweils innerhalb von acht Stunden gelöst werden können. Bezüglich der Aufgabe gemäß „§ 13 Z 2“ ist dem Prüfungswerber zugleich mit der Verständigung über den Zeitpunkt (§ 9) das besondere Rechtsgebiet, dem die Aufgabe entnommen ist, bekanntzugeben. *(BGBl 1993/21)*

§ 16. Die schriftlichen Prüfungen können mehrere Prüfungswerber gleichzeitig ablegen; sie sind jedoch durch eine Aufsichtsperson so zu überwachen, daß jede Besprechung untereinander und mit außenstehenden Personen verhindert wird. Für jede Ausarbeitung sind die erforderlichen Hilfsmittel (Gesetzesausgaben, Entscheidungssammlungen, Literatur) zur Verfügung zu stellen. Dem Prüfungswerber ist für die Reinschrift eine Schreibkraft beizustellen.

§ 17. Der Prüfungswerber hat seine Arbeit vor dem Verlassen des Prüfungsraumes der Aufsichtsperson zu übergeben, die sie gegenzuzeichnen und unverzüglich dem Vorsitzenden des Prüfungssenats zu übergeben hat. Der Vorsitzende hat die Prüfungsarbeiten vor Abhaltung der mündlichen Prüfungen den anderen Mitgliedern des Prüfungssenats zur Durchsicht zur Verfügung zu stellen.

§ 18. Die mündlichen Prüfungen finden nicht vor Ablauf einer Frist von zwei Wochen nach den jeweiligen schriftlichen Prüfungen vor dem Prüfungssenat statt. Die mündlichen Prüfungen dürfen für höchstens zwei Prüfungswerber gemeinsam abgehalten werden. Die mündlichen Prüfungen sollen für jeden Kandidaten jeweils etwa zwei Stunden dauern.

§ 19. Der Zeitpunkt der mündlichen Prüfungen ist mindestens zwei Wochen vorher auch durch Anschlag in den beteiligten Rechtsanwaltskammern bekanntzugeben. Die mündlichen Prüfungen sind öffentlich.

§ 20. Gegenstand der mündlichen Prüfung sind:

1. Bürgerliches Recht einschließlich des Internationalen Privatrechts sowie Grundzüge des Arbeitsrechts und des Sozialrechts;

2. zivilgerichtliches Verfahrensrecht;

3. Strafrecht, Strafprozeßrecht, Grundzüge der Kriminologie und des Strafvollzugsrechts;

4. Handels- und Wertpapierrecht, Immaterialgüterrecht, gewerblicher Rechtsschutz so-

wie Wirtschaftsrecht samt Verfahrensrechten, Konkurs-, Ausgleichs- und Anfechtungsrecht;

5. Verfassungsrecht, Verfassungs- und Verwaltungsgerichtsbarkeit; Verwaltungsverfahrensrecht und Verwaltungsstrafrecht;

6. Abgabenrecht einschließlich Finanzstrafrecht und Verfahrensrecht;

7. Vertragsgestaltung und Urkundenverfassung;

8. Berufs- und Standesrecht der Rechtsanwälte, Pflichten des Rechtsanwalts als Unternehmer, insbesondere Kenntnisse auf dem Gebiet des Arbeitnehmerschutzrechts und der Lehrlingsausbildung, sowie Kostenrecht;

9. Grundzüge des Europarechts. *(BGBl I 1999/71, ab 1. 6. 1999, s Anm zu § 12 Abs 2) (BGBl 1993/21)*

§ 21. Hat der Prüfungswerber das Doktorat der Rechtswissenschaften nach dem Bundesgesetz vom 2. März 1978, BGBl. Nr. 140, über das Studium der Rechtswissenschaften erlangt, so ist er auf seinen Antrag von der Ablegung der mündlichen Rechtsanwaltsprüfung über diejenigen Gegenstände, die Prüfungsfächer des Rigorosums gewesen sind, zu befreien.

§ 22. Unmittelbar nach Abschluß der jeweiligen mündlichen Prüfung geben die Mitglieder des Prüfungssenats in geheimer Beratung ihre Beurteilung über das Ergebnis der „Prüfung" ab. Die Abstimmung erfolgt zuerst über die Frage, ob die Prüfung bestanden ist, und bejahendenfalls sodann über die Bewertung. *(BGBl 1993/21)*

§ 23. Das gemäß § 1 zu beurteilende Prüfungsergebnis lautet „bestanden" oder „nicht bestanden". Zeigt der Prüfungswerber Kenntnisse und Fähigkeiten, die den Zweck der Ausbildung beträchtlich oder außergewöhnlich übersteigen, so ist das Ergebnis mit „sehr gut" beziehungsweise mit „ausgezeichnet" zu bewerten.

§ 24. Der Prüfungssenat entscheidet mit Stimmenmehrheit. Die Rechtsanwälte stimmen (der Jüngere vor dem Älteren) vor den Richtern; der Vorsitzende stimmt als letzter ab. Bei Stimmengleichheit gibt die Stimme des Vorsitzenden den Ausschlag; gegen die Stimmen beider Rechtsanwälte kann jedoch der Beschluß über das Gesamtergebnis der Prüfung nicht auf „bestanden" lauten.

§ 25. (1) Hat der Prüfungswerber die Prüfung nicht bestanden, so hat der Prüfungssenat einen Zeitraum von wenigstens drei und höchstens zwölf Monaten zu bestimmen, vor dessen Ablauf der Prüfungswerber nicht erneut die Zulassung „zur Prüfung" beantragen kann. *(BGBl 1993/21)*

(2) Die Rechtsanwaltsprüfung darf zweimal wiederholt werden. *(BGBl 1993/21)*

(3) Der gemäß Abs. 1 bestimmte Zeitraum ist auf die praktische Verwendung gemäß § 2 Abs. 2 der Rechtsanwaltsordnung nicht anzurechnen.

§ 26. Der Vorsitzende des Prüfungssenats hat in Anwesenheit der übrigen Mitglieder des Prüfungssenats dem Geprüften das Prüfungsergebnis sogleich mündlich bekanntzugeben. Dem Geprüften ist ein Zeugnis über das Ergebnis der abgelegten Prüfung auszufertigen, das vom Vorsitzenden und den übrigen Mitgliedern des Prüfungssenats zu unterfertigen ist. Der Rechtsanwaltskammer (§ 6 erster Satz) sowie dem Österreichischen Rechtsanwaltskammertag ist das Ergebnis der Prüfung mitzuteilen.

§ 27. Die Gerichte und sonstigen Behörden haben den Rechtsanwaltsprüfungskommissionen auf deren Ersuchen für Prüfungsaufgaben geeignete Akten zur Verfügung zu stellen.

§ 28. (1) Die Mitglieder der Rechtsanwaltsprüfungskommission, die Aufsichtspersonen und die den Prüfungswerbern beizustellenden Schreibkräfte erhalten für ihre Tätigkeiten Vergütungen.

(2) Die Prüfungswerber haben Prüfungsgebühren (Justizverwaltungsgebühren) zu entrichten.

(3) Die Höhe der Vergütungen und der Prüfungsgebühren im Sinn der Abs. 1 und 2 ist durch Verordnung des Bundesministers für Justiz im Einvernehmen mit dem Bundesminister für Finanzen festzusetzen. Bei der Festsetzung der Höhe der Vergütungen für die Mitglieder der Rechtsanwaltsprüfungskommission, die Aufsichtspersonen und die Schreibkräfte ist auf Art und Umfang ihrer Tätigkeit, bei der Festsetzung der Prüfungsgebühren auf den mit der Vorbereitung und Durchführung der Prüfungen verbundenen Aufwand, insbesondere auch auf die Höhe der Vergütungen, Bedacht zu nehmen.

Artikel II – V

(Änderungen der RAO, StPO, ZPO, RDG; nicht abgedruckt)

Artikel VI
Inkrafttreten, Aufhebung von Rechtsvorschriften, Übergangsbestimmungen, Vollziehung

(1) Es treten in Kraft

a) der Art. I dieses Bundesgesetzes am 1. Juli 1986,

b) die übrigen Bestimmungen am 1. Jänner 1986.

(2) Es treten außer Kraft

a) mit dem Inkrafttreten des Art. I dieses Bundesgesetzes

1. die Verordnung des Justizministeriums vom 11. Oktober 1854, RGBl. Nr. 264, wodurch infolge Allerhöchster Entschließung vom 10. Oktober 1854 neue gesetzliche Bestimmungen über die zur Ausübung der Advokatur erforderliche praktische Prüfung und über die zur Zulassung zu dieser Prüfung erforderliche Geschäftspraxis erlassen werden;

2. der Art. XVII der 8. Gerichtsentlastungsnovelle vom 26. Juli 1933, BGBl. Nr. 346/1933;

3. der § 3 und der § 4 Abs. 3 der Rechtsanwaltsordnung vom 6. Juli 1868, RGBl. Nr. 96, zuletzt geändert durch das Bundesgesetz BGBl. Nr. 383/1983;

b) mit dem Inkrafttreten der übrigen Bestimmungen

1. die Hofkanzleidekrete vom 16. April 1833, PGS Bd. 61, Nr. 59, und vom 5. Februar 1847, PGS Bd. 75, Nr. 14;

2. der § 6 der Rechtsanwaltsordnung vom 6. Juli 1868, RGBl. Nr. 96, zuletzt geändert durch das Bundesgesetz BGBl. Nr. 383/1983.

(3) Für Rechtsanwaltsanwärter, die vor dem 1. Jänner 1986 in die Liste der Rechtsanwaltsanwärter eingetragen waren, es in diesem Zeitpunkt sind oder die praktische Verwendung bei Gericht begonnen haben und bis spätestens 1. Jänner 1987 in die Liste der Rechtsanwaltsanwärter eingetragen worden sind, gelten, sofern sie bis spätestens 1. Jänner 1992 die Eintragung in die Liste der Rechtsanwälte erwirken, hinsichtlich der Dauer der zur Ausübung der Rechtsanwaltschaft erforderlichen praktischen Verwendung die bisherigen Bestimmungen.

(4) Rechtsanwaltsanwärter, die am „1. Jänner 1989" die Voraussetzungen für die Ablegung der Rechtsanwaltsprüfung nach den bisherigen Bestimmungen erfüllt und sich zur Prüfung angemeldet haben, können auf ihren Antrag die Prüfung nach den bisherigen Bestimmungen ablegen. *(BGBl 1987/163)*

(5) Am 1. Jänner 1986 bestehende Eintragungen in die Verteidigerliste bleiben aufrecht.

(6) Gleiches gilt für in diesem Zeitpunkt bestehende Rechte zur Führung einer öffentlichen Agentie nach den Hofkanzleidekreten vom 16. April 1833, PGS Bd. 61, Nr. 59, und vom 5. Februar 1847, PGS Bd. 75, Nr. 14.

(7) Bestehende Befugnisse, die in den Berechtigungsumfang von freien Gewerben fallen, bleiben durch § 8 Abs. 2 der Rechtsanwaltsordnung in der Fassung des Art. II Z 4 dieses Bundesgesetzes unberührt.

(8) Art. IV Z 5 dritter Satz des Gesetzes vom 1. August 1895, RGBl. Nr. 112, betreffend die Einführung der Zivilprozeßordnung bleibt unberührt.

(9) Die im Art. I § 28 dieses Bundesgesetzes vorgesehene Verordnung kann bereits von dem der Kundmachung dieses Bundesgesetzes folgenden Tag an erlassen werden. Ab diesem Zeitpunkt können auch nach Art. I dieses Bundesgesetzes erforderliche organisatorische Maßnahmen getroffen werden. Die Verordnung und die Maßnahmen können jedoch frühestens mit 1. Juli 1986 in Kraft beziehungsweise in Wirksamkeit gesetzt werden.

(10) Mit der Vollziehung dieses Bundesgesetzes sind hinsichtlich des Art. I § 27 der Bundesminister für Justiz im Einvernehmen mit den beteiligten Bundesministern, des Art. I § 28 der Bundesminister für Justiz im Einvernehmen mit dem Bundesminister für Finanzen, des Art. II Z 10 und des Art. VI Abs. 2 lit. b Z 1 und Abs. 6 der Bundesminister für Inneres, hinsichtlich der übrigen Bestimmungen der Bundesminister für Justiz betraut.

GESAMTSTICHWORTVERZEICHNIS

(Die Zahlen betreffen die Paragraphen der jeweils *kursiv* abgedruckten Gesetze)

Stichwortverzeichnis

GESETZESREGISTER

KODEX

DES ÖSTERREICHISCHEN RECHTS
SAMMLUNG DER ÖSTERREICHISCHEN BUNDESGESETZE

DOPPEL-BESTEUERUNGS-ABKOMMEN

LINDE VERLAG

1	Deutschland
2	Liechtenstein
3	Schweiz
4	Italien
5	Slowenien
6	Ungarn
7	Slowakei
8	Tschechien
9	CSSR
10	Belgien
11	Bulgarien
12	Dänemark
13	Finnland
14	Frankreich
15	Griechenland
16	Großbritannien
17	Irland
18	Kroatien
19	Luxemburg
20	Malta
21	Moldova
22	Niederlande
23	Norwegen
24	Polen
25	Portugal
26	Rumänien
27	Russland
28	Schweden
29	Spanien
30	Türkei
31	UdSSR
32	Ukraine
33	Weißrussland
34	Zypern
35	USA
36	Kanada
37	Argentinien
38	Brasilien
39	Australien
40	China
41	Japan
42	Armenien
43	Aserbaidschan
44	Georgien
45	Indien
46	Indonesien
47	Israel
48	Korea, Rep.
49	Malaysia
50	Pakistan
51	Philippinen
52	Tadschikistan
53	Thailand
54	Turkmenistan
55	Usbekistan
56	Ägypten
57	Südafrika
58	Tunesien
Anhang	EU-Recht

KODEX

DES ÖSTERREICHISCHEN RECHTS
SAMMLUNG DER ÖSTERREICHISCHEN BUNDESGESETZE

VERKEHRS-RECHT

Verlag Orac

1	StVO VO
2	PARKGEBÜHRENGESETZE: Bgld, Kärnten, NÖ, OÖ, Salzburg, Steiermark, Tirol, Vorarlberg, Wien
3	BStG
4	KFG KDV PBStV Kraftstoff-VO FSG + VO
5	GGBG VO
6	GüterbefG VO
7	GelegenheitsVG VO
8	KraftfahrlinienG
9	KHVG 1994 Kfz StG 1992 Nov AG 1991 BStFG 1996 Mautstrecken-VO StraBAG 1994
10	TGSt VO TGEisb
11	EKHG
12	EisenbahnG E-Kr VO SchLV SchlV
13	EBG
14	Transit
15	Ökopunkte-Vereinbarungen
16	EWG-RECHTSAKTE: VO 3820, VO 3821, Einheitsformulare, Verfahrensrichtlinie

KODEX

DES ÖSTERREICHISCHEN RECHTS
SAMMLUNG DER ÖSTERREICHISCHEN BUNDESGESETZE

WEHR-RECHT

Verlag Orac

1	WG
2	B-VG StV Wien NeutralG VertDok EMRK
3	AuslEins KSE-BVG/ AuslEG/ AuslZG/V
4	HGG
5	APSG
6	HVG
7	MilStG
8	HDG
9	MLG
10	SperrGG
11	MunLG
12	MAG VerwMedG TapfMedZG KtnKrZG
13	EZG
14	MilBFG

KODEX

DES ÖSTERREICHISCHEN RECHTS
SAMMLUNG DER ÖSTERREICHISCHEN BUNDESGESETZE

ZOLLRECHT UND VERBRAUCHSTEUERN

Verlag Orac

1	ZK
2	ZBefrVO
3	ZK-DVO
4	ZollR-DG
5	ZollR-DV
6	KN-VO
7	EGV
8	EUBeitr
9	FristVO
10	AußHR
11	AußHStat
12	AHVO
13	BeitrRL
14	Nachg Waren
15	AusfErst
16	GrekoG
17	StraBAG
18	KfzStG
19	SystemRL
20	BeglDokVO VereinfBeglDokVO FrStellBeschVO
21	VStBefrV VStBeglDokV
22	AlkStG
23	BierStG
24	SchwStG
25	TabStG
26	MinStG
27	€
28	EG-AHG
29	EG-VAHG
30	TabMG
31	ALSaG
32	UStG
33	AVOG
34	FinStrG
35	BetrBek

KODEX
DES ÖSTERREICHISCHEN RECHTS
SAMMLUNG DER ÖSTERREICHISCHEN BUNDESGESETZE

UMWELT-RECHT

1	GewO 1994 DVO RohrleitungsG GWG
2	LRG-K LRV-K 1989
3	ForstG DVO
4	MinroG DVO
5	DMG DVO
6	ImmSch OzonG u. DVO
7	AWG
8	AlSAG
9	WRG
10	GTG DVO
11	Biozid
12	UFG FörderungsRL UmweltkontrollG
13	UIG DVO
14	UVP
15	StGB – Auszug B-VG B-VG-Nov 1988 B-VG-Nov 1993 BVG atomfreies Ö
16	Pflanzenschutz
17	ABGB – Auszug
18	AtomHG
19	Übereink Industrieunfälle

Verlag Orac

KODEX
DES ÖSTERREICHISCHEN RECHTS
SAMMLUNG DER ÖSTERREICHISCHEN BUNDESGESETZE

CHEMIKALIEN-RECHT

1	ChemG
2	VO
2/1	ChemV
2/2	AnmV
2/3	FCKW-VO
2/4	Selbstbedienungs V
2/5	Gift-MeldeV
2/6	mindgift Zub
2/7	GiftV 2000
2/8	FormaldehydV
2/9	vollhalFCKW
2/10	AsbestV
2/11	HalonenV
2/12	Antifoulings
2/13	Pentachlorphenol
2/14	LösungsmittelV
2/15	HFCKW-V
2/16	TrichlorethanV
2/17	HalogenV
2/18	GiftlisteV
2/19	GiftinfoV
2/20	PICV
2/21	PflanzenschutzV
2/22	CadmiumV
2/23	EU-V
2/24	PhosphatbestimmungsVO
2/25	KreosotV
2/26	HalonbankV
2/27	GLP-V
3	EU
3/1	Stoff-RL
3/1/1	ZusatzRL
3/2	Einstufungs-RL
3/3	Verbots-RL
3/4	Altstoff-V und DVO
3/5	PIC-V
3/6	Ozon-V

Verlag Orac

KODEX
DES ÖSTERREICHISCHEN RECHTS
SAMMLUNG DER ÖSTERREICHISCHEN BUNDESGESETZE

WASSER-RECHT

1	WRG
2/2	Wassergüte Mur
2/3	Wassergüte Donau
2/4	Allg AbwasserV
2/5	1. AEV kommunales A
2/7	AEV Fleischverarbeitung
2/8	AEV Milchwirtschaft
2/9	AEV Gerbereien
2/10	GSwV
2/11	AbwasserV met B
2/13	AbwasserV graf B
2/14	AbwasserV TextilB
2/15	AbwasserV Deponie
2/16	3. EmissionsV
2/17	AbwasserV med B
2/18	AbwasserV Textilien
2/19	AbwasserV Kfz
2/20	V Kühlsysteme
2/21	V Zuckererzeugung
2/22	V Brauereien
2/23	V Fischproduktion
2/24	V Alkoholproduktion
2/25	V Getränke
2/26	V Obstveredelung
2/27	V Fettproduktion
2/28	V Hefeproduktion
2/29	V Sauergemüseprod
2/30	AEV Verbrennungsgas
2/31	AEV Laboratorien
2/32	AEV Glasindustrie
2/33	AEV Nichteisen
2/34	AEV Kartoffel
2/35	AEV Tierkörper
2/36	AEV Wasseraufbereit
2/37	AEV Hautleim
2/38	AEV Futtermittel
2/39	AEV Soda
2/40	AEV Kunstharze
2/41	AEV Pflanzenschutzmittel
2/42	AEV Düngemittel
2/43	AEV techn Gase
2/44	AEV Holzfaserplatten
2/45	AEV-Cl-Elektrolyse
2/46	VO – wassergefährd Stoffe
2/47	AEV Erdölverarbeitung
2/48	AEV Eisen-Metallindustrie
2/49	AEV Kohleverarbeitung
2/50	AEV Industrieminerale
2/51	AEV Edelmetalle und Quecksilber
2/52	AEV Massentierhaltung
2/53	AEV Gentechnik
2/54	IEV
2/55	AEV Kleb- und Anstrichstoffe
2/56	AEV anorganische Pigmente
2/57	AEV Petrochemie
2/58	AEV Kunststoffe
2/59	Abfallbehandlung
2/60	AEV Pharmazeutika
2/61	AEV Halblbauelemente
2/62	AEV Waschmittel
2/63	AEV Textil, Leder, Papier
2/64	AEV Schmiermittel
2/65	AEV Chemiefasern
2/66	AEV Abluftreinigung
2/67	AEV Gebleichter Zellst
2/68	AEV Papier u Pappe
2/69	GSV
3/1	Best im AWG für Deponien
3/2	DeponieV
4	EU-RL

Verlag Orac

KODEX
DES ÖSTERREICHISCHEN RECHTS
SAMMLUNG DER ÖSTERREICHISCHEN BUNDESGESETZE

ABFALL-RECHT UND ÖKO-AUDIT

1/1.	AWG
1/2/1.	AltölVO
1/2/2.	LampenVO
1/2/3.	Kunststoff GetränkeVO
1/2/4.	BatterieVO
1/2/5/1.	FestsetzungsVO
1/2/5/2.	K Ausstufung
1/2/6.	SchmiermittelVO
1/2/9.	AbfallnachweisVO
1/2/10.	BauschuttVO
1/2/11.	BiogeneVO
1/2/12.	KunststoffkennVO
1/2/13.	KühlgeräteVO
1/2/14/1.	VO Außerkrafttreten und Inkrafttreten VerpackungsVO
1/2/14/2.	VerpackungsVO
1/2/14/3.	ZielVO Verpackabfälle
1/2/16.	DeponieVO
1/2/17.	V Verbrennung gef Abfälle
1/2/18.	AbfallWP 1998
1/2/19.	KompostV
1/3.	Basler Übereinkommen
1/4/1.	GewO 1994 (Auszug)
1/4/2.	V Verbrennung gef A in gewerbl BA
1/5.	MinroG (Auszug)
2.	Landesabfallvorschriften (Auszug)
2/1.	Burgenland
2/2.	Kärnten
2/3.	Niederösterreich
2/4.	Oberösterreich
2/5.	Salzburg
2/6.	Steiermark
2/7.	Tirol
2/8.	Vorarlberg
2/9.	Wien
3.	AlSAG
4.	EU-Richtlinien und Verordnungen
5.	Öko-Audit

Verlag Orac

KODEX-Bestellformular

	Preis im Abo EUR	Einzelpreis EUR
Verfassungsrecht, 16. Aufl.	... 17,60	... 22,–
Bürgerliches Recht, 26. Aufl.	... 18,–	... 22,50
Handelsrecht, 26. Aufl.	... 17,60	... 22,–
Zivilgerichtliches Verfahren, 15. Aufl.	... 20,–	... 25,–
Strafrecht, 18. Aufl.	... 17,60	... 22,–
Gerichtsorganisation, 5. Aufl.	... 49,60	... 62,–
Anwalts- und Gerichtstarife, 4. Aufl.	... 12,90	... 15,90
Wohnungsgesetze, 8. Aufl.	... 25,60	... 32,–
Banken- und Börserecht, 7. Aufl.	... 52,–	... 65,–
Versicherungsrecht, 6. Aufl.	... 44,–	... 55,–
Wirtschaftsgesetze, 12. Aufl.	... 27,80	... 34,80
Vergabegesetze	... 20,35	... 25,44
Arbeitsrecht, 23. Aufl.	... 18,20	... 22,75
Aushangpflichtige Gesetze, 4. Aufl.	... 17,20	... 21,50
Sozialversicherung (Bd. 1+ Bd. 2), 27. Aufl.	... 31,20	... 39,–
Pflegegeldgesetze, 2. Aufl.	... 14,24	... 17,80
Steuergesetze, 33. Aufl.	... 19,50	... 24,40
Steuer-Erlässe (Bd. I), 16. Aufl.	... 26,–	... 32,50
Steuer-Erlässe (Bd. II), 16. Aufl.	... 28,–	... 34,–
Doppelbesteuerungsabkommen	... 19,20	... 24,–
Zollrecht und Verbrauchsteuern, 12. Aufl.	... 78,40	... 98,–
Verkehrsrecht, 7. Aufl.	... 52,–	... 65,–
Wehrrecht, 6. Aufl.	... 29,07	... 36,34
Ärzterecht, 5. Aufl.	... 44,80	... 56,–
Krankenanstaltengesetze, 2. Aufl.	... 37,79	... 47,24
Veterinärrecht, 6. Aufl.	... 48,–	... 60,–
Umweltrecht, 18. Aufl.	... 60,80	... 76,–
Wasserrecht, 7. Aufl.	... 41,60	... 52,–
Abfallrecht, 13. Aufl.	... 57,60	... 72,–
Chemikalienrecht, 3. Aufl.	... 56,–	... 70,–
Gefahrgutrecht (Bd. I + Bd. II), 2. Aufl.	... 89,90	... 112,35
Gefahrgutrecht (Bd. I), 2. Aufl.	... 51,92	... 64,90
Gefahrgutrecht (Bd. II), 2. Aufl.	... 48,72	... 60,90
Schulgesetze, 5. Aufl.	... 34,40	... 43,–
Universitätsrecht, 3. Aufl.	... 36,80	... 46,–
Innere Verwaltung, 5. Aufl.	... 51,20	... 64,–
Verwaltungsverfahrensgesetze, 26. Aufl.	... 11,20	... 14,–
Landesrecht Tirol (Bd. I + II), 6. Aufl.	... 99,20	... 124,–
Europarecht (EU-Verfassungsrecht), 5. Aufl.	... 19,20	... 24,–
EU-Arbeitsrecht, 3. Aufl.	... 36,80	... 46,–
EU-Umweltrecht	... 52,32	... 65,41
EU-Wirtschaftsrecht	... 52,32	... 65,41

Die Preise beziehen sich auf die angegebene Auflage, zzgl. Porto u. Versandspesen
Satz- und Druckfehler vorbehalten.

Für Ihre Bestellung einfach Seite kopieren, gewünschte Anzahl eintragen, Bestellabschnitt ausfüllen und an Ihren Buchhändler oder an den Verlag LexisNexis ARD ORAC **faxen: (01) 534 52-141** oder Tel.: (01) 534 52-0.

Firma: .... Kundennr.: ....

Name: ....

Straße: ....

PLZ/Ort: .... Datum/Unterschrift: ....